Ami lecteur

Le présent volume représente la 14e édition du Guide Michelin Benelux sous sa forme actuelle. Toutefois, la toute première édition date de 1904.

Réalisée en toute indépendance, sa sélection d'hôtels et de restaurants est le fruit des recherches de ses inspecteurs, que complètent vos précieux courriers et commentaires.

La couleur, introduite cette année dans l'ensemble de l'ouvrage est un nouveau pas vers la clarté et l'agrément de son information.

Soucieux d'actualité et de service, le Guide prépare déjà sa prochaine édition.

Seul le Guide de l'année mérite ainsi votre confiance.

Pensez à le renouveler...

Bon voyage avec Michelin

Sommaire

Le choix d'un hôtel, d'un restaurant

Ce guide vous propose une sélection d'hôtels et restaurants établie à l'usage de l'automobiliste de passage. Les établissements, classés selon leur confort, sont cités par ordre de préférence dans chaque catégorie.

CATÉGORIES

	Grand luxe et tradition	
	Grand confort	
	Très confortable	
	De bon confort	
	Assez confortable	
	Simple mais convenable	
sans rest.	L'hôtel n'a pas de restaurant	
	Le restaurant possède des chambres	avec ch.

AGRÉMENT ET TRANQUILLITÉ

Certains établissements se distinguent dans le guide par les symboles rouges indiqués ci-après. Le séjour dans ces hôtels se révèle particulièrement agréable ou reposant.
Cela peut tenir d'une part au caractère de l'édifice, au décor original, au site, à l'accueil et aux services qui sont proposés, d'autre part à la tranquillité des lieux.

à	Hôtels agréables
à	Restaurants agréables
« Parc fleuri »	Élément particulièrement agréable
	Hôtel très tranquille ou isolé et tranquille
	Hôtel tranquille
mer	Vue exceptionnelle
	Vue intéressante ou étendue.

Les localités possédant des établissements agréables ou très tranquilles sont repérées sur les cartes placées au début de chaque pays traité dans ce guide.

Consultez-les pour la préparation de vos voyages et donnez-nous vos appréciations à votre retour, vous faciliterez ainsi nos enquêtes.

L'installation

Les chambres des hôtels que nous recommandons possèdent, en général, des installations sanitaires complètes. Il est toutefois possible que dans les catégories , et , certaines chambres en soient dépourvues.

30 ch	Nombre de chambres
	Ascenseur
	Air conditionné
TV	Télévision dans la chambre
	Établissement en partie réservé aux non-fumeurs
	Téléphone dans la chambre relié par standard
	Téléphone dans la chambre, direct avec l'extérieur
	Chambres accessibles aux handicapés physiques
	Repas servis au jardin ou en terrasse
	Piscine : de plein air ou couverte
	Sauna – Jardin de repos
	Tennis à l'hôtel – Chevaux de selle
25 à 150	Salles de conférences : capacité des salles
	Garage dans l'hôtel (généralement payant)
P	Parking (pouvant être payant)
	Accès interdit aux chiens (dans tout ou partie de l'établissement)
Fax	Transmission de documents par télécopie
mai-oct.	Période d'ouverture, communiquée par l'hôtelier En l'absence de mention, l'établissement est ouvert toute l'année.
9411 KL	Code postal de l'établissement (Grand-Duché et Pays-Bas en particulier)

La table

LES ÉTOILES

Certains établissements méritent d'être signalés à votre attention pour la qualité de leur cuisine. Nous les distinguons par **les étoiles de bonne table**.

Nous indiquons presque toujours pour ces établissements, trois spécialités culinaires et, au Grand-Duché de Luxembourg, des vins locaux. Essayez-les, à la fois pour votre satisfaction et pour encourager le chef dans son effort.

✿✿✿ **Une des meilleures tables, vaut le voyage**

Table merveilleuse, grands vins, service impeccable, cadre élégant... Prix en conséquence.

✿✿ **Table excellente, mérite un détour**

Spécialités et vins de choix... Attendez-vous à une dépense en rapport.

✿ **Une très bonne table dans sa catégorie**

L'étoile marque une bonne étape sur votre itinéraire.
Mais ne comparez pas l'étoile d'un établissement de luxe à prix élevés avec celle d'une petite maison où à prix raisonnables, on sert également une cuisine de qualité.

Consultez les cartes placées au début de chaque pays traité dans ce guide, elles faciliteront vos recherches.

Les prix

Les prix que nous indiquons dans ce guide ont été établis à l'automne 1990. Ils sont susceptibles de modifications, notamment en cas de variations des prix des biens et services. Ils s'entendent taxes et services compris. Aucune majoration ne doit figurer sur votre note, sauf éventuellement une taxe locale.

Entrez à l'hôtel le Guide à la main, vous montrerez ainsi qu'il vous conduit là en confiance.

Les hôtels et restaurants figurent en gros caractères lorsque les hôteliers nous ont donné tous leurs prix et se sont engagés, sous leur propre responsabilité, à les appliquer aux touristes de passage porteurs de notre guide.

Les exemples suivants sont donnés en francs belges.

REPAS

◆	Etablissement proposant un menu simple à moins de **750** francs ou **40** florins.
R 750/1200	**Menus à prix fixe** – minimum 750 et maximum 1200 des menus servis aux heures normales (12 h à 14 h 30 et 19 h à 21 h 30 en Belgique – 12 h à 14 h et 17 h à 21 h aux Pays-Bas).
R carte 800 à 1500	**Repas à la carte** – Le premier prix correspond à un repas normal comprenant : hors-d'œuvre, plat garni et dessert. Le 2e prix concerne un repas plus complet (avec spécialité) comprenant : deux plats, fromage et dessert.
☕ 150	Prix du petit déjeuner (supplément éventuel si servi en chambre).

CHAMBRES

ch 800/1200	Prix minimum 800 pour une chambre d'une personne prix maximum 1200 pour une chambre de deux personnes.
29 ch ☕ 1200/2000	Prix des chambres petit déjeuner compris.

DEMI-PENSION

1/2 P 1600/1800	Prix minimum et maximum de la demi-pension (chambre, petit déjeuner et l'un des deux repas) par personne et par jour, en saison. Il est indispensable de s'entendre par avance avec l'hôtelier pour conclure un arrangement définitif.

LES ARRHES – CARTES DE CRÉDIT

Certains hôteliers demandent le versement d'arrhes. Il s'agit d'un dépôt-garantie qui engage l'hôtelier comme le client. Bien faire préciser les dispositions de cette garantie.

AE ⓓ E VISA	Cartes de crédit acceptées par l'établissement

Les villes

1000	Numéro postal à indiquer dans l'adresse avant le nom de la localité
✉ 4880 Spa	Bureau de poste desservant la localité
☎ 053	Indicatif téléphonique de zone (De l'étranger, ne pas composer le 0)
P	Capital de Province
C Herve	Siège administratif communal
409 ⑤	Numéro de la Carte Michelin et numéro du pli
G. Belgique-Lux.	Voir le guide vert Michelin Belgique-Luxembourg
4 283 h	Population (d'après chiffres du dernier recensement officiel publié)
BX A	Lettres repérant un emplacement sur le plan
18	Golf et nombre de trous
✻, ⇐	Panorama, point de vue
✈	Aéroport
🚗 ☎ 425214	Localité desservie par train-auto Renseignements au numéro de téléphone indiqué
⛴	Transports maritimes
⛴	Transports maritimes pour passagers seulement
i	Information touristique

Les curiosités

INTÉRÊT

★★★	Vaut le voyage
★★	Mérite un détour
★	Intéressant

SITUATION

Voir	Dans la ville
Env.	Aux environs de la ville
N, S, E, O	La curiosité est située : au Nord, au Sud, à l'Est, à l'Ouest
②, ④	On s'y rend par la sortie ② ou ④ repérée par le même signe sur le plan du Guide et sur la carte
2 km	Distance en kilomètres

Les plans

Hôtels
Restaurants

Curiosités

Bâtiment intéressant et entrée principale
Édifice religieux intéressant :
Cathédrale, église ou chapelle

Voirie

Autoroute, route à chaussées séparées
échangeur : complet, partiel
Grande voie de circulation
Sens unique – Rue impraticable
Rue piétonne – Tramway
Pasteur — Rue commerçante – Parc de stationnement
Porte – Passage sous voûte – Tunnel
Gare et voie ferrée
Passage bas (inf. à 4 m 20) – Charge limitée (inf. à 15 t.)
Pont mobile – Bac pour autos (charge limite en tonnes)

Signes divers

Information touristique
Mosquée – Synagogue
Tour – Ruines – Moulin à vent – Château d'eau
Jardin, parc, bois – Cimetière – Calvaire
Stade – Golf – Hippodrome
Piscine de plein air, couverte
Vue – Panorama
Monument – Fontaine – Usine – Centre commercial
Port de plaisance – Phare
Aéroport – Station de métro
Transport par bateau :
passagers et voitures, passagers seulement
Repère commun aux plans et aux cartes Michelin détaillées
Bureau principal de poste restante, Téléphone
Hôpital – Marché couvert
Bâtiment public repéré par une lettre :
H P — Hôtel de ville – Préfecture
J — Palais de justice
M T — Musée – Théâtre
U — Université, grande école
POL. G — Police (commissariat central) – Gendarmerie

Les plans de villes sont disposés le Nord en haut.

La voiture, les pneus

Au texte de la plupart des localités figure une liste de concessionnaires automobiles pouvant éventuellement vous aider en cas de panne.

Pour vos pneus, consultez les pages bordées de bleu ou adressez-vous à l'une de nos Agences Régionales.

Vous pouvez également consulter utilement les principaux automobiles clubs du BENELUX :

BELGIQUE

Royal Automobile Club de Belgique (RACB),
FIA, 53, rue d'Arlon, 1040 Bruxelles
☎ (02) 736 59 59

Royal Motor Union
254, boulevard d'Avroy, 4000 Liège
☎ (041) 52 70 30

Touring Club Royal de Belgique (TCB)
AIT, 44, rue de la Loi, 1040 Bruxelles
☎ (02) 233 22 22

Vlaamse Automobilistenbond (VTB-VAB)
Sint-Jakobsmarkt 45, 2000 Antwerpen
☎ (03) 253 63 63

LUXEMBOURG

Automobile Club du Grand Duché de Luxembourg (ACL)
FIA & AIT, 54, route de Longwy, 8007 Bertrange
☎ 45 00 45

PAYS-BAS

Koninklijke Nederlandsche Automobiel Club (KNAC)
FIA, Westvlietweg 118, Leidschendam
☎ (070) 399 74 51

Koninklijke Nederlandsche Toeristenbond (ANWB)
AIT, Wassenaarseweg 220, Den Haag
☎ (070) 314 71 47

VITESSES LIMITES AUTORISÉES (en km/h)

	Autoroute	Route	Agglomération
Belgique	120	90	60
GD Luxembourg	120	90	60
Pays-Bas	100/120	80	50

Beste lezer

*Dit is de 14de editie van de
Michelingids Benelux
in zijn huidige vorm.
De allereerste editie
dateert echter uit 1904.*

*Onze selektie hotels en restaurants
is op geheel onafhankelijke wijze
tot stand gekomen ; zij is het
resultaat van het speurwerk van
onze medewerkers. Brieven en
commentaar van lezers vormen daarop
een waardevolle aanvulling.*

*Wij hebben dit jaar kleuren
in deze gids gebruikt
am de informatie
nog beter leesbaar te maken.*

*Teneinde u volgend jaar van dienst
te zijn met nieuwe gegevens, zijn
wij nu al begonnen met de volgende
uitgave. Betrouwbare informatie
vindt u alleen in de gids van
het lopende jaar.*

Vergeet niet om hem te vervangen.

Goede reis met Michelin.

Inhoud

Keuze
van een hotel, van een restaurant

De selektie van hotels en restaurants in deze gids is bestemd voor de automobilist op doorreis. In de verschillende categorieën, die overeenkomen met het geboden comfort, worden de bedrijven in volgorde van voorkeur opgegeven.

CATEGORIEËN

⌂⌂⌂⌂⌂	Zeer luxueus, traditioneel	XXXXX
⌂⌂⌂⌂	Eerste klas	XXXX
⌂⌂⌂	Zeer comfortabel	XXX
⌂⌂	Geriefelijk	XX
⌂	Vrij geriefelijk	X
	Eenvoudig maar correct	
sans rest.	Hotel zonder restaurant	
	Restaurant met kamers	avec ch.

AANGENAAM EN RUSTIG VERBLIJF

Bepaalde bedrijven worden in de gids aangeduid met de onderstaande rode tekens. Een verblijf in die hotels is bijzonder aangenaam of rustig. Dit kan enerzijds te danken zijn aan het gebouw, aan de originele inrichting, aan de ligging, aan de ontvangst en aan de diensten die geboden worden, anderzijds aan het feit dat het er bijzonder rustig is.

⌂⌂⌂⌂⌂ tot ⌂	Aangename hotels
XXXXX tot X	Aangename restaurants
« Parc fleuri »	Bijzonder aangenaam gegeven
	Zeer rustig of afgelegen en rustig hotel
	Rustig hotel
⇐ mer	Prachtig uitzicht
⇐	Interessant of weids uitzicht

Voorin elk gedeelte van de gids dat aan een bepaald land gewijd is, staat een kaart met de plaatsen met aangename of zeer rustige bedrijven.
Raadpleeg deze kaarten bij het voorbereiden van uw reis en laat ons bij thuiskomst weten wat uw ervaringen zijn. Op die manier kunt u ons behulpzaam zijn.

Inrichting

De hotelkamers die wij aanbevelen, beschikken in het algemeen over een volledige sanitaire voorziening. Het kan echter voorkomen dat deze bij sommige kamers in de hotelcategorieën 🏠, 🏠 en ⛱ ontbreekt.

30 ch	Aantal kamers
(symbool)	Lift
(symbool)	Airconditioning
TV	Televisie op de kamer
(symbool)	Bedrijf dat gedeeltelijk gereserveerd is voor niet-rokers
(symbool)	Telefoon op de kamer met buitenlijn op aanvraag
☎	Telefoon op de kamer met rechtstreekse buitenlijn
♿	Kamers toegankelijk voor lichamelijk gehandicapten
(symbool)	Maaltijden worden geserveerd in tuin of op terras
(symbolen)	Zwembad : openlucht of overdekt
(symbolen)	Sauna – Tuin
(symbolen)	Tennis bij het hotel – Rijpaarden
(symbool) 25 à 150	Vergaderzalen : aantal plaatsen
(symbool)	Garage bij het hotel (meestal tegen betaling)
Ⓟ	Parkeerplaats (eventueel tegen betaling)
(symbool)	Honden worden niet toegelaten (in het hele bedrijf of in een gedeelte daarvan)
Fax	Telefonische doorgave van documenten
mai-oct.	Openingsperiode ; door de hotelhouder opgegeven Het ontbreken van deze vermelding betekent, dat het bedrijf het gehele jaar geopend is
✉ 9411 KL	Postcode van het bedrijf (in het bijzonder voor Luxemburg en Nederland)

Keuken

STERREN

Bepaalde bedrijven verdienen extra aandacht vanwege de kwaliteit van hun keuken. Wij geven ze aan met één of meer sterren.

Bij deze bedrijven vermelden wij meestal drie culinaire specialiteiten en voor Luxemburg lokale wijnen. Wij adviseren u daaruit een keuze te maken, zowel voor uw eigen genoegen als ter aanmoediging van de kok.

✿✿✿ **Uitzonderlijke keuken : de reis waard**

Voortreffelijke keuken, beroemde wijnen, onberispelijke bediening, stijlvol interieur... Overeenkomstige prijzen.

✿✿ **Verfijnde keuken : een omweg waard**

Bijzondere specialiteiten en wijnen... Verwacht geen lage prijzen.

✿ **Een uitstekende keuken in zijn categorie**

De ster wijst op een goede etappe op uw route.

Maar vergelijk niet de ster van een luxueus bedrijf met hoge prijzen met die van een klein restaurant dat ook een verzorgde keuken biedt tegen redelijke prijzen.

Raadpleeg de kaarten voorin elk gedeelte van deze gids, dat aan een bepaald land gewijd is. Dit zal u helpen bij uw speurwerk.

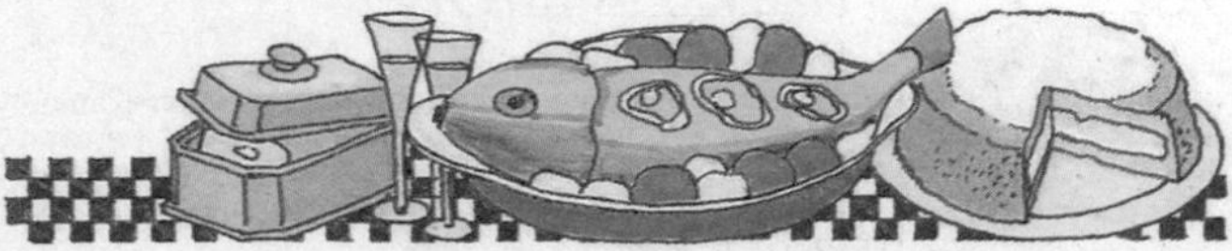

Prijzen

De prijzen in deze gids zijn in het najaar 1990 genoteerd. Zij kunnen gewijzigd worden, met name als de prijzen van goederen en diensten veranderen. In de vermelde bedragen is alles inbegrepen (bediening en belasting). Op uw rekening behoort geen ander bedrag te staan, behalve eventueel een plaatselijke belasting.
Als u met de gids in de hand een hotel of restaurant binnen gaat, laat u zien dat wij u dat bedrijf hebben aanbevolen.
De naam van een hotel of restaurant is dik gedrukt als de hotelhouder ons al zijn prijzen heeft opgegeven en zich voor eigen verantwoording heeft verplicht deze te berekenen aan toeristen die onze gids bezitten.
Onderstaande voorbeelden zijn in Belgische franken gegeven.

MAALTIJDEN

⟵	Bedrijf dat een eenvoudig menu serveert van minder dan **750** Belgische franken of **40** gulden.
R 750/1200	**Vaste prijzen voor menu's** – laagste (750) en hoogste (1200) prijs van menu's die op normale uren geserveerd worden (12-14.30 u. en 19-21.30 u. in België – 12-14 u. en 17-21 u. in Nederland).
R carte 800 à 1500	**Maaltijden « à la carte »** – De eerste prijs betreft een normale maaltijd, bestaande uit een voorgerecht, een hoofdgerecht en een dessert. De tweede prijs betreft een meer uitgebreide maaltijd (met een specialiteit) bestaande uit : twee gerechten, kaas en een dessert.
☕ 150	Prijs van het ontbijt (mogelijk wordt een extra bedrag gevraagd voor ontbijt op de kamer).

KAMERS

ch 800/1200	Laagste prijs (800) voor een eenpersoonskamer en hoogste prijs (1200) voor een tweepersoonskamer.
29 ch ☕ 1200/2000	Prijzen van de kamers met ontbijt.

HALF PENSION

1/2 P 1600/1800	Laagste en hoogste prijs voor half pension (kamer, ontbijt en één van de twee maaltijden), per persoon en per dag, in het hoogseizoen. Het is raadzaam om van tevoren met de hotelhouder te overleggen en een goede afspraak te maken.

AANBETALING – CREDITCARDS

Sommige hotelhouders vragen een aanbetaling. Dit bedrag is een garantie, zowel voor de hotelhouder als voor de gast. Het is wenselijk te informeren naar de bepalingen van deze garantie.

AE (D) E VISA	Creditcards die door het bedrijf geaccepteerd worden.

Steden

1000	Postcodenummer, steeds te vermelden in het adres voor de plaatsnaam
✉ 4880 Spa	Postkantoor voor deze plaats
☎ 053	Netnummer (vanuit het buitenland : de O weglaten)
P	Hoofdstad van de provincie
C Herve	Gemeentelijke administratieve zetel
409 ⑤	Nummer van de Michelinkaart en nummer van het vouwblad
G. Belgique-Lux.	Zie de groene Michelingids België-Luxemburg
4 283 h	Totaal aantal inwoners (volgens de laatst gepubliceerde, officiële telling)
BX A	Letters die de ligging op de plattegrond aangeven
18	Golf en aantal holes
☼, ⋞	Panorama, uitzicht
✈	Vliegveld
🚗 ☏ 425214	Plaats waar de autoslaaptrein stopt. Inlichtingen bij het aangegeven telefoonnummer.
⛴	Bootverbinding
⛴	Bootverbinding (uitsluitend passagiers)
i	Informatie voor toeristen - VVV

Bezienswaardigheden

CLASSIFICATIE

★★★	De reis waard
★★	Een omweg waard
★	Interessant

LIGGING

Voir	In de stad
Env.	In de omgeving van de stad
N, S, E, O	De bezienswaardigheid ligt : ten noorden (N), ten zuiden (S), ten oosten (E), ten westen (O)
②, ④	Men komt er via uitvalsweg ② of ④, die met hetzelfde teken is aangegeven op de plattegrond in de gids en op de kaart
2 km	Afstand in kilometers

Plattegronden

Hotels
Restaurants

Bezienswaardigheden

Interessant gebouw met hoofdingang
Interessant kerkelijk gebouw :
Kathedraal, kerk of kapel

Wegen

Autosnelweg, weg met gescheiden rijbanen
verkeerswisselaar/knooppunt : volledig, gedeeltelijk
Hoofdverkeersweg
Eenrichtingsverkeer – Onbegaanbare straat
Voetgangersgebied – Tramweg
Pasteur — Winkelstraat – Parkeerplaats
Poort – Onderdoorgang – Tunnel
Station spoorweg
Vrije hoogte (onder 4 m 20) – Maximum draagvermogen (onder 15 t.)
Beweegbare brug – Auto-veerpont (draagvermogen in t.)

Overige tekens

Informatie voor toeristen
Moskee – Synagoge
Toren – Ruïne – Windmolen – Watertoren
Tuin, park, bos – Begraafplaats – Kruisbeeld
Stadion – Golf – Renbaan
Zwembad : openlucht, overdekt
Uitzicht – Panorama
Gedenkteken, standbeeld – Fontein – Fabriek – Winkelcentrum
Jachthaven – Vuurtoren
Luchthaven – Metrostation
Vervoer per boot :
passagiers en auto's, uitsluitend passagiers
3 — Verwijsteken uitvalsweg : identiek op plattegronden en Michelinkaarten
Hoofdkantoor voor poste-restante – Telefoon
Ziekenhuis – Overdekte markt
Openbaar gebouw, aangegeven met een letter :
H P — Stadhuis – Provinciehuis
J — Gerechtshof
M T — Museum – Schouwburg
U — Universiteit, hogeschool
POL. — Politie (in grote steden, hoofdbureau) –
G — Marechaussee/rijkswacht

Auto en banden

Bij de meeste plaatsen zijn adressen van autodealers opgenomen die eventueel kunnen helpen bij pech.

Raadpleeg voor uw banden de bladzijden met blauwe rand of wendt u tot één van de Michelin-filialen.

U kunt ook de hulp inroepen van een automobielclub in de BENELUX :

BELGIË

Vlaamse Automobilistenbond (VTB-VAB)
Sint-Jakobsmarkt 45, 2000 Antwerpen
☎ (03) 253 63 63

Koninklijke Automobiel Club van België (KACB)
FIA, Aarlenstraat 53, 1040 Brussel
☎ (02) 736 59 59

Royal Motor Union
254, boulevard d'Avroy, 4000 Liège
☎ (041) 52 70 30

Touring Club van België (TCB)
AIT, Wetstraat 44, 1040 Brussel
☎ (02) 233 22 22

LUXEMBURG

Automobile Club du Grand Duché de Luxembourg (ACL)
FIA & AIT, 54, route de Longwy, 8007 Bertrange
☎ 45 00 45

NEDERLAND

Koninklijke Nederlandsche Automobiel Club (KNAC)
FIA, Westvlietweg 118, Leidschendam
☎ (070) 399 74 51

Koninklijke Nederlandsche Toeristenbond (ANWB)
AIT, Wassenaarseweg 220, Den Haag
☎ (070) 314 71 47

MAXIMUMSNELHEDEN (km/u)

	Autosnelwegen	Wegen	Bebouwde kom
België	120	90	60
Luxemburg	120	90	60
Nederland	100/120	80	50

Lieber Leser

*Der Rote Michelin-Führer Benelux
liegt nun schon in der
14. Ausgabe in seiner heutigen Form
vor — die erste Ausgabe stammt
aus dem Jahre 1904.*

*Er bringt eine
in voller Unabhängigkeit getroffene,
bewußt begrenzte Auswahl
an Hotels und Restaurants.
Sie basiert auf den regelmäßigen
Überprüfungen durch unsere Inspektoren,
komplettiert durch die zahlreichen
Zuschriften und Erfahrungsberichte
unserer Leser.*

*Die in diesem Jahr eingeführte
farbige Gestaltung des Führers
ist ein weiterer Schritt
in unserem Bemühen um
Modernisierung und Aktualisierung.*

*Wir sind stets um die Aktualität
unserer Informationen bemüht
und bereiten schon jetzt
den Führer des nächsten Jahres vor.
Nur die neueste Ausgabe
ist wirklich zuverlässig —
denken Sie bitte daran,
wenn der nächste
Rote Michelin-Führer erscheint.*

Gute Reise mit Michelin !

Inhaltsverzeichnis

Wahl
eines Hotels, eines Restaurants

Die Auswahl der in diesem Führer aufgeführten Hotels und Restaurants ist für Durchreisende gedacht. In jeder Kategorie drückt die Reihenfolge der Betriebe (sie sind nach ihrem Komfort klassifiziert) eine weitere Rangordnung aus.

KATEGORIEN

	Großer Luxus und Tradition	
	Großer Komfort	
	Sehr komfortabel	
	Mit gutem Komfort	
	Mit ausreichendem Komfort	
	Bürgerlich	
sans rest.	Hotel ohne Restaurant	
	Restaurant vermietet auch Zimmer	avec ch.

ANNEHMLICHKEITEN

Manche Häuser sind im Führer durch rote Symbole gekennzeichnet (s. unten.) Der Aufenthalt in diesen Hotels ist wegen der schönen, ruhigen Lage, der nicht alltäglichen Einrichtung und Atmosphäre und dem gebotenen Service besonders angenehm und erholsam.

bis	Angenehme Hotels
bis	Angenehme Restaurants
« Parc fleuri »	Besondere Annehmlichkeit
	Sehr ruhiges, oder abgelegenes und ruhiges Hotel
	Ruhiges Hotel
mer	Reizvolle Aussicht
	Interessante oder weite Sicht

Die den einzelnen Ländern vorangestellten Übersichtskarten, auf denen die Orte mit besonders angenehmen oder sehr ruhigen Häusern eingezeichnet sind, helfen Ihnen bei der Reisevorbereitung. Teilen Sie uns bitte nach der Reise Ihre Erfahrungen und Meinungen mit. Sie helfen uns damit, den Führer weiter zu verbessern.

Einrichtung

Die meisten der empfohlenen Hotels verfügen über Zimmer, die alle oder doch zum größten Teil mit Bad oder Dusche ausgestattet sind. In den Häusern der Kategorien , und kann diese jedoch in einigen Zimmern fehlen.

30 ch	Anzahl der Zimmer
	Fahrstuhl
	Klimaanlage
TV	Fernsehen im Zimmer
	Haus teilweise reserviert für Nichtraucher
	Zimmertelefon mit Außenverbindung über Telefonzentrale
☎	Zimmertelefon mit direkter Außenverbindung
♿	Für Körperbehinderte leicht zugängliche Zimmer
	Garten-, Terrassenrestaurant
	Freibad – Hallenbad
	Sauna – Liegewiese, Garten
	Hoteleigener Tennisplatz – Reitpferde
25 à 150	Konferenzräume (Mindest- und Höchstkapazität)
	Hotelgarage (wird gewöhnlich berechnet)
P	Parkplatz (manchmal gebührenpflichtig)
	Hunde sind unerwünscht (im ganzen Haus bzw. in den Zimmern oder im Restaurant)
Fax	Telefonische Dokumentenübermittlung
mai-oct.	Öffnungszeit, vom Hotelier mitgeteilt Häuser ohne Angabe von Schließungszeiten sind ganzjährig geöffnet
✉ 9411 KL	Angabe des Postbezirks (bes. Niederlande und Luxemburg)

Küche

DIE STERNE

Einige Häuser verdienen wegen ihrer überdurchschnittlich guten Küche Ihre besondere Beachtung. Auf diese Häuser weisen die Sterne hin.

Bei den mit « **Stern** » ausgezeichneten Betrieben nennen wir drei kulinarische Spezialitäten (mit Landweinen in Luxemburg), die Sie probieren sollten.

✿✿✿ **Eine der besten Küchen : eine Reise wert**

Ein denkwürdiges Essen, edle Weine, tadelloser Service, gepflegte Atmosphäre... entsprechende Preise.

✿✿ **Eine hervorragende Küche : verdient einen Umweg**

Ausgesuchte Menus und Weine... angemessene Preise.

✿ **Eine sehr gute Küche : verdient Ihre besondere Beachtung**

Der Stern bedeutet eine angenehme Unterbrechung Ihrer Reise. Vergleichen Sie aber bitte nicht den Stern eines sehr teuren Luxusrestaurants mit dem Stern eines kleineren oder mittleren Hauses, wo man Ihnen zu einem annehmbaren Preis eine ebenfalls vorzügliche Mahlzeit reicht.

Die den einzelnen Ländern vorangestellten Übersichtskarten helfen Ihnen bei der Suche nach besonders ausgezeichneten Häusern.

Preise

Die in diesem Führer genannten Preise wurden uns im Herbst 1990 angegeben. Sie können sich mit den Preisen von Waren und Dienstleistungen ändern. Sie enthalten Bedienung und MWSt. Es sind Inklusivpreise, die sich nur noch durch eine evtl. zu zahlende lokale Taxe erhöhen können.
Halten Sie beim Betreten des Hotels den Führer in der Hand. Sie zeigen damit, daß Sie aufgrund dieser Empfehlung gekommen sind.
Die Namen der Hotels und Restaurants, die ihre Preise genannt haben, sind fettgedruckt. Gleichzeitig haben sich diese Häuser verpflichtet, die von den Hoteliers selbst angegebenen Preise den Benutzern des Michelin-Führers zu berechnen.
Die folgenden Beispiele sind in belgischen Francs angegeben.

MAHLZEITEN

◆	Restaurant, das ein einfaches Menu unter **750** belgischen Francs oder **40** Gulden ambietet.
R 750/1200	**Feste Menupreise** – Mindest- 750 und Höchstpreis 1200 für die Menus (Gedecke), die zu den normalen Tischzeiten serviert werden (12-14.30 Uhr und 19-21.30 Uhr in Belgien, 12-14 Uhr und 17-21 Uhr in den Niederlanden).
R carte 800 à 1500	**Mahlzeiten « à la carte »** – Der erste Preis entspricht einer einfachen Mahlzeit und umfaßt Vorspeise, Tagesgericht mit Beilage, Dessert. Der zweite Preis entspricht einer reichlicheren Mahlzeit (mit Spezialität) bestehend aus: zwei Hauptgängen, Käse, Dessert.
☕ 150	Preis des Frühstücks (wenn es im Zimmer serviert wird kann ein Zuschlag erhoben werden).

ZIMMER

ch 800/1200	Mindestpreis 800 für ein Einzelzimmer, Höchstpreis 1200 für ein Doppelzimmer.
29 ch ☕ 1200/2000	Zimmerpreis inkl. Frühstück.

HALBPENSION

1/2 P 1600/1800	Mindestpreis und Höchstpreis für Halbpension (Zimmer, Frühstück und 1 Hauptmahlzeit) pro Person und Tag während der Hauptsaison. Es ist ratsam, sich beim Hotelier vor der Anreise nach den genauen Bedingungen zu erkundigen.

ANZAHLUNG – KREDITKARTEN

Einige Hoteliers verlangen eine Anzahlung. Diese ist als Garantie sowohl für den Hotelier als auch für den Gast anzusehen.

Es ist ratsam, sich beim Hotelier nach ihren genauen Bestimmungen zu enkundigen.

AE ⓓ E VISA	Vom Haus akzeptierte Kreditkarten

Städte

1000	Postleitzahl, bei der Anschrift vor dem Ortsnamen anzugeben
✉ 4880 Spa	Postleitzahl und zuständiges Postamt
☎ 053	Vorwahlnummer (bei Gesprächen vom Ausland wird die erste Null weggelassen)
P	Provinzhauptstadt
C Herve	Sitz der Kreisverwaltung
409 ⑤	Nummer der Michelin-Karte und Faltseite
G. Belgique-Lux.	Siehe Grünen Michelin-Reiseführer Belgique-Luxembourg
4 283 h	Einwohnerzahl (letzte offizielle Volkszählung)
BX A	Markierung auf dem Stadtplan
18	Golfplatz und Lochzahl
✳, ⩤	Rundblick, Aussichtspunkt
✈	Flughafen
☏ 425214	Ladestelle für Autoreisezüge. Nähere Auskünfte unter der angegebenen Telefonnummer
⛴	Autofähre
⛴	Personenfähre
ℹ	Informationsstelle

Sehenswürdigkeiten

BEWERTUNG

★★★	Eine Reise wert
★★	Verdient einen Umweg
★	Sehenswert

LAGE

Voir	In der Stadt
Env.	In der Umgebung der Stadt
N, S, E, O	Im Norden (N), Süden (S), Osten (E), Westen (O) der Stadt
②, ④	Zu erreichen über die Ausfallstraße ② bzw ④, die auf dem Stadtplan und auf der Michelin-Karte identisch gekennzeichnet sind
2 km	Entfernung in Kilometern

Stadtpläne

Hotels
Restaurants

Sehenswürdigkeiten

Sehenswertes Gebäude mit Haupteingang
Sehenswerter Sakralbau
Kathedrale, Kirche oder Kapelle

Straßen

Autobahn, Schnellstraße
Anschlußstelle : Autobahneinfahrt und/oder-ausfahrt,
Hauptverkehrsstraße
Einbahnstraße – nicht befahrbare Straße
Fußgängerzone – Straßenbahn
Pasteur — Einkaufsstraße – Parkplatz
Tor – Passage – Tunnel
Bahnhof und Bahnlinie
Unterführung (Höhe bis 4,20 m) – Höchstbelastung (unter 15 t.)
Bewegliche Brücke – Autofähre – (Höchstbelastung in t)

Sonstige Zeichen

Informationsstelle
Moschee – Synagoge
Turm – Ruine – Windmühle – Wasserturm
Garten, Park, Wäldchen – Friedhof – Bildstock
Stadion – Golfplatz – Pferderennbahn
Freibad – Hallenbad
Aussicht – Rundblick
Denkmal – Brunnen – Fabrik – Einkaufszentrum
Jachthafen – Leuchtturm
Flughafen – U-Bahnstation
Schiffsverbindungen :
Autofähre – Personenfähre
Straßenkennzeichnung (identisch auf Michelin Stadtplänen und – Abschnittskarten)
Hauptpostamt (postlagernde Sendungen), Telefon
Krankenhaus – Markthalle
Öffentliches Gebäude, durch einen Buchstaben gekennzeichnet :
H P — Rathaus – Präfektur
J — Gerichtsgebäude
M T — Museum – Theater
U — Universität, Hochschule
POL. G — Polizei (in größeren Städten Polizeipräsidium) – Gendarmerie

Das Auto, die Reifen

Bei den meisten Orten geben wir die Adressen der Kfz-Vertragswerkstätten bzw. Reparaturdienste an.
Hinweise für Ihre Reifen finden Sie auf den blau umrandeten Seiten oder bekommen Sie direkt in einer unserer Niederlassungen.
Sie können sich aber auch an die wichtigsten Automobilclubs in den BENELUXSTAATEN wenden :

BELGIEN

Royal Automobile Club de Belgique (RACB)
FIA, 53, rue d'Arlon, 1040 Bruxelles
✆ (02) 736 59 59

Royal Motor Union
254, boulevard d'Avroy, 4000 Liège
✆ (041) 52 70 30

Touring Club Royal de Belgique (TCB)
AIT, 44, rue de la Loi, 1040 Bruxelles
✆ (02) 233 22 22

Vlaamse Automobilistenbond (VTB-VAB)
Sint-Jakobsmarkt 45, 2000 Antwerpen
✆ (03) 253 63 63

LUXEMBURG

Automobile Club du Grand Duché de Luxembourg (ACL)
FIA & AIT, 54, route de Longwy, 8007 Bertrange
✆ 45 00 45

NIEDERLANDE

Koninklijke Nederlandsche Automobiel Club (KNAC)
FIA, Westvlietweg 118, Leidschendam
✆ (070) 399 74 51

Koninklijke Nederlandsche Toeristenbond (ANWB)
AIT, Wassenaarseweg 220, Den Haag
✆ (070) 314 71 47

GESCHWINDIGKEITSBEGRENZUNG (in km/h)

	Autobahn	Landstraße	Geschlossene Ortschaften
Belgien	120	90	60
Luxemburg	120	90	60
Niederlande	100/120	80	50

Dear Reader

The present volume is the 14th edition of the Michelin Guide Benelux in its current form. However the very first edition dates from 1904.

The unbiased and independent selection of hotels and restaurants is the result of local visits and enquiries by our inspectors. In addition we receive considerable help from our readers' invaluable letters and comments.

Full colour has been introduced this year throughout the guide in order to make the presentation of the information much clearer and more attractive.

It is our purpose to provide up-to-date information and thus render a service to our readers. The next edition is already in preparation.

Therefore, only the guide of the year merits your complete confidence, so please remember to use the latest edition

Bon voyage

Contents

Choosing a hotel or restaurant

This guide offers a selection of hotels and restaurants to help the motorist on his travels. In each category establishments are listed in order of preference according to the degree of comfort they offer.

CATEGORIES

	Luxury in the traditional style	XXXXX
	Top class comfort	XXXX
	Very comfortable	XXX
	Comfortable	XX
	Quite comfortable	X
	Simple comfort	
sans rest.	The hotel has no restaurant	
	The restaurant also offers accommodation	avec ch.

PEACEFUL ATMOSPHERE AND SETTING

Certain establishments are distinguished in the guide by the red symbols shown below.

Your stay in such hotels will be particularly pleasant or restful, owing to the character of the building, its decor, the setting, the welcome and services offered, or simply the peace and quiet to be enjoyed there.

to	Pleasant hotels
XXXXX to X	Pleasant restaurants
« Parc fleuri »	Particularly attractive feature
	Very quiet or quiet, secluded hotel
	Quiet hotel
∈ mer	Exceptional view
∈	Interesting or extensive view

The maps preceding each country indicate places with such very peaceful, pleasant hotels and restaurants.
By consulting them before setting out and sending us your comments on your return you can help us with our enquiries.

Hotel facilities

In general the hotels we recommend have full bathroom and toilet facilities in each room. However, this may not be the case for certain rooms in categories , and .

30 ch	Number of rooms
	Lift (elevator)
	Air conditioning
TV	Television in room
	Hotel partly reserved for non-smokers
	Telephone in room : outside calls connected by the operator
	Direct-dial phone in room
	Rooms accessible to disabled people
	Meals served in garden or on terrace
	Outdoor or indoor swimming pool
	Sauna – Garden
	Hotel tennis court – Horse-riding
25 à 150	Equipped conference hall (minimum and maximum capacity)
	Hotel garage (additional charge in most cases)
P	Car park (a fee may be charged)
	Dogs are not allowed in all or part of the hotel
Fax	Telephone document transmission
mai-oct.	Dates when open, as indicated by the hotelier Where no date or season is shown, establishments are open all year round
9411 KL	Postal code (Netherlands and Luxemburg only)

Cuisine

STARS

Certain establishments deserve to be brought to your attention for the particularly fine quality of their cooking. **Michelin stars** are awarded for the standard of meals served. For these establishments we indicate 3 speciality dishes (and some local wines in Luxemburg). Try them, both for your pleasure and to encourage the chef in his work.

✿✿✿ **Exceptional cuisine, worth a special journey**

Superb food, fine wines, faultless service, elegant surroundings. One will pay accordingly!

✿✿ **Excellent cooking, worth a detour**

Specialities and wines of first class quality. This will be reflected in the price.

✿ **A very good restaurant in its category**

The star indicates a good place to stop on your journey.
But beware of comparing the star given to an expensive « de luxe » establishment to that of a simple restaurant where you can appreciate fine cuisine at a reasonable price.

By consulting the maps preceding each country, you will find it easier to locate them.

Prices

Prices quoted are valid for autumn 1990. Changes may arise if goods and service costs are revised. The rates include tax and service and no extra charge should appear on your bill, with the possible exception of a local tax.

Your recommendation is self-evident if you always walk into a hotel Guide in hand.

Hotels and restaurants in bold type have supplied details of all their rates and have assumed responsability for maintaining them for all travellers in possession of this Guide.

The following examples are given in Belgian francs.

MEALS

✦	Establishment serving a simple menu for less than **750** francs or **40** florins.
R 750/1200	**Set meals** – Lowest price 750 and highest price 1200 for set meals served at normal hours (noon to 2.30 pm and 7 to 9.30 pm in Belgium – noon to 2 pm and 5 to 9 pm in the Netherlands).
R carte 800 à 1500	« **A la carte** » **meals** – The first figure is for a plain meal and includes hors-d'œuvre, main dish of the day with vegetables and dessert. The second figure is for a fuller meal (with « spécialité ») and includes 2 main courses, cheese, and dessert.
☕ 150	Price of continental breakfast (additional charge when served in the bedroom).

ROOMS

ch 800/1200	Lowest price 800 for a single room and highest price 1200 for a double.
29 ch ☕ 1200/2000	Price includes breakfast.

HALF BOARD

1/2 P 1600/1800	Lowest and highest prices (room, breakfast and one of two meals), per person, per day in the season. It is advisable to agree on terms with the hotelier before arriving.

Some hotels will require a deposit, which confirms the commitment of customer and hotelier alike. Make sure the terms of the agreement are clear.

AE ⓓ E VISA	Credit cards accepted by the establishment

Towns

1000	Postal number to be shown in the address before the town name
✉ 4880 Spa	Postal number and name of the post office serving the town
☎ 053	Telephone dialling code. Omit O when dialling from abroad
P	Provincial capital
C Herve	Administrative centre of the "commune"
409 ⑤	Number of the appropriate sheet and section of the Michelin road map
G. Belgique-Lux.	See Michelin Green Guide Belgique-Luxembourg
4 283 h	Population (as in publication of most recent official census figures)
BX A	Letters giving the location of a place on the town plan
18	Golf course and number of holes
✳, ⋞	Panoramic view, viewpoint
✈	Airport
🚗 ☎ 425214	Place with a motorail connection ; further information from telephone number listed
⛴	Shipping line
⛴	Passenger transport only
i	Tourist Information Centre

Sights

STAR-RATING

★★★	Worth a journey
★★	Worth a detour
★	Interesting

LOCATION

Voir	Sights in town
Env.	On the outskirts
N, S, E, O	The sight lies north, south, east or west of the town
②, ④	Sign on town plan and on the Michelin road map indicating the road leading to a place of interest
2 km	Distance in kilometres

Town plans

Hotels

Restaurants

Sights

Place of interest and its main entrance

Interesting place of worship :
Cathedral, church or chapel

Roads

Motorway, dual carriageway
Interchange : complete, limited

Major through route

One-way street – Unsuitable for traffic

Pedestrian street – Tramway

Pasteur — Shopping street – Car park

Gateway – Street passing under arch – Tunnel

Station and railway

4m2 — 15 — Low headroom (13 ft. max.) – Load limit (under 15 t.)

15 — Lever bridge – Car ferry (load limit in tons)

Various signs

Tourist Information Centre

Mosque – Synagogue

Tower – Ruins – Windmill – Water tower

Garden, park, wood – Cemetery – Cross

Stadium – Golf course – Racecourse

Outdoor or indoor swimming pool

View – Panorama

Monument – Fountain – Factory – Shopping centre

Pleasure boat harbour – Lighthouse

Airport – Underground station

Ferry services :
passengers and cars, passengers only

3 — Refence number common to town plans and Michelin maps

Main post office with poste restante – Telephone

Hospital – Covered market

Public buildings located by letter :

H P	Town Hall – Prefecture
J	Law Courts
M T	Museum – Theatre
U	University, College
POL. G	Police (in large towns police headquarters) – Gendarmerie

North is at the top on all town plans.

Car, tyres

In the text of many towns are to be found the names of car dealers with a breakdown service.
For your tyres, refer to the pages bordered in blue or contact one of the Michelin Branches.
The major motoring organisations in the Benelux countries are :

BELGIUM

Royal Automobile Club de Belgique (RACB)
FIA, 53, rue d'Arlon, 1040 Bruxelles
✆ (02) 736 59 59

Royal Motor Union
254 boulevard d'Avroy, 4000 Liège
✆ (041) 52 70 30

Touring Club Royal de Belgique (TCB)
AIT, 44, rue de la Loi, 1040 Bruxelles
✆ (02) 233 22 22

Vlaamse Automobilistenbond (VTB-VAB)
Sint-Jakobsmarkt 45, 2000 Antwerpen
✆ (03) 253 63 63

LUXEMBURG

Automobile Club du Grand Duché de Luxembourg (ACL)
FIA & AIT, 54, route de Longwy, 8007 Bertrange
✆ 45 00 45

NETHERLANDS

Koninklijke Nederlandsche Automobiel Club (KNAC)
FIA, Westvlietweg 118, Leidschendam
✆ (070) 399 74 51

Koninklijke Nederlandsche Toeristenbond (ANWB)
AIT, Wassenaarseweg 220, Den Haag
✆ (070) 314 71 47

MAXIMUM SPEED LIMITS

	Motorways	All other roads	Built-up areas
Belgium	120 km/h (74 mph)	90 km/h (56 mph)	60 km/h (37 mph)
Luxemburg	120 km/h (74 mph)	90 km/h (56 mph)	60 km/h (37 mph)
Netherlands	100 km/h (62 mph) 120 km/h (74 mph)	80 km/h (50 mph)	50 km/h (31 mph)

Belgique

Les prix sont donnés en francs belges.

L'indicatif téléphonique d'accès de l'étranger à la Belgique est le 32.

Sur les autoroutes et les routes à 4 voies, la vitesse est limitée à 120 km/h, à 90 km/h sur les autres routes et à 60 km/h dans les agglomérations. Le port de la ceinture de sécurité est obligatoire, y compris dans les villes.

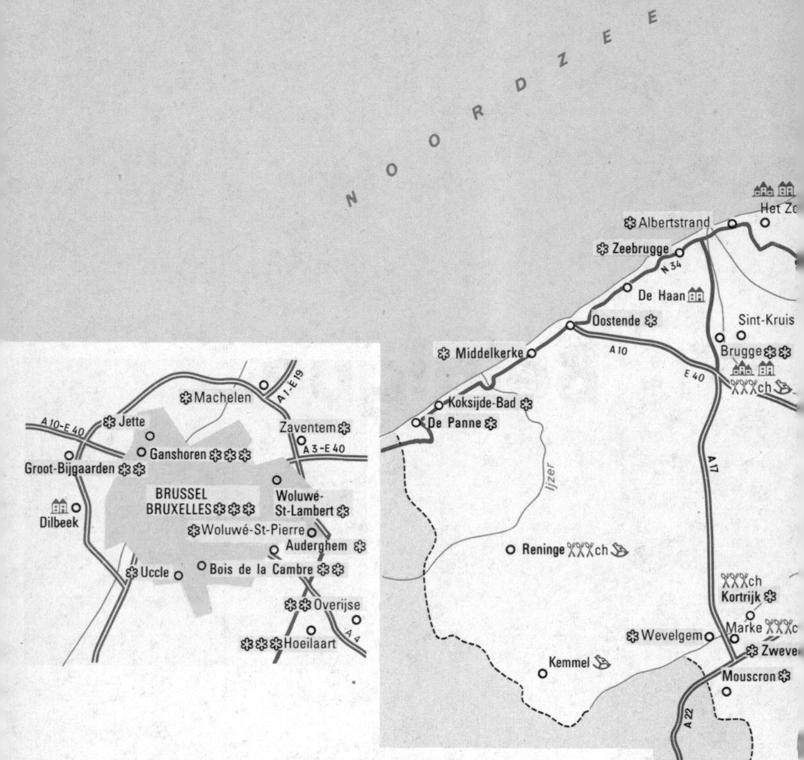

LES ÉTOILES DIE STERNE
DE STERREN THE STARS

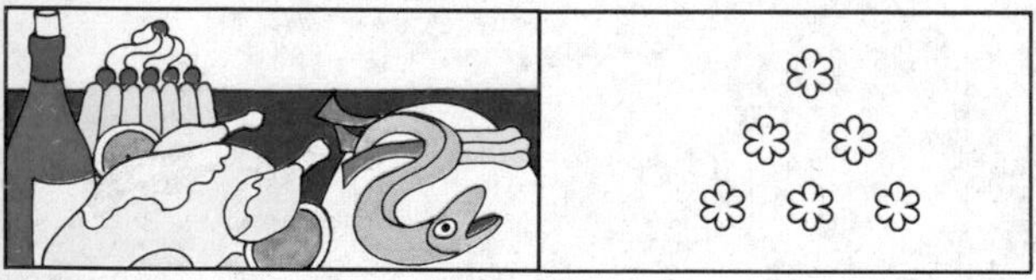

L'AGRÉMENT
AANGENAAM VERBLIJF
ANNEHMLICHKEIT
PEACEFUL ATMOSPHERE AND SETTING

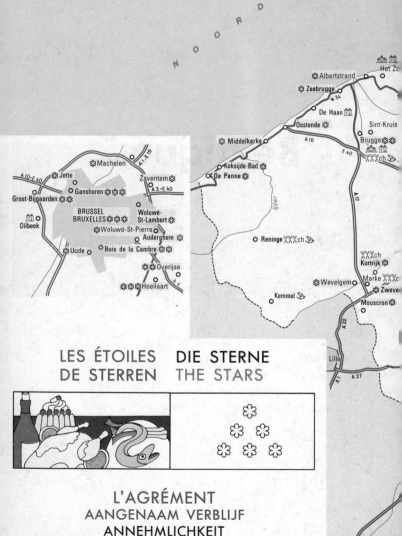

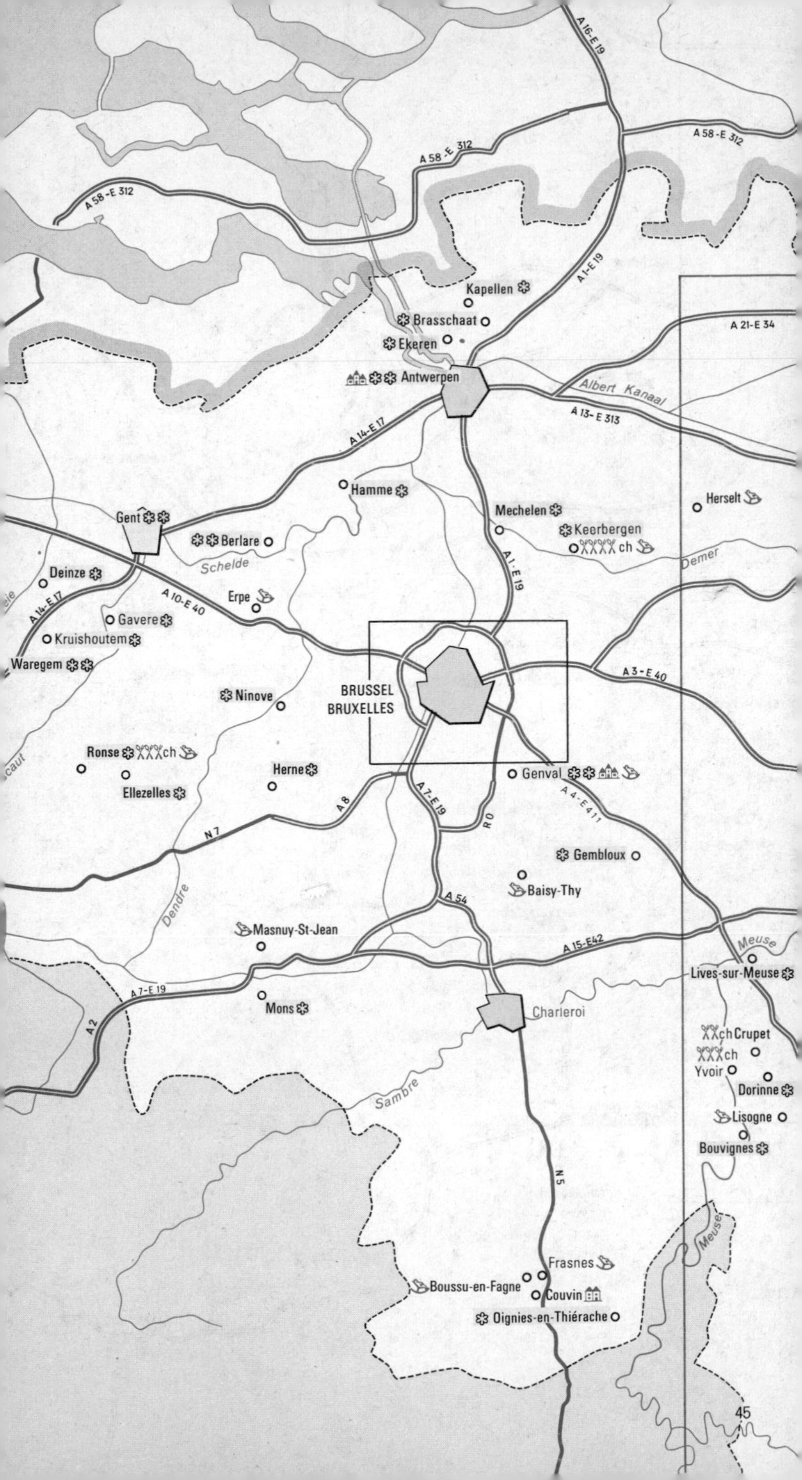

A 16-E 19
A 58-E 312
A 58 -E 312
A 58 -E 312
A 1-E 19
Kapellen
Brasschaat
Ekeren
Antwerpen
A 21-E 34
Albert Kanaal
A 13- E 313
A 14-E 17
Hamme
Herselt
Mechelen
Keerbergen
ch
Gent
Berlare
Schelde
Demer
A 1-E 19
Deinze
Erpe
A 14-E 17
A 10-E 40
Gavere
Kruishoutem
Waregem
A 3-E 40
BRUSSEL
BRUXELLES
Ninove
Ronse
ch
Herne
Genval
Ellezelles
A 4-E 411
A 8
A 7-E 19
R 0
N 7
Gembloux
Baisy-Thy
Dendre
A 54
Masnuy-St-Jean
Meuse
A 15-E42
Lives-sur-Meuse
A 7-E 19
Mons
Charleroi
A 2
ch Crupet
ch
Yvoir
Dorinne
Sambre
Lisogne
Bouvignes
N 5
Meuse
Frasnes
Boussu-en-Fagne
Couvin
Oignies-en-Thiérache

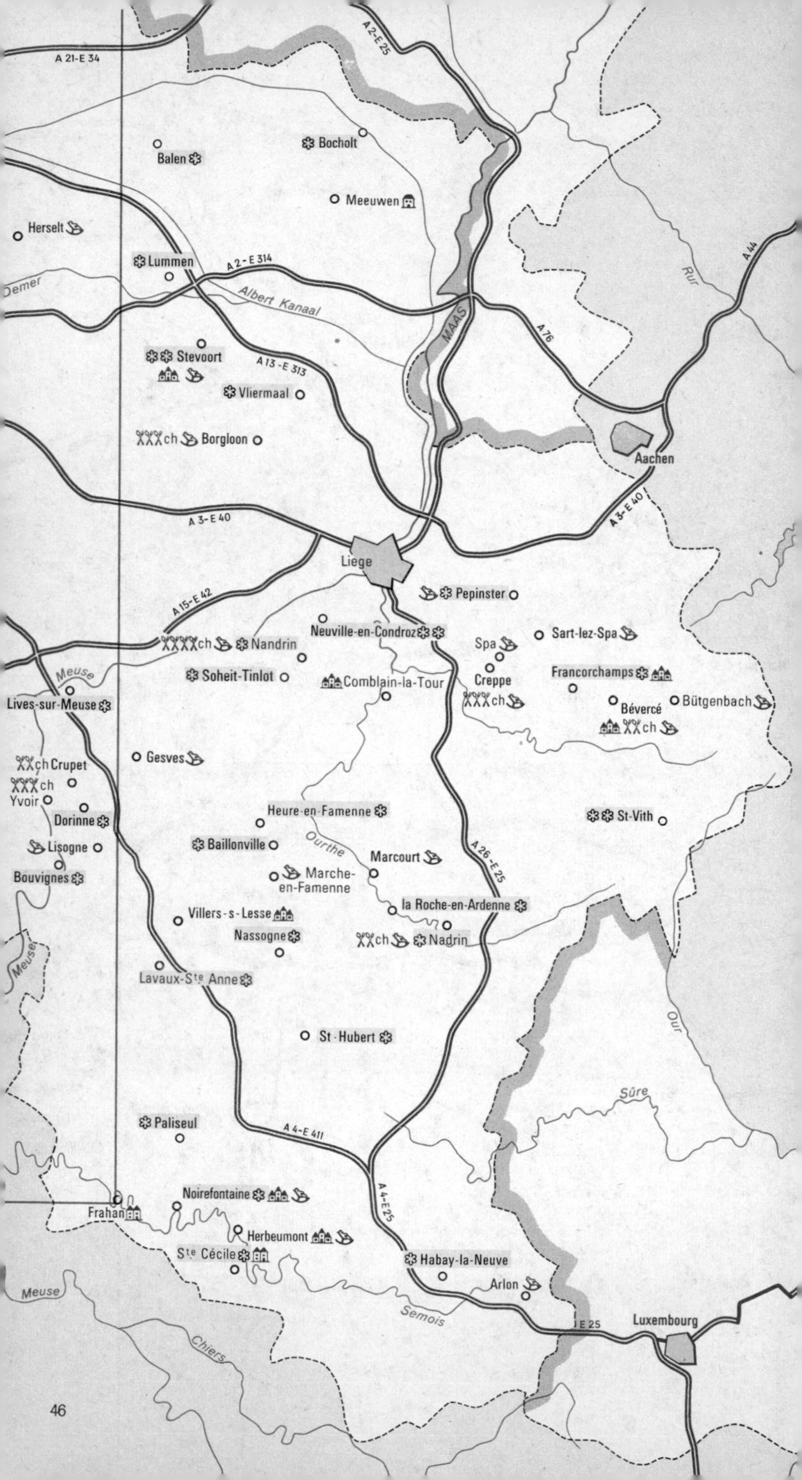
A 21-E 34
A 2-E 25
Bocholt
Balen
Meeuwen
Herselt
Lummen
A 2-E 314
Demer
Albert Kanaal
MAAS
Rur
A 44
A 76
Stevoort
A 13-E 313
Vliermaal
ch Borgloon
Aachen
A 3-E 40
Liege
A 15-E 42
Pepinster
Neuville-en-Condroz
ch Nandrin
Spa
Sart-lez-Spa
Soheit-Tinlot
Comblain-la-Tour
Creppe
Francorchamps
Meuse
Lives-sur-Meuse
ch
Bévercé
Bütgenbach
ch
Gesves
ch Crupet
ch
Yvoir
Dorinne
Heure-en-Famenne
St-Vith
Lisogne
Baillonville
Ourthe
Marcourt
A 26-E 25
Bouvignes
Marche-en-Famenne
la Roche-en-Ardenne
Villers-s-Lesse
Nassogne
ch Nadrin
Meuse
Lavaux-Ste Anne
Our
St-Hubert
Sûre
Paliseul
A 4-E 411
Noirefontaine
A 4-E 25
Frahan
Herbeumont
Ste Cécile
Habay-la-Neuve
Arlon
Meuse
Semois
E 25
Luxembourg
Chiers

AALBEKE **8511** West-Vlaanderen [C] Kortrijk 76 314 h. 213 ⑮ et 409 ⑪ – ☎ 0 56.

Bruxelles 100 – ◆Kortrijk 6 – ◆Tournai 26 – ◆Brugge 49.

XX **Bart Tieghem,** Moeskroensesteenweg 1, ℘ 22 88 00, Fax 22 73 82, 🏠 – Ⓟ. AE ⓓ E VISA. ✻ – *fermé mardi et dim. soir* – **R** carte 1900 à 2600.

X **St.-Cornil,** Plaats 15, ℘ 41 35 23, Grillades *fermé sam., dim. et 4 sem. en août* – **R** 900.

MW Moeskroensesteenweg 212 ℘ 414355 FIAT Moeskroensesteenweg 72 ℘ 413768

AALST (ALOST) **9300** Oost-Vlaanderen 213 ⑤ et 409 ③ – 76 714 h. – ☎ 0 53.

'oir Transept et chevet★, tabernacle★ de la collégiale St-Martin (Sint-Martinuskerk) BY **A**.

au Beffroi (Belfort), Grote Markt ℘ 77 11 11 (ext. 240).

Bruxelles 28 ④ – ◆Gent 33 ⑦ – ◆Antwerpen 52 ①.

AALST

attestraat . . . . . BY
orte Zoutstraat . . . . . BZ 26
ange Zoutstraat . . . . . BY 29
Iolendries . . . . . BY 32
Iolenstraat . . . . . BY
ieuwstraat . . . . . BY

lbrechtlaan . . . . . AZ 2
lfred Nichelsstraat . . . . . BZ 3
urgemeesterspl. . . . . . BZ 5
russelsesteenweg . . . . . AZ 6
endermondsesteenweg . . . AZ 8
irk Martensstraat . . . . . BY 9
splanade . . . . . BY 10
splanadestraat . . . . . BY 12
ritz de Wolfkaai . . . . . BY 13
entsesteenweg . . . . . AZ 15
eraardsbergsestraat . . . . . AZ 16
e Gheeststraat . . . . . BZ 17
raanmarkt . . . . . BY 19
rote Markt . . . . . BY 20

Heilig Hartlaan . . . . . AZ 21
Houtmarkt . . . . . BZ 23
Josse Ringoirkaai . . . . . BY 24
Kapellestraat . . . . . BY 25
van Langenhovestraat . . . . BZ 28
Leopoldlaan . . . . . AZ 30
Moorselbaan . . . . . AZ 33
Moutstraat . . . . . BY 34

Pieter Daensplein . . . . . BY 35
Schoolstraat . . . . . BY 37
Vaartstraat . . . . . BY 38
Varkensmarkt . . . . . BY 39
Vlaanderenstraat . . . . . BY 41
Vredeplein . . . . . BY 42
Vrijheidsstraat . . . . . BY 43
1 Meistraat . . . . . BY 45

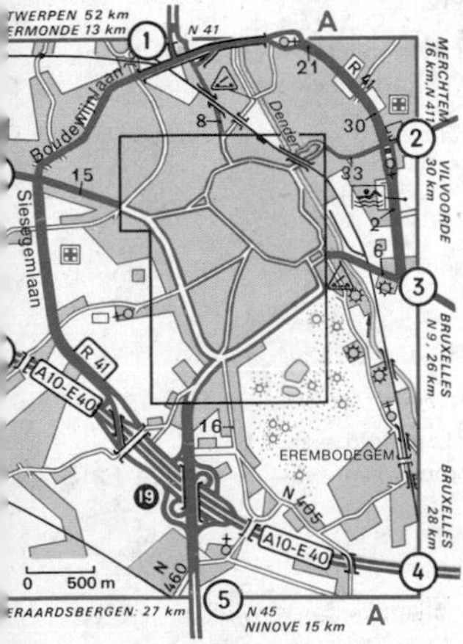

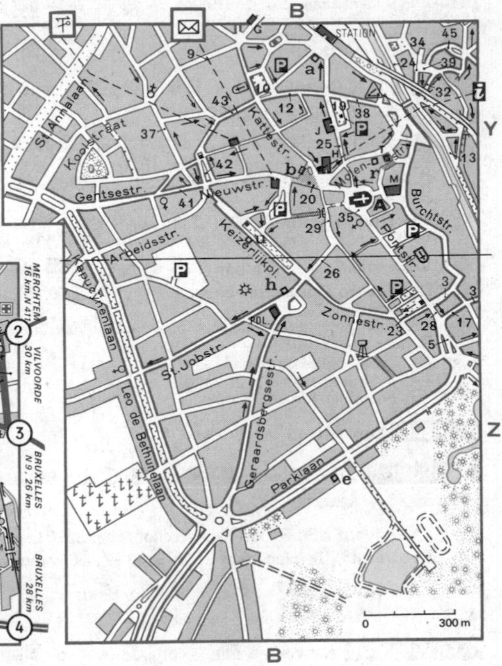

🏨 **Royal Astrid,** Keizerlijk Plein 27, ℘ 77 52 24, Fax 78 97 76 – |♦| 📺 ☎ Ⓟ – 🏛 40. AE ⓓ E VISA. ✻ – **R** *(fermé dim. soir)* carte 1550 à 2150 – **14 ch** ☕ 2500/4000. BY **u**

🏨 **Graaf van Vlaanderen,** Stationsplein 37, ℘ 78 98 51, Telex 13738 – |♦| 📺 ☎ – 🏛 70. AE ⓓ E VISA. ✻ – *fermé sam. soir et dim.* – **R** 750 – **6 ch** ☕ 1795/2350. BY **a**

XXX **Kelderman,** Parklaan 4, ℘ 77 61 25, Fax 78 68 05, 🏠, Produits de la mer, « Terrasse et jardin » – Ⓟ. AE ⓓ E VISA. ✻ BZ **e**
fermé merc., jeudi, 3 dern. sem. juil. et sem. carnaval – **R** carte 1800 à 2250.

XX **La Marmite,** Molenstraat 63 (transfert prévu 05/91), ℘ 77 85 99, Fax 78 70 94 – AE ⓓ E VISA – *fermé sam. midi, dim. soir et lundi* – **R** carte 1300 à 1800. BY **r**

XX **Borse van Amsterdam,** Grote Markt 26, ℘ 21 15 81, 🏠, « Dans maison flamande du 17e s. » – AE ⓓ E VISA – *fermé jeudi et du 3 au 17 juil.* – **R** 895. BY **b**

XX **Tang's Garden,** Korte Zoutstraat 51, ℘ 78 77 77, Cuisine chinoise, Ouvert jusqu'à 23 h 30 – AE ⓓ E VISA ✻ – **R** carte 750 à 1300. BZ **h**

à Erondegem par ⑧ : 5 km Ⓒ Erpe-Mere 18 620 h. – ✉ 9420 Erondegem – ☎ 0 53 :

Host. Bovendael, Kuilstraat 1, ☎ 80 53 66, Telex 12347, Fax 80 60 09, – TV ☎ P – 3
12 ch.

à Erpe par ⑧ : 5,5 km Ⓒ Erpe-Mere 18 620 h. – ✉ 9420 Erpe – ☎ 0 53 :

Molenhof sans rest, Molenstraat 7 (direction Lede), ☎ 80 39 61, ≤, « Parc ombrag avec pièce d'eau », , – TV ☎ P. AE ⓓ E VISA
fermé 2 dern. sem. déc. et 1 sem. en janv. – 200 – **12 ch** 1050/1350.

XX **Het Kraainest,** Kraaineststraat 107 (direction Erondegem O : 1 km), ☎ 80 66 40 Fax 80 66 38, – P – 25. AE ⓓ E VISA.
fermé lundi soir, mardi et 15 août-1er sept – **R** carte 2000 à 2600.

XX **Cottem,** Molenstraat 13 (direction Lede), ☎ 80 43 90, ≤, « Parc ombragé avec pièc d'eau » – P. AE ⓓ.
fermé mardi, dim. soir, juil. et sem. carnaval – **R** carte env. 1400.

ALFA-ROMEO Ninovesteenweg 84 à Erembodegem ☎ 210989
BMW Eendrachtstraat 4 ☎ 212724
CITROEN Werf 7 ☎ 775540
FIAT, LANCIA, TOYOTA Valerius de Saedeleerstraat 97 ☎ 215993
FORD Albrechtlaan 50 ☎ 702315
GM (OPEL) Kareelstraat 2 ☎ 219191
HONDA Moorselbaan 448 ☎ 774213
LADA Geraardsbergsesteenweg 47 à Erembodegem ☎ 702003
MAZDA Pontstraat 59 ☎ 213765
MERCEDES-BENZ 3de Industriezone à Erembodegem ☎ 834600
NISSAN Wijngaardveld 4-Industriepark ☎ 215552
PEUGEOT, TALBOT Eendrachtstraat 2 ☎ 773400
RENAULT G. Papestraat 53 ☎ 213707
ROVER Brusselsesteenweg 122c ☎ 777280
VAG Gentsesteenweg 87 ☎ 782990
VAG O.L. Vrouwplein 17 ☎ 773772

AALTER 9880 Oost-Vlaanderen 213 ③ et 409 ② – 16 192 h. – ☎ 0 91.

♦Bruxelles 73 – ♦Gent 25 – ♦Brugge 25.

Memling sans rest, Markt 11, ☎ 74 10 13, Fax 74 70 72 – TV ☎ – 50. AE ⓓ E VISA
fermé 23 déc.-7 janv. – **17 ch** 1500/2200.

Capitole sans rest, Stationsstraat 95, ☎ 74 10 29, Fax 74 77 15 – E VISA
34 ch 1300/1800.

XXX **Ter Lake,** Brugstraat 182 (1,5 km sur N 499), ☎ 74 59 34 – P. AE ⓓ E VISA.
fermé dim. soir, lundi et 22 juil.-13 août – **R** 1550.

à Lotenhulle S : 3 km par N 409 Ⓒ Aalter – ✉ 9880 Lotenhulle – ☎ 0 91 :

XXX **Den Ouwe Prins,** Prinsenstraat 14, ☎ 74 46 66, « Environnement champêtre » – P. E VISA
fermé dim. soir, lundi, mardi midi, 2 sem. en juin, 2 prem. sem. sept et 2 prem. sem. fév. –
R carte env. 2100.

FORD Brugstraat 198 ☎ 745775
MITSUBISHI Baarzelestraat 40 ☎ 742693
RENAULT Brugstraat 194 ☎ 745789
ROVER Venecolaan 1 ☎ 742831
VAG Brouwerijstraat 38 ☎ 741002

AARLEN Luxembourg belge – voir Arlon.

AARSCHOT 3200 Brabant 213 ⑧ et 409 ⑤ – 25 993 h. – ☎ 0 16.

♦Bruxelles 43 – ♦Antwerpen 42 – ♦Hasselt 41.

à Langdorp NE : 3,5 km Ⓒ Aarschot – ✉ 3201 Langdorp – ☎ 0 16 :

XX **Ter Venne,** Diepvenstraat 2, ☎ 56 43 95, « Environnement boisé » – P. AE ⓓ E VISA
fermé mardi et merc. – **R** carte 1400 à 1800.

MAZDA Mouthorensteenweg 58 à Langdorp ☎ 772291

AARTSELAAR Antwerpen 212 ⑮ et 409 ④ – voir à Antwerpen, environs.

AAT Hainaut – voir Ath.

ACHEL Limburg 213 ⑩ et 409 ⑥ – voir à Hamont-Achel.

AFSNEE Oost-Vlaanderen 213 ④ – voir à Gent.

ALBERTSTRAND West-Vlaanderen 212 ⑪ et 409 ② – voir à Knokke-Heist.

ALLE **5550** Namur Ⓒ Vresse-sur-Semois 2 579 h. 214 ⑮ et 409 ㉔ – ✪ 0 61.
Bruxelles 163 – ♦Namur 104 – Bouillon 22.

Fief de Liboichant, r. Liboichant 44, ✆ 50 03 33, ≤ – |$| TV ☎ Ⓟ. AE E VISA. ✻ rest
fermé fév.-mars sauf week-end et janv. – **R** *(fermé après 20 h 30)* 675/1475 – **24 ch**
▭ 1700/2900 – ½ P 2000.

XX **La Charmille** ⛫ avec ch, r. Liboichant 12, ✆ 50 11 32, « Jardin ombragé » – Ⓟ. E VISA.
✻
fermé janv.-8 fév. et merc. sauf en juil.-août – **R** carte env. 1200 – **12 ch** *(1/2 pension seult)*
1450/2000.

ALOST Oost-Vlaanderen – voir Aalst.

ALSEMBERG Brabant 213 ⑱ et 409 ⑬ – voir à Bruxelles, environs.

AMBLÈVE (Vallée de l') ★★ Liège 213 ㉓, 214 ⑦ ⑧ et 409 ⑮ ⑯ **G. Belgique-Luxembourg.**

AMEL **(AMBLÈVE)** **4770** Liège 214 ⑨ et 409 ⑯ – 4 789 h. – ✪ 0 80.
Bruxelles 174 – ♦Liège 78 – ♦Luxembourg 96 – Malmédy 21.

XX **Kreusch** avec ch, Auf dem Kamp 179, ✆ 34 90 50, Fax 34 03 69, ≤ – TV Ⓟ. AE ⓓ E
VISA. ✻
fermé lundi – **R** carte env. 1500 – ▭ 280 – **12 ch** 950/2000 – ½ P 1600/1800.

AG r. Heppenbach 72 ✆ 349290

ANDERLECHT Brabant 213 ⑱ et 409 ⑱ – voir à Bruxelles.

ANDERLUES **6150** Hainaut 214 ③ et 409 ⑬ – 11 322 h. – ✪ 0 71.
Bruxelles 59 – Binche 9 – ♦Charleroi 11 – ♦Mons 25.

XX **Au Roi des Belges,** chaussée de Thuin 2, ✆ 52 83 25 – Ⓟ. AE ⓓ E VISA
fermé vend. et sam. midi – **R** carte 1200 à 1700.

M (OPEL) chaussée de Charleroi 97
✆ 525075
MITSUBISHI chaussée de Charleroi 154a
✆ 524470

PEUGEOT, TALBOT rte de Mons 211
✆ (064)340771
ROVER rte de Mons 384 ✆ (064)367549
VAG chaussée de Bascoup 115 ✆ 525003

ANGLEUR Liège 213 ㉒ et 409 ⑱ – voir à Liège.

ANNEVOIE-ROUILLON **5537** Namur Ⓒ Anhée 6 453 h. 214 ⑤ et 409 ⑭ – ✪ 0 82.
Voir Parc★★ du Domaine★ – Intérieur★ du château.
Env. N : Route de Profondeville ≤★ – Furnaux : fonts baptismaux★ dans l'église, SO : 12 km
Lustin : Rochers de Frênes★, ≤★, NE : 6 km.
Bruxelles 79 – ♦Namur 16 – ♦Dinant 12.

XX **Le Blute-Fin,** rte des Jardins d'Annevoie 32, ✆ 61 28 33, ☂, « Moulin à eau du 17e s. »
– Ⓟ. AE ⓓ E VISA
fermé merc., dim. soir et du 7 au 31 janv. – **R** carte 1400 à 2100.

AG chaussée de Dinant 26 ✆ 611795

ANS Liège 213 ㉒ et 409 ⑮ – voir à Liège.

ANSEREMME Namur 214 ⑤ et 409 ⑭ – voir à Dinant.

Antwerpen - Anvers

2000 P 212 ⑮ et 409 ④ - 476 044 h. - ✆ 03.

Voir Quartier ancien★★★ : Cathédrale★★★ et Grand-Place★ (Grote Markt) FY - Maison de Rubens★★ (Rubenshuis) GZ - Maison des Bouchers★ (Vleeshuis) : instruments de musique★ FY **D** - Intérieur★ de l'église St-Jacques (St-Jacobskerk) GY - Le port★★★ (Haven) ⛴ FY - Jardin zoologique★★ (Dierentuin) EU - Église St-Charles-Borromée★ (St-Carolus-Borromeuskerk) GY - Église St-Paul (St-Pauluskerk) : intérieur★ et boiseries★ FY.

Musées : Royal des Beaux-Arts★★★ (Koninklijk Museum voor Schone Kunsten) CV - Plantin-Moretus★★★ (ancienne imprimerie) FZ - Mayer van den Bergh★★ (Brueghel) GZ - Marine « Steen »★ (Nationaal Scheepvaartmuseum Steen) FY **M1** - Maison Rockox★ (Rockoxhuis) GY **M2** - Sculpture en plein air Middelheim★ (Openlucht-museum voor Beeldhouwkunst) BS.

18 9 à Kapellen par ② : 22 km, G. Gapiaulei 2 ✆ (0 3) 666 84 56
18 à Aartselaar par ⑩ : 10 km, Kasteel Cleydael ✆ (0 3) 887 00 79
18 à Wommelgem par ⑥ : 9 km, Uilenbaan 15 ✆ (0 3) 353 02 92
18 9 à Broechem par ⑥ : 12 km, Bossenstein Kasteel ✆ (0 3) 485 64 46.

ℹ Grote Markt 15 ✆ 232 01 03 - Koningin Astridplein (Pavillon) ✆ 233 05 70 - Fédération provinciale, Karel Oomsstraat 11 ✉ 2018 ✆ 216 28 10.

♦Bruxelles 48 ⑩ - ♦Amsterdam 159 ④ - ♦Luxembourg 261 ⑨ - ♦Rotterdam 103 ④.

Plans d'Antwerpen

Carnotstr.	p. 5	**EU**	
Dambruggestr.	p. 5	**ETU**	
Gemeentestr.	p. 5	**EU**	33
Groenplaats	p. 6	**FZ**	
De Keyserlei	p. 4	**DEU**	55
Klapdorp	p. 6	**GY**	
Leysstr.	p. 4	**DU**	67
Meir	p. 6	**GZ**	
Nationalestr.	p. 6	**FZ**	
Offerandestr.	p. 5	**EU**	
Paardenmarkt	p. 6	**GY**	
Pelikaanstr.	p. 5	**EUV**	81
Quellinstr.	p. 4	**DU**	
Schoenmarkt	p. 6	**FZ**	
Turnhoutsebaan (BORGERHOUT)	p. 5	**EU**	
van Aerdtstr.	p. 4	**DT**	2
Amerikalei	p. 4	**CVX**	
Amsterdamstr.	p. 4	**CDT**	
Ankerrui	p. 4	**DT**	
Anselmostr.	p. 4	**DV**	
Antwerpsesteenweg	p. 2	**AS**	
Antwerpsestr.	p. 3	**BS**	3
Arenbergstr.	p. 6	**GZ**	
Aug. van de Wielelei	p. 3	**BR**	4
Autolei	p. 3	**BR**	5
Ballaerstr.	p. 4	**DX**	
Beatrijslaan	p. 3	**BR**	
Belgiëlei	p. 4	**DXV**	
Berkenlaan	p. 3	**BS**	6
Binnensingel	p. 3	**BRS**	7
Bisschoppenhoflaan	p. 3	**BR**	
Blancefloerlaan	p. 2	**AR**	
Bleekhofstr.	p. 5	**EV**	
Blindestr.	p. 6	**GY**	
Bolivarplaats	p. 4	**CX**	
Boomsesteenweg	p. 3	**BS**	
Borzestr.	p. 6	**GY**	
Bosuilbaan	p. 3	**BQ**	8
Bredabaan	p. 3	**BQ**	
Brederodestr.	p. 4	**CX**	
van Breestr	p. 4	**DV**	10
Brialmontlei	p. 5	**EV**	12
Britselei	p. 4	**DV**	
Broederminstr.	p. 4	**CX**	
Brouwersvliet	p. 4	**CT**	13
Brusselstr.	p. 4	**CX**	
de Bruynlaan	p. 3	**BS**	15
Calesbergdreef	p. 3	**BQ**	16
Cassiersstr.	p. 4	**DT**	
Charles de Costerlaan	p. 3	**ABR**	
Charlottalei	p. 5	**EV**	17
Churchilllaan	p. 3	**BQ**	18
Delbekelaan	p. 3	**BQ**	19
Deurnestr.	p. 3	**BS**	21
Diepestr.	p. 5	**ET**	
Diksmuidelaan	p. 3	**BS**	23
Drakenhoflaan	p. 3	**BS**	24
Edegemsestr.	p. 3	**BS**	25
Eethuisstr.	p. 3	**BQ**	27
Eiermarkt	p. 6	**FZ**	
Elisabethlaan	p. 3	**BS**	28
Ellermanstr.	p. 4	**DT**	
Emiel Banningstr.	p. 4	**CX**	29
Ernest van Dijckkaai	p. 6	**FY**	
van Eycklei	p. 4	**DV**	
Falconplein	p. 4	**DT**	
F. Rooseveltplein	p. 4	**DU**	31
Frankrijklei	p. 4	**DUV**	
Frans Beirenslaan	p. 3	**BS**	
Gallifortlei	p. 3	**BR**	32
Gildekamersstr.	p. 6	**FY**	
Gitschotellei	p. 3	**BS**	
Graanmarkt	p. 6	**GZ**	
Graaf van Egmontstr.	p. 4	**CV**	35
Groenenborgerlaan	p. 3	**BS**	36
Groenendaallaan	p. 3	**BQ**	37
Grote Markt	p. 6	**FY**	
Grote Steenweg	p. 3	**BS**	
Groot Hagelkruis	p. 3	**BQ**	39
Guido Gezellelaan	p. 3	**BS**	40
Halenstr.	p. 5	**ET**	
Handelsstr.	p. 5	**ET**	
Handschoenmarkt	p. 6	**FY**	
H. Conscienceplein	p. 6	**GY**	
's Herenstr.	p. 5	**EV**	
Herentalsebaan	p. 3	**BR**	
Hessenplein	p. 4	**DT**	41
Hofstr.	p. 6	**FY**	
Hollandstr.	p. 5	**ET**	43
Hoogstr.	p. 6	**FZ**	
Horstebaan	p. 3	**BQ**	
Hoverstr.	p. 3	**BS**	44
Huidevettersstr.	p. 6	**GZ**	
Ing. Menneslaan	p. 3	**BQ**	47
Italïelei	p. 4	**DTU**	
Jan van Rijswijcklaan	p. 3	**BS**	48
Jan de Voslei	p. 3	**BS**	
Jeurissensstr.	p. 3	**BQ**	
Jezusstr.	p. 4	**DU**	
Jordaenskaai	p. 6	**FY**	
Justitiestr.	p. 4	**DV**	
Juul Moretuslei	p. 3	**BS**	

...U PLAN D'ANVERS

Suite page 5

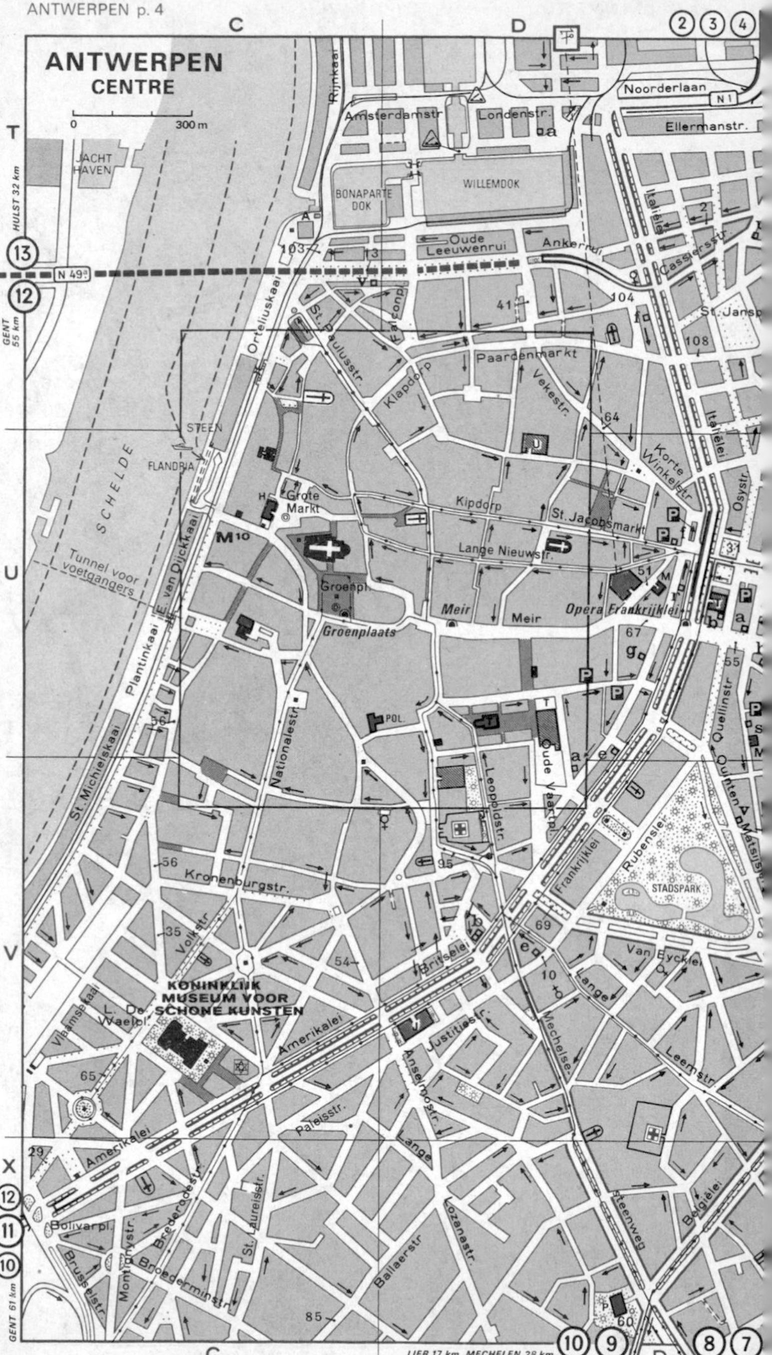
ANTWERPEN
CENTRE
0
300 m
C
D
T
U
V
X
HULST 32 km
GENT 55 km
GENT 61 km
N 49
N 1
Noorderlaan
Ellermanstr.
Amsterdamstr.
Londenstr.
Rijnkaai
JACHT HAVEN
BONAPARTE DOK
WILLEMDOK
Oude Leeuwenrui
Ankerrui
Italiëlei
Cassiersstr.
St. Jansp
Ortellluskaai
St. Paulusstr.
Falconpl.
Paardenmarkt
Klapdorp
Vekestr.
STEEN
FLANDRIA
SCHELDE
Tunnel voor voetgangers
Grote Markt
M10
Kipdorp
St. Jacobsmarkt
Lange Nieuwstr.
Korte Winkelstr.
Osystr.
Groenpl.
Groenplaats
Meir
Opera
Frankrijklei
E. van Dijckkaai
Plantinkaai
St. Michielskaai
Nationalestr.
POL.
Oude Vaartpl.
Leopoldstr.
Quellinstr.
Quinten Matsijsl.
Rubenslei
STADSPARK
Kronenburgstr.
Volkstr.
Britselei
Van Eycklei
Lange
Mechelse-
steenweg
Leemstr.
KONINKLIJK MUSEUM VOOR SCHONE KUNSTEN
L. De Waelpl.
Vlaamsekaai
Amerikalei
Justitiestr.
Anselmostr.
Paleisstr.
Lange
Belgiëlei
Bolivarpl.
Montignystr.
Brederodestr.
Broederminstr.
Brusselstr.
St. Laureisstr.
Ballaerstr.
Lozanastr.
103
13
104
41
108
64
51
67
55
56
35
54
95
69
10
65
29
85
60
2
3
4
12
11
10
9
8
7
LIER 17 km. MECHELEN 28 km
BRUXELLES 48 km

RÉPERTOIRE (fin)

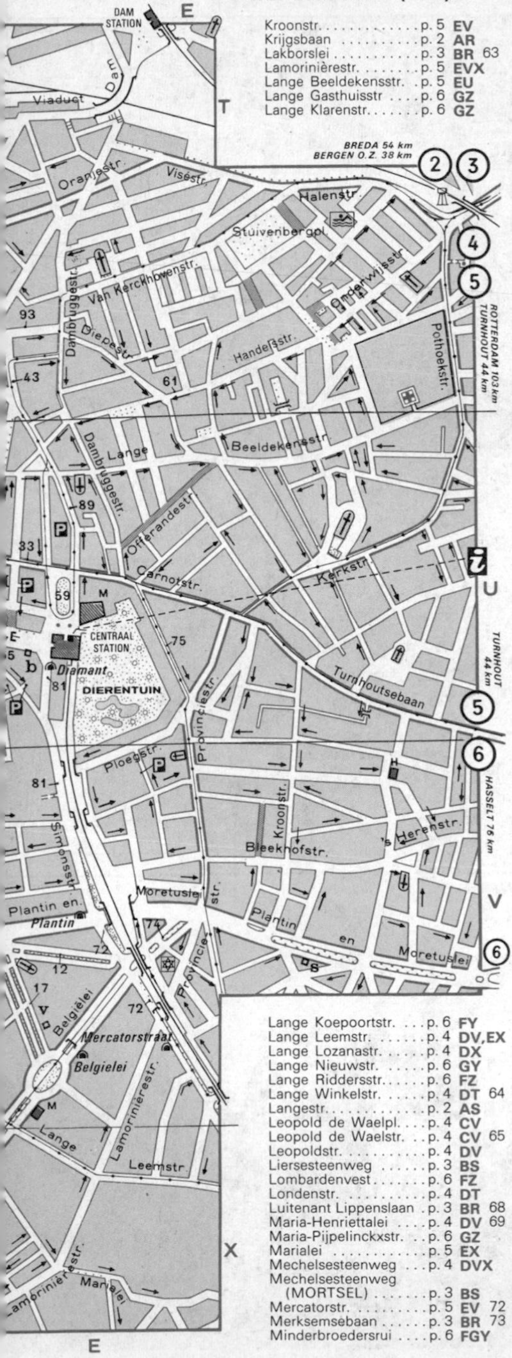

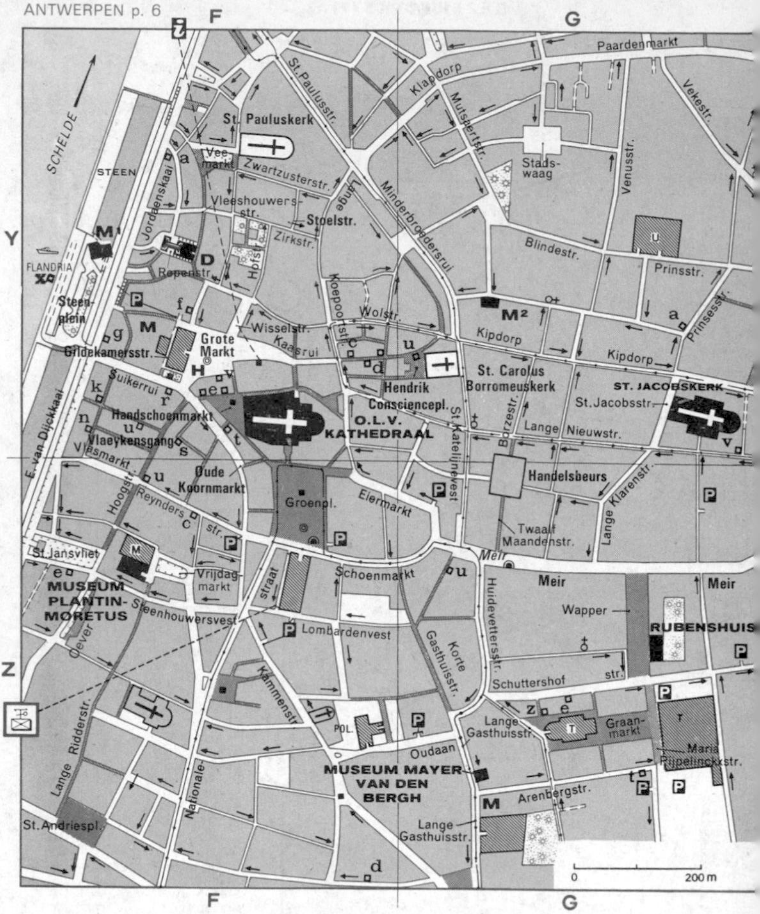
F
G
Y
Z
SCHELDE
STEEN
FLANDRIA
Steenplein
Paardenmarkt
Klapdorp
St. Paulusstr.
St. Pauluskerk
Veemarkt
Zwartzusterstr.
Mutsaertstr.
Vekestr.
Stadswaag
Venusstr.
Jordaenskaai
Vleeshouwersstr.
Lange
Minderbroedersrui
Stoelstr.
Zirkstr.
Hofstr.
Repenstr.
Blindestr.
Prinsstr.
Prinsesstr.
Koepoortstr.
Wolstr.
M²
Kipdorp
Wisselstr.
Kaasrui
Grote Markt
Gildekamersstr.
St. Carolus Borromeuskerk
ST. JACOBSKERK
St. Jacobsstr.
Suikerrui
Handschoenmarkt
Hendrik Conscienceplein
O.L.V. KATHEDRAAL
St. Katelijnevest
Borzestr.
Lange Nieuwstr.
E. van Dijckkaai
Vlaeykensgang
Vlasmarkt
Oude Koornmarkt
Handelsbeurs
Lange Klarenstr.
Hoogstr.
Reyndersstr.
Groenpl.
Eiermarkt
Twaalf Maandenstr.
St. Jansvliet
Vrijdagmarkt
Meir
Schoenmarkt
MUSEUM PLANTIN-MORETUS
Steenhouwersvest
straat
Wapper
RUBENSHUIS
Oever
Lombardenvest
Huidevettersstr.
Korte Gasthuisstr.
Kammenstr.
Schuttershofstr.
Lange Gasthuisstr.
Graanmarkt
Lange Ridderstr.
POL.
Oudaan
Maria Pijpelinckxstr.
MUSEUM MAYER VAN DEN BERGH
Arenbergstr.
Nationalestr.
St. Andriespl.
Lange Gasthuisstr.
0
200 m

Liste alphabétique
(Hôtels et restaurants)

Les prix des chambres peuvent être majorés d'une taxe locale de 6 %

Partie centrale plan p. 4 et 5 sauf indication spéciale :

Alfa De Keyser, De Keyserlei 66, 2018, 234 01 35, Telex 34219, Fax 232 39 70, – ch – 25 à 120. AE VISA. EU
R carte 1300 à 1700 – **117 ch** 5790/7080 – ½ P 6500/7000.

Pullman Park, Desguinlei 94, 2018, 216 48 00, Telex 33368, Fax 216 47 12, – ch – 25 à 450. AE VISA. rest plan p. 3 BS
R Tiffany's *(fermé sam. soir)* carte 1600 à 2300 – **216 ch** 4200/8200.

Carlton, Quinten Matsijslei 25, 2018, 231 15 15, Telex 31072, Fax 225 30 90, – ch – 30 à 100. AE VISA DV
R *(fermé du 1er au 21 août)* carte 1100 à 1700 – **127 ch** 4350/5150.

Plaza sans rest, Charlottalei 43, 2018, 218 92 40, Telex 31531, Fax 218 88 23 – . AE VISA – **76 ch** 3600/5200. EV

Alfa Empire sans rest, Appelmansstraat 31, 2018, 231 47 55, Telex 33909 Fax 233 40 60 – . AE VISA DU
70 ch 4650/5700.

Alfa Congress, Plantin en Moretuslei 136, 2018, 235 30 00, Telex 31959, Fax 235 52 3… – ch – 30 à 70. AE VISA. rest EV
R *(fermé sam., dim., jours fériés et 22 déc.-2 janv.)* carte 1200 à 1500 – **66 ch** 3550/4000

Firean sans rest, Karel Oomsstraat 6, 2018, 237 02 60, Telex 26937, Fax 238 11 68 « Demeure ancienne de style Art-Déco » – . AE VISA.
fermé 29 juil.-19 août et 21 déc.-6 janv. – **12 ch** 2975/3600. plan p. 3 BS

Residence sans rest, St-Jacobsmarkt 85, 232 76 75, Telex 35768, Fax 233 73 28 – . AE VISA. – 300 – **19 ch** 3000/5000. DU

Antwerp Tower sans rest, avec 11 studios en annexe, Van Ertbornstraat 10, 2018 234 01 20, Telex 34478, Fax 233 39 43 – . AE VISA. DU
39 ch 2900/3500.

Fouquets 1er étage, De Keyserlei 17, 2018, 233 97 42, Fax 226 16 88, , Ouver… jusqu'à 23 h 30 – . AE VISA DU
fermé 15 juil.-24 août – **R** 950.

Loncin, Markgravelei 127, 248 29 89, Fax 248 29 89, Ouvert jusqu'à minuit – . VISA plan p. 3 BS
fermé mardi, merc., sam. midi et dim. midi – **R** carte 1900 à 2300.

Vateli, Kipdorpvest 50, 233 17 81, Classique – . AE VISA DU
fermé dim., lundi, jours fériés, 4 sem. en juil. et Noël-Nouvel An – **R** 1150/2300.

Philippe Grootaert, Frankrijklei 106, 233 84 06, Fax 231 74 49, « Décor contemporain » – AE VISA DU
fermé sam. midi, dim., 2 dern. sem. juil., Noël et Nouvel An – **R** 1475/2500.

Sawadee 1er étage, Britselei 16, 233 08 59, Telex 71068, Fax 231 37 59, Cuisine thaïlandaise, « Demeure ancienne » – AE VISA DV
fermé mardi et août – **R** carte 1000 à 1300.

De Poterne, Desguinlei 186, 2018, 238 28 24 – AE plan p. 3 BS
fermé sam., dim., jours fériés, 21 juil.-15 août et 24 déc.-2 janv. – **R** carte 1650 à 2150.

Liang's Garden, Markgravelei 141, 2018, 237 22 22, Cuisine chinoise – . AE VISA. plan p. 3 BS
fermé dim. et du 5 au 21 août – **R** carte 950 à 1950.

De Barbarie, Van Breestraat 4, 2018, 232 81 98, – AE VISA DV
fermé dim., lundi et 3 prem. sem. sept – **R** carte 1650 à 2300.

Blue Phoenix, Frankrijklei 14, 233 33 77, Cuisine chinoise – . AE VISA. DU
fermé lundi et août – **R** 750/1500.

De Zeste (Garnich R.), Lange Dijkstraat 36, 2008, 233 45 49 – . AE VISA
fermé sam. midi, dim., lundi, 3 sem. en août, Noël et Nouvel An – **R** (nombre de couverts limité - prévenir) carte 1450 à 2100. DT
Spéc. St-Jacques aux poireaux, Filets de sole aux truffes, Rognon de veau aux échalotes.

Christina, Napoleonkaai 47, 233 55 26, Moules en saison – DT

Milano, Statiestraat 15, 2018, 232 67 43, Avec cuisine italienne, Ouvert jusqu'à 2 h du matin – . AE VISA – **R** carte 800 à 2150. EU

't Lammeke, Lange Lobroekstraat 51 (face Abattoirs), 2008, 236 79 86 – AE VISA plan p. 3 BR
fermé sam. midi, dim., lundi midi, jours fériés, 29 juil.-17 août et 23 déc.-1er janv. – **R** 1250.

Rimini, Vestingstraat 5, 2018, 226 06 08, Cuisine italienne – AE VISA DU
fermé merc., août, Noël et Nouvel An – **R** carte 800 à 1300.

Osaka, Bollandusstraat 17 (angle Britselei), 233 16 22, Cuisine japonaise – AE VISA – *fermé lundi* – **R** carte 1200 à 2000. DV

Casa Julian, Italiëlei 32, 232 07 29, Cuisine espagnole – AE VISA DT
fermé lundi, sam. midi et 15 juil.-15 août – **R** carte env. 900.

Quartier Ancien plan p. 4 et 6 :

De Rosier sans rest, Rosier 23, 225 01 40, Telex 33697, Fax 231 41 11, « Ancienne maison bourgeoise du 17e s. », – AE E VISA
fermé Noël et Nouvel An – 600 – **10 ch** 6890/15900. FZ d

Alfa Theater, Arenbergstraat 30, 231 17 20, Telex 33910, Fax 233 88 58 – ch rest – 25. AE E VISA. GZ t
R *(fermé sam., dim. et jours fériés)* carte env. 1400 – **83 ch** 4100/6400 – ½ P 3195/3820.

Villa Mozart, Handschoenmarkt 3, 231 30 31, Fax 231 56 85, – – 25. AE E VISA FY e
R (ouvert jusqu'à 23 h) carte 1500 à 2050 – **25 ch** 5500/8500 – ½ P 4050/5200.

Prinse sans rest, Keizerstraat 63, 226 40 50, Fax 225 11 48 – – 25 à 120. AE VISA. GY a
30 ch 3000/5000.

Antigone sans rest, Jordaenskaai 11, 231 66 77, Fax 231 37 74 – . AE E VISA. FY a
17 ch 3500.

Arcade sans rest, Meistraat 39 (Theaterplein), 231 88 30, Telex 31104, Fax 234 29 21 – – 75. AE E VISA DV a
150 ch 2700/3000.

XXXX ✿✿ **Sir Anthony Van Dijck** (Paesbrugghe), Oude Koornmarkt 16 (dans le Vlaeykensgang), 231 61 70, Fax 225 11 69, « Dans une ruelle du 16e s. » – AE E VISA FY s
fermé du 16 au 20 avril, 30 juil.-17 août, du 24 au 31 déc., sam. et dim. – **R** carte 1900 à 2500.
Spéc. Blanc de poularde farci aux foie gras et truffes, Matelote de filets de sole aux artichauts et champignons.

XXX ✿✿ **La Pérouse,** Steenplein (ponton), 231 31 51, Telex 35529, Fax 231 31 02, ←, « Bateau amarré » – . AE E VISA. FY x
15 sept-15 mai sauf dim., lundi et jours fériés – **R** carte 2300 à 3600.
Spéc. St-Jacques au verjus, Lasagne de langoustines et piments doux à la crème aigre, Fondant de ris de veau au jus de truffes.

XXX **St. Jacob in Galicië,** Braderijstraat 16, 225 19 31, Fax 234 31 66, « Ensemble de maisons du 16e s. » – AE E VISA FY f
fermé sam. midi, dim., jours fériés, 16 juil.-6 août et du 23 au 26 déc. – **R** carte 1600 à 2600.

XXX **Den Gulden Greffoen,** Hoogstraat 37, 231 50 46, Fax 233 20 39, « Dans une maison du 15e s. » – . AE E VISA. FZ u
fermé sam. midi et dim. – **R** carte 1900 à 2800.

XXX **La Rade** 1er étage, Van Dijckkaai 8, 233 37 37, Fax 233 49 63, « Ancienne loge maçonnique du 19e s. » – AE E VISA FY g
fermé du 8 au 28 juil., sem. carnaval, sam. midi, dim. et jours fériés – **R** carte 2150 à 2700.

XXX ✿ **'t Fornuis** (Segers), Reyndersstraat 24, 233 62 70, « Maison du 17e s., intérieur rustique » – AE E VISA FZ c
fermé sam., dim., 3 dern. sem. août et Noël-Nouvel An – **R** carte 2000 à 2500.
Spéc. Sole à la rhubarbe, Escalope de saumon au miel.

XX **Petrus,** Kelderstraat 1, 225 27 34 – . AE E VISA GZ z
fermé sam. midi, dim. soir, lundi, 3 sem. en juil. et sem. carnaval – **R** carte 1500 à 1900.

XX **Neuze Neuze,** Wijngaardstraat 19, 232 57 83, Fax 225 27 38 – AE E VISA FY d
fermé dim., jours fériés, 24 mars-2 avril et 21 juil.-8 août – **R** carte 1650 à 2000.

XX **De Kerselaar,** Grote Pieter Potstraat 22, 233 59 69, Fax 233 11 49 – AE E VISA
fermé du 1er au 22 juil., du 23 au 30 déc., sam. midi, dim. et lundi midi – **R** carte 1700 à 2200. FY n

XX **'t Silveren Claverblat,** Grote Pieter Potstraat 16, 231 33 88 – AE E VISA FY k
fermé mardi, sam. midi, 1re quinz. sept et fin fév.-début mars – **R** 1950.

XX **De Koperen Ketel,** Wiegstraat 5, 233 12 74 – AE E VISA GZ u
fermé sam. midi, dim. et jours fériés – **R** carte 1100 à 1700.

XX **P. Preud'homme,** Suikerrui 28, 233 42 00, Ouvert jusqu'à 23 h – . AE E VISA. FY r
fermé fév. et mardi d'oct. à juin – **R** carte 1300 à 2000.

XX **De Gulden Beer,** Grote Markt 14, 226 08 41, , Avec cuisine italienne, Ouvert jusqu'à 23 h – . AE E VISA FY v
R carte 1050 à 1900.

XX **De Manie,** H. Conscienceplein 3, 232 64 38 – AE E VISA GY u
fermé du 1er au 14 avril, du 1er au 14 sept, merc. et dim. – **R** carte 1300 à 1800.

XX **Corum,** Wijngaardstraat 5, 234 02 89 – . AE E VISA. FY c
fermé sam. midi, dim., lundi, juil., Noël et Nouvel An – **R** carte 1700 à 2450.

XX **VIP Diners,** Lange Nieuwstraat 95, 233 13 17 – AE E VISA GY v
fermé sam. midi, dim., jours fériés, 2 sem. Pâques et 2 dern. sem. juil. – **R** 1380/1560.

XX **Het Nieuwe Palinghuis,** Sint-Jansvliet 14, 231 74 45, Produits de la mer – . AE E VISA FZ
fermé lundi, mardi et juin – **R** carte 1200 à 2450.

XX **De Drie Koningen,** Brouwersvliet 30, 231 16 42 – AE E VISA CT
fermé sam. midi et dim. – **R** 950/1600.

XX **Fourchette,** Schuttershofstraat 28, 231 33 35 – AE E VISA GZ
fermé sam. midi, dim., lundi, fin juil.-début août et carnaval – **R** carte 1200 à 1500.

XX ✿ **De Matelote** (Garnich D.), Haarstraat 9, 231 32 07, Produits de la mer – AE E VISA FY
fermé sam. midi, dim., lundi midi et juil. – **R** carte 1500 à 2600.
Spéc. Bouillon de crustacés et coquillages, Lotte meunière à la moutarde et au chou, St-Pierre aux olives noires.

X **In de Schaduw van de Kathedraal,** Handschoenmarkt 17, 232 40 14, , Moules en saison – AE E VISA FY
fermé lundi d'oct. à mai, mardi et fév. – **R** carte 1100 à 1800.

X **Rooden Hoed,** Oude Koornmarkt 25, 233 28 44, Moules en saison, Ambiance anversoise – AE FY
fermé merc., jeudi, 11 juin-11 juil. et carnaval – **R** *(dîner seult)* carte 1100 à 1800.

X **De Peerdestal,** Wijngaardstraat 8, 231 95 03, , Ouvert jusqu'à 23 h – AE E VISA FY
fermé dim. – **R** carte 750 à 1250.

Rive Gauche (Linker Oever) plan p. 3 :

XX **Lido,** Hanegraefstraat 8, ✉ 2050, 219 35 90, Cuisine chinoise – . AE E VISA BR
fermé merc. et sam. midi – **R** carte 750 à 1300.

Périphérie plan p. 2 et 3 :

au Nord – ✉ 2030

Novotel, Luithagen-Haven 6, 542 03 20, Telex 32488, Fax 541 70 93, , – ch – 25 à 200. AE E VISA. rest BQ
R (ouvert jusqu'à minuit) carte 800 à 1300 – 375 – **119 ch** 3000/3600.

au Sud – ✉ 2020

Holiday Inn Crowne Plaza, G. Legrellelaan 10, 237 29 00, Telex 33843, Fax 216 02 96 – – 25 à 750. AE E VISA BS
R (ouvert jusqu'à 23 h) carte 900 à 2000 – **254 ch** 5400/6850.

à Berchem – ✉ 2600 Berchem – 0 3 :

XX **Euterpia,** Generaal Capiaumontstraat 2, 236 83 56, BR
fermé lundi, mardi, Pâques et août – **R** (dîner seult jusqu'à 23 h) carte 1400 à 1900.

X **Willy,** Generaal Lemanstraat 54, 218 88 07 – AE E VISA BS
fermé sam., dim. et 3 dern. sem. juil. – **R** carte 900 à 1550.

X **Ten Carvery,** Rooiplein 6, 230 47 33, Rôtisserie, « Ancienne ferme restaurée » – . AE E VISA. BS
R 750/1250.

à Berendrecht par ① : 23 km au Nord – ✉ 2040 Berendrecht – 0 3 :

X **Reigershof,** Reigersbosdreef 2, 568 96 91, Fax 568 71 63 – AE E VISA
fermé dim., lundi soir, 3 dern. sem. juil. et sem. carnaval – **R** carte 1000 à 1650.

à Borgerhout – ✉ 2140 Borgerhout – 0 3 :

Scandic Crown, Luitenant Lippenslaan 66, 235 91 91, Telex 34479, Fax 235 08 96, , – ch – 25 à 100. AE E VISA BR
R carte 900 à 1300 – **203 ch** 4200/5400 – ½ P 4675/6000.

à Deurne – ✉ 2100 Deurne – 0 3 :

XX **Périgord,** Turnhoutsebaan 273, 325 52 00 – . AE E VISA. BR
fermé mardi soir, merc., sam. midi, juil. et 1 sem. en fév. – **R** 1195.

à Ekeren – ✉ 2180 Ekeren – 0 3 :

XX ✿ **Hof de Bist** (Mme Vercammen), Veltwijcklaan 258, 664 61 30 – . AE E BQ
fermé dim., lundi et août – **R** (nombre de couverts limité - prévenir) carte 1900 à 2250.
Spéc. Foie d'oie maison à la salade d'haricots, Selle d'agneau à l'estragon, Homard poêlé et champignons au vinaigre balsamique.

X **Het Laer,** Kapelsesteenweg 75, 646 02 99 – . AE E VISA. BQ
fermé dim., lundi, 3 sem. en août et sem. carnaval – **R** carte 1400 à 2200.

à Merksem – ✉ 2170 Merksem – 0 3 :

XXX **Maritime,** Bredabaan 978, 646 22 23, Fax 646 22 71, , Produits de la mer – . AE E VISA BQ
fermé dim. – **R** carte 1450 à 2200.

à Wilrijk – ✉ 2610 Wilrijk – ☎ 0 3 :

XX **Schans XV,** Moerelei 155, ✆ 828 45 64, Fax 828 93 29, 🍽, « Dans une redoute du début du siècle » – ⇋ 🅿. AE ① E VISA. ✻ AS **a**
fermé jeudi soir, sam. midi, dim., jours fériés, 2 sem. en août, 2 sem. en fév. et après 20 h 30 – **R** carte 1700 à 2500.

XX **Bistrot,** Doornstraat 186, ✆ 829 17 29 – AE ① E VISA BS **p**
fermé lundi, mardi, sam. midi et fin juil.-fin août – **R** carte 1000 à 2000.

Environs

à Aartselaar par ⑩ : 10 km – 13 543 h. – ✉ 2630 Aartselaar – ☎ 0 3 :

XXXX **Host. Kasteelhoeve Groeninghe** avec ch, Kontichsesteenweg 78, ✆ 457 95 86, Fax 458 13 68, ←, 🍽, « Ferme flamande restaurée dans un cadre champêtre », 🌳 – 📺 ☎ 🅿 – 🏛 25 à 120. AE ① E VISA. ✻
fermé du 14 au 31 juil., 22 déc.-6 janv., dim. et jours fériés – **R** carte 1750 à 2700 – ☕ 500 – **7 ch** 3900/6000.

XXX **Lindenbos,** Boomsesteenweg 139, ✆ 888 09 65, Fax 844 47 58, « Château dans un parc avec pièce d'eau » – 🅿. AE ① E VISA. ✻
fermé lundi et août – **R** carte 1800 à 2400.

XX **Buerstede,** Antwerpsesteenweg 27, ✆ 887 45 67, 🍽 – ⇋ 🅿. AE ① E VISA. ✻
fermé sam. midi, dim. et 2 dern. sem. juil. – **R** carte 1750 à 2250.

à Brasschaat par ② et ③ : 11 km – 33 618 h. – ✉ 2930 Brasschaat – ☎ 0 3 :

XXX ✿ **Het Villasdal** (Van Raes), Kapelsesteenweg 480, ✆ 664 58 21, Fax 605 08 42, 🍽 – 🅿. AE ① E VISA
fermé sam. midi, dim. soir, lundi, 16 juil.-6 août et dern. sem. janv.-prem. sem. fév. – **R** carte 1900 à 2400.
Spéc. Langoustines grillées et salade à l'huile de truffes et vinaigre balsamique, Sole farcie aux jeunes poireaux, pétoncles et safran, Ris et rognon de veau à l'estragon.

XXX **Halewijn,** Donksesteenweg 212 (Ekeren-Donk), ✆ 647 20 10, 🍽 – ① E VISA BQ **s**
fermé lundi – **R** 1000/1650.

à Kapellen par ② : 15,5 km – 23 269 h. – ✉ 2950 Kapellen – ☎ 0 3 :

XXX ✿ **De Bellefleur** (Buytaert), Antwerpsesteenweg 253, ✆ 664 67 19, 🍽, « Jardin d'hiver » – 🅿. AE ① E VISA
fermé sam., dim., juil. et 2 sem. en fév. – **R** carte 1900 à 2500.
Spéc. Kari de langoustines au gingembre, Porcelet rôti au malt Whisky, Soufflé chaud au chocolat amer et aux poires.

X **Cappelleke,** Dorpstraat 70, ✆ 664 67 28 – AE ① E VISA
fermé mardi, merc. et du 2 au 24 sept – **R** carte 1050 à 1400.

X **De Pauw,** Antwerpsesteenweg 48, ✆ 664 22 82 – AE ① E VISA
fermé mardi soir, merc., fin juil.-début août et sem. carnaval – **R** 975/1350.

à Kontich par ⑧ : 12 km – 18 475 h. – ✉ 2550 Kontich – ☎ 0 3 :

XXX **Carême,** Koningin Astridlaan 114, ✆ 457 63 04, Fax 457 93 02 – 🅿. AE ① E VISA
fermé sam. midi, dim. et juil. – **R** 1250/1950.

XXX **Alexander's,** Mechelsesteenweg 318, ✆ 457 26 31 – 🅿. AE ① E VISA. ✻
fermé dim. soir, lundi et juil. – **R** 1595.

XX **'t Kruisken,** Drabstraat 28, ✆ 457 95 05, 🍽, « Jardin » – AE ① E VISA
fermé sam., dim., jours fériés et du 8 au 28 juil. – **R** carte 1600 à 2050.

à Schoten 10 km - BQ – 30 824 h. – ✉ 2900 Schoten – ☎ 0 3 :

XXX **Uilenspiegel,** Brechtsebaan 277, ✆ 651 61 45, 🍽, « Terrasse et jardin » – 🅿. AE E VISA
fermé sam. midi, dim. soir et lundi – **R** 1350/1790. sur N 115 BQ

XXX **Kleine Barreel,** Bredabaan 1147, ✆ 645 85 84, Fax 313 73 12 – ▤ 🅿. AE ① E VISA. ✻
R carte 1500 à 2150. BQ **n**

XX **De Witte Raaf,** Horstebaan 97, ✆ 658 86 64, 🍽 – 🅿. AE ① E VISA BQ **u**
fermé mardi soir, merc., 19 août-5 sept et du 1er au 8 janv. – **R** carte 1100 à 2000.

à Wijnegem par ⑤ : 10 km – 8 252 h. – ✉ 2110 Wijnegem – ☎ 0 3 :

XXX **Ter Vennen,** Merksemsebaan 278, ✆ 326 20 60, 🍽, « Fermette avec intérieur élégant » – 🅿. AE ① E VISA. ✻ – *fermé dim.* – **R** carte 1600 à 2400.

Voir aussi : ***Schilde*** par ⑤ : 13 km

ALFA-ROMEO Haringrodestraat 21 ✆ 2395990
ALFA-ROMEO Somersstraat 17 ✆ 2234215
CITROEN Generaal Lemanstraat 47 ✆ 2379990
CITROEN Noorderlaan 85 ✆ 5412140
FIAT Haantjeslei 67 ✆ 2385313
FORD Jan van Rijswijcklaan 298 ✆ 8277910
GM (OPEL) Noorderlaan 32 ✆ 2311880
HONDA Slachthuislaan 74 ✆ 2350111
LADA Nationalestraat 38 ✆ 2329470
LANCIA IJzerlaan 40 ✆ 2334860
MAZDA Lange Leemstraat 206 ✆ 2393112
MITSUBISHI Noorderlaan 111 ✆ 5422000
NISSAN Blauwtorenplein 10 ✆ 2339928
NISSAN Katwilgweg 9 ✆ 2192498
NISSAN Lange Elzenstraat 63 ✆ 2387300
NISSAN Handelstraat 107 ✆ 2351655
PEUGEOT, TALBOT Karel Oomsstraat 47b ✆ 2385810
RENAULT IJzerlaan 1 ✆ 2327920
ROVER Italiëlei 2 ✆ 2339928
VAG Kempischdok-Westkaai 101 ✆ 2315930
VOLVO IJzerlaan 32 ✆ 2261111

Agglomération et environs

ALFA-ROMEO Laarstraat 49 à Wilrijk ✆ 8270232
BMW Bredabaan 1165 à Schoten ✆ 6467000
BMW Herentalsebaan 146 à Deurne ✆ 3223830
BMW Boomsesteenweg 427 à Wilrijk ✆ 8273866
CITROEN Hoevensebaan 70 à Kapellen ✆ 6643981
FIAT Boomsesteenweg 72 à Aartselaar ✆ 8880189
FIAT A. Jeurissenstraat 19 à Ekeren ✆ 5411412
FIAT De Bruynlaan 127 à Wilrijk ✆ 8279393
FIAT F. de l'Arbrelaan 63 à Merksem ✆ 6459078
FIAT Kruiningestraat 14 à Deurne ✆ 3261313
FORD Bisschoppenhoflaan 515 à Deurne ✆ 3247830
FORD Antwerpsesteenweg 118 à Kontich ✆ 4573535
FORD Kapelsesteenweg 127 à Brasschaat ✆ 6453890
GM (OPEL) Augustijnslei 25 à Brasschaat ✆ 6517751
GM (OPEL) Antwerpsestraat 223 à Mortsel ✆ 4493845
GM (OPEL) Kapelsestraat 128 à Kapellen ✆ 6646918
GM (OPEL) Boomsesteenweg 757 à Wilrijk ✆ 8281000
HONDA Antwerpsesteenweg 286 à Kapellen ✆ 6645700
LADA Antwerpsestraat 129 à Mortsel ✆ 4406868
LADA Palinckstraat 124 à Deurne ✆ 3247681
LADA Brechtsebaan 280 à Schoten ✆ 6518460
LANCIA Vredebaan 63 à Mortsel ✆ 4496339
MAZDA Bredabaan 733 à Merksem ✆ 6458281
MAZDA Mechelsesteenweg 311 à Kontich ✆ 4570555
MAZDA Churchilllaan 261 à Schoten ✆ 6584519
MAZDA J. Moretuslei 413 à Wilrijk ✆ 8272807
MERCEDES-BENZ Terbekehofdreef 10 à Wilrijk ✆ 8878030
MERCEDES-BENZ Plantin & Moretuslei 321 à Borgerhout ✆ 2171411
MERCEDES-BENZ Bredabaan 1205 à Schoten ✆ 6470111
MITSUBISHI Grote Steenweg 571 à Berchem ✆ 4497180
MITSUBISHI Mechelsesteenweg 270 à Kontich ✆ 4571146
NISSAN Merksemsteenweg 149 à Deurne ✆ 3252252
PEUGEOT, TALBOT Driehoekstraat 221 à Ekeren ✆ 5425970
PEUGEOT, TALBOT Oude Bareellei 60 à Merksem ✆ 6459326
RENAULT Bredabaan 1285 à Schoten ✆ 6453599
RENAULT Eethuisstraat 103 à Schoten ✆ 6458634
RENAULT Boekenberglei 1 à Deurne ✆ 3217810
RENAULT Hoevensebaan 224 à Kapellen ✆ 6643145
RENAULT Heistraat 70 à Wilrijk ✆ 8301991
ROVER Bredabaan 274 à Brasschaat ✆ 6518137
ROVER Ertbruggelaan 2 à Deurne ✆ 3241787
ROVER Antwerpsestraat 144 à Mortsel ✆ 4406875
ROVER J. Moretuslei 518 à Wilrijk ✆ 8283192
TOYOTA Bredabaan 158 à Brasschaat ✆ 6518962
TOYOTA Herentalsebaan 683 à Deurne ✆ 3218326
TOYOTA Groene Wandeling 6 à Kontich ✆ 4571693
TOYOTA Secret. Meyerlei 81 à Merksem ✆ 6458375
VAG Groeningenlei 23 à Kontich ✆ 4570530
VAG Antwerpsesteenweg 346 à Kapellen ✆ 6641688
VAG Bredabaan 1209 à Schoten ✆ 6453895
VAG O.L.Vrouwstraat 8 à Berchem ✆ 2393875
VOLVO Hoge Weg 115 à Hoevenen ✆ 6642077
VOLVO Frans Van Hombeeckplein 10 à Berchem ✆ 2308890

ARBRE 5170 Namur Ⓒ Profondeville 9 189 h. 214 ⑤ et 409 ⑭ – ☎ 0 81.

•Bruxelles 81 – •Dinant 16 – •Namur 18.

XX **Host. de Marteau-Longe** avec ch, rte de Floreffe 50, ✆ 41 14 48, Fax 41 17 28, « Ferme du 17e s. » – ☎ Ⓟ – 25. AE ⓓ E VISA. ch
avril-déc. et week-end ; fermé lundi soir et mardi – **R** 1350 – **10 ch** ▭ 1600/2000.

ARDOOIE 8850 West-Vlaanderen 213 ③ et 409 ② – 9 528 h. – ☎ 0 51.

•Bruxelles 97 – •Brugge 30 – •Gent 45 – Roeselare 7.

XX **Prinsenhof,** Prinsendreef 6, ✆ 74 50 31 – Ⓟ. AE ⓓ E VISA.
fermé dim., lundi soir, mardi soir et 15 août-10 sept – **R** carte 1100 à 1500.

TOYOTA Pittemstraat 58 ✆ 744212

ARGENTEAU Liège 213 ㉓ et 409 ⑮ – voir à Liège.

ARLON (AARLEN) 6700 Ⓟ Luxembourg belge 214 ⑱ et 409 ㉖ – 22 209 h. – ☎ 0 63.

Voir Musée Luxembourgeois★ : section lapidaire gallo-romaine★★ AY **M.**

ℹ Parc Léopold ✆ 21 63 60.

•Bruxelles 187 ① – •Luxembourg 29 ④ – •Namur 126 ①.

Plan page ci-contre

A l'Écu de Bourgogne sans rest, pl. Léopold 10, ✆ 22 02 22 – |♦|. VISA. AZ
fermé 25 déc. et 1er janv. – **19 ch** ▭ 1200/2400.

Nord sans rest, r. Faubourgs 2, ✆ 22 02 83 – Ⓟ. AE ⓓ E VISA AZ
fermé 22 déc.-1er janv., sam. et dim. d'oct. à avril – **22 ch** ▭ 1100/2200.

Diekirch (R. de)	ABY
Faubourgs (R. des)	AY 12
Grand'Place	AYZ 15
Grand'Rue	ABZ 16
Marché-au-Beurre	BYZ 20
Marché-aux-Légumes	AY 22
Palais-de-Justice (Rue)	AZ 26
Bastion (R. du)	BY 2
Capucins (R. des)	BY 3
Carmes (R. des)	BZ 4
Chasseurs-Ardennais (Pl. des)	BY 6

idier (Pl.)	AY 8
ispensaire (R. du)	AY 9
tienne Lenoir (R.)	BZ 10
rassem (R. de)	BY 13
usillés (Pl. des)	AZ 14
-B. Nothomb (Av.)	AZ 17
oseph Netzer (R.)	AZ 18
éopold (Pl.)	AZ 19
arquisat (R. du)	BY 23
Mersch (Av. de)	BY 24
Molitor (R.)	AZ 25
Paul Reuter (R.)	BZ 27
Porte-Neuve (R. de la)	AY 29
Saint Jean (R.)	BYZ 32
Seymerich (R. de)	BY 34
Synagogue (R. de la)	BZ 35
Toernich (R. de)	AZ 36
25-Août (R. du)	AZ 40

XXX **Host. du Peiffeschof** avec ch, Chemin du Peiffeschof 253 (NE par ③ : 3 km), ✆ 22 44 15, « Terrasse et jardin » – TV ☎ P. AE ⓓ E VISA.
fermé du 20 au 30 août et 18 déc.-8 janv. – **R** *(fermé mardi soir, merc. et sam. midi)* carte 1400 à 1800 – **6 ch** 1430/2290 – ½ P 1930/2340.

XXX **L'Arlequin** 1er étage, pl. Léopold 6, ✆ 22 28 30 – AE ⓓ E VISA — AZ **v**
fermé 1 sem. Pâques, prem. sem. sept, lundi et jeudi soir – **R** 950.

X **L'Europe,** av. Gare 25, ✆ 22 55 90 – AE ⓓ E VISA — AZ **a**
fermé sam. midi, dim. soir, lundi, 2e quinz. août et 2e quinz. fév. – **R** carte 750 à 1200.

LFA-ROMEO rte de Longwy 448 ✆ 225542
MW rte de Bastogne 328 à Bonnert ✆ 220268
ITROEN rte de Bastogne 178 ✆ 224692
ORD av. de Longwy 163 ✆ 220389
M (OPEL) av. de Luxembourg 100 ✆ 220201
IONDA Zoning Industriel ✆ 218189
ANCIA rte de Bastogne 280 à Bonnert ✆ 216656
MAZDA rte de Bastogne 235 à Bonnert ✆ 220274
MERCEDES-BENZ Zone Industrielle ✆ 220590
NISSAN rte de Bastogne 254 ✆ 218290
PEUGEOT, TALBOT Zoning Industriel ✆ 220593
RENAULT rte de Bastogne 320 à Bonnert ✆ 223316
TOYOTA rte de Bastogne 224 à Bonnert ✆ 224723
VAG r. Thermes Romains 73 ✆ 224101

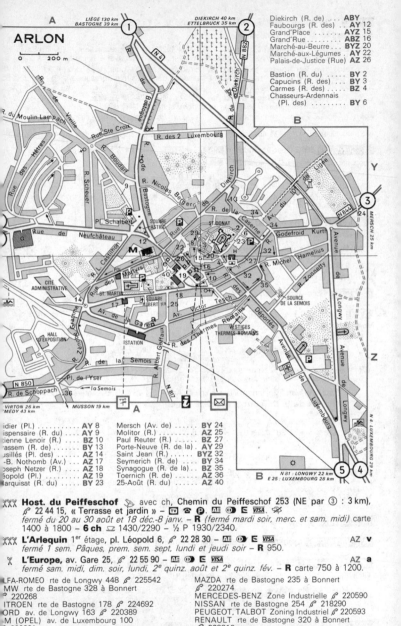

ASSE **1730** Brabant 213 ⑥ et 409 ④ – 26 586 h. – ☎ 0 2.

◆Bruxelles 14 – Aalst 12 – Dendermonde 17.

XXX **De Pauw,** Lindendries 3, ☎ 452 72 45, Fax 452 72 45, « Jardin » – P. AE ① E VISA
fermé mardi soir, merc., 3 prem. sem. août et 2 sem. carnaval – **R** carte 1600 à 2200.

XX **Hof ten Eenhoorn,** Keierberg 80 (direction Enghien puis rte à droite), ☎ 452 95 15, Fax 452 52 24, « Ancienne ferme-brasserie dans un site pittoresque » – P – 25 à 85. AE ① E VISA. *– fermé dim. soir, lundi, mardi, 3 sem. juil. et 1 sem. carnaval* – **R** 1090/1750.

X **Ten Hove Canteclaer,** Markt 6a, ☎ 452 41 40 – AE ① E VISA
fermé lundi soir, mardi, jeudi soir et 3 dern. sem. juil. – **R** 890.

FORD Brusselsesteenweg 183 ☎ 4524911
MAZDA Steenweg op Edingen ☎ 4526442
NISSAN Statiestraat 64a ☎ 4523492
PEUGEOT, TALBOT Louwijn 143 ☎ 5823105
ROVER Nerviërsstraat 67 ☎ 4526944
VAG Brusselsesteenweg 223 ☎ 4526166

ASSENEDE **9960** Oost-Vlaanderen 213 ④ et 409 ③ – 13 473 h. – ☎ 0 91.

◆Bruxelles 88 – ◆Brugge 41 – ◆Gent 28 – Sint-Niklaas 38.

X **Den Hoed,** Kloosterstraat 3, ☎ 44 57 03, Moules en saison – AE ① E
fermé lundi soir, mardi et juin – **R** carte env. 1100.

FIAT Kloosterstraat 42 ☎ 440595
RENAULT Burgstraat 19 ☎ 446276
VAG Molenstraat 32 ☎ 445033

ASSESSE **5330** Namur 214 ⑤ et 409 ⑭ – 5 348 h. – ☎ 0 83.

◆Bruxelles 77 – ◆Namur 16 – Marche-en-Famenne 31.

XX **Host. La Truite d'Argent** avec ch, chaussée de Marche 89, ☎ 65 54 44, – P AE E VISA. rest – *fermé mardi soir et du 9 au 28 sept* – **R** *(fermé merc.)* carte 900 à 1600 – **8 ch** 790/1450 – ½ P 1300/1450.

MITSUBISHI r. Bois d'Ausse 65 ☎ 400511

ASTENE Oost-Vlaanderen 213 ④ – voir à Deinze.

ATH (AAT) **7800** Hainaut 213 ⑯ et 409 ⑫ – 23 458 h. – ☎ 0 68.

Voir Ducasse** (Cortège des géants).

◆Bruxelles 57 – ◆Mons 21 – ◆Tournai 29.

XX **L'Hennepin,** r. Brantignies 23, ☎ 28 11 71 – AE ① E VISA
fermé lundi, mardi et 3 dern. sem. juil. – **R** carte 1000 à 1500.

X **Le Saint-Pierre,** Marché aux Toiles 18, ☎ 28 51 74 – AE ① E VISA
R *(déjeuner seult sauf vend. et sam.)* carte 950 à 1400.

à Ghislenghien (Gellingen) NE : 8 km C Ath – ✉ 7822 Ghislenghien – ☎ 0 68 :

XX **Le Relais de la Diligence,** chaussée de Bruxelles 401 (sur N 7), ☎ 55 12 41, – P ① E VISA
fermé merc. soir, jeudi, dim. soir, 2 dern. sem. juil., sem. carnaval et après 20 h 30 – **R** 650/850.

CITROEN r. Brantignies 38 ☎ 286089
FORD r. A. Delzenne 7 - Zoning des Primevères ☎ 283728
GM (OPEL) chaussée de Tournai 108 ☎ 281971
HONDA chaussée de Mons 117 ☎ 285352
LADA chaussée de Bruxelles 208 ☎ 222891
MAZDA Grand'Place 30 ☎ 282932
MERCEDES-BENZ chaussée de Tournai 82 ☎ 283286
MITSUBISHI chaussée de Bruxelles 45 ☎ 284283
NISSAN r. A. Delzenne 5 - Zoning des Primevères ☎ 282729
PEUGEOT, TALBOT chaussée de Bruxelles 229 ☎ 282131
RENAULT chaussée de Tournai 159 ☎ 283877
ROVER chaussée de Tournai 106 ☎ 287890
VAG chaussée de Tournai 103 ☎ 281490

AUDENARDE Oost-Vlaanderen – voir Oudenaarde.

AUDERGHEM (OUDERGEM) Brabant 213 ⑱ ⑲ et 409 ⑬ – voir à Bruxelles.

AVE ET AUFFE **5580** Namur C Rochefort 11 117 h. 214 ⑥ et 409 ⑭ – ☎ 0 84.

◆Bruxelles 114 – ◆Namur 55 – ◆Dinant 29 – Rochefort 10.

Host. Le Ry d'Ave, Sourd d'Ave 5, ☎ 38 82 20, Fax 38 95 50, ≤, « Cadre champêtre » – TV ☎ P – 30. AE ① E VISA – *fermé dern. sem. août, janv., mardis soirs et merc. non fériés sauf d'oct. à juin* – **R** carte 1200 à 2000 – 300 – **13 ch** 1350/1750 – ½ P 2350.

AVELGEM **8580** West-Vlaanderen 213 ⑮ et 409 ⑪ – 8 749 h. – ☎ 0 56.

◆Bruxelles 72 – ◆Kortrijk 13 – ◆Tournai 23.

XX **Karekietenhof,** Scheldelaan 20 (près de l'église), ☎ 64 44 11, ≤ – P. VISA
fermé mardi soir, merc. et du 16 au 31 août – **R** carte 750 à 1100.

MAZDA Leynseelstraat 66 ☎ 644650
MITSUBISHI Oudenaardsesteenweg 84 ☎ 644541
NISSAN Driesstraat 54 ☎ 644026
ROVER Stijn Streuvelslaan 41 ☎ 644179
TOYOTA Doorniksteenweg 254 ☎ 644325

AWANS Liège 213 ㉒ et 409 ⑮ – voir à Liège.

AYWAILLE 4920 Liège 213 ㉓, 214 ⑦ et 409 ⑮ – 8 661 h. – ☎ 0 41.
Bruxelles 123 – ♦Liège 29 – Spa 16.

XXX **Villa des Roses,** av. Libération 4, ☎ 84 42 36, 余 – P. AE ① E VISA
fermé dim. soirs non fériés de nov. à avril, lundis et mardis non fériés et 11 fév.-14 mars – **R** 950/1800.

LFA-ROMEO r. Chalet 12 ☎ 846015
ITROEN rte des Ardennes 5 ☎ 844042
FIAT r. Chalet 105 ☎ 845919
ROVER r. Ardennes 42 ☎ 844128

BAASRODE 9200 Oost-Vlaanderen C Dendermonde 42 427 h. 213 ⑥ et 409 ④ – ☎ 0 52.
Bruxelles 33 – ♦Antwerpen 40 – ♦Gent 39.

XX **Gasthof Ten Briel,** Brielstraat 63, ☎ 33 44 51 – AE ① E VISA ✻
fermé lundi – **R** carte 1000 à 1600.

ITROEN Baasrodestraat 113 ☎ 212562

BACHTE-MARIA-LEERNE Oost-Vlaanderen 212 ④ et 409 ② ③ – voir à Deinze.

BAILLONVILLE 5377 Namur C Somme-Leuze 2 910 h. 214 ⑥ et 409 ⑮ – ☎ 0 84.
Bruxelles 107 – ♦Dinant 41 – ♦Liège 50 – ♦Namur 45.

XX ✿ **Le Capucin Gourmand** (Mathieu), r. Centre 16, ☎ 31 51 80 – P
fermé du 8 au 26 avril, 19 août-6 sept, 16 déc.-3 janv., mardi et merc. – **R** 1450/1850.
Spéc. Cabillaud rôti au four, crème de chicon aux truffes, Pêche pochée et glace aux pétales de rose (juin-sept), Galette de homard et pintade aux artichauts.

BAISY-THY 1470 Brabant C Genappe 12 235 h. 213 ⑲ et 409 ⑬ – ☎ 0 67.
Bruxelles 32 – ♦Charleroi 21 – ♦Mons 53 – ♦Namur 35.

XXX **Host. La Falise** ⛯ avec ch, r. Falise 7, ☎ 77 35 11, 余, 🐖 – TV ☎ P. AE ① E VISA
R *(fermé dim. soir, lundi, 2 sem. en sept et 2 sem. en janv.)* carte 1350 à 1800 – **6 ch** ☕ 2050/2800 – ½ P 2350/3150.

AZDA r. Chant des Oiseaux 15 ☎ 780234
VAG chaussée de Charleroi 7 ☎ 772871

BALEGEM 9860 Oost-Vlaanderen C Oosterzele 12 196 h. 213 ④ ⑤ et 409 ③ – ☎ 0 91.
Bruxelles 49 – Aalst 27 – ♦Gent 23 – Oudenaarde 20.

XXX **'t Parksken,** Geraardsbergsesteenweg 233 (à l'Est sur N 42), ☎ 62 52 20, Fax 62 64 17, ≤, 余, « Jardin » – P. AE ① E VISA. ✻
fermé dim. soir, lundi, mardi, juil. et du 1er au 10 janv. – **R** carte 1100 à 1900.

BALEN 2490 Antwerpen 212 ⑰ et 409 ⑤ – 18 521 h. – ☎ 0 14.
Bruxelles 82 – ♦Antwerpen 58 – ♦Hasselt 38 – ♦Turnhout 27.

XXX ✿ **De Engel** (De Boeck), Steegstraat 8, ☎ 81 19 06, Fax 81 19 07, « Cadre rustique, serre » – AE ① E VISA
fermé dim., lundi, 27 août-9 sept et 3 sem. en fév. – **R** carte 1950 à 2500.
Spéc. Witlof farci de homard, Pomme farcie aux scampis sauce Champagne, Pigeonneau de Bresse aux fruits de saison.

AZDA Kerkstraat 42 ☎ 812679
ISSAN Steenweg op Leopoldsburg 8 ☎ 812807
RENAULT Gerheide 155 ☎ 810884
TOYOTA Soef 165 ☎ 812109

BALMORAL Liège 213 ㉓ et 409 ⑯ – voir à Spa.

BARAQUE DE FRAITURE Luxembourg belge 214 ⑧ et 409 ⑯ – voir à Vielsalm.

BARVAUX 6940 Luxembourg belge C Durbuy 8 363 h. 214 ⑦ et 409 ⑮ – ☎ 0 86.
Bruxelles 121 – ♦Arlon 99 – ♦Liège 47 – Marche-en-Famenne 19.

🏠 **Le Cor de Chasse,** rte de Tohogne 29, ☎ 21 14 98, Fax 21 35 85, 🐖 – P. AE ① E VISA. ✻ ch
fermé lundi du 15 sept au 15 juin ; en janv.-fév. ouvert week-end seult – **R** *(fermé après 20 h 30)* carte env. 1100 – **14 ch** ☕ 1000/1900.

XX **La Poivrière,** Grand-rue 28, ☎ 21 15 60, Fax 21 15 60 – AE ① E VISA
fermé dim. soirs et lundis non fériés – **R** carte 1600 à 2100.

XX **Le Grillon** avec ch, Grand-rue 73, ☎ 21 15 37 – ✻ ch P. E VISA
fermé du 8 au 25 avril et jeudi – **R** carte 800 à 1250 – **7 ch** ☕ 670/1640 – ½ P 1020/1170.

X **Au Petit Chef,** Basse-Sauvenière 8, ☎ 21 26 14, 余 – AE ① E VISA
fermé lundi, mardi, 1 sem. en juin, 1 sem. en oct. et janv. – **R** carte 900 à 1600.

à Bohon NO : 3 km Ⓒ Durbuy – ✉ 6940 Barvaux – ☎ 0 86 :

Le Relais de Bohon ⛰, pl. Bohon 7, ✆ 21 30 49, Fax 21 35 95, ☂, ⛱ – TV Ⓟ. AE ⓓ E VISA
fermé mars et mardis non fériés sauf en juil.-août – **R** carte env. 1200 – ☕ 225 – **15 ch** 1950 – ½ P 2000/2950.

GM (OPEL) rte de Bomal 18 ✆ 211283

BASSE-BODEUX Liège 214 ⑧ et 409 ⑯ – voir à Trois-Ponts.

BASTOGNE (BASTENAKEN) 6600 Luxembourg belge 214 ⑱ et 409 ㉕ ㉖ – 11 847 h. – ☎ 0 61

Voir Intérieur★ de l'église St-Pierre★ – Bastogne Historical Center★ – Le Mardasson★ E : 3 km

ℹ pl. Mac Auliffe 24, ✆ 21 27 11.

♦Bruxelles 148 – ♦Arlon 40 – ♦Liège 88 – ♦Namur 87.

Lebrun, r. Marche 8, ✆ 21 54 21 – ☎ Ⓟ – 🎤 30 à 100. AE ⓓ E VISA. ✻
R *(fermé lundi et sam. midi)* 850/1750 – **20 ch** *(fermé lundi hors saison)* ☕ 955/2420 – ½ P 1700/2640.

Au Vivier, r. Sablon 183, ✆ 21 22 57 – AE ⓓ E VISA
fermé mardi soir, merc. et 1ʳᵉ quinz. juil. – **R** 650/1200.

Léo, r. Vivier, ✆ 21 14 41, Fax 21 65 08, ☂ – E VISA
fermé du 1ᵉʳ au 12 juil., 20 déc.-fin janv. et lundi – **R** 750.

ALFA-ROMEO chaussée d'Arlon 33 ✆ 211016
CITROEN chaussée d'Arlon 73 ✆ 215556
FIAT r. Marche 137 ✆ 213184
FORD chaussée d'Arlon 29 ✆ 213401
GM (OPEL) rte de Wiltz 80 ✆ 216054
HONDA rte de Wiltz 76b ✆ 211733
MITSUBISHI Nationale 15, rte de Houffalize 100 ✆ 213316
RENAULT rte de Wiltz 88 ✆ 213939
VAG r. Neufchateau 232 ✆ 213615

BATTICE 4651 Liège Ⓒ Herve 15 255 h. 213 ㉓ et 409 ⑯ – ☎ 0 87.

♦Bruxelles 117 – ♦Liège 27 – Aachen 31 – Verviers 9.

Les Quatre Bras, pl. Marché 31, ✆ 67 41 56 – AE ⓓ E VISA
fermé dim., lundi soir et 15 juil.-15 août – **R** carte 1100 à 1500.

Au Vieux Logis, pl. Marché 25, ✆ 67 42 53 – AE ⓓ E ✻
fermé lundi soir, mardi soir, 2ᵉ quinz. août et prem. sem. janv. – **R** carte 1200 à 1800.

ALFA-ROMEO Outre-Cour 51 ✆ 678237
CITROEN Outre-Cour 138 ✆ 674153
FORD Outre-Cour 11 ✆ 674910
LADA Outre-Cour 8 ✆ 675416
MITSUBISHI r. Verviers 30 ✆ 674191
VAG r. Henri-Chapelle ✆ 675818

BAUDOUR Hainaut 213 ⑰, 214 ① ② et 409 ⑫ – voir à Mons.

BEAUFAYS Liège 213 ㉒ et 409 ⑮ – voir à Chaudfontaine.

BEAUMONT 6500 Hainaut 214 ③ et 409 ⑬ – 6 040 h. – ☎ 0 71.

♦Bruxelles 80 – ♦Mons 32 – ♦Charleroi 26 – Maubeuge 25.

à Grandrieu SO : 7 km Ⓒ Sivry-Rance 4 478 h. – ✉ 6470 Grandrieu – ☎ 0 60 :

Le Grand Ryeu, r. Goëtte 1, ✆ 45 52 10, Fax 45 52 10, « Ancienne ferme » – Ⓟ. AE E VISA – *fermé janv.-fév. sauf week-end et mardi sauf en juil.-août* – **R** 1395.

FIAT rte de Mons 29 à Solre-St-Géry ✆ 455173
FORD r. G. Michiels 10 ✆ 588073

BEAURAING 5570 Namur 214 ⑤ et 409 ⑭ – 7 917 h. – ☎ 0 82.

Voir Lieu de pèlerinage★.

♦Bruxelles 111 – ♦Namur 48 – ♦Dinant 20 – Givet 10.

L'Aubépine, r. Gendarmerie 5, ✆ 71 11 59, Telex 59040, Fax 71 33 54 – |‡| – 🎤 25 à 120 AE ⓓ E VISA
avril-déc. ; fermé lundi, mardi et merc. en nov.-déc. – **R** 750/895 – ☕ 150 – **81 ch** 625/1350 – ½ P 1200/1400.

Les Années Folles, r. Dinant 57, ✆ 71 30 73, Rest.-taverne – Ⓟ. AE ⓓ E VISA
fermé du 10 au 30 sept, du 1ᵉʳ au 10 janv. et lundi – **R** carte 1200 à 2000.

MAZDA Hameau de Gozin 44 ✆ 711763

BEAUVOORDE West-Vlaanderen 213 ① et 409 ① – voir à Veurne.

BEERNEM West-Vlaanderen 213 ③ et 409 ② – voir à Brugge.

BEERSEL Brabant 213 ⑱ et 409 ⑬ – voir à Bruxelles, environs.

BEERVELDE Oost-Vlaanderen 213 ⑤ et 409 ③ – voir à Gent.

BELLEGEM West-Vlaanderen 213 ⑮ et 409 ⑪ – voir à Kortrijk.

BELLEVAUX-LIGNEUVILLE **4960** Liège [C] Malmédy 10 143 h. 214 ⑨ et 409 ⑯ – ✆ 0 80.
◆Bruxelles 165 – ◆Liège 65 – Malmédy 8,5 – Spa 27.

Moulin, Grand-Rue 28, ✆ 57 00 81, ← – Ⓟ. AE ⓓ E VISA
fermé du 1er au 20 déc. – **R** carte 1500 à 2250 – **14 ch** 1500/2200 – ½ P 2300.

St-Hubert, r. St-Vith 124, ✆ 57 01 22, Fax 57 06 92 – Ⓟ – 60. AE E VISA. ✻
R 750/1250 – **10 ch** 1100/1845 – ½ P 1790/1890.

BELOEIL **7970** Hainaut 213 ⑯ et 409 ⑫ – 13 288 h. – ✆ 0 69.
Voir Château*** : collections***, parc***.
Env. Moulbaix : moulin de la Marquise*, N : 10 km.
Bruxelles 70 – ◆Mons 22 – ◆Tournai 28.

Hôtels et restaurants voir : Mons SE : 22 km

BERCHEM Antwerpen 212 ⑮ et 409 ④ – voir à Antwerpen, périphérie.

BERCHEM-STE-AGATHE (SINT-AGATHA-BERCHEM) Brabant 213 ⑱ et 409 ⑬ – voir à Bruxelles.

BERENDRECHT Antwerpen 212 ⑭ et 409 ④ – voir à Antwerpen, périphérie.

BERGEN [P] Hainaut – voir Mons.

BERLARE **9290** Oost-Vlaanderen 213 ⑤ et 409 ③ – 12 629 h. – ✆ 0 52.
Bruxelles 38 – ◆Antwerpen 43 – ◆Gent 26 – Sint-Niklaas 24.

XXX ✿✿ **'t Laurierblad** (Van Cauteren), Dorp 4, ✆ 42 48 01, Telex 29356, Fax 42 59 97 – Ⓟ. ⓓ E VISA
fermé lundi, mardi, 12 août-8 sept et 23 déc.-2 janv. – **R** carte 1750 à 2800.
Spéc. Gnocchi de pommes de terre et homard, Agneau au gingembre en croûte feuilletée, Fondant de ris et tête de veau aux truffes.

MITSUBISHI Gaver 15 ✆ 422299 — VAG Brugstraat 33 ✆ 423042

BÉVERCÉ Liège 213 ㉔, 214 ⑧ et 409 ⑯ – voir à Malmédy.

BEVEREN **9120** Oost-Vlaanderen 213 ⑥ et 409 ④ – 41 602 h. – ✆ 0 3.
Bruxelles 58 – ◆Antwerpen 14 – ◆Gent 48.

XX **De Schandpaal,** Kloosterstraat 13, ✆ 775 41 18, Fax 755 02 10, 🏠 – AE ⓓ E VISA ✻
fermé dim. et 3 sem. en juil. – **R** carte 2300 à 3800.

FORD Gentseweg 41 ✆ 7757854
GM (OPEL) Oude Zandstraat 25 ✆ 7750021
NISSAN Kobegeertstraat 65 ✆ 7754619
VOLVO Vesten 90 ✆ 7757727

BEVEREN-LEIE **8791** West-Vlaanderen [C] Waregem 34 044 h. 213 ⑮ et 409 ⑪ – ✆ 0 56.
Bruxelles 89 – ◆Brugge 49 – ◆Gent 44 – ◆Kortrijk 8.

XX **De Gastronoom,** Gentsesteenweg 11, ✆ 70 11 10, 🏠 – Ⓟ. AE ⓓ E VISA
fermé lundi et sam. midi – **R** carte 1200 à 1650.

BILZEN **3740** Limburg 213 ㉒ et 409 ⑥ – 26 553 h. – ✆ 0 11.
Bruxelles 97 – ◆Hasselt 17 – ◆Liège 29 – ◆Maastricht 15.

XX **Bevershof,** Hasseltsestraat 72, ✆ 41 23 01, Fax 41 26 02 – ▤ Ⓟ. AE ⓓ E VISA. ✻
fermé lundi, mardi et 15 sept-15 oct. – **R** carte 1100 à 1500.

XX **Ter Beuke,** O. L. Vrouwstraat 8, ✆ 41 46 47 – AE ⓓ E VISA ✻
fermé merc. – **R** carte 1600 à 2200.

X **'t Vlierhof,** Hasseltsestraat 57a, ✆ 41 44 18 – Ⓟ. AE ⓓ E. ✻
fermé merc. – **R** carte env. 1300.

FORD Maastrichterstraat 212 ✆ 413361
GM (OPEL) Tongersestraat 56 ✆ 492127
NISSAN Tipstraat 95 ✆ 324989
RENAULT Hasseltsestraat 6 ✆ 411729
TOYOTA Meershoven 134 ✆ 412071
VAG Maastrichterstraat 51 ✆ 411190

BINCHE **7130** Hainaut 214 ③ et 409 ⑬ – 32 582 h. – ✆ 0 64.
Voir Carnaval*** (Mardi gras) – Vieille ville* Z – Musée International du Carnaval et du Masque* Z **M.**
Env. NE, 10 km par ① : Domaine de Mariemont* : parc*, musée**.
Hôtel de Ville, Grand'Place ✆ 33 37 21.
Bruxelles 62 ① – ◆Mons 16 ⑤ – ◆Charleroi 20 ② – Maubeuge 24 ④.

BINCHE

Charles Deliège (Av.) ... YZ
Gaieté (R. de la) .... Z 5
Notre-Dame (R.) .... Z 9
Robiano (R. de) .... Z

Archers (R. des) .... Y 2
Boussart (R.) .... Z 3
Charleroi (R. de) .... Z 4
G. Dehavay (R.) .... Z 6
Gille Binchois (R.) .... Z 1
Grand Place .... Z 7

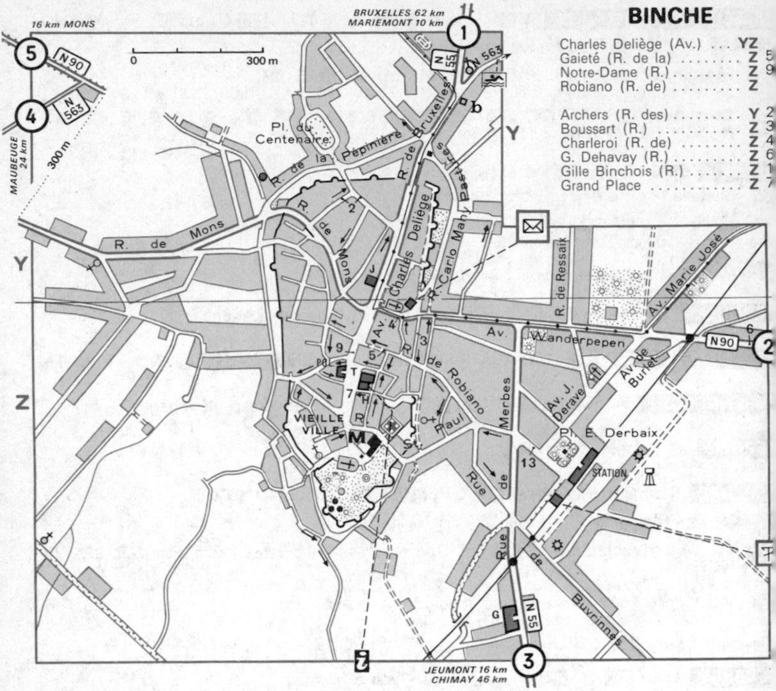

XXX **Bernard,** r. Bruxelles 37, ℘ 33 37 75 – Ⓟ. AE ⓓ E VISA — Y
fermé mardi soir, merc., juil. et 3 prem. sem. janv. – **R** 1100/1900.

FIAT r. Z. Fontaine 102 ℘ 333361
RENAULT chaussée de Mons 118 ℘ 332585
TOYOTA r. Mons 6 ℘ 332237
VAG r. Z. Fontaine 50 ℘ 367051

BLANKENBERGE **8370** West-Vlaanderen **213** ② et **409** ② – 15 839 h. – ✆ 0 50 – Static
balnéaire★.

Koning Leopold III-plein ℘ 41 22 27.

◆Bruxelles 111 ② – ◆Brugge 14 ② – Knokke-Heist 12 ① – ◆Oostende 21 ③.

Plan page ci-contre

Azaert (annexe Azaert 2), Molenstraat 31, ℘ 41 15 99, Telex 83270, Fax 42 91 46, – 25 à 100. E VISA. — A
28 mars-23 sept sauf du 15 au 30 avril – **R** *(fermé merc. soir et après 20 h)* 795/1295 – **53 c**
2300/3600.

Idéal, Zeedijk 244, ℘ 42 94 74, Telex 26937, Fax 42 97 46, – 25 120. E VISA. rest — B
29 mars-25 sept et 27 oct.-4 nov. – **R** *(fermé mardi et après 20 h 30)* carte 1100 à 1800
44 ch 2150/2990 – ½ P 1930/2410.

Riant Séjour, Zeedijk 188, ℘ 41 10 14, ≤, — B
fermé du 1er au 18 oct. – **R** *(fermé après 20 h, mardi soir et merc. d'oct. à mars)* 750 – **30 c**
1900/3200 – ½ P 2000/2100.

Albatros sans rest, Consciencestraat 45, ℘ 41 13 49 – Ⓟ. E VISA. — A
20 ch 1850/2850.

Commerce, Weststraat 64, ℘ 42 95 35, Fax 42 94 40 – AE ⓓ E VISA. re
22 mars-sept, week-end du 1er oct. au 11 nov. et du 5 au 12 mars – **R** *(fermé oct. et apr*
20 h 30) 525 – **29 ch** 990/2300 – ½ P 1335/1795. — A

Petit Rouge, Bakkersstraat 1 (Zeedijk), ℘ 41 10 06, Fax 41 60 08, ≤ – AE
E VISA. — A
15 mars-15 oct. – **R** *(fermé 2e quinz. mars, 1re quinz. oct., jeudi et après 20 h)* 750/10
– **60 ch** 1300/2700 – ½ P 1850.

Manitoba sans rest, Manitobaplein 11, ℘ 41 12 20 – Ⓟ. AE VISA — A
29 mars-7 oct. – **10 ch** 1500/2400.

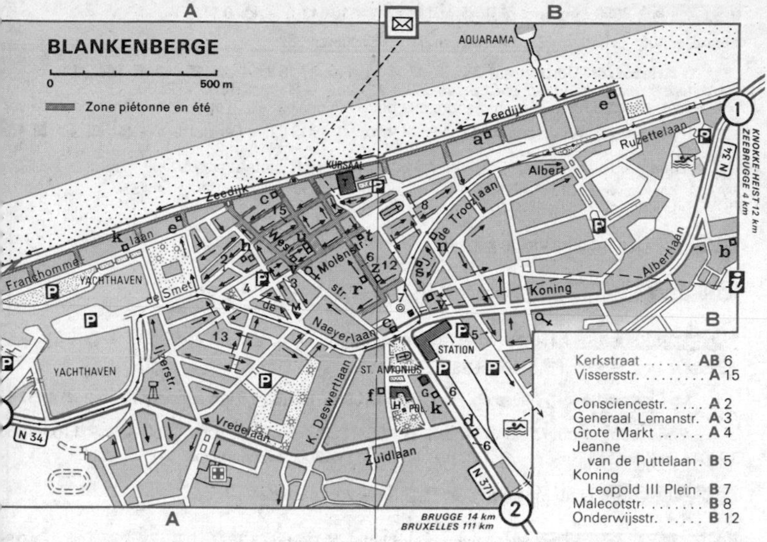

Kerkstraat . . . . AB 6
Vissersstr. . . . . A 15

Consciencestr. . . . . A 2
Generaal Lemanstr. A 3
Grote Markt . . . . . . A 4
Jeanne van de Puttelaan . B 5
Koning Leopold III Plein . B 7
Malecotstr. . . . . . . B 8
Onderwijsstr. . . . . B 12

🏨 **Alfa Inn** sans rest, Kerkstraat 92, ℘ 41 81 72, Telex 82506, Fax 41 20 61 – |♦| Ⓟ – 🏛 25 à 150. ✂ — AB **z**
15 mars-20 oct. – **63 ch** ☐ 1300/2550.

🏨 Marie-José, Marie-Josélaan 2, ℘ 41 16 39 – |♦|. ✂ rest — B **n**
Pâques-fin sept – **R** (résidents seult) – **45 ch.**

🏨 **Strand,** Zeedijk 86, ℘ 41 16 71 – |♦| TV ☎. ✂ rest — A **e**
mars-15 nov. – **R** 780 – **17 ch** ☐ 1000/3000 – ½ P 1500/1850.

🏨 **Comte de Flandre,** Kerkstraat 149, ℘ 41 16 13 – |♦| TV. AE ⓓ E VISA — B **c**
fermé mardi hors saison, 6 nov.-19 déc. et 11 janv.-14 mars sauf 2 sem. carnaval – **R** 750/950 – **23 ch** ☐ 850/1800 – ½ P 1300/1850.

XX **Joinville,** J. De Troozlaan 5, ℘ 41 22 69 – AE E VISA — B **s**
fermé merc. soir et jeudi hors saison et jours fériés – **R** carte env. 1600.

XX **De Wijngaard,** Kerkstraat 196, ℘ 41 52 30 – Ⓟ. AE ⓓ E VISA — B **d**
fermé dim. soir, lundi et 2ᵉ quinz. sept – **R** carte env. 1900.

XX **Colonies** avec ch, Kerkstraat 95, ℘ 41 12 75 – AE ⓓ E VISA ✂ ch — A **r**
fermé 18 sept-oct., lundi, mardi et jeudi de nov. à Pâques et merc. – **R** 795/1300 – **16 ch** ☐ 1200/2000.

XX **Donckersteke,** Polderlaan 7, ℘ 41 65 68, ☂ – Ⓟ. AE ⓓ E VISA — B **b**
fermé lundi et du 1ᵉʳ au 15 janv. – **R** 1000.

X **St-Hubert,** Manitobaplein 15, ℘ 41 22 42 – AE E — A **u**
fermé 15 janv.-15 fév. et lundi soir et mardi sauf en juil.-août – **R** 1000.

X **Griffioen,** Kerkstraat 163, ℘ 41 34 05, Produits de la mer, Ouvert jusqu'à minuit – AE ⓓ E VISA — B **k**
fermé lundi et mardi – **R** (hors saison dîner seult) carte 900 à 1350.

X **Pullman** avec ch, Leopold III-plein 11, ℘ 41 19 69, ☂ – TV. AE ⓓ E VISA — B **v**
fermé 12 nov.-6 déc. et carnaval – **R** *(fermé merc.)* carte env. 1000 – **8 ch** ☐ 650/1700 – ½ P 950/1300.

X **Yachting,** Franchommelaan 102, ℘ 41 23 68 – ▤. AE E VISA — A **k**
avril-sept et week-end en hiver ; fermé lundi soir, mardi et du 1ᵉʳ au 25 oct. – **R** carte 1100 à 1600.

X **Le Pot au Feu,** Ontmijnersstraat 37, ℘ 41 26 37 – AE E VISA — AB **f**
fermé lundi et mardi – **R** carte 900 à 2200.

à Zuienkerke par ② : 6 km – 2 631 h. – ✉ 8377 Zuienkerke – ☎ 0 50 :

XXX **De Zilveren Zwaan,** Statiesteenweg 12 (E : près N 371), ℘ 41 48 19, ☂, « Terrasse » – Ⓟ. AE ⓓ E VISA
fermé du 3 au 19 nov., du 10 au 19 fév., lundi soir et mardi – **R** 1450/2500.

XX **Hoeve Ten Doele,** Nieuwesteenweg 1, ℘ 41 31 04, ☂, « Cadre champêtre » – Ⓟ. VISA
fermé 23 sept-10 oct., 2 sem. en fév., lundi soir sauf en juil.-août et mardi – **R** 1395.

TROEN Leopold-III plein 9 ℘ 412400
ADA Weststraat 125 ℘ 411742

VAG Bruggesteenweg 51 ℘ 413230

BOCHOLT **3950** Limburg 213 ⑩ et 409 ⑥ – 10 543 h. – ☎ 0 11.

◆Bruxelles 106 – ◆Hasselt 42 – ◆Antwerpen 91 – ◆Eindhoven 38.

XXX ✿ **Kristoffel,** Dorpsstraat 28, ☎ 47 15 91, Fax 47 15 92 – ▤. AE ⓓ E VISA. ✻
fermé lundi, 15 juil.-5 août et du 2 au 13 janv. – **R** carte 1600 à 2500.
Spéc. Homard fumé maison, Sandre à la bière régionale, Selle d'agneau aux légumes de saison

XX **Roekeshof,** Weerterweg 52 (NE : 4 km), ☎ 46 19 02, « Fermette » – Ⓟ. AE ⓓ E VISA
✻
fermé lundi, mardi, sam. midi et 1re quinz. sept – **R** carte env. 1600.

MAZDA Kaulillerweg 161 ☎ 462193
ROVER Lillerbaan 28 ☎ 445232
VAG Kaulillerweg 48 ☎ 461550

BOHON Luxembourg belge 214 ⑦ – voir à Barvaux.

BOIS DE LA CAMBRE Brabant 213 ⑱ et 409 ㉑ – voir à Bruxelles.

BOIS-DE-VILLERS **5170** Namur C Profondeville 9 189 h. 214 ⑤ et 409 ⑭ – ☎ 0 81.

◆Bruxelles 74 – ◆Namur 11 – ◆Dinant 23.

X **La Crémaillère** ⛰ avec ch, r. Léopold Crasset 148 (S : 1,5 km sur rte d'Arbre), ☎ 43 37 85
◆ ≤, 🌳 – Ⓟ. ✻ ch
fermé jeudi et du 15 au 30 sept – **R** 600/1350 – **6 ch** ☕ 1080/1560 – ½ P 1150/1650

TOYOTA r. Raymond Noël 41 ☎ 433345
VAG r. Raymond Noël 147 ☎ 433611

BOLDERBERG Limburg 213 ⑨ et 409 ⑥ – voir à Zolder.

BOMAL-SUR-OURTHE **6941** Luxembourg belge C Durbuy 8 363 h. 214 ⑦ et 409 ⑮ – ☎ 0 86

Env. N : Route de Vieuxville ≤★.

◆Bruxelles 125 – ◆Arlon 104 – ◆Liège 45 – Marche-en-Famenne 24.

XXX **La Potinière,** r. Fleurie 43, ☎ 21 11 16, 🌳 – Ⓟ. AE ⓓ E VISA
fermé du 23 au 27 juil., 14 janv.-9 fév., lundi de mars à oct. et lundi soir et mardi de nov. à fév. – **R** carte 1500 à 2200.

à Juzaine E : 1,5 km C Durbuy – ✉ 6941 Bomal – ☎ 0 86 :

XX **Saint-Denis,** r. Ardennes 164, ☎ 21 11 79, « Terrasse et jardin au bord de l'Aisne » – ▤
Ⓟ. AE ⓓ E VISA. ✻
fermé lundis soirs et mardis non fériés et janv. – **R** carte env. 1500.

HONDA rte de Barvaux 3 ☎ 211105
VAG r. Liège 47 ☎ 211263

BONHEIDEN Antwerpen 213 ⑦ et 409 ④ – voir à Mechelen.

BON-SECOURS Hainaut 214 ① et 409 ⑫ – voir à Péruwelz.

BOOM **2850** Antwerpen 213 ⑥ et 409 ④ – 13 829 h. – ☎ 0 3.

◆Bruxelles 30 – ◆Antwerpen 17 – ◆Gent 57 – ◆Mechelen 16.

XX **Cheng's Garden,** Col. Silvertopstraat 5, ☎ 844 21 84, Fax 844 54 46, Cuisine chinoise – ▤
AE ⓓ E VISA. ✻
R carte 1100 à 1500.

CITROEN Nielsestraat 104 ☎ 8880547
FORD Antwerpsestraat 12 ☎ 8880891
GM (OPEL) Antwerpsestraat 480 ☎ 8880111
LADA Antwerpsestraat 113 ☎ 8886548
PEUGEOT, TALBOT Velodroomstraat 206 ☎ 8880423
RENAULT Kerkhofstraat 88 ☎ 8880612
TOYOTA J.B. Corremansstraat 18 ☎ 8881734
VAG Van Leriuslaan 99 ☎ 8880571

BORGERHOUT Antwerpen 212 ⑮ et 409 ④ – voir à Antwerpen, périphérie.

BORGLOON **(LOOZ) 3840** Limburg 213 ㉑ et 409 ⑭ – 10 044 h. – ☎ 0 12.

◆Bruxelles 76 – ◆Hasselt 17 – ◆Liège 29 – ◆Maastricht 29.

XXX **Kasteel De Clee** ⛰ avec ch, Kleestraat 20 (NO : 3 km par N 754), ☎ 74 10 24, Fax 74 54 5
≤ campagne, ✻ – TV ☎ Ⓟ. AE ⓓ E VISA. ✻
fermé sam. midi, dim., 3 dern. sem. juil. et du 1er au 10 janv. – **R** carte 1750 à 2550 – **7 c**
☕ 3500.

GM (OPEL) Industriezone ☎ 741268
MAZDA Tongersesteenweg 356 ☎ 741931
PEUGEOT, TALBOT Tongersesteenweg 18 ☎ 741066
VAG Industriepark-Industrieweg 14 ☎ 745767

BORGWORM Liège – voir Waremme.

BORNEM **2880** Antwerpen 213 ⑥ et 409 ④ – 18 428 h. – ☎ 0 3.

Bruxelles 36 – ◆Antwerpen 31 – ◆Gent 46 – ◆Mechelen 21.

XX **Eyckerhof,** Spuystraat 21 (Eikevliet), ☎ 889 07 18, Fax 889 94 05, « Cadre champêtre » – P. AE ⓓ E VISA
fermé sam. midi, dim. soir, lundi et du 8 au 31 juil. – **R** 1450.

ITROEN Puursesteenweg 319 ☎ 8893955
IAT Hingenesteenweg 22 ☎ 8890677
ADA Luipegem 180 ☎ 8891506
MAZDA Rijksweg 55 ☎ 8890796
VAG Lodderstraat 17 ☎ 8890283

BOUGE Namur 213 ⑳, 214 ⑤ et 409 ⑭ – voir à Namur.

BOUILLON **6830** Luxembourg belge 214 ⑯ et 409 ㉔ – 5 373 h. – ☎ 0 61.

'oir Château★★ Z : Tour d'Autriche ≤★★ – Musée Ducal★ Y **M.**

nv. Corbion : Chaire à prêcher ≤★ par ③ : 8 km.

Pavillon, Porte de France (en saison) ☎ 46 62 89 et au Château fort ☎ 46 62 57.

Bruxelles 161 ① – ◆Arlon 64 ② – ◆Dinant 63 ① – Sedan 18 ②.

BOUILLON

ollège (R. du) .... YZ
laladrerie (Q. de la) .. Y 14
laladrerie (R. de la) .. Y 15
empart (Q. du) ...... YZ

nge-Gardien (R. de l') . Y 2
ugustins (R. des) .... Y 3
hâteau (R. du) .... Y 4
ucale (Pl.) .... Y 5
coles (R. des) .... Y 6
aubourg de France ... Z 7
ance (Pt de) .... Z 8
ance (Pte de) .... Z 9
eorges Lorand (R.) .. Y 10
autes-Voies (R. des) . Y 11
aitte (R. de) .... Z 12
ège (Pt de) .... Y 13
loulin (R. du) .... Z 16
ord (R. du) .... Y 18
aroisse (All. de la) ... Z 19
etit (R. du) .... Y 20
oste (R. de la) .... Z 22
oulie (Pt de la) ...... Y 23
oulie (R. de la) ...... Y 24
ison (R. de la) .... Y 26
. Arnould (Pl.) .... Y 27
auls (Q. des) .... Y 28

es plans de villes
ont disposés
Nord en haut.

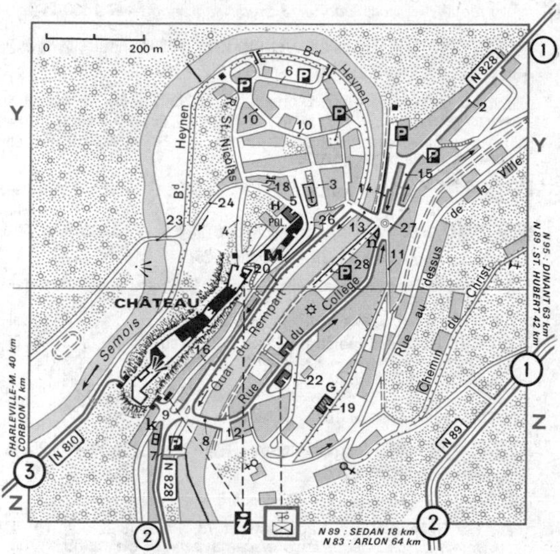

Poste, pl. St. Arnould 1, ☎ 46 65 06, Telex 41678, Fax 46 72 02 – |♦| ⇔. AE ⓓ E VISA
R carte 1200 à 2000 – **80 ch** ☐ 1650/2800 – ½ P 1500/1950. Y **n**

Host. du Cerf, rte de Florenville 1 (SE par ② : 9 km sur N 83), ☎ 46 70 11, – P. AE ⓓ E VISA. ✻ rest
fermé du 1er au 12 oct. ; 12 nov.-Pâques ouvert week-end seult – **R** 450/1550 – **11 ch** ☐ 1980 – ½ P 1390.

France, Faubourg de France 1, ☎ 46 60 68, – |♦|. AE ⓓ E VISA Z **k**
R *(fermé après 20 h 30)* 800/1350 – **14 ch** ☐ 1285/1780 – ½ P 1220/1600.

XX **Aub. d'Alsace** avec ch, Faubourg de France 3, ☎ 46 65 88, Fax 46 83 21, ≤ – |♦| TV ☎. AE E VISA. ✻ Z **k**
fermé lundi soir et mardi d'oct. à juin – **R** 550/1710 – **18 ch** ☐ 1800 – ½ P 1600/1700.

à Corbion par ③ : 7 km C Bouillon – ✉ 6838 Corbion – ☎ 0 61 :

Ardennes ⑤, r. Abattis 45, ☎ 46 66 21, Fax 46 77 30, « Jardin ombragé avec ≤ collines boisées », ✻ – |♦| ▤ rest TV ☎ P – 🏊 36. AE ⓓ E VISA
fermé début janv.-mi-mars – **R** *(fermé après 20 h 30)* 750/1375 – **30 ch** ☐ 1850/3025 – ½ P 1980/2375.

Le Relais, r. Abattis 5, ☎ 46 66 13 – AE ⓓ E VISA
fermé du 8 au 14 avril, du 22 au 27 juin, 27 août-2 sept. et mardi hors saison sauf vacances scolaires – **R** *(fermé après 20 h)* 750/950 – **11 ch** ☐ 1000/1700 – ½ P 1060/1480.

à Ucimont par ① : 9 km 🄲 Bouillon – ✉ 6833 Ucimont – ☎ 0 61 :

Du Saule 🐎, r. Village 39, ☎ 46 64 42, « Jardin » – TV P. AE ① E VISA. ✡
fermé 19 août-5 sept, 2 janv.-4 fév. et mardi soir et merc. d'oct. à juin – **R** *(fermé après 20 h)*
1380/1600 – **11 ch** ☐ 1500/2700 – ½ P 2200/2400.

FIAT, LANCIA Point du Jour ☎ 466755 · TOYOTA Les 4 Moineaux 23 ☎ 466386

BOUSSU-EN-FAGNE **5660** Namur 🄲 Couvin 12 926 h. 214 ⑭ et 409 ㉓ – ☎ 0 60.

♦Bruxelles 104 – ♦Namur 64 – ♦Charleroi 44 – Couvin 4,5 – ♦Dinant 47.

XX **Manoir de la Motte** 🐎 avec ch, r. Motte 15, ☎ 34 40 13, ≤, 🌳, « Demeure du 14e s. »
– P. AE ① E VISA
fermé 24 déc.-2 janv. – **R** carte 850 à 1350 – ☐ 180 – **7 ch** 950/1400 – ½ P 1400/1600

BOUVIGNES-SUR-MEUSE Namur 214 ⑤ et 409 ⑭ – voir à Dinant.

BRAINE-L'ALLEUD **(EIGENBRAKEL) 1420** Brabant 213 ⑱ et 409 ⑬ – 31 199 h. – ☎ 0 2 :

18 chaussée d'Alsemberg 1021 ☎ 353 02 46.

♦Bruxelles 18 – ♦Charleroi 37 – Nivelles 15 – Waterloo 4.

XX **La Graignette,** r. Papyrée 39, ☎ 385 01 09, ≤, 🌳 – P. AE ① E VISA
fermé dim. soir, lundi et 3 prem. sem. août – **R** 1500/2000.

BRAINE-LE-COMTE **('s-GRAVENBRAKEL) 7090** Hainaut 213 ⑱ et 409 ⑫ ⑬ – 16 839 h. – ☎ 0 67

♦Bruxelles 34 – ♦Mons 25.

X **Au Gastronome,** r. Mons 1, ☎ 55 26 47 – AE ① E VISA
fermé 27 juin-20 juil., dim. soirs, lundis et jeudis soirs non fériés – **R** 675/950.

CITROEN r. Bruxelles 21 ☎ 552230
NISSAN r. Mons 57 ☎ 561055
RENAULT r. E. Etienne 48 ☎ 561018

BRASSCHAAT Antwerpen 212 ⑮ et 409 ④ – voir à Antwerpen, environs.

BRECHT **2960** Antwerpen 212 ⑮ et 409 ④ – 18 849 h. – ☎ 0 3.

♦Bruxelles 73 – ♦Antwerpen 25 – ♦Turnhout 25.

X **Cuvee Hoeve,** Vaartdijk 4 (S : 2,5 km par rte de Westmalle), ☎ 313 96 60, 🌳 – P. AE
① E VISA
fermé lundi, mardi et fév. – **R** 920/1500.

X **E 10 Hoeve,** Kapelstraat 8a (SO : 2 km sur N 115), ☎ 313 82 85, Fax 313 73 12, 🌳, Grillades
Ferme aménagée – P. AE ① E VISA. ✡
R carte 900 à 1600.

CITROEN Heiken 66 ☎ 3138953
MAZDA Beethovenstraat 15 ☎ 3138656
MITSUBISHI Molenstraat 100 ☎ 3138522

BREDENE **8450** West-Vlaanderen 213 ② et 409 ① – 11 950 h. – ☎ 0 59.

ℹ Kapellestraat 68 ☎ 32 09 98.

♦Bruxelles 112 – ♦Brugge 21 – ♦Oostende 6.

De Golf sans rest, Kapellestraat 73, ☎ 32 18 22 – |$| P. VISA. ✡
fermé fin déc.-début janv. et carnaval – **18 ch** ☐ 850/1700.

MAZDA Populierenlaan 16 ☎ 320789

BREE **3960** Limburg 213 ⑩ et 409 ⑥ – 13 459 h. – ☎ 0 11.

ℹ Cobbestraat 3 ☎ 46 25 14.

♦Bruxelles 100 – ♦Antwerpen 86 – ♦Eindhoven 41 – ♦Hasselt 33.

XX **D'Itterpoort,** Opitterstraat 32, ☎ 47 12 25 – AE ① E VISA ✡
fermé merc. soir, sam. midi, dern. sem. juil.-prem. sem. août et sem. carnaval – **R** carte env.
1150.

CITROEN Peerderbaan 132 ☎ 463186
FORD Peerderbaan 136 ☎ 461610
GM (OPEL) Opitterpoort 1 ☎ 461153
LADA Opitterkiezel 238 ☎ 864152
MERCEDES-BENZ Gruitroderkiezel 39 ☎ 462510
PEUGEOT, TALBOT Bocholterkiezel 77 ☎ 462336
RENAULT Bruglaan 37 ☎ 461365
VAG Meeuwerkiezel 116 ☎ 462416

Services et taxes

En Belgique, au Grand-Duché de Luxembourg et aux Pays-Bas, les prix s'entendent service et taxes compris.

Brugge – Bruges

8000 🅿 West-Vlaanderen 213 ③ et 409 ② – 117 857 h. agglomération – ☎ 0 50.

Voir Promenade en barque★★★ (Boottocht) CY **E** – Centre historique et canaux★★★ – Procession du Saint-Sang★★★ – Grand-Place★★ (Markt) : Beffroi et Halles★★★ (Belfort-Hallen) CY **F** – Place du Bourg★★ (Burg) CY **D** – Béguinage★★ (Begijnhof) CZ – Basilique du Saint-Sang★ CY **A** – Église Notre-Dame★ (O.L. Vrouwekerk) : tour★★, statue de la Vierge et l'Enfant★★, tombeau de Marie de Bourgogne★★ CZ **S** – Quai du Rosaire (Rozenhoedkaai) ≤★★ CY – Dijver ≤★★ CZ – Pont St-Boniface (Bonifatiusbrug) : cadre★★ CZ – Cheminée du Franc de Bruges★ dans le Palais du Franc de Bruges (Paleis van het Brugse Vrije) CY **B**.

Musées : Groeninge★★★ (Stedelijk Museum voor Schone Kunsten) CZ – Memling★★★ (Hôpital St-Jean) CZ – Gruuthuse★ CZ **M1** – Brangwyn★ (Brangwyn-museum) CZ **M4**.

Env. Zedelgem : fonts baptismaux★ dans l'église St-Laurent par ⑥ : 10,5 km.

18 à Damme NE : 7 km, Doornstraat 16 ☎ (0 50) 35 35 72.

ℹ Burg 11 ☎ 44 86 86 – Fédération provinciale de tourisme, Kasteel Tillegem ✉ 8200 ☎ 38 02 96.

♦Bruxelles 96 ③ – ♦Gent 45 ③ – Lille 72 ⑪ – ♦Oostende 28 ⑤.

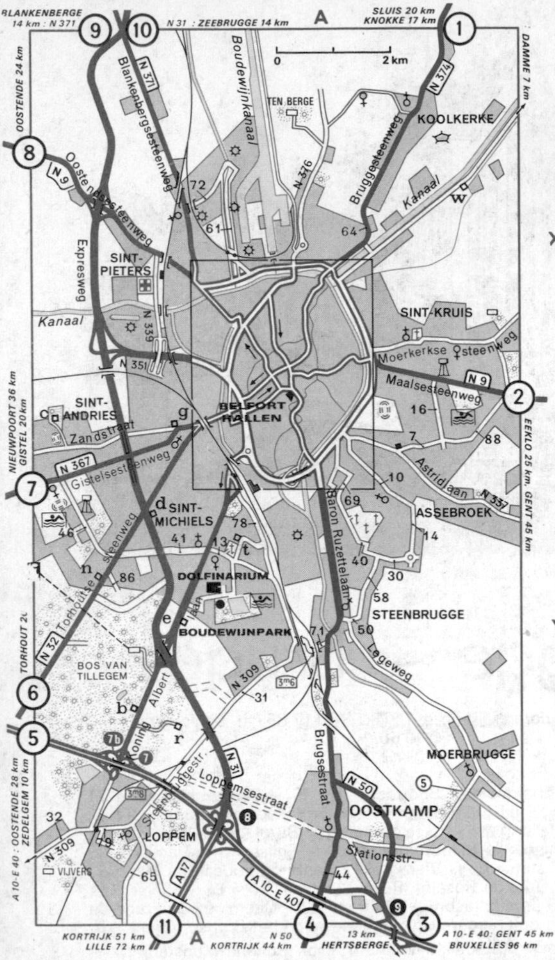

Breidelstr. . . . . CY 8
Geldmuntstr. . . . . CY
Noordzandstr. . . . . CZ 55
Philipstockstr. . . . . CY 62
Steenstr. . . . . CY 82
Vlamingstr. . . . . CY 85
Wollestr. . . . . CY 90
Zuidzandstr. . . . . CZ 93

Academiestr. . . . . CY 2
Augustijnenrei . . . . CY 3
Balstr. . . . . DY 4
Boomgaardstr. . . . . DY 5
Bossuytlaan . . . . A 7
Daverlostr. . . . . A 10
Dorpsstr. . . . . A 13
Dries . . . . A 14
Eeckhoutstr. . . . . CZ 15
Fortuinstr. . . . . A 16
Freren Fonteinstr. . . . . DY 17
Garenmarkt . . . . DZ 19
Gentpoortstr. . . . . DZ 22
Goezeputstr. . . . . CZ 23

Groene Rei . . . . DY 26
Groeninge . . . . CZ 28
Gruuthusestr. . . . . CZ 29
's Heer Boudewijnsburg . . . . . A 30
Heidelbergstr. . . . . A 31
Heidelbergstr. . . . . A 32
Hendrik Consciencelaan . . . . . BZ 33
Hoedenmakersstr. . . . . CX 34
Jeruzalemstr. . . . . DY 35
Julius en M. Sabbestr. . . . . . CX 36
Kastanjeboomstr. . . . . CZ 38
Kongostr. . . . . A 40
Koningin Astridlaan . . . . A 41
Koningstr. . . . . CY 43
Kortrijkstr. . . . . A 44
Leopold III Laan . . . . A 46
Mallebergpl. . . . . CY 47
Meestr. . . . . DY 49
Meulestee . . . . A 50
Minderbroedersstr. . . . . DY 52
Nieuwe Gentweg . . . . CZ 53
Noorweegse Kaai . . . . DX 57
Odegemstr. . . . . A 58

Oude Burg . . . . CY 6
Pathoekeweg . . . . A 6
Pottenmakersstr. . . . . CY 6
van Praetstr. . . . . A 6
Rijselstr. . . . . A 6

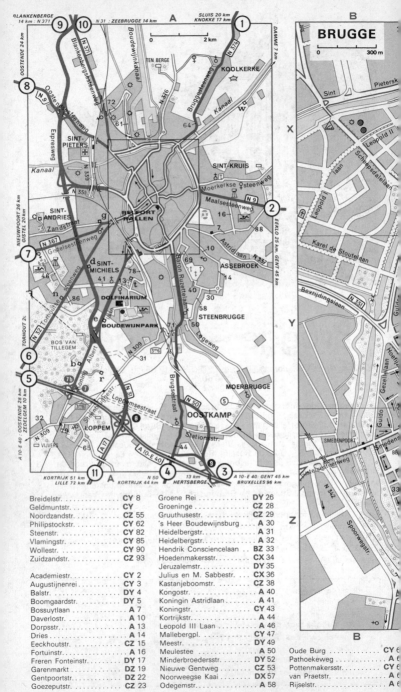

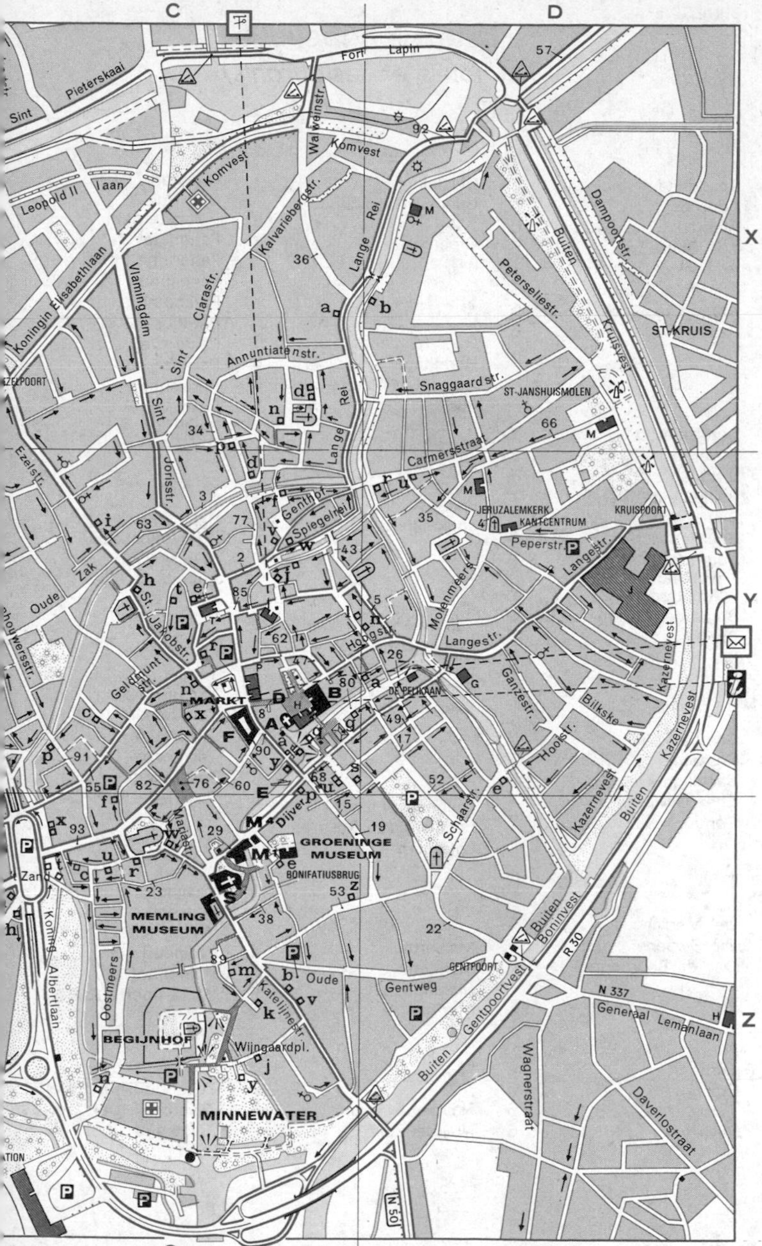

...lweg	DX	66	Simon Stevinpl.	CY	76	Vogelzangdreef	A	86
...zenhoedkaai	CY	68	Spanjaardstr.	CY	77	Vossensteert	A	88
...Katarinastr.	A	69	Spoorwegstr.	A	78	Walplein	CZ	89
...Michielsestr.	A	71	Stationsstr.	A	79	Wulfhagestr.	CY	91
...Pieterskerklaan	A	72	Steenhouwersdijk	CY	80	Wulpenstr.	DX	92

Liste alphabétique
(Hôtels et restaurants)

Pullman, Boeveriestraat 2, ✆ 34 09 71, Telex 81369, Fax 34 40 53, ♨, ▢, ⚘ - |♦| ⇷ ch ▤ TV ☎ ♿ Ⓟ - 🎤 35 à 200. AE ⓓ E VISA. ✂ rest CZ **a**
R 950/2150 - **155 ch** ☐ 4200/5200.

De Tuilerieën sans rest, Dijver 7, ✆ 34 36 91, Fax 34 04 00, <, ♨, ▢ - |♦| TV ☎ Ⓟ - 🎤 45. AE ⓓ E VISA CYZ **p**
25 ch ☐ 5100/10250.

Oud Huis Amsterdam ⛰, Spiegelrei 3, ✆ 34 18 10, Telex 83121, Fax 33 88 91, <, « Demeure du 17e s., ancien comptoir commercial hollandais » - |♦| TV ☎ Ⓟ - 🎤 25. AE ⓓ E VISA. ✂ CY **w**
R voir rest **'t Bourgoensche Cruyce** ci-après, 1 km par navette - **22 ch** ☐ 3500/6000.

De Orangerie ⛰ sans rest, Karthuizerinnenstraat 10, ✆ 34 16 49, Telex 82443, Fax 33 30 16, « Demeure ancienne en bordure de canal » - |♦| TV ☎ Ⓟ. AE ⓓ E VISA CY **y**
18 ch ☐ 5100/8250.

de' Medici ⛰ sans rest, Potterierei 15, ✆ 33 98 33, Telex 82227, Fax 33 07 64, ⚘ - |♦| TV ☎ Ⓟ - 🎤 35. AE ⓓ E VISA. ✂ DX **b**
28 ch ☐ 4000/4500.

Academie, Wijngaardstraat 7, ✆ 33 22 66, Fax 33 21 66 - |♦| ▤ rest TV ☎ 🚗 - 🎤 30 à 300. AE ⓓ E VISA. ✂ CZ **k**
R *(fermé lundi)* 395/1695 - **34 ch** ☐ 2700/2950 - ½ P 2175.

Karos sans rest, Hoefijzerlaan 37, ✆ 34 14 48, Telex 82377, Fax 34 00 91, ♨, ▢ - |♦| ▤ TV ☎ ♿ Ⓟ. AE ⓓ E VISA BY **r**
60 ch ☐ 2690/4560.

Novotel Centrum, Katelijnestraat 65b, ✆ 33 75 33, Telex 81799, Fax 33 65 56, ⛱, ⚘ - |♦| ⇷ ch ▤ TV ☎ ♿ - 🎤 50 à 400. AE ⓓ E VISA. ✂ rest CZ **v**
R (ouvert jusqu'à minuit) carte 850 à 1450 - ☐ 400 - **126 ch** 3460/4150.

Parkhotel sans rest, Vrijdagmarkt 5, ✆ 33 33 64, Telex 81686, Fax 33 47 63 - |♦| TV ☎ 🚗 - 🎤 25 à 115. AE ⓓ E VISA CZ **g**
56 ch ☐ 2700/3500.

Portinari ⛰ sans rest, 't Zand 15, ✆ 34 10 34, Telex 82400, Fax 34 41 80 - |♦| TV ☎ ♿ Ⓟ - 🎤 80. AE ⓓ E VISA CZ **x**
37 ch ☐ 2500/4500.

Alfa Dante sans rest, Coupure 29, ✆ 34 01 94, Telex 81452, Fax 34 35 39, < - |♦| TV ☎ - 🎤 25 à 60. AE ⓓ E VISA. ✂ DY **e**
22 ch ☐ 3750/5250.

Die Swaene ⛰, Steenhouwersdijk 1, ✆ 34 27 98, Telex 82446, Fax 33 66 74, <, « Ameublement de style » - |♦| TV ☎ - 🎤 30. AE ⓓ E VISA CY **g**
R *(fermé du 3 au 17 juil., 2 sem. en janv., merc. et jeudi midi)* carte 1700 à 2800 - **24 ch** ☐ 3500/4950 - ½ P 2450/4575.

Pandhotel ⛰ sans rest, Pandreitje 16, ✆ 34 06 66, Telex 81018, Fax 34 05 56 - |♦| TV ☎. AE ⓓ E VISA - **24 ch** ☐ 2950/5500. CY **u**

De Castillion, Heilige Geeststraat 1, ✆ 34 30 01, Telex 83252, Fax 33 94 75, ♨ - TV ☎ Ⓟ - 🎤 50. AE ⓓ E VISA. ✂ rest CZ **w**
R 925/1895 - **20 ch** ☐ 3650/5800 - ½ P 2925/5175.

Prinsenhof ⛰ sans rest, Ontvangersstraat 9, ✆ 34 26 90, Telex 81315, Fax 34 23 21 - |♦| TV ☎ ♿ Ⓟ. AE ⓓ E VISA CY **c**
16 ch ☐ 3000/4000.

Bryghia sans rest, Oosterlingenplein 4, ✆ 33 80 59, Fax 34 14 30 - |♦| TV ☎. AE ⓓ E VISA
18 ch ☐ 2600/3500. CY **f**

Adornes sans rest, St-Annarei 26, ✆ 34 13 36, Fax 34 20 85, <, « Caves voûtées d'époque » - |♦| TV ☎. AE E VISA DY **r**
fermé 2 janv.-13 fév. - **20 ch** ☐ 2100/3200.

Aragon sans rest, Naaldenstraat 24, ✆ 33 35 33, Telex 81593, Fax 34 28 05 - |♦| TV ☎ 🚗. AE ⓓ E VISA - **18 ch** ☐ 2500/3250. CY **t**

Biskajer ⛰ sans rest, Biskajersplein 4, ✆ 34 15 06, Telex 81874, Fax 34 39 11 - |♦| TV ☎. AE ⓓ E VISA CY **j**
17 ch ☐ 2700/3400.

Ter Duinen sans rest, Langerei 52, ✆ 33 04 37, Fax 34 42 16 - |♦| TV ☎. AE ⓓ E VISA. ✂ - **18 ch** ☐ 2000/3300. CX **a**

Azalea sans rest, Wulfhagestraat 43, ✆ 33 14 78, Telex 81282, Fax 33 97 00, ♨ - TV ☎ ♿ 🚗. AE ⓓ E VISA CY **p**
25 ch ☐ 2600/4200.

Europ ⛰ sans rest, Augustijnenrei 18, ✆ 33 79 75, Telex 82490, Fax 34 52 66 - |♦| TV ☎ 🚗 - 🎤 30. AE ⓓ E VISA. ✂ CY **b**
10 mars-15 nov. - **31 ch** ☐ 2580/3840.

Ter Brughe sans rest, Oost-Gistelhof 2, ✆ 34 03 24, Telex 82265 - TV ☎. AE ⓓ E VISA
fermé janv. - **24 ch** ☐ 2650/4200. CY **d**

Erasmus, Wollestraat 35, ✆ 33 57 81, Fax 34 36 30, « Terrasse < cour intérieure classée » - |♦| TV ☎ 🚗. AE ⓓ E VISA CY **a**
fermé 15 janv.-15 fév. - **R** *(fermé mardi)* carte env. 900 - **10 ch** ☐ 3000/4500.

Boudewijn I , 't Zand 21, 33 69 62, Telex 81163, Fax 34 44 57 – TV – 25 AE E VISA CZ
fermé du 15 au 31 janv. – **R** *(fermé mardi)* 550/850 – **11 ch** 1850/3500 – ½ P 2300/2400

Patritius sans rest, Ridderstraat 11, 33 84 54, Fax 33 96 34, – TV P – 25 AE E VISA CY
fermé janv.-8 fév. – **16 ch** 3500/4500.

Bourgoensch Hof sans rest, Wollestraat 39, 33 16 45, Telex 26937, Fax 34 36 54 canaux et vieilles maisons flamandes – TV . CY
15 mars-15 nov. et week-end en hiver – **11 ch** 2250/5000.

Albert I sans rest, Koning Albertlaan 2, 34 09 30 – TV . AE E VISA. CZ
11 ch 2200/2450.

Maraboe (De Smedt), Hoefijzerlaan 9, 33 81 55, Fax 33 29 28 – TV . AE E VISA
fermé du 5 au 26 mars et 27 nov.-1er déc. – **R** *(fermé dim. soirs et lundis non fériés)* (nombre de couverts limité – prévenir) carte 1500 à 2000 – **8 ch** 1700/2200 – ½ P 2030/2680
Spéc. Homard au four aux herbes de tortue, Suprême de pigeonneau et estouffade de légumes, Paupiettes de sole aux épinards, sauce mousseline. CZ

Egmond sans rest, Minnewater 15, 34 14 45, « Cadre de verdure » – TV P. AE E VISA CZ
mars-nov. – **9 ch** 2500/3100.

Anselmus sans rest, Ridderstraat 15, 34 13 74 – TV . AE E VISA DY
10 ch 2250/2900.

Groeninghe sans rest, Korte Vuldersstraat 29, 34 32 55, Fax 34 07 69 – . AE E VISA – *fermé janv.* – **8 ch** 1900/2200. CZ

Ibis, Katelijnestraat 65a, 33 75 75, Telex 81313, Fax 33 64 19 – TV – 30. AE E VISA. rest – **R** 550/850 – **127 ch** 2700/3100. CZ

Jacobs sans rest, Baliestraat 1, 33 98 31, Telex 81693 – . AE E VISA CX
fermé 31 déc.-janv. – **26 ch** 1800/2100.

De Pauw sans rest, St-Gilliskerkhof 8, 33 71 18 – . AE E VISA CX
fermé janv. – **8 ch** 1000/2050.

't Putje, 't Zand 31, 33 28 47, Fax 34 14 23, – TV – 30. AE E VISA
R (Rest.-taverne) (ouvert jusqu'à minuit) 725/1050 – **11 ch** 2100/2950. CZ

Fevery sans rest, Collaert Mansionstraat 3, 33 12 69 – TV . AE E VISA
11 ch 1650/1980. CX

Hans Memling sans rest, Kuipersstraat 18, 33 20 96 – CY
17 ch 1750/3000.

Vasquez, Zilverstraat 38, 34 08 45, Telex 83245, Fax 33 52 41, , « Demeure du 15e s., cour intérieure fleurie » – AE E VISA CZ
fermé du 14 au 31 juil., 2 sem. en fév., merc. et jeudi midi – **R** carte 2100 à 2800.

De Snippe (Huysentruyt) avec ch, Nieuwe Gentweg 53, 33 70 70, Fax 33 76 62, « Maison du 18e s. avec décorations murales » – TV P. AE E VISA CZ
fermé 3 sem. carnaval – **R** *(fermé dim. et lundis midis non fériés)* carte 2000 à 2600 – **12 ch** *(fermé dim. hors saison)* 3750/6000.
Spéc. Poêlée d'huîtres de Zélande aux mangues et truffes (sept-mars), St-Jacques en écaille de céleri-rave (oct.-mars), Bar en croûte de sel, sauce aux poivres.

De Witte Poorte, Jan Van Eyckplein 6, 33 08 83, Telex 82232, « Salles voûtées, jardin » – AE E VISA CY
fermé 2 sem. en juil., 2 sem. en janv., dim. et lundis non fériés – **R** carte 1800 à 2500.

Duc de Bourgogne avec ch, Huidenvettersplein 12, 33 20 38, Fax 34 40 37, canaux, « Cadre rustique et peintures murales de style fin Moyen Age » – rest TV . AE E VISA CY
fermé 2 sem. en juil. et 3 sem. en janv. – **R** *(fermé lundi et mardi midi)* carte env. 1800 – **9 ch** 2950/4250.

Den Braamberg, Pandreitje 11, 33 73 70, Fax 33 99 73 – AE E VISA CY
fermé du 15 au 30 août, du 1er au 15 janv., dim. soir et jeudi – **R** carte 1750 à 2200.

Huyze Die Maene 1er étage, Markt 17, 33 39 59, Fax 33 44 60 – AE E VISA CY
fermé mardi soir, merc., dern. sem. juin-2 prem. sem. juil. et 2 sem. en fév. – **R** carte 1600 à 2400.

Den Gouden Harynck, Groeninge 25, 33 76 37, Fax 34 42 70 – P. AE E VISA CZ
fermé dim., lundi, 1 sem. en mars, dern. sem. juil. et dern. sem. déc. – **R** carte 1100 à 2100

't Pandreitje, Pandreitje 6, 33 11 90, Fax 34 00 70 – AE E VISA CDY
fermé du 1er au 19 juil., 28 oct.-3 nov., du 7 au 20 fév., merc. et dim. – **R** carte 1950 à 2900

De Karmeliet (Van Hecke), Jeruzalemstraat 1, 33 82 59 – AE E VISA
fermé dim. soir, lundi, 2 prem. sem. sept et 2 sem. en fév. – **R** carte 2000 à 2700.
Spéc. Escargots en papillote fine de pomme de terre et herbettes, Raviolis à la vanille, pommes confites en chaud-froid, Pigeon de Bresse farci de truffes (mi-fév.-mi-sept). DY

Hermitage (Dryepondt), Ezelstraat 18, 34 41 73 – AE E VISA CY
fermé merc., dim., juil. et août – **R** (nombre de couverts limité - prévenir) carte 1800 à 2300
Spéc. Suprême de turbot à l'effiloché de poireaux, Ris de veau au Vin Jaune, Sole Belle Meunière.

XX **Ambrosius,** Arsenaalstraat 53, ☎ 34 41 57, 🍴, « Rustique » – VISA ⚘ CZ **j**
fermé lundi, mardi, 2 prem. sem. sept et 2 prem. sem. fév. – **R** (dîner seult sauf dim.) 1750.

XX **'t Bourgoensche Cruyce** - H. Oud Huis Amsterdam, Wollestraat 41, ☎ 33 79 26, Telex 83121, Fax 33 88 91, ≤ canaux et vieilles maisons flamandes – AE E VISA ⚘
fermé 2 prem. sem. nov., fév., mardi de mai à oct. et dim. et lundi midi d'oct. à mai – **R** carte 2000 à 2850. CY **a**

XX **René Van Puyenbroeck,** 't Zand 13, ☎ 33 30 35 – AE ⓓ E VISA CZ **x**
fermé dim. soir, lundi, 3 prem. sem. juil., 1 sem. en nov. et 1 sem. en mars – **R** 1150/1650.

XX **Kardinaalshof,** Sint-Salvatorkerkhof 14, ☎ 34 16 91, Fax 34 20 62, Produits de la mer – AE ⓓ E VISA CZ **r**
fermé merc., sam. midi, dern. sem. nov.-prem. sem. déc. et prem. sem. janv. – **R** carte 1350 à 1900.

XX **Spinola,** Spinolarei 1, ☎ 34 17 85, Fax 39 12 01, « Rustique » – AE ⓓ E VISA CY **j**
fermé dim. et lundis midis non fériés et 25 déc.-1er janv. – **R** carte 900 à 1400.

XX **De Lotteburg,** Goezeputstraat 43, ☎ 33 75 35, 🍴 – AE ⓓ E VISA CZ **u**
fermé lundis et mardis non fériés, 1 sem. carnaval et 22 juil.-8 août – **R** carte 1200 à 1700.

X **Chez Olivier,** Meestraat 9, ☎ 33 36 59, ≤ DY **a**
fermé merc., jeudi, vend. midi et du 12 au 22 nov. – **R** 1300/2100.

X **De Watermolen,** Oostmeers 130, ☎ 34 33 48, ≤, 🍴, « Terrasse » – E VISA CZ **n**
fermé du 7 au 25 oct., 2e quinz. fév., lundi soir et jeudi soir d'oct. à fin avril, mardi soir et merc. – **R** 625/995.

X **'t Kluizeke,** St.-Jacobsstraat 58, ☎ 34 12 24 – AE ⓓ E VISA CY **h**
fermé mardi soir, merc., 2 prem. sem. juil. et dern. sem. janv.-prem. sem. fév. – **R** 1250.

X **De Zevende Hemel,** Walplein 6, ☎ 33 17 49 – AE ⓓ E VISA CZ **m**
fermé dim. et lundi midi – **R** carte 1300 à 1700.

X **Ghistelhof,** West-Gistelhof 23, ☎ 33 62 90 – AE E VISA CX **p**
fermé du 14 au 31 juil., du 2 au 26 déc. et dim. – **R** (dîner seult jusqu'à minuit) carte env. 1400.

X **'t Bezemtje,** Kleine St-Amandstraat 1, ☎ 33 91 68 – VISA ⚘ CY **x**
fermé lundi et mi-janv.-début fév. – **R** (dîner seult) 895/1495.

X **Tanuki,** Noordstraat 3, ☎ 31 75 12, Fax 31 75 12, Cuisine japonaise – E VISA ⚘ CZ **k**
fermé lundis et mardis non fériés – **R** carte 750 à 1100.

X **Malpertuus,** Eiermarkt 9, ☎ 33 30 38 – AE ⓓ E VISA CY **r**
fermé jeudi et juil. – **R** 485/975.

au Sud – ✉ 8200 – ☎ 0 50 :

Novotel Zuid, Chartreuseweg 20, ☎ 38 28 51, Telex 81507, Fax 38 79 03, 🍴, 🏊, 🌳 – 🛗 ⇔ ch ▤ rest 📺 ☎ ♿ 🅟 – 🎪 25 à 230. AE ⓓ E VISA A **r**
R (ouvert jusqu'à minuit) carte 900 à 1400 – ☕ 375 – **101 ch** 2950/3700.

Campanile, Jagerstraat 20, ☎ 38 13 60, Telex 81402, Fax 38 45 42, 🍴 – 📺 ☎ ♿ 🅟 – 🎪 35. AE E VISA A **e**
R 750 – ☕ 230 – **44 ch** 1950.

XXX ✿ **Weinebrugge** (Galens), Koning Albertlaan 242, ☎ 38 44 40 – 🅟. AE E A **b**
fermé dern. sem. juin, 2 sem. en sept, 2 sem. en janv., dim. soir de nov. à mars et merc. et jeudi – **R** carte env. 3500.
Spéc. Saumon d'Écosse aux langoustines, Picasso de homard, Feuillantine à la mousse framboisée.

XXX **Casserole** (École hôtelière), Groene Poortdreef 17, ☎ 38 38 88, Fax 39 09 37, « Cadre de verdure » – 🅟. AE ⓓ E VISA A **t**
fermé 30 juin-21 août et du 26 au 31 déc. – **R** (déjeuner seult sauf vend. et sam.) carte 1400 à 2100.

au Sud-Ouest – ✉ 8200 – ☎ 0 50 :

Pannenhuis 🐦, Zandstraat 2, ☎ 31 19 07, Telex 82345, Fax 31 77 66, ≤, 🍴, « Terrasse et jardin » – 📺 ☎ ♿ 🅟 – 🎪 25. AE ⓓ E VISA. ⚘ rest A **g**
R *(fermé du 1er au 15 juil., 15 janv.-1er fév., mardi soir sauf en sept et merc.)* carte 1200 à 1900 – **20 ch** *(fermé 15 janv.-1er fév.)* ☕ 2600/4900 – ½ P 3250/3950.

Condor, Jozef Wautersstraat 61, ☎ 38 09 88, Telex 83246, Fax 38 23 10 – 📺 ☎ ♿ 🅟 – 🎪 25 à 50. AE ⓓ E VISA. ⚘ rest A **d**
R 725/950 – **48 ch** ☕ 2250/2800.

XXX **Ter Heyde** 🐦 avec ch, Torhoutsesteenweg 620 (par ⑥ : 8 km sur N 32), ☎ 38 38 58, 🍴, « Confortable demeure, cadre de verdure » – ☎ 🚗 🅟. AE ⓓ E VISA. ⚘
fermé merc soir, jeudi et janv. – **R** carte 2100 à 2700 – **5 ch** ☕ 2300/3600.

XX **Vossenburg** 🐦 avec ch, Zandstraat 272 (dans le domaine Coude Ceucen), ☎ 31 70 26, ≤, « Château dans un parc » – 📺 ☎ 🅟. AE E VISA. ⚘ A **c**
fermé 18 fév.-7 mars – **R** *(fermé lundi soir et mardi)* 950/1500 – **7 ch** ☕ 4150.

XX **De Boekeneute,** Torhoutsesteenweg 380, ☎ 38 26 32, 🍴 – 🅟. AE ⓓ E VISA A **n**
fermé dim., lundi et 23 juil.-5 août – **R** 750/1500.

à Beernem SE : 14 km – 13 728 h. – ✉ 8730 Beernem – ☎ 0 50 :

X **Beverhof,** Kasteelhoek 37, ☎ 78 90 72, ☂, Fermette – Ⓟ. ⓓ E VISA
fermé dim. soir, lundi, 2 sem. en sept et 2 sem. en fév. – **R** carte env. 1600.

à Dudzele au Nord par N 376 : 9 km Ⓒ Brugge – ✉ 8380 Dudzele – ☎ 0 50 :

XX **De Zilverberk,** Westkapelse steenweg 92, ☎ 59 90 80, Fax 59 93 48, ☂ – Ⓟ. AE ⓓ VISA
fermé 1 sem. en mars, 1 sem. en sept, dim. soir et lundi – **R** 950/1800.

à Hertsberge par ④ : 12,5 km Ⓒ Oostkamp 20 171 h. – ✉ 8020 Hertsberge – ☎ 0 50

XXX **Manderley,** Kruisstraat 13, ☎ 27 80 51, ☂, « Terrasse et jardin » – Ⓟ. AE ⓓ E VISA
fermé dim. soir, lundi et 3 dern. sem. janv. – **R** carte 1500 à 2250.

à Oostkamp par ④ après pont E 40 puis 2ᵉ rue à gauche – 20 171 h. – ✉ 8020 Oostkamp – ☎ 0 50 :

XX **De Kampveldhoeve,** Kampveldstraat 16, ☎ 82 42 58, « Cadre champêtre » – Ⓟ. AE ⓓ E VISA
fermé sem. carnaval – **R** (déjeuner seult) carte 1000 à 1400.

à Ruddervoorde par ④ : 12 km Ⓒ Oostkamp 20 171 h. – ✉ 8020 Ruddervoorde – ☎ 0 50

XXX **Host. Leegendael** ⛰ avec ch, Kortrijkstraat 486 (N 50), ☎ 27 76 99, Fax 27 58 80, « Demeure ancienne dans un cadre de verdure » – TV ☎ Ⓟ. AE ⓓ E VISA
fermé 2 dern. sem. août-prem. sem. sept et carnaval – **R** *(fermé merc. et dim. soir)* carte 1500 à 2000 – **7 ch** ☕ 1750/2550.

à Sint-Kruis par ② : 6 km Ⓒ Brugge – ✉ 8310 Sint-Kruis – ☎ 0 50 :

🏨 **Wilgenhof** ⛰ sans rest, Polderstraat 151, ☎ 36 27 44, Fax 36 28 21, ⇐, « Cadre des polders » – TV ☎ Ⓟ. AE ⓓ E VISA A v
6 ch ☕ 2400/4000.

🏨 **Morfeus** sans rest, Maalsesteenweg 351, ☎ 36 30 30, Fax 35 69 68, ☂ – TV Ⓟ. AE ⓓ E VISA
7 ch ☕ 1650/1950.

🏨 **Lodewijk van Male,** Maalsesteenweg 488, ☎ 35 57 63, ☂, « Vaste parc avec étang », ☂ – Ⓟ – 🏠 25 à 250. E VISA. ✻
R *(fermé lundi)* 895/1100 – **19 ch** ☕ 1230/2645 – ½ P 1845/1940.

XXX **Jonkman,** Maalsesteenweg 438, ☎ 36 07 67, Fax 35 76 96, ☂, « Terrasse » – Ⓟ. AE ⓓ E VISA
fermé du 1ᵉʳ au 8 avril, dern. sem. juin, du 1ᵉʳ au 15 oct., jeudi soir et dim. – **R** carte 1650 à 2100.

à Waardamme par ④ : 11 km Ⓒ Oostkamp 20 171 h. – ✉ 8020 Waardamme – ☎ 0 50

XXX **Ter Talinge,** Rooiveldstraat 46, ☎ 27 90 61, « Terrasse » – Ⓟ. AE VISA
fermé merc. soir, jeudi, 26 août-6 sept et 20 fév.-6 mars – **R** carte 1100 à 1600.

à Zedelgem par ⑥ : 10,5 km – 19 865 h. – ✉ 8210 Zedelgem – ☎ 0 50 :

🏨 **Zuidwege** sans rest, Torhoutsesteenweg 126, ☎ 20 13 39 – TV ☎ Ⓟ. AE ⓓ E VISA. ✻
fermé 25 déc.-4 janv. – **17 ch** ☕ 1500/2200.

XX **Ter Leepe,** Torhoutsesteenweg 168, ☎ 20 01 97 – Ⓟ. AE ⓓ E VISA
fermé merc. soir, dim., 16 juil.-2 août et du 1ᵉʳ au 12 fév. – **R** carte 1200 à 1600.

Voir aussi : ***Damme*** NE : 7 km, ***Lissewege*** par ⑩ : 10 km, ***Zeebrugge*** par ⑩ : 14 km

ALFA-ROMEO Astridlaan 1 à Assebroek ☎ 355168
BMW Waggelwaterstraat 27 ☎ 314037
CITROEN Lieven Bauwenstraat 31 à St.Andries ☎ 314692
FIAT Fort Lapin 31 ☎ 342820
FORD Scheepsdaelelaan 47 ☎ 313313
FORD St. Pieterskaai 15 ☎ 317370
GM (OPEL) Koning Albertlaan 84 à St.Michiels ☎ 384275
GM (OPEL) Gentsesteenweg 96 à Sijsele ☎ 355227
HONDA Gaston Roelandtsstraat 6 à Oostkamp ☎ 383149
LADA Gistelsteenweg 90 à Varsenare ☎ 388488
LADA Astridlaan 206 à Assebroek ☎ 357533
LADA Leopold II-laan 49 ☎ 332386
MAZDA Dudzelesteenweg 29 ☎ 332271
MAZDA Oostendesteenweg 259 ☎ 317675
MAZDA Wingenesteenweg 67 à Beernem ☎ 788260
MERCEDES-BENZ Lieven Bauwensstraat 1 ☎ 311801
MITSUBISHI Torhoutsesteenweg 399 à St.Michiels ☎ 385044
MITSUBISHI Dudzelesteenweg 84 ☎ 333712
NISSAN Koning Albertlaan 104 ☎ 380579
NISSAN Brugsestraat 161 à Zedelgem ☎ 209233
NISSAN Astridlaan 305 à Assebroek ☎ 36021
PEUGEOT, TALBOT Dudzelesteenweg 23 ☎ 334276
RENAULT Malesteenweg 64 à St.Kruis ☎ 352920
RENAULT Dirk Martensstraat 7 à St.Andries ☎ 320150
ROVER Blankenbergsesteenweg 410 ☎ 31962
ROVER Torhoutsesteenweg 65 à Loppem ☎ 822783
TOYOTA St. Pieterskaai 55 à St.Kruis ☎ 312519
TOYOTA Gaston Roelandtsstraat 7 à Oostkamp ☎ 383014
VAG Havenstraat 7 ☎ 337371
VAG Torhoutsesteenweg 191 à Zedelgem ☎ 209381
VAG Gaston Roelandtsstraat 4 à Oostkamp ☎ 387958
VOLVO Hillesteenweg 11 à Wingene ☎ 65533
VOLVO Gistelsteenweg 276 à St.Andries ☎ 389085

Bruxelles – Brussel

1000 P Brabant 213 ⑱ et 409 ⑬ – 970 346 h. agglomération – ✆ 0 2.

Voir Grand-Place★★★ LZ – Manneken Pis★★ KZ – Rue des Bouchers LZ – Cathédrale St-Michel★★ : vitraux★ FU – Place du Grand Sablon★ et église N.-D. du Sablon★ FV **D** – Galerie St-Hubert★ LZ – Place Royale★ FV – Square du Petit-Sablon★ FV – Salle du Trône★ dans le palais royal GV – Salle des Séances du Sénat★ dans le palais de la Nation GU – Abbaye N.-D.-de la Cambre★ : Christ aux outrages★ CR **A** – Bois de la Cambre★ CR – Atomium★ BN – Anderlecht : Maison d'Erasme★ AQ **B**.

Musées : d'Art ancien★★★ (Brueghel) FV – Royaux d'Art et d'Histoire★★★ (antiquités, arts décoratifs belges) CQ **M7** – Instrumental★★ FV **M18** – Bellevue★ GV **M14** – Art moderne★★ FV **M3** – Autoworld★★ CQ **M7** – Sciences Naturelles (Institut Royal) : squelettes d'iguanodons★ HX **M8** – Communal d'Ixelles★ BR – Horta : escalier★ BR **M9** – Uccle : David et Alice van Buuren★ BR **M15**.

Env. Forêt de Soignes★★ CDS – Tervuren : Parc★ – Arboretum★ – Musée Royal de l'Afrique Centrale★, salles d'art★, minéralogie, par ⑥ : 13 km – Beersel : château fort★ S : 11 km AS **C** – Gaasbeek : château et parc★, tapisseries★ SO : 12 km par rue de Lennick AR – Hoeilaart (Groenendaal) : site★ DS – Meise : domaine de Bouchout★ : Palais des Plantes★★ par ① : 13 km – Grimbergen : confessionnaux★ dans l'église abbatiale (Abdijkerk) par ① : 18 km – Vilvoorde : stalles★ dans l'église Notre-Dame (O.L.-Vrouwekerk) CN.

⛳18 ⛳9 à Tervuren par ⑥ : 13 km, Château de Ravenstein ✆ (0 2) 767 58 01 – ⛳18 à Melsbroek NE : 15 km, Steenwagenstraat 11 ✆ (0 2) 751 82 05 – ⛳9 à Anderlecht, Zone Sportive de la Pede, Drève Olympique 1 ✆ (0 2) 521 16 87 – ⛳9 à Watermael-Boitsfort, chaussée de la Hulpe 53a ✆ (0 2) 672 22 22 – ⛳9 à Overijse par ⑦ : 14 km, Gemslaan 35 ✆ (0 2) 687 50 30 – ⛳9 à Itterbeek par ⑪ : 9 km, J.M. van Lierdelaan 28b ✆ (0 2) 569 69 81.

✈ National NE : 12 km (p. 5) DN ✆ 722 31 11 – Aérogare : Air Terminus, r. du Cardinal Mercier 35 (p. 10) LZ ✆ 511 90 30. 🚗 ✆ 218 60 50 ext. 4106.

ℹ Hôtel de Ville, Grand'Place ✉ 1000 ✆ 513 89 40 – Fédération provinciale de tourisme r. Marché-aux-Herbes 61 ✉ 1000 ✆ 513 07 50.

Paris 308 ⑨ – ♦Amsterdam 204 ① – Düsseldorf 222 ⑤ – Lille 116 ⑫ – ♦Luxembourg 219 ⑦.

BRUXELLES

Bruxelles, capitale de la Belgique, est composée de 19 communes dont l'une, la plus importante, porte précisément le nom de "Bruxelles". Il existe également un certain nombre de "quartiers" dont l'intérêt historique, l'ambiance ou l'architecture leur ont acquis une renommée souvent internationale.

La carte ci-dessous vous indiquera la situation géographique de chacune de ces communes.

1 **BRUXELLES**
2 **UCCLE**
3 **ANDERLECHT**
4 **WATERMAEL-BOITSFORT**
5 **AUDERGHEM**
6 **WOLUWE-SAINT-PIERRE**
7 **SCHAERBEEK**
8 **WOLUWE-SAINT-LAMBERT**
9 **FOREST**
10 **IXELLES**
11 **MOLENBEEK-SAINT-JEAN**
12 **EVERE**
13 **JETTE**
14 **ETTERBEEK**
15 **BERCHEM-SAINTE-AGATHE**
16 **SAINT-GILLES**
17 **GANSHOREN**
18 **KOEKELBERG**
19 **SAINT-JOSSE-TEN-NOODE**

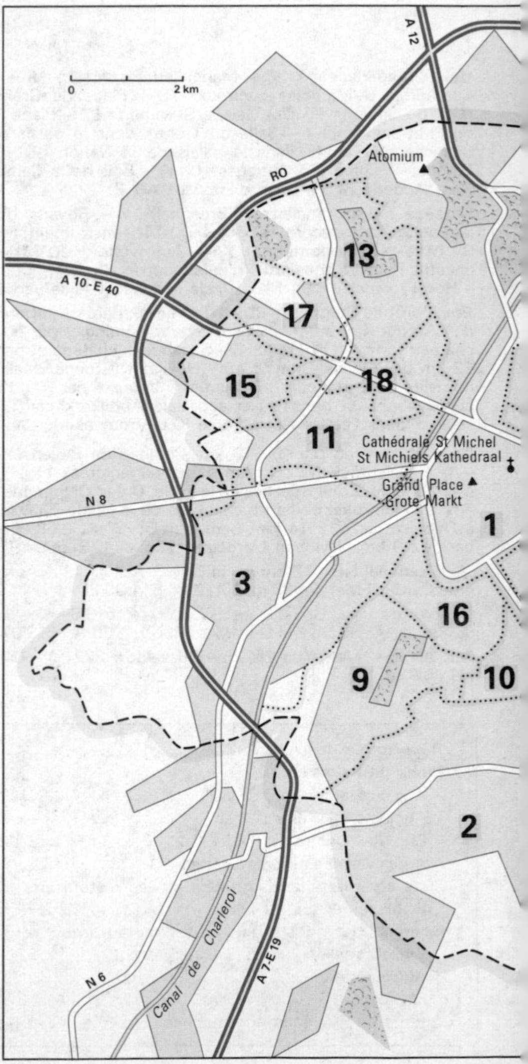

BRUSSEL

russel, hoofdstad van België, bestaat uit 19 gemeenten, 'aarvan de meest belangrijke de naam "Brussel" draagt. 'aar zijn een aantal wijken, waar de geschiedenis, de sfeer n de architectuur gezorgd hebben voor de, vaak ıternationaal, verworven faam.

)nderstaande kaart geeft U een overzicht van de eografische ligging van elk van deze gemeenten.

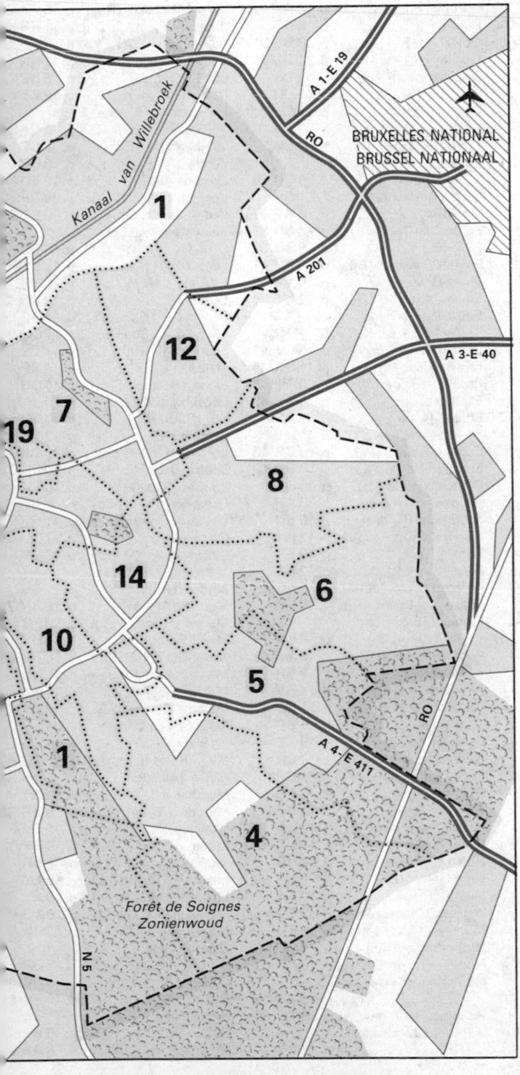

BRUSSEL	1
UKKEL	2
ANDERLECHT	3
WATERMAAL-BOSVOORDE	4
OUDERGEM	5
SINT-PIETERS-WOLUWE	6
SCHAARBEEK	7
SINT-LAMBRECHTS-WOLUWE	8
VORST	9
ELSENE	10
SINT-JANS-MOLENBEEK	11
EVERE	12
JETTE	13
ETTERBEEK	14
SINT-AGATHA-BERCHEM	15
SINT-GILLIS	16
GANSHOREN	17
KOEKELBERG	18
SINT-JOOST-TEN-NODE	19

AGGLOMÉRATION DE BRUXELLES

Adolphe-Max (Bd) . . . p. 12 **LY**
Anspach (Bd) . . . . p. 12 **KYZ**
Beurre (R. au) . . . . . . p. 12 **KLZ**
Etuve (R. de l') . . . . . p. 12 **KZ**
Fripiers (R. des) . . . . . p. 12 **LZ**
Grand-Sablon (Pl. du) . p. 10 **FV**
Ixelles (Chaussée d') . p. 11 **GX**
Marché-aux-Herbes (R. du) . . . . p. 12 **LZ**
Marché-aux-Poulets (R. du) . . . . p. 12 **KZ**
Midi (Bd du) . . . . p. 10 **EVX**
Midi (R. du) . . . . p. 12 **KZ**
Neuve (R.) . . . . p. 12 **LY**
Toison-d'Or (Av.) . . . . p. 10 **FX**

Abattoir (Bd de l') . . . p. 10 **EU**
Adolphe-Buyl (Av.) . . p. 9 **CR**
Albert (Av.) . . . . p. 8 **BR**
Alfred-Madoux (Av.) . p. 9 **DR** 2
Alsemberg (Chaussée d') . . . . . p. 8 **BR**
Ambiorix (Square) . . . p. 11 **HU**
Anderlecht (R. d') . . . p. 10 **EU**
Antoine-Dansaert (R.) . p. 12 **KY**
Anvers (Bd d') . . . . . . p. 10 **FT**
Anvers (Chaussée d') . p. 6 **BP**
Archiducs (Sq. des) . . p. 9 **CR**
Archimède (R.) . . . . . . p. 11 **HUV**
Arenberg (R. d') . . . . . p. 12 **LZ**
Argent (R. d') . . . . p. 12 **LY**
van Artevelde (R.) . . . p. 12 **KZ**
Arts (Av. des) . . . . p. 11 **GUV**
Astronomie (Av. de l') . p. 11 **GT**
Auderghem (Av. d') . . p. 7 **CQ** 5
Auguste-Orts (R.) . . . . p. 12 **KZ**
Auguste-Reyers (Bd) . p. 7 **CQ** 7
Avenir (R. de l') . . . . . p. 10 **ET**
Baeck (Av.) . . . . p. 6 **AQ** 8
Bara (R.) . . . . p. 6 **BQ**
Baron-Horta (R.) . . . . p. 10 **FU** 9
Barthélemy (Bd) . . . . . p. 10 **ETU**
Baudoin (Bd) . . . . p. 10 **FT**
Belliard (R.) . . . . p. 11 **GHV**
Berlaimont (Bd de) . . p. 10 **FU**
Birmingham (R. de) . . p. 6 **BQ**
Bisschoffsheim (Bd) . . p. 11 **GU**
Blaes (R.) . . . . p. 10 **EX**
Blanchisserie (R. de la) p. 10 **FT** 10
Bodenbroek (R.) . . . . . p. 10 **FV** 13
Boechoutlaan . . . . p. 6 **BN** 14
Bois (R. au) . . . . p. 9 **DR**
Bois-à-Brûler (Quai) . . p. 12 **KY**
Bois-de-la-Cambre (Av. du) . . . . p. 9 **CR** 15
Boitsfort (Chée de) . . p. 9 **CR**
Bouchers (R. des) . . . p. 12 **LZ**
Boulevard (Av. du) . . p. 10 **FT** 16
Bourse (Pl. de la) . . . p. 12 **KZ**
Brabant (R.) . . . . p. 6 **BP**
Braemt (R.) . . . . p. 11 **HT**
Brand-Whitlock (Bd) . p. 7 **CQ** 18
Bréderode (R.) . . . . . . p. 11 **GV**
Briques (Quai aux) . . p. 12 **KY**
Broqueville (Av.) . . . . p. 7 **CQ** 21
Brouckère (Pl. de) . . . p. 12 **LY**
Brugmann (Av.) . . . . . p. 8 **BR**
Bruxelles (Chée de) . . p. 8 **BR**
Canal (R. du) . . . . p. 12 **KY**
Caporal (Drève du) . . p. 9 **CS**
Charleroi (Chée de) . . p. 10 **FX** 24
Charles-Quint (Av.) . . p. 6 **AP**
Charles-Woeste (Av.) . p. 6 **BP** 26
Chartreux (R. des) . . . p. 10 **EU**

Chasse (Av. de la) . . . p. 9 **CR** 27
Chazal (Av.) . . . . p. 7 **CP** 28
Cirque (R. du) . . . . . . p. 12 **LY**
Clovis (Bd) . . . . p. 11 **HU**
Coghen (Av.) . . . . p. 8 **BR**
Colonies (R. des) . . . . p. 11 **GU** 29
Commerce (Quai du) . p. 10 **EFT**
Comte (Drève du) . . . p. 9 **CS**
Congrès (R. du) . . . . . p. 11 **GU**
Cortenberg (Av. de) . . p. 7 **CQ** 31
Couronne (Av. de la) . p. 9 **CR**
Croix-de-Fer (R.) . . . . p. 11 **GU**
Croix-du-Feu (Av. des) . . . . p. 7 **CP**
Démosthène-Poplimont (Av.) . . . p. 6 **AP** 32
Dieweg . . . . p. 8 **BS**
Dolez (Av.) . . . . p. 8 **BS**
Ducale (R.) . . . . p. 11 **GUV**
Duquesnoy (R.) . . . . . p. 12 **LZ**
Eburons (R. des) . . . . p. 11 **HU**
Ecuyer (R. de l') . . . . p. 12 **LZ**
Edith-Cavell-Houzeau (R.) . . . . . p. 8 **BR** 34
Edmond-de-Parmentier (Av.) . . . p. 9 **DR** 36
Edmond-Machtens (Bd) . . . . p. 6 **AP** 37
Egide-van-Ophem (R.) p. 8 **BS** 38
Eloy (R.) . . . . p. 6 **BQ** 39
Emile-Bockstael (Bd) . p. 6 **BP** 41
Emile-Bossaert (Av.) . p. 6 **AP** 42
Emile-Jacqmain (Bd) . p. 12 **LY**
Emile-Vandervelde (Av.) . . . . p. 7 **DQ**
Empereur (Bd de l') . . p. 10 **FV** 43
Ernest-Solvay (R.) . . . p. 11 **GX** 45
Escalier (R. de l') . . . . p. 10 **FV** 46
Esplanade (R. de l') . . p. 11 **GV** 47
Etoile (R. de l') . . . . . p. 8 **AS**
Etterbeek (Chée d') . . p. 11 **HV**
Eugène-Flagey (Pl.) . . p. 9 **CR** 49
Europe (Bd de l') . . . . p. 10 **EX** 50
Evêque (R. de l') . . . . p. 12 **KLY**
Exposition (Av. de l') . p. 6 **AP**
Fabriques (R. des) . . . p. 10 **EU**
Flandre (R. de) . . . . . . p. 12 **KY**
Fonsny (Av.) . . . . p. 10 **EX**
Fontainas (Pl.) . . . . . . p. 12 **KZ**
Foresterie (Av. de la) . p. 9 **CS** 53
Fosse-aux-Loups (R.) . p. 12 **LY**
Franklin-Roosevelt (Av.) . . . . p. 9 **CR**
Frans-van-Kalken (Av.) p. 8 **AR** 55
de-Fré (Av.) . . . . p. 8 **BR**
Froissart (R.) . . . . p. 11 **HV**
Galilée (Av.) . . . . p. 11 **GT**
Gallait (R.) . . . . p. 6 **BP**
Gand (Chaussée de) . p. 10 **ET**
Gén.-Jacques (Bd) . . . p. 9 **CR**
Gén.-Wahis (Bd) . . . . p. 7 **CP**
Georges-Marlow (Sq.) p. 8 **BR**
Goffart (R.) . . . . p. 11 **GHX**
Grand-Hospice (R. du) p. 12 **KY**
Grand-Place . . . . p. 12 **LZ**
Haecht (Chaussée de) . p. 7 **CP**
van-Haelen (Bd) . . . . . p. 8 **BR** 59
Haute (R.) . . . . p. 10 **EX**
Helmet (Chaussée de) . p. 7 **CP**
de-Heyn (Av.) . . . . p. 6 **BN**
Hippodrome (Av.) . . . p. 9 **CR** 60
Hôpital (R. de l') . . . . p. 10 **FU** 61
Hôpital-Franûais (Av. de l') . . . . p. 6 **AP** 62
Hospices (Av. des) . . p. 8 **BS** 64
Hôtel-des-Monnaies (R.) . . . . p. 8 **BR**

Houba-de-Strooper (Av.) . . . . p. 6 **BN**
Humanité (Bd de l') . p. 8 **AR**
Impératrice (Bd de l') . p. 12 **LZ**
Indringingsweg . . . . . . p. 7 **CN**
Industrie (R. de l') . . . p. 11 **GUV**
Invalides (Bd des) . . . p. 9 **CR**
Itterbeek (Av. d') . . . . p. 6 **AQ**
Jamar (Bd) . . . . p. 10 **EV**
Jardin-Botanique (Bd du) . . . . p. 10 **GT**
Jean-et-Pierre-Carsoel (Av.) . . . . . . p. 8 **BS** 6
Jette (Av. de) . . . . p. 6 **BP**
Joseph-Bracops (Bd) . p. 8 **AQ**
Joseph-Lebeau (R.) . . p. 10 **FV** 6
Joseph-II (R.) . . . . p. 11 **HU**
Josse-Goffin (Av.) . . . p. 6 **AP** 6
Jourdan (Pl.) . . . . p. 11 **HX**
Jubilé (Bd du) . . . . . . p. 6 **BP**
Laeken (R. de) . . . . . . p. 12 **KLY**
La-Hulpe (Chaussée de) . . . . . p. 9 **CRS**
Lambermont (Bd) . . . . p. 7 **CP**
Lebon (Av.) . . . . p. 9 **CR** 7
Lemonnier (Bd) . . . . . p. 10 **EUV**
Lennick (Rte de) . . . . p. 8 **AR**
Léon-Lepage (R.) . . . . p. 10 **ET** 7
Léon-Vanderkindere (R.) . . . . p. 8 **BR**
Léopold (R.) . . . . p. 12 **LYZ**
Léopold-I (R.) . . . . p. 6 **BP**
Léopold-II (Av.) . . . . . p. 9 **DS**
Léopold-II (Bd) . . . . . . p. 6 **BP**
Léopold-II (Square) . . p. 7 **CQ**
Léopold-III (Bd) . . . . . p. 7 **CP**
Liedts (Pl.) . . . . p. 6 **BP** 7
Ligne (R. de) . . . . p. 11 **GU**
Locquenghien (R.) . . . p. 10
Loi (R. de la) . . . . p. 11 **GU**
Lombard (R. du) . . . . p. 12 **KLZ**
Lorraine (Drève de) . . p. 9 **CS**
Louise (Av.) . . . . p. 10 **FX** 7
Louise (Galerie) . . . . . p. 10 **FX**
Louis-Mettewie (Bd) . p. 6 **AP**
Louvain (Chaussée de) p. 11 **GHU**
Louvain (R. de) . . . . . . p. 11 **GU**
Luxembourg (R. du) . p. 11 **GV**
Madeleine (R. de la) . p. 10 **FU**
Madou (Pl.) . . . . p. 11 **GU**
Madrid (Av. de) . . . . . p. 6 **BN** 7
Marais (R. du) . . . . . . p. 10 **FGT**
Marché-aux-Porcs . . . . p. 12 **KY**
Marie-Christine (R.) . . p. 6 **BP** 8
Marie-Louise (Square) p. 11 **HU**
Marnix (Av.) . . . . p. 11 **GV**
Martyrs (Pl. des) . . . . p. 12 **LY**
Maurice-Lemonnier (Bd) . . . . p. 12 **KZ**
Meir (Rond-Point du) . p. 6 **AQ** 8
Meise (Av. de) . . . . . . p. 6 **BN** 8
Méridien (R. du) . . . . p. 11 **GT**
Merode (R. de) . . . . . p. 8 **BR** 8
Minimes (R. des) . . . . p. 10 **FVX**
Miroir (R. du) . . . . p. 10 **EFV**
Molière (Av.) . . . . p. 8 **BR**
Monnaie (Pl. de la) . . p. 12 **LY**
Mons (Chaussée de) . p. 10 **EU** 8
Montagne (R. de la) . p. 10 **FU**
Montgoméry (Sq.) . . . p. 7 **CQ**
Mont-St-Jean (Rte de) . . . . p. 9 **DR**
Musée (R. du) . . . . . . p. 10 **FV** 8
Namur (R. de) . . . . . . p. 10 **FV** 8
Naples (R. de) . . . . . . p. 11 **GX**
Navez (R.) . . . . p. 6 **BP** 9
Neerpede (R. de) . . . . p. 8 **AR** 9

erstalle
(Chaus. de) . . . . . . p. 8 **AR** 93
euport (Bd de) . . . p. 10 **ET**
nove (Chée de) . . . p. 10 **EU** 96
velles (Drève de) . . p. 9 **CR**
uveau-Marché-
aux-Grains (Pl. du). p. 10 **EU**
uvelle (Av.) . . . . . . p. 9 **CR**
yer (R. du) . . . . . . p. 7 **CQ** 97
ban (Av.) . . . . p. 7 **DQ**
chéco (Bd) . . . . p. 11 **GT**
cification (R. de la). p. 11 **HU**
epsem (Bd) . . . . . . p. 8 **AR**
lais (Pl. des) . . . . . p. 11 **GV**
rc (Av. du) . . . . . . p. 8 **BR** 99
rc-Royal (Av. du) . p. 6 **BP**
stur (Av.) . . . . p. 8 **BS**
ul-Hymans (Av.) . . p. 7 **DQ**
tit-Sablon (Sq. du). p. 10 **FV**
asky (Av.) . . . . p. 7 **CQ** 101
etinckx (R.) . . . . . . p. 10 **EU** 102
elaert (Pl.) . . . . p. 10 **FX**
incaré (Bd) . . . . . . p. 10 **EV**
nt-Neuf (R. du) . . . p. 12 **LY**
rt (Av. du) . . . . p. 6 **BP**
rte-de-Hal
(Av. de la) . . . . . . p. 10 **EX**
n-Praet (Av.) . . . . . p. 7 **CP**
-de-Liège (Bd du) . p. 6 **AQ** 103
nce-Royal (R. du) . p. 11 **FGX**
ocession (R. de la) . p. 6 **AQ** 105
ogrès (R. du) . . . . . p. 10 **FT**
venstein (R.) . . . . . p. 10 **FU** 106
ymond-Vander
Bruggen (Av.) . . . . p. 6 **AQ** 108
gence (R. de la) . . p. 10 **FV**
gent (Bd du) . . . . . p. 11 **GU**
ine (Av. de la) . . . p. 6 **BP**
morqueur (R. du) . p. 11 **HV** 109
ches-Claires
(R. des) . . . . p. 12 **KZ**
gier (Av.) . . . . p. 7 **CP**
gier (Pl.) . . . . p. 10 **FT**
i (Av. du) . . . . p. 8 **BR** 112
i-Albert (Av.) . . . . . p. 6 **AP**
maine (Chaussée) . p. 6 **BN**
odebeek (Ch. de) . p. 7 **DQ**
uppe (Pl.) . . . . p. 10 **EV**
yale (Pl.) . . . . p. 10 **FV**
yale (R.) . . . . p. 11 **GU**
-Christophe (R.) . . . p. 12 **KZ**
-Hubert (Drève) . . . p. 9 **CS**
-Jean (Pl.) . . . . p. 12 **LZ**
-Jean (R.) . . . . p. 12 **LZ**
-Job (Chaussée de) p. 8 **BS**
-Michel (Bd) . . . . . p. 7 **CQ** 114
-Michel (R.) . . . . . . p. 12 **LY**
e-Catherine (Pl.) . . p. 12 **KY**
ailquin (R.) . . . . . . p. 11 **GU**
hmidt (Bd) . . . . . . p. 9 **CR**
human (Rd-Pt.) . . . p. 11 **HV**
ience (R. de la) . . p. 11 **GV**
rmon (Av.) . . . . p. 6 **AP** 117
-Smet-de-Naeyer
(Bd) . . . . p. 6 **BP**
bieski (Av.) . . . . . . p. 6 **BP**
uvenir (R. du) . . . . p. 6 **AQ** 119
uverain (Bd du) . . p. 9 **DR**
aak (Av.) . . . . p. 10 **EX** 120
alingrad (Av. de) . . p. 10 **EV**
alle (R. de) . . . . . . p. 8 **BR**
éphanie (Pl.) . . . . . p. 10 **FX**
évin (R.) . . . . p. 11 **HU**
iénon (Av.) . . . . p. 6 **BN** 124
ockel (Chée de) . . . p. 7 **DQ**
ylvain-Dupuis (Bd). p. 6 **AQ**

Tanneurs (R. des) . . . p. 10 **EV**
Tervuren (Av. de) . . . p. 9 **DR**
Tervuren (Chaus. de) . p. 9 **DR**
Théodore-Verhaegen
(R.) . . . . p. 8 **BR** 126
Théo-Lambert (Bd) . . p. 8 **AR** 127
Tomberg (Pl. du) . . . p. 7 **DQ** 128
Trône (R. du) . . . . . . p. 11 **GHX**
Ursulines (R. des) . . . p. 10 **FV**
Vander-Weyden (R.) . p. 10 **EV** 130
Veeweyde (R. de) . . . p. 6 **AQ** 131
Verbist (R.) . . . . p. 11 **HU** 132
Verdun (R. de) . . . . . p. 7 **CN**
Verdure (R. de la) . . . p. 10 **EU** 133
Vergote (Square) . . . p. 7 **CQ**
Verte (Allée) . . . . p. 6 **BP**
Vétérinaires (R. des) . p. 6 **BQ** 134
Victor-Allard (R.) . . . p. 8 **BR**
Victor-Rousseau (Av.) p. 8 **BR**
Victoria-Regina (Av.) . p. 11 **GT**
Vieux-Marché-aux-
Grains (R. du) . . . . p. 12 **KY**
Vilvorde (Av. de) . . . p. 7 **CN**
Vilvorde (Chaus. de) . p. 7 **GN**
Vivier-d'Oie (Av. du) . p. 9 **CR** 135
Vleurgat (Chée de) . . p. 8 **BR** 136
van-Volxem (Av.) . . . p. 8 **BR**
Wand (R. de) . . . . . . p. 6 **BN**
Waterloo (Bd de) . . . p. 10 **FX**
Waterloo (Chée de) . p. 8 **BR**
Wavre (Chaussée de) p. 11 **GHX**
Wayez (R.) . . . . p. 6 **AQ** 139
Wielemans-
Ceuppens (Av.) . . . p. 8 **BR** 140
Wiertz (R.) . . . . p. 11 **HVX**
Willebroeck (Quai de)p. 6 **BP** 142
Willems (R.) . . . . p. 11 **HU** 143
Winston-Churchill
(Av.) . . . . p. 8 **BR**
Woluwe (Bd de la) . . p. 7 **DQ**
Yser (Pl. de l') . . . . . p. 10 **FT**
2e-Armée-Britannique
(Bd de la) . . . . p. 8 **AR**
4-Bras (R. des) . . . . . p. 10 **FX**
9e-de-Ligne (Bd) . . . . p. 10 **ET**

ENVIRONS

BEERSEL (**AS**)

Alsembergse
steenweg . . . . p. 8 **BS**
Grote Baan . . . . p. 8 **AS**
Lotstraat . . . . p. 8 **AS** 77
Schoolstraat . . . . p. 8 **AS** 115

DIEGEM (**DN**)

Haachtsesteenweg . . . p. 7 **DN**
Holidaylaan . . . . p. 7 **DP**
Woluwelaan . . . . p. 7 **DN**

DROGENBOS (**AR**)

Grote Baan . . . . p. 8 **AS**
Nieuwestalle . . . . p. 8 **AS** 95

HOEILAART (**DS**)

Duboislaan . . . . p. 9 **DS** 33
Groenendaalse-
steenweg . . . . p. 9 **DS**
Terhulpsesteenweg . . p. 9 **DS** 125

KRAAINEM (**DP**)

Wezembeek (Av. de) . p. 7 **DQ**

LINKEBEEK (**BS**)

Alsembergse-
steenweg . . . . p. 8 **BS**
Brasserie (R. de la) . p. 8 **BS** 19
Hollebeek (R.) . . . . . . p. 8 **BS**
Station (R. de la) . . . p. 8 **BS** 121

LOT (**AS**)

Joz. Huysmanslaan . . p. 8 **AS** 69
Zennestraat . . . . p. 8 **AS** 144

MACHELEN (**DN**)

Kerklaan . . . . p. 7 **DN** 70
Woluwelaan . . . . p. 7 **DN**

RUISBROEK (**AS**)

Fabriekstraat . . . . p. 8 **AS** 51
Gilsonstraat . . . . p. 8 **AS** 56
Hemelstraat . . . . p. 8 **AS**
Humaniteitslaan . . . . . p. 8 **AS** 65
St-Pieters-
Leeuwsteenweg . . . p. 8 **AS** 118
Stationsstraat . . . . p. 8 **AS** 122

ST. GENESIUS-RODE (**CS**)

Dubois (Av.) . . . . p. 9 **CS**
Forêt-de-Soignes
(Av. de la) . . . . p. 9 **CS** 54
Linkebeek (Drève de) p. 9 **CS** 76

ST. PIETERS-LEEUW (**AR**)

Bergensteenweg . . . . p. 8 **AS**
Ruisbroeksteenweg . . p. 8 **AS** 113

ST. STEVENS-WOLUWE (**DP**)

Leuvensesteenweg . . p. 7 **DP**
Woluwedal . . . . p. 7 **DP**

STROMBEEK BEVER (**BN**)

Antwerpselaan . . . . . . p. 6 **BN**
Meiselaan . . . . p. 6 **BN**

VILVOORDE (**DN**)

Albert I laan . . . . p. 7 **CN**
d'Aubremestraat . . . . . p. 7 **DN** 4
Brusselsesteenweg . . p. 7 **CN** 22
Hendrik I Lei . . . . p. 7 **DN**
Kwakkelstraat . . . . p. 7 **CN** 71
Leuvensesteenweg . . p. 7 **DN**
Leuvenstraat . . . . p. 7 **DN** 74
Luchthavenlaan . . . . . p. 7 **DN**
Romeinsesteenweg . . p. 7 **CN**
Schaarbeeklei . . . . p. 7 **CN**
Vuurkruizenlaan . . . . . p. 7 **CN** 137
Westvaartdijk . . . . p. 7 **CN**

WEMMEL (**AN**)

De Limburg
Stirumlaan . . . . p. 6 **AN**

ZAVENTEM (**DP**)

Henneau Laan . . . . . . p. 7 **DP**

ZELLIK (**AP**)

Gentsesteenweg . . . . p. 6 **AP**

BRUXELLES BRUSSEL

AGGLOMÉRATION NORD

Auderghem (Av. d')	CQ	5
Auguste-Reyers (Bd)	CQ	7
Baeck (Av.)	AQ	8
Boechoutlaan	BN	14
Broqueville (Av. de)	CQ	21
Charles-Woeste (Av.)	BP	26
Chazal (Av. de)	CP	28
Cortenberg (Av. de)	CQ	31
Demosthène-Poplimont (Av.)	AP	32
Edmond-Machtens (Bd)	AP	37
Eloy (R.)	BQ	39
Emile-Bockstael (Bd)	BP	41
Emile-Bossaert (Av.)	AP	42
Hôpital-Franûais (Av. de l')	AP	62
Josse-Goffin (Av.)	AP	68
Liedts (Pl.)	BP	75
Madrid (Av. de)	BN	79
Marie-Christine (R.)	BP	82
Meir (Rd-Pt du)	AQ	83
Meysse (Av. de)	BN	8
Noyer (R. du)	CQ	9
Plasky (Av.)	CQ	1
Prince-de-Liège (Bd du)	AQ	1
Procession (R. de la)	AQ	1
R.-Vander-Bruggen (Av.)	AQ	1
St-Michel (Bd)	CQ	1
Sermon (Av.)	AP	1
Simon-Bolivar	BP	1
Souvenir (R. du)	AQ	1
Stiénon (Av.)	BN	1
Tomberg (Pl. du)	DQ	1
Veeweyde (R. de)	AQ	1

C
D
GRIMBERGEN
N 1
MECHELEN
2
3
ANTWERPEN MECHELEN
6-1991
VILVOORDE
PEUTIE
NOTRE DAME
Leuvensesteenweg
Luchthavenlaan
Hendrik I Lei
Westvaartdijk
Schaarbeeklei
Woluwelaan
DRIE FONTEINEN
MACHELEN
Albertlaan
RING
N 209
Indringingsweg
KONINGSLO
MARLY
Vilvoordsesteenweg
Vilvoordselaan
HAREN
Verdun
CH^AU BEAULIEU
MELSBROEK
Haachtsesteenweg
Nieuwe
ZAVENTEM
AÉROPORT
R 0
R 22
N 21
Haachtsesteenweg
DIEGEM
Holidaylaan
ZAVENTEM
Henneaulaan
A 201
Rue de Haecht
Chée de Vilvoorde
Av. de Vilvoorde
Kanaal
N
P
Q
LEUVEN N 2
4
5
6
LEUVEN, LIÈGE A 3-E 40
O.T.A.N.
ST. STEVENS - WOLUWE
N 294
Léopold III laan
Chaussée de Helmet
SCHAERBEEK
SCHAARBEEK
EVERE
Leuvensesteenweg
N 2
A 3-E 40
Woluwedal
KRAAINEM
PARC JOSAPHAT
Bd Gal Wahis
Louvain
Rogier
MAISON DE LA R.T.B.F. B.R.T.
WOLUWE-ST. LAMBERT
ST. LAMBRECHTS-WOLUWE
UNIVERSITÉ CATHOLIQUE DE LOUVAIN
Alma
Vandervelde
N 226
Av. de Wezembeek
Av. E. Vandervelde
Kraainem
Diamant
Roodebeek
Square Vergote
Gribaumont
PARC DU CINQUANTENAIRE
KAPELLEVELD
G. Henri
Tomberg
PATINOIRE
J. Charlotte
Merode
Stockel
Chée de Stockel
WOLUWE-ST. PIERRE
ST. PIETERS-WOLUWE
Av. de Tervuren
Léopold II
Sq. Montgomery
ETTERBEEK
Av. Orban
Partie commune à la page suivante
ST. JOOST
N-NODE
Chaussée

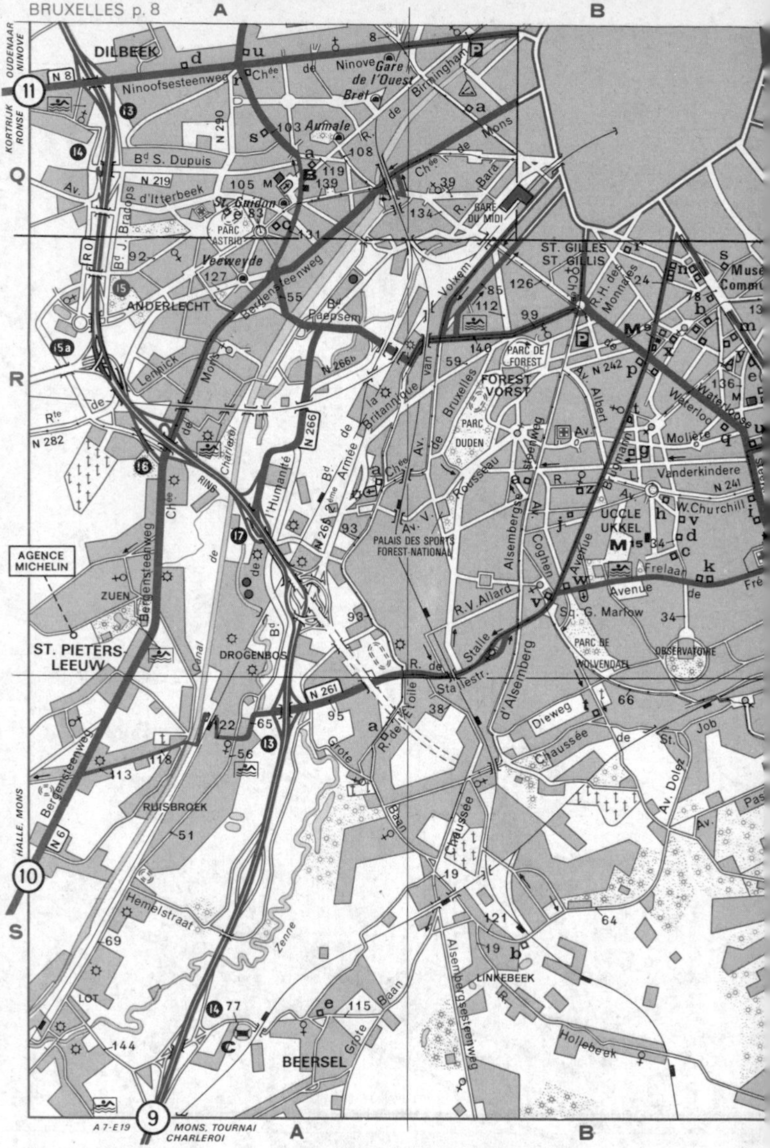

BRUXELLES
BRUSSEL

AGGLOMÉRATION NORD

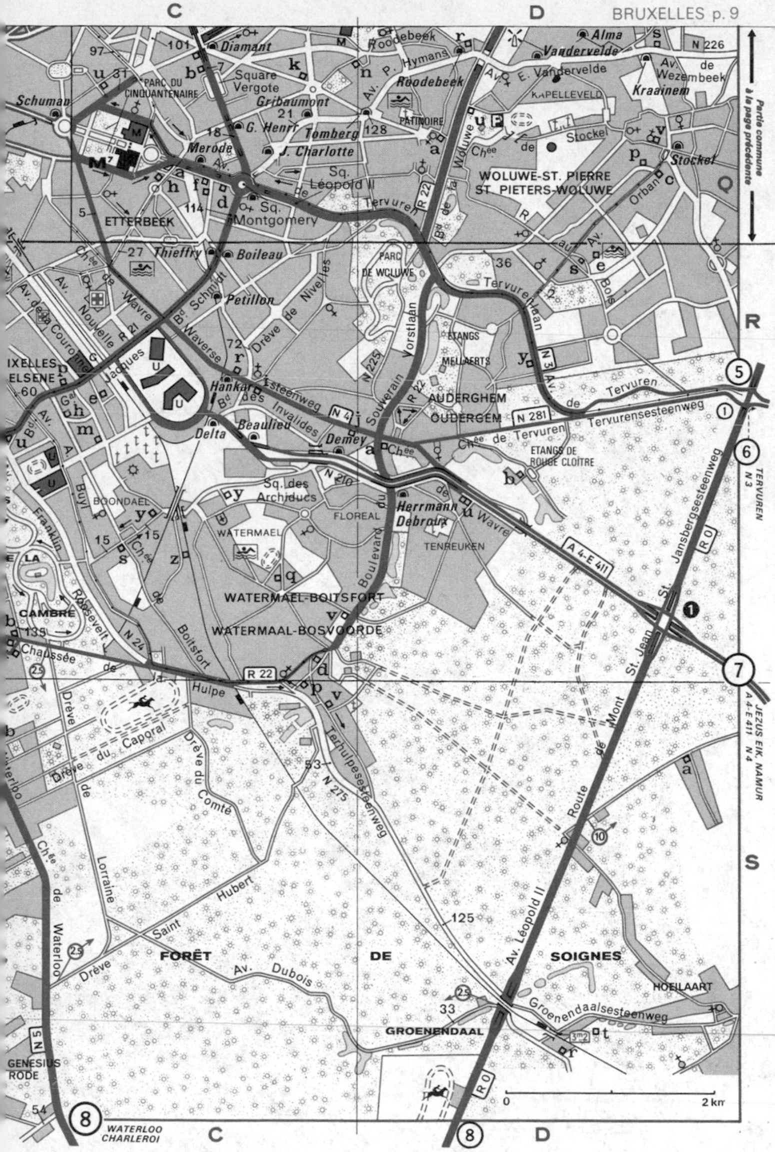
C
D
Diamant
Alma
Vandervelde
Roodebeek
Av. P. Hymans
Av. E. Vandervelde
Av. de Wezembeek
Kraainem
KAPELLEVELD
Schuman
PARC DU CINQUANTENAIRE
Square Vergote
Gribaumont
G. Henri
Tomberg
PATINOIRE
Merode
J. Charlotte
Chée de Stockel
Stockel
Av. de Woluwe
Bd de la Woluwe
WOLUWE-ST. PIERRE
ST. PIETERS-WOLUWE
Av. Orban
Sq. Léopold II
Av. de Tervuren
Sq. Montgomery
ETTERBEEK
Partie commune à la page précédente
Thieffry
Boileau
PARC DE WOLUWE
Av. du Bois
Chée de Wavre
Av. de la Couronne
Av. Nouvelle
Bd Schmidt
Petillon
Drève de Nivelles
Tervurenlaan
Q
R
IXELLES
ELSENE
Bd G. Jacques
Waverse
Hankar
Bd des Invalides
Steenweg
Bd du Souverain
Vorstlaan
ETANGS MELLAERTS
AUDERGHEM
OUDERGEM
Av. de Tervuren
Tervurensesteenweg
N 281
Beaulieu
Delta
Demey
Chée de Tervuren
ETANGS DE ROUGE CLOITRE
TERVUREN N 3
BOONDAEL
Sq. des Archiducs
FLOREAL
Herrmann Debroux
Chée de Wavre
TENREUKEN
Jansbergsesteenweg
WATERMAEL
Franklin Roosevelt
A 4-E 411
CAMBRE
WATERMAEL-BOITSFORT
WATERMAAL-BOSVOORDE
Chée de Boitsfort
Chaussée de la Hulpe
R 22
St. Jean
Route de Mont St. Jean
JEZUS EIK, NAMUR A 4-E 411 N 4
Drève de Lorraine
Drève du Caporal
Drève du Comte
Terhulpsesteenweg
N 275
S
Chée de Waterloo
Drève Saint Hubert
Av. Léopold II
FORÊT
DE
SOIGNES
Av. Dubois
HOEILAART
Groenendaalsesteenweg
GROENENDAAL
GENESIUS RODE
R 0
0
2 km
WATERLOO CHARLEROI
C
D

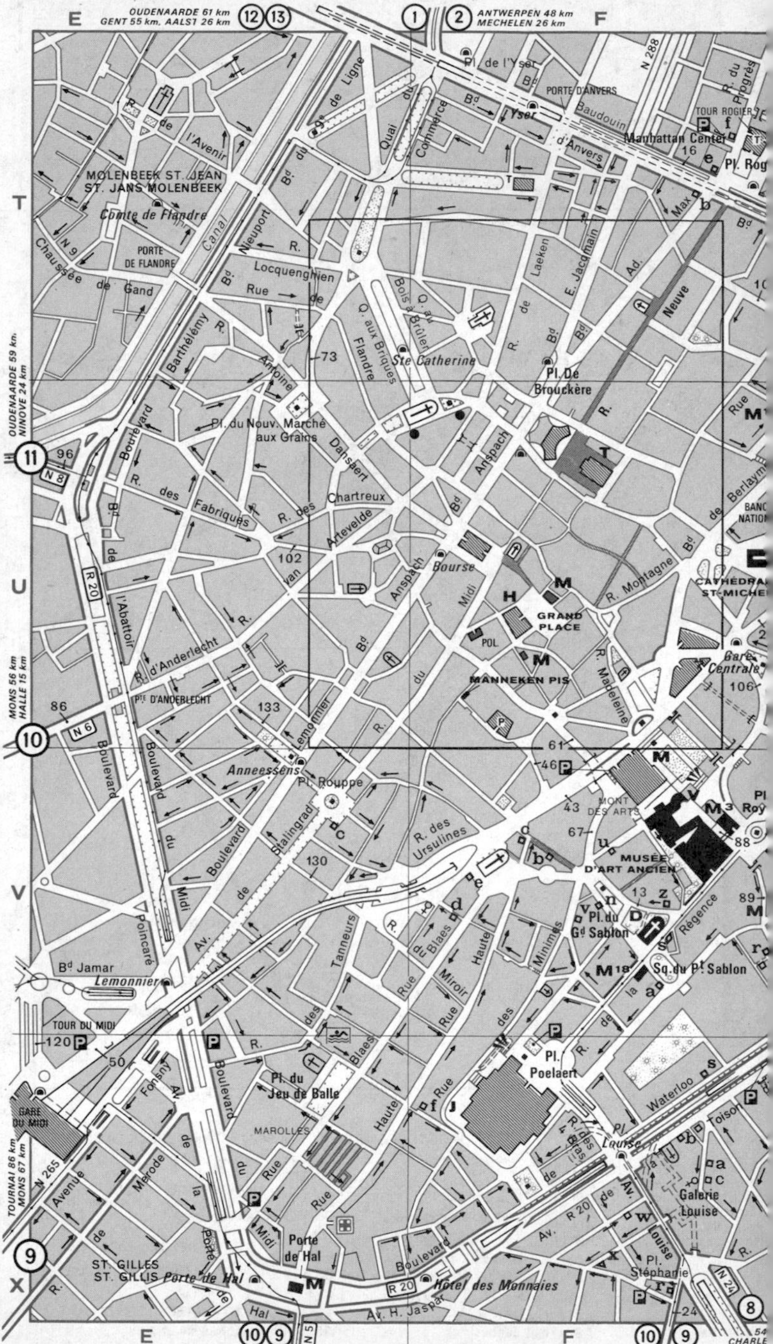

OUDENAARDE 61 km
GENT 55 km, AALST 26 km
ANTWERPEN 48 km
MECHELEN 26 km
Pl. de l'Yser
PORTE D'ANVERS
Baudouin
Yser
d'Anvers
TOUR ROGIER
Manhattan Center
Pl. Rog
N 288
R. du Progrès
MOLENBEEK ST. JEAN
ST. JANS MOLENBEEK
Comte de Flandre
Chaussée de Gand
PORTE DE FLANDRE
Canal
Nieuport
Locquenghien
Quai du Commerce
Bd de Ligne
R. de l'Avenir
Q. aux Briques
Flandre
Q. au Bois à Brûler
Ste Catherine
R. de Laeken
E. Jacqmain
Ad. Max
Neuve
Pl. De Brouckère
Barthélémy
Antoine
Pl. du Nouv. Marché aux Grains
Dansaert
Anspach
Chartreux
R. des Fabriques
R. des Chartreux
Arteveldé
van
Bourse
Midi
GRAND PLACE
MANNEKEN PIS
POL.
R. Montagne
R. Madeleine
Bd de Berlaymont
BANQUE NATIONALE
CATHÉDRALE ST-MICHEL
Gare Centrale
OUDENAARDE 59 km
NINOVE 24 km
N 8
R 20
l'Abattoir
R. d'Anderlecht
PTE D'ANDERLECHT
Lemonnier
Anneessens
Pl. Rouppe
Stalingrad
R. des Ursulines
MONT DES ARTS
MUSÉE D'ART ANCIEN
Pl. du Gd Sablon
Sq. du Pt Sablon
Régence
MONS 56 km
HALLE 15 km
N 6
Boulevard du Midi
Poincaré
Bd Jamar
Lemonnier
TOUR DU MIDI
GARE DU MIDI
Tanneurs
R. du Blaes
Miroir
Rue Haute
Minimes
Pl. Poelaert
Waterloo
Toison
Pl. Louise
Galerie Louise
Pl. du Jeu de Balle
MAROLLES
Fonsny
Av. de Merode
Avenue
N 265
Porte de Hal
Midi
ST. GILLES
ST. GILLIS
Porte de Hal
R 20
Hôtel des Monnaies
Av. H. Jaspar
Boulevard
Pl. Stéphanie
N 24
N 5
TOURNAI 86 km
MONS 67 km
CHARLE
E
F
T
U
V
X

BRUXELLES
BRUSSEL
CENTRE

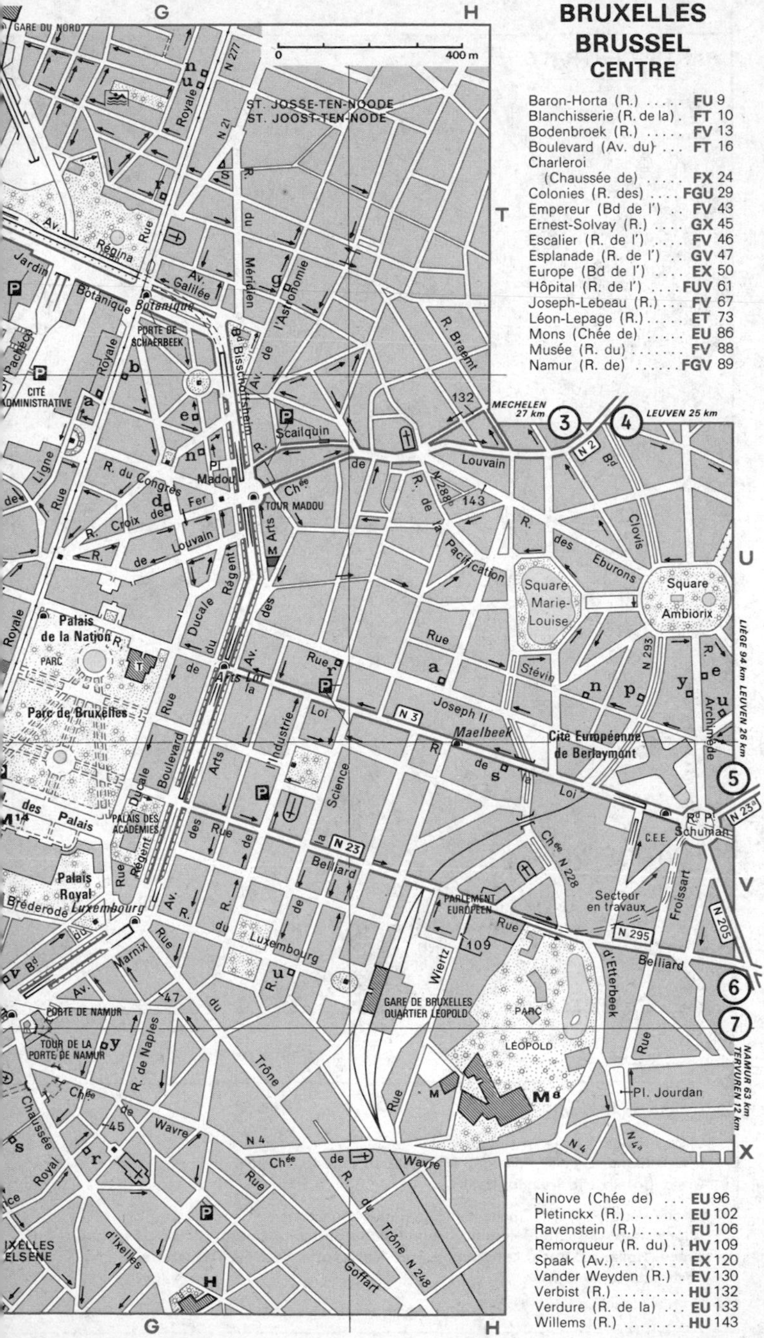

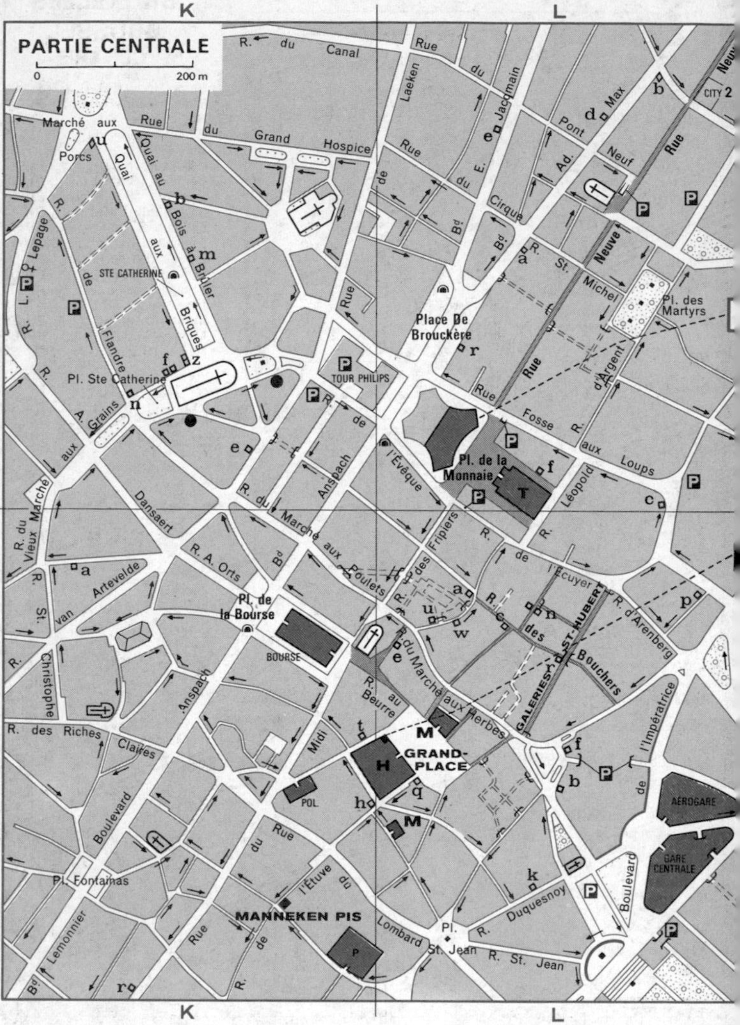

Les guides Michelin

Guides Rouges (hôtels et restaurants) :
Deutschland, España Portugal, Main Cities Europe, France, Great Britain and Ireland, Italia

Guides Verts (Paysages, monuments et routes touristiques) :
Allemagne, Autriche, Belgique, Grand-Duché de Luxembourg, Canada, Espagne, Grèce, Hollande, Italie, Londres, Maroc, New-York, Nouvelle-Angleterre, Portugal, Rome, Suisse
... et la collection sur la France.

Liste alphabétique
(Hôtels et Restaurants)

Les établissements à étoiles
Sterrenbedrÿven
Die Stern-Restaurants
Starred establishments

✿✿✿

✿✿

✿

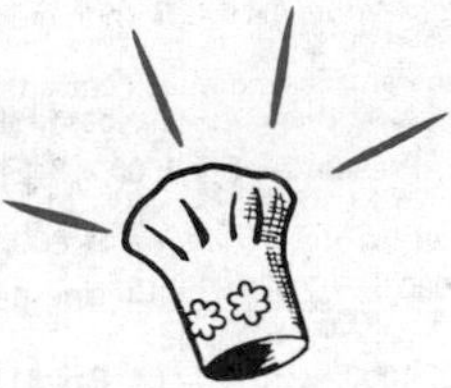

Les prix des chambres peuvent être majorés d'une taxe locale de 6 %

BRUXELLES (BRUSSEL)

SAS Royal, r. Fossé-aux-Loups 47, ✉ 1000, ☎ 219 28 28, Telex 22202, Fax 219 62 6 « Patio avec vestiges du mur d'enceinte de Bruxelles - 12e s. », – ▮ ch ▤ TV ♿ – P – 25 à 400. AE ⓞ E VISA. ✻ rest LY
R voir rest **Sea Grill** ci-après – **Atrium** carte 750 à 1400 – **248 ch** 8900/10500.

Pullman Astoria, r. Royale 103, ✉ 1000, ☎ 217 62 90, Telex 25040, Fax 217 11 5 « Demeure début du siècle » – ▮ ▤ rest TV ☎ – 25 à 200. AE ⓞ E VISA. ✻ res
R Palais Royal *(fermé sam. midi)* carte 1700 à 2300 – 580 – **125 ch** 4850/7200 ½ P 6720/7570. GTU

Métropole, pl. de Brouckère 31, ✉ 1000, ☎ 217 23 00, Telex 21234, Fax 218 02 20, « H et Salons époque fin 19e s. », – ▮ ▤ rest TV ☎ – 25 à 600. AE ⓞ E VISA. ✻ re
R L'Alban Chambon *(fermé sam., dim. et jours fériés)* 1300/1950 – **400 ch** 490 7800. LY

Bedford, r. Midi 135, ✉ 1000, ☎ 512 78 40, Telex 24059, Fax 514 17 59 – ▮ ▤ rest ☎ – 25 à 200. AE ⓞ E VISA. ✻ KZ
R carte 1100 à 1500 – **275 ch** 4400/7200 – ½ P 3600/5250.

Jolly Atlanta, bd A.-Max 7, ✉ 1000, ☎ 217 01 20, Telex 21475, Fax 217 37 58 – ▮ ▤ re TV ☎ – 50. AE ⓞ E VISA. ✻ rest LY
R *(fermé sam., dim. et août)* 1200/2300 – **244 ch** 7100/7700.

Président Centre sans rest, r. Royale 160, ✉ 1000, ☎ 219 00 65, Telex 26784, Fax 218 09 – ▮ ▤ TV ☎. AE ⓞ E VISA GU
73 ch 4900/5900.

Arenberg, r. Assaut 15, ✉ 1000, ☎ 511 07 70, Telex 25660, Fax 514 19 76 – ▮ ch ☎ – 50 à 90. AE ⓞ E VISA LZ
R carte 900 à 1400 – **155 ch** 4600/5200.

Chambord sans rest, r. Namur 82, ✉ 1000, ☎ 513 41 19, Telex 20373, Fax 514 08 47 – TV ☎ – 25. AE ⓞ E VISA. ✻ GV
70 ch 3295/4575.

Vendôme sans rest, bd A. Max 98, ✉ 1000, ☎ 218 00 70, Telex 64460, Fax 218 06 83 ▮ TV ☎ – 25. AE ⓞ E VISA LY
92 ch 2275/3175.

Queen Anne sans rest, bd E. Jacqmain 110, ✉ 1000, ☎ 217 16 00, Telex 2267 Fax 217 18 38 – ▮ TV ☎. AE ⓞ E VISA LY
60 ch 2385/2900.

Sabina sans rest, r. Nord 78, ✉ 1000, ☎ 218 26 37, Fax 219 32 39 – ▮ ☎ GU
24 ch 900/1550.

XXXX ✿ **Sea Grill** - H. SAS Royal, r. Fossé-aux-Loups 47, ✉ 1000, ☎ 219 28 28, Telex 2220 Fax 219 62 62, Produits de la mer – ▤ P. AE ⓞ E VISA. ✻ LY
fermé dim., jours fériés et 19 juil.-20 août – **R** carte 1950 à 2650.
Spéc. Langoustines à la vapeur d'algues, Gravlax sauce moutarde, Turbot rôti, béarnais de homard.

XXX ✿✿✿ **Comme Chez Soi** (Wynants), pl. Rouppe 23, ✉ 1000, ☎ 512 29 21, Fax 511 80 5 « Atmosphère Belle Époque restituée dans un décor Horta » – ▤ P. AE ⓞ E EV
fermé dim., lundi, juil. et Noël-Nouvel An – **R** (nombre de couverts limité - prévenir) cart 2100 à 2750.
Spéc. Filets de sole, mousseline au Riesling et aux crevettes grises, Faisan au céleri-rave et au marrons (15 oct.-déc.), Émincé de mangues chaudes voilé de frangipane.

XXX **Astrid "Chez Pierrot",** r. Presse 21, ✉ 1000, ☎ 217 38 31, Fax 217 38 31 – AE ⓞ E VISA GU
fermé dim., 1 sem. Pâques et 15 juil.-15 août – **R** 800/1600.

XX **Roma,** r. Princes 12, ✉ 1000, ☎ 218 34 30, Cuisine italienne – ▤. AE ⓞ E VISA. ✻
fermé sam. midi et dim. – **R** 1700. LY

XX **Le Pimm's,** r. Baudet 2, ✉ 1000, ☎ 511 17 04, Fax 511 17 04, Ouvert jusqu'à minuit – AE ⓞ E VISA FV
fermé sam. midi et dim. – **R** 750/1250.

X **J & B,** r. Baudet 5, ✉ 1000, ☎ 512 04 84 – AE ⓞ E VISA FV
fermé sam. midi et dim. – **R** 750/1275.

X **La Méditerranée,** r. Chartreux 44, ✉ 1000, ☎ 512 73 08, Produits de la mer – AE ⓞ E VISA KZ
fermé sam. midi, dim. et juil. – **R** carte 1000 à 1600.

X **Il Perugino,** r. Nord 42, ✉ 1000, ☎ 217 67 40, ⛱, Cuisine italienne – AE ⓞ E VISA
fermé sam. midi, dim. et 20 juil.-20 août – **R** carte 1200 à 1800. GU

X **L'Escoffier,** r. Léopold Ier 132, ✉ 1020, ☎ 424 22 22 – ⓞ E VISA BP
fermé dim. soir, lundi et sept – **R** 695.

Quartier Grand'Place (Ilot Sacré)

Royal Windsor, r. Duquesnoy 5, ✉ 1000, ✆ 511 42 15, Telex 62905, Fax 511 60 04 – ch ☎ – 25 à 250. AE E VISA LZ **k**
R Les 4 Saisons *(fermé 21 juil.-21 août)* carte 1600 à 2900 – **280 ch** 8250/11500.

Amigo, r. Amigo 1, ✉ 1000, ✆ 511 59 10, Telex 21618, Fax 513 52 77, « Collection d'œuvres d'art variées » – rest ☎ – 25 à 90. AE E VISA. rest KZ **h**
R carte 1100 à 1700 – **183 ch** 6250/7700.

Novotel Grand'Place, r. Marché-aux-Herbes 120, ✉ 1000, ✆ 514 33 33, Telex 20377, Fax 511 77 23 – ch ☎. AE E VISA LZ **b**
R (ouvert jusqu'à minuit) carte 900 à 1400 – 460 – **136 ch** 4720/4900.

Arlequin sans rest, r. Fourche 17, ✉ 1000, ✆ 514 16 15, Telex 65608, Fax 514 18 25 – ☎. AE E VISA – **60 ch** 1600/2200. LZ **w**

Ibis, r. Marché-aux-Herbes 100, ✉ 1000, ✆ 514 40 40, Telex 25490, Fax 514 50 67 – rest rest ☎ – 25 à 130. AE E VISA LZ **f**
R carte env. 900 – **170 ch** 3370/3850.

XXX ❀ **La Maison du Cygne,** Grand'Place 9, ✉ 1000, ✆ 511 82 44, Fax 514 31 48, « Ancienne maison de corporation du 17e s. » – ℗. AE E VISA LZ **q**
fermé sam. midi, dim., 3 sem. en août et Noël-Nouvel An – **R** carte 2150 à 2800.
Spéc. Salade tiède de langoustines, Turbot braisé au thym, Dos d'agneau Cygne.

XX **La Tête d'Or,** r. Tête d'Or 9, ✉ 1000, ✆ 511 02 01, « Demeure bruxelloise ancienne » – AE E VISA KZ **t**
fermé sam. et dim. – **R** carte 1500 à 2000.

XX **La Table d'Or,** r. Fourche 50, ✉ 1000, ✆ 217 47 00, Fax 219 91 01, Ouvert jusqu'à 23 h – AE E VISA LZ **a**
fermé sam. midi, dim. et 20 juil.-10 août – **R** 1565/1965.

XX **La Porte du Japon,** r. Fourche 9, ✉ 1000, ✆ 511 15 11, Cuisine japonaise, Ouvert jusqu'à 23 h – . AE E VISA LZ **u**
fermé lundi – **R** carte 1100 à 2350.

XX **Aux Armes de Bruxelles,** r. Bouchers 13, ✉ 1000, ✆ 511 55 98, Fax 514 33 81, Ambiance bruxelloise, Ouvert jusqu'à 23 h – . AE E VISA LZ **c**
fermé lundi et juin – **R** 895/1645.

X **L'Ogenblik,** Galerie des Princes 1, ✉ 1000, ✆ 511 61 51, Ouvert jusqu'à minuit – AE E VISA LZ **n**
fermé dim. – **R** carte 1500 à 2100.

X **Taverne du Passage,** Galerie de la Reine 30, ✉ 1000, ✆ 512 37 31, Fax 511 08 82, Ambiance bruxelloise, Ouvert jusqu'à minuit – AE E VISA LZ **r**
fermé merc. et jeudi en juin-juil. – **R** carte 750 à 1500.

X **Rôtiss. Vincent,** r. Dominicains 8, ✉ 1000, ✆ 511 23 03, Ambiance bruxelloise, « Fresques céramiques » – . AE E VISA LZ **n**
fermé août – **R** 895.

X **La Capannina,** Petite rue au Beurre 12, ✉ 1000, ✆ 512 05 45, Avec cuisine italienne – AE E VISA LZ **e**
fermé 15 juil.-15 août – **R** carte env. 1000.

Quartier Ste-Catherine (Marché-aux-Poissons)

XX **La Sirène d'Or** pl. Ste-Catherine 1a, ✉ 1000, ✆ 513 51 98, Fax 502 13 05, Produits de la mer – . AE E VISA KY **n**
fermé du 1er au 23 juil., 23 déc.-2 janv., dim. et lundi – **R** carte 1600 à 2200.

XX ❀ **François,** quai aux Briques 2, ✉ 1000, ✆ 511 60 89, Fax 512 06 67, Produits de la mer – . AE E VISA KY **z**
fermé lundi et juin – **R** carte 1400 à 2400.
Spéc. Salade ou tomate aux crevettes épluchées du jour, Anguille au vert, Plateau royal de fruits de mer (oct.-15 mars).

XX ❀ **La Belle Maraîchère** (Devreker), pl. Ste-Catherine 11, ✉ 1000, ✆ 512 97 59, Fax 513 76 91, Produits de la mer – ℗. AE E VISA KY **f**
fermé merc. et jeudi – **R** carte 1400 à 2200.
Spéc. Soupe de poissons, Fricassée de homard aux petits légumes, Turbot grillé sauce béarnaise.

XX **Au Cheval Marin,** Marché-aux-Porcs 25, ✉ 1000, ✆ 513 02 87, « Décor ancien » – ℗. AE E VISA KY **u**
fermé dim. et 1 sem. en août – **R** 900/1750.

XX **Le Jardin de Catherine,** pl. Ste-Catherine 5, ✉ 1000, ✆ 513 19 92, – . AE E VISA KY **f**
fermé sam. midi, dim. et du 1er au 23 août – **R** carte 900 à 1700.

X **Café de Paris,** r. Vierge Noire 12, ✉ 1000, ✆ 512 39 40, Ouvert jusqu'à minuit, « Décor Art déco » – AE E VISA KY **e**
fermé dim. – **R** carte 1000 à 1650.

X **La Marie Joseph,** quai au Bois-à-Brûler 47, ✉ 1000, ✆ 218 05 96, Produits de la mer, Ouvert jusqu'à 23 h – AE E VISA KY **b**
fermé lundi – **R** carte 1200 à 1900.

X **Rugbyman Nr 1,** quai aux Briques 4, ✉ 1000, ✆ 512 56 40, Fax 512 56 40, Crustacé Ouvert jusqu'à 23 h – ▤. AE ⓓ VISA – **R** 1375/2000. KY

X **Au Vieux Port,** quai au Bois-à-Brûler 21, ✉ 1000, ✆ 218 01 02, Ouvert jusqu'à 23 h 3 – AE ⓓ E VISA – *fermé dim. soir, lundi et du 1er au 15 sept* – **R** carte env. 1600. KY

Quartier des Sablons

XXX ✿✿ **L'Écailler du Palais Royal** (Basso), r. Bodenbroek 18, ✉ 1000, ✆ 512 87 51, Produit de la mer – AE ⓓ E VISA – *fermé dim., jours fériés et 29 juil.-août* – **R** carte 2350 à 2850. FV
Spéc. St-Jacques meunières, julienne de chicons (oct.-avril), Barbue aux deux céleris et jus d veau giroflé, Homard au Sauvignon.

XXX **En Provence "Chez Marius",** pl. du Petit Sablon 1, ✉ 1000, ✆ 511 12 08, Fax 512 27 8 – AE ⓓ E VISA ✻ – *fermé dim.* – **R** 1300/1950. FV

XX **Les Brigittines,** pl. de la Chapelle 5, ✉ 1000, ✆ 512 68 91, Fax 512 41 30, « Atmosphère Belle Époque » – AE ⓓ E VISA FV
fermé sam. midi, dim. et août – **R** carte 1300 à 2350.

XX ✿ **Trente rue de la Paille** (Martiny), r. Paille 30 (transfert possible), ✉ 1000, ✆ 512 07 1 Fax 514 23 33, Ouvert jusqu'à 23 h 30 – AE ⓓ E VISA FV
fermé sam., dim., jours fériés, 29 juin-juil. et 21 déc.-1er janv. – **R** carte 1700 à 2400.
Spéc. Foie gras de canard aux pommes, poires et Porto, Rouget-barbet rôti au romarin, Grat de fraises.

XX **Au Duc d'Arenberg,** pl. du Petit Sablon 9, ✉ 1000, ✆ 511 14 75, « Collection de tableau modernes » – AE ⓓ E VISA FV
fermé dim., jours fériés et dern. sem. déc. – **R** 1950/2450.

X **L'Herbe Rouge,** r. Minimes 34, ✉ 1000, ✆ 512 48 34, Ouvert jusqu'à 23 h 30 – AE ⓓ E VISA – *fermé sam. midi et dim.* – **R** carte 1700 à 2300. FV

X **La Clef des Champs,** r. Rollebeek 23, ✉ 1000, ✆ 512 11 93, – AE ⓓ E VISA FV
fermé dim., lundi et 30 avril-21 mai – **R** carte 1150 à 1450.

X **Les Années Folles,** r. Haute 17, ✉ 1000, ✆ 513 58 58 – AE ⓓ E VISA FV
R 1000/1490.

X **Au Vieux Saint-Martin,** pl. du Grand Sablon 38, ✉ 1000, ✆ 512 64 76, Rest.-taverne Ouvert jusqu'à minuit – **R** carte 1100 à 1700. FV

Quartier Palais de Justice

Hilton International, bd de Waterloo 38, ✉ 1000, ✆ 513 88 77, Telex 22744 Fax 513 72 33, ≤s – |‡| ⇔ ch ▤ TV ☎ ♿ – 🏊 50 à 500. AE ⓓ E VISA. ✻
R voir rest **Maison du Bœuf** ci-après – **Plein Ciel** 27e étage ≤ ville *(fermé sam. et 15 juil. 20 août)* (déjeuner seult) 950/1550 – **Café d'Egmont** carte 1000 à 1500 – ☕ 750 – **454 ch** 8600/13300. FX

XXXX **Maison du Bœuf** - H. Hilton, 1er étage, bd de Waterloo 38, ✉ 1000, ✆ 513 88 77 Telex 22744, Fax 513 72 33, ≤ – ▤ Ⓟ. AE ⓓ E VISA. ✻ – **R** carte 1700 à 2500. FX

XX **Les Petits Oignons,** r. Notre Seigneur 13, ✉ 1000, ✆ 512 47 38, Fax 512 41 30, , Ouvert jusqu'à 23 h – AE ⓓ E VISA – *fermé dim. et août* – **R** carte 1050 à 1800. FV

X ✿ **Au Beurre Blanc** (Hella), r. Faucon 2a, ✉ 1000, ✆ 513 01 11 – AE ⓓ E VISA FX
fermé sam., dim., 2 sem. Pâques, 15 août-3 sept et 25 déc.-4 janv. – **R** carte 1600 à 2100
Spéc. Suprême de faisan à la crème de bacon et noisettes (mi-oct.-fin déc.), Assiette du pêcheu au beurre blanc, Ris et rognon de veau au jus de truffes.

Quartier de l'Europe

Europa, r. Loi 107, ✉ 1040, ✆ 230 13 33, Telex 25121, Fax 230 36 82, ≤s – |‡| ⇔ ch ▤ TV ☎ Ⓟ – 🏊 25 à 400. AE ⓓ E VISA. ✻ ch HV
R Les Continents 1500/2200 – ☕ 500 – **240 ch** 7000/9000.

Archimède sans rest, r. Archimède 22, ✉ 1040, ✆ 231 09 09, Telex 20420, Fax 230 33 7 – |‡| TV ☎ Ⓟ. AE ⓓ E VISA. ✻ – **56 ch** ☕ 5600/5800. HU

Euro-flat sans rest, bd Charlemagne 50, ✉ 1040, ✆ 230 00 10, Telex 21120, Fax 230 36 83 ≤s – |‡| TV ☎ – 🏊 25. AE ⓓ E VISA. ✻ – **135 ch** ☕ 5200/6300. HU

City Garden 🐎 sans rest, avec appartements, r. Joseph II 59, ✉ 1040, ✆ 230 09 45 Telex 63570, Fax 230 64 37 – |‡| ⇔ TV ☎. AE ⓓ E VISA. ✻ GU
95 ch ☕ 4300/5800.

Alfa Chelton sans rest, r. Véronèse 48, ✉ 1040, ✆ 735 20 32, Telex 64253, Fax 735 07 6 – |‡| TV ☎ – **48 ch.** CQ

XX **Villa de Bruselas,** r. Archimède 65, ✉ 1040, ✆ 735 60 90, , Avec cuisine espagnole – AE ⓓ E VISA – *fermé sam. midi, dim., jours fériés et août* – **R** carte 1300 à 2100. HU

X **Le Gigotin,** r. Stevin 102, ✉ 1040, ✆ 230 30 91, – AE ⓓ E VISA HU
fermé sam., dim. et jours fériés – **R** carte 900 à 1400.

X **La Maison Suisse,** r. Philippe le Bon 2, ✉ 1040, ✆ 230 43 41, Spécialités suisses – Ⓟ AE ⓓ E VISA HU
fermé sam. midi, dim., lundi soir, jours fériés, 15 août-1er sept et 22 déc.-4 janv. – **R** carte env. 1500.

X **L'Atelier,** r. Franklin 28, ✉ 1040, ✆ 734 91 40, Fax 735 35 98, – AE E VISA HU
fermé du 1er au 4 avril, 5 août-2 sept, 24 déc.-6 janv., sam., dim. et jours fériés – **R** 980/1200

Quartier Avenue Louise (voir aussi Ixelles)

Mayfair, av. Louise 381, ⊠ 1050, ℰ 649 98 00, Telex 24821, Fax 640 17 64, « Aménagement cossu » – ch – 30. AE E VISA. rest BR e
R carte 1700 à 2200 – 500 – **99 ch** 8000/9500.

Stéphanie, av. Louise 91, ⊠ 1050, ℰ 539 02 40, Telex 25558, Fax 538 03 07, – rest – 50 à 200. AE E VISA. rest BR b
R L'Avenue Louise *(fermé sam., dim. midi, 27 juil.-25 août et du 21 au 31 déc.)* carte 1400 à 2000 – **142 ch** 6950/8250.

Brussels President sans rest, av. Louise 315, ⊠ 1050, ℰ 640 24 15, Telex 25075, Fax 647 34 63 – . AE E VISA. – **38 ch** 4250/4700. BR e

Alfa Louise sans rest, r. Blanche 4, ⊠ 1050, ℰ 537 92 10, Telex 62434, Fax 537 00 18 – – 30. AE E VISA – **83 ch** 3950/4550. BR n

L'Agenda sans rest, r. Florence 6, ⊠ 1050, ℰ 539 00 31, Telex 63947, Fax 539 00 63 – . AE E VISA – 300 – **38 ch** 2750/3050. BR n

Tagawa, av. Louise 279, ⊠ 1050, ℰ 640 50 95, Cuisine japonaise – P. AE E VISA. *– fermé sam. midi et dim.* – **R** 855/3255. BR m

La Pintadine, av. Louise 419, ⊠ 1050, ℰ 649 39 47, Avec cuisine iranienne – P. AE E VISA *– fermé du 1er au 12 mai, du 5 au 18 août, 23 déc.-1er janv., sam. midi, dim. et jours fériés* – **R** carte 750 à 1310. BR e

Quartier Gare du Nord (Botanique)

Sheraton Towers, pl. Rogier 3, ⊠ 1210, ℰ 219 34 00, Telex 26887, Fax 218 66 18, – ch – 25 à 1500. AE E VISA FT e
R Comtes de Flandre *(fermé sam. et dim.)* carte 1700 à 2500 – 595 – **504 ch** 9500/12900.

President World Trade Center, bd E. Jacqmain 180, ⊠ 1210, ℰ 217 20 20, Telex 21066, Fax 218 84 02, – ch – 25 à 350. AE E VISA. BT y
R *(fermé sam., dim. et juil.-août)* carte 950 à 2200 – **305 ch** 7000/7500.

Le Dome, bd du Jardin Botanique 13, ⊠ 1000, ℰ 218 06 80, Telex 61317, Fax 218 41 12 – – 25 à 100. AE E VISA. rest FT b
R *(fermé dim., lundi soir et jours fériés)* 980/1200 – **77 ch** 5100/6500.

Président Nord sans rest, bd A. Max 107, ⊠ 1000, ℰ 219 00 60, Telex 61417, Fax 218 12 69 – . AE E VISA – **63 ch** 3800/4650. LY b

Quartier Atomium (Centenaire - Trade Mart)

Le Centenaire, av. J. Sobieski 84, ⊠ 1020, ℰ 478 66 23 – AE E VISA BNP g
fermé dim., lundi, juil. et Noël-Nouvel An – **R** carte 1200 à 1800.

✿ **Les Baguettes Impériales** (Mme Ma), av. J. Sobieski 70, ⊠ 1020, ℰ 479 67 32, Cuisine vietnamienne, « Décor exotique » – AE BP g
fermé mardi, dim. soir, Pâques et août – **R** carte 2000 à 2400.
Spéc. Crêpes croustillantes au homard, Langoustines caramélisées aux poivres, Magret d'oie à la moutarde de mangue.

Le Curnonsky, bd E. Bockstael 315, ⊠ 1020, ℰ 479 22 60 – AE E VISA BP f
fermé merc., jeudi et août – **R** carte 750 à 1550.

Adrienne Atomium, Parc Expositions, ⊠ 1020, ℰ 478 30 00, ←, Buffets – AE E VISA
fermé dim. et jours fériés – **R** 690. BN f

Quartier Bois de la Cambre (voir aussi Uccle)

✿✿ **Villa Lorraine** (Van de Casserie), av. du Vivier d'Oie 75, ⊠ 1180, ℰ 374 31 63, – P. AE E VISA *– fermé dim. et du 1er au 30 juil.* – **R** carte 2350 à 3300. CR
Spéc. Petit rouget et artichaut en vinaigrette, Escalopes de ris de veau au Meursault, Chaud-froi de saumon et noix de St-Jacques (oct.-avril).

✿ **La Truffe Noire,** bd de la Cambre 12, ⊠ 1050, ℰ 640 44 22, Fax 647 97 04 – AE E V
fermé sam. midi, dim., 1 sem. Pâques, 2e quinz. août et fin déc. – **R** carte 2550 à 3300. CR
Spéc. Carpaccio aux truffes, Risotto de homard au basilic, St-Pierre aux poireaux et truffes.

ANDERLECHT

Le Prince de Liège, chaussée de Ninove 664, ⊠ 1080, ℰ 522 16 00, Fax 520 81 85 – 25. AE E VISA A
R *(fermé dim. soir et 8 juil.-4 août)* 750/1250 – **21 ch** 1950/2550.

Saint-Guidon 2e étage, av. Théo Verbeeck 2 (dans le stade Constant Vanden S), ⊠ 1070, ℰ 520 55 36, Fax 520 07 40 – P – 25 à 400. E VISA e
fermé juil., Noël-Nouvel An, sam., dim., jours de match de l'équipe première et f – **R** (déjeuner seult) carte 1700 à 2300.

La Réserve, chaussée de Ninove 675, ⊠ 1080, ℰ 522 26 53, – AE E VIS d
fermé lundi, mardi, sam. midi et 17 juil.-7 août – **R** carte 1200 à 1900.

Alain Cornelis, av. Paul Janson 82, ⊠ 1070, ℰ 525 02 83, – AE E VISA Q c
fermé merc., sam. midi, 20 juil.-15 août et 24 déc.-2 janv. – **R** carte 1250 à 180

Le Croûton, r. Aumale 22 (près pl. Vaillance), ⊠ 1070, ℰ 520 79 36, – AE E VISA
– fermé dim., lundi et 2e quinz. août – **R** carte 1500 à 2800. AQ a

X **La Paix,** r. Ropsy-Chaudron 49 (face Abattoirs), ✉ 1070, ☎ 523 09 58, Rest.-taverne – E VISA BQ
fermé sam. et dim. – **R** (déjeuner seult) carte 800 à 1000.

X **La Brouette,** bd Prince de Liège 61, ✉ 1070, ☎ 522 51 69 – AE ⓓ E VISA AQ
fermé dim. soir, lundi et du 1er au 21 août – **R** 775/975.

AUDERGHEM (OUDERGEM)

XX ✿ **La Grignotière** (Chanson), chaussée de Wavre 2041, ✉ 1160, ☎ 672 81 85 – AE ⓓ VISA DR
fermé dim., lundi et jours fériés – **R** 1800/2300.
Spéc. Brouillade de langoustines, Ris de veau au four farci de cuisses de grenouilles, Gibi (15 oct.-10 janv.).

XX **L'Abbaye de Rouge Cloître,** r. Rouge Cloître 8, ✉ 1160, ☎ 672 45 25, ≤, 斎, « En lisie de forêt » – Ⓟ – 🏛 25 à 55. AE ⓓ E VISA DR
fermé sam., dim. et 21 déc.-6 janv. – **R** carte 1000 à 1700.

XX **Le Pousse-Rapière,** chaussée de Wavre 1699, ✉ 1160, ☎ 672 76 20 – AE ⓓ E VIS CDR
fermé mardi, merc., 13 juin-3 juil. et du 23 au 31 déc. – **R** carte 1150 à 1700.

XX **Le Chèvrefeuille,** bd du Souverain 145, ✉ 1160, ☎ 672 08 77, Fax 672 08 77 – AE ⓓ VISA DR
fermé lundi – **R** carte env. 1400.

X **New Asia,** chaussée de Wavre 1240, ✉ 1160, ☎ 660 62 06, Cuisine chinoise – ⅍. ⓓ E VISA. ⅍ CR
fermé lundi et 2 dern. sem. juil. – **R** carte env. 800.

X **La Gioconda,** square J.-B. De Greef 2, ✉ 1160, ☎ 675 12 68, Cuisine italienne, Ouv jusqu'à 23 h – AE ⓓ E VISA CR
fermé merc. et 15 août-15 sept – **R** carte 800 à 1700.

X **Thaï Garden,** chaussée de Wavre 2045, ✉ 1160, ☎ 672 34 76, 斎, Cuisine thaïlanda – AE E VISA DR
fermé dim. et du 15 au 31 juil. – **R** carte env. 1000.

BERCHEM-STE-AGATHE (SINT-AGATHA-BERCHEM)

X **Mimosa,** av. Josse Goffin 166, ✉ 1080, ☎ 465 22 98, 斎 – AE ⓓ E VISA AP
fermé lundi soir, mardi soir, merc. et 18 juil.-10 août – **R** 1145.

ETTERBEEK

XX **Le Serpolet,** av. de Tervuren 59, ✉ 1040, ☎ 736 17 01, Fax 736 17 01 – AE ⓓ E VIS CQ
fermé sam. midi, dim. soir et 14 juil.-11 août – **R** 950/1650.

XX **La Fontaine de Jade,** av. de Tervuren 5, ✉ 1040, ☎ 736 32 10, Cuisine chinoise – ⓓ E VISA CQ
fermé mardi et 31 juil.-27 août – **R** carte env. 1100.

X **La Quintessence,** av. des Celtes 37, ✉ 1040, ☎ 733 66 25 – AE ⓓ E VISA CQ
fermé sam. soir du 15 mars au 15 sept, sam. midi et dim. – **R** 995/1450.

X **Harry's Place,** r. Bataves 65, ✉ 1040, ☎ 735 09 00 – AE ⓓ E VISA CQ
fermé jeudi soir, sam. midi, dim., jours fériés, mi-juil.-mi-août et Noël-Nouvel An – **R** ca env. 1300.

X **Le Pavillon d'Été,** av. de Tervuren 107, ✉ 1040, ☎ 732 03 59, Fax 732 10 56, Rest.-taverr Ouvert jusqu'à minuit – AE ⓓ E VISA CQ
fermé dim., lundi et 20 juil.-5 août – **R** carte 1100 à 1700.

EVERE

🏨 **Belson** sans rest, chaussée de Louvain 805, ✉ 1140, ☎ 735 00 00, Telex 64921, Fax 735 60 – |♣| ⅍ TV ☎ Ⓟ – 🏛 25. AE ⓓ E VISA CP
☕ 555 – **87 ch** 6050.

🏨 **Mercure,** av. J. Bordet 74, ✉ 1140, ☎ 242 53 35, Telex 65460, Fax 245 05 95, 斎 – |♣| ⅍ ▤ rest TV ☎ ♿ 🚗 – 🏛 30 à 60. AE ⓓ E VISA CP
R *(fermé sam. midi et dim. midi)* carte 1000 à 1800 – ☕ 450 – **120 ch** 3350/5100.

XX **Le Citron Vert,** av. H. Conscience 242, ✉ 1140, ☎ 241 12 57, Fax 242 70 05, Ouvert jusqu 23 h – AE ⓓ E VISA CP
fermé lundi soir, mardi et 29 juil.-27 août – **R** 750.

FOREST (VORST)

XXX **Le Chouan,** av. Brugmann 100, ✉ 1060, ☎ 344 09 99, Produits de la mer – ▤. AE ⓓ VISA BR
fermé sam. midi, dim. soir et juil. – **R** carte 1400 à 2300.

XX **L'Abel Abbaye,** pl. Saint-Denis 9, ✉ 1190, ☎ 332 11 59, ≤, 斎 – Ⓟ. AE ⓓ E VISA AR
fermé dim. soir, lundi et août – **R** 795.

GANSHOREN

XXX ✿✿✿ **Bruneau,** av. Broustin 73, ✉ 1080, ✆ 427 69 78, Fax 425 97 26 – AE ⓓ E VISA BP **h**
fermé jeudis fériés, mardi soir, merc., mi-juin-mi-juil. et Noël-Nouvel An – **R** carte 2500 à 3300.
Spéc. Panaché des 3 foies d'oie, Poêlée de langoustines aux lentilles, Côtes d'agneau à la persillade truffée.

XXX ✿✿ **Claude Dupont,** av. Vital Riethuisen 46, ✉ 1080, ✆ 427 54 50, Fax 426 65 40 – AE ⓓ E VISA AP **a**
fermé lundi, mardi et 8 juil.-14 août – **R** carte 1600 à 2700.
Spéc. Marinière de saumon et loup de mer à la crème de caviar, Aiguillettes de canard colvert au cidre et reinettes (sept-10 fév.), Baluchon de raie et de homard au vinaigre balsamique.

XX **Cambrils** 1er étage, av. Charles-Quint 365, ✉ 1080, ✆ 465 35 82, 余 – ▤. AE E VISA AP **r**
fermé dim., lundi soir et 15 juil.-16 août – **R** 780/950.

XX **San Daniele,** av. Charles-Quint 6, ✉ 1080, ✆ 426 79 23, Cuisine italienne – AE ⓓ E VISA AP **t**
fermé dim., jours fériés et 15 juil.-15 août – **R** carte 900 à 1700.

XX **Au Chaudron d'Or,** Drève du Château 71, ✉ 1080, ✆ 428 37 37, 余, « Fermette du 17e s. » – Ⓟ. ⓓ E VISA AP **c**
fermé dim. soir et lundi – **R** 995/1750.

X **Claude Dezangré,** av. du Duc Jean 10, ✉ 1080, ✆ 428 50 95 – AE ⓓ E VISA AP **e**
fermé mardi soir, merc. et 16 juil.-17 août – **R** carte 900 à 1600.

X **Le Claudalain,** av. des Gloires Nationales 65, ✉ 1080, ✆ 428 82 63 – AE ⓓ E BP **b**
fermé dim. soir, lundi, mardi, 26 août-11 sept et dern. sem. janv.-1er fév. – **R** 690/990.

IXELLES (ELSENE)

Leopold, r. Luxembourg 35, ✉ 1040, ✆ 511 18 28, Telex 62804, Fax 514 19 39, ≘s – |♦| ⇔ ch ▣ ☎ ⇔ – 🔬 25 à 50. AE ⓓ E VISA. ✻ ch GV **u**
R *(fermé sam. midi et dim.)* 850/2100 – **33 ch** ☐ 3000/4100.

Sun sans rest, r. Berger 38, ✉ 1050, ✆ 511 21 19, Fax 512 32 71 – |♦| ▣ ☎ Ⓟ. AE ⓓ E VISA GX **s**
22 ch ☐ 1495/2850.

XXX **Aub. de Boendael,** square du Vieux Tilleul 12, ✉ 1050, ✆ 672 70 55, Grillades, Rustique – ▤ Ⓟ. AE ⓓ E VISA CR **s**
fermé sam., dim., jours fériés, 3 prem. sem. août et Noël-Nouvel An – **R** carte 1500 à 2500.

XX **Les Foudres,** r. Eugène Cattoir 14, ✉ 1050, ✆ 647 36 36, 余, « Ancienne cave à vins » – Ⓟ. AE ⓓ E VISA CR **e**
fermé sam. midi et dim. – **R** 850/1200.

XX **Le Chalet Rose,** av. du Bois de la Cambre 49, ✉ 1050, ✆ 672 78 64, Fax 660 59 88, 余 – Ⓟ. AE ⓓ E VISA CR **y**
fermé sam. midi, dim., jours fériés et 1 sem. Pâques – **R** carte 1600 à 2400.

XX **Charles-Joseph,** r. E. Solvay 9, ✉ 1050, ✆ 513 43 90 GX **r**
fermé sam. midi, dim., jours fériés et mi-juil.-mi-août – **R** carte 1000 à 1750.

X **La Touraine,** r. Jean Paquot 69, ✉ 1050, ✆ 640 96 21 – AE E CR **p**
fermé dim., 15 juil.-15 août et Noël-Nouvel An – **R** 850.

X **La Pagode d'Or,** chaussée de Boondael 332, ✉ 1050, ✆ 649 06 56, 余, Cuisine vietnamienne, Ouvert jusqu'à 23 h – AE ⓓ E VISA ✻ CR **h**
R carte 900 à 1400.

X **La Brasserie Marebœuf,** av. de la Couronne 445, ✉ 1050, ✆ 648 99 06, Fax 219 92 35, Ouvert jusqu'à minuit – Ⓟ. AE ⓓ E VISA CR **m**
fermé dim. et 21 juil.-15 août – **R** 790.

X **Yser,** r. Edimbourg 9, ✉ 1050, ✆ 511 74 59, Moules en saison – AE VISA GX **y**
fermé dim. soir, lundi, jours fériés soirs et début juil.-mi-août – **R** 280/750.

Quartier Bascule

Forum sans rest, av. du Haut-Pont 2, ✉ 1060, ✆ 343 01 00, Telex 62311, Fax 347 00 54 – |♦| ▣ ☎ ⇔ – 🔬 80. AE ⓓ E VISA BR **p**
78 ch ☐ 3500/4100.

XX **La Mosaïque,** r. Forestière 23, ✉ 1050, ✆ 649 02 35, Fax 647 11 49 – AE ⓓ E VISA BR **y**
fermé sam. midi et dim. – **R** carte env. 2400.

XX **L'Armagnac,** chaussée de Waterloo 591, ✉ 1060, ✆ 345 92 79 – AE ⓓ E VISA BR **q**
fermé sam. soir, dim. et 20 juil.-20 août – **R** carte 1100 à 2150.

XX **Comme Ça,** r. Châtelain 61, ✉ 1050, ✆ 649 62 90, 余 – AE ⓓ E VISA BR **m**
fermé dim., lundi soir, jeudi soir et juil. – **R** carte 1100 à 1900.

XX **La Charlotte aux Pommes,** pl. du Châtelain 40, ✉ 1050, ✆ 640 53 88 – AE ⓓ E VISA BR **b**
fermé sam., dim., mi-août-mi-sept et carnaval – **R** carte 1600 à 2050.

XX **La Thaïlande,** av. Legrand 29, ✉ 1050, ✆ 640 24 62, 余, Cuisine thaïlandaise – AE ⓓ E VISA BR **u**
fermé dim. – **R** carte 900 à 1200.

X **Le Fruit de ma Passion,** r. Jean-Baptiste Meunier 53a, ✉ 1180, ✆ 347 32 94 – AE ⓓ E VISA – *fermé sam., dim. et juil.* – **R** 1250/1400. BR

X **Patric Dupont,** pl. du Châtelain 7, ✉ 1050, ✆ 537 52 26 – AE ⓓ E VISA BR
fermé dim. soir et lundi – **R** carte 1000 à 1600.

X **Old Inn,** r. Washington 76, ✉ 1050, ✆ 649 65 53, 🌂 – AE ⓓ E VISA BR
fermé sam. midi, dim. et 21 juil.-15 août – **R** carte env. 1100.

Quartier Avenue Louise (voir aussi Bruxelles)

Sofitel, av. de la Toison d'Or 40, ✉ 1060, ✆ 514 22 00, Telex 63547, Fax 514 57 44 – 🛗 ch ▤ TV ☎ – 25 à 120. AE ⓓ E VISA FX
R carte 1200 à 2000 – ☕ 525 – **171 ch** 6200.

Argus sans rest, r. Capitaine Crespel 6, ✉ 1050, ✆ 514 07 70, Telex 29393, Fax 514 12 2
– 🛗 TV ☎. AE ⓓ E VISA FX
41 ch ☕ 2650/2950.

XX **Le Criterion,** av. de la Toison d'Or 7, ✉ 1060, ✆ 512 37 68, Rest.-taverne, Ouvert jusqu'à minuit – AE ⓓ E VISA – **R** carte 1100 à 1800. GX

X **Adrienne,** r. Capitaine Crespel 1a, ✉ 1050, ✆ 511 93 39, 🌂, Buffets – AE ⓓ E VISA
fermé dim. et jours fériés – **R** 690. FX

X **La Fine Fleur,** r. Longue Haie 51, ✉ 1050, ✆ 647 68 03 – AE ⓓ E VISA BR
fermé sam. midi, dim. et mai – **R** 750/1250.

X **Shogun,** r. Capitaine Crespel 10, ✉ 1050, ✆ 512 83 19, 🌂, Cuisine japonaise, teppan-yak
Ouvert jusqu'à 23 h – AE ⓓ E VISA FX
fermé sam. midi, dim. et mi-juil.-mi-août – **R** carte 1000 à 1400.

JETTE

XX ✿ **Le Sermon** (Kobs), av. Jacques Sermon 91, ✉ 1090, ✆ 426 89 35, Fax 426 70 90 – AE E VISA BP
fermé dim., lundi et 25 juin-juil. – **R** carte env. 1800.
Spéc. Moules au Champagne (août-mars), Sole Sermon, Caneton aux pommes et poivre vert

XX **Le Barolo,** av. de Laeken 57, ✉ 1090, ✆ 425 45 76, Fax 425 45 76, 🌂, Avec cuisine italienne, Ouvert jusqu'à 23 h – AE ⓓ E VISA BP
fermé sam. midi et dim. – **R** carte 1300 à 1800.

XX **Rôtiss. Le Vieux Pannenhuis,** r. Léopold-Ier 317, ✉ 1090, ✆ 425 83 73, 🌂, « Relais du 17e s. » – ▤. AE ⓓ E VISA BP
fermé sam. midi, dim. et juil. – **R** 875.

XX **Le Saint Estèphe,** bd de Smet de Naeyer 33, ✉ 1090, ✆ 428 84 43 – AE ⓓ E VISA BP
fermé sam. midi, dim., jours fériés, 2e quinz. juil. et 2 sem. en fév. – **R** carte 1650 à 2000

XX **Le Quai Beaulieu,** av. de Laeken 8, ✉ 1090, ✆ 427 48 16, Produits de la mer – AE ⓓ E VISA ✻ BP
fermé dim., lundi, 31 mars-8 avril et du 5 au 28 oct. – **R** carte env. 1900.

MOLENBEEK-ST-JEAN (SINT-JANS-MOLENBEEK)

XXX **Le Béarnais,** bd Louis Mettewie 318, ✉ 1080, ✆ 523 11 51 – ▤. AE ⓓ E VISA AQ
fermé dim. et lundi soir – **R** carte 1400 à 1900.

X **L'Exquis,** bd du Jubilé 99, ✉ 1210, ✆ 426 35 78 – AE ⓓ E VISA BP
fermé dim. soir, lundi et juil. – **R** 765/995.

X **Béguine des Béguines,** r. Béguines 168, ✉ 1080, ✆ 425 77 70 – AE ⓓ E VISA AP
fermé sam. midi, dim. et août – **R** 690.

X **Le Royal Duc,** bd du Jubilé 154, ✉ 1210, ✆ 426 97 29 – AE E VISA BP
fermé sam. – **R** carte 800 à 1500.

ST-GILLES (SINT-GILLIS)

Ramada, chaussée de Charleroi 38, ✉ 1060, ✆ 539 30 00, Telex 25539, Fax 538 90 14 – 🛗 ch ▤ TV ☎ 🚗 – 25 à 170. AE ⓓ E VISA. ✻ rest BR
R carte 1100 à 1500 – ☕ 550 – **195 ch** 6000/7000.

Delta, chaussée de Charleroi 17, ✉ 1060, ✆ 539 01 60, Telex 63225, Fax 537 90 11 – 🛗 ▤ rest TV ☎ 🚗 – 60 à 100. AE ⓓ E VISA. ✻ rest FX
R carte 750 à 1050 – **246 ch** ☕ 4500/5100.

Manos sans rest, chaussée de Charleroi 102, ✉ 1060, ✆ 537 96 82, Telex 65369, Fax 539 36 55 – 🛗 TV ☎. AE ⓓ E VISA BR
☕ 390 – **38 ch** 3375/3675.

La Cascade sans rest, r. Source 14, ✉ 1060, ✆ 538 88 30, Telex 26637, Fax 538 92 79 – 🛗 TV ☎ 🚗 Ⓟ – 50. AE ⓓ E VISA. ✻ BR
40 ch ☕ 2830/3520.

Diplomat sans rest, r. Jean Stas 32, ✉ 1060, ✆ 537 42 50, Telex 61012, Fax 539 33 79 – 🛗 TV ☎. AE ⓓ E VISA FX
68 ch ☕ 4500/5100.

XX **L'Auvergne,** r. Aqueduc 61, ✉ 1050, ☎ 537 31 25, Rustique – AE ⓞ E VISA BR **x**
fermé dim., lundi, 15 juil.-15 août et du 20 au 31 déc. – **R** 875.

XX **Le Fronton Basque,** chaussée de Waterloo 361, ✉ 1060, ☎ 537 21 18, Ecailler et produits de la mer – AE ⓞ E VISA BR **p**
R carte 1000 à 2600.

XX **Palatino,** r. Aqueduc 7, ✉ 1050, ☎ 538 64 15, Avec cuisine italienne – AE ⓞ E VISA. BR **x**
R carte 1100 à 1400.

X **Meo Patacca,** r. Jourdan 20, ✉ 1060, ☎ 538 15 46, Fax 539 40 35, Avec cuisine italienne, Ouvert jusqu'à minuit – AE ⓞ E VISA FX **w**
fermé dim. – **R** carte 1200 à 2000.

X **Brasserie Paul,** chaussée de Charleroi 50, ✉ 1060, ☎ 537 99 15, Fax 538 46 44, Ouvert jusqu'à minuit – 25 à 45. AE ⓞ E VISA BR **n**
fermé sam. midi et dim. – **R** carte 1100 à 1700.

X **Le Forcado,** chaussée de Charleroi 192, ✉ 1060, ☎ 537 92 20, Cuisine portugaise – AE ⓞ E VISA BR **x**
fermé dim., jours fériés, août et sem. carnaval – **R** carte 900 à 1400.

T-JOSSE-TEN-NOODE (SINT-JOOST-TEN-NODE)

Scandic Crown, r. Royale 250, ✉ 1210, ☎ 220 66 11, Telex 61871, Fax 217 84 44, – ch – 30 à 500. AE ⓞ E VISA. rest GT **r**
R *(fermé sam. et mi-juil.-mi-août)* carte 1800 à 2400 – **302 ch** 7300/8000.

New Siru, pl. Rogier 1, ✉ 1210, ☎ 217 75 80 et 217 83 08 (rest.), Telex 21722, Fax 218 33 03, « Chaque chambre décorée par un artiste belge contemporain, et collection de couverts anciens au restaurant » – rest – 70. AE ⓞ E VISA FT **f**
R Le Couvert 1000/1450 – **101 ch** 4900/5200 – ½ P 2600/3250.

Albert Premier sans rest, pl. Rogier 20, ✉ 1210, ☎ 217 21 25, Telex 27111, Fax 217 93 31 – – 25 à 70. AE ⓞ E VISA FT **d**
285 ch 2750/3250.

XX **De Ultieme Hallucinatie,** r. Royale 316, ✉ 1210, ☎ 217 06 14, Fax 217 72 40, « Intérieur Art Nouveau » – AE ⓞ E VISA GT **u**
fermé sam. midi, dim. et 20 juil.-16 août – **R** 950/2000.

XX **Les Deux Singes** 1er étage, r. Limite 6, ✉ 1030, ☎ 218 81 60 – AE ⓞ E VISA
fermé sam. midi, dim. et Noël-Nouvel An – **R** carte 1600 à 2300. GT **g**

X **Les Dames Tartine,** chaussée de Haecht 58, ✉ 1030, ☎ 218 45 49 – AE ⓞ E VISA
fermé sam. midi, dim. et lundi – **R** carte 1100 à 1500. GT **s**

SCHAERBEEK (SCHAARBEEK)

XX **Den Botaniek,** r. Royale 328, ✉ 1210, ☎ 218 48 38, Fax 218 41 95, « Décoration époque 1900, jardin » – AE ⓞ E VISA GT **n**
fermé sam. midi, dim., jours fériés, 2 dern. sem. sept et Noël-Nouvel An – **R** carte 1650 à 2600.

Quartier Meiser

Lambermont sans rest, bd Lambermont 322, ✉ 1030, ☎ 242 55 95, Telex 62220, Fax 242 55 95 – . AE ⓞ E VISA – **42 ch** 2700/3100. CP **w**

XX **Philippe Riesen** 1er étage, bd Aug. Reyers 163, ✉ 1040, ☎ 736 41 38 – AE ⓞ E VISA
fermé sam., dim., jours fériés et Noël-Nouvel An – **R** 950/1650. CQ **b**

XX **Le Meiser,** bd Gén. Wahis 55, ✉ 1030, ☎ 735 37 69 – AE ⓞ E VISA CP **a**
fermé sam. et dim. – **R** carte 1400 à 2000.

XX **Au Cadre Noir,** av. Milcamps 158, ✉ 1040, ☎ 734 14 45 – AE ⓞ E VISA CP **r**
fermé sam. midi, dim. soir, lundi, 1 sem. Pâques et du 1er au 21 juil. – **R** 790.

X **Palasi,** av. Chazal 169, ✉ 1030, ☎ 242 59 34, Avec cuisine italienne – AE ⓞ E VISA
fermé lundi et août – **R** carte 900 à 1400. CP **c**

X **Portofino,** bd Aug. Reyers 153, ✉ 1040, ☎ 733 24 94, Cuisine italienne – AE ⓞ E VISA
fermé sam., dim., jours fériés et août – **R** (déjeuner seult) carte 1000 à 1700. CQ **b**

X **Anak Timoer,** pl. de la Patrie 26, ✉ 1030, ☎ 245 03 22, Avec cuisine indonésienne – AE ⓞ E VISA – *fermé lundi et mardi* – **R** carte 800 à 1300. CP **u**

UCCLE (UKKEL)

County House, square des Héros 2, ✉ 1180, ☎ 375 44 20, Telex 22392, Fax 375 31 22 – rest – 25 à 80. AE ⓞ E VISA. rest BR **w**
R 750/1600 – **96 ch** 4600.

XXX ✿ **L'Orangeraie** (Beyls), av. Winston Churchill 81, ✉ 1180, ☎ 345 71 47, Fax 375 74 23 – AE ⓞ E VISA BR **h**
fermé sam. midi, dim. et 20 juil.-15 août – **R** carte 2700 à 3250.
Spéc. Mousse de bécasses (15 oct.-15 fév.), Saumon et foie d'oie en feuille de vigne, Dos de turbot aux aubergines.

XX ✿ **Villa d'Este,** r. Etoile 142, ✉ 1180, ℘ 377 86 46, 🏵, « Terrasse » – Ⓟ. AE ⓞ VISA
fermé dim. soir, lundi, juil. et fin déc. – **R** carte 1650 à 2300. AS
Spéc. Sole farcie aux poireaux, Cassolette de petits gris au chou vert, sauce cerfeuil (hiver) Coquelet à la moutarde de Meaux.

XX **Les Frères Romano,** av. de Fré 182, ✉ 1180, ℘ 374 70 98, 🏵 – AE ⓞ E VISA ✈
fermé 3 sem. août, dim. et jours fériés sauf Noël-Nouvel An – **R** carte 1500 à 2200. BR

XX **L'Amandier,** av. de Fré 184, ✉ 1180, ℘ 374 03 95, Fax 374 86 92, 🏵 – AE ⓞ E VISA
fermé sam. midi, dim. et 22 déc.-14 janv. – **R** 1500/2500. BR

XX **A'mbriana,** r. Edith Cavell 151, ✉ 1180, ℘ 375 01 56, Cuisine italienne – AE E VISA
fermé mardi, sam. midi et août – **R** carte 950 à 1500. BR

XX **L'Ascoli,** chaussée de Waterloo 940, ✉ 1180, ℘ 375 57 75, Fax 375 43 29, 🏵, Cuisine italienne – Ⓟ. AE ⓞ E VISA
fermé dim. et août – **R** carte 1400 à 1900. CR

XX **L'Éléphant Bleu,** chaussée de Waterloo 1120, ✉ 1180, ℘ 374 49 62, Fax 375 44 68, Cuisine thaïlandaise, « Décor exotique » – ▤. AE ⓞ E VISA
fermé sam. midi, 25 déc. et début janv. – **R** carte 1100 à 1900. CR

XX **D'Alfonso,** r. Doyenné 89, ✉ 1180, ℘ 347 06 46, Cuisine italienne – AE ⓞ E VISA BR
fermé dim. – **R** carte 1000 à 1400.

XX **Le Ventre Saint-Gris,** r. Basse 10, ✉ 1180, ℘ 375 27 55, Fax 375 29 13, 🏵 – ▤. AE ⓞ
◆ E VISA
R 695/980. BS

XX **Le Petit Prince,** av. Prince de Ligne 16, ✉ 1180, ℘ 374 73 03 – AE ⓞ E VISA CS
fermé dim. soir, lundi et 3 sem. en juil. – **R** carte 1200 à 1800.

XX **Pavillon Impérial,** chaussée de Waterloo 1296, ✉ 1180, ℘ 374 67 51, Cuisine chinoise – ▤. AE ⓞ VISA. ✈
fermé merc. – **R** carte 750 à 1300. CS

X **Brasseries Georges,** av. Winston Churchill 259, ✉ 1180, ℘ 347 21 00, Fax 344 02 45, 🏵, Ouvert jusqu'à minuit – ▤. AE ⓞ E VISA
fermé dim. – **R** carte 900 à 1500. BR

X **Le Lion,** chaussée de Waterloo 889, ✉ 1180, ℘ 374 48 43, Cuisine chinoise – AE ⓞ VISA
R 895/990. BR

X **Henri I,** av. de Messidor 181, ✉ 1180, ℘ 345 26 29, 🏵, Grillades, Auberge rustique, Ouvert jusqu'à 23 h – AE ⓞ E VISA
fermé mardi – **R** 795/975. BR

X **De Hoef,** r. Edith Cavell 218, ✉ 1180, ℘ 374 34 17, 🏵, Grillades, Relais du 17ᵉ s. – AE
◆ ⓞ E VISA
R 625. BR

X **Willy & Marianne,** chaussée d'Alsemberg 705, ✉ 1180, ℘ 343 60 09 – AE ⓞ E VISA
fermé mardi soir, merc. et carnaval – **R** 850. BR

X **Le Passe Pierre,** r. Edith Cavell 196, ✉ 1180, ℘ 374 18 01, 🏵 – AE ⓞ E VISA BR
fermé dim. soir et lundi d'oct. à mai – **R** carte 1000 à 1600.

X **Anlo 2,** chaussée de Waterloo 678, ✉ 1180, ℘ 649 88 99, Fax 464 43 72, Cuisine chinoise – ▤. AE E VISA
R 470/750. BR

X **Les Petits Pères,** r. Carmélites 149, ✉ 1180, ℘ 345 66 71, 🏵, Ouvert jusqu'à 23 h – ▤ AE E VISA
fermé dim. et lundi – **R** carte 800 à 1200. BR

Quartier Bois de la Cambre (voir aussi Bruxelles)

XX **Le Panier du Périgord,** chaussée de La Hulpe 43, ✉ 1180, ℘ 375 42 49 – AE ⓞ E VISA
fermé dim. soir, lundi et 3 sem. en août – **R** 850/1950. CR

X **L'Amuse-Gueule,** av. des Chênes 19a (transfert prévu chaussée de Waterloo 1134), ✉ 1180, ℘ 375 11 91, 🏵, Ouvert jusqu'à 23 h – AE ⓞ E VISA
fermé dim., lundi midi et juil. – **R** carte 800 à 1200. CR

WATERMAEL-BOITSFORT (WATERMAAL-BOSVOORDE)

XX **Host. Des 3 Tilleuls** 🐎 avec ch, Berensheide 8, ✉ 1170, ℘ 672 30 14, Fax 673 65 52, 🏵 – 📺 ☎. AE ⓞ E VISA. ✈ ch
R *(fermé dim. et 15 juil.-15 août)* carte 1600 à 2500 – **7 ch** ☕ 2350/3900. CR

XX **Le Canard Sauvage,** chaussée de La Hulpe 194, ✉ 1170, ℘ 673 09 75, Fax 675 21 45 – AE ⓞ E VISA
fermé sam. midi, dim. soir et 15 juil.-20 août – **R** carte 1000 à 1800. CS

XX **Nouveau Chez Nous,** r. Middelbourg 28, ✉ 1170, ℘ 673 53 93, Fax 673 53 93 – AE ⓞ E VISA
fermé dim. soir, lundi et du 5 au 28 août – **R** carte 800 à 1500. CR

XX **Samambaïa,** r. Philippe Dewolfs 7, ✉ 1170, ℘ 672 87 20, Fax 675 20 74, Cuisine brésilienne – AE ⓞ E
fermé dim., lundi et 23 juil.-21 août – **R** carte 1000 à 1300. CS

XX **Le Morian du Dries,** Dries 105, ✉ 1170, ℰ 660 33 37 – AE ⓓ E VISA CR **z**
fermé sam. midi, dim., merc. soir, 2e quinz. août et Noël-Nouvel An – **R** carte 1300 à 1850.

XX **Les Rives du Gange,** av. de la Fauconnerie 1, ✉ 1170, ℰ 672 16 01, Telex 62661, Fax 672 43 30, Cuisine indienne – AE ⓓ E VISA – **R** carte 1300 à 1900. CR **v**

X **La Héronnière,** av. du Martin-Pêcheur 33, ✉ 1170, ℰ 660 77 90, ≤, 余 – Ⓟ. AE ⓓ E VISA – *fermé dim. soirs et lundis non fériés* – **R** 895/1350. CR **y**

WOLUWÉ-ST-LAMBERT (SINT-LAMBRECHTS-WOLUWE)

XXX ✿ **Mon Manège à Toi,** r. Neerveld 1, ✉ 1200, ℰ 770 02 38, Fax 762 95 80, « Jardin fleuri » – Ⓟ. AE ⓓ E VISA. ✻ DQ **r**
fermé du 7 au 31 juil., 23 déc.-1er janv., sam., dim. et jours fériés – **R** carte 2200 à 3000.
Spéc. Terrine de foie d'oie et homard, Fricassée de homard aux fruits de la passion, Pigeonneau farci, sauce à la cannelle (mi-fév.-mi-août).

XXX **Lindekemale,** av. J.F. Debecker 6, ✉ 1200, ℰ 770 90 57, 余, « Moulin à eau du 15e s. » – Ⓟ. AE ⓓ E VISA – *fermé sam., dim., jours fériés et août* – **R** carte 1800 à 2300. DQ **u**

XX **Michel Servais,** r. Th. Decuyper 136, ✉ 1200, ℰ 762 62 95 – AE ⓓ E VISA DP **e**
fermé dim., lundi et 21 juil.-22 août – **R** carte 1300 à 2150.

XX **Le Relais de la Woluwe,** av. Georges Henri 1, ✉ 1200, ℰ 762 66 36, Fax 762 18 55, 余, « Terrasse et jardin » – AE ⓓ E VISA ✻ CDQ **n**
fermé sam. midi, dim., jours fériés, 1 sem. Pâques et Noël-Nouvel An – **R** carte 1500 à 2000.

XX **Le Grand Veneur,** r. Tomberg 253, ✉ 1200, ℰ 770 61 22, Rustique – AE ⓓ E VISA
fermé mardis non fériés et juil. – **R** carte env. 1500. CQ **e**

XX **Le Pêle-Mêle,** av. des Cerisiers 212, ✉ 1200, ℰ 771 90 18, Fax 771 90 18 – AE ⓓ E VISA ✻ – *fermé sam. midi, dim. soir et lundi soir* – **R** 875/1500. CQ **k**

X **Posa Posa,** r. Voot 20, ✉ 1200, ℰ 763 08 57, Cuisine italienne – AE ⓓ E VISA ✻
fermé dim. et 15 juil.-15 août – **R** carte env. 1000. DQ **a**

WOLUWÉ-ST-PIERRE (SINT-PIETERS-WOLUWE)

XXX ✿ **Des 3 Couleurs** (Tourneur), av. de Tervuren 453, ✉ 1150, ℰ 770 33 21, 余, « Terrasse » DR **y**
fermé du 2 au 16 avril, sept et lundis et mardis non fériés – **R** carte 1600 à 2100.
Spéc. Croustillant de cervelle aux câpres, Saumon Liliane, Râble de lièvre poivrade (mi-oct.-mi-janv.).

XX **Médicis,** av. de l'Escrime 124, ✉ 1150, ℰ 782 07 11, Fax 782 19 24, 余 – AE ⓓ E VISA
fermé sam. midi – **R** 1050/1580. DQ **p**

XX **La Salade Folle,** av. Jules Dujardin 9, ✉ 1150, ℰ 770 19 61, Buffet et grillades – AE ⓓ E VISA
fermé dim. soir, lundi, 2 dern. sem. août et 2 dern. sem. fév. – **R** carte 1000 à 1600. DR **s**

XX **Le Vieux Stockel,** av. Orban 221, ✉ 1150, ℰ 731 98 35 – AE ⓓ E VISA ✻ DQ **c**
fermé merc., sam. midi et juil. – **R** carte 1350 à 2000.

XX **La Madonette,** r. Eglise 92, ✉ 1150, ℰ 731 02 98, 余 – AE ⓓ E VISA DQ **v**
fermé du 15 au 30 sept, du 15 au 30 janv., lundi et mardi midi – **R** carte 1000 à 1500.

X **La Tour d'Argent,** av. Salomé 1, ✉ 1150, ℰ 762 99 80, Cuisine vietnamienne – AE E
fermé merc. et sam. midi – **R** carte 750 à 1200. DR **e**

ENVIRONS DE BRUXELLES

à Alsemberg par chaussée d'Alsemberg BS : 12 km Ⓒ Beersel 21 418 h. – ✉ 1652 Alsemberg – ☎ 0 2 :

XX **'t Hoogveld,** Brusselsesteenweg 301, ℰ 380 30 30, 余 – Ⓟ. AE ⓓ E VISA
fermé merc. soirs et jeudis non fériés – **R** 795/1595.

à Beersel plan p. 6 – 21 418 h. – ✉ 1650 Beersel – ☎ 0 2 :

X **3 Fonteinen,** Herman Teirlinckplein 3, ℰ 331 06 52, 余, Rest.-taverne – E VISA AS **e**
fermé mardi, merc. et 20 déc.-10 janv. – **R** 610.

à Diegem autoroute Bruxelles-Zaventem sortie Diegem plan p. 5 Ⓒ Machelen 11 220 h. – ✉ 1831 Diegem – ☎ 0 2 :

Holiday Inn, Holidaystraat 7, ℰ 720 58 65, Telex 24285, Fax 720 41 45, ≘s, ⊠, ✻ – |‡| ⇔ ch ▤ ⊡ ☎ Ⓟ – 🔊 25 à 500. AE ⓓ E VISA. ✻ rest DP **a**
R carte 1100 à 1700 – ⊒ 550 – **309 ch** 7000/8000.

Sofitel Airport, Bessenveldstraat 15, ℰ 725 11 60, Telex 26595, Fax 721 43 45, 余, ≘s, ⊠ – ⇔ ch ▤ ⊡ ☎ Ⓟ – 🔊 25 à 500. AE ⓓ E VISA DP **c**
R carte 1600 à 2200 – ⊒ 525 – **125 ch** 5450.

Novotel Airport, Olmenstraat, ℰ 725 30 50, Telex 26751, Fax 721 39 58, 余, ⊥ – |‡| ⇔ ch ▤ ⊡ ☎ Ⓟ – 🔊 25 à 250. AE ⓓ E VISA. ✻ rest DN **s**
R (ouvert jusqu'à minuit) carte 900 à 1500 – ⊒ 435 – **209 ch** 4250/4470.

Fimotel Airport, Berkenlaan 5, ℰ 725 33 80, Telex 20906, Fax 725 38 10, 余 – |‡| ⊡ ☎ & Ⓟ – 🔊 25 à 200. AE ⓓ E VISA. ✻ rest – **R** 615 – **79 ch** ⊒ 3200/3700. DP **h**

XX **Diegemhof,** Calenbergstraat 51, ℰ 720 11 34, 余 – AE ⓓ E VISA ✻ DN **e**
fermé sam. et dim. – **R** carte 1350 à 1900.

à Dilbeek par ⑪ : 7 km – 36 291 h. – ✉ 1700 Dilbeek – ☎ 0 2 :

Relais Delbeccha ⑤, Bodegemstraat 180, ☎ 569 44 30, Fax 569 75 30, ☂, ≡s, ▢, – TV ☎ P – 🏛 30 à 100. AE ⓪ E VISA. ✂ rest
R 1650 – ☕ 300 – **14 ch** 3400/4800.

XX **Host. d'Arconati** ⑤ avec ch, d'Arconatistraat 77, ☎ 569 35 15, Fax 569 35 04, ☂ « Jardin fleuri », – TV ☎ ⇔ P – 🏛 60. AE E
fermé fév. – **R** *(fermé dim. soir, lundi et mardi)* carte 1200 à 1600 – **6 ch** ☕ 1500/250…

XX **De Smidse,** Oude Smidsestraat 39, ☎ 569 56 10 – AE VISA
fermé lundi soir, mardi, merc., fin août-début sept et carnaval – **R** 1050/1375.

à Dworp (Tourneppe) par ⑨ : 16 km Ⓒ Beersel 21 418 h. – ✉ 1653 Dworp – ☎ 0 2

Kasteel Gravenhof ⑤ sans rest, Alsembergsesteenweg 94, ☎ 380 44 99, Fax 380 40 6… « Environnement boisé », ☂ – |‡| ≡ TV ☎ P – 🏛 25 à 120. AE E VISA. ✂
☕ 375 – **24 ch** 3750.

à Grimbergen au Nord par N 202 : 11 km – 31 351 h. – ✉ 1850 Grimbergen – ☎ 0 2

Tower Bridge, Heidebaan 98 (lieu-dit Verbrande Brug, près du canal E : 3 km ☎ 252 02 40, Telex 26937, Fax 252 09 58, ☂ – TV ☎ P. AE ⓪ E VISA. ✂
fermé 24 déc.-1er janv. – **R** *(fermé sam., dim. et jours fériés)* carte 1000 à 1700 – **16 c…** ☕ 1200/2650 – ½ P 1895/2895.

XXX **Hoeve Rijckbosch,** Rijkenhoekstraat 67, ☎ 269 64 48, ☂, « Fermette rustique » – … AE ⓪ E
fermé lundi et mardi – **R** carte 1100 à 1700.

X **Den Grendel,** Beigemsesteenweg 283, ✉ 1852 Beigem, ☎ 269 03 17 – AE ⓪ E VISA
fermé dim. et lundi – **R** carte 1500 à 1900.

à Groot-Bijgaarden plan p. 4 Ⓒ Dilbeek 36 291 h. – ✉ 1702 Groot-Bijgaarden – ☎ 0 2

XXXXX ✿✿ **De Bijgaarden,** I. Van Beverenstraat 20 (près du château), ☎ 466 44 85, Fax 463 08 1… ≤, ☂ – AE ⓪ E VISA — AP
fermé du 1er au 8 avril, 15 août-4 sept, sam. midi et dim. – **R** carte 2150 à 3950.
Spéc. Tuile de truffes et crème de bacon aux lentilles, St-Pierre au poivre, sauce diable, Poir… confite à la liqueur de mandarines et épices.

XXX ✿ **Michel** (Coppens), Schepen Gossetlaan 31, ☎ 466 65 91, Fax 466 90 07, ☂ – P. ⓪ E VISA — AP
fermé dim., lundi et août – **R** carte 1850 à 2400.
Spéc. Gratin de homard à la mirepoix, Poêlée de champignons des bois au foie d'oie (avril-nov.) Mille-feuille aux fraises des bois.

à Hoeilaart plan p. 7 – 9 029 h. – ✉ 1560 Hoeilaart – ☎ 0 2 :

XXXXX ✿✿✿ **Romeyer,** Groenendaalsesteenweg 109 (à Groenendaal), ☎ 657 05 81 Fax 657 27 73, « ≤ jardin avec pièce d'eau » – P. AE ⓪ E VISA — DS
fermé du 1er au 18 août, fév., dim. soir et lundi – **R** carte 2450 à 3450.
Spéc. Sole aux muscats (sept), Boudin de homard sauce homardine, Queues d'écrevisses à m… façon.

XXX **Aloyse Kloos,** Terhulpsesteenweg 2 (à Groenendaal), ☎ 657 37 37, ☂ – P. AE ⓪ E VISA — DS
fermé dim. soir, lundi, 19 mars-8 avril et mi-août-mi-sept – **R** 1450/2300.

à Huizingen par ⑨ : 12 km Ⓒ Beersel 21 418 h. – ✉ 1654 Huizingen – ☎ 0 2 :

XX **Terborght,** Oud Dorp 16 (près E 19), ☎ 380 10 10, Fax 380 10 97, « Intérieur rustique » – P. AE ⓪ E VISA. ✂
fermé dim. soir, lundi, mardi soir, 22 juil.-8 août et du 11 au 25 fév. – **R** 1450.

à Itterbeek par ⑪ : 8 km Ⓒ Dilbeek 36 291 h. – ✉ 1701 Itterbeek – ☎ 0 2 :

X **De Stene Brugge,** Dooilijkstraat 1, ☎ 569 67 91, ☂ – P. AE ⓪ E VISA. ✂
fermé du 4 au 16 mars et du 1er au 11 sept – **R** carte 900 à 1900.

à Kobbegem par ⑬ : 11 km Ⓒ Asse 26 586 h. – ✉ 1730 Kobbegem – ☎ 0 2 :

XXX **Chalet Rose,** Brusselsesteenweg 331, ☎ 452 60 41, Fax 452 60 41, ☂ – P. AE ⓪ E VISA
fermé dim. soir et lundi – **R** 1250/1750.

XXX **De Plezanten Hof,** Broekstraat 2, ☎ 452 89 39 – AE ⓪ E VISA
fermé mardi soir, merc., dim. soir, 22 juil.-14 août et 1 sem. en fév. – **R** carte 1550 à 2200

à Kortenberg par ④ : 15 km – 15 478 h. – ✉ 3070 Kortenberg – ☎ 0 2 :

Aub. des Princes sans rest, Leuvensesteenweg 571, ☎ 759 33 43 – TV P. AE ⓪ E VISA ✂
7 ch ☕ 2100/2700.

à Linkebeek plan p. 6 – 4 580 h. – ✉ 1630 Linkebeek – ☎ 0 2 :

XX **Le Saint-Sébastien,** r. Station 90, ☎ 380 54 90, Fax 380 54 41 – P. ⓪ E VISA — BS b
fermé lundi, mardi et août – **R** 850.

à Machelen plan p. 5 – 11 220 h. – ✉ 1830 Machelen – ☎ 0 2 :

XX ✲ **André D'Haese,** Heirbaan 210, ☎ 252 50 72, Fax 252 50 72, « Décor moderne » – P. AE ① E VISA. ⚘ DN **n**
fermé sam. midi, dim. et du 7 au 28 juil. – **R** carte 1600 à 2400.
Spéc. Hure de lapereau, Soupe de homard au pistou, Ris de veau braisé à brun et à blanc.

à Meise par ① : 14 km – 16 325 h. – ✉ 1860 Meise – ☎ 0 2 :

XX **Aub. Napoléon,** Bouchoutlaan 1, ☎ 269 30 78 – P. AE ① E VISA
fermé août – **R** carte 1500 à 2250.

XX **Koen Van Loven,** Brusselsesteenweg 11, ☎ 270 05 77 – P. AE ① E VISA. ⚘
fermé dim. soir et lundi – **R** carte 1700 à 2300.

à Overijse par ⑦ : 16 km – 21 635 h. – ✉ 3090 Overijse – ☎ 0 2 :

XXX ✲✲ **Barbizon** (Deluc), Welriekendedreef 95 (à Jezus-Eik), ☎ 657 04 62, Fax 657 40 66, 🏡, « Terrasse et jardin » – P. AE ① E VISA DS **a**
fermé mardi, merc., 16 juil.-7 août et fév. – **R** carte 1800 à 3000.
Spéc. Homard en chemise, beurre Barbizon, Raviolis de saumon au coulis de langoustines, Escalope de foie d'oie aux mangues et muscats.

XX **Lipsius,** Brusselsesteenweg 671 (NO : 2 km à Jezus-Eik), ☎ 657 34 32, Fax 657 34 32 – AE ① E VISA
fermé sam. midi, dim. soir, lundi et du 1er au 30 juil. – **R** carte 1250 à 1900.

XX **Aub. Bretonne,** Brusselsesteenweg 670 (NO : 2 km à Jezus-Eik), ☎ 657 11 11 – AE E VISA
fermé mardi, merc., 2 sem. Pâques et juil. – **R** 850/1650.

X **Camme,** Waversesteenweg 4a (dans une ruelle du 13e s.), ☎ 687 97 40 – AE ① E VISA
fermé sam. midi, dim. soir, lundi, 2 sem. en oct. et 2 sem. en fév. – **R** 950/1295.

X **Istas,** Brusselsesteenweg 652 (NO : 2 km à Jezus-Eik), ☎ 657 05 11, 🏡, Rest.-taverne – P
fermé merc., jeudi et août – **R** carte 750 à 1100.

X **The Chinese,** Brusselsesteenweg 574 (NO : 2 km à Jezus-Eik), ☎ 657 95 51, Cuisine chinoise – AE ① E VISA
fermé lundi et janv. – **R** carte 750 à 1400.

à Schepdaal par ⑪ : 12 km C Dilbeek 36 291 h. – ✉ 1703 Schepdaal – ☎ 0 2 :

🏨 **Lien Zana** sans rest, Ninoofsesteenweg 209, ☎ 569 65 25, Telex 26937, Fax 569 64 64, 🏊 – |♦| TV ☎ P – 🏛 25. AE ① E VISA
fermé 23 déc.-2 janv. – **19 ch** ☕ 2200/2800.

à Sint-Genesius-Rode (Rhode-St-Genèse) par ⑧ : 13 km – 17 370 h. – ✉ 1640 Sint-Genesius-Rode – ☎ 0 2 :

🏨 **Aub. de Waterloo** sans rest, chaussée de Waterloo 212, ☎ 358 35 80, Telex 24042, Fax 358 38 06 – |♦| TV ☎ P – 🏛 25 à 80. AE ① E VISA
89 ch ☕ 3960/5300.

XX **La Saladine,** av. de la Forêt de Soignes 361, ☎ 358 13 21, 🏡 – AE ① E VISA
fermé lundi soir, mardi, 19 août-10 sept et sem. carnaval – **R** 1150.

XX **L'Arlecchino,** chaussée de Waterloo 212, ☎ 358 34 16, Fax 358 28 96, 🏡, Cuisine italienne – P. AE ① E VISA. ⚘
R carte 1000 à 1600.

à Sterrebeek par ⑤ : 13 km C Zaventem 25 601 h. – ✉ 1933 Sterrebeek – ☎ 0 2 :

XX **La Chasse des Princes,** av. Hippodrome 141, ☎ 731 19 64, 🏡 – AE ① E VISA
fermé lundi, mardi, sam. midi et sem. carnaval – **R** carte 1600 à 2100.

à Strombeek-Bever plan p. 4 C Grimbergen 31 351 h. – ✉ 1853 Strombeek-Bever – ☎ 0 2 :

XX **Le Val Joli,** Leestbeekstraat 16, ☎ 460 65 43, Fax 460 04 00, 🏡, « Terrasse et jardin » – P. AE ① VISA BN **f**
fermé lundi, mardi et 3 prem. sem. oct. – **R** 780/990.

XX **'t Stoveke,** Jetsestraat 52, ☎ 267 67 25, Produits de la mer – AE ① E VISA BN **d**
fermé dim., lundi, jours fériés, 3 sem. en juin et Noël-Nouvel An – **R** carte 1400 à 2200.

à Vilvoorde (Vilvorde) plan p. 5 – 32 893 h. – ✉ 1800 Vilvoorde – ☎ 0 2 :

XX **Barbay,** Romeinsesteenweg 220 (Koningslo), ☎ 267 00 45, Fax 267 00 45, 🏡 – AE ① E VISA ⚘ BN **a**
fermé sam. midi, dim., 15 juil.-6 août et 1 sem. carnaval – **R** carte 1300 à 1800.

à Vlezenbeek par ⑩ : 11 km C Sint-Pieters-Leeuw 28 516 h. – ✉ 1602 Vlezenbeek – ☎ 0 2 :

XX **Philippe Verbaeys,** Dorp 49, ☎ 569 05 25, Fax 569 05 25, 🏡 – ① E VISA
fermé dim., lundi, 30 mars-15 avril et 21 juil.-12 août – **R** 750/1150.

X **Aub. Le St-Esprit,** Postweg 250 (rte du Château de Gaasbeek), ☎ 532 42 18 – AE ① VISA
fermé dim. soir, lundi, sept et 1re quinz. mars – **R** carte 1250 à 2150.

à Wemmel plan p. 4 – 13 465 h. – ✉ 1780 Wemmel – ☎ 0 2 :

XX **Le Gril aux Herbes,** Brusselsesteenweg 21, ☎ 460 52 39, ☂ – Ⓟ. AE ⓓ E VISA AN
fermé merc., sam. midi et 3 prem. sem. juil. – **R** carte 1200 à 1600.

XX **De Kam,** Brusselsesteenweg 7, ☎ 460 03 74, Fax 460 03 65, ☂, Auberge rustique – AE ⓓ E VISA AN
fermé dim. soir, lundi, mardi soir, merc. soir, 6 août-2 sept et du 26 au 31 déc. – **R** ca 1300 à 1650.

XX **Arbre Ballon,** Brusselsesteenweg 416, ☎ 460 62 59, ☂ – Ⓟ. AE ⓓ E VISA AN
fermé lundis non fériés – **R** carte 1000 à 1700.

XX **Parkhof,** Parklaan 7, ☎ 460 42 89, ☂, « Terrasse » – Ⓟ. AE ⓓ E VISA AN
fermé merc. soir, jeudi, 1 sem. Pâques et fin août-début sept – **R** 1000/1700.

X **Balcaen,** Vijverslaan 1, ☎ 460 55 64, ☂ – Ⓟ AN
fermé lundi soir, mardi, merc. soir et juil. – **R** 1050.

à Wezembeek-Oppem par ⑤ : 11 km – 12 122 h. – ✉ 1970 Wezembeek-Oppem – ☎ 0

XXX **L'Aub. Saint-Pierre,** Sint-Pietersplein 8, ☎ 731 21 79 – AE ⓓ E VISA
fermé sam. midi, dim., jours fériés, 13 juil.-19 août et 21 déc.-3 janv. – **R** carte 1600 2100.

à Wolvertem par ① : 13 km Ⓒ Meise 16 325 h. – ✉ 1861 Wolvertem – ☎ 0 2 :

XX **Wolvenheem,** Merchtemsesteenweg 36, ☎ 269 05 82 – Ⓟ. AE ⓓ E VISA
fermé mardi soir, merc., 12 août-4 sept et du 19 au 31 déc. – **R** carte 1400 à 2000.

à Zaventem plan p. 5 – 25 601 h. – ✉ 1930 Zaventem – ☎ 0 2 :

Sheraton Airport, à l'aéroport (NE par A 201), ☎ 725 10 00, Telex 27085, Fax 725 11 – |‡| ✈ ch ▤ TV ☎ ♿ Ⓟ – 🏛 25 à 520. AE ⓓ E VISA. ✂ rest
R Concorde carte 1450 à 2200 – ☕ 625 – **290 ch** 7000/8300.

XX ✿ **Stockmansmolen** 1er étage, H. Henneaulaan 164, ☎ 725 34 34, « Ancien moulin à eau – Ⓟ. AE ⓓ E VISA. ✂ DP
fermé sam. et dim. – **R** carte 1750 à 2400.
Spéc. Papillote de saumon à l'étuvée de légumes, Pigeonneau grillé aux épices, Tout au fru de la passion.

XX **The Sparrow,** Stationsstraat 121, ☎ 721 26 62 – AE ⓓ E VISA DP
fermé sam., dim., juil. et août – **R** 550/1850.

à Zellik par ⑬ : 8 km Ⓒ Asse 26 586 h. – ✉ 1731 Zellik – ☎ 0 2 :

XX **Sandy,** Brusselsesteenweg 419, ☎ 466 06 77 – Ⓟ. AE ⓓ E VISA
fermé mardi, dim. soir et 3 sem. en août – **R** carte 1150 à 1800.

X **Pallieter,** Zuiderlaan 75, ☎ 466 13 61 – Ⓟ. AE ⓓ E VISA AP
fermé dim., lundi soir, mardi soir, merc. soir et 15 juil.-15 août – **R** carte 700 à 1100.

Voir aussi : ***Waterloo*** par ⑧ : 17 km

S.A. Société Belge du Pneumatique MICHELIN, quai Willebroek 33 BP – ✉ 121 ☎ (0 2) 218 61 00, Telex 22408 MICHAG B, Fax (0 2) 218 20 58

MICHELIN, Agence régionale, Slesbroekstraat 101 AR – ✉ 1600 Sint-Pieters-Leeuw ☎ (0 2) 371 23 21 Fax (0 2) 377 20 13

ALFA-ROMEO r. St.Bernard 125 à St-Gilles ☎ 5375018
ALFA-ROMEO r. Colonel Bourg 109a à Schaerbeek ☎ 7350047
ALFA-ROMEO av. Vanderbruggen 5 à Anderlecht ☎ 5202843
ALFA-ROMEO r. Ostende 64 à Molenbeek-St-Jean ☎ 4276830
ALFA-ROMEO r. J. Bassem 103 à Auderghem ☎ 6727508
ALFA-ROMEO chaussée de Louvain 833 à Evere ☎ 7340491
ALFA-ROMEO r. Moorslede 107 ☎ 4262763
BMW av. Mommaerts 2 à Evere ☎ 7364020
BMW r. Escadron 35 à Etterbeek ☎ 7333761
BMW av. du Magistrat 22 à Ixelles ☎ 6415780
BMW av. de la Forêt 200 à Ixelles ☎ 6725781
BMW bd Industriel 125 à Anderlecht ☎ 5211717
BMW av. de l'Exposition 317 à Jette ☎ 4791908
BMW r. Fr. Desmedt 96 à Woluwé-St-Pierre ☎ 7820880
CITROEN pl. Yser 7 ☎ 2140611
CITROEN r. Malibran 113 à Ixelles ☎ 6488045
CITROEN r. Léopold-Ier 242 à Laeken ☎ 4257725
CITROEN chaussée de Mons 650 à Anderlecht ☎ 5223291
CITROEN av. Itterbeek 364 à Anderlecht ☎ 5225353
CITROEN r. Vanderstichelen 105 à Molenbeek St-Jean ☎ 4254969
CITROEN chaussée de Louvain 321 à Schaerbeek ☎ 7332210
FIAT r. Grand Air 46 à Berchem-Ste-Agathe ☎ 4681295
FIAT, LANCIA bd Invalides 210 à Auderghem ☎ 6744511
FIAT, LANCIA rte de Lennik 12 à Anderlecht ☎ 5232120
FIAT r. Nicolas Doyen à Anderlecht ☎ 4105460
FIAT pl. St.Pierre 30 à Etterbeek ☎ 7351726
FIAT chaussée de Waterloo 1105 à Uccle ☎ 3745820
FORD av. Jacques Georgin 11 à Schaerbeek ☎ 7349000
FORD av. Ch. Quint 584 à Berchem-Ste-Agath ☎ 4652255
FORD r. Veeweyde 64 à Anderlecht ☎ 5209180
FORD av. de la Couronne 496 à Ixelles ☎ 6492020
GM (OPEL) chaussée de Waterloo 1250 à Uccle ☎ 3754472

GM (OPEL) r. Arnold Sohie 20 à Evere ✆ 2154860
GM (OPEL) chaussée de Gand 528 à Molenbeek-St-Jean ✆ 4272600
HONDA r. Richard Vandevelde 84 à Schaerbeek ✆ 2412898
HONDA av. Alfred Solvay 12 à Watermael-Boitsfort ✆ 6720391
HONDA av. F. Malherbe 66 à Anderlecht ✆ 5218120
HONDA av. Ch. Quint 281 à Berchem-Ste-Agathe ✆ 4654278
HONDA r. Vanderkindere 240 à Uccle ✆ 3434353
LADA r. Général Wangermé 6 à Etterbeek ✆ 7331016
LADA av. Van Volxem 97 à Forest ✆ 3441258
LADA r. Luzerne 21 à Schaerbeek ✆ 7339183
LADA av. Georges Henri 410 à Woluwé-St-Lambert ✆ 7355544
LANCIA r. Moranville 74 à Jette ✆ 4254099
LANCIA Square E. des Grées du Loû 5a à Forest ✆ 3760090
MAZDA chaussée de Waterloo 566 à St-Gilles ✆ 3444924
MAZDA r. Ganshoren 52 à Berchem-Ste-Agathe ✆ 4652060
MAZDA pl. de Bastogne 7 à Koekelberg ✆ 4254025
MAZDA chaussée de Wavre 1682 à Auderghem ✆ 6726658
MAZDA chaussée de Louvain 601 à Schaerbeek ✆ 7739890
MAZDA r. St-Vincent de Paul 36 à Jette ✆ 4263518
MERCEDES-BENZ chaussée de Mons 1423a à Anderlecht ✆ 5206900
MERCEDES-BENZ chaussée de Louvain 770 à Schaerbeek ✆ 7396611
MERCEDES-BENZ av. Jette 4 à Ganshoren ✆ 4289168
MITSUBISHI chaussée de Charleroi 123 à St-Gilles ✆ 5384180
MITSUBISHI chaussée de Gand 294 à Molenbeek-St-Jean ✆ 4107090
MITSUBISHI r. Fr. Desmedt 124 à Woluwé-St-Pierre ✆ 7721740
MITSUBISHI r. St-Guidon 81 à Anderlecht ✆ 5237909
NISSAN chaussée d'Alsemberg 818 à Uccle ✆ 6731154
NISSAN av. R. Vanderbruggen 38 à Anderlecht ✆ 5240803
NISSAN r. Palais 91 à Schaerbeek ✆ 2162170
NISSAN chaussée de Wavre 1308 à Auderghem ✆ 6750000
NISSAN r. P. Timmermans 43 à Jette ✆ 4269900
PEUGEOT, TALBOT av. J.-Georgin 15 à Schaerbeek ✆ 7358070
PEUGEOT, TALBOT r. Stalle 290 à Uccle ✆ 3774985
RENAULT chaussée de Mons 301 à Anderlecht ✆ 5229999
RENAULT r. Francs 79 à Etterbeek ✆ 7352000
RENAULT r. Aqueduc 118 à Ixelles ✆ 5384040
RENAULT chaussée de Waterloo 538 à St-Gilles ✆ 3471210
RENAULT chaussée de Louvain 662 à Schaerbeek ✆ 7356000
RENAULT bd Jubilé 138 à Molenbeek-St-Jean ✆ 4272770
RENAULT chaussée de Mons 281 à Anderlecht ✆ 5226606
ROVER chaussée de Gand 708 à Molenbeek-St-Jean ✆ 4658513
ROVER r. H. Longtin 94 à Jette ✆ 4266379
ROVER chaussée de Louvain 261 à Schaerbeek ✆ 7357394
ROVER av. Georges Henri 295 à Woluwé-St-Lambert ✆ 7335047
TOYOTA r. Léopold-Ier 215 à Laeken ✆ 4255590
TOYOTA chaussée de Louvain 195a à Schaerbeek ✆ 7367709
TOYOTA chaussée de Mons 511 à Anderlecht ✆ 5210245
TOYOTA r. Vanderkindere 381 à Uccle ✆ 3437682
TOYOTA chaussée de Gand 686 à Molenbeek-St-Jean ✆ 4682727
VAG r. Mail 50 à Ixelles ✆ 5365111
VAG chaussée de Mons 95 à Anderlecht ✆ 5258811
VAG chaussée de Louvain 510 à Schaerbeek ✆ 7391211
VAG r. Bataves 17 à Etterbeek ✆ 7339720
VAG av. Houba de Strooper 755 ✆ 4784955
VOLVO chaussée d'Alsemberg 222 à Uccle ✆ 3441800
VOLVO av. d'Auderghem 70 à Etterbeek ✆ 7350190
VOLVO chaussée de Louvain 381 à Schaerbeek ✆ 7359500
VOLVO chaussée de Stockel 243 à Woluwé-St-Lambert ✆ 7631111
VOLVO r. Scheutveld 25 à Anderlecht ✆ 5240160
VOLVO r. Hal 169 à Forest ✆ 3760090

BUGGENHOUT 9255 Oost-Vlaanderen 213 ⑥ et 409 ④ – 13 235 h. – ☎ 0 52.

♦Bruxelles 27 – ♦Gent 44 – ♦Antwerpen 32 – ♦Mechelen 22.

X **Servaeshof,** Vidtstraat 49, ✆ 33 29 15 – Ⓟ. ⓓ
fermé mardi soir, merc. et du 16 au 31 août – **R** carte 1000 à 1400.

NISSAN Varentstraat 42 ✆ 356544
TOYOTA Kasteelstraat 197 ✆ 336538
VAG Eikendreef 62 ✆ 332431

BÜLLINGEN (BULLANGE) 4760 Liège 214 ⑨ et 409 ⑯ – 5 163 h. – ☎ 0 80.

♦Bruxelles 169 – ♦Liège 77 – Aachen 57.

X **Kreutz-Pfeiffer,** r. Principale 131, ✆ 64 79 03, Fax 64 21 82 – Ⓟ.
fermé merc. et juil. – **R** carte 900 à 1300.

BURG-REULAND Liège 214 ⑨ et 409 ⑯ – 3 619 h. – ✉ 4790 Reuland – ☎ 0 80.
Voir Donjon ≤★.
♦Bruxelles 184 – ♦Liège 95.

- **Val de l'Our** ⛰, r. Village 150, ☎ 32 90 09, Fax 32 97 00, « Environnement boisé », ≘s, ⛱, 🌳, 🎾 – 📺 ☎ 🅿 – 🏫 25. 🚫
fermé 16 sept.-5 oct. et mars ; du 5 nov. au 28 fév. ouvert week-ends non fériés seult – **R** *(fermé après 20 h 30)* carte 1150 à 1650 – **17 ch** ☕ 2150 – ½ P 1500/1900.

à Ouren S : 9 km 🄲 Burg-Reuland – ✉ 4790 Reuland – ☎ 0 80 :

- **Dreiländerblick** ⛰, r. Village 29, ☎ 32 90 71, ≤, 🌳 – ☎ 🅿. 🚫
fermé janv.-15 fév. et mardi hors saison – **R** *(fermé après 20 h)* 750/1000 – **21 ch** ☕ 950/1750 – ½ P 1350.
- **Rittersprung** ⛰, Dorfstr. 19, ☎ 32 91 35, ≤ – |$| 🅿. AE. 🚫
fermé lundis non fériés hors saison et déc.-15 janv. – **R** *(fermé après 20 h 30)* 750/920 – **18 ch** ☕ 1200/1800 – ½ P 1050/1350.

MITSUBISHI Durler 36 ☎ 329576

BÜTGENBACH **4750** Liège 214 ⑨ et 409 ⑯ – 4 950 h. – ☎ 0 80.
♦Bruxelles 164 – ♦Liège 72 – Aachen 52.

- **Seeblick** ⛰ sans rest, Zum Konnenbusch 24 (NE : 3 km, lieu-dit Berg), ☎ 44 53 86, ≤ lac, ≘s, 🌳 – 🅿. 🚫
fermé 23 juin-7 juil. et du 20 au 25 oct. – **12 ch** ☕ 700/1500.
- XX **Bütgenbacher Hof** ⛰ avec ch, Marktplatz 8, ☎ 44 42 12 – 🅿. AE E VISA. 🚫
R *(fermé mardi hors saison)* carte 900 à 1500 – **8 ch** ☕ 1350/1950 – ½ P 1650/1800.
- XX **La Belle Époque,** Bahnhofstr. 85 (O : 3 km, lieu-dit Weywertz), ☎ 44 55 43 – 🅿. AE E
fermé merc. – **R** 900/1495.

HONDA Zum Mährenvenn 9 ☎ 446700 NISSAN rte de Malmédy 56 ☎ 446554

CASTEAU Hainaut 213 ⑰ et 409 ⑫ – voir à Soignies.

CELLES Namur 214 ⑤ et 409 ⑭ – voir à Dinant.

CHAMPLON **6971** Luxembourg belge 🄲 Tenneville 2 230 h. 214 ⑦ et 409 ⑮ – ☎ 0 84.
♦Bruxelles 127 – ♦Arlon 61 – ♦Namur 66 – La Roche-en-Ardenne 15.

- **Les Bruyères,** rte Barrière 78, ☎ 45 51 85, Fax 45 59 38, ≤, 🌳 – ☎ 🅿 – 🏫 40. AE ⓪ E VISA
R 850/1200 – ☕ 220 – **20 ch** 825/1635 – ½ P 1780/2975.
- XX **Host. de la Barrière** avec ch, rte Barrière 31, ☎ 45 51 55, Fax 45 59 22, 🌳 – ☎ 🚗 🅿 – 🏫 25 à 40. AE E VISA
R carte 1000 à 1800 – **22 ch** ☕ 1000/1750 – ½ P 1500/1925.

Charleroi

6000 Hainaut 214 ③ et 409 ⑬ – 208 938 h. agglomération – ☎ 0 71.

Musée du verre★ BYZ **M**.
Env. Abbaye d'Aulne★ : chevet et transept★★ de l'église abbatiale par ⑤ : 13 km.

ℹ Maison Communale annexe Dampremy, av. Mascaux 100 à Marcinelle ☎ (0 71) 43 49 55 par ⑤ – Pavillon d'accueil, Square de la Gare du Sud ☎ 31 82 18.

♦Bruxelles 61 ① – ♦Liège 92 ② – Lille 123 ① – ♦Namur 38 ③.

RÉPERTOIRE DES RUES DU PLAN DE CHARLEROI

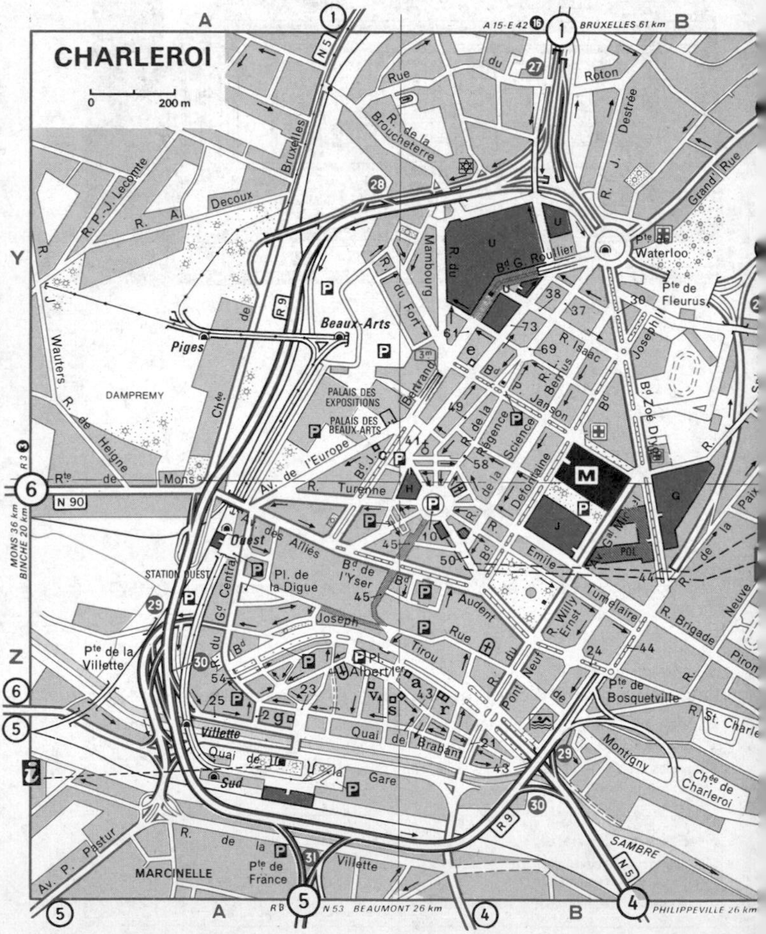

Les prix des chambres peuvent être majorés d'une taxe locale de 6 %

Altea Socatel sans rest, bd Tirou 96, ✆ 31 98 11, Telex 51597, Fax 31 98 11 – |‡| TV ☎ P – 🏃 25 à 60. AE ⓞ E VISA BZ r
☕ 300 – **65 ch** 2100/4750.

Le Méditerranée sans rest, av. Europe 20, ✆ 31 74 24 – |‡| TV ☎ – 🏃 25 à 40. AE ⓞ E VISA AY c
☕ 200 – **21 ch** 1900/2200.

XX **Au Provençal,** r. Puissant 10, ✆ 31 28 37 – AE E VISA ✂ AZ v
fermé dim., jours fériés, 13 juil.-20 août et 24 déc.-3 janv. – **R** carte 1000 à 1700.

XX **La Mirabelle** 1er étage, r. Marcinelle 7, ✆ 33 39 88 – ▤. AE ⓞ E VISA ABZ s
fermé dim. midi de mai à mi-oct., dim. soir, lundi, 2e quinz. août et 1 sem. carnaval – **R** carte 1200 à 1600.

XX **Le Square Sud,** bd Tirou 70, ✆ 32 16 06, « Caves voûtées » – AE ⓞ E VISA BZ a
fermé sam. midi, dim. non fériés, sem. Pâques et 1 sem. en août – **R** carte env. 1600.

XX **Le Saint-Germain des Prés,** bd Tirou 96, ✆ 32 32 22 – AE ⓞ E VISA BZ r
fermé dim. soir, lundi et du 15 au 31 juil. – **R** carte 1200 à 1700.

XX **À la Tête de Bœuf,** pl. Abattoir 5 (par ② : 1,5 km), ✆ 41 25 17, 🌂 – ⓞ E VISA
fermé dim. non fériés et 3 dern. sem. juil. – **R** carte 1000 à 1500.

X **La Bruxelloise,** pl. E. Buisset 9, ✆ 32 29 69, Fax 32 29 69, Ouvert jusqu'à 23 h 30 – ▤. AE ⓞ E VISA. ✂ AZ g
R carte 700 à 1500.

X **La Fleur,** bd P.-Janson 16, ✆ 32 24 61 – AE ⓞ E VISA BY e
fermé merc. soir, jeudi et 15 août-5 sept – **R** carte env. 1400.

à Gerpinnes par ④ : N 5 : SE 9 km : – 11 084 h. – ✉ 6280 Gerpinnes – ✪ 0 71 :

XX **Le Clos de la Rochette,** r. Anrys 16, ✆ 50 11 40, « Jardin » – P. AE ⓞ E VISA
fermé dim. soir, lundi, merc. soir et 2e quinz. août-prem. sem. sept – **R** carte 1300 à 1800.

à Gilly par ② : 3 km C Charleroi – ✉ 6060 Gilly – ✪ 0 71 :

X **Dario,** chaussée de Fleurus 127, ✆ 41 49 38, Cuisine italienne – AE ⓞ E VISA ✂
fermé mardi et août – **R** carte env. 1000.

X **Il Pane Vino,** chaussée de Fleurus 125, ✆ 41 53 36, Cuisine italienne – AE ⓞ E VISA ✂
fermé du 4 au 11 avril, 22 juil.-29 août, merc. et dim. soir – **R** carte 800 à 1300.

à Gosselies par ① : 6 km sur N 5 C Charleroi – ✉ 6041 Gosselies – ✪ 0 71 :

Le Piersoulx, r. Grand Piersoulx 8 (Gosselies I douane), ✆ 35 66 87, Fax 35 70 03 – TV ☎ P – 🏃 40. AE E VISA. ✂
R *(fermé sam. midi, dim. non fériés et du 1er au 28 juil.)* carte 1200 à 1700 – ☕ 295 – **14 ch** 2600/3400.

XX **Le Saint-Exupéry,** chaussée de Fleurus 181 (près du champ d'aviation), ✆ 35 59 62, 🌂, « Terrasse avec ≤ pistes » – P. AE ⓞ E VISA
fermé sam. midi – **R** (déjeuner seult. sauf vend. et sam.) 1550.

à Montignies-sur-Sambre SE : 4 km par chaussée de Charleroi BZ C Charleroi – ✉ 6061 Montignies-sur-Sambre – ✪ 0 71 :

XX **Le Gastronome,** pl. Albert Ier 43, ✆ 32 10 20, Fax 32 30 83 – AE ⓞ E VISA
fermé sam. midi, dim. soir, lundi et sept – **R** carte env. 1500.

à Montigny-le-Tilleul SO : 8 km par r. P. Pastur AZ – 9 974 h. – ✉ 6110 Montigny-le-Tilleul – ✪ 0 71 :

XX **Le Val d'Heure,** r. Station 25, ✆ 51 65 35, ≤ – P. AE E VISA
fermé du 1er au 20 août, dim. soir, lundi et mardi – **R** 1000/2000.

à Pont-de-Loup par ③ : 9 km C Aiseau-Presles 10 855 h. – ✉ 6250 Pont-de-Loup – ✪ 0 71 :

XX **Le Castel,** r. A. Schohy 93 (par N 570), ✆ 38 63 61, Fax 38 63 61 – AE ⓞ E VISA
fermé merc., dim. soir et juil. – **R** 780/1600.

.FA-ROMEO r. Marcinelle 16 à Mont-sur-Marienne ✆ 361938
.FA-ROMEO r. St.Charles 120 à Montignies-r-Sambre ✆ 329065
MW rte de Mons 80 ✆ 326983
TROEN rte de Mons 9 à Monceau-sur-mbre ✆ 319640
TROEN r. Couillet 93 à Châtelet ✆ 393158
AT r. Trazegnies 72 à Monceau-sur-Sambre ✆ 312882
AT av. P. Pastur 418 à Mont-sur-Marchienne ✆ 362925
AT r. Delhaize 42 à Ransart ✆ 340555
)RD chaussée de Bruxelles 268 à Lodelinsart ✆ 310145
)RD chaussée de Bruxelles 11 à Dampremy ✆ 320070
GM (OPEL) chaussée de Bruxelles 177 à Dampremy ✆ 322300
GM (OPEL) r. Station 71 à Montigny-le-Tilleul ✆ 515652
GM (OPEL) r. Gilly 395 à Châtelineau ✆ 394444
HONDA r. Neuville 70 ✆ 323712
HONDA r. Vandervelde 44 à Lodelinsart ✆ 322087
HONDA r. Montigny 181 ✆ 310571
LADA r. Montignies 64 à Châtelineau ✆ 387421
LADA chaussée de Bruxelles 330 à Lodelinsart ✆ 321386
LANCIA r. Montignies 198 ✆ 328586
MAZDA av. de Philippeville 159 à Marcinelle ✆ 360971

MAZDA r. Sablières 252 à Châtelet ✆ 390051
MAZDA pl. de la Station 7 à Gosselies ✆ 354823
MERCEDES-BENZ rte de la Basse Sambre 1 à Gilly ✆ 420815
MITSUBISHI r. Station 220 à Châtelet ✆ 382030
MITSUBISHI chaussée de Bruxelles 134 à Dampremy ✆ 322370
MITSUBISHI chaussée de Gilly 348 à Ransart ✆ 345153
NISSAN bd J.-Bertrand 85 ✆ 326597
NISSAN Grand'Rue 75 à Montignies-sur-Sambre ✆ 321237
NISSAN r. Gilly 393a à Châtelineau ✆ 380068
PEUGEOT, TALBOT r. Providence 17 à Marchienne-au-Pont ✆ 314550
PEUGEOT, TALBOT chaussée de Philippeville 113 à Couillet ✆ 364050
RENAULT av. P. Pastur 21 à Marcinelle ✆ 363761
RENAULT chaussée de Bruxelles 391 à Lodelinsart ✆ 320110
RENAULT r. Couillet 165 à Châtelet ✆ 3811(
RENAULT chaussée de Châtelet 22 à Gilly ✆ 414655
ROVER av. P. Pastur 24 à Marcinelle ✆ 433935
ROVER r. Frison 77d à Jumet ✆ 350183
TOYOTA r. Couillet 158 à Châtelet ✆ 386075
TOYOTA chaussée de Châtelet 68 à Lodelinsa ✆ 321819
TOYOTA chaussée de Bruxelles 253 à Jumet ✆ 351066
VAG pl. Delvaux 3 à Jumet ✆ 352393
VAG av. du Millénaire 2 à Gosselies ✆ 352411
VAG r. Montignies 145 ✆ 322232
VAG r. Couillet 33 à Châtelet ✆ 391511
VAG rte de Mons 36 à Marchienne-au-Pont ✆ 320956
VOLVO chaussée de Namur 24 à Montignies-sur-Sambre ✆ 411734

CHAUDFONTAINE **4050** Liège 213 ㉒ et 409 ⑮ – 20 021 h. – ☎ 0 41.

ℹ Maison Sauveur, Parc des Sources ✆ 65 18 34.
◆Bruxelles 104 – ◆Liège 10 – Verviers 22.

à Beaufays S : 4 km Ⓒ Chaudfontaine – ✉ 4052 Beaufays – ☎ 0 41 :

XX **Caprice Gourmand,** Voie de l'Air Pur 174 (N 30), ✆ 68 60 53, Fax 68 89 91 – Ⓟ. AE ⓪ E VISA
fermé lundi, mardi, juil. et du 1er au 10 janv. – **R** carte 1700 à 2100.

MAZDA Voie de l'Air Pur 153 à Beaufays ✆ 688694

CHENEE Liège 213 ㉒ et 409 ⑱ – voir à Liège.

CHIMAY **6460** Hainaut 214 ⑬ et 409 ㉓ – 9 356 h. – ☎ 0 60.

Env. Étang★ de Virelles NE : 3 km.
◆Bruxelles 110 – ◆Mons 56 – ◆Charleroi 50 – ◆Dinant 61 – Hirson 25.

🏠 **Motel Les Fagnes,** chaussée de Couvin 51c, ✆ 21 27 89 – Ⓟ. E VISA. ✻
R (résidents seult) – ▭ 195 – **12 ch** 1050/1950 – ½ P 1250/2950.

XX **Le Froissart,** pl. Froissart 8, ✆ 21 26 19 – AE ⓪ E VISA
fermé mardi soir, merc. et 16 août-4 sept – **R** 880/1250.

à l'étang de Virelles NE : 3 km Ⓒ Chimay – ✉ 6461 Virelles – ☎ 0 60 :

XX **Host. Le Virelles** avec ch, r. Lac 28, ✆ 21 28 03, ←, « Jardin » – TV ☎ Ⓟ. AE ⓪ VISA
fermé carnaval et mardi soir et merc. sauf en juil.-août – **R** *(fermé après 20 h 30)* 750/135 – **7 ch** ▭ 895/1400 – ½ P 1200/1300.

XX **Chez Edgard et Madeleine,** r. Lac 35, ✆ 21 10 71 – Ⓟ. E VISA
fermé mardi et du 15 au 30 janv. – **R** carte 850 à 1500.

à Momignies O : 12 km – 5 105 h. – ✉ 6590 Momignies – ☎ 0 60 :

🏠 **Host. du Gahy** ⛵, r. Gahy 2, ✆ 51 10 93, Fax 21 30 07, ←, « Ancienne ferme », TV ☎ Ⓟ. E VISA. ✻ ch
R *(fermé dim. soir, lundi, merc. soir et après 20 h 30)* carte 1400 à 1750 – **6 ch** *(fermé dir soir)* ▭ 2000/3000 – ½ P 2500/3000.

CITROEN chaussée de Couvin 86 ✆ 211594
FIAT r. 11 Novembre 3 ✆ 211078
MITSUBISHI rte de Macon 266a à Momignies ✆ 512407
NISSAN r. Virelles 34 ✆ 211283
RENAULT chaussée de Couvin ✆ 212705
TOYOTA r. Chantrenne 527 à Momignies ✆ 511066
VAG chaussée de Mons 21 ✆ 211162
VOLVO chaussée de Couvin 29 ✆ 211295

CHINY **6810** Luxembourg belge 214 ⑯ et 409 ㉕ – 4 549 h. – ☎ 0 61.

Voir Descente en barque★ de Chiny à Lacuisine, parcours de 8 km.
◆Bruxelles 170 – ◆Arlon 46 – Bouillon 31 – Neufchâteau 17.

🏠 **Le Point de Vue** ⛵, r. Fort 6, ✆ 31 17 45, ←, 🌳 – 🚗 Ⓟ. AE E VISA. ✻
fermé du 15 au 30 sept, sem. carnaval et mardi en avril-mai ; du 15 nov. à Pâques ouve week-end seult sauf vacances scolaires – **R** 1050/1350 – **14 ch** ▭ 1600/1800 ½ P 1500/1650.

MAZDA r. Faing ✆ 311534

CIERGNON 5560 Namur Ⓒ Houyet 4 012 h. 214 ⑤ ⑥ et 409 ⑭ – ✪ 0 84.

Bruxelles 106 – ◆Namur 47 – ◆Dinant 21 – Rochefort 11.

Host. de Hérock, Hérock 14 (NO : 3 km), ✆ (0 82) 66 64 03, Fax (0 82) 66 65 14, ✈, ✗, – ☎ Ⓟ – 🛆 50. AE ⓓ E VISA
R 550/1500 – **17 ch** ☕ 1050/2100 – ½ P 1350/1550.

XX **Aub. de la Collyre** avec ch, r. Bonnier 1, ✆ 37 71 46, ⛱, ✈ – ☎ Ⓟ. AE ⓓ E VISA
fermé mardi soir et merc. sauf en juil.-août – **R** 1100/1950 – ☕ 340 – **9 ch** 2180/2560 – ½ P 2100/2480.

CINEY 5590 Namur 214 ⑤ ⑥ et 409 ⑭ – 13 375 h. – ✪ 0 83.

Bruxelles 91 – ◆Namur 32 – ◆Dinant 16 – ◆Liège 58.

X **Au Vieux Ciney**, pl. Monseu 27, ✆ 21 32 57
fermé sem. carnaval, lundi soir et mardi sauf en juil.-août et dim. soir – **R** carte 1000 à 1500.

M (OPEL) r. Commerce 106 ✆ 211523
ONDA r. Léon Simon 18 ✆ 212407
ADA rte de Spa, Zoning Achêne ✆ 212183
RENAULT Parc Industriel de Biron ✆ 212911
TOYOTA r. Condroz 47 ✆ 211118
VAG r. Chêne 26 à Achêne ✆ 211960

COMBLAIN-LA-TOUR 4180 Liège Ⓒ Hamoir 3 211 h. 213 ㉒, 214 ⑦ et 409 ⑮ – ✪ 0 41.

Env. N : Comblain-au-Pont, grottes★.

Bruxelles 122 – ◆Liège 32 – Spa 29.

Host. St-Roch, r. Parc 1, ✆ 69 13 33, Fax 69 31 31, ≤, ⛱, « Terrasse fleurie au bord de l'eau », ✗ – TV ☎ Ⓟ – 🛆 30 à 50. AE ⓓ E VISA
fermé 1 sem. en sept, 1 sem. en nov. et 2 janv.-8 mars – **R** *(fermé lundi sauf en juil.-août et mardi)* 1400/1900 – **16 ch** *(fermé lundi et mardi sauf en juil.-août)* ☕ 2750/5600 – ½ P 2900/4000.

X **Au Repos des Pêcheurs**, r. Fairon 79, ✆ 69 10 21 – ✗
fermé lundi, mardi et merc. – **R** carte 800 à 1100.

MW r. Vicinal 1 ✆ 691312

CORBION Luxembourg belge 214 ⑮ et 409 ㉔ – voir à Bouillon.

COURTRAI West-Vlaanderen – voir Kortrijk.

COUVIN 5660 Namur 214 ⑭ et 409 ㉓ – 12 926 h. – ✪ 0 60.

Voir Grottes de Neptune★.

Bruxelles 104 – ◆Namur 64 – ◆Charleroi 44 – Charleville-Mézières 46 – ◆Dinant 47.

Host. Au Petit Chef, Dessus la Ville 6, ✆ 34 41 75, Fax 34 53 12, ⛱, ✈ – TV ☎ Ⓟ. AE ⓓ E VISA. ✗ rest
fermé mardi, merc. et 16 fév.-14 mars – **R** carte 1750 à 2450 – ☕ 350 – **7 ch** 3200/3400 – ½ P 3750.

X **Sacavin**, r. Marcelle 2, ✆ 34 40 87 – AE ⓓ E VISA
fermé lundi, 10 sept-11 oct. et 29 janv.-7 fév. – **R** (déjeuner seult) 850/1100.

à Frasnes N : 5,5 km par N 5 Ⓒ Couvin – ✉ 5660 Frasnes – ✪ 0 60 :

Château de Tromcourt, lieu-dit Géronsart 15, ✆ 31 18 70, ≤, « Ferme-château », ✈ – Ⓟ. AE ⓓ E VISA. ✗ rest
fermé du 20 au 31 août et 10 janv.-10 fév. – **R** *(fermé merc. et après 20 h 30)* 1200/1850 – ☕ 300 – **9 ch** 970/1560 – ½ P 1400/1830.

RD r. Pont Pavot 13 à Frasnes ✆ 311494
M (OPEL) chaussée de Philippeville 82 à ariembourg ✆ 311061
ADA, BMW chaussée de Philippeville 57 à ariembourg ✆ 311451/312600
MERCEDES-BENZ rte Charlemagne 34 à Frasnes ✆ 344572
NISSAN r. Falaise 8 ✆ 344014
VAG r. Pont Pavot 23 à Frasnes ✆ 311001

CREPPE Liège 213 ㉓ et 214 ⑧ – voir à Spa.

CRUPET 5332 Namur Ⓒ Assesse 5 348 h. 214 ⑤ et 409 ⑭ – ✪ 0 83.

Bruxelles 79 – ◆Namur 20 – ◆Dinant 16.

XX **Les Ramiers** avec ch en annexe, r. Basse 32, ✆ 69 90 70, Fax 69 98 68, ≤, « Terrasse, cadre de verdure » – TV Ⓟ. AE ⓓ E VISA
fermé du 11 au 22 mars, du 23 au 27 sept, du 2 au 20 déc., lundi soir et mardi – **R** 1750/1795 – ☕ 250 – **6 ch** 1450/1650.

AZDA r. Basse 17 ✆ 699099

CUSTINNE Namur 214 ⑤ et 409 ⑭ – voir à Dinant.

Ne voyagez pas aujourd'hui avec une carte d'hier.

DADIZELE 8890 West-Vlaanderen C Moorslede 10 835 h. 213 ⑭ et 409 ⑪ – ☎ 0 56.
◆Bruxelles 111 – ◆Brugge 41 – ◆Kortrijk 17.

XX **Daiseldaele,** avec ch, Meensesteenweg 201, ☎ 50 94 90 – P. AE E VISA. ✻
R *(fermé lundi soir, mardi et 16 juil.-9 août)* 655/1500 – ☕ 200 – **6 ch** 850/1600 – ½ P 1550.

TOYOTA Beselarestraat 34 ☎ 500029

DAMME 8340 West-Vlaanderen 213 ③ et 409 ② – 10 345 h. – ☎ 0 50.
Voir Hôtel de Ville★ (Stadhuis) – Tour★ de l'église Notre-Dame (O.L. Vrouwekerk).
18 Doornstraat 16 ☎ 35 35 72.
◆Bruxelles 103 – ◆Brugge 7 – Knokke-Heist 12.

XX **De Lieve,** Jacob van Maerlantstraat 10, ☎ 35 66 30, Fax 35 21 69, ☂ – AE ⊙ E VISA ✻
fermé lundi soir et mardi – **R** carte 2500 à 3500.

XX **De Gulden Kogge** avec ch, Damse Vaart Zuid 12, ☎ 35 42 17 – AE ⊙ E VISA
fermé merc. soir et jeudi hors saison, 18 nov.-18 déc. et du 9 au 23 janv. – **R** 1350/185
– ☕ 160 – **8 ch** 900/1600 – ½ P 1500/1600.

XX **Gasthof Maerlant,** Kerkstraat 21, ☎ 35 29 52, ☂ – E VISA
fermé mardi soir et merc. – **R** carte env. 1500.

XX **De Drie Zilveren Kannen,** Markt 9, ☎ 35 56 77, « Intérieur vieux flamand » – AE ⊙ VISA
fermé mi-janv.-mi-fév., dim. midis non fériés sauf vacances scolaires, dim. soir et lundi – **R** 950/2400.

XX **De Damsche Poort,** Kerkstraat 29, ☎ 35 32 75, ☂ – AE ⊙ E VISA
fermé dim. soir, lundi et 20 déc.-6 janv. – **R** carte 1300 à 2100.

à Oostkerke NE : 2 km par rive du canal C Damme – ✉ 8340 Oostkerke – ☎ 0 50

XX **Ter Polders,** Damse Vaart Noord 4, ☎ 61 09 52, ≤, ☂ – P. AE ⊙ E VISA
fermé 3 prem. sem. sept, merc. sauf en juil.-août et jeudi – **R** carte env. 1400.

X **Siphon,** Damse Vaart Oost 1, ☎ 62 02 02, ≤ – P. ✻
fermé jeudi, vend. et fév. – **R** carte env. 900.

VAG Weststraat 30 à Moerkerke ☎ 500233

DAVE Namur 214 ⑤ et 409 ⑭ – voir à Namur.

DAVERDISSE 6929 Luxembourg belge 214 ⑯ et 409 ㉔ – 1 472 h. – ☎ 0 84.
◆Bruxelles 122 – ◆Arlon 72 – ◆Dinant 41 – Marche-en-Famenne 35 – Neufchâteau 36.

XX **Le Trou du Loup,** Chemin du Corray 2, ☎ 38 90 84, Fax 38 90 84, ☂, « Environneme
boisé » – P – *fermé mardi, merc., 27 juin-5 juil. et du 2 au 13 sept* – **R** carte 1200 à 180

De – voir au nom propre.

DEERLIJK 8540 West-Vlaanderen 213 ⑮ et 409 ⑪ – 11 170 h. – ☎ 0 56.
◆Bruxelles 83 – ◆Brugge 49 – ◆Gent 38 – ◆Kortrijk 8 – Lille 39.

XX **Severinus,** Hoogstraat 137, ☎ 70 41 11, ☂ – AE ⊙ E VISA
fermé dim. soir, lundi et du 1er au 16 août – **R** carte 1400 à 1700.

XX **'t Schuurke,** Pontstraat 111, ☎ 77 77 94 – P. AE E VISA. ✻
fermé du 1er au 15 mars, 21 juil.-15 août, mardi soir, merc. et dim. soir – **R** 1700.

GM (OPEL) Vichtesteenweg 55 ☎ 778409
LADA Vichtesteenweg 74 ☎ 779527
MITSUBISHI Kortrijkse Heirweg 55 ☎ 712005
TOYOTA Pladijsstraat 21 ☎ 777845
VAG Harelbekestraat 98 ☎ 710501

DEINZE 9800 Oost-Vlaanderen 213 ④ et 409 ② – 25 559 h. – ☎ 0 91.
◆Bruxelles 67 – ◆Gent 17 – ◆Brugge 38 – ◆Kortrijk 30.

XXX ✿ **D'Hulhaege** (Bultinck), Karel Picquélaan 134, ☎ 86 56 16 – P. AE ⊙ E VISA. ✻
fermé dim. soir, lundi, 2 dern. sem. juil.-prem. sem. août et sem. Noël – **R** carte 1700 à 220
Spéc. Terrine de foie gras maison, Filet d'agneau aux truffes et Madère, Feuilleté de homa
à la vanille.

XX ✿ **Capucine** (Van Buylaere), Markt 82, ☎ 86 79 24, Fax 86 92 74 – AE ⊙ E VISA ✻
fermé merc., dim. soir et 25 juil.-15 août – **R** carte 1500 à 1850.
Spéc. Mosaïque de filets de sole et courgettes, Langoustines au vinaigre d'oranges, Filet migno
au foie d'oie.

à Astene sur N 43 : 2,5 km C Deinze – ✉ 9800 Deinze – ☎ 0 91 :

XXX **Wallebeke,** Emiel Clauslaan 141, ☎ 82 51 49, ≤, ☂, « Terrasse et jardin fleuris au bo
de la Lys (Leie) » – P. AE E VISA
fermé du 15 au 28 juil., du 7 au 20 janv., dim. soir et lundi – **R** carte 1150 à 1900.

XX **Savarin,** Emiel Clauslaan 77, ☎ 86 19 33 – P. AE ⊙ E VISA
fermé merc., jeudi, 26 juin-18 juil. et du 6 au 14 fév. – **R** 1325.

à Bachte-Maria-Leerne NE : 3 km 🄲 Deinze – ✉ 9800 Deinze – ☎ 0 91 :

XX **Vosselaere Put,** Leernsesteenweg 87, ✆ 86 11 35, ☂, « Terrasse avec ≤ Lys (Leie) » – Ⓟ. AE ⓓ E VISA. ✂
fermé mardi, merc., 26 août-16 sept et sem. carnaval – **R** 1050/1600.

X **De Sterre,** Ooidonkdreef 16, ✆ 82 30 81, ☂ – ⓓ E VISA
fermé mardis et merc. non fériés – **R** carte 800 à 1500.

MW E. Clauslaan 56 ✆ 861068
RD Gentsesteenweg 33 ✆ 861059
(OPEL) Gentsesteenweg 88 ✆ 865111
TSUBISHI Dorpsstraat 56 ✆ 861566
NISSAN E. Clauslaan 81 ✆ 862309
RENAULT Kapellestraat 61 ✆ 862740
VAG Gaveresteenweg 51 ✆ 861079
VAG E. Clauslaan 87 ✆ 862877

ENDERMONDE (TERMONDE) **9200** Oost-Vlaanderen 213 ⑤ et 409 ③ – 42 427 h. – ☎ 0 52.
ir Oeuvres d'art★ dans l'église Notre-Dame★★ (O.L. Vrouwekerk).
ruxelles 29 – ◆Antwerpen 38 – ◆Gent 34.

XX **Gasthof het Vaderland,** Grote Markt 16, ✆ 21 11 36 – AE ⓓ E VISA ✂
fermé mardi, dim. soir et juil. – **R** carte env. 1800.

XX **'t Truffeltje,** Bogaerdstraat 20, ✆ 22 45 90 – AE ⓓ E VISA
fermé dim. soir, lundi, 1 sem. Pâques et 3 prem. sem. août – **R** carte 1800 à 2200.

FA-ROMEO, MAZDA Zandstraat 34/67
214579/211300
MW Bevrijdingslaan 163 ✆ 224463
AT Mechelsesteenweg 83 ✆ 210101
(OPEL) Mechelsesteenweg 5 ✆ 214141
ONDA Hoogveld 54 ✆ 223800
DA, MITSUBISHI Mechelsesteenweg 130
212482
NISSAN Hoogveld 2 ✆ 213626
RENAULT Hoogveld 15 ✆ 212233
ROVER Oude Vest 147 ✆ 211533
VAG Korte Dijkstraat 75 ✆ 220303
VOLVO Steenweg op Grembergen 17
✆ 212372

ENÉE **5537** Namur 🄲 Anhée 6 453 h. 214 ④ ⑤ et 409 ⑭ – ☎ 0 82.
ruxelles 94 – ◆Dinant 21 – ◆Namur 22.

X **Le Relais de St. Benoit,** r. Maredsous 4 (S : 2 km), ✆ 69 96 81 – Ⓟ. AE ⓓ E VISA
fermé lundi, mardi, 1re quinz. sept et 2e quinz. déc. – **R** carte env. 1000.

Dans ce guide
un même symbole, un même mot,
imprimés en noir *ou en* rouge, *en* maigre *ou en* **gras**
n'ont pas tout à fait la même signification.
Lisez attentivement les pages explicatives.

EURLE Oost-Vlaanderen 213 ④ et 409 ③ – voir à Sint-Martens-Latem.

EURNE Antwerpen 212 ⑮ et 409 ④ – voir à Antwerpen, périphérie.

IEGEM Brabant 213 ⑦ ⑲ et 409 ⑬ – voir à Bruxelles, environs.

IEPENBEEK **3590** Limburg 213 ⑩ et 409 ⑥ – 16 070 h. – ☎ 0 11.
ruxelles 91 – ◆Hasselt 7 – ◆Liège 36 – ◆Maastricht 26.

🏨 **Host. Roerdomp,** Stationstraat 114, ✆ 32 26 60, Telex 39461 – TV Ⓟ – 🏛 25. AE E VISA
R *(fermé dim.)* (dîner seult) carte env. 1500 – **18 ch** ▭ 1650/2200 – ½ P 2400/3700.

XX **De Baenwinning,** Grendelbaan 32, ✆ 32 35 77, ☂, « Fermette du 18e s. » – Ⓟ. E
fermé mardi, merc. et sem. carnaval – **R** carte 1100 à 1700.

DA Steenweg 14 ✆ 323090
MAZDA Steenweg 195 ✆ 221112

IEST **3290** Brabant 213 ⑧ ⑨ et 409 ⑤ – 21 198 h. – ☎ 0 13.
ir Oeuvres d'art★ dans l'église St-Sulpice (St-Sulpitiuskerk) AZ **A** – Béguinage★ (Begijnhof) BY
Musée Communal★ (Stedelijk Museum) AZ **H.**
v. Abbaye d'Averbode★ : église★ par ⑤ : 8 km.
Stadhuis, Grote Markt 1 ✆ 31 21 21 (ext. 331).
ruxelles 59 ③ – ◆Antwerpen 60 ① – ◆Hasselt 25 ②.

Plan page suivante

🏨 **Prins van Oranje** sans rest, Halensebaan 152 (par ② : 3,5 km, échangeur A 2), ✆ 31 33 50, Fax 33 77 84 – |♦| TV ☎ 🚗 Ⓟ – 🏛 25. AE ⓓ E VISA. ✂
fermé 1 sem. Noël-Nouvel An – **17 ch** ▭ 2000/3000.

XXX **L'Empereur,** Grote Markt 24, ✆ 31 14 65, « Intérieur vieux flamand » – AE ⓓ E VISA
fermé du 1er au 21 juil., sem. carnaval, mardi soir et merc. – **R** carte 1750 à 2300. AZ **a**

X **Holle Griet,** Schotelstraat 1, ✆ 33 54 82 – AE ⓓ E VISA AZ **n**
fermé lundi soir, mardi, dern. sem. juil. et 2 sem. en janv. – **R** 1050/1450.

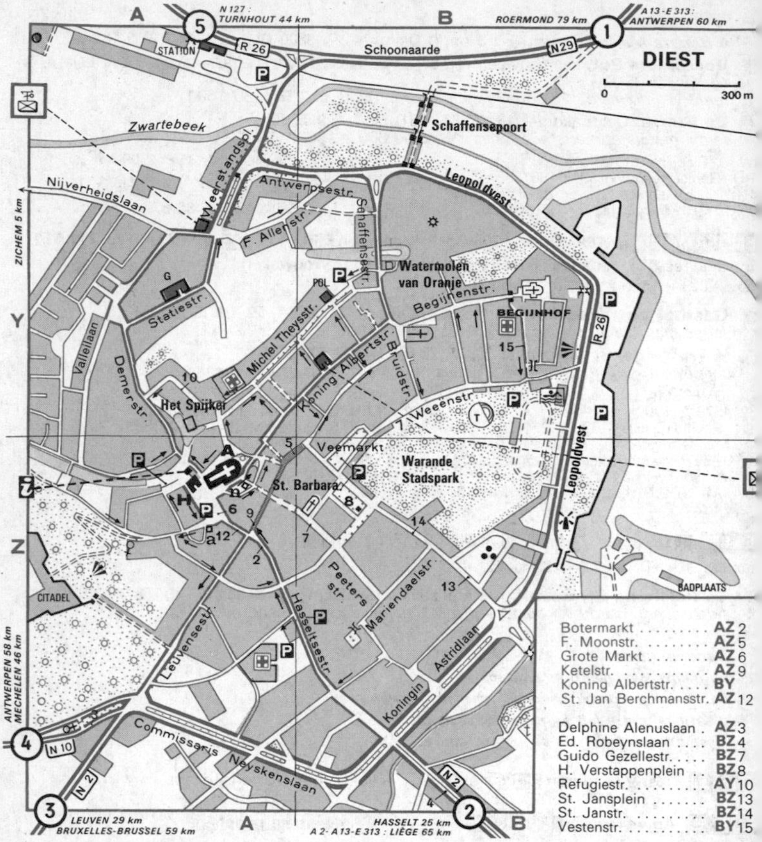

à Molenstede par ⑤ : 6 km C Diest – ✉ 3294 Molenstede – ☎ 0 13 :

✗ **Katsenberg,** Stalstraat 42, ☎ 77 10 62, « Cadre champêtre » – **P**. AE E VISA. ✻
fermé mardi, merc. et 2 dern. sem. juil.-prem. sem. août – **R** 750/1500.

CITROEN Ed. Robeynslaan 51 ☎ 311341
FORD Leuvensesteenweg 108 ☎ 333386
GM (OPEL) Leuvensesteenweg 26 ☎ 312102
HONDA Leuvensesteenweg 42 ☎ 337950
LADA Leuvensesteenweg 137 ☎ 334736
MERCEDES-BENZ Leuvensesteenweg 69 ☎ 334131
MITSUBISHI Wezelbaan 49 ☎ 334632
PEUGEOT, TALBOT Leuvensesteenweg 118 ☎ 312970
ROVER Leuvensesteenweg 145 ☎ 337980
TOYOTA Halensebaan 150 ☎ 312236
VAG Leuvensesteenweg 101 ☎ 311109
VOLVO Leuvensesteenweg 112 ☎ 311554

DILBEEK Brabant 213 ⑱ et 409 ⑬ – voir à Bruxelles, environs.

DINANT **5500** Namur 214 ⑤ et 409 ⑭ – 12 025 h. – ☎ 0 82.

Voir Site★★ – Citadelle★ ⩽★★ **M** – Grotte la Merveilleuse★ **B** – Rocher Bayard★ par ② Château de Crèvecoeur ⩽★★ à Bouvignes par ⑤ : 2 km – Anseremme : site★ par ② : 3 km.

Env. Cadre★★ du domaine de Freyr (château★, parc★) – Rochers de Freyr★ par ② : 6 km Foy-Notre-Dame : plafond★ de l'église par ① : 8,5 km – Furfooz : ⩽★ sur Anseremme, Parc naturel de Furfooz★ par ② : 10 km – Vêves : château★ par ② : 12 km – Celles : dalle funéraire★ dans l'église romane St-Hadelin par ② : 10 km.

Exc. Descente de la Lesse★ en kayak ou en barque.

18 à Houyet par ② : 18,5 km, Tour Léopold-Ardenne 6 ☎ (0 82) 66 62 28.

i r. Grande 37 (près du casino) ☎ 22 28 70.

♦Bruxelles 93 ⑤ – ♦Namur 29 ⑤ – Charleville-Mézières 78 ③ – ♦Liège 75 ①.

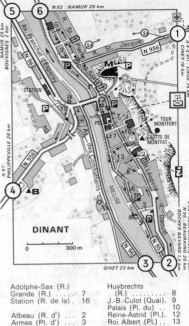

🏨 **Couronne,** r. A.-Sax 1, ✆ 22 27 31, Rest.-taverne – |‡| TV ☎. AE ⓓ E VISA. ✂
fermé 1 sem. en juin, nov. et lundi sauf en juil.-août – **R** carte env. 900 – **22 ch** ☐ 2100 – ½ P 1500/2100. **r**

XX **Les Baguettes du Mandarin,** av. Winston Churchill 3, ✆ 22 36 62, Cuisine asiatique **u**
fermé merc. sauf en juil.-août et mardi – **R** 950.

XX **Thermidor,** r. Station 3, ✆ 22 31 35 – AE E VISA **a**
fermé mardis non fériés et lundi soir de sept à juin – **R** 800/1250.

X **Le Grill,** r. Rivages 82 (par ② : près du Rocher Bayard), ✆ 22 69 35 – E VISA
fermé mardi, 3 sem. en sept et 1 sem. en janv. – **R** carte env. 1200.

à Anseremme par ② : 3 km 🄲 Dinant – ✉ 5500 Dinant – ✆ 0 82 :

XX **Le Freyr** avec ch, chaussée des Alpinistes 22, Point de vue de Freyr, ✆ 22 25 75, ≤, , , – TV ☎ Ⓟ. AE ⓓ E VISA
fermé mardi soir, merc., 1 sem. en sept et 15 janv.-15 fév. – **R** carte 1500 à 2300 – **6 ch** ☐ 1900/2000 – ½ P 2000.

X **Le Mosan** r. Joseph Dufrenne 2, ✆ 22 24 50 – E VISA
fermé janv.-1er fév. et lundi du 15 sept au 15 juin – **R** 480/780.

à Bouvignes-sur-Meuse par ⑤ : 2 km 🄲 Dinant – ✉ 5500 Dinant – ✆ 0 82 :

XXX ✿ **Aub. de Bouvignes** (Furnémont) avec ch, r. Fétis 112 (N 96, rive gauche de la Meuse), ✆ 61 16 00, Fax 61 30 93, « Rustique » – Ⓟ. AE ⓓ E VISA
fermé dim. soir et lundi – **R** carte 1500 à 2500 – **6 ch** ☐ 1750/2300.
Spéc. Ragoût de homard et morilles aux pâtes fraîches, Rognon de veau à la bière régionale, Chariot de desserts.

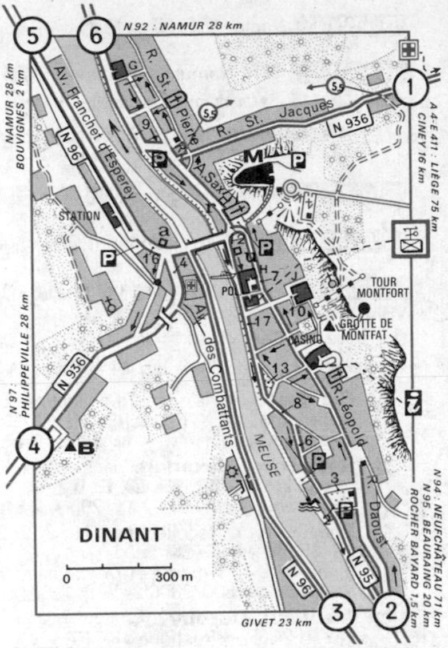

Adolphe-Sax (R.)		Huybrechts (R.)	8
Grande (R.)	7	J.-B.-Culot (Quai)	9
Station (R. de la)	16	Palais (Pl. du)	10
Albeau (R. d')	2	Reine-Astrid (Pl.)	12
Armes (Pl. d')	3	Roi Albert (Pl.)	13
Bribosia (R.)	4	Winston-Churchill (Av.)	17
Cousot (R.)	6		

à Celles par ② : 10 km 🄲 Houyet 4 012 h. – ✉ 5561 Celles – ✆ 0 82 :

🏨 **Le Fenil** sans rest, r. St. Hadelin 23, ✆ 66 67 60, Rustique – TV Ⓟ
7 ch ☐ 1500/1800.

XXX **Host. Val Joli** avec ch, pl. St. Hadelin 2, ✆ 66 63 63, Fax 66 67 68, , Rustique, – TV. AE ⓓ E
fermé 16 déc.-26 janv., merc. soir et jeudi de sept à juil. et merc. en juil.-août – **R** carte 1500 à 2150 – **7 ch** ☐ 1350/2150.

XX **La Clochette** avec ch, r. Vêves 1, ✆ 66 65 35 – Ⓟ. AE VISA
fermé du 10 au 28 juin, 25 fév.-8 mars et merc. sauf en juil.-août – **R** 800/1375 – **7 ch** ☐ 1600 – ½ P 1700.

à Custinne par ② : 13 km 🄲 Houyet 4 012 h. – ✉ 5562 Custinne – ✆ 0 82 :

XX **Host. Les Grisons** avec ch en annexe, rte de Neufchâteau 23, ✆ 66 63 55, ≤, , – TV ☎ Ⓟ. AE ⓓ E VISA. ✂ ch
fermé du 2 au 12 sept, 18 fév.-6 mars, lundi soir et mardi sauf en juil.-août – **R** 1350/1700 – ☐ 250 – **6 ch** 1500/2200 – ½ P 2450.

X **Le Grand Virage,** rte de Neufchâteau 22, ✆ 66 63 64, ≤, – Ⓟ. E VISA
fermé 1 sem. en sept et lundis non fériés sauf en juil.-août – **R** 750/1500.

à Lisogne par ① : 7 km 🄲 Dinant – ✉ 5501 Lisogne – ✆ 0 82 :

XXX **Moulin de Lisogne** avec ch, r. Lisonnette 60, ✆ 22 63 80, Fax 22 21 47, , « Environnement boisé », , – ☎ Ⓟ. AE ⓓ E VISA
fermé 1 sem. en sept, 9 déc.-10 fév. et dim. soirs et lundis non fériés – **R** 1350/1850 – **8 ch** ☐ 1700/2200 – ½ P 3000.

ITROEN av. Franchet d'Esperey 22 ✆ 223456
M (OPEL) rte de Bouvignes 53 ✆ 223026
ADA r. Cardinal Mercier 19 ✆ 224346
RENAULT rte de Philippeville 236 ✆ 223952
TOYOTA r. Cardinal Mercier 24 ✆ 226280
VAG quai Culot 18 ✆ 223939

DONKMEER Oost-Vlaanderen 213 ⑤ et 409 ③ – voir à Overmere.

DOORNIK Hainaut – voir Tournai.

DORINNE Namur 214 ⑤ et 409 ⑭ – voir à Spontin.

DOURBES **5670** Namur Ⓒ Viroinval 5 585 h. 214 ④ ⑭ et 409 ㉓ – ✪ 0 60.
◆Bruxelles 115 – ◆Charleroi 54 – Couvin 10 – ◆Dinant 42.

X **Au Repos de Haute Roche,** r. Givet 1, ☎ 39 00 56 – AE ⓓ E VISA
fermé lundi et du 3 au 27 sept – **R** 750/950.

DUDZELE West-Vlaanderen 213 ③ et 409 ② – voir à Brugge.

DUINBERGEN West-Vlaanderen 212 ⑪ et 409 ② – voir à Knokke-Heist.

DURBUY **6940** Luxembourg belge 214 ⑦ et 409 ⑮ – 8 363 h. – ✪ 0 86.
Voir Site★.
ℹ r. Halle aux Blés, ☎ 21 24 28.
◆Bruxelles 119 – ◆Arlon 99 – Huy 34 – ◆Liège 51 – Marche-en-Famenne 19.

Cardinal ⑤ sans rest, r. Récollectines 66, ☎ 21 32 62, Telex 42240, Fax 21 24 65, « Demeu ancienne », – TV ☎ P. AE ⓓ E VISA
fermé janv.-début fév. – ☕ 295 – **7 ch** 3750/4750.

Résidence Alexandre sans rest, r. Comte Th. d'Ursel 101, ☎ 21 32 62, Telex 4224 Fax 21 24 65 – TV. AE ⓓ E VISA
fermé janv.-début fév. – ☕ 295 – **7 ch** 2450.

Prévôt ⑤, r. Récollectines 71, ☎ 21 23 00, Fax 21 27 84, , Grillades, Rustique – TV 35. AE ⓓ E VISA
fermé 16 fév.-1er mars – **R** *(fermé merc. non fériés)* (ouvert jusqu'à minuit) carte 800 à 13 – **10 ch** ☕ 1500/2300 – ½ P 1900/2100.

Au Vieux Durbuy ⑤ sans rest, r. Jean de Bohême 80, ☎ 21 32 62, Telex 4224 Fax 21 24 65, « Rustique » – TV – 30. AE ⓓ E VISA
fermé janv.-début fév. – ☕ 295 – **12 ch** 2450.

Les Roches Fleuries, Grand-Place 96, ☎ 21 28 82, Fax 21 11 68 – TV ☎ P – à 150. AE ⓓ E VISA.
R 1290/1990 – **33 ch** ☕ 2500/5000 – ½ P 2500/7000.

Clos des Récollets ⑤, pl. des Recollets 64, ☎ 21 29 69, Fax 21 36 85 – TV. AE ⓓ VISA
R *(fermé mardi, merc. midi, 1re quinz. sept et 1re quinz. mars)* carte 900 à 1500 – **12 c** ☕ 1550/1950 – ½ P 1925/2025.

La Falize ⑤ sans rest, r. A. Eloy 59, ☎ 21 26 66 – TV. AE ⓓ E VISA
13 ch ☕ 1300/1820.

XXX **Le Sanglier des Ardennes** avec ch, r. Comte Th. d'Ursel 99, ☎ 21 32 62, Telex 4224 Fax 21 24 65, ←, – TV ☎ – 25 à 45. AE ⓓ E VISA
fermé janv.-début fév. – **R** *(fermé jeudis non fériés)* carte 1700 à 2200 – ☕ 295 – **19 c** 2450/4750 – ½ P 3000/3350.

XX **Le Moulin,** r. Jean de Bohème 75, ☎ 21 29 70, – AE ⓓ E VISA
fermé mardi, merc. midi, 1 sem. en sept et 7 janv.-1er fév. – **R** carte env. 1500.

X **Le Saint Amour,** pl. aux Foires 88, ☎ 21 25 92, – AE ⓓ E
fermé janv. et merc. sauf en juil.-août – **R** 680/1250.

à Petit Han S : 4 km Ⓒ Durbuy – ✉ 6940 Grandhan – ✪ 0 86 :

X **La Marmite** avec ch, r. Église 2, ☎ 21 15 18, Fax 21 37 73, – TV ☎ P. rest
R *(fermé merc.)* 525/975 – **10 ch** ☕ 1350/1800 – ½ P 1100/1300.

RENAULT r. Barvaux 8 à Petit Han ☎ 211255

DWORP **(TOURNEPPE)** Brabant 213 ⑱ et 409 ⑬ – voir à Bruxelles, environs.

ÉCAUSSINNES-LALAING **7191** Hainaut Ⓒ Écaussinnes 9 378 h. 213 ⑱ et 409 ⑬ – ✪ 0 6
◆Bruxelles 42 – ◆Mons 29.

XX **Le Pilori,** r. Pilori 10, ☎ 44 23 18, – AE ⓓ E VISA
fermé du 16 au 31 août, du 2 au 17 janv., sam. midi, mardi soir et merc. soir – **R** 98 1850.

MAZDA r. Eglise 1 ☎ 443417

EEKLO **9900** Oost-Vlaanderen 213 ④ et 409 ② ③ – 19 120 h. – ✪ 0 91.
◆Bruxelles 89 – ◆Antwerpen 66 – ◆Brugge 25 – ◆Gent 20.

Shamon sans rest, Gentsesteenweg 28, ☎ 78 09 50, Fax 78 12 77, « Rez-de-chaussée A Nouveau », – TV ☎ P. AE ⓓ E VISA.
8 ch ☕ 2300/3000.

CITROEN Leopoldlaan 43 ☎ 772140
FIAT Zuidmoerstraat 3 ☎ 771474
FORD Leopoldlaan 4 ☎ 771440
NISSAN Peperstraat 97 ☎ 775050
RENAULT Zandvleuge 64 ☎ 771732
VAG Koning Albertstraat 106 ☎ 771285

ERNEGEM **8480** West-Vlaanderen [C] Ichtegem 12 666 h. 213 ② et 409 ② – ☎ 0 59.

uxelles 109 – ◆Brugge 24 – ◆Gent 64 – ◆Oostende 18.

X **Landdrost,** Turkeyendreef 21 (N : 2 km sur N 368), ☎ 29 99 87, ←, 🌳, « Cadre champêtre » – Ⓟ. AE ⓓ E VISA
fermé lundis, mardis et merc. non fériés, 24 juin-4 juil., 1 sem. en nov. et du 6 au 31 janv. – **R** 1000/1500.

ROEN Aartrijksestraat 80 ☎ 299103 VAG Aartrijksestraat 114 ☎ 299107

GENBRAKEL Brabant – voir Braine-l'Alleud.

NE Oost-Vlaanderen 213 ⑯ et 409 ⑫ – voir à Oudenaarde.

EREN Antwerpen 213 ⑥ et 409 ④ – voir à Antwerpen, périphérie.

ENE Oost-Vlaanderen 213 ⑯ ⑰ – voir à Zottegem.

EWIJT **1982** Brabant [C] Zemst 18 142 h. 213 ⑦ et 409 ④ – ☎ 0 15.

uxelles 21 – ◆Antwerpen 32 – Leuven 26.

XX **Kasteel Diependael,** Tervuursesteenweg 511, ☎ 61 17 71, Fax 61 68 97, « Parc » – Ⓟ – 🏛 25. AE ⓓ E VISA. ✻
fermé merc., dim. soir, carnaval et mi-juil.-mi-août – **R** carte 1450 à 2200.

XX **De Barcarolle,** Tervuursesteenweg 620, ☎ 61 08 30, Fax 61 65 70, « Terrasse et jardin » – Ⓟ. AE ⓓ E VISA
fermé mardi soir, merc., sam. midi, 3 dern. sem. juil. et sem. carnaval – **R** 1500/1800.

SAN Eppegemsesteenweg 28 ☎ 611388

LLEZELLES **(ELZELE) 7890** Hainaut 213 ⑯ et 409 ⑫ – 5 184 h. – ☎ 0 68.

uxelles 55 – ◆Gent 44 – ◆Kortrijk 39.

XX ✿ **Château du Mylord** (Thomaes), r. St-Mortier 35, ☎ 54 26 02, Fax 54 29 33, 🌳, « Gentilhommière avec intérieur de style anglais » – Ⓟ. AE ⓓ E VISA
fermé dim. soir, lundis midis non fériés, lundi soir et du 2 au 31 janv. – **R** carte 2300 à 2800.
Spéc. Homard grillé à l'ail doux et pleurotes, Filet de rouget au maïs et nouilles fraîches, Fricassée de langoustines à l'estragon.

G chaussée de Lessines 13 ☎ 542364

LSENBORN **4750** Liège [C] Bütgenbach 4 950 h. 213 ㉔, 214 ⑨ et 409 ⑯ – ☎ 0 80.

uxelles 160 – ◆Liège 70 – Aachen 46 – Malmédy 19.

X **Zum Trouschbaum** avec ch, Lagerstr. 2, ☎ 44 60 47 – Ⓟ. AE E. ✻
fermé lundi, 24 juin-11 juil. et du 2 au 26 sept – **R** *(fermé dim. soir et lundi)* 750/1400 – **9 ch** ☐ 800/1600 – ½ P 1500.

DA rte du Camp 36 ☎ 446536

LSENE Brabant – voir Ixelles à Bruxelles.

LZELE Hainaut – voir Ellezelles.

NGIS Liège 213 ㉒ et 409 ⑮ – voir à Liège.

PRAVE **5580** Namur [C] Rochefort 11 117 h. 214 ⑥ et 409 ⑭ ⑮ – ☎ 0 84.

uxelles 116 – ◆Dinant 36 – ◆Namur 52 – Rochefort 4.

X **Aub. du Vieux Moulin** 🐌 avec ch en annexe, r. Aujoule 51, ☎ 37 73 18, 🌳 – ☎ 🚗 – Ⓟ. AE ⓓ E VISA. ✻
fermé du 9 au 20 sept, 27 fév.-18 mars et merc. sauf en juil.-août – **R** 690/1525 – **5 ch** ☐ 1000/1650 – ½ P 1500/1700.

REZÉE **6997** Luxembourg belge 214 ⑦ et 409 ⑮ – 2 271 h. – ☎ 0 86.

uxelles 127 – ◆Liège 60 – ◆Namur 66.

à Fanzel N : 6 km [C] Erezée – ✉ 6997 Erezée – ☎ 0 86 :

X **Aub. du Val d'Aisne** 🐌 avec ch, r. Moulin 15, ☎ 49 92 08, ←, 🌳, « Rustique, environnement champêtre », 🏞 – Ⓟ. ⓓ. ✻
fermé mardis, merc.et jeudis non fériés, 18 juin-18 juil. et 15 déc.-15 janv. – **R** carte 1200 à 1600 – **6 ch** ☐ 1500/2300 – ½ P 2000/2250.

ZDA r. Aisne 28b à Fanzel ☎ 499543

ERONDEGEM Oost-Vlaanderen 213 ⑤ – voir à Aalst.

ERPE Oost-Vlaanderen 213 ⑤ et 409 ③ – voir à Aalst.

ERPENT Namur 213 ⑳ – voir à Namur.

ERPS-KWERPS **3071** Brabant © Kortenberg 15 478 h. 213 ⑦ et 409 ④ – ☎ 0 2.
◆Bruxelles 20 – Leuven 6 – ◆Mechelen 19.

XXX **Rooden Scilt,** Dorpsplein 7, ☎ 759 94 44, 🏕, « Rustique » – ℗. AE ⓓ E VISA
fermé dim. soir et lundi – **R** carte 1800 à 2400.

ERTVELDE **9940** Oost-Vlaanderen © Evergem 29 262 h. 213 ④ et 409 ③ – ☎ 0 91.
◆Bruxelles 86 – ◆Brugge 38 – ◆Gent 16 – Sint-Niklaas 36.

XX **De Hoeve,** Holstraat 24 (transfert prévu), ☎ 44 93 87 – ℗. AE ⓓ E VISA. ✻
fermé du 15 au 30 juil., du 1er au 15 fév., lundi et merc. soir – **R** 1100/1800.

VAG Stoepestraat 5 ☎ 447181

ESSENE **1790** Brabant © Affligem 11 480 h. 213 ⑱ et 409 ④ – ☎ 0 53.
◆Bruxelles 26 – Aalst 6.

XXX **Bellemolen,** Stationstraat 11 (sortie 19a sur E 40), ☎ 66 62 38, ≤, « Moulin à eau du 12e s
– ℗ – 🏛 25. AE ⓓ E. ✻
fermé dim. soir, lundi, 3 sem. en juil. et 24 déc.-2 janv. – **R** carte 1700 à 2400.

XX **Host. Heembos,** Brusselbaan 420, ☎ 452 54 19, 🏕, « Environnement campagnard
ⓓ E – *fermé merc. et dim. soir* – **R** carte 1600 à 2150.

ESTAIMBOURG **7730** Hainaut © Estaimpuis 9 485 h. 213 ⑮ et 409 ⑪ – ☎ 0 69.
◆Bruxelles 100 – ◆Mons 62 – ◆Kortrijk 19 – Lille 34 – ◆Tournai 12.

XXX **La Ferme du Château,** pl. de Bourgogne 2, ☎ 55 72 13, 🏕, « Terrasse et jardin » –
ⓓ VISA – *fermé lundi soir, mardi, merc., août et 2 sem. carnaval* – **R** 1100/1700.

ETALLE **6740** Luxembourg belge 214 ⑰ et 409 ㉕ – 3 741 h. – ☎ 0 63.
◆Bruxelles 189 – ◆Arlon 16 – ◆Luxembourg 46 – Neufchâteau 29.

X **Semois** avec ch, r. Moulin 30, ☎ 45 51 41 – ℗. E VISA. ✻
fermé du 1er au 15 sept, du 1er au 15 fév. et lundi – **R** carte 800 à 1400 – ☕ 175 – **10**
795/1350 – ½ P 1250/1350.

ETTERBEEK Brabant 409 ㉑ ㉒ – voir à Bruxelles.

EUPEN **4700** Liège 213 ㉔ et 409 ⑯ – 16 958 h. – ☎ 0 87.

Voir Carnaval★★ (défilé : veille du Mardi gras) – Barrage de la Vesdre★ par ② : 5 km.

Env. par ③ : Hautes Fagnes★★, Signal de Botrange ≤★ – Les Trois Bornes★ (Drielandenpu
de la tour Baudouin ✻★.

ℹ Marktplatz 7 (fermé dim.) ☎ 55 34 50.

◆Bruxelles 131 ⑥ – ◆Liège 40 ⑥ – Aachen 17 ① – Verviers 15 ⑤.

Plan page ci-contre

🏨 **Rathaus,** Rathausplatz 13, ☎ 74 28 12, Fax 74 46 64 – |♦| TV ☎ – 🏛 50. AE ⓓ E V
✻ rest Y
R *(fermé merc. soir et 25 déc.)* carte 1100 à 1500 – **18 ch** ☕ 1900/2400 – ½ P 1950/26

🏨 **Ambassador,** Haasstr. 77, ☎ 74 08 00, Fax 74 48 41 – |♦| ▤ rest TV ☎ – 🏛 25 à 2
AE ⓓ E VISA. ✻ Z
R Le Gourmet 1100/1650 – **30 ch** ☕ 1700/3200 – ½ P 1600/2950.

XX **Rotterwäldchen,** Monschauer Str. 102 (par ② : 4 km), ☎ 55 38 11, 🏕 – ℗. AE ⓓ
VISA
fermé du 15 au 31 juil., carnaval et merc. – **R** carte env. 1200.

à Kettenis par ① : 2 km sur rte de Aachen © Eupen – ✉ 4701 Kettenis – ☎ 0 87

XX **Schloss Libermé,** Aachener Str. 302, ☎ 55 40 56, « Château du 14e s. entouré de douves
– ℗. E. ✻
fermé dim. soir, lundi, 2 prem. sem. août et carnaval – **R** carte 1600 à 1950.

ALFA-ROMEO r. Bellemerin 44 ☎ 554059
BMW Herbesthalerstr. 158 ☎ 740141
CITROEN Herbesthalerstr. 263 ☎ 742488
FORD Herbesthalerstr. 120 ☎ 742331
GM (OPEL) Herbesthalerstr. 58 ☎ 553794
LADA Aachenerstr. 139 à Kettenis ☎ 742210
MAZDA Aachenerstr. 101 ☎ 742307
MERCEDES-BENZ Gewerbestr. 4 ☎ 742037
NISSAN Herbesthalerstr. 138 ☎ 553276
PEUGEOT, TALBOT Herbesthalerstr. 265 ☎ 555941
RENAULT Herbesthalerstr. 152 ☎ 555917
TOYOTA Herbesthalerstr. 32 à Kettenis ☎ 8803
VAG Herbesthalerstr. 132 ☎ 742915
VAG Schilsweg 50 ☎ 742775
VOLVO Herbesthalerstr. 144 ☎ 744700

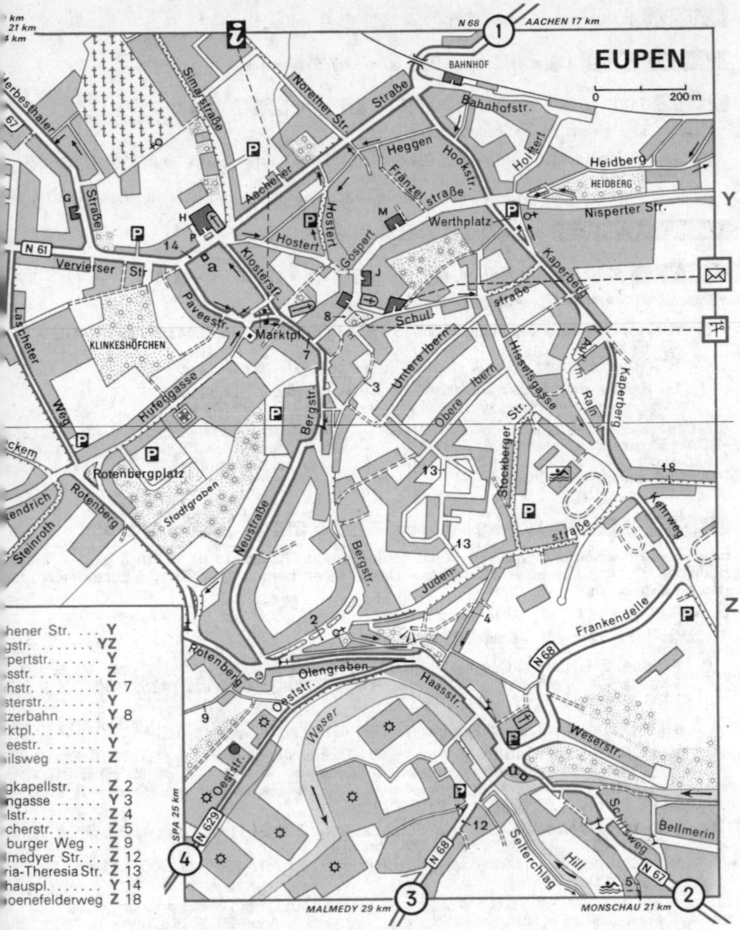

hener Str. ...	Y	
gstr.	YZ	
pertstr.	Y	
sstr.	Z	
hstr.	Y	7
sterstr.	Y	
zerbahn	Y	8
ktpl.	Y	
eestr.	Y	
ilsweg	Z	
gkapellstr.	Z	2
ngasse	Y	3
lstr.	Z	4
cherstr.	Z	5
burger Weg ..	Z	9
medyer Str. ..	Z	12
ria-Theresia Str.	Z	13
hauspl.	Y	14
oenefelderweg	Z	18

Pour avoir une vue d'ensemble sur le « Benelux »
procurez-vous
la carte Michelin **Allemagne-Autriche-Benelux** 987 à 1/1 000 000.

VERE Brabant 213 ⑱ et 409 ㉑ ㉒ – voir à Bruxelles.

AGNES (Hautes) ** Liège 213 ㉔ et 409 ⑯ **G. Belgique-Luxembourg.**

ALAËN **5522** Namur C Onhaye 2 798 h. 214 ⑤ et 409 ⑭ – ✆ 0 82.

ruxelles 94 – ◆Namur 31 – ◆Dinant 12 – Philippeville 21.

Gd H. de la Molignée ⛭, pl. Gare 87, ✆ 69 91 73, Fax 69 95 80 – ♿ Ⓟ. AE ⓘ E VISA.
fermé merc. soir, jeudi et janv. – **R** 775/1500 – **29 ch** ☕ 1200/1650 – ½ P 1500.

La Fermette, r. Château-Ferme 30, ✆ 69 91 90, ≤, 🏕, « Cadre champêtre » – Ⓟ. AE ⓘ E VISA
fermé lundi soir, mardi et fév. – **R** 800/1350.

FANZEL Luxembourg belge 214 ⑦ et 409 ⑮ – voir à Erezée.

FAYMONVILLE Liège 214 ⑨ et 409 ⑯ – voir à Waimes.

FELUY **7181** Hainaut C Seneffe 10 015 h. 213 ⑱ et 409 ⑬ – ☎ 0 67.

◆Bruxelles 39 – ◆Mons 28 – ◆Charleroi 31.

XX **Les Peupliers,** Chemin de la Claire Haie 109 (S : E 19 - sortie 20), ☎ 87 82 05, 🏠 – ◑ E VISA

fermé lundi et 15 août-15 sept – **R** (déjeuner seult sauf vend. et sam.) carte 1050 à 18

FLEMALLE-HAUTE Liège 213 ㉒ et 409 ⑮ – voir à Liège.

FLEURUS **6220** Hainaut 213 ⑲, 214 ④ et 409 ⑬ – 22 365 h. – ☎ 0 71.

◆Bruxelles 62 – ◆Mons 48 – ◆Charleroi 12 – ◆Namur 26.

Rialto, chaussée de Charleroi 657 (S : 2,5 km par N 29), ☎ 81 14 02, Fax 81 14 02 – Ⓟ. ◑ E VISA

R *(fermé dim. soir et lundi soir)* carte 900 à 1300 – **6 ch** ☕ 690/1300.

X **Le Relais du Moulin,** chaussée de Charleroi 199, ☎ 81 34 50

fermé mardi soir, merc. et 16 août-11 sept – **R** carte 750 à 1400.

CITROEN chaussée de Charleroi 500 ☎ 818080
LADA chaussée de Charleroi 626 ☎ 816682
MAZDA chaussée de Charleroi 720 ☎ 813767
RENAULT chaussée de Charleroi 734 ☎ 811575
TOYOTA chaussée de Charleroi 44 ☎ 812351
VAG chaussée de Charleroi 86 ☎ 811320
VAG av. du Marquis 1 ☎ 815780

FLORENVILLE **6820** Luxembourg belge 214 ⑯ et 409 ㉕ – 5 630 h. – ☎ 0 61.

Env. Route de Neufchâteau ≤★ défilé de la Semois N : 6,5 km et 10 mn à pied – Route Bouillon ≤★ sur Chassepierre O : 5 km – Descente en barque★ de Chiny à Lacuisine N : 5 k parcours de 8 km.

ℹ Pavillon, pl. Albert-Ier ☎ 31 12 29.

◆Bruxelles 183 – ◆Arlon 39 – Bouillon 25 – Sedan 38.

France, r. Généraux-Cuvelier 28, ☎ 31 10 32, Fax 31 47 24, 🏠 – |♦| 🚗. AE E VISA

fermé lundi du 15 sept au 15 juin – **R** 750/2000 – **30 ch** ☕ 1425/2150 – ½ P 150 1900.

à Lacuisine N : 3 km C Florenville – ✉ 6821 Lacuisine – ☎ 0 61 :

XX **Host. Du Vieux Moulin** 🐦 avec ch, O : 1,5 km, lieu-dit Martué, ☎ 31 10 76, Fax 31 26 ≤, 🏠, « Cadre champêtre au bord de la Semois », 🏠 – Ⓟ – 🏃 30. AE ◑ E VISA. ✂ r

fermé 16 fév.-14 mars, mardi soir et merc. sauf en juil.-août et jours fériés – **R** 1100 – 200 – **15 ch** 1750/2350 – ½ P 1950/2150.

XX **Aub. de la Vallée** 🐦 avec ch, r. Fond des Naux 7, ☎ 31 11 40, Telex 42823, 🏠, « Jardin – TV ☎ Ⓟ – 🏃 30. AE ◑ E VISA. ✂ rest

fermé 2 janv.-15 fév. et dim. soir et lundi hors saison – **R** 1400 – ☕ 300 – **11 ch** 1600/20 – ½ P 1700/2700.

CITROEN r. Station 32c ☎ 311055
LADA r. France 54 ☎ 311016
RENAULT rte de France 62 ☎ 312991
VAG r. Arlon 20 ☎ 311056

FOREST (VORST) Brabant 213 ⑱ et 409 ㉑ – voir à Bruxelles.

FOSSES-LA-VILLE **5070** Namur 214 ④ et 409 ⑭ – 7 866 h. – ☎ 0 71.

◆Bruxelles 78 – ◆Namur 18 – ◆Charleroi 22 – ◆Dinant 30.

XX **Le Castel** avec ch, r. Chapitre 10, ☎ 71 18 12, 🏠 – TV ☎. AE ◑ E VISA

fermé vend., sam. midi, dim. soir, 2 sem. en été et 1 sem. carnaval – **R** 750/1750 – **10** ☕ 2010 – ½ P 1500.

FORD av. Albert Ier 37 ☎ 711196
GM (OPEL) av. des Déportés 36 ☎ 711161
VAG av. des Déportés 32 ☎ 711158

FRAHAN Luxembourg belge 214 ⑮ et 409 ㉔ – voir à Poupehan.

FRAIPONT **4870** Liège C Trooz 7 585 h. 213 ㉓ et 409 ⑮ – ☎ 0 87.

◆Bruxelles 119 – ◆Liège 18 – Spa 21 – Verviers 14.

XX **Aub. de Halinsart,** rte Nessonvaux-Banneux (E : 3 km), ☎ 26 85 32, Fax 26 71 84, ≤ vall de la Vesdre, 🏠 – Ⓟ. AE ◑ E VISA. ✂

fermé lundi, mardi, merc. et après 20 h 30 – **R** carte 1100 à 1500.

ROVER r. F. Roosevelt 249 ☎ 268201

FRAMERIES Hainaut 214 ② et 409 ⑫ – voir à Mons.

RANCORCHAMPS **4970** Liège [C] Stavelot 6 172 h. 213 ㉓, 214 ⑧ et 409 ⑯ - ✆ 0 87.

v. S : parcours★ de Francorchamps à Stavelot – ✈Bruxelles 146 – ✈Liège 47 – Spa 9.

Host. du Roannay, rte de Spa 155a, ✆ 27 53 11, Telex 49031, Fax 27 55 47, – TV ☎ P. AE ⓓ E VISA.
fermé du 4 au 20 mars et 18 nov.-18 déc. – **R** voir rest **Roannay** ci-après – 350 – **8 ch** 2900/4450.

Moderne, rte de Spa 129, ✆ 27 50 26, Fax 27 55 27 – TV ☎. AE ⓓ E VISA
fermé 2 sem. en mars, 2 sem. en sept et merc. hors saison – **R** carte 1100 à 1500 – **14 ch** 1300/2500 – ½ P 1900/2300.

XX ✿ **Le Roannay** (Aubinet) avec ch, **rte de Spa 155, ✆ 27 53 11, Telex 49031, Fax 27 55 47** – rest TV ☎ P. AE ⓓ E VISA.
fermé du 4 au 20 mars et 18 nov.-18 déc. – **R** *(fermé mardis non fériés)* carte 1900 à 2750 – 350 – **10 ch** 2300/3200.
Spéc. Terrine de foie gras maison aux airelles, Pigeonneau de Bresse aux queues d'écrevisses et basilic, Ris de veau meunière à la crème de persil et tomates.

XX **L'Eau Rouge,** r. Eau Rouge 287 (SE : 1 km sur circuit), ✆ 27 51 24, Fax 27 55 65, « Décoration luxueuse » – P. AE ⓓ E VISA.
fermé dim. soir, lundi, mardi, 2 sem. en juil., Noël et carnaval – **R** carte 1500 à 2600.

NAULT r. Eau Rouge 260a ✆ 275173

RASNES Namur 214 ③ ④ et 409 ㉓ – voir à Couvin.

ROIDCHAPELLE **6440** Hainaut 214 ③ et 409 ⑬ – 2 723 h. – ✆ 0 60.

ruxelles 97 – ✈Charleroi 44 – Chimay 12 – ✈Mons 49.

X **Le Rouzet,** Champs de Rance 4, ✆ 41 10 50 – P. AE E VISA
fermé dim. soir de nov. à mars, lundi, mardi et après 20 h – **R** carte env. 900.

DA r. Moulin 1b ✆ 411215

ROYENNES Hainaut 213 ⑮ et 409 ⑪ – voir à Tournai.

URNES West-Vlaanderen – voir Veurne.

GAND Oost-Vlaanderen – voir Gent.

GANSHOREN Brabant 213 ⑱ et 409 ⑬ – voir à Bruxelles.

GAVERE **9890** Oost-Vlaanderen 213 ④ et 409 ③ – 10 551 h. – ✆ 0 91.

Bruxelles 75 – ✈Gent 18 – Oudenaarde 14.

XXX ✿ **Deboeverie,** Baaigemstraat 2, ✆ 84 33 76, « Jardin fleuri » – P. AE E VISA.
fermé merc., sam. midi, 2 sem. en juil. et 1 sem. en nov. – **R** carte 2000 à 2700.
Spéc. Escalope de saumon grillé, sauce à l'orange et miel, Filet de St-Pierre aux petits légumes, Magret de canard aux figues fraîches.

ORD Gentsebaan 25 ✆ 841224
RENAULT Baaigemstraat 48 ✆ 841269

GEEL **2440** Antwerpen 213 ⑧ et 409 ⑤ – 32 106 h. – ✆ 0 14.

oir Mausolée★ dans l'église Ste-Dymphne (St-Dimpnakerk).

Bruxelles 66 – ✈Antwerpen 43 – ✈Hasselt 38 – ✈Turnhout 18.

XX **Goldlion Regency,** Gasthuisstraat 98, ✆ 58 25 34, Fax 58 18 19, Cuisine chinoise, Ouvert jusqu'à 23 h – P. AE ⓓ E VISA.
fermé mardi – **R** carte 750 à 1200.

XX **De Cuylhoeve,** Hollandsebaan 7 (S : 3 km, lieu-dit Winkelomheide), ✆ 58 57 35, « Fermette, environnement boisé » – P. E VISA
fermé merc., jeudi midi, sam. midi, dim., 11 juil.-14 août et 27 oct.-6 nov. – **R** carte env. 1400.

XX **De Vier Seizoenen,** Eindhoutseweg 23 (S : 6 km à Oosterlo), ✆ 54 81 70, – P. E VISA.
fermé sam. midi, dim. soir, lundi et du 1er au 22 juil. – **R** carte 1200 à 1600.

XX **De Waag,** Molseweg 2 (E : 1 km sur N 71), ✆ 58 62 20, – AE E VISA
fermé dim., lundi, juil. et du 8 au 16 fév. – **R** carte 1400 à 2100.

X **Keulsekar,** Keulsekarstraat 22, ✆ 58 03 08 – P. AE ⓓ E VISA.
fermé mardi, sam. midi et du 1er au 15 août – **R** carte env. 1000.

AT Dr. Vandeperrestraat 6 ✆ 588104
ORD Rijnstraat 134 ✆ 588998
M (OPEL) Antwerpseweg 59 ✆ 584436
ONDA Antwerpsesteenweg 91 ✆ 588371
AZDA Elsum 140 ✆ 580051
ITSUBISHI Winkelomseheide 235 ✆ 308595
ISSAN Antwerpseweg 81 ✆ 588723
PEUGEOT, TALBOT Molseweg 88 ✆ 580426
RENAULT Antwerpseweg 24 ✆ 589844
ROVER Pas 224 ✆ 588020
TOYOTA Antwerpseweg 83 ✆ 589658
VAG Antwerpseweg 73 ✆ 580271
VOLVO Molseweg 2 ✆ 588285

GELLINGEN Hainaut – voir Ghislenghien à Ath.

GEMBLOUX **5030** Namur 213 ⑲ ⑳ et 409 ⑭ – 18 557 h. – ✆ 0 81.

à Mazy S : 8 km, Ferme-château de Falnuée, chaussée de Nivelles 34 ✆ (0 81) 63 30 90.

♦Bruxelles 44 – ♦Namur 18 – ♦Charleroi 26 – Tienen 34.

Les 3 Clés, chaussée de Namur 17 (N 4), ✆ 61 16 17, Telex 59497, Fax 61 41 13 – ☎ Ⓟ – 25 ou plus. AE Ⓓ E VISA
R 595/1395 – 260 – **40 ch** 1690/2790.

XXX ✿ **Le Prince de Liège** (Garin), chaussée de Namur 96b (N 4), ✆ 61 12 44, Fax 61 42 44 Ⓟ. AE Ⓓ E VISA
fermé dim. soir, lundi, 3 sem. en août et 2 sem. carnaval – **R** carte 1900 à 2400.
Spéc. Salade des pêcheurs, Homard à la nage, sauce mousseline, Poêlée de foie d'oie au pommes et citron vert.

FORD chaussée de Namur 18 ✆ 611626
GM (OPEL) chaussée de Namur 104 ✆ 611692
MAZDA r. Combattants 89 ✆ 612335
RENAULT chaussée de Tirlemont-Zone industrielle ✆ 614061
VAG chaussée de Wavre 63 ✆ 610346
VOLVO chaussée de Wavre 259 ✆ 611902

GENK **3600** Limburg 213 ⑩ et 409 ⑥ – 61 499 h. – ✆ 0 11.

Voir Domaine provincial de Bokrijk★ : Musée de plein air★★ (Openluchtmuseum), Domaine récréatif★ : arboretum★ – Zoo★ de Zwartberg (Limburgse Zoo) N : 6 km.

Wiemesmeerstraat ✆ 35 96 16.

Fédération provinciale de tourisme, Domein Bokrijk ✆ 22 29 58.

♦Bruxelles 97 ⑥ – ♦Hasselt 12 ⑤ – ♦Maastricht 26 ③.

GENK

André Dumontlaan .. Y 2
Bergbeemdstraat .... Y 3
Camerlo .... Z 4
Emiel van Dorenlaan . Y 5
Europalaan .... YZ 6
Evence Coppéelaan .. Y 7
Fletersdel .... Z 8
Genkerweg (ZUTENDAAL) .... Z 9
Gildelaan .... Z 10
Grotestraat .... Z 12
Guill. Lambertlaan ... Y 14
Hasseltweg .... Z 15
Hoogstraat .... Z 16
Kempenseweg (ZUTENDAAL) .... Z 17
Koerweg .... Y 18
Kolderbosstraat ...... Z 19
Langerloweg .... Z 20
Maaseikerbaan ...... Y 21
Mispadstraat .... Y 24
Molenblookstraat (ZUTENDAAL) .... Z 25
Molenstraat .... Z 27
Mosselerlaan ...... Y 28
Nieuwstraat .... Z 29
Noordlaan .... Y 31
Onderwijslaan ..... Y 33
Rozenkranslaan ..... Z 35
Sledderloweg ...... Z 36
Stalenstraat .... Y 37
Swinnenweyerweg .... Z 38
Terboekt .... Z 39
Vennestraat ...... YZ 40
Westerring .... YZ 43
Wiemesmeerstraat ... Y 44
Winterslagstraat .... Y 46
Zuiderring .... Z 47

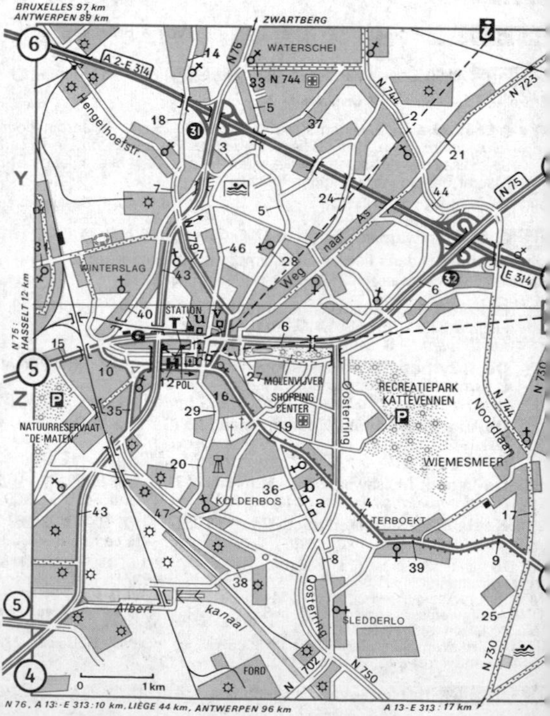

Les plans de villes sont disposés le Nord en haut.

Atlantis ⓢ, Sledderloweg 97, ℘ 35 65 51, Telex 39900, Fax 35 35 29 – TV ☎ ℗ – 35. AE ⓪ E VISA. ✂ Z **a**
fermé 24 déc.-15 janv. – **R** *(fermé dim.)* 700 – **18 ch** ☐ 1650/2310 – ½ P 1855/2350.

Europa, Sledderloweg 85, ℘ 35 42 74, Fax 35 75 79, ✂ – TV ☎ ⇔ ℗ – 25 à 100. VISA. ✂ Z **b**
fermé 15 août-1er sept – **R** *(fermé dim.)* carte env. 1100 – **19 ch** ☐ 1000/2000.

XX **Da Vinci,** Pastoor Raeymaekersstraat 3, ℘ 35 17 61 – AE ⓪ E VISA Z **v**
fermé mardi midi, sam. midi, dim. et du 7 au 28 juil. – **R** carte 1300 à 1500.

XX **St. Maarten,** Stationsstraat 13, ℘ 35 26 57, Fax 30 31 87, ☂ – AE ⓪ E VISA ✂ Z **r**
fermé du 10 au 25 mars, 28 juil.-12 août et lundi – **R** 1350/1750.

XX **Ludo's,** Europalaan 81, ℘ 35 74 67 – ▤. AE ⓪ E VISA Z **u**
fermé du 7 au 31 juil., prem. sem. janv., lundi et sam. midi – **R** carte 1100 à 1700.

X **'t Kneippke,** Hasseltweg 175 (par ⑤ : 1,5 km sur N 75), ℘ 35 17 09, ☂ – ℗. AE VISA
fermé sam. midi et sept – **R** carte 1000 à 1500.

dans le domaine provincial de Bokrijk :

XX **'t Koetshuis,** Bokrijklaan, ℘ 22 43 05, Fax 22 43 05, « Rustique flamand » – ℗. AE ⓪ E VISA. ✂
fermé mardi de sept à mai – **R** carte 800 à 1800.

LFA-ROMEO Onderwijslaan 105 ℘ 381916
MW Meeënweg 88 ℘ 351627
ITROEN E. Coppeelaan 40 ℘ 357731
IAT Weg naar As 364 ℘ 385222
ORD Hasseltweg 131 ℘ 351030
M (OPEL) Meeënweg 29 ℘ 358806
ADA Nieuwe Kuilenweg 69 ℘ 350856
ANCIA Vaartstraat 20 ℘ 363236
AZDA A. Dumontlaan 48 à Waterschei ℘ 383451
ITSUBISHI Paniswijerstraat 44 ℘ 351117
NISSAN Weg naar As 256 ℘ 355976
NISSAN Bosdel 88 ℘ 359419
PEUGEOT, TALBOT E. Coppeelaan 90 ℘ 362288
RENAULT Maaseikerbaan 39 ℘ 385521
RENAULT Vaartstraat 9 ℘ 358401
TOYOTA E. Vandorenlaan 51 à Waterschei ℘ 382417
VAG Hasseltweg 30 ℘ 355525
VAG André Dumontlaan 146 ℘ 382088
VOLVO Winterslagstraat 111 ℘ 352241

Gent – Gand

9000 🅿 Oost-Vlaanderen 213 ④ et 409 ③ – 232 620 h. agglomération – ✆ 0 91.

Voir Vieille ville★★★ (Oude Stad) : Beffroi★★★ (Belfort) EX **D** – Cathédrale St-Bavon★★ (St-Baafskathedraal) EX : Polyptyque★★★ de Van Eyck, Crypte★ – Quai aux Herbes★★★ (Graslei) EX **55** et Pont St-Michel (St-Michielsbrug) ≤★★★ EX **148** – Château des Comtes de Flandre★★ ('s Gravensteen) EX – Petit Béguinage★ (Klein Begijnhof) FY **B**.

Musées : des Beaux-Arts★★ (Museum voor Schone Kunsten) EZ – de la Byloke★★ (Bijloke Museum) EY – du Folklore★ (Museum voor Volkskunde) : cour★ intérieure de l'hospice des Enfants Alyn EX **M1**.

18 à St-Martens-Latem par ⑧ SO : 9 km, Latemstraat 120 ✆ (0 91) 82 54 11.

Stadhuis-krypte, Botermarkt ✆ 24 15 55 – Fédération provinciale de tourisme, Koningin Maria-Hendrikaplein 64 ✆ 22 16 37.

◆Bruxelles 55 ⑤ – ◆Antwerpen 60 ③ – Lille 71 ⑦.

Plans de Gent

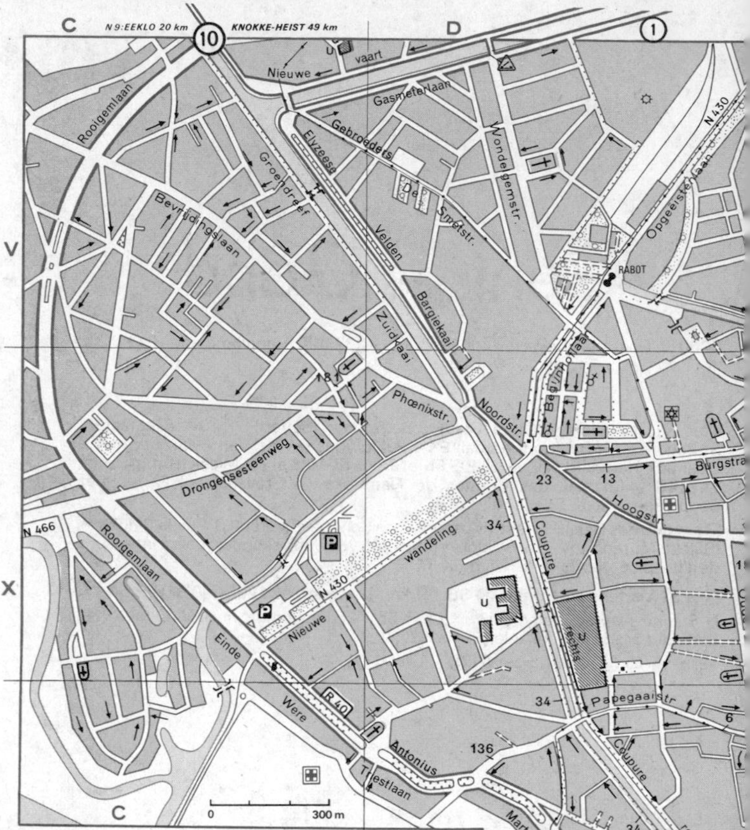
C
N 9: EEKLO 20 km
10
KNOKKE-HEIST 49 km
D
1
Nieuwe
vaart
Gasmeterlaan
Gebroeders
Rooigemlaan
Groendreef
Elyzeese
Velden
De Smetstr.
Wondelgemstr.
N 430
Opgeeistenlaan
RABOT
V
Bevrijdingslaan
Bargiekaai
Zuidkaai
Begijnhoflaan
Phœnixstr.
Noordstr.
181
Drongensesteenweg
23
13
Burgstra
Hoogstr.
N 466
Rooigemlaan
34
Coupure
wandeling
N 430
X
Nieuwe
rechts
Einde
Were
R 40
34
Papegaaistr.
6
Antonius
136
Coupure
Triestlaan
0
300 m
C
Martelaarslaan
34
rechts

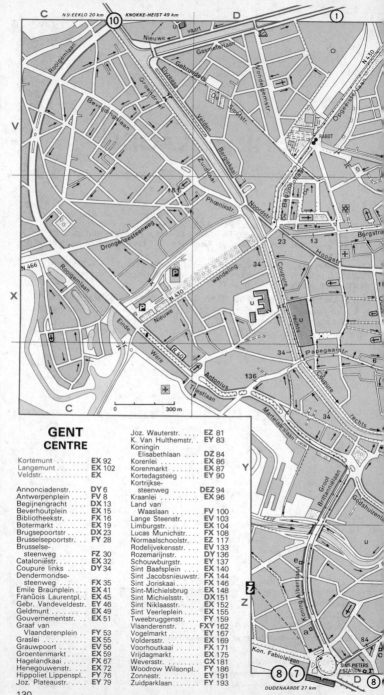

GENT
CENTRE

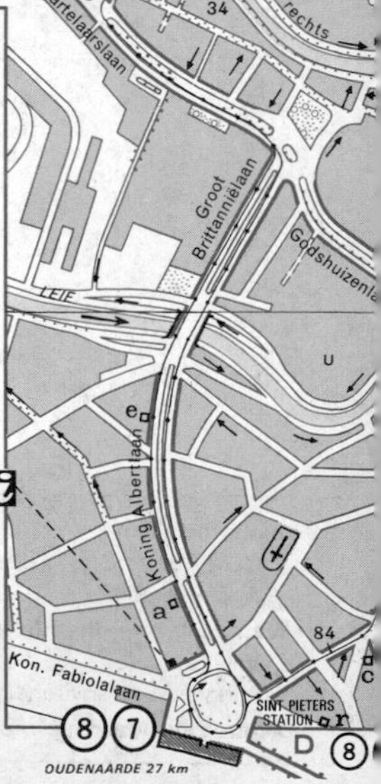
Y
Groot Brittannielaan
Godshuizenlaan
LEIE
Koning Albertlaan
Z
84
Kon. Fabiolalaan
8
7
SINT PIETERS STATION
D
8
OUDENAARDE 27 km

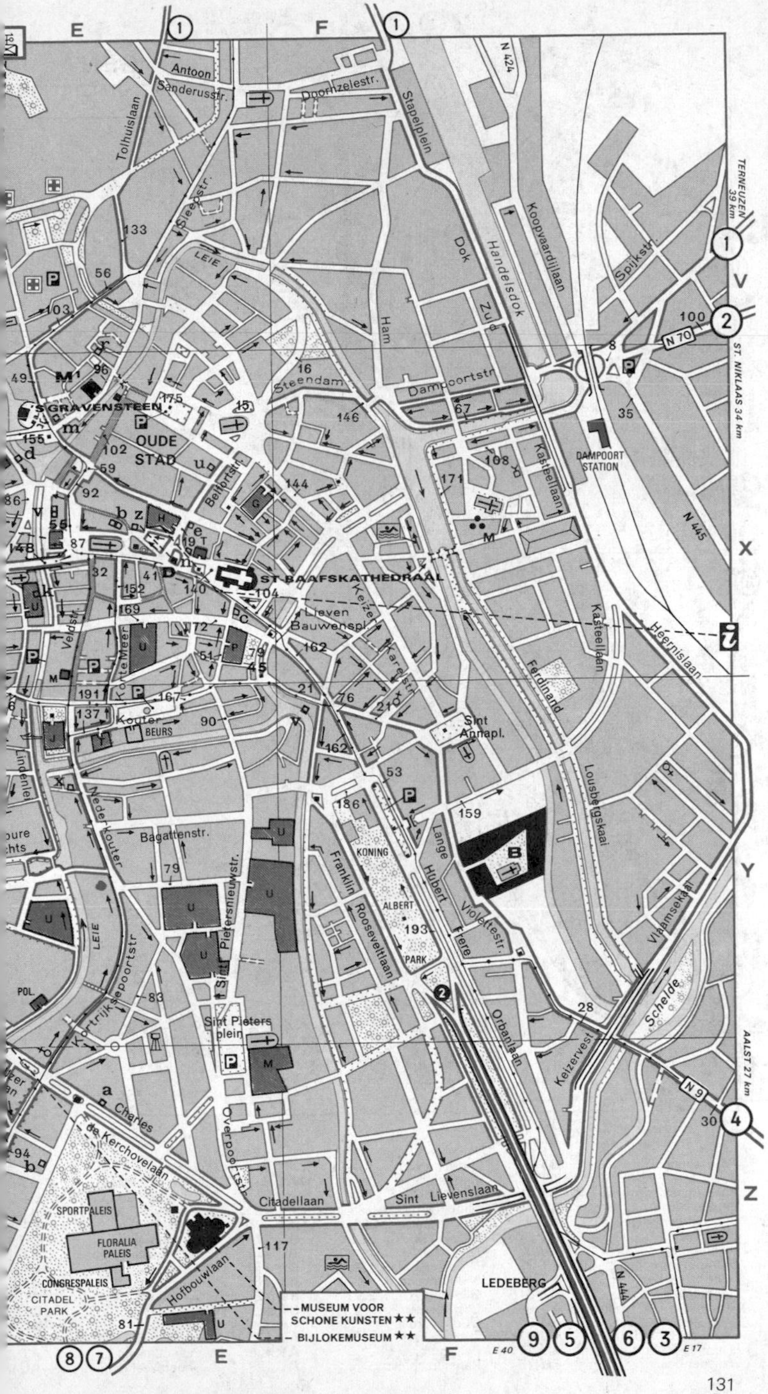
E
F
Antoon
Sanderusstr.
Doornzelestr.
Stapelplein
Tolhuislaan
Steenstr.
LEIE
Dok
Handelsdok
Koopvaardijlaan
Zuid
Spijkstr.
TERNEUZEN 39 km
ST. NIKLAAS 34 km
N 424
N 70
N 445
Ham
Steendam
Dampoortstr.
'S GRAVENSTEEN
OUDE STAD
DAMPOORT STATION
Kasteellaan
Belfortstr.
ST BAAFSKATHEDRAAL
Keizer Karelstr.
Lieven Bauwenspl.
Heernislaan
Ferdinand
Sint Annapl.
Veldstr.
Korte Meer
Kouter
BEURS
Lindenlei
Nederkouter
Bagattenstr.
Sint Pietersnieuwstr.
Franklin
Rooseveltlaan
KONING ALBERT PARK
Lange Hubert Frère
Violettestr.
Lousbergskaai
Vlaamsekaai
Schelde
Orbanlaan
Keizervest
AALST 27 km
N 9
Kortrijksepoortstr.
Sint Pieters plein
POL.
Charles de Kerchovelaan
Overpoortstr.
Citadellaan
Sint Lievenslaan
SPORTPALEIS
FLORALIA PALEIS
CONGRESPALEIS
CITADEL PARK
Hofbouwlaan
LEDEBERG
N 444
MUSEUM VOOR SCHONE KUNSTEN ★★
BIJLOKEMUSEUM ★★
E 40
E 17
V
X
Y
Z

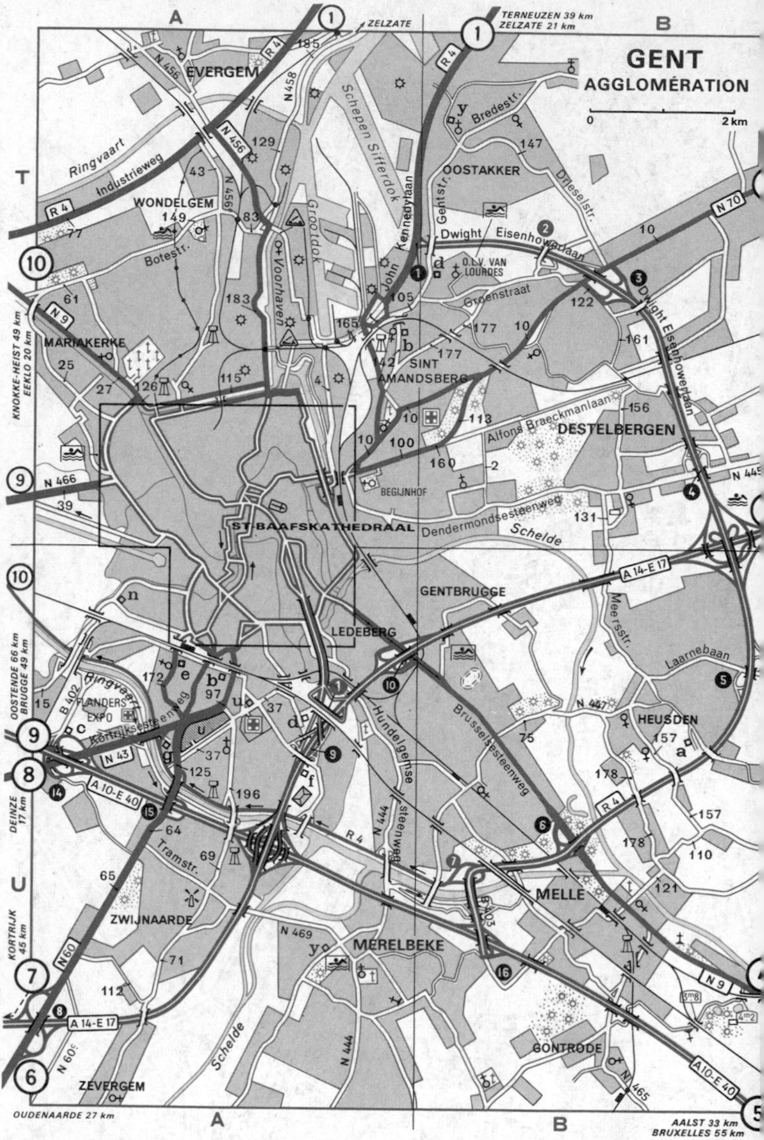

Admiraalstr. . . . . BT 2
Afrikalaan . . . . AT 4
Antwerpsesteenweg . . . . ABT 10
Beukenlaan . . . . AU 15
Brugsesteenweg . . . . AT 25
Brugsevaart . . . . AT 27
De Pintelaan . . . . AU 37
Drongensesteenweg . . . . . AT 39
Evergemsesteenweg . . . . . AT 43
Groenestaakstr. . . . . AT 61
Grotesteenweg Noord . . . AU 64
Grotesteenweg Zuid . . . . AU 65
Heerweg Noord . . . . AU 69
Heerweg Zuid . . . . AU 71
Heusdenbaan . . . . BU 75

Industrieweg . . . . AT 77
Kapiteinstr. . . . . AT 83
Krijgslaan . . . . AU 97
Land van Waaslaan . . . . . AT 100
Lourdesstr. . . . . AT 105
Moerstraat . . . . BU 110
Mijlgrachtstr. . . . . AU 112
Nieuwelaan . . . . BT 113
Nieuwevaart . . . . AT 115
Oeverbaan . . . . BU 121
Orchideestr. . . . . BT 122
Oudenaardse-
steenweg . . . . AU 125
Palinghuizen . . . . AT 126
Pantserschipstr. . . . . AT 129

Reinaertweg . . . . BT 1
Sint Bernadettestr. . . . . . AT 1
Sint Laurentiuslaan . . . . BT 1
Sint Markoenstr. . . . . AT 1
Stationsstr. . . . . BT 1
Steenvoordestr. . . . . BU 1
Victor Braeckmanlaan . . . BT 1
Vigliusstr. . . . . BT 1
Vliegtuiglaan . . . . AT 1
Voskenslaan . . . . AU 1
Waterstr. . . . . BT 1
Wellingstr. . . . . BU 1
Wiedauwkaai . . . . AT 1
Wondelgemkaai . . . . AT 1
Zwijnaardsesteenweg . . . . AU 1

Novotel Centrum, Gouden Leeuwplein 5, ℘ 24 22 30, Telex 11400, Fax 24 32 95, – ch – 25 à 150. AE E VISA EX **z**
R (ouvert jusqu'à minuit) carte 750 à 1400 – 400 – **117 ch** 3950/4450.

Gravensteen sans rest, Jan Breydelstraat 35, ℘ 25 11 50, Telex 11617, Fax 25 18 50, « Demeure du 19e s. » – – 25. AE E VISA EX **p**
17 ch 2800/4500.

St. Jorishof, Botermarkt 2, ℘ 24 24 24, Telex 12738, Fax 24 26 40 – – 25. AE E VISA. rest EX **e**
fermé fin juil.-début août et 3 sem. en déc. – **R** (Salle flamande du 13e s.) *(fermé dim.)* 1050/1250 – **36 ch** 2050/3900.

Alfa Flanders, Koning Albertlaan 121, ℘ 22 60 65, Telex 12404, Fax 20 16 05 – ch rest – 25 à 70. AE E VISA. rest DZ **e**
R 1250/1500 – **42 ch** 4250/7180.

Astoria sans rest, Achilles Musschestraat 39, ℘ 22 84 13, Fax 20 47 87 – . AE E VISA. AU **b**
15 ch 2000/3000.

Himatel sans rest, Blankenbergestraat 2, ℘ 20 15 15, Fax 21 97 66 – – 30. AE E VISA DZ **c**
200 – **32 ch** 2100/2400.

Ibis, Limburgstraat 2, ℘ 33 00 00, Telex 11299, Fax 33 10 00 – – 25 à 40. AE E VISA EX **c**
R 675 – **120 ch** 2800/3300.

Carlton sans rest, Koningin Astridlaan 138, ℘ 22 88 36, Telex 11339, Fax 20 49 92 – . AE E VISA DZ **r**
24 ch 2160/2595.

Arcade sans rest, Nederkouter 24, ℘ 25 07 07, Telex 11655, Fax 23 59 07 – – 90. AE E VISA EY **x**
134 ch 2500/3000.

Jan Van den Bon, Koning Leopold II laan 43, ℘ 21 90 85 – AE E VISA EZ **b**
fermé sam. midi, dim., jours fériés, 15 juil.-15 août et 24 déc.-7 janv. – **R** 1620.

De Drabklok, Drabstraat 30, ℘ 25 11 10 – AE E VISA EX **f**
fermé dim., lundi, 3 dern. sem. juil. et 2 dern. sem. janv. – **R** carte 2000 à 2500.

De Gouden Klok, Koning Albertlaan 31, ℘ 22 99 00 – . AE E VISA. DZ **a**
fermé dim. non fériés, merc. et 3 dern. sem. août – **R** carte 1200 à 1800.

Het Pand 1er étage, Onderbergen 1, ℘ 25 01 80, Telex 12197, Fax 24 35 17, « Dans ancien cloître de Dominicains » – . AE E VISA. EX **k**
fermé sam. midi, dim., jours fériés, 2 dern. sem. juil.-prem. sem. août et Noël-Nouvel An – **R** carte 1650 à 2400.

Jan Breydel, Jan Breydelstraat 10, ℘ 25 62 87 – AE E VISA EX **d**
fermé dim., lundi midi, jours fériés, 13 août-3 sept et carnaval – **R** 1500.

Grade, Charles de Kerchovelaan 81, ℘ 24 43 85, Fax 33 11 29, – AE E VISA EZ **a**
fermé dim. et lundi – **R** carte 1800 à 2300.

Het Cooremetershuys, Graslei 12, ℘ 23 49 71, Fax 23 49 71, « Maison ancienne du 17e s. » – AE E VISA EX **v**
fermé du 1er au 9 avril, 15 juil.-août, du 22 au 30 déc., dim. et lundi – **R** 1450.

Georges, Donkersteeg 23, ℘ 25 19 18, Produits de la mer – AE E VISA EX **b**
fermé lundi, mardi et 22 mai-20 juin – **R** carte 1200 à 2000.

Patijntje, Gordunakaai 91, ℘ 22 32 73 – AU **n**
fermé dim., lundi, 21 juil.-5 août et 25 déc.-5 janv. – **R** carte 1200 à 1600.

Graslei, Graslei 7, ℘ 25 18 00, – AE E VISA EX **v**
fermé mardi soir, merc. et 3 prem. sem. sept – **R** carte env. 2000.

De Kruik, Donkersteeg 5, ℘ 25 71 01 – AE E VISA EX **b**
fermé merc., jeudi et du 7 au 28 sept – **R** carte 1300 à 1800.

Promenade, Brabantdam 72 (dans une galerie commerçante), ℘ 25 72 68, – AE E VISA FY **v**
fermé dim. soir, lundi du 5 au 22 août – **R** carte 800 à 1300.

De Acht Zaligheden, Oudburg 4, ℘ 24 31 97, – AE E VISA EX **h**
fermé sam. midi, dim. et lundi – **R** carte 900 à 1400.

De Blauwe Zalm, Hertogstraat 4 (transfert prévu Vrouwebroersstraat 2), ℘ 24 08 52, Produits de la mer – AE E VISA EVX **r**
fermé sam. midi, dim., lundi midi, jours fériés et 2e quinz. juil. – **R** carte 1000 à 1900.

't Buikske Vol, Kraanlei 17, ℘ 25 18 80 – AE E VISA EX **m**
fermé sam. midi, dim., fin fév.-début mars et 2 prem. sem. août – **R** carte 1200 à 1700.

Central-Au Paris, Botermarkt 10, ℘ 23 97 75 – AE E VISA EX **n**
fermé mardi soir, merc., 1re quinz. juil. et sem. carnaval – **R** 850.

au Nord-Est :

XXX **Ter Toren,** Sint-Bernadettestraat 626, ✆ 51 11 29, ☂, « Parc ombragé » – **P**. AE ⓪ VISA. ✻ AT
fermé dim. soir, lundi, merc. soir et sept – **R** carte 1100 à 2050.

au Sud :

Holiday Inn, Ottergemsesteenweg 600, ✆ 22 58 85, Telex 11756, Fax 20 12 22, ≘s, ✂ – |♦| ⇹ ch ▤ ▤ TV ☎ ♿ **P** – ♣ 25 à 220. AE ⓪ E VISA. ✻ rest AU
R carte 1100 à 1600 – ☕ 400 – **167 ch** 4250/5925.

Ascona sans rest, Voskenslaan 105, ✆ 21 27 56, Fax 21 47 01 – |♦| TV ☎ ⇔ **P**. AE E VISA. ✻ AU
36 ch ☕ 2150/2800.

Condor, Ottergemsesteenweg 703, ✆ 21 80 41, Telex 13887, Fax 20 40 84, ☂ – |♦| TV **P** – ♣ 25 à 100. AE ⓪ E VISA. ✻ rest AU
R carte 1200 à 1600 – **48 ch** ☕ 2250/2800.

XXX ✿✿ **Apicius** (Slawinsky), Maurice Maeterlinckstraat 8, ✆ 22 46 00, « Jardin » – AE ⓪ VISA ✻ AU
fermé sam. midi, dim., 1 sem. Pâques et 21 juil.-15 août – **R** carte 2200 à 4000.
Spéc. Barbue aux copeaux de thon, Roulade de bœuf, Macaronade de glace au chocolat

X **Aton,** De Pintelaan 86 (transfert prévu 08/91), ✆ 21 69 26, ☂ – AE ⓪ E VISA ✻
fermé sam. midi, dim. soir, lundi soir, jours fériés soirs et 29 juil.-21 août – **R** carte 750 1300. AU

à Afsnee O : 6 km Ⓒ Gent – ✉ 9051 Afsnee – ⊛ 0 91 :

Charl's Inn ⑤ sans rest, Autoweg Zuid 4 (près E 40 - sortie 14), ✆ 20 30 93, Fax 21 26 .., « Villa avec jardin » – TV ☎ ⇔ **P**. AE ⓪ E VISA
9 ch ☕ 1800/3000.

XXX **Nenuphar,** Afsnee dorp 28, ✆ 22 45 86, ≤, « Au bord de la Lys (Leie) » – ▤. AE E VISA ✻ par Beukenlaan AU
fermé du 12 au 27 avril, 20 août-11 sept, mardi et merc. – **R** 1150.

à Beervelde Ⓒ Lochristi 16 945 h. – ✉ 9080 Beervelde – ⊛ 0 91 :

XX **Renardeau,** Dendermondsesteenweg 19, ✆ 55 77 77, Fax 55 22 94, ☂ – **P**. AE ⓪ E VISA
fermé dim. et lundis non fériés et 21 juil.-22 août – **R** carte 1500 à 2100. BT

à Heusden Ⓒ Destelbergen 16 211 h. – ✉ 9070 Heusden – ⊛ 0 91 :

XX **Rooselaer,** Berenbosdreef 18 (par R4 - sortie 5), ✆ 31 55 13, ☂, « Terrasse et jardin fleuris » – **P**. AE ⓪ E VISA. ✻ BU
fermé mardi soir, merc. et du 7 au 31 oct. – **R** carte env. 1800.

XX **La Fermette,** Dendermondsesteenweg 822, ✆ 55 60 24 – **P**. AE ⓪ E VISA BT
fermé dim. soir, lundi et 16 août-4 sept – **R** carte 1250 à 1900.

à Merelbeke – 19 839 h. – ✉ 9820 Merelbeke – ⊛ 0 91 :

XXX **Mauro,** Gaveresteenweg 182, ✆ 31 79 28, ☂, « Jardin » – **P**. AE ⓪ E VISA. ✻
fermé dim. soir, lundi et 15 juil.-15 août – **R** carte 1500 à 2100. AU

à Oostakker Ⓒ Gent – ✉ 9041 Oostakker – ⊛ 0 91 :

XXX **St. Bavo,** Dorp 18, ✆ 51 35 34 – AE ⓪ E VISA ✻ BT
fermé dim. soir, lundi, jeudi soir et mi-juil.-mi-août – **R** carte 1600 à 2200.

XX **'t Boerenhof,** Gentstraat 2, ✆ 51 03 14, Fax 51 07 72, ☂ – **P**. AE ⓪ E VISA BT
fermé lundi soir, mardi soir et merc. – **R** 590/1240.

à De Pinte par ⑧ : 8 km – 9 153 h. – ✉ 9720 De Pinte – ⊛ 0 91 :

XX **Te Lande,** Baron de Gieylaan 112, ✆ 82 42 00 – ▤ **P**. AE ⓪ E VISA
fermé mardi, merc., sam. midi, 2e quinz. août et 2e quinz. fév. – **R** carte 1500 à 2200.

à Sint-Denijs-Westrem Ⓒ Gent – ✉ 9051 Sint-Denijs-Westrem – ⊛ 0 91 :

Sterling sans rest, Maaltekouter 3 (Expo), ✆ 41 41 11, Telex 12990, Fax 41 44 99, ≘s, ✂ – |♦| ⇹ ▤ TV ☎ ♿ **P** – ♣ 25 à 200. AE ⓪ E VISA AU
188 ch ☕ 4700/5900.

X **Oranjehof,** Kortrijksesteenweg 1177 (par ⑧ : 6 km), ✆ 22 79 07 – **P**. AE ⓪ E VISA
fermé sam. midi, dim. soir, lundi, 2e quinz. août et 2e quinz. fév. – **R** 1100/1700.

ALFA-ROMEO Lange Violettestraat 172 ✆ 251230
ALFA-ROMEO Fr. Gevaertstraat 17 à St-Amandsberg ✆ 511832
BMW Fraterstraat 98 à Merelbeke ✆ 308013
BMW Dendermondsesteenweg 30 ✆ 287301
CITROEN Kortrijksesteenweg 200 ✆ 221022
FIAT Zwijnaardsesteenweg 143 ✆ 202131
FIAT Industrieweg 6 à Wondelgem ✆ 532266
FORD Brusselsesteenweg 506 à Ledeberg ✆ 312231
GM (OPEL) Brugsepoortstraat 17 ✆ 255320
GM (OPEL) Brusselsesteenweg 125 à Ledeberg ✆ 305815
HONDA Bargiekaai 26 ✆ 251394
LADA Kortrijksesteenweg 1178 à St-Denijs-Westrem ✆ 212196
LADA Lange Violettenstraat 285 ✆ 255617
LANCIA Brusselsepoortstraat 90 ✆ 240255
LANCIA Kortrijksesteenweg 1030 à St-Denijs-Westrem ✆ 216111
MAZDA Koopvaardijlaan 54 ✆ 239980

:DA Hundelgemsesteenweg 248 à Merelbeke 309091
RCEDES-BENZ Afrikalaan 208 ✆ 500511
SUBISHI Kromme Wal 5 ✆ 255050
SUBISHI Antwerpsesteenweg 651 à St-andsberg ✆ 283583
SUBISHI Meulesteedsesteenweg 15 513817
SAN Vlaamse Kaai 125 ✆ 252493
SAN Ferrerlaan 106 ✆ 264300
SAN Antwerpsesteenweg 683 à St-andsberg ✆ 281005
IGEOT, TALBOT Einde Were 1 ✆ 358711
IAULT Brusselsesteenweg 135 à Ledeberg 303081
/ER Doornzelestraat 31 ✆ 230384
/ER Brugsesteenweg 93 ✆ 263979
ROVER Brusselsesteenweg 212 à Ledeberg ✆ 310995
TOYOTA Harm 53 ✆ 257833
TOYOTA Gentbruggestraat 167 à St-Amandsberg ✆ 286856
TOYOTA Brugsesteenweg 94 ✆ 267603
VAG Leiekaai 17 ✆ 261901
VAG Dendermondsesteenweg 90 à Destelbergen ✆ 281583
VAG Brusselsesteenweg 374 à Ledeberg ✆ 310189
VAG Zwijnaardesteenweg 33 à Merelbeke ✆ 306535
VAG Oudenaardsesteenweg 43 à Zwijnaarde ✆ 222325
VAG Doornzelestraat 21 ✆ 234567
VOLVO IJzerweglaan 101 ✆ 301111

ENVAL **1332 Brabant** C **Rixensart 20 191 h. 213 ⑲ et 409 ⑬ – ✆ 0 2.**

uxelles 21 – ◆Charleroi 42 – ◆Namur 52.

Château du Lac ⑤, av. du Lac 87, ✆ 654 11 22, Fax 653 62 00, ← lac et paysage boisé, ✂ – |‡| TV ☎ P – 25 ou plus. AE ⓪ E VISA
R voir rest **Le Trèfle à 4** ci-après – **38 ch** ☐ 6700/7800.

Le Manoir ⑤ sans rest, av. Hoover 4, ✆ 655 63 11, Fax 655 64 55, ←, « Parc », ≘s, ✂ – TV ☎ P – 25. AE ⓪ E VISA
12 ch ☐ 6700/7800.

XX ⚘⚘ **Le Trèfle à 4** (Haquin) - H. Château du Lac, av. du Lac 87, ✆ 654 07 98, Fax 653 62 00, ← lac et paysage boisé – P. AE ⓪ E VISA
fermé lundi, mardi et 7 janv.-8 fév. – **R** carte 2200 à 3250.
Spéc. Poêlée de langoustines, buisson de légumes et herbes frites, Viennoise de turbotin et beurre blanc, Pigeonneau en bécasse.

X **Le Caraquin du Lac,** av. du Lac 100, ✆ 654 12 18, ← lac, 🌂 – P. AE E
fermé lundi midi hors saison, lundi soir et 17 fév.-1er mars – **R** carte 1100 à 1700.

X **L'Amandier,** r. Limalsart 9, ✆ 653 06 71, Fax 652 09 06 – ▤ P. ⓪ E. ✂
fermé lundi soir, mardi, sam. midi et 2e quinz. août – **R** carte 1450 à 1950.

X **Le Clos Gourmand,** r. Vallon 75, ✆ 653 97 59, 🌂 – AE ⓪ E
fermé sam. midi, dim. soir et lundi – **R** carte 900 à 1250.

FA-ROMEO r. Sablière 9 ✆ 6532272
IW av. Albert Ier 327 ✆ 6541314
AT r. Tasnière 60 ✆ 6535695
NISSAN av. Albert Ier 304 ✆ 6538703
RENAULT av. Albert Ier 20 ✆ 6539961
VAG pl. Communale 56 ✆ 6537933

ERAARDSBERGEN **(GRAMMONT) 9500 Oost-Vlaanderen 213 ⑰ et 409 ⑫ – 30 081 h. – 0 54.**

ir Site★.

Stadhuis ✆ 41 41 21.

ruxelles 42 – ◆Gent 41 – ◆Mons 43.

X **Deli's,** Markt 12, ✆ 41 44 76 – AE ⓪ E VISA
fermé du 1er au 12 avril, du 2 au 27 sept, jeudi et vend. – **R** (déjeuner seult sauf week-end) carte 750 à 1200.

FA-ROMEO Boelarestraat 68 ✆ 413540
TROEN Astridlaan 143 ✆ 411539
AT, LANCIA Astridlaan 101 ✆ 413645
M (OPEL) Grote Weg 51 ✆ 412616
AZDA Gentsestraat 248 ✆ 414347
TSUBISHI, LADA Astridlaan 175-Indus-epark ✆ 418798
NISSAN Astridlaan 226 ✆ 412749
PEUGEOT, TALBOT Weverijstraat 121 ✆ 412450
RENAULT Aalstsesteenweg 52 ✆ 411230
VAG Astridlaan 98 ✆ 414401

ERPINNES **Hainaut 214 ③ et 409 ⑬ – voir à Charleroi.**

ESVES **5340 Namur 214 ⑤ ⑥ et 409 ⑭ – 4 652 h. – ✆ 0 83.**

ruxelles 81 – ◆Namur 20 – ◆Dinant 30 – ◆Liège 53 – Marche-en-Famenne 31.

La Pichelotte ⑤, r. Pichelotte 5, ✆ 67 78 21, Fax 67 70 53, 🌂, « Cadre champêtre », ⊡, ⛟, ✂ – |‡| TV ☎ P – 25 à 414. AE ⓪ E VISA
R 1095/1495 – **60 ch** ☐ 1640/2380 – ½ P 1900/2100.

XX **L'Aubergesves** ⑤ avec ch, Pourrain 4, ✆ 67 74 17, ←, 🌂, « Rustique » – P. AE ⓪ E VISA
fermé du 9 au 19 sept, janv.-fév. sauf week-end, lundi d'oct. à Pâques et mardi – **R** carte 1600 à 2000 – ☐ 300 – **6 ch** 2000.

HISLENGHIEN **(GELLINGEN) Hainaut 213 ⑰ et 409 ⑫ – voir à Ath.**

GILLY Hainaut 214 ③ et 409 ⑬ – voir à Charleroi.

GISTEL West-Vlaanderen 213 ② et 409 ① – voir à Oostende.

GITS West-Vlaanderen 213 ② et 409 ② – voir à Roeselare.

GLABAIS **1473** Brabant © Genappe 12 235 h. 213 ⑲ et 409 ⑬ – ✆ 0 67.
◆Bruxelles 29 – ◆Charleroi 26 – Nivelles 12.

XXX **Michel Close,** chaussée de Bruxelles 44, ✆ 77 17 54, ←, « Villa avec jardin » – Ⓟ. Ⓓ E VISA
fermé merc., jeudi midi, sept et sem. carnaval – **R** carte 1700 à 2100.

GODINNE **5530** Namur © Yvoir 6 739 h. 214 ⑤ et 409 ⑭ – ✆ 0 82.
◆Bruxelles 82 – ◆Dinant 11 – ◆Namur 17.

Au Chambéry, r. Grande 48, ✆ 61 15 22, ← – VISA
fermé 19 sept-18 oct., merc. et jeudi du 20 oct. à 15 juin – **R** 750 – **7 ch** ⊐ 850/115
½ P 1400/1550.

GOSSELIES Hainaut 214 ③ et 409 ⑬ – voir à Charleroi.

GOZÉE **6534** Hainaut © Thuin 14 100 h. 214 ③ et 409 ⑬ – ✆ 0 71.
◆Bruxelles 73 – ◆Mons 39 – Beaumont 13 – ◆Charleroi 13.

XX **Les Buissonnets,** r. Leernes 2 (à l'abbaye d'Aulne NO : 6 km), ✆ 51 51 85, Fax 51 62
, « Terrasse fleurie » – Ⓟ. E VISA
fermé 16 août-5 sept, mardi soir et merc. ; de nov. à Pâques déjeuner seult sauf week-
et jours fériés – **R** 750/1395.

GRAMMONT Oost-Vlaanderen – voir Geraardsbergen.

GRAND-HALLEUX Luxembourg belge 214 ⑧ et 409 ⑯ – voir à Vielsalm.

GRANDRIEU Hainaut 214 ② et 409 ⑬ – voir à Beaumont.

's-GRAVENBRAKEL Hainaut – voir Braine-le-Comte.

GRIMBERGEN Brabant 213 ⑥ et 409 ④ ㉑ – voir à Bruxelles, environs.

GROOT-BIJGAARDEN Brabant 213 ⑱ et 409 ⑬ – voir à Bruxelles, environs.

GULLEGEM **8560** West-Vlaanderen © Wevelgem 30 291 h. 213 ⑮ et 409 ⑪ – ✆ 0 56.
◆Bruxelles 91 – ◆Brugge 48 – ◆Kortrijk 6 – Lille 27.

XX **Gouden Kroon,** Wevelgemstraat 41, ✆ 40 04 76, – Ⓟ. AE E VISA. ✻
fermé merc. soir, jeudi soir, sam. midi, dim. soir, 29 juil.-9 août, 26 et 27 déc. – **R** carte 16
à 2100.

MAZDA Driemastenstraat 103 ✆ 414807 TOYOTA Westakker 101 ✆ 414980

De HAAN **8420** West-Vlaanderen 213 ② et 409 ② – 9 498 h. – ✆ 0 59 – Station balnéai
18 Koninklijke baan 2 ✆ 23 32 83.
◆Bruxelles 113 – ◆Brugge 22 – ◆Oostende 12.

Aub. des Rois-Beach H., Zeedijk 1, ✆ 23 30 18, Fax 23 60 78, ←, – TV ☎ Ⓟ. VISA. ✻
fermé 5 nov.-19 déc. et du 5 au 31 janv. – **R** 1200/1850 – **24 ch** ⊐ 2200/3500
½ P 2400/3000.

Des Dunes sans rest, Leopoldplein 5, ✆ 23 31 46, – ☎. ✻
sem. carnaval et Pâques-5 nov. – **21 ch** ⊐ 1900/3500.

Carpe Diem , Prins Karellaan 12, ✆ 23 32 20, Fax 23 33 96, , , , – TV
Ⓟ. AE E VISA. ✻
mars-15 oct., Noël et Nouvel An – **R** *(fermé dim.)* 750/1650 – **14 ch** ⊐ 2900/3900
½ P 2800/3900.

Gd H. Belle Vue, Koningsplein 5, ✆ 23 34 39, – Ⓟ. E VISA
15 mars-15 oct. – **R** 600/950 – **46 ch** ⊐ 2500 – ½ P 1350/1750.

Internos, Leopoldlaan 12, ✆ 23 35 79, Fax 23 54 43 – TV ☎ Ⓟ. AE Ⓓ E VISA
R *(15 mars-6 oct. ; fermé merc. de mars à juin)* carte env. 1000 – **14 ch** ⊐ 1600/230
½ P 1500/1800.

De Gouden Haan sans rest, B. Murillolaan 1, ✆ 23 32 32 – ☎ Ⓟ
11 ch ⊐ 1500/2200.

XX **Au Bien Venu,** Driftweg 14, ✆ 23 32 54 – AE ⓓ E VISA
fermé merc. de juin à oct., mardi soir et merc. en hiver – **R** carte 1200 à 1850.

XX **Lotus** ⑤ avec ch, Tollenslaan 1, ✆ 23 34 75, 🍽 – TV ☎ Ⓟ. AE ⓓ E VISA. ✱ rest
fermé merc. et fév. – **R** *(fermé merc. et dim. soir)* (dîner seult sauf dim. et jours fériés) 1495 – ☐ 250 – **10 ch** 2700 – ½ P 3300/3900.

XX **Le Coeur Volant,** Normandielaan 25, ✆ 23 35 67, 🍽, « Jardin » – AE E VISA
15 mars-5 oct. et week-end ; fermé mardi et du 5 au 29 oct. – **R** carte 1600 à 2300.

à Klemskerke S : 5,5 km Ⓒ De Haan – ✉ 8420 Klemskerke – ☎ 0 59 :

X **De Piewitte,** Brugsebaan 5, ✆ 23 63 99, ←, 🍽 – Ⓟ. AE ⓓ E VISA
fermé du 1er au 6 juil., du 26 au 30 août, du 21 au 26 oct., du 7 au 12 janv., lundi et mardi – **R** 995/1295.

à Vlissegem SE : 2,5 km Ⓒ De Haan – ✉ 8421 Vlissegem – ☎ 0 59 :

🏠 **Warvinge** ⑤, Warvinge 60, ✆ 23 47 91, 🍽, 🍽 – TV ☎ Ⓟ. AE ⓓ E VISA. ✱ rest
fermé dim. – **R** carte env. 1400 – **10 ch** ☐ 1800/2800.

LADA Nieuwe Steenweg 183 à Klemskerke ✆ 233109

HABAY-LA-NEUVE 6720 Luxembourg belge Ⓒ Habay 6 003 h. 214 ⑰ et 409 ㉕ – ☎ 0 63.

Bruxelles 185 – ◆Arlon 14 – ◆ Bastogne 37 – ◆Luxembourg 40 – Neufchâteau 22.

🏠 **Château du Pont d'Oye** ⑤, (E : 2 km par N 87), ✆ 42 21 48, Fax 42 35 88, ←, « Environnement boisé », 🍽 – Ⓟ – 🔔 25 à 150. AE E VISA. ✱ rest
fermé 2 sem. carnaval et dim. soirs et lundis non fériés sauf en juil.-août – **R** carte 1500 à 1800 – **10 ch** ☐ 1550/3000.

XX ✿ **Les Forges du Pont d'Oye** (Thiry) (annexe Les Ardillières - 9 ch ☐ 3200/5500), r. Pont d'Oye 6 (E : 2 km par N 87), ✆ 42 22 43, ←, « Environnement boisé » – Ⓟ. VISA
fermé 3 sem. en sept et début janv.-10 fév. – **R** *(fermé mardi et merc. midi)* carte 2300 à 2900.
Spéc. Homard en coque, Gibiers en saison, Confit de canard maison.

X **Tante Laure,** r. Emile-Baudrux 6, ✆ 42 23 63 – AE ⓓ E VISA
fermé merc. soir, jeudi, prem. sem. oct. et fév. – **R** 600/1300.

MAZDA av. de la Gare 23 ✆ 422244
ROVER av. de la Gare 11 ✆ 422238
TOYOTA av. de la Gare 83 ✆ 422216

HALLE 2980 Antwerpen Ⓒ Zoersel 16 702 h. 212 ⑮ et 409 ④ – ☎ 0 3.

◆Bruxelles 60 – ◆Antwerpen 23 – ◆Liège 109.

XXX **Breugelhof,** Kasteeldreef 1 (NO : 2 km), ✆ 383 20 44, 🍽 – ▤ Ⓟ. AE VISA
fermé merc. – **R** 1000/2000.

GM (OPEL) Kapellei 174 ✆ 3830980

HALLE (HAL) 1500 Brabant 213 ⑱ et 409 ⑬ – 32 284 h. – ☎ 0 2.

Voir Basilique★★ (Basiliek) X.

◆Bruxelles 15 ① – ◆Charleroi 47 ② – ◆Mons 41 ④ – ◆Tournai 67 ⑤.

Plan page suivante

XXX **Les Eleveurs** avec ch, Basiliekstraat 136, ✆ 361 13 40, Fax 361 24 62 – TV ☎ Ⓟ – 🔔 25. AE ⓓ E VISA Y a
R *(fermé vend., sam. midi et dim. soir)* 1375 – **19 ch** ☐ 800/2950 – ½ P 1450/1950.

XX **Kinoo,** Albertstraat 70, ✆ 356 04 89 – AE ⓓ Z e
fermé dim. soir, lundi et 15 juil.-15 août – **R** carte 1200 à 2000.

ALFA-ROMEO Bergensesteenweg 334 ✆ 3603333
BMW Bergensesteenweg 510 ✆ 3600880
CITROEN A. de Maeghtlaan 172 ✆ 3603377
FORD A. De Maeghtlaan 9 ✆ 3565231
LADA Nijvelsesteenweg 373 ✆ 3566254
MAZDA Bergensesteenweg 70 ✆ 3566492
MITSUBISHI Brusselsesteenweg 480 ✆ 3565466
NISSAN Nijvelsesteenweg 529 ✆ 3565356
PEUGEOT, TALBOT Brusselsesteenweg 482 ✆ 3562926
TOYOTA A. De Maeghtlaan 279 ✆ 3565402
VOLVO Brusselsesteenweg 151 ✆ 3611418

HALLE

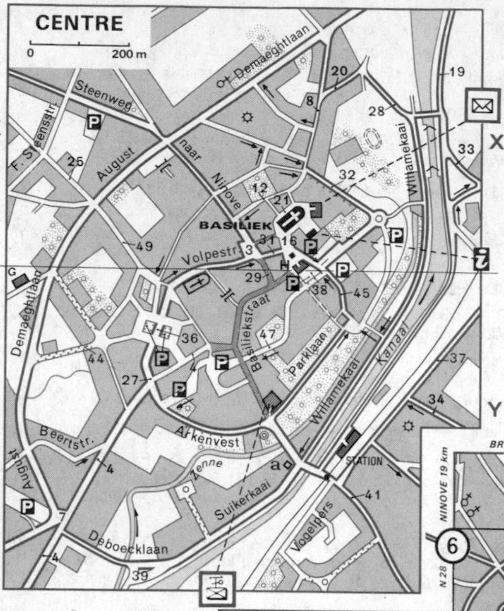

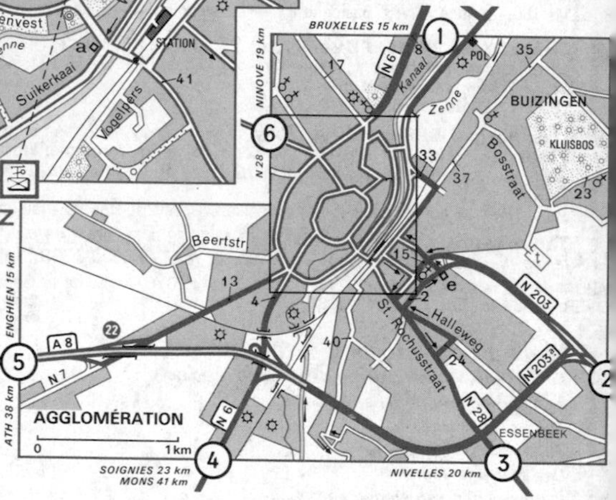

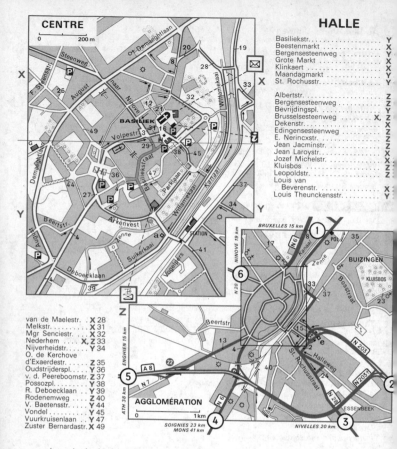

Les prix de demi-pension sont donnés dans le guide à titre indicatif.
Pour un séjour, consultez toujours l'hôtelier.

HALMA **6922** Luxembourg belge Ⓒ Wellin 2 698 h. **214** ⑯ et **409** ㉔ – ☎ 0 84.
♦Bruxelles 113 – Bouillon 44 – ♦Dinant 32 – ♦Namur 54.

Le Ry des Glands 🐎, r. Libin 93, ☎ 38 81 33, « Environnement boisé », – Ⓟ. E VISA
10 mars-déc. ; fermé lundi soir et mardi sauf en juil.-août – **R** 800/1200 – ☕ 140 – **10 ch**
1350 – ½ P 1300/1550.

ALFA-ROMEO r. Dinant 36a ☎ 388404

HAMME **9220** Oost-Vlaanderen **213** ⑥ et **409** ④ – 22 701 h. – ☎ 0 52.
♦Bruxelles 38 – ♦Antwerpen 29 – ♦Gent 36.

XX ✿ **De Plezanten Hof** (Putteman), Driegoten 97 (près de l'Escaut-Schelde), ☎ 47 38 50,
« Terrasse et jardin » – Ⓟ. AE ⓓ E VISA
fermé dim. soir, lundi, 3 sem. en sept et 3 sem. en fév. – **R** carte 1700 à 2200.
Spéc. Waterzoï de délices de la mer, Filets d'agneau à la vapeur d'épinards, sabayon de truffes,
Galantine de sole et lotte aux cidre et graine de moutarde.

à Moerzeke SE : 4 km Ⓒ Hamme – ✉ 9220 Moerzeke – ☎ 0 52 :

XX **Wilgenhof,** Bootdijk 90, ☎ 47 05 95 – Ⓟ. AE ⓓ E VISA
fermé lundi soir, mardi, 2e quinz. août et 2e quinz. fév. – **R** carte 900 à 1950.

LADA Ekelbekestraat 110 ☎ 478857
MAZDA Evangeliestraat 86 ☎ 479922
NISSAN Ardoystraat 60 ☎ 478973
VAG Kasteellaan 15 à Moerzeke ☎ 477989
VAG Theetstraat 25 ☎ 478052

AMME-MILLE 1320 Brabant C Beauvechain 5 462 h. 213 ⑲ et 409 ⑭ – ✆ 0 10.
ruxelles 33 – ♦Charleroi 55 – Leuven 11 – ♦Namur 40.

X **La Grange Fleurie,** chaussée de Louvain 17a, ✆ 86 64 32, ⛱ – P. AE ⓓ E VISA
fermé mardi en hiver, dim. soir, lundi et sept – **R** carte 1300 à 1800.

RD chaussée de Namur 3 ✆ 866092

AMOIR 4180 Liège 214 ⑦ et 409 ⑮ – 3 211 h. – ✆ 0 86.
ruxelles 111 – ♦Liège 44 – Huy 28.

X **La Bonne Auberge** avec ch, pl. Delcour 10, ✆ 38 82 08, ⛱ – AE E VISA ✂ ch
fermé merc., dim. soir, 1 sem. en avril et 1 sem. en oct. – **R** 1400 – ☕ 200 – **6 ch** 850/1000.

X **Host. de la Poste** avec ch, r. Pont 32, ✆ 38 83 24, Fax 38 85 28, « Collection d'armes » – TV ☎. AE ⓓ E VISA
fermé jeudi et 2 sem. en janv. – **R** carte 1200 à 2300 – **15 ch** ☕ 2200.

DA bd Pierret 2 ✆ 388011

AMONT-ACHEL 3930 Limburg 213 ⑩ et 409 ⑥ – 12 275 h. – ✆ 0 11.
ruxelles 107 – ♦Hasselt 43 – ♦Eindhoven 28.

X **Den Eik,** Stad 10, ✆ 44 61 68 – AE ⓓ E VISA ✂
fermé mardi soir et merc. soir – **R** carte 950 à 1450.

à Achel O : 4 km C Hamont-Achel – ✉ 3930 Achel – ✆ 0 11 :

Koeckhofs, Michielsplein 4, ✆ 64 31 81, Fax 66 24 42 – |‡| ☎ – 🔺 25 à 55. AE ⓓ E VISA. ✂ rest
R *(fermé 30 déc.-8 janv.)* carte env. 1000 – **22 ch** *(fermé 31 déc.-1er janv.)* ☕ 1175/1700 – ½ P 1425.

X **De Zaren,** Kluizerdijk 172 (N : 4 km près de la Trappe-Kluis), ✆ 64 59 14, « Cadre champêtre » – P. ✂
fermé merc. de nov. à avril, jeudi et du 12 au 30 août – **R** 980/1150.

AMPTEAU 6990 Luxembourg belge C Hotton 4 294 h. 214 ⑦ et 409 ⑮ – ✆ 0 84.
ruxelles 118 – ♦Liège 62 – ♦Namur 57.

XX **La Vieille Ferme,** rte de La Roche 33, ✆ 46 67 64, ⛱, « Rustique » – P. AE ⓓ E VISA
fermé mardi, merc., 2e quinz. août et 1re quinz. janv. – **R** 900.

ANNUT (HANNUIT) 4280 Liège 213 ㉑ et 409 ⑭ – 11 380 h. – ✆ 0 19.
ruxelles 60 – ♦Hasselt 38 – ♦Liège 43 – ♦Namur 31.

XX **Les Comtes de Champagne,** chaussée de Huy 23, ✆ 51 24 28, ⛱, « Parc » – P. AE ⓓ E VISA
fermé du 1er au 20 juil., mardi soir et merc. – **R** 1250/1950.

LFA-ROMEO chaussée de Wavre 176 ✆ 511979
MW rte de Landen 166 ✆ 512440
TROEN rte de Landen 72 ✆ 511004
AT chaussée de Tirlemont 153 ✆ 512386
RD chaussée de Tirlemont 17 ✆ 511588
ERCEDES-BENZ chaussée de Tirlemont 84 ✆ 511574
MITSUBISHI r. Albert Ier 77 ✆ 512790
NISSAN rte de Landen 54 ✆ 513965
RENAULT chaussée de Huy 54 ✆ 512751
TOYOTA chaussée de Wavre 41 ✆ 511376
VAG rte de Landen 120 ✆ 511301

HAN-SUR-LESSE 5580 Namur C Rochefort 11 117 h. 214 ⑥ et 409 ⑭ ⑮ – ✆ 0 84.
oir Grotte★★★ – Safari★.
Bruxelles 119 – ♦Namur 60 – ♦Dinant 33 – Rochefort 6.

Ardennes, r. Grottes 2, ✆ 37 72 20, Fax 37 80 62, ⛱, 🌳 – TV P. AE ⓓ E VISA
fermé janv.-fév. et merc. hors saison – **R** 750 – ☕ 195 – **26 ch** 1075/2050 – ½ P 1495/1850.

Voyageurs et Lesse, r. Chasseurs Ardennais 1, ✆ 37 72 37, Telex 42079, Fax 37 80 50 – |‡| P. AE ⓓ E VISA
fermé 15 janv.-15 mars – **R** 750/1200 – **35 ch** ☕ 950/1800 – ½ P 1750/2000.

HARELBEKE 8530 West-Vlaanderen 213 ⑮ et 409 ⑪ – 25 662 h. – ✆ 0 56.
Bruxelles 86 – ♦Brugge 46 – ♦Gent 41 – ♦Kortrijk 5 – Lille 42.

XX **Akkerwinde,** Klokkeput 32 (S : 2 km à Stasegem), ✆ 22 82 33 – AE E VISA
fermé merc., dim. soir, 5 août-6 sept et sem. carnaval – **R** carte 1500 à 1900.

à Hulste NO : 6 km C Harelbeke – ✉ 8531 Hulste – ✆ 0 56 :

XXX **Acanthus,** Brugsesteenweg 24b (sur N 50), ✆ 70 08 98, ⛱ – P. AE ⓓ E VISA
fermé dim. soir, lundi et sept – **R** carte 1850 à 2600.

LFA-ROMEO Kortrijksesteenweg 413 ✆ 200222
ANCIA Kortrijksesteenweg 403 ✆ 201000
ISSAN Kortrijksesteenweg 401 ✆ 200511
ROVER Kortrijksesteenweg 318 ✆ 701735
VAG Kortrijksesteenweg 39 ✆ 713361

HARZÉ **4920** Liège © Aywaille 8 661 h. 214 ⑦ et 409 ⑮ – ☎ 0 41.

◆Bruxelles 128 – ◆Liège 34 – ◆Bastogne 59.

XX **Au Vieux Harzé,** r. Bastogne 36, ☎ 84 43 40, « Jardin ombragé » – P. AE E VISA
fermé jeudi, vend., 16 août-16 sept et 1 sem. en fév. – **R** carte 1100 à 1700.

XX **La Cachette,** Paradis 3 (S : 3 km par N 30), ☎ (0 86) 43 32 66, – P. AE E VISA
fermé du 2 au 13 sept, 19 janv.-6 fév. et mardis soirs et merc. non fériés – **R** 1200/17(

NISSAN r. Ardennes ☎ 846075 TOYOTA rte de Bastogne 29 ☎ 844444

HASSELT **3500** P Limburg 213 ⑨ et 409 ⑥ – 65 798 h. – ☎ 0 11.

18 9 Vissenbroekstraat 15 ☎ 22 37 93 - 18 à Houthalen par ① : 12,5 km, Golfstraat ☎ (0 11) 38 35 43.

Lombaardstraat 3 ☎ 22 59 61 et 22 22 35.

◆Bruxelles 82 ④ – ◆Antwerpen 77 ⑥ – ◆Liège 42 ⑧ – ◆Eindhoven 59 ① – ◆ Maastricht 36 ⑧.

Plan page ci-contre

Hassotel, St-Jozefstraat 10, ☎ 22 64 92, Telex 39959, Fax 22 94 77 – TV ☎ – 25. AE E VISA. – **R** carte env. 1500 – **30 ch** 2410/3330. Z

Parkhotel, Genkersteenweg 350 (par ⑦ : 4 km sur N 75), ☎ 21 16 52, Telex 395(Fax 22 18 14 – TV ☎ P – 25 à 110. AE E VISA. rest
R *(fermé sam. midi, dim., 16 juil.-5 août et 23 déc.-9 janv.)* carte 800 à 1500 – **40 ch** *(fer 23 déc.-9 janv.)* 1650/2400.

XXX **'t Claeverblat,** Lombaardstraat 34, ☎ 22 24 04, « Aménagement cossu » – AE E
fermé sam. midi et dim. – **R** carte 1600 à 2300. Y

XX **Figaro,** Mombeekdreef 38, ☎ 27 25 56, Fax 27 31 77, « Jardin fleuri » – P. AE E V
fermé du 1er au 20 août, carnaval, lundi et merc. – **R** carte 1650 à 2300. X

XX **Savarin,** Thonissenlaan 43, ☎ 22 84 88, Fax 22 84 88 – P. AE E VISA Y
fermé lundi, sam. midi et août – **R** carte 1500 à 2000.

XX **Don Christophe,** Walputstraat 25, ☎ 22 50 92 – AE E VISA Y
fermé lundi, merc. soir, 2 prem. sem. août et sem. carnaval – **R** 975/1550.

XX **Roma,** Koningin Astridlaan 9, ☎ 22 27 70, Cuisine italienne – AE E VISA Y
fermé mardi soir, merc. et 15 juil.-15 août – **R** carte 850 à 1250.

X **'t Kleine Genoegen,** Raamstraat 3, ☎ 22 57 03 – AE E VISA Y
fermé dim., lundi et 3 sem. en juil. – **R** carte env. 1100.

X **Jean Piccart,** Kempische steenweg 37, ☎ 21 24 74 – E VISA Y
fermé mardi, merc. et juil. – **R** 750/920.

à Herk-de-Stad par ⑤ : 12 km – 10 379 h. – ✉ 3540 Herk-de-Stad – ☎ 0 13 :

XX **Rôtiss. De Blenk,** Endepoelstraat 17 (S : 1 km par rte de St-Truiden, puis rte de Rummer ☎ 55 20 10, , « Fermette avec terrasse et jardin » – P. AE E VISA.
fermé jeudi, sam. midi, dim., 15 août-1er sept et 22 déc.-1er janv. – **R** carte 1200 à 180(

à Kortessem par ③ : 6 km sur N 20 – 7 675 h. – ✉ 3720 Kortessem – ☎ 0 11 :

XX **Wibeca,** Reweg 96, ☎ 37 60 64, Grillades, Rustique – P. AE E VISA
fermé merc., dim. soir et dern. sem. août-prem. sem. sept – **R** carte 1250 à 1600.

à Lummen par ⑤ : 9 km – 12 423 h. – ✉ 3560 Lummen – ☎ 0 13 :

Intermotel, Klaverbladstraat 7 (près échangeur A 2 - A 13), ☎ 52 16 16, Fax 52 20 78 – ☎ P – 25 à 600. AE E VISA
R carte 1000 à 1500 – **41 ch** 1750/3450 – ½ P 2245/2945.

XXX ✿ **Kasteel St-Paul** (Robyns), Lagendal 1, ☎ 52 18 09, Fax 52 33 66, <, « Demeure du 19e dans parc avec pièce d'eau » – P. AE E VISA
fermé lundi soir, mardi, jeudi soir, 14 juil.-1er août et du 1er au 17 janv. – **R** carte 2100 2900.
Spéc. Panaché de foies maison, Délice au chocolat à la sauce vanille.

à Stevoort par ⑤ : 5 km jusqu'à Kermt, puis rte à gauche © Hasselt – ✉ 3512 Stevoo – ☎ 0 11 :

✿✿ **Scholteshof** (Souvereyns) , Kermtstraat 130, ☎ 25 02 02, Telex 39684, Fax 25 43 2 <, , « Ferme du 18e s. avec jardin à l'anglaise dans cadre champêtre », – TV P – 25 ou plus. AE E VISA
fermé merc., 15 juil.-1er août et du 15 au 30 janv. – **R** carte 2750 à 3950 – 450 – **16 c** 4000/14000.
Spéc. Couronne de coquilles, pommes grillées et truffes (oct.-avril), Émulsion de langoustine à la vanille, Selle et côte d'agneau Art Nouveau.

ALFA-ROMEO Genkersteenweg 159 ☎ 211256
BMW Walenstraat 94 ☎ 211510
CITROEN St. Truidersteenweg 240 ☎ 272888
FIAT St. Truidersteenweg 250 ☎ 271222
FORD Kuringersteenweg 293 ☎ 250909
GM (OPEL) Kempensesteenweg 72 ☎ 211810
HONDA St. Truidersteenweg 319 ☎ 272913
LADA Luikersteenweg 500 à Wimmertinge ☎ 376122
LADA Steenweg 109 à Herk-de-Stad ☎ 551545
LANCIA Genkersteenweg 309 ☎ 243081
MAZDA St. Lambertusstraat 28 ☎ 316512
MERCEDES-BENZ Trichterheideweg 9 ☎ 212666

HASSELT

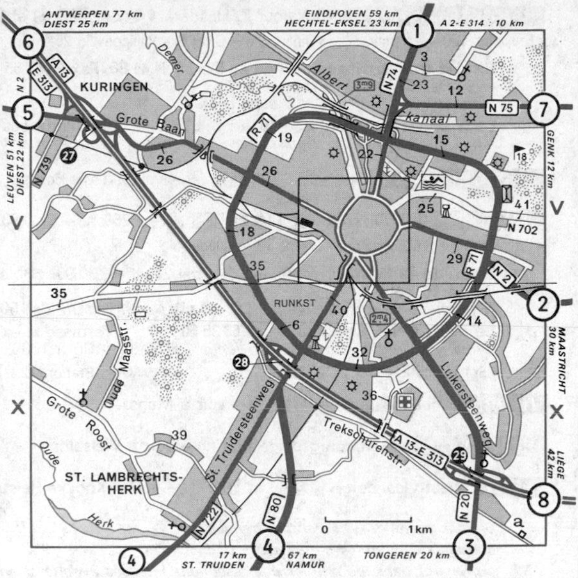

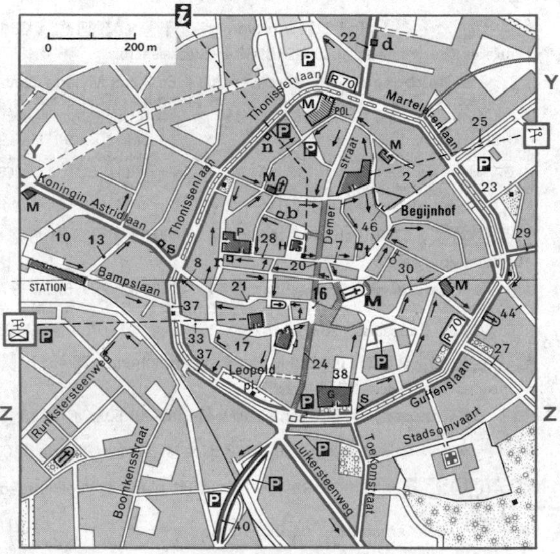

ITSUBISHI St. Truidersteenweg 393 ✆ 270355
SSAN St. Truidersteenweg 150 ✆ 272433
EUGEOT, TALBOT St. Truidersteenweg 119
273031
ENAULT Gouverneur Roppesingel 2
224911
ENAULT St. Truidersteenweg 8 à Herk-de-
ad ✆ 553198

ROVER Maastrichtersteenweg 253 ✆ 223373
TOYOTA Maastrichtersteenweg 140 ✆ 222464
TOYOTA Stevoortsekiezel 462 à Stevoort
✆ 311702
VAG Kempensesteenweg 144 ✆ 212026
VAG Grote Baan 20 à Herk-de-Stad ✆ 441226
VOLVO Gouverneur Roppesingel 8 ✆ 211780

Les prix Pour toutes précisions sur les prix indiqués dans ce guide, reportez-vous à l'introduction.

HASTIÈRE-LAVAUX **5540** Namur [C] Hastière 4 342 h. 214 ⑤ et 409 ⑭ – ☎ 0 82.

♦Bruxelles 100 – ♦Namur 37 – ♦Dinant 9,5 – Givet 9 – Philippeville 25.

XX **Chalet des Grottes,** r. d'Anthée 52, ☎ 64 41 86, Fax 64 57 55, « Environnement boisé » – Ⓟ. AE ⓓ E VISA
fermé lundi soir, mardi et 3 sem. carnaval – **R** 1000/1400.

XX **La Meunerie,** r. Larifosse 16, ☎ 64 51 33, ≤, « Moulin à eau » – AE ⓓ E VISA
fermé 16 sept-11 oct., sem. carnaval et lundi et mardi sauf en juil.-août – **R** 695/1295.

HAUTE-BODEUX Liège 214 ⑧ et 409 ⑯ – voir à Trois-Ponts.

HAVELANGE **5370** Namur 214 ⑥ et 409 ⑮ – 4 260 h. – ☎ 0 83.

♦Bruxelles 98 – ♦Namur 37 – ♦Dinant 30 – ♦Liège 44.

XX **Host. de la Poste** avec ch, av. de Criel 26, ☎ 63 30 90, 斋, « Ancien relais », 🚗 – Ⓟ AE ⓓ E VISA
R *(fermé lundi soir et mardi)* 1700 – **9 ch** *(fermé mardi)* ☕ 1500/1850 – ½ P 3200/3400

X **Le Petit Criel,** Malihoux 1, ☎ 63 36 60, 斋, « Terrasse » – Ⓟ. AE ⓓ E VISA
fermé juin, lundis et mardis non fériés – **R** carte 1100 à 1600.

GM (OPEL) r. Station 155 ☎ 633220
VAG r. Station 122 ☎ 633119

HAVRÉ Hainaut 214 ② et 409 ⑫ – voir à Mons.

HEBRONVAL Luxembourg belge 214 ⑧ – voir à Vielsalm.

HEIST West-Vlaanderen 212 ⑪ et 409 ② – voir à Knokke-Heist.

Si vous cherchez un hôtel très tranquille,
consultez d'abord les cartes de l'introduction
ou repérez dans le texte les établissements indiqués avec le signe 🐌

HEIST-OP-DEN-BERG **2220** Antwerpen 213 ⑦ et 409 ⑤ – 35 187 h. – ☎ 0 15.

♦Bruxelles 48 – ♦Antwerpen 30 – Diest 32 – ♦Mechelen 18.

XX **Ter Bukbosch,** Liersesteenweg 203 (SE : 3 km, Mylène Center), ☎ 24 47 80, Telex 6230 Fax 24 24 26, ≤, 斋, « Terrasse et jardin » – Ⓟ. AE ⓓ E. ✻
fermé 20 juil.-20 août et 28 déc.-4 janv. – **R** (déjeuner seult) carte 1300 à 2000.

CITROEN Lostraat 39 ☎ 241528
GM (OPEL) Mechelsesteenweg 20 ☎ 241549
LADA Herentalsesteenweg 10 ☎ 244120
LANCIA Liersesteenweg 238 ☎ 247355
MAZDA Liersesteenweg 33 ☎ 222636
MITSUBISHI Liersesteenweg 175b ☎ 248928
NISSAN Noordstraat 18 ☎ 241425
PEUGEOT, TALBOT Liersesteenweg 260 ☎ 241255
RENAULT Industriepark 33 ☎ 246892

HEKELGEM **1790** Brabant [C] Affligem 11 480 h. 213 ⑤ et 409 ③ ④ – ☎ 0 53.

♦Bruxelles 26 – Aalst 6.

XX **'t Wauweveld,** Brusselbaan 216, ☎ 67 31 82, Fax 67 38 49 – Ⓟ. AE E VISA
fermé dim. soir, lundi, merc. soir et après 19 h 30 – **R** 1450.

ALFA-ROMEO Brusselbaan 267 ☎ 667140
HONDA Bleregemstraat 1 ☎ 668296

HELCHTEREN **3530** Limburg [C] Houthalen-Helchteren 26 485 h. 213 ⑨ ⑩ et 409 ⑥ – ☎ 0 1

♦ Bruxelles 85 – ♦ Hasselt 15 – Diest 30.

XX **De Kempen,** Grote Baan Hasselt-Eindhoven 502, ☎ 52 13 10, Fax 52 13 10, 斋 – Ⓟ. AE ⓓ E VISA
fermé vend. soir, sam. midi et 22 déc.-1er janv. – **R** carte 1100 à 1700.

HENRI-CHAPELLE **(HENDRIK-KAPELLE)** **4841** Liège [C] Welkenraedt 8 098 h. 213 ㉓ et 409 – ☎ 0 87.

Voir Cimetière américain : de la terrasse ✻★.

⛳ rue du Vivier 320a ☎ 88 19 91.

♦Bruxelles 124 – ♦Liège 34 – Aachen 16 – Eupen 11 – Verviers 16.

XX **Le Vivier,** Le Vivier 308 (E : 1,5 km), ☎ 88 04 12, 斋, « Parc avec étang » – Ⓟ. AE ⓓ E VISA. ✻
fermé dim. soir, lundi, mi-août-mi-sept, 3 sem. carnaval et après 20 h 30 – **R** carte 1200 à 180

TOYOTA chaussée de Liège 7 ☎ 880527

HERBEUMONT **6887** Luxembourg belge 214 ⑯ et 409 ㉕ – 1 374 h. – ☎ 0 61.

Voir Château : du sommet ≤★★.

Env. Roches de Dampiry ≤★ O : 11 km.

♦Bruxelles 170 – ♦Arlon 55 – Bouillon 23 – ♦Dinant 78.

Host. Prieuré de Conques, rte de Florenville 176 (S : 2,5 km), 41 14 17, Fax 41 27 03, ≤, « Parc et verger au bord de la Semois », – ☎ P – 36. AE ① E VISA.
15 mars-26 déc. – **R** *(fermé mardi du 15 mars au 1er juin)* 950/2200 – **17 ch** 3000/5200 – ½ P 3600/3850.

La Châtelaine, Grand'Place 8, 41 14 22, Fax 41 22 04, « Jardin », – P – 30. AE ① E VISA. rest
15 mars-déc. – **R** *(fermé après 20 h 30)* 750/1850 – **36 ch** 1550/2400 – ½ P 1400/1750.

La Renaissance, Grand'Place 3, 41 10 83, – AE ① E VISA
fermé 28 déc.-5 fév. et mardi et merc. de sept à mi-juin – **R** 495/995 – **11 ch** 1440/1630 – ½ P 990/1280.

HERENTALS 2200 Antwerpen 213 ⑧ et 409 ⑤ – 24 237 h. – 0 14.

Voir Retable★ de l'église Ste-Waudru (St-Waldetrudiskerk).

Bruxelles 70 – ◆Antwerpen 30 – ◆Hasselt 48 – ◆Turnhout 24.

De Swaen, Belgiëlaan 1, 22 56 39, Fax 22 12 68 – TV ☎ – 30. AE ① E VISA.
R 1495 – **11 ch** 3800.

XX **Snepkenshoeve,** Lichtaartseweg 220 (NE : 4 km par N 123), 21 36 72, Fax 23 04 48, « Terrasse » – P. AE ① E VISA
fermé du 1er au 6 avril, 16 juil.-3 août, 26 déc.-3 janv., dim. et lundi – **R** carte 1500 à 2200.

à Noorderwijk S : 6 km C Herentals – ✉ 2200 Noorderwijk – 0 14 :

XX **Hippocampus,** Ring 40, 21 13 95, « Jardin » – P. AE ① E VISA.
fermé sam. midi, dim. soir, lundi, 2 dern. sem. juin et 1 sem. en janv. – **R** carte 1500 à 1900.

BMW Toekomstlaan 18 215015
CITROEN Zavelbosstraat 1 211426
FORD Toekomstlaan 26 212776
GM (OPEL) St. Jansstraat 116 212351
LADA Droge Broodstraat 19 à Olen 213709
MERCEDES-BENZ Toekomstlaan 1 210815
RENAULT Atealaan 9 211133
ROVER Herenthoutseweg 235 211373
VAG Geelseweg 8 211986
VOLVO Liersesteenweg 308 215591

HERK-DE-STAD (HERCK-LA-VILLE) Limburg 213 ⑨ et 409 ⑤ – voir à Hasselt.

HERMALLE-SOUS-ARGENTEAU Liège 213 ㉒ et 409 ⑮ – voir à Liège.

HERNE 1540 Brabant 213 ⑰ et 409 ⑫ – 6 053 h. – 0 2.

Bruxelles 42 – Aalst 27 – ◆Mons 31 – ◆Tournai 52.

XX ✿ **Kokejane** (Mme De Brouwer), Van Cauwenberghelaan 3, 396 16 28, « Villa moderne sur jardin » – P – 25 à 40. AE E VISA
fermé lundis soirs et mardis soirs fériés, lundi, mardi, 19 août-7 sept et fév. – **R** carte 1550 à 2100.
Spéc. Lotte au witlof et à la geuze, Waterzoï de ris de veau, Homard sauté au Whisky.

HERSEAUX Hainaut 213 ⑮ et 409 ⑪ – voir à Mouscron.

HERSELT 2230 Antwerpen 213 ⑧ et 409 ⑤ – 12 491 h. – 0 16.

Bruxelles 51 – ◆Antwerpen 43 – Diest 17 – ◆Turnhout 35.

X **Agter De Weyreldt** avec ch, Aarschotsebaan 2 (SO : 4 km par N 19), 69 98 51, Fax 69 98 53, « Cadre champêtre », – TV P – 30. AE ① E VISA.
R *(fermé sam. midi, dim. soir, lundi et mardi)* 1400/1800 – 350 – **6 ch** *(fermé dim.)* 1175/1775.

NISSAN Westerlosesteenweg 91 545149

HERSTAL Liège 213 ㉒ et 409 ⑮ – voir à Liège.

HERTSBERGE West-Vlaanderen 213 ③ et 409 ② – voir à Brugge.

Het – voir au nom propre.

HEURE 5377 Namur C Somme-Leuze 2 910 h. 214 ⑥ et 409 ⑮ – 0 86.

Bruxelles 102 – ◆Dinant 35 – ◆Liège 54 – ◆Namur 41.

XX ✿ **Le Pré Mondain** (Van Lint), rte de Givet 24, 32 28 12, « Jardin fleuri » – P. VISA
fermé dim. et lundi – **R** carte 1500 à 2000.
Spéc. Poêlée de foie gras aux cox oranges, Pigeonneau aux chou et foie gras, Rôti de turbot en crépine, écrevisses et petites algues (juil.-déc.).

HEUSDEN Oost-Vlaanderen 213 ④ et 409 ③ – voir à Gent.

HEUSY Liège 213 ㉓ et 409 ⑯ – voir à Verviers.

HEVERLEE Brabant 213 ⑲ et 409 ⑭ – voir à Leuven.

HINGENE 2880 Antwerpen C Bornem 18 428 h. 213 ⑥ et 409 ④ – ☎ 0 3.

♦Bruxelles 35 – ♦Antwerpen 32 – ♦Gent 46 – ♦Mechelen 22.

XX **Lamme Goedzak,** Schoonaardestraat 11, ☎ 889 36 69, « Fermette avec jardin d'hiver » – P. AE ⓓ E VISA
fermé mardi soir et merc. – **R** carte env. 1700.

MAZDA De Baerdemaeckerstraat 103 ☎ 8891964

HOEI Liège – voir Huy.

HOEILAART Brabant 213 ⑲ et 409 ⑬ – voir à Bruxelles, environs.

HOOGSTRATEN 2320 Antwerpen 212 ⑯ et 409 ⑤ – 15 242 h. – ☎ 0 3.

♦Bruxelles 88 – ♦Antwerpen 37 – ♦Turnhout 18.

XXX **De Tram,** Vrijheid 192, ☎ 314 65 65 – ▤ P. AE ⓓ E VISA. ✂
fermé lundi, mardi, 2e quinz. août et 2e quinz. fév. – **R** 1350/1950.

XXX **Noordland,** Lodewijk De Koninckláan 276, ☎ 314 53 40, « Jardin » – P. AE ⓓ E VISA ✂
fermé merc. et jeudis non fériés, 2e quinz. juil.-prem. sem. août et 1 sem. en janv. – **R** carte 1300 à 1700.

XX **Zwanenhof,** Vrijheid 155, ☎ 314 62 90, ☂ – ▤ P. AE ⓓ E VISA. ✂
fermé dim., lundi et 3 sem. en sept – **R** carte 1400 à 2600.

FIAT St. Lenaartseweg 30 ☎ 3147184
GM (OPEL) St. Lenaartseweg 40 ☎ 3143435
LADA Lod. de Koninckláan 294 ☎ 3145095
RENAULT St. Lenaartseweg 44 ☎ 3148150
ROVER St. Lenaartseweg 28 ☎ 3144426

HORRUES Hainaut 213 ⑰ et 409 ⑫ – voir à Soignies.

HOTTON 6990 Luxembourg belge 214 ⑦ et 409 ⑮ – 4 294 h. – ☎ 0 84.

Voir Grottes★★.

♦Bruxelles 116 – ♦Liège 60 – ♦Namur 55.

XXX **Le Seize Cors,** r. Écoles 15, ☎ 46 62 90 – ▤. AE ⓓ E VISA
fermé dern. sem. juin-prem. sem. juil., 1re quinz. sept, 1re quinz. janv., mardi de sept à juin et merc. – **R** 750/1400.

LADA r. Simon 32 ☎ 466252
VOLVO Grand'Route 110 ☎ 313959

HOUFFALIZE 6660 Luxembourg belge 214 ⑧ et 409 ⑯ – 4 147 h. – ☎ 0 61.

Voir Site★.

♦Bruxelles 169 – ♦Arlon 56 – ♦Bastogne 17 – ♦Liège 75 – La Roche-en-Ardenne 25.

La Vallée des Fées ♨, Achouffe 9 (NO : 7,5 km par N 30), ☎ 28 81 48, Fax 28 93 55, ☂, « Terrasse et jardin », ✂ – TV P. AE VISA. ✂ rest
fermé du 10 au 24 mars – **R** *(fermé jeudi et après 20 h 30)* 700/1090 – **16 ch** ☐ 1500/2400 – ½ P 1650/1800.

à Tavigny SE : 5,5 km C Houffalize – ✉ 6662 Tavigny – ☎ 0 61 :

Relax ♨, Alhoumont 8, ☎ 28 85 71, ☂ – TV P – 🏔 25 à 40
12 ch.

MAZDA Fontenaille 2 à Mont-lez-Houffalize ☎ 288122
TOYOTA Les Cheras 5 ☎ 288035
VAG r. La Roche 9b ☎ 288165

HOUTHALEN 3530 Limburg C Houthalen-Helchteren 26 485 h. 213 ⑨ ⑩ et 409 ⑥ – ☎ 0 1…

⛳18 Golfstraat 1 ☎ 38 35 43.

♦Bruxelles 83 – ♦Hasselt 12 – Diest 28.

XXXX **De Barrier,** Grote Baan 9 (près A 2 sortie 29), ☎ 52 39 62, Fax 52 55 45, ☂, « Terrasse et jardin » – P. ⓓ E VISA
fermé dim. midi d'oct. à fév., dim. soir, lundi, 2e quinz. juil. et 2e quinz. fév. – **R** carte 20… à 2700.

XXX **Abdijhoeve,** Kelchterhoef 7 (E : 5,5 km), ☎ 38 01 69, Fax 38 01 69, Avec taverne, « Ferme restaurée dans un parc public » – P – 🏔 25 à 100. AE E
fermé lundi – **R** 750/1000.

ADA Lilosteenweg 75 ✆ 533188
MAZDA Stationsstraat 15 ✆ 524532
NISSAN Grote Baan 173 ✆ 522057
PEUGEOT, TALBOT Herebaan-Oost 153 ✆ 523496
RENAULT Grote Baan 155a ✆ 525060
ROVER Lilosteenweg 36 ✆ 536609
TOYOTA Grote Baan 462r ✆ 521326
VAG Grote Baan 49 ✆ 524058

HUIZINGEN Brabant 213 ⑱ et 409 ⑬ – voir à Bruxelles, environs.

La HULPE **(TERHULPEN) 1310** Brabant 213 ⑲ et 409 ⑬ – 7 161 h. – ✆ 0 2.

Voir Parc★ du domaine Solvay.

Bruxelles 20 – ◆Charleroi 44 – ◆Namur 54.

XX **Aub. du Père Boigelot,** pl. A. Favresse 47, ✆ 653 79 35, – AE ⓓ E VISA
fermé merc. et jeudis non fériés, 2 sem. en juil. et 2 sem. en fév. – **R** carte env. 1500.

X **Le Boll' Paulégil,** r. Combattants 84, ✆ 653 14 34 – AE ⓓ E VISA
fermé lundi soir et mardi – **R** carte 750 à 1250.

CITROEN r. Fr. Dubois 2 ✆ 6520147
LADA r. P. Van Dijck 47 ✆ 6570556

HULSTE West-Vlaanderen 213 ⑮ – voir à Harelbeke.

HOLLANDE
Un guide Vert Michelin
Paysages, Monuments
Routes touristiques
Géographie
Histoire, Art
Plans de villes et de monuments

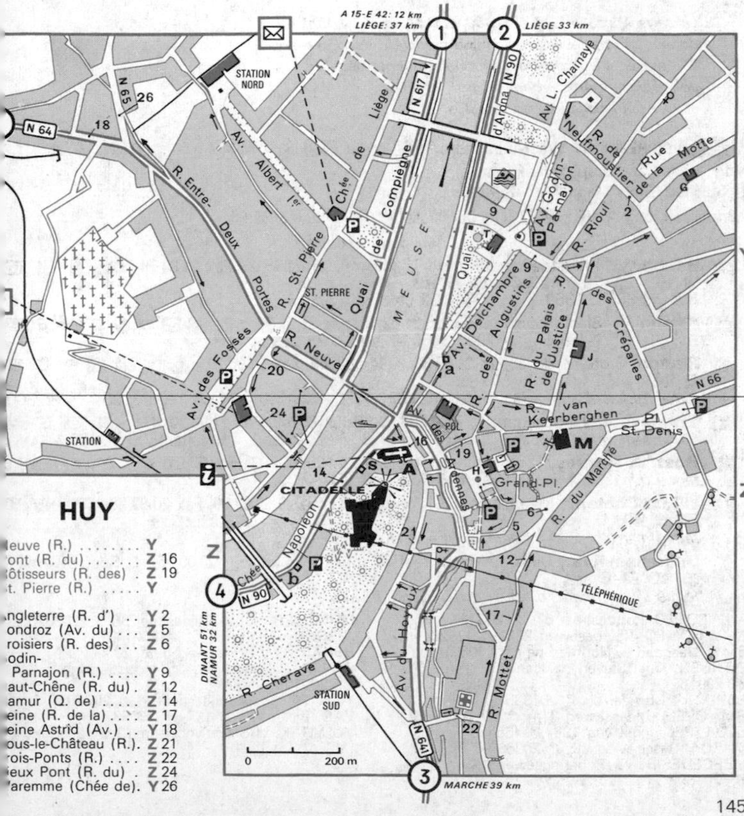

HUY

Neuve (R.) . . . . Y
Pont (R. du) . . . . Z 16
Rôtisseurs (R. des) . Z 19
St. Pierre (R.) . . . . . Y

Angleterre (R. d') . . Y 2
Condroz (Av. du) . . . Z 5
Croisiers (R. des) . . . Z 6
Godin-Parnajon (R.) . . . . Y 9
Haut-Chêne (R. du) . Z 12
Namur (Q. de) . . . . . Z 14
Reine (R. de la) . . . . Z 17
Reine Astrid (Av.) . . Y 18
Sous-le-Château (R.). Z 21
Trois-Ponts (R.) . . . . Z 22
Vieux Pont (R. du) . Z 24
Waremme (Chée de). Y 26

HUY (HOEI) 4500 Liège 213 ㉑ et 409 ⑮ – 17 226 h. – ☎ 0 85.

Voir Collégiale Notre-Dame★ : trésor★ Z A – Citadelle★ : ≤★★ Z – Musée communal★ Z M.

Env. Amay : chasse★ et sarcophage mérovingien★ dans la Collégiale St-Georges par ① : 7,5 km – Jehay-Bodegnée : collections★ dans le château par ① : 10 km.

⛳ à Andenne par ④ O : 11 km, Ferme du Moulin, Stud 52 ✆ (0 85) 84 34 04.

ℹ Quai de Namur 4 ✆ 21 29 15 et 23 45 69.

♦Bruxelles 83 ⑤ – ♦Liège 33 ① – ♦Namur 32 ④.

Plan page précédente

Du Fort (annexe), chaussée Napoléon 6, ✆ 21 24 03, Fax 23 04 04 – |♦| TV ☎. AE E VISA — Z b
R *(fermé après 20 h 30)* 750/900 – ☕ 120 – **34 ch** 575/1550.

XXX **L'Aigle Noir** avec ch, quai Dautrebande 8, ✆ 21 23 41, Fax 23 64 86 – |♦| TV – 🎤 25 ou plus. AE ⓓ E VISA — Y a
fermé 10 juil.-10 août – **R** *(fermé merc. soir)* 1350/1595 – **10 ch** ☕ 1180/1950 – ½ P 1600/2300.

X **Philippe Lefèbvre,** quai de Namur 15, ✆ 21 14 06 – ⓓ — Z s
fermé lundi, sam. midi et du 2 au 29 sept – **R** carte env. 1200.

ALFA-ROMEO chaussée de Wavre 224 à Wanze ✆ 216789
BMW Quai de l'Industrie 32 à Tihange ✆ 212950
CITROEN av. Albert-Ier 12 ✆ 213333
FORD chaussée de Tirlemont 75 à Wanze ✆ 214864
LANCIA r. Marché 2 ✆ 212400
MAZDA r. Joseph Wauters 15 à Wanze ✆ 216789
MITSUBISHI Quai d'Arona 18 à Tihange ✆ 235810
PEUGEOT, TALBOT Quai de Compiègne 72 ✆ 212180
RENAULT Quai d'Arona 10 à Tihange ✆ 212057
TOYOTA Quai d'Arona 21 à Tihange ✆ 231122
VAG chaussée de Tirlemont 112 à Wanze ✆ 214045
VOLVO Grand'Route 58a à Tihange ✆ 213323

IEPER (YPRES) 8900 West-Vlaanderen 213 ⑭ et 409 ⑩ – 34 897 h. – ☎ 0 57.

Voir Halles aux draps★ (Lakenhalle) Y.

ℹ Stadhuis, Grote Markt 1 ✆ 20 26 23.

♦Bruxelles 125 ② – ♦Brugge 52 ① – Dunkerque 48 ⑤ – ♦Kortrijk 32 ②.

Plan page ci-contre

Rabbit 🐇, Industrielaan 19 (par ⑧ : 2,5 km), ✆ 21 70 00, Fax 21 94 74, ≘s, 🏊 – |♦| TV ☎ Ⓟ – 🎤 25 à 120. AE ⓓ E VISA
R carte 800 à 1350 – ☕ 275 – **52 ch** 2250/2950.

Ariane 🐇, Slachthuisstraat 58, ✆ 21 82 18, Fax 21 87 99, 🌳 – |♦| TV ☎ Ⓟ. AE ⓓ E VISA
R 780/1095 – **36 ch** ☕ 2900/3400 – ½ P 2225/2795. — Y e

Regina, Grote Markt 45, ✆ 21 88 88, Telex 86269, Fax 21 90 20 – |♦| ▤ rest TV ☎. AE ⓓ E VISA — Y a
fermé 14 juil.-4 août – **R** *(fermé dim. soir)* 1300 – ☕ 200 – **17 ch** 1900/3100 – ½ P 2300.

XXX **Yperley,** St. Jacobsstraat 1, ✆ 21 98 00, Telex 86269, Fax 21 90 20, 🌳 – AE ⓓ E VISA
fermé sam. midi, dim. soir, lundi, mardi et du 5 au 27 août – **R** carte 1500 à 2100. — Y c

XX **Host. St-Nicolas,** G. de Stuersstraat 6, ✆ 20 06 22 – AE ⓓ E VISA — Y d
fermé dim. soir, lundi et 16 juil.-5 août – **R** 950/1600.

XX **White Château,** Meenseweg 261 (par ② : 3 km), ✆ 20 82 98, Fax 20 82 98, 🌳 – Ⓟ. AE ⓓ E VISA
fermé merc. et 2 dern. sem. août – **R** 900/1950.

X **Dikkebusvijver,** Dikkebusvijverdreef 31 (par ④ : 4 km), ✆ 20 00 85, ≤, Rest.-taverne – Ⓟ. AE ⓓ E VISA
fermé fév. et merc. d'oct. à avril – **R** 900/1275.

ALFA-ROMEO Potyzestraat 61 ✆ 203221
ALFA-ROMEO Veurneseweg 253 ✆ 423284
BMW Jaagpad 6, Noorderring ✆ 200691
CITROEN Karel Steverlyneklaan 20 ✆ 209160
FORD Industrielaan 2 ✆ 201335
GM (OPEL) Meenseweg 214 ✆ 201666
LADA Poperingseweg 133 ✆ 466468
MAZDA Rijselseweg 48 ✆ 200685
MERCEDES-BENZ Poperingseweg 125 ✆ 201827
MITSUBISHI Kruiskalsijdestraat 36 ✆ 202326
NISSAN Haiglaan 112 ✆ 200148
RENAULT Veurneseweg 6 ✆ 200097
ROVER Pilkemseweg 115, Industriezone ✆ 200108
TOYOTA Kruiskalsijdestraat 4 ✆ 200105
VAG Pilkemseweg 117 ✆ 200537
VOLVO Karel Steverlyncklaan 12 ✆ 205801

IEPER

oterstr. Y 8
iksmuidsestr. Y
. de Stuersstr. YZ
rote Markt Y 9
eensestr. Y 26
ijselsestr. Z
empelstr. Z 38

dj. Masscheleinlaan Y 2

Arsenaalstr. Z 4
A. Stoffelstr. Y 5
A. Vandenpeereboompl. Y 6
Bollingstr. Y 7
Hoge Wieltjesgracht Y 12
J. Capronstr. Y 14
J. Coomansstr. Y 15
Kanonweg Z 17
Kauwekijnstr. Y 18
Klaverstr. Z 20
Lange Torhoutstr. Y 22

Maarschalk Fochlaan Y 23
Maarschalk Frenchlaan Y 24
Meenseweg Y 27
de Montstr. Z 29
Oude Houtmarktstr. Y 30
Patersstr. Z 31
Poperingseweg Y 32
Rijselseweg Z 33
Stationsstraat Z 35
Surmont de Volsbergestr. Y 36
Wateringsstr. Z 40

Rode Michelingidsen (hotels en restaurants)

Benelux, Deutschland, España Portugal, Main Cities Europe, France, Great Britain and Ireland, Italia

Groene Michelingidsen (bezienswaardigheden en toeristische routes)

België Groothertogdom Luxemburg, Nederland (Nederlandstalige edities)

Allemagne, Autriche, Belgique Grand-Duché de Luxembourg, Espagne, Grèce, Hollande, Italie, Londres, Maroc, New York, Nouvelle Angleterre, Portugal, Rome, Suisse (Franstalige edities)

Canada, England : The West Country, Scotland (Engelstalige edities)

Groene Michelin streekgidsen van Frankrijk.

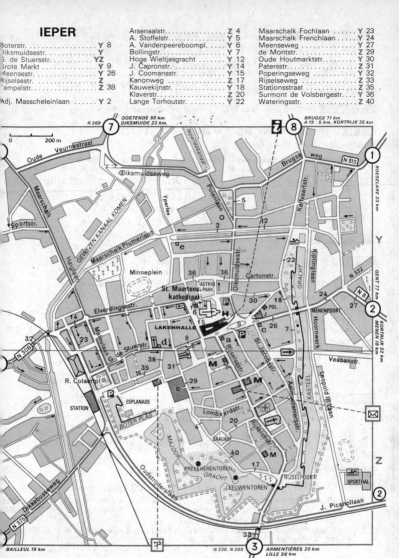

INGELMUNSTER **8770** West-Vlaanderen 213 ③ et 409 ② ⑪ – 10 302 h. – ☎ 0 51.

◆Bruxelles 95 – ◆Brugge 33 – ◆Gent 50 – ◆Kortrijk 10.

XX **Dolfijn,** Stationsplein 43, ☎ 30 35 28 – ▤. AE ⓓ E VISA
fermé lundis non fériés – **R** carte 1000 à 1550.

LADA Oostrozebekestraat 188 ☎ 310562
TOYOTA Weststraat 38 ☎ 305405
VAG Kortrijkstraat 136 ☎ 300372

ITTERBEEK Brabant 213 ⑱ et 409 ⑬ – voir à Bruxelles, environs.

ITTRE **(ITTER) 1460** Brabant 213 ⑱ et 409 ⑬ – 4 871 h. – ☎ 0 67.

◆Bruxelles 32 – Nivelles 10 – Soignies 21.

XX **Estaminet de la Couronne,** Grand'Place 5, ☎ 64 63 85 – AE ⓓ E VISA
fermé dim. soir, lundi, mardi, 15 juil.-22 août et du 15 au 27 fév. – **R** carte 1000 à 1600.

XX **Host. d'Arbois** avec ch, r. Montagne 34, ☎ 64 64 59, ←, – TV ☎ P. AE ⓓ E VISA
R *(fermé dim. soir du 15 oct. au 30 mars)* 975/1500 – **10 ch** 1430/1760.

X **L'Abreuvoir,** r. Basse 2, ☎ 64 67 06 – AE ⓓ E VISA
fermé lundis et mardis non fériés et 24 juin-18 juil. – **R** 775.

IVOZ-RAMET Liège 213 ㉒ et 409 ⑮ – voir à Liège.

IXELLES **(ELSENE)** Brabant 409 ㉑ – voir à Bruxelles.

IZEGEM **8870** West-Vlaanderen 213 ③ ⑮ et 409 ② ⑪ – 26 390 h. – ☎ 0 51.

◆Bruxelles 103 – ◆Brugge 36 – ◆Kortrijk 12 – Roeselare 7.

XXX **De Mote,** Leenstraat 28 (O : près N 36, lieu-dit Bosmolens), ☎ 30 59 99, – ▤ P. AE ⓓ E VISA.
fermé du 7 au 15 avril, 2 dern. sem. juil.-prem. sem. août, dim. et lundi soir – **R** 1275/1795.

BMW Ingelmunsterstraat 75 ☎ 304236
FIAT, LANCIA Prinsessestraat 174 ☎ 300609
FORD Gentse Heerweg 54 ☎ 301656
GM (OPEL) Reperstraat 123 ☎ 303007
MAZDA Kortrijksestraat 165 ☎ 301654
MITSUBISHI Meensesteenweg 73 ☎ 302284
NISSAN Slabbaardstraat-Noord 102 ☎ 300538
PEUGEOT, TALBOT Roeselarestraat 208 ☎ 301195
RENAULT Rijksweg ☎ 313300
ROVER Hondekensmolenstraat 60 ☎ 308272
VAG Roeselarestraat 343 ☎ 301088

JABBEKE **8490** West-Vlaanderen 213 ② et 409 ② – 11 734 h. – ☎ 0 50.

Musée : Permeke★ (Provinciaal Museum Constant Permeke).

◆Bruxelles 102 – ◆Brugge 11 – ◆Kortrijk 57 – ◆Oostende 17.

X **Ter Spinde,** Stationsstraat 174 (A 10 - sortie 6), ☎ 81 31 30, , Rustique – P
fermé 2 prem. sem. oct., fév., merc. d'oct. à Pâques et jeudi – **R** 695/995.

GM (OPEL) Gistelsteenweg 546 ☎ 811030

JALHAY **4845** Liège 213 ㉓ ㉔ et 409 ⑯ – 5 873 h. – ☎ 0 87.

◆Bruxelles 130 – ◆Liège 40 – Eupen 12 – Spa 13 – Verviers 8.

XX **Au Vieux Hêtre** avec ch, rte de Fagne 18, ☎ 64 70 92, « Jardin » – TV P. ⓓ E VISA
fermé du 15 au 30 juin, 15 déc.-5 janv., mardi soir et merc. hors saison – **R** carte 950 à 1200 – **9 ch** *(1/2 pension seult)* 1950/2500.

X **Les Vieux Prés,** chemin des Vieux Prés 27 (N : 1 km, lieu-dit Werfat), ☎ 64 71 35, Grillades, « Cadre champêtre » – P. AE E VISA.
fermé lundi, mardi, sam. midi, sept et sem. carnaval – **R** carte 1000 à 1600.

LADA r. Chafour 21 ☎ 647328

JETTE Brabant 409 ㉑ – voir à Bruxelles.

JUPILLE Luxembourg belge 214 ⑦ et 409 ⑮ – voir à La Roche-en-Ardenne.

JUZAINE Luxembourg belge 214 ⑦ – voir à Bomal-sur-Ourthe.

KANNE **3770** Limburg C Riemst 15 036 h. 213 ㉒ et 409 ⑮ – ☎ 0 12.

◆Bruxelles 118 – ◆Hasselt 37 – ◆Liège 30 – ◆Maastricht 5.

Limburgia, Op 't Broek 480, ☎ 45 46 00 – ☎ P. AE E VISA.
fermé merc. et du 25 au 30 déc. – **R** carte env. 800 – **12 ch** 1000/1700 – ½ P 1500

KAPELLEN Antwerpen 213 ⑥ et 409 ④ – voir à Antwerpen, environs.

KASTERLEE 2460 Antwerpen 212 ⑯ ⑰ et 409 ⑤ – 15 584 h. – ☎ 0 14.
◆Bruxelles 77 – ◆Antwerpen 49 – ◆Hasselt 47 – ◆Turnhout 9.

Den en Heuvel, Geelsebaan 72, ☎ 85 04 97, Fax 85 04 96 – TV ☎ P – 25 à 90. AE ① E VISA. rest
fermé du 2 au 15 sept et carnaval – **R** *(fermé dim. soirs et jours fériés soirs)* 590/1250 – 260 – **24 ch** 1350/2200 – ½ P 1600/2000.

XXX **De Watermolen,** Houtum 61 (par Geelsebaan), ☎ 85 23 74, Fax 85 23 70, « Ancien moulin à eau » – P. AE ① E VISA
fermé lundi d'oct. à juin, mardi, 2e quinz. nov. et fév. – **R** carte 1700 à 2500.

XXX **Kastelhof,** Lichtaartsebaan 33 (SO sur N 123), ☎ 85 18 43, , « Terrasse et jardin » – P. AE ① E VISA
fermé du 8 au 27 juil., 2e quinz. fév. et mardis soirs et merc. non fériés – **R** 1250/1850.

XX **Hof ter Rielen** 1er étage, Turnhoutsebaan 181 (N sur N 19), ☎ 85 02 24, Fax 85 05 31 – P. AE ① E VISA
fermé merc. et 27 janv.-14 fév. – **R** carte 1400 à 2100.

à Lichtaart SO : 6 km C Kasterlee – ✉ 2460 Lichtaart – ☎ 0 14 :

XXX **Host. Keravic** avec ch, Herentalsesteenweg 72, ☎ 55 78 01, Fax 55 78 16, – TV ☎ P – 25. AE ① E VISA
fermé du 1er au 22 juil. et 22 déc.-6 janv. – **R** *(fermé sam. midi et dim.)* 1450 – **9 ch** 2000/3500 – ½ P 2450/2650.

FORD Geelsebaan 123 ☎ 556622
LADA Lichtaartsebaan 60 ☎ 852072
ROVER Terlo 33a ☎ 554563
TOYOTA Terlo 31 ☎ 556601

KEERBERGEN 3140 Brabant 213 ⑦ et 409 ④ – 9 967 h. – ☎ 0 15.
18 Vlieghavenlaan 50 ☎ 23 49 61.
◆Bruxelles 33 – ◆Antwerpen 36 – Leuven 20.

XXXX ✿ **Host. Berkenhof** (Koch) avec ch, Valkeniersdreef 5, ☎ 73 01 01, Telex 25703, Fax 73 02 02, ≤, , « Terrasse fleurie » – TV ☎ P – 30. AE ① E VISA.
fermé dim. soir, lundi, mardi et mi-déc.-mi-fév. – **R** carte 2100 à 2900 – **10 ch** 3750/4750.
Spéc. Salade de homard norvégien Julie, Blinis de langoustines au caviar et crème aigre-douce, Dos de lapereau à la bière régionale.

XXX ✿ **The Paddock,** R. Lambertslaan 4, ☎ 51 19 34, , « Terrasse » – P. AE ① E VISA
fermé du 16 au 31 août, fév., mardi soir et merc. – **R** carte 1300 à 2300.
Spéc. Poularde de Malines aux tomates, pourpier et tagliatelle d'asperges (15 avril-juin), Foie gras de canard maison, Canard sauvage farci à l'orange et aux pommes (sept-fév.).

XX **Chierberge,** Leopold Peerelaan 1, ☎ 51 50 59, , « Jardin » – P. AE ① E VISA.
fermé merc. soir, jeudi, sem. carnaval et 2e quinz. juil. – **R** carte 1300 à 1900.

XX **The Lake,** Mereldreef 1 (E : près du lac), ☎ 23 50 69, Fax 23 58 69, « Terrasse avec ≤ lac » – P – 25 à 60. AE ① E VISA
fermé lundi et 9 sept-3 oct. – **R** 950/1250.

X **'t Marmitje,** Haachtsebaan 150, ☎ 51 60 65, – P. AE E VISA
fermé mardi soir, merc., 3 dern. sem. juil. et du 24 au 31 déc. – **R** carte 1000 à 1800.

NISSAN Tremelobaan 252 ☎ 533383
TOYOTA Haachtsebaan 172 ☎ 601851
VAG Lindestraat 2 ☎ 515328

KEMMEL 8956 West-Vlaanderen C Heuvelland 8 542 h. 213 ⑬ et 409 ⑩ – ☎ 0 57.
◆Bruxelles 133 – ◆Brugge 63 – Ieper 11 – Lille 33.

XXX **Host. Mont Kemmel** avec ch, Berg 4, ☎ 44 41 45, Fax 44 40 89, ≤ plaine des Flandres, , – TV ☎ P – 25. AE ① E VISA
fermé lundi, 24 juil.-1er août et 15 janv.-1er mars – **R** carte 1700 à 2200 – **16 ch** 2000/3000 – ½ P 2700.

XX **Richelieu,** Ieperstraat 9, ☎ 44 45 21, – AE ① E VISA
fermé dim. soir, lundi, mardi soir et 13 août-2 sept – **R** carte 1300 à 1600.

KETTENIS Liège 213 ㉔ et 409 ⑯ – voir à Eupen.

KLEMSKERKE West-Vlaanderen 213 ② et 409 ② – voir à De Haan.

KLUISBERGEN 9690 Oost-Vlaanderen 213 ⑯ et 409 ⑪ – 6 037 h. – ☎ 0 55.
◆Bruxelles 67 – ◆Gent 39 – ◆Kortrijk 24 – Valenciennes 75.

XXX **Te Winde,** Parklaan 17 (Berchem), ☎ 38 92 74, – P. AE ① E VISA.
fermé dim. soir, lundi et 14 juil.-8 août ; sem. carnaval déjeuner seult – **R** 1680/2100.

sur le Kluisberg (Mont de l'Enclus) S : 4 km C Kluisbergen – ✉ 9690 Kluisbergen – ☎ 0 55 :

La Sablière, Bergstraat 40, ☎ 38 95 64 – ☎ P. AE E VISA.
fermé 2e quinz. nov. et vend. non fériés sauf en juil.-août – **R** (ouvert jusqu'à minuit) carte 1000 à 1500 – 200 – **12 ch** 1250/2000 – ½ P 1850/2300.

KNOKKE-HEIST **8300** West-Vlaanderen 212 ⑪ et 409 ② – 31 067 h. – ☎ 0 50 – Station balnéaire★★.

Voir le Zwin★ : réserve naturelle (flore et faune) EZ.

⛳18 (2 parcours) au Zoute, Caddiespad 14 ☎ 60 12 27.

🛈 Zeedijk 660 (Lichttorenplein) à Knokke ☎ 60 16 16 – Heldenplein à Zeist (juil.-août) ☎ 51 20 59.

◆Bruxelles 108 ① – ◆Brugge 17 ① – ◆Gent 49 ① – ◆Oostende 33 ③.

à Knokke – ✉ 8300 Knokke-Heist – ☎ 0 50 :

🏨 **Malibu** sans rest, Kustlaan 43, ☎ 61 18 03, Fax 61 06 78 – |♦| TV ☎. VISA — BY **r**
fermé merc. hors saison, 30 sept-18 oct. et 2e quinz. janv. – **25 ch** ☕ 1900/4665.

🏨 **Eden** sans rest, Zandstraat 18, ☎ 61 13 89 – |♦| TV ☎ — BY **n**
fermé du 15 au 30 nov. – **19 ch** ☕ 1600/2250.

🏨 **Van Bunnen** sans rest, Van Bunnenlaan 50, ☎ 61 15 29 – |♦| TV. AE E VISA — BY **u**
18 ch ☕ 1800/2850.

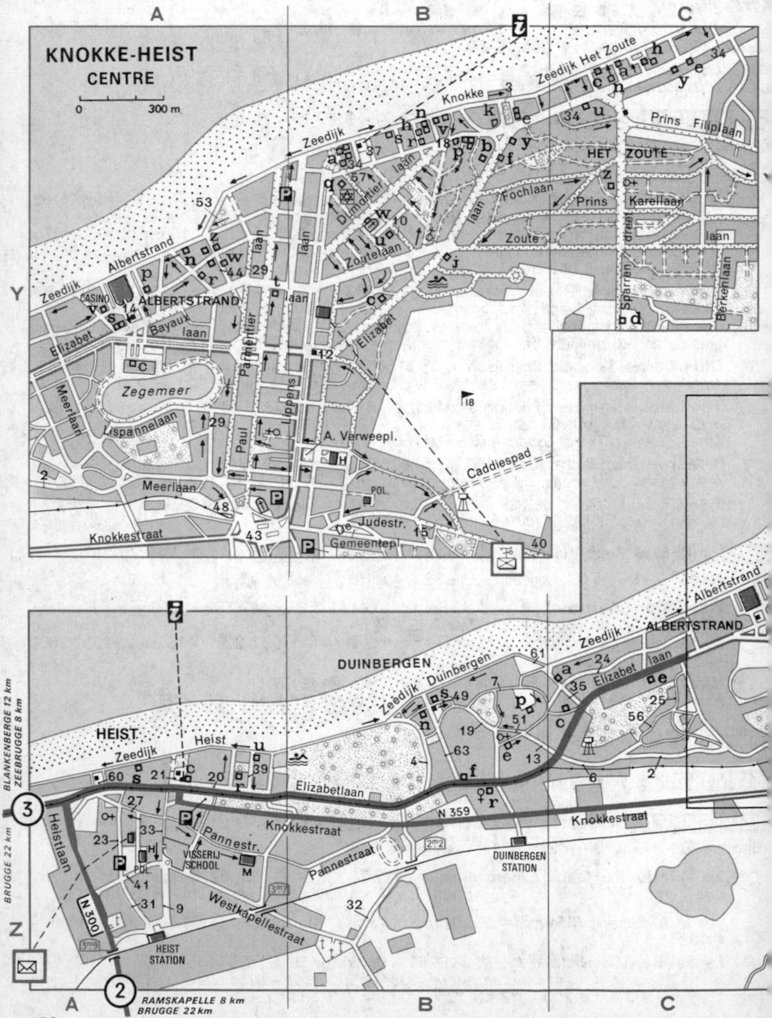

XXX **Panier d'Or,** Zeedijk 659, ℰ 60 31 89, ≤ – ▤. AE ① E VISA BY **a**
fermé lundi soir, merc. et jeudi soir de sept. à Pâques, mardi et 11 nov.-16 déc. – **R** carte 900 à 1600.

XXX **Le P'tit Bedon,** Zeedijk 672, ℰ 60 06 64, ⛱, Avec grillades – AE ① E VISA BY **s**
fermé 15 nov.-15 déc. et merc. sauf vacances scolaires – **R** 695/1475.

XX **La Croisette,** Van Bunnenplein 24, ℰ 61 28 39 – AE ① E BY **q**
fermé 15 janv.-15 fév., lundi midi et merc. midi sauf en juil.-août et lundi soir, mardi et merc. soir – **R** carte env. 1800.

XX **Casa Borghèse,** Bayauxlaan 27, ℰ 60 37 39, Fax 62 01 88, Avec cuisine italienne – ℗. AE ① E VISA AY **t**
fermé merc. en janv.-fév., jeudi et fin sept-fin oct. – **R** (dîner seult jusqu'à 2 h du matin) carte 800 à 1300.

XX **Ambassador,** Van Bunnenplein 20, ℰ 60 17 96 – ▤. AE ① E VISA BY **a**
fermé merc. soir, jeudi, 3 dern. sem. nov. et carnaval – **R** 750.

KNOKKE-HEIST DUINBERGEN ALBERTSTRAND HET ZOUTE

Dumortierlaan .... **BY**
Kustlaan .... **BCY** 34
Lippenslaan .... **ABY**

Acacialaan .... **CZ** 2
Albertplein .... **BY** 3
Anemonenlaan .... **BZ** 4
Arkadenlaan .... **CZ** 6
Bergdreef .... **BZ** 7
Bondgenotenlaan .... **AZ** 9
Van Bunnenlaan .... **BY** 10
Burgemeester Frans Desmidtplein .... **BY** 12
Jan Cailliedreef .... **BZ** 13
Canada Square .... **AY** 14
Charles de Costerlaan .... **BY** 15
Driehoeksplein .... **BY** 18
Duinbergenlaan .... **BZ** 19
Graaf d'Ursellaan .... **AZ** 20
Heldenplein .... **AZ** 21
Hermans-Lybaertstr. .... **AZ** 23
Jozef Nellenslaan .... **CZ** 24
Kapellaan .... **CZ** 25
Kerkstraat .... **AZ** 27
Konijnendreef .... **EZ** 28
Koningslaan .... **AY** 29
Koudekerkelaan .... **AZ** 31
Krommedijk .... **BZ** 32
Kursaalstraat .... **AZ** 33
Leeuwerikenlaan .... **CZ** 35
Lekkerbekhelling .... **EZ** 36
Lichttorenplein .... **BY** 37
Louis Parentstr. .... **AZ** 39
Magere Schorre .... **DZ** 40
Marktstraat .... **AZ** 41
Maurice Lippensplein .... **AY** 43
Meerminlaan .... **AY** 44
Ooievaarslaan .... **EZ** 45
Oosthoekplein .... **EZ** 47
Pastoor Opdedrinckplein .... **AY** 48
Patriottenstraat .... **BZ** 49
Poststraat .... **BZ** 51
Rubensplein .... **AY** 53
Theresialaan .... **CZ** 56
Vissershuldeplein .... **AZ** 60
de Wandelaar .... **BZ** 61
Zeegrasstraat .... **BZ** 63

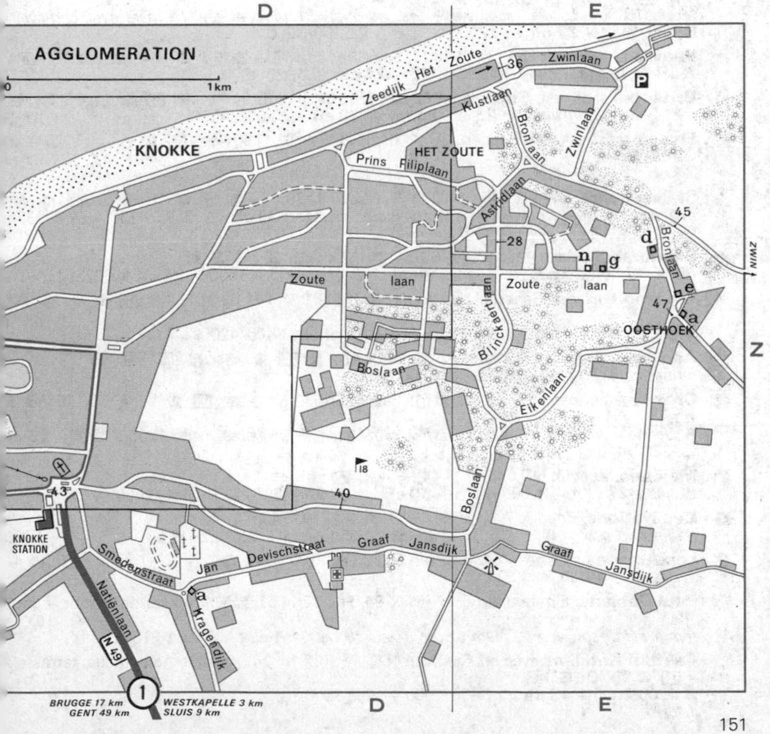

XX **Hippocampus,** Kragendijk 188, ℘ 60 45 70, « Maisonnette flamande avec ← campagne » – P. AE ⓓ DZ
fermé mardi soir d'oct. à Pâques, merc., 27 fév.-13 mars et du 13 au 20 nov. – **R** 1300.

XX **Open Fire,** Zeedijk 658, ℘ 60 17 26, ← – ▤. AE ⓓ E VISA BY
fermé jeudis non fériés de mars à juil., merc. non fériés de sept à mars et 6 janv.-8 fév. – **R** 720/1425.

X **New Alpina,** Lichttorenplein 12, ℘ 60 89 85 – E VISA ✻ BY
fermé mardi et Noël-Nouvel An ; d'oct. à Pâques déjeuner seult – **R** 625.

X **Da Luigi,** Dumortierlaan 30, ℘ 60 46 36, Avec cuisine italienne – AE ⓓ E VISA BY
fermé mi-fév.-15 mars et mardi sauf en juil.-août – **R** carte 900 à 1500.

X **Castel Normand,** Swolfsstraat 13, ℘ 61 14 84 – AE ⓓ E VISA BY
fermé mardi soir, merc. et du 10 au 25 janv. – **R** 750/1225.

au Zoute – ✉ 8300 Knokke-Heist – ☎ 0 50 :

Fairway et Rest. St. Bernard ⛰, Tuinfluiterspad 9 (au golf), ℘ 61 14 67, Fax 62 06 50 ←, « Cadre de verdure », – |‡| TV ☎ P – 35. AE ⓓ E VISA CY
fermé 8 janv.-14 fév. – **R** *(fermé mardi)* 1800/3200 – ☐ 450 – **12 ch** 6000/12500 ½ P 6050/15050.

Approach ⛰, Kustlaan 172, ℘ 61 11 30, Fax 61 16 28 – |‡| TV ☎ ⇔ P – 25 à 40 AE ⓓ E VISA CY
R voir rest **Gasthof Katelijne** ci-après – **24 ch** ☐ 5500/7000.

Lugano sans rest (annexe Manoir du Dragon ⛰, ← golf - 6 ch ☐ 5000/7500), Villapad 14, ℘ 61 04 71, Fax 62 04 13, « Jardin », – |‡| TV ☎ P. AE ⓓ E VISA. ✻ BY
Pâques-fin sept, du 1er au 11 nov., Noël-Nouvel An et carnaval – **27 ch** ☐ 3500/4800.

Dorint, Kustlaan 84, ℘ 61 01 28, Telex 82295, Fax 61 15 33, – |‡| ▤ rest TV ☎ – 25 à 60. AE ⓓ E VISA. ✻ rest BY
R De Zwaan 950/1550 – **50 ch** ☐ 5500/5950.

Aub. St.-Pol ⛰, Bronlaan 23, ℘ 60 15 21, Fax 62 17 60, « Terrasse » – TV ☎ P – 25. AE ⓓ VISA. ✻ EZ
fermé du 14 au 22 oct. et du 13 au 29 janv. – **R** *(fermé lundi et mardi hors saison)* carte 900 à 1700 – **16 ch** ☐ 3200/3500.

Duc de Bourgogne - Golf ⛰, Zoutelaan 175, ℘ 61 16 14, Fax 62 15 90, « Terrasse » – |‡| TV ☎ P – 25. AE ⓓ E VISA. ✻ EZ
fermé 18 nov.-19 déc. sauf week-end, du 7 au 31 janv. et fév.-15 mars sauf carnaval – **R** 680/1480 – **27 ch** ☐ 2200/4800 – ½ P 2350/3300.

Pauwels, Kustlaan 353, ℘ 61 16 17, Fax 62 04 05, – |‡| TV ☎ ⇔. AE ⓓ E VISA CY
R (Rest.-taverne) carte 1300 à 2100 – **24 ch** ☐ 4320/4800.

Britannia sans rest, Elizabetlaan 85, ℘ 62 10 62, Fax 62 04 13 – |‡| TV ☎ P. AE E VISA BY
fermé 1 sem. en janv. et 2 sem. en fév. – **30 ch** ☐ 2000/4500.

Elysee sans rest, Elizabetlaan 39, ℘ 61 16 48, Fax 62 17 90 – |‡| TV ☎ ♿ – 25 à 40 AE ⓓ E VISA BY
24 ch ☐ 4400/8000.

Shakespeare, Zeedijk 795, ℘ 60 11 77, Fax 60 92 79, ← – |‡| TV ☎. AE ⓓ E VISA. ✻ rest
avril-sept et Noël-Nouvel An – **R** (résidents seult) – **38 ch** ☐ 3575/6150 – ½ P 4375/6375. CY

Balmoral, Kustlaan 148, ℘ 60 16 20 – |‡| TV ☎ P. AE ⓓ E VISA CY
fermé 15 nov.-20 déc. et 6 janv.-10 fév. – **R** carte 900 à 1500 – **24 ch** ☐ 2050/3700.

Locarno sans rest, Generaal Lemanpad 5, ℘ 61 01 21, Fax 62 04 13 – |‡| TV ☎. AE ⓓ VISA ✻ BY
fermé 11 nov.-20 déc. et 6 janv.-mi-fév. – **14 ch** ☐ 3400/4200.

Andrews sans rest, Kustlaan 72, ℘ 61 08 47 – |‡| TV ☎ ⇔ P. AE VISA. ✻ BY
fermé merc. et janv. – **10 ch** ☐ 3800/6000.

Charls, Albertplein 18, ℘ 60 90 51, Fax 61 55 98, – |‡| TV ☎ – 30. AE ⓓ E VISA BY
R *(fermé merc. non fériés d'oct. à fév. sauf vacances scolaires)* carte 1000 à 1500 – **25 ch** ☐ 3300/4400 – ½ P 4100/4900.

Majestic, Zeedijk 697, ℘ 61 11 44, ← – |‡| TV ☎ ⇔ BY
22 mars-23 sept – **R** 800/1275 – **60 ch** ☐ 1750/4450 – ½ P 2450/2950.

Des Nations, Zeedijk 704, ℘ 61 15 69, ← – |‡| P. VISA. ✻ rest BY
Pâques-fin sept – **R** 950/1150 – **30 ch** ☐ 3500 – ½ P 2600/2800.

Les Arcades sans rest, Elizabetlaan 50, ℘ 60 10 73 – ☎ P BY
avril-sept – **11 ch** ☐ 2300.

XX **Paul Gaelens,** Elizabetlaan 6, ℘ 61 06 94, Fax 62 14 53, Produits de la mer – AE E VISA BY
fermé mardi soir, merc., mars et du 1er au 10 oct. – **R** carte 1700 à 2100.

XX **Gasthof Katelijne** avec ch, Kustlaan 166, ℘ 60 12 16, « Auberge rustique, terrasse » – TV ☎ P. AE E VISA CY
R 1200/1600 – **13 ch** ☐ 3600/4000 – ½ P 3500.

La Sapinière, Oosthoekplein 7, ℘ 60 22 71, ⚐ - AE ⦿ E VISA EZ **e**
fermé du 1er au 12 oct., fév., merc. soir d'oct. à mars et jeudi – **R** 1150/1350.

Zomerlust 1er étage, Kustlaan 133, ℘ 60 20 74, ⋞ - ▤. AE ⦿ E VISA BY **k**
fermé mardi soir, merc. hors saison, 2 sem. en déc. et 2e quinz. fév. – **R** 750/1900.

L'Echiquier 1er étage, De Wielingen 8, ℘ 60 88 82, ⚐ - AE E VISA CY **h**
fermé lundi du 16 nov. au 1er mars, mardi midi et merc. midi en juil.-août et mardi et merc. de sept à mars – **R** carte 1300 à 1750.

Cantharel, Sparrendreef 98, ℘ 60 40 90 – AE ⦿ E VISA CY **z**
fermé mardi sauf vacances scolaires et merc. – **R** 1295/1750.

Pierrot's, Albertplein 19, ℘ 61 09 57, Fax 61 54 74, ⚐, Rest.-taverne – ▤. AE ⦿ E VISA
fermé janv. et lundi soir et mardi de sept à mai – **R** 995/1500. CY **e**

Marie Siska avec ch, Zoutelaan 177, ℘ 60 17 64, ⚐, ⛱ – ▣ ☎ Ⓟ. AE ⦿ E VISA. ✗ ch
Pâques-5 nov. et week-end – **R** 795/1150 – **7 ch** ☐ 2000/3400 – ½ P 2150/2400. EZ **g**

Lady Ann, Kustlaan 301, ℘ 60 96 77, ⚐ – AE ⦿ E VISA CY **n**
fermé jeudi d'oct. à avril, merc., 26 fév.-13 mars et 27 nov.-13 déc. – **R** 895.

Corner-House avec ch, Hazegrasstraat 1 (Oosthoekplein), ℘ 60 76 19 – AE ⦿ E VISA
fermé merc. et 15 nov.-5 déc. – **R** 750 – **20 ch** ☐ 800/1600 – ½ P 1150/1300. EZ **a**

à Albertstrand – ✉ 8300 Knokke-Heist – ✆ 0 50 :

La Réserve, Elizabetlaan 160, ℘ 61 06 06, Telex 81657, Fax 60 37 06, ⚐, « Terrasse avec ⋞ lac », ⛆, ⛶, ✂ – |♦| ▣ ☎ Ⓟ – 🎤 30 à 350. AE ⦿ E VISA AY **c**
R carte 1800 à 2200 – ☐ 450 – **110 ch** 5400/6900.

Atlanta sans rest, Nellenslaan 162, ℘ 60 55 00 – |♦| ▣ ☎ Ⓟ. AE AY **r**
4 fév.-25 nov. – **32 ch** ☐ 2000/2800.

Nelson's, Meerminlaan 36, ℘ 60 68 10, Fax 61 18 38 – |♦| ▤ rest ▣ ☎ – 🎤 25 à 40. AE ⦿ E VISA. ✗ rest – *avril-oct., week-end en hiver et vacances scolaires* – **R** *(fermé après 20 h)* 800 – **48 ch** ☐ 2400/2800 – ½ P 2100/2400. AY **z**

Kismet, Canadasquare 23, ℘ 60 14 45, Fax 61 58 18, ⚐ – |♦| ▣ ☎ – 🎤 30. AE ⦿ E
fermé 21 janv.-1er mars – **R** *(fermé merc. hors saison)* 1250/1650 – **14 ch** ☐ 3200/4500 – ½ P 2500/3000. AY **s**

Lido, Zwaluwenlaan 18, ℘ 60 19 25, Fax 61 04 57 – |♦| ▣ ☎ Ⓟ – 🎤 25. ✗ rest AY **r**
fermé mardi, merc. et jeudi d'oct. à Pâques – **R** (résidents seult) – **40 ch** ☐ 2150/3000 – ½ P 1900/2100.

Parkhotel, Elizabetlaan 204, ✉ 8390, ℘ 60 09 01, ⚐ – |♦| ▣ ☎ 🚗 Ⓟ. AE ⦿ E VISA. ✗
fermé 8 janv.-carnaval et mardi d'oct. à avril – **R** carte env. 1200 – **12 ch** ☐ 2250/3400 – ½ P 2150/2350. CZ **e**

Albert Plage sans rest, Meerminlaan 22, ℘ 60 59 64 – |♦| ☎. ✗ AY **w**
fermé du 7 au 20 janv. – **16 ch** ☐ 2300/2500.

✿ **Aquilon** (Mme De Spae), Bayauxlaan 70, ℘ 60 12 74, Fax 62 09 72, « Villa avec jardin fleuri » – AE ⦿ E VISA ✗ AY **s**
fermé 1re quinz. oct., 15 déc.-1er fév., mardi soir de Pâques à oct., lundi et mardi d'oct. à Pâques et merc. – **R** carte 1800 à 2900.
Spéc. Feuilleté d'huîtres à la fondue de poireaux (sept-avril), Homard Marguerite, Mariage de turbot-saumon au beurre blanc.

Esmeralda, Nellenslaan 161, ℘ 60 33 66 – AE ⦿ E VISA AY **p**
fermé lundi soir sauf en juil.-août, mardi, 2 dern. sem. nov. et 2 dern. sem. janv. – **R** carte 1700 à 2200.

Lispanne, Nellenslaan 201, ℘ 60 05 93 – ▤. AE E VISA AY **z**
fermé 20 nov.-15 déc., 8 janv.-1er fév., lundi soir sauf vacances scolaires et mardi – **R** 585/1595.

Olivier, Nellenslaan 159, ℘ 60 55 70 – ▤. AE ⦿ E VISA AY **v**
fermé merc. hors saison et 2e quinz. janv. – **R** 1250.

Les Flots Bleus, Zeedijk 538, ℘ 60 27 10, ⋞, ⚐ – AE E VISA AY **n**
mars-oct. et week-end ; fermé du 1er au 20 déc. et jeudi sauf en juil.-août – **R** 475/1450.

à Duinbergen – ✉ 8301 Heist – ✆ 0 50 :

Monterey ⛰ sans rest, Bocheldreef 4, ℘ 51 58 65, Fax 51 07 91, ⋞, « Villa aménagée » – ▣ ☎ Ⓟ. AE ⦿ E VISA – **9 ch** ☐ 3500/3900. BZ **p**

Bel Air, Patriottenstraat 26, ℘ 51 13 00 – |♦| ▣ ☎. ✗ rest BZ **s**
avril-sept et vacances scolaires – **R** 750 – ☐ 275 – **43 ch** 1750/3000 et **9** appartements – ½ P 1550/2100.

Pauls sans rest, Elizabetlaan 305, ℘ 51 39 32 – |♦| ▣ ☎ Ⓟ. AE ⦿ E VISA. ✗ BZ **f**
fermé mardi, merc. et jeudi d'oct. à Pâques sauf vacances scolaires – **15 ch** ☐ 2200/3300.

Les Pingouins, Duinendreef 52, ℘ 51 33 40, ⚐, ⛱, ✂ – ▣ ☎ Ⓟ. AE E. ✗ rest
fermé du 1er au 25 oct. – **R** *(fermé merc. non fériés d'oct. à mars)* 650/1150 – **11 ch** ☐ 1450/2000 – ½ P 1880/2000. BZ **e**

Du Soleil, Patriottenstraat 15, ℘ 51 12 89 – |♦| ▣ ☎. AE ⦿ E VISA BZ **n**
mars-20 nov. – **R** 750/1300 – **27 ch** ☐ 1600/1990.

XX **Vateli,** Vandaelelaan 6, ☎ 51 05 34, Produits de la mer — CZ
fermé jeudi midi en juil.-août, jeudi et 2 dern. sem. janv. – **R** 790/1390.

XX **Aub. Pré Feuillet** avec ch, Leeuwerikenlaan 5, ☎ 51 10 66, ≤, 斧 – ☎. AE E VISA — CZ
◆ *29 mars-15 oct., week-end en hiver et vacances scolaires* – **R** 680/1500 – **8 ch** ⊐ 1450/24(
– ½ P 1800/2050.

X **Den Baigneur,** Elizabetlaan 288, ☎ 51 16 81 – AE ⊙ E VISA — BZ
fermé lundi – **R** carte 1500 à 2100.

à Heist C Knokke-Heist – ✉ 8301 Heist – ✆ 0 50 :

Bristol, Zeedijk 291, ☎ 51 12 20, Fax 51 15 54, ≤ – |‡| ▤ rest. E VISA. ✂ — AZ
◆ *29 mars-14 avril, 17 mai-15 sept et week-end en avril-mai* – **R** *(fermé après 20 h)* 600/9
– **30 ch** ⊐ 2650/3100 – ½ P 2075/2275.

Square sans rest, Kinkhoorn 21, ☎ 51 12 37 – |‡|. AE E VISA — AZ
Pâques-15 sept – **32 ch** ⊐ 750/1450.

XXX **Old Fisher,** Heldenplein 33, ☎ 51 11 14, Produits de la mer – ▤. AE ⊙ E VISA — AZ
fermé mardi soir de sept à juin, merc. et 24 sept-29 oct. – **R** 1350.

XX **The Grill,** Zeedijk 173, ☎ 51 35 28, ≤, 斧 – ▤. AE VISA — AZ
fermé mardi, merc., 1re quinz. oct. et 1re quinz. janv. – **R** carte 1100 à 1500.

à Westkapelle par ① : 3 km C Knokke-Heist – ✉ 8300 Westkapelle – ✆ 0 50 :

Ter Zaele ⑤, Oostkerkestraat 40, ☎ 60 12 37, Telex 55169, Fax 61 19 73, ≤, 斧, « Cad
des polders », ⛶, ⊠, 𝐀 – TV ☎ ♿ P – 🏛 25. AE ⊙ E VISA
R *(fermé merc. et du 15 au 30 oct.)* 1250 – **20 ch** ⊐ 1950/3150 et **7** studios.

XXX **Ter Dycken,** Kalvekeetdijk 137, ☎ 60 80 23, Fax 61 40 55, 斧, « Terrasse et jardin » – (
AE ⊙ E VISA
fermé lundi, mardi et du 2 au 31 janv. – **R** carte 1600 à 3350.

XX **La Ciboulette,** Kragendijk 38, ☎ 60 65 39, ≤, 斧, « Patio » – P. AE
fermé du 15 au 27 déc., mardi et merc. sauf vacances scolaires et mardi midi et merc. m
en juil.-août – **R** carte 1500 à 2200.

BMW Natiënlaan 72b ☎ 604162
FIAT Natiënlaan 106 ☎ 604632
FORD Natiënlaan 108 ☎ 614444
GM (OPEL) Natiënlaan 112 ☎ 609759
HONDA Koningslaan 31 ☎ 602750
LADA Natiënlaan 40 ☎ 606644
LANCIA Desmidtplein 6 ☎ 604632
MAZDA Knokkestraat 126 ☎ 512553
NISSAN Westkapellestraat 180 ☎ 512318
RENAULT Elizabetlaan 270 ☎ 511510
TOYOTA Natiënlaan 206 ☎ 608800
VAG Natiënlaan 144 ☎ 608282

KOBBEGEM Brabant 213 ⑥ et 409 ④ – voir à Bruxelles, environs.

KOKSIJDE-BAD **8670** West-Vlaanderen 213 ① et 409 ① – 16 434 h. – ✆ 0 58 – Stati
balnéaire.

◆Bruxelles 138 ① – ◆Brugge 51 ① – Dunkerque 25 ③ – ◆Oostende 26 ① – Veurne 8 ②.

KOKSIJDE-BAD

Koninklijkebaan
Zeelaan

Albert Bliecklaan 2
Anemonenlaan 3
Begonialaan 4
Dorlododlaan 7
Duinenkranslaan 8
Fazantenparkstr. 9
Goudenboomstr. 10
Gulden Vlieslaan 12
Hagedoornstr. 14
Hoge Duinenlaan 15
Horizontlaan 16
Hostenstraat 17
Koninginnelaan 19
Koninklijke Prinslaan 20
Louise Hegerplein 23
Middenlaan 24
Overwinningslaan 25
Parnassiuslaan 27
Prof. Blanchardlaan 29
Ranonkellaan 31
Verdedigingslaan 33
Vlaanderenstr. 35
Westendestr. 36
Zavelplein 37

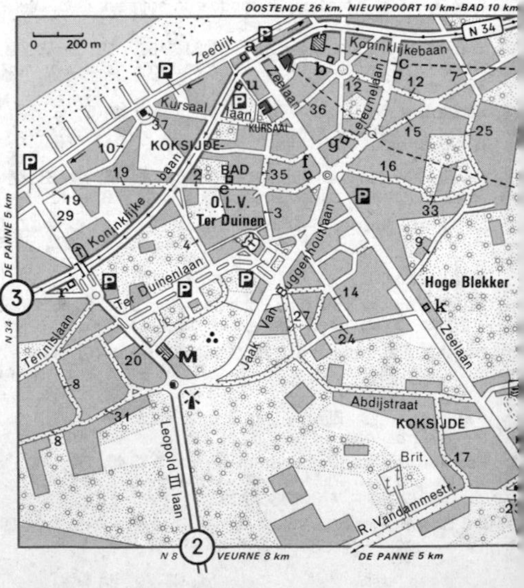

Apostroff sans rest, Lejeunelaan 38, 52 06 09, Fax 52 07 09, – VISA c
24 ch 2120/3750.

✿ **Host. Le Régent** (Lambersy), A. Bliecklaan 10, 51 12 10, Fax 51 66 47 – VISA f
fermé oct. – **R** *(fermé dim. soirs et lundis non fériés sauf vacances scolaires)* carte 1600 à 2400 – **10 ch** 1850/2850 – ½ P 2250/2600.
Spéc. Salade tiède de homard au curry léger, Sole au four farcie de fruits de mer, Ris de veau au Porto.

Florian, A. Bliecklaan 32, 51 69 82, – – 30. VISA e
fermé 25 nov.-1er déc. et 20 janv.-2 fév. – **R** *(fermé jeudi et après 20 h 30)* 995 – **10 ch** 1450/2400 – ½ P 1550/1750.

Terlinck, Terlinckplaats 17, 52 00 00, Fax 51 76 15, – VISA. ch
fév.-mi-nov. ; fermé merc. hors saison – **R** 1525 – **22 ch** 1600/2500 – ½ P 2100/2350. a

Penel, Koninklijke baan 157, 51 73 23 – VISA. ch u
20 mars-11 nov. et week-end – **R** 875/925 – **11 ch** 1700/2100 – ½ P 1400/1500.

Rivella, Zouavenlaan 1, 51 31 67 – b
avril-sept et vacances scolaires – **R** 750 – **28 ch** 1750/1900 – ½ P 1250/1600.

Mazarin, Bronstraat 1, 51 50 04, – VISA g
fermé oct. sauf week-end et lundi et mardi hors saison – **R** (déjeuner seult sauf sam., jours fériés et vacances scolaires) 830/2000.

Le Coquillage, Zeelaan 118, 51 26 25, – . VISA k
fermé 15 nov.-10 déc. et lundi soir et mardi d'oct. à juil. – **R** 675/895.

*à **Sint-Idesbald*** par ③ : 2 km – 8670 Koksijde-Bad – 0 58 :

Soll Cress, Koninklijke baan 225, 51 23 32, Fax 51 91 32 – – 30. VISA. ch r
fermé 2 sem. en oct. et mardi sauf vacances scolaires – **R** 750/1500 – **25 ch** 1850/2200 – ½ P 1500/1750.

Host. Alberteum avec ch, Koninklijke baan 328, 51 11 92 – VISA
fermé 30 sept-17 oct., 2 janv.-7 fév. et merc. et jeudi sauf vacances scolaires – **R** 1395/1850 – 175 – **11 ch** 1150/1850 – ½ P 1550/1950.

DA R. Van Dammestraat 21 517438
NAULT Zeelaan 131 511706
OVER Ten Bogaerdelaan 1 511533
TOYOTA Koninklijke baan 335 à St-Idesbald 515724
VAG Koninklijke baan 261 à St-Idesbald 513535

KONTICH Antwerpen 213 ⑥ et 409 ④ – voir à Antwerpen, environs.

KORTENBERG Brabant 213 ⑲ et 409 ⑬ – voir à Bruxelles, environs.

KORTESSEM 3720 Limburg 213 ㉑ ㉒ et 409 ⑮ – voir à Hasselt.

KORTRIJK (COURTRAI) 8500 West-Vlaanderen 213 ⑮ et 409 ⑪ – 76 314 h. – 0 56.
oir Hôtel de Ville (Stadhuis) : salle des Échevins★ (Schepenzaal), salle du Conseil★ (Oude adzaal) CZ H – Église Notre-Dame★ (O.L. Vrouwekerk) : statue de Ste-Catherine★, Élévation de Croix★ DYZ B – Béguinage★ (Begijnhof) DZ E.
Schouwburgplein 20 25 00 et 22 00 33 (ext. 208).
Bruxelles 90 ⑦ – ◆Brugge 51 ⑨ – ◆Gent 45 ⑦ – Lille 28 ⑧ – ◆Oostende 70 ⑨.

Plan page suivante

Broel, Broelkaai 8, 21 83 51, Telex 85865, Fax 20 03 02, , « Intérieur résidentiel de caractère ancien », – rest – 25 à 100. VISA. rest
R Castel *(fermé sam. et dim.)* 1250 – **63 ch** 3100/4800. CY e

Parkhotel, Stationsplein 2, 22 03 03, Telex 86100, Fax 22 14 02, – rest – 25 à 80. VISA CZ r
R *(fermé dim. soir)* carte 1500 à 2100 – **72 ch** 2700/3600.

Damier, Grote Markt 41, 22 15 47, Telex 86320, Fax 22 86 31, – rest – 25 à 120. VISA. CZ b
R *(fermé sam. et dim.)* (dîner pour résidents seult) 1500/2500 – **50 ch** 4500/7000.

Center Broel, Graanmarkt 6, 21 97 21, Telex 85865, Fax 20 03 66, – rest . VISA – **R** 700/995 – **32 ch** 2200/2700. CZ a

✿✿ **Filip Bogaert,** Minister Tacklaan 5, 20 30 34, Fax 20 30 75, « Maison bourgeoise fin 19e s. » – . VISA DZ e
fermé merc. soir, dim. soir et 2 sem. en août – **R** carte 2300 à 3200.
Spéc. Bouchon de foie d'oie aux graines de pavot, Turbot rôti aux écailles de pommes nouvelles et truffes, Perdreau rôti aux feuilles de vigne et chou vert (20 sept-20 oct.).

Boerenhof, Walle 184, 21 31 72, Fermette – . VISA BZ v
fermé dim. soir, lundi soir, mardi et 21 juil.-15 août – **R** carte 1500 à 2000.

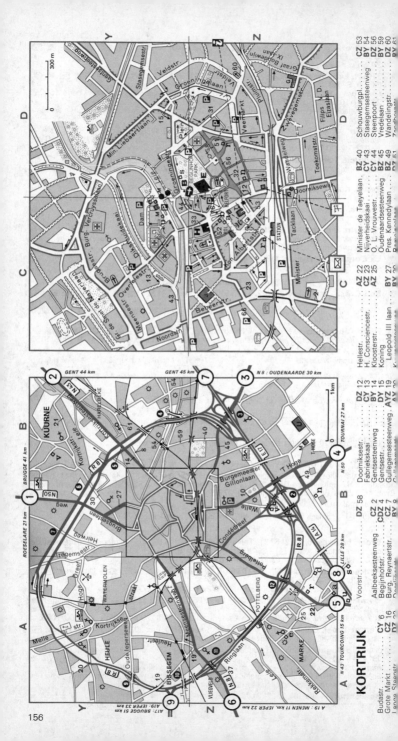

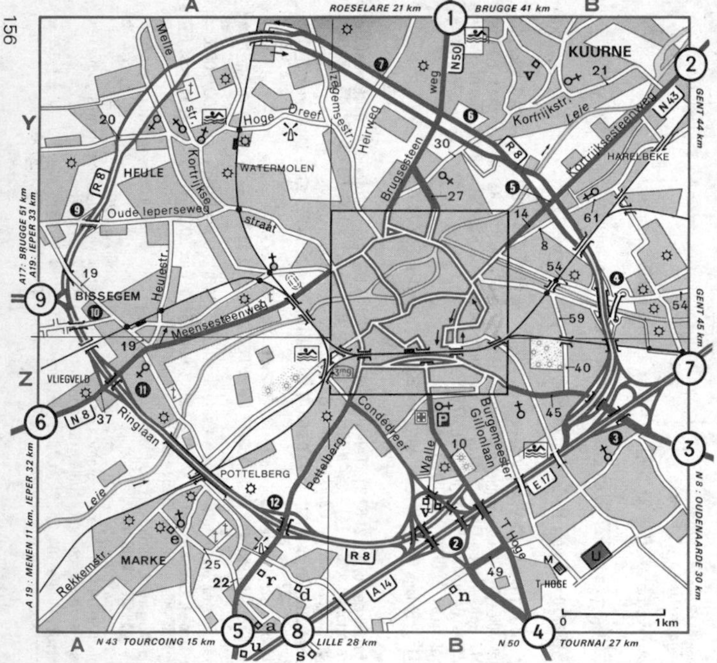
ROESELARE 21 km
BRUGGE 41 km
KUURNE
HARELBEKE
GENT 44 km
GENT 45 km
N 8 : OUDENAARDE 30 km
TOURNAI 27 km
N 50
LILLE 28 km
N 43 TOURCOING 15 km
A 19 : MENEN 11 km, IEPER 32 km
A17: BRUGGE 51 km
A19: IEPER 33 km
HEULE
BISSEGEM
WATERMOLEN
VLIEGVELD
POTTELBERG
MARKE
T HOGE
Kortrijkstr.
Leie
Kortrijksesteenweg
Brugsesteenweg
Heirweg
Izegemsestr.
Hoge Dreef
Kortrijkse str.
Oude Ieperseweg
straat
Heulestr.
Meensesteenweg
Ringlaan
Condédreef
Pottelberg
Walle
Burgemeester Gillonlaan
T Hoge
Rekkemstr.
Melle
1km

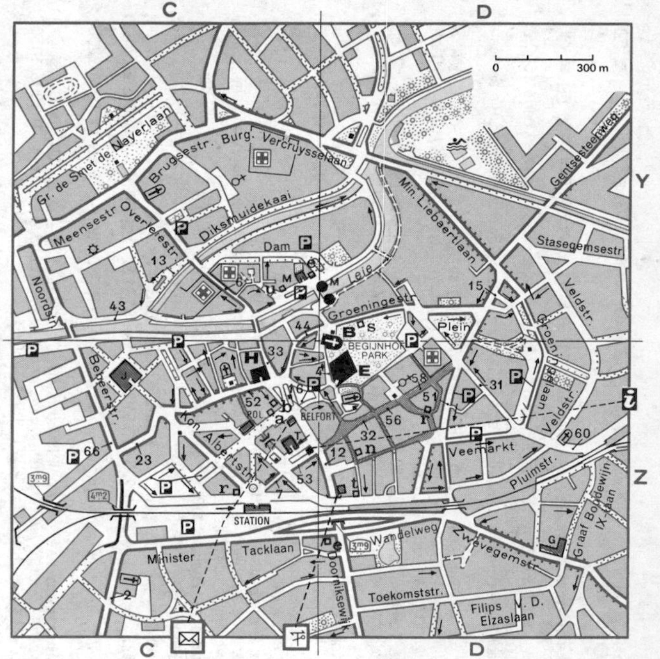
300 m
Gentsesteenweg
Stasegemsestr.
Veldstr.
Groeningelaan
Min. Liebaertlaan
Burg. Vercruysselaan
Brugsestr.
Gr. de Smet de Nayerlaan
Diksmuidekaai
Meensestr.
Overleiestr.
Dam
Leie
Groeningestr.
Plein
BEGIJNHOF PARK
BELFORT
Noordstr.
Bebeerstr.
Kon. Albertstr.
STATION
Veemarkt
Pluimstr.
Graaf Boudewijn IX-laan
Zwevegemstr.
Wandelweg
Doorniksewijk
Tacklaan
Minister
Toekomststr.
Filips V. D. Elzaslaan

KORTRIJK

XX **Boxy's,** Lekkerbeetstraat 9 (transfert prévu Minister Liebaertlaan 1), ℘ 22 22 05 - AE ⓓ E VISA DZ **n**
fermé sam. midi, dim., lundi et jours fériés – **R** 2100.

XX **Oud Walle,** Walle 199, ℘ 22 65 53 - E VISA BZ **v**
fermé dim. soir, lundi, 2 sem. Pâques et 2 prem. sem. sept – **R** carte 1600 à 2200.

XX **Vincent,** Groeningestraat 18, ℘ 21 48 40, Fax 20 18 97 - AE ⓓ E VISA DY **s**
fermé lundi, sam. midi, 1 sem. en mars et fin août-début sept – **R** carte 1700 à 2100.

X **Gasthof Den Tuin,** Spoorweglaan 5, ℘ 21 55 45, Fax 22 45 91 - Ⓟ. VISA DZ **t**
R (déjeuner seult sauf vend. et sam.) carte 750 à 1000.

X **Bistrot Duprez,** Kapucijnenstraat 27, ℘ 20 01 10, 帀, Ouvert jusqu'à 23 h - AE ⓓ E VISA
fermé dim., lundi midi, jours fériés, dern. sem. avril-prem. sem. mai et 3 prem. sem. nov. –
R 1250. CY **u**

X **Torre di Pisa,** Sint-Janstraat 27, ℘ 21 18 20, 帀, Cuisine italienne, Ouvert jusqu'à 23 h - ▤. AE ⓓ VISA DZ **r**
fermé merc., 23 juil.-14 août et 1 sem. en janv. – **R** carte 800 à 1200.

au Sud :

Condor, Kennedypark 1, ℘ 20 06 87, Telex 86257, Fax 22 12 73 - ⧉ TV ☎ ♿ Ⓟ - 🏛 25 à 100. AE ⓓ E VISA. ✂ rest BZ **n**
R carte 1000 à 1400 - **48 ch** ⊐ 2250/2800.

XXX ✿ **Village Gastronomique** (Vandekerckhove) avec ch, St-Anna 5, ℘ 22 47 56, Fax 22 71 70, 帀, « Jardin d'hiver exotique », - TV ☎ Ⓟ - 🏛 25. AE ⓓ E VISA
R *(fermé dim. soir et lundi)* carte 1900 à 3000 - **7 ch** ⊐ 5750/6500. AZ **s**
Spéc. Fantaisie de foie d'oie et pruneaux, Tartare de saumon frais et fumé à la crème de caviar, Homard rôti au four et pointes vertes.

XXX **Host. Klokhof** avec ch, St-Anna 2, ℘ 22 97 04, Telex 85450, Fax 35 44 38, « Ferme du 18e s. » - ▤ Ⓟ. AE ⓓ E VISA AZ **a**
fermé dim. soir, lundi et 28 juil.-12 août – **R** carte 1300 à 1800 - **10 ch** ⊐ 2500/3500.

à Bellegem par ④ : 5 km Ⓒ Kortrijk - ✉ 8510 Bellegem - ☺ 0 56 :

Troopeird, Doornikserijksweg 74, ℘ 22 26 85, Fax 22 33 63, 帀, - TV ☎ Ⓟ - 🏛 25. ⓓ E VISA. ✂
R Rôtiss. De Koorde *(fermé merc. midi, sam. midi, dim., 20 juil.-5 août et 20 déc.-10 janv.)* carte 1000 à 1300 - **12 ch** ⊐ 2050/2700.

à Kuurne par ① : 3,5 km - 12 626 h. - ✉ 8520 Kuurne - ☺ 0 56 :

XX **Het Bourgondisch Kruis,** Brugsesteenweg 400, ℘ 70 24 55 - Ⓟ. AE ⓓ E. ✂
fermé mardi soir, merc., dim. soir et 22 juil.-15 août – **R** carte 1650 à 2000.

X **De Rooterie,** Kouterstraat 2, ℘ 70 00 16, 帀 - Ⓟ. ✂ BY **v**
fermé mardi – **R** carte 1000 à 1600.

à Marke par ⑤ : 6 km Ⓒ Kortrijk - ✉ 8510 Marke - ☺ 0 56 :

XXX **Marquette** avec ch, Kannaertstraat 45, ℘ 20 18 16, Fax 20 14 37, « Terrasse et jardin », ≘s, ⛱ - TV ☎ Ⓟ - 🏛 30. AE ⓓ E VISA. ✂ rest AZ **d**
fermé sam., dim., 29 mars-1er avril, 21 juil.-18 août et 1 sem. en fév. – **R** carte 1850 à 2600 - **10 ch** ⊐ 2600/4000.

XXX **Carlton,** Torkonjestraat 67, ℘ 21 41 24, Fax 20 14 24 - Ⓟ. AE ⓓ E VISA. ✂ AZ **u**
fermé lundi, mardi soir, merc. soir, dern. sem. juil.-2 prem. sem. août et 2 dern. sem. fév. –
R carte env. 2100.

XX **Ten Beukel,** Markekerkstraat 19, ℘ 21 54 69, Fax 22 52 90 - AE ⓓ E VISA AZ **e**
fermé dim. soir et lundi – **R** carte 1700 à 2100.

X **Het Genoegen,** Pottelberg 189, ℘ 22 27 45 - Ⓟ. AE VISA AZ **r**
fermé dim. soir, lundi et 1re quinz. août – **R** carte 1100 à 1400.

Voir aussi : ***Wevelgem*** par ⑥ : 6,5 km, ***Zwevegem*** par ③ : 5 km

BMW Burg. Vercruysselaan 12 ℘ 356560
CITROEN Beheerstraat 51 ℘ 224752
FIAT Menensteenweg 121 ℘ 359988
FORD Brugsesteenweg 75 à Kuurne ℘ 353501
GM (OPEL) Menensteenweg 19 ℘ 355449
HONDA Pottelberg 30 ℘ 222100
LADA Stasegemsesteenweg 82d ℘ 202263
MAZDA Damastweverstraat 3 ℘ 222798
MERCEDES-BENZ Menensteenweg 93 ℘ 370607
MITSUBISHI Kortrijksestraat 62 à Heule ℘ 354861
PEUGEOT, TALBOT Kuurnsesteenweg 107 ℘ 351272
RENAULT Ringlaan 6 à Heule ℘ 354585
ROVER Guldensporenlaan 14a ℘ 203985
TOYOTA Graaf Boudewijn IX-laan 32 ℘ 217510
VOLVO Watermolenstraat 69 ℘ 355151

KRUIBEKE 9150 Oost-Vlaanderen 213 ⑥ et 409 ④ - 14 622 h. - ☺ 0 3.

◆Bruxelles 49 - ◆Gent 53 - ◆Antwerpen 12 - Sint-Niklaas 19.

XX **De Ceder,** Molenstraat 1, ℘ 774 30 52, Fax 774 30 52, « Jardin d'hiver » - Ⓟ. AE ⓓ E VISA. ✂
fermé dim. soir, lundi et 2 dern. sem. juil.-prem. sem. août – **R** 1090/1550.

KRUISHOUTEM **9770** Oost-Vlaanderen 213 ⑯ et 409 ⑫ – 7 226 h. – ✆ 0 91.
◆Bruxelles 73 – ◆Gent 28 – ◆Kortrijk 23 – Oudenaarde 9.

XXX ✿ **De IJzerberghoeve** (Buelens), Olsenesteenweg 56 (sur N 459, autoroute E 17 - A 14 sortie 6), ✆ 83 58 60, « Ferme du 17e s., cadre champêtre » – P. AE ⓓ E VISA
fermé dim., lundi et 2 sem. en fév. – **R** carte 1900 à 2400.
Spéc. Tournedos de saumon grillé, Pigeonneau rôti à l'ail doux, Tarte aux pommes caramélisées.

XX **Hof van Cleve,** Riemegemstraat 1 (près N 459, autoroute E 17 - A 14 sortie 6), ✆ 83 58 48, ≤, « Fermette dans les champs » – P. AE ⓓ E VISA
fermé dim., lundi et du 9 au 25 juin – **R** carte 1700 à 2400.

VAG Hoogstraat 12 ✆ 835338

KUURNE West-Vlaanderen 213 ⑮ et 409 ⑪ – voir à Kortrijk.

La... - voir au nom propre de la localité **(Ex : La Roche-en-Ardenne voir à Roche...)**.

LAARNE **9270** Oost-Vlaanderen 213 ⑤ et 409 ③ – 11 331 h. – ✆ 0 91.
Voir Château★ : collection d'argenterie★.
◆Bruxelles 51 – ◆Gent 13 – Aalst 29.

XX **Dennenhof,** Eekhoekstraat 62, ✆ 30 09 56, 余 – P. AE ⓓ E VISA
fermé lundi, jeudi soir et 22 juil.-12 août – **R** 975/1850.

XX **Gasthof van het Kasteel,** Eekhoekstraat 7 (dans les dépendances d'un château du 14e s.) ✆ 30 71 78, Fax 30 33 05, « Rustique flamand » – AE ⓓ E VISA
fermé dim. soirs et lundis non fériés et 3 dern. sem. juil. – **R** 975/1850.

LANCIA Rivierstraat 57 ✆ 691858
VAG Kasteeldreef 11 ✆ 690468

LACUISINE Luxembourg belge 214 ⑯ et 409 ㉕ – voir à Florenville.

Si vous écrivez à un hôtelier à l'étranger,
joignez à votre lettre un coupon-réponse international.
(disponible dans les bureaux de poste).

LAETHEM-ST-MARTIN Oost-Vlaanderen 213 ④ et 409 ③ – voir Sint-Martens-Latem.

LANAKEN **3620** Limburg 213 ⑩ et 409 ⑥ – 21 315 h. – ✆ 0 11.
◆Bruxelles 108 – ◆Hasselt 29 – ◆Liège 34 – ◆Maastricht 7.

🏨 **Eurotel,** Koning Albertlaan 264 (N : 2 km sur N 78), ✆ 72 28 22, Fax 72 28 24, ≘s, ⊡ – |‡| TV ☎ P – 🔬 25 à 100. AE ⓓ E VISA. ✗
R 1200/1500 – **46 ch** ☐ 1700/2800 – ½ P 2150/2650.

X **Kokanje,** Stationsstraat 218, ✆ 71 62 57 – ⓓ E VISA ✗
fermé mardi, sam. midi, fin juil.-début août et 1 sem. carnaval – **R** 700/1100.

à Neerharen C Lanaken – ✉ 3620 Neerharen – ✆ 0 11 :

🏨 **Host. La Butte aux Bois,** Paalsteenlaan 90, ✆ 72 12 86, Fax 72 16 47, 余, ⊥ – TV ☎ P – 🔬 25. AE ⓓ E VISA
R *(fermé sam. midi)* 1280/1880 – ☐ 400 – **16 ch** 2750/5500 – ½ P 3050/3650.

à Veldwezelt C Lanaken – ✉ 3620 Veldwezelt – ✆ 0 11 :

XX **'t Winhof,** Heserstraat 22, ✆ 71 57 00, « Fermette » – P. AE ⓓ E VISA. ✗
fermé lundi soir, mardi, 3 prem. sem. sept et 1 sem. carnaval – **R** 990/2400.

XX **Aux Quatre Saisons,** 2de Carabinierslaan 154 (au poste frontière), ✆ 71 75 60 – P. AE ⓓ E VISA. ✗
fermé merc. – **R** carte 950 à 1500.

FIAT Koning Albertlaan 113 ✆ 714348
GM (OPEL) Steenselbergweg 20 ✆ 712108
HONDA 2de Carabinierslaan 40 à Veldwezelt ✆ 714287
LADA Industrieweg 9 ✆ 713147
MAZDA Kiezelweg 111 à Veldwezelt ✆ 71472
MITSUBISHI Strodorp 71 à Veldwezelt ✆ 716026

LANDENNE **5300** Namur C Andenne 22 712 h. 213 ㉑ et 409 ⑭ – ✆ 0 85.
◆Bruxelles 70 – ◆Liège 45 – ◆Namur 23.

XX **La Ferme Bekaert,** pl. F. Moinil 330 (N : 3 km, lieu-dit Petit-Waret), ✆ 82 68 61 Fax 82 50 81, 余, « Jardin » – AE ⓓ E VISA
fermé dim. soirs et lundis non fériés, dern. sem. août et fév. – **R** carte 1100 à 1500.

LANGDORP Brabant 213 ⑧ et 409 ⑤ – voir à Aarschot.

LASNE Brabant 213 ⑲ et 409 ⑬ – voir à Ohain.

LATOUR Luxembourg belge 214 ⑪ et 409 ㉕ – voir à Virton.

LAUWE **8930** West-Vlaanderen © Menen 32 688 h. 213 ⑮ et 409 ⑪ – ✆ 0 56.

♦Bruxelles 100 – ♦Kortrijk 7 – Lille 22.

XXX **'t Hoveke,** Larstraat 206, ✆ 41 35 84, Fax 41 55 11, 余, « Ferme du 18e s. entourée de douves » – Ⓟ. AE ⓓ E VISA
fermé du 6 au 30 août, 26 déc.-6 janv., dim. soir, lundi soir et mardi – **R** carte 1600 à 2200.

XXX **Ter Biest,** Lauwbergstraat 237, ✆ 41 47 49, Fax 42 13 86, 余, « Cadre champêtre » – Ⓟ. AE ⓓ E VISA
fermé mardi soir, merc., dim. soir, 15 août-1er sept et sem. carnaval – **R** carte 1500 à 2100.

LAVACHERIE **6681** Luxembourg belge © Sainte-Ode 2 008 h. 214 ⑦ et 409 ㉕ – ✆ 0 61.

♦Bruxelles 135 – ♦Arlon 56 – ♦Namur 74 – St-Hubert 11.

XXX **Aub. de Lavacherie** ⑤ avec ch, pl. Église 3, ✆ 68 81 72, 余, « Rustique, parc », 余 – TV Ⓟ – 🏛 25 à 60. AE E. ✻
fermé merc. hors saison et janv. – **R** carte 1550 à 1950 – ☕ 250 – **8 ch** 1350/1650 – ½ P 2500.

LAVAUX-SAINTE-ANNE **5580** Namur © Rochefort 11 117 h. 214 ⑥ et 409 ⑮ – ✆ 0 84.

♦Bruxelles 112 – ♦Dinant 34 – ♦Namur 50 – Rochefort 16.

XX ✿ **Château de Lavaux-Sainte-Anne** (Martin) r. Château 10, ✆ 38 88 83, 余, « Dans dépendances du 17e s. » – Ⓟ. AE ⓓ E VISA
fermé lundi, mardi, 1 sem. en juin, 1 sem. en sept et janv. – **R** carte 1450 à 2300.
Spéc. Hure d'anguille et sandre, Barbue meunière à la moutarde d'herbes et tomates, Lapereau en côtelettes caramélisées au Poiré.

LEBBEKE **9280** Oost-Vlaanderen 213 ⑤ ⑥ et 409 ④ – 16 804 h. – ✆ 0 52.

♦Bruxelles 25 – ♦Antwerpen 41 – ♦Gent 37.

XX **Rembrandt,** Laurierstraat 4, ✆ 41 04 09, Rustique, Ouvert jusqu'à 23 h 30 – AE ⓓ E VISA ✻ – *fermé lundi soir, mardi et 3 dern. sem. juil.* – **R** 750/1500.

FORD Brusselsesteenweg 113 ✆ 410211 — LADA Brusselsesteenweg 230 ✆ 410615

LEFFINGE West-Vlaanderen 213 ② et 409 ① – voir à Oostende.

LEMBEKE **9971** Oost-Vlaanderen © Kaprijke 6 031 h. 213 ④ et 409 ③ – ✆ 0 91.

♦Bruxelles 75 – ♦Antwerpen 63 – ♦Brugge 35 – ♦Gent 20.

XXX **Host. Ter Heide** ⑤ avec ch, Tragelstraat 2, ✆ 77 19 23, Fax 77 51 34, 余, « Terrasse et jardin » – TV ☎ Ⓟ – 🏛 25 à 50. AE ⓓ E VISA
R *(fermé lundi)* carte env. 1500 – **9 ch** ☕ 3000/3500.

HONDA Aveschoot 37 ✆ 772046 — TOYOTA Vrombautstraat 6 ✆ 772022
ROVER Eeklostraat 5a ✆ 773141

LENS **7870** Hainaut 213 ⑰ et 409 ⑫ – 3 775 h. – ✆ 0 65.

Env. Château★ d'Attre, NO : 8,5 km.

♦Bruxelles 55 – ♦Mons 13 – Ath 13.

XX **Aub. de Lens** avec ch, r. Calvaire 23 (NO : 1,5 km), ✆ 22 90 41, ≤, « Terrasse et jardin » – Ⓟ. VISA. ✻ ch
fermé fév. – **R** *(fermé dim. soir et lundi)* 750/1490 – ☕ 150 – **6 ch** 1400/1900.

NISSAN r. Baille 29a ✆ 229180

LESSINES **(LESSEN) 7860** Hainaut 213 ⑰ et 409 ⑫ – 15 973 h. – ✆ 0 68.

♦Bruxelles 57 – ♦Mons 35 – Aalst 35 – ♦Gent 49 – ♦Tournai 45.

XX **Le Napoléon,** r. Lenoir-Scaillet 25, ✆ 33 39 39 – ⓓ E VISA
⟵ *fermé merc., mi-juil.-6 août et 1 sem. fin janv.* – **R** (déjeuner seult sauf sam.) 675.

FORD Chaussée 35 ✆ 332361 — RENAULT chaussée G. Richet 164b ✆ 334269
GM (OPEL) r. Général Freyberg 35 ✆ 332166 — TOYOTA r. Grammont 59 ✆ 332637
MITSUBISHI bd Branquart 50 ✆ 333035 — VAG Pont d'Ancre 90 ✆ 332947

LEUVEN **(LOUVAIN) 3000** Brabant 213 ⑦ ⑲ et 409 ⑬ ⑭ – 84 180 h. – ✆ 0 16.

Voir Hôtel de Ville★★★ (Stadhuis) BYZ **H** – Collégiale St-Pierre★ (St-Pieterskerk) : musée d'Art religieux★★, Cène★★, Tabernacle★, Tête de Christ★, Jubé★ BY **A** – Grand béguinage★ (Groot Begijnhof) BZ – Abbaye du Parc★ (Abdij van't Park) DZ **B** – Façade★ de l'église St-Michel (St-Michielskerk) BZ **C** – Musée communal Vanderkelen-Mertens★ (Stedelijk Museum) BY **M**.

Env. Korbeek-Dijle : retable★ de l'église St-Barthélemy par N 253 : 7 km DZ.

ℹ Stadhuis, Naamsestraat 1a ✆ 21 15 39.

♦Bruxelles 26 ⑥ – ♦Antwerpen 48 ⑨ – ♦Liège 74 ④ – ♦Namur 53 ⑤ – ♦Turnhout 60 ①.

Garden Court sans rest, Tiensestraat 52, ✆ 29 07 70, Telex 27128, Fax 29 12 29 – 55. AE ① E VISA — BZ
☐ 300 – **100 ch** 3200.

Begijnhof sans rest, Tervuursevest 70, ✆ 29 10 10, Telex 27150, Fax 29 10 22. AE E VISA — BZ
67 ch ☐ 3250/4000.

Binnenhof sans rest, Maria Theresiastraat 65, ✆ 20 55 92, Telex 64242, Fax 23 69 26 – 50. AE E VISA – **54 ch** ☐ 2125/2825. — CY

Professor sans rest, Naamsestraat 20, ✆ 20 14 14, Telex 62387, Fax 29 14 16 – AE ① E VISA – **9 ch** ☐ 2000/4000. — BZ

XXX **Belle Epoque,** Bondgenotenlaan 94, ✆ 22 33 89 – AE ① E VISA — CY
fermé dim. et lundi – **R** carte 1650 à 2450.

XX **Sire Pynnock,** Hogeschoolplein 10, ✆ 20 25 32 – AE ① E VISA — BZ
fermé lundi, mardi midi et dern. sem. août-2 prem. sem. sept – **R** 1585.

XX **De Wandeling,** Lei 6, ✆ 23 62 21, Produits de la mer – AE ① E VISA — ABY
fermé vend. midi, dim. soir, dern. sem. mai et prem. sem. sept – **R** carte 1500 à 2100.

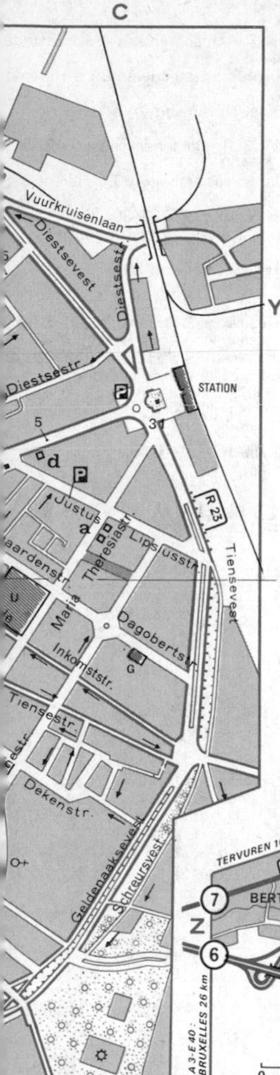

LEUVEN

Les principales voies commerçantes figurent en rouge au début de la liste des rues des plans de villes.

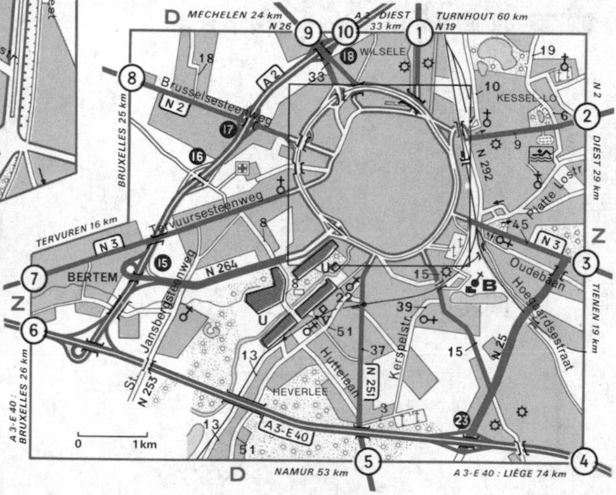

X **De Zeester,** Mechelsestraat 22, ☎ 23 44 01 – ▤. AE ⓓ E VISA. ✻ BY **h**
fermé sam. midi, dim., 3 sem. en août et 24 déc.-2 janv. – **R** carte 1500 à 1800.

X **De 4 Seizoenen,** Maria-Theresiastraat 73, ☎ 22 89 89, Fax 23 69 26 – Ⓟ. AE ⓓ E VISA
fermé sam. midi, dim., jours fériés et 21 juil.-15 août – **R** carte 1300 à 1700. CY **a**

X **Y-Sing,** Parijsstraat 18, ☎ 22 80 52, Fax 22 80 52, Cuisine asiatique – ▤. AE ⓓ E VISA. ✻
fermé merc. – **R** 800. BY **s**

à Heverlee S : 6 km Ⓒ Leuven – ✉ 3001 Heverlee – ✪ 0 16 :

X **Arenberg,** Kantineplein 2 (transfert possible), ☎ 20 01 77, Fax 29 11 64, 余 – Ⓟ. AE ⓓ E VISA. ✻ DZ **v**
fermé sam., dim. soir et jours fériés soirs – **R** 1200.

à Winksele par ⑧ : 5 km Ⓒ Herent 17 115 h. – ✉ 3020 Winksele – ✪ 0 16 :

X **'t Kapelleke,** Potestraat 4 (Delle), ☎ 48 89 61, 余 – Ⓟ. AE ⓓ E VISA
fermé lundi, jeudi soir et juil. – **R** 1400/1750.

X **De Pachtenhoef,** Dorpstraat 29b, ☎ 48 85 41 – Ⓟ. AE E VISA. ✻
fermé lundi soir, mardi, merc. et 27 août-13 sept – **R** carte 1400 à 1800.

ALFA-ROMEO Brusselsesteenweg 18 à Herent ℘ 224247
BMW Brusselsesteenweg 72 à Herent ℘ 488519
CITROEN Brusselsesteenweg 31 à Herent ℘ 228042
FORD Brusselsesteenweg 57 à Herent ℘ 223506
GM (OPEL) Ambachtenlaan 46 à Haasrode ℘ 231298
GM (OPEL) Brusselsesteenweg 3 à Herent ℘ 226608
HONDA Brusselsesteenweg 21 à Herent ℘ 228134
LADA Aarschotsesteenweg 378 à Wilsele ℘ 445627
LADA Martelarenlaan 201 à Kessel-Lo ℘ 259881
LANCIA Diestsesteenweg 600 à Kessel-Lo ℘ 261677
MAZDA Parkstraat 80 ℘ 226981
MAZDA Tiensesteenweg 379 ℘ 250196
MERCEDES-BENZ Ambachtenlaan 4 à Haasrode ℘ 220010
MITSUBISHI Brusselsesteenweg 39 à Herent ℘ 204304
NISSAN Brusselsesteenweg 74 à Herent ℘ 488168
PEUGEOT, TALBOT Geldenaaksebaan 422 à Heverlee ℘ 201400
RENAULT Brusselsesteenweg 33 à Herent ℘ 226080
ROVER Kareelveld 8a ℘ 223430
TOYOTA Geldenaaksebaan 454 à Heverlee ℘ 238571
TOYOTA Brusselsesteenweg 29 à Herent ℘ 206363
VAG Ridderstraat 260 ℘ 201240
VAG Tiensesteenweg 44 à Heverlee ℘ 22165
VAG Brusselsesteenweg 45 à Herent ℘ 2026
VAG Ambachtenlaan 48 à Haasrode ℘ 20680
VOLVO Ambachtelijke Zone Haasrode à Heverlee ℘ 200720

LEUZE-EN-HAINAUT **7900** Hainaut 213 ⑯ et 409 ⑫ – 12 756 h. – ☎ 0 69.

◆Bruxelles 70 – ◆Gent 56 – ◆Mons 35 – ◆Tournai 16.

La Cour Carrée, chaussée de Tournai 5, ℘ 66 48 25 – TV ☎ P – 40. E VISA.
R *(fermé dim. soir)* carte env. 1300 – **9 ch** 1750/2150 – ½ P 2250.

LICHTAART Antwerpen 212 ⑯ et 409 ⑤ – voir à Kasterlee.

LICHTERVELDE West-Vlaanderen 213 ② et 409 ② – voir à Torhout.

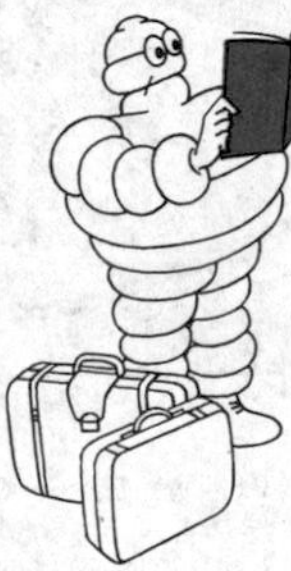

Liège – Luik

4000 P 213 ㉒ et 409 ⑮ – 200 312 h. – ✆ 0 41.

Voir Vieille ville★★ – Cuve baptismale★★★ dans l'église St-Barthélemy DX – Citadelle ≤★★ DX – Trésor★★ de la Cathédrale St-Paul FZ – Palais des Princes-Évêques★ : grande cour★★ GY **J** – Le Perron★ GY **A** – Aquarium★ DY **D** – Église St-Jacques★ DY – Parc de Cointe ≤★ CZ – Retable★ dans l'église St-Denis GZ – Statues★ en bois du calvaire et Sedes Sapientiae★ de l'église St-Jean FZ.

Musées : de la Vie Wallonne★★ GY – Curtius★ : évangéliaire★★★, collection★ du musée du Verre EX **M**1 – d'Ansembourg★ DX **M**2 – d'Armes★ DX **M**3.

Env. Fonts baptismaux★ dans l'église★ de St-Séverin-en-Condroz par ⑥ : 23 km.

18 à Ougrée par ⑥ : 7 km, rte du Condroz 541 ✆ (0 41) 36 20 21
18 à Gomzé-Andoumont par ⑤ : 17 km, r. Gomzé 30 ✆ (0 41) 60 92 07.

✆ 42 52 14.

En Féronstrée 92 ✆ 22 24 56 et Gare des Guillemins ✆ 52 44 19 – Fédération provinciale de tourisme, bd de la Sauvenière 77 ✆ 22 42 10.

◆Bruxelles 97 ⑨ – ◆Amsterdam 242 ① – ◆Antwerpen 119 ⑫ – Köln 122 ② – ◆Luxembourg 159 ⑤.

Plans de Liège

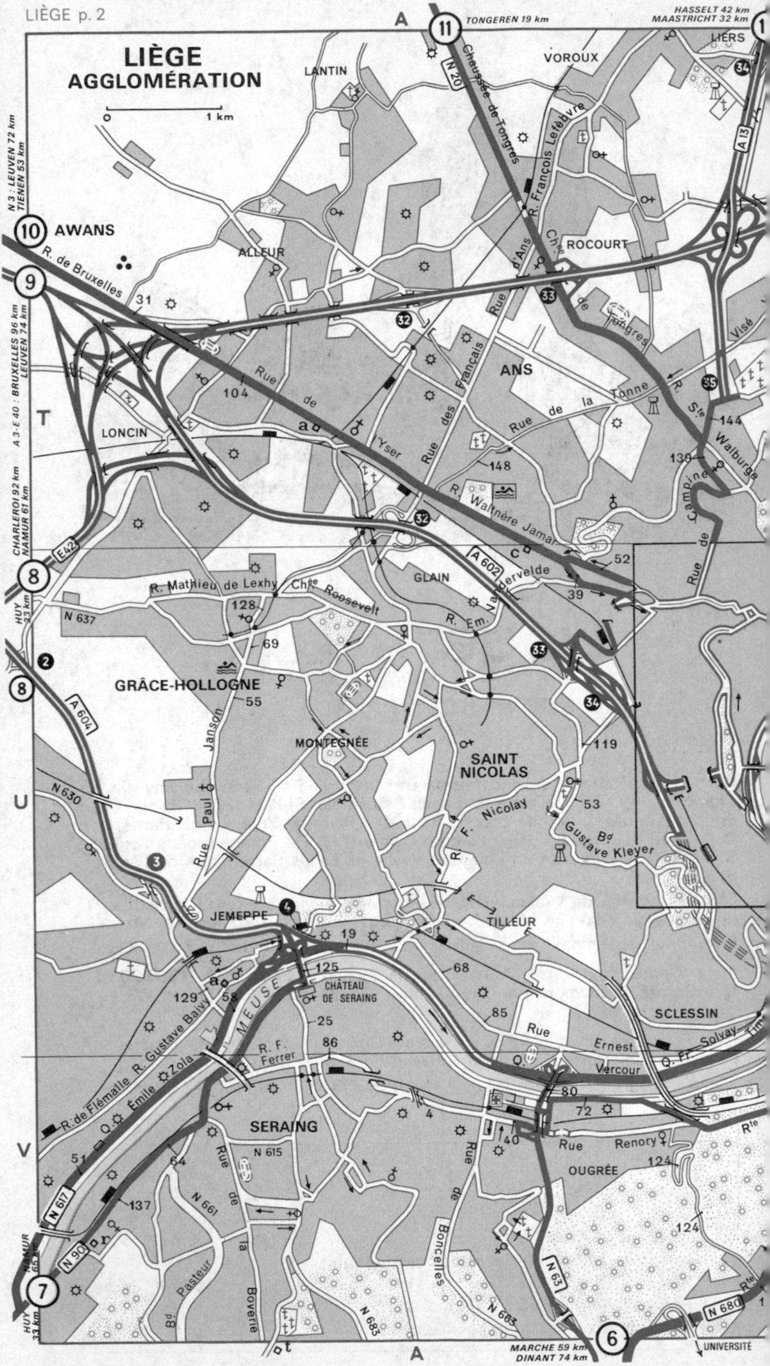
LIÈGE
AGGLOMÉRATION
0
1 km
A
T
U
V
11
TONGEREN 19 km
HASSELT 42 km
MAASTRICHT 32 km
N 3 : LEUVEN 72 km
TIENEN 53 km
10
AWANS
9
A 3-E 40 : BRUXELLES 96 km
LEUVEN 74 km
CHARLEROI 92 km
NAMUR 61 km
E42
8
HUY 33 km
8
7
NAMUR 65 km
HUY 33 km
6
MARCHE 59 km
DINANT 74 km
UNIVERSITÉ
LANTIN
VOROUX
LIERS
N 20
Chaussée de Tongres
R. François Lefebvre
A 13
ALLEUR
ROCOURT
Rue d'Ans
Chée de Tongres
R. de Bruxelles
31
32
33
34
35
Visé
104
Rue de l'Yser
Rue des Français
ANS
Rue de la Tonne
R. Ste Walburge
144
139
LONCIN
148
Rue de Campine
R. Waltnère Jamar
A 602
52
R. Mathieu de Lexhy
Chée Roosevelt
GLAIN
R. Em. Vandervelde
39
128
N 637
69
GRÂCE-HOLLOGNE
55
A 604
Rue Paul Janson
MONTEGNÉE
SAINT NICOLAS
119
N 630
R. F. Nicolay
53
Bd Gustave Kleyer
JEMEPPE
TILLEUR
19
125
68
CHÂTEAU DE SERAING
129
58
MEUSE
R. Gustave Baivy
25
85
SCLESSIN
Rue Ernest Solvay
Q. Vercour
Q. Fr.
86
R. F. Ferrer
R. de Flémalle
Q. Émile Zola
80
72
4
SERAING
40
Rue Renory
N 615
OUGRÉE
124
51
Rue de la Boverie
N 661
N 617
137
Rue de Boncelles
N 90
Bd Pasteur
N 683
N 63
N 680

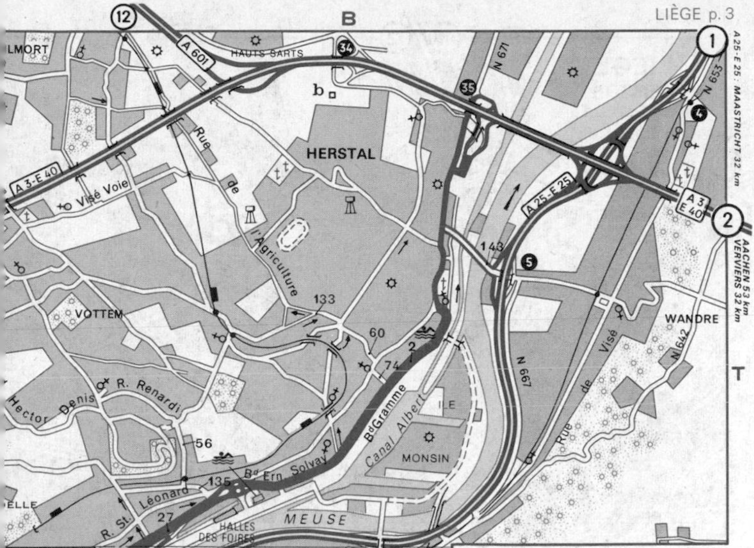

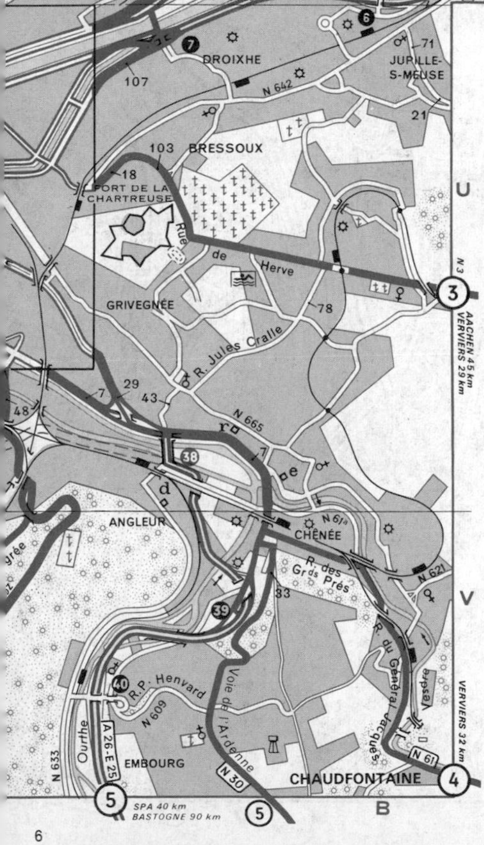

Abattoir (R. de l')	BT	2
Acier (R. de l')	AV	4
Ardennes (Quai des)	BU	7
Banning (Quai)	BU	10
Bonnier-du-Chêne (R.)	BT	16
Carmel (R. du)	BU	18
Carmes (Quai des)	AU	19
Chafnay (R.)	BU	21
Cockerill (R.)	AU	25
Coronmeuse (Quai de)	BT	27
Douai (Bd de)	BU	29
Edouard-Colson (R.)	AT	31
Embourg (Rte d')	BV	33
Eugène-Houdret (R.)	AU	39
Ferdinand-Nicolay (R. de)	AV	40
Fosse-Crahay (Bd)	AT	41
Fourneau (R. du)	BU	43
Gloesener (Quai)	BU	48
Halage (Quai du)	AV	51
Hesbaye (R. de)	AU	52
Hillier (Bd)	AU	53
Hôtel-Communal (R. de l')	AU	55
Jolivet (R.)	BT	56
Joseph-Wauters (Quai)	BU	57
Jules-Destrée (Quai)	AU	58
Laixeau (R.)	BT	60
Many (R. du)	AV	64
Martyrs (R. des)	AU	68
Mattéoti (R.)	AU	69
Meuse (R. de)	BU	71
Michiels (Quai)	AV	72
Mineurs (R. des)	BT	74
Mutualité (R. de la)	BU	78
Ougrée (Nouveau Pont d')	AV	80
Pasteur (R.)	AU	85
Paul-Janson (R.)	AU	86
Robermont (R. de)	BU	103
Roi-Albert (Chaussée du)	AT	104
Roi-Albert (Quai du)	BU	107
Ste-Beuve (Bd)	AU	119
Sart-Tilman (R.)	AV	124
Seraing (Pont de)	AU	125
Simon (R.)	AU	128
Station (R. de la)	AU	129
Thier-des-Monts (R.)	BT	133
Tir (R. du)	BT	135
Val-St-Lambert (R. du)	AV	137
Victor-Hugo (Av.)	AT	139
Wandre (Pont de)	BT	143
Wilde (Bd Jean de)	AT	144
15-Août (R. du)	AT	148

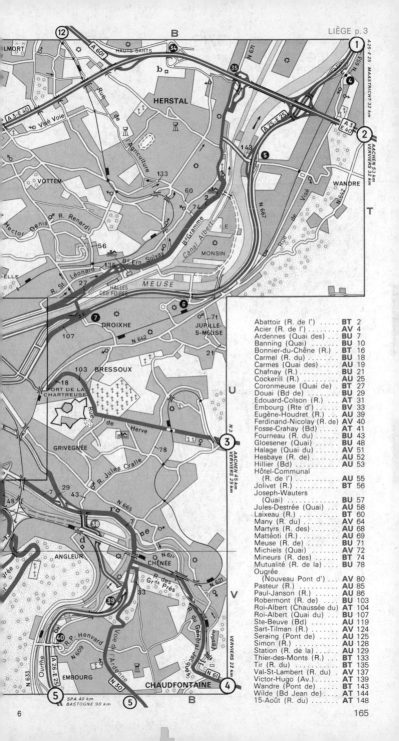

LIÈGE
CENTRE
0
300 m
C
D
TONGEREN, N 20
A 13: HASSELT
11
12
10
9
8
7
LEUVEN N 3
E 40: LEUVEN, BRUXELLES
E 42: NAMUR
N 63 DINANT
X
Y
Z
CITADELLE
TABLE D'ORIENTATION
ST. BARTHÉLE
R. de Campine
R. L. Fraigneux
Hocheporte
Mgne de Bueren
En Féronstrée
J
H
M
121
59
131
117
37
130
88
35
R. Mont St. Martin
R. Saint Laurent
Pl. de la
Sauvenière
u
b
c
w
y
n
s
STATION JONFOSSE
Rue Wazon
Rue Reynier
R. St. Gilles
Bd d'Avroy
Av. Destenay
ST. JACQUES
Piercot
Bd
Pt J.F. Kennedy
Q. van Hoegaerden
Q. de Gaulle
Bd Saucy
R. Méan
D
Rue Defrance
R. Nysten
Rue Louvrex
JARDIN BOTANIQUE
PARC D'AVROY
Av. Rogier
Frère Orban
MEUSE
Quai Churchill
Quai Boverie
Quai Marcellis
Quai de la
Quai Orban
Rue d'Harscamp
R. Stouls
Quai
Canal
Pont Albert
R. du Parc
PALAIS DES CONGRÈS
JARDIN D'ACCLIMATATION
TOUR
PARC DE LA BOVERIE
POL.
Bd
Mozart
Quai Mativa
35
3m7
R. Fabry
R. Dartois
R. du Plan Incliné
Av. des Guillemins
Boulevard
Av. Blonden
R. de Serbie
R. de Sclessin
STATION DES GUILLEMINS
TABLE D'ORIENTATION
PARC DE COINTE
Av. de l'Observatoire
Rue de Fragnée
Quai de Rome
R. Varin
R. A. Busseret
Pont de Fragnée

E
St. Léonard
Rue
Pl. des Déportés
115
113
Q. Godefroid Kurth
118
5
96
Constitution
de la
15
Dérivation
dérivation
Pl. du Congrès
Outremeuse
R. de la Liberté
Quai
Quai Bonaparte
35
132
R. d'Amercœur
Longdoz
92
18
MAASTRICHT E 25
AACHEN E 40
AACHEN N 3
X

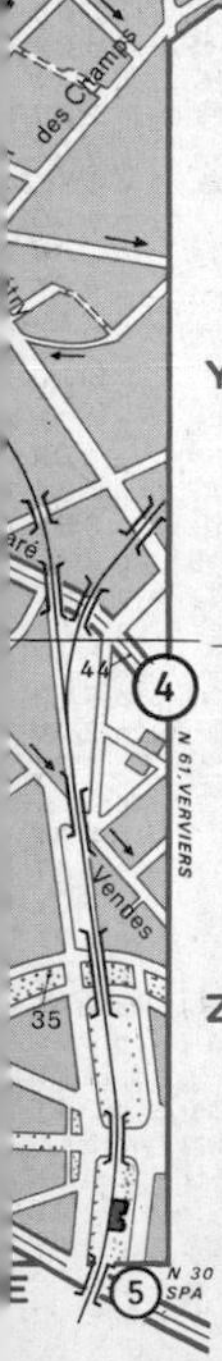
des Champs
44
4
N 61 VERVIERS
Vennes
35
E
5
N 30 SPA

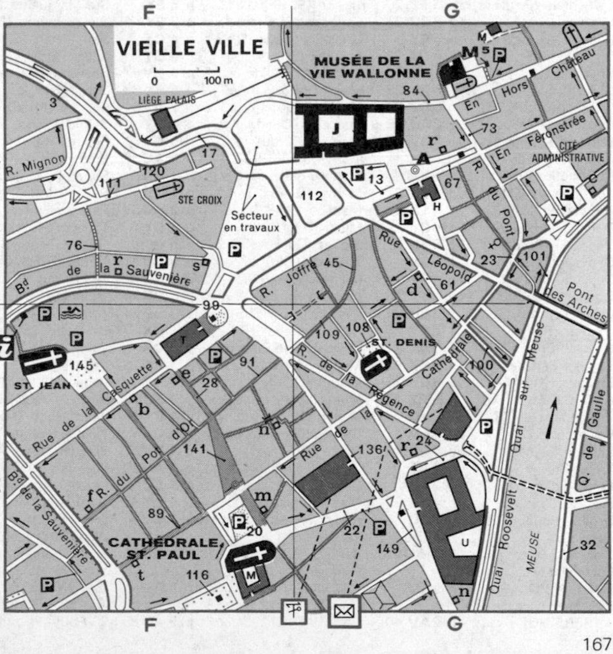
F
G
VIEILLE VILLE
0
100 m
LIÈGE PALAIS
MUSÉE DE LA VIE WALLONNE
M5
84
En Hors Château
73
En Féronstrée
CITÉ ADMINISTRATIVE
J
Y
R. Mignon
17
120
111
STE CROIX
13
A
67
112
Secteur en travaux
76
Bd de la Sauvenière
Rue Léopold
R. Joffre
45
23
101
61
Pont des Arches
99
109
108
ST. DENIS
ST. JEAN
145
91
28
Rue de la Casquette
R. de la Régence
Cathédrale
100
Quai sur Meuse
Q. de Gaulle
Rue du Pot d'Or
141
Rue de l'Université
136
24
Z
R. du
89
m
20
22
149
Bd de la Sauvenière
CATHÉDRALE ST. PAUL
116
U
Quai Roosevelt
MEUSE
32
F
G

RÉPERTOIRE DES RUES DE LIÈG

Cathédrale (R. de la) .. p. 5 **GZ**
En Féronstrée .... p. 5 **GY**
Léopold (R.) .... p. 5 **GY**
Pont-d'Ile .... p. 5 **FZ** 91
Régence (R. de la) ... p. 5 **GZ**
St. Gilles (R.) .... p. 4 **CY**
Vinâve-d'Ile .... p. 5 **FZ** 141

Abattoir (R. de l') .... p. 3 **BT** 2
Académie (R. de l') ... p. 5 **FY** 3
Acier (R. de l') .... p. 2 **AV** 4
Adolphe-Maréchal (R.) ...... p. 5 **EX** 5
Agriculture (R. de l') .. p. 3 **BT**
Albert-Mahiels (Av.) ... p. 4 **DZ** 6
Albert-I (Pont) .... p. 4 **DY**
Ans (R. d') .... p. 2 **AT**
Amercur (R. d') ...... p. 5 **EY**
Arches (Pont des) .... p. 5 **GZ**
Ardennes (Quai des) .. p. 3 **BU** 7
Ardenne (Voie de l') .. p. 3 **BV**
A. Buisseret (R.) ..... p. 4 **DZ**
Avroy (Bd d') .... p. 4 **CY**
Banning (Quai) .... p. 3 **BU** 10
Bex (R. de) .... p. 5 **GY** 13
Blonden (Av.) .... p. 4 **DYZ**
Bonaparte (Quai) ..... p. 5 **EX**
Boncelles (R. de) ..... p. 2 **AV**
Bonnes-Villes (R.) .... p. 5 **EX** 15
Bonnier-du-Chêne (R.) .... p. 3 **BT** 16
Boverie (Quai de la) .. p. 4 **DY**
Boverie (R. de la) .... p. 2 **AV**
Bruxelles (R. de) ..... p. 5 **FY** 17
Bruxelles (R. de) (AWANS) .... p. 2 **AT**
Campine (R. de) ..... p. 2 **AT**
Carmel (R. du) .... p. 5 **EY** 18
Carmes (Quai des) .... p. 2 **AU** 19
Casquette (R. de la) .. p. 5 **FZ**
Cathédrale (Pl. de la) . p. 5 **FZ** 20
Chafnay (R.) .... p. 3 **BU** 21
Champs (R. des) ..... p. 5 **EY**
Ch.-Magnette (R.) .... p. 5 **GZ** 22
Churchill (Quai) ...... p. 4 **DY**
Cité (R. de la) .... p. 5 **GY** 23
Cockerill (Pl.) .... p. 5 **GZ** 24
Cockerill (R.) .... p. 2 **AU** 25
Condroz (Rte de) ..... p. 3 **BV**
Congrès (Pl. du) ..... p. 5 **EX**
Constitution (Bd) ..... p. 5 **EX**
Coronmeuse (Quai) ... p. 3 **BT** 27
Dartois (R.) .... p. 4 **CYZ**
Defrance (R.) .... p. 4 **CY**
Déportés (Pl. des) .... p. 5 **EX**
Dérivation (Quai) ..... p. 5 **EX**
Destenay (Av.) .... p. 4 **DY**
Dominicains (R. des) .. p. 5 **FZ** 28
Douai (Bd de) .... p. 3 **BU** 29
Douffet (R.) .... p. 5 **EY**
Edouard-Colson (R.) .. p. 2 **AT** 31
Ed. van Beneden (Q.) . p. 5 **GZ** 32
Embourg (Rte d') ..... p. 3 **BV** 33
E. de Laveleye (Bd) ... p. 5 **EZ** 35
E. Vandervelde (R.) ... p. 2 **AU**
Emile-Zola (Quai) ..... p. 2 **AV**
En Hors-Château ..... p. 5 **GY**
Ernest-Solvay (Bd) .... p. 3 **BT**
Ernest-Solvay (R.) .... p. 2 **AU**
Est (Bd de l') .... p. 4 **DX** 37
Eugène-Houdret (R.) .. p. 2 **AU** 39
Fabry (R.) .... p. 4 **CY**
Francisco-Ferrer (R.) .. p. 2 **AUV**
Ferdinand-Nicolay (R.) (ST. NICOLAS) .... p. 2 **AU**
Ferdinand-Nicolay (R.) (SERAING) .... p. 2 **AV** 40

Flémalle (R. de) .... p. 2 **AV**
Fossé-Crahay (Bd) ..... p. 2 **AT** 41
Fourneau (R. du) ...... p. 3 **BU** 43
Fragnée (Pont de) ..... p. 4 **DZ**
Fragnée (R. de) .... p. 4 **DZ**
Français (R. des) ...... p. 2 **AT**
François-Lefèbvre (R.) .. p. 2 **AT**
Frankignoul (Bd) ...... p. 5 **EZ** 44
Frère-Orban (Bd) ...... p. 4 **DY**
De Gaulle (Quai) ...... p. 5 **GZ**
Général-Jacques (R. du) . p. 3 **BV**
Gérardrie (R.) .... p. 5 **GY** 45
Godefroid Kurth (Q.) ... p. 5 **EX**
Goffe (Quai de la) ..... p. 5 **GY** 47
Gloesener (Quai) ...... p. 3 **BU** 48
Gramme (Bd) .... p. 3 **BT**
Grands-Prés (R. des) ... p. 3 **BV**
Grétry (R.) .... p. 5 **EY**
Guillemins (R. des) .... p. 4 **CY**
Gustave-Baivy (R.) ..... p. 2 **AU**
Gustave-Kleyer (Bd) .... p. 2 **AU**
Halage (Quai du) ...... p. 2 **AV** 51
Harscamp (R. d') ...... p. 4 **DY**
Hector-Denis (Bd) ..... p. 3 **BT**
Herve (R. de) .... p. 3 **BU**
Hesbaye (R. de) ...... p. 2 **AU** 52
Hillier (Bd) .... p. 2 **AU** 53
Hocheporte (R.) .... p. 4 **CX**
Hôtel-Communal (Quai) ... p. 2 **AU**
Jamme (R.) .... p. 5 **EY**
Jean d'Outremeuse ..... p. 5 **EX**
Joffre (R.) .... p. 5 **FGY**
J.-F.-Kennedy (Pont) ... p. 4 **DY**
Jolivet (R.) .... p. 3 **BT** 56
Joseph-Wauters (Quai) . p. 3 **BU** 57
Jules-Cralle (R.) .... p. 3 **BU**
Jules-Destrée (Quai) ... p. 2 **AU** 58
La Batte .... p. 4 **DX** 59
Laixeau (R.) .... p. 3 **BT** 60
Léon-Mignon (R.) ..... p. 5 **FY**
Liberté (R. de la) ...... p. 5 **EY**
Longdoz (Quai de) ..... p. 5 **EY**
Louis-Fraigneux (R.) ... p. 4 **CX**
Louvrex (R.) .... p. 4 **CY**
Madeleine (R. de la) ... p. 5 **GY** 61
Maestricht (Quai de) ... p. 5 **EX** 63
Many (R. du) .... p. 2 **AV** 64
Marcellis (Quai) ...... p. 4 **DY**
Marché (Pl. du) ...... p. 5 **GY** 67
Martyrs (R. des) ...... p. 2 **AU** 68
Mathieu-de-Lexhy (R.) .. p. 2 **AU**
Mativa (Quai) .... p. 4 **DZ**
Mattéoti (R.) .... p. 2 **AU** 69
Méan (R.) .... p. 4 **DY**
Meuse (Quai sur) ...... p. 5 **GZ**
Meuse (R. de) .... p. 3 **BU** 71
Michiels (Quai) .... p. 2 **AV** 72
Mineurs (R. des) ...... p. 5 **GY** 73
Mineurs (R.) (HERSTAL) . p. 3 **BT** 74
Mont-St-Martin (R.) .... p. 4 **CX**
Montagne-de-Bueren ... p. 4 **DX**
Montagne (R. de la) ... p. 5 **FY** 76
Mozart (Quai) .... p. 4 **DY**
Mutualité (R. de la) .... p. 3 **BU** 78
Nysten (R.) .... p. 4 **CY**
Observatoire (Av. de l') . p. 4 **CZ**
Orban (Quai) .... p. 4 **DY**
Ougrée (Nouv. Pont d') . p. 2 **AV** 80
Ougrée (R.) .... p. 3 **BV**
Ourthe (Quai de l') .... p. 4 **DY** 82
Palais (R. du) .... p. 5 **GY** 84
Pasteur (Bd) .... p. 2 **AV**
Pasteur (R.) .... p. 2 **AU** 85
Paul-Janson (R.) (GRACE-HOLLOGNE) . p. 5 **AU**
Paul-Janson (R.) (SERAING) .... p. 2 **AU** 86

Paul-van-Hoegaerden (Quai) .... p. 4 **DY**
Piercot (Bd) .... p. 4 **DY**
Pitteurs (R. de) .... p. 4 **DY** 8
Plan-Incliné (R. du) ... p. 4 **CYZ**
Pont (R. du) .... p. 5 **GY**
Pont-d'Avroy (R.) ..... p. 5 **FZ** 8
Pot d'Or (R. du) ..... p. 5 **FZ**
Prébendiers (R. des) .. p. 5 **EY** 9
Puits-en-Sock (R.) .... p. 4 **DX** 9
Ransonnet (R.) .... p. 5 **EX** 9
Raymond-Poincaré (Bd) .... p. 5 **EY**
Rénardi (R.) .... p. 3 **BT**
Renory (R.) .... p. 2 **AV**
République-Française (Pl. de la) .... p. 5 **FZ** 9
Rêwe (R. du) .... p. 5 **GZ** 1
Reynier (R.) .... p. 4 **CY**
Ribuée (Quai de la) ... p. 5 **GY** 1
Robermont (R. de) .... p. 3 **BU** 1
Roi-Albert (Chée du) .. p. 2 **AT** 1
Roi-Albert (Quai du) .. p. 4 **DY**
Rome (Quai de) ...... p. 4 **DZ**
Roosevelt (Chaussée) . p. 2 **AU**
Roosevelt (Quai) ..... p. 5 **GZ**
St. Denis (Pl.) .... p. 5 **GZ** 1
St. Gangulphe (R.) ... p. 5 **GZ** 1
St. Hubert (R.) .... p. 5 **FY** 1
St. Lambert (Pl.) ..... p. 5 **GY** 1
St. Laurent (R.) ...... p. 4 **CX**
St. Léonard (Pont) .... p. 5 **EX** 1
St. Léonard (Quai) .... p. 5 **EX** 1
St. Léonard (R.) ...... p. 5 **EX**
St. Paul (Pl.) .... p. 5 **FZ** 1
St. Pholien (R. et Pl.) . p. 4 **DX** 1
St. Séverin (R.) ...... p. 4 **CX**
Ste Barbe (Quai) ..... p. 5 **EX** 1
Ste Beuve (Bd) ...... p. 2 **AU** 1
Ste Croix (R.) .... p. 5 **FY** 1
Ste Marguerite (R.) ... p. 4 **CX** 1
Ste Walburge (R.) .... p. 2 **AT**
Sart-Tilman (R.) ..... p. 2 **AV** 1
Saucy (Bd) .... p. 4 **DX**
Sauvenière (Bd de la) . p. 5 **FYZ**
Sclessin (R. de) ...... p. 4 **CDZ**
Seraing (Pont de) .... p. 2 **AU** 1
Serbie (R. de) .... p. 4 **CZ**
Simon (R.) .... p. 2 **AU** 1
Station (R. de la) .... p. 2 **AU** 1
Stouls (R.) .... p. 4 **DY**
Surlet (R.) .... p. 4 **DX** 1
Tanneurs (Quai des) .. p. 4 **DX** 1
Théodore-Gobert (Pl.) . p. 5 **EY** 1
Thier-des-Monts (R.) .. p. 3 **BT** 1
Timmermans (Quai) ... p. 2 **AU**
Tir (R. du) .... p. 3 **BT** 1
Tongres (Chée de) .... p. 2 **AT**
Tonne (R. de la) ..... p. 2 **AT**
Université (R. de l') ... p. 5 **GZ** 1
Val-St-Lambert (R. du) . p. 2 **AV** 1
Varin (R.) .... p. 4 **DZ**
Vennes (R. des) ...... p. 5 **EZ**
Vercour (Quai) .... p. 2 **AV**
Victor-Hugo (Av.) ..... p. 2 **AT** 1
Villette (R.) .... p. 4 **DY** 1
Visé (R. de) .... p. 3 **BT**
Visé-Voie .... p. 3 **ABT**
Walthère-Jamar (R.) .. p. 2 **AT**
Wandre (Pont de) .... p. 3 **BT** 1
Wazon (R.) .... p. 4 **CY**
Wilde (Bd Jean de) ... p. 2 **AT** 1
Xavier-Neujean (Pl.) .. p. 5 **FZ** 1
Yser (Pl. de l') .... p. 4 **DX** 1
Yser (R. de l') .... p. 2 **AT**
15-Août (R. du) ...... p. 2 **AT** 1
20-Août (Pl. du) ..... p. 5 **GZ** 1

Les prix des chambres peuvent être majorés d'une taxe locale de 6 %

Ramada, bd Sauvenière 100, ✆ 22 49 10, Telex 41896, Fax 22 39 83 – ⧆ ⇔ ch ▤ TV ☎ 🚗 – 🏛 25 à 100. AE ⓞ E VISA CX **u**
R carte 1100 à 1600 – ☕ 495 – **105 ch** 4500/5500.

Holiday Inn, Esplanade de l'Europe 2, ✉ 4020, ✆ 42 60 20, Telex 41156, Fax 43 48 10, ≤, ≘, 🏊 – ⧆ ⇔ ch ▤ TV ☎ ♿ 🚗 Ⓟ – 🏛 40. AE ⓞ E VISA. ⚮ rest DY **n**
R Ile de Meuse carte 1000 à 1600 – **219 ch** ☕ 4900/6200.

Univers sans rest, r. Guillemins 116, ✆ 52 26 50, Telex 42424, Fax 52 16 53 – ⧆ ☎ – 🏛 25 à 80. AE ⓞ E VISA CZ **a**
☕ 295 – **49 ch** 1600/1950.

Le Cygne d'Argent, r. Beeckman 49, ✆ 23 70 01, Telex 42617, Fax 22 49 66 – ⧆ TV ☎ 🚗. AE ⓞ E VISA CY **c**
R *(fermé vend., sam. et dim.)* (dîner pour résidents seult) – ☕ 240 – **22 ch** 1600/2220 – ½ P 1670/1940.

Vieux Liège, quai Goffe 41, ✆ 23 77 48, « Maison du 16e s. » – ▤. AE ⓞ E VISA GY **c**
fermé merc. soir, dim., jours fériés, mi-juil.-mi-août et 1 sem. Pâques – **R** carte 1800 à 2200.

La Ripaille 1er étage, Ilot St-Georges 5, ✆ 22 16 56 – AE ⓞ E VISA DX **s**
fermé sam. midi, dim. et mi-juil.-mi-août – **R** carte 1000 à 1600.

L'Héliport, bd Frère-Orban, ✆ 52 13 21, ≤, 🏖 – Ⓟ. AE E VISA DY **q**
fermé dim., lundi soir et 3 dern. sem. juil. – **R** 1295/1695.

Le Lion Dodu, r. Surlet 37, ✉ 4020, ✆ 41 05 05 – ▤. AE ⓞ E VISA DX **a**
fermé sam. midi, dim. et lundi – **R** carte 900 à 1300.

Rôtiss. de l'Empereur, pl. du 20-Août 15, ✆ 23 53 73, Rustique – AE ⓞ E VISA GZ **n**
fermé lundis et mardis non fériés – **R** 750/1150.

Le Dauphin, r. Parc 53, ✉ 4020, ✆ 43 47 53 – AE ⓞ E VISA DY **s**
fermé lundi, sam. midi et juil. – **R** 890/1450.

As Ouhès, pl. Marché 21, ✆ 23 32 25 – AE ⓞ E VISA GY **r**
fermé sam. midi, dim. et 3 dern. sem. juil. – **R** carte 750 à 1250.

La Parmentière, pl. Cockerill 10, ✆ 22 43 59 – ▤. AE ⓞ E VISA GZ **r**
fermé dim., lundi et oct. – **R** carte 1000 à 1450.

La Bécasse, r. Casquette 21, ✆ 23 15 20, Ouvert jusqu'à 23 h – AE ⓞ E VISA FZ **b**
fermé lundi et mardi midi – **R** 1350.

L'Ecailler, r. Dominicains 26, ✆ 22 17 49, Produits de la mer – ▤. AE ⓞ E VISA FZ **e**
R carte 1200 à 1900.

Y-Sing, bd Sauvenière 50, ✆ 23 35 78, Cuisine chinoise – AE ⓞ E VISA FY **r**
fermé merc. non fériés et du 16 au 31 août – **R** (dîner seult) 500/850.

Le Picotin, pl. des Béguinages 8, ✆ 23 17 63 – AE ⓞ E VISA ⚮ CX **b**
fermé sam. midi, dim., jours fériés et 15 juil.-15 août – **R** carte 1100 à 1450.

La Renaissance, Passage Lemonnier 22, ✆ 23 28 96, Fax 23 28 96, Ouvert jusqu'à 23 h 30 – ▤. AE ⓞ E VISA. ⚮ FZ **n**
R carte 800 à 1400.

Max, pl. de la République Française 12, ✆ 22 08 59 – AE ⓞ E VISA FY **s**
R carte 900 à 1500.

Le Romantique, r. Pot d'Or 54, ✆ 23 50 36 – ▤. ⚮ FZ **f**
fermé mardis et merc. non fériés – **R** 675.

Le Bistroquet, r. Serbie 73, ✆ 53 16 41, Ouvert jusqu'à 23 h – AE ⓞ E VISA CZ **y**
fermé sam. midi, merc. et juil. – **R** carte 1000 à 1400.

Le Chambord, r. Pont-d'Avroy 25, ✆ 23 70 11 – AE ⓞ E VISA FZ **t**
fermé du 1er au 30 août et lundis et mardis non fériés – **R** 750/950.

Le Shanghai 1er étage, Galeries Cathédrale 104, ✆ 22 22 63, Fax 23 00 50, Cuisine chinoise – ▤. AE ⓞ E VISA FZ **m**
fermé mardi et 18 août-12 sept – **R** carte 750 à 1100.

Le Duc d'Anjou, r. Guillemins 127, ✆ 52 28 58, Moules en saison, Ouvert jusqu'à 23 h – ▤ Ⓟ. AE ⓞ E VISA CZ **w**
fermé mai-juin – **R** 730.

Lalo's Bar, r. Madeleine 18, ✆ 23 22 57, Cuisine italienne – AE ⓞ E VISA ⚮ GY **d**
fermé sam. midi, dim. et jours fériés – **R** 750/990.

à ***Angleur*** plan p. 2 et 3 C Liège – ✉ 4031 Angleur – ☎ 0 41 :

L'Orchidée Blanche, rte du Condroz 457, ✆ 65 11 48, 🏖 – Ⓟ. AE ⓞ E VISA BV **h**
fermé mardis soirs et merc. non fériés, 3 sem. en juil. et 1 sem. en fév. – **R** carte 1000 à 1800.

Le Sart-Tilman, r. Sart-Tilman 343, ✆ 65 42 24 – ▤ Ⓟ. AE ⓞ E VISA. ⚮ AV **n**
fermé dim. soir, lundi, merc. soir et 3 dern. sem. août – **R** 920.

La Devinière, r. Tilff 39, ✆ 65 00 32 – AE ⓞ E VISA BU **d**
fermé jeudi soir, sam. midi, dim. et 21 juil.-7 août – **R** carte 1100 à 1500.

à Ans plan p. 2 – 27 031 h. – ✉ 4430 Ans – ☎ 0 41 :

XX **La Fontaine de Jade,** r. Yser 321, ✆ 46 49 72, Cuisine chinoise, Ouvert jusqu'à 23 h ▤. AE ◑ E VISA. ✻ AT
fermé lundis non fériés et mi-août-début sept – **R** carte 750 à 1100.

X **Le Marguerite,** r. Walthère Jamar 171, ✆ 26 43 46 – AE ◑ E VISA AU
fermé sam. midi, dim., lundi, 1 sem. Pâques, 15 juil.-15 août et 23 déc.-2 janv. – **R** carte env. 1300.

à Argenteau par ① : 13 km C Visé 16 998 h. – ✉ 4601 Argenteau – ☎ 0 41 :

X **Le Tourne Bride,** chaussée d'Argenteau 42, ✆ 79 17 11 – Ⓟ. AE ◑ E VISA
fermé dim., jours fériés et août – **R** carte 1200 à 2000.

à Awans par ⑩ : 8 km sur N 3 – 7 531 h. – ✉ 4340 Awans – ☎ 0 41 :

XX **En Provence,** r. Bruxelles 215, ✆ 63 82 18 – Ⓟ. AE ◑ E VISA. ✻
fermé sam., dim., 15 juil.-15 août et 24 déc.-7 janv. – **R** (déjeuner seult) carte 1300 à 180[0]

à Chênée plan p. 3 C Liège – ✉ 4032 Chênée – ☎ 0 41 :

XX **Le Gourmet,** r. Large 91, ✆ 65 87 97, ☂ – AE ◑ E VISA BU
fermé merc., sam. midi et du 15 au 31 juil. – **R** carte 1100 à 1500.

XX **Le Vieux Chênée,** r. Gravier 45, ✆ 67 00 92 – AE ◑ E VISA BU
fermé jeudi, 3 sem. en juil. et 1 sem. fin janv. – **R** carte 900 à 1300.

à Engis par N 617 direction Namur – 5 714 h. – ✉ 4480 Engis – ☎ 0 41 :

XX **La Ciboulette,** quai Herten 11, ✆ 75 19 65, ☂ – AE ◑ E VISA
fermé sam. midi, dim. soir, lundi soir et merc. soir – **R** carte env. 1300.

à Flémalle-Haute par r. Flémalle AV C Flémalle 26 967 h. – ✉ 4400 Flémalle-Haute – ☎ 0 41 :

XX **Le Gourmet Gourmand,** Grand'Route 411, ✆ 33 07 56, ☂ – AE ◑ E VISA
fermé mardi soir, merc. soir, jeudi soir, sam. midi et mi-juil.-mi-août – **R** carte 1300 à 170[0]

à Hermalle-sous-Argenteau par ① : 14 km C Oupeye 23 220 h. – ✉ 4681 Hermalle-sous-Argenteau – ☎ 0 41 :

XXX **Au Comte de Mercy,** r. Tilleul 5, ✆ 79 35 35, ☂, « Rustique » – Ⓟ – 🏛 25 ou plu[s]. AE ◑ E VISA. ✻
fermé dim., lundi, 3 jours après Pâques, juil. et du 1er au 10 janv. – **R** carte 1250 à 210[0]

X **Le Pichet,** r. J. Verkruyts 7, ✆ 79 20 33 – AE ◑ E VISA
fermé mardi soir, merc., 9 juil.-1er août et 1 sem. carnaval – **R** carte 900 à 1600.

à Herstal plan p. 3 – 36 919 h. – ✉ 4040 Herstal – ☎ 0 41 :

🏨 **Post House** ⑤, r. Hurbise (par E 40 sortie 34), ✆ 64 64 00, Telex 41103, Fax 48 06 90, – ⫼ ▤ rest 📺 ☎ Ⓟ – 🏛 25 à 60. AE ◑ E VISA BT
R 990 – **94 ch** ☕ 3560/4640.

à Ivoz-Ramet plan p. 2 C Flémalle 26 967 h. – ✉ 4400 Ivoz-Ramet – ☎ 0 41 :

X **Chez Cha-Cha,** pl. François Gérard 10, ✆ 37 18 43, ☂, Grillades – Ⓟ. AE E VISA
fermé sam. midi, dim., lundi soir et mardi soir – **R** carte 750 à 1200. AV

à Neuville-en-Condroz par ⑥ : 18 km C Neupré 8 471 h. – ✉ 4121 Neuville-en-Condr[oz] – ☎ 0 41 :

XXXX ✿✿ **Chêne Madame** (Tilkin), av. de la Chevauchée 70 (dans le bois de Rognac SE : 2 km), ✆ 71 41 27, Fax 71 29 43 – Ⓟ. AE ◑ E VISA. ✻
fermé dim. soir, lundi, jeudi soir, août et 23 déc.-4 janv. – **R** carte 2000 à 2800.
Spéc. Crêpe de homard au fenouil, Agneau de lait en croûte (fév.-juil.), Gibiers en saison.

à Plainevaux par ⑥ : 18 km C Neupré 8 471 h. – ✉ 4122 Plainevaux – ☎ 0 41 :

XX **Vieux Moulin,** Grand-Route 115 (carrefour N 683-N 639 à Hout-si-Plout), ✆ 80 11 4[.], « Evironnement boisé » – Ⓟ. AE ◑ E VISA – *fermé lundi soir* – **R** carte env. 1500.

à Rotheux-Rimière par ⑥ : 16 km C Neupré 8 471 h. – ✉ 4120 Rotheux-Rimière – ☎ 0 4[1] :

X **Au Vieux Chêne,** r. Bonry 146 (près N 63), ✆ 71 46 51 – Ⓟ. AE ◑ E VISA. ✻
fermé lundi soir, mardi soir, merc., août et 2 sem. Noël-Nouvel An – **R** carte 800 à 150[0]

à Seraing plan p. 2 – 61 427 h. – ✉ 4100 Seraing – ☎ 0 41 :

X **Le Moulin à Poivre,** r. Plainevaux 49, ✆ 36 06 13 – AE ◑ E VISA AV
fermé merc., jeudi, sam. midi, 15 août-5 sept et du 1er au 15 fév. – **R** carte env. 1200.

à Tilff S : 12 km par N 633 C Esneux 11 867 h. – ✉ 4130 Tilff – ☎ 0 41 :

XXX **Casino** avec ch, pl. Roi-Albert 3, ✆ 88 10 15, Fax 88 33 16 – ☎. ✻ ch
fermé 15 déc.-15 janv. – **R** *(fermé lundi)* carte 1300 à 2000 – **6 ch** ☕ 1600/2300.

X **Roméo et Michette,** r. Damry 11, ✆ 88 18 69, ☂, « Terrasse fleurie avec ≤ jardin » – AE ◑ E VISA
mars-15 déc. ; fermé lundi et mardi – **R** carte 900 à 1400.

Voir aussi : ***Chaudfontaine*** par ④ : 10 km

ICHELIN, Agence régionale, chaussée de Waremme-Zoning de Villers-le-Bouillet (20 km ⑧ : E 42, N 65) – ✉ 5260 Villers-le-Bouillet, ☏ (0 85) 23 33 10, Fax (0 85) 23 18 32

FA-ROMEO av. Blonden 66 ☏ 529995
FA-ROMEO bd Frankignoul ☏ 439499
IW, MAZDA bd Frankignoul 8 ☏ 420110
TROEN av. Olympe Gilbart 1a ☏ 250700
AT, LANCIA quai des Ardennes 85 423051
AT r. Glacis 79 ☏ 265039
DA r. Villette 31 ☏ 425891
AZDA quai Coronmeuse 28 ☏ 275323
MERCEDES-BENZ r. Vennes 1 ☏ 415161
MITSUBISHI av. Blonden 62 ☏ 529895
PEUGEOT, TALBOT bd d'Avroy 230 ☏ 522120
RENAULT r. Mons 5 ☏ 251166
ROVER r. Louis Boumal 24 ☏ 526862
ROVER bd de Froidmont 25 ☏ 435886
TOYOTA r. Marengo 27 ☏ 270060
VAG r. Fragnée 19 ☏ 525960
VAG r. Ste-Walburge 319 ☏ 261034

Environs

FA-ROMEO r. Hayeneux 13 à Herstal 643399
FA-ROMEO quai des Carmes 95 à Jemeppe-Meuse ☏ 339249
FA-ROMEO chaussée de Tongres 469 à court ☏ 461222
IW r. Six Bonniers 10 à Seraing ☏ 361584
IW r. E. Colson 297 à Ans ☏ 460419
TROEN r. Flémalle-Grande 457 à Flémalle 335981
TROEN r. Sewage 2 à Seraing ☏ 370405
AT rte du Condroz 485 à Angleur ☏ 652088
AT r. Hollogne 137 à Jemeppe-sur-Meuse 338108
RD r. Herve 546 à Beyne-Heusay 650879
RD quai des Ardennes 117 à Angleur 653990
RD bd Zénobe-Gramme à Herstal ☏ 641242
RD r. de Flémalle 196 à Jemeppe-sur-Meuse 337231
RD Parc Industr. Communal de la Boverie à raing ☏ 373810
RD chaussée de Tongres 625 à Rocourt 611717
I (OPEL) bd Zénobe Gramme 21 à Herstal 480949
I (OPEL) quai Vercour 106 à Ougrée-essin ☏ 527130
I (OPEL) r. Français 68 à Ans ☏ 633930
I (OPEL) bd Froidmont 13 à Grivegnée 410404
NDA quai des Ardennes 86 à Angleur 670374
NDA quai du Bassin 16 à Herstal 641551
DA r. Walthère Jamar 102a à Ans 263812
DA r. Hayeneux 71 à Herstal ☏ 646262
DA r. Boverie 330 à Seraing ☏ 369777
LANCIA r. Yser 372 à Ans ☏ 636133
LANCIA r. Hayeneux 95 à Herstal ☏ 483048
MAZDA av. d'Ages 31 à Herstal ☏ 643562
MAZDA r. Boverie 365 à Seraing ☏ 373837
MERCEDES-BENZ r. Herve 180 à Grivegnée ☏ 675727
MITSUBISHI r. Rotheux 222 à Seraing ☏ 365454
MITSUBISHI r. Eug. Vandenhoff 82 à Grivegnée ☏ 426616
MITSUBISHI r. Hollogne 204 à Jemeppe-sur-Meuse ☏ 338223
NISSAN r. Barrière 27 à Seraing ☏ 370531
NISSAN av. des Ardennes 22 à Tilff-sur-Ourthe ☏ 881020
NISSAN bd Froidmont 11 à Grivegnée ☏ 427742
NISSAN r. Marexhe 49 à Herstal ☏ 644304
RENAULT Zoning de la Boverie 22 à Seraing ☏ 372929
RENAULT r. Val-Benoît 11 à Angleur ☏ 650727
ROVER r. Plainevaux 119 à Seraing ☏ 362852
TOYOTA r. Yser 250 à Ans ☏ 630238
TOYOTA r. Bossuron 56 à Herstal ☏ 643620
TOYOTA r. Ans 118 à Rocourt ☏ 638618
TOYOTA av. Progrès 34 à Seraing ☏ 375230
VAG rte de Juprelle 8 à Alleur ☏ 574235
VAG r. Hollogne 103 à Jemeppe-sur-Meuse ☏ 337864
VAG rte du Condroz 57 à Boncelles ☏ 364480
VAG Grand'Route 598 à Flémalle-Haute ☏ 339195
VAG r. Beaufraipont à Chênée ☏ 673940
VOLVO av. de l'Indépendance 51 à Wandre ☏ 621062
VOLVO r. Rotheux 176 à Seraing ☏ 363716
VOLVO r. Français 429 à Ans ☏ 639930

Pour visiter une ville ou une région : utilisez les ***guides verts Michelin.***

ER (LIERRE) 2500 Antwerpen 213 ⑦ et 409 ④ – **30 938 h.** – ✪ 0 3.

ir Église St-Gommaire★★ (St-Gummaruskerk) : jubé★★, verrière★ Z – **Béguinage★** (Begijn-f) Z – **Horloge astronomique★** de la tour Zimmer (Zimmertoren) Z **A**.

Stadhuis, Grote Markt ☏ 489 11 11 (ext. 212).

uxelles 45 ④ – ◆Antwerpen 17 ⑤ – ◆Mechelen 15 ④.

Plan page suivante

X **De Fortuin,** Felix Timmermansplein 7, ☏ 480 29 51, Fax 489 05 51, ☂, Rest.-taverne – **P**. AE ⓪ E VISA. ✄ Z **c**
fermé mardi – **R** carte 1000 à 1650.

X **'t Cleyn Paradijs,** Heilige Geeststraat 2, ☏ 480 78 57 – AE ⓪ E VISA ✄ Z **a**
fermé mardi, merc. et 2ᵉ quinz. sept – **R** carte 1200 à 1600.

A-ROMEO Hagenbroeksesteenweg 203 4800597
ROEN Mechelsesteenweg 260 ☏ 4802330
RD Mechelsesteenweg 258 ☏ 4804099
I (OPEL) Antwerpsesteenweg 72 4808101
DA Fred. Pelzerstraat 67 ☏ 4800960
ZDA Spoorweglei 2 ☏ 4801458
RCEDES-BENZ Mallekotstraat 62a 4890655
MITSUBISHI Mallekotstraat 75 ☏ 4892472
NISSAN Mechelsesteenweg 270 ☏ 4808416
PEUGEOT, TALBOT Antwerpsesteenweg 505 ☏ 4804446
RENAULT Antwerpsesteenweg 459 ☏ 4800603
ROVER Antwerpsesteenweg 477 ☏ 4805555
TOYOTA Aarschotsesteenweg 302 ☏ 4821188
VAG Kesselsesteenweg 5 ☏ 4800088
VAG Mechelsesteenweg 108 ☏ 4800504

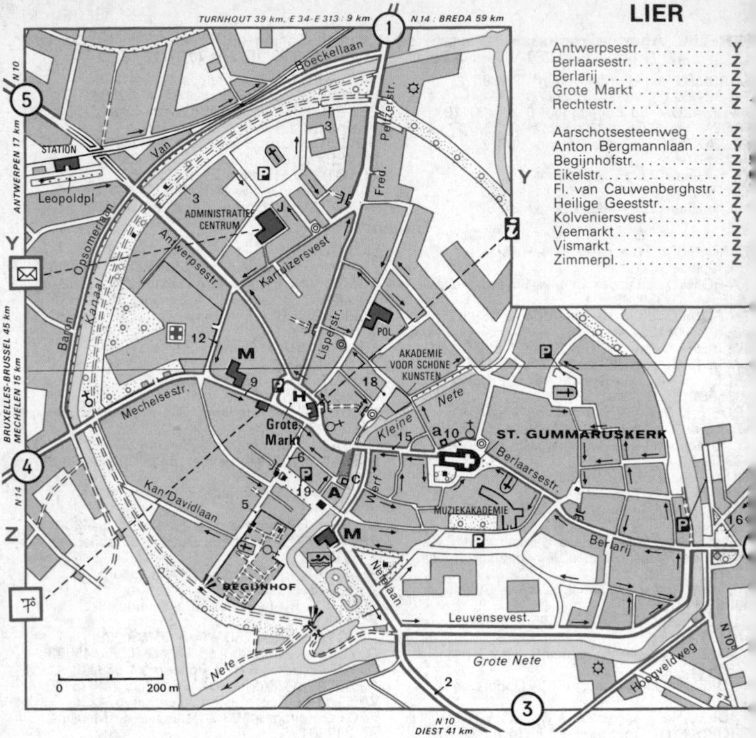

Michelin n'accroche pas de panonceau aux hôtels et restaurants qu'il signale.

LIERS **4042** Liège C Herstal 36 919 h. 213 ㉒ et 409 ⑱ – ☎ 0 41.

♦Bruxelles 96 – ♦Liège 8 – ♦Hasselt 36 – ♦Maastricht 33 – Verviers 32.

XX **La Ville de Parme,** r. Provinciale 138, ☎ 78 51 55 – AE ⓓ E VISA
fermé lundi, sam. midi et 2 dern. sem. juil. – **R** 795/975.

LILLE **2275** Antwerpen 213 ⑧ et 409 ⑤ – 13 071 h. – ☎ 0 14.

Haarlebeek 3 ☎ 55 19 30.

♦Bruxelles 74 – ♦Antwerpen 33 – ♦Hasselt 56 – ♦Turnhout 16.

XX **De Kemphaan,** Wechelsebaan 194 (près E 34 - sortie 21), ☎ 55 73 18, « Ferme rustique » – Ⓟ. AE ⓓ E VISA
fermé lundi et après 19 h – **R** carte env. 2000.

LADA Gierlebaan 89 ☎ 557119 NISSAN Wechelsebaan 107 ☎ 556336

LILLOIS-WITTERZEE **1428** Brabant C Braine-l'Alleud 31 199 h. 213 ⑱ et 409 ⑬ – ☎ 0

♦Bruxelles 30 – ♦Mons 47 – ♦Namur 43.

Le Witter Zée , av. du Sabotier 40, ☎ 384 69 56, , « Jardin et », – TV Ⓟ. ⓓ E VISA.
R *(fermé dim. soir, lundi et 3 dern. sem. sept)* 950 – **11 ch** 2000/2500.

XX **Georges Tichoux,** Grand'Route 491, ☎ (0 67) 21 65 33, Fax (0 67) 21 65 33, ≤, « Terrasse » – Ⓟ. AE ⓓ E VISA
fermé merc. soir, sam. midi et 1 sem. en juil. – **R** carte 1050 à 1800.

X **La Rusticana,** Grand'Route 462, ☎ 385 00 90, , Cuisine italienne, Ouvert jusqu'à 2 – AE ⓓ E VISA
fermé merc., jeudi midi et 3 sem. en sept – **R** carte 750 à 1200.

MAL 1300 Brabant Ⓒ Ottignies-Louvain-la-Neuve 21 142 h. 213 ⑲ et 409 ⑬ – ☎ 0 10.
uxelles 29 – ◆Charleroi 45 – ◆Namur 40.

La Mère Pierre, r. Charles Jaumotte 3, ☎ 41 16 42, 余 – **P**. AE ⓓ E VISA
R 880/1450.

MBOURG (LIMBURG) 4830 Liège 213 ㉓ et 409 ⑯ – 5 166 h. – ☎ 0 87.
uxelles 126 – ◆Liège 36 – Aachen 23 – Eupen 7,5 – Verviers 7,5.

Le Dragon avec ch, pl. St-Georges 31 (au centre historique), ☎ 76 23 10 – AE ⓓ E VISA ch
fermé mardi, merc. et fin sept-début oct. – **R** carte 1300 à 2000 – **5 ch** 3000/5000 – ½ P 2500.

Le Casino, av. Reine Astrid 7 (sur N 61 à Dolhain), ☎ 76 23 74, Fax 76 44 27 – **P**. AE ⓓ E VISA.
fermé lundi, mardi, sam. midi, 2 sem. en sept et 3 sem. en fév. – **R** carte 1300 à 1700.

ZDA av. Reine Astrid 6 ☎ 762791 MITSUBISHI rte du Village 51a ☎ 762621

MELETTE 1342 Brabant Ⓒ Ottignies-Louvain-la-Neuve 21 142 h. 213 ⑲ – ☎ 0 10.
uxelles 29 – ◆Charleroi 41 – ◆Namur 39.

Saint-Jean-des-Bois - Château de Limelette, r. Ch. Dubois 87, ☎ 41 99 99, Telex 59346, Fax 41 57 59, ←, 余, « Terrasse et jardin » – ▤ **P** – 25 à 250. AE ⓓ E VISA.
R 1950.

NKEBEEK Brabant 213 ⑱ et 409 ⑬ – voir à Bruxelles, environs.

SOGNE Namur 214 ⑤ et 409 ⑭ – voir à Dinant.

ISSEWEGE 8380 West-Vlaanderen Ⓒ Brugge 117 857 h. 213 ③ et 409 ② – ☎ 0 50.
ir Grange abbatiale★ de l'ancienne abbaye de Ter Doest.
ruxelles 107 – ◆Brugge 10 – Knokke-Heist 12.

De Goedendag, Lisseweegsvaartje 2, ☎ 54 53 35, Fax 54 57 68, « Rustique » – ▤ **P**. AE ⓓ E VISA
fermé mardi soir et merc. – **R** carte 1800 à 2800.

Zeewinde, Zeebruggelaan 90 (N 31), ☎ 54 65 20 – AE ⓓ E VISA
fermé mardi soir, merc. et du 1er au 15 juil. – **R** carte 1000 à 1700.

Hof Ter Doest, Ter Doeststraat 4 (S : 2 km, à l'ancienne abbaye), ☎ 54 40 82, ←, 余, Rustique – **P**. AE ⓓ E VISA
R carte 1150 à 1750.

't Hoeveke, Lisseweegsvaartje 10, ☎ 54 45 08 – ⓓ E VISA
mi-fév.-mi-nov. ; fermé lundis non fériés – **R** carte 1200 à 1800.

IVES-SUR-MEUSE Namur 213 ⑳ et 214 ⑤ – voir à Namur.

OCHRISTI 9080 Oost-Vlaanderen 213 ⑤ et 409 ③ – 16 945 h. – ☎ 0 91.
ruxelles 61 – ◆Antwerpen 51 – ◆Gent 9.

Leys, Dorp West 89, ☎ 55 86 20, 余 – **P**. AE ⓓ E VISA.
fermé lundi, merc. soir et 20 sept-7 oct. – **R** carte 1400 à 1900.

G Koning Albertlaan 61 ☎ 556244

OKEREN 9160 Oost-Vlaanderen 213 ⑤ et 409 ③ – 34 488 h. – ☎ 0 91.
ruxelles 41 – ◆Gent 21 – Aalst 25 – ◆Antwerpen 38.

Brouwershof, Zelebaan 180, ☎ 48 33 33, « Villa de style flamand » – **P**. AE ⓓ E VISA
fermé dim., lundi soir, mardi soir, 15 juil.-14 août et du 26 au 31 déc. – **R** carte env. 1500.

Den Outer, Gentsesteenweg 124 (NO : 2 km sur N 70), ☎ 48 20 54, 余 – **P**. AE ⓓ E VISA.
fermé sam. midi et dim. – **R** 900.

La Barakka avec ch, Kerkplein 1, ☎ 48 14 33, Fax 48 03 45 – ☎. AE ⓓ E VISA. ch
fermé 2 prem. sem. sept et sem. carnaval – **R** *(fermé vend. non fériés)* carte 1000 à 1600 – ▭ 150 – **6 ch** *(fermé vend. d'oct. à mars)* 800/1500.

FA-ROMEO Zelebaan 102 ☎ 481151
MW Weverslaan 14 ☎ 481400
TROEN Zelebaan 222 ☎ 485040
RD Gentsesteenweg 45 ☎ 484011
M (OPEL) Zelebaan 216 ☎ 481128
DA Heirbrugstraat 81 ☎ 481081
AZDA Hillarestraat 112b ☎ 483807
ERCEDES-BENZ Oeverstraat 3 ☎ 484524
MITSUBISHI Antwerpsesteenweg 26 ☎ 480188
NISSAN Hillarestraat 138 ☎ 483697
RENAULT Weverslaan 32 ☎ 483588
TOYOTA Eksaardebaan 97 ☎ 483291
VAG Weverslaan 24 ☎ 482416
VOLVO Tweebruggenstraat 61 ☎ 484757

LOMMEL **3920 Limburg 213 ⑨ et 409 ⑥ – 26 850 h. – ☎ 0 11.**

◆Bruxelles 93 – ◆Hasselt 37 – ◆Eindhoven 30.

Die Prince sans rest, Mezenstraat 1, ☎ 54 44 61, Fax 54 64 12 – TV ☎ P. AE ⓓ VISA.
☕ 155 – **35 ch** 1400/2200.

XX **Den Bonten Oss,** Dorp 33, ☎ 54 15 97 – AE ⓓ E VISA
fermé lundi et sam. midi – **R** carte env. 1100.

XX **St. Jan,** Koning Leopoldlaan 94, ☎ 54 10 34 – P. AE ⓓ E VISA.
fermé du 1er au 20 août, jeudi soir et vend. – **R** 890.

X **Kempenhof,** Kattenbos 52 (S : 2,5 km sur N 746), ☎ 54 02 56 – P. E.
fermé merc. soir, dim., 3 sem. en juil. et sem. carnaval – **R** 920.

BMW Kerkhovensteenweg 385 ☎ 341483
CITROEN Luikersteenweg 14 ☎ 641023
FIAT Molsekiezel 115 ☎ 544681
GM (OPEL) Dr Neeckxlaan 156 ☎ 544300
LADA Vreyshorring 69 ☎ 544064
NISSAN Kattenbos 121 ☎ 541438
RENAULT Koning Leopoldlaan 197 ☎ 544215
ROVER Luikersteenweg 127 ☎ 644724
TOYOTA Dr Neeckxlaan 1 ☎ 540075
VAG Statiestraat 242 ☎ 544102

LONDERZEEL **1840 Brabant 213 ⑥ et 409 ④ – 16 905 h. – ☎ 0 52.**

◆Bruxelles 20 – ◆Antwerpen 28 – ◆Gent 60 – ◆Mechelen 20.

XX **Ter Wilgen,** Molenhoek 21 (près N 277), ☎ 30 26 12, Fax 30 36 04, – P. AE ⓓ
fermé mardi, merc. et 2 dern. sem. août-prem. sem. sept – **R** carte 900 à 1600.

FORD Lindestraat 106 ☎ 309606
GM (OPEL) Mechelsestraat 196 ☎ 309184
MAZDA Bergkapelstraat 19 ☎ 300032
NISSAN Autostrade 52 ☎ 300131
RENAULT Klein Holland 89 ☎ 309188
TOYOTA Kaaskantmolenstraat 4 ☎ 300242
VAG Autostrade 2 ☎ 300991
VOLVO Autostrade 34 ☎ 303683

LOOZ **Limburg – voir Borgloon.**

LOTENHULLE **Oost-Vlaanderen 213 ③ et 409 ② – voir à Aalter.**

LOUVAIN **Brabant – voir Leuven.**

LOUVAIN-LA-NEUVE **Brabant 213 ⑲ et 409 ⑬ – voir à Ottignies.**

La LOUVIÈRE **7100 Hainaut 213 ⑱, 214 ② ③ et 409 ⑬ – 76 291 h. – ☎ 0 64.**

◆Bruxelles 52 – ◆Mons 21 – Binche 10 – ◆Charleroi 26.

D' Jobri, r. Hamoir 2, ☎ 26 22 92, Fax 21 49 73 – rest TV ☎ P – 70. AE ⓓ VISA
R (Rest. taverne) carte 800 à 1400 – ☕ 200 – **24 ch** 1500/1800 – ½ P 2225/3000.

XXX **Aub. de la Louve,** r. Bouvy 86, ☎ 22 87 87 – P. AE ⓓ E VISA
fermé dim. soir, lundi, merc. soir, mi-juil.-mi-août et 2 sem. en fév. – **R** carte 1650 à 215[…]

ALFA-ROMEO chaussée de Jolimont 289 à Haine-St-Pierre ☎ 260561
BMW r. Déportation 61 à Haine-St-Paul ☎ 285550
CITROEN chaussée de Mons 476 à Haine-St-Paul ☎ 229181
FIAT, LANCIA r. H. Ameye 120 à Houdeng-Goegnies ☎ 224790
FORD r. Temple 54 ☎ 222157
GM (OPEL) r. Gustave Boël 23a ☎ 223104
LADA r. A. Schelfaut 9 à Houdeng-Goegnies ☎ 221326
MAZDA pl. Mattéotti 29 ☎ 262026
MERCEDES-BENZ r. Baume 23 ☎ 225555
NISSAN chaussée de Redemont 53 à Haine-St-Pierre ☎ 224025
PEUGEOT, TALBOT r. Déportation 73 à Haine-St-Paul ☎ 221781
PEUGEOT, TALBOT chaussée Paul Houtart 17[…] à Houdeng-Goegnies ☎ 224846
RENAULT chaussée de Redemont à Haine-St-Paul ☎ 227245
ROVER r. L. Dupuis 10 ☎ 224031
TOYOTA r. Déportation 68 à Haine-St-Paul ☎ 225172
VAG r. Conreur 210 ☎ 222024
VOLVO chaussée de l'Olive 43a ☎ 225615

LUBBEEK **3210 Brabant 213 ⑳ et 409 ⑭ – 12 099 h. – ☎ 0 16.**

◆Bruxelles 32 – ◆Antwerpen 57 – ◆Liège 71 – ◆Namur 59.

XX **Maelendries,** Heideken 28 (S : 3 km), ☎ 73 48 60, ≤, , « Fermette, cadre champêtre » – P. AE ⓓ E VISA.
fermé merc., sam. midi, dim., jours fériés, 3 prem. sem. août et Noël-Nouvel An – **R** carte env. 1200.

ROVER Heide 74 ☎ 734892
VAG Gellenbergstraat 13 ☎ 634352

LUIK **Liège – voir Liège.**

LUMMEN **Limburg 213 ⑨ et 409 ⑤ – voir à Hasselt.**

MAASEIK 3680 Limburg 213 ⑪ et 409 ⑦ – 20 894 h. – ☎ 0 11.

Markt 45 ✆ 56 63 72.

Bruxelles 118 – ◆Hasselt 41 – ◆Maastricht 33 – Roermond 20.

XX **Tiffany's,** Markt 19, ✆ 56 40 89 – AE ⓞ E ✻
fermé lundi, sam. midi, 3 sem. en été et 1 sem. carnaval – **R** *(dim. fermé après 20 h 30)* carte 1350 à 1800.

X **La Strada,** Hepperstraat 4, ✆ 56 72 29, Avec cuisine italienne – AE ⓞ E VISA
fermé merc. – **R** carte 900 à 1400.

à Neeroeteren O : 4 km par N 773 C Maaseik – ✉ 3680 Neeroeteren – ☎ 0 11 :

Jagershof 🐦 sans rest, Diestersteenweg 221, ✆ 86 56 32, ≤, « Environnement boisé » – Ⓟ. E. ✻
fermé 15 déc.-15 janv. et dim. d'oct. à avril – **7 ch** ☕ 1950.

à Opoeteren SO : 12 km par N 773 C Maaseik – ✉ 3680 Opoeteren – ☎ 0 11 :

Oeterdal, Neeroeterenstraat 41, ✆ 86 37 17, « Terrasse » – ☎ Ⓟ
R (résidents seult) – **25 ch.**

M (OPEL) Maastrichtersteenweg 26 ✆ 564026
ONDA Koning Albertlaan 45 ✆ 564484
IAZDA Gremelsloweg 6 ✆ 566957
NISSAN Spilstraat 30 à Neeroeteren ✆ 864581
RENAULT Maastrichtersteenweg 173 ✆ 568124
VAG Eikerpoort 4 ✆ 564154

MAASMECHELEN 3630 Limburg 213 ⑩ et 409 ⑥ – 33 453 h. – ☎ 0 11.

Bruxelles 106 – ◆Hasselt 30 – Aachen 42 – ◆Maastricht 15.

XXX **D'Ouwe Hoef,** Oude Baan 546 (O : 2 km près A 2), ✆ 76 48 46, 🌳, « Ferme du 18e s. » – Ⓟ. AE ⓞ E
fermé sam. midi, lundi, 3 sem. en août et sem. carnaval – **R** 1600.

LFA-ROMEO Oudebaan 143 à Eisden ✆ 764179
ITROEN Rijksweg 646 ✆ 761322
IAT Koninginnelaan 102 ✆ 764178
GM (OPEL), MAZDA Rijksweg 177 ✆ 765673
LADA Koninginnelaan 127 ✆ 760509
TOYOTA Industrielaan 26 ✆ 765171

MACHELEN Brabant 213 ⑥ ⑦ et 409 ㉒ – voir à Bruxelles, environs.

MAISIERES Hainaut 213 ⑰, 214 ② et 409 ⑫ – voir à Mons.

MAISSIN 6852 Luxembourg belge C Paliseul 4 826 h. 214 ⑯ et 409 ㉕ – ☎ 0 61.

Bruxelles 135 – ◆Arlon 65 – Bouillon 23 – ◆Dinant 49 – St-Hubert 19.

Mathot, av. Bâtonnier Braun 1, ✆ 65 53 91, 🌲 – |‡| ☎ 🚗 Ⓟ. AE VISA
20 mars-3 janv. – **R** *(fermé après 20 h)* 1150/1350 – ☕ 205 – **30 ch** 905/1730.

Le Roly du Seigneur 🐦, av. Roly du Seigneur 12, ✆ 65 50 49, ≤, 🌲 – 🚗 Ⓟ. AE. ✻ rest
fermé merc. et janv.-2 fév. – **R** *(fermé après 20 h)* 750/1400 – ☕ 250 – **16 ch** 1300/2500.

IITSUBISHI r. Albert-Ier 48 ✆ 655288

MAIZERET Namur 214 ⑤ et 409 ⑭ – voir à Namur.

MALCHAMPS Liège 213 ㉓, 214 ⑧ et 409 ⑯ – voir à Spa.

MALDEGEM 9990 Oost-Vlaanderen 213 ③ et 409 ② – 21 234 h. – ☎ 0 50.

◆Bruxelles 89 – ◆Antwerpen 73 – ◆Brugge 16 – ◆Gent 29.

XX **Beukenhof,** Brugse Steenweg 200, ✆ 71 55 95, 🌳 – Ⓟ. AE ⓞ VISA
fermé mardi soir, merc., 2 dern. sem. juil. et 2 prem. sem. fév. – **R** 1050/1450.

XX **Zoetendale,** Schouwburgplaats 2, ✆ 71 15 22 – AE ⓞ E VISA
fermé lundi et 2 sem. en juil. – **R** carte 1400 à 1800.

IMW Aalterbaan 216c ✆ 714044
IAZDA Halledreef 30 ✆ 712196
IITSUBISHI Oude Staatsbaan 61a ✆ 713252
RENAULT Bogaardestraat 125a ✆ 712042
VAG Mevrouw Courtmanslaan 77 ✆ 712442

MALINES Antwerpen – voir Mechelen.

Les hôtels ou restaurants agréables sont indiqués
dans le guide par un signe rouge.
Aidez-nous en nous signalant les maisons où, par expérience,
vous savez qu'il fait bon vivre.
Votre guide Michelin sera encore meilleur.

MALMÉDY **4960** Liège 214 ⑨ et 409 ⑯ – 10 143 h. – 0 80.

Voir Site★ – Carnaval★ (dimanche avant Mardi-gras).

Env. N : Hautes Fagnes★★, Signal de Botrange ≤★ – Rocher de Falize★ SO : 6 km.

pl. du Châtelet 10 33 02 50.

Bruxelles 156 – Liège 57 – Clervaux 57 – Eupen 29.

Au St-Esprit, pl. de Rome, 33 03 14 – ch
fermé du 18 au 29 mars, 20 nov.-21 déc. et mardis soirs et merc. non fériés sauf vacances scolaires – **R** 495/995 – **9 ch** 1465/1980 – ½ P 1415/1560.

Albert-Ier avec ch, pl. Albert-Ier 40, 33 04 52, Fax 33 07 24 –
fermé mardi soir, jeudi soir et mi-nov.-7 déc. – **R** carte 1000 à 1700 – **6 ch** 1350/190 – ½ P 1600/1750.

Au Petit Louvain, Chemin-rue 47, 33 04 15 –
fermé lundi soir, merc. et 26 août-2 sept – **R** 750.

L'Hirondelle, r. Commerce 17, 33 00 81 –
fermé merc. – **R** carte env. 1600.

Aux Sans Soucis, pl. du Commerce 3, 33 86 16, « Rustique » –
fermé lundis non fériés et début juil. – **R** carte 1200 à 1600.

à Bévercé N : 3 km Malmédy – 4960 Bévercé – 0 80 :

Host. Trôs Marets , rte des Trôs Marets 2 (N 68), 33 79 17, Fax 33 79 10, ≤ vallées, –
fermé 12 nov.-20 déc. – **R** carte 1700 à 2500 – **7 ch** 3000/6500 et **4** appartements.

Du Tchession , r. Renier de Brialmont 1 (NE : 5 km par N 68), 33 00 87, Fax 33 79 68 ≤, – rest
fermé mars et 2e quinz. sept – **R** *(fermé merc. non fériés et après 20 h 30)* carte 950 à 155 – 220 – **16 ch** 1750/2100 – ½ P 1875/2275.

Maison Géron sans rest, Bévercé-Village 29, 33 00 06, « Terrasse et jardin » –
11 ch 1550/2500.

Ferme Libert et Grand Champs , Bévercé-Village 26, 33 02 47, Fax 33 98 85 ≤ vallées, – – 35.
R *(fermé après 20 h 30)* carte 750 à 1500 – **44 ch** 780/2310 – ½ P 1410/1960.

Host. de la Chapelle avec ch, Bévercé-Village 30, 33 08 65, Fax 33 98 66,
fermé lundi et 20 juin-10 juil. – **R** carte 1700 à 2200 – 250 – **6 ch** 2500.

Plein Vent avec ch, rte de Spa 44 (O : 8 km par N 68), 33 05 54, ≤ vallées, –
fermé jeudi – **R** carte 1200 à 1700 – **8 ch** 1580/2300 – ½ P 1690/2050.

ALFA-ROMEO r. Neuve 51 330285
GM (OPEL) av. des Alliés 80 330911
MITSUBISHI rte de Waimes 99 à Baugnez 339515
TOYOTA r. Baugnez 94 338301
VOLVO av. du Pont de Warche 30 330579

MALONNE Namur 214 ⑤ et 409 ⑭ – voir à Namur.

MANAGE **7170** Hainaut 214 ③ et 409 ⑬ – 21 525 h. – 0 64.

Bruxelles 47 – Charleroi 24 – Mons 25.

Le Petit Cellier, Grand'rue 88, 55 59 69, « Terrasse et jardin » –
fermé dim. soir, lundi, 22 juil.-18 août et 26 déc.-2 janv. – **R** 1450/1950.

HONDA chaussée de Mons 45a 556964
LADA r. Croyère 3 540161
RENAULT r. A. Trigaux 2 548505

MARCHE-EN-FAMENNE **6900** Luxembourg belge 214 ⑥ et 409 ⑮ – 15 208 h. – 0 84.

Le Pot d'Etain, r. Brasseurs 7 31 21 35.

Bruxelles 107 – Arlon 80 – Liège 56 – Namur 46.

Château d'Hassonville (SO : 4 km, lieu-dit Marloie), 6900 Waha, 31 10 25 Fax 31 60 27, ≤, , « Demeure du 17e s. dans un vaste parc » –
fermé lundi soir et mardi – **R** *(fermé après 20 h 30)* carte 1600 à 2300 – **18 ch** 3900/6800 – ½ P 3650/4650.

Aux Menus Plaisirs, r. Brasseurs 1, 31 38 71, Fax 31 52 81 –
fermé mardis soirs et merc. non fériés, 2e quinz. août et 2e quinz. janv. – **R** 700/850.

La Bergerie avec ch, Fond des Vaulx 17, 31 21 33, , « Auberge ardennaise » – ch
fermé mardi soir et merc. hors saison, 1re quinz. juin, 1re quinz. sept et 1re quinz. janv. – **R** 895 – 180 – **6 ch** 1265/1530 – ½ P 1650/1950.

Rôtiss. de la Famenne avec ch, r. Luxembourg 58, 31 17 34 –
fermé dim. soir, lundi et 15 juin-8 juil. – **R** 750/1350 – **7 ch** 1500 – ½ P 1750

FA-ROMEO r. Pirire-Zoning industriel
312028
MW chaussée de Liège 97 ✆ 312431
TROEN r. Victor Libert 63 ✆ 311016
AT rte de Bastogne 51a ✆ 311582
RD av. France 124 ✆ 312126
M (OPEL) chaussée de Liège 19
312084
DA chaussée de l'Ourthe 95 ✆ 311023
AZDA r. Luxembourg 94 ✆ 311569

MERCEDES-BENZ rte de Bastogne 49b
✆ 315500
MITSUBISHI Porte de Rochefort 123a
✆ 312707
NISSAN chaussée de l'Ourthe 61 ✆ 311602
RENAULT chaussée de Liège 130 ✆ 316131
ROVER rte de Liège 50 ✆ 311673
TOYOTA rte de Bastogne 18 (Waha)
✆ 311065
VAG av. de France ✆ 311708

MARCOURT **6987** Luxembourg belge C Rendeux 2 050 h. 214 ⑦ et 409 ⑮ – ✪ 0 84.

Bruxelles 126 – ♦Arlon 84 – Marche-en-Famenne 19 – La Roche-en-Ardenne 9.

Le Marcourt, Pont de Marcourt 7, ✆ 47 70 88, – Ⓟ. AE E.
fermé prem. sem. juil., 10 sept-6 oct., 31 déc.-20 janv. et merc. soir et jeudi sauf en juil.-août – **R** *(fermé après 20 h 30)* 890 – 220 – **9 ch** 1300/1400 – ½ P 1650.

La Grande Cure , Les Planesses 12, ✆ 47 73 69, ≤, , – Ⓟ. AE E VISA.
fermé du 16 au 25 sept, 2 janv.-2 fév. et lundis et mardis non fériés d'oct. à juil. – **R** carte 1300 à 1700 – **10 ch** 2300.

MARIAKERKE West-Vlaanderen 213 ② et 409 ① – voir à Oostende.

MARILLES **1350** Brabant C Orp-Jauche 6 153 h. 213 ⑳ et 409 ⑭ – ✪ 0 19.

Bruxelles 57 – ♦Liège 50 – ♦Namur 34 – Tienen 19.

La Bergerie, Grand-Route 1 (sur N 240), ✆ 63 32 41 – Ⓟ. AE ⓓ E VISA
fermé lundi, mardi et 20 août-26 sept – **R** 750/950.

MARKE West-Vlaanderen 213 ⑮ et 409 ⑩ – voir à Kortrijk.

Dans les hôtels et restaurants
cités avec des menus à prix fixes,
il est généralement possible de se faire servir également à la carte.

MARTELANGE **6630** Luxembourg belge 214 ⑱ et 409 ㉖ – 1 463 h. – ✪ 0 63.

Bruxelles 168 – ♦Arlon 18 – ♦Bastogne 21 – Diekirch 40 – ♦Luxembourg 44.

Martinot, rte de Bastogne 2, ✆ 60 01 22, – Ⓟ. AE ⓓ E VISA
fermé du 1er au 15 déc., 15 janv.-15 fév. et mardi – **R** 750/1750 – **16 ch** 1560/2120 – ½ P 1500/1800.

An der Stuff avec ch (annexe), r. Roche Percée 1 (N : 2 km sur N 4), ✆ 60 04 28, ≤, « Environnement boisé » – TV Ⓟ. AE ⓓ E VISA.
fermé 7 janv.-14 fév. et dim. soir et lundi sauf en juil.-août – **R** carte 1500 à 1900 – 190 – **11 ch** 900/1900.

MASNUY-SAINT-JEAN Hainaut 213 ⑰ et 409 ⑫ – voir à Mons.

MASSEMEN **9230** Oost-Vlaanderen C Wetteren 22 795 h. 213 ⑤ et 409 ③ – ✪ 0 91.

Bruxelles 45 – ♦Antwerpen 65 – ♦Gent 18.

Geuzenhof, Lambroekstraat 90, ✆ 69 80 34, Fax 68 20 68, – Ⓟ. AE ⓓ E VISA.
fermé dim. soir, lundi et merc. soir – **R** carte 1300 à 1600.

MATER Oost-Vlaanderen 213 ⑯ – voir à Oudenaarde.

MECHELEN (MALINES) **2800** Antwerpen 213 ⑦ et 409 ④ – 75 718 h. – ✪ 0 15.

Voir Tour*** de la cathédrale St-Rombaut** (St. Romboutskathedraal) AY – Grand-Place* (Grote Markt) BY – Hôtel de Ville* (Stadhuis) BY **H** – Pont du Wollemarkt (Marché aux laines) ≤* ABY **R** – à Muizen : Parc zoologique de Planckendael** par ③ : 3 km.

Stadhuis, Grote Markt ✆ 20 12 56.

♦Bruxelles 28 ④ – ♦Antwerpen 24 ⑦ – Leuven 24 ③.

Plan page suivante

Alfa Alba sans rest, Korenmarkt 24, ✆ 42 03 03, Telex 23357, Fax 42 37 88 – TV – 25. AE ⓓ E VISA. AZ s
380 – **43 ch** 4350/6150.

Gulden Anker, Brusselsesteenweg 2, ✆ 42 25 35, Telex 65943, Fax 41 34 99, – TV Ⓟ – 40 à 85. AE ⓓ E VISA AZ u
R carte 1150 à 1600 – 325 – **28 ch** 2300/3250 – ½ P 2350/2600.

Egmont sans rest, Oude Brusselstraat 50, ✆ 42 13 99 – TV . AE ⓓ E VISA. BZ e
fermé Noël-Nouvel An – **19 ch** 1950/2600.

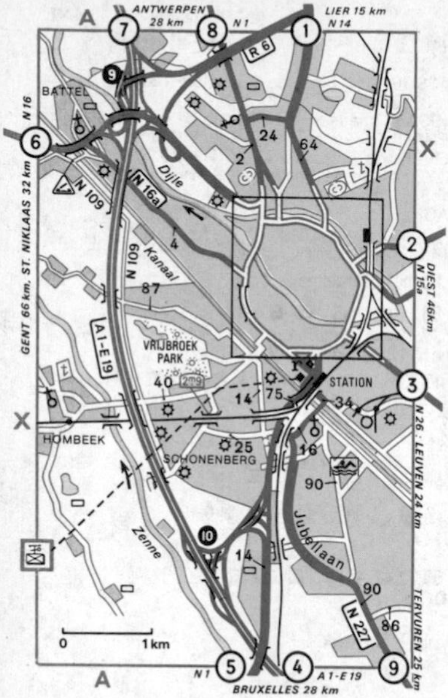

MECHELEN

Bruul	BZ
Consciencestr.	BZ 20
Frederik de Merodestr.	BY
Grote Markt	BY 28
Hoogstr.	AY
Korenmarkt	AY
IJzerenleen	AYZ
Antwerpsesteenweg	AX 2
Battelsesteenweg	AX,AY 4
van Benedelaan	AZ 5
Botermarkt	BZ 7
Brusselpoortstr.	AZ 12
Brusselsesteenweg	AX 14
Colomalaan	AX 16
Egmontstr.	BZ 22
Eikstr.	AX 24
Europalaan	AX 25
Guldenstr.	AZ 30
Hanswijkvaart	AX 34
Haverwerf	AZ 35
van Hoeystr.	BY 38
Hombeeksesteenweg	AX 40
Hoogstratenplein	BY
Kardinaal Mercierpl.	BZ
Karmelietenstr.	AZ
Keizerstr.	BY
Keldermansvest	BY
van Kesbeeckstr.	BY
Korte Pennincstr.	AZ
Lange Heergracht	BY
Lange Nieuwstr.	BZ
Leopoldstr.	AZ
Leuvensesteenweg	BZ
Liersesteenweg	AX,BY
Maurits Sabbestr.	AY
Nekkerspoelstr.	BY
Onder den Toren	AY
Persoonshoek	AZ
Postzegellaan	AX
Raghenoplein	BZ
St. Pietersberg	BY
Stationstr.	BZ
Steppeke	AX
Stuivenbergbaan	AX
Tervuursesteenweg	AX
Veemarkt	BY
Vismarkt	AZ
Wollemarkt	AY
Zoutwerf	AZ

Les plans de villes sont orientés le Nord en haut.

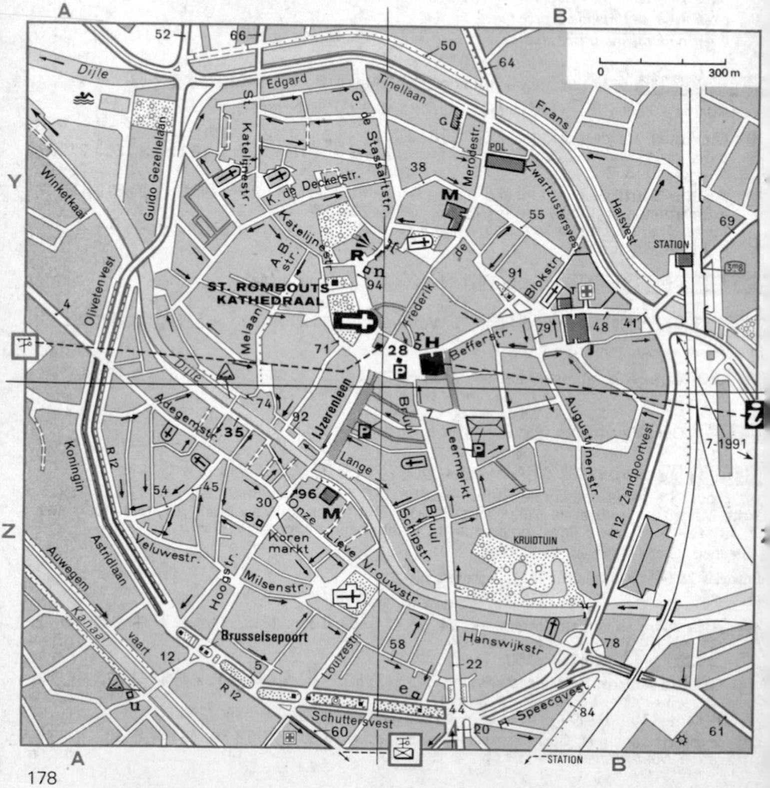

XX **Paul van der Heijden,** Wollemarkt 22, ✆ 20 53 15, Fax 20 53 28, ☂ – AE ⓓ E VISA ✻
fermé sam. midi, dim. soir, lundi et mi-juil.-mi-août – **R** carte 1800 à 2500. AY **n**

XX ⚘ **D'Hoogh** 1er étage, Grote Markt 19, ✆ 21 75 53 – AE ⓓ E VISA ✻ BY **r**
fermé dim. soir, lundi, 1 sem. Pâques et 3 prem. sem. août – **R** (nombre de couverts limité - prévenir) carte 1700 à 2300.
Spéc. Terrine de foie d'oie maison, Ris de veau braisé aux truffes et pieds de porc, Asperges régionales (mai-juin).

*à **Bonheiden*** par ② : 6 km – 12 617 h. – ✉ 2820 Bonheiden – ☎ 0 15 :

X **'t Wit Paard,** Rijmenamseweg 85, ✆ 51 32 20 – ⓟ. AE ⓓ E
fermé merc., sam. midi, 3 sem. en juil. et 2 sem. carnaval – **R** carte 1200 à 1900.

*à **Rumst*** par ⑧ : 8 km – 13 492 h. – ✉ 2840 Rumst – ☎ 0 15 :

XX **De Potaerde,** Antwerpsesteenweg 96, ✆ 31 13 74, Fax 31 85 80, « Aménagement cossu » – ▤ ⓟ. AE ⓓ E VISA
fermé sam. midi et août – **R** carte 1700 à 2700.

X **La Salade Folle,** Antwerpsesteenweg 84, ✆ 31 53 41, ☂ – ⓟ. AE ⓓ E VISA
fermé sam. midi et dim. soir – **R** 1450.

FA-ROMEO Leuvensesteenweg 101 411898
MW Kruisbaan 125 ✆ 423000
TROEN Oscar Van Kesbeeckstraat 7 218964
AT, LANCIA M. Sabbestraat 123 ✆ 202752
RD Neckerspoel 282 ✆ 216186
M (OPEL) Oscar Van Kesbeeckstraat 17 205320
DA Battelsesteenweg 314 ✆ 202219
AZDA Gentsesteenweg 143 ✆ 217386
AZDA Liersesteenweg 153 ✆ 219221
ERCEDES-BENZ Brusselsesteenweg 359 422911
MITSUBISHI Oscar Van Kesbeeckstraat 2 ✆ 206911
NISSAN Neckerspoel 159 ✆ 212330
NISSAN G. Schonenberg 242 ✆ 415306
PEUGEOT, TALBOT Liersesteenweg 432 à St-Katelijne-Waver ✆ 208015
RENAULT Leuvensesteenweg 184 ✆ 411520
ROVER Antwerpsesteenweg 277 ✆ 211240
TOYOTA Battelsesteenweg 449 ✆ 202819
VAG Battelsesteenweg 220 ✆ 201803
VAG Schaliënhoevedreef 22 ✆ 219393
VOLVO Antwerpsesteenweg 273 ✆ 219994

MEEUWEN 3670 Limburg Ⓒ Meeuwen-Gruitrode 11 221 h. 213 ⑩ et 409 ⑥ – ☎ 0 11.

Bruxelles 97 – ◆Hasselt 26 – ◆Maastricht 41.

🏠 **Villa Merode** sans rest, Weg op Bree 109, ✆ 47 24 39, Fax 46 53 73, « Terrasse fleurie » – TV ☎ ⓟ. AE ⓓ E VISA
fermé 15 déc.-1er janv. – **10 ch** ▭ 1425/2275.

AZDA Weg naar Bree 50 ✆ 461544
ITSUBISHI Weg naar Helchteren 16 462408
ROVER Gestelstraat 3 ✆ 792911

MEISE Brabant 213 ⑥ et 409 ㉑ – voir à Bruxelles, environs.

MEIX-DEVANT-VIRTON 6769 Luxembourg belge 214 ⑪ et 409 ㉕ – 2 601 h. – ☎ 0 63.

Bruxelles 190 – ◆Arlon 35 – Bouillon 46 – Sedan 51.

🏠 **Fin Bec,** r. Virton 43, ✆ 57 74 39, ⛱, ⛰, ✂ – |♦| ☎ ⛍ ⓟ. ⓓ E VISA. ✻
R 800 – ▭ 125 – **35 ch** 1200/1600.

MEMBRE Namur 214 ⑮ et 409 ㉔ – voir à Vresse-sur-Semois.

MENEN (MENIN) 8600 West-Vlaanderen 213 ⑭ et 409 ⑪ – 32 688 h. – ☎ 0 56.

Bruxelles 105 – Ieper 24 – ◆Kortrijk 15 – Lille 23.

XX **Datcha,** Hogeweg 432, ✆ 51 20 94, ☂, « Terrasse » – ⓟ. AE ⓓ E VISA. ✻
fermé dim. soir, lundi soir, mardi soir et 21 juil.-15 août – **R** carte 1300 à 1700.

*à **Rekkem*** E : 4 km Ⓒ Menen – ✉ 8930 Rekkem – ☎ 0 56 :

XX **Le Temps de Vivre,** Vagevuurstraat 67 (SE : 3 km), ✆ 40 16 55, Fax 40 16 55, ☂, « Terrasse » – ⓟ. AE ⓓ E VISA
fermé dim. soirs, lundis, mardis soirs et merc. soirs non fériés, 2 sem. en sept et Noël-Nouvel An – **R** carte 1300 à 1800.

LFA-ROMEO Wervikstraat 323 ✆ 518155
ORD Brugsestraat 327 ✆ 517693
ONDA Ieperstraat 291 ✆ 511018
ADA Brugsestraat 454a ✆ 515522
AZDA Lageweg 64 ✆ 514566
ITSUBISHI Brugsestraat 568 ✆ 511887
NISSAN Brugsestraat 349 ✆ 513053
PEUGEOT, TALBOT Kortrijkstraat 107 ✆ 511433
RENAULT Kortrijkstraat 269 ✆ 513535
TOYOTA Brugsestraat 560a ✆ 512152
VOLVO Moeskroenstraat 393 ✆ 412639

MERELBEKE Oost-Vlaanderen 213 ④ et 409 ③ – voir à Gent.

MERENDREE 9850 Oost-Vlaanderen Ⓒ Nevele 10 467 h. 213 ④ et 409 ③ – ☎ 0 91.
◆Bruxelles 71 – ◆Brugge 36 – ◆Gent 12.

XXX **De Waterhoeve,** Durmenstraat 6, ✆ 71 59 42, ←, « Terrasse et jardin fleuri » – ▤ Ⓟ AE ⓓ E VISA. ✻
fermé merc., sam. midi, dim. soir et 22 juil.-14 août – **R** carte 1400 à 1900.

MERKSEM Antwerpen 212 ⑮ et 409 ④ – voir à Antwerpen, périphérie.

MERKSPLAS 2330 Antwerpen 212 ⑯ et 409 ⑤ – 6 780 h. – ☎ 0 14.
◆Bruxelles 89 – ◆Antwerpen 45 – ◆Turnhout 8.

XX **'t Zwart Goor,** Steenweg op Weelde 11 (N : 1,5 km), ✆ 63 40 60, ←, ☂, « Terrasse jardin avec étang » – Ⓟ. AE ⓓ E VISA
fermé dim., lundi, 2 sem. en sept et 3 sem. en fév. – **R** carte 1100 à 2100.

MAZDA Veldenbergstraat 4 ✆ 643851 VAG Steenweg op Turnhout 105 ✆ 633070

MEULEBEKE 8760 West-Vlaanderen 213 ③ et 409 ② – 10 563 h. – ☎ 0 51.
◆Bruxelles 84 – ◆Brugge 36 – ◆Gent 39.

XXX **'t Gisthuis,** Baronielaan 28, ✆ 48 76 02, ☂, « Jardin d'hiver » – Ⓟ. AE ⓓ E VISA. ✻
fermé dim. soir, lundi et 16 juil.-16 août – **R** carte 1300 à 1800.

FIAT Tieltstraat 233 ✆ 403196 FORD Tieltstraat 155 ✆ 488568

MEUSE (Vallée de la)** 213 ⑳ ㉑, 214 ⑤ et 409 ⑭ **G. Belgique-Luxembourg.**

MIDDELKERKE-BAD 8430 West-Vlaanderen Ⓒ Middelkerke 14 568 h. 213 ① et 409 ① – ☎ 0 59 – Station balnéaire.
◆Bruxelles 124 – ◆Brugge 37 – Dunkerque 43 – ◆Oostende 8.

Excelsior sans rest, A. Degreefplein 9a, ✆ 30 18 31, ≘s – |♦| TV ☎
4 avril-12 nov., week-end et vacances scolaires – **36 ch.**

XXXX ✿ **Bouquet,** Zeedijk, Kursaal (Casino), ✆ 30 05 03, Fax 30 52 84 – ▤ Ⓟ. AE ⓓ E VISA
fermé du 10 au 20 juin et lundis et mardis non fériés – **R** carte 1400 à 2600.
Spéc. St-Jacques Polignac (sept-avril), Solettes meunières aux poireaux et crevettes grises, Saumon d'Écosse à la ficelle, moëlle et gros sel.

XX **Littoral,** Zeedijk 79, ✆ 30 07 54, ←, Produits de la mer – AE ⓓ E VISA ✻
fermé merc. en hiver – **R** (en hiver déjeuner seult sauf week-end et vacances scolaires) carte 1300 à 2300.

X **Milord,** Leopoldlaan 94, ✆ 30 50 28 – AE ⓓ E VISA
fermé 16 nov.-20 déc., mardi soir et merc. sauf en juil.-août – **R** carte 900 à 1500.

MIRWART 6870 Luxembourg belge Ⓒ St-Hubert 5 545 h. 214 ⑯ et 409 ㉕ – ☎ 0 84.
◆Bruxelles 129 – ◆Arlon 71 – Marche-en-Famenne 26 – ◆Namur 68 – St-Hubert 11.

Beau Site ⛰, pl. Communale 5, ✆ 36 62 27, « Rustique » – E VISA ✻
fermé dim. soir et lundi – **R** *(fermé après 20 h)* carte 850 à 1300 – ☐ 160 – **23 ch** 1300/1800 – ½ P 1800/2400.

XX **Aub. du Grandgousier** ⛰ avec ch, r. Staplisse 6, ✆ 36 62 93, « Rustique », ☂ – E Ⓟ. AE E VISA
fermé mardi soir, merc., 27 août-13 sept et 7 janv.-7 fév. – **R** 995/1450 – **12 ch** ☐ 1200/2050 – ½ P 1950.

MODAVE 4577 Liège 214 ⑥ et 409 ⑮ – 3 139 h. – ☎ 0 85.
◆Bruxelles 97 – ◆Liège 38 – Marche-en-Famenne 25 – ◆Namur 46.

XXX **La Roseraie,** rte de Limet 80, ✆ 41 13 60, « Parc ombragé » – Ⓟ. AE ⓓ E. ✻
fermé mardi, merc., dim. soir, dern. sem. août, prem. sem. janv. et sem. carnaval – **R** 995/1690

MAZDA Pont de Boune 24 ✆ 411367

MOERBEKE 9180 Oost-Vlaanderen 213 ⑤ et 409 ③ – 5 552 h. – ☎ 0 91.
◆Bruxelles 54 – ◆Antwerpen 38 – ◆Gent 26.

XX **Molenhof,** Heirweg 25, ✆ 46 71 22, « Fermette flamande, cadre champêtre » – Ⓟ. E VISA ✻
fermé sam. midi, dim. soir, lundi, mi-juil.-début août et mi-fév.-début mars – **R** carte 1300 à 1800.

MOERZEKE Oost-Vlaanderen 213 ⑥ et 409 ④ – voir à Hamme.

MOESKROEN Hainaut – voir Mouscron.

OL 2400 Antwerpen 213 ⑨ et 409 ⑤ – 30 269 h. – ☎ 0 14.

spralaan 63 ☎ 58 94 49 - Eerselseweg 40 (Postel) ☎ 37 72 50 - Zwarte Schuurstraat 83 ☎ 81 06 04.

ruxelles 78 – ◆Antwerpen 54 – ◆Hasselt 42 – ◆Turnhout 23.

XX **Da Leoncino,** St-Jozeflaan 79 (E : 7 km à Wezel), ☎ 81 08 08, Fax 81 45 90, « Demeure ancienne dans un parc avec pièce d'eau » – Ⓟ. AE ⓞ E VISA.
fermé lundi, mardi, 19 août-3 sept et 23 janv.-7 fév. – **R** 1200/1850.

X **Baxenshuis,** Markt 5, ☎ 31 63 89, « Demeure du 17e s. » – AE E VISA
fermé dim. et 2 sem. en fév. – **R** carte 1200 à 1700.

W Zuiderring 106 ☎ 813769
ROEN Rozenberg 85 ☎ 311304
T Turnhoutsebaan 167 ☎ 311201
RD Kruisven 1 ☎ 311155
NDA Turnhoutsebaan 18 ☎ 313290
DA Turnhoutsebaan 83 ☎ 311307
MAZDA Ezaart 194 ☎ 314722
MERCEDES-BENZ Borgerhoutsedijk 55 ☎ 315674
MITSUBISHI Apollonialaan 186 ☎ 318427
RENAULT Martelarenstraat 175 ☎ 311917
VAG Nijverheidsstraat 18 ☎ 312462

OLENBEEK-ST-JEAN (SINT-JANS-MOLENBEEK) Brabant 409 ㉑ – voir à Bruxelles.

OLENSTEDE Brabant 213 ⑧ et 409 ⑤ – voir à Diest.

OMIGNIES Hainaut 214 ⑬ et 409 ㉓ – voir à Chimay.

ONS (BERGEN) 7000 Ⓟ Hainaut 214 ② et 409 ⑫ – 89 515 h. – ☎ 0 65.

ir Collégiale Ste-Waudru★★ CY – Beffroi★ CY **D** – Musée de la Vie montoise★ (Maison Jean scarts) DY **M1**.

à Erbisoeul par ① : 6 km ☎ (0 65) 22 94 74 - à St-Ghislain par ⑤ O : 6 km, r. Mont rni 3 ☎ (0 65) 62 27 19.

Grand'Place 20 ☎ 33 55 80 – Fédération provinciale de tourisme, r. Clercs 31 ☎ 36 04 64.

ruxelles 67 ① – ◆Charleroi 36 ② – Maubeuge 20 ③ – ◆Namur 72 ① – ◆Tournai 48 ⑤.

Plan page suivante

Les prix des chambres peuvent être majorés d'une taxe locale de 5 %

XX ✿ **Devos,** r. Coupe 7, ☎ 35 13 35 – ▤. AE ⓞ E VISA. DY r
fermé merc., dim. soir, 22 juil.-14 août et 1 sem. en fév. – **R** carte 1400 à 2100.
Spéc. Poêlée de St-Jacques et sole aux fèves de marais (sept-mars), Pigeonneau aux croustillants de pavots, Filet de bœuf montois.

XX **Le Vannes,** r. Nimy 10, ☎ 35 14 43 – AE ⓞ E VISA CY c
fermé merc. et 1er au 20 juil. – **R** carte 1100 à 1600.

XX **Alter Ego,** r. Nimy 6, ☎ 35 52 60, Fax 35 16 70 – AE ⓞ E VISA DY c
fermé lundi, 3 sem. en juil. et 1 sem. en fév. – **R** 890/1090.

XX **Marchal,** Rampe Ste-Waudru 4, ☎ 31 24 02, Fax 36 24 70, « Terrasse et jardin » – AE ⓞ E VISA CY a
fermé dim. soir, lundi et 16 août-3 sept – **R** 980/1100.

XX **Le Vieux Mons,** r. Clercs 23, ☎ 34 07 42, « Dans une demeure ancienne » – AE ⓞ E VISA CY n
fermé lundi – **R** carte env.1400.

XX **Chez John,** av. de l'Hôpital 10, ☎ 33 51 21, – AE ⓞ E VISA DY e
fermé dim. soir, lundi et 5 août-9 sept – **R** carte 1700 à 2400.

X **Le Petit Bedon,** r. Notre-Dame 66, ☎ 31 93 68 – AE ⓞ E VISA CZ u
fermé lundi soir et sam. midi – **R** carte 800 à 1100.

à Baudour par ⑥ : 6 km Ⓒ Saint-Ghislain 22 004 h. – ✉ 7331 Baudour – ☎ 0 65 :

X **Fernez,** pl. de la Résistance 1, ☎ 64 44 67, Fax 64 44 14 – AE ⓞ E VISA
fermé mardi soir, merc. soir, dim. soir et 15 juil.-15 août – **R** 985.

à Frameries par ⑩ : 2 km – 21 426 h. – ✉ 7080 Frameries – ☎ 0 65 :

XX **L'Assiette au beurre,** r. Industrie 278, ☎ 67 76 73, Fax 66 24 68 – Ⓟ. AE ⓞ E VISA
fermé jeudi, dim. soir, 1re quinz. sept et 2e quinz. janv. – **R** carte 1200 à 1900.

à Havré par ② : 11,5 km Ⓒ Mons – ✉ 7021 Havré – ☎ 0 65 :

XX **Le Rapois,** r. Beaulieu 101, ☎ 87 21 47, Ouvert jusqu'à 23 h, « Fermette » – AE ⓞ E VISA
fermé sam. midi, dim. soir et lundi – **R** 1500/1800.

à Maisières par ⑧ : 3 km sur N 6 Ⓒ Mons – ✉ 7020 Maisières – ☎ 0 65 :

Le Maisières, chaussée de Bruxelles 189a, ☎ 72 87 61, Telex 57935, Fax 72 37 29, – TV ☎ Ⓟ – 25 à 350. AE ⓞ E VISA
R *(fermé dim. soir et lundi)* carte 800 à 1200 – **94 ch** 2100/2950 – ½ P 2600/3950.

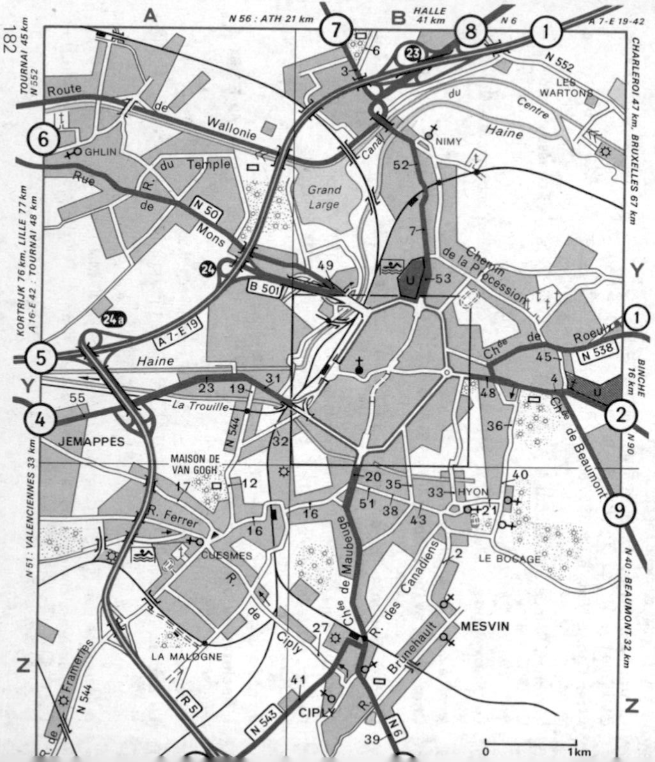

MONS

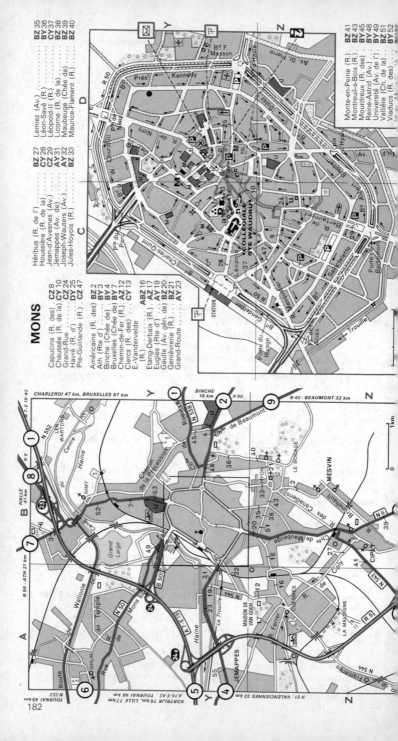

- Capucins (R. des) . CZ 8
- Chaussée (R. de la) . CY 10
- Grand-Rue . CZ 24
- Havré (R. d') . DY 25
- Pte-Guirlande (R.) . CZ 47

- Américains (R. des) BZ 2
- Ath (Rte d') . BY 3
- Binche (Chée de) . BY 4
- Bruxelles (Chée de) BY 7
- Chemin-de-Fer (R.) . AZ 12
- Clercs (R. des) . CY 13
- E.-Vandervelde (R.) . ABZ 16
- Etang-Derbaix (R.) . AZ 17
- Eugies (Rte d') . AY 19
- Gaulle (Av. gén. de) BZ 20
- Genièvrerie (R.) . BZ 21
- Grand-Route . AY 23
- Héribus (R. de l') . BZ 27
- Houssière (R. de la) . CY 28
- Jean-d'Avesnes (Av.) . CZ 29
- Jemappes (Av. de) . AY 31
- Joseph-Wauters (Av.) . AY 32
- Jules-Hoyois (R.) . BZ 33
- Lemiez (Av.) . BZ 35
- Léon-Savé (R.) . BY 36
- Léopold-II (R.) . CY 37
- Licorne (R. de la) . BZ 38
- Maubeuge (Chée de) . BZ 39
- Maurice-Flament (R.) . BZ 40
- Monte-en-Peine (R.) . BZ 41
- Montreuil-s-Bois (R.) . BZ 43
- Mourdreux (R. des) . BY 45
- Reine-Astrid (Av.) . BY 48
- Université (Av. de l') . BY 49
- Vallière (Ch. de la) . BZ 51
- Viaducs (R. des) . BY 52

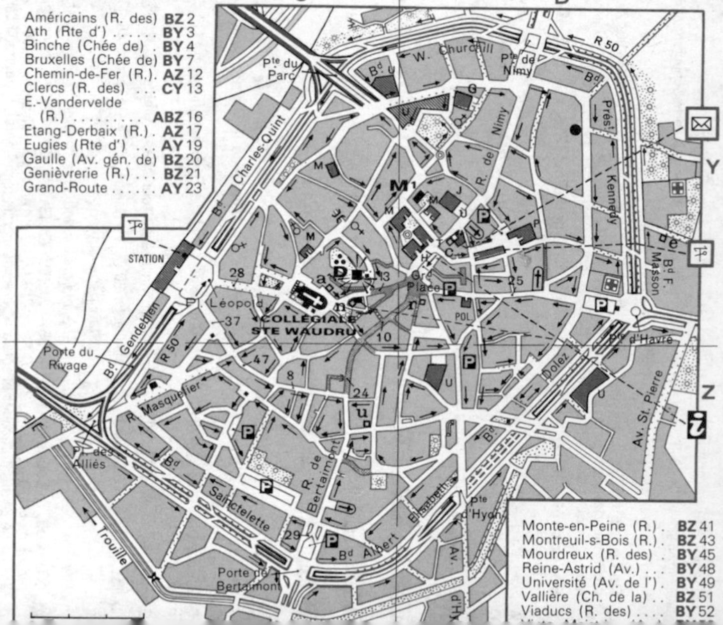

à Masnuy-St-Jean par ⑦ : 6 km 🄲 Jurbise 7 963 h. – ✉ 7020 Masnuy-St-Jean – ☎ 0 65 :

Amigo ⛫, chaussée Brunehault 3, ☎ 72 36 85, Telex 57313, Fax 72 41 44, ≤, « Cadre de verdure », – ▮ TV ☎ P – 25 à 100. AE ① E VISA. ⛌ rest
R carte 1100 à 1900 – **50 ch** 2900/4200.

-A-ROMEO rte de Jemappes 142 ☎ 312322
'W Grand'Route 69 ☎ 362243
'ROEN r. Chemin de Fer 235 à Cuesmes 347169
.T chaussée de Binche 50b ☎ 355182
.T Zoning Industriel à Cuesmes ☎ 334717
1 (OPEL) bd Sainctelette 39 ☎ 383911
)NDA Grand'Route 71 ☎ 335012
DA r. Bruyères 237 à Havré ☎ 871420
DA r. Chemin de Fer 12 à Cuesmes 311504
NCIA r. Poire d'Or 17 à Cuesmes ☎ 346100
\ZDA r. Arquebusiers 13 ☎ 311503
\ZDA r. Étang d'Erbaux 120 à Cuesmes 335881
:RCEDES-BENZ r. Poire d'Or 159 à Cuesmes 346590
MITSUBISHI chaussée du Rœulx 437 ☎ 313206
NISSAN r. Ste-Anne 1 à Ghlin ☎ 335852
NISSAN r. Poire d'Or à Cuesmes ☎ 337154
PEUGEOT, TALBOT r. Bassins 11 ☎ 351783
RENAULT r. Chemin de Fer 163 à Cuesmes ☎ 311126
RENAULT r. Industrie 254 à Frameries ☎ 673564
ROVER chaussée de Binche 103 ☎ 362068
TOYOTA av. de la Joyeuse Entrée 11 ☎ 314489
TOYOTA r. Industrie 103 à Frameries ☎ 661689
VAG pl. des Alliés 3 ☎ 352947
VAG av. du Régent 5 à Ghlin ☎ 339266
VOLVO bd Sainctelette 120 ☎ 353162

IONTAIGU Brabant – voir Scherpenheuvel.

IONTIGNIES-ST-CHRISTOPHE **6560** Hainaut 🄲 Erquelinnes 9 855 h. 214 ② ③ et 409 ⑬ ☎ 0 71.

Bruxelles 78 – ◆Charleroi 30 – ◆Mons 25.

XX **La Villa Romaine,** rte de Mons 52, ☎ 55 56 22 – P. AE ① E VISA
fermé lundi, mardi et 2 sem. en sept – **R** 1100/1600.

IONTIGNIES-SUR-SAMBRE Hainaut 214 ④ et 409 ⑬ – voir à Charleroi.

IONT-ST-AUBERT Hainaut 213 ⑮ – voir à Tournai.

IOUSCRON **(MOESKROEN) 7700** Hainaut 213 ⑮ et 409 ⑪ – 53 543 h. – ☎ 0 56.

à Ramegnies-Chin par ② : 15 km, r. Château 5 ☎ (0 69) 22 61 54.

Bruxelles 101 ⑦ – ◆Mons 71 ② – ◆Kortrijk 11 ① – Lille 23 ⑦ – ◆Tournai 23 ②.

Plan page suivante

XX **Cristal,** r. Roi-Baudouin 1, ☎ 33 28 40 – ▤. AE ① E VISA — A e
fermé dim., lundi soir et mardi – **R** carte 1100 à 1400.

XXX **Le Madrigal,** chaussée du Risquons-Tout 281, ☎ 33 38 76, Fax 34 42 15, ⛱ – ▤ P. AE ① E VISA — A a
fermé lundi soir, mardi soir, merc. et du 8 au 27 juil. – **R** carte 1300 à 2000.

XX ✿ **La Cuisine des Anges** (Pecquereau), r. Tombrouck 6 (par ② : 2 km sur N 58), ☎ 33 39 22 – ▤ P. AE ① E VISA
fermé dim. soir, lundi, 3 dern. sem. juil. et sem. carnaval – **R** carte 1700 à 2400.
Spéc. Amuse gourmand, Feuilleté de pied de porc aux truffes, Suite de trois chocolats.

XX **Les Roses,** av. Reine Astrid 111, ☎ 34 84 73, ⛱ – AE ① E VISA — B r
fermé merc. et dim. soir – **R** carte env. 1300.

XX **Au Petit Château,** rte express Mouscron-Dottignies 243 (par ② : 2 km sur N 58), ✉ 7700 Luingne, ☎ 33 22 07 – P. AE ① E VISA
fermé du 1er au 26 juil., du 4 au 14 fév., lundi soir, mardi soir, merc. et jeudi soir – **R** 895/1695.

X **Au Jardin de Pékin,** r. Station 9, ☎ 33 72 88, Cuisine chinoise, Ouvert jusqu'à 23 h – ▤. AE ① E VISA. ⛌ — B u
fermé lundis non fériés – **R** carte env. 800.

à Herseaux par ② : 4 km 🄲 Mouscron – ✉ 7712 Herseaux – ☎ 0 56 :

XX **La Broche de Fer,** r. Broche-de-Fer 273, ☎ 33 15 16 – P. AE ① E VISA
fermé juil., 2 sem. en fév., mardi et merc. sauf déjeuner jours fériés – **R** carte 700 à 1150.

AT bd Industriel 86 ☎ 335352
ORD bd Industriel 21 ☎ 333401
M (OPEL) bd des Alliés 286 à Luingne ☎ 333333
ONDA r. Menin 148 ☎ 330500
ADA, ALFA-ROMEO r. Roubaix 96 ☎ 340003/332500
IAZDA av. Reine Astrid 13 ☎ 330615
IITSUBISHI chaussée de Luingne 406 à Herseaux ☎ 349340
NISSAN chaussée de Tournai 46 à Ramegnies-Chin ☎ 215210
PEUGEOT, TALBOT chaussée d'Aalbeke 375 ☎ 348991
PEUGEOT, TALBOT r. Tournai 119 à Ramegnies-Chin ☎ 233101
RENAULT r. Boclé 25 à Luingne ☎ 332634
TOYOTA r. Congo 9 ☎ 330861
VAG chaussée de Gand 2 ☎ 331926
VOLVO r. Menin 146 ☎ 347777

MOUSCRON

Christ (R. du)	B
Grand-Place	B 13
Marlière (R. de la)	A
Petite-Rue	B 18
Tournai (R. de)	B 24

Abbé-Coulon (R. de l')	B
Achille Debacker (R.)	B
Beau-Chêne (R. du)	B
Cam. Busschaert (R.)	B
Charles-Quint (R.)	B
Courtrai (R. de)	B
Dixmude (R. de)	A
Luxembourg (R. du)	B
Patriotes (R. des)	B
Pépinière (R. de la)	B
Rucquoy (R. du)	B
St. Pierre (R.)	B
Station (R. de la)	B
Tourcoing (R. de)	B

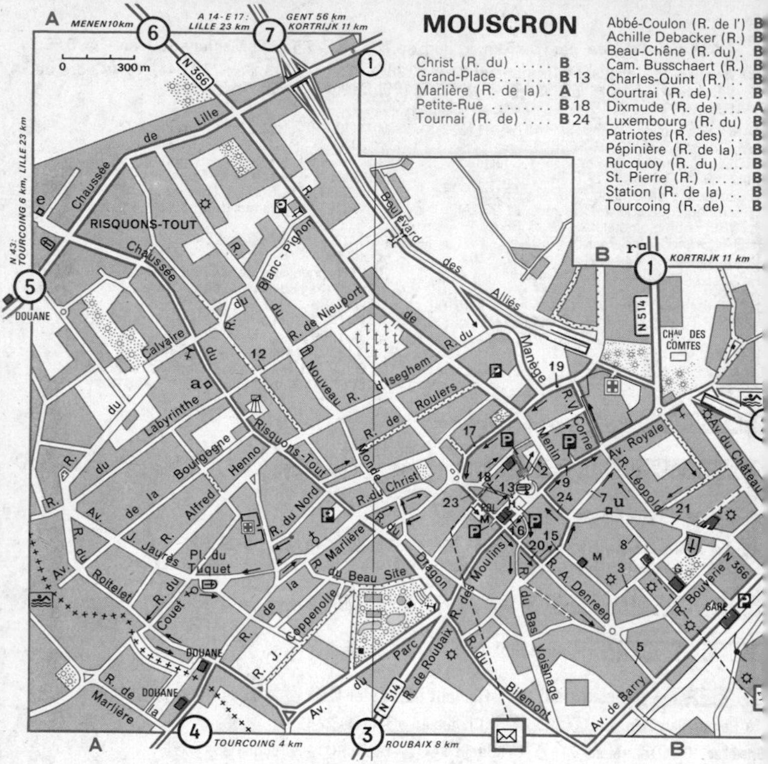

Pour situer une ville belge ou néerlandaise reportez-vous aux cartes Michelin 408 et 409 comportant un index alphabétique des localités.

MULLEM Oost-Vlaanderen 213 ⑯ – voir à Oudenaarde.

MUNKZWALM **9630** Oost-Vlaanderen Ⓒ Zwalm 7 270 h. 213 ⑯ et 409 ⑫ – ✆ 0 55.

♦Bruxelles 51 – ♦Gent 23 – Oudenaarde 14.

X **Ter Maelder,** Molenberg 8 (SE : 1 km à Sint-Denijs-Boekel), ✆ 49 83 26, ☂, Cadre champêtre – Ⓟ. ✂
fermé mardi, merc. et après 20 h 30 – **R** carte 1000 à 1500.

RENAULT Boekelbaan 2 ✆ 499296

NADRIN **6660** Luxembourg belge Ⓒ Houffalize 4 147 h. 214 ⑦ et 409 ⑮ – ✆ 0 84.

Voir Belvédère des Six Ourthe★★★, Le Hérou★★.

Env. O : Route de la Roche-en-Ardenne <★.

♦Bruxelles 140 – ♦Arlon 68 – ♦Bastogne 29 – La Roche-en-Ardenne 13.

XX ✿ **Le Cabri** (Mme Janssens) ♨ avec ch, rte du Hérou 45, ✆ 44 41 85, « Auberge avec < vallées », ☂ – TV ☎ Ⓟ. AE ⓓ E VISA. ✂ ch
fermé mardi, merc., jeudi, 18 fév.-15 mars, 10 juin-5 juil. et 26 août-20 sept – **R** carte 2000 à 2600 – ☕ 240 – **7 ch** 2200/2650 – ½ P 1995/2450.
Spéc. Homard au Sauternes, Turbot à la vapeur de citron vert et gingembre, Foie de canard aux pommes caramélisées et jus de truffes.

XX **Le Panorama** ♨ avec ch, rte du Hérou 41, ✆ 44 43 24, <, ☂, ☂ – Ⓟ. AE E VISA. ✂
fermé 5 janv.-5 fév. ; du 5 fév. à Pâques ouvert week-end seult – **R** *(fermé merc.)* 780/168 – ☕ 230 – **11 ch** 1350/1550 – ½ P 2100.

NAMUR (NAMEN) 5000 P 213 ⑳, 214 ⑤ et 409 ⑭ – 103 104 h. – 0 81.

Voir Citadelle★ ※★★ ABZ – Trésor★★ de l'Établissement des Sœurs de Notre-Dame BZ**K**
Église St-Loup★ AZ**E** – Le Centre★.
Musées : Archéologique★ BZ**M³** – des Arts Anciens du Namurois★ BY**M⁴** – Diocésain et trésor de la cathédrale★ AYZ**M⁵** – de Croix★ AZ**M⁶**.

Env. Floreffe : stalles★ de l'église abbatiale par ⑤ : 11 km.

Square Léopold ✆ 22 28 59 – Fédération provinciale de tourisme, r. Notre-Dame 3 ✆ 22 29 98.

Bruxelles 64 ① – ◆Charleroi 38 ⑥ – ◆Liège 61 ① – ◆Luxembourg 158 ③.

Plan page suivante

Château de Namur (Ecole hôtelière), av. Ermitage 1 (citadelle), ✆ 22 26 30, Telex 59097, Fax 23 03 92, ≤, – – 25 à 100. AE E VISA AZ **b**
R 950/1450 – 400 – **29 ch** 2800/3500.

La Porte de Fer sans rest, av. de la Gare 4, ✆ 23 13 45, Fax 22 49 65 – – 30. AE E VISA BY **a**
210 – **14 ch** 1890.

Saint-Loup, r. St-Loup 4, ✆ 23 04 05, Fax 23 09 43, – . AE E VISA ABZ **p**
R 1150 – 450 – **10 ch** 2200/3200 – ½ P 2050/4150.

Queen Victoria, av. de la Gare 11, ✆ 22 29 71, Fax 24 11 00 – rest – 45. AE E VISA BY **a**
R 850 – **21 ch** 1050/2000 – ½ P 1600/1900.

XX **Biétrumé Picar,** r. Haute Marcelle 13, ✆ 23 07 39 – AE E VISA ABZ **p**
fermé dim. soir, lundis midis non fériés, lundi soir et 3 prem. sem. juil. – **R** carte 1500 à 1900.

XX **L'Espièglerie,** r. Tanneries 10, ✆ 22 30 24, Fax 22 97 03, « Demeure ancienne » – . AE E VISA BZ **x**
fermé sam. midi, dim. et 15 juil.-15 août – **R** carte 1700 à 2200.

XX **Côté Jardin,** r. Halle 2, ✆ 23 01 84, – AE E VISA BZ **n**
fermé dim. – **R** carte 1000 à 1700.

XX **Au Bon Vivant,** r. Borgnet 5, ✆ 22 23 14 – AE VISA BY **r**
fermé mardis soirs et merc. non fériés et 4 juil.-2 août – **R** 1295.

XX **Chez Chen,** r. Borgnet 8, ✆ 22 48 22, Cuisine chinoise – . AE E VISA. BY **r**
fermé mardi et 3 prem. sem. juil. – **R** 750/1350.

XX **Le Colombier,** pl. l'Ilon 16, ✆ 22 74 50 – AE E VISA BZ **u**
fermé août – **R** 725/1400.

X **La Bruxelloise,** av. de la Gare 2, ✆ 22 09 02, Fax 22 09 02, Moules en saison, Ouvert jusqu'à 23 h 30 – . AE E VISA. BY **a**
R carte 750 à 1400.

X **La Coupole,** pl. de la Gare 32, ✆ 22 17 63 – AE E VISA AY **f**
fermé merc. – **R** carte 900 à 1600.

X **Le Petit Bedon,** r. Armée Grouchy 3, ✆ 74 11 74, Fax 74 15 13 – . E VISA AY **s**
fermé du 1er au 15 août, prem. sem. janv., lundi, jeudi soir et sam. midi – **R** 700/1250.

X **La Soupière,** r. St-Loup 8, ✆ 22 84 85 – AE E VISA ABZ **p**
fermé dim., jours fériés et 15 juil.-15 août – **R** 750/1200.

à Bouge par ② : 3 km C Namur – ✉ 5004 Bouge – 0 81 :

Ferme du Quartier , pl. Ste Marguerite 4, ✆ 21 11 05, , – – 35. AE E VISA.
fermé dim. soir, jours fériés soirs, juil. et du 24 au 30 déc. – **R** carte 750 à 1000 – **15 ch** 950 – ½ P 1300/1500.

à Dave par ③ : 7 km C Namur – ✉ 5100 Dave – 0 81 :

XX **Herrman,** r. Longeau 54, ✆ 40 04 65, – AE E VISA
fermé lundi soir, mardi, 22 juil.-10 août et du 7 au 16 janv. – **R** 950/1600.

à Erpent par ③ : 4 km sur N 4 C Namur – ✉ 5101 Erpent – 0 81 :

L'Hermitage, chaussée de Marche 581, ✆ 30 45 37 – . E VISA
R (résidents seult) – **8 ch** 1500/1900.

à Lives-sur-Meuse par ③, E : 9 km C Namur – ✉ 5101 Lives-sur-Meuse – 0 81 :

XXX ✿ **La Bergerie** (Lefevere), r. Mosanville 100, ✆ 58 06 13, Fax 58 19 39, ≤, , « Terrasse et jardin avec pièce d'eau » – . AE E VISA
fermé du 5 au 27 août, du 5 au 19 fév., dim. soir, lundi et mardi – **R** carte 1600 à 2350.
Spéc. Truite maison, Suprême de pigeonneau au foie d'oie et jus de truffes, Gâteau de crêpes soufflées à la framboise.

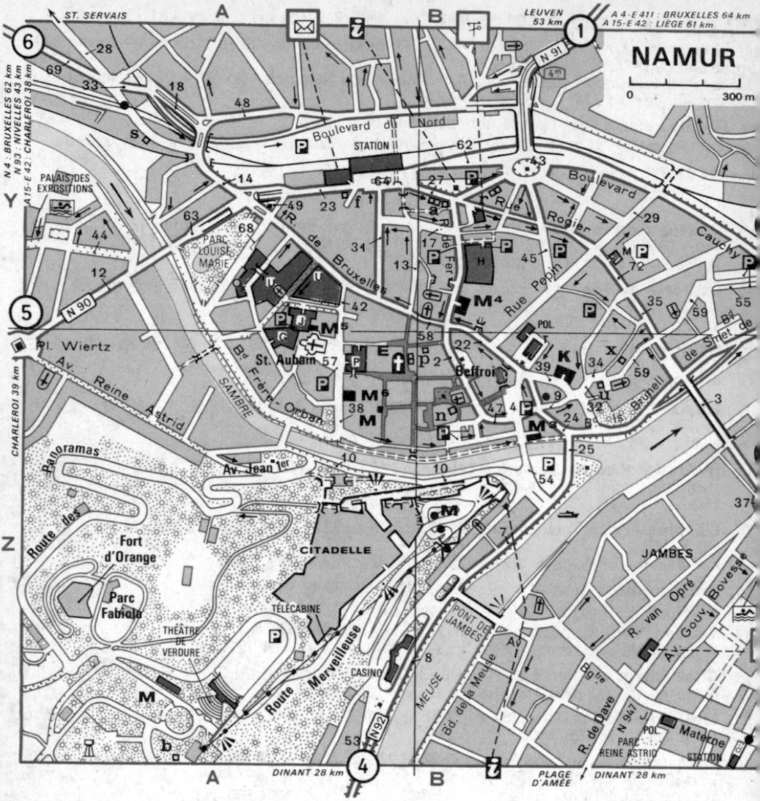

Ange (R. de l') . . . . BZ 2
Fer (R. de) . . . . BY
Marchovelette (R. de) . . . . BZ 47
St. Jacques (R.) . . . . BYZ 58

Ardennes (Pont des) . . . . . BZ 3
Armes (Pl. d') . . . . BZ 4
Baron L. Huart (Bd) . . . . . . BZ 7
Baron-de-Moreau (Av.) . . . BZ 8
Bas-de-la-Place (R.) . . . . . BZ 9
Bord-de-l'Eau (R.) . . . . . . ABZ 10
Cardinal-Mercier (Av.) . . . . AY 12
Carmes (R. des) . . . . ABY 13
Combattants (Av. des) . . . AY 14
Croisiers (R. des) . . . . BY 17
Croix-du-Fu (Av. des) . . . . AY 18

Emile-Cuvelier (R.) . . . . . . BZ 22
Ernest-Mélot (Bd) . . . . AY 23
Fernand-Golenvaux (Av.) . BZ 24
France (Pont de) . . . . BZ 25
Gare (Av. de la) . . . . BY 27
Gembloux (Rue de) . . . . . . AY 28
Général-Michel (R.) . . . . . . BY 29
Godefroid (R.) . . . . AY 31
Gravière (R. de) . . . . BZ 32
Hastedon (Pl. d') . . . . AY 33
Ilon (Pl. l') . . . . BZ 34
J.-B.-Brabant (R.) . . . . BY 35
Joséphine-Charlotte (Pl.) . BZ 37
Joseph-Saintraint (R.) . . . . AZ 38
Julie-Billiart (R.) . . . . BZ 39
Lelièvre (R.) . . . . AY 42

Léopold (Pl.) . . . . BY 4
Léopold II (Av.) . . . . AY 4
Lucien-Namèche (R.) . . . . BY 4
Merckem (Bd de) . . . . AY 4
Omalius (Pl. d') . . . . AY 4
Plante (Av. de la) . . . . AZ 5
Pont (R. du) . . . . BZ 5
Reine-Elisabeth (Pl.) . . . . . BY 5
St.-Aubain (Pl.) . . . . AZ 5
St.-Nicolas (R.) . . . . BYZ 5
Square-Léopold (Av. du) . BY 6
Stassart (Av. de) . . . . AY 6
Station (Pl. de la) . . . . AY 6
Vierge (Rempart de la) . . . AY 6
Waterloo (Chaussée de) . . AY 6
1er-Lanciers (R. du) . . . . . BY 7

à Maizeret par ③ : 11 km [C] Andenne 22 712 h. – ✉ 5300 Maizeret – ☎ 0 81 :

XX **Léon,** rte de Gawday 1 (rte de Liège), ✆ 58 86 51, ≤ – Ⓟ. AE E VISA
fermé mardi soir, merc. et 1re quinz. mars – **R** 1150/1750.

à Malonne par ⑤ : 8 km [C] Namur – ✉ 5020 Malonne – ☎ 0 81 :

XX **Alain Péters,** Trieux des Scieurs 22, ✆ 44 03 32 – Ⓟ. ◑ VISA
fermé 22 août-16 sept, 21 fév.-18 mars, mardis et merc. non fériés et lundis soirs et jeudis soirs non fériés sauf de fin avril à sept – **R** carte 1800 à 2300.

XX **Le Relais du Roy Louis,** Allée de la Maison Blanche 18, ✆ 44 48 47, Fax 44 48 47, 📇 – Ⓟ. AE ◑ E VISA
fermé jeudi soir, dim. soir, 26 août-12 sept et du 18 au 28 fév. – **R** 1450.

à St-Servais par rue de Gembloux AY : 2 km [C] Namur – ✉ 5002 St-Servais – ☎ 0 81 :

XX **La Bastide,** r. Tivoli 1 (en face de la piscine), ✆ 73 29 68 – Ⓟ. ◑ VISA
fermé sam. midi, dim. soir et lundi – **R** 1250/1550.

à Wépion par ④ : 4,5 km 🄲 Namur – ✉ 5100 Wépion – ☎ 0 81 :

Novotel, chaussée de Dinant 1149, ☎ 46 08 11, Telex 59031, Fax 46 19 90, ≤, ⛱ – ⇋ ch ▤ rest TV ☎ P – 🏠 25 à 270. AE ⓓ E VISA
R (ouvert jusqu'à minuit) carte 800 à 1300 – ☕ 375 – **110 ch** 2890/3560.

XX **La Petite Marmite,** chaussée de Dinant 683, ☎ 46 09 06, ≤ – P. AE ⓓ E VISA
fermé dim. soir sauf en juil.-août, lundi et sept – **R** 950/1600.

XX **Le Père Courtin,** chaussée de Dinant 652, ☎ 46 19 61 – AE ⓓ E VISA
fermé mardis non fériés et 20 août-9 sept – **R** 990/1390.

ICHELIN, Agence régionale, chaussée de Waremme - zoning de Villers-le-Bouillet, 34 km : r ②, E 42, N 6 – ✉ 5260 Villers-le-Bouillet, ☎ (0 85) 23 33 10, Fax (0 85) 23 18 32

FA-ROMEO r. Pépinière 22 ☎ 227325
1 (OPEL) rte de Gembloux 42 ☎ 730101
DA r. Bruxelles 79 ☎ 222457
SSAN av. Croix du Feu 1b ☎ 740411
PEUGEOT, TALBOT chaussée de Waterloo 75 ☎ 731734
TOYOTA r. Dewez 42 ☎ 221577

Environs

1W chaussée de Marche 457 à Erpent ☎ 303894
TROEN chaussée de Marche 625 à Erpent ☎ 302222
RD pl. Joséphine Charlotte 18 à Jambes ☎ 301451
M (OPEL) rte de Hannut 92 à Bouge ☎ 212000
ONDA chaussée de Waterloo 316 à St-Servais ☎ 733960
DA av. du Prince de Liège 117 à Jambes ☎ 301018
AZDA chaussée de Marche 555 à Erpent ☎ 304005
MERCEDES-BENZ chaussée de Marche 420 à Jambes ☎ 301861
MITSUBISHI chaussée de Louvain 329 à Bouge ☎ 214186
NISSAN chaussée de Liège 105 à Jambes ☎ 300640
RENAULT av. Bovesse 66 à Jambes ☎ 300809
ROVER rte de Hannut 90 à Bouge ☎ 212711
TOYOTA chaussée de Marché 464 à Erpent ☎ 300214
VAG av. J. Materne 120 à Jambes ☎ 310444
VOLVO chaussée de Marche 441 à Erpent ☎ 310911

JANDRIN 4550 Liège 213 ㉒ et 409 ⑮ – 4 067 h. – ☎ 0 85.

Bruxelles 99 – •Liège 26 – Huy 16.

XXX ✿ **Domaine du Château de Fraineux** 🐌 avec ch, r. Chapelle 20 (O : 2 km), ✉ 4550 Yernée-Fraineux, ☎ 51 14 37, Telex 59619, Fax 51 27 42, ≤, 🌳, « Demeure seigneuriale du 17e s., parc », 🌲 – TV ☎ P – 🏠 25 ou plus. AE ⓓ E VISA
fermé janv.-fév. et mardis soirs et merc. non fériés sauf en juil.-août – **R** carte 2000 à 2600 – **6 ch** ☕ 3550/4850.
Spéc. Salade liégeoise d'écrevisses (ou de homard), Selle d'agneau simplement rôtie, Langoustines et rouget en portefeuille de truffes.

NANINNE 5100 Namur 🄲 Namur 103 104 h. 214 ⑤ et 409 ⑭ – ☎ 0 81.

Bruxelles 70 – Marche-en-Famenne 38 – •Namur 9.

XX **Li Viye Cinse,** r. Chaudes Voies 39, ☎ 40 02 84, 🌳 – P. E VISA
fermé mardis soirs et merc. non fériés – **R** 1180/1700.

XX **Clos Saint-Lambert,** r. Haie Lorrain 2, ☎ 40 06 30, 🌳 – P. AE ⓓ E VISA
fermé mardi soir, merc., 2e quinz. août et sem. carnaval – **R** 950/1350.

AG Parc Industriel ☎ 401351

NASSOGNE 6950 Luxembourg belge 214 ⑥ et 409 ⑮ – 4 294 h. – ☎ 0 84.

Bruxelles 121 – •Dinant 45 – •Liège 71 – •Namur 62.

Beau Séjour 🐌, r. Masbourg 30, ☎ 21 06 96, Fax 21 27 74, ⛱, ⛱, 🌲 – TV ☎ P. AE E VISA
fermé merc. hors saison, 1 sem. Pâques et 15 sept-10 oct. – **R** carte 900 à 1400 – **21 ch** ☕ 1650/2100 – ½ P 1600/1800.

XX ✿ **La Gourmandine** (Guindet) avec ch, r. Masbourg 2, ☎ 21 09 28, Fax 21 09 23, 🌳, 🌲 – TV ☎ P. AE ⓓ E VISA. ✂
fermé 23 sept-15 oct., 2e quinz. janv.-prem. sem. fév. et lundi soir et mardi sauf en juil.-août – **R** *(fermé après 20 h 30)* carte 1400 à 2350 – **6 ch** ☕ 2000/2500 – ½ P 2450.
Spéc. Saumon mariné au cerfeuil et citron vert, Homard canadien grillé au beurre d'anis et safran, Les gourmandises maison.

NEDERZWALM 9636 Oost-Vlaanderen 🄲 Zwalm 7 270 h. 213 ⑯ et 409 ⑫ – ☎ 0 55.

Bruxelles 51 – •Gent 23 – Oudenaarde 9.

XX **'t Kapelleke,** Neerstraat 39, ☎ 49 85 29, 🌳 – P. AE E VISA
fermé dim. soirs et lundis non fériés et 3 sem. en août – **R** 1550.

NEERHAREN Limburg 213 ⑩ et 409 ⑥ – voir à Lanaken.

NEEROETEREN Limburg 213 ⑩ et 409 ⑥ – voir à Maaseik.

NEUFCHATEAU **6840** Luxembourg belge 214 ⑰ et 409 ㉕ – 5 866 h. – ☎ 0 61.

◆Bruxelles 153 – ◆Arlon 36 – Bouillon 40 – ◆Dinant 71.

XX **La Tour Griffon,** Grand'Place 13, ☎ 27 80 25, Fax 27 83 04 – ⓓ E VISA
R 1350.

FORD av. de la Gare 43 ☎ 277444
GM (OPEL) rte de Bastogne 94 à Longlier ☎ 277865
HONDA av. de la Gare 131d ☎ 278150
VAG rte de Semel 64, Zoning Industriel ☎ 278483

NEUVILLE-EN-CONDROZ Liège 213 ㉒ et 409 ⑮ – voir à Liège.

NIEUWMUNSTER West-Vlaanderen 213 ② et 409 ② – voir à Wenduine.

NIEUWPOORT-BAD **(NIEUPORT-LES-BAINS) 8620** West-Vlaanderen 213 ① et 409 ① – 9 121
– ☎ 0 58 – Station balnéaire.

Voir Musée K.R. Berquin★ dans la Halle (Stadshalle).

◆Bruxelles 131 – ◆Brugge 44 – Dunkerque 31 – ◆Oostende 19 – Veurne 13.

Cosmopolite (annexe Regina, 20 ch), Albert I laan 141, ☎ 23 33 66 – |‡| ▤ rest TV
AE ⓓ E VISA
fermé 15 nov.-20 déc. – **R** 590/1200 – **32 ch** ☐ 1300/2300 – ½ P 1400/1600.

XX **Ter Polder,** Victorlaan 17, ☎ 23 56 66, 🏠 – Ⓟ. AE ⓓ E VISA
fermé lundis non fériés sauf en juil.-août, 20 nov.-2 déc. et 20 janv.-1er fév. – **R** carte en
1300.

X **Au Bon Coin,** Albert I laan 94, ☎ 23 33 10 – ▤. ✗
fermé merc. soir hors saison, jeudi et oct.-1er nov. – **R** carte env. 1300.

X **Windhoek,** Albert I laan 153, ☎ 23 55 06 – ▤. AE ⓓ E VISA
fermé dim. soir hors saison et lundi – **R** carte 900 à 1700.

à Nieuwpoort-Stad :

XX **De Vierboete,** Halvemaanstraat 2a (NE : 2 km par N 34), ☎ 23 34 33, ← – Ⓟ. ⓓ E VI
✗
fermé 15 janv.-10 fév. et mardi soir et merc. sauf vacances scolaires – **R** 895/1425.

X **'t Vlaemsch Galjoen** 1er étage, Watersportlaan 11 (NE : 1 km par N 34), ☎ 23 54 9
Fax 23 40 58, ← port de plaisance – Ⓟ. AE E VISA
fermé 8 janv.-8 fév. et merc. et jeudi sauf en juil.-août – **R** 895.

FORD Kaai 44 ☎ 233152
GM (OPEL) Albert-I laan 51 ☎ 233296
LADA IJzer 43 ☎ 234449
TOYOTA Astridlaan 2 ☎ 233245

NIL-ST-VINCENT-ST-MARTIN **1457** Brabant C Walhain 4 526 h. 213 ⑲ et 409 ⑭ – ☎ 0 1

◆Bruxelles 39 – ◆Namur 27.

XXX **Le Provençal,** rte de Namur 11 (SO sur N 4), ☎ 65 51 84 – Ⓟ. ⓓ E VISA
fermé dim. soir, lundi, 16 juil.-8 août et 29 janv.-6 fév. – **R** 1100/1500.

NINOVE **9400** Oost-Vlaanderen 213 ⑰ et 409 ⑫ – 33 328 h. – ☎ 0 54.

Voir Boiseries★ dans l'église abbatiale.

◆Bruxelles 24 – ◆Gent 46 – Aalst 15 – ◆Mons 47 – ◆Tournai 58.

De Croone, Geraardsbergsestraat 49, ☎ 33 30 03, Fax 32 55 88, ≘s – |‡| ▤ TV ☎
50. AE ⓓ E VISA. ✗ rest
R *(fermé juil.)* (ouvert jusqu'à 23 h) carte env. 900 – **20 ch** ☐ 2200/2750 – ½ P 1750

XXX **De Swaene,** Burchtstraat 27, ☎ 32 33 51, Fax 32 79 48, 🏠 – AE ⓓ E VISA
fermé dim. non fériés sauf le 1er du mois, lundi, 3 dern. sem. juil. et 2 sem. carnaval – **R** car
1600 à 2200.

XX ✿ **Hof ter Eycken** (Vanheule), Aalstersesteenweg 298 (NE : 2 km par N 405), ☎ 33 70 8
Fax 32 81 74, « Ancien haras, cadre champêtre » – Ⓟ. AE ⓓ E VISA. ✗
fermé mardi soir, merc., 1 sem. en mars et 14 juil.-8 août – **R** carte 1700 à 2100.
Spéc. Ravioli de homard aux petits gris, Pigeonneau au jus de truffes, Gibiers en saison.

XX **De Hommel,** Kerkplein 2, ☎ 33 31 97 – AE ⓓ E VISA ✗
fermé lundi, mardi et du 3 au 31 juil. – **R** carte 1500 à 2100.

XX **Sint-Joris,** Burchtdam 27, ☎ 33 31 52, Fax 32 84 08 – AE ⓓ E VISA
fermé merc. soir et jeudi – **R** carte 1000 à 1600.

BMW Elisabethlaan 201 ☎ 331121
CITROEN Brakelsesteenweg 242 ☎ 331903
FORD Leopoldlaan 126 ☎ 331450
GM (OPEL) Désiré De Bodtkaai 19 ☎ 332232
LADA Okegembaan 115 ☎ 333422
MAZDA Denderhoutembaan 267 ☎ 331569
MERCEDES-BENZ Brakelsesteenweg 398 à Outer ☎ 333583
MITSUBISHI Elisabethlaan 47 ☎ 333171
NISSAN Ring 6 ☎ 327878
PEUGEOT, TALBOT Brakelsesteenweg 273 à Outer ☎ 333196
TOYOTA Leopoldstraat 66 ☎ 335265
VAG Brakelsesteenweg 255 à Outer ☎ 338862

IVELLES (NIJVEL) **1400** Brabant 213 ⑱ et 409 ⑬ – 22 426 h. – ☎ 0 67.
ir Collégiale Ste-Gertrude★.
v. Plan incliné de Ronquières★ O : 9 km.
Place Albert Ier 1 ☎ 21 54 13.
ruxelles 34 – ◆Charleroi 28 – ◆Mons 35.

Motel Nivelles-Sud, chaussée de Mons 22 (E 19 - sortie ⑲), ☎ 21 87 21, Telex 57788, Fax 22 10 88, 余, 🏊 – 🛗 ▭ ☎ 🅿 – 🏔 25 à 500. AE ⓞ E VISA
R 750/990 – ☕ 250 – **115 ch** 1700/1900.

L'Haubergeon, r. Brasseurs 14, ☎ 21 29 14 – AE ⓞ E
fermé sam. midi, dim., lundi soir, Noël, Nouvel An et Pâques – **R** carte 1500 à 1950.

à Petit-Roeulx-lez-Nivelles S : 7 km C Seneffe 10 015 h. – ✉ 7181 Seneffe – ☎ 0 67 :

Aub. St. Martin, r. Grinfaux 44, ☎ 87 73 80 – 🅿. AE ⓞ E VISA. ✻
fermé lundi soir, mardi soir, merc. et 14 juil.-4 août – **R** 1295/1750.

ROEN r. Industrie 33 ☎ 213109
RD chaussée de Namur 67 ☎ 215111
1 (OPEL) Faubourg de Mons 68 ☎ 213023
DA, ALFA-ROMEO chaussée de Namur 75 215896
ZDA bd Van Pee 2 ☎ 212638
SAN chaussée de Bruxelles 176 ☎ 213026
PEUGEOT, TALBOT chaussée de Charleroi 2 ☎ 213626
RENAULT chaussée de Namur 52 ☎ 212627
TOYOTA chaussée de Namur 67a ☎ 210528
VAG Faubourg de Soignies 42 ☎ 214445
VOLVO chaussée de Bruxelles 224 ☎ 214027

IVEZÉ Liège 213 ㉓ – voir à Spa.

OIREFONTAINE **6831** Luxembourg belge C Bouillon 5 373 h. 214 ⑯ et 409 ㉔ – ☎ 0 61.
v. Belvédère de Botassart ≤★★ O : 7 km – E : Mont du Zatron ≤★.
uxelles 154 – ◆Arlon 67 – Bouillon 4 – ◆Dinant 59.

✿ **Aub. du Moulin Hideux** 🐎, rte de Dohan 1 (SE : 2,5 km sur N 865), ☎ 46 70 15, Telex 41989, Fax 46 72 81, ≤, 余, « Terrasse, environnement boisé », 🎾, ✂ – ▭ ☎ 🅿. AE ⓞ E VISA. ✻ rest
15 mars-15 nov. – **R** *(fermé merc. et jeudi midi de mars à juil.)* carte 1950 à 2600 – **13 ch** ☕ 5200/6500.
Spéc. Mousse de jambon et bécasse, Gibiers (20 sept-15 nov.), Gigotin de poularde farcie de homard, sauce Nantua.

OORDERWIJK Antwerpen 213 ⑧ et 409 ⑤ – voir à Herentals.

IJVEL Brabant – voir Nivelles.

CQUIER **4560** Liège C Clavier 3 668 h. 214 ⑥ ⑦ et 409 ⑮ – ☎ 0 86.
ruxelles 107 – ◆Liège 41 – ◆Dinant 40 – Marche-en-Famenne 21.

Castel du Val d'Or avec ch, Grand'Rue 62, ☎ 34 41 03, Fax 34 49 56, 🎾 – ▭ 🅿 – 🏔 25 à 200. AE ⓞ E VISA
fermé du 2 au 13 sept, du 2 au 30 janv., lundi soir, mardi et merc. hors saison – **R** carte 1000 à 1800 – **13 ch** ☕ 1800/2700 – ½ P 1500/2350.

SAN Grand'Rue Rowe 70 ☎ 344079

HAIN **1380** Brabant C Lasne 11 927 h. 213 ⑲ et 409 ⑬ – ☎ 0 2.
(2 parcours) ⛳9 Vieux chemin de Wavre 50 ☎ 633 18 50.
uxelles 24 – ◆Charleroi 39 – Nivelles 17.

Aub. d'Ohain, chaussée de Louvain 709 (N : 2 km sur N 253), ☎ 653 64 97, 余 – ▤ 🅿. AE ⓞ E VISA
fermé du 2 au 18 avril, 16 juil.-1er août, Noël-Nouvel An, mardi et merc. – **R** carte 1600 à 2300.

Aub. de la Roseraie, rte de la Marache 4, ☎ 633 13 74, 余 – 🅿. AE ⓞ E VISA
fermé 15 août-6 sept, Noël-Nouvel An, jeudi du 16 août à mai et merc. – **R** 750.

L'Espérance, pl. de Ransbeck 9, ☎ 354 02 51 – AE ⓞ
fermé lundis et mardis non fériés, 3 sem. en sept et du 2 au 18 janv. – **R** carte 1200 à 1800.

La Ferme de la Brire, rte de Renipont 70, ☎ 653 92 58, 余 – 🅿. AE ⓞ E VISA
fermé lundi et mardi – **R** carte 1000 à 1500.

Christopher " aux Trois Canards ", rte de la Marache 51, ☎ 633 13 32, ≤, 余, Cadre champêtre – 🅿. AE ⓞ E VISA
fermé mardi et merc. midi – **R** carte 1150 à 1800.

à Lasne S : 1 km par N 271 – ✉ 1380 Lasne – ☎ 0 2 :

Le Four à Pain, r. de Genleau 70, ☎ 633 13 70, 余, « Auberge » – 🅿. AE ⓞ E VISA
fermé lundi, mardi, août et Noël-Nouvel An – **R** carte 750 à 1100.

A r. Église 8 à Lasne ☎ 6331759
ZDA r. Fleurs 1a ☎ 6532155
TOYOTA r. Lasne 171 à Lasne ☎ 6536432

OHEY 5350 Namur 214 ⑥ et 409 ⑭ – 3 547 h. – ☎ 0 85.

◆Bruxelles 84 – ◆Dinant 32 – ◆Liège 48 – ◆Namur 30.

X **Le Try Joli** avec ch, chaussée de Ciney 27, ℘ 61 17 05 – Ⓟ. AE ⓓ E VISA
R *(fermé dim. soir et lundi)* carte 1000 à 1600 – ☐ 150 – **6 ch** 1000/1800 – ½ P 1100/285

RENAULT chaussée de Ciney 3 ℘ 611168

OIGNIES-EN-THIÉRACHE 5670 Namur Ⓒ Viroinval 5 585 h. 214 ⑭ et 409 ㉓ ㉔ – ☎ 0 6

◆Bruxelles 120 – ◆Namur 81 – Charleville-Mézières 40 – Chimay 30 – ◆Dinant 42.

XX ✿ **Au Sanglier des Ardennes** (Buchet), r. J.-B.-Periquet 4, ℘ 39 90 89, Fax 39 02 83 – VISA
fermé lundi, mardi et fin janv.-mi-mars – **R** carte 1450 à 2050.
Spéc. Foie gras en terrine, Ris de veau aux poivrons, Gibiers (oct.-janv.).

OLEN 2250 Antwerpen 213 ⑧ et 409 ⑤ – 10 131 h. – ☎ 0 14.

◆Bruxelles 67 – ◆Antwerpen 33 – ◆Hasselt 46 – ◆Turnhout 27.

XX **'t Doffenhof,** Kanaalstraat 1 (N : 5 km sur N 13), ℘ 22 35 28 – Ⓟ. AE E VISA. ✻
fermé mardi, merc., 3 prem. sem. sept et 2 dern. sem. fév. – **R** carte env. 1900.

OLSENE 9870 Oost-Vlaanderen Ⓒ Zulte 13 330 h. 213 ③ et 409 ② – ☎ 0 91.

◆Bruxelles 73 – ◆Gent 28 – ◆Kortrijk 19.

XXX **Eikenhof,** (transfert prévu Kasteelstraat 20), ℘ 88 95 46, ☂ – Ⓟ. AE ⓓ E VISA
fermé mardi soir et merc. – **R** carte 1200 à 1600.

NISSAN Grote Steenweg 48 ℘ 888832 RENAULT Oudenaardestraat 193 ℘ 889167

O.L.V. LOMBEEK Brabant Ⓒ Roosdaal 9 991 h. 213 ⑰ et 409 ⑫ ⑬ – ✉ 1760 Roosdaa
☎ 0 54. – ◆Bruxelles 19 – Halle 16 – Ninove 8.

XXX **De Kroon,** Koning Albertstraat 191, ℘ 33 23 81, Fax 32 62 19, « Relais du 18e s., rustique – Ⓟ. AE ⓓ E VISA. ✻
fermé du 10 au 31 juil., du 21 au 31 janv., lundi soir et mardi – **R** carte env. 1600.

OOSTAKKER Oost-Vlaanderen 213 ④ et 409 ③ – voir à Gent.

OOSTDUINKERKE-BAD 8670 West-Vlaanderen Ⓒ Koksijde 16 434 h. 213 ① et 409 ①
☎ 0 58.

ℹ Astridplein 6 (Pâques-sept) ℘ 51 13 89 – Oud Gemeentehuis, Leopold II laan ℘ 51 11 89.

◆Bruxelles 135 – ◆Brugge 48 – Dunkerque 28 – ◆Oostende 23 – Veurne 8,5.

Artan sans rest, IJslandplein 5 (Zeedijk), ℘ 51 59 08, Fax 52 07 83, ≤, ≘s, ▣ – |‡| TV – 🔔 25. AE ⓓ E VISA
25 ch ☐ 2800/3600.

Albert I sans rest, Astridplein 11, ℘ 52 08 69 – |‡| TV ☎ ⇔. VISA
22 ch ☐ 2600/2950.

Argos ♨, Rozenlaan 20, ℘ 51 20 13 – TV ☎ Ⓟ. AE ⓓ E VISA. ✻
fermé du 15 au 30 nov. et du 5 au 30 janv. – **R** voir rest **Bécassine** ci-après – **6** ☐ 1800/3200.

Westland, Zeedijk 9, ℘ 51 31 97, ≤ – |‡| ☎. ✻
fermé 15 nov.-20 déc. et du 10 au 25 janv. – **R** *(fermé merc.)* 750/1250 – ☐ 200 – **28** 1050/1575.

Hof ter Duinen, Albert I laan 141, ℘ 51 32 41 – |‡| TV Ⓟ. AE ⓓ E VISA. ✻ rest
Pâques-fin sept et week-end – **R** 880/1300 – **13 ch** ☐ 1300/2300 – ½ P 1100/1600

Vanneuville, Albert I laan 109, ℘ 51 26 20 – TV. ✻
fermé Noël-Nouvel An et jeudi d'oct. à mars – **R** 825/1800 – **12 ch** ☐ 1100/185C ½ P 1450.

XX **Bécassine** - H. Argos, Rozenlaan 20, ℘ 51 20 13 – AE ⓓ E VISA ✻
fermé du 15 au 30 nov., du 5 au 30 janv., merc. soir et jeudi – **R** 950/1500.

FIAT, LANCIA Dorpplaats 46 ℘ 311464 MAZDA Leopold-II laan 81 ℘ 511934

Les Bonnes Tables

Gourmets...

Nous distinguons à votre intention
certains hôtels (🏨 ... 🏨🏨🏨🏨🏨) et restaurants (X ... XXXXX) par ✿, ✿✿ ou ✿✿✿.

OSTENDE (OSTENDE) **8400** West-Vlaanderen 213 ② et 409 ① – 68 397 h. – ☎ 0 59 – Station balnéaire★★.

à De Haan par ① : 9 km, Koninklijke baan 2 ☎ (0 59) 23 32 83.

Liaison maritime Oostende-Dover : P & O European Ferries R.M.T. Natiënkaai 5 ☎ 70 76 01.

Wapenplein B ☎ 70 11 99 et 70 60 17.

Bruxelles 115 ③ – ◆Brugge 28 ③ – Dunkerque 55 ⑥ – ◆Gent 64 ③ – Lille 81 ④.

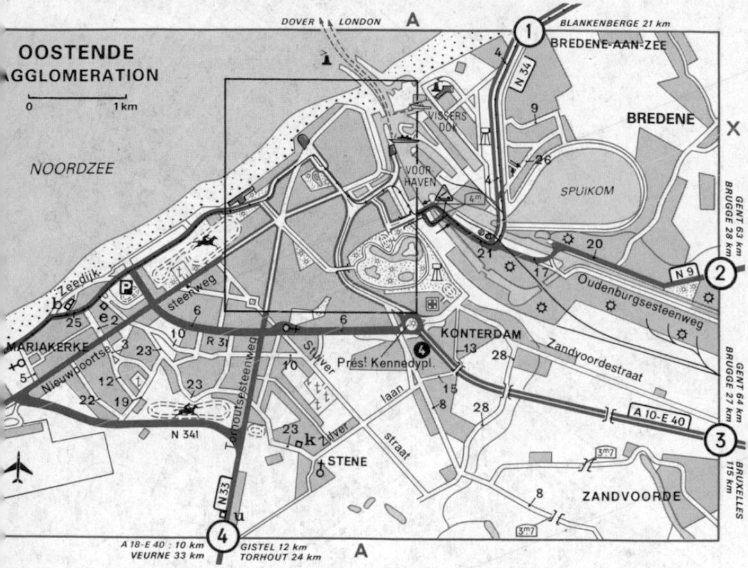

…cialaan	AX 2	Mariakerkelaan	AX 10	Slijkensesteenweg	AX 21
…ylaan	AX 3	Paul Michielslaan	AX 12	Spalaan	AX 22
…d. Moreauxlaan	AX 4	Nieuwe Langestr.	AX 13	Steensedijk	AX 23
…str.	AX 5	Oprit	AX 15	Troonstr.	AX 25
…bethlaan	AX 6	Prins Albertlaan	AX 17	Voorhavenlaan	AX 26
…elsesteenweg	AX 8	Prins Roselaan	AX 19	Zandvoorde-schorredijkstr.	AX 28
…sveldstr.	AX 9	Prinses Elisabethlaan	AX 20		

Andromeda, Kursaal Westhelling 5, ☎ 80 66 11, Telex 82056, Fax 80 66 29, <, – ch ☎ – 25 à 70. AE E VISA. rest BY **a**
R 1500 – 350 – **90 ch** 2000/5400 – ½ P 2700/3800.

Thermae Palace, Koningin Astridlaan 7, ☎ 80 66 44, Telex 83085, Fax 80 52 74, < – ☎ – 25 à 700. AE E VISA BYZ **s**
R carte 1100 à 2000 – **100 ch** 4250/6350.

✿ **Oostendse Compagnie** (Daue), Koningstraat 79, ☎ 70 48 16, Fax 80 53 16, <, – ☎ – 25 ou plus. AE E VISA BY **y**
fermé du 4 au 18 mars et 30 sept-30 oct. – **R Au Vigneron** *(fermé dim. soirs et lundis non fériés)* carte 1900 à 2500 – 300 – **10 ch** 2500/3500.
Spéc. Langoustines frites aux oignons verts et gingembre, Sole à la ciboulette, Coquelet à la vapeur Lucien Tendret.

Acces, Van Iseghemlaan 21, ☎ 80 40 82, Fax 80 88 39, – ch ☎ – 40. AE E VISA. rest BY **d**
R carte 900 à 1500 – **63 ch** 2600/3600 – ½ P 2500/3300.

Impérial sans rest, Van Iseghemlaan 76, ☎ 80 67 67, Telex 81167, Fax 80 78 38 – ☎ – 25. AE E VISA BY **a**
60 ch 1800/3100.

Strand, Visserskaai 1, ☎ 70 33 83, Telex 81357, Fax 80 36 78, < – rest ☎. AE E VISA. ch BY **r**
fermé déc.-janv. – **R** 875/1150 – **21 ch** 2500/3500.

Burlington, Kapellestraat 90, ☎ 70 15 52, Telex 82340, Fax 70 81 93 – ☎. AE E VISA. ch BY **h**
R (Rest.-taverne) 550/695 – **40 ch** 1900/3000.

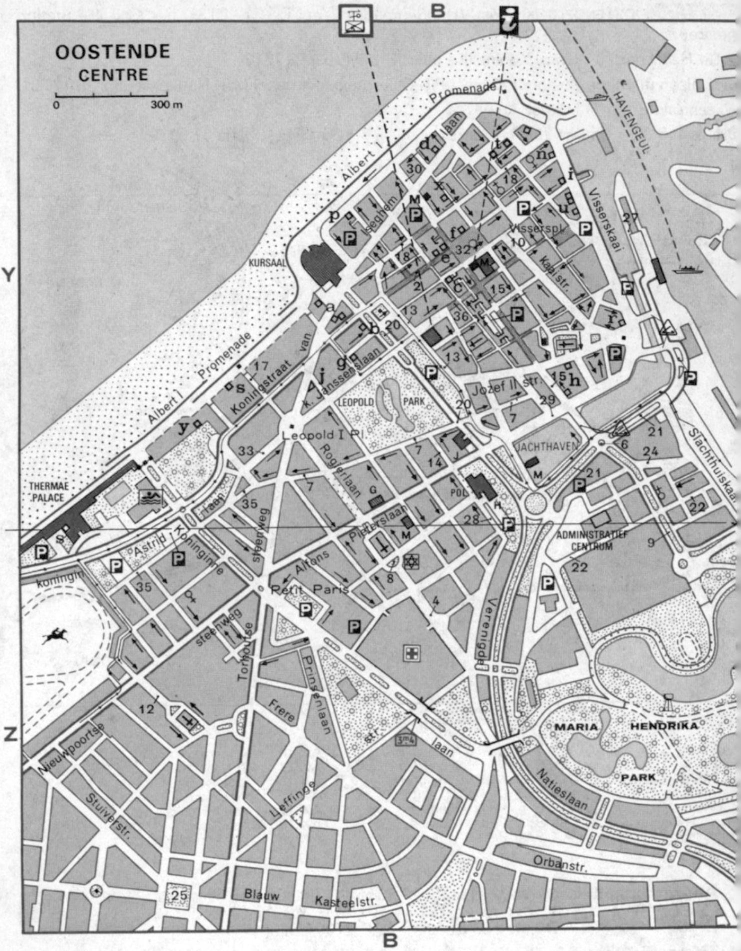

Adolf Buylstr. . . . . BY 2
Alfons Pieterslaan . . . . . . BYZ
Kapellestr. . . . . BY 15
Vlaanderenstr. . . . . BY 30

Edith Cavellstr. . . . . BZ 4
Ernest Feyspl. . . . . BY 6
Euphrosine Beernaertstr. . . BY 7
Filip van Maestrichtpl. . . . . BZ 8
Graaf de Smet de Nayerlaan . . . . BZ 9
Groentemarkt . . . . BY 10
Heilig Hartlaan . . . . BZ 12
Hendrik Serruyslaan . . . . . BY 13
Kan. Dr. L. Colensstr. . . . . BY 14
Kemmelbergstr. . . . . BY 17
Langestr. . . . . BY 18
Léopold II laan . . . . BY 20
Léopold III laan . . . . BY 21
Lijndraaiersstr. . . . . BY
Oesterbankstr. . . . . B
St. Catharinapl. . . . . B
Sir Winston Churchillkaai . B
Stockholmstr. . . . . BY
Vindictivelaan . . . . B
Wapenpl. . . . . B
Warschaustr. . . . . B
Wellingtonstr. . . . . BY
Witte Nonnenstr. . . . . B

Ambassadeur sans rest, Wapenplein 8a, ✆ 70 09 41, Fax 80 18 78 – ⎮ TV ☎ – AE E VISA B
23 ch ☐ 1800/2400.

Louisa sans rest, Louisastraat 8b, ✆ 50 96 77, Telex 82345, Fax 31 77 66 – ⎮ TV ☎ – E VISA. B
fermé 31 déc.-21 janv. – **18 ch** ☐ 1500/2600.

Prado sans rest, Leopold II-laan 22, ✆ 70 53 06, Fax 80 87 35 – ⎮ TV ☎. AE E B
28 ch ☐ 1600/2600.

Old Flanders sans rest, Jozef II-straat 49, ✆ 80 66 03, Fax 80 16 95 – TV ☎. AE E B
15 ch ☐ 1700/2200.

Danielle, IJzerstraat 5, ✆ 70 63 49 – ⎮ TV ☎ P. AE E VISA. rest B
R (déjeuner pour résidents seult) – **28 ch** ☐ 1500/2400 – ½ P 1850/2000.

Pacific sans rest, Hofstraat 11, ✆ 70 15 07, Telex 81130, Fax 80 35 66, ≘ – |$| ☎. AE ⓓ E VISA BY **t**
60 ch ⊐ 1500/2500.

Telstar sans rest, Hofstraat 1, ✆ 50 71 83, Fax 51 04 09 – |$| TV. AE ⓓ E VISA BY **t**
19 ch ⊐ 1350/2000.

Lido 2000 sans rest, L. Spilliaertstraat 1, ✆ 70 08 06, Fax 80 40 07 – |$| ☎. AE ⓓ E VISA
fermé 3 janv.-28 fév. – **66 ch** ⊐ 1430/2130. BY **j**

Baudouin sans rest, Koningstraat 13, ✆ 50 29 10, Fax 80 84 38 – |$|. AE ⓓ E VISA BY **a**
24 ch ⊐ 1100/1850.

Cardiff, St-Sebastiaanstraat 4, ✆ 70 28 98 – |$| TV. AE ⓓ E VISA. ✻ BY **c**
fermé mi-nov.-mi-déc. et mardi en hiver – **R** *(fermé après 20 h)* 295/850 – **14 ch** ⊐ 690/1100 – ½ P 1050.

Villa Maritza, Albert I Promenade 76, ✆ 50 88 08, « Villa du 19e s. » – Ⓟ. AE ⓓ E VISA
fermé 2 sem. en sept, 2 sem. en janv., lundis non fériés en juil.-août et dim. soir et lundi du 15 sept au 30 juin – **R** carte 1400 à 2500. BY **s**

Lusitania, Visserskaai 35, ✆ 70 17 65, ≤, « Collection de tableaux » – ▤. AE ⓓ E VISA
R carte 1100 à 2300. BY **u**

La Crevette, Visserskaai 46, ✆ 70 21 30, ☂ – AE ⓓ E VISA BY **n**
fermé du 1er au 20 déc. et vend. d'oct. à mai – **R** 760/1900.

Marina, Albert I Promenade 2, ✆ 70 35 85, ≤, Cuisine italienne – ✻ BY **t**
fermé jeudi et 12 nov.-12 déc. – **R** carte 1500 à 2000.

Richard, A. Buylstraat 9, ✆ 70 32 37 – E VISA BY **e**
fermé du 3 au 14 juin, 25 fév.-13 mars, merc. d'oct. à juin et mardi – **R** carte 950 à 2000.

Old Fisher, Visserskaai 34, ✆ 50 17 68 – ▤. AE ⓓ E VISA BY **u**
fermé du 4 au 15 mars, 24 juin-5 juil., 18 nov.-7 déc., merc. soir sauf en juil.-août et jeudi – **R** 745.

Auteuil, Albert I Promenade 54, ✆ 70 00 41, ≤ – AE ⓓ E VISA BY **p**
fermé jeudi et dern. sem. nov.-prem. sem. déc. – **R** carte env. 1800.

't Vistrapje, Visserskaai 37, ✆ 80 23 82 – ▤. E VISA BY **i**
R carte 1150 à 1600.

Le Grillon, Visserskaai 31, ✆ 70 60 63 – ▤. AE ⓓ E VISA BY **u**
fermé jeudi et 8 oct.-8 nov. – **R** 790/1550.

Chopin, A. Buylstraat 1a, ✆ 70 08 37 – AE ⓓ E VISA BY **e**
fermé jeudi et du 7 au 29 janv. – **R** 845.

Groeneveld avec ch, Torhoutsesteenweg 655, ✆ 50 02 81 – 🚗 Ⓟ. ✻ AX **u**
R *(fermé mardi soir, merc., dim. soir et après 20 h 30)* carte 750 à 1450 – **7 ch** ⊐ 1100/2200 – ½ P 1150/1600.

à Gistel par ④ : 12 km – 9 874 h. – ✉ 8470 Gistel – ☎ 0 59 :

Ten Putte, Stationsstraat 9, ✆ 27 70 44, Fax 27 92 50 – TV ☎ Ⓟ – 🏛 25 à 350. E VISA
fermé mardi et du 1er au 15 nov. – **R** 550/1200 – **11 ch** ⊐ 1750/2700 – ½ P 1225.

à Leffinge par ④ : 5 km Ⓒ Middelkerke 14 568 h. – ✉ 8432 Leffinge – ☎ 0 59 :

Molenhuis, Torhoutsesteenweg 3, ✆ 27 86 09, ☂, Fermette rustique, Ouvert jusqu'à 23 h – Ⓟ. ⓓ E VISA. ✻
fermé 15 oct.-1er nov. et merc. hors saison – **R** carte env. 1600.

Old Fisher, Dorpsstraat 70, ✆ 30 01 38 – AE ⓓ E VISA
fermé du 1er au 20 oct., 15 fév.-1er mars, lundis et mardis non fériés – **R** 825/1175.

à Mariakerke – ✉ 8400 Oostende – ☎ 0 59 :

Royal Albert, Zeedijk 167, ✆ 70 42 36, ≤ – |$| ▤ rest TV ☎. AE ⓓ E VISA. ✻ rest
26 mars-15 nov., du 13 au 21 janv. et du 21 au 27 fév. – **R** *(fermé après 20 h 30)* 900/1100 – **25 ch** ⊐ 1500/3250 – ½ P 1775/2025. AX **b**

Primula sans rest, Raversijdestraat 48, ✆ 70 51 91 – TV Ⓟ. VISA. ✻ AX **b**
avril-sept – **15 ch** ⊐ 775/1950.

Au Grenache, Aartshertogstraat 80, ✆ 70 76 85 – ▤. AE ⓓ E VISA AX **e**
fermé mardis non fériés et dern. sem. oct. – **R** 1895/1950.

à Stene Ⓒ Oostende – ✉ 8400 Oostende – ☎ 0 59 :

't Vagevier, Steensedijk 92, ✆ 50 86 79 – AE ⓓ VISA AX **k**
fermé 17 juin-4 juil., lundis et mardis non fériés – **R** carte 1200 à 1800.

A-ROMEO Putstraat 6 ✆ 507910
ROEN Torhoutsesteenweg 654 ✆ 709918
T, LANCIA Koninginnelaan 52 ✆ 804849
RD Torhoutsesteenweg 529 ✆ 801503
(OPEL) Torhoutsesteenweg 415 ✆ 700904
DA Gistelsteenweg 616 ✆ 268194
ZDA Torhoutsesteenweg 626 ✆ 707726
RCEDES-BENZ Marconistraat 1 ✆ 702511
TSUBISHI Torhoutsesteenweg 586
701759
NISSAN Torhoutsesteenweg 660 ✆ 705575
PEUGEOT, TALBOT Torhoutsesteenweg 684 ✆ 703240
RENAULT Torhoutsesteenweg 405 ✆ 705147
ROVER Lindenlaan 59 ✆ 704040
TOYOTA Oostendsebaan 2 à Gistel ✆ 278358
VAG Torhoutsesteenweg 575 ✆ 704840
VOLVO Ankerstraat 14 ✆ 320982

OOSTKAMP West-Vlaanderen 213 ③ et 409 ② – voir à Brugge.

OOSTKERKE West-Vlaanderen 213 ③ et 409 ② – voir à Damme.

OOSTMALLE **2390** Antwerpen C Malle 11 616 h. 212 ⑯ et 409 ⑤ – ☎ 0 3.

•Bruxelles 65 – •Antwerpen 26 – •Turnhout 15.

XX **De Eiken,** Lierselei 173 (S : 2 km sur N 14), ☎ 311 52 22, Fax 311 69 45, ≤, 斎, « Piè d'eau, environnement boisé » – ▤ ⓟ. AE ⓞ E VISA. ✻
fermé lundi, dern. sem. juil.-2 prem. sem. août et du 7 au 11 janv. – **R** carte 1800 à 250

BMW Antwerpsesteenweg 105 ☎ 3117111
TOYOTA Turnhoutsebaan 17 ☎ 3120364
VAG Beukenlaan 34 ☎ 3120006

OPOETEREN Limburg 213 ⑩ et 409 ⑥ – voir à Maaseik.

ORVAL (Abbaye d') ★★ Luxembourg belge 214 ⑯ ⑰ et 409 ㉕ **G. Belgique-Luxembou**

OTTIGNIES **1340** Brabant C Ottignies-Louvain-la-Neuve 21 142 h. 213 ⑲ et 409 ⑬ – ☎ 0

⛳18 Drève de Lauzelle à Louvain-la-Neuve ☎ 45 28 01.

•Bruxelles 31 – •Namur 44 – •Charleroi 36.

XX **Le Chavignol,** r. Invasion 99, ☎ 45 10 40 – AE E VISA
fermé mardi soir, merc., 27 août-17 sept et du 2 au 23 janv. – **R** carte 1100 à 1400.

à Louvain-la-Neuve E : 8 km C Ottignies-Louvain-la-Neuve – ✉ 1348 Louvain-la-Neu – ☎ 0 10 :

X **La Grange,** Scavée du Biereau 2 (à la ferme du Biereau), ☎ 45 01 28, 斎, Avec cuisi italienne – ⓟ. AE ⓞ E VISA
R carte env. 900.

LADA rte Nationale 4, 112b ☎ 450925
MAZDA chaussée Provinciale 74 ☎ 613150
NISSAN r. Monument 33 ☎ 417094
PEUGEOT, TALBOT chaussée Provinciale 122 ☎ 612250
RENAULT av. Principale 51 ☎ 614762
VAG av. des Combattants 117 ☎ 413432

OTTRÉ Luxembourg belge 214 ⑧ – voir à Vielsalm.

OUDENAARDE **(AUDENARDE) 9700** Oost-Vlaanderen 213 ⑯ et 409 ⑫ – 26 975 h. – ☎ 0 5

Voir Hôtel de Ville★★★ (Stadhuis) B – Église N.-D. de Pamele★ (O.L. Vrouwekerk van Pamele) B **F.**

⛳18 à Wortegem-Petegem par ⑥ : 8 km, Kortrijkstraat 52 ☎ (0 55) 31 54 81.

ℹ Stadhuis, Markt ☎ 31 14 91 (ext. 6).

•Bruxelles 61 ② – •Gent 27 ① – •Kortrijk 33 ⑤ – Valenciennes 61 ④.

Plan page ci-contre

🏨 **De Rantere** ⚲, Jan Zonder Vreeslaan 8, ☎ 31 89 88, Telex 86463, Fax 33 01 11, 斎, – |‡| TV ☎ – 🎪 40. AE ⓞ E VISA B
R *(fermé dim. et 15 juil.-4 août)* carte 1500 à 2300 – **19 ch** ☐ 2300/3100.

🏨 **Da Vinci** sans rest, Gentstraat 58, ☎ 31 13 05 – TV ☎. AE ⓞ E VISA A
fermé 23 déc.-5 janv. – **6 ch** ☐ 1450/2200.

🏨 **Elnik** sans rest, Deinzestraat 55, ☎ 31 37 88 – |‡| ☎. ⓞ E VISA. ✻ A
☐ 170 – **14 ch** 720/1290.

XX **Host. La Pomme d'Or** avec ch, Markt 62, ☎ 31 19 00, ⛱ – |‡| TV ☎ – 🎪 25 ou pl AE ⓞ E VISA. ✻ ch B
fermé dim. soir, lundi et 30 juil.-15 août – **R** 1050/1750 – **6 ch** ☐ 1800/2200.

XX **De Zalm** avec ch, Hoogstraat 4, ☎ 31 13 14, Fax 31 84 40 – TV ☎ – 🎪 50 à 150. AE E VISA. ✻ B
fermé dim. soir, lundi et du 10 au 31 juil. – **R** carte 800 à 1100 – **9 ch** ☐ 1800/220 ½ P 2200.

X **Gasthof Stad Gent,** Stationsstraat 68, ☎ 31 17 72, Rest.-taverne – ⓞ E VISA ✻ B
fermé vend. soir, sam., 2e quinz. juil. et prem. sem. août – **R** 550/875.

à Eine par ① : 5 km C Oudenaarde – ✉ 9700 Oudenaarde – ☎ 0 55 :

XX **'t Craeneveldt,** Serpentstraat 61, ☎ 31 72 91, Fax 33 01 82, 斎, « Fermette restauré – ⓟ. AE ⓞ E VISA
fermé merc., sam. midi, dim. soir, 15 juil.-4 août et 1 sem. en fév. – **R** 950/1750.

à Mater par ② : 4 km sur N 46, puis à droite C Oudenaarde – ✉ 9700 Oudenaarde – ☎ 0 5

X **Ganzenplas,** Boskant 49, ☎ 45 59 55, 斎, Ouvert jusqu'à 23 h – ⓟ. ⓞ E VISA. ✻
fermé mardi soir, merc. et du 15 au 31 oct. – **R** 900/1400.

OUDENAARDE

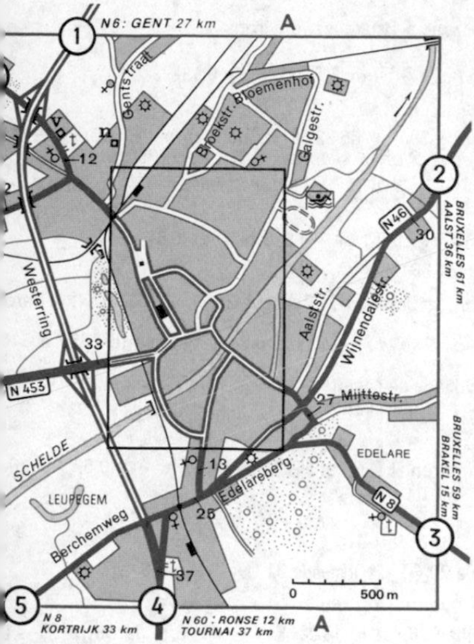

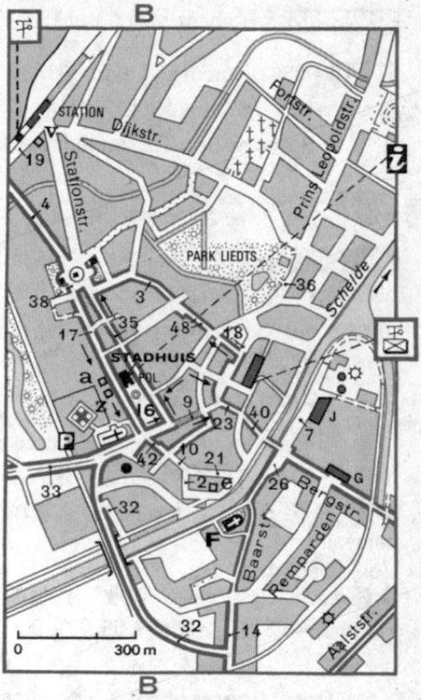

à ***Mullem*** par ① : 7,5 km sur N 60 ☐ Oudenaarde – ✉ 9700 Mullem – ☎ 0 91 :

Moriaanshoofd, Moriaanshoofd 27, ☎ 84 37 87, ☂ – Ⓟ. Ⓓ E VISA
R *(fermé mardi)* carte 800 à 1200 – **12 ch** ☐ 950/1500 – ½ P 1300.

FA-ROMEO Stationsstraat 67
311518
RD Gentstraat 70 ☎ 312666
1 (OPEL) Krekelput 17 ☎ 311522
1 (OPEL) Kranenveld 81 ☎ 315360
DA Diependaele 2 ☎ 312001
AZDA Ronseweg 17 ☎ 311488
TSUBISHI Gevaertsdreef 1 ☎ 312739
PEUGEOT, TALBOT Lindestraat 32
☎ 314985
RENAULT Ronseweg 48 ☎ 311413
ROVER Ronseweg 13 ☎ 313726
TOYOTA Gentstraat 38 ☎ 311822
VAG Gevaertsdreef 36 ☎ 311311
VOLVO Gentstraat 198 ☎ 310088

UDENBURG **8460** West-Vlaanderen 213 ② et 409 ② – 8 147 h. – ☎ 0 59.
ruxelles 109 – ♦Brugge 19 – ♦Oostende 8.

Abdijhoeve, Marktstraat 1, ☎ 26 51 67, Fax 26 53 10 – TV ☎ Ⓟ – 60 à 250. AE Ⓓ E VISA.
R *(fermé dim. soir et lundi)* carte 1650 à 2900 – **24 ch** ☐ 2050/3200 – ½ P 1700/2100.

à ***Roksem*** SE : 4 km ☐ Oudenburg – ✉ 8460 Roksem – ☎ 0 59 :

Ten Daele, Brugsesteenweg 65, ☎ 26 80 35, ☂, « Cadre champêtre » – Ⓟ
fermé mardi soir, merc., dim. soir, 2 dern. sem. juil. et 2 prem. sem. janv. – **R** 950/1400.

UDERGEM Brabant – voir Auderghem à Bruxelles.

UD-TURNHOUT Antwerpen 212 ⑯ ⑰ et 409 ⑤ – voir à Turnhout.

UREN Liège 214 ⑨ et 409 ⑯ – voir à Burg-Reuland.

URTHE (Vallée de l') ★★ Luxembourg belge 213 ㉒, 214 ⑦ et 409 ⑮ **G. Belgique-xembourg.**

OVERMERE 9290 Oost-Vlaanderen Ⓒ Berlare 12 629 h. 213 ⑤ et 409 ③ – ☎ 0 91.

♦Bruxelles 43 – ♦Gent 18 – Aalst 16 – ♦Antwerpen 43.

aux étangs de Donkmeer E : 3 km :

XX **Lijsterbes,** Donklaan 155, ✉ 9821 Uitbergen-Donk, ☎ 67 82 29, Fax 67 85 50 – Ⓟ. AE ⓘ E VISA. ⛔ – *fermé dim. soir, lundi et du 1er au 21 août* – **R** carte 1700 à 2700.

XX **Malpertuus,** Donklaan 253, ✉ 9821 Overmere-Donk, ☎ 67 50 23, ≤ – Ⓟ. AE ⓘ E VISA *fermé mardi, merc., 3 sem. en nov. et 2 sem. en fév.* – **R** carte 900 à 1400.

OVERIJSE Brabant 213 ⑲ et 409 ⑬ – voir à Bruxelles, environs.

PAAL 3583 Limburg Ⓒ Beringen 35 835 h. 213 ⑨ et 409 ⑤ – ☎ 0 13.

♦Bruxelles 65 – ♦Antwerpen 61 – ♦Liège 60.

XXX **'t Spinnewiel,** Tessenderlosesteenweg 300, ☎ 66 32 53, « Rustique » – Ⓟ. AE ⓘ E VISA ⛔ – *fermé sam. midi, dim. soir, lundi et 3 dern. sem. juil.* – **R** carte 1650 à 2100.

CITROEN Industrieweg 23 ☎ 420166
FIAT Industrieweg 33 ☎ 426046
ROVER Beverlose Steenweg 359 ☎ 426611
TOYOTA Acacialaan 1 ☎ 426282

PALISEUL 6850 Luxembourg belge 214 ⑯ et 409 ㉔ – 4 826 h. – ☎ 0 61.

♦Bruxelles 146 – ♦Arlon 65 – Bouillon 15 – ♦Dinant 55.

XXX ✿ **Au Gastronome** (Libotte) avec ch, r. Bouillon 2 (Paliseul-Gare), ☎ 53 30 64, « Jardin fleuri » – TV 🚗 Ⓟ. AE ⓘ E VISA
fermé fév., carnaval, 25 juin-5 juil. et dim. soirs et lundis non fériés – **R** carte 1650 à 31.. – **9 ch** ☐ 1900/2500 – ½ P 2800.
Spéc. Homard norvégien rôti au thym, Grillade de canette aux poivres et à l'orange (fév.-15 oct.), Croustillant de cochon de lait au poivre et citron vert.

NISSAN rte d'Offagne 24 ☎ 533248

De PANNE (LA PANNE) 8660 West-Vlaanderen 213 ① et 409 ① – 9 487 h. – ☎ 0 58 – Station balnéaire.

Voir Plage★.

ℹ Gemeentehuis, Zeelaan 21 ☎ 41 13 02 et 41 13 04.

♦Bruxelles 143 ① – ♦Brugge 55 ① – Dunkerque 20 ③ – ♦Oostende 31 ① – Veurne 6 ②.

Plan page ci-contre

🏨 **Host. Sparrenhof** 🐎, Koninginnelaan 26, ☎ 41 13 28, Fax 41 48 46, « Jardin », ⛱ – ☎ Ⓟ. AE ⓘ E VISA. ⛔ rest – *fermé janv.* – **R** *(d'oct. à Pâques week-end seult)* carte 11.. à 1700 – **8 ch** ☐ 1500/3000 – ½ P 2250. B

🏨 **Du Val Joli** 🐎, Barkenlaan 55, ☎ 41 25 19, ⛱ – TV ☎ Ⓟ. ⛔ rest B
23 mars-24 sept – **R** (résidents seult) – **18 ch** ☐ 1500/2900 – ½ P 1875/1950.

🏨 **Seahorse** 🐎 sans rest, Toeristenlaan 7, ☎ 41 27 47 – |♦| TV ☎ 🚗. AE ⓘ E VISA
mars-15 nov. – **19 ch** ☐ 1500/2200. B

🏨 **La Terrasse** sans rest, Zeelaan 204, ☎ 41 51 01 – |♦| TV ☎. AE ⓘ E VISA. ⛔ A
fermé 15 nov.-15 déc., du 2 au 31 janv. et mardi sauf vacances scolaires – **19 ch** ☐ 25..

🏨 **Terlinck,** Zeelaan 175, ☎ 42 01 08, Fax 42 05 86, ≤ – |♦| TV ☎. E VISA. ⛔ ch A
✈ *fermé du 1er au 15 déc. et du 8 au 19 janv.* – **R** 680/1500 – **49 ch** ☐ 1500/2450 – ½ P 1650/2150.

🏨 **Strand Motel** 🐎 sans rest, Nieuwpoortlaan 153, ☎ 42 02 22, Fax 42 06 85, ≤, « Dans les dunes » – ☎ Ⓟ. ⓘ VISA. ⛔ – ☐ 180 – **43 ch** 1950. B

🏨 **Royal,** Zeelaan 180, ☎ 41 11 16 – |♦| TV. ⓘ VISA. ⛔ A
fermé du 1er au 28 oct., 13 nov.-19 déc. et 7 janv.-fév. – **R** 750/1150 – **27 ch** ☐ 1200/26.. – ½ P 1500/1750.

XXX ✿ **Host. Le Fox** (Buyens) avec ch, Walckiersstraat 2, ☎ 41 28 55, Fax 41 58 79 – |♦| TV 🚗. AE ⓘ E VISA. ⛔ A
fermé oct. et du 15 au 30 janv. – **R** *(fermé lundi soir sauf en juil.-août et mardi)* carte 18.. à 2500 – **14 ch** ☐ 1700/2750 – ½ P 2650/2825.
Spéc. Langoustines à la fondue de poireaux et au gingembre, Blanc de turbot Comme chez nous, Asperges des dunes (avril-juin).

XX **Trio's,** Nieuwpoortlaan 75, ☎ 41 13 78 – ▤. AE ⓘ E VISA B
fermé du 7 au 31 oct., 3 sem. carnaval., dim. soir sauf en juil.-août et merc. – **R** carte 11.. à 1600.

XX **L'Avenue,** Nieuwpoortlaan 56, ☎ 41 13 70 – AE ⓘ E VISA B
fermé mardi soir, merc. et 15 janv.-15 fév. – **R** 850/1800.

XX **Philippe Leleu,** Nieuwpoortlaan 70, ☎ 41 40 61 – AE ⓘ E VISA B
fermé merc. soir sauf en juil.-août, jeudi et carnaval – **R** 850/1650.

XX **La Bonne Auberge,** Zeedijk 3, ☎ 41 13 98, ≤ – AE ⓘ E VISA A
mai-sept, week-end et vacances scolaires ; fermé jeudi sauf en juil.-août – **R** 750/1195.

X **Impérial,** Leopold I Esplanade 9, ☎ 41 42 28, Fax 41 33 61, ≤, ⛱ – 🏛 25. AE ⓘ E .. A
fermé merc. et du 10 au 30 janv. – **R** carte env. 1000.

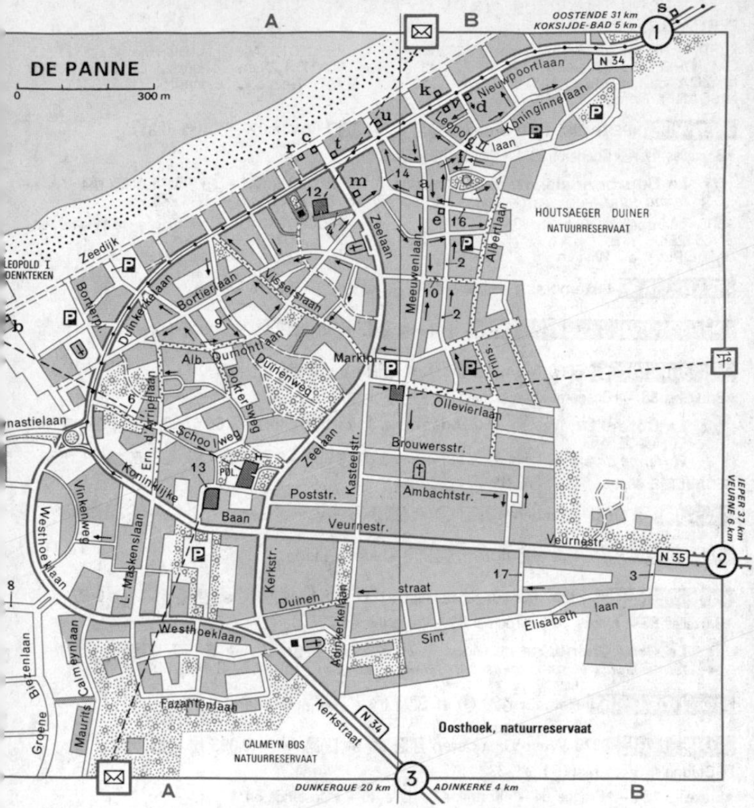

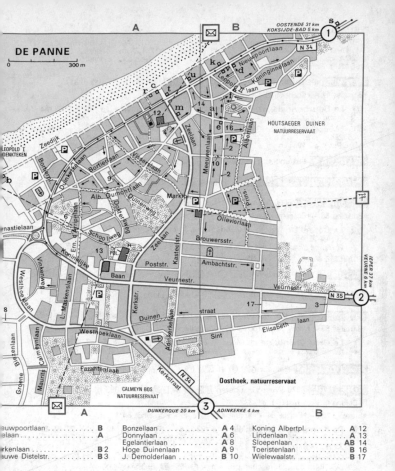

Les plans de villes sont orientés le Nord en Haut.

ARIKE **9661** Oost-Vlaanderen 🄲 Brakel 13 656 h. **213** ⑯ ⑰ et **409** ⑫ – ✆ 0 55.
ruxelles 48 – ◆Gent 47 – ◆Mons 55 – ◆Tournai 42.

Molenwiek 🐎, Molenstraat 1, ✆ 42 26 15, Cadre champêtre – **P**. ✈
R (résidents seult) – ☕ 180 – **8 ch** 800/900 – ½ P 1300/1700.

EPINSTER **4860** Liège **213** ㉓ et **409** ⑯ – 8 970 h. – ✆ 0 87.
v. SO : Tancrémont, Statue★ du Christ dans la chapelle.
ruxelles 126 – ◆Liège 26 – ◆Verviers 6.

XX ✿ **Host. Lafarque** 🐎 avec ch, Chemin des Douys 20 (O : 4 km par N 61, lieu-dit Goffontaine), ✆ 46 06 51, Fax 46 97 28, ←, « Parc », ⇌ – TV ☎ **P**. AE ⓓ E VISA. ✈ – *fermé du 12 au 28 mars, du 2 au 20 déc. et mardi* – **R** carte 1700 à 2500 – ☕ 300 – **6 ch** 3000/4500.
Spéc. Cervelle de veau à la mélisse, Langoustines poêlées à la coriandre, Ris de veau aux pamplemousses.

1 (OPEL) r. Neuve 66 ✆ 460222 — VAG r. Hubert Hallet 22 ✆ 461918

ERUWELZ **7600** Hainaut **214** ① et **409** ⑫ – 16 505 h. – ✆ 0 69.
ruxelles 98 – ◆Mons 33 – ◆Tournai 21.

à Bon-Secours SE : 2 km 🄲 Péruwelz – ✉ 7603 Péruwelz – ✆ 0 69 :

XX **Le Val de Verne,** av. Basilique 117, ✆ 77 35 27 – AE E VISA
fermé mardis et merc. non fériés, 16 août-3 sept et du 2 au 16 janv. – **R** 950/1980.

FORD r. Hurtrie-Zoning Industriel ☎ 775048
GM (OPEL) bd Léopold-III 120 ☎ 772343
MAZDA bd Léopold-III 105 ☎ 771181
NISSAN r. Flament 11 ☎ 771283
PEUGEOT, TALBOT r. Blanche 49 ☎ 772470
TOYOTA Neuve Chaussée 62 ☎ 772729
VAG Neuve Chaussée 163 ☎ 773311

PERWEZ (PERWIJS) **1360** Brabant 213 ⑳ et 409 ⑭ – 6 027 h. – ☎ 0 81.

◆Bruxelles 47 – ◆Charleroi 39 – ◆Namur 24 – Tienen 27.

XX **Le Bourbonnais,** av. de la Roseraie 7, ☎ 65 50 31, – P. AE O E VISA
fermé lundi soir, mardi soir, merc. soir et du 10 au 30 juil. – **R** 1245.

FORD chaussée de Charleroi 34 ☎ 655284
GM (OPEL) av. Wilmart 38 ☎ 655162
PEUGEOT, TALBOT chaussée de Wavre 59 ☎ 655021
TOYOTA av. Wilmart 77 ☎ 655319

PETIT HAN Luxembourg belge 214 ⑦ et 409 ⑮ – voir à Durbuy.

PETIT-ROEULX-LEZ-NIVELLES Hainaut 213 ⑱ et 409 ⑬ – voir à Nivelles.

PHILIPPEVILLE **5600** Namur 214 ④ et 409 ⑬ – 6 984 h. – ☎ 0 71.

◆Bruxelles 88 – ◆Charleroi 26 – ◆Dinant 29 – ◆Namur 44.

XX **La Côte d'Or** avec ch, r. Gendarmerie 1, ☎ 66 81 45, Fax 66 67 97, – TV ☎
AE O E VISA
R *(fermé dim. soir, lundi et début mars)* 1250/1950 – **8 ch** ☐ 1400/2800 – ½ P 1550/255

RENAULT r. Namur 52 ☎ 668219

De PINTE Oost-Vlaanderen 213 ④ et 409 ③ – voir à Gent.

PLAINEVAUX Liège 213 ㉒ et 409 ⑮ – voir à Liège.

POMMERŒUL **7322** Hainaut C Bernissart 11 178 h. 214 ① et 409 ⑫ – ☎ 0 65.

◆Bruxelles 83 – ◆Mons 18 – ◆Tournai 33 – Valenciennes 23.

X **Le Gros Chêne,** rte de Mons 2, ☎ 62 22 47 – P. AE O E VISA
fermé jeudis et sam. midis non fériés et 15 janv.-15 fév. – **R** 620/990.

PONT-DE-LOUP Hainaut 214 ③ et 409 ⑬ – voir à Charleroi.

POPERINGE **8970** West-Vlaanderen 213 ⑬ et 409 ⑩ – 19 393 h. – ☎ 0 57.

Stadhuis, Grote Markt 1 ☎ 33 40 81.

◆Bruxelles 134 – ◆Brugge 64 – ◆Kortrijk 41 – Lille 45 – ◆Oostende 54.

De Kring, Burg. Bertenplein 7, ☎ 33 38 61 – TV ☎ – 40 à 100. AE O E VISA.
fermé 12 août-2 sept et sem. carnaval – **R** *(fermé dim. soir et lundi)* 795/975 – ☐ 200
7 ch 1000/1600 – ½ P 1250.

XX **D'Hommelkeete,** Hoge Noenweg 3 (S : 3 km par Zuidlaan), ☎ 33 43 65, Fax 33 65 74, « Jardin, cadre champêtre » – P. AE O E VISA
fermé dim. soir, lundi, merc. soir, 2e quinz. juil. et Noël-Nouvel An – **R** 1500.

MAZDA Duinkerkestraat 113 ☎ 333136
MITSUBISHI Frankrijklaan 6 ☎ 335908
PEUGEOT, TALBOT Reningelstseweg 11 ☎ 334643
RENAULT Europalaan 19 ☎ 333796
TOYOTA Ieperseweg 40 ☎ 333032
VAG Casselstraat 254 ☎ 333571

POUPEHAN **6830** Luxembourg belge C Bouillon 5 373 h. 214 ⑮ et 409 ㉔ – ☎ 0 61.

◆Bruxelles 165 – ◆Arlon 82 – ◆Dinant 69 – Sedan 23.

à Frahan N : 6 km C Bouillon – ✉ 6830 Poupehan – ☎ 0 61 :

Aux Roches Fleuries , r. Grande 38, ☎ 46 65 14, Fax 46 72 09, ←, « Terrasse et jardin
TV ☎ P. AE O E VISA – *fermé 11 mars-16 avril ; du 18 nov. au 20 déc. et du 6 janv. au 1er m week-end seult et Noël-Nouvel An* – **R** carte 1100 à 1600 – **16 ch** ☐ 1625/2600 – ½ P 2300

Beau Séjour , r. Grande 5, ☎ 46 65 21, Fax 46 78 80, – P. AE O E VISA.
fermé 17 juin-11 juil. et du 3 au 24 janv. ; de déc. à mars ouvert week-end seult sauf jo fériés – **R** *(fermé après 20 h et mardi soir et merc. hors saison)* 1000/2000 – **16 ch** ☐ 26
½ P 1800/2000.

PROFONDEVILLE **5170** Namur 214 ⑤ et 409 ⑭ – 9 189 h. – ☎ 0 81.

Voir Route de Profondeville ←★.

18 Chemin du Beau Vallon 45 ☎ 41 14 18.

◆Bruxelles 74 – ◆Dinant 17 – ◆Namur 12.

La Source sans rest, av. Général Gracia 11, ☎ 41 21 86, « Jardin fleuri » – TV ☎ P.
O E VISA – *fermé 15 déc.-15 janv.* – ☐ 200 – **6 ch** 2750/2900.

CE 6470 Hainaut Ⓒ Sivry-Rance 4 478 h. 214 ③ et 409 ⑬ – ✪ 0 60.
lles 92 – ◆Charleroi 39 – Chimay 12 – ◆Mons 44.

La Braisière, rte de Chimay 13, ✆ 41 10 83, ≤ – Ⓟ. AE ① E VISA
fermé mardis et merc. non fériés, dim. soir et lundi soir – **R** 1500/2000.

OGNE 6800 Luxembourg belge Ⓒ Libramont-Chevigny 8 319 h. 214 ⑯ ⑰ et 409 ㉕ – ✪ 0 61.
lles 145 – ◆Arlon 49 – La Roche-en-Ardenne 37.

L'Amandier, rte de Libramont 49, ✆ 22 53 73, Fax 22 57 10 – |‡| TV ☎ Ⓟ – 🏛 25 à 250. AE ①
E VISA – **R** *(fermé lundi et du 2 au 15 janv.)* carte 1300 à 1900 – **24 ch** ☐ 1950/2400 – ½ P 2200.
N rte de St-Hubert 60 ✆ 222166

EID Liège 213 ㉓ et 409 ⑯ – voir à Spa.

EM West-Vlaanderen 213 ⑭ et 409 ⑪ – voir à Menen.

AIX Oost-Vlaanderen – voir Ronse.

NGE 8647 West-Vlaanderen Ⓒ Lo-Reninge 3 088 h. 213 ① et 409 ① – ✪ 0 57.
es 131 – ◆Brugge 54 – Ieper 22 – ◆Oostende 53 – Veurne 21.

t Convent ⚘ avec ch, Halve Reningestraat 1 (direction Oostvleteren), ✆ 40 07 71,
ax 40 11 27, ≤, 🌳, « Auberge rustique », 🐕 – TV ☎ Ⓟ – 🏛 25. AE ① E VISA – *fermé dern.*
em. août et fév. – **R** *(fermé mardi soir et merc.)* carte 1700 à 2200 – ☐ 300 – **10 ch** 3000/4500.

EIGNE 6927 Luxembourg belge Ⓒ Tellin 2 071 h. 214 ⑥ et 409 ㉔ ㉕ – ✪ 0 84.
es 116 – ◆Dinant 35 – ◆Namur 57.

lost. de la Lesse ⚘, Grand'rue 25, ✆ 38 81 29, Fax 38 83 82, 🌳, 🐕 – Ⓟ. AE ① E
VISA – *fermé du 11 au 27 mars, du 2 au 6 sept, 20 janv.-12 fév. et lundis soirs et mardis non*
fériés sauf en juil.-août – **R** 950/1750 – **10 ch** ☐ 1800/2300 – ½ P 2100/2250.

E 2470 Antwerpen Ⓒ Oud-Turnhout 11 109 h. 212 ⑰ et 409 ⑤ – ✪ 0 14.
es 89 – ◆Antwerpen 51 – ◆Turnhout 12 – ◆Eindhoven 38.

Postel Ter Heyde ⚘, Postelsebaan 74 (E : 4 km sur N 123), ✆ 37 23 21, 🌳 – ☎ Ⓟ –
🏛 25. AE E VISA – **R** *(fermé lundi sauf en juil.-août)* carte 800 à 1300 – ☐ 200 – **10 ch**
1200/1500 – ½ P 1400/1850.

NNE 4621 Liège Ⓒ Fléron 15 855 h. 213 ㉓ – ✪ 0 41.
es 112 – ◆Liège 14.

Les Feuillages, r. Vélodrome 108 (transfert prévu 09/91), ✆ 58 54 81, « Cadre de verdure »
– Ⓟ. AE ① E VISA. ✻ – *fermé lundis et mardis non fériés et août* – **R** 850/1450.
r. Liery 48 ✆ 581950

DE-ST-GENESE Brabant – voir Sint-Genesius-Rode à Bruxelles, environs.

NSART 1330 Brabant 213 ⑲ et 409 ⑬ – 20 191 h. – ✪ 0 2.
es 24 – ◆Charleroi 38 – ◆Namur 45.

e Lido ⚘, r. Limalsart 20, ✆ 654 05 05, Fax 654 06 55, ≤, 🌳 – TV ☎ Ⓟ – 🏛 25 à 100. AE ①
E VISA – **R** *(fermé dim. soir)* 900/1400 – ☐ 350 – **27 ch** 2250/3400 – ½ P 2725/2950.

Du Mayeur, r. Haute 42 (SO : 2 km à Bourgeois), ✆ 653 63 10, 🌳 – Ⓟ. AE ① E VISA
ermé mardis et merc. non fériés et juil. – **R** 690/900.
SHI av. Fr. Roosevelt 110 ✆ 6521039

RTVILLE 4950 Liège Ⓒ Waimes 5 796 h. 213 ㉔, 214 ⑨ et 409 ⑯ – ✪ 0 80.
ac★, ≤★.
es 154 – ◆Liège 58 – Aachen 40 – Malmédy 14.

ains, Lac de Robertville 2 (rte de Waimes S : 1,5 km), ✉ 4950 Waimes, ✆ 67 95 71,
ax 67 81 43, ≤ lac, 🌳, « Jardin au bord de l'eau », 🏊 – |‡| TV ☎ Ⓟ – 🏛 25. AE ①
E VISA. ✻
ermé mars, du 2 au 13 sept et du 1er au 11 janv. – **R** *(fermé mardi midi d'oct. à mai, mardi*
oir et merc.) carte 1750 à 2650 – **15 ch** ☐ 2350/4700 – ½ P 3000/4500.

u Vieux Hêtre, Andrifosse 47 (N : 1 km), ✆ 44 64 45, 🐕 – Ⓟ. AE ① E VISA. ✻
ermé jeudi et 30 juin-20 juil. – **R** *(fermé après 20 h 30)* 870/1260 – **8 ch** ☐ 1030/1960
½ P 1300/1500.

nternational, r. Lac 41, ✆ 44 62 58, 🌳 – Ⓟ. AE ① E VISA. ✻
ermé mardi, merc., 4 mars-4 avril, 17 sept-3 oct. et après 20 h 30 – **R** 795/1500.

u Barrage, r. Barrage 46, ✆ 44 62 61, « Terrasse avec ≤ lac » – Ⓟ. E VISA
ermé du 18 au 23 mars, du 26 au 30 août, du 12 au 29 nov., lundi soir et mardi – **R** 620/850.

La ROCHE-EN-ARDENNE **6980** Luxembourg belge 214 ⑦ et 409 ⑮ – 3 948 h. –

Voir Site★ – Chapelle Ste-Marguerite ※★★ A **B**.

Env. Belvédère des Six Ourthe★★★, le Hérou★★ par ②: 14,5 km – SE par ②: route de N ≤★ – SE par ③: Belvédère de Nisramont (du parking ≤★★).

pl. du Marché (avril-déc. et week-end) ☎ 41 13 42 – Fédération provinciale de tourisme, Quai de l' 9 ☎ 41 10 11.

◆Bruxelles 127 ⑤ – ◆Arlon 75 ④ – ◆Liège 77 ① – ◆Namur 66 ⑤.

LA ROCHE EN ARDENNE

Bastogne (Rte de)	A	2
Beausaint (R. de)	B	3
Beausaint (Vlle Rte de)	A	4
Bon-Dieu-de-Maka (R.)	B	7
Châlet (R. du)	B	8
Chamont (R.)	B	10
Champlon (Rte de)	A	12
Chanteraine (Pl.)	B	13
Chanteraine (R. de)	B	14
Chats (R. des)	B	15
Cielle (Rte de)	A	16
Église (R. de l')	B	17
Faubourg (Pont du)	B	18
Gare (R. de la)	B	20
Gravier (Pt du)	B	21
Gravier (Q. du)	B	22
Hospice (R. de l')	B	24
Hotton (Rte de)	A	25
Marché (Pl. du)	B	27
Moulin (R. du)	B	28
Nulay (R.)	B	30
Ourthe (Q. de l')	B	32
Pafy (Ch. du)	A	33
Presbytère (R. du)	B	35
Purnalet (R. du)	B	36
Rompré (R.)	B	37
Val-du-Pierreux	A	39

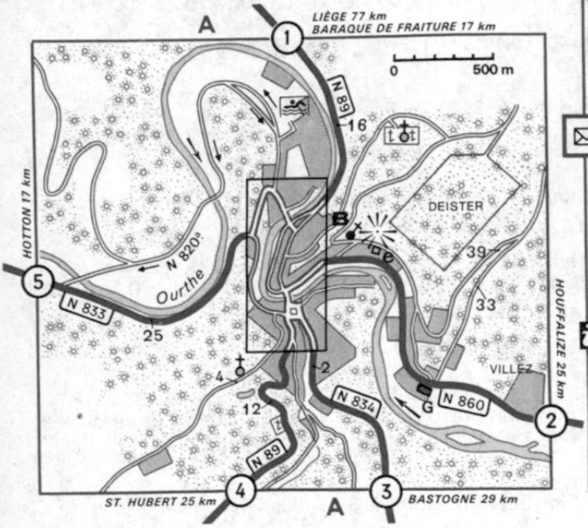

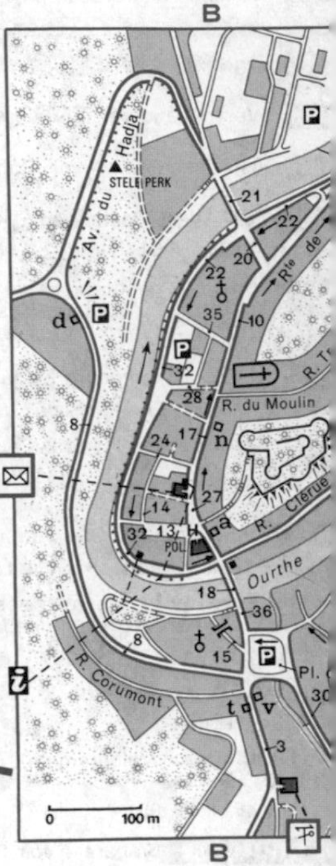

La Claire Fontaine, rte de Hotton 64 (O : par ⑤ : 2 km), ☎ 41 12 96, Fax 41 21 « Jardin ombragé au bord de l'Ourthe » – ☎ Ⓟ – 25 à 40. AE E VISA
R 900/2000 – **27 ch** ☕ 2700/3400 – ½ P 2150/3500.

Du Midi, r. Beausaint 6, ☎ 41 11 38, Fax 41 22 38 – AE ⓓ E VISA
fermé 24 juin-4 juil., 2e quinz. janv. et jeudi de mi-nov. à avril – **R** 495/1000 ☕ 1100/1625 – ½ P 975/1300.

XXX **Le Chalet** avec ch, r. Chalet 61, ☎ 41 11 97, Fax 41 13 38, ≤ – Ⓟ. AE ⓓ E VISA
avril-déc. – **R** *(fermé mardi)* 980/1650 – **16 ch** ☕ 2050/2350 – ½ P 1775/2100.

XXX ✿ **Le Vieux Château** (Linchet) avec ch, r. Purnalet 6 (transfert prévu), ☎ 4 « Jardin » – TV ☎. AE VISA. ✄ ch
fermé mardi, merc., 26 fév.-22 mars et 18 juin-12 juil. – **R** 1300/2100 – **9 ch** ☕ 100 – ½ P 1750/2300.
Spéc. Menu autour d'un homard, Filet de chevreuil, sauce aux truffes (15 mai-10 juin, 15 août et oct.-nov.), Biscuit merveilleux.

XX **Les Genêts** avec ch, Corniche de Deister 2, ☎ 41 18 77, Fax 41 18 93, ≤ va l'Ourthe et ville, – TV. AE ⓓ E VISA
fermé du 1er au 15 juil. et du 1er au 15 déc. – **R** *(fermé merc. et jeudi sauf du 15 31 août)* 940/1400 – **8 ch** ☕ 1630/2180 – ½ P 1720/2050.

XX **Place** avec ch, r. Beausaint 1, ☎ 41 12 52, Fax 41 22 52 – rest TV. AE ⓓ E V
fermé 1 sem. en juin, du 9 au 26 sept, 1 sem. en fév. et mardi soir et merc. de sep – **R** *(fermé après 20 h 30)* 880/1600 – **8 ch** ☕ 900/1900 – ½ P 1600.

XX **La Huchette,** r. Église 6, ☎ 41 13 33 – AE E VISA
fermé mardi soir et merc. – **R** 900/1350.

à Jupille par ⑤ : 6 km 🄲 Rendeux 2 050 h. – ✉ 6987 Hodister – ☎ 0 84 :

Host. Relais de l'Ourthe, r. Moulin 3, ☎ 47 76 88 – Ⓟ. AE ⓓ E VISA
fermé merc. – **R** 800/1200 – **12 ch** ☕ 1750 – ½ P 1650.

OCHEFORT 5580 Namur 214 ⑥ et 409 ⑮ – 11 117 h. – ☎ 0 84.

ir Grotte★★.

v. NO : 15 km à Chevetogne, Domaine provincial Valéry Cousin★.

ruxelles 117 – ◆Namur 58 – Bouillon 49 – ◆Dinant 32 – ◆Liège 71.

La Malle Poste, r. Behogne 46, ☎ 21 09 87, ≤, 🌳, « Demeure ancienne, terrasse et jardin » – TV ☎ Ⓟ. AE ⓓ E VISA
fermé lundi et jeudi sauf en juil.-août – **R** 950/1475 – **11 ch** ☕ 1850/2850 – ½ P 2250/2750.

Le Vieux Logis sans rest, r. Jacquet 71, ☎ 21 10 24, Rustique, 🌳 – VISA
fermé dim. soir et du 15 au 30 sept – **11 ch** ☕ 1080/1760.

Les Falizes avec ch, r. France 70, ☎ 21 12 82, « Terrasse et jardin » – TV ☎ Ⓟ. AE ⓓ E VISA
fermé fin janv.-début mars, lundis soirs non fériés sauf en juil.-août et mardis non fériés – **R** 1395/1595 – **6 ch** ☕ 1600/2100 – ½ P 2200/2600.

Le Limbourg avec ch, pl. Albert-Ier 21, ☎ 21 10 36, Rest.-taverne – ☎. AE ⓓ E VISA. ✂ ch
fermé 26 août-6 sept, 3 fév.-7 mars et mardi soir et merc. sauf du 5 juil. au 26 août – **R** 690/1050 – **6 ch** ☕ 1100/1450 – ½ P 1200/1400.

Trou Maulin avec ch, rte de Marche 19, ☎ 21 32 40 – Ⓟ. AE E VISA
fermé 23 sept-3 oct., janv., mardi soir d'oct. à juil. et merc. sauf en juil.-août – **R** 695/1450 – **7 ch** ☕ 1200/1550 – ½ P 1350/1500.

Le Luxembourg, pl. Albert-Ier 2, ☎ 21 31 68, 🌳 – AE ⓓ E VISA
fermé du 15 au 21 avril, du 9 au 14 sept, du 12 au 29 nov., merc. soirs et jeudis non fériés sauf en juil.-août – **R** 850/1200.

Le Relais du Château, r. Jacquet 22, ☎ 21 09 81 – AE ⓓ E VISA
fermé jeudi et du 15 au 30 sept – **R** 750/1390.

ROEN r. Libération 63 ☎ 211172
(OPEL) rte de Ciney ☎ 214022
DA r. Libération 12 ☎ 213297
MITSUBISHI r. Petit Chêne 2 ☎ 213478
NISSAN Zoning Industriel ☎ 211103
VAG Zoning Industriel-rte de Ciney ☎ 210456

Nos guides hôteliers, nos guides touristiques et nos cartes routières sont complémentaires. Utilisez-les ensemble.

OCHEHAUT 6830 Luxembourg belge 🄲 Bouillon 5 373 h. 214 ⑮ et 409 ㉔ – ☎ 0 61.

ir ≤★★.

uxelles 159 – ◆Arlon 76 – ◆Dinant 63 – Sedan 26.

Les Tonnelles, Grand'Place 30, ☎ 46 69 00 – AE E VISA ✂ rest
fermé 3 sem. en sept – **R** *(hors saison week-end seult)* carte env. 900 – **14 ch** ☕ 1460/2920 – ½ P 1000/1220.

L'An 1600 avec ch, r. Palis 40, ☎ 46 65 33, 🌳, Rustique – TV Ⓟ. AE E VISA
fermé du 1er au 19 avril, 24 juin-10 juil., janv.-12 fév. et mardi et merc. hors saison ; de déc. à avril week-end seult – **R** *(fermé après 20 h 30)* 750/1700 – **13 ch** ☕ 1800 – ½ P 1600/1700.

OESELARE (ROULERS) 8800 West-Vlaanderen 213 ② et 409 ② – 52 132 h. – ☎ 0 51.

uxelles 111 ③ – ◆Brugge 34 ① – ◆Kortrijk 24 ③ – Lille 45 ③.

Plan page suivante

Savarin avec ch, Westlaan 359, ☎ 22 59 16, « Jardin » – TV ☎ Ⓟ. AE ⓓ E VISA
fermé du 1er au 20 août – **R** *(fermé dim. soir et lundi)* 2100 – **7 ch** ☕ 1200/2200. AY **a**

Orchidee 12e étage, Begoniastraat 9, ☎ 21 17 23, ≤ ville – AE ⓓ E VISA BZ **b**
fermé merc. soir, dim. soir et 22 juil.-5 août – **R** 1000/2100.

De Ooievaar, Noordstraat 91, ☎ 20 54 86, 🌳 – Ⓟ. AE ⓓ E VISA AY **s**
fermé dim. soir, lundi et 3 dern. sem. juil. – **R** 1350.

Den Haselt, Zuidstraat 19, ☎ 22 52 40, Fax 31 25 69 – AE ⓓ E VISA AZ **r**
fermé mardi soir et merc. – **R** carte 1400 à 1900.

à Gits par ① : 5 km sur N 32 🄲 Hooglede 9 233 h. – ✉ 8830 Gits – ☎ 0 51 :

Oasis sans rest, Bruggesteenweg 116d, ☎ 22 03 20, Fax 22 04 16 – TV ☎ Ⓟ. AE ⓓ E VISA. ✂
fermé 24 déc.-1er janv. – **18 ch** ☕ 1850/2650.

Gitsdaele, Bruggesteenweg 118g, ☎ 22 82 27, « Jardin d'hiver » – ▤ Ⓟ. AE ⓓ E VISA
fermé sam. midi, dim. soir, lundi, 18 juil.-4 août et du 17 au 23 fév. – **R** 1250/2000.

Epsom, Bruggesteenweg 175, ☎ 20 25 10 – Ⓟ. AE E VISA
fermé merc. soir et dim. – **R** 1800/2200.

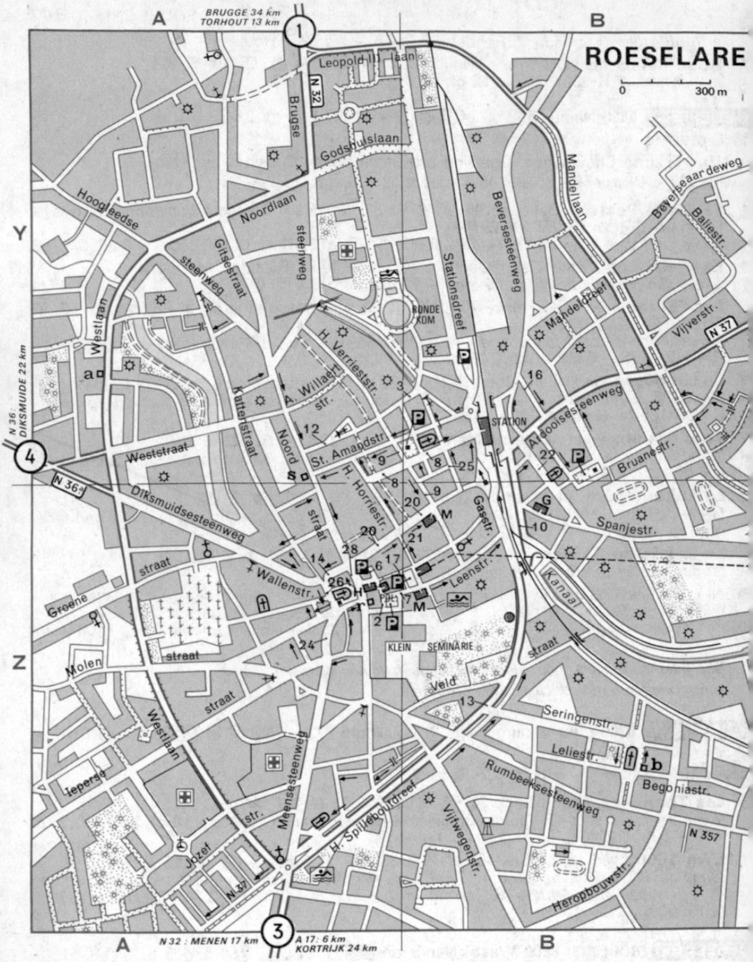

Grote Markt . . . . **AZ** 6	Hazeltstr. . . . . **AZ** 7	Mariastr. . . . . **BY**
Noordstr. . . . . **AYZ**	Hendrik Consciencestr. . . **ABY** 8	Nonnenstr. . . . . **AZ**
Ooststr. . . . . **ABZ** 20	Jan Mahieustr. . . . . . . **ABYZ** 9	Poststr. . . . . **BZ**
Zuidstr. . . . . **AZ** 28	Jules Lagaelaan . . . . **BZ** 10	St. Hubrechtsstr. . . . . **BY**
	Kokelaarstr. . . . . **AY** 12	St. Michielsstr. . . . . **AZ**
Botermarkt . . . . **AZ** 2	Koning Albert I-laan . . . . . **BZ** 13	Vlamingstr. . . . . **BY**
Cichoreistr. . . . . **ABY** 3	Manestr. . . . . **AZ** 14	Vrouwenstr. . . . . **AZ**

ALFA-ROMEO Hortensiastraat 14 ☎ 200392
BMW Menensteenweg 86 ☎ 227022
CITROEN Menensteenweg 258 ☎ 225966
FORD Bruggesteenweg 333 ☎ 229399
GM (OPEL) Bruggesteenweg 572 ☎ 241200
HONDA Westlaan 102 ☎ 202208
LADA Bruanestraat 78 ☎ 202286
MAZDA Ieperstraat 163 ☎ 224839
MERCEDES-BENZ Hoge Barrierestraat 10 ☎ 228282
MITSUBISHI Ardooiesteenweg 301 ☎ 206173
NISSAN Bruggesteenweg 372 ☎ 225533
PEUGEOT, TALBOT Bruggesteenweg 377 ☎ 207801
RENAULT Westlaan 221 ☎ 203310
ROVER Meiboomlaan 111 ☎ 228775
VAG Menensteenweg 287 ☎ 226601
VOLVO Vijfwegenstraat 95 ☎ 229777

OKSEM West-Vlaanderen 213 ② et 409 ② – voir à Oudenburg.

ONSE (RENAIX) 9600 Oost-Vlaanderen 213 ⑯ et 409 ⑫ – 23 996 h. – ✪ 0 55.

Stadhuis, Grote Markt ✆ 21 25 01 (ext. 24).

ruxelles 57 – ◆Gent 38 – ◆Kortrijk 32 – Valenciennes 49.

XX ✪ **Host. Shamrock** (De Beyter) avec ch, Ommegangstraat 148 (NE : 7 km par N 60 et N 425), ✉ 9680 Maarkedal, ✆ 21 55 29, Telex 86165, Fax 21 56 83, ≤, « Terrasse et parc » – TV ☎ P. AE ① E VISA. ✻
fermé du 15 au 30 juil. – **R** *(fermé dim. soir, lundi et mardi midi)* carte 2300 à 3000 – **6 ch** 4800/6500 – ½ P 5150/5550.
Spéc. Foie d'oie poêlé et jeunes légumes, Dos de turbot à la vapeur, Gibiers en saison.

XX **Salons Dampierre,** Kruisstraat 5, ✆ 21 87 51, Fax 31 29 74, « Demeure ancienne » – P. AE ① E VISA – *fermé mardis soirs, merc. et sam. midis non fériés* – **R** carte 1700 à 2200.

XX **Beau Séjour,** Vierde Maartlaan 109, ✆ 21 33 65, Fax 21 92 65, – AE E VISA ✻
fermé dim. soir, lundi, merc. soir, 3 dern. sem. juil. et 2 prem. sem. fév. – **R** 1450/2100.

X **Host. Lou Pahou** avec ch, Zuidstraat 25, ✆ 21 91 11, Fax 20 91 04, – TV ☎. AE ① E VISA. ✻ – *fermé 15 juil.-5 août* – **R** *(fermé mardi, merc. midi et dim. soir)* 900/1395 – 150 – **6 ch** 1500/1800 – ½ P 2100.

X **Luc Belin,** Grote Markt 7, ✆ 21 33 58 – AE E VISA
fermé mardi soir, merc. et 16 août-6 sept – **R** 900/1650.

W Leuzesteenweg 10 ✆ 214295
'ROEN Van Hovestraat 14 ✆ 212760
RD Engelsenlaan 21 ✆ 214085
(OPEL) Cesar Snoecklaan 40 ✆ 214173
DA Oude Vestingstraat 57 ✆ 213264
ZDA Zonnestraat 381 ✆ 211305
ZDA J. Ferrantstraat 1 ✆ 212677
MERCEDES-BENZ O. Ponettestraat 31 ✆ 213326
MITSUBISHI Ninovestraat 14 ✆ 212282
NISSAN Nieuwe Brugstraat 19 ✆ 212612
NISSAN Steenweg op Ninove 343 ✆ 212786
RENAULT Oude Vestingstraat 47 ✆ 213568
ROVER Kasteelstraat 84 ✆ 211000
VAG Steenweg op Ellezelles 133 ✆ 212906

OTHEUX-RIMIERE Liège 213 ㉒ et 409 ⑮ – voir à Liège.

OULERS West-Vlaanderen – voir Roeselare.

UDDERVOORDE West-Vlaanderen 213 ③ et 409 ② – voir à Brugge.

UMST Antwerpen 213 ⑥ et 409 ④ – voir à Mechelen.

AINTE-CÉCILE 6820 Luxembourg belge C Florenville 5 630 h. 214 ⑯ et 409 ㉕ – ✪ 0 61.

ruxelles 171 – ◆Arlon 46 – Bouillon 18 – Neufchâteau 30.

✪ **Host. Sainte-Cécile** , r. Neuve 81, ✆ 31 31 67, Fax 31 50 04, ≤, « Jardin au bord de l'eau » – ☎ P. AE ① E VISA. ✻ rest
fermé 3 fév.-21 mars – **R** *(fermé dim. soir et lundi hors saison et jours fériés)* carte 2000 à 2400 – **14 ch** 2300/2500 – ½ P 2400.
Spéc. Gratin d'écrevisses et tourteau, Papillote de loup de mer aux senteurs du jardin, Rognon de veau voilé aux poivrons rouges.

T-GILLES (SINT-GILLIS) Brabant 409 ㉑ – voir à Bruxelles.

T-HUBERT 6870 Luxembourg belge 214 ⑯ ⑰ et 409 ㉕ – 5 545 h. – ✪ 0 61.

ir Intérieur★★ de la Basilique St-Hubert★.

v. Forêts★ entre St-Hubert et Fourneau N : 7 km.

Palais Abbatial, pl. de l'Abbaye (en saison) ✆ 61 30 10.

ruxelles 137 – ◆Arlon 60 – La Roche-en-Ardenne 25 – Sedan 59.

Borquin, pl. de l'Abbaye 6, ✆ 61 14 56 – |✦| TV. AE ① E VISA – *fermé merc., 2e quinz. août et prem. sem. janv.* – **R** 520/1350 – 210 – **9 ch** 1050/1600 – ½ P 1375/1850.

XX ✪ **Le Clos Saint-Michel** (Lekeu), r. Saint-Michel 46, ✆ 61 25 59, ≤, « Terrasse et jardin » – P. AE ① E VISA – *fermé mardi, 25 fév.-8 mars et du 2 au 13 sept* – **R** carte 1700 à 2500.
Spéc. Ris de veau façon Parmentier, Salade de St-Jacques grillées, beurre fondant aux truffes (oct.-avril), Blanc de turbot aux épices et romarin.

X **Luxembourg** avec ch, pl. du Marché 7, ✆ 61 10 93, Fax 61 29 44 – ☎. AE ① E VISA. ✻
fermé 2 sem. en juin, 2 sem. en janv. et jeudi sauf vacances scolaires – **R** 450/1200 – **18 ch** 750/1790 – ½ P 1110/1740.

X **Le Cor de Chasse** avec ch, av. Nestor Martin 3, ✆ 61 16 44, Fax 61 33 15 – AE E VISA
fermé mardi, 2e quinz. juin, 2e quinz. sept et 2e quinz. fév. – **R** 560/1200 – **10 ch** 950/1450 – ½ P 1450/1700.

X **La Petite Fringale,** r. Saint-Gilles 36, ✆ 61 29 74 – AE E VISA ✻
fermé merc. sauf du 15 juil. au 15 août – **R** 650.

ZDA av. des Chasseurs Ardennais 8 ✆ 611007
TSUBISHI r. Bois 40 ✆ 612792
VAG av. des Chasseurs Ardennais 56 ✆ 611432

ST-JOSSE-TEN-NOODE (SINT-JOOST-TEN-NODE) Brabant 409 ㉑ – voir à Bruxelles.

ST-NICOLAS Oost-Vlaanderen – voir Sint-Niklaas.

ST-SERVAIS Namur 213 ⑳ et 409 ⑭ – voir à Namur.

ST-TROND Limburg – voir Sint-Truiden.

ST-VITH Liège – voir Sankt Vith.

SALMCHATEAU Luxembourg belge 214 ⑧ et 409 ⑯ – voir à Vielsalm.

SANKT VITH (ST-VITH) **4780** Liège 214 ⑨ et 409 ⑯ – 8 488 h. – ✆ 0 80.

♦Bruxelles 180 – ♦Liège 78 – Clervaux 36 – La Roche-en-Ardenne 51.

Pip-Margraff, Hauptstr. 7, ✆ 22 86 63, Fax 22 87 61 – TV ☎ – 80. AE E VISA.
fermé du 2 au 24 avril et 25 juin-5 juil. – **R** *(fermé dim. soir et lundi sauf du 15 mai au 15 sep*
carte 850 à 1450 – **16 ch** 1300/2250 – ½ P 1600/1800.

XXX ✿✿ **Zur Post** (Pankert) avec ch, Hauptstr. 39, ✆ 22 80 27 – TV ☎. AE E VISA.
fermé du 1er au 12 juil., janv. et dim. soirs et lundis non fériés – **R** carte 2300 à 2950 –
350 – **8 ch** 1450/2400.
Spéc. Langoustines grillées aux graines de sésame, Assiette de poissons et crustacés au beu
de Champagne, Côtelettes de pigeonneau farcies et foie gras (fév.-sept).

XX **Le Luxembourg,** Hauptstr. 71, ✆ 22 80 22 – E
fermé merc. soir, jeudi, 2 sem. après carnaval et 2 sem. en sept – **R** carte 1350 à 195(

ALFA-ROMEO r. Luxembourg 69 ✆ 228389
FIAT rte de Malmédy 88 ✆ 228691
LADA Rodt 164 ✆ 228412
MAZDA r. Medell 162 à Meyerode ✆ 228956
RENAULT rte de Malmédy 14 à Crombach ✆ 227367
VAG Prümerstr. 14 ✆ 228286
VAG r. Luxembourg 33 ✆ 228110

SART Liège 213 ㉓ et 409 ⑯ – voir à Spa.

SCHAERBEEK (SCHAARBEEK) Brabant 409 ㉑ ㉒ – voir à Bruxelles.

SCHEPDAAL Brabant 213 ⑱ et 409 ⑬ – voir à Bruxelles, environs.

SCHERPENHEUVEL (MONTAIGU) **3270** Brabant Ⓒ Scherpenheuvel-Zichem 20 233 h. 213 et 409 ⑤ – ✆ 0 13.

♦Bruxelles 52 – ♦Antwerpen 52 – ♦Hasselt 31.

XX **De Zwaan** avec ch, Albertusplein 12, ✆ 77 13 69 – TV ☎ – P – 25. AE ⓓ E VI
fermé sam. de sept à avril – **R** 895/1750 – **9 ch** 1200/2050 – ½ P 2400.

ALFA-ROMEO Mannenberg 77 ✆ 771596
FIAT, LANCIA Mannenberg 257 ✆ 778720
NISSAN Basilieklaan 38 ✆ 771322
RENAULT Mannenberg 11 ✆ 771768
VAG Mannenberg 165 ✆ 771333

SCHILDE **2970** Antwerpen 213 ⑦ et 409 ④ – 18 115 h. – ✆ 0 3.

18 9 à 's Gravenwezel N : 5 km, St-Jobsesteenweg 120, ✆ (0 3) 384 07 84.

♦Bruxelles 62 – ♦Antwerpen 13 – ♦Turnhout 28.

XX **Henri IV,** Louis Mariënlaan 5, ✆ 383 11 49, – P. AE ⓓ E VISA
fermé sam. midi, mardi et 28 janv.-22 fév. – **R** carte 1100 à 2000.

XX **Apicius,** A. van de Sandelaan, ✆ 383 45 65, , « Cadre de verdure » – P. AE ⓓ VISA
fermé sam. midi, dim. midi et lundi – **R** carte 1100 à 1750.

LADA Bethanielei 39 ✆ 3836185
LANCIA Turnhoutsebaan 14 ✆ 3532224
MAZDA Turnhoutsebaan 100 ✆ 3537086
MITSUBISHI Turnhoutsebaan 305 ✆ 3833652
ROVER Turnhoutsebaan 478 ✆ 3830462
TOYOTA Kerkelei 74 ✆ 3830239
VAG Turnhoutsebaan 399 ✆ 3843020
VOLVO Kerkelei 92 ✆ 3831576

SCHOONAARDE **9200** Oost-Vlaanderen Ⓒ Dendermonde 42 427 h. 213 ⑤ et 409 ③ – ✆ 0

♦Bruxelles 39 – ♦Gent 26 – Aalst 11 – Dendermonde 7.

X **Het Palinghuis,** Oude Brugstraat 16, ✆ 42 32 46 – P. AE E VISA.
fermé vend., sam. midi et déc. – **R** carte env. 1100.

NISSAN Vrankrijkstraat 51 ✆ 422203

SCHOTEN Antwerpen 212 ⑮ et 409 ④ – voir à Antwerpen, environs.

SEMOIS (Vallée de la) ★★ 214 ⑮ ⑯ et 409 ㉔ ㉕ **G. Belgique-Luxembourg.**

SERAING Liège 213 ㉓ et 409 ⑮ – voir à Liège.

SILENRIEUX **5630** Namur C Cerfontaine 4 043 h. 214 ③ et 409 ㉓ – ✆ 0 71.

Bruxelles 77 – ◆Charleroi 25 – ◆Dinant 39 – Maubeuge 40.

XX **La Plume d'Oie,** r. par delà l'eau 6, ℘ 63 35 35 – AE ⓓ E VISA
fermé lundi et mardi soir hors saison – **R** 895.

SINT-AGATHA-BERCHEM Brabant – voir Berchem-Ste-Agathe à Bruxelles.

SINT-AMANDS **2890** Antwerpen 213 ⑥ et 409 ④ – 7 172 h. – ✆ 0 52.

Bruxelles 38 – ◆Antwerpen 32 – ◆Mechelen 23.

XX **Scheldezicht,** Kaai 24, ℘ 33 40 80, ≤, – AE ⓓ E VISA
fermé merc. et jeudis non fériés, 2 dern. sem. oct. et 2 dern. sem. janv. – **R** 850/1500.

XX **De Veerman,** Kaai 26, ℘ 33 32 75, ≤, – AE ⓓ E VISA
fermé lundi, mardi et du 1er au 15 oct. – **R** carte 1100 à 1500.

SINT-DENIJS-WESTREM Oost-Vlaanderen 213 ④ et 409 ③ – voir à Gent.

SINT-GENESIUS-RODE Brabant 213 ⑱ et 409 ⑬ – voir à Bruxelles, environs.

SINT-GILLIS Brabant – voir St-Gilles à Bruxelles.

SINT-HUIBRECHTS-LILLE **3910** Limburg C Neerpelt 13 694 h. 213 ⑩ et 409 ⑥ – ✆ 0 11.

Bruxelles 113 – ◆Antwerpen 84 – ◆Eindhoven 23.

XX **Kompenhof,** Hamonterweg 164 (sur N 71), ℘ 64 05 47, – P. AE ⓓ E VISA.
fermé mardi et sam. midi – **R** carte env. 1400.

M (OPEL) Hamonterweg 136 ℘ 643815 LADA Geuskenstraat 17 ℘ 642437

SINT-IDESBALD West-Vlaanderen 213 ① et 409 ① – voir à Koksijde-Bad.

SINT-JAN-IN-EREMO **9982** Oost-Vlaanderen C Sint-Laureins 6 532 h. 213 ④ et 409 ③ – ✆ 0 91.

Bruxelles 102 – ◆Brugge 38 – ◆Gent 33.

XX **'t Schuurke,** St-Jansstraat 56, ℘ 79 86 61 – P. ⓓ E VISA
fermé lundi, mardi et du 7 au 17 oct. – **R** carte env. 1300.

AZDA St-Janstraat 15 ℘ 798867

SINT-JANS-MOLENBEEK Brabant – voir Molenbeek-St-Jean à Bruxelles.

SINT-JOOST-TEN-NODE Brabant – voir St-Josse-Ten-Noode à Bruxelles.

SINT-KATHERINA-LOMBEEK Brabant 213 ⑱ et 409 ⑬ – voir à Ternat.

SINT-KRUIS West-Vlaanderen 213 ③ et 409 ② – voir à Brugge.

SINT-LAMBRECHTS-WOLUWE Brabant – voir Woluwé-St-Lambert à Bruxelles.

SINT-LAUREINS **9980** Oost-Vlaanderen 213 ④ et 409 ② – 6 532 h. – ✆ 0 91.

Bruxelles 98 – ◆Antwerpen 70 – ◆Brugge 25 – ◆Gent 28.

XX **Slependamme,** Lege Moerstraat 26 (sur N 434), ℘ 77 78 31 – P. AE E VISA
fermé merc., jeudi midi et 19 août-7 sept – **R** carte 1100 à 1700.

SINT-MARTENS-LATEM (LAETHEM-ST-MARTIN) **9830** Oost-Vlaanderen 213 ④ et 409 ③ – 798 h. – ✆ 0 91.

Latemstraat 120 ℘ 52 54 48.

Bruxelles 65 – ◆Antwerpen 70 – ◆Gent 10.

XXX **De Kroon,** Kortrijksesteenweg 134, ℘ 82 38 56 – P. AE ⓓ E VISA.
fermé merc. et sam. midi – **R** carte 1650 à 2050.

XX **Latem,** Kortrijksesteenweg 9, ℘ 82 36 17, – P. AE ⓓ E VISA – *fermé du 1er au 15 mars, 24 sept-15 oct., lundi soir, mardi et sam. midi* – **R** carte 1500 à 2000.

X **De Klokkeput,** Dorp 8, ℘ 82 47 75, Rustique
fermé lundi, mardi, 2 sem. en sept et 2 sem. en fév. – **R** carte 1000 à 1400.

X **Sabatini,** Kortrijksesteenweg 114, ℘ 82 80 35, Avec cuisine italienne – P. AE ⓓ E VISA
fermé merc., sam. midi, 15 juil.-15 août et 23 déc.-1er janv. – **R** carte 1100 à 1800.

à Deurle E : 2 km 🄲 Sint-Martens-Latem – ✉ 9831 Deurle – ✆ 0 91 :

🏨 **Aub. du Pêcheur** ♨, Pontstraat 41, ✆ 82 31 44, Fax 82 90 58, ≤, 🍽, « Terrasse et jardi au bord de la Lys (Leie) » – |‡| 📺 ☎ 🅟 – 🏛 25 à 50. AE ⓓ E VISA – **R** *(fermé lund sam. midi et 2e quinz. déc.)* carte 1700 à 2300 – ☕ 250 – **19 ch** 2300/3800 – ½ P 2900/320(

XX **D'Ouwe Hoeve,** Dorpsstraat 48, ✆ 82 32 52, 🍽, « Ferme du 18e s. » – ⓓ E
fermé lundis non fériés, 26 août-9 sept et mi-janv.-mi-fév. – **R** carte 1250 à 1900.

ROVER Kortrijksesteenweg 160 ✆ 823516 TOYOTA Dorpsstraat 38 ✆ 823721

SINT-NIKLAAS **(ST-NICOLAS) 9100** Oost-Vlaanderen **213** ⑤ ⑥ et **409** ④ – 68 059 h. – ✆ 0

🅘 Grote Markt 45 ✆ 777 26 81.

◆Bruxelles 47 ② – ◆Gent 39 ③ – ◆Antwerpen 25 ② – ◆Mechelen 32 ②.

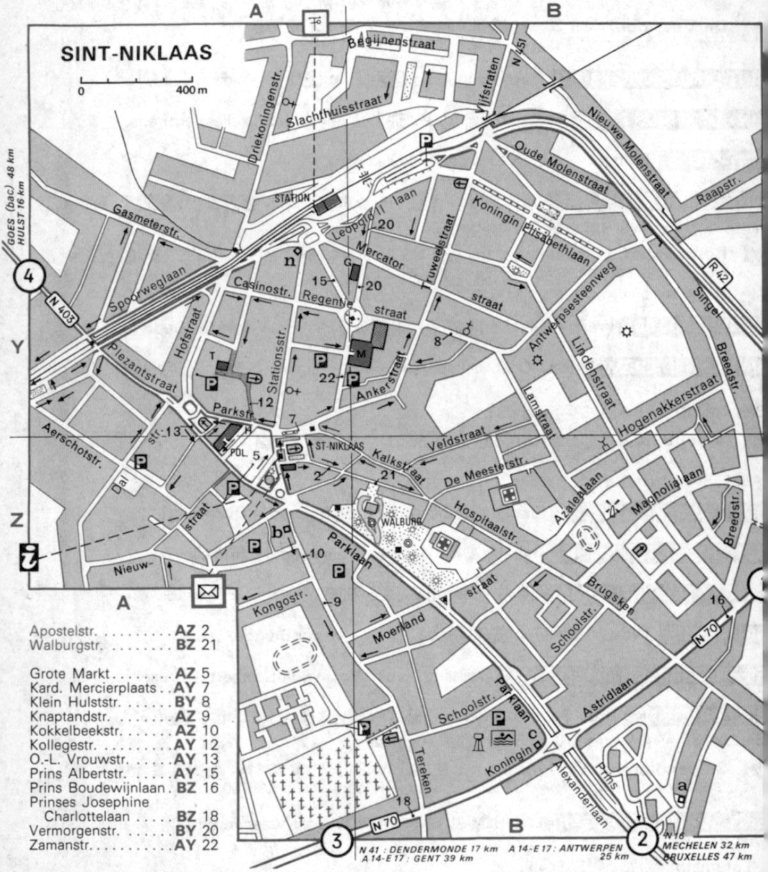

Apostelstr. . . . . AZ 2
Walburgstr. . . . . BZ 21

Grote Markt . . . . AZ 5
Kard. Mercierplaats . . AY 7
Klein Hulststr. . . . . . . BY 8
Knaptandstr. . . . . AZ 9
Kokkelbeekstr. . . . . . . AZ 10
Kollegestr. . . . . AY 12
O.-L. Vrouwstr. . . . . . AY 13
Prins Albertstr. . . . . . AY 15
Prins Boudewijnlaan . BZ 16
Prinses Josephine Charlottelaan . . . . BZ 18
Vermorgenstr. . . . . . . BY 20
Zamanstr. . . . . AY 22

🏨 **Serwir,** Koningin Astridlaan 49, ✆ 778 05 11, Telex 32422, Fax 778 13 73 – |‡| ▤ rest 📺 ☎ 🅟 – 🏛 25 à 450. AE ⓓ E VISA BZ
fermé du 7 au 28 juil. et du 25 au 30 déc. – **R** carte 800 à 1350 – **26 ch** ☕ 1800/330

🏨 **Flandres,** Stationsplein 5, ✆ 777 00 93, Telex 35072, Fax 777 05 96 – |‡| ▤ rest 📺 ☎ 🏛 30. AE ⓓ E VISA – **R** *(fermé sam. midi, dim. soir et 6 juil.-3 août)* 990/1490 – **20 c** ☕ 2600/3500 – ½ P 3150/3550. AY

XXX **'t Mezennestje,** De Meulenaerstraat 2, ✆ 776 28 73, Fax 766 24 61, 🍽, « Villa sur jardin – AE E VISA BZ
fermé du 10 au 31 juil., prem. sem. janv., sem. carnaval et merc. – **R** carte 1600 à 240(

XXX **'t Begijnhofken,** Kokkelbeekstraat 157, ✆ 776 38 44, Fax 778 19 50 – 🅟. AE ⓓ E VISA
fermé merc. soir et 2 sem. en août – **R** 1800/3500. AZ

à Sint-Pauwels par ④ : 7 km 🄲 Sint-Gillis-Waas 15 917 h. – ✉ 9170 Sint-Pauwels – ✆ 0 3 :

XX **De Rietgaard,** Zandstraat 239 (sur N 403), ✆ 779 55 48 – Ⓟ. AE E VISA. ✂
fermé lundi soir, mardi, fin août-début sept et dern. sem. fév. – **R** carte 1400 à 1900.

LFA-ROMEO Gentse Baan 48 ✆ 7765972
MW Bellestraat 40 ✆ 7660006
ITROEN Grote Baan 126a à Nieuwkerken-
'aas ✆ 7774666
ORD Dalstraat 28 ✆ 7763830
M (OPEL) Parklaan 87 ✆ 7777271
ONDA Oostjachtpark 6 ✆ 7760588
ADA Grote Baan 33b ✆ 7766047
AZDA Blokmakerstraat 9 ✆ 7761062
AZDA Kerkstraat 112 à St-Gillis-Waas
' 7705288
ERCEDES-BENZ Gentse Baan 62 ✆ 7779999
ITSUBISHI Plezantstraat 290 ✆ 7763407
NISSAN St-Niklaasstraat 100 à St-Gillis-Waas
✆ 7705742
NISSAN Raap 101 ✆ 7761124
PEUGEOT, TALBOT Prins Boudewijnlaan 95
✆ 7780303
ROVER Wegvoeringstraat 88 ✆ 7761338
TOYOTA St-Niklaasstraat 78 à St-Gillis-Waas
✆ 7705783
TOYOTA Passtraat 195b ✆ 7773122
VAG Parklaan 50 ✆ 7777080
VAG Verzusteringslaan 20 ✆ 7766382
VOLVO Bellestraat 48 ✆ 7760880

SINT-PAUWELS Oost-Vlaanderen 213 ⑤ – voir à Sint-Niklaas.

SINT-PIETERS-WOLUWE Brabant – voir Woluwé-St-Pierre à Bruxelles.

SINT-TRUIDEN (ST-TROND) 3800 Limburg 213 ㉑ et 409 ⑭ – 36 618 h. – ✆ 0 11.
Stadhuis, Grote Markt 68 ✆ 68 68 72 (ext. 190).
Bruxelles 63 ⑤ – ✦Hasselt 17 ① – ✦Liège 35 ③ – ✦Maastricht 39 ② – ✦Namur 50 ④.

ST. TRUIDEN

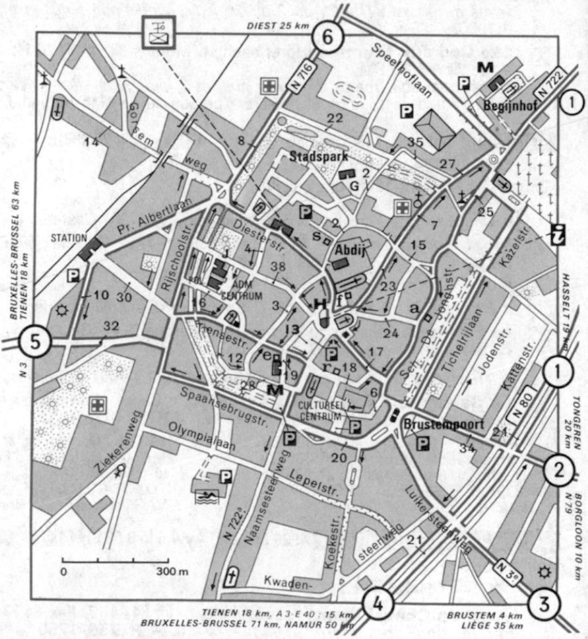

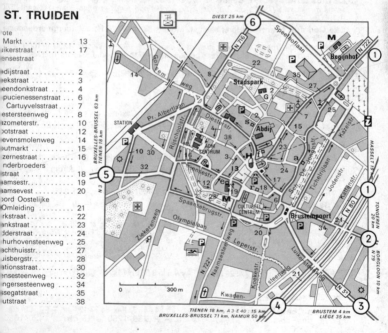

🏨 **Regency** sans rest, Schepen Dejongstraat 43, ✆ 68 48 81, Fax 67 41 89 – |‡| TV ☎ Ⓟ. AE ⓓ E VISA **a**
☕ 180 – **11 ch** 1700/2300.

🏨 **Cicindria** sans rest, Abdijstraat 6, ✆ 68 13 44, Fax 67 41 38 – |‡| TV ☎. AE ⓓ E VISA
fermé 20 déc.-6 janv. – ☕ 200 – **26 ch** 1600/2200. **s**

XX **Aen de Kerck van Melveren,** St-Godfriedstraat 15 (NE : 4 km par N 722, lieu-dit Melveren), ✆ 68 39 65 – Ⓟ. AE ⓓ E VISA. ✂
fermé sam. midi, dim. soir, lundi et fin juil.-15 août – **R** carte 1600 à 2400.

XX **De Markies,** Minderbroedersstraat 22, ✆ 67 24 85, Fax 69 11 05, 🏡 – AE E VISA ✂
fermé du 1er au 18 juil., sem. carnaval et lundi – **R** 1000/1695. **r**

XX **De Mein,** Meinstraat 3, ✆ 68 97 34, Produits de la mer – AE ⓓ E VISA
fermé sam. midi, dim., 15 août-1er sept et 24 déc.-2 janv. – **R** 1200/1880.

XX **Amico,** Naamsestraat 3, ✆ 68 81 50 – AE E
fermé mardi – **R** 590/850.

ALFA-ROMEO Luikersteenweg 255 à Brustem ✆ 683007
BMW Diestersteenweg 120 ✆ 688678
CITROEN Tongersesteenweg 1 ✆ 682276
FIAT Diestersteenweg 4 ✆ 686893
FORD Luikersteenweg 131 ✆ 686852
GM (OPEL) Zepperenweg 5a ✆ 671486
HONDA Tongersesteenweg 45 ✆ 687117
LADA Naamsesteenweg 21 à Kerkom ✆ 684016
MAZDA Tiensesteenweg 165 ✆ 682624
MERCEDES-BENZ Tongersesteenweg 133 ✆ 689221
MITSUBISHI Nijverheidslaan 29 ✆ 683317
NISSAN Industrielaan 11 ✆ 689668
PEUGEOT, TALBOT Luikersteenweg 94 ✆ 682030
RENAULT Zoutleeuwsesteenweg 2 ✆ 687991
TOYOTA Luikersteenweg 242 à Brustem ✆ 682933
VAG Luikersteenweg 286 à Brustem ✆ 683118
VAG Schepen De Jonghstraat 37 ✆ 686666
VOLVO Naamsesteenweg 239 ✆ 689951

SIRAULT 7332 Hainaut C Saint-Ghislain 22 004 h. 213 ⑯ et 409 ⑫ – ☎ 0 65.

♦Bruxelles 77 – ♦Mons 15 – ♦Tournai 36 – Valenciennes 32.

XX **T' Jolle,** r. Poteries 45, ✆ 62 24 08, « Jardin » – P. AE ⓓ E VISA
fermé dim. soir, lundi soir et mardi – **R** 1300.

SOHEIT-TINLOT 4557 Liège C Tinlot 1 852 h. 213 ㉒, 214 ⑥ ⑦ et 409 ⑮ – ☎ 0 85.

♦Bruxelles 96 – ♦Liège 29 – Huy 13.

XXX **Le Clos du Mayeur,** r. Centre 12, ✆ 51 28 80, « Jardin » – P. AE VISA
fermé du 16 au 31 août, du 2 au 10 janv., lundis non fériés et mardi soir – **R** carte 150 à 1900.

XX ✿ **Le Coq aux Champs** (Horenbach), r. Montys 33, ✆ 51 20 14, « Auberge ardennaise » – P. AE ⓓ E VISA
fermé lundi soir, mardi, 1re quinz. juil. et 3 dern. sem. déc. – **R** carte 1200 à 1600.
Spéc. Tartare de saumon et homard, Turbotin au bouillon de poule, Gibiers (oct.-déc.).

SOIGNIES (ZINNIK) 7060 Hainaut 213 ⑰ et 409 ⑫ – 23 488 h. – ☎ 0 67.

Voir Collégiale St-Vincent**.

♦Bruxelles 41 – ♦Mons 18 – ♦Charleroi 40.

à Casteau S : 7 km par N 6 C Soignies – ✉ 7061 Casteau – ☎ 0 65 :

Moat House, chaussée de Bruxelles 38, ✆ 72 87 41, Telex 57164, Fax 72 87 44 – c
TV ☎ P – 25 ou plus. AE ⓓ E VISA
R carte 1000 à 1700 – ☕ 320 – **71 ch** 2230/2930.

à Horrues N : 5 km par N 55 C Soignies – ✉ 7060 Horrues – ☎ 0 67 :

XX **La Fermette,** chemin du Bois de Steenkerque 2, ✆ 33 50 08, « Jardin » – P. AE
E VISA – *fermé merc.* – **R** carte 1100 à 1700.

à Thieusies S : 6 km par N 6 C Soignies – ✉ 7061 Thieusies – ☎ 0 65 :

XX **La Saisinne,** r. Saisinne 43, ✆ 72 86 63, « Cadre champêtre » – P. AE ⓓ E VISA
fermé dim., lundi, juil. et 1 sem. carnaval – **R** 1150/1550.

ALFA-ROMEO r. Guelenne 40 ✆ 332389
FIAT chaussée de Mons 175 ✆ 332520
FORD chaussée de Mons 71 ✆ 333545
GM (OPEL) r. Senne 61 ✆ 331359
HONDA r. Viaduc 4 ✆ 333696
LADA r. G. Wincqz ✆ 332676
MAZDA chaussée d'Enghien 376 à Horrues ✆ 333325
TOYOTA chaussée de Mons 126 ✆ 333238
VAG chaussée de Braine 74 ✆ 334228

SOUGNÉ-REMOUCHAMPS 4920 Liège C Aywaille 8 661 h. 213 ㉓, 214 ⑧ et 409 ⑯ – ☎ 0 4

Voir Grotte**.

♦Bruxelles 122 – ♦Liège 28 – Spa 13.

Aub. du Cheval Blanc, r. Louveigné 1, ✆ 84 44 17, Fax 84 73 12, – TV. AE ⓓ
fermé lundi soir, mardi et janv.-15 fév. – **R** 750/1750 – **13 ch** ☕ 1430/1630
½ P 1150/1680.

XX **Bonhomme Royal H. des Étrangers** avec ch, r. Reffe 26, ✆ 84 40 06, « Jardin au bo de l'eau », – P. AE E VISA.
fermé dern. sem. juin, du 15 au 30 sept, du 1er au 15 déc. et merc. non fériés sauf en juil.-ao
– **R** carte 1100 à 1950 – **11 ch** ☕ 950/1910 – ½ P 1540/1700.

MAZDA rte de Louveigné 38 ✆ 845050

PA **4900** Liège 213 ㉓ et 409 ⑯ – 9 685 h. – ☎ 0 87 – Station thermale.

ir Station thermale★★ – Promenade des Artistes★ par ② – Musée de la Ville d'Eau : llection★ de "jolités" AY **M** – Env. Parc à gibier de la Reid★ par ③ : 9 km.

à Balmoral par ① : 2,5 km ☎ (0 87) 77 16 13.

Pavillon des Petits Jeux, pl. Royale 41 ☎ 77 25 19 et 77 17 00.

ruxelles 139 ③ – ◆Liège 38 ③ – Verviers 16 ③.

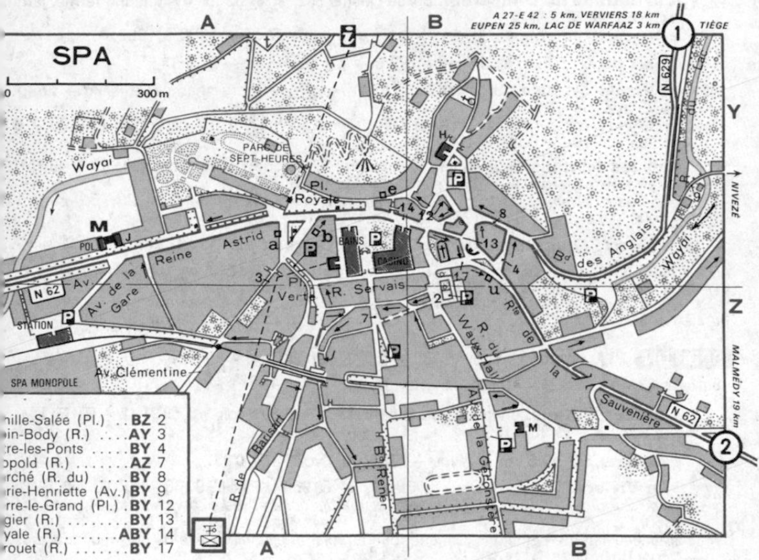

La Heid des Pairs ⑤ sans rest, av. Prof. Henrijean 143 (SO : 1,5 km), ☎ 87 73 46, Fax 77 06 44, « Villa, parc », ⛱, – TV ☎ P. AE ⓓ E VISA. ⛔
11 ch ☐ 2600/4800. par av. Clémentine AZ

L'Auberge, pl. du Monument 3, ☎ 87 74 10, Fax 87 78 40 – |♦| ▤ rest TV ☎. AE ⓓ E VISA. ⛔ AY **a**
fermé 16 fév.-mars – **R** carte 1000 à 1500 – ☐ 185 – **33 ch** 1795/3995.

Le Relais, pl. du Monument 22, ☎ 77 11 08 – TV ☎. AE ⓓ E VISA AY **b**
fermé 12 nov.-2 déc. – **R** *(fermé lundi midi d'oct. à avril)* 550/1350 – **10 ch** ☐ 1200/1900 – ½ P 1150/1350.

Le Grand Maur, r. Xhrouet 41, ☎ 77 36 16, ⛱, « Maison du 18e s. avec terrasse » – AE ⓓ E VISA BYZ **u**
fermé du 10 au 23 juin, du 2 au 15 déc., lundi et mardi midi – **R** carte 1750 à 2400.

La Source de Barisart, rte de Barisart 295 (S : 3 km), ☎ 77 32 98, ≤, ⛱, Rest.-taverne, « Environnement boisé » – P. AE ⓓ E VISA AZ
fermé mardi, merc. et 16 août-10 sept – **R** 750/1300.

Le Cailleteau, r. Delhasse 35, ☎ 77 36 64 – AE ⓓ E VISA AY **e**
fermé merc. soirs et jeudis non fériés et 10 juin-5 juil. – **R** carte 900 à 1350.

à Balmoral par ① : 3 km – ✉ 4900 Spa – ☎ 0 87 :

Dorint, rte de Balmoral 33, ☎ 77 25 81, Telex 49209, Fax 87 71 74, ≤, ⛱, « Environnement boisé », ≘s, ⛱, – |♦| TV ☎ P – 🔔 25 à 80. AE ⓓ E VISA. ⛔ rest
R 750/1000 – **96 ch** ☐ 2240/4080 – ½ P 2940/4140.

à Creppe S : 4,5 km par av. Clémentine - AZ – ✉ 4900 Spa – ☎ 0 87 :

Manoir de Lebioles ⑤ avec ch, ☎ 77 10 20, Fax 77 02 79, ⛱, « Demeure seigneuriale, terrasse, ≤ jardin et vallée boisée », ✂ – TV ☎ 🚗 P. AE ⓓ E VISA
fermé dim. soir, lundi, 2 prem. sem. juil. et janv. – **R** *(fermé sam. midi, dim. soir, lundi, mardi midi et après 20 h 30)* 990/2750 – **6 ch** ☐ 7500/8500.

à Malchamps par ② : 5 km – ✉ 4900 Spa – ☎ 0 87 :

La Ferme de Malchamps, r. Sauvenière 201 (N 62), ☎ 27 52 73, ⛱, « Ancienne métairie » – P. AE E VISA
fermé mardi soir, merc. et après 20 h 30 – **R** carte 1800 à 2600.

à Nivezé par rte de la Sauvenière, puis à gauche – ✉ 4900 Spa – ☎ 0 87 :

X **La Fontaine du Tonnelet,** rte du Tonnelet 82, ☎ 77 26 03, Cuisine italienne – P. AE E VISA
fermé du 1er au 23 janv., mardi et merc. – **R** carte 900 à 1200.

à la Reid par ③ : 9 km C Theux 9 702 h. – ✉ 4910 La Reid – ☎ 0 87 :

XXX **A la Retraite de Lempereur,** Basse Desnié 842, ☎ 37 62 15, « Ancienne ferme, jardin » – P. AE O E VISA
fermé du 1er au 26 juil., 23 déc.-3 janv. et merc. – **R** carte 1200 à 1800.

à Sart par ① : 7 km C Jalhay 5 873 h. – ✉ 4845 Sart – ☎ 0 87 :

Le Wayai, rte du Stockay 2, ☎ 47 41 74, « Cadre champêtre », – ☎ P. O E VISA. rest
fermé merc. et du 16 au 28 déc. – **R** *(fermé après 20 h 30)* carte 800 à 1100 – **6** ch
995/1595 – ½ P 1320/1500.

XX **Aub. les Santons** avec ch, Cokaifagne 47 (rte de Francorchamps), ☎ 47 43 15, « Terrasse et jardin » – TV ☎ P. AE O E VISA
fermé lundi et mardi du 15 nov. au 15 mars et merc. – **R** *(fermé après 20 h 30)* carte 12.. à 2000 – 300 – **6 ch** 1350/1850.

Voir aussi : ***Francorchamps par*** ② : 9 km, ***Stavelot par*** ② : 18 km

ALFA-ROMEO r. Marteau 708 ☎ 771464
CITROEN bd des Anglais 13 ☎ 772525
HONDA av. Reine Astrid 167 ☎ 771222
MAZDA r. Marche ☎ 772091
PEUGEOT, TALBOT av. Reine Astrid 34 ☎ 771429
RENAULT bd des Anglais 2 ☎ 772263
VAG r. Sauvenière 109 ☎ 877400

SPONTIN **5530** Namur C Yvoir 6 739 h. 214 ⑤ et 409 ⑭ – ☎ 0 83.

◆Bruxelles 83 – ◆Namur 24 – ◆Dinant 11 – Huy 31.

X **Aub. des Nutons,** chaussée de Dinant 13, ✉ 5530 Yvoir, ☎ 69 91 42 – AE E VISA
fermé merc. – **R** 890/1500.

à Dorinne SO : 2,5 km C Yvoir – ✉ 5530 Yvoir – ☎ 0 83 :

XXX ✿ **Le Vivier d'Oies** (Godelet), r. État 7, ☎ 69 95 71, Fax 69 90 36 – P. AE O E VISA
fermé 25 juin-15 juil., 2 sem. carnaval et mardis soirs et merc. non fériés – **R** carte 150.. 1950.
Spéc. Feuilleté de petits gris, Canette rôtie au miel et cannelle, Selle de chevreuil aux musc.. (15 oct.-10 déc.).

BMW chaussée de Dinant 43 ☎ 699320

STAVELOT **4970** Liège 214 ⑧ et 409 ⑯ – 6 172 h. – ☎ 0 80.

Voir Carnaval du Laetare★★ (3e dim. avant Pâques) – Châsse de St-Remacle★★ dans l'égli.. St-Sébastien – Musée de l'Ancienne Abbaye : section des Tanneries★.

Env. O : Vallée de l'Amblève★★ de Stavelot à Comblain-au-Pont – Cascade★ de Coo O : 8,5 k.. Montagne de Lancre ✻★.

Musée de l'Ancienne Abbaye (Pâques-oct.) ☎ 86 23 39 et Musée du Circuit (nov.-mars) ☎ 86 27..

◆Bruxelles 158 – ◆Liège 59 – ◆Bastogne 64 – Malmédy 9 – Spa 18.

Le Val d'Amblève, rte de Malmédy 7, ☎ 86 23 53, Fax 86 41 21, ←, « Jardin », – TV ☎ P. AE O E VISA
fermé 3 sem. en mars et 3 sem. en déc. – **R** *(fermé lundis non fériés et jeudi soir)* 1600/20.. – 250 – **16 ch** 1035/3500.

X **Les Sourdans,** Hameau de Rivage 1 (E : 4 km), ☎ 86 41 71, Fax 86 43 52, ←, « Cadre champêtre » – P. AE O E VISA
fermé lundi, mardi, 1 sem. en sept et 1 sem. carnaval – **R** carte 900 à 1600.

à la cascade de Coo O : 8,5 km C Stavelot – ✉ 4970 Stavelot – ☎ 0 80 :

XX **Au Vieux Moulin,** Petit-Coo 2, ☎ 68 40 41, ← – AE E
fermé merc. soir et jeudi – **R** 750/1500.

XX **La Cascatelle** avec ch, av. P. Clerdent 4, ☎ 68 43 66, – TV P. AE O E VISA
fermé merc. soir et jeudi sauf 15 juil.-15 août – **R** 995 – 250 – **6 ch** 1200/1650 – ½ P 16..

HONDA av. Pierre Clerdent 6 ☎ 684307
LADA Pont de Cheneux 2 ☎ 862053
MAZDA rte de Trois Ponts 20 ☎ 862919
NISSAN rte de Trois Ponts 2 ☎ 862083

STEKENE **9190** Oost-Vlaanderen 213 ⑤ et 409 ③ – 14 926 h. – ☎ 0 3.

◆Bruxelles 59 – ◆Antwerpen 30 – ◆Gent 32.

X **'t Oud Gelaag,** Nieuwstraat 66b, ☎ 779 82 94 – P. AE E VISA
fermé jeudi, vend. midi et du 1er au 24 oct. – **R** carte 1100 à 1500.

LADA Hellestraat 15 ☎ 7797594
MAZDA Bosdorp 19 ☎ 7798509
MITSUBISHI Hellestraat 67 ☎ 7796892
ROVER Molenbergstraat 14 ☎ 7797090

TENE West-Vlaanderen 213 ② – voir à Oostende.

TERREBEEK Brabant 213 ⑲ et 409 ⑬ – voir à Bruxelles, environs.

TEVOORT Limburg 213 ⑨ et 409 ⑥ – voir à Hasselt.

TOUMONT **4987** Liège 214 ⑧ et 409 ⑯ – 2 475 h. – ✆ 0 80.

v. O : Belvédère "Le Congo" ≤★ – Site★ du Fonds de Quareux.

ruxelles 139 – ♦Liège 45 – Malmédy 24.

✗ **Les 7 Collines,** rte de l'Amblève 99, ✆ 78 59 84, ≤ vallée de l'Amblève, « Jardin » – P. AE ⓓ E VISA. ✻
fermé lundi soir, mardi et 26 août-13 sept – **R** 1250/1750.

TROMBEEK-BEVER Brabant 213 ⑥ et 409 ④ – voir à Bruxelles, environs.

AMISE Oost-Vlaanderen – voir Temse.

AVIGNY Luxembourg belge 214 ⑧ et 409 ⑯ – voir à Houffalize.

EMSE (TAMISE) **9140** Oost-Vlaanderen 213 ⑥ et 409 ④ – 23 801 h. – ✆ 0 3.

Wilfordkaai 23 ✆ 771 51 31.

ruxelles 40 – ♦Gent 41 – ♦Antwerpen 26 – ♦Mechelen 25 – Sint-Niklaas 7,5.

Belle-Vue, Wilfordkaai 37, ✆ 771 00 02, Telex 35437, Fax 771 57 58 – |$| TV ☎. AE ⓓ E VISA
fermé Noël-Nouvel An – **R** *(fermé vend.)* carte 1200 à 2200 – **12 ch** ☐ 1800/2700.

✗ **Efgee,** Doornstraat 51 (près N 16), ✆ 771 02 16 – P. AE ⓓ E VISA
fermé sam. midi, dim., juil. et 2 sem. en fév. – **R** 1200/1800.

✗ **De Sonne,** Markt 10, ✆ 771 37 73, Fax 771 37 73 – AE ⓓ E VISA ✻
fermé mardi soir et merc. – **R** 1290.

✗ **De Pepermolen,** Nijverheidsstraat 1 (près N 16), ✆ 771 12 41 – P. AE E VISA. ✻
fermé mardi soir, merc., 15 juil.-5 août et carnaval – **R** carte 800 à 1700.

T Kapelanielaan 9a ✆ 7714753
M (OPEL) Krijgsbaan 172 ✆ 7710967
TSUBISHI Jan de Malschelaan 6
7711300
PEUGEOT, TALBOT Akkerstraat 55 ✆ 7710122
RENAULT Kapelanielaan 15 ✆ 7710955
VAG Rozenlaan 8 ✆ 7712840

ERHULPEN Brabant – voir La Hulpe.

ERMONDE Oost-Vlaanderen – voir Dendermonde.

ERNAT **1740** Brabant 213 ⑱ et 409 ⑬ – 12 989 h. – ✆ 0 2.

ruxelles 16 – ♦Gent 38.

✗ **Host. 't Fornuis** ⊛ avec ch, Brusselstraat 91, ✆ 582 02 21, Fax 582 63 78, « Ancienne grange aménagée » – TV ☎ P – 🚶 70. AE ⓓ E VISA. ✻
R *(fermé merc., sam. midi et dim. soir)* carte 1300 à 1900 – **6 ch** ☐ 1800/2400.

à Sint-Katherina-Lombeek O : 2 km C Ternat – ✉ 1742 Sint-Katherina-Lombeek – ✆ 0 2 :

✗ **'t Hoevetje,** Broekstraat 17, ✆ 582 48 48, ☂ – P. AE ⓓ E
fermé du 2 au 19 sept, du 23 au 30 déc., merc. soir, jeudi et dim. soir – **R** carte 1350 à 2100.

ERTRE **7333** Hainaut C Saint-Ghislain 22 004 h. 214 ① et 409 ⑫ – ✆ 0 65.

ruxelles 77 – ♦Mons 12 – ♦Tournai 37 – Valenciennes 30.

✗ **Le Vieux Colmar,** rte de Tournai 197, ✆ 62 26 79, Fax 62 36 14, ☂ – P. AE ⓓ E VISA
fermé dim. soir, lundi soir, mardi, 22 juil.-10 août et 2 sem. carnaval – **R** carte 1300 à 1800.

✗ **La Cense de Lalouette,** rte de Tournai 188, ✆ 62 08 70, Fax 62 35 58, ☂, « Rustique » – P. AE ⓓ E VISA
fermé lundi, sam. midi, 14 août-3 sept et du 1er au 15 janv. – **R** (déjeuner seult sauf sam.) 1300/1800.

ESSENDERLO **3980** Limburg 213 ⑧ ⑨ et 409 ⑤ – 14 186 h. – ✆ 0 13.

ir Jubé★ de l'église St-Martin (St-Maartenskerk).

uxelles 66 – ♦Antwerpen 57 – ♦Liège 70.

✗ **La Forchetta,** Stationsstraat 69, ✆ 66 40 14, ☂ – AE ⓓ E VISA
fermé lundi et sam. midi – **R** 1400/1750.

NAULT Diesterstraat 167 ✆ 664555

THEUX 4910 Liège 213 ㉓ et 409 ⑯ – 9 702 h. – ✆ 0 87.

◆Bruxelles 131 – ◆Liège 31 – Spa 7 – Verviers 12.

XX **Relais du Marquisat,** r. Hocheporte 13, ✆ 54 21 38, « Maisonnette restaurée » – AE ⊕ E VISA ✗
fermé dim. soir, lundi, 2e quinz. juin et 2e quinz. nov. – **R** 950.

MITSUBISHI r. Forges Thiry 1b ✆ 542498

THIEUSIES Hainaut 213 ⑰ et 409 ⑫ – voir à Soignies.

THUIN 6530 Hainaut 214 ③ et 409 ⑬ – 14 100 h. – ✆ 0 71.

Voir Site★.

◆Bruxelles 79 – ◆Charleroi 18 – Maubeuge 29 – ◆Mons 34.

XXX **Le Pré Gourmand,** rte d'Anderlues 159, ✆ 59 41 21, Fax 59 21 14, ≤, 🏡, « Rustique, cad de verdure » – P. AE ⊕ E
fermé merc. et 26 août-13 sept – **R** carte 1500 à 2100.

NISSAN r. Crombouly 1 ✆ 592255
VAG Drève des Alliés 89 ✆ 590231

TIELT 8700 West-Vlaanderen 213 ③ et 409 ② – 19 239 h. – ✆ 0 51.

◆Bruxelles 85 – ◆Brugge 30 – ◆Gent 32 – ◆Kortrijk 21.

🏨 **Shamrock,** Euromarktlaan 24 (sur rte de ceinture), ✆ 40 15 31, 🏡, ≘s, ✗ – |‡| TV P – 🏃 30 à 90. AE ⊕ E VISA
fermé dim. et 2e quinz. juil.-prem. sem. août – **R** *(fermé dim. et lundi)* 950 – **27 c**
▭ 1200/2500 – ½ P 1500/2000.

XX **Hippodrome,** Zwanestraat 6 (S : 3 km), ✆ 40 32 90, 🏡 – P. AE ⊕ E VISA. ✗
fermé mardi soir, merc. et 3 dern. sem. juil. – **R** 1500/2000.

XX **De Meersbloem,** Polderstraat 3 (NE : 4,5 km direction Ruislede, puis rte à gauch ✆ 40 25 01, 🏡, « Jardin » – P. AE ⊕ VISA
fermé mardi soir et merc. – **R** carte 1250 à 1750.

BMW Deinzesteenweg 12 ✆ 400188
CITROEN Deken Darraslaan 60 ✆ 400316
GM (OPEL) Pittemsesteenweg 22 ✆ 401780
HONDA Galgenveldstraat 2 ✆ 401972
LADA Deinzesteenweg 21 ✆ 400320
MITSUBISHI Meulebekesteenweg 12 ✆ 40187
RENAULT Schuiferskapelsesteenweg 65a ✆ 403634
ROVER Industriepark N. ✆ 403958

Dans certains restaurants de grandes villes,
il est parfois difficile de trouver une table libre ;
nous vous conseillons de retenir à l'avance.

TIENEN (TIRLEMONT) 3300 Brabant 213 ⑳ et 409 ⑭ – 31 797 h. – ✆ 0 16.

Voir Église N.-D.-au Lac★ (O.L. Vrouw-ten-Poelkerk) : portails★ ABY **D** – Hakendover : retabl de l'église St-Sauveur (St-Salvatorskerk) par ② : 3 km.

Env. E : 15 km à Zoutleeuw, Église St. Léonard★★ (St. Leonarduskerk) : intérieur (musée d' religieux★★, tabernacle★★).

🅱 Grote Markt 4 ✆ 81 97 85.

◆Bruxelles 46 ④ – ◆Charleroi 60 ④ – ◆Hasselt 35 ② – ◆Liège 57 ④ – ◆Namur 47 ④.

Plan page ci-contre

🏠 **Alpha,** Leuvensestraat 95, ✆ 82 28 00, Fax 82 24 54 – |‡| TV ☎ P. AE E VISA. ✗ rest — AY
R *(fermé sam. midi et dim.)* 550/900 – ▭ 250 – **18 ch** 1700/2150. — AY

XXX **De Mene,** Broekstraat 9, ✆ 82 10 01 – AE ⊕ E VISA — AY
fermé mardi – **R** carte 1400 à 1800.

XX **Vigiliae,** Grote Markt 10, ✆ 81 77 03, Fax 82 12 68, 🏡 – AE ⊕ E VISA — AY
fermé lundi – **R** 1300.

XX **Au Nouveau Monde** avec ch, 4de Lansierslaan 75, ✆ 81 43 21, Fax 81 58 55 – TV – 100. AE ⊕ E VISA — AY
R *(fermé dim. soir et lundi)* carte 750 à 2200 – **12 ch** ▭ 1100/1500 – ½ P 1300/16

XX **Al Parma 2000,** Grote Markt 41, ✆ 81 68 55, Fax 82 26 56, 🏡, Rest.-taverne, Avec cuis italienne, Ouvert jusqu'à 23 h – ▤. AE ⊕ E VISA. ✗ — AY
fermé merc. – **R** carte 800 à 1500.

BMW Ambachtenlaan 2 ✆ 812539
CITROEN Leuvensebaan 486 ✆ 812535
FIAT Leuvenselaan 517 ✆ 812975
FORD Hamelendreef 65 ✆ 814646
GM (OPEL) Leuvenselaan 474 ✆ 811129
LANCIA St-Truidensesteenweg 117 ✆ 814647
MAZDA Wulmersumsesteenweg 160 ✆ 813459
MERCEDES-BENZ Leuvenselaan 466 ✆ 811898
MITSUBISHI Oplintersesteenweg 374 ✆ 8122
NISSAN Industriepark 14 ✆ 816726
PEUGEOT, TALBOT Delportestraat 31 ✆ 813594
RENAULT Industriepark 5 ✆ 813484
TOYOTA Leuvensestraat 115 ✆ 811077
VAG St-Truidensesteenweg 340 ✆ 813272
VOLVO Groot Overlaar 42 ✆ 819871

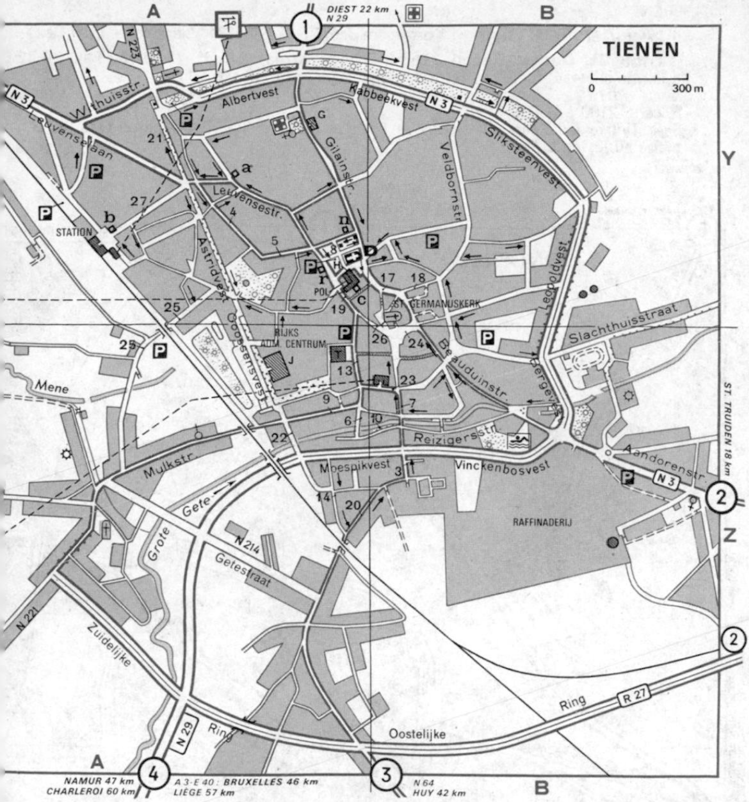

uduinstr. . . . . BZ
vensestr. . . . . AY
ıwstr. . . . . BY 17
ærstr. . . . . AY 19
ımarkt . . . . BZ 24

tsestr. . . . . BZ 3
oortestr. . . . . AY 4

Dr. Joseph Geensstr. . . . . . AY 5
Driemolenstr. . . . . AZ 6
Grote Bergstr. . . . . BZ 7
Grote Markt . . . . AY 8
Hoegaardenstr. . . . . AZ 9
Huidevettersstr. . . . . BZ 10
Minderbroedersstr. . . . . . . AZ 13
Moespikstr. . . . . AZ 14

O. L. V. Broederstr. . . . . . . BY 18
Potterijstr. . . . . AZ 20
Raeymaeckersvest . . . . AY 21
St. Helenavest . . . . AZ 22
Torsinpl. . . . . BZ 23
Viaductstr. . . . . AY 25
Wolmarkt . . . . BZ 26
4de Lansierslaan . . . . AY 27

LFF Liège 213 ㉒ et 409 ⑮ – voir à Liège.

RLEMONT Brabant – voir Tienen.

ONGEREN **(TONGRES) 3700** Limburg 213 ㉒ et 409 ⑮ – 29 587 h. – ✪ 0 12.

r Basilique Notre-Dame★★ (O.L. Vrouwebasiliek) : trésor★★, retable★, statue polychrome★ Notre-Dame – Cloître★.

Stadhuisplein 9 ☎ 23 29 61.

uxelles 87 ④ – ◆Hasselt 20 ⑥ – ◆Liège 19 ③ – ◆Maastricht 19 ②.

Plan page suivante

✗ **Biessenhuys,** Hasseltsestraat 23, ☎ 23 47 09, 🍽, « Demeure ancienne, jardin » – AE ⓓ E VISA ✂ Y a
fermé du 9 au 18 mars, 29 juil.-23 août, mardi soir et merc. – **R** 1250/1650.

✗ **Sir Charles,** Maastrichtersteenweg 447 (NE : 3 km par ②), ☎ 23 02 09 – Ⓟ. AE ⓓ E VISA
fermé du 15 au 31 août, du 2 au 16 janv., lundi soir et mardi – **R** carte 1100 à 1800.

7

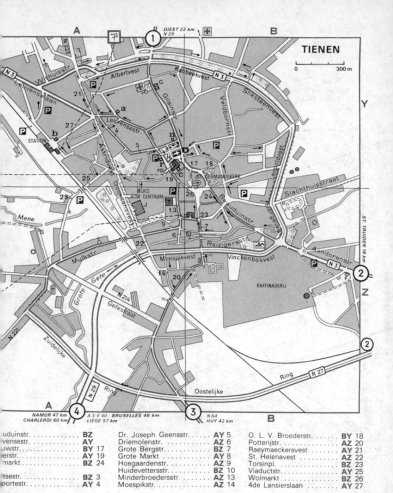

à Vliermaal par ⑥ : 5 km 🄲 Kortessem 7 675 h. – ✉ 3724 Vliermaal – ✪ 0 12 :

XXX ✿ **Clos St. Denis** (Denis), Grimmertingenstraat 24, ☎ 23 60 96, Fax 26 32 (
« Ferme-château du 17e s., terrasse et jardin » – ⓟ. AE ⓞ E VISA. ✈
fermé du 13 au 17 mars, 17 juil.-1er août, 30 oct.-3 nov., 22 déc.-3 janv., lundi et mard
R carte 2100 à 2800.
Spéc. Tartare de homard à la ciboulette, Filets de rouget à l'infusion de citron vert, Ris de ve
braisé au jus de truffes.

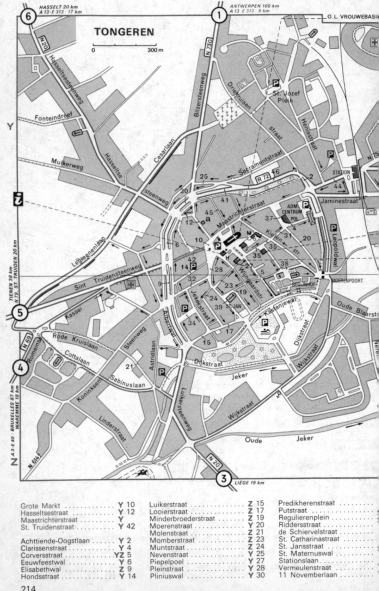

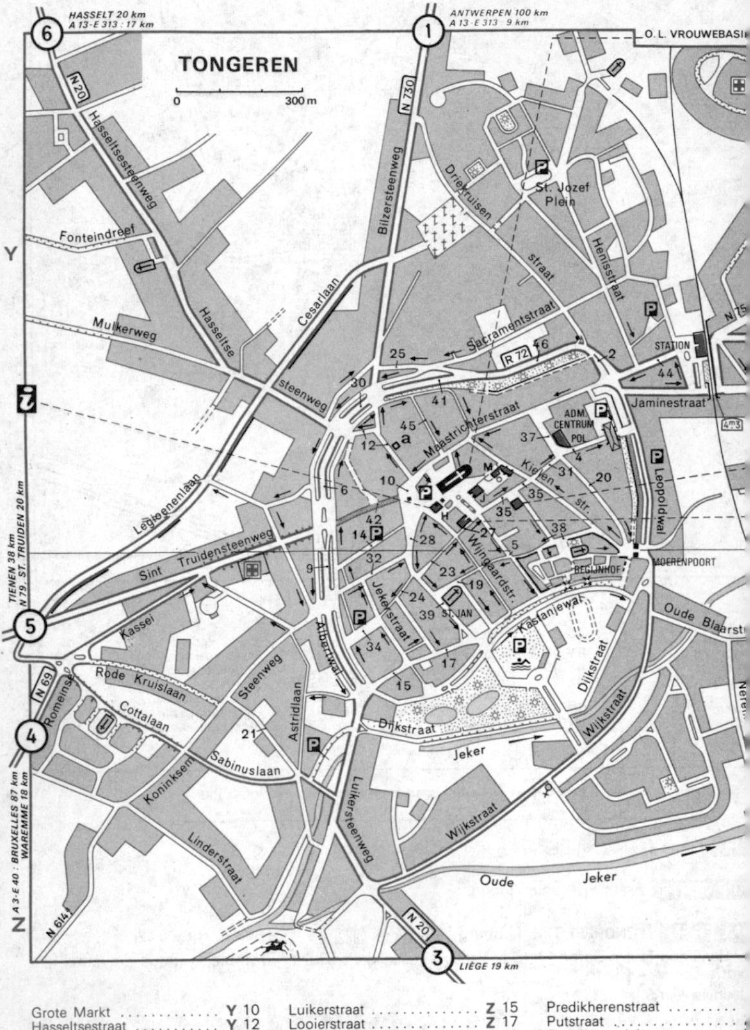

Grote Markt	Y 10	Luikerstraat	Z 15	Predikherenstraat	
Hasseltsestraat	Y 12	Looierstraat	Z 17	Putstraat	
Maastrichterstraat	Y	Minderbroederstraat	Z 19	Regulierenplein	
St. Truidenstraat	Y 42	Moerenstraat	Y 20	Ridderstraat	
		Molenstraat	Z 21	de Schiervelstraat	
Achttiende-Oogstlaan	Y 2	Momberstraat	Z 23	St. Catharinastraat	
Clarissenstraat	Y 4	Muntstraat	Z 24	St. Jansstraat	
Corversstraat	YZ 5	Nevenstraat	Y 25	St. Maternuswal	
Eeuwfeestwal	Y 6	Piepelpoel	Y 27	Stationslaan	
Elisabethwal	Z 9	Pleinstraat	Y 28	Vermeulenstraat	
Hondsstraat	Y 14	Pliniuswal	Y 30	11 Novemberlaan	

1W Maastrichtersteenweg 178 ☎ 237155
TROEN Bilzersteenweg 296 ☎ 231055
RD Henisstraat 121 ☎ 231291
1 (OPEL) Luikersteenweg 267 ☎ 230329
DA Kraaibroek 32 à Lauw ☎ 231884
MITSUBISHI St-Truidersteenweg 462 ☎ 231920
NISSAN Luikersteenweg 144 ☎ 231791
TOYOTA Luikersteenweg 10 ☎ 238931
VAG Maastrichtersteenweg 347 ☎ 231495

ORHOUT **8820** West-Vlaanderen 213 ② et 409 ② – 17 925 h. – ☎ 0 50.
ruxelles 107 – ◆Brugge 20 – ◆Oostende 25 – Roeselare 13.

't Gravenhof, Oostendestraat 343 (NO : 3 km à Wijnendale), ☎ 21 23 14, Fax 21 69 36, ⛱, – ▤ rest TV ☎ P – 🏃 200. AE ◑ E VISA. ✗ rest
R *(fermé mardi et merc.)* 1450 – **10 ch** ☐ 1700/2500.

De Zwaan, Oostendestraat 3, ☎ 21 26 58, Rest.-taverne – P. AE E VISA
fermé lundi et du 1er au 16 août – **R** (déjeuner seult) carte 750 à 1650.

à Lichtervelde – 7 951 h. – ✉ 8810 Lichtervelde – ☎ 0 50 :

De Bietemolen, Hogelaan 3 (Groenhove), ☎ 21 38 34, ≤, ⛱ – P. AE ◑ E VISA
fermé dim. soir, lundi, 3 prem. sem. août et début janv. – **R** carte 1650 à 2250.

RD Roeselareweg 10 ☎ 208351
1 (OPEL) Vredelaan 11 ☎ 212413
AZDA Oude Gentweg 61 ☎ 215060
TSUBISHI Pottebezemstraat 43 ☎ 212646
RENAULT Oostendestraat 258 ☎ 215262
ROVER Roeselareweg 33 ☎ 215011
VAG Oostendestraat 159 ☎ 212348

OURNAI (DOORNIK) **7500** Hainaut 213 ⑮ et 409 ⑪ – 66 749 h. – ☎ 0 69.
ir Cathédrale Notre-Dame★★★ : trésor★★ AZ – Pont des Trous★ : ≤★ AY **F** – Beffroi★ AZ **D.**
sées : des Beaux-Arts : peintures anciennes★ AZ **M²** – d'Histoire et d'Archéologie : collection tapisseries★ AY **M³**.
v. Mont-St-Aubert ☀★ N : 6 km par la rue du Viaduc AY.
Vieux Marché-aux-Poteries 14, au pied du Beffroi ☎ 22 20 45.
ruxelles 86 ② – ◆Mons 48 ② – ◆Charleroi 93 ② – ◆Gent 70 ⑥ – Lille 28 ⑥.

Plan page suivante

Condor, pl. St. Pierre 9, ☎ 21 50 77, Telex 57261, Fax 21 50 78 – |‡| TV ☎ – 🏃 25 ou plus. AE ◑ E VISA. ✗ rest – **R** 750/1200 – **38 ch** ☐ 2250/2800 – ½ P 2680. AY **n**

Le Carillon, Grand'Place 64, ☎ 21 18 48, Fax 21 33 79 – ▤. AE ◑ E VISA AZ **r**
fermé lundi, sam. midi et 12 août-12 sept – **R** carte env. 1500.

Le Pressoir, Vieux Marché aux Poteries 2, ☎ 22 35 13, « Maison du 17e s. avec ≤ cathédrale » – ◑ E VISA ✗ AZ **a**
fermé 3 dern. sem. août et sem. carnaval – **R** (déjeuner seult sauf vend. et sam.) 995.

Charles-Quint, Grand'Place 3, ☎ 22 14 41 – AE ◑ E VISA ✗ AZ **a**
fermé merc. soir, jeudi, 25 juil.-12 août et sem. carnaval – **R** carte 1100 à 1700.

Il Valentino, Quai Notre-Dame 19, ☎ 21 18 82, Cuisine italienne – ▤. AE ◑ E VISA. ✗
fermé du 3 au 10 avril, du 1er au 18 juil., 25 sept-2 oct., merc. et sam. midi – **R** carte 1000 à 1700. AY **v**

à Froyennes par ⑥ : 2 km C Tournai – ✉ 7503 Froyennes – ☎ 0 69 :

L'Oustau du Vert Galant, chaussée de Lannoy 106, ☎ 22 44 84 – P. AE ◑ E VISA
fermé dim. soir, lundi soir, mardi et juil. – **R** carte 1000 à 1700.

à Mont-St-Aubert N : 6 km par r. Viaduc AY C Tournai – ✉ 7542 Mont-St-Aubert – ☎ 0 69 :

Le Manoir de St-Aubert ⛰ avec ch, r. Crupes 14, ☎ 21 21 63, « Parc avec pièce d'eau » – TV ☎ P. AE E VISA
fermé dim. soir, lundi, jours fériés soirs, fin août-début sept et 2 sem. janv. – **R** 1350/2100 – **6 ch** ☐ 1600/2800.

W chaussée de Bruxelles 190 ☎ 213115
ROEN chaussée de Bruxelles 150 222131
T chaussée de Douai 268 ☎ 214201
T, LANCIA r. Amiens 7 ☎ 216645
RD av. Van Cutsem 23 ☎ 221621
(OPEL) quai Sakharov 14 ☎ 222166
NDA r. Maire 13 ☎ 215641
DA chaussée de Bruxelles 195 ☎ 213909
ZDA chaussée de Lille 325 ☎ 232741
MERCEDES-BENZ r. Amiens 7 ☎ 235771
MITSUBISHI chaussée de Bruxelles 392 ☎ 227102
RENAULT r. Maire 9 à Froyennes ☎ 224921
ROVER chaussée de Bruxelles 81 ☎ 221535
TOYOTA Quai Staline 11 ☎ 223721
VAG av. de Maire 25 ☎ 233171
VAG pl. Reine Astrid 15 ☎ 222415
VOLVO bd Eisenhower 253 ☎ 229161

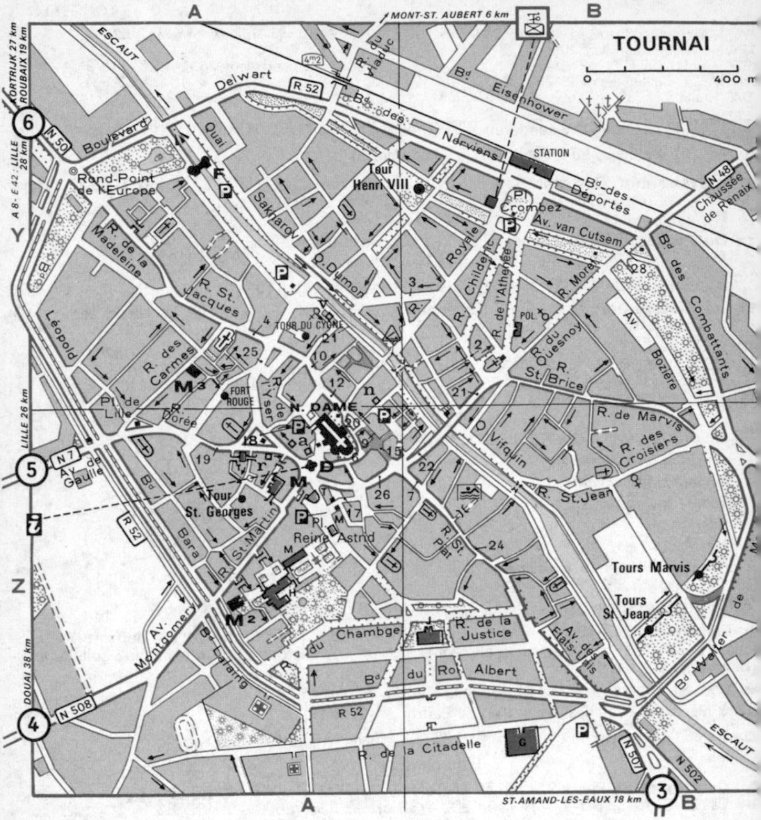

Chapeliers (R. des) ...... AZ 6
Cordonnerie (R. de la) ... AZ 9
Gallait (R.) .... AZ 15
Grand Place .... AZ 18
Puits-d'Eau (R. des) ..... BZ 22
Royale (R.) .... BY

Barre-St-Brice (R.) ...... BY 2
Becquerelle (R. du) ...... BY 3
Bourdon-St-Jacques (R. du) AY 4
Clairisses (R. des) ...... BZ 7
Courtrai (R. de) ...... AY 10
Curé-Notre-Dame (R. du) . AY 12
Garnier (R.) .... AZ 17

Maux (R. des) .... AZ
Paul-Emile-Janson(Pl.) ... AZ
Pont (R. de) .... BY
Ste-Catherine (R.) ...... BZ
Tête-d'Argent (R.) ...... AY
Tête-d'Or (R.) .... AZ
Volontaires (R. des) ..... BY

Ne voyagez pas aujourd'hui avec une carte d'hier.

TOURNEPPE Brabant – voir Dworp à Bruxelles, environs.

TRANSINNE **6890** Luxembourg belge Ⓒ Libin 4 160 h. 214 ⑯ et 409 ㉕ – ✆ 0 61.

◆Bruxelles 129 – ◆Arlon 64 – Bouillon 28 – ◆Dinant 44 – ◆Namur 73.

La Barrière, r. Barrière 2 (carrefour N 899 et N 40), ✆ 65 50 37, Fax 65 55 32, – TV – 40. AE ① E VISA.
fermé mardi, dim. soir, 15 sept-2 oct., 15 déc.-7 janv. et 2 sem. carnaval – **R** carte 130 2000 – ☐ 250 – **15 ch** 1770/2160 – ½ P 1900/2280.

TROIS-PONTS **4980** Liège 214 ⑧ et 409 ⑯ – 2 103 h. – ✆ 0 80.

Voir Circuit des panoramas*.

◆Bruxelles 152 – ◆Liège 54 – Stavelot 6.

à ***Basse-Bodeux*** SO : 4 km Ⓒ Trois-Ponts – ✉ 4983 Basse-Bodeux – ✆ 0 80 :

Aub. Père Boigelot, r. Pélerin 1, ✆ 68 43 22, – ☎ . E VISA.
R *(fermé merc.)* carte 900 à 1200 – **9 ch** ☐ 1550/1950.

à Haute-Bodeux SO : 7 km [C] Trois-Ponts – ✉ 4983 Haute-Bodeux – ☎ 0 80 :

Host. Doux Repos ⛰,, ☎ 68 42 07, Fax 68 42 82, ≤, terrasse, jardin – ⇔ ch ☎ **P**. AE E VISA
avril-déc. et week-end ; fermé merc. hors saison – **R** *(fermé mardi et merc. hors saison)* carte 900 à 1500 – **15 ch** ☐ 2620/3460 – ½ P 1710/4780.

.FA-ROMEO r. Huy 43 à Basse-Bodeux ☎ 684004
)RD rte de Coo 72 ☎ 684581
TOYOTA av. J. Lejeune 153a ☎ 684615
VAG av. J. Lejeune ☎ 684900

UBIZE (TUBEKE) **1480** Brabant 213 ⑱ et 409 ⑬ – 19 794 h. – ☎ 0 2.

Bruxelles 24 – ◆Charleroi 47 – ◆Mons 36.

XX **La Petite Gayolle,** r. Bon Voisin 79 (SE : 4 km à Oisquercq), ☎ (0 67) 64 84 44, Fax (0 67) 64 82 16, terrasse, « Jardin fleuri » – **P**. ◑ E VISA – *fermé dim. soir, lundi et 20 août-10 sept* – **R** carte env. 1500.

XX **Les Arcades,** r. Mons 62, ☎ 355 72 98 – **P**. AE ◑ E VISA – *fermé du 15 au 31 juil., du 12 au 20 août et dim. soirs, lundis et mardis non fériés* – **R** carte env. 1400.

RD chaussée de Bruxelles 328 ☎ 3555980
M (OPEL) r. Mons 157 ☎ 3555547
)NDA r. Bruxelles 224 ☎ 3556497
.DA r. Reine Elisabeth 52 ☎ 3556290
AZDA r. Frères Tayman 212 ☎ 3553609
NISSAN r. Ponts 23 ☎ 3553293
PEUBEOT, TALBOT chaussée de Mons 680 ☎ 3556567
RENAULT bd G. Deryck 114 ☎ 3556917

URNHOUT **2300** Antwerpen 212 ⑯ ⑰ 409 ⑤ – 37 567 h. – ☎ 0 14.

Bruxelles 84 – ◆Antwerpen 45 – ◆Breda 37 – ◆Eindhoven 44 – ◆Liège 99 – ◆Tilburg 28.

XXX **Ter Driezen** avec ch, Herentalsstraat 18, ☎ 41 87 57, Fax 42 03 10, terrasse – TV ☎ – 🏛 25 à 40. AE ◑ E VISA – *fermé du 8 au 31 juil., 25 déc.-3 janv., dim. et jours fériés* – **R** carte 1200 à 2000 – **10 ch** ☐ 2050/3250.

XX **De Kleine Keizer,** Grote Markt 11, ☎ 41 00 21 – AE ◑ E VISA
fermé sam. midi, dim., lundi midi, 2 sem. en juil. et fin janv. – **R** carte 1000 à 1800.

à Oud-Turnhout SE : 4 km – 11 109 h. – ✉ 2360 Oud-Turnhout – ☎ 0 14 :

Priorij Corsendonk ⛰, Corsendonk 5 (près E 34 - sortie 25), ☎ 42 77 71, Fax 42 80 21, « Parc », 🏊, jardin, 🎾 – TV ☎ **P** – 🏛 25 à 120. AE ◑ E VISA. ✱
R (résidents seult) – ☐ 300 – **71 ch** 2650/4450.

MW Steenweg op Gierle 228/1 ☎ 411724
TROEN Kempenlaan 67 ☎ 413888
AT Noordbrabantlaan 16 ☎ 420061
RD Antwerpsesteenweg 23 ☎ 411836
M (OPEL) Parklaan 2 ☎ 411104
)NDA Begijnenstraat 41 ☎ 413672
.DA Steenweg op Turnhout 61 à Oud-rnhout ☎ 411221
.NCIA Everdongenlaan 3 ☎ 423150
AZDA Korte Gasthuisstraat 85 ☎ 412847
ERCEDES-BENZ Steenweg op Gierle 355 ☎ 422431
MITSUBISHI Steenweg op Zevendonk 165 ☎ 413891
NISSAN Steenweg op Zevendonk 13 ☎ 411920
PEUGEOT, TALBOT Steenweg op Gierle 221 ☎ 415921
RENAULT, ALFA-ROMEO Steenweg op Gierle 228 ☎ 416776/412183
ROVER Steenweg op Zevendonk 104 ☎ 419356
TOYOTA, FIAT Klein Ravels 91 à Ravels ☎ 655737
VAG Steenweg op Mol 24 ☎ 424031
VOLVO Parklaan 30 ☎ 412473

CCLE (UKKEL) Brabant 213 ⑱ et 409 ⑬ – voir à Bruxelles.

CIMONT Luxembourg belge 214 ⑮ – voir à Bouillon.

AUX-et-BORSET Liège 213 ㉑ et 409 ⑮ – voir à Villers-le-Bouillet.

ELDWEZELT Limburg 213 ㉒ et 409 ⑮ – voir à Lanaken.

ENCIMONT **5575** Namur [C] Gedinne 4 093 h. 214 ⑮ et 409 ㉔ – ☎ 0 61.

ruxelles 129 – Bouillon 39 – ◆Dinant 35.

X **Le Barbouillon** ⛰ avec ch, r. Grande 25, ☎ 58 82 60, jardin – AE E VISA ✱ ch
fermé sept et merc. sauf en juil.-août – **R** 875/1350 – ☐ 130 – **7 ch** 680 – ½ P 1000.

ERVIERS **4800** Liège 213 ㉓ et 409 ⑯ – 53 355 h. – ☎ 0 87.

ir Musées des Beaux-Arts et de la Céramique★ CY **M¹**, d'Archéologie et de Folklore : ntelles★ CY **M²**.

v. Barrage de la Gileppe★★, ≤★★ par ① : 14 km.

r. Vieille Xhavée 11 ☎ 33 02 13.

ruxelles 122 ⑤ – ◆Liège 32 ⑤ – Aachen 36 ⑤.

Plan page suivante

Amigo ⛰, r. Herla 1, ☎ 22 11 21, Telex 49128, Fax 23 03 69, ≘s, 🏊, jardin – |‡| TV ☎ **P** – 🏛 25 à 80. AE ◑ E VISA. ✱ rest – **R** carte 1000 à 1600 – **54 ch** ☐ 3600/4200. BZ **b**

X **Maison Moulan,** Crapaurue 37, ☎ 31 22 50, « Maison du 17ᵉ s. » – AE ◑ E VISA
fermé lundi, sam. midi et du 8 au 31 juil. – **R** carte 1300 à 2500. BCY **e**

VERVIERS

Brou (R. du) . . . . **BY** 4
Crapaurue . . . . **BCY**
Martyr (Pl. du) . . . . **BY** 30
St-Laurent (Pont) . . . . . **BY** 39
Spintay (R.) . . . . **BY**
Verte (Pl.) . . . . **BY**

Albert-1er (R.) . . . . **BV** 2
Carmes (R. des) . . . . . . **CY** 6
Carrières (R. des) . . . . **AZ** 7
Chapeliers (R. des) . . . **BX** 8
Collège (R. du) . . . . . . **BY** 10
Concorde (R. de la) . . **BY** 13
Duchesne (Av.) . . . . . . **CZ** 16
Grand'Ville (R.) . . . . . . **BX** 18
Grappe (R. de la) . . . . **AY** 21
Harmonie (R. de l') . . . **BY** 22
Heid des Fawes . . . . . . **AZ** 23
Hodimont (R. de) . . . . **AY** 26
Léopold-II (Av.) . . . . . . **BZ** 28
Limbourg (R. de) . . . . . **CV** 29
Neufmoulin (R.) . . . . . . **BV** 31
Palais-de-Justice (Pl. du) . . . . **CY** 32
Pépinster (Rte de) . . . . **BX** 33
Pisseroule (R.) . . . . **BV** 36
Raines (R. des) . . . . . . **CY** 37
Reine-Astrid (Av.) . . . . **CX** 38
Sécheval (R.) . . . . **CY** 41
Sommeleville (Pl.) . . . . **CY** 42
Sommeleville (Pont) . . **CY** 43
Sous-le-Château (R.) . . **CV** 46
Thier-Mère-Dieu (R.) . . **CY** 51
Tribunal (R. du) . . . . . . **CY** 52
Victoire (Pl. de la) . . . . **BY** 54
Vieuxtemps (Pl.) . . . . . **BZ** 56

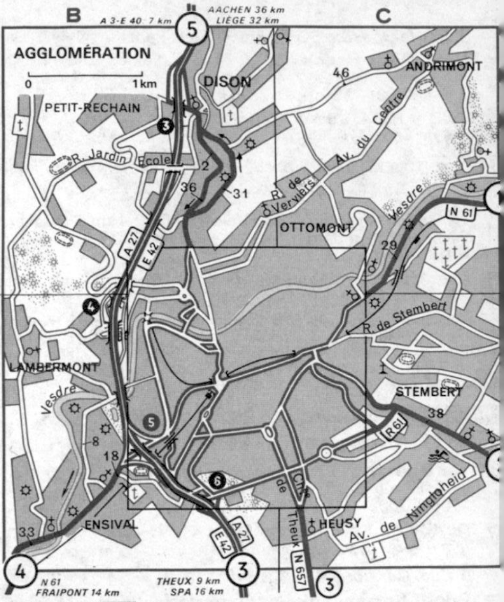

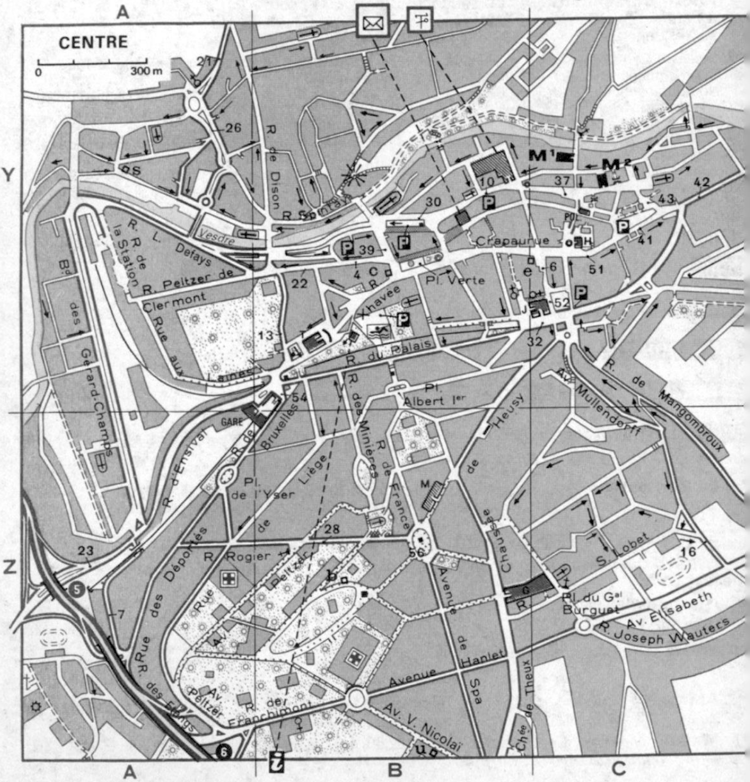

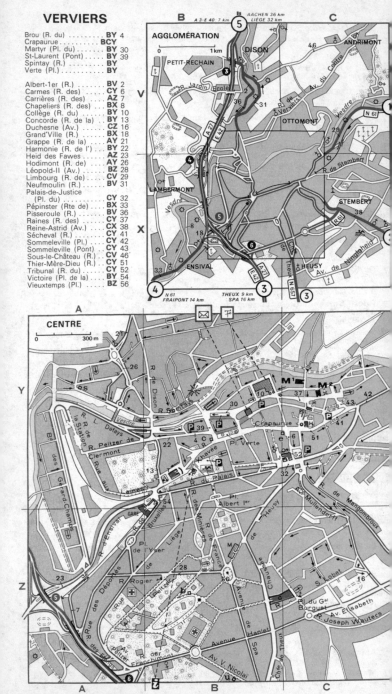

X **Quatre Saisons,** r. Jules Cerexhes 74, ✆ 31 12 39, Fax 31 12 39, Avec cuisine italienne – AE ⓓ E VISA – *fermé sam. midi et dim.* – **R** carte 1200 à 1500. AY **s**

X **Bistrot de Paris,** pl. Verte 50, ✆ 31 51 54, Rest.-taverne, Moules en saison – AE ⓓ E **R** carte 900 à 1300. BY **c**

à Heusy C Verviers – ✉ 4802 Heusy – ☎ 0 87 :

XX **La Toque d'Or,** av. Nicolaï 43, ✆ 22 11 11, Fax 22 94 59, « Jardin » – Ⓟ. AE E VISA. ✻ *fermé merc. soir et dim. soir* – **R** carte 1300 à 2100. BZ **u**

X **La Croustade,** r. Hodiamont 13, ✆ 22 68 39 – Ⓟ. AE ⓓ E VISA *fermé sam. midi, dim. soir et lundi* – **R** carte 1300 à 1600. par chaussée de Theux BZ

-A-ROMEO, MAZDA r. Mangombroux 209 334322
-A-ROMEO r. Jehanster 44 ✆ 221169
W r. Mangombroux 351 ✆ 331832
T r. Limbourg 41 ✆ 311597
RD r. Pisseroule 276 à Dison ✆ 337126
RD r. Limbourg 93 ✆ 340606
(OPEL) r. Limbourg 31 ✆ 314911
DA r. Haute Grotte 12 à Stembert 337793
NCIA r. Limbourg 45 ✆ 311619
MERCEDES-BENZ r. Limbourg 2 ✆ 340707
MITSUBISHI chaussée de Heusy 208 ✆ 224124
PEUGEOT, TALBOT r. Limbourg 127 ✆ 340601
RENAULT rte de Dolhain 46 ✆ 336879
ROVER av. Reine Astrid 103 à Heusy ✆ 220166
TOYOTA r. Limbourg 83 ✆ 334179
VAG r. Cité 2 ✆ 333121
VAG r. Renkin 28 ✆ 225048
VOLVO r. Mangombroux 373 ✆ 311380

EURNE (FURNES) 8630 West-Vlaanderen 213 ① et 409 ① – 11 248 h. – ☎ 0 58.
ir Grand-Place★★ (Grote Markt) – Procession des Pénitents★★ – Cuirs★ à l'intérieur de l'Hôtel Ville (Stadhuis).
v. E : Diksmuide, Tour de l'Yser (IJzertoren) ✲★.
Landhuis, Grote Markt 29 ✆ 31 21 54.
uxelles 134 – ♦Brugge 47 – Dunkerque 21 – ♦Oostende 26.

X **'t Belfort** avec ch, Grote Markt 26, ✆ 31 11 55, 🚗 – ▤ rest ☎ – 🏛 50 à 150. AE ⓓ E VISA – *fermé 23 sept-16 oct. et du 11 au 19 fév.* – **R** *(fermé dim. soir sauf en juil.-août et lundi)* 800/1850 – **9 ch** ☐ 2000.

X **Ibis,** Grote Markt 10, ✆ 31 37 00 – AE ⓓ E VISA *fermé mardi soir, merc., 27 juin-6 juil. et du 12 au 28 fév.* – **R** 900/1300.

X **'t Croonhof,** Noordstraat 9, ✆ 31 31 28, 🏖 – AE ⓓ E VISA *fermé du 14 au 27 oct., merc. soir sauf en juil.-août et jeudi* – **R** 980/1800.

à Beauvoorde SO : 8 km C Veurne – ✉ 8630 Veurne – ☎ 0 58 :

Driekoningen avec ch, Wulveringemstraat 40, ✆ 29 90 12 – TV Ⓟ – 🏛 220. E VISA *fermé du 16 au 25 sept et 15 janv.-1er fév.* – **R** *(fermé mardi soir et merc.)* 790/1380 – **5 ch** ☐ 1000/1800.

à Zoutenaaie SE : 8 km C Veurne – ✉ 8630 Veurne – ☎ 0 51 :

Zoutenaaie, Zoutenaaiestraat 15, ✆ 55 51 00, ←, 🏖, « Cadre champêtre » – Ⓟ. AE E VISA – *fermé dern. sem. oct., prem. sem. janv.-prem. sem. fév., merc. de nov. à Pâques et lundi* – **R** carte 1100 à 1700.

ROEN Brugsesteenweg 9 ✆ 311444
(OPEL) St-Idesbaldusstraat 210 ✆ 311807
ZDA Iepersteenweg 37 ✆ 312077
RCEDES-BENZ Iepersteenweg 127 311516
SUBISHI Duinkerkestraat 35 ✆ 311978
SAN St-Idesbaldusstraat 51 ✆ 314570
PEUGEOT, TALBOT St-Idesbaldusstraat 22 ✆ 311138
RENAULT Rodestraat 1 ✆ 311540
TOYOTA, ALFA-ROMEO Pannestraat 231a ✆ 311006
VAG Pannestraat 191 ✆ 311367
VOLVO Nieuwpoortkeiweg 28 ✆ 311243

CHTE 8570 West-Vlaanderen C Anzegem 13 215 h. 213 ⑮ et 409 ⑪ – ☎ 0 56.
uxelles 83 – ♦Brugge 49 – ♦Gent 38 – ♦Kortrijk 11 – Lille 37.

Rembrandt, Oudenaardestraat 22, ✆ 77 73 55, Fax 77 57 04, 🏖, ≘ – TV ☎ Ⓟ – 🏛 25 à 280. AE E VISA. ✻ – *fermé dim. soir* – **R** 950 – **18 ch** ☐ 1500/2200.

ELSALM 6690 Luxembourg belge 214 ⑧ et 409 ⑯ – 6 792 h. – ☎ 0 80.
uxelles 171 – ♦Arlon 86 – Clervaux 40 – Malmédy 28.

Belle Vue, r. Jean Bertholet 5, ✆ 21 62 61, ←, 🚗 – VISA ✻ *fermé du 1er au 8 juil. et merc. sauf en juil.-août* – **R** *(fermé après 20 h)* 525 – **14 ch** ☐ 1550/1850 – ½ P 1350/1975.

à Baraque de Fraiture O : 15 km C Vielsalm – ✉ 6690 Vielsalm – ☎ 0 80 :

Aub. du Carrefour, r. Liège 38, ✆ 41 87 47, Fax 41 87 40, ←, 🚗 – TV Ⓟ. AE E VISA *fermé 2 sem. en mars, 1 sem. en sept, merc. sauf en juil.-août et jours fériés* – **R** 800/1550 – ☐ 150 – **15 ch** 630/1550 – ½ P 1050/1200.

à Grand-Halleux N : 5 km C Vielsalm – ✉ 6698 Grand-Halleux – ☎ 0 80 :

L'Ecurie, av. Résistance 24a, ✆ 21 59 54, ←, 🏖, Cuisine italienne – Ⓟ. AE ⓓ E VISA *fermé lundi, mardi midi et du 1er au 15 sept* – **R** carte 800 à 1200.

à Hebronval O : 10 km Ⓒ Vielsalm – ✉ 6690 Vielsalm – ☎ 0 80 :

Le Val d'Hebron, Hebronval 59, ☎ 41 88 73, – TV P – 25 à 40. AE ⓓ E VISA rest
fermé 16 août-1er sept – **R** *(fermé mardi)* 850/1100 – 220 – **12 ch** 900/1300 – ½ P 125

à Ottré SO : 9 km Ⓒ Vielsalm – ✉ 6690 Vielsalm – ☎ 0 80 :

Le Clos d'Ottré, Ottré-Bihain 23, ☎ 41 85 65 – P. AE E VISA
fermé merc. et 15 janv.-8 fév. – **R** carte 900 à 1200.

à Salmchâteau S : 2 km Ⓒ Vielsalm – ✉ 6690 Vielsalm – ☎ 0 80 :

Vieux Moulin avec ch, rte de Cierreux 30 (sur N 68), ☎ 21 68 45, – TV P. AE ⓓ VISA. rest
fermé 12 janv.-6 fév. – **R** *(fermé mardi soir et merc. du 15 juin au 15 sept)* carte 1000 1600 – **12 ch** 1250/1900 – ½ P 1450/1650.

BMW Fosse Roulette 25 ☎ 216260
LADA rte de Cierreux 22a à Salmchâteau ☎ 215231
MITSUBISHI Les Sarts 16 ☎ 418694
VAG r. Grotte 5 ☎ 216613

VIERVES-SUR-VIROIN **5670** Namur Ⓒ Viroinval 5 585 h. 214 ④ ⑭ et 409 ㉔ – ☎ 0 60.

•Bruxelles 115 – •Namur 72 – •Charleroi 56 – Charleville-Mézières 49 – •Dinant 33.

Le Petit Mesnil , r. Chapelle 7, ☎ 39 95 90, – P. E VISA
fermé lundi hors saison – **R** 750/1300 – 120 – **12 ch** 1000 – ½ P 1000/1100.

VIEUXVILLE **4190** Liège Ⓒ Ferrières 3 668 h. 214 ⑦ et 409 ⑮ – ☎ 0 86.

•Bruxelles 120 – •Liège 42 – Marche-en-Famenne 27 – Spa 30.

Le Lido , r. Logne 8, ☎ 21 13 67, <, , – P. AE ⓓ E VISA
fermé du 14 au 27 sept, 2e quinz. fév. et merc. et jeudi sauf en juil.-août – **R** carte env. 10 – **13 ch** 1100/1900 – ½ P 1650/1850.

Au Vieux Logis, rte de Logne 1, ☎ 21 14 60 – P. AE ⓓ E VISA
fermé 1 sem. en sept, 1 sem. en janv., mardi et merc. sauf en juil.-août – **R** 1350.

VILLERS-LA-VILLE **1495** Brabant 213 ⑲ et 409 ⑬ – 7 776 h. – ☎ 0 71.

Voir Ruines de l'abbaye★★.

18 r. Châtelet 10a ☎ 87 77 65.

•Bruxelles 36 – •Charleroi 28 – •Namur 33.

Ruines, r. Abbaye 55, ☎ 87 70 57 – P. AE ⓓ E VISA
fermé du 1er au 15 juil., 15 fév.-15 mars, mardi et merc. – **R** carte 1500 à 2000.

VILLERS-LE-BOUILLET **4530** Liège 213 ㉑ et 409 ⑮ – 4 877 h. – ☎ 0 85.

•Bruxelles 86 – •Liège 25 – Huy 8 – •Namur 37.

à Vaux-et-Borset N : 5 km sur N 65 Ⓒ Villers-le-Bouillet – ✉ 4530 Vaux-et-Borset – ☎ 0

Le Grandgagnage, pl. Église 5, ☎ 56 70 18 – AE ⓓ E VISA
fermé merc. non fériés – **R** carte 700 à 1600.

MICHELIN, Agence régionale, chaussée de Waremme - zoning de Villers-le-Bouill ☎ (0 85) 23 33 10, Fax (0 85) 23 18 32

GM (OPEL) rte de Huy 27 ☎ 213501
LADA rte de Huy 43 ☎ 212866
MAZDA r. Jehay 8 ☎ 217153
NISSAN r. le Marais 80 ☎ 595368
ROVER r. Waremme 21 ☎ 214321

VILLERS-SUR-LESSE **5580** Namur Ⓒ Rochefort 11 117 h. 214 ⑥ et 409 ⑭ – ☎ 0 84.

•Bruxelles 115 – •Namur 54 – •Dinant 25 – Rochefort 9.

Beau Séjour , r. Platanes 16, ☎ 37 71 15, Fax 37 81 34, <, , « Jardin fleuri », – TV ☎ P – 25. AE ⓓ E VISA
fermé du 18 au 28 sept, mi-janv.-mi-mars et lundi soir et mardi sauf en juil.-août – **R** 14 – 300 – **19 ch** 2600 – ½ P 2450/3000.

VILVOORDE (VILVORDE) Brabant 213 ⑦ et 409 ④ – voir à Bruxelles, environs.

VIRELLES Hainaut 214 ③ et 409 ㉓ – voir à Chimay.

VIRTON **6760** Luxembourg belge 214 ⑪ et 409 ㉕ – 10 471 h. – ☎ 0 63.

•Bruxelles 221 – •Arlon 29 – Longwy 32 – Montmedy 15.

Le Franc Gourmet, r. Roche 13, ☎ 57 01 36, – AE ⓓ E VISA
fermé lundis non fériés, 1re quinz. mars et dern. sem. août-prem. sem. sept. – **R** 700/14

à Latour E : 4 km Ⓒ Virton – ✉ 6761 Latour – ☎ 0 63 :

Château de Latour ⚲, r. 24 Août, ☎ 57 83 52, Fax 41 12 95, ←, « Dans les ruines d'une demeure ancienne » – ☎ Ⓟ – 🏛 25 à 100. AE ⓓ E VISA
fermé du 1er au 12 fév. – **R** *(fermé merc. et dim. soir hors saison)* 750/1250 – ☕ 200 – **7 ch** 1500/1700 – ½ P 2400.

ROEN r. Dampicourt 10 ☎ 577359
1 (OPEL) r. Fossés 36 ☎ 577018
TOYOTA rte d'Arlon 73 ☎ 577894
VAG av. de la Grange-au-Bois 17 ☎ 578378

ISÉ (WEZET) **4600** Liège 213 ㉓ et 409 ⑮ – 16 998 h. – ☎ 0 41.

ruxelles 108 – ◆Liége 17 – ◆Maastricht 18.

Il Padrino avec ch, av. Maréchal Foch 8, ☎ 79 58 39, Fax 79 69 44, Avec cuisine italienne – ☎. AE ⓓ E VISA. ✻
R *(fermé jeudi soir, sam. midi, dim. soir et du 1er au 28 juil.)* carte 1300 à 1800 – ☕ 300 – **7 ch** 1300/1850 – ½ P 2200/2500.

T r. Berneau 46 ☎ 792737
RD r. Maastricht 83 ☎ 792732
1 (OPEL) r. Jupille 40 ☎ 791216
RCEDES-BENZ Allée Verte 29 ☎ 794401
SSAN r. Berneau 6b ☎ 797007
RENAULT Allée Verte 60 ☎ 798004
ROVER r. Maastricht ☎ 796492
TOYOTA r. Warsage 10 à Berneau ☎ 792935
VAG av. Albert-Ier 34 ☎ 791172

ITRIVAL **5070** Namur Ⓒ Fosses-la-Ville 7 866 h. 214 ④ et 409 ⑭ – ☎ 0 71.

ruxelles 82 – ◆Namur 21 – ◆Charleroi 17.

Le Mistral, r. Giloterie 14, ☎ 71 15 38, ← – Ⓟ. ⓓ E VISA
fermé lundis et mardis non fériés et 31 janv.-1er mars – **R** 895.

LEZENBEEK Brabant 213 ⑱ et 409 ⑬ – voir à Bruxelles, environs.

LIERMAAL Limburg 213 ㉒ et 409 ⑮ – voir à Tongeren.

LISSEGEM West-Vlaanderen 213 ② et 409 ② – voir à De Haan.

ORST Brabant – voir Forest à Bruxelles.

RESSE-SUR-SEMOIS **5550** Namur 214 ⑮ et 409 ㉔ – 2 579 h. – ☎ 0 61.

v. NE : Gorges du Petit Fays★ – Route de Membre à Gedinne ←★★ "Jambon de la Semois" : km.

ruxelles 154 – ◆Namur 95 – Bouillon 27 – Charleville-Mézières 30.

Au Relais avec ch, r. Albert Raty 72, ☎ 50 00 46, 🚗 – TV ☎ Ⓟ. AE ⓓ E VISA
20 mars-2 janv. – **R** *(fermé après 20 h 30 et merc. soir et jeudi du 20 sept au 20 juin)* 720/890 – **9 ch** ☕ 1270.

Pont St. Lambert avec ch, r. Ruisseau 8, ☎ 50 04 49, ←, 🍽 – AE ⓓ E VISA
fermé 16 sept-11 oct. – **R** *(fermé après 20 h 30 et mardi soir et merc. sauf en juil.-août)* 900 – **7 ch** ☕ 1200/1500 – ½ P 950/1200.

à Membre S : 3 km Ⓒ Vresse – ✉ 5550 Vresse – ☎ 0 61 :

Des Roches, rte de Vresse 93, ☎ 50 00 51 – Ⓟ. E VISA. ✻ rest
fermé 23 sept-4 oct., 1er janv.-carnaval et merc. d'oct. à avril – **R** *(fermé après 20 h 30)* 675/1500 – ☕ 160 – **15 ch** 800/1110 – ½ P 1300/1350.

VAARDAMME West-Vlaanderen 213 ③ et 409 ② – voir à Brugge.

VAARMAARDE **8581** West-Vlaanderen Ⓒ Avelgem 8 749 h. 213 ⑮ – ☎ 0 55.

ruxelles 64 – ◆Gent 42 – ◆Kortrijk 24 – ◆Tournai 26.

De Gouden Klokke, Trappelstraat 25, ☎ 38 85 60, 🍽 – Ⓟ. AE ⓓ E VISA. ✻
fermé sam. midi, dim. soir, lundi, 16 août-6 sept et sem. carnaval – **R** carte 1400 à 1900.

VAASMUNSTER **9250** Oost-Vlaanderen 213 ⑤ et 409 ③ – 9 101 h. – ☎ 0 3.

ruxelles 39 – ◆Antwerpen 31 – ◆Gent 31.

Zilverberk, Veldstraat 32 (E : 2 km, lieu-dit Sombeke), ☎ (0 52) 46 16 47, 🍽 – Ⓟ – 🏛 35. AE ⓓ E VISA. ✻
fermé merc., dim. soir, 2 dern. sem. juil.-prem. sem. août et 1 sem. carnaval – **R** 1550/1750.

De Snip, Schrijberg 122 (carrefour N 446 et N 70), ☎ 772 20 81, 🍽 – Ⓟ. AE ⓓ E VISA
fermé dim. soir, lundi, 7 juil.-1er août et 23 déc.-3 janv. – **R** carte 1500 à 2100.

NAULT Hoogstraat 92 ☎ (052)461423
YOTA Neerstraat 157 ☎ (052)462157
VAG Grote Baan 108 ☎ 7721033

WAIMES (WEISMES) 4950 Liège 214 ⑨ et 409 ⑯ – 5 796 h. – ☎ 0 80.
◆Bruxelles 164 – ◆Liège 65 – Malmédy 8 – Spa 27.

✗ **Aub. de la Warchenne** avec ch, r. Centre 20, ☎ 67 93 63 – ☎ Ⓟ. AE E VISA
fermé merc. hors saison – **R** carte 750 à 1400 – ☐ 180 – **6 ch** 895/1395 – ½ P 1275/14

à Faymonville E : 2 km Ⓒ Waimes – ✉ 4950 Faymonville – ☎ 0 80 :

✗✗✗ **Au Vieux Sultan** avec ch, r. Wemmel 12, ☎ 67 91 97, – ☎ Ⓟ. AE ⓓ
VISA. *– fermé du 1er au 12 juil., du 2 au 21 déc., du 2 au 15 janv., et lundi d'oct. à Pâqu*
– **R** *(fermé lundi)* 910/1900 – **9 ch** ☐ 850/1700 – ½ P 1350.

ROVER r. Abreuvoir 2 à Faymonville ☎ 679154 — VAG r. Marie-Thérèse 30 ☎ 679866

WALCOURT 5650 Namur 214 ③ et 409 ⑬ – 15 286 h. – ☎ 0 71.
Voir Basilique St-Materne★ : jubé★, trésor★.
Env. Barrage de l'Eau d'Heure★, Barrage de la Plate Taille★ S : 6 km.
◆Bruxelles 81 – ◆Namur 53 – ◆Charleroi 21 – ◆Dinant 43 – Maubeuge 44.

Host. de l'Abbaye, r. Jardinet 7, ☎ 61 14 23, « Jardin » – ☎ Ⓟ. AE ⓓ E VISA.
fermé mardi soir et jeudi soir sauf en juil.-août, merc., 1 sem. en juin, 1 sem. en sept et f
– **R** 990/1690 – **9 ch** ☐ 950/2500 – ½ P 1800.

WAREGEM 8790 West-Vlaanderen 213 ⑮ et 409 ⑪ – 33 044 h. – ☎ 0 56.
18 Mercedescenter, Krakeelhoek 21 ☎ 60 88 08.
◆Bruxelles 79 – ◆Brugge 47 – ◆Gent 34 – ◆Kortrijk 17.

St-Janshof, Anzegemseweg 26 (S : 3 km, près E 17 - sortie 5), ☎ 61 08 88, Fax 60 34
– 🅃🅅 ☎ Ⓟ – 25 à 55. AE ⓓ E VISA
fermé 20 juil.-11 août – **R** carte 900 à 1800 – **21 ch** ☐ 2395/3030 – ½ P 3100/340

Happy Golf, Krakeelhoek 41 (S : 2,9 km près E 17), ☎ 60 52 79, Fax 60 83 78, ←,
– 🅃🅅 ☎ Ⓟ – 25 à 100. AE ⓓ E VISA. – **R** *(fermé sam. midi, dim., 20 ju*
15 août et 23 déc.-2 janv.) carte 1400 à 1800 – **17 ch** ☐ 2000/3000.

De Peracker, Caseelstraat 45 (O : 3 km sur rte de Desselgem, puis rte à gauch
☎ 60 03 31, ←, « Cadre champêtre », – 🅃🅅 ☎ Ⓟ – 40 à 60. VISA.
fermé fév. – **R** *(fermé merc.)* carte 900 à 1850 – **14 ch** ☐ 1400/1800 – ½ P 1900/21

Ambassade, M. Windelsstraat 15, ☎ 60 62 12, Fax 61 08 79 – rest 🅃🅅 ☎ Ⓟ AE
E VISA. rest
fermé 20 déc.-10 janv. – **R** *(fermé vend., sam., dim. et juil.-août)* (dîner seult) carte env.
– **11 ch** ☐ 1850/2600 – ½ P 2300/2500.

✗✗✗ ✻✻ **'t Oud Konijntje** (Mme Desmedt), Bosstraat 53 (S : 2 km près E 17), ☎ 60 19
Telex 86350, Fax 60 92 12, « Terrasse fleurie » – Ⓟ. AE ⓓ E VISA
fermé jeudi soir, vend., dim. soir, 22 juil.-13 août et 22 déc.-4 janv. – **R** carte 1900 à 25
Spéc. Sole aux épinards et jus de viande, Raviolis de foie de canard et carpaccio de son mag
Ris de veau aux langoustines et cerfeuil.

✗✗ **De Wijngaard,** Holstraat 22, ☎ 60 26 56 – Ⓟ. ⓓ E VISA
fermé merc., dim. soir, jours fériés soirs, 29 juin-17 juil. et sem. carnaval – **R** carte 110
1600.

BMW Kortrijksesteenweg 144 à St-Eloois-Vijve ☎ 611161
CITROEN Nijverheidstraat 24 ☎ 601331
FIAT Kortrijksesteenweg 170 à St-Eloois-Vijve ☎ 607780
FORD Gentstraat 134 ☎ 712773
GM (OPEL) Gentsesteenweg 112a ☎ 712250
HONDA Kortrijksesteenweg 22 à St-Eloois-Vijve ☎ 601891
LADA Stijn Streuvelsstraat 19 ☎ 607373
MAZDA Vichtseweg 2 ☎ 602171
MERCEDES-BENZ Churchilllaan 1 ☎ 602911
MERCEDES-BENZ Rooseveltlaan 165 ☎ 605551
MITSUBISHI Kortrijksesteenweg 169 à St-Eloois-Vijve ☎ 602581
NISSAN Westerlaan 54 ☎ 602178
NISSAN Rooseveltlaan 102 ☎ 604133
PEUGEOT, TALBOT Vijfseweg 52 ☎ 602218
TOYOTA Roterijstraat 160 ☎ 600065
VAG Leopold-III laan 8a ☎ 603471
VOLVO Waterstraat 51 ☎ 601703

WAREMME (BORGWORM) 4300 Liège 213 ㉑ et 409 ⑮ – 12 461 h. – ☎ 0 19.
◆Bruxelles 76 – ◆Liège 27.

✗✗ Les Jardins du Fond d'Or, r. Porte de Liège 92, ☎ 32 57 23 – Ⓟ.

ALFA-ROMEO chaussée Romaine ☎ 323214
CITROEN r. Huy 56 ☎ 322723
GM (OPEL) r. Casino 17 ☎ 324567
LADA r. St-Eloi 36b ☎ 327717
MAZDA r. Huy 224 ☎ 322255
NISSAN chaussée Romaine 228 ☎ 327781
RENAULT r. Huy 270 ☎ 326909
VOLVO r. Fabriques 16 ☎ 327776

Ne confondez pas :

Confort des hôtels : ... ,
Confort des restaurants : ✗✗✗✗✗ ... ✗
Qualité de la table : ✻✻✻, ✻✻, ✻

WATERLOO 1410 Brabant 213 ⑱ et 409 ⑬ – 25 429 h. – ✪ 0 2.

(2 parcours) ⛳9 à Ohain E : 5 km, Vieux chemin de Wavre 50 ✆ (0 2) 633 18 50 - ⛳18 à
aine-l'Alleud SO : 5 km, chaussée d'Alsemberg 1021 ✆ (0 2) 353 02 46.

chaussée de Bruxelles 149 ✆ 354 99 10.

ruxelles 17 – ♦Charleroi 37 – Nivelles 15.

Le Côté Vert ⑤, chaussée de Bruxelles 200g, ✆ 354 01 05 et 354 88 73 (rest.), Telex 65437, Fax 354 08 60, ☂ – |≑| TV ☎ P – 🏛 30. AE ◑ E VISA
R *(fermé sam., dim., 3 sem. en août, 1 sem. Pâques et Noël-Nouvel An)* carte 1550 à 1900 – ☕ 450 – **29 ch** 2750/3600.

XX **La Maison du Seigneur,** chaussée de Tervuren 389 (NO : 3,5 km sur RO), ✆ 354 07 50, Fax 353 11 34, ☂, « Ferme brabançonne du 17ᵉ s. » – P. AE ◑ E VISA
fermé lundi, mardi, 2ᵉ quinz. août et fev. – **R** carte 1750 à 2800.

XX **Le Sphinx,** chaussée de Tervuren 178, ✆ 354 86 43, ☂ – P. AE ◑ E VISA
fermé du 9 au 24 juil., 21 janv.-13 fév., mardi soir et merc. – **R** 1100/1460.

XX **L'Asie Impériale,** chaussée de Bruxelles 30, ✆ 354 15 16, Fax 353 11 48, ☂, Cuisine chinoise – ▤ P. AE ◑ E VISA. ✗
fermé merc. – **R** carte env. 1100.

X **Le Jardin des Délices,** chaussée de Bruxelles 253, ✆ 354 80 33, ☂ – AE ◑ E VISA
fermé lundis non fériés et sept – **R** carte 800 à 1500.

MW chaussée de Bruxelles 54 ✆ 3541167
TROEN chaussée de Bruxelles 200
✆ 3543463
ORD chaussée de Bruxelles 63 ✆ 3541120
M (OPEL) chaussée de Bruxelles 56
✆ 3541140
ONDA chaussée de Bruxelles 91 ✆ 3545464
ADA chaussée de Bruxelles 481 ✆ 3846087
ERCEDES-BENZ chaussée de Bruxelles 305
✆ 3541117
MITSUBISHI chaussée de Bruxelles 535
✆ 3844885
NISSAN chaussée de Bruxelles 376
✆ 3547999
PEUGEOT, TALBOT chaussée de Louvain 15
✆ 3850770
RENAULT chaussée de Bruxelles 39
✆ 3541617
TOYOTA chaussée de Bruxelles 255
✆ 3548413
VAG chaussée de Bruxelles 285 ✆ 3541130

WATERMAEL-BOITSFORT (WATERMAAL-BOSVOORDE) Brabant 213 ⑱ ⑲ et 409 ㉒ – voir Bruxelles.

WAVRE (WAVER) 1300 Brabant 213 ⑲ et 409 ⑬ – 26 873 h. – ✪ 0 10.

⛳9 chaussée du Château de la Bawette ✆ 22 33 32 - ⛳18 à Grez-Doiceau NE : 10 km,
omaine du Bercuit ✆ (0 10) 84 15 01.

Bruxelles 27 – ♦Charleroi 45 – ♦Liège 87 – ♦Namur 38.

Le Domaine des Champs ⑤, Chemin des Charrons 14 (N 25), ✆ 22 75 25, Fax 24 17 31, ⋞ – TV ☎ P – 🏛 25 à 50. AE ◑ E VISA
R *(fermé dim. et lundi)* 820/1080 – ☕ 200 – **18 ch** 1700/2400.

XX **La Cuisine des Champs,** Chemin des Charrons 14 (N 25), ✆ 22 54 62, Fax 24 17 31, ☂ – P. AE ◑ E VISA
fermé dim., lundi et du 1ᵉʳ au 15 avril – **R** 820/1080.

XX **Le Royal,** av. Princes 3, ✆ 22 50 65 – AE ◑ E VISA
fermé mardi, merc. et août – **R** carte env. 1200.

XX **Le Grand Duc,** r. Fontaines 60, ✆ 22 75 17, ☂ – AE ◑ E VISA
fermé sam. midi et dim. soir – **R** carte env. 1100.

LFA-ROMEO pl. A. Bosch 23 ✆ 222823
MW chaussée de Namur 250 ✆ 452752
TROEN chaussée de Namur 242 ✆ 453414
AT bd de l'Europe, Zoning Industriel
✆ 419864
ORD bd de l'Europe, Zoning Industriel
✆ 419496
M (OPEL) chaussée de Namur 260
✆ 452800
ONDA chaussée de Namur 157 ✆ 452967
ADA r. J. Wauters 65 ✆ 225613
ANCIA chaussée de Louvain 473 ✆ 242035
MAZDA chaussée de Bruxelles 40 ✆ 224470
MERCEDES-BENZ chaussée de Huy 10
✆ 222458
MITSUBISHI av. Princes 7 ✆ 223158
NISSAN chaussée de Namur 223 ✆ 452764
RENAULT chaussée de Louvain 406 ✆ 241579
RENAULT chaussée de Namur 140 ✆ 454040
ROVER chaussée de Louvain 509 ✆ 224939
VAG av. Reine Astrid 6 ✆ 222658

WEERT 2880 Antwerpen C Bornem 18 428 h. 213 ⑥ et 409 ④ – ✪ 0 3.

oir Route★ longeant le Vieil Escaut★ (Oude Schelde).

Bruxelles 42 – ♦Antwerpen 31 – Sint-Niklaas 12.

XX **Tempeliershof,** Molenstraat 2, ✆ 889 16 67, « Ferme du 17ᵉ s., cadre champêtre » – P. AE ◑ E VISA
fermé dim. soir, lundi, 2 dern. sem. juil.-prem. sem. août et Noël-Nouvel An – **R** carte 1200 à 1800.

WEISMES Liège – voir Waimes.

WEMMEL Brabant 213 ⑥ et 409 ⑬ ㉑ – voir à Bruxelles, environs.

WENDUINE **8420** West-Vlaanderen © De Haan 9 498 h. 213 ② et 409 ② – ✆ 0 50.
•Bruxelles 111 – •Brugge 16 – •Oostende 16.

Georges, de Smet de Naeyerlaan 19, ✆ 41 90 17, – |‡| TV ☎. AE ⓓ E VISA. ✻ re
fermé du 7 au 24 oct. et mardis et merc. non fériés hors saison – **R** carte 1200 à 1600
18 ch ▭ 1800/2500 – ½ P 1440/1790.

XX **Odette** avec ch, Kerkstraat 34, ✆ 41 36 90 – TV ☎. ✻ ch
fermé du 1er au 15 oct., 1 sem. en janv. et mardis soirs et merc. non fériés sauf vacanc scolaires – **R** carte 1500 à 2200 – **6 ch** ▭ 1600 – ½ P 1650.

X **Ensor Inn,** Zeedijk 63, ✆ 41 41 59, ←, – ▤. AE ⓓ E VISA
Pâques-sept, week-end et vacances scolaires ; fermé merc. et jeudi sauf en juil.-août
R 725/975.

à Nieuwmunster S : 3,5 km © Zuienkerke 2 631 h. – ✉ 8377 Nieuwmunster – ✆ 0 5

X **De Lekkerbek,** Driftweg 10, ✆ 41 12 18 – Ⓟ. ⓓ VISA
fermé du 15 au 25 oct. et merc. soir et jeudi hors saison – **R** 850/1500.

MITSUBISHI Bruggesteenweg 101 ✆ 412813

WÉPION Namur 214 ⑤ et 409 ⑭ – voir à Namur.

WESTENDE-BAD **8434** West-Vlaanderen © Middelkerke 14 568 h. 213 ① et 409 ① – ✆ 0
– Station balnéaire.
•Bruxelles 127 – •Brugge 40 – Dunkerque 40 – •Oostende 11 – Veurne 14.

Splendid, Meeuwenlaan 20, ✆ 30 00 32 – |‡| TV ☎. ⓓ E VISA. ✻ ch
avril-sept et week-end en hiver – **R** *(fermé lundi soir et mardi soir)* 775/1450 – **18 c**
▭ 1600/2200 – ½ P 1750/1950.

Isba sans rest, Henri Jasparlaan 148, ✆ 30 23 64, – TV Ⓟ. AE ⓓ E VISA. ✻
fermé 1 sem. en sept et 2 sem. en janv. – **6 ch** ▭ 1880/2410.

XXX **Host. Melrose** avec ch, Henri Jasparlaan 127, ✆ 30 18 67 – TV ☎ Ⓟ. AE VISA
fermé sem. carnaval et merc. et dim. soir de sept à juil. – **R** 1300/1750 – **10 ch** ▭ 1825/25
– ½ P 1925/2475.

XX **Cesar,** de Broquevillelaan 17, ✆ 30 08 30 – Ⓟ. ⓓ E VISA
fermé 3 sem. en oct. et mardi et merc. sauf en juil.-août – **R** 1350.

XX **Bristol,** Henri Jasparlaan 175, ✆ 30 04 01, Fax 30 04 01 – AE ⓓ E VISA
fermé janv. et mardi et merc. sauf à Pâques et en juil.-août – **R** 875/1425.

X **La Plage,** Meeuwenlaan 4, ✆ 30 11 90 – ▤. AE E
fermé 12 nov.-21 déc., du 7 au 26 janv. et jeudi sauf vacances scolaires – **R** carte 750 à 14(

VAG Nieuwpoortlaan 125 ✆ 233838

WESTERLO **2260** Antwerpen 213 ⑧ et 409 ⑤ – 20 349 h. – ✆ 0 14.
Env. N : Tongerlo, Musée Léonard de Vinci★.
•Bruxelles 57 – •Antwerpen 46 – Diest 20 – •Turnhout 30.

Condor, Bell Telephonelaan 4 (près E 313 - sortie 23), ✆ 58 10 03, Telex 35691, Fax 58 11
– |‡| ⇔ ch TV ☎ Ⓟ – 25 à 90. AE ⓓ E VISA. ✻ rest
R *(fermé sam., dim., jours fériés et juil.)* carte 900 à 1300 – **48 ch** ▭ 2250/2800
½ P 2850/3050.

XXX **Geerts** avec ch, Grote Markt 50, ✆ 54 40 17, « Jardin » – ▤ rest TV ☎ Ⓟ. AE ⓓ E VI
✻ ch
fermé mardi soir et dim. soir en hiver, merc., 20 sept-20 oct. et sem. carnaval – **R** carte 13
à 1800 – **10 ch** ▭ 2000/2800 – ½ P 2500/3600.

XXX **'t Kempisch Pallet,** Bergveld 120 (O : 3 km sur N 152), ✆ 54 70 97 – Ⓟ. AE ⓓ E VI
✻
fermé sam. midi, dim. et du 1er au 21 juil. – **R** carte env. 1900.

XX **Het Loo,** Bergveld 107 (O : 3 km sur N 152), ✆ 54 54 05, , « Grange restaurée » –
AE ⓓ E VISA
fermé lundi, mardi et 15 août-7 sept – **R** carte 1200 à 1700.

ALFA-ROMEO Snelwegstraat 7 ✆ 584412 FORD Hoog Heultje 1 ✆ 698370

WESTKAPELLE West-Vlaanderen 213 ③ et 409 ② – voir à Knokke-Heist.

WESTMALLE **2390** Antwerpen © Malle 11 616 h. 212 ⑯ et 409 ④ ⑤ – ✆ 0 3.
•Bruxelles 65 – •Antwerpen 23 – •Turnhout 18.

XX **The Old Inn,** Antwerpsesteenweg 190, ✆ 312 17 32 – ▤ Ⓟ. AE ⓓ E VISA. ✻
fermé merc. non fériés et 3 dern. sem. juil. – **R** carte 1600 à 2050.

WESTOUTER 8954 West-Vlaanderen © Heuvelland 8 542 h. 213 ⑬ et 409 ⑩ – ✆ 0 57.

Bruxelles 136 – ◆Brugge 66 – Ieper 14 – Lille 39.

X **Berkenhof**, Bellestraat 53 (à la frontière), ✆ 44 44 26, Rest.-taverne – VISA
fermé lundi soir, mardi et fév. – **R** carte 750 à 1200.

WEVELGEM 8560 West-Vlaanderen 213 ⑭ ⑮ et 409 ⑪ – 30 291 h. – ✆ 0 56.

Bruxelles 99 – ◆Brugge 54 – ◆Kortrijk 6,5 – Lille 23.

Cortina, Lauwestraat 59, ✆ 41 25 22, Fax 41 45 67, – |♦| rest TV ☎ – P – 25 à 550. AE ⓓ E VISA
R *(fermé dim. soir)* carte env. 1700 – **25 ch** 2200/2650.

XXX ✿ **St. Christophe** (Pélissier), Kortrijkstraat 219, ✆ 41 49 43, « Terrasse et jardin » – P. AE ⓓ E VISA
fermé du 1er au 20 août, du 1er au 10 fév., mardi soir, merc. et dim. soir – **R** carte 1600 à 2300.
Spéc. Langoustines tièdes au foie gras, Cabillaud rôti à la ciboulette et citron, Rognon de veau à la crème d'estragon.

LADA Gullegemstraat 59 ✆ 412255
MITSUBISHI Kortrijksesteenweg 506 ✆ 353733
TOYOTA Kappellestraat 35 ✆ 413818
VAG Menenstraat 7 ✆ 411575

WEZET Liège – voir Visé.

WEZEMBEEK-OPPEM Brabant 213 ⑲ et 409 ⑬ – voir à Bruxelles, environs.

WILLEBROEK 2830 Antwerpen 213 ⑥ et 409 ④ – 22 217 h. – ✆ 0 3.

Bruxelles 29 – ◆Antwerpen 22 – ◆Mechelen 10 – Sint-Niklaas 22.

XX **Breendonck,** Dendermondsesteenweg 309 (près du fort), ✆ 886 61 63, Fax 886 25 40 – P. AE ⓓ E VISA
fermé sam. midi et 3 dern. sem. juil. – **R** carte 1100 à 2150.

FORD Dendermondsesteenweg 115 ✆ 8867131
GM (OPEL) Overwinningsstraat 181 ✆ 8866224
NISSAN Mechelsesteenweg 300 à Blaasveld ✆ 8866497
RENAULT Ten Bergstraat 3 ✆ 8864120
TOYOTA Mechelsesteenweg 376 à Blaasveld ✆ 8862586

WILRIJK Antwerpen 213 ⑥ et 409 ④ – voir à Antwerpen, péripherie.

WINKSELE Brabant 213 ⑦ ⑲ et 409 ⑬ – voir à Leuven.

WOLUWÉ-ST-LAMBERT (SINT-LAMBRECHTS-WOLUWE) Brabant 213 ⑱ ⑲ et 409 ⑬ – voir à Bruxelles.

WOLUWÉ-ST-PIERRE (SINT-PIETERS-WOLUWE) Brabant 213 ⑱ ⑲ et 409 ⑬ – voir à Bruxelles.

WOLVERTEM Brabant 213 ⑥ et 409 ④ – voir à Bruxelles, environs.

WORTEGEM-PETEGEM 9790 Oost-Vlaanderen 213 ⑯ et 409 ⑪ – 5 766 h. – ✆ 0 56.

Kortrijkstraat 52 ✆ 31 54 81.

Bruxelles 83 – ◆Gent 38 – ◆Kortrijk 23 – Oudenaarde 8.

XX **Piet Huysentruyt,** Waregemseweg 155, ✆ 61 11 22, Fax 60 38 11, « Jardin » – P. AE ⓓ E VISA.
fermé mardi soir, merc., dim. soir, 15 juil.-15 août et du 10 au 20 janv. – **R** carte 1650 à 2200.

NISSAN Deinzestraat 34a ✆ 835311
TOYOTA Waregemseweg 52 ✆ 688706

WIJNEGEM Antwerpen 212 ⑮ et 409 ④ – voir à Antwerpen, environs.

YPRES West-Vlaanderen – voir Ieper.

YVES-GOMEZEE 5650 Namur © Walcourt 15 286 h. 214 ④ et 409 ⑬ – ✆ 0 71.

Bruxelles 83 – ◆Charleroi 21 – ◆Dinant 34 – ◆Namur 47 – Philippeville 6.

XX **La Botte d'Yves,** r. Charleroi 3, ✆ 65 52 75, Ouvert jusqu'à à 23 h, « Terrasse avec ≤ campagne » – P. AE ⓓ E VISA
R 1000/1500.

YVOIR 5530 Namur 214 ⑤ et 409 ⑭ – 6 739 h. – ✆ 0 82.

Env. O : Vallée de la Molignée★.

18 à Profondeville N : 10 km, Chemin du Beau Vallon 45 ✆ (0 81) 41 14 18.

◆Bruxelles 92 – ◆Namur 22 – ◆Dinant 8.

XXX **Host. Henrotte - Au Vachter** avec ch, chaussée de Namur 140, ✉ 5537 Anhé
✆ 61 13 14, Fax 61 28 58, <, 🌳, « Jardin au bord de la Meuse (Maas) » – TV ☎ ⓟ.
ⓓ E VISA. ch
fermé dim. soir et lundi hors saison et janv.-fév. – **R** 1500/1800 – **8 ch** 1625/2900
½ P 2800.

ZAFFELARE 9080 Oost-Vlaanderen Ⓒ Lochristi 16 945 h. 213 ⑤ et 409 ③ – ✆ 0 91.

◆Bruxelles 53 – ◆Antwerpen 50 – ◆Gent 16.

XXX **Kasteel van Saffelaere,** Kerkstraat 37, ✆ 55 11 50, Telex 12186, Fax 55 25 30 –
AE ⓓ E VISA
fermé merc. et jeudi soir – **R** carte 1750 à 2200.

XX **Riviera,** Dam 116, ✆ 55 65 07, « Terrasse fleurie » – ⓟ. AE E VISA
fermé lundi, mardi, 1 sem. en juil. et prem. sem. nov. – **R** carte 1300 à 1750.

XX **De Beurs,** Dam 5, ✆ 55 73 08 – ⓟ.
fermé merc., jeudi, 3 prem. sem. sept et prem. sem. fév. – **R** carte 900 à 1400.

ZAVENTEM Brabant 213 ⑲ et 409 ㉒ – voir à Bruxelles, environs.

ZEDELGEM West-Vlaanderen 213 ② et 409 ② – voir à Brugge.

ZEEBRUGGE West-Vlaanderen Ⓒ Brugge 117 857 h. 213 ③ et 409 ② – ✉ 8380 Brugge
✆ 0 50.

⛴ Liaison maritime Zeebrugge-Dover et Zeebrugge-Felixstowe : P & O European Ferrie
R.M.T. car Ferry Terminal, Doverlaan 7 ✆ 54 22 11. Zeebrugge-Hull : North Sea Ferrie
Leopold II Dam 13 (Havendam) ✆ 54 34 30.

◆Bruxelles 111 ② – ◆Brugge 14 ② – Knokke-Heist 8 ① – ◆Oostende 25 ③.

Heiststraat .... B
Markt .... B
Adm. Keyesplein .... B 2
Azorenstraat .... A 3
Doverlaan .... A 6
Duinpad .... A 7
Hullstraat .... B 8
Kap. Fryattstr. .... AB
Rederskaai .... B
Reingaardsvliet .... B
St. Christianastr. .... A
St. Donaasstr. .... B
Tijdokstraat .... B
Vismijnstraat .... B
Westhinderstraat .... B

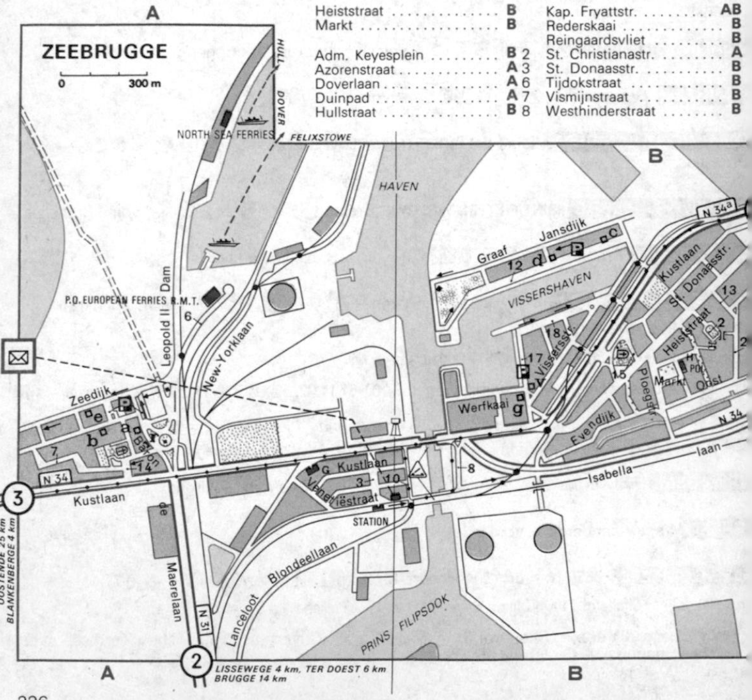

Maritime Palace sans rest, Brusselstraat 15, ✆ 54 54 19, Telex 81709, Fax 54 66 08 – |‡| TV ☎ ♿ P – 🏛 35. AE ⓓ E VISA. ✻ A b
16 ch ☕ 2000/2750.

Maritime sans rest, Zeedijk 6, ✆ 54 40 66, Telex 81709, Fax 54 66 08, ← – |‡| TV ☎ 🚗 – 🏛 25 à 40. AE ⓓ E VISA A e
15 ch ☕ 2000/2750.

Monaco, Baron de Maerelaan 26, ✆ 54 44 37, Fax 54 44 85, 🏖 – TV ☎. AE ⓓ E VISA
R *(fermé vend.)* carte 750 à 1150 – 15 ch ☕ 1800/2500. A r

✕ ❀ Maison Vandamme, Tijdokstraat 7, ✆ 54 58 61 – AE ⓓ E VISA B g
fermé merc. – R carte 1550 à 2100.
Spéc. Loempia de saumon en aigre-doux, Matelote de sole et langoustines aux poireaux, Profiteroles aux fruits, trois coulis.

✕ De Barcadère, Tijdokstraat 8, ✆ 54 49 69, 🏖, Produits de la mer – AE ⓓ E VISA ✻
fermé dim. soir, lundi, mars et oct. – R carte 1750 à 2300. B v

✕ Le Chalut, Rederskaai 26, ✆ 54 41 15, Fax 54 53 62, 🏖, Produits de la mer – AE ⓓ E VISA B d
fermé mardi soir, merc. et 12 nov.-5 déc. – R carte 1200 à 1900.

✕ ❀ Slipway (De Jonghe), Rederskaai 42, ✆ 54 44 45, Produits de la mer – ▤. AE ⓓ E VISA. ✻ B c
fermé merc. soir, jeudi, 3 sem. en oct. et 2 sem. en fév. – R carte 1500 à 2600.
Spéc. Suprême de turbot et escalopes de homard au Champagne, Petite pêche de la mer du Nord au beurre blanc, Salade aux queues de langoustines tièdes.

✕ Michel's, Baron de Maerelaan 18, ✆ 54 57 86 – AE ⓓ E VISA A a
fermé dim. non fériés sauf en juil.-août et merc. soirs non fériés – R 850/1795.

par ② : 2 km sur N 31 :

✕ ❀ 't Molentje (Horseele), Baron de Maerelaan 211, ✆ 54 61 64, Fax 54 79 94, 🏖, « Fermette avec décor personnalisé » – P. AE E VISA
fermé merc. soir, dim., 1 sem. après carnaval et du 9 au 30 sept – R (nombre de couverts limité - prévenir) carte 1750 à 2850.
Spéc. Cromesquis aux crustacés et coquillages, Turbot à la noix de coco, beurre au vinaigre de noisettes, Ris de veau aux endives braisées à l'orange.

ZELLIK Brabant 213 ⑱ et 409 ⑬ – voir à Bruxelles, environs.

ZELZATE 9060 Oost-Vlaanderen 213 ④ ⑤ et 409 ③ – 12 610 h. – ☎ 0 91.
Bruxelles 76 – ♦Brugge 44 – ♦Gent 21.

Den Hof, Stationsstraat 22, ✆ 45 60 48, 🏖, 🌳 – TV ☎ P. AE ⓓ E VISA. ✻ ch
fermé du 1er au 28 juil., 20 déc.-2 janv. et dim. – R carte 1000 à 1300 – 7 ch ☕ 1550/2000.

✕✕ Cosmos avec ch, J. F. Kennedylaan 2, ✆ 45 64 15 – TV P – 🏛 25. AE ⓓ E VISA. ✻ ch
fermé du 7 au 28 juil. – R *(fermé vend. soir et sam.)* carte 1250 à 1800 – 17 ch ☕ 1525/2115.

(OPEL), HONDA, LADA Industrieterrein Steijne 2 ✆ 450970
MITSUBISHI Assenedesteenweg 253 ✆ 447613
ROVER Oudeburgsesluis 6 ✆ 457260

ZINNIK Hainaut – voir Soignies.

ZOLDER 3550 Limburg C Heusden-Zolder 28 297 h. 213 ⑨ et 409 ⑥ – ☎ 0 11.
à Houthalen NE : 10 km, Golfstraat 1 ✆ (0 11) 38 35 43.
St-Jobstraat 60/A 7 à Heusden ✆ (0 11) 25 42 99.
Bruxelles 77 – ♦Hasselt 12 – Diest 22.

au Sud-Ouest : 7 km par N 729, sur Omloop (circuit) Terlamen – ✉ 3550 Zolder – ☎ 0 11 :

Chicane 🐌 sans rest, Kerkstraat 105, ✆ 42 17 46 – TV ☎ P – 🏛 25. ✻
10 ch ☕ 1500/2500.

✕✕ De Gulden Schalmei, Herderspad 153, ✆ 25 17 50, ←, 🏖 – P. AE E
fermé dim. soir et lundi – R carte env. 2000.

à Bolderberg SO : 8 km sur N 729 – ✉ 3550 Zolder – ☎ 0 11 :

Soete Wey 🐌, Kluisstraat 48, ✆ 25 20 66, Fax 87 10 59, « Environnement boisé » – TV ☎ P – 🏛 25 à 60. AE ⓓ E VISA. ✻ rest
R *(fermé sam. midi, dim. soir et lundi)* carte 1300 à 2100 – 21 ch ☕ 1950/3600 – ½ P 3000.

✕ Oud Bolderberg, St-Jobstraat 83, ✆ 25 33 66, Fax 25 33 92 – ▤ P. AE ⓓ E VISA
fermé lundi, merc. soir, sam. midi, 1 sem. en juil. et 1 sem. en janv. – R carte env. 1300.

(OPEL) Brugstraat 20 à Heusden ✆ 422419
LANCIA Koolmijnlaan 28 à Heusden ✆ 533342
MAZDA Meylandtlaan 179 ✆ 534612
ROVER Everselkiezel 119 à Heusden ✆ 422930

ZONHOVEN 3520 Limburg 213 ⑨ et 409 ⑥ – 16 917 h. – ☎ 0 11.

◆Bruxelles 86 – Diest 31 – ◆Hasselt 7.

✗ **Hof ter Hemmen,** Kleine Hemmenweg 19, ✆ 82 11 04, Fax 82 11 04 – AE ⓓ E VISA
fermé sam. midi, dim., 2 sem. en juil. et 1 sem. en janv. – **R** carte 1100 à 1500.

LADA Halve Weg 94 ✆ 813775
MITSUBISHI Beringersteenweg 80 ✆ 813388
RENAULT Heuveneinde 72 ✆ 813490
TOYOTA Beringersteenweg 104 ✆ 814469

ZOTTEGEM 9620 Oost-Vlaanderen 213 ⑯ ⑰ et 409 ⑫ – 24 494 h. – ☎ 0 91.

◆Bruxelles 46 – ◆Gent 28 – Aalst 24 – Oudenaarde 18.

à Elene N : 2 km C Zottegem – ✉ 9620 Zottegem – ☎ 0 91 :

✗✗✗ **In den Groenen Hond,** Leopold III straat 1, ✆ 60 12 94, ☂, « Ancien moulin à eau
– Ⓟ. AE ⓓ E VISA
fermé du 9 au 30 août, sem. carnaval, merc. et jeudi – **R** carte 1800 à 2400.

BMW Meerlaan 178 ✆ 602195
CITROEN Vestenstraat 13 ✆ 601500
FIAT Brakelstraat 52 ✆ 601030
GM (OPEL) Buke 25 ✆ 600400
HONDA Romeinsplein 34 ✆ 600011
LADA Faliestraat 106 ✆ 602190
MAZDA Elenestraat 13 ✆ 600775
NISSAN Langestraat 51 ✆ 601235
ROVER Godveerdegemstraat 217 ✆ 602383
TOYOTA, VAG Provinciebaan 64 ✆ 600350
VOLVO Industrielaan 6 ✆ 607878

HET-ZOUTE West-Vlaanderen C Knokke-Heist 212 ⑪ et 409 ② – voir à Knokke-Heist.

ZOUTENAAIE West-Vlaanderen 213 ① – voir à Veurne.

ZUIENKERKE West-Vlaanderen 213 ② et 409 ② – voir à Blankenberge.

ZUTENDAAL 3690 Limburg 213 ⑩ et 409 ⑥ – 5 737 h. – ☎ 0 11.

◆Bruxelles 104 – ◆Hasselt 20 – ◆Liège 38 – ◆Maastricht 8.

🏨 **Velian,** Nieuwstraat 6, ✆ 61 17 14, Fax 61 32 34, ≘s, 🏊, ✗ – 🛗 📺 ☎ Ⓟ – 🏛 25 à
AE ⓓ E VISA. ✗
R *(fermé dim. et Noël-prem. sem. janv.)* carte 800 à 1600 – **40 ch** ☐ 1575/2750
½ P 1810/2200.

✗✗ **De Klok,** Daalstraat 9, ✆ 61 11 31 – Ⓟ. AE ⓓ E VISA. ✗
fermé merc., sam. midi, 3 dern. sem. oct. et carnaval – **R** carte 1250 à 2250.

ZWEVEGEM 8550 West-Vlaanderen 213 ⑮ et 409 ⑪ – 22 924 h. – ☎ 0 56.

◆Bruxelles 91 – ◆Brugge 48 – ◆Gent 46 – ◆Kortrijk 5 – Lille 31.

✗✗✗ **Gambrinus** avec ch, Otegemstraat 102, ✆ 75 55 66, ≘s – 📺 ☎ Ⓟ – 🏛 25 à 120.
ⓓ E VISA
fermé sam. midi, dim., 21 juil.-18 août et 24 déc.-1er janv. – **R** carte 1300 à 1900 – ☐ 2
– **9 ch** 1800/2800.

✗✗ ✿ **'t Ovenbuur** (Winne), Bellegemstraat 48, ✆ 75 64 40, ≤, ☂, « Cadre champêtre » –
AE ⓓ E VISA
fermé merc. soir et dim. – **R** carte 1400 à 2400.
Spéc. Moules au Champagne (sept-avril), Râble de lièvre, sauce Smitane (15 oct.-déc.), Bla
de turbot aux écailles de pommes de terre.

✗✗ **'t Huizeke,** Kortrijkstraat 151, ✆ 75 70 00, ☂ – Ⓟ. AE E VISA. ✗
fermé merc., dim. soir, jours fériés soirs sauf week-end et 24 juil.-16 août – **R** carte env. 11

LADA Kortrijkstraat 96 ✆ 755187
MAZDA Otegemstraat 220 a ✆ 758749

Grand-Duché de Luxembourg

Les prix sont donnés en francs luxembourgeois (les francs belges sont également utilisés au Gd. Duché).

Pour téléphoner de l'étranger au Gd. Duché de Luxembourg, composer le 352.

La vitesse sur les autoroutes est limitée à 120 km/h, 90 km/h sur les routes et 60 km/h dans les agglomérations. Le port de la ceinture de sécurité est obligatoire, y compris dans les villes.

LES ÉTOILES   DIE STERNE
DE STERREN   THE STARS

L'AGRÉMENT
AANGENAAM VERBLIJF
ANNEHMLICHKEIT
PEACEFUL ATMOSPHERE AND SETTING

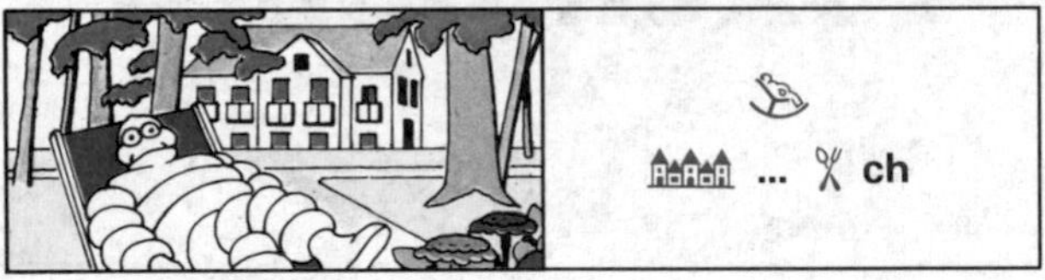

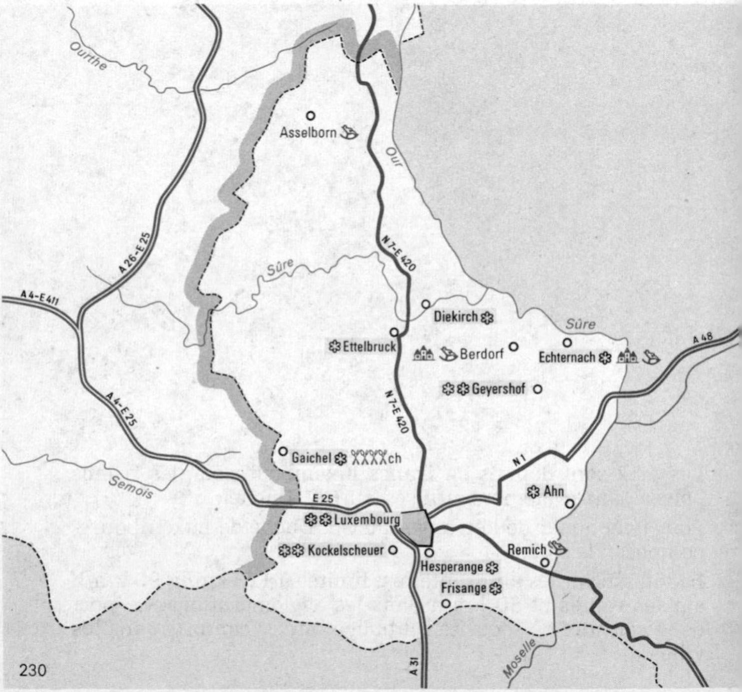

HN Ⓒ Wormeldange 2 026 h. 215 ⑤ et 409 ㉗.

uxembourg 26 – Remich 15 – Trier 27.

✗ ✿ **Mathes,** rte du Vin 37, ✉ 5401, ☎ 7 61 06, Fax 7 66 45, ≤, 🏠, « Terrasse et jardin » – 🅟. AE ⓓ E VISA
fermé lundi et 9 déc.-8 janv. – **R** carte 1800 à 2500.
Spéc. Soupe de St-Jacques au céleri et truffes (oct.-avril), St-Pierre aux pommes de terre rôties et à la fleur de thym, Noisettes d'agneau en croûte de mie de pain **Vins** Pinot gris, Riesling.

SSELBORN Ⓒ Wincrange 2 617 h. 215 ⑩ et 409 ⑯.

uxembourg 95 – ◆Bastogne 24 – Clervaux 14.

🏨 **Vieux Moulin d'Asselborn** 🐦, ✉ 9940, ☎ 9 86 16, Fax 97 80 43, 🏠 – TV 🅟 – 🏛 25 à 40. AE ⓓ E VISA. ✂ rest
fermé fév. et mardis non fériés d'oct. à juin – **R** *(fermé merc. midis non fériés sauf en juil.-août et mardis non fériés)* carte 1050 à 1900 – **15 ch** ☐ 2600 – ½ P 2200.

ASCHARAGE 215 ⑬ et 409 ㉖ – 4 615 h.

uxembourg 17 – ◆Arlon 24 – Longwy 14.

✗✗ **Le Pigeonnier,** av. Luxembourg 211, ✉ 4940, ☎ 50 25 65, « Rustique, jardin fleuri » – 🅟. AE ⓓ E VISA
fermé lundi soir et mardi – **R** carte 2100 à 2900.

NDA r. Poste 14 ☎ 500358

EAUFORT 215 ③ et 409 ㉗ – 1 054 h.

ir Ruines du château★ – Gorges du Hallerbach★ SE : 4 km et 30 mn AR à pied.

r. Église 9, ✉ 6315, ☎ 8 60 81.

uxembourg 35 – Diekirch 15 – Echternach 15.

🏨 **Meyer** 🐦, Grand'Rue 120, ✉ 6310, ☎ 8 62 62, Telex 1524, Fax 86 90 85, 🏠, ≘s, 🌳 – |♦| TV ☎ 🚗 🅟 – 🏛 40. AE ⓓ E VISA. ✂ rest
15 mars-4 janv. – **R** *(fermé après 20 h 30)* carte 900 à 1500 – **37 ch** ☐ 1800/2600 – ½ P 1870/2000.

🏠 **Aub. Rustique,** r. Château 55, ✉ 6313, ☎ 8 60 86, 🏠 – E VISA ✂ rest
avril-10 nov. et jours fériés – **R** carte env. 800 – **7 ch** ☐ 650/1300 – ½ P 940/990.

ELVAUX Ⓒ Sanem 11 242 h. 215 ⑭.

uxembourg 24 – ◆Arlon 31 – Esch-sur-Alzette 5 – Longwy 21.

✗ **St. Laurent,** r. Alliés 24, ✉ 4412, ☎ 59 10 80 – AE ⓓ E VISA
◆ *fermé mardis soirs et merc. non fériés* – **R** 675/1425.

ERDORF 215 ③ et 409 ㉗ – 903 h.

ir NO : Ile du Diable★★ : Zickzackschluff★ – N : Plateau des Sept Gorges★ (Sieweschluff), sselt★ – Werschrumschluff★ SO : 3 km.

c. Promenade à pied★★ : Perekop.

Hôtel de Ville (fermé sam. et dim.), ✉ 6551, ☎ 7 96 43.

uxembourg 32 – Diekirch 24 – Echternach 6.

🏨 **Parc** 🐦, rte de Grundhof 16, ✉ 6550, ☎ 7 91 95, Telex 2916, Fax 7 92 23, ≤, 🏠, « Parc ombragé avec terrasses et 🏊 », 🌳 – |♦| TV ☎ 🚗 🅟. AE ⓓ E VISA. ✂
Pâques-nov. – **R Rôtisserie** *(fermé après 20 h 30)* carte 1550 à 2200 – **19 ch** ☐ 2500/4800 – ½ P 2300/3000.

🏨 **Bisdorff** 🐦, r. Heisbich 39, ✉ 6551, ☎ 7 92 08, Fax 7 96 29, « Cadre de verdure », 🏊, 🌳 – |♦| ▤ rest TV ☎ 🅟. AE ⓓ E VISA. ✂ rest
fermé fin fév.-fin mars – **R** *(fermé lundi, mardi et après 20 h 30)* carte 800 à 1250 – **27 ch** ☐ 1600/3200 – ½ P 2000/2100.

🏨 **L'Ermitage** 🐦 sans rest, rte de Grundhof 68, ✉ 6550, ☎ 7 91 84, ≤, « Cadre de verdure », 🌳 – TV ☎ 🚗 🅟. AE ⓓ E VISA. ✂
Pâques-oct. ; fermé mardi – **16 ch** ☐ 1600/2700.

🏨 **Le Chat Botté,** rte d'Echternach 1, ✉ 6550, ☎ 7 91 86, 🏠, 🌳 – TV ☎ 🅟 – 🏛 25. VISA. ✂
fermé 28 déc.-15 fév. et mardi de fin nov. à fin mars – **R** *(fermé après 20 h 30)* 850/1450 – **16 ch** ☐ 2000/3000 – ½ P 1700/1900.

🏨 **Kinnen,** rte d'Echternach 2, ✉ 6550, ☎ 7 91 83 – |♦| ☎ 🚗 🅟. AE E VISA. ✂
◆ *27 mars-3 nov.* – **R** *(fermé après 20 h)* 700/1250 – **35 ch** ☐ 1000/2400 – ½ P 1380/1850.

🏨 **Herber,** rte d'Echternach 53, ✉ 6550, ☎ 7 91 88, Fax 79 90 77 – |♦| 🚗 🅟. E VISA. ✂ rest
fermé déc.-7 fév. – **R** carte 1100 à 1700 – **45 ch** ☐ 1800/2500 – ½ P 1300/1700.

BERELDANGE 215 ④ ⑤ – voir à Luxembourg.

BOLLENDORF-PONT C Berdorf 903 h. 215 ③ et 409 ㉗ – ✉ Echternach.

♦Luxembourg 36 – Diekirch 21 – Echternach 7.

André, rte de Diekirch 23, ✉ 6555, ☎ 7 23 93, Fax 72 87 70, ←, – TV ☎ P. E VISA
fermé janv.-fév. et lundi – **R** *(fermé après 20 h 30)* 750 – **21 ch** 1450/2200
½ P 1500/1650.

BOULAIDE 215 ⑪ et 409 ㉖ – 526 h.

♦Luxembourg 56 – ♦Arlon 30 – ♦Bastogne 27.

Hames, r. Curé 2, ✉ 9640, ☎ 9 30 07, Fax 9 36 49, , – P. VISA. rest
fermé du 1er au 22 sept, janv., mardi soir et merc. – **R** carte 750 à 1400 – **13 ch** 800/16
– ½ P 1050/1100.

BOUR C Tuntange 713 h. 215 ⑫ et 409 ㉖.

♦Luxembourg 16 – ♦Arlon 18 – Mersch 12.

Janin, r. d'Arlon 2, ✉ 7412, ☎ 3 03 78 – P. E VISA
fermé lundi, mardi midi et fin déc.-mi-janv. – **R** carte 1200 à 2000.

BOURSCHEID 215 ③ ⑪ et 409 ㉖ – 955 h.

Voir Route du château ←** – Ruines du château*, ←*.

♦Luxembourg 37 – Diekirch 14 – Wiltz 22.

St. Fiacre, r. Principale 4, ✉ 9140, ☎ 9 00 23, Fax 9 06 66, – TV ☎ P. AE E VISA.
fermé 15 janv.-10 mars – **R** *(fermé après 20 h 30 et mardi soir et merc. de mars à jui*
750/1300 – **12 ch** 1480/2150 – ½ P 1600.

à Bourscheid-Moulin E : 4 km – ✉ Ettelbruck :

Du Moulin , ✉ 9164, ☎ 9 00 15, Fax 9 07 40, – TV ☎ P. AE E VISA.
avril-déc. – **R** *(fermé lundi, mardi et après 20 h 30)* 1300 – **13 ch** 1750/2200 – ½ P 16

à Bourscheid-Plage E : 4 km – ✉ Ettelbruck :

Theis, ✉ 9164, ☎ 9 00 20, Fax 9 07 34, ←, , – TV ☎ P – 35. AE
E VISA.
16 mars-17 nov. – **R** *(fermé après 20 h 30)* 950 – **19 ch** 1400/2350 – ½ P 155
2000.

CLERVAUX 215 ⑩ et 409 ㉖ – 1 427 h.

Voir Site** – Château* : exposition de maquettes* – S : route de Luxembourg ←**.

Château (mi-avril-oct.), ✉ 9712, ☎ 9 20 72.

♦Luxembourg 62 – ♦Bastogne 28 – Diekirch 30.

Central, pl. Princesse Maria Theresa 9, ✉ 9710, ☎ 9 11 05 – TV. AE E VISA.
20 mars-20 déc. ; fermé mardi – **R** *(fermé après 20 h 30)* carte 1000 à 1600 – **20**
1800/2500 – ½ P 1600/1800.

Claravallis, r. Gare 3, ✉ 9707, ☎ 9 10 34, Telex 3134, Fax 92 90 89, – TV ☎
AE E VISA
fermé fév.-15 mars – **R** 750/1980 – **28 ch** 1600/3200 – ½ P 1980/2330.

International, Grand-rue 10, ✉ 9710, ☎ 9 10 67, Telex 3577, Fax 9 24 92, , ,
– TV ☎ P – 25 à 50. AE E VISA
R 1000/2000 – **36 ch** 1800/3000 – ½ P 1800/2000.

Du Commerce, r. Marnach 2, ✉ 9709, ☎ 9 10 32, Fax 92 91 08, , – TV ☎
E VISA
15 mars-oct. et 20 déc.-5 janv. ; fermé mardi sauf du 15 mai au 30 sept – **R** *(fermé ap*
20 h 30) 750/1450 – **52 ch** 1750/2250.

Koener, Grand-rue 14, ✉ 9710, ☎ 9 10 02, Telex 3577, Fax 9 24 92, – TV ☎
AE E VISA
fermé 2 janv.-fév. – **R** *(fermé après 20 h 30)* 750/1450 – **48 ch** 2200 – ½ P 160
1700.

L'Ilot Sacré, Grand-rue 42, ✉ 9710, ☎ 9 27 06 – AE E VISA
fermé merc. soir et jeudi soir – **R** 690/1300.

à Reuler E : 1 km C Clervaux – ✉ Clervaux :

St-Hubert, sur N 18, ✉ 9768, ☎ 9 24 32, ←, , – TV ☎ P. AE E VISA.
fermé mi-déc.-mi-fév. et lundi soir et mardi de mi-nov. à avril – **R** *(fermé mardi sauf vacanc*
scolaires) carte 900 à 1500 – **21 ch** 2300 – ½ P 1680.

TOYOTA Grand-rue 52 ☎ 91080

EKIRCH 215 ③ et 409 ㉖ – 5 560 h.

. Falaise de Grenglay ≤** N : 8 km et 10 mn AR à pied.
l. Guillaume (fermé sam. et dim.), ✉ 9201, ☎ 80 30 23.
xembourg 33 – ◆Bastogne 46 – Clervaux 30 – Echternach 28.

Parc, av. Gare 28, ✉ 9233, ☎ 80 34 72, Fax 80 98 61, – ch TV ☎. E VISA.
28 mars-15 nov. – **R** 750/1350 – **40 ch** 1950/2500 – ½ P 1700/1850.

✕ ✿ **Hiertz** (Pretti) avec ch, r. Clairefontaine 1, ✉ 9220, ☎ 80 35 62, Fax 80 88 69, « Terrasse et jardin fleuris » – AE ⓓ E VISA
fermé lundi soir, mardi, 2e quinz. août et 3 dern. sem. déc.-début janv. – **R** (nombre de couverts limité - prévenir) carte 2000 à 2650 – **9 ch** 2000/2400 – ½ P 2500.
Spéc. Raviolis de homard sauce coraline, Turbot à l'infusion de poivres, Soufflé chaud au citron vert et miel **Vins** Riesling, Pinot gris.

rte d'Ettelbruck 36 ☎ 803127
(OPEL) rte de Larochette 24 ☎ 803181
NDA rte d'Ettelbruck 30 ☎ 809741
DA Bamerthal 62 ☎ 809334
RCEDES-BENZ r. Industrie 17 ☎ 8023231
NISSAN rte d'Ettelbruck 28 ☎ 808152
PEUGEOT, TALBOT rte d'Ettelbruck 10 à Ingeldorf ☎ 802080
VAG rte d'Ettelbruck 12 à Ingeldorf ☎ 802088

OMMELDANGE 215 ⑤ – voir à Luxembourg.

UDELANGE 215 ⑥ et 409 ㉖ – 13 920 h.

xembourg 16 – Longwy 37 – Thionville 21.

✕ **Le Casino,** r. Libération 150, ✉ 3511, ☎ 51 40 72 – Ⓟ. VISA.
fermé lundi, 3 sem. en août et 1 sem. en janv. – **R** carte 800 à 1300.

(OPEL) rte de Luxembourg 240 ☎ 518282
VAG rte de Luxembourg 73 ☎ 520252

CHTERNACH 215 ③ et 409 ㉗ – 4 194 h.

ir Abbaye★ – O : Gorge du Loup★★★ (Wolfschlucht), 1 h 1/2 AR à pied – belvédère de osknepchen★ – belvédère de Bildscheslay★.
Porte St-Willibrord (Basilique), ✉ 6401, ☎ 7 22 30 – ◆Luxembourg 35 – Bitburg 21 – Diekirch 28.

✿ **Bel Air** , rte de Berdorf 1 (O : par N 10), ✉ 6409, ☎ 72 93 83, Telex 2640, Fax 72 86 94, ≤, « Parc avec pièce d'eau », – TV ☎ Ⓟ – 25 à 100. AE ⓓ E VISA.
– fermé du 13 au 22 nov. et 3 janv.-15 fév. – **R** carte 1700 à 2450 – **33 ch** 3200/4300 – ½ P 2950/3375.
Spéc. Loup de mer en croûte, Jambonneau de poularde aux écrevisses (ou homard), Pigeon rôti à l'ail doux **Vins** Riesling, Pinot gris.

Eden au Lac , (S : au-dessus du lac), ✉ 6478, ☎ 72 82 83, Fax 72 81 44, ≤ ville et vallée boisée, – TV ☎ Ⓟ – 25 à 150. AE ⓓ E VISA.
fermé 4 janv.-fév. – **R** carte 1800 à 2400 – **69 ch** 1925/3600 – ½ P 1980/2950.

Grand H., rte de Diekirch 27 (O : par N 10), ✉ 6430, ☎ 72 96 72, Fax 72 90 62, ≤, – TV ☎ Ⓟ. AE ⓓ E VISA.
18 mars-15 nov. – **R** *(fermé après 20 h 30)* carte 1200 à 1900 – **30 ch** 2475/3150 – ½ P 1850/2200.

De la Bergerie , r. Luxembourg 47, ✉ 6450, ☎ 72 85 041, Telex 60805, Fax 72 85 08, « Terrasse et jardin », – TV ☎ Ⓟ. ⓓ E VISA.
fermé 25 janv.-1er mars et lundi de nov. à fin avril – **R** voir rest **La Bergerie** ci-après, 7 km par navette – 450 – **14 ch** 2200/3600.

Host. de la Basilique, pl. Marché 7, ✉ 6460, ☎ 72 84 75, Telex 60455, Fax 72 84 76, – TV ☎ – 25. AE ⓓ E VISA.
R *(31 mars-15 janv. sauf jeudi d'oct. à mi-janv.)* 660/890 – **14 ch** 2500/4000 – ½ P 2100/2400.

Ardennes, r. Gare 38, ✉ 6440, ☎ 7 21 08, Telex 3779, Fax 72 94 80 – TV ☎. AE E VISA.
– **R** *(fermé mi-janv.-mi-fév.)* 780/1100 – **30 ch** 1800/2400 – ½ P 1700/1800.

Le Pavillon, r. Gare 2, ✉ 6440, ☎ 72 98 09 – TV ☎. ⓓ VISA.
fermé 10 janv.-15 mars – **R** carte env. 1000 – **10 ch** 1250/1760 – ½ P 1020/1320.

Welcome, rte de Diekirch 9, ✉ 6430, ☎ 7 23 54 – TV ☎. VISA.
mars-15 nov. – **R** *(fermé après 20 h 30)* 700/1600 – **18 ch** 2300 – ½ P 1400/1550.

A la Petite Marquise, pl. Marché 18, ✉ 6460, ☎ 7 23 82, Fax 7 23 22 – . AE ⓓ E VISA
fermé nov. et janv. – **R** 650/1150 – **33 ch** 1070/2540 – ½ P 1600/2100.

Universel, r. Luxembourg 40, ✉ 6450, ☎ 72 99 91, Fax 72 87 87 – ☎ Ⓟ. E VISA. rest
25 mars-4 nov. – **R** 1000 – **33 ch** 2400 – ½ P 1600/1750.

St-Hubert, r. Gare 21, ✉ 6440, ☎ 7 23 06, Telex 60335, Fax 72 87 72 – TV ☎ Ⓟ. AE ⓓ E VISA – *fermé janv.-20 fév. et jeudis non fériés du 15 oct. à mars* – **R** *(fermé après 20 h 30)* 750 – **35 ch** 1500/2500 – ½ P 1200/1750.

Du Commerce, pl. Marché 16, ✉ 6460, ☎ 7 23 01, Fax 72 87 90, – . AE E VISA
avril-15 nov. et 20 déc.-1er janv. – **R** 400/980 – **50 ch** 1200/2100 – ½ P 1150/1600.

✕ **Quatre Saisons,** r. Haut-Ruisseau 2, ✉ 6446, ☎ 72 80 39 – AE ⓓ E VISA
fermé du 1er au 27 mars, 19 déc.-8 janv. et merc. – **R** 650/870.

à Geyershof SO : 7 km par E 29 C Consthum 281 h. – ✉ Echternach :

XXX ✿✿ **La Bergerie** (Phal) - H. de la Bergerie,, ✉ 6251, ✆ 7 94 64, Fax 7 97 71, ←,
« Cadre champêtre, abords fleuris » – P. ⓓ E VISA
fermé dim. soir, lundi et 25 janv.-1er mars – **R** carte 2350 à 3000.
Spéc. Bar rôti à l'aigre-doux aux épices, Salade de caille aux choux confits et endives, Pêc
rôtie au caramel et pistaches Vins Pinot gris, Riesling Koëppchen.

à Steinheim E : 4 km C Rosport 1 371 h. :

Gruber, rte d'Echternach 36, ✉ 6585, ✆ 7 24 33, Fax 72 87 56, – P. E VISA. r
16 mars-14 nov. – **R** *(fermé jeudi et après 20 h 30)* carte 700 à 1300 – **22 ch** 2200
½ P 1400/1600.

Voir aussi : ***Weilerbach*** NO : 3 km

RENAULT r. Luxembourg 17 ✆ 729045 VAG rte de Luxembourg 96 ✆ 728388

EHNEN C Wormeldange 2 026 h. 215 ⑤ et 409 ㉗ – ✉ Wormeldange.

♦Luxembourg 21 – Remich 9,5 – Trier 32.

XXX **Simmer** avec ch, rte du Vin 117, ✉ 5416, ✆ 7 60 30, Fax 7 63 06, ←, « Terrasse » –
P. AE E VISA.
fermé 7 janv.-10 mars et mardi d'oct. à Pâques – **R** 1550/1700 – **23 ch** 2000/2500
½ P 2050/2500.

ELLANGE 215 ⑤ – voir à Mondorf-les-Bains.

ERMSDORF 215 ③ et 409 ㉖ – 613 h.

♦Luxembourg 33 – ♦Arlon 42 – Diekirch 12 – Echternach 32.

Host. Neumuehle, r. Reisdorf 25 (N : 1 km, lieu-dit Neumühle), ✉ 9364, ✆ 8 74 05,
– ☎ P. E VISA. rest
fermé du 12 au 26 nov. – **R** *(fermé lundi et du 10 au 24 juin)* carte 1050 à 1400 – **12**
1660/1800 – ½ P 1050/1350.

ERNZ NOIRE (Vallée de l') ★★★ 215 ③ ④ et 409 ㉗ G. Belgique-Luxembourg.

ERPELDANGE 215 ③ et 409 ㉖ – voir à Ettelbruck.

ESCHDORF C Heiderscheid 952 h. 215 ⑪ et 409 ㉖.

♦Luxembourg 43 – ♦Bastogne 30 – Diekirch 22.

Braas, r. Wiltz 7, ✉ 9151, ✆ 8 92 13, Fax 8 95 78 – TV P. E VISA.
fermé 2 janv.-1er fév. – **R** *(fermé lundi soir, mardi et après 20 h 30)* carte env. 1100 – **25**
1400/2000 – ½ P 1650.

ESCH-SUR-ALZETTE 215 ⑭ et 409 ㉕ – 24 574 h.

Hôtel de Ville, ✉ 4004, ✆ 54 73 83 (ext. 245).

♦Luxembourg 19 ① – Lonwy 26 ④ – Thionville 32 ③.

Plan page ci-contre

Renaissance , pl. Boltgen 2, ✉ 4038, ✆ 54 74 75, Fax 54 19 90 – rest TV ☎
– 30. AE ⓓ E VISA.
R *(fermé dim. soir et lundi)* carte 1200 à 1900 – 180 – **40 ch** 2000/3700 – ½ P 21

Acacia, r. Libération 10, ✉ 4210, ✆ 54 10 61, Fax 54 35 02 – rest TV . AE ⓓ
VISA
R *(fermé dim. et jours fériés)* carte 1200 à 1800 – **27 ch** 1150/2200 – ½ P 160
1900.

Le Carrefour, r. Victor Hugo 1, ✉ 4140, ✆ 54 51 44, Fax 54 51 45 – TV . AE ⓓ
VISA
fermé 12 juil.-3 août – **R** *(fermé vend. et dim. soir)* 795/1495 – **20 ch** 1550/2200
½ P 1600/1800.

XXX **Aub. Royale,** r. Remparts 19, ✉ 4303, ✆ 54 27 23, Fax 5 38 15, Avec cuisine italienne
AE ⓓ E VISA
fermé lundi, 2e quinz. juil. et 1re quinz. janv. – **R** carte 1400 à 2000.

XX **Postkutsch** 1er étage, r. Alzette 107, ✉ 4011, ✆ 54 51 69, Fax 54 82 35, Ouvert jusq
23 h – AE ⓓ E VISA
fermé dim. soir et lundi – **R** carte 800 à 2600.

XX **Au Bec Fin,** pl. Norbert Metz 15, ✉ 4239, ✆ 54 23 55 – VISA
fermé lundi et août – **R** 1250/1600.

X **Domus,** r. Brill 60, ✉ 4042, ✆ 54 69 94, Avec cuisine italienne, Ouvert jusqu'à 23 h. –
ⓓ E VISA
fermé lundi, 15 août-4 sept et 18 fév.-4 mars – **R** carte 850 à 1600.

ESCH SUR-ALZETTE

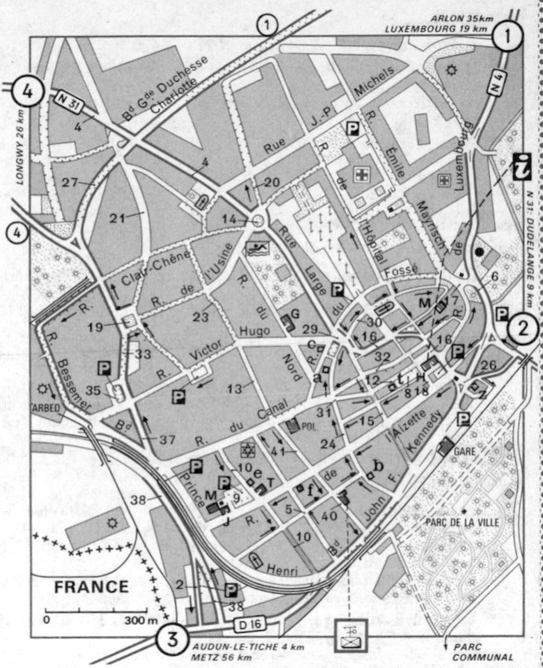

W r. Ehlerange 60 ✆ 550231
T r. Montpellier ✆ 570770
RD bd Kennedy 108 ✆ 540050
I (OPEL) r. Brill 28 ✆ 552030
DA rte de Luxembourg 216 ✆ 552424
MAZDA r. Neudorf 69 ✆ 548455
PEUGEOT, TALBOT r. Belvaux 190 ✆ 552323
RENAULT r. Luxembourg 32 ✆ 543434
TOYOTA rte de Differdange 308 ✆ 557373
VAG bd Prince-Henri 75 ✆ 555312

Ga handig te werk wanneer u een hotel of een restaurant zoekt.
Weet hoe u gebruik kunt maken van de rood onderstreepte plaatsnamen
op de Michelinkaarten nrs. 408 en 409. Maar zorg dat u de nieuwste kaart heeft!

SCH-SUR-SÛRE 215 ⑪ et 409 ㉖ – 225 h.

ir Site★ – Tour de Guet ≤★.

v. O : rte de Kaundorf ≤★ – O : Lac de la Haute-Sûre★, ≤★ – Hochfels★.

r. Église 6 (Pâques, Pentecôte et juil.-mi-sept ; fermé lundi), ⊠ 9650, ✆ 8 93 67.

uxembourg 45 – ♦ Bastogne 27 – Diekirch 24.

Le Postillon, r. Eglise 1, ⊠ 9650, ✆ 89 90 33, Fax 89 90 34, ≤ – TV ☎. AE ⓓ E VISA
fermé du 10 au 30 janv. – **R** carte 1200 à 1600 – **24 ch** 2000/3000 – ½ P 2000/2500.

TTELBRUCK 215 ③ et 409 ㉖ – 6 500 h.

pl. de la Gare 1 (fermé sam. et dim. sauf en juil.-août), ⊠ 9044, ✆ 8 20 68.

uxembourg 28 – ♦Bastogne 41 – Clervaux 34.

❁ **Central,** r. Bastogne 25, ⊠ 9010, ✆ 8 21 16, Fax 8 21 38 – ☎. AE ⓓ E VISA
fermé dim., jours fériés, 27 juil.-20 août et 21 déc.-7 janv. – **R** carte 1800 à 2350 – **16 ch** 1500/2800 – ½ P 2000/2200.
Spéc. Langoustines poêlées au coulis de persil, Médaillons de lotte au curry, Canard au poivre vert et aux pommes caramélisées **Vins** Gewürztraminer, Pinot gris.

Cames sans rest, r. Prince Henry 45 (face à la gare), ⊠ 9047, ✆ 8 21 80, – TV ☎. AE ⓓ E
14 ch 1750/2600.

Le Postillon 1er étage, Grand-rue 119, ⊠ 9051, ✆ 8 10 62 – E VISA
fermé dim. soir, lundi et 21 déc.-7 janv. – **R** carte 800 à 1400.

à Erpeldange NE : 2,5 km par N 27 – 1 420 h.

Dahm, Porte des Ardennes 57, ✉ 9145, ✆ 816 25 51, Fax 816 25 52 10, – AE E VISA. rest
fermé 28 janv.-2 mars – **R** *(fermé lundi et jeudi)* carte 900 à 1500 – **14 ch** 1500/25
– ½ P 1800.

CITROEN rte d'Ettelbruck ✆ 802030
FORD av. des Alliés 36 ✆ 82157
NISSAN Porte des Ardennes 2 à Erpeldange ✆ 82255
RENAULT rte de Bastogne 170 ✆ 819037
ROVER Zone commerciale et artisanale BP 1
✆ 817818
TOYOTA r. Jean-Pierre Thill 51 ✆ 818204

FRISANGE 215 ⑤ et 409 ㉖ – 1 864 h.

♦Luxembourg 12 – Thionville 20.

De la Frontière, r. Robert Schuman 52 (au poste frontière), ✉ 5751, ✆ 6 84 05,
. E VISA
fermé fév. – **R** *(fermé lundi et mardi midi)* carte 800 à 1150 – **18 ch** 1150/165
½ P 1350.

XXX ✿ **Lea Linster,** rte de Luxembourg 17, ✉ 5752, ✆ 6 84 11, Fax 66 07 47, ≤, –
AE E VISA.
fermé lundi soir, mardi, mi-août-mi-sept et 2 prem. sem. fév. – **R** carte 2300 à 2900.
Spéc. Chaud-froid de homard aux épices, Selle d'agneau en croûte de pomme de terre, Sala
de pommes de terre et saumon fumé minute **Vins** Riesling Koëppchen, Pinot gris.

GAICHEL C Hobscheid 2 066 h. 215 ⑫ et 409 ㉖ – ✉ Eischen.

♦Luxembourg 26 – ♦Arlon 4,5 – Diekirch 35.

XXXX ✿ **La Gaichel** avec ch, ✉ 8469, ✆ 3 91 29, Telex 60141, Fax 3 90 37, ≤, « P
ombragé », – – 30. AE .
fermé du 20 au 26 août, mi-janv.-mi-fév., dim. soir et lundi – **R** carte 2000 à 2700 – **13**
2750/3950.
Spéc. Salade de langoustines, vinaigrette aux sept parfums, Balluchon de deux saumons, Me
autour du canard **Vins** Pinot blanc, Riesling Koëppchen.

XXX **La Bonne Auberge** avec ch,, ✉ 8469, ✆ 3 91 40, Fax 39 71 13, ≤, « Parc avec piè
d'eau » – . AE E VISA
fermé 15 déc.-15 janv. – **R** *(fermé mardi et sam. midi)* carte 1800 à 2400 – **16**
1970/2440 – ½ P 2400.

GEYERSHOF 215 ④ – voir à Echternach.

GORGE DU LOUP (WOLFSCHLUCHT)★★★ 215 ③ et 409 ㉗ G. Belgique-Luxembourg.

GRUNDHOF C Beaufort 1 054 h. 215 ③ et 409 ㉗ – ✉ Beaufort.

♦Luxembourg 32 – Diekirch 18 – Echternach 9,5.

Brimer, rte de Beaufort, ✉ 6360, ✆ 8 62 51, Telex 1308, Fax 8 62 12, –
AE E VISA.
25 fév.-15 nov. – **R** *(fermé mardi et après 20 h 30)* 1000/1295 – **23 ch** 2000/290
½ P 1975/2250.

Ferring, rte de Beaufort 4, ✉ 6360, ✆ 8 60 15, Fax 86 91 40 – . AE E VISA.
20 mars-15 nov. – **R** carte 800 à 1300 – **27 ch** 2000/2300 – ½ P 1500/1950.

XX **L'Ernz Noire,** rte de Beaufort 2, ✉ 6360, ✆ 8 60 40, Fax 86 91 51 – . E VISA.
fermé du 6 au 14 déc., 15 fév.-15 mars et mardi d'oct. à mai – **R** carte 1400 à 1800.

MITSUBISHI rte de Beaufort 3 ✆ 86261

HALLER C Waldbillig 721 h. 215 ③ et 409 ㉗.

♦Luxembourg 32 – Echternach 20 – Mersch 19.

Hallerbach , r. Romains 2, ✉ 6370, ✆ 8 65 26, Fax 8 61 51, « Terrasse et jardin a
≤ campagne et forêt », , – – 25. AE E VISA. r
7 fév.-nov. – **R** 1200/1700 – **28 ch** 1800/2900 – ½ P 2200/2400.

HEFFINGEN 215 ④ et 409 ㉗ – 661 h. – ✉ Larochette.

♦Luxembourg 26 – Diekirch 15 – Echternach 23.

XX **Host. de la Vallée** avec ch, Soup 2, ✉ 7653, ✆ 8 70 11, ≤, , « Environnem
boisé », – . AE E VISA
fermé merc., jeudi midi, 1 sem. en juin, 1re quinz. sept et 1re quinz. fév. – **R** carte 140
1800 – **6 ch** 1800.

RENAULT rte de Diekirch 91 ✆ 87145

HESPÉRANGE 215 ⑤ et 409 ㉖ – voir à Luxembourg.

HOSTERT 215 ④ ⑤ et 409 ㉖ – voir à Luxembourg.

HULDANGE Ⓒ Troisvierges 1 857 h. 215 ⑨.

Luxembourg 74 – Clervaux 22.

XX **Knauf** avec ch, r. Stavelot 67 (E : sur N 7), ✉ 9964, ☎ 9 80 90, Telex 3248, Fax 9 75 17, – TV P. AE O E VISA.
fermé lundis non fériés et janv.-2 fév. – **R** carte 1100 à 1800 – **10 ch** 850/1300 – ½ P 1080.

X **La Fermette,** r. Stavelot 56b (E : sur N 7), ✉ 9964, ☎ 9 74 74, Ouvert jusqu'à minuit – P. AE O E VISA
fermé merc. non fériés, 3 sem. en oct. et sem. carnaval – **R** carte 700 à 1300.

INSENBORN Ⓒ Neunhausen 183 h. 215 ⑪ et 409 ㉖.

Luxembourg 49 – ◆Bastogne 35 – Diekirch 32.

XX **Kler** avec ch, ✉ 9660, ☎ 8 90 67 – E VISA
avril-nov. – **R** carte 1100 à 1500 – **10 ch** 1000/1700 – ½ P 1600.

KAUTENBACH 215 ⑪ et 409 ㉖ – 198 h.

Luxembourg 58 – Clervaux 24 – Wiltz 11.

Hatz, ✉ 9663, ☎ 95 85 61, Fax 95 81 31 – TV ☎ P. AE E VISA. rest
fermé 4 janv.-7 fév. – **R** *(fermé merc.)* 750/1200 – **16 ch** 1400/2150 – ½ P 1320/1540.

KLEINBETTINGEN Ⓒ Steinfort 3 017 h. 215 ⑬ et 409 ㉖.

Luxembourg 17 – ◆ Arlon 10.

X **Bräiläffel,** r. Moulin 2, ✉ 8380, ☎ 3 91 98, Fax 39 71 77, – 25 à 120. AE O E VISA.
fermé merc. – **R** carte 1100 à 1800.

LAROCHETTE 215 ④ et 409 ㉖ ㉗ – 1 313 h.

Voir Nommerlayen★ O : 5 km.

Hôtel de Ville (fermé sam. et dim. sauf en saison), ✉ 7601, ☎ 8 76 76.

Luxembourg 26 – ◆Arlon 35 – Diekirch 12 – Echternach 20.

Aub. Op der Blech, pl. Bleiche 4, ✉ 7610, ☎ 8 78 58, , – TV ☎. AE E VISA. rest
fermé 21 déc.-15 fév. et merc. sauf du 15 mai au 15 oct. – **R** 750/3000 – **11 ch** 1900/2400 – ½ P 2050.

Résidence, r. Medernach 14, ✉ 7619, ☎ 8 73 91, Telex 60529, Fax 87 94 42 – TV ☎ P. AE O E VISA. rest
fermé 15 nov.-15 janv. – **R** 1100/1500 – **20 ch** 1700/2200 – ½ P 1550/1650.

Gd.H. de la Poste, pl. Bleiche 11, ✉ 7610, ☎ 8 70 06, Fax 8 70 07, – ☎. AE O E VISA. rest
carnaval-17 nov. – **R** 750/1850 – **30 ch** 2175.

LIPPERSCHEID Ⓒ Bourscheid 955 h. 215 ③ et 409 ㉖.

Voir Falaise de Grenglay ≤★★ E : 2 km et 10 mn AR à pied.

Luxembourg 43 – Clervaux 24 – Diekirch 10.

Leweck, contrebas E 420, ✉ 9378, ☎ 9 00 22, Fax 9 06 77, « Jardin avec ≤ vallée », , , – TV ☎ P – 30. O E VISA
fermé 1re quinz. fév. – **R** *(fermé mardi)* carte 1000 à 2000 – **25 ch** 1525/3500 – ½ P 2000/2400.

Luxembourg

215 ⑤ et 409 ㉖ – 78 250 h.

Voir Site★★ – La vieille ville★★ DY – Chemin de la Corniche ★★ DY **29** – Le Bock ⋞★★, Casemates du Bock★★ DY **A** – Place de la Constitution ⋞★★ DY **28** – Palais Grand-Ducal★ DY **K** – Cathédrale Notre-Dame★ DY **L** – Pont Grande-Duchesse-Charlotte★ DY – Boulevard Victor Thorn ⋞★ DY **97**.

Musée : de l'État★★ DY **M1**.

18 Senningerberg, près de l'Aéroport ✆ 3 40 90.

✈ Findel par ③ : 6 km ✆ 40 08 08 – Aérogare : pl. de la Gare ✆ 48 11 99.

ℹ pl. d'Armes, ✉ 2011, ✆ 2 28 09 et 2 75 65 – Air Terminus, pl. de la Gare ✆ 48 11 99 – Findel, Aéroport ✆ 40 08 08.

♦Amsterdam 391 ⑧ – Bonn 190 ③ – ♦Bruxelles 219 ⑧.

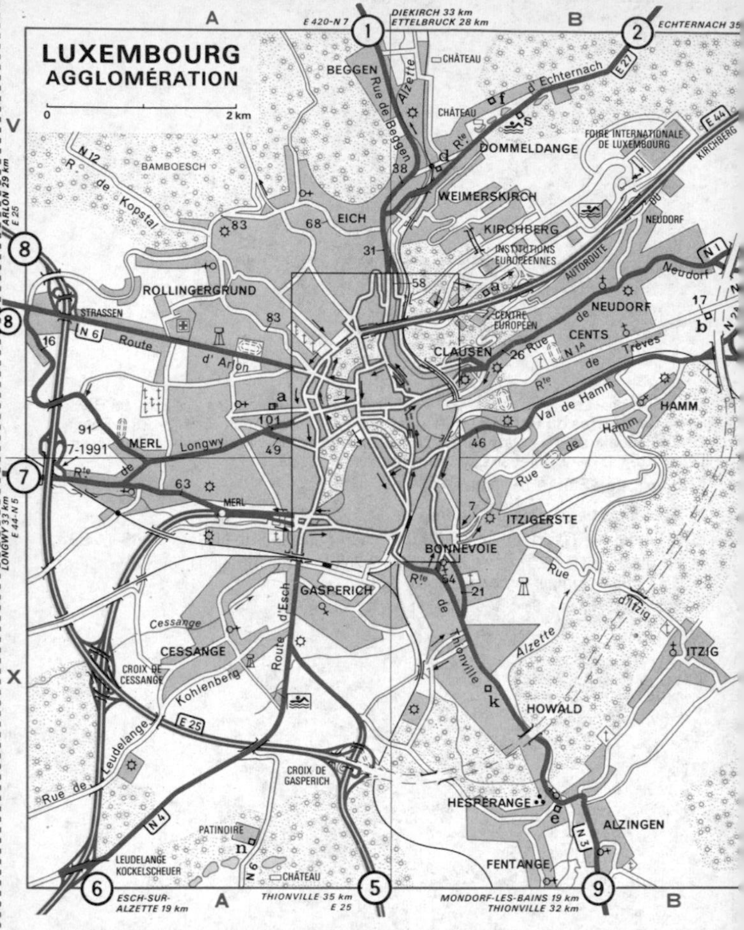

RÉPERTOIRE DES RUES DU PLAN DE LUXEMBOURG

Capucins (R. des) .... **DY** 14
Chimay (R.) .... **DY** 20
Curé (R. du) .... **DY** 33
Fossé (R. du) .... **DY** 42
Gare (Av. de la) .... **DZ**
Grand-Rue .... **CDY**
Liberté (Av. de la) .... **DZ**
Philippe-II (R.) .... **CY** 75
Porte-Neuve (Av.) .... **CY**
Strasbourg (R. de) ..... **CDZ**

Adolphe (Pont) .... **CYZ**
Anvers (R. d') .... **CDZ**
Arlon (Rte d') .... **AV**
Armes (Pl. d') .... **DY** 4
Athénée (R. de l') .... **DY** 6
Auguste-Charles (R.) ..... **BX** 7
Avranches (Bd d') .... **DZ**
Beggen (R. de) .... **ABV**
Bonnevoie (R. de) .... **DZ**
Boucherie (R. de la) ...... **DY** 12
Bruxelles (Pl. de) .... **CY**
Carrefours (R. des) ...... **AV** 16
Cents (R.) .... **BV** 17
Cimetière (R. du) .... **BX** 21
Clausen (Montée de) ..... **DY** 24
Clausen (R. de) .... **BV** 26
Constitution (Pl. de la) ... **DY** 28

Corniche (ch. de la) ..... **DY** 29
Côte-d'Eich (Av. de la) ... **AV** 31
Eau (R. de l') .... **DY** 37
Echternach (Rte d') .... **BV**
Eich (R. d') .... **BV** 38
Emile-Reuter (Av.) .... **CY**
Esch (Rte d') .... **CZ**
Etats-Unis (R. des) .... **CZ**
Foire (Bd de la) .... **CY**
Franklin Roosevelt (Bd) . **CDY** 45
Général-Patton (Bd du) .. **BV** 46
Glacis (R. des) .... **CY**
Grande-Duchesse-Charlotte (Bd) .... **CYZ**
Grande-Duchesse-Charlotte (Pont) .... **DY** 48
Guillaume (Av.) .... **AV** 49
Guillaume (Pl.) .... **DY** 51
Hamm (R. de) .... **BVX**
Hamm (Val de) .... **BV**
Hespérange (R. d') .... **BX** 54
Hollerich (R. de) .... **CDZ**
Itzig (R. d') .... **BX**
John-F.-Kennedy (Av.) ... **DY**
Kohlenberg .... **AX**
Kopstal (Rte de) .... **AV**
Laboratoire (R. du) .... **DZ**
Laurent-Ménager (R.) .... **BV** 58

Longwy (Rte de) ..... **AVX**
Marché-aux-Herbes (R.) . **DY** 6
Marie-Thérèse (Av.) .... **CY**
Martyrs (Pl. des) .... **CDZ**
Merl (R. de) .... **AX** 6
Michel-Rodange (Av.) ... **CZ**
Monterey (Av.) .... **CY**
Muhlenbach (R. de) .... **AV** 6
Neudorf (R. de) .... **BV**
Notre-Dame (R.) ...... **CDY** 6
Paris (Pl. de) .... **DZ**
Pescatore (Av.) .... **CY** 7
Pétrusse (Bd de la) ... **CDZ**
Prague (R. de) .... **DZ**
Prince-Henri (Bd du) ... **CY**
Robert-Schuman (Rd-Pt) . **CY**
Robert-Schuman (R.) ... **CY**
Rollingergrund (R. de) .. **AV** 8
Royal (Bd) .... **CY**
St. Ulric (R.) .... **DZ**
Sigefroi (R.) .... **DY** 9
Strassen (R. de) .... **AV** 9
Thionville (Rte de) ..... **BX**
Trèves (R. de) .... **DY** 9
Victor-Hugo (Av.) ...... **CY**
Victor-Thorn (Bd) ...... **DY** 9
Willy-Goergen (R.) ..... **DY** 9
10-Septembre (Av. du) .. **AV** 1

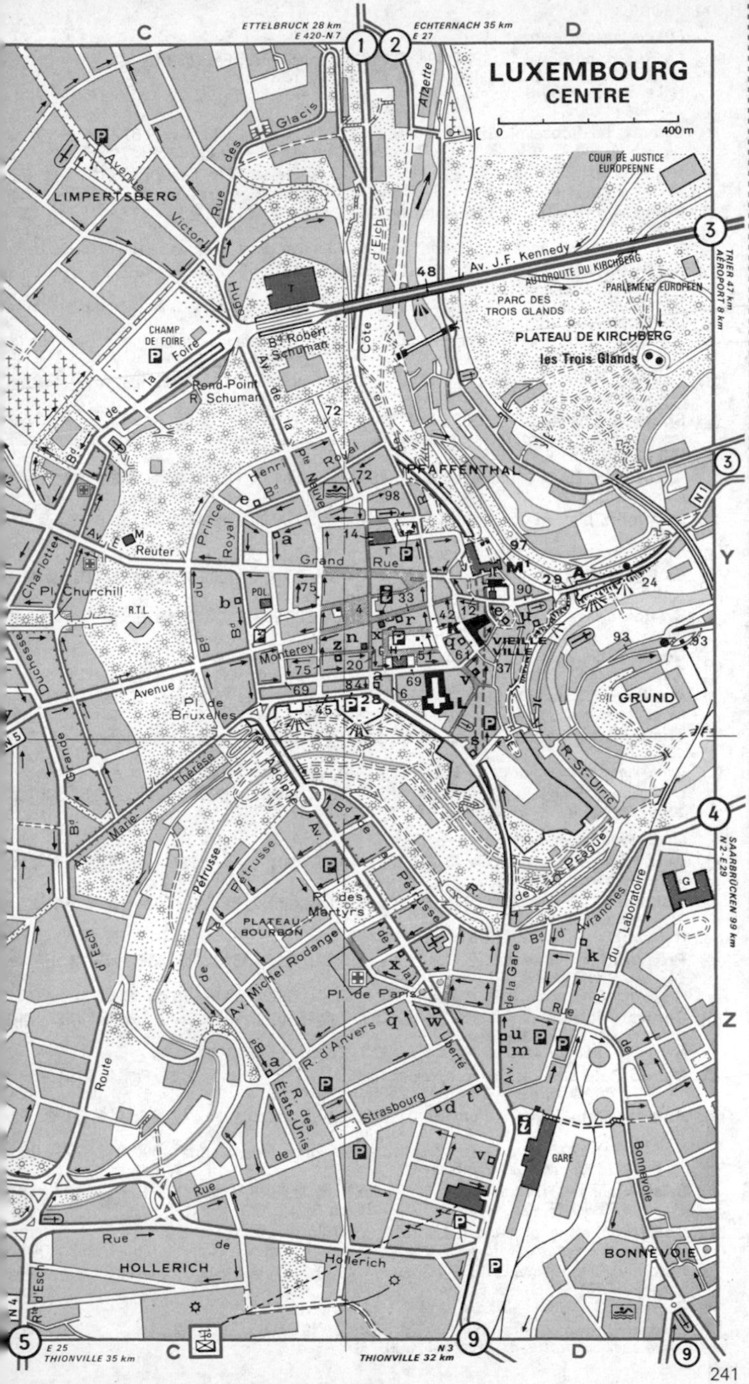
LUXEMBOURG
CENTRE
0
400 m
ETTELBRUCK 28 km
E 420-N 7
ECHTERNACH 35 km
E 27
C
D
Y
Z
TRIER 47 km
AÉROPORT 8 km
SAARBRÜCKEN 99 km
N 2-E 29
E 25
THIONVILLE 35 km
N 3
THIONVILLE 32 km
COUR DE JUSTICE
EUROPEENNE
Av. J.F. Kennedy
AUTOROUTE DU KIRCHBERG
PARLEMENT EUROPEEN
PARC DES
TROIS GLANDS
PLATEAU DE KIRCHBERG
les Trois Glands
LIMPERTSBERG
Avenue Victor Hugo
Rue des Glacis
Alzette
Côte d'Eich
CHAMP
DE FOIRE
Bd de la Foire
Bd Robert
Schuman
Rond-Point
R. Schuman
Av. de la Porte Neuve
Bd Royal
Bd Prince Henri
PFAFFENTHAL
Grand Rue
Av. E. Reuter
Charlotte
Pl. Churchill
R.T.L.
POL
Monterey
Avenue
Pl. de
Bruxelles
Duchesse
VIEILLE
VILLE
GRUND
R. St-Ulric
R. de Prague
Av. Marie-Thérèse
Grande
Bd Adolphe
Bd de la Pétrusse
Pétrusse
Pl. des
Martyrs
PLATEAU
BOURBON
Av. Michel Rodange
Pl. de Paris
R. d'Anvers
Liberté
R. des
États-Unis
Strasbourg
Bd d'Avranches
R. du Laboratoire
Rue de Bonnevoie
Av. de la Gare
GARE
Route d'Esch
Rue de Hollerich
Hollerich
HOLLERICH
BONNEVOIE
Rte d'Esch
N 4
N 5
N 1

Luxembourg-Centre :

Le Royal, bd Royal 12, ⊠ 2449, ✆ 4 16 16, Telex 2979, Fax 2 59 48, ≘, ▢ – |☰| ▤ ▮ ☎ ♿ ⇔ ℗ – 🔬 25 à 400. AE ⓞ E VISA. ✂ rest CY
R Le Relais Royal *(fermé sam. midi, jours fériés et 29 juil.-19 août)* 2250 – **170 ▮**
⊐ 6950/11600.

Cravat, bd Roosevelt 29, ⊠ 2450, ✆ 2 19 75, Telex 2846, Fax 2 67 11 – |☰| TV ☎ 🔬 70. AE ⓞ E VISA. ✂ rest – **R** carte 1000 à 2000 – **59 ch** ⊐ 4900/5900. DY

Rix sans rest, bd Royal 20, ⊠ 2449, ✆ 47 16 66, Telex 1234, Fax 2 75 35, ≘ – |☰| TV ℗. ✂ – *fermé 20 déc.-2 janv.* – **22 ch** ⊐ 3210/4320. CY

XXXX **Clairefontaine,** pl. de Clairefontaine 9, ⊠ 1341, ✆ 46 22 11, Fax 47 08 21 – ▤. AE (E VISA. ✂ DY
fermé sam. midi, dim., jours fériés, 15 juil.-7 août et sem. carnaval – **R** 2000/2680.

XXX ✿✿ **St-Michel** (Guillou) 1er étage, r. Eau 32, ⊠ 1449, ✆ 2 32 15, Fax 46 25 93, « Rustique – AE ⓞ E VISA DY
fermé sam., dim., jours fériés, 24 juil.-26 août et 23 déc.-5 janv. – **R** (nombre de couve limité - prévenir) carte 2000 à 3500.
Spéc. Consommé aux ravioles de foie d'oie, Cotriade de bar au jus de crustacés, Gratin de fru exotiques Vins Pinot gris, Riesling.

XXX **La Cigogne,** r. Curé 24, ⊠ 1368, ✆ 2 82 50, Fax 46 51 21 – ⓞ E VISA ✂ DY
fermé sam., dim., jours fériés et août – **R** carte 1800 à 2200.

XXX **Speltz,** r. Chimay 8, ⊠ 1333, ✆ 47 49 50 – AE ⓞ E VISA DY
fermé sam., dim., jours fériés, prem. sem. avril, 27 juil.-11 août et dern. sem. déc. **R** 1100/1450.

XXX **Astoria,** av. du X-Septembre 14, ⊠ 2550, ✆ 44 62 23, Fax 45 82 96 – AE ⓞ E VISA
fermé sam. et 26 déc.-5 janv. – **R** (déjeuner seult) carte 1800 à 2500. CY

XX **Hemmen,** plateau du St-Esprit 5, ⊠ 1475, ✆ 47 00 23, Fax 47 00 24, ☂ – ▤. AE ⓞ VISA DZ
fermé dim. soir et 1 sem. en janv. – **R** carte 1900 à 2600.

XX **La Poêle d'Or** 1er étage, r. Marché-aux-Herbes 20, ⊠ 1728, ✆ 46 08 13 – AE ⓞ E V
fermé lundi – **R** carte 1600 à 2100. DY

X **Brédewée,** r. Large/Corniche 9, ⊠ 1917, ✆ 2 26 96, ☂ – AE ⓞ E VISA DY
fermé dim. et prem. sem. janv. – **R** 1590/1980.

X **Roma,** r. Louvigny 5, ⊠ 1946, ✆ 2 36 92, Cuisine italienne – ▤. AE E VISA CY
fermé dim. soir, lundi, 11 août-9 sept et 24 déc.-2 janv. – **R** carte 1100 à 1700.

X **Am Pays** 1er étage, r. Curé 20, ⊠ 1368, ✆ 2 26 18, Fax 46 24 40 – AE ⓞ E VISA ✂
fermé sam. midi, dim. et fin janv.-mi-fév. – **R** carte 1000 à 1400. DY

X **Thailand,** av. Gaston Diderich 72, ⊠ 1420, ✆ 44 27 66, Cuisine thaïlandaise – ⓞ E V ✂ AV
fermé lundi, sam. midi et 15 août-8 sept – **R** carte env. 1100.

X **L'Alsace,** r. Bains 25, ⊠ 1212, ✆ 2 83 02, Rest.-taverne, Ouvert jusqu'à 23 h – AE ⓞ VISA – *fermé dim. et jours fériés* – **R** carte 850 à 1300. CY

Luxembourg-Gare :

Arcotel sans rest, av. Gare 43, ⊠ 1611, ✆ 49 40 01, Telex 3776 – |☰| TV ☎. ⓞ E VI ✂ – **30 ch** ⊐ 3200/3800. DZ

Nobilis, av. Gare 47, ⊠ 1611, ✆ 49 49 71, Telex 3212, Fax 40 31 01 – |☰| ▤ TV ☎ ⇔ – 🔬 40. AE ⓞ E VISA DZ
R 750/1800 – ⊐ 340 – **43 ch** 2780/3365.

Président, pl. Gare 32, ⊠ 1616, ✆ 48 61 61, Telex 1510, Fax 48 61 80 – |☰| TV ☎ 🔬 40. AE ⓞ E VISA. ✂ rest DZ
R *(fermé dim., jours fériés et août)* (dîner seult) 1200/1600 – **36 ch** ⊐ 3500/5800.

Central Molitor, av. Liberté 28, ⊠ 1930, ✆ 48 99 11, Telex 2613, Fax 48 33 82 – |☰| ▮ ☎ ⇔. AE ⓞ E VISA. ✂ rest DZ
R *(fermé vend. et 15 déc.-15 janv.)* 890 – **36 ch** ⊐ 3500/3800.

Marco Polo sans rest, r. Fort Neipperg 27, ⊠ 2230, ✆ 404 88 01, Fax 40 48 84 – |☰| ▮ ☎ ⇔. AE ⓞ E VISA – **18 ch** ⊐ 2500/3500. DZ

Aub. du Coin, bd de la Pétrusse 2, ⊠ 2320, ✆ 40 21 01, Fax 40 36 66 – |☰| TV ☎. AE VISA CZ
fermé 15 déc.-15 janv. – **R** *(fermé dim. et jours fériés)* carte 1500 à 2100 – **23 ▮** ⊐ 2300/2800 – ½ P 2750/4500.

Bristol sans rest, r. Strasbourg 11, ⊠ 2561, ✆ 48 58 29, Telex 2328, Fax 48 64 80 – |☰| ▮ ☎ ⇔. AE ⓞ E VISA. ✂ – ⊐ 225 – **29 ch** 800/2200. DZ

XXX **Cordial** 1er étage, pl. Paris 1, ⊠ 2314, ✆ 48 85 38 – E VISA DZ
fermé vend., sam. midi, 15 juil.-10 août et sem. carnaval – **R** carte 2250 à 3000.

XX **Italia** avec ch, r. Anvers 15, ⊠ 1130, ✆ 48 66 26, Telex 3644, Fax 48 08 07, ☂, Cuisi italienne – TV ☎. AE ⓞ E VISA DZ
R carte 950 à 1800 – **20 ch** ⊐ 2300/2700.

XX **La Bourgogne,** r. Strasbourg 1, ⊠ 2561, ✆ 49 49 65 – AE E VISA DZ
fermé sam. midi et dim. – **R** 750/1500.

à l'Aéroport par ③ : 8 km – ✉ Luxembourg :

Sheraton Aérogolf ⛰, rte de Trèves, ✉ 1019, ✆ 3 45 71, Telex 2662, Fax 3 42 17, ≤ – |‡| ✗ ch ▤ TV ☎ P – 🏛 120. AE ① E VISA
R Le Montgolfier (ouvert jusqu'à 23 h 30) carte 1200 à 2100 – ☕ 500 – **146 ch** 6300/8200.

Ibis, rte de Trèves, ✉ 2632, ✆ 43 88 01, Telex 60790, Fax 43 88 02, ≤ – |‡| ▤ TV ☎ ♿ P – 🏛 80. AE ① E VISA – **R** carte 750 à 1300 – **120 ch** ☕ 2500/3500 – ½ P 3250/3500.

XX **Le Grimpereau,** r. Cents 140, ✉ 1319, ✆ 43 67 87 – P. AE E VISA. ✗ BV **b**
fermé du 25 au 30 mars, 29 juil.-15 août, 28 oct.-3 nov., dim. soir et lundi – **R** carte 1200 à 1900.

à Bereldange par ① : 5 km C Walferdange 5 704 h. – ✉ Bereldange-Walferdange

XX **L'Écrevisse** avec ch, rte de Luxembourg 16, ✉ 7240, ✆ 33 99 83, 🌳 – TV ☎. AE ① E VISA. ✗ rest
fermé mardi et 15 août-12 sept – **R** *(fermé mardi et sam. midi)* carte 1000 à 1600 – **4 ch** ☕ 2000/2700.

à Dommeldange – ✉ Dommeldange :

Intercontinental ⛰, r. Jean Engling 12, ✉ 1466, ✆ 4 37 81, Telex 3754, Fax 43 60 95, ≤, ⌂, 🏊 – |‡| ✗ ch ▤ TV ☎ ♿ P – 🏛 280. AE ① E VISA. ✗ rest BV **f**
R *(fermé sam. midi, dim. midi et août)* carte env. 2300 – ☕ 530 – **344 ch** 5300/8550.

Parc, rte d'Echternach-E 42, ✉ 1453, ✆ 43 56 43, Telex 1418, Fax 43 69 03, ⌂, 🏊, 🌳, 🎾 – |‡| ▤ rest TV ☎ ♿ P – 🏛 25 à 1800. AE ① E VISA BV **s**
R carte 1400 à 1900 – **221 ch** ☕ 2900/4000 – ½ P 2700/3500.

Host. du Grünewald, rte d'Echternach 10, ✉ 1453, ✆ 43 18 82 et 42 03 14 (rest), Telex 60543, Fax 42 06 46 – |‡| ▤ rest TV ☎ P. AE ① E VISA. ✗ rest BV **d**
R *(fermé sam. midi, dim., jours fériés en sem. et 3 sem. en fév.)* carte 1700 à 2600 – **28 ch** ☕ 2900/4200.

à Hespérange – 9 615 h. – ✉ Hespérange :

XXX ✿ **L'Agath** (Steichen) avec ch, rte de Thionville 274 (Howald), ✉ 5884, ✆ 48 86 87, Fax 48 55 05, 🌳 – TV ☎ P. AE ① E VISA BX **k**
fermé dim., lundi, 1 sem. Pâques, mi juil.-1er août et Noël-Nouvel An – **R** carte 2200 à 2900 – **6 ch** ☕ 1600/3300.
Spéc. Raviolis de homard au coulis de langoustines, Petite pêche de poissons en bouillabaisse, Pigeon en Bécasse Vins Riesling.

XX **Klein,** rte de Thionville 432, ✉ 5886, ✆ 36 71 84, ≤ – ✗. AE ① E VISA BX **e**
fermé dim. soir et lundi – **R** 1290/2100.

à Hostert par ③ : 12 km C Niederanven 4 270 h. – ✉ Hostert :

XX **Le Gastronome,** r. Andethana 90, ✉ 6970, ✆ 3 40 39 – ✗ P. AE ① E VISA
fermé lundi et fév. – **R** carte 1400 à 2400.

au plateau de Kirchberg – ✉ Luxembourg :

Pullman, r. Fort Niedergrünewald 6, ✉ 2226, ✆ 43 77 61, Telex 2751, Fax 43 86 58, ⌂, 🏊 – |‡| ✗ ch ▤ TV ☎ ♿ P – 🏛 200. AE ① E VISA. ✗ rest BV **a**
R Les Trois Glands *(fermé sam. midi et août)* carte 1300 à 1600 – **260 ch** ☕ 4700/6500.

à la Patinoire de Kockelscheuer – ✉ Luxembourg :

XXX ✿✿ **Patin d'Or** (Berring), r. Bettembourg 40, ✉ 1899, ✆ 2 64 99, Fax 40 40 11 – ▤ P. ① E VISA. ✗ AX **n**
fermé sam. midi, dim., jours fériés, 1 sem. Pâques, 1 sem. Pentecôte, fin août-début sept et 23 déc.-début janv. – **R** carte 2100 à 2800.
Spéc. Salade de homard au beurre de Sauternes, Blanc de turbot rôti à la mouginoise, Pied de porc farci aux truffes Vins Pinot gris, Riesling.

à Walferdange par ① : 5,5 km – 5 704 h. – ✉ Walferdange :

XX **Moris,** pl. Martyrs, ✉ 7201, ✆ 33 01 05 – AE ① E VISA
fermé lundi soir, mardi et 15 juil.-15 août – **R** carte 1000 à 1800.

LFA-ROMEO rte de Longwy 36 à Bertrange ✆ 450413
MW rte de Thionville 184 ✆ 491941
ITROEN r. Robert Stumper 3 à Gasperich ✆ 402266
AT rte de Luxembourg 87 à Bereldange ✆ 330813
ORD Kirchberg ✆ 439439
M (OPEL) rte d'Esch 70 ✆ 4464611
ONDA rte de Thionville 185 ✆ 495725
ONDA rte d'Arlon 295 à Strassen ✆ 698621
ADA rte d'Arlon 23 à Strassen ✆ 453939
ADA r. Église 87 à Walferdange ✆ 332144
AZDA r. Hollerich 77 ✆ 483141
AZDA rte de Mondorf 80 à Bettembourg ✆ 513764
ERCEDES-BENZ r. Bouillon 45 ✆ 442121
ITSUBISHI rte d'Esch 164 ✆ 487551
NISSAN rte d'Arlon 257 ✆ 444545
NISSAN rte d'Esch 91 à Bettembourg ✆ 513387
PEUGEOT-TALBOT rte d'Arlon 54 à Strassen ✆ 4520111
RENAULT r. R. Stumper 2 ✆ 4030401
ROVER rte de Longwy 8a à Helfenterbrück ✆ 452526
ROVER r. Kalchesbrück 11 à Neudorf ✆ 436363
TOYOTA rte d'Arlon 293 ✆ 446060
VAG rte de Thionville 88 à Bonnevoie ✆ 488121
VAG rte d'Arlon 12 à Strassen ✆ 450885
VAG rte d'Esch 294 ✆ 487101
VAG r. Neudorf 203 à Neudorf ✆ 433252
VOLVO r. Peupliers 18 à Hamm ✆ 439696

MACHTUM C Wormeldange 2 026 h. 215 ④ et 409 ㉗ – ✉ Grevenmacher.

♦Luxembourg 32 – Grevenmacher 3,5 – Mondorf-les-Bains 29.

XX **Chalet de la Moselle,** rte du Vin 35, ✉ 6841, ✆ 7 50 46, ≤ – P. AE ⊙ E VISA
fermé merc., jeudi midi et 15 janv.-15 fév. – **R** 1070/1380.

X **Aub. du Lac,** rte du Vin 77, ✉ 6841, ✆ 7 52 53, ≤, 斎 – P. AE E VISA
mars-1er déc. ; fermé mardi – **R** 960/1500.

MERSCH 215 ④ et 409 ㉖ – 5 149 h.

♦Luxembourg 17 – ♦Bastogne 53 – Diekirch 20.

Host. Val Fleuri, r. Lohr 28, ✉ 7545, ✆ 32 89 75 – |‡| TV ☎ ⇔ P. VISA. ✂ rest
fermé 22 avril-14 mai et sam. sauf en juil.-août – **R** *(fermé après 20 h 30)* 1000/1300 – **13 c**
☕ 1700/2600 – ½ P 1775/2200.

BMW r. Gare ✆ 32247 FIAT r. Colmar Berg 63 ✆ 328755

MERTERT 215 ④ et 409 ㉗ – 2 933 h.

♦Luxembourg 32 – Thionville 56 – Trier 15.

XXX **Goedert** avec ch, pl. Gare 4, ✉ 6674, ✆ 7 40 21 – ▤ rest TV ☎ P. E VISA
fermé lundis soirs et mardis non fériés, 2e quinz. août et janv. – **R** 1100/2000 – **10 c**
☕ 1400/2200.

MONDORF-LES-BAINS 215 ⑤ et 409 ㉗ – 2 692 h. – Station thermale.

Voir Parc★ – Mobilier★ de l'église St-Michel.

Env. E : Vallée de la Moselle Luxembourgeoise★ de Schengen à Wasserbillig.

♦Luxembourg 19 – Remich 11 – Thionville 22.

Casino 2000, r. Théodore Flammang, ✉ 5618, ✆ 661 01 01, Telex 3652, Fax 661 01 02 2
斎, ⛱ – |‡| ▤ TV ☎ P – 🔏 25 à 350. AE ⊙ E VISA. ✂
fermé 23 et 24 déc. – **R La Calèche** *(fermé lundi et mardi)* carte 1200 à 1650 – **34 c**
☕ 2600/3500.

Mondorf 🐚, Domaine thermal, ✉ 5601, ✆ 661 21 21, Telex 60202, Fax 66 10 93, ≘s,
⛱ – |‡| ▤ rest TV ☎ ♿ ⇔ P – 🔏 25 à 250. AE ⊙ E VISA. ✂
fermé 16 déc.-4 janv. – **R** carte env. 1700 – **113 ch** ☕ 2800/4500.

Grand Chef 🐚, av. Bains 36, ✉ 5610, ✆ 6 80 12, Telex 1840, Fax 66 15 10, ⛱ – |‡|
☎ P – 🔏 30. AE ⊙ E VISA. ✂ rest
début avril-1er déc. – **R** *(fermé jeudi et après 20 h30)* 980/1550 – **40 ch** ☕ 2130/3280
½ P 1950/2550.

Beau Séjour, av. Dr Klein 3, ✉ 5630, ✆ 6 81 08, Fax 66 08 89 – TV ☎. ✂
fermé jeudi et 15 déc.-7 janv. – **R** 950/1700 – ☕ 350 – **10 ch** 1900/2750 – ½ P 205
2200.

à Ellange-gare NO : 1 km C Mondorf-les-Bains

XXX **La Rameaudière,** r. Gare 10, ✉ 5690, ✆ 66 10 63, 斎, « Terrasse et jardin » – P.
⊙ E VISA
fermé lundis non fériés, 1 sem. en juil., dern. sem. oct.-prem. sem. nov. et fév. – **R** carte 160
à 2100.

MULLERTHAL C Waldbillig 721 h. 215 ④ et 409 ㉗ – ✉ Consdorf.

Voir Vallée des meuniers★★★.

♦Luxembourg 26 – Echternach 14.

Central, r. Ernz Noire 1, ✉ 6245, ✆ 87 93 96, Fax 8 71 47, 斎, ⛱ – TV ☎ P. ⊙ E VIS
✂ rest
fermé janv.-fév. – **R** *(fermé mardi de sept à avril)* carte 1250 à 1900 – **20 ch** ☕ 1100/280
– ½ P 1580/2150.

NIEDERANVEN 215 ④ ⑤ et 409 ㉗ – 4 270 h.

♦Luxembourg 12 – Grevenmacher 16 – Remich 19.

XX **Host. de Niederanven,** r. Münsbach 2, ✉ 6941, ✆ 3 40 61 – E VISA ✂
fermé dim. soir, lundi, mi-juil.-mi-août et mi-janv.-mi-fév. – **R** carte 1250 à 1650.

OUR (Vallée de l') ★★ 215 ② ③ et 409 ㉖ **G. Belgique-Luxembourg.**

PERLE C Rambrouch 2 578 h. 215 ⑫ et 409 ㉖.

♦Luxembourg 42 – ♦Bastogne 25 – ♦Arlon 16.

Roder 🐚, r. Église 13, ✉ 8826, ✆ 6 40 32, Fax 64 91 42 – P. E VISA
fermé mardi et du 1er au 14 sept – **R** carte 1000 à 1700 – ☕ 300 – **8 ch** 950/1200 – ½ P 125

REMERSCHEN 215 ⑥ et 409 ㉗ – 1 111 h.

Luxembourg 29 – Mondorf-les-Bains 10 – Thionville 26.

Pit Kayser avec ch, rte du Vin 50, ✉ 5440, ☎ 6 05 96, Fax 6 07 85 – TV ☎ P. ⓓ E VISA
fermé fin janv.-fév. – **R** *(fermé lundi soir et mardi sauf de mai à sept)* carte 1300 à 1700 – **6 ch** ☕ 1450/2200 – ½ P 1600/1800.

EUGEOT, TALBOT rte du Vin 124 ☎ 60284

REMICH 215 ⑤ et 409 ㉗ – 2 368 h.

Voir Vallée de la Moselle Luxembourgeoise★.

Esplanade (gare routière) (juil.-août), ✉ 5533, ☎ 69 84 88.

Luxembourg 23 – Mondorf-les-Bains 11 – Saarbrücken 77.

Des Vignes ⚲, rte de Mondorf 29, ✉ 5552, ☎ 6 90 28, Fax 69 84 63, ≤ vignobles et vallée de la Moselle, ⛱ – |$| TV ☎ P – 🚶 40. AE ⓓ E VISA
fermé 15 janv.-fév. – **R Du Pressoir** *(fermé mardis midis non fériés)* 1180/1460 – **23 ch** ☕ 1950/2450 – ½ P 1875/2600.

Saint-Nicolas, Esplanade 31, ✉ 5533, ☎ 69 83 33, Telex 3103, Fax 69 90 69, ≤, ≘s – |$| ⇸ ch TV ☎ – 🚶 40. AE ⓓ E VISA
R *(fermé mi-nov.-mi-déc.)* 780/1580 – **44 ch** ☕ 1950/2500 – ½ P 1850.

L'Esplanade, Esplanade 5, ✉ 5533, ☎ 6 91 71, Fax 69 89 24, ≤ – TV ☎. VISA
fermé déc.-janv. et lundi du 15 sept au 15 juin – **R** 750/1200 – **18 ch** ☕ 1500/2100 – ½ P 1500.

Beau Séjour, Quai de la Moselle 30, ✉ 5553, ☎ 69 81 26, Fax 6 94 82, ≤ – TV ☎. AE ⓓ E VISA
fermé lundi sauf Pâques et Pentecôte – **R** carte 1000 à 1600 – **10 ch** ☕ 1050/2400 – ½ P 1400/2100.

Host. des Pêcheurs, rte de Stadtbredimus 13, ✉ 5570, ☎ 69 80 67, Fax 6 95 43, ≤, ⛱ – AE ⓓ E VISA
fermé dim. soir, lundi, 1re quinz. sept, 26 déc.-8 janv. et sem. carnaval – **R** carte 1250 à 2200.

ADA rte de Luxembourg 13 ☎ 698621
MAZDA rte de l'Europe 37 ☎ 698811
VAG rte du Vin 26 à Bech-Kleinmacher ☎ 698437

REULAND Ⓒ Heffingen 661 h. 215 ④ et 409 ㉗.

Luxembourg 22 – Diekirch 18 – Echternach 19.

Reilander Millen, E : 2 km sur rte Junglinster-Müllerthal, ✉ 7639, ☎ 8 72 52, ⛱, « Moulin du 18e s., intérieur rustique » – P. VISA. ⚘
fermé du 1er au 15 sept, 3 sem. en fév., lundi et mardi midi – **R** carte env. 1500.

REULER 215 ⑩ – voir à Clervaux.

ROSPORT 215 ③ et 409 ㉗ – 1 371 h.

Luxembourg 42 – Echternach 7,5.

Poste, rte d'Echternach 7, ✉ 6580, ☎ 7 31 65, Fax 7 33 52 – AE ⓓ E VISA
fermé 20 janv.-fév., lundi sauf juil.-15 août et mardi du 15 nov. à mai – **R** 1000/2500.

SAEUL 215 ⑫ et 409 ㉖ – 431 h.

Luxembourg 21 – ◆Arlon 14 – Mersch 11.

Maison Rouge, r. Principale 10, ✉ 7470, ☎ 6 32 21 – ⚘
fermé lundi, mardi et janv.-fév. – **R** 1500.

SCHEIDGEN Ⓒ Consdorf 1 314 h. 215 ④ et 409 ㉗ – ✉ Consdorf.

Luxembourg 29 – Echternach 8.

Station ⚲, rte d'Echternach 10, ✉ 6250, ☎ 7 90 39, Fax 79 91 64, ≤, ≘s – |$| TV ☎ P. AE ⓓ E VISA. ⚘ rest
15 mars-3 janv. – **R** *(fermé lundi et mardi d'oct. au 15 déc.)* carte 1000 à 1600 – **27 ch** ☕ 1800/2400 – ½ P 1750/1900.

SCHOUWEILER Ⓒ Dippach 2 361 h. 215 ⑬ et 409 ㉖.

Luxembourg 13 – ◆Arlon 20 – Longwy 18 – Mondorf-les-Bains 29.

La Chaumière ⚲ avec ch, r. Gare 67, ✉ 4999, ☎ 3 75 66, ⛱, « Terrasse », ⛱ – P. AE E VISA
fermé lundi soir, mardi et août – **R** carte env. 1400 – **5 ch** ☕ 1000/1500.

SCHWEBSANGE Ⓒ Wellenstein 987 h. 215 ⑤ et 409 ㉗.

◆Luxembourg 27 – Mondorf-les-Bains 10 – Thionville 28.

XX **La Rotonde,** rte du Vin 11, ✉ 5447, ☎ 6 01 51
fermé lundi soir et mardi de sept à mai et janv.-15 fév. – **R** carte env. 1500.

SEPTFONTAINES 215 ⑫ et 409 ㉖ – 557 h.

◆Luxembourg 21 – ◆Arlon 13 – Diekirch 32.

XXX **Host. du Vieux Moulin,** Leisbech (E : 1 km), ✉ 8363, ☎ 30 50 27, ≤, 🏞, « Au creux d'un vallon boisé » – Ⓟ. E VISA
fermé du 17 au 27 juin, 7 janv.-14 fév. et lundis et mardis midis non fériés – **R** carte 1300 à 1800.

STADTBREDIMUS 215 ⑤ et 409 ㉗ – 809 h.

Env. N : rte de Greiveldange ≤★.

◆Luxembourg 22 – Mondorf-les-Bains 14 – Saarbrücken 80.

🏨 **L'Écluse,** rte du Vin 29, ✉ 5450, ☎ 6 95 46, Fax 6 95 46, ≤, 🌳 – TV ☎ 🚗 Ⓟ. AE E VISA. ✻ rest
R *(fermé mardi et fév.-mars)* carte 750 à 1100 – **15 ch** ☕ 1300/1900 – ½ P 1400/1650

STEINHEIM 215 ③ – voir à Echternach.

SUISSE LUXEMBOURGEOISE ★★★ 215 ③ ④ et 409 ㉗ **G. Belgique-Luxembourg.**

SÛRE (Haute vallée de la) ★★ 215 ⑪ ③ et 409 ㉖ **G. Belgique-Luxembourg.**

TROISVIERGES 215 ⑨ et 409 ⑯ – 1 857 h.

◆Luxembourg 100 – ◆Bastogne 28 – Clervaux 19.

🏠 **Aub. Lamy,** r. Asselborn 51, ✉ 9907, ☎ 9 80 41 – TV Ⓟ. ✻ rest
fermé 26 août-17 sept, du 11 au 19 fév., lundi soir et mardi sauf 15 juil.-août – **R** 650/1250 – ☕ 180 – **7 ch** 950/1600 – ½ P 1600.

LADA r. Asselborn 76 ☎ 98641

TUNTANGE 215 ⑫ et 409 ㉖ – 713 h.

◆Luxembourg 18 – ◆Arlon 17 – Diekirch 27.

X **Au Coq d'Alsace,** r. Luxembourg 23, ✉ 7480, ☎ 6 37 23 – Ⓟ. VISA
fermé lundi et mardi – **R** 800.

VIANDEN 215 ③ et 409 ㉖ – 1 517 h.

Voir Site★★, ✻★★ par le télésiège – Château★ : chemin de ronde ≤★ – Bassins supérieur du Mont St-Nicolas (route ≤★★ et ≤★) NO : 4 km – Bivels : site★ N : 3,5 km.

Exc. N : Vallée de l'Our★★.

ℹ Maison Victor-Hugo, r. Gare 37 (fermé merc. de nov. à avril), ✉ 9420, ☎ 8 42 57.

◆Luxembourg 44 – Clervaux 31 – Diekirch 11.

🏨 **Heintz,** Grand Rue 55, ✉ 9410, ☎ 8 41 55, Fax 8 45 59, 🏞, 🌳 – |‡| ☎ Ⓟ. AE ⓓ E VISA
29 mars-12 nov. – **R** *(fermé merc. sauf en juil.-août)* 620/1400 – **30 ch** ☕ 1500/2800 – ½ P 1700/1900.

🏨 **Host. des Remparts,** Grand Rue 77, ✉ 9411, ☎ 8 48 78, Fax 8 47 20 – |‡| TV ☎. ⓓ E VISA. ✻ ch
fermé 15 déc.-10 janv. – **R** *(fermé jeudi sauf en juil.-août)* (Grillades) carte 800 à 1400 – **14 ch** ☕ 1800/2700 – ½ P 1600/1800.

🏨 **Oranienburg,** Grand Rue 126, ✉ 9411, ☎ 8 41 53, Fax 8 43 33, 🌳 – |‡| TV ☎ – 🏔 35 AE ⓓ E VISA
fermé du 12 au 21 nov. et 5 fév.-15 mars – **R Le Châtelain** *(fermé lundi et mardi d'oc à juin)* carte 1400 à 2300 – **30 ch** ☕ 1400/2900 – ½ P 1550/2100.

🏠 **Aub. du Château,** Grand Rue 74, ✉ 9410, ☎ 8 45 74, Fax 8 47 20, 🌳 – TV ☎. ⓓ E VISA. ✻
fermé 24 nov.-15 janv. – **R** *(fermé mardi sauf en juil.-août)* 695/895 – **30 ch** ☕ 1800/2700 – ½ P 1600/1800.

XX **Veiner Stuff,** r. Gare 26 (transfert prévu H. Belvédère, Op der Plank 1), ✉ 9420, ☎ 8 41 74 Fax 84 90 07 – AE ⓓ E VISA
fermé lundi soir et mardi – **R** carte 1000 à 1400.

X **Aub. Aal Veinen** avec ch, Grand Rue 114, ✉ 9411, ☎ 8 43 68, Fax 8 40 84, Rustique Grillades – E VISA
fermé mardi sauf en août – **R** carte 900 à 1200 – **8 ch** ☕ 1500 – ½ P 1450.

VALFERDANGE 215 ④ ⑤ et 409 ㉖ – voir à Luxembourg.

VASSERBILLIG C Mertert 2 933 h. 215 ④ et 409 ㉗.

uxembourg 35 – Thionville 58 – Trier 18.

X **Kinnen** avec ch, rte de Luxembourg 32, ✉ 6633, ☎ 7 40 88, – ⇅ rest ☎ P. E VISA. ✻
fermé fév. – **R** *(fermé merc. non fériés)* carte 1100 à 1800 – **10 ch** ☕ 1500/2200.

DA rte de Luxembourg 100 ☎ 748090

VEILERBACH C Berdorf 903 h. 215 ③ et 409 ㉗ – ✉ Echternach.

uxembourg 39 – Diekirch 24 – Echternach 4,5.

Schumacher, r. Diekirch 1, ✉ 6590, ☎ 7 21 33, Fax 72 87 13, ≤, – ⇅ TV ☎ P. VISA. ✻
15 mars-5 janv. – **R** *(fermé après 20 h 30)* 1300 – **25 ch** ☕ 1350/2400 – ½ P 1280/1520.

VEISWAMPACH 215 ① ⑨ et 409 ⑯ – 870 h.

uxembourg 68 – Clervaux 16 – Diekirch 36.

X **Host. du Nord** avec ch, r. Stavelot 113 (sur N 7), ✉ 9991, ☎ 9 83 19, ≤, – P. AE E VISA. ✻ rest
R *(fermé mardi et du 4 au 19 sept)* carte 1000 à 1400 – ☕ 200 – **12 ch** *(fermé mardi et du 6 au 21 fév.)* 650/1400 – ½ P 1300/1500.

VELSCHEID C Bourscheid 955 h. 215 ③ ⑪ et 409 ㉖ – ✉ Ettelbruck.

uxembourg 35 – •Bastogne 38 – Diekirch 12.

Reuter ⑤, r. Wark 2, ✉ 9191, ☎ 8 29 17, Fax 81 73 09, ≤, – ⇅ TV ☎ P. ⓓ E VISA. ✻
fermé 12 nov.-12 déc. et 29 janv.-fév. – **R** *(fermé lundi soir de déc. à Pâques et mardi)* carte 1000 à 1800 – **18 ch** ☕ 1650/2600 – ½ P 1700/2050.

VILTZ 215 ⑩ ⑪ et 409 ㉖ – 3 819 h.

Château (juil.-août), ✉ 9516, ☎ 95 74 44.

uxembourg 54 – •Bastogne 21 – Clervaux 21.

Du Commerce, r. Tondeurs 9, ✉ 9570, ☎ 95 82 20, Telex 1530, Fax 95 78 06 – TV ☎ – 25 à 50. E VISA. ✻
fermé lundi, mars et oct. – **R** *(fermé dim. soir, lundi et après 20 h)* 1100/2500 – **13 ch** ☕ 1400/2400 – ½ P 1500/1600.

X **Host. des Ardennes,** Grand-rue 61, ✉ 9530, ☎ 95 81 52 – AE E VISA ✻
fermé sam., 16 août-8 sept et du 2 au 24 fév. – **R** carte 850 à 1600.

T r. X-Septembre 21a ☎ 958351 | VAG rte d'Erpeldange 32 à Weidingen ☎ 958148

VILWERDANGE C Troisvierges 1 857 h. 215 ⑨.

uxembourg 73 – •Bastogne 31 – Diekirch 41.

X **L'Ecuelle,** r. Principale 15, ✉ 9980, ☎ 9 89 56 – P. AE E VISA. ✻
fermé du 15 au 31 juil., 30 déc.-12 fév., mardi soir et merc. – **R** 600/1400.

VILWERWILTZ 215 ⑩ et 409 ㉖ – 440 h.

uxembourg 65 – •Bastogne 32 – Clervaux 11 – Wiltz 11.

Host. La Bascule, Maison 24, ✉ 9776, ☎ 9 14 15, Fax 9 10 88 – P ✻
fermé 30 déc.-1er fév. – **R** *(fermé lundi et mardi sauf en juil.-août)* 750/850 – **12 ch** ☕ 1025/1650 – ½ P 1250.

Nederland
Pays-Bas

Het is gebruikelijk, dat bepaalde restaurants in Nederland pas geopend zijn vanaf 16 uur, vooral in het weekend. Reserveert u daarom uit voorzorg.

De prijzen Zyn vermeld in guldens.

Internationaal telefoneren : het landnummer van Nederland is 31.

Op autosnelwegen en autowegen geldt een maximum-snelheid van 120 km/uur, behalve in de omgeving van de grote steden en op bepaalde gedeelten van de autosnelwegen, waar de snelheid is beperkt tot 100 km/uur. Op de andere wegen is een maximum-snelheid van 80 km/uur toegestaan en in de bebouwde kom 50 km/uur.
Het dragen van de autogordel is overal verplicht.

L'usage veut que certains restaurants aux Pays-Bas n'ouvrent qu'à partir de 16 heures, en week-end particulièrement. Prenez donc la précaution de réserver en conséquence.

Les prix sont donnés en florins (gulden).

L'indicatif téléphonique des Pays-Bas est le 31.

La vitesse limite est de 120 km/h sur autoroute et « autoweg », sauf aux alentours des grandes villes et sur certains tronçons autoroutiers, où la vitesse est limitée à 100 km/h. Sur les autres routes elle est de 80 km/h et dans les agglomérations de 50 km/h. Le port de la ceinture de sécurité est obligatoire en tous lieux.

MICHELIN BANDEN

De Boelelaan 30
1083 HJ AMSTERDAM
✆ (020) 549 24 92

LES ÉTOILES DIE STERNE
DE STERREN THE STARS

✽
✽✽
✽✽✽

L'AGRÉMENT
AANGENAAM VERBLIJF
ANNEHMLICHKEIT
PEACEFUL ATMOSPHERE AND SETTING

... ✕ ch

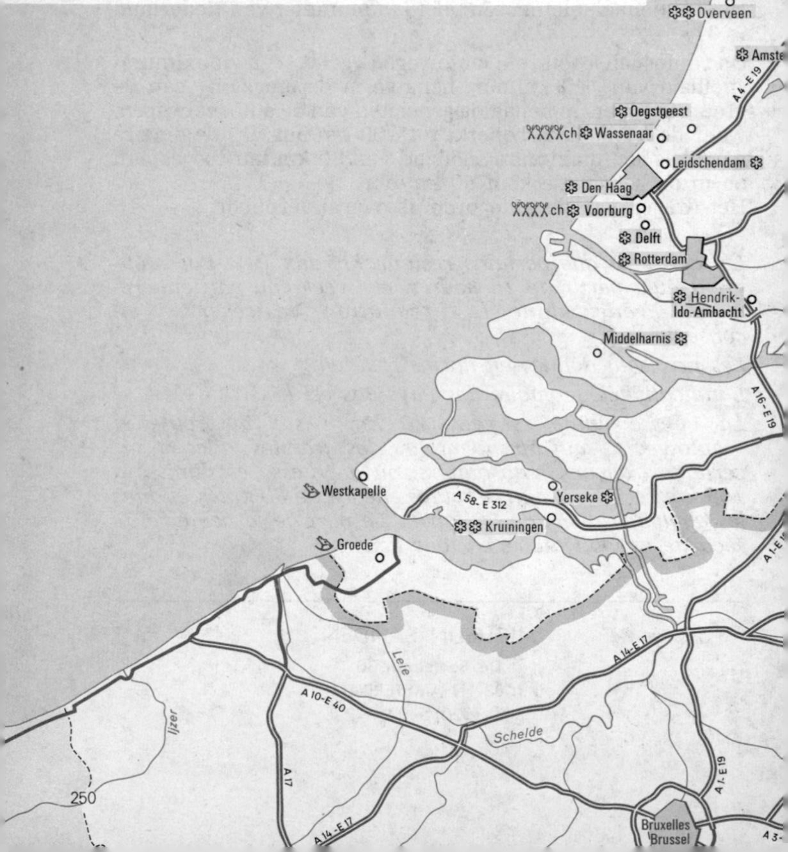

Groningen
A 7 - E 22
Beetsterzwaag
A 7 - E 22
Zweeloo
Ems
Blokzijl
Hoorn
A 28 - E 232
Lattrop
Ootmarsum
Hellendoorn
Rijssen
erdam
Ijssel
Leuvenum
Enschede
Garderen
A 1 - E 30
Baarn
Markelo ch
Apeldoorn
Lochem
Lage Vuursche
Berkel
Maarssen
Leusden
Bosch en Duin
A 50
Wijk bij Duurstede
Arnhem
Heelsum
Zeddam
Wolfheze
A 12
E 35
Buren
WAAL
Groesbeek
RHEIN
Mook
A 3
's-Hertogenbosch
Drunen
Oisterwijk ch
N 2
E 25
A 58 - E 312
Eindhoven
A 2
A 67 - E 34
Eersel
MAAS
A 21 - E 34
Weert
A 2 - E 25
A 44
A 13 - E 313
emer
A 76
A 2 - E 314
Maastricht
Valkenburg
Wahlwiller
ch Wittem
Epen

AALSMEER Noord-Holland 408 ⑩ – 21 954 h. – ✆ 0 2977.

Voir Vente de fleurs aux enchères★★ (Bloemenveiling).

Stationsweg 8, ✉ 1431 EG, ✆ 2 53 74.

◆Amsterdam 19 – Hilversum 31 – ◆Rotterdam 59 – ◆Utrecht 36.

Aalsmeer, Dorpsstraat 15, ✉ 1431 CA, ✆ 2 43 21, Fax 4 35 35 – ch TV ☎ P. VISA
fermé du 24 au 31 déc. – **R** carte 49 à 81 – **50 ch** 110/135 – ½ P 135/145.

De Zonnehoek, Stommeerweg 72 (au port de plaisance), ✉ 1431 EX, ✆ 2 55 7
Fax 4 37 92, ←, – P. AE ① E VISA.
fermé 24 déc.-14 janv. – **R** carte 72 à 105.

Den Ouden Dorpshoek, Dorpsstraat 93, ✉ 1431 CB, ✆ 2 49 51, Rustique – P. AE
E VISA.
R carte 60 à 100.

à Kudelstaart S : 4 km C Aalsmeer – ✆ 0 2977 :

De Kempers Roef, Kudelstaartseweg 226, ✉ 1433 GR, ✆ 2 41 45, Fax 2 98 19, ←,
– P. AE ① E VISA
fermé lundi et mardi – **R** 60/93.

Brasserie Westeinder, Kudelstaartseweg 222, ✉ 1433 GL, ✆ 4 18 36 – P. AE ①
VISA
fermé 1 sem. en mars et merc. d'oct. à avril – **R** carte 50 à 84.

ALFA-ROMEO Oosteinderweg 335 ✆ 24696
FIAT Weteringstraat 2 ✆ 25230
GM (OPEL) Oosteinderweg 110 ✆ 29911
HONDA Oosteinderweg 340 ✆ 44166
LADA Oosteinderweg 535 ✆ (0 20) 459258
MAZDA Kudelstaartseweg 71 ✆ 24247
MERCEDES-BENZ Lakenblekerstraat 9 ✆ 24364
MITSUBISHI Pontweg 3a ✆ 24380
NISSAN Machineweg 17 ✆ 24474
PEUGEOT, TALBOT Aalsmeerderweg 101 ✆ 21026
RENAULT Teelmanstraat 3 ✆ 29988
ROVER Oosteinderweg 220 ✆ 25667
TOYOTA Aalsmeerderdijk 484 à Rijsenhout ✆ 24463
VAG Ophelialaan 92 ✆ 24550

AALST Gelderland C Brakel 6 476 h. 212 ⑦ et 408 ⑱ – ✆ 0 4187.

◆Amsterdam 82 – ◆Arnhem 77 – ◆'s-Hertogenbosch 20 – ◆Rotterdam 68 – ◆Utrecht 50.

De Fuik, Maasdijk 1, ✉ 5308 JA, ✆ (0 4185) 247, Fax (0 4185) 980, ←, , « Terrasse a
bord de l'eau » – P. AE ① E VISA.
fermé lundi – **R** carte 88 à 120.

*Benutzen Sie die **Grünen Michelin-Reiseführer,***
wenn Sie eine Stadt oder Region kennenlernen wollen.

AALTEN Gelderland 408 ⑬ – 18 202 h. – ✆ 0 5437.

Prinsenstraat 35, ✉ 7121 AE, ✆ 7 30 52.

◆Amsterdam 151 – ◆Arnhem 53 – ◆Enschede 47 – Winterswijk 11.

De Kroon, Dijkstraat 62, ✉ 7121 EW, ✆ 7 30 51 – P
R *(fermé après 20 h 30)* – **13 ch.**

CITROEN Grevinkweg 2 ✆ 72476
GM (OPEL) Bredevoortsestraat 58 ✆ 72443
LADA, MITSUBISHI Bredevoortsestraat 113 ✆ 72572
MAZDA Hogestraat 91 ✆ 72873
RENAULT Bredevoortsestraat 119 ✆ 71945
VAG Haartsestraat 20 ✆ 73665
VOLVO Nijverheidsweg 1 ✆ 72202

AARDENBURG Zeeland 212 ⑫ et 408 ⑮ – 3 784 h. – ✆ 0 1177.

◆Amsterdam (bac) 226 – ◆Middelburg (bac) 28 – ◆Gent 37 – Knokke-Heist 16.

De Roode Leeuw, Kaai 31, ✉ 4527 AE, ✆ 14 00, – E
R *(fermé merc.)* carte env. 50 – **8 ch** 60/110.

De Munck, Beekmanstraat 1, ✉ 4527 GA, ✆ 22 08 – AE ① VISA
fermé merc., 22 juil.-2 août et du 1er au 15 janv. – **R** carte 64 à 95.

AASTEREIN Friesland – voir Oosterend à Waddeneilanden (Terschelling).

ABCOUDE Utrecht 408 ⑩ ㉘ – 7 704 h. – ✆ 0 2946.

◆Amsterdam 14 – ◆Utrecht 25 – Hilversum 20.

Abcoude, Kerkplein 7, ✉ 1391 GJ, ✆ 12 71, Fax 56 21 – TV ☎ P – 40. AE ① E VIS
R *(fermé 25 déc.-2 janv.)* carte 61 à 91 – **19 ch** 115/155.

Aub. Fleurie, Koppeldijk 1, ✉ 1391 CW, ✆ 42 40, Fax 44 91 – . AE E VISA.
fermé dim., 15 juil.-7 août et 1 sem. carnaval – **R** 53/68.

RENAULT Bovenkamp 8 ✆ 1206

AFFERDEN Limburg Ⓒ Bergen 12 894 h. 212 ⑩ et 408 ⑲ – ☎ 0 8853.
Amsterdam 142 – ◆Eindhoven 61 – ◆Nijmegen 30 – Venlo 32.

XXX **Aub. De Papenberg** avec ch, Hengeland 1a (N : 1 km sur N 271), ✉ 5851 EA, ☎ 14 75, Fax 22 64, « Terrasse et jardin » – TV P. AE ① E VISA. – *fermé 15 juil.-2 août et 27 déc.-11 janv.* – **R** *(fermé dim.)* (dîner seult) carte 67 à 102 – **15 ch** 110/135.

AFSLUITDIJK – voir Digue du Nord.

AKERSLOOT Noord-Holland 408 ⑩ – 5 022 h. – ☎ 0 2513.
Amsterdam 31 – ◆Haarlem 23 – Alkmaar 13.

Motel Akersloot, Geesterweg 1a, ✉ 1921 NV, ☎ 1 91 02, Fax 1 45 08, – rest TV ☎ P – 30 à 500. AE.
R (ouvert jusqu'à 23 h 30) carte env. 40 – **150 ch** 84/103 – ½ P 96/112.

AKKRUM Friesland Ⓒ Boarnsterhim 17 720 h. 408 ⑤ – ☎ 0 5665.
Amsterdam 137 – ◆Leeuwarden 20 – ◆Groningen 60 – ◆Zwolle 74.

XX **De Oude Schouw** avec ch, Oude Schouw 6 (NO : 3 km), ✉ 8491 MP, ☎ 21 25, Fax 21 02, – rest TV P – 120. AE ① E VISA. rest
R carte 47 à 85 – **15 ch** 88/128 – ½ P 110/143.

NISSAN It Achterom 2 ☎ 1372

ALBLASSERDAM Zuid-Holland 212 ⑤ et 408 ⑰ – 17 391 h. – ☎ 0 1859.
Voir Moulins de Kinderdijk★★, ≤★ (de la rive gauche du Lek) N : 5 km.
Cortgene 3, ✉ 2951 EA, ☎ 1 43 00.
Amsterdam 92 – ◆Den Haag 46 – ◆Arnhem 101 – ◆Breda 45 – ◆Rotterdam 20 – ◆Utrecht 59.

Het Wapen van Alblasserdam, Dam 24, ✉ 2952 AB, ☎ 1 47 11, Fax 1 61 16 – rest TV ☎ P – 200. AE ① E VISA
fermé 31 déc. – **R** carte env. 85 – **30 ch** 90/130 – ½ P 90.

X **Kinderdijk** avec ch, West Kinderdijk 361 (NO : 3 km), ✉ 2953 XV, ☎ 1 24 25, Fax 1 50 71, ≤ moulins et rivière Noord, – TV P. AE E – **R** carte env. 40 – **12 ch** 70/85.

CITROEN Edisonweg 6 ☎ 13488
FIAT Kerkstraat 1 ☎ 19700
FORD Plantageweg 35 ☎ 13922
GM (OPEL) Wattstraat 14 ☎ 19111
PEUGEOT, TALBOT West Kinderdijk 123 ☎ 18050
RENAULT Voltastraat 4 ☎ 12490
VAG Edisonweg 8 ☎ 18100
VOLVO Oost Kinderdijk 18 ☎ 14088

ALDTSJERK (OUDKERK) Friesland Ⓒ Tytsjerksteradiel 30 082 h. 408 ⑤ – ☎ 0 5103.
Amsterdam 153 – ◆Groningen 55 – ◆Leeuwarden 14.

De Klinze, Van Sminiaweg 32, ✉ 9064 KC, ☎ 10 50, Fax 10 60, « Demeure du 17e s. dans un parc », – TV ☎ P – 120 – **26 ch.**

ALKMAAR Noord-Holland 408 ⑩ – 88 571 h. – ☎ 0 72.
Voir Marché au fromage★★ (Kaasmarkt) sur la place du Poids public (Waagplein) Y 34 – Grandes orgues★, petit orgue★ dans la Grande église ou église St-Laurent (Grote- of St. Laurenskerk) Y **A**.
Sluispolderweg 6, ☎ 15 68 07.
(départs de 's-Hertogenbosch) ☎ 19 84 85.
Waagplein 3, ✉ 1811 JP, ☎ 11 42 84.
Amsterdam 40 ③ – ◆Haarlem 31 ③ – ◆Leeuwarden 109 ②.

Plan page suivante

XX **Hof van Sonoy,** Hof van Sonoy 1, ✉ 1811 LD, ☎ 12 40 33 – – 30. AE ① E VISA
R carte 66 à 90. Y **z**

X **'t Stokpaardje,** Vrouwenstraat 1, ✉ 1811 GA, ☎ 12 88 70 – . AE E VISA. Z **e**
R carte 52 à 76.

X **Ikan-Mas,** Fnidsen 101, ✉ 1811 NE, ☎ 15 17 85, Cuisine indonésienne – AE E YZ **a**
fermé mardi et dern. sem. fév.-prem. sem. mars – **R** (dîner seult) carte env. 50.

Voir aussi : ***Heiloo*** par ④ : 5 km

ALFA-ROMEO, FIAT Heilooërdijk 28 ☎ 127222
BMW Berenkoog 2 ☎ 617844
CITROEN Vondelstraat 200 ☎ 157700
FORD Nassauplein 1 ☎ 113545
GM (OPEL) Frieseweg 48 ☎ 122322
HONDA Koelmalaan 318 ☎ 402074
LADA Pettemerstraat 45 ☎ 110761
MAZDA Berenkoog 5 ☎ 615659
MERCEDES-BENZ Robbenkoog 2 ☎ 611414
MITSUBISHI Helderseweg 27a ☎ 112088
NISSAN Ruysdaelkade 40 ☎ 124244
PEUGEOT, TALBOT Jan de Heemstraat 23 ☎ 118647
RENAULT Wolvenkoog 4 ☎ 612424
ROVER Helderseweg 29 ☎ 127033
TOYOTA Robbenkoog 8 ☎ 610104
VAG L. van Velthemstraat 23 ☎ 401044
VOLVO Robbenkoog 6 ☎ 613644

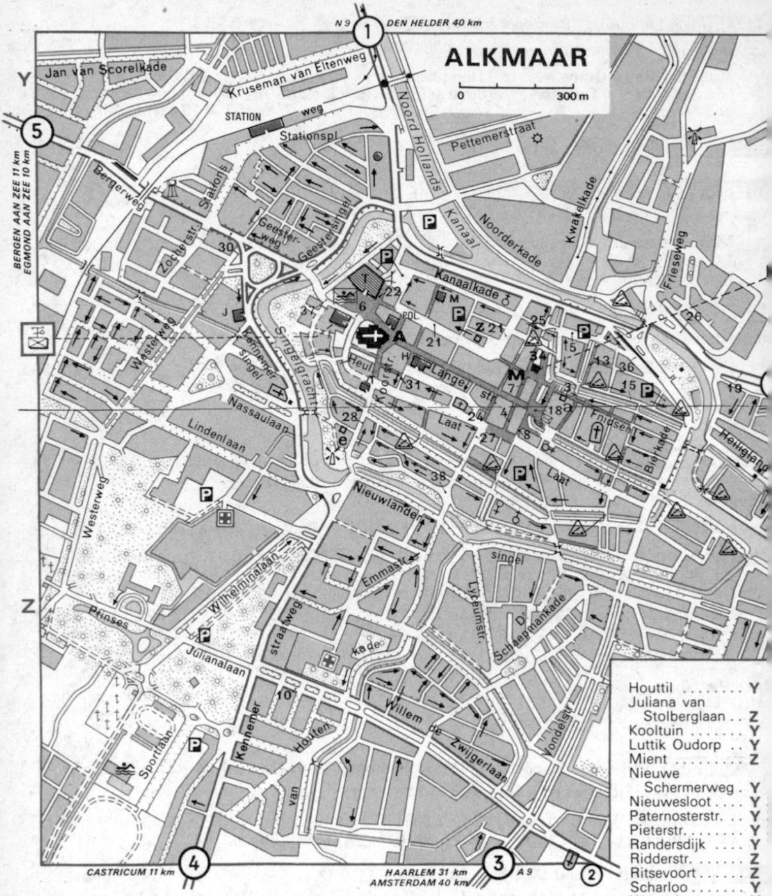

Houttil . . . . Y
Juliana van Stolberglaan . . Z
Kooltuin . . . . Y
Luttik Oudorp . . Y
Mient . . . . Z
Nieuwe Schermerweg . Y
Nieuwesloot . . . . Y
Paternosterstr. . . Y
Pieterstr. . . . . Y
Randersdijk . . . . Y
Ridderstr. . . . . . . Z
Ritsevoort . . . . . . Z
Scharloo . . . . Y
Waagpl. . . . . Y
Wageweg . . . . . . Y
Zevenhuizen . . . . Y
Zilverstr. . . . . Z

Boterstr. . . . . Z 4
Huigbrouwerstr. . . . . Z 8
Laat . . . . Z
Langestr. . . . . Y
Payglop . . . . Z 24
Schoutenstr. . . . . . . Y 31
Appelsteeg . . . . Y 3
Dijk . . . . Y 5
Gasthuisstr. . . . . Y 6

To visit a town or region : use the ***Michelin Green Guides.***

ALMELO Overijssel 408 ⑬ – 62 008 h. – ☎ 0 5490.

☐ De Werf 1, ✉ 7607 HH, ☎ 1 87 65.

◆Amsterdam 146 – ◆Zwolle 48 – ◆Enschede 23.

Postiljon, Aalderinkssingel 2 (O : 1 km par N 35), ✉ 7604 EG, ☎ 2 66 55, Telex 4481 Fax 2 55 66 – rest TV ☎ P – 200. AE ① E VISA
R carte env. 50 – **50 ch** 89/145 – ½ P 82/133.

Chez Jacques, Boddenstraat 19, ✉ 7607 BL, ☎ 2 85 00 – AE ① E VISA
fermé dim. et 22 juil.-12 août – **R** carte 70 à 95.

à ***Mariaparochie*** NE : 3,5 km ☐ Tubbergen 18 443 h. – ☎ 0 5490 :

Tibbe, Almeloseweg 214, ✉ 7614 LC, ☎ 6 15 20, – P – 40 à 150. AE ① E
R carte 40 à 75.

ALFA-ROMEO Bornsestraat 209 ☎ 12276
FIAT Twentelaan 21 ☎ 27933
FORD Sluiskade Z.Z. 37 ☎ 17069
GM (OPEL) Weezebeeksingel 4 ☎ 22661
HONDA Buitenhavenweg 1 ☎ 15490
LADA, LANCIA Plesmanweg 16 ☎ 70200
MAZDA Violierstraat 210 ☎ 17095
MERCEDES-BENZ Plesmanweg 1 ☎ 63466

TSUBISHI Aalderinkssingel 13 ✆ 14959
SSAN Violierstraat 170 ✆ 21000
UGEOT, TALBOT Bornsestraat 50 ✆ 10961
NAULT Violierstraat 103 ✆ 15330
ROVER Schoolstraat 61 ✆ 13063
TOYOTA Vissedijk 46a ✆ 70304
VAG H. Roland Holstlaan 1 ✆ 11064
VOLVO Bornerbroeksestraat 349 ✆ 13070

LMEN Gelderland C Gorssel 13 461 h. 408 ⑫ – ☎ 0 5751.

Amsterdam 119 – ◆Arnhem 43 – ◆Apeldoorn 32 – ◆Enschede 52.

De Hoofdige Boer, Dorpsstraat 38, ✉ 7218 AH, ✆ 17 44, Fax 15 67, « Terrasse et jardin » – ☎ ♿ P – 25 ou plus. AE ⓓ E. ✱
fermé 31 déc. et 1er janv. – **R** *(fermé après 20 h 30)* carte 54 à 77 – **20 ch** 100/160.

LMERE Flevoland 408 ⑪ – 63 785 h. – ☎ 0 3240.

Watersnipweg 19, ✆ 2 18 18.

Spoordreef 20, ✉ 1315 GP, ✆ 3 46 00.

Amsterdam 29 – ◆Apeldoorn 85 – ◆Utrecht 45.

à Almere-Haven C Almere – ☎ 0 3240 :

XX **Rivendal,** Kruisstraat 33, ✉ 1357 NA, ✆ 1 90 00 – ▤. AE ⓓ E. ✱
fermé 25 et 31 déc. soir et lundi sauf Pâques et Pentecôte – **R** 40/80.

FA-ROMEO de Steiger 21c ✆ 11402
AT de Steiger 55 ✆ 17047
RD Markerkant 10-01 ✆ 34500
M (OPEL) de Paal 24 ✆ 11482
ONDA Markerkant 15-18 ✆ 35005
DA Markerkant 15 ✆ 31387
AZDA Markerkant 14-04 ✆ 35090
MITSUBISHI de Steiger 108 ✆ 13000
NISSAN Omroepweg 2 ✆ 60454
PEUGEOT, TALBOT Randstad 22 ✆ 32700
RENAULT de Steiger 27 ✆ 19600
ROVER Markerkant 14-11 ✆ 33999
TOYOTA Markerkant 15-22 ✆ 43666
VAG Markerkant 14 ✆ 32020

LPHEN Noord-Brabant C Alphen en Riel 6 070 h. 212 ⑯ et 408 ⑰ – ☎ 0 4258.

Amsterdam 122 – ◆'s-Hertogenbosch 37 – ◆Breda 25 – ◆Tilburg 14.

X **Bunga Melati,** Oude Rielseweg 2 (NE : 2 km), ✉ 5131 NN, ✆ 17 28, Cuisine indonésienne – P. AE ⓓ E. ✱
R 40/50.

LPHEN AAN DEN RIJN Zuid-Holland 408 ⑩ – 58 586 h. – ☎ 0 1720.

Kromme Aarweg 5, ✆ 9 46 60.

St-Jorisplein 1, ✉ 2405 CL, ✆ 9 56 00.

Amsterdam 36 – ◆Den Haag 32 – ◆Rotterdam 35 – ◆Utrecht 38.

Toor, Stationsplein 2, ✉ 2405 BK, ✆ 9 01 00, Fax 9 37 81 – |♦| ▤ rest TV ☎ P – 40 à 175. AE ⓓ E VISA. ✱ ch
R carte 40 à 57 – **60 ch** 95/130 – ½ P 125/165.

XX **'t Baarthuys,** Hooftstraat 169, ✉ 2406 GH, ✆ 9 47 54 – AE ⓓ E VISA
fermé mardi, sam. midi et dim. midi – **R** carte 52 à 84.

FA-ROMEO Zaagmolenweg 2 ✆ 42761
MW Chr. Huygensweg 33 ✆ 22214
TROEN Pr. Hendrikstraat 2 ✆ 90491
RD Tolstraat 78 ✆ 75641
M (OPEL) Thorbeckestraat 1 ✆ 76141
ONDA Koperweg 6 ✆ 31311
DA G. Doustraat 16 ✆ 73216
NCIA Hoorn 65 ✆ 20990
AZDA Koperweg 2 ✆ 35401
MERCEDES-BENZ Gouwestraat 60a ✆ 75155
MITSUBISHI Pr. Hendrikstraat 39 ✆ 74931
NISSAN Koperweg 1 ✆ 40366
PEUGEOT, TALBOT, FIAT Hoorn 79a ✆ 33334
RENAULT Hoorn 81 ✆ 21721
ROVER Pr. Hendrikstraat 99 ✆ 92848
TOYOTA van Foreestlaan 17 ✆ 32234
VAG Hoorn 174 ✆ 21521
VOLVO W. de Zwijgerlaan 39 ✆ 24163

MELAND (Ile de) Friesland 408 ④ – voir à Waddeneilanden.

MERONGEN Utrecht 408 ⑪ – 6 673 h. – ☎ 0 3434.

Amsterdam 71 – ◆Arnhem 38 – ◆Utrecht 33.

XX **Herberg Den Rooden Leeuw,** Drostestraat 35, ✉ 3958 BK, ✆ 5 40 55 – P. AE ⓓ E
fermé merc. et 29 juil.-15 août – **R** (dîner seult) carte 52 à 78.

MERSFOORT Utrecht 408 ⑪ – 96 072 h. – ☎ 0 33.

oir Vieille Cité : Muurhuizen★ (maisons de remparts) BZ – Tour Notre-Dame★ (Onze Lieve ouwe Toren) AZ **C** – Koppelpoort★ AZ **N.**

(départs de 's-Hertogenbosch) ✆ 85 12 12.

Stationsplein 27, ✉ 3818 LE, ✆ 63 51 51.

Amsterdam 51 ① – ◆Utrecht 22 ④ – ◆Apeldoorn 46 ① – ◆Arnhem 51 ③.

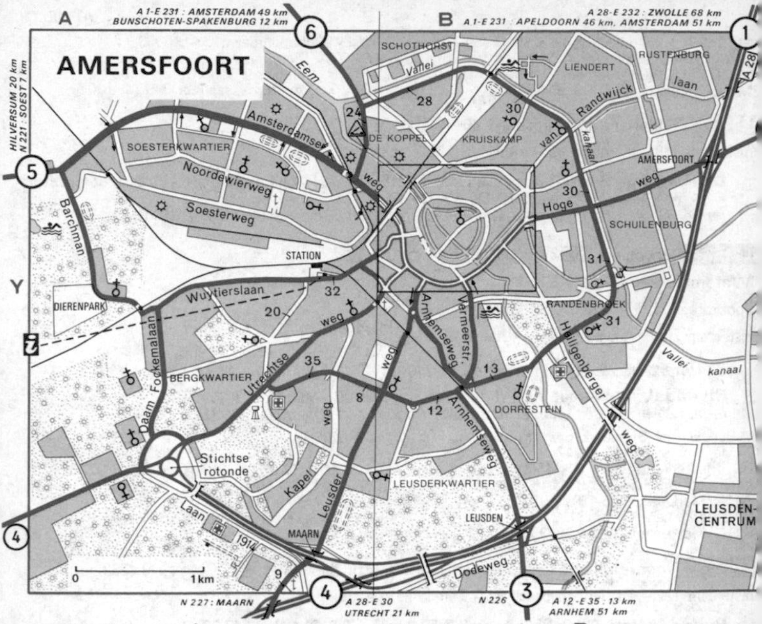

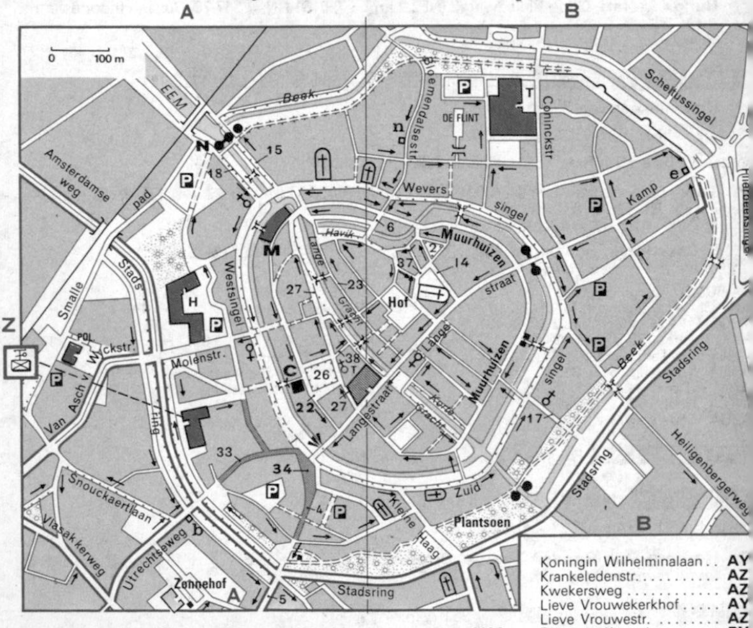

Arnhemsestr.	AZ	4
Krommestr.	AZ	23
Langestr.	ABZ	
Utrechtsestr.	AZ	33
Appelmarkt	BZ	2
Arnhemseweg	AZ	5
Bloemendalse Binnenpoort	BZ	6
van Campenstr.	AY	8
Doornseweg	AY	9
Everard Meysterweg	BY	12
Gasthuislaan	BY	13
Groenmarkt	BZ	14
Grote Spui	AZ	15
Herenstr.	BZ	17
Kleine Spui	AZ	18
Koningin Wilhelminalaan	AY	20
Krankeledenstr.	AZ	22
Kwekersweg	AZ	24
Lieve Vrouwekerkhof	AY	26
Lieve Vrouwestr.	AZ	27
Ringweg Koppel	BY	28
Ringweg Kruiskamp	BY	30
Ringweg Randenbroek	BY	31
Stationsstr.	AY	32
Varkensmarkt	AZ	34
Vondellaan	AY	35
Windsteeg	BZ	37
Zwanenhalssteeg	AZ	38

ⅩⅩ **Boeddha,** Utrechtseweg 2, ✉ 3811 NB, ✆ 65 05 33, Cuisine chinoise – Ⓟ. AE ⓓ E VISA. ✻ AZ **b**
R 50/95.

ⅩⅩ **Dorloté,** Bloemendalsestraat 24, ✉ 3811 ES, ✆ 72 04 44, 🏘 – Ⓟ. AE ⓓ E VISA. ✻ BZ **n**
R 45/55.

Ⅹ **De Verliefde Kreeft,** Kamp 88, ✉ 3811 AT, ✆ 75 60 96, Produits de la mer – AE ⓓ E VISA ✻ BZ **e**
fermé 26 et 31 déc. – **R** (dîner seult) 44/75.

Voir aussi : ***Leusden*** SE : 4 km

FA-ROMEO Nijverheidsweg Noord 89 659030
ЛW Nijverheidsweg Noord 85 ✆ 621500
TROEN Nijverheidsweg Noord 61 ✆ 630304
RD Fluorweg 49 ✆ 670511
Л (OPEL) Korte Bergstraat 28 ✆ 610644
)NDA Meridiaan 14 ✆ 722558
DA Hamseweg 14 ✆ 801212
AZDA Fluorweg 43 ✆ 670599
ERCEDES-BENZ Nijverheidsweg Noord 65 635174
MITSUBISHI Hogeweg 45 ✆ 724624
NISSAN Amsterdamseweg 20 ✆ 633114
PEUGEOT, TALBOT Berkenweg 3 ✆ 613846
RENAULT Kapelweg 12 ✆ 635104
ROVER B. Wuytierslaan 196 ✆ 620224
TOYOTA Nijverheidsweg Noord 63 ✆ 631620
VAG Ev. Meijsterweg 49 ✆ 618848
VAG Amsterdamseweg 23 ✆ 630574
VOLVO Nijverheidsweg Noord 24 ✆ 630154

MMERZODEN Gelderland 212 ⑦ et 408 ⑱ – 4 166 h. – ☎ 0 4199.

msterdam 81 – ◆'s-Hertogenbosch 8 – ◆Utrecht 49.

ⅩⅩ **'t Oude Veerhuis,** Molendijk 1, ✉ 5324 BC, ✆ 13 42, Fax 44 02, ≤, 🏘, « Terrasse » – Ⓟ. AE ⓓ E VISA
fermé lundi – **R** carte 50 à 91.

MSTELVEEN Noord-Holland 408 ⑩ ㉗ – 69 505 h. – ☎ 0 20.

Plein 1960 n°2, ✉ 1181 ZM, ✆ 547 51 11.

msterdam 11 – ◆Den Haag 54 – ◆Haarlem 20 – ◆Utrecht 33.

Voir plan d'Agglomération d'Amsterdam p. 2 et 3

ⅩⅩ ✿ **Molen "De Dikkert",** Amsterdamseweg 104a, ✉ 1182 HG, ✆ 641 13 78, Fax 647 54 67, « Moulin à vent du 17ᵉ s. » – Ⓟ. AE ⓓ E VISA BS **a**
fermé sam. midi, dim. non fériés et dern. sem. juil.-2 prem. sem. août – **R** carte 108 à 137.
Spéc. Brandade glacée de turbot, Foie gras de canard braisé enrobé de chou, Râble de lièvre aux pruneaux sauce poivrade (15 oct.-déc.).

ⅩⅩ **Ile de France,** Pieter Lastmanweg 9, ✉ 1181 XG, ✆ 645 35 09 – ▤. AE ⓓ E. ✻ BS **r**
fermé dim. et lundi – **R** carte 72 à 93.

ⅩⅩ **La Belle Auberge,** Kostverlorenhof 54 (dans un centre commercial), ✉ 1183 HG, ✆ 643 31 00 – ▤. AE E. ✻ CS **b**
fermé sam. et dim. – **R** carte 64 à 92.

Ⅹ **Villa d'Este,** Laan Nieuwer-Amstel 25, ✉ 1182 JR, ✆ 641 56 84, Fax 641 39 91, 🏘, Cuisine italienne – AE ⓓ E VISA BS **z**
fermé 31 déc. – **R** carte 55 à 94.

Ⅹ **Aub. Aquarius,** Bosbaan 4, ✉ 1182 AG, ✆ 646 13 77, 🏘 – AE ⓓ E VISA BS **p**
fermé sam. et dim. – **R** carte env. 60.

ЛW Stationsstraat 7 ✆ 6410051
TROEN Amsterdamseweg 73 ✆ 6471166
AT, MITSUBISHI Oranjebaan 2/4 6433733
RD Binderij 1 ✆ 6434131
Л (OPEL) Vlielandstraat 1 ✆ 6432680
DA Amsterdamseweg 136 ✆ 6411090
AZDA Amsterdamseweg 467 ✆ 6431002
MERCEDES-BENZ Ouderkerkerlaan 150 ✆ 6455755
NISSAN Bovenkerkerweg 5 ✆ 6413554
PEUGEOT, TALBOT Westelijk Halfrond 70 ✆ 6455451
RENAULT Traviatastraat 2 ✆ 6453251
VAG Newa 2 ✆ 6414222
VOLVO van der Hooplaan 180 ✆ 6476586

For Gourmets

We distinguish for your use
certain hotels (🏠 ... 🏨) and restaurants (Ⅹ ... ⅩⅩⅩⅩⅩ)
by awarding them « ✿ », « ✿✿ » or « ✿✿✿ ».

Amsterdam

Noord-Holland 408 ⑩ ㉗ ㉘ – 694 680 h. – ✆ 0 20.

Voir Le vieil Amsterdam★★★ : les Canaux★★★ (Grachten : Singel, Herengracht-Maisons Cromhout (Cromhouthuizen), Reguliersgracht ≤★, Keizersgracht – Promenade en bateau★ (Rondvaart) – Béguinage★★ (Begijnhof) LY – Dam : chaire★ de la Nouvelle église★ (Nieuwe Kerk) LXY – Marché aux fleurs★ (Bloemenmarkt) LY – Rembrandtsplein (place Rembrandt) MY – Pont Maigre★ (Magere Brug) MZ – Maison Leeuwenburg ≤★ MX – Artis★ (jardin zoologique) HU – Palais royal★ (Koninklijk Paleis) LY **B**.

Musées : Rijksmuseum★★★ KY – National (Rijksmuseum) Vincent van Gogh★★★ FV **M10** – Municipal★★ (Stedelijk Museum) : art moderne FV **M9** – Historique d'Amsterdam★★ (Amsterdams Historisch Museum) LY – Madame Tussaud★ : musée de cires LY **M1** – Amstelkring « Le Bon Dieu au Grenier »★ (Museum Amstelkring Ons'Lieve Heer op Solder) : ancienne chapelle clandestine MX **M4** – Maison de Rembrandt★ (Rembrandthuis) : œuvres graphiques du maître MY **M5** – Histoire maritime des Pays-Bas★ (Nederlands Scheepvaart Museum) HU **M8** – des Tropiques★ (Tropenmuseum) HU **M7** – Allard Pierson★ : collections archéologiques LY **M2** – Historique juif★ (Joods Historisch Museum) MY **M15**.

⛳9 Zwarte Laantje 4 à Duivendrecht (DS) ✆ (0 20) 694 36 50.

✈ à Schiphol (p.2 AS) : 9,5 km ✆ (0 20) 601 09 66 (renseignements) et 674 77 47 (réservations).

🚗 (départs de 's-Hertogenbosch) ✆ 620 22 66 et 601 05 41 (Schiphol).

⛴ vers Göteborg : Scandinavian Seaways ✆ 611 66 15.

ℹ Stationsplein 10. ✉ 1012 AB ✆ 626 64 44.

♦Bruxelles 204 ③ – Düsseldorf 227 ③ – ♦Den Haag 60 ④ – ♦Luxembourg 419 ③ – ♦Rotterdam 76 ④.

Plans d'Amsterdam

AMSTERDAM
AGGLOMÉRATION

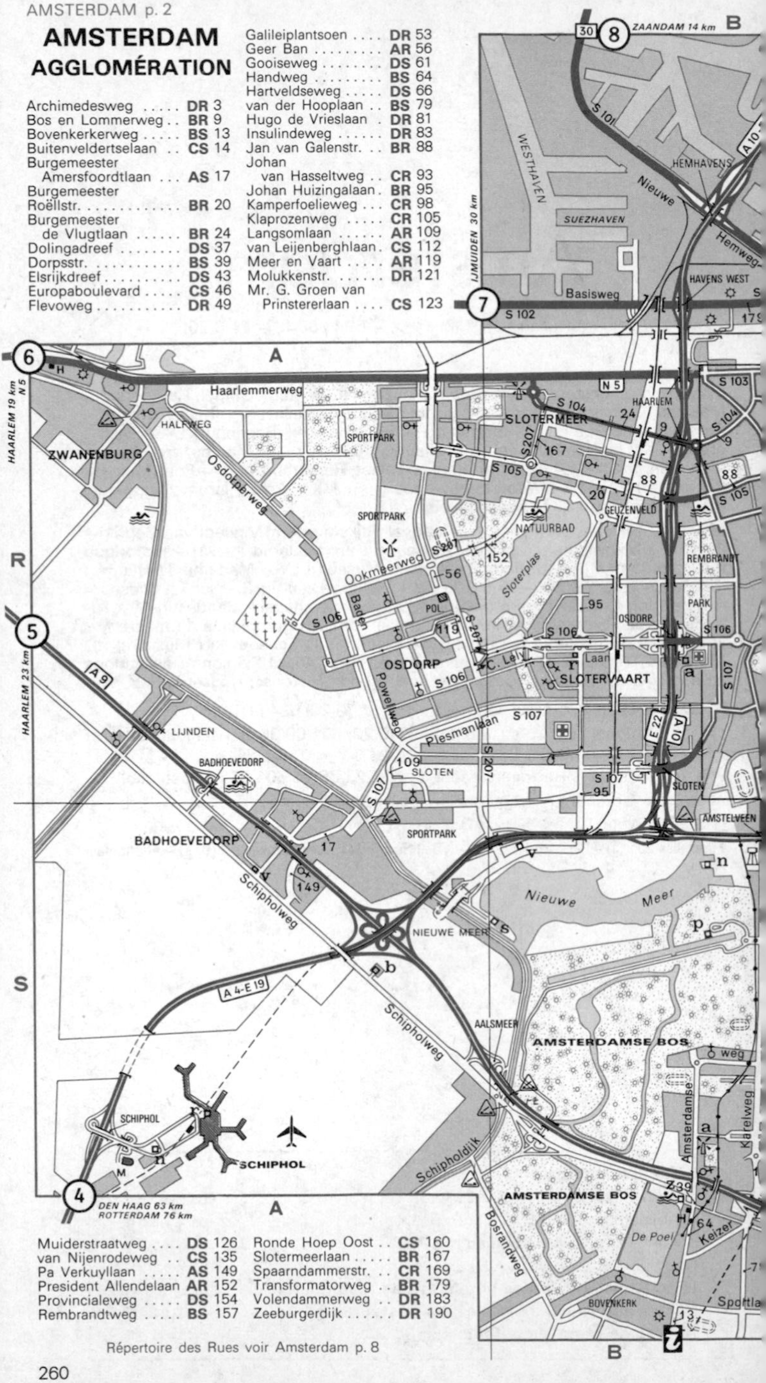

Répertoire des Rues voir Amsterdam p. 8

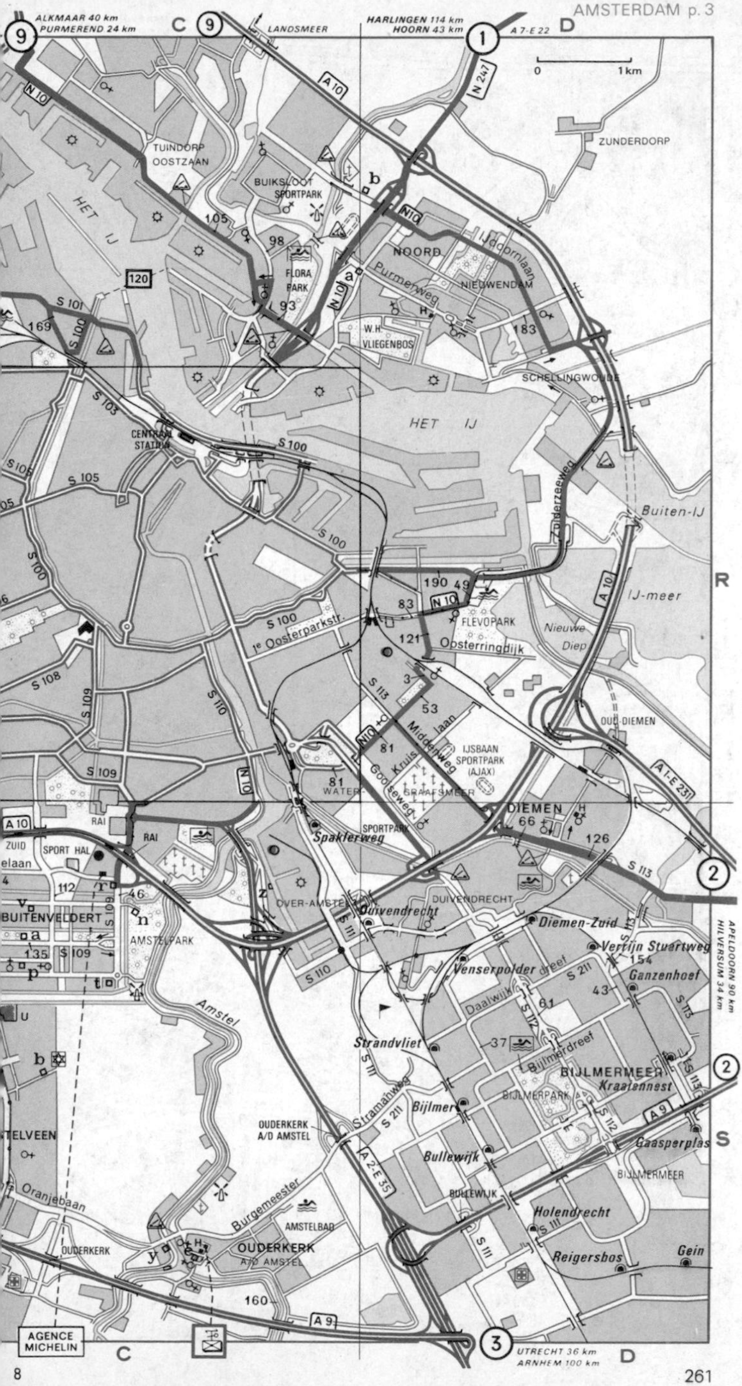
ALKMAAR 40 km
PURMEREND 24 km
C
9
LANDSMEER
HARLINGEN 114 km
HOORN 43 km
1
A 7-E 22
D
0
1 km
N 10
A 10
N 247
ZUNDERDORP
TUINDORP
OOSTZAAN
BUIKSLOOT
SPORTPARK
b
HET IJ
105
98
NOORD
IJdoornlaan
120
FLORA
PARK
a
Purmerweg
NIEUWENDAM
S 101
169
S 100
93
W.H.
VLIEGENBOS
183
SCHELLINGWOUDE
S 103
CENTRAAL
STATION
HET IJ
S 100
S 105
Zuiderzeeweg
Buiten-IJ
S 100
190
49
R
83
IJ-meer
FLEVOPARK
Nieuwe
Diep
S 100
1e Oosterparkstr.
121
Oosterringdijk
S 108
3
S 109
S 110
S 113
53
Middenweg
OUD-DIEMEN
81
Kruislaan
IJSBAAN
SPORTPARK
(AJAX)
A 1-E 231
S 109
81
WATERGRAAFSMEER
Gooiseweg
DIEMEN
66
A 10
RAI
Spaklerweg
SPORTPARK
126
ZUID
SPORT HAL
elaan
RAI
S 113
2
112
r
46
z
BUITENVELDERT
S 109
n
OVER-AMSTEL
DUIVENDRECHT
Duivendrecht
Diemen-Zuid
a
AMSTELPARK
Verrijn Stuartweg
135
S 109
154
p
S 110
Venserpolder
dreef
S 211
Ganzenhoef
APELDOORN 90 km
HILVERSUM 34 km
t
43
Amstel
Daalwijk
S 112
61
S 113
Strandvliet
37
Bijlmerdreef
b
S 111
BIJLMERMEER
Kraaiennest
2
BIJLMERPARK
Stramanweg
Bijlmer
S 211
S 112
A 9
TELVEEN
OUDERKERK
A/D AMSTEL
S
Gaasperplas
A 2-E 35
Bullewijk
BIJLMERMEER
Oranjebaan
Burgemeester
BULLEWIJK
AMSTELBAD
Holendrecht
S 111
OUDERKERK
y
OUDERKERK
A/D AMSTEL
Reigersbos
Gein
S 111
160
A 9
AGENCE
MICHELIN
C
3
UTRECHT 36 km
ARNHEM 100 km
D

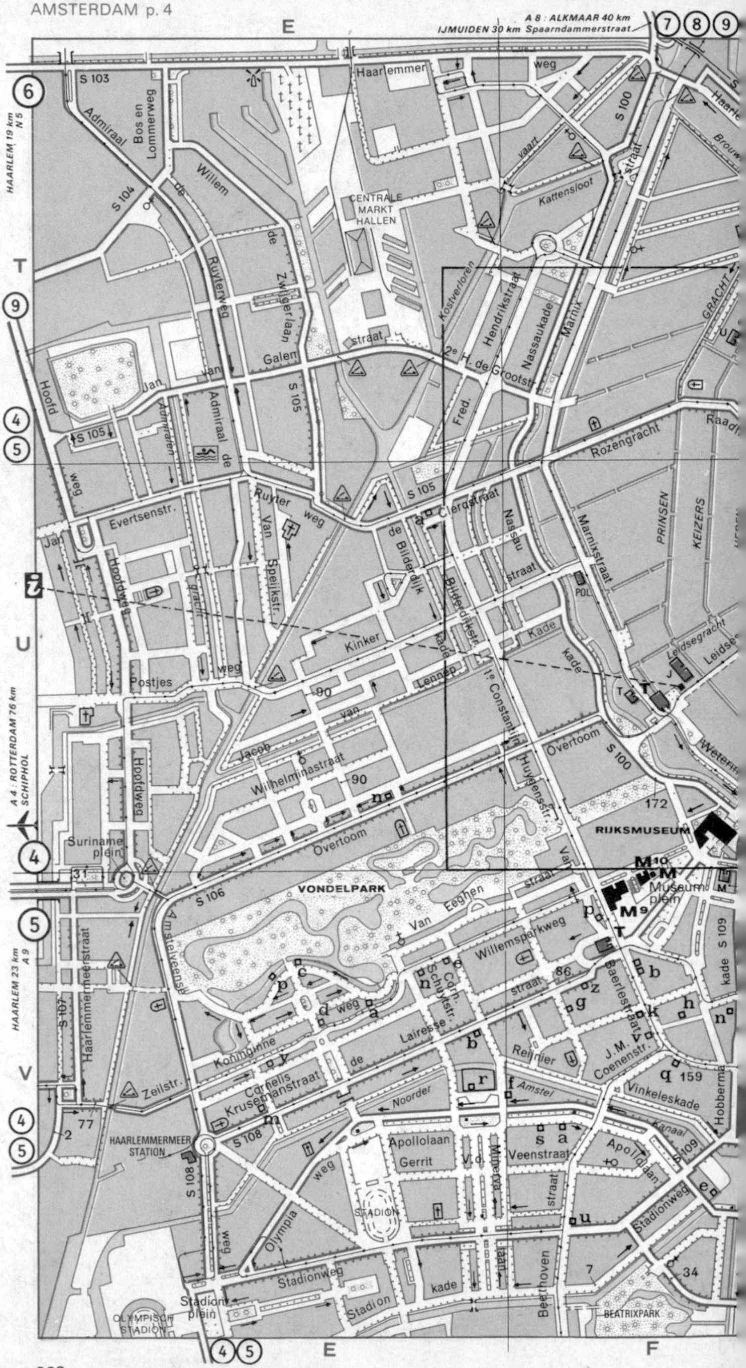
A 8 : ALKMAAR 40 km
IJMUIDEN 30 km Spaarndammerstraat
HAARLEM 19 km N5
A 4 : ROTTERDAM 76 km SCHIPHOL
HAARLEM 23 km A 9
CENTRALE MARKT HALLEN
RIJKSMUSEUM
VONDELPARK
HAARLEMMERMEER STATION
STADION
OLYMPISCH STADION
BEATRIXPARK
Museum plein
Suriname plein
Stadion plein
Haarlemmerweg
Admiraal de Ruyterweg
Jan van Galenstraat
Bilderdijkstraat
Kinkerstraat
Overtoom
Rozengracht
Marnixstraat
Nassaukade
Van Baerlestraat
Willemsparkweg
Koninginneweg
De Lairessestraat
Cornelis Krusemanstraat
Stadionweg
Olympiaweg
Apollolaan
Minervalaan
Beethovenstraat
Amstelveenseweg
Haarlemmermeerstraat
Hoofdweg
Postjesweg
Jacob van Lennepstraat
Wilhelminastraat
Van Eeghenstraat
Vinkeleskade
Hobbemakade
Zeilstr.
Kattensloot
Leidsegracht
Prinsengracht
Keizersgracht
Weteringschans
Raadhuisstr.
Brouwersgracht

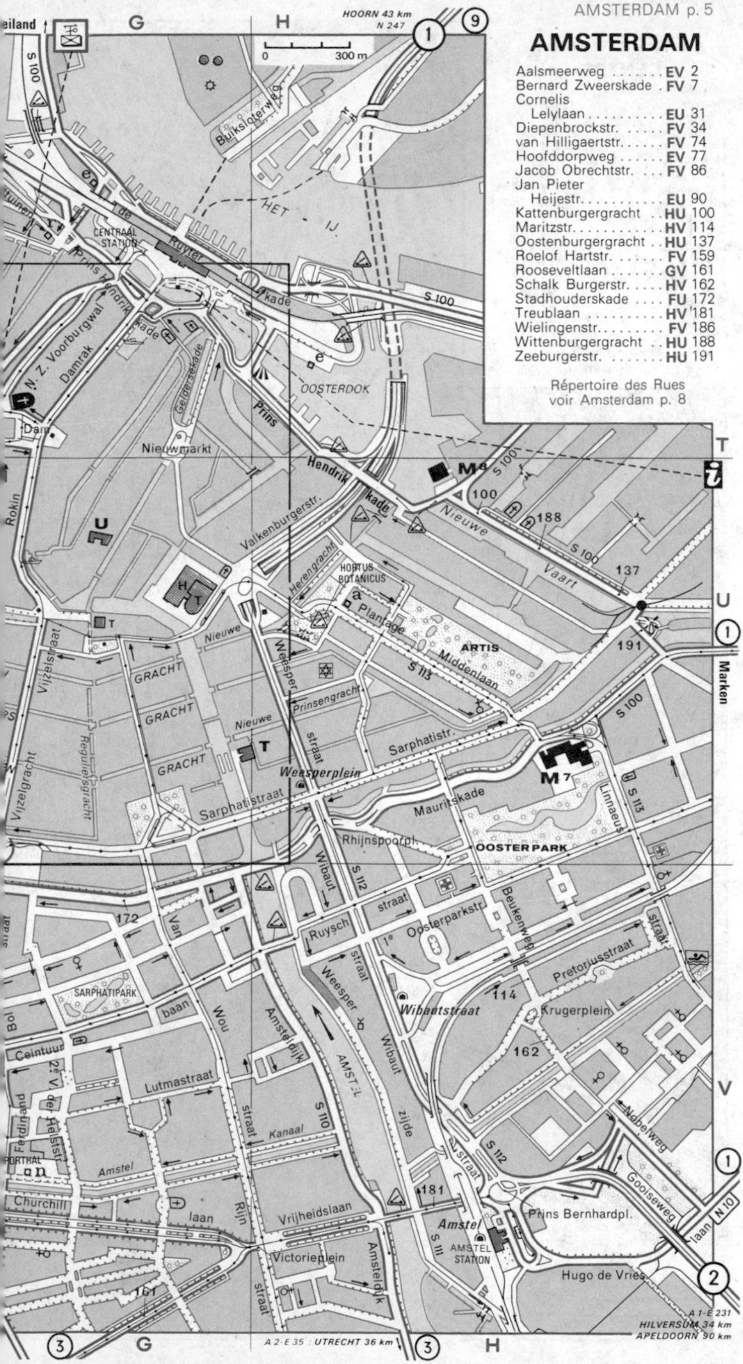

AMSTERDAM

Répertoire des Rues voir Amsterdam p. 8

AMSTERDAM
CENTRE

Répertoire des Rues
voir Amsterdam p. 8

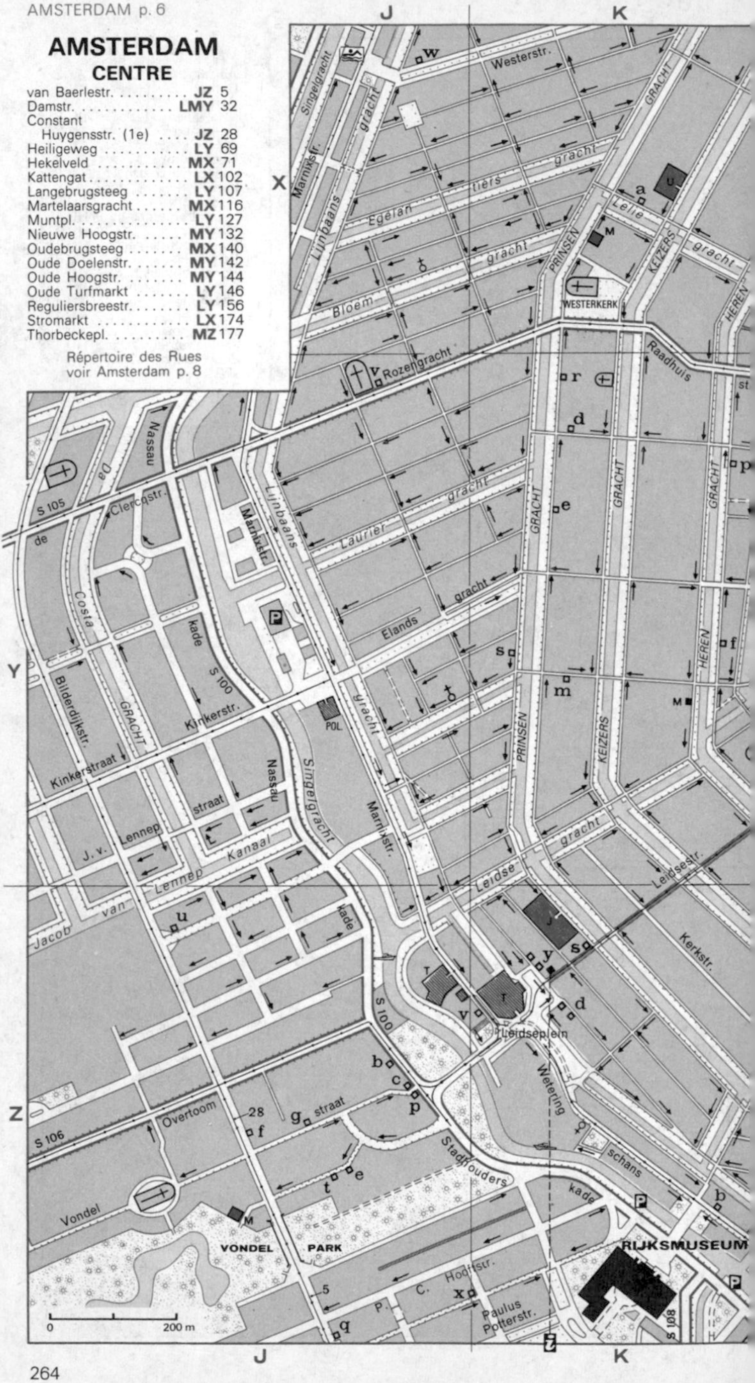

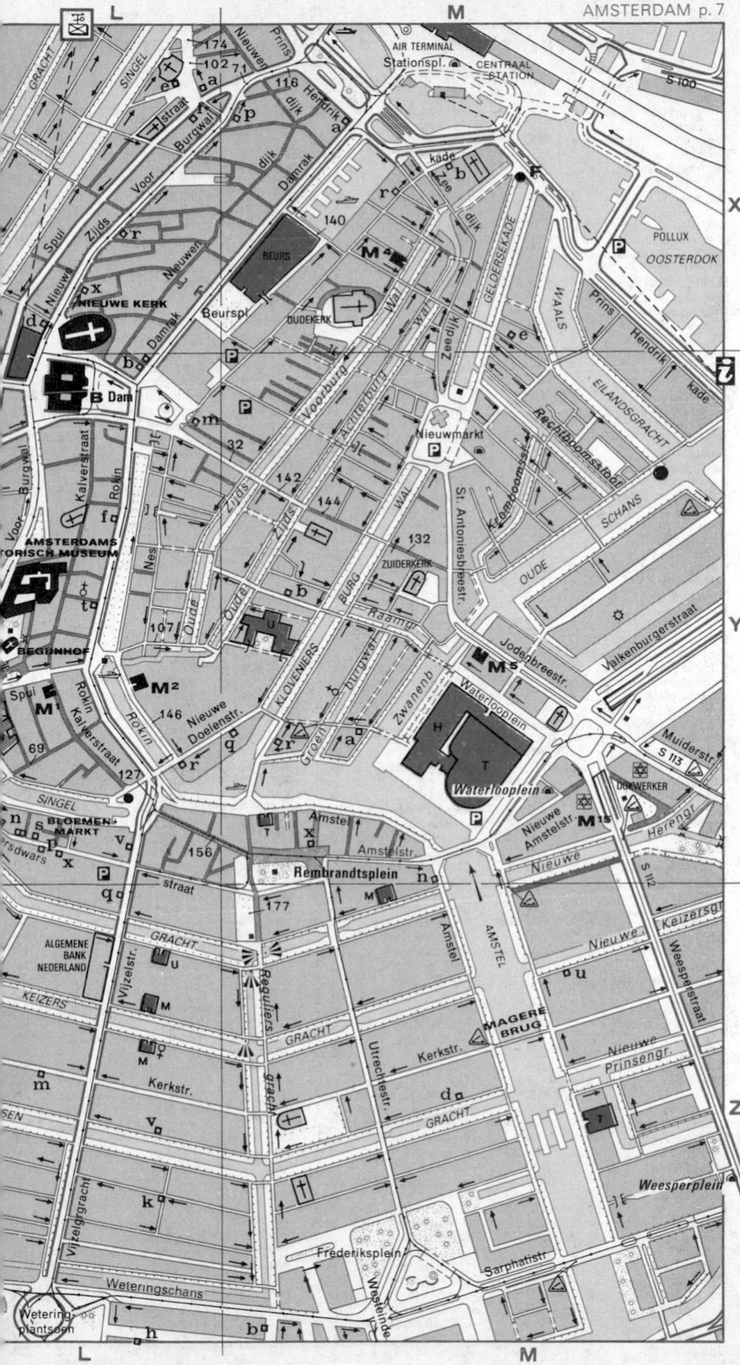
L
M
X
Y
Z
AIR TERMINAL
Stationspl.
CENTRAAL STATION
S 100
POLLUX
OOSTERDOK
Prins Hendrik kade
BEURS
Beurspl.
OUDEKERK
NIEUWE KERK
Damrak
Nieuwendijk
Dam
Nieuwmarkt
ZUIDERKERK
GELDERSEKADE
WAALS
EILANDSGRACHT
Rechtboomssloot
Kromboomssl.
St. Antoniesbreestr.
OUDE SCHANS
Valkenburgerstraat
Jodenbreestr.
Waterlooplein
Muiderstr.
S 113
DOKWERKER
Nieuwe Amstelstr.
Herengr.
Nieuwe Keizersgr.
Weesperstraat
Nieuwe Prinsengr.
Weesperplein
S 112
Sarphatistr.
Frederiksplein
Westeinde
Wetering plantsoen
Weteringschans
Vijzelgracht
Vijzelstr.
Utrechtestr.
Kerkstr.
MAGERE BRUG
AMSTEL
Amstel
Amstelstr.
Rembrandtsplein
Reguliers gracht
ALGEMENE BANK NEDERLAND
KEIZERS
GRACHT
BLOEMEN MARKT
SINGEL
Spui
Rokin
Kalverstraat
BEGIJNHOF
AMSTERDAMS HISTORISCH MUSEUM
Nieuwe Doelenstr.
KLOVENIERS BURG WAL
Zwanenb
Groenburgwal
Raamgr.
Oude Zijds Voorburg
Oude Zijds Achterburg
Zeedijk
Nes
Voor Burgwal
Nieuwe Zijds Voor Burgwal
Singel
Prins Hendrik kade
M²
M¹
M⁴
M⁵
M¹⁵
174
102
71
116
140
32
142
144
132
107
146
69
127
156
177

RÉPERTOIRE GÉNÉRAL DES RUES D'AMSTERDAM

Liste alphabétique
(Hôtels et restaurants)

Quartiers du Centre - plans p. 6 et 7 sauf indication spéciale :

Europe, Nieuwe Doelenstraat 2, 1012 CP, 623 48 36, Telex 12081, Fax 624 29 62, – 25 à 250. AE E VISA LY
R voir rest **Excelsior** ci-après – **Le Relais** carte 80 à 123 – 29 – **91 ch** 375/750 – ½ P 3

Barbizon Palace, Prins Hendrikkade 59, 1012 AD, 556 45 64, Telex 101 Fax 624 33 53, – ch – 25 à 210. AE E VISA. MX
R Vermeer (dîner seult) carte 75 à 116 – 30 – **268 ch** 440/520 – ½ P 336/388.

Sonesta, Kattengat 1, 1012 SZ, 621 22 23, Telex 17149, Fax 627 52 45, « Collecti d'œuvres d'art contemporaines », – – 25 à 400. AE E VISA. rest LX
R carte 47 à 94 – 30 – **425 ch** 355/415.

Marriott, Stadhouderskade 21, 1054 ES, 607 55 55, Telex 15087, Fax 607 55 11, – ch – 25 à 360. AE E VISA. rest JZ
R (dîner seult) carte env. 65 – 33 – **395 ch** 425/500.

Holiday Inn Crowne Plaza, Nieuwe Zijds Voorburgwal 5, 1012 RC, 620 05 Telex 15183, Fax 620 11 73, – ch – 25 à 260. AE E VISA. MX
R 7-Seas (dîner seult jusqu'à 23 h) carte 52 à 90 – 28 – **270 ch** 325/525 – ½ P 3

SAS Royal, Rusland 17, 1012 CK, 623 12 31, Telex 10365, Fax 520 82 00, ch – 25 à 180. AE E VISA. MY
R carte 61 à 93 – **231 ch** 435/485 – ½ P 298/332.

Scandic Crown Victoria, Damrak 1, 1012 LG, 623 42 55, Telex 16625, Fax 625 29 – ch rest – 25 à 250. AE E VISA. MX
R carte 46 à 93 – 33 – **321 ch** 230/375.

Gd H. Krasnapolsky, Dam 9, 1012 JS, 554 91 11, Telex 12262, Fax 622 86 07, – ch – 25 à 1500. AE E VISA LY
R Le Reflet d'Or *(fermé sam. midi et dim. midi)* carte 74 à 106 – **330 ch** 280/41

Pulitzer, Prinsengracht 323, 1016 GZ, 523 52 35, Telex 16508, Fax 627 67 53, « Collection d'œuvres d'art contemporaines », – ch rest – 25 à 160. AE E VISA KY
R De Goudsbloem *(fermé du 1er au 29 juil., du 1er au 6 janv., sam. midi et dim. midi)* (ouv jusqu'à 23 h) carte 73 à 108 – 28 – **240 ch** 305/355.

Jolly Carlton, Vijzelstraat 2, 1017 HK, 622 22 66, Telex 11670, Fax 626 61 83 – rest – 25 à 80. AE E VISA. rest LY
R carte 65 à 89 – 35 – **219 ch** 280/500 – ½ P 268/478.

Barbizon Centre, Stadhouderskade 7, 1054 ES, 685 13 51, Telex 126 Fax 685 16 11, – – 150. AE E VISA. JZ
R carte 67 à 107 – 30 – **236 ch** 355/510 – ½ P 270/320.

American, Leidsekade 97, 1017 PN, 624 53 22, Telex 12545, Fax 625 32 36, – – 80 à 200. AE E VISA. JKZ
R Café Américain carte 60 à 80 – 29 – **188 ch** 310/435.

Capitool, Nieuwe Zijds Voorburgwal 67, 1012 RE, 627 59 00, Telex 144 Fax 623 89 32, – ch – 30 à 100. AE E VISA. LX
R (dîner seult) carte 44 à 64 – **148 ch** 245/290 – ½ P 218/285.

Ascot, Damrak 95, 1012 LP, 626 00 66, Telex 16620, Fax 627 09 82 – ch – 25 à 70. AE E VISA. rest LY
R carte 60 à 88 – 25 – **109 ch** 310/340 – ½ P 210/230.

Doelen, Nieuwe Doelenstraat 24, 1012 CP, 622 07 22, Telex 14399, Fax 622 10 – ch rest – 25 à 150. AE E VISA MY
R (dîner seult) carte 58 à 80 – **85 ch** 345.

Dikker en Thijs, Prinsengracht 444, 1017 KE, 626 77 21, Telex 13161, Fax 625 89 – – 25. AE E VISA. rest KZ
R voir rest **Dikker en Thijs** ci-après – **De Prinsenkelder** (dîner seult jusqu'à 23 h 30) ca 57 à 101 – 26 – **25 ch** 230/335.

Caransa, Rembrandtsplein 19, 1017 CT, 622 94 55, Telex 13342, Fax 622 27 73, – ch – 30 à 150. AE E VISA MY
R 41 – 25 – **66 ch** 295/375.

Die Port van Cleve, Nieuwe Zijds Voorburgwal 178, 1012 SJ, 624 48 Telex 13129, Fax 622 02 40, « Faïences de Delft au restaurant » – – 25 à AE E VISA. LX
R De Blauwe Parade *(fermé sam. midi et dim. midi)* 58/70 – **102 ch** 165/310 – ½ P 2

Ambassade sans rest, Herengracht 341, 1016 AZ, 626 23 33, Telex 101 Fax 624 53 21, – . AE E VISA KY
47 ch 180/240.

Arthur Frommer sans rest, Noorderstraat 46, 1017 TV, 622 03 28, Telex 140 Fax 620 32 08 – . AE E VISA LZ
18 – **90 ch** 180/230.

Rembrandt sans rest, Herengracht 255, 1016 BJ, 622 17 27, Telex 154 Fax 625 06 30 – . AE E VISA KY
25 – **111 ch** 265/335.

Estheréa sans rest, Singel 305, ✉ 1012 WJ, ☏ 624 51 46, Telex 14019, Fax 623 90 01 – |$| TV ☎. AE ⓓ E VISA. ✂ KY **t**
75 ch ☕ 235/250.

De Roode Leeuw, Damrak 93, ✉ 1012 LP, ☏ 624 03 96, Telex 10569, Fax 620 47 16 – |$| ≡ rest TV ☎ – 🏛 25 à 50. AE ⓓ E VISA LXY **b**
R 40 – **78 ch** ☕ 150/235 – ½ P 148/157.

Owl sans rest, Roemer Visscherstraat 1, ✉ 1054 EV, ☏ 618 94 84, Telex 13360, Fax 618 94 41 – |$| TV ☎. AE E VISA. ✂ JZ **e**
34 ch ☕ 130/175.

Nicolaas Witsen sans rest, Nicolaas Witsenstraat 6, ✉ 1017 ZH, ☏ 626 65 46, Fax 620 51 13 – |$| TV ☎. E VISA. ✂ MZ **b**
31 ch ☕ 100/185.

Wiechmann sans rest, Prinsengracht 328, ✉ 1016 HX, ☏ 626 33 21 – TV ☎ KY **s**
36 ch ☕ 135/200.

Asterisk sans rest, Den Texstraat 16, ✉ 1017 ZA, ☏ 626 23 96, Fax 638 27 90 – TV ☎. E VISA LZ **h**
26 ch ☕ 55/169.

Prinsen sans rest, Vondelstraat 36, ✉ 1054 GE, ☏ 616 23 23, Telex 11336, Fax 616 61 12 – |$| ☎. AE ⓓ E VISA JZ **g**
38 ch ☕ 150/200.

Nes sans rest, Kloveniersburgwal 137, ✉ 1011 KE, ☏ 624 47 73, Fax 620 98 42 – |$| TV ☎. AE ⓓ E VISA MY **r**
36 ch ☕ 150/225.

Hestia sans rest, Roemer Visscherstraat 7, ✉ 1054 EV, ☏ 618 08 01, Fax 685 13 82 – |$| TV ☎. AE E VISA JZ **t**
18 ch ☕ 95/250.

Agora sans rest, Singel 462, ✉ 1017 AW, ☏ 627 22 00, Telex 12657, Fax 627 22 02 – TV ☎. AE ⓓ E VISA. ✂ LY **u**
14 ch ☕ 150/185.

Fantasia sans rest, Nieuwe Keizersgracht 16, ✉ 1018 DR, ☏ 623 82 59, Fax 622 39 13 – AE E VISA ✂ MZ **u**
18 mars-3 nov. – **19 ch** ☕ 70/125.

Parklane sans rest, Plantage Parklaan 16, ✉ 1018 ST, ☏ 622 48 04 – TV. AE ⓓ E VISA. ✂ – **11 ch** ☕ 115/145. plan p. 5 HU **a**

X **Dikker en Thijs** 1er étage, Prinsengracht 444, ✉ 1017 KE, ☏ 626 77 21, Telex 13161, Fax 625 89 86 – AE ⓓ E VISA ✂ KZ **s**
fermé dim. et 28 juil.-12 août – **R** (dîner seult) 90/105.

X ✿ **Excelsior** - H. Europe, Nieuwe Doelenstraat 2, ✉ 1012 CP, ☏ 623 48 36, Telex 12081, Fax 624 29 62, ≤, 🏛 – ≡. AE ⓓ E VISA LY **r**
fermé sam. midi – **R** carte 105 à 145.
Spéc. Langoustines au curry et pommes à la crème, Feuillantine de turbot, Perdreau choucroute à la crème de foie d'oie (sept-janv.).

X **Martinn** 12e étage, De Ruyterkade 7 (havengebouw), ✉ 1013 AA, ☏ 625 62 77, Fax 638 56 29, ≤ – ≡ P. AE ⓓ E VISA plan p. 5 GT **e**
fermé sam. et dim. – **R** carte 60 à 87.

X **Radèn Mas,** Stadhouderskade 6, ✉ 1054 ES, ☏ 685 40 41, Fax 685 39 81, Cuisine indonésienne, « Décor exotique » – ≡. AE ⓓ E VISA JZ **b**
fermé sam. midi et dim. midi – **R** carte 61 à 110.

X **Dynasty,** Reguliersdwarsstraat 30, ✉ 1017 BM, ☏ 626 84 00, Fax 622 30 38, 🏛, Cuisine orientale – ≡. AE ⓓ E VISA. ✂ LY **p**
fermé mardi – **R** (dîner seult jusqu'à 23 h) carte 55 à 95.

X **'t Swarte Schaep** 1er étage, Korte Leidsedwarsstraat 24, ✉ 1017 RC, ☏ 622 30 21, Fax 624 82 68, Ouvert jusqu'à 23 h, « Intérieur vieil hollandais du 17e s. » – ≡. AE ⓓ E VISA KZ **d**
fermé 25, 26 et 31 déc. et 1er janv. – **R** carte 90 à 140.

X **Les Quatre Canetons,** Prinsengracht 1111, ✉ 1017 JJ, ☏ 624 63 07, Fax 638 45 99 – AE ⓓ E VISA MZ **d**
fermé sam. midi, dim., Pâques, Pentecôte et 31 déc.-1er janv. – **R** 83/105.

X **Tout Court,** Runstraat 13, ✉ 1016 GJ, ☏ 625 86 37 – AE ⓓ E VISA KY **m**
fermé dim., lundi et 23 juil.-18 août – **R** (dîner seult jusqu'à 23 h 30) 50/70.

X **Sichuan Food,** Reguliersdwarsstraat 35, ✉ 1017 BK, ☏ 626 93 27, Cuisine chinoise – ≡. AE ⓓ E VISA LY **s**
fermé merc. – **R** (dîner seult jusqu'à 23 h 30) carte 55 à 85.

X **De Oesterbar,** Leidseplein 10, ✉ 1017 PT, ☏ 623 29 88, Produits de la mer, Ouvert jusqu'à minuit – ≡. AE ⓓ E. ✂ KZ **y**
R 40/80.

X **Treasure,** Nieuwe Zijds Voorburgwal 115, ✉ 1012 RH, ☏ 623 40 61, Fax 645 39 17, Cuisine chinoise – ≡ ✂ LX **x**
R carte 40 à 73.

XX **Manchurian,** Leidseplein 10a, ⊠ 1017 PT, ℘ 623 13 30, Fax 622 30 38, Cuisine orient
Ouvert jusqu'à 23 h – ▤. AE ⊕ E VISA. ⌧ K.
fermé fin déc.-début fév. – **R** carte 43 à 108.

XX **Les Trois Neufs,** Prinsengracht 999, ⊠ 1017 KM, ℘ 622 90 44 – AE ⊕ E VISA L:
fermé lundi, mi-juil.-mi-août et 27 déc.-2 janv. – **R** (dîner seult) carte 55 à 76.

XX **Le Pêcheur,** Reguliersdwarsstraat 32, ⊠ 1017 BM, ℘ 624 31 21, Fax 624 31 21, ☎, I
duits de la mer, Ouvert jusqu'à 23 h – AE ⊕ E VISA ⌧ L
fermé 25 et 31 déc. – **R** carte 69 à 86.

XX **Lana Thai,** Warmoesstraat 10, ⊠ 1012 JD, ℘ 624 21 79, Cuisine thaïlandaise – AE ⊕
VISA ⌧ M
R (dîner seult) carte 53 à 88.

XX **La Camargue,** Reguliersdwarsstraat 7, ⊠ 1017 BJ, ℘ 623 93 52, Ouvert jusqu'à 23
▤. AE ⊕ E VISA. ⌧ L
fermé 31 déc. et 1er janv. – **R** 50.

XX **Het Amsterdamse Wijnhuis,** Reguliersdwarsstraat 23, ⊠ 1017 BJ, ℘ 623 42 59 –
⊕ E L
fermé sam. midi, dim., lundi et dern. sem. déc.-prem. sem. janv. – **R** 50/68.

XX **Lotus,** Binnen Bantammerstraat 7, ⊠ 1011 CH, ℘ 624 26 14, Fax 624 38 05, Cuisine ori
tale – ▤. AE ⊕ E VISA M
R (dîner seult jusqu'à 23 h) carte env. 50.

XX **Sancerre,** Reestraat 28, ⊠ 1016 DN, ℘ 627 87 94, Fax 638 45 99 – AE ⊕ E VISA K
fermé sam. midi, dim. midi et 31 déc.-1er janv. – **R** 68/85.

XX **Kopenhagen,** Enge Kapelsteeg 1 (angle Rokin), ⊠ 1012 NT, ℘ 624 93 76 – ▤. AE
◆ E VISA L
fermé dim. – **R** 33/50.

XX **Sea Palace,** Oosterdokskade 8, ⊠ 1011 AE, ℘ 626 47 77, Telex 14693, Fax 620 42
Cuisine asiatique, « Restaurant flottant avec ≤ ville » – AE ⊕ E VISA ⌧
R carte env. 65. plan p. 5 H

XX **Bols Taverne,** Rozengracht 106, ⊠ 1016 NH, ℘ 624 57 52, Fax 620 41 94 – ▤. AE E
fermé dim., 31 déc. et 1er janv. – **R** carte 45 à 85. J

XX ✿ **Christophe** (Royer), Leliegracht 46, ⊠ 1015 DH, ℘ 625 08 07 – ▤. AE ⊕ E VISA
fermé du 4 au 25 août, 31 déc.-2 janv., dim. et lundi – **R** (dîner seult jusqu'à 23 h) c
85 à 130. K
Spéc. Nage de St-Jacques et crevettes à l'orange, Rougets grillés aux artichauts barigo
Pigeonneau à la marocaine.

XX **Edo,** Dam 9, ⊠ 1012 SJ, ℘ 554 60 96, Fax 671 23 99, Cuisine japonaise, teppan-yaki –
⊕ E VISA ⌧ – **R** 55/100. L

X **Le Provençal,** Weteringschans 91, ⊠ 1017 RZ, ℘ 623 96 19 – ▤. AE ⊕ E VISA K
R 55/80.

X **Tom Yam,** Staalstraat 22, ⊠ 1011 JM, ℘ 622 95 33, Cuisine thaïlandaise – AE ⊕ E
fermé lundi et 25 et 31 déc. – **R** (dîner seult) carte 45 à 76. M

X **De Silveren Spiegel,** Kattengat 4, ⊠ 1012 SZ, ℘ 624 65 89, Fax 620 38 67, ☎ – AE
VISA – *fermé sam. midi et dim. midi* – **R** carte 86 à 104. L

X **Bistro La Forge,** Korte Leidsedwarsstraat 26, ⊠ 1017 RC, ℘ 624 00 95 – AE ⊕ E
◆ *fermé 24, 31 déc. et 1er janv.* – **R** (dîner seult) 40/50. K

X **Corneille,** Herenstraat 25, ⊠ 1015 BZ, ℘ 638 01 48 – ▤. AE ⊕ E VISA L
fermé dim., lundi et 23 juin-15 juil. – **R** (dîner seult) carte 65 à 93.

X **Koriander,** Amstel 212, ⊠ 1017 AH, ℘ 627 78 79, ≤ – AE E VISA M
fermé dim. et lundi – **R** (dîner seult jusqu'à minuit) 50/60.

X **Lucius,** Spuistraat 247, ⊠ 1012 VP, ℘ 624 18 31, Fax 627 61 53, Produits de la mer –
⊕ E VISA L
fermé 31 déc. – **R** (dîner seult jusqu'à 23 h) 53/78.

X **Selecta,** Vijzelstraat 26, ⊠ 1017 HK, ℘ 624 88 94, Fax 623 90 76, Cuisine indonésien
Ouvert jusqu'à 23 h – ▤. AE ⊕ E VISA L
fermé 1er janv. – **R** carte env. 45.

X **Albatros,** Westerstraat 264, ⊠ 1015 MT, ℘ 627 99 32, Produits de la mer – ▤. AE
E VISA J
fermé dim. et mi-juil.-mi-août – **R** (dîner seult jusqu'à 23 h) carte 60 à 96.

X **Hollands Glorie,** Kerkstraat 222, ⊠ 1017 GV, ℘ 624 47 64 – AE E VISA L
R (dîner seult) carte 40 à 61.

X **Haesje Claes,** Spuistraat 273, ⊠ 1012 RV, ℘ 624 99 98, Fax 627 48 17, « Ambiar
typique » – AE ⊕ E VISA ⌧ L
fermé dim. midi et jours fériés midis – **R** carte 40 à 60.

X **Mandarijn,** Rokin 26, ⊠ 1012 KS, ℘ 623 08 85, Cuisine chinoise – ▤. AE ⊕ E VISA.
fermé mi-déc.-janv. – **R** carte env. 50. L

X **De Gijsbrecht van Aemstel,** Herengracht 435, ⊠ 1017 BR, ℘ 623 53 30, Rest.-tave
rustique – AE ⊕ E VISA K
fermé dim. – **R** carte 57 à 86.

Kantjil, Spuistraat 291, ✉ 1012 VS, ℘ 620 09 94, Fax 623 21 66, 🍴, Rest.-taverne, Cuisine indonésienne, Ouvert jusqu'à 23 h – ⊁. AE ⓓ E VISA. ⅋ LY **y**
fermé 4 mai – **R** carte 40 à 57.

Oshima, Prinsengracht 411, ✉ 1016 HM, ℘ 625 09 96, Cuisine japonaise – AE ⓓ E VISA ⅋ – *fermé lundi* – **R** (dîner seult) carte 40 à 64. KY **e**

De Groene Lanteerne, Haarlemmerstraat 43, ✉ 1013 EJ, ℘ 624 19 52, Intérieur vieil hollandais – AE ⓓ E VISA plan p. 5 GT **r**
R (dîner seult jusqu'à 23 h) carte 67 à 106.

Mangerie, Spuistraat 3b, ✉ 1012 SP, ℘ 625 22 18 – AE ⓓ E VISA LX **f**
fermé prem. sem. août, 25, 26 et 31 déc. et 1er janv. – **R** (dîner seult) carte 41 à 76.

Churrasco, Reguliersdwarsstraat 27, ✉ 1017 BJ, ℘ 627 65 65, Grillades – AE ⓓ E VISA
fermé 31 déc. – **R** (dîner seult jusqu'à 23 h 30) carte 40 à 66. LY **n**

La Cacerola, Weteringstraat 41, ✉ 1017 SM, ℘ 626 53 97, Cuisine espagnole KZ **k**
fermé du 10 au 30 juin, Noël-début janv. et dim. – **R** (dîner seult) carte 43 à 65.

Quartiers Sud et Ouest - plans p. 4 et 5 sauf indication spéciale :

Okura, Ferdinand Bolstraat 333, ✉ 1072 LH, ℘ 678 71 11, Telex 16182, Fax 671 23 44, ≘s – 🛗 ▤ TV ☎ 🚗 P – 🏛 25 à 600. AE ⓓ E VISA. ⅋ GV **n**
R voir rest **Ciel Bleu** ci-après – **Yamazato** (cuisine japonaise) 100/150 – ☕ 30 – **370 ch** 430/480.

Garden, Dijsselhofplantsoen 7, ✉ 1077 BJ, ℘ 664 21 21, Telex 15453, Fax 679 93 56 – 🛗 ⊁ TV ☎ P – 🏛 25 à 150. AE ⓓ E VISA EFV **f**
R voir rest **De Kersentuin** ci-après – ☕ 30 – **97 ch** 325/410.

Apollo, Apollolaan 2, ✉ 1077 BA, ℘ 673 59 22, Telex 14084, Fax 673 97 71, 🍴, « Terrasse avec ≤ canal » – 🛗 ⊁ ch TV ☎ P – 🏛 25 à 200. AE ⓓ E VISA. ⅋ rest FV **e**
R (ouvert jusqu'à 23 h) carte 85 à 122 – ☕ 30 – **220 ch** 325/435 – ½ P 405/525.

Hilton, Apollolaan 138, ✉ 1077 BG, ℘ 678 07 80, Telex 11025, Fax 662 66 88 – 🛗 ⊁ ch ▤ rest TV ☎ P – 🏛 25 à 325. AE ⓓ E VISA. ⅋ rest EV **r**
R carte 64 à 90 – ☕ 32 – **270 ch** 390/610.

Altea, Joan Muyskenweg 10, ✉ 1096 CJ, ℘ 665 81 81, Telex 13382, Fax 694 87 35, ≘s – 🛗 ⊁ ch ▤ rest TV ☎ ♿ P – 🏛 25 à 500. AE ⓓ E VISA. ⅋ plan p. 3 CS **z**
R carte 49 à 78 – **178 ch** ☕ 195/225.

Novotel, Europaboulevard 10, ✉ 1083 AD, ℘ 541 11 23, Telex 13375, Fax 646 28 23 – 🛗 ⊁ ch TV ☎ P – 🏛 25 à 300. AE ⓓ E VISA plan p. 3 CS **r**
R (ouvert jusqu'à minuit) carte 55 à 86 – ☕ 23 – **600 ch** 225/255 – ½ P 285.

Memphis sans rest, De Lairessestraat 87, ✉ 1071 NX, ℘ 673 31 41, Telex 12450, Fax 673 73 12 – 🛗 TV ☎ – 🏛 25 à 45. AE ⓓ E VISA EV **b**
74 ch ☕ 280/340.

Cok Hotels, Koninginneweg 34, ✉ 1075 CZ, ℘ 664 61 11 – 🛗 TV ☎ – 🏛 25 à 80. AE ⓓ E VISA – **R** carte env. 50 – **159 ch** ☕ 140/190. EV **a**

Toro ♨ sans rest, Koningslaan 64, ✉ 1075 AG, ℘ 673 72 23, Fax 675 00 31 – 🛗 TV ☎. AE ⓓ E VISA – **22 ch** ☕ 145/180. EV **p**

Jan Luyken sans rest, Jan Luykenstraat 58, ✉ 1071 CS, ℘ 573 07 30, Telex 16254, Fax 676 38 41 – 🛗 TV ☎ – 🏛 25 à 150. AE ⓓ E VISA. ⅋ plan p. 6 JZ **x**
63 ch ☕ 260/290.

Borgmann sans rest, Koningslaan 48, ✉ 1075 AE, ℘ 673 52 52, Fax 676 25 80 – 🛗 TV ☎. AE ⓓ E VISA. ⅋ EV **c**
15 ch ☕ 110/180.

Apollofirst, Apollolaan 123, ✉ 1077 AP, ℘ 673 03 33, Telex 13446, Fax 675 03 48, 🍴 – 🛗 ▤ rest TV ☎. AE ⓓ E VISA. ⅋ rest FV **s**
R *(fermé dim.)* carte 55 à 89 – **40 ch** ☕ 225/250.

Delphi sans rest, Apollolaan 105, ✉ 1077 AN, ℘ 679 51 52, Telex 16659, Fax 675 29 41 – 🛗 TV ☎. AE ⓓ E VISA FV **a**
fermé 24 déc.-2 janv. – **50 ch** ☕ 150/250.

Concert Inn sans rest, De Lairessestraat 11, ✉ 1071 NR, ℘ 675 00 51, Fax 675 39 34 – 🛗 TV ☎. AE ⓓ E VISA. ⅋ FV **z**
17 ch ☕ 125/200.

Wilhelmina sans rest, Koninginneweg 169, ✉ 1075 CN, ℘ 662 54 67, Telex 10873, Fax 620 72 77 – TV. AE ⓓ E VISA. ⅋ EV **y**
19 ch ☕ 55/150.

Zandbergen sans rest, Willemsparkweg 205, ✉ 1071 HB, ℘ 676 93 21, Fax 676 18 60 – TV ☎. AE ⓓ E VISA EV **n**
17 ch ☕ 100/185.

Sander sans rest, Jacob Obrechtstraat 69, ✉ 1071 KJ, ℘ 662 75 74, Telex 18456, Fax 679 60 67 – 🛗 TV ☎. AE ⓓ E VISA. ⅋ FV **g**
15 mars-nov. – **16 ch** ☕ 175/275.

Bastion Zuid-West sans rest, Nachtwachtlaan 11, ✉ 1058 EV, ℘ 669 16 21, Fax 669 16 31 – TV ☎. AE ⓓ E VISA. ⅋ plan p. 2 BR **a**
☕ 13 – **40 ch** 89/105.

XXX ✪ **De Kersentuin** - H. Garden, Dijsselhofplantsoen 7, ✉ 1077 BJ, ☎ 664 21
Telex 15453, Fax 679 93 56 – Ⓟ. AE ⓓ E VISA. ✂ EFV
fermé sam. midi, dim., 31 déc. et 1er janv. – **R** carte 105 à 140.
Spéc. Escargots, fritots d'anguille et magret à la crème d'ail, Raviolis de truffes et carpaccio canette au romarin, Poularde de Malines en demi-deuil à la moutarde régionale.

XXX **Ciel Bleu** 23e étage - H. Okura, Ferdinand Bolstraat 333, ✉ 1072 LH, ☎ 678 71
Telex 16182, Fax 671 23 44, ≤ ville – ▤ Ⓟ. AE ⓓ E VISA. ✂ GV
R (dîner seult jusqu'à 23 h) 75/95.

XXX **Parkrest. Rosarium,** Amstelpark 1, Europaboulevard, ✉ 1083 HZ, ☎ 644 40
Fax 646 60 04, 余, « Parc fleuri » – Ⓟ. AE ⓓ E VISA plan p. 3 CS
fermé dim. – **R** carte 88 à 121.

XX ✪ **De Trechter** (de Wit), Hobbemakade 63, ✉ 1071 XL, ☎ 671 12 63 – AE ⓓ E ✂
fermé dim., lundi, jours fériés, 14 juil.-7 août et 31 déc.-15 janv. – **R** (dîner seult, nom de couverts limité - prévenir) carte 94 à 116. FV
Spéc. Terrine d'anguille au vert aux tomates confites (avril-nov.), Terrine de foie gras d'oie, f de bœuf et persil, Côte de porc rôtie aux poireaux et à l'ail.

XX ✪ **Halvemaan,** Van Leyenberglaan 20 (Gijsbrecht van Aemstelpark), ✉ 1082 G
☎ 644 03 48, Fax 644 17 77, 余, « Terrasse avec ≤ pièce d'eau » – Ⓟ. AE ⓓ E VISA.
fermé sam. midi, dim. et 25 déc.-2 janv. – **R** carte 95 à 125. plan p. 3 CS
Spéc. Salade de boudin noir, Sole vapeur aux gingembre, ail et oignons verts, Soupe froide fruits rouges à la menthe.

XX ✪ **De Graaf** 1er étage, Emmalaan 25, ✉ 1075 AT, ☎ 662 48 84, Fax 675 60 91 – AE ⓓ VISA ✂ EV
fermé dim. – **R** carte 86 à 123.
Spéc. Pâté de foie d'oie au ris de veau fumé, Canette rôtie au gingembre, Pâtisseries.

XX **Bartholdy,** Van Baerlestraat 35, ✉ 1071 AP, ☎ 662 26 55, 余 – ▤. AE E VISA FV
R carte 67 à 106.

XX **Le Garage,** Ruysdaelstraat 54, ✉ 1071 XE, ☎ 679 71 76, Fax 662 22 49 – AE ⓓ E V
R 55/113. FV

XX **Vivaldi's,** Van Baerlestraat 49, ✉ 1071 AP, ☎ 679 88 88, 余 – AE ⓓ E FV
fermé lundi et du 1er au 21 juil. – **R** (dîner seult jusqu'à 23 h) carte 55 à 76.

XX **Beddington's,** Roelof Hartstraat 6, ✉ 1071 VH, ☎ 676 52 01 – AE ⓓ E VISA ✂ FV
fermé sam. midi, dim. et lundi midi – **R** carte 64 à 83.

XX **Keyzer,** Van Baerlestraat 96, ✉ 1071 BB, ☎ 671 14 41, Fax 673 73 53 – AE ⓓ E VISA
fermé dim. et jours fériés – **R** 55. FV

XX **In den Nederhoven,** Nederhoven 13, ✉ 1083 AM, ☎ 642 56 19 – AE ⓓ E VISA
fermé sam. – **R** carte 53 à 87. plan p. 3 CS

XX **Het Bosch,** Jollenpad 10 (par Amstelveenseweg), ✉ 1081 KC, ☎ 644 58 00, Fax 644 19
≤, 余, « Terrasse au bord du lac » – ▤ Ⓟ. AE ⓓ E VISA. ✂ plan p. 2 BS
fermé sam. midi – **R** carte 68 à 103.

XX **De Castheele,** Kastelenstraat 172, ✉ 1082 EJ, ☎ 644 72 67, 余 – AE ⓓ E ✂
fermé dim., lundi et dern. sem. juil.-2 prem. sem. août – **R** carte 48 à 79. plan p. 3 CS

XX **Aujourd'hui,** C. Krusemanstraat 15, ✉ 1075 NB, ☎ 679 08 77, Fax 676 76 27 – AE ⓓ VISA – *fermé sam. midi, dim. et 15 juil.-15 août* – **R** carte 80 à 107. EV

X **Ravel,** Gelderlandplein 2, ✉ 1082 LA, ☎ 644 16 43, Fax 642 86 84, Rest.-taverne – ▤. ⓓ E VISA plan p. 3 CS
fermé dim. midi – **R** 55.

X **Brasserie Van Baerle,** Van Baerlestraat 158, ✉ 1071 BG, ☎ 679 15 32, 余, Rest.-taver
Ouvert jusqu'à 23 h – AE ⓓ E VISA FV
fermé sam. et 25 déc.-1er janv. – **R** 53/70.

X **Bark,** Van Baerlestraat 120, ✉ 1071 BD, ☎ 675 02 10, Fax 673 33 36, Ouvert jusqu'à min
– AE ⓓ E FV
fermé 31 déc. et 1er janv. – **R** carte 42 à 79.

X **Hamilcar,** Overtoom 306, ✉ 1054 JC, ☎ 683 79 81, Cuisine tunisienne – AE ⓓ E VISA
fermé lundi, mardi et 4 juil.-15 août – **R** (dîner seult) 40. EU

X **Oriënt,** Van Baerlestraat 21, ✉ 1071 AN, ☎ 673 49 58, Cuisine indonésienne – ▤. AE
E VISA plan p. 6 JZ
fermé du 27 au 31 déc. – **R** (dîner seult) carte 40 à 73.

X **La Grande Bouffe,** 1e Constantijn Huygensstraat 115, ✉ 1054 BV, ☎ 618 81 91 – AE
✦ VISA plan p. 6 JZ
R (dîner seult jusqu'à 23 h) 35/55.

X **Les Frères,** Bosboom Toussaintstraat 70, ✉ 1054 AV, ☎ 618 79 05 plan p. 6 JZ
✦ *fermé dim. et jours fériés* – **R** (dîner seult) 37/60.

X **Croq-O-Vin,** Stadionweg 100, ✉ 1077 SR, ☎ 671 11 19, Rest.-taverne – ▤. AE ⓓ E
fermé dim. et jours fériés – **R** carte 44 à 66. FV

X **Pakistan,** De Clercqstraat 65, ✉ 1053 AD, ☎ 618 11 20, Cuisine indienne – AE ⓓ E V
R (dîner seult) carte 42 à 58. EU

X **Champêtre,** Willemsparkweg 177, ✉ 1071 GZ, ☎ 676 99 70 – AE ⓓ E VISA EV
fermé lundi, mardi et juil. – **R** (dîner seult) carte env. 70.

Quartiers Nord - plan p. 3 :

Galaxy, Distelkade 21, ✉ 1031 XP, ☎ 634 43 66, Telex 18607, Fax 636 03 45 – |♦| TV ☎ Ⓟ – 🏛 25 à 250. AE ⓓ E VISA DR **b**
R *(fermé sam. midi et dim. midi)* carte 52 à 70 – **280 ch** ☕ 195/230.

Bastion Noord sans rest, Rode Kruisstraat 28 (par Nieuwe Purmerweg), ✉ 1025 KN, ☎ 632 31 31, Fax 634 44 96 – TV ☎ Ⓟ. AE ⓓ E VISA. ✻ CDR **a**
☕ 13 – **40 ch** 89/105.

Environs - plans p. 2 et 3 :

à Badhoevedorp C Haarlemmermeer 93 427 h. – ☎ 0 2968 :

De Herbergh, Sloterweg 259, ✉ 1171 CP, ☎ 9 26 00, Fax 9 83 90 – ▤ rest Ⓟ. AE E VISA
R *(fermé 15 juil.-5 août et du 3 au 10 fév.)* carte 65 à 91 – ☕ 15 – **15 ch** 145/175. AS **v**

à Schiphol (Aéroport international) C Haarlemmermeer 93 427 h. – ☎ 0 20 :

Hilton International, Herbergierstraat 1, ✉ 1118 ZK, ☎ 603 45 67, Telex 15186, Fax 648 09 17, ≘s, ▣ – |♦| ⇹ ch ▤ TV ☎ ♿ Ⓟ – 🏛 25 à 110. AE ⓓ E VISA. ✻ rest
R carte 72 à 111 – ☕ 31 – **275 ch** 395/570. AS **n**

Aviorama 3e étage, Schipholweg 1, ✉ 1118 AA, ☎ 604 11 05, Fax 648 45 83, ← – ▤. AE ⓓ E VISA. ✻ – **R** carte 54 à 76. AS **r**

à Slotervaart C Amsterdam – ☎ 0 20 :

Tong Fa, Johan Huizingalaan 192, ✉ 1065 JJ, ☎ 615 26 55, Cuisine chinoise – ▤. AE ⓓ E VISA. ✻ – *fermé sam., dim. midi et jours fériés midis* – **R** carte 48 à 79. BR **r**

par autoroute de Den Haag (A 4) – ☎ 0 20 :

Pullman, Oude Haagseweg 20, ✉ 1066 BW, ☎ 617 90 05, Telex 15524, Fax 615 90 27 – |♦| ⇹ ch ▤ rest TV ☎ ♿ Ⓟ – 🏛 25 à 250. AE ⓓ E VISA. ✻ BS **v**
R carte 53 à 79 – **151 ch** ☕ 215/245 – ½ P 250/280.

Barbizon, Kruisweg 495, ✉ 2132 NA Hoofddorp (15 km), ☎ (0 2503) 6 44 22, Telex 74546, Fax (0 2503) 3 79 66, 🏋, ≘s – |♦| ⇹ ch ▤ TV ☎ ♿ Ⓟ – 🏛 25 à 500. AE ⓓ E VISA
R *(fermé sam. midi et dim. midi)* carte env. 85 – ☕ 28 – **244 ch** 350/395 – ½ P 388.

Ibis, Schipholweg 181, ✉ 1171 PK Badhoevedorp, ☎ (0 2968) 9 12 34, Telex 16491, Fax (0 2968) 9 23 67 – |♦| TV ☎ Ⓟ – 🏛 25 à 250. AE ⓓ E VISA AS **b**
R (ouvert jusqu'à 23 h) carte 40 à 90 – ☕ 20 – **508 ch** 155/200 – ½ P 185.

De Boekanier, Oude Haagseweg 49, ✉ 1066 BV, ☎ 617 35 25, Telex 14360, 🏋 – Ⓟ. AE ⓓ E VISA – *fermé sam., dim. et 21 déc.-1er janv.* – **R** 65/125. BS **s**

Voir aussi : ***Amstelveen*** S : 8 km, ***Ouderkerk a/d Amstel*** SE : 10 km

/. Nederlandse Banden-Industrie MICHELIN, De Boelelaan 30 CS – ✉ 1083 HJ, (0 20) 549 24 92, Telex 14119, Fax (0 20) 549 22 49

A-ROMEO van der Madeweg ☎ 6934863
W 1e Ringdijkstraat 39 ☎ 6943093
W Jan Rebelstraat 26 ☎ 6195444
ROEN Overtoom 184 ☎ 6183788
ROEN Stadionplein 22 ☎ 5701922
ROEN Simon Stevinstraat 12a ☎ 6932750
ROEN Weesperzijde 71 ☎ 6930456
ROEN Meeuwenlaan 112 ☎ 6323121
T Alexanderkade 17 ☎ 6244735
T van der Madeweg 28 ☎ 6934864
T Burg. de Vlugtlaan 119 ☎ 6133579
T Meeuwenlaan 120 ☎ 6360166
RD Meibergdreef 2 ☎ 6964802
RD Postjesweg 527 ☎ 6153266
RD Vuurwerkerweg 1 ☎ 6320999
RD Buitenveldertselaan 80 ☎ 6424888
(OPEL) Baarsjesweg 199 ☎ 6127666
(OPEL) Schaafstraat 24 ☎ 6372934
NDA Jarmuiden 45 ☎ 6148215
NDA Papaverweg 1 ☎ 6367916
DA Lippijnstraat 6 ☎ 6861592
DA Linnaeuskade 5 ☎ 6929548
NCIA De Flinesstraat 22 ☎ 6650050
ZDA Polderweg 98 ☎ 6651420
ZDA Descartesstraat 101 ☎ 6131775
ZDA Slijperweg 18 ☎ 6320202
RCEDES-BENZ Donauweg 11 ☎ 6134631
MITSUBISHI van der Madeweg 19 ☎ 6651076
MITSUBISHI Pilotenstraat 18 ☎ 6155355
NISSAN Karperstraat 3 ☎ 6645662
NISSAN Polderweg 104 ☎ 6650551
PEUGEOT, TALBOT Polijsterweg 8 ☎ 6372727
PEUGEOT, TALBOT A. Fokkerweg 15 ☎ 6178805
PEUGEOT, TALBOT Minervalaan 86 ☎ 6629517
PEUGEOT, TALBOT Baarsjesweg 249 ☎ 6121824
RENAULT Asterweg 14 ☎ 6372165
RENAULT Plantage Middenlaan 19 ☎ 6237247
RENAULT Wibautstraat 224 ☎ 5619611
ROVER Vuurwerkerweg 9 ☎ 6370793
ROVER Duivendrechtsekade 75 ☎ 6949266
TOYOTA Hoogoorddreef 3 ☎ 6975890
TOYOTA 2e Jan Steenstraat 42 ☎ 6626842
TOYOTA Hamerstraat 3 ☎ 6360401
TOYOTA Schakelstraat 2 ☎ 6865511
VAG Valschermkade 16 ☎ 6174934
VAG Ruysdaelkade 243 ☎ 6768033
VAG Amsteldijk 10 ☎ 6734666
VAG ter Kleef 1 ☎ 6422066
VOLVO Banstraat 21 ☎ 6623979
VOLVO Meeuwenlaan 128 ☎ 6369222
VOLVO Kollenbergweg 13 ☎ 6966811

NNA PAULOWNA Noord-Holland 408 ⑩ – 10 562 h. – ☎ 0 2233.

msterdam 72 – Alkmaar 33 – Den Helder 16.

De Smidse, Smidsweg 4, ✉ 1761 BJ, ☎ 19 66 – Ⓟ. AE ⓓ E VISA
fermé mardi – **R** carte 57 à 80.

NSEN Drenthe 408 ⑫ – voir à Ruinen.

APELDOORN Gelderland 408 ⑫ – 147 270 h. – ☎ 0 55.

Voir Musée-Palais (Rijksmuseum Paleis) - Het Loo** : nouvelle salle à manger*** des app tements, porte*** des jardins X.

à Hoog Soeren O : 6 km par Soerenseweg, Hoog Soeren 57, ☎ (0 5769) 12 75.

Stationsplein 6, ✉ 7311 NZ, ☎ 78 84 21.

•Amsterdam 90 ⑦ – •Arnhem 27 ⑥ – •Enschede 73 ④ – •Groningen 145 ② – •Utrecht 72 ⑦.

Plan page ci-contre

De Keizerskroon, Koningstraat 7, ✉ 7315 HR, ☎ 21 77 44, Telex 49221, Fax 21 47 37, – rest – 25 ou plus. AE E VISA. rest X
R Le Petit Prince *(fermé dim.)* carte 60 à 101 – **94 ch** 250/295 – ½ P 185.

De Cantharel, Van Golsteinlaan 20 à Ugchelen (SO : par Europaweg, près A ✉ 7339 GT, ☎ 41 44 55, Telex 49550, Fax 33 41 07, – rest – 25 ou plus. AE E VISA
R (ouvert jusqu'à minuit) carte 40 à 68 – 9 – **100 ch** 80/150.

Bloemink, Loolaan 556, ✉ 7315 AG, ☎ 21 41 41, Telex 49253, Fax 21 92 15, – – 25 ou plus. AE E VISA. X
R 45/55 – **57 ch** 185/215 – ½ P 120/135.

Astra sans rest, Bas Backerlaan 14, ✉ 7316 DZ, ☎ 22 30 22, Fax 22 30 21 – AE VISA. X
fermé 31 déc.-7 janv. – **27 ch** 42/92.

Berg en Bos, Aquamarijnstraat 58, ✉ 7314 HZ, ☎ 55 23 52 – rest. E VISA. X
R (résidents seult) – **15 ch** 44/88 – ½ P 67.

XXX ✿ **De Echoput,** Amersfoortseweg 86 (par ⑧ : 5 km), ✉ 7346 AA, ☎ (0 5769) 12 Fax (0 5769) 14 09, « Terrasse et jardin » – AE E VISA
fermé sam. midi, lundi, fin déc.-début janv. et 18 fév.-4 mars – **R** carte 89 à 110.
Spéc. Selle de chevreuil aux champignons des bois (janv.-mars et mai-sept), Carpaccio palombe au foie d'oie, Dessert aux airelles.

XXX **De Wilde Pieters** 1er étage, Hoofdstraat 175, ✉ 7311 AZ, ☎ 21 97 71, – E VISA Z
R 50/95.

XX **Pomodoro,** Nieuwstraat 6, ✉ 7311 HZ, ☎ 22 01 85 – AE E VISA Z
fermé mardi – **R** 52/65.

XX **Mandarin,** Stationsplein 7, ✉ 7311 NX, ☎ 21 29 19, Cuisine chinoise – AE E V Z
fermé mardi – **R** carte 40 à 73.

X **Poppe,** Paslaan 7, ✉ 7311 AH, ☎ 22 32 86, – AE E VISA Z
fermé lundi et du 5 au 20 août – **R** carte 40 à 68.

X **Balkan Rest. Internationaal,** Beekstraat 43, ✉ 7311 LE, ☎ 21 56 40 – AE E V Z
fermé lundi – **R** carte 42 à 69.

X **Mama Lien,** Amersfoortseweg 17, ✉ 7313 AB, ☎ 55 83 33, Fax 55 83 81, Cuisine inc nésienne – AE E VISA X
fermé lundi – **R** (dîner seult) carte 40 à 71.

à Beekbergen par ⑥ : 5 km Apeldoorn – ☎ 0 5766 :

De Smittenberg, Arnhemseweg 537, ✉ 7361 CJ, ☎ 13 31, Fax 32 73 – – 25 ou plus. AE E VISA
R carte 40 à 68 – **30 ch** 75/105 – ½ P 75/83.

à Hoog Soeren O : 6 km par Soerenseweg X Apeldoorn – ☎ 0 5769 :

Oranjeoord , Hoog Soeren 134, ✉ 7346 AH, ☎ 12 27, Fax 14 51, « Dans les bois – E. rest
fermé 28 déc.-14 janv. – **R** *(fermé après 20 h 30)* 45/90 – **27 ch** 68/125 – ½ P 78/9

XX **Het Jachthuis,** Hoog Soeren 55, ✉ 7346 AC, ☎ 13 97, « Terrasse et jardin » – AE E VISA
fermé du 8 au 29 juil. et lundi – **R** 55/85.

à Wenum-Wiesel par ① : 5 km Apeldoorn – ☎ 0 5762 :

X **Le Triangle,** Elburgerweg 1, ✉ 7345 ED, ☎ 12 65, – AE E VISA
fermé mardi, sam. midi, dim. midi et 27 déc.-2 janv. – **R** carte 58 à 79.

ALFA-ROMEO Havenweg 7 ☎ 223390
BMW Kanaal Noord 114 ☎ 667464
CITROEN Kanaal Noord 118 ☎ 667788
FIAT, LANCIA Hogedries 4 ☎ 416468/418484
FORD Rijnstraat 62 ☎ 334930
FORD Asselsestraat 234 ☎ 553222
GM (OPEL) Molendwarsstraat 10 ☎ 218313
HONDA Kanaalstraat 45 ☎ 220555
LADA Deventerstraat 329 ☎ 664881
MERCEDES-BENZ St. Eustatius 2 ☎ 422442
MITSUBISHI Adelaarslaan 71 ☎ 331899
NISSAN Sleutelbloemstraat 1 ☎ 665966
PEUGEOT, TALBOT Wagemakershoek 2 ☎ 414222
RENAULT Gazellestraat 21 ☎ 214208
RENAULT Arnhemseweg 242 ☎ 333085
ROVER Hattemseweg 7 ☎ 335475
TOYOTA Wagemakershoek 1 ☎ 426655
VAG Ambachtsveld 1 ☎ 330945
VOLVO Hoge Dries 2 ☎ 416333

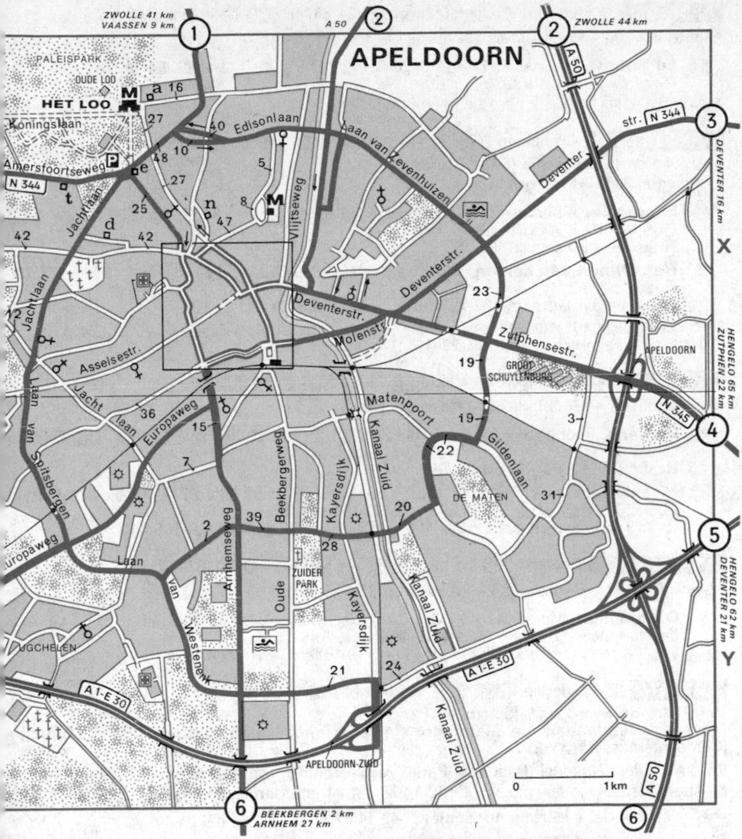

ofdstr. .... Z
miniumweg .... Y 2
newinkel .... Y 3
erhaavestr. .... X 5
drachtstr. .... Y 7
. van Heutszlaan ... X 8
tenlaan .... X 10
C. Wilslaan .... X 12
elstr. .... Z 13
ing Stadhouderlaan . Y 15
ingstr. .... X 16
enstr. .... Z 17
n van Erica .... X 19
n van Kuipershof ... Y 20
n van Malkenschoten Y 21
n van Maten .... Y 22
n van Osseveld ..... X 23
ge Amerikaweg ..... Y 24
laan .... X 25
eweg .... X 27
rchantstr. .... Y 28
rktpl. .... Z 30
rskramersdonk ...... Y 31
lenstr. .... Z 32
van Rhemenslaan .. Z 34
l Krügerstr. .... Z 35
ns W. Alexanderlaan . Y 36
f. Rontgenstr. .... Z 38
venweg .... Y 39
eënlaan .... X 40
erenseweg .... X 42
rengenweg .... Z 43
tionspl. .... Z 44
helminapark .... X 47
olseweg .... X 48

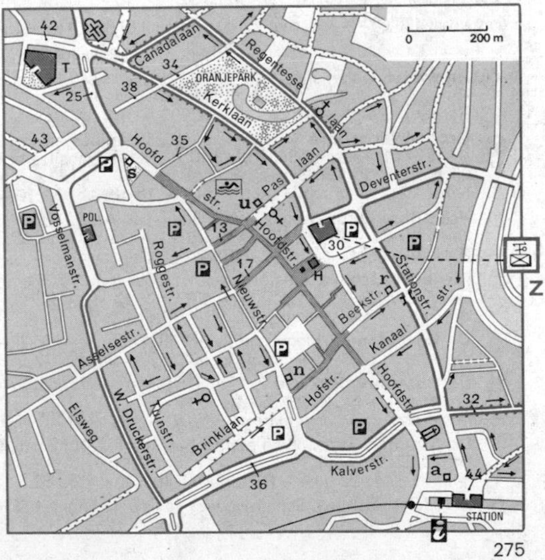

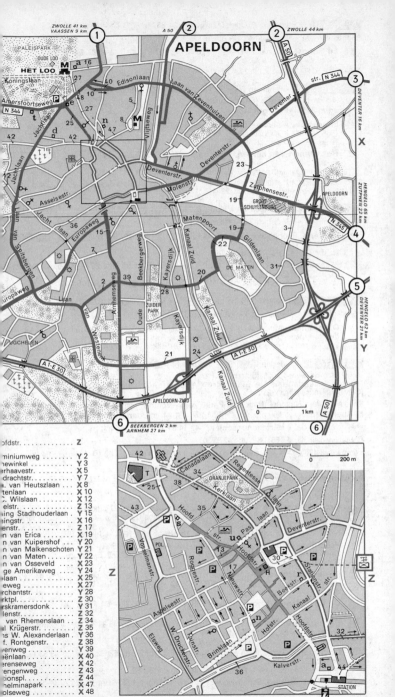

APPELSCHA Friesland Ⓒ Ooststellingwerf 24 837 h. 408 ⑤ – ☎ 0 5162.

◆Amsterdam 190 – ◆Leeuwarden 55 – Assen 19.

XX **La Tourbe,** Vaart Z.Z. 77, ✉ 8426 AH, ☎ 24 81, – ▤. AE ⓓ E VISA. ✻
fermé lundi – **R** 43/78.

ALFA-ROMEO, FIAT Vaart Z.Z. 82 ☎ 1500

APPINGEDAM Groningen 408 ⑥ – 12 668 h. – ☎ 0 5960.

Voir ≤★ de la passerelle (Smalle brug).

◆Amsterdam 208 – ◆Groningen 25.

Ekenstein, Alberdaweg 70 (O : 3 km), ✉ 9901 TA, ☎ 2 85 28, Fax 2 06 21, – TV
Ⓟ – 25 à 200. AE ⓓ E VISA
R 40/88 – **30 ch** ☐ 115/150.

Het Wapen van Leiden, Wijkstraat 44, ✉ 9901 AJ, ☎ 2 29 63, Fax 2 48 53 – TV. AE
E VISA. ✻ rest
R *(fermé dim. et après 20 h)* carte env. 60 – **28 ch** ☐ 75/100.

FIAT Koningstraat 45 ☎ 27280
MITSUBISHI Farmsumerweg 21 ☎ 22616
TOYOTA Farmsumerweg 25 ☎ 23405

ARCEN Limburg Ⓒ Arcen en Velden 8 710 h. 212 ⑳ et 408 ⑲ – ☎ 0 4703.

◆Amsterdam 167 – ◆Maastricht 88 – ◆Nijmegen 53 – Venlo 13.

Rooland, Roobeekweg 1, ✉ 5944 EZ, ☎ 21 21, Fax 29 15 – |‡| TV ☎ Ⓟ – 25 ou pl
AE ⓓ E VISA
R 35/50 – ☐ 8 – **54 ch** 80/95 – ½ P 73/98.

XXX **Maashotel** avec ch, Schans 18, ✉ 5944 AG, ☎ 15 56, Fax 25 45, ≤ Meuse (Maas),
– TV ☎ Ⓟ – 25 ou plus. AE ⓓ E VISA. ✻
8 mars-25 nov. – **R** carte 62 à 102 – **13 ch** ☐ 73/157 – ½ P 105/112.

ARNEMUIDEN Zeeland 212 ⑫ et 408 ⑮ – 4 570 h. – ☎ 0 1182.

◆Amsterdam 195 – ◆Middelburg 6 – ◆Antwerpen 82 – ◆Breda 93.

X **Oranjeplaat,** Muidenweg 1 (NE : 3 km, Jachthaven), ✉ 4341 PS, ☎ 16 21, ≤ lac et p
de plaisance, – Ⓟ. AE ⓓ E VISA
avril-sept et week-end ; fermé lundi sauf en saison – **R** carte 42 à 69.

ARNHEM Ⓟ Gelderland 408 ⑫ – 128 946 h. – ☎ 0 85.

Voir Parc de Sonsbeek★ (Sonsbeek Park) CY.
Musées : Néerlandais de plein air★★ (Nederlands Openluchtmuseum) – Municipa
(Gemeentemuseum) AX **M¹**.

Env. NE : Parc National (Nationaal Park) Veluwezoom★, route de Posbank ✻★ par ②.

18 Apeldoornseweg 450 par ① ☎ 42 14 38 - 9 Amsterdamseweg par ⑧ ☎ (0 8308) 2 19

(départs de 's-Hertogenbosch) ☎ 45 14 57.

🅸 Stationsplein 45, ✉ 6811 KL, ☎ 42 03 30.

◆Amsterdam 100 ⑧ – ◆Apeldoorn 27 ① – Essen 110 ④ – ◆Nijmegen 19 ⑥ – ◆Utrecht 64 ⑧.

Plans pages suivantes

Rijnhotel, Onderlangs 10, ✉ 6812 CG, ☎ 43 46 42, Telex 45982, Fax 45 48 47 – |‡| TV
Ⓟ – 25 ou plus. AE ⓓ E VISA. ✻ rest — AX
R carte 58 à 96 – **47 ch** ☐ 170/200 – ½ P 140.

Groot Warnsborn (annexe), Bakenbergseweg 277 (par ⑧ : 5 km), ✉ 6816 V
☎ 45 57 51, Telex 45596, Fax 43 10 10, , « Dans les bois », – ▤ rest TV ☎ Ⓟ –
25 ou plus. AE ⓓ E VISA. ✻ rest
fermé 22 déc.-15 janv. – **R** 65/115 – **29 ch** ☐ 90/210 – ½ P 135/195.

Postiljon, Europaweg 25 (N : 3 km sur A 12), ✉ 6816 SL, ☎ 57 33 33, Telex 450
Fax 57 33 61 – ▤ rest TV ☎ ♿ Ⓟ – 25 ou plus. AE ⓓ E VISA — AV
R carte env. 50 – ☐ 14 – **90 ch** 103/149.

Motel West-End, Amsterdamseweg 505 (par ⑧ : 5 km), ✉ 6816 VK, ☎ (0 8308) 2 11
Fax (0 8308) 2 16 14, , – |‡| TV ☎ Ⓟ – 25 ou plus. AE E
R (ouvert jusqu'à minuit) 26/57 – **80 ch** ☐ 79/92.

XX **De Dorsvlegel,** Hoogstraat 1, ✉ 6811 GZ, ☎ 43 05 28 – AE ⓓ E VISA — CZ
fermé merc. – **R** (dîner seult jusqu'à 23 h) carte 51 à 98.

XX **De Boerderij,** Parkweg 2, ✉ 6815 DJ, ☎ 42 43 96, Fax 45 89 39, , « Dans une ferr
du 19e s. » – Ⓟ. AE ⓓ E VISA — CY
fermé sam. midi, dim. midi et 27 déc.-4 janv. – **R** 49/100.

XX **De Steenen Tafel,** Weg achter het Bosch 1 (N : 2 km), ✉ 6822 LV, ☎ 43 53 13, ≤ –
AE ⓓ E. ✻ — AV
fermé 14 juil.-22 août – **R** (dîner seult) carte 45 à 83.

XX **De Menthenberg,** Schelmseweg 1a (NO : 3 km), ✉ 6816 PA, ☎ 42 22 73 – ▤ Ⓟ. AE
E VISA – *fermé lundi et 27 déc.-1er janv.* – **R** carte 41 à 65. — AV

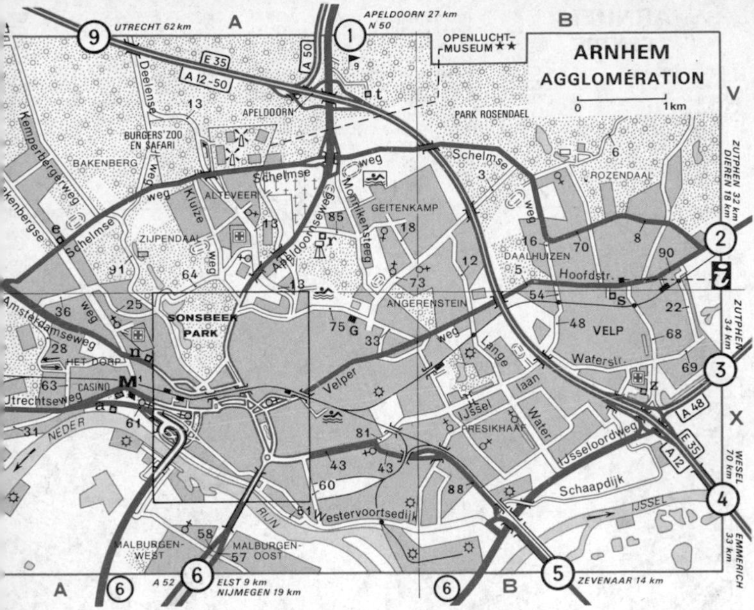

hemseallee	BV 3	Huyghenslaan	AX 33	President Kennedylaan	BX 68
hemsestraatweg	BV 5	Jacob Marislaan	AVX 36	Reigerstr.	BX 69
khuizenseweg	BV 6	Johan de Wittlaan	AX 43	Ringallee	BV 70
ikenweg	BV 8	Larensteinselaan	BX 48	Rosendaalseweg	AV 73
nbeeklaan	BV 12	Nieuwe Kade	AX 51	Thomas a Kempislaan	AX 75
tepoelseweg	AV 13	Nordlaan	BX 54	Voetiuslaan	AX 81
alhuizerweg	BV 16	Nijmeegseweg-Oost	AX 57	Weg achter het Bos	AV 85
Schaepmanlaan	AV 18	Nijmeegseweg-West	AX 58	Zevenaarseweg	BX 88
sthuislaan	BX 22	van Oldenbarneveldstr.	AX 60	Zutphensestraatweg	BV 90
Heemstralaan	AX 25	Onderlangs	AX 61	Zijpendaalseweg	AV 91
jenoordseweg	AX 28	Oranjestr.	AX 63		
kesteinseweg	AX 31	Parkweg	AV 64		

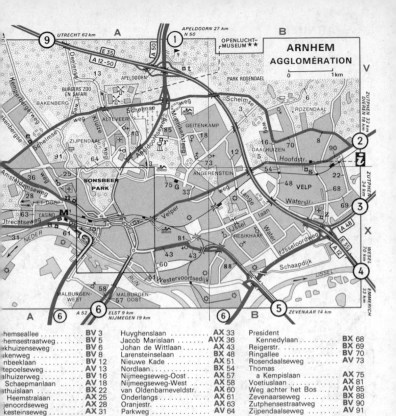

X **Les Compagnons,** Rijnkade 40, ✉ 6811 HA, ☏ 45 42 60 – AE ⓓ E — CZ **n**
R carte 58 à 95.

X **Le Chinois,** Velperplein 16, ✉ 6811 AH, ☏ 45 26 52, Cuisine chinoise – ▤. AE ⓓ E VISA. ⁂ – *fermé mardi* – **R** carte 40 à 63. — DZ **t**

X **Begijnemolen,** Zijpendaalseweg 28a, ✉ 6814 CL, ☏ 43 39 63, ☂, Rustique – Ⓟ. AE ⓓ E – *fermé lundi* – **R** carte 49 à 73. — CY **e**

X **Chez Arie,** Amsterdamseweg 160, ✉ 6814 GJ, ☏ 45 61 91 – AE ⓓ E VISA — AX **n**
R (dîner seult) 60/85.

à Schaarsbergen 10 km par Kemperbergerweg AV Ⓒ Arnhem – ✪ 0 85 :

XX **Rijzenburg,** Koningsweg 17 (à l'entrée du parc national), ✉ 6816 TC, ☏ 43 67 33, Fax 43 77 07 – Ⓟ. AE ⓓ E VISA
26 mars-3 nov. ; fermé lundi – **R** carte 57 à 104.

à Velp NE : 5 km Ⓒ Rheden 46 088 h. – ✪ 0 85 :

Velp, Pres. Kennedylaan 102 (S : 1 km), ✉ 6883 AX, ☏ 64 98 49, Telex 45527, Fax 64 24 27, ⇌ – ⁂ ch ▤ rest ▣ ☎ Ⓟ – 🏛 25 ou plus. AE ⓓ E VISA. ⁂ rest — BX **z**
R (dîner seult) carte 41 à 80 – ☕ 19 – **74 ch** 150/160.

X **La Coquerie,** Emmastraat 25, ✉ 6881 SN, ☏ 61 89 63 – AE ⓓ E ⁂ — BVX **s**
fermé merc. et 2 sem. en janv. – **R** carte 55 à 88.

W Ringoven 5 ☏ 642164
TROEN Velperweg 10 ☏ 649245
T, LANCIA Amsterdamseweg 33 ☏ 426868
RD Veldoven 3 ☏ 643838
RD De Overmaat 1 ☏ 230100
(OPEL) Veldoven 7 ☏ 692211
NDA Plattenburgerweg 2 ☏ 629028
DA De Wittstraat 2 ☏ 434626
AZDA Sperwerstraat 2 ☏ 422912
AZDA Vlamoven 28 ☏ 648888
MERCEDES-BENZ Ringoven 9 ☏ 636365
MITSUBISHI Velperweg 30 ☏ 421280
NISSAN Distellaan 38 ☏ 229131
PEUGEOT, TALBOT Merwedestraat 1 ☏ 434444
RENAULT Conradweg 6 ☏ 643322
ROVER Rijnkade 49 ☏ 422611
TOYOTA Ringoven 25 ☏ 644655
VAG Utrechtseweg 280 ☏ 511313
VOLVO Dr. C. Lelyweg 2a ☏ 629323

ARNHEM
CENTRE

Jansbinnensingel . . . . **CZ** 37
Janstr. . . . . **CZ** 42
Ketelstr. . . . . **CDZ** 45
Looierstr. . . . . **DZ** 49
Roggestr. . . . . **DZ** 72
Rijnstr. . . . . **CZ**
Vijzelstr. . . . . **CZ** 82

Apeldoornsestr. . . . . **DY** 2
Bouriciusstr. . . . . **CY** 9
Cronjéstr. . . . . **CY** 15
Doelenstr. . . . . **CZ** 19
Eusebiusbinnensingel . . . . **DZ** 21
Gele Rijderspl. . . . . **CZ** 24
Heuvelink Bd . . . . **DZ** 27
Hommelstr. . . . . **DY** 30
Ir. J. P. van Muylwijkstr. . . **DZ** 34
Janslangstr. . . . . **CZ** 39
Janspl. . . . . **CZ** 40

Kleine Oord . . . . **CZ**
Nelson Mandelabrug . . . . . **CZ**
Nieuwe Plein . . . . **CZ**
Nijmeegseweg . . . . **DZ**
Pauwstr. . . . . **CZ**
Stationspl. . . . . **CZ**
Velperbinnensingel . . . . **DZ**
Velperbuitensingel . . . . **DZ**
Velperpl. . . . . **DZ**
Walburgstr. . . . . **DZ**
Willemspl. . . . . **CZ**

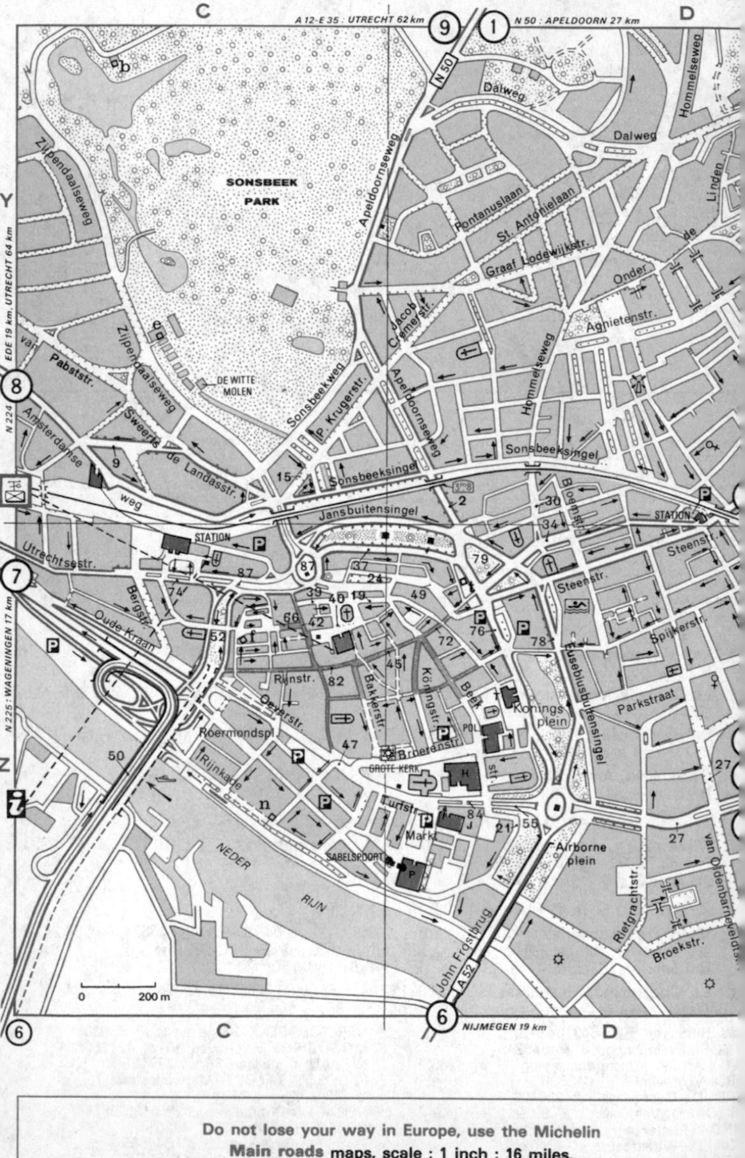

SEN P Drenthe 408 ⑥ – 49 398 h. – ✪ 0 5920.
r Musée de la Drenthe* (Drents Museum) : section archéologique* – Ontvangershuis* nk 7) Y M¹.
. NO : Midwolde, monument funéraire* dans l'église.
rink 42, ✉ 9401 HV, ☎ 1 43 24.
nsterdam 187 ③ – ♦Groningen 26 ① – ♦Zwolle 76 ③.

ASSEN

emptesingel	Y	13
sstr.	Y	25
ktstr.	Y	30
estr.	Y	37
elpassage	Y	43
kstr.	Y	3
g. Jollesstr.	Z	4
esstr.	Y	5
ardslaan	Z	6
de Feltzpark	Z	12
enkade	Y	18
anastr	Y	22
ekhorststr.	Y	23
osterstr.	YZ	24
ervalaan	Y	31
uwe Huizen	Y	33
rdersingel	Y	34
de Molenstr.	Y	36
kstr.	Z	39
ses Beatrixlaan	Z	40
enlaan	Z	48
dersingel	Z	57

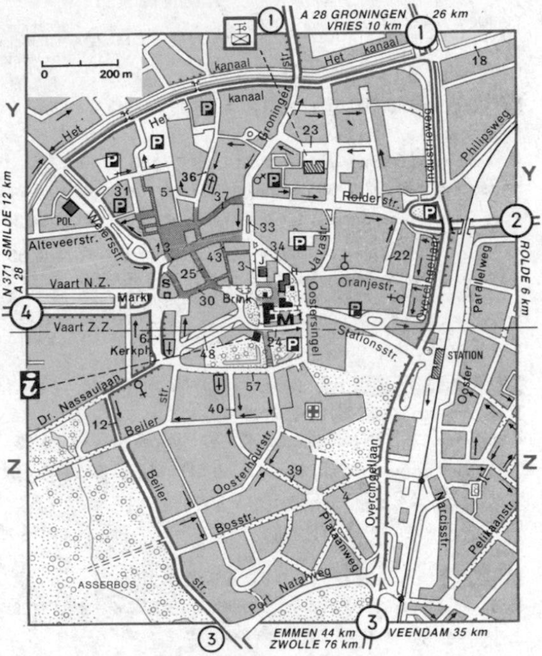

Si vous êtes retardé sur la route, dès 18 h, confirmez votre réservation par téléphone, c'est plus sûr... et c'est l'usage.

XX **La Belle Epoque,** Markt 6, ✉ 9401 GS, ☎ 1 58 18 – ▤. AE ⓓ E — Y s
fermé sam. midi, dim. midi et jours fériés midis – **R** carte 80 à 106.

FA-ROMEO W.A. Scholtenstraat 29 ☎ 44468
IW Zwartwatersweg 133 ☎ 44944
TROEN W.A. Scholtenstraat 40 ☎ 72999
AT van Vlissingenstraat 43 ☎ 43741
RD van Vlissingenstraat 61 ☎ 41041
M (OPEL) Vaart Z.Z. 31 ☎ 13441
ONDA Industrieweg 30b ☎ 44495
DA W. Prinsstraat 19 ☎ 42029
AZDA Industrieweg 9 ☎ 42222
MERCEDES-BENZ Lauwers 6 - Europaweg Zuid ☎ 55944
MITSUBISHI van Vlissingenstraat 45 ☎ 46850
NISSAN Het Kanaal 187 ☎ 46840
PEUGEOT, TALBOT Tuinstraat 16 ☎ 15245
RENAULT Zeilmakersstraat 22 ☎ 43777
TOYOTA Industrieweg 8 ☎ 12135
VAG Industrieweg 46 ☎ 42942
VOLVO Industrieweg 42 ☎ 44046

ASTEN Noord-Brabant 212 ⑲ et 408 ⑲ – 14 965 h. – ☎ 0 4936.

Voir Musée National du Carillon★ (Nationaal Beiaardmuseum).

Env. SE : De Groote Peel★ (réserve naturelle d'oiseaux).

◆Amsterdam 152 – ◆'s-Hertogenbosch 63 – ◆Eindhoven 24 – Helmond 14 – Venlo 33.

X **In 't Eeuwig Leven,** Pr. Bernhardstraat 22, ✉ 5721 GC, ☎ 9 35 62, – AE E
fermé merc. et 2 sem. en juil. – **R** carte 53 à 85.

CITROEN Heesakkerweg 39 ☎ 91500
FIAT Hemel 30 ☎ 91618
FORD Floralaan 24 ☎ 92225
GM (OPEL) Markt 13 ☎ 91371
LADA Heesakkerweg 22 ☎ 92800
MAZDA Ommelsveld 19 ☎ 95225
VAG Burg. Wijnenstraat 70 ☎ 91871

AXEL Zeeland 212 ⑬ et 408 ⑯ – 12 219 h. – ☎ 0 1155.

Justaas 4, ☎ 44 67.

(fermé sam.) Stadhuis (Mairie), Markt 1, ✉ 4571 BG, ☎ 22 20.

◆Amsterdam (bac) 193 – ◆Middelburg (bac) 50 – ◆Antwerpen 42 – ◆Gent 29.

XXX **Zomerlust,** Boslaan 1, ✉ 4571 SW, ☎ 16 93, , « Cadre de verdure » – . AE VISA.
fermé lundi, 22 juil.-12 août et dern. sem. fév. – **R** carte 60 à 85.

XX **In d'Ouwe Baencke,** Kerkstraat 10, ✉ 4571 BC, ☎ 33 73 – AE E VISA
fermé merc., dern. sem. juil.-prem. sem. août et 31 déc. – **R** carte 52 à 78.

ALFA-ROMEO Buitenweg 35 ☎ 1609
MERCEDES-BENZ Vaartstraat 3 ☎ 1353
PEUGEOT, TALBOT Buitenweg 12 ☎ 2045
ROVER Nieuwendijk 1 ☎ 1774
TOYOTA Vaartstraat 1 ☎ 1628

BAARLE-NASSAU Noord-Brabant 212 ⑯ et 408 ⑰ – 5 876 h. – ☎ 0 4257.

St-Annaplein 10, ✉ 5111 CA, ☎ 99 21.

◆Amsterdam 126 – ◆'s-Hertogenbosch 43 – ◆Antwerpen 57 – ◆Breda 23 – ◆Eindhoven 54.

XXX **Den Engel** avec ch, Singel 3, ✉ 5111 CD, ☎ 93 30, Fax 82 69, – TV ☎ – ou plus. AE E VISA
R 60/75 – **7 ch** 100/160 – ½ P 119.

CITROEN Loveren 18 ☎ 9438
GM (OPEL) Hoogbraak 38 ☎ 9770
VAG Singel 14 ☎ 9398

BAARN Utrecht 408 ⑪ – 24 897 h. – ☎ 0 2154.

(fermé sam. de sept à mai) Stationsplein 7, ✉ 3743 KK, ☎ 1 32 26.

◆Amsterdam 38 – ◆Utrecht 25 – ◆Apeldoorn 53.

Kasteel De Hooge Vuursche , Hilversumsestraatweg 14 (O : 2 km), ✉ 3744 K ☎ 1 25 41, Fax 2 32 88, ≤ parc et fontaines, , – TV ☎ – 25 ou plus. E VISA.
fermé 27 déc.-7 janv. – **R** carte 76 à 118 – 35 – **20 ch** 330/380.

XXX **Prins van Oranje,** Stationsweg 65, ✉ 3743 EM, ☎ 1 54 07 – . AE E VISA
fermé sam. midi, dim. midi et lundi – **R** 53/80.

X **Groeneveld,** Amsterdamsestraatweg 42 (O : 2 km), ✉ 3741 GS, ☎ 1 25 76, Fax 1 45 – . AE E VISA
fermé lundi, dern. sem. juil.-2 prem. sem. août et fin déc.-mi-janv. – **R** carte 65 à 90.

à Lage-Vuursche SO : 7 km C Baarn – ☎ 0 2156 :

XXX ✿ **De Kastanjehof** (Engel) avec ch, Kloosterlaan 1, ✉ 3749 AJ, ☎ 82 48, Fax 84 , « Terrasses et jardin fleuris » – TV ☎ . AE E VISA
fermé 31 déc.-4 janv. – **R** carte 72 à 97 – **10 ch** 140/165.
Spéc. Pot-au-feu de poissons méditerranéens, Côtelettes de cochon de lait sauce moutar Solettes meunières aux betteraves et navets.

FIAT Brink 18 ☎ 13326
FORD Eemnesserweg 16 ☎ 15555
GM (OPEL) Goeman Borgesiuslaan 21 ☎ 12090
ROVER Nieuwstraat 5 ☎ 14477
VAG Prinses Marielaan 21 ☎ 18633
VOLVO Amalialaan 41 ☎ 17547

Pleasant hotels and restaurants are shown
in the Guide by a red sign.
Please let us know the places
where you have enjoyed your stay.
Your Michelin Guide will be even better.

XXXXX X

BBERICH Gelderland C Zevenaar 26 848 h. 212 ⑩ et 408 ⑲ – ✆ 0 8364.

nsterdam 121 – ◆Arnhem 24 – ◆Nijmegen 43.

X **De Oude Grens,** Emmerichseweg 4 (à la frontière), ✉ 6909 DE, ✆ 85 45 – ▤ P. AE ⓓ E VISA
fermé lundi et 27 déc.-1er janv. – **R** carte 47 à 66.

DHOEVEDORP Noord-Holland 408 ⑩ – voir à Amsterdam, environs.

AKKEVEEN (BAKKEFEAN) Friesland C Opsterland 26 433 h. 408 ⑤ – ✆ 0 5169.

nsterdam 159 – Assen 31 – ◆Groningen 36 – ◆Leeuwarden 41.

X **De Slotplaats,** Foarwûrkerswei 3, ✉ 9243 JZ, ✆ 13 33, «, « Demeure du 19e s., jardin » – P. AE ⓓ E VISA
fermé lundi, 2 prem. sem. août et Noël-Nouvel An – **R** (dîner seult jusqu'à 20 h) 45/110.

ATHMEN Overijssel 408 ⑫ – 5 202 h. – ✆ 0 5704.

nsterdam 113 – ◆Zwolle 48 – ◆Apeldoorn 29 – ◆Arnhem 48 – ◆Enschede 52.

X **Het Klaverblad,** Dorpsstraat 15, ✉ 7437 AJ, ✆ 12 85 – P. AE ⓓ E
fermé lundi – **R** carte env. 50.

GEOT, TALBOT Holterweg 128 ✆ 1262 | RENAULT Koekendijk 8 ✆ 1224

AVEL Noord-Brabant 212 ⑥ – voir à Breda.

ECKUM Overijssel 408 ⑬ – voir à Hengelo.

EEK Gelderland 212 ⑨ et 408 ⑲ – voir à Nijmegen.

EEK Gelderland 212 ⑩ et 408 ⑲ – voir à Zeddam.

EEK Limburg 212 ① et 408 ㉖ – 16 480 h. – ✆ 0 46.

✈ ✆ (0 43) 66 66 80 (renseignements) et 64 76 76 (réservations).

msterdam 201 – ◆Maastricht 15 – Aachen 32 – Roermond 34.

X **De Bokkeriejer** avec ch, Prins Mauritslaan 22, ✉ 6191 EG, ✆ 37 13 19 – AE ⓓ E ✻
fermé lundi et 27 déc-1er janv. – **R** carte 44 à 71 – **7 ch** ☕ 45/95.

X **Les Quatre Pilastres,** Markt 13 a, ✉ 6191 JH, ✆ 37 85 56 – E ✻
fermé sam. midi, dim. midi, mardi, fin juil.-début août et sem. carnaval – **R** carte 50 à 77.

à Geverik SO : 1 km C Beek – ✆ 0 46 :

X **Bistro La Bergerie,** Geverikerstraat 42, ✉ 6191 RP, ✆ 37 47 27 – ▤ P. AE ⓓ E VISA. ✻
fermé sam. midi, dim. midi, lundi, 28 juil.-20 août et du 10 au 19 fév. – **R** 43/59.

RD Weth. Sangersstraat 7 ✆ 375353
1 (OPEL) Weth. Sangersstraat 1 ✆ 375858
ZDA Maastrichterlaan 22 ✆ 371920
TSUBISHI Hubertusstraat 49 à Genhout 371054
NISSAN Stationsstraat 115 ✆ 371727
ROVER Pr. Mauritslaan 97 ✆ 375945
VAG Pr. Mauritslaan 171 ✆ 372882

EEKBERGEN Gelderland 408 ⑫ – voir à Apeldoorn.

EEK EN DONK Noord-Brabant 212 ⑧ et 408 ⑱ – 9 280 h. – ✆ 0 4929.

msterdam 116 – ◆Eindhoven 20 – ◆Nijmegen 54.

X **Woo Ping,** Piet van Thielplein 10 (Donk), ✉ 5741 CP, ✆ 6 22 13, Cuisine exotique – ▤. AE ⓓ E VISA. ✻
fermé lundis non fériés – **R** carte env. 40.

De taal die u ziet op de borden langs de wegen,
is de taal van de streek waarin u zich bevindt.

In deze gids zijn de plaatsen vermeld onder hun officiële naam :
Liège voor Luik, **Huy** voor Hoei.

BEETSTERZWAAG (BEETSTERSWEACH) Friesland C Opsterland 26 433 h. 408 ⑤ – ☎ 0 51

van Harinxmaweg 8a ☎ 25 94.

♦Amsterdam 143 – ♦Leeuwarden 34 – ♦Groningen 43.

Lauswolt ⛰, van Harinxmaweg 10, ✉ 9244 CJ, ☎ 12 45, Telex 46241, Fax 14 96, « Château et parc », ⛰, 🏊, 🎾 – 🛗 📺 ☎ 🅿 – 🏛 25 à 50. AE ⓓ E VISA. ❌ re
R carte 89 à 133 – ☕ 28 – **54 ch** 110/360 – ½ P 205/405.

à Olterterp NE : 2 km C Opsterland – ☎ 0 5126 :

Het Witte Huis avec ch, van Harinxmaweg 20, ✉ 9246 TL, ☎ 22 22, ⛱, 🌳 – 🛗 ☎ 🅿 – 🏛 25 à 100. AE ⓓ
fermé 31 déc.-1er janv. – **R** *(fermé lundi)* carte 57 à 72 – **8 ch** ☕ 85/115 – ½ P 8 115.

FIAT Hoofdstraat 110 ☎ 1323

BEILEN Drenthe 408 ⑥ – 14 057 h. – ☎ 0 5930.

♦Amsterdam 169 – Assen 17 – ♦Groningen 44 – ♦Leeuwarden 70 – ♦Zwolle 59.

Prakken, Brinkstraat 63, ✉ 9411 KL, ☎ 23 46 – ☎ 🅿 – 🏛 30 à 60. AE ⓓ E VISA. ❌
fermé 28 déc.-14 janv. et dim. non fériés de sept à janv. – **R** 40/80 – **9 ch** ☕ 50/100 – ½ P

à Spier SO : 5 km C Beilen – ☎ 0 5936 :

De Woudzoom, Oude Postweg 2, ✉ 9417 PE, ☎ 26 45, Fax 25 50, ⛱, 🌳 – 📺 ♿ – 🏛 30 à 60. AE E VISA. ❌ rest
R 50/90 – **19 ch** ☕ 75/120 – ½ P 95/110.

FIAT De Zuidmaten 3g ☎ 3261
FORD De Zuidmaten 4 ☎ 5000
GM (OPEL) Makkum 1 ☎ 4041
PEUGEOT, TALBOT Asserstraat 54 ☎ 2839
VAG Kanaalweg 1 ☎ 3616

BENNEBROEK Noord-Holland 408 ⑩ – 5 617 h. – ☎ 0 2502.

Voir Vogelenzang ≤★ : Tulipshow★ N : 1,5 km.

♦Amsterdam 30 – ♦Den Haag 37 – ♦Haarlem 8 – ♦Rotterdam 62.

Les Jumeaux, Bennebroekerlaan 19b, ✉ 2121 GP, ☎ 4 63 34, ⛱ – ▤. AE ⓓ E
R carte 63 à 93.

BENNEKOM Gelderland C Ede 92 293 h. 408 ⑫ – ☎ 0 8389.

♦Amsterdam 83 – ♦Arnhem 22 – ♦Apeldoorn 45 – ♦Utrecht 45.

Het Koetshuis, Panoramaweg 23a (E : 3 km), ✉ 6721 MK, ☎ 1 73 70, ⛱, Rustique – AE ⓓ E
fermé mardi, 5 et 31 déc., 1er janv., 2 dern. sem. juil. et 2 prem. sem. fév. – **R** (dîner se sauf dim.) 53/73.

ALFA-ROMEO Edeseweg 32 ☎ 13442
TOYOTA Dorpsstraat 25 ☎ 14234

BENTVELD Noord-Holland – voir à Zandvoort.

BERGAMBACHT Zuid-Holland 212 ⑥ et 408 ⑰ – 9 146 h. – ☎ 0 1825.

♦Amsterdam 64 – Gouda 11 – ♦Rotterdam 23 – ♦Utrecht 34.

De Arendshoeve, Molenlaan 14, ✉ 2861 LB, ☎ 10 00, Telex 20002, Fax 11 55, ⛱, 🏊, 🎾 – 🛗 ⇔ ch ▤ rest 📺 ☎ 🅿 – 🏛 80. AE ⓓ E VISA. ❌ rest
fermé 5 déc. soir et 31 déc. soir – **R** (cuisine italienne) 75/110 – ☕ 33 – **27 ch** 225/4 – ½ P 185/280.

Onder de Molen, Molenlaan 16 (O : sur N 207), ✉ 2861 LB, ☎ 13 00, ⛱, Rustique – AE ⓓ E VISA
fermé lundi, 2 prem. sem. août et prem. sem. janv. – **R** carte 71 à 93.

FIAT Hoofdstraat 125 ☎ 1331

BERGEN Noord-Holland 408 ⑩ – 14 075 h. – ☎ 0 2208.

Plein 1, ✉ 1861 JX, ☎ 1 31 00.

♦Amsterdam 45 – Alkmaar 6 – ♦Haarlem 38.

Parkhotel, Breelaan 19, ✉ 1861 GC, ☎ 9 78 67, Fax 9 74 35, ⛱ – 🛗 📺 ☎ – 🏛 30 70. AE ⓓ E VISA
R 45/85 – **28 ch** ☕ 73/145 – ½ P 77/97.

Elzenhof ⛰ sans rest, Dorpsstraat 78, ✉ 1861 KZ, ☎ 1 24 01, ⛰ – 📺 ☎
30 ch ☕ 70/110.

Duinpost ⛰, Kerkelaan 5, ✉ 1861 EA, ☎ 1 21 50, 🌳 – ☎. ❌
25 mars-1er nov. – **R** (dîner pour résidents seult) – **16 ch** ☕ 37/90 – ½ P 51/60.

Zonnetij sans rest, Russenweg 3, ✉ 1861 JN, ☎ 1 28 61 – 📺. AE ⓓ E VISA. ❌
13 ch ☕ 130.

Russenweg sans rest, Breelaan 26, ✉ 1861 GE, ☎ 1 25 38 – AE ⓓ E VISA ❌
22 ch ☕ 85/108.

De Kleine Prins, Oude Prinsweg 29, ✉ 1861 CS, ☏ 9 69 69 – ▤. AE ⓓ E VISA. ✻
fermé lundi et mardi – **R** (dîner seult) carte 68 à 83.

De Vlieger, Breelaan 130, ✉ 1861 GH, ☏ 9 77 77, ☂, Ouvert jusqu'à minuit – AE ⓓ E VISA
fermé merc. et jeudi de sept à mai – **R** carte 50 à 69.

Breelaan 52 ☏ 12200

RGEN AAN ZEE Noord-Holland Ⓒ Bergen 14 075 h. 408 ⑩ – ✪ 0 2208 – Station balnéaire.

an der Wijckplein 8, ✉ 1865 AP, ☏ 1 31 73.

sterdam 50 – Alkmaar 11.

Nassau Bergen, Van der Wijckplein 4, ✉ 1865 AP, ☏ 9 75 41, Fax 9 70 44, ≤, ☐ – TV ☎ Ⓟ – 60. ✻ rest
fermé 21 déc.-6 janv. – **R** (résidents seult) – **42 ch** ☐ 125/215 – ½ P 140/153.

Prins Maurits sans rest, Van Hasseltweg 7, ✉ 1865 AL, ☏ 1 23 64 – ☎ Ⓟ
20 mars-20 nov. – **22 ch** ☐ 80/130.

Victoria, Zeeweg 33, ✉ 1865 AB, ☏ 1 23 58 – ▤ rest TV ☎ Ⓟ – 40
R carte 40 à 65 – **30 ch** ☐ 70/120 – ½ P 97.

RG EN DAL Gelderland 212 ⑨ et 408 ⑲ – voir à Nijmegen.

RG EN TERBLIJT Limburg 212 ① et 408 ㉖ – voir à Maastricht.

In this guide,
*a symbol or a character, printed in red or **black**, in **bold** or light type,*
does not have the same meaning.
Please read the explanatory pages carefully.

RGEN OP ZOOM Noord-Brabant 212 ⑭ et 408 ⑯ – 46 842 h. – ✪ 0 1640.

Markiezenhof★ AY **M¹**.

à Wouwse Plantage : 9 km par ②, Zoomvlietweg 66, ☏ (0 1657) 593.

oogstraat 2, ✉ 4611 MT, ☏ 6 60 00.

nsterdam 143 ② – ♦'s-Hertogenbosch 90 ② – ♦Antwerpen 39 ③ – ♦Breda 40 ② – ♦Rotterdam 70 ②.

Plan page suivante

De Draak, Grote Markt 36, ✉ 4611 NT, ☏ 3 36 61, Fax 5 70 01, ☂ – |♦| TV ☎ – 25 à 75. AE ⓓ E VISA. ✻ AY **a**
R De Beurze carte 73 à 100 – **33 ch** ☐ 175/225.

De Gouden Leeuw sans rest, Fortuinstraat 14, ✉ 4611 NP, ☏ 3 50 00, Telex 78265, Fax 3 60 01 – |♦| TV ☎. AE ⓓ E VISA. ✻ AY **c**
28 ch ☐ 90/185.

La Bonne Auberge avec ch, Grote Markt 3, ✉ 4611 NR, ☏ 5 44 52, Fax 5 52 98, ☂ – ▤ rest TV. AE ⓓ E VISA AY **f**
R carte 58 à 87 – **9 ch** ☐ 85/160.

Moerstede, Vogelenzang 5 (Moerstraatsebaan, N : 2 km), ✉ 4614 PP, ☏ 5 88 00, Fax 5 99 21, ☂, « Cadre de verdure » – Ⓟ. AE ⓓ E VISA par Ravelstraat BY
fermé lundi – **R** carte 66 à 97.

La Pucelle, Hofstraat 2a (dans le musée Markiezenhof **M¹**), ✉ 4611 TJ, ☏ 6 64 45, Fax 5 93 77 – AE ⓓ E VISA ✻ AY
fermé dim. et jours fériés sauf Noël – **R** carte 68 à 94.

St. Jacques, Kremerstraat 33, ✉ 4611 TP, ☏ 3 57 98, Fax 4 43 31, Produits de la mer – ▤. AE ⓓ E VISA. ✻ AY **u**
fermé lundi et janv. – **R** carte 58 à 91.

Napoli, Kerkstraat 10, ✉ 4611 NV, ☏ 4 37 04, Cuisine italienne – ▤. AE ⓓ E VISA BZ **r**
fermé 24 et 31 déc. et sem. carnaval – **R** carte 40 à 77.

De Bloemkool, Wouwsestraatweg 146 (par ②), ✉ 4623 AS, ☏ 3 30 45, Fax 4 52 61, ☂ – Ⓟ. AE ⓓ E VISA. ✻
fermé sam. midi, dim. midi et mardi – **R** carte 63 à 88.

A-ROMEO Moerstraatsebaan 50
36285
W Abr. de Haanstraat 9 ☏ 36952
ROEN Ravelstraat 10 ☏ 42050
T Halsterseweg 318 ☏ 41924
RD Bredasestraat 25 ☏ 50200
(OPEL) Erasmuslaan 6 ☏ 50011
DA Buitenvest 44 ☏ 35295
NCIA Noordzijde-Haven 48 ☏ 33880

MAZDA Pieter Breughelstraat 19 ☏ 34254
MERCEDES-BENZ Bremstraat 50 ☏ 52880
MITSUBISHI Gagelboslaan 161 ☏ 52500
PEUGEOT, TALBOT Antwerpsestraatweg 322 ☏ 43950
TOYOTA Edisonlaan 7 ☏ 41250
VAG Rooseveltlaan 196 ☏ 33910
VOLVO Kastanjelaan 65 ☏ 35155

BERGEN OP ZOOM

Fortuinstr.	AY	13
Kortemeestr.	AY	23
Kremerstr.	AY	24
Zuivelstr.	BY	43
Antwerpsestraatweg	BZ	3
Arn. Asselbergsstr.	BY	4
Auvergnestr.	AZ	6
Blauwehandstr.	BY	7
Boutershemstr.	AZ	8
Burg. Stulemeijerlaan	AY	9
Burg. van Hasseltstr.	BZ	10
Glymesstr.	AZ	14
Grote Markt	AY	15
Halsterseweg	AY	16
Kerkstr.	BZ	20
Kloosterstr.	BZ	22
Lange Parkstr.	B	
Lieve Vrouwestr.	A	
Minderbroedersstr.	AB	
van Overstratenlaan	A	
van de Rijtstr.	B	
St. Josephstr.	BY	
Stationsstr.	B	
Steenbergsestr.	A	
Rooseveltlaan	B	
Wouwsestraatweg	B	

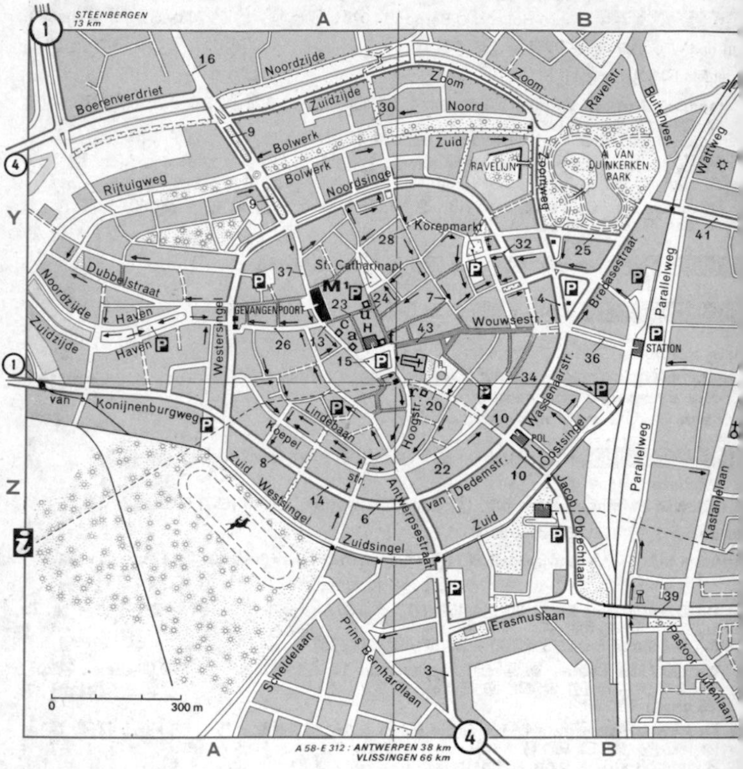

During the season, particularly in resorts, it is wise to book in advance.

BEST Noord-Brabant 212 ⑧ et 408 ⑱ – 21 857 h. – ☎ 0 4998.

Golflaan 1, ☎ 9 66 96.

◆Amsterdam 111 – ◆'s-Hertogenbosch 22 – ◆Breda 53 – ◆Eindhoven 11.

Days Inn, De Maas 2 (S : 2 km par N 2), ✉ 5684 PL, ☎ 9 01 00, Fax 9 16 50, – ch – 60 à 200. AE E VISA. rest
R 28/60 – 13 – **70 ch** 95/110.

GM (OPEL) Oranjestraat 8 ☎ 96080
MAZDA Spoorstraat 25 ☎ 71657
NISSAN Fabrieksweg 5 ☎ 90475
PEUGEOT, TALBOT Industrieweg 110 ☎ 7132

BEUNINGEN Gelderland 212 ⑨ et 408 ⑲ – voir à Nijmegen.

BEVERWIJK Noord-Holland 408 ⑩ – 35 126 h. – ☎ 0 2510.

◆Amsterdam 26 – Alkmaar 22 – ◆Haarlem 13.

XXX **'t Gildehuys,** Baanstraat 32, ✉ 1942 CJ, ☎ 2 15 15, – AE ① E VISA
fermé lundi et 23 déc.-3 janv. – **R** carte 63 à 89.

XX **Ind' Hooghe Heeren,** Meerstraat 82, ✉ 1941 JD, ☎ 1 18 77 – AE ① E VISA
fermé du 1er au 22 août, 25 déc.-1er janv., dim. et lundi – **R** carte 76 à 98.

MW Rietlanden 16 ☏ 22050
TROEN Laan der Nederlanden 1 ☏ 36050
)RD Warande 85 ☏ 23686
M (OPEL) Brink 125 ☏ 29162
ONDA Laan der Nederlanden 98 ☏ 30616
AZDA Büllerlaan 6 ☏ 43193
MERCEDES-BENZ Lyndenweg 34 ☏ 29069
NISSAN Jan de Windstraat 2 ☏ 42324
RENAULT Brink 9 ☏ 27475
TOYOTA Wijkermeerweg 39 ☏ 25391
VAG Hilbersplein 7 ☏ 44844
VOLVO Zuiderkade 29 ☏ 29177

BIDDINGHUIZEN Flevoland Ⓒ Dronten 24 281 h. 408 ⑪ ⑫ – ✆ 0 3211.

Amsterdam 70 – ◆Apeldoorn 58 – ◆Utrecht 74 – ◆Zwolle 41.

XX **De Klink,** Bremerbergdijk 27 (SE : 8 km, au lac), ✉ 8256 RD, ☏ 14 65, ≤, 🏕 – Ⓟ. E
avril-sept et week-end ; fermé lundi, déc. et janv. – **R** carte 40 à 63.

)RD Baan 41 ☏ 2644

De BILT Utrecht 408 ⑪ – 31 729 h. – ✆ 0 30.

Amsterdam 49 – ◆Utrecht 6 – ◆Apeldoorn 65.

🏨 **Motel De Biltsche Hoek,** De Holle Bilt 1 (sur N 225), ✉ 3732 HM, ☏ 20 58 11, Fax 20 28 12, 🏕, 🏊 – 🛗 TV ☎ Ⓟ – 🎤 25 ou plus. AE E VISA. ✗ ch
R (ouvert jusqu'à minuit) carte env. 40 – **102 ch** ☕ 97/114.

)RD Weltevreden 12 ☏ 210060
M (OPEL) Hessenweg 200 ☏ 202332
ONDA Dorpsstraat 59 ☏ 205058
ADA Looidijk 119 a ☏ 203220
MAZDA Utrechtseweg 420 ☏ 204848
TOYOTA Dorpsstraat 41 ☏ 200994
VAG Hessenweg 6 ☏ 204816

BILTHOVEN Utrecht Ⓒ De Bilt 31 729 h. 408 ⑪ – ✆ 0 30.

Amsterdam 48 – ◆Utrecht 9 – ◆Apeldoorn 65.

🏨 Heidepark, Jan Steenlaan 22, ✉ 3723 BV, ☏ 28 24 77, Fax 29 21 84 – ▤ rest TV ☎ Ⓟ – 🎤 25 ou plus
18 ch.

TROEN Leysenseweg 5 ☏ 291214
AT Leyensenweg 16 ☏ 283923
AZDA Spoorlaan 20 ☏ 280810
PEUGEOT, TALBOT Emmaplein 10 ☏ 282274
VOLVO Pr. Hendriklaan 28 ☏ 283424

BLADEL Noord-Brabant Ⓒ Bladel en Netersel 9 932 h. 212 ⑰ et 408 ⑱ – ✆ 0 4977.

Amsterdam 141 – ◆'s-Hertogenbosch 52 – ◆Antwerpen 67 – ◆Eindhoven 21.

XXX **De Hofstee,** Sniederslaan 121, ✉ 5531 EK, ☏ 8 15 00, 🏕, « Ferme ancienne, terrasse et jardin fleuri » – Ⓟ. AE ⦿ E. ✗
fermé sam. midi, dim. midi et lundi – **R** carte 80 à 102.

EUGEOT, TALBOT Bleijenhoek 32 ☏ 81691
TOYOTA Industrieweg 6a ☏ 85252

BLOEMENDAAL Noord-Holland 408 ⑩ – voir à Haarlem.

BLOEMENDAAL AAN ZEE Noord-Holland 408 ⑩ – voir à Haarlem.

BLOKZIJL Overijssel Ⓒ Brederwiede 11 948 h. 408 ⑫ – ✆ 0 5272.

Amsterdam 102 – ◆Zwolle 33 – Assen 66 – ◆Leeuwarden 65.

🏨 ✿ **Kaatje bij de Sluis** 🐦, Brouwerstraat 20, ✉ 8356 DV, ☏ 18 33, Fax 18 36, ≤ – ▤ rest TV ☎ Ⓟ. AE ⦿ E VISA
fermé du 23 au 31 déc., 27 janv.-26 fév., lundi et mardi – **R** *(fermé sam. midi, lundi et mardi)* carte 94 à 135 – ☕ 28 – **8 ch** 155/230.
Spéc. Homard gratiné aux tomates et basilic, Pâtes fraîches au saumon cru et à l'anguille fumée, Cailles farcies aux truffes.

BOEKEL Noord-Brabant 212 ⑨ et 408 ⑲ – 8 585 h. – ✆ 0 4922.

Amsterdam 119 – ◆'s-Hertogenbosch 31 – ◆Eindhoven 31 – ◆Nijmegen 43.

XX **Brabants Hof,** Erpseweg 16 (O : 1 km), ✉ 5427 PG, ☏ 20 03, Ferme du 18e s. – Ⓟ. AE ⦿ E. ✗
fermé lundi – **R** (dîner seult) carte 40 à 74.

ITROEN Wilhelminastraat 2 ☏ 1365
LADA Julianastraat 55 ☏ 1380

BOEKELO Overijssel 408 ⑬ – voir à Enschede.

BOLSWARD Friesland 408 ④ – 9 799 h. – ✆ 0 5157.

Voir Hôtel de ville★ (Stadhuis) – Stalles★ et chaire★ de l'église St-Martin (St. Martinikerk).
Exc. SO : Digue du Nord★★ (Afsluitdijk).
(fermé sam.) Broereplein 1, ✉ 8701 JC, ☏ 27 27.
Amsterdam 114 – ◆Leeuwarden 30 – ◆Zwolle 85.

De Wijnberg, Marktplein 5, ✉ 8701 KG, ☎ 22 20, Fax 26 65, – |‡| ♿ – 🏛 120. AE
◑ E VISA
R 40/73 – **33 ch** ☐ 50/120 – ½ P 68/83.

XX **In die Stadt Bolswerd,** Kloosterlaan 24 (SE : 1 km sur A 7), ✉ 8701 PD, ☎ 35 43 – P
◑ E
fermé 5, 24, 25, 26 et 31 déc. – **R** 38/55.

FORD Harlingerstraat 1 ☎ 2550
GM (OPEL) K. Heeresweg 16 ☎ 4545
NISSAN Hichtumerweg 11 ☎ 3545
PEUGEOT, TALBOT Laag Bolwerk 75 ☎ 3500
RENAULT Sneekerstraat ☎ 3570
VAG Sneekerstraat 9 ☎ 4915

BORCULO Gelderland 408 ⑬ – 10 057 h. – ☎ 0 5457.

Hofstraat 5, ✉ 7271 AP, ☎ 7 19 66.

◆Amsterdam 134 – ◆Arnhem 61 – ◆Apeldoorn 48 – ◆Enschede 34.

XX **De Stenen Tafel,** Het Eiland 1, ✉ 7271 BK, ☎ 7 20 30, ☂, « Moulin à eau du 17e s. »
– P. AE ◑ E VISA
fermé sam. midi, dim. midi et lundi – **R** 53/95.

GM (OPEL) Lochemseweg 59 ☎ 71341
MAZDA Spoorstraat 7 ☎ 71517

BORGER Drenthe 408 ⑥ – 12 730 h. – ☎ 0 5998.

Voir Hunebed★ (dolmen).

◆Amsterdam 198 – Assen 22 – ◆Groningen 39.

Bieze, Hoofdstraat 21, ✉ 9531 AA, ☎ 3 43 21, Fax 3 61 45 – TV ☎ P – 🏛 30 à 200. AE
◑ E VISA. ✂ rest
fermé 1er janv. – **R** 50/90 – **28 ch** ☐ 70/125 – ½ P 95/101.

BORN Limburg 212 ① et 408 ㉖ – 13 892 h. – ☎ 0 4498.

◆Amsterdam 190 – ◆Maastricht 28 – Aachen 43 – ◆Eindhoven 62 – Roermond 23.

Born, Langereweg 21 (E : 2 km près A 2), ✉ 6121 SB, ☎ 5 16 66, Telex 36048, Fax 5 12 23
☂ – ⇔ ch TV ☎ P – 🏛 25 ou plus. AE ◑ E VISA
R carte 51 à 87 – ☐ 20 – **49 ch** 138/178.

HONDA Sittarderweg 10 ☎ 53434

BORNE Overijssel 408 ⑬ – 21 261 h. – ☎ 0 74.

Dorsetplein 14, ✉ 7622 CH, ☎ 66 65 02.

◆Amsterdam 145 – ◆Apeldoorn 61 – ◆Arnhem 83 – ◆Groningen 135 – Munster 77.

à Hertme N : 3 km C Borne – ☎ 0 74 :

Jachtlust, Weerselosestraat 306, ✉ 7626 LJ, ☎ 66 16 65, Fax 66 81 50, « Terrasse », ✂
– TV P. AE ◑ E VISA. ✂
R *(fermé après 20 h 30)* carte env. 50 – **15 ch** ☐ 68/100 – ½ P 90.

PEUGEOT, TALBOT Industriestraat 20 ☎ 665359

Den BOSCH P Noord-Brabant – voir 's-Hertogenbosch.

BOSCH EN DUIN Utrecht 408 ⑪ – voir à Zeist.

BOSKOOP Zuid-Holland 408 ⑩ – 14 524 h. – ☎ 0 1727.

◆Amsterdam 42 – ◆Den Haag 29 – ◆Rotterdam 28 – ◆Utrecht 40.

Neuf, Barendstraat 10, ✉ 2771 DJ, ☎ 1 20 31, Fax 1 00 21 – TV P. AE E VISA
R 38/75 – **16 ch** ☐ 45/110 – ½ P 70/83.

PEUGEOT, TALBOT Zijde 450 ☎ 12538
RENAULT Linnaeusweg 4 ☎ 13268
TOYOTA Goudse Rijweg 77 ☎ 12037
VOLVO Voorofscheweg 7 ☎ 15944

BOUKOUL Limburg 212 ⑳ et 408 ⑲ – voir à Roermond.

BOVENKARSPEL Noord-Holland 408 ⑪ – voir à Enkhuizen.

BOXMEER Noord-Brabant 212 ⑨ ⑩ et 408 ⑲ – 14 363 h. – ☎ 0 8855.

◆Amsterdam 139 – ◆'s-Hertogenbosch 57 – ◆Eindhoven 46 – ◆Nijmegen 31.

Riche, Steenstraat 51, ✉ 5831 JB, ☎ 7 82 22, Fax 7 81 01 – 🚗 P – 🏛 25 ou plus. AE
◑ E VISA
fermé sam., dim. et jours fériés – **R** carte 60 à 90 – **15 ch** ☐ 80/135.

ALFA-ROMEO Hoogendijk 2a ☎ 71244
FIAT Sambeekseweg 8 ☎ 71816
FORD Spoorstraat 73 ☎ 71151
VAG Stationsweg 16 ☎ 71381
VOLVO Valendries 14 ☎ 76565

OXTEL Noord-Brabant 212 ⑧ et 408 ⑱ – 24 951 h. – ☎ 0 4116.

msterdam 101 – ◆'s-Hertogenbosch 12 – ◆Breda 48 – ◆Eindhoven 21.

XX **De Ceulse Kaar,** Eindhovenseweg 41 (E : 1 km), ✉ 5283 RA, ✆ 7 62 82, 🏠, « Auberge du 18e s. » – ⓟ. AE ⓓ E VISA
fermé dim. et 22 juil.-11 août – **R** 58/100.

X **De Negenmannen,** Fellenoord 8, ✉ 5281 CB, ✆ 7 85 64, Fax 7 62 76 – ▤. AE ⓓ E VISA
fermé lundis non fériés, sam. midi, dim. midi, 29 juil.-19 août et du 9 au 15 fév. – **R** carte 58 à 87.

X **Paviljoen Molenwijk,** Molenwijk 2, ✉ 5282 SH, ✆ 7 23 02, 🏠, « Parc avec étang » – ⓟ. AE ⓓ E VISA. ✂ – *fermé sam. et 27 juil.-18 août* – **R** carte 46 à 80.

X **Van Boxtel** avec ch, Stationsplein 2, ✉ 5281 GH, ✆ 7 22 37 – TV ☎ – 🏛 40. AE E VISA. ✂ – *fermé dim. midi* – **R** carte 40 à 77 – **13 ch** ☕ 70/90.

RD Ladonkseweg 34 ✆ 75985
1 (OPEL) Industrieweg 3 ✆ 75534
SSAN Kruisbroeksestraat 10 ✆ 72844
UGEOT, TALBOT Clarissenstraat 33 ✆ 74905
RENAULT, FIAT Schijndelseweg 61 ✆ 75218
VAG Molenpad 9 ✆ 72959
VOLVO Boscheweg 36 ✆ 72589

REDA Noord-Brabant 212 ⑥ et 408 ⑰ – 121 362 h. – ☎ 0 76.

ir Carnaval★ – Grande église ou Église Notre-Dame★ (Grote- of Onze Lieve Vrouwe Kerk) : cher★, tombeau★ d'Englebert II de Nassau C **B** – Valkenberg★ D.

v. N : Parc national De Biesbosch★ (promenade en bateau★) par ①.

à Molenschot par ②, Veenstraat 89, ✆ (0 1611) 12 00.

✈ (départs de 's-Hertogenbosch) ✆ 14 38 61.

Willemstraat 17, ✉ 4811 AJ, ✆ 22 24 44.

msterdam 103 ① – ◆Antwerpen 56 ⑤ – ◆Rotterdam 52 ⑦ – ◆Tilburg 22 ② – ◆Utrecht 72 ①.

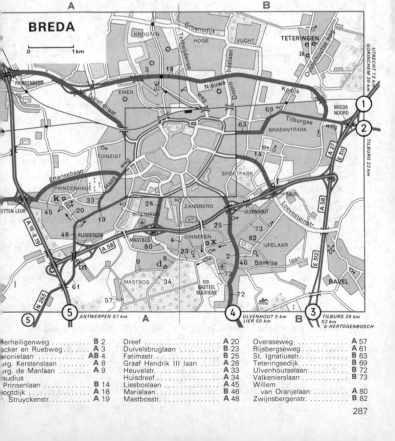

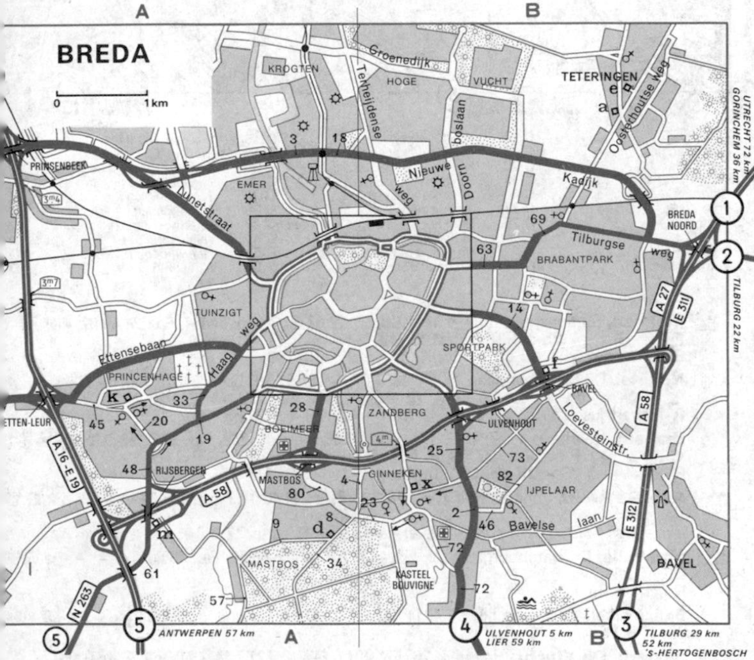

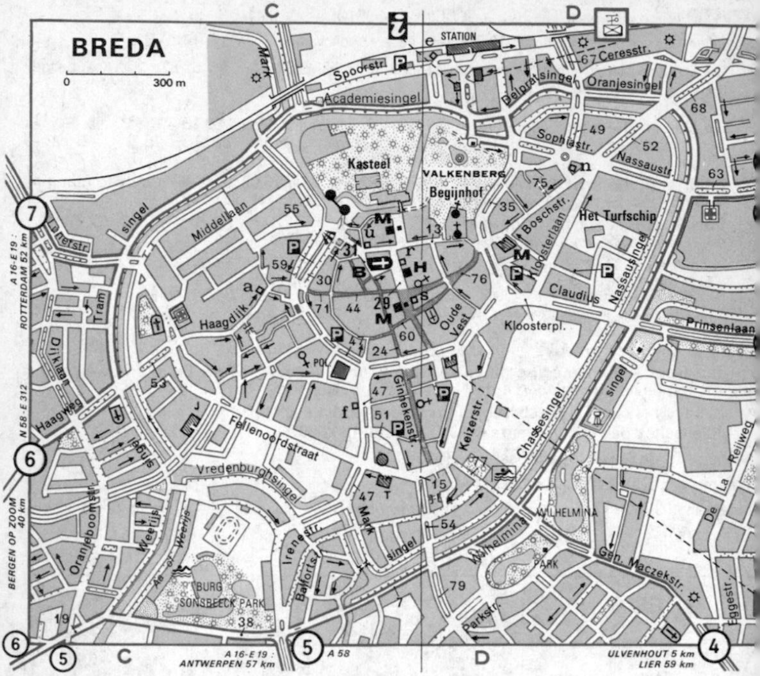

Eindstr. C 24	van Coothpl. CD 15	Nieuwe Haagdijk C
Ginnekenstr. C	Dr. Struyckenstr. C 19	Nieuwe Ginnekenstr. CD
Grote Markt C 29	Haven C 30	Nieuwe Prinsenkade C
Lange Brugstr. C 44	Havermarkt C 31	Prinsenkade C
Ridderstr. C 60	J. F. Kennedylaan D 35	St. Ignatiusstr. D
Tolbrugstr. C 71	Julianalaan C 38	Terheijdenstr. D
Veemarktstr. D 76	Markendaalseweg C 47	Teteringenstr. D
	Mauritsstr. D 49	Valkenstr. D
Boeimeersingel C 7	Mr. Dr. Frederickstr. C 51	Vierwindenstr. D
Catharinastr. CD 13	Nieuwe Boschstr. D 52	Wilhelminastr. D

Pullman, Stationsplein 14, ✉ 4811 BB, ☏ 22 02 00, Telex 54454, Fax 21 49 67 – ... – 25 à 180. AE ① E VISA D
R carte env. 48 – **40 ch** 160/200 – ½ P 170/200.

Novotel, Dr. Batenburglaan 74, ✉ 4837 BR, ☏ 65 92 20, Telex 74016, Fax 65 87 58, ... – ch rest ... – 25 ou plus. AE ① E VISA A
R (ouvert jusqu'à minuit) carte 40 à 77 – 20 – **105 ch** 160/175.

Brabant, Heerbaan 4, ✉ 4817 NL, ☏ 22 46 66, Telex 54263, Fax 21 95 92, ... – 25 ou plus. AE ① E VISA B
R carte 40 à 70 – **78 ch** 110/140 – ½ P 145/155.

Aub. De Arent, Schoolstraat 2, ✉ 4811 WB, ☏ 14 46 01, Fax 21 57 82 – ... AE ① E VISA C
fermé sam. midi, dim., jours fériés et carnaval – **R** carte 72 à 105.

Mirabelle, Dr. Batenburglaan 76, ✉ 4837 BR, ☏ 65 66 50, Fax 65 50 40, ... AE ① E VISA. A
R carte 64 à 123.

Bali, Markendaalseweg 68, ✉ 4811 KD, ☏ 21 32 06, Cuisine indonésienne – ... AE ① VISA – **R** 45. C

Gasterie De Klucht, Haagdijk 26, ✉ 4811 TT, ☏ 22 57 14 – AE ① E VISA C
fermé lundi – **R** (dîner seult) carte 49 à 74.

Walliser Stube, Grote Markt 44, ✉ 4811 XS, ☏ 21 50 27 – AE ① E VISA C
fermé carnaval – **R** carte 45 à 98.

De Pepermolen, Korte Boschstraat 8, ✉ 4811 ES, ☏ 21 73 74 – ... AE ① E VISA. D
fermé lundi et 3 sem. en juil. – **R** carte 50 à 84.

Algarve, Veemarktstraat 4, ✉ 4811 ZE, ☏ 21 44 43, ..., Cuisine portugaise – AE E CD
fermé lundi – **R** (déjeuner seult d'oct. à mai) 40/49.

au Sud :

Mastbosch, Burg. Kerstensiaan 20, ✉ 4837 BM, ✆ 65 00 50, Telex 54406, Fax 10 00 40, – |‡| TV ☎ P – 30 à 120. AE ① E VISA. A **d**
R carte 49 à 88 – **51 ch** 103/195 – ½ P 110.

à l'Ouest : par ⑥ : 8 km :

Boswachter Liesbosch, Nieuwe Dreef 4, ✉ 4839 AJ, ✆ 21 27 36, , « Dans les bois » – P. AE ① E VISA.
fermé lundi – **R** 59.

à Ginneken C Breda – 0 76 :

Vivaldi, Ginnekenweg 309, ✉ 4835 NC, ✆ 10 02 01, – AE ① E VISA B **x**
fermé du 10 au 24 août, carnaval et lundi – **R** carte 60 à 85.

à Teteringen NE : 2,5 km – 5 483 h. – 0 76 :

Withof, Hoolstraat 86, ✉ 4847 AD, ✆ 71 33 81 – P. AE ① E VISA. B **a**
fermé lundi, mardi et 2e quinz. août – **R** 44/73.

Heestermans, A. Oomenstraat 1a, ✉ 4847 DH, ✆ 71 32 59, – P. AE ① E VISA
fermé sam. midi, dim. midi, lundi et 15 juil.-15 août – **R** carte 55 à 108. B **e**

Boschlust, Oosterhoutseweg 139, ✉ 4847 DB, ✆ 71 33 83, Fax 71 17 47, – P. AE ① E VISA. B
fermé sam. midi, dim. et 27 déc.-1er janv. – **R** carte 67 à 96.

à Bavel par ③ : 5 km C Nieuw-Ginneken 11 638 h. – 0 1613 :

Vanouds de Brouwers, Gilzeweg 24, ✉ 4854 SG, ✆ 22 72, – P. AE ① E VISA.
fermé lundi, 22 juil.-6 août et 27 déc.-14 janv. – **R** (dîner seult) 60.

à Dorst par ② : 5 km C Oosterhout 48 157 h. – 0 1611 :

De Beijerse Hoeve, Rijksweg 118, ✉ 4849 BS, ✆ 12 82 – P. E
fermé merc. – **R** (dîner seult) carte env. 50.

à Princenhage C Breda – 0 76 :

Le Canard, Haagsemarkt 22, ✉ 4813 BB, ✆ 22 16 40, Fax 22 68 03, , « Terrasse » – AE ① E VISA A **k**
fermé sam. midi, dim., lundi, dern. sem. juil.-prem. sem. août et sem. carnaval – **R** 55/65.

à Ulvenhout par ④ : 5 km C Nieuw-Ginneken 11 638 h. – 0 76 :

't Jagthuys, Dorpstraat 3, ✉ 4851 CJ, ✆ 61 26 32 – P.
fermé lundi et 15 sept-1er oct. – **R** 35.

W Ettensebaan 19 ✆ 223549
ROEN Spinveld 74 ✆ 222371
T, ALFA-ROMEO Beverweg 4 ✆ 222533/221120
RD Boeimeersingel 6 ✆ 224400
(OPEL) Biesdonkweg 31 ✆ 877950
NDA Slingerweg 87 ✆ 226306
DA Groot Ypelaardreef 14 ✆ 655987
NCIA Min. Kanstraat 16 ✆ 712300
ZDA Deinzestraat 385 ✆ 879331
ZDA Gen. Maczekstraat 10 ✆ 213825
MERCEDES-BENZ Zorgvlietstraat 1 ✆ 653950
MITSUBISHI Konijnenberg 45 ✆ 712080
NISSAN Spinveld 37 ✆ 223166
PEUGEOT, TALBOT Loevesteinstraat 20 ✆ 659211
RENAULT Slingerweg 86 ✆ 229600
ROVER Tuinzigtlaan 22 ✆ 224031
TOYOTA Speelhuislaan 156a ✆ 712000
VAG Ginnekenweg 11 ✆ 222488
VAG Backer en Ruebweg 2 ✆ 787911
VOLVO Ettensebaan 17 c ✆ 223344

RESKENS Zeeland C Oostburg 18 145 h. 212 ⑫ et 408 ⑮ – 0 1172.

Boulevard 14, ✉ 4511 AC, ✆ 18 88.

msterdam 205 – ◆Middelburg 8 – ◆Antwerpen 87 – ◆Brugge 41.

De Milliano sans rest, Promenade 4, ✉ 4511 RB, ✆ 18 55, Fax 35 92, ≤ embouchure de l'Escaut (Schelde) – TV ☎ P – 25. AE ① E VISA
24 ch 105/135.

Scaldis, Langeweg 3, ✉ 4511 GA, ✆ 24 20, – P.
fermé du 1er au 15 janv. – **R** carte 40 à 65 – **13 ch** 48/115 – ½ P 78.

De Milliano, Scheldekade 27, ✉ 4511 AW, ✆ 18 12, Produits de la mer – P. AE ① E VISA
fermé lundis non fériés sauf juil.-15 sept – **R** carte 65 à 93.

W, MITSUBISHI Spuiplein 43 ✆ 1723
RD Molenwater 64 ✆ 3230
GM (OPEL) Weijkmanlaan 7 ✆ 1473

When looking for a hotel or restaurant use the most efficient method.
Look for the names of towns underlined in red
on the Michelin Maps 408 and 409
But make sure you have an up-to-date map !

BREUKELEN Utrecht 408 ⑩ – 13 387 h. – ☎ 0 3462.

Env. S : route ≤★.

◆Amsterdam 27 – ◆Utrecht 14.

Motel Breukelen, Stationsweg 91 (près A 2), ✉ 3621 LK, ☎ 6 58 88, Fax 6 28 94, « Pavillon chinois », ≘, 🎾 – |♯| TV ☎ 🅟. AE E. ✻ ch
R (ouvert jusqu'à minuit) carte 40 à 59 – ☕ 9 – **139 ch** 80/90 – ½ P 81/114.

XX **Hofstede Slangevegt** avec ch, Straatweg 40 (SE : 3 km), ✉ 3621 BN, ☎ 6 15 25, ≤, – ▤ rest 🅟. AE ⓓ E VISA
fermé 5 et 31 déc., 1er janv. et du 1er au 14 fév. – **R** carte 54 à 78 – **5 ch** ☕ 80/100 – ½ P 1

X **Bisantiek,** Stationsweg 14, ✉ 3621 LL, ☎ 6 34 40 – AE ⓓ E
fermé lundis et mardis non fériés – **R** (dîner seult) carte 47 à 65.

FORD Straatweg 109 ☎ 63944
MAZDA Karel Doormanweg 47 ☎ 62435
TOYOTA Straatweg 100 ☎ 61884

BRIELLE Zuid-Holland 212 ④ et 408 ⑯ – 14 973 h. – ☎ 0 1810.

⛳18 Krabbeweg 9, ☎ 1 42 25.

ℹ Venkelstraat 3, ✉ 3231 XT, ☎ 1 33 33.

◆Amsterdam 100 – ◆Den Haag (bac) 37 – ◆Breda 75 – ◆Rotterdam 34.

De Zalm, Voorstraat 6, ✉ 3231 BJ, ☎ 1 33 88, Fax 1 77 12 – TV ☎ 🅟. AE ⓓ E VISA.
R carte 40 à 72 – **40 ch** ☕ 48/155.

XX **Pablo,** Voorstraat 89, ✉ 3231 BG, ☎ 1 29 60, Cuisine indonésienne – AE E
fermé lundi et 23 sept-22 oct. – **R** carte 40 à 61.

CITROEN Thoelaverweg 2 ☎ 12455
HONDA Slagveld 19 ☎ 13005

BROEK IN WATERLAND Noord-Holland 408 ⑩ – 2 738 h. – ☎ 0 2903.

◆Amsterdam 12 – Alkmaar 40 – ◆Leeuwarden 124.

XX **Neeltje Pater,** Dorpsstraat 4, ✉ 1151 AD, ☎ 33 11, ≤, 🏠, « Terrasse au bord de l'eau – AE ⓓ E VISA ✻ – **R** carte 65 à 100.

CITROEN Hellingweg 16 ☎ 1908

BRONKHORST Gelderland Ⓒ Steenderen 4 620 h. 408 ⑫ – ☎ 0 5755.

◆Amsterdam 119 – ◆Arnhem 28 – ◆Apeldoorn 33 – ◆Enschede 67.

XX **Herberg de Gouden Leeuw** avec ch, Bovenstraat 2, ✉ 7226 LM, ☎ 12 31, Intérie vieil hollandais – 🅟. AE ⓓ E VISA
R *(fermé lundi)* carte env. 75 – **5 ch** ☕ 43/70.

XX **Het Wapen van Bronkhorst,** Gijsbertplein 1344 nº 1, ✉ 7226 LJ, ☎ 12 65, Intérie vieil hollandais – 🅟 – **R** 40/70.

BROUWERSHAVEN Zeeland 212 ③ et 408 ⑯ – 3 534 h. – ☎ 0 1119.

◆Amsterdam 143 – ◆Middelburg 57 – ◆Rotterdam 79.

X **De Brouwerie,** Molenstraat 31, ✉ 4318 BS, ☎ 18 80, 🏠 – AE ⓓ E VISA
26 avril-20 oct. ; fermé mardi et merc. sauf en juil.-août et jeudi en oct. – **R** (dîner seult) ca 45 à 64.

VAG Poortdijkstraat 61 ☎ 1344

BUITENKAAG Noord-Holland – voir à Lisse.

BUNNIK Utrecht 408 ⑪ – 13 811 h. – ☎ 0 3405.

◆Amsterdam 49 – ◆Arnhem 52 – ◆Utrecht 8.

Postiljon, Kosterijland 8 (sur A 12), ✉ 3981 AJ, ☎ 6 92 22, Telex 70298, Fax 64 07 41 |♯| ▤ rest TV ☎ ♿ 🅟 – 🔔 25 ou plus. AE ⓓ E VISA
R carte env. 50 – ☕ 14 – **84 ch** 113/133.

CITROEN Dorpsstraat 33 ☎ 61289
PEUGEOT, TALBOT Stationsweg 57 ☎ 61583

BUNSCHOTEN Utrecht 408 ⑪ – 18 390 h. – ☎ 0 3499.

Voir Costumes traditionnels★.

ℹ Kerkstraat 104, ✉ 3751 AT, ☎ 8 21 56.

◆Amsterdam 46 – ◆Utrecht 36 – Amersfoort 12 – ◆Apeldoorn 52.

à Spakenburg N : 2,5 km Ⓒ Bunschoten – ☎ 0 3499 :

XX **De Mandemaaker,** Kerkstraat 103, ✉ 3751 AT, ☎ 8 16 15 – AE ⓓ E VISA
fermé dim. – **R** carte 51 à 87.

FORD Ansjovisweg 1 ☎ 83398
GM (OPEL) de Kronkels 3 ☎ 85555
LADA Zuidwenk 43 ☎ 81663
NISSAN Ampèreweg 1 ☎ 87117
RENAULT Kerkstraat 10 ☎ 81498
TOYOTA Ansjovisweg 3 ☎ 85693
VAG de Kronkels 23 ☎ 82500

URE N Friesland 408 ⑤ – voir à Waddeneilanden (Ameland).

URE N Gelderland 212 ⑧ et 408 ⑱ – 9 676 h. – ☎ 0 3447.

Markt 1, ✉ 4116 BE, ☎ 19 22.

msterdam 74 – ♦Nijmegen 48 – ♦'s-Hertogenbosch 29 – ♦Utrecht 42.

XX ✿ **Gravin van Buren** (Bloier), Kerkstraat 4, ✉ 4116 BL, ☎ 16 63, Fax 21 81, – AE ⓓ E VISA
fermé sam. midi, dim. midi, lundi et 17 fév.-5 mars – **R** carte 106 à 126.
Spéc. Aumonières de langoustines à la chinoise, Filet de bœuf au fond de truffes, Tartelette de pommes chaudes.

/OTA Tielseweg 6 ☎ 1745

en BURG Noord-Holland 408 ③ – voir à Waddeneilanden (Texel).

USSUM Noord-Holland 408 ⑪ – 31 988 h. – ☎ 0 2159.

à Hilversum S : 7 km, Soestdijkerstraatweg 172 ☎ (0 35) 85 70 60.

msterdam 21 – ♦Apeldoorn 66 – ♦Utrecht 30.

Jan Tabak, Amersfoortsestraatweg 27, ✉ 1401 CV, ☎ 5 99 11, Telex 73388, Fax 5 94 16, , , – |♦| ch ▤ rest ☎ ♿ ⓟ – 150. AE ⓓ E VISA. rest
R Bredius *(fermé sam. midi)* carte env. 80 – ☐ 28 – **100 ch** 225/375.

X **Brasserie 't Spant,** Dr. A. Kuyperlaan 3 (dans le théâtre), ✉ 1402 SB, ☎ 3 43 02, Fax 3 28 54 – ⓟ. AE ⓓ E VISA
fermé sam. midi, dim. midi et 8 juil.-11 août – **R** 40/65.

X **Man Wah,** Havenstraat 9, ✉ 1404 EK, ☎ 1 06 66, Cuisine chinoise – ▤. AE ⓓ E VISA
R carte 40 à 60.

1W Slochterenlaan 5 ☎ 47644
TROEN Laarderweg 73 ☎ 36575
RD Vlietlaan 62 ☎ 18651
1 (OPEL) Prinses Beatrixplantsoen 42
13333
NDA Albrechtlaan 13a ☎ 48214
DA Laarderweg 36 ☎ 19723
MAZDA Landstraat 102 ☎ 14528
MERCEDES-BENZ Amersfoortsestraatweg 43 ☎ 33524
MITSUBISHI Landstraat 69 ☎ 16170
NISSAN De Peppels 38 ☎ 30048
RENAULT Noorderweg 2 ☎ 30024
VAG Landstraat 116 ☎ 13713

UURMALSEN Gelderland 212 ⑦ et 408 ⑱ – voir à Geldermalsen.

ADZAND Zeeland Ⓒ Oostburg 18 145 h. 212 ⑫ et 408 ⑮ – ☎ 0 1179.

Boulevard De Wielingen 44d, ✉ 4506 JK, ☎ 12 98.

msterdam 218 – ♦Middelburg (bac) 21 – ♦Brugge 23 – ♦Gent 53 – Knokke-Heist 12.

à Cadzand-Bad NO : 3 km Ⓒ Oostburg – ☎ 0 1179 :

Strandhotel, Boulevard De Wielingen 49, ✉ 4506 JK, ☎ 21 10, Fax 15 35, ≤, , , – |♦| ☎ ♿ ⓟ. AE ⓓ E VISA.
R *(fermé jeudi)* carte 67 à 98 – **37 ch** ☐ 95/170 – ½ P 200/230.

De Wielingen , Noordzeestraat 1, ✉ 4506 KM, ☎ 15 11, Fax 16 30, ≤, , , – |♦| ☎ ♿ ⓟ. E VISA
fermé 7 janv.-4 fév. – **R** *(fermé après 20 h 30)* 38/55 – **17 ch** ☐ 95/130 – ½ P 93/108.

De Schelde, Scheldestraat 1, ✉ 4506 KL, ☎ 17 20, Fax 22 24, , – ☎ ⓟ – 30. AE ⓓ E VISA
R 58/85 – **24 ch** ☐ 125/150 – ½ P 85/95.

Noordzee, Noordzeestraat 2, ✉ 4506 KM, ☎ 18 10, Fax 14 16, ≤, , – |♦| ☎ ⓟ. AE ⓓ E VISA
R *(fermé après 20 h 30)* 47/73 – **29 ch** ☐ 90/210 – ½ P 95/140.

XX **De Blanke Top** avec ch, Boulevard De Wielingen 1, ✉ 4506 JH, ☎ 20 40, Fax 14 27, ≤, , – |♦| ▤ rest ☎ ⓟ. AE ⓓ E VISA
fermé du 7 au 31 janv. – **R** *(fermé après 20 h 30 et jeudis non fériés du 16 nov. au 1er mars sauf vacances scolaires)* 48/70 – **16 ch** ☐ 105/300 – ½ P 120/170.

X **Italia,** Boulevard De Wielingen 3, ✉ 4506 JH, ☎ 13 62, , Cuisine italienne
fermé mi-sept-mi-oct. et mardi et merc. en hiver – **R** carte 42 à 52.

ALLANTSOOG Noord-Holland 408 ⑩ – 2 546 h. – ☎ 0 2248.

msterdam 67 – Alkmaar 27 – Den Helder 22.

Callantsoog, Abbestederweg 26, ✉ 1759 NB, ☎ 22 22, Fax 22 62, , , – ▤ rest ⓟ – 150. AE ⓓ E VISA
R *(fermé après 20 h 30)* 27 – **35 ch** ☐ 100/140 – ½ P 80/100.

CAPELLE AAN DEN IJSSEL Zuid-Holland 212 ⑤ et 408 ⑰ – 57 423 h. – ☎ 0 10.

◆Amsterdam 84 – ◆Den Haag 33 – Dordrecht 23 – ◆Rotterdam 8 – ◆Utrecht 50.

XX **De Dorsvlegel,** 's Gravenweg 178, ✉ 2902 LG, ℘ 450 30 60, Fax 451 86 94, « Ancienne ferme » – Ⓟ. AE ⓓ E VISA
fermé sam. midi et dim. midi – **R** 53/75.

XX **Johannahoeve,** 's Gravenweg 347, ✉ 2905 LB, ℘ 450 38 00, , « Ferme du 17e s. »
Ⓟ. E
R carte 50 à 80.

XX **De Ruyf,** Capelseweg 41, ✉ 2907 XA, ℘ 450 35 85, – Ⓟ. AE ⓓ E VISA
fermé lundi – **R** 40/50.

ALFA-ROMEO Molen Baan 1 ℘ 4585303
BMW Wormerhoek 16 ℘ 4580544
CITROEN Kompasstraat 4 ℘ 4508900
FIAT Bermweg 286 ℘ 4584955
FORD Schermerhoek 523 ℘ 4513255
LADA Raadhuisstraat 14 ℘ 4581255
NISSAN Bermweg 296 ℘ 4506666
RENAULT Wormerhoek 12 ℘ 4518811
VAG Wormerhoek 5 ℘ 4519888
VOLVO A. van Nesstraat 1 ℘ 4508966

CASTRICUM Noord-Holland 408 ⑩ – 22 433 h. – ☎ 0 2518.

◆Amsterdam 32 – Alkmaar 11 – ◆Haarlem 20.

XX **Jasmin Garden,** Dorpsstraat 2, ✉ 1901 EL, ℘ 5 11 41, Cuisine chinoise – ▤ Ⓟ. AE
E VISA. ⛌
R carte 40 à 79.

X **Le Moulin,** Dorpsstraat 96, ✉ 1901 EN, ℘ 5 15 00, – AE ⓓ E
fermé lundi, mardi, 13 août-4 sept et du 7 au 23 janv. – **R** (dîner seult) carte 53 à 90.

FORD Raadhuisplein 3 ℘ 50778
GM (OPEL) Soomerwegh 1 ℘ 55050
TOYOTA Stetweg 66 ℘ 54917
VAG Stetweg 37 ℘ 58552
VOLVO Kooiplein 2 ℘ 58052

CHAAM Noord-Brabant 212 ⑯ et 408 ⑰ – 3 610 h. – ☎ 0 1619.

◆Amsterdam 112 – ◆'s-Hertogenbosch 43 – ◆Antwerpen 66 – ◆Breda 14 – ◆Eindhoven 54.

XX **Huis ten Bosch,** Bredaseweg 72 (NO : 3 km), ✉ 4861 TD, ℘ 12 75, « Rustique » –
AE ⓓ E
fermé lundi, mardi et dern. sem. juin-2 prem. sem. juil. – **R** carte 41 à 88.

MAZDA Dorpsstraat 41 ℘ 1228

CHAMPS DE FLEURS ★★★ 408 ⑩ G. Hollande.

NEDERLAND
*Een groene gids van **Michelin**, Nederlandstalige uitgave*
Beschrijvingen van bezienswaardigheden
Landschappen, toeristische routes
Aardrijkskundige gegevens
Geschiedenis, Kunst
Plattegronden van steden en gebouwen

De COCKSDORP Noord-Holland 408 ③ – voir à Waddeneilanden (Texel).

COEVORDEN Drenthe 408 ⑬ – 14 344 h. – ☎ 0 5240.

ℹ 't Kasteel 31, ✉ 7741 GC, ℘ 9 42 77.

◆Amsterdam 163 – Assen 54 – ◆Enschede 72 – ◆Groningen 75 – ◆Zwolle 53.

XX **Gasterie Het Kasteel,** Kasteel 30, ✉ 7741 GD, ℘ 1 21 70, Dans une cave voûtée –
ⓓ E VISA
fermé dim., lundi et prem. sem. janv. – **R** carte 67 à 91.

CITROEN Monierweg 1 ℘ 14100
FORD Europaweg 2 ℘ 14555
GM (OPEL) Parallelweg 39a ℘ 13641
NISSAN Stationsstraat 34 ℘ 13881
PEUGEOT, TALBOT Wilhelminasingel 38 ℘ 12434
VAG Monierweg 5 ℘ 15131

CULEMBORG Gelderland 408 ⑱ – 21 116 h. – ☎ 0 3450.

ℹ Herenstraat 29, ✉ 4101 BR, ℘ 1 39 12.

◆Amsterdam 60 – ◆Breda 67 – ◆'s-Hertogenbosch 35 – ◆Utrecht 28.

🏠 **Casa Blanca,** Waldeck Pyrmontdreef 2, ✉ 4101 KJ, ℘ 1 82 82, Fax 2 12 84 – TV ☎
AE ⓓ E VISA. ⛌ ch
fermé 13 juil.-4 août et 31 déc.-1er janv. – **R** carte 60 à 104 – **6 ch** ☕ 113/155 – ½ P 14
158.

X **Ménage de Marron,** Havendijk 6, ✉ 4101 AB, ℘ 2 00 97, Fax 2 00 79 – ▤. AE ⓓ E V
fermé dim., lundi et 27 déc.-1er fév. – **R** carte 49 à 106.

\T Industrieweg 14 ✆ 13475
·RD Weth. Schoutenweg 1 ✆ 15757
ɅI (OPEL) Vianensestraat 1 ✆ 14241
)NDA Randweg 12 ✆ 13650
.NCIA Erasmusweg 8 ✆ 14727
AZDA, TOYOTA A. van Diemenstraat 6
' 16034/14999

NISSAN Plantijnweg 7 ✆ 12134
PEUGEOT, TALBOT A. van Diemenstraat 40 ✆ 14545
RENAULT Plantijnweg 16 ✆ 13600
VAG Rijksstraatweg 12 ✆ 16211
VOLVO Plantijnweg 31 ✆ 16613

:UIJK Noord-Brabant C Cuijk en Sint Agatha 17 157 h. 212 ⑨ et 408 ⑲ – ☎ 0 8850.

Amsterdam 126 – ◆'s-Hertogenbosch 44 – ◆Nijmegen 15 – Venlo 54.

✕ **De Beurs,** Grotestraat 26, ✉ 5431 DK, ✆ 1 30 69 – P. AE ① E VISA. ✻
fermé merc. et 3 sem. en juil. – **R** carte 49 à 78.

ɅW Lange Beyerd 6 ✆ 13035
TROEN, MITSUBISHI Lange Beyerd 2
' 12990
)RD Smidstraat 41 ✆ 21000
ɅI (OPEL) Beerseweg 3 ✆ 13003

NISSAN Lange Beyerd 1 ✆ 20879
PEUGEOT, TALBOT Zwaanstraat 16 ✆ 12198
TOYOTA Koebaksestraat 4 ✆ 12696

)e – voir au nom propre.

)ELDEN Overijssel C Stad Delden 7 530 h. 408 ⑬ – ☎ 0 5407.

Kortestraat 26, ✉ 7491 AX, ✆ 6 13 00.

Amsterdam 144 – ◆Zwolle 60 – ◆Apeldoorn 59 – ◆Enschede 17.

Carelshaven, Hengelosestraat 30, ✉ 7491 BR, ✆ 6 13 05, Fax 6 12 91, ☂, « Terrasse et jardin fleuri » – TV ☎ P. AE ① E VISA. ✻
fermé 23 déc.-4 janv. – **R** carte 84 à 112 – ☕ 19 – **22 ch** 80/175 – ½ P 130/195.

De Zwaan, Langestraat 2, ✉ 7491 AE, ✆ 6 12 06, Fax 6 44 45 – TV ☎ 🚗 P. AE ① E VISA. ✻
fermé lundi midi et 26 déc.-1er janv. – **R** carte 50 à 80 – **9 ch** ☕ 138/180 – ½ P 120/140.

XXX **In den Drost van Twenthe** avec ch, Hengelosestraat 8, ✉ 7491 BR, ✆ 6 40 55, Fax 6 11 85, ☂, ⛱, ✂ – TV ☎ P. AE ① E VISA
fermé 2 dern. sem. juil. – **R** *(fermé sam. midi)* 55/100 – ☕ 15 – **6 ch** 95/175 – ½ P 165/210.

✕ **In den Weijenborg,** Spoorstraat 16, ✉ 7491 CK, ✆ 6 30 79 – AE ① E VISA
fermé mardi – **R** (dîner seult) carte 42 à 67.

)ELFT Zuid-Holland 408 ⑩ – 88 135 h. – ☎ 0 15.

oir Nouvelle église★ (Nieuwe Kerk) : mausolée de Guillaume le Taciturne★, de la tour ✻ ★ CY A Oude Delft★ (Vieux canal) CYZ – Pont de Nieuwstraat ≤★ CY – Oostpoort★ (Porte de :st) DZ **R** – Promenade sur les canaux★ ⛴ CZ – Centre historique et canaux★★.
usées : Prinsenhof★ CY **M¹** – kHuis Lambert van Meertenk : collection de carreaux de ïence★ CY **M³**.

Markt 85, ✉ 2611 GS, ✆ 12 61 00.

Amsterdam 58 ④ – ◆Den Haag 13 ④ – ◆Rotterdam 15 ② – ◆Utrecht 62 ④.

Plans pages suivantes

Museumhotel sans rest, Oude Delft 189, ✉ 2611 HD, ✆ 14 09 30, Telex 38026, Fax 14 09 35 – |☰| TV ☎. AE ① E VISA — CY **r**
☕ 18 – **47 ch** 135/295.

Leeuwenbrug sans rest, Koornmarkt 16, ✉ 2611 EE, ✆ 14 77 41, Fax 15 97 59 – |☰| TV ☎. AE ① E VISA — CZ **r**
fermé 25 déc.-1er janv. – **37 ch** ☕ 113/140.

De Ark sans rest, Koornmarkt 65, ✉ 2611 EC, ✆ 15 79 99, Fax 14 49 97 – |☰| TV ☎ P. AE E VISA — CZ **a**
15 ch ☕ 140/215.

Juliana sans rest, Maerten Trompstraat 33, ✉ 2628 RC, ✆ 56 76 12, Fax 56 57 07 – TV ☎. AE ① E VISA — DZ **a**
26 ch ☕ 65/130.

De Vlaming sans rest, Vlamingstraat 52, ✉ 2611 KZ, ✆ 13 21 27 – TV ☎. AE ① E VISA — CY **f**
7 ch ☕ 115/180.

XXX ✿ **De Zwethheul,** Rotterdamseweg 480 (SE : 5 km), ✉ 2629 HJ, ✆ (0 10) 470 41 66, Fax (0 10) 470 65 22, ☂, « Terrasse au bord de l'eau avec ≤ » – P. AE ① E VISA
fermé sam. midi, dim. midi et lundi – **R** carte 96 à 125. — DZ
Spéc. Filets de sole farcis au crabe, sauce aux crustacés, Terrine de foie gras aux pommes, Dessert aux épices et glace à la cannelle.

XX **L'Orage,** Oude Delft 111b, ✉ 2611 BE, ✆ 12 36 29, Fax 14 19 34 – ▤. AE ① E VISA
fermé dim., lundi et 30 juil.-24 août – **R** 58/98. — CZ **n**

XX **Bastille,** Havenstraat 4, ✉ 2613 VK, ✆ 13 23 90 – AE ① E VISA — CZ **u**
R carte env. 75.

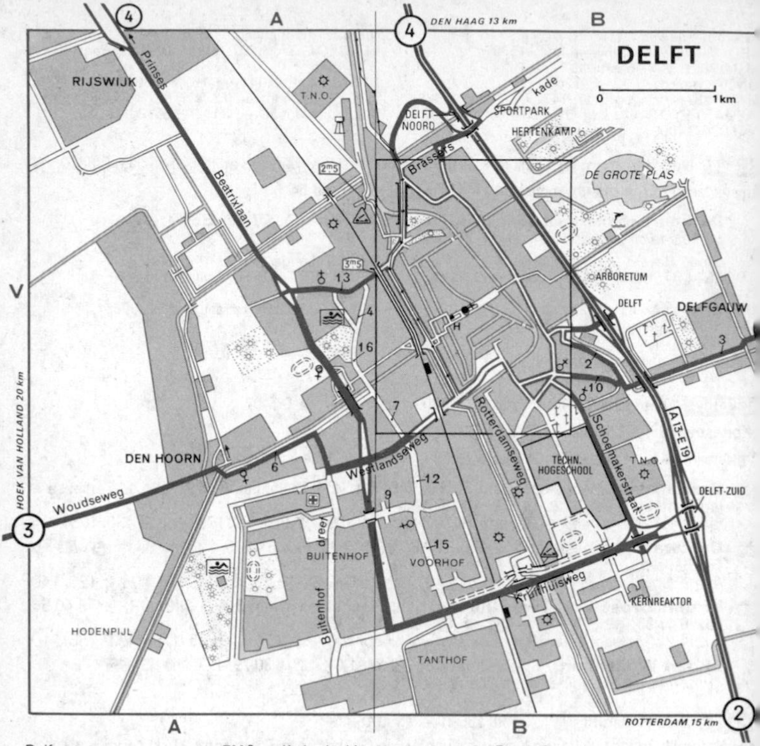

XX **L'Escalier,** Oude Delft 125, ✉ 2611 BE, ☎ 12 46 21, Fax 15 80 48, – AE ◑ E VISA
fermé du 12 au 25 août, du 1er au 13 janv., mardi et dim. – **R** carte 57 à 104. CZ

XX **De Prinsenkelder,** Schoolstraat 11 (dans le musée **M¹**), ✉ 2611 HS, ☎ 12 18 6
Fax 13 33 13, – AE ◑ E VISA CY
fermé sam. midi, dim., 27 juil.-11 août et 27 déc.-1er janv. – **R** carte 63 à 100.

XX **Het Straatje van Vermeer,** Molslaan 18, ✉ 2611 RM, ☎ 12 64 66, , « Copies d
Vermeer » – ▤. AE ◑ E VISA. CZ
fermé dim. et lundi – **R** carte 66 à 91.

XX **De Linden,** Hippolytusbuurt 8, ✉ 2611 HN, ☎ 12 30 38 – ▤. AE ◑ E VISA CY
fermé du 12 au 25 août, 27 déc.-22 janv. et merc. – **R** (dîner seult) carte 63 à 94.

XX **Le Vieux Jean,** Heilige Geest Kerkhof 3, ✉ 2611 HP, ☎ 13 04 33, Fax 14 67 20 – ▤.
◑ E VISA CY
fermé dim., lundi et fin juil.-début août – **R** carte 65 à 97.

X **Redjeki,** Choorstraat 50, ✉ 2611 JH, ☎ 12 50 22, Cuisine indonésienne – AE ◑ E VIS
fermé dim. midi – **R** 43. CY

X **De Dis,** Beestenmarkt 36, ✉ 2611 GC, ☎ 13 17 82, Cuisine hollandaise – AE E VISA
fermé merc. et 24, 25, 26 et 31 déc. – **R** (dîner seult) carte 40 à 57. DY

Voir aussi : ***Rijswijk*** (agglomération de Den Haag) par ④ : 4 km

ALFA-ROMEO Noordeinde 43 ☎ 125970
BMW Hermesstraat 65 ☎ 569393
CITROEN Papsouwselaan 1 ☎ 569273
FIAT Haagweg 129 ☎ 120115
FORD Vulcanusweg 281 ☎ 616464
GM (OPEL) Schieweg 3 ☎ 610214
HONDA Schieweg 91 ☎ 623545
LADA Nassaulaan 23 ☎ 568779
LANCIA Delftsestraatweg 210 ☎ 565100
MAZDA Zuideinde 106 ☎ 569201
MERCEDES-BENZ Faradayweg 3 ☎ 567598
MITSUBISHI Houttuinen 4 ☎ 122775
NISSAN Motorenweg 31 ☎ 569325
PEUGEOT, TALBOT Rotterdamseweg 374 ☎ 569306
RENAULT Motorenweg 25 ☎ 564400
ROVER Lagosweg 9 ☎ 616155
TOYOTA R. de Graafweg 2a ☎ 624507
VAG Energieweg 5 ☎ 563491
VOLVO Schieweg 77 ☎ 618961

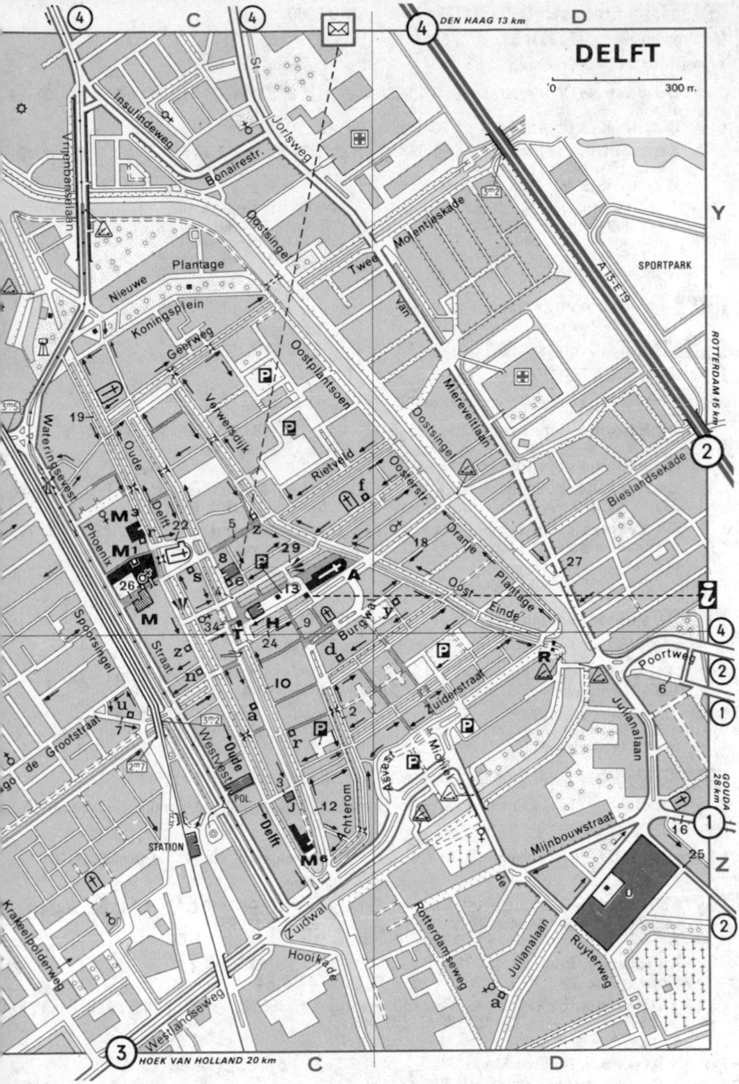

oorstr.	CY 5	Brabantse Turfmarkt	CZ 2	Nassaulaan	DZ 16
opolytusbuurt	CY 8	Breestr.	CZ 3	Nieuwe Langendijk	DY 18
cob Gerritstr.	CY 9	Camaretten	CY 4	Noordeinde	CY 19
arkt	CY 13	Delfgauwseweg	DZ 6	Oude Kerkstr.	CY 22
ude Langendijk	CZ 24	Havenstr.	CZ 7	Schoemakerstr.	DZ 25
ldersgracht	CY 29	Koornmarkt	CZ 10	St. Agathapl.	CY 26
ijnhaven	CY 34	Lange Geer	CZ 12	Stalpaert v.d. Wieleweg	DY 27

Do not mix up :

Comfort of hotels : ... ,

Comfort of restaurant : ...

Quality of the cuisine : , ,

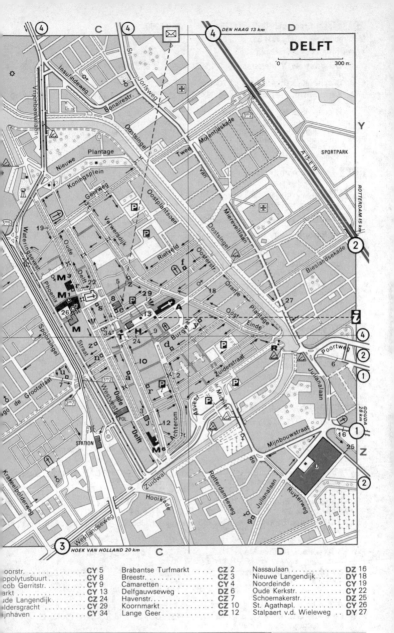

DELFZIJL Groningen 408 ⑥ – 23 472 h. – ☎ 0 5960.

Kornputplein 1a, ✉ 9934 EA, ☎ 1 81 04.

♦Amsterdam 213 – ♦Groningen 30.

Du Bastion, Waterstraat 78, ✉ 9934 AX, ☎ 1 87 71, Fax 1 71 47 – TV ☎ P. AE ⓓ VISA
R carte 40 à 66 – **40 ch** 70/115 – ½ P 80/105.

Eemshotel, Zeebadweg 2, ✉ 9933 AV, ☎ 1 26 36, Fax 1 96 54, ≤, – TV ☎ P. ⓓ E VISA.
R carte 43 à 62 – **23 ch** 93/135.

ALFA-ROMEO Europaweg 34 ☎ 15253
CITROEN Europaweg 32 ☎ 15752
FORD Venjelaan 4 ☎ 17340
GM (OPEL) Rondeboslaan 5 ☎ 31031
NISSAN Rondeboslaan 8 ☎ 18570
PEUGEOT, TALBOT Piet Heinstraat 41 ☎ 1302
RENAULT Wegstraat 23 ☎ 11122
VAG Rondeboslaan 17 ☎ 16475
VOLVO Rondeboslaan 4 ☎ 12907

Den – voir au nom propre.

DENEKAMP Overijssel 408 ⑬ ⑭ – 12 206 h. – ☎ 0 5413.

Kerkplein 2, ✉ 7591 DD, ☎ 12 05.

♦Amsterdam 169 – ♦Zwolle 77 – ♦Apeldoorn 85 – ♦Enschede 19.

Dinkeloord, Denekamperstraat 48 (SO : 2 km), ✉ 7588 PW, ☎ 13 87, Fax 38 75, , – TV ☎ P – 35 à 80. AE ⓓ E VISA. rest
R carte 55 à 79 – **45 ch** 88/165 – ½ P 83/98.

De Kampbeek, Oldenzaalsestraat 53 (SO : 1,5 km), ✉ 7591 GL, ☎ 13 14, Ouvert jusqu 23 h – P. AE ⓓ E VISA – *fermé lundis non fériés* – **R** carte 60 à 84.

De Watermolen, Schiphorstdijk 4 (près château Singraven), ✉ 7591 PS, ☎ 13 72, « Moulin à eau du 15e s. » – P. AE ⓓ E – *fermé lundi* – **R** carte 58 à 74.

GM (OPEL) Kloppendijk 46 ☎ 2152
PEUGEOT, TALBOT Brandlichterweg 1 ☎ 1495
VOLVO Oranjestraat 7 ☎ 1666

DEURNE Noord-Brabant 212 ⑲ et 408 ⑲ – 29 308 h. – ☎ 0 4930.

♦Amsterdam 136 – ♦'s-Hertogenbosch 51 – ♦Eindhoven 25 – Venlo 33.

Hof van Deurne, Haageind 29, ✉ 5751 BB, ☎ 1 21 41, Ancienne ferme – P. AE ⓓ VISA – *fermé sam. midi, dim. midi et 29 juil.-17 août* – **R** carte 62 à 105.

FORD Tramstraat 65 ☎ 16865
GM (OPEL) Dr H. van Doorneweg 1 ☎ 19310
NISSAN H : Mesdagstraat 1 ☎ 17816
RENAULT Voltstraat 1 ☎ 12626
VAG P.T. Mondriaanstraat 18 ☎ 14800

DEVENTER Overijssel 408 ⑫ – 66 398 h. – ☎ 0 5700.

à Diepenveen N : 4 km par Laan van Borgele, Golfweg 2, de Hoek ☎ (0 5709) 12 14

Brink 55, ✉ 7411 BV, ☎ 1 62 00.

♦Amsterdam 106 ④ – ♦Zwolle 38 ② – ♦Apeldoorn 16 ⑤ – ♦Arnhem 40 ④ – ♦Enschede 59 ④.

Plan page ci-contre

Postiljon, Deventerweg 121 (par ④ : 2 km près A 1), ✉ 7418 DA, ☎ 2 40 22, Telex 4902 Fax 2 53 46 – rest TV ☎ P – 300. AE ⓓ E VISA
R carte 40 à 59 – 14 – **99 ch** 95/146 – ½ P 137/156.

Kandinsky, Brink 50, ✉ 7411 BV, ☎ 1 98 89 – AE ⓓ E VISA — Z
fermé mardi, sam. midi et dim. midi – **R** carte 47 à 84.

't Diekhuus, Bandijk 2 (par Terwoldseweg), ✉ 7396 NB, ☎ (0 5712) 7 39 68, Fax (0 571 7 52 59, ≤, – P. AE ⓓ E VISA. — X
fermé lundi midi, mardi midi, sam. midi et 18 fév.-1er mars – **R** 33/75.

't Arsenaal, Nieuwe Markt 33, ✉ 7411 PC, ☎ 1 64 95, – AE ⓓ E — Z
fermé dim. et jours fériés – **R** carte 69 à 95.

Da Mario, Vleeshouwerstraat 4, ✉ 7411 JN, ☎ 1 93 93, Fax 1 93 93, , Cuisine italienne – AE ⓓ E VISA — Z
fermé mardi – **R** (dîner seult) carte 40 à 74.

à Twello par ⑤ : 4 km C Voorst 23 678 h. – ☎ 0 5712 :

Le Petit Gourmet, Dorpsstraat 12, ✉ 7391 DD, ☎ 7 16 10, – P. AE E
fermé lundi et juil. – **R** carte 40 à 60.

ALFA-ROMEO Hanzeweg 26 ☎ 32929
CITROEN Venlostraat 5 ☎ 31133
FIAT Brinkgreverweg 5 ☎ 21410
FORD Zwolseweg 99 ☎ 14711
GM (OPEL) Diepenveenseweg 84 ☎ 28081
LADA Staverenstraat 11 ☎ 26076
LANCIA Staverenstraat 9 ☎ 20700
MERCEDES-BENZ Hanzeweg 32 ☎ 34569
MITSUBISHI Ceintuurbaan 209 ☎ 33455
NISSAN Holterweg 85 ☎ 51371
PEUGEOT, TALBOT Zwolseweg 156 ☎ 1255
RENAULT Hanzeweg 19047 ☎ 26263
TOYOTA Hanzeweg 36 ☎ 31511
VAG J. van Vlotenlaan 2 ☎ 43333
VAG Zutphenselaan 14 ☎ 20633

DEVENTER

nk	Z	15
eederenstr.	Z	18
gestr.	Z	23
ote Poot	Z	30
ine Poot	Z	42
rte Bisschopstr.	Z	47
nge Bisschopstr.	Z	48
euwstr.	YZ	56
stellaan	X	2
gijnenstr.	Y	4
gkerkpl.	Z	5
rgstr.	Z	8
nensingel	Y	9
kkingshang	Z	12
xbergerweg	X	14
nkgreverweg	X	16
nkpoortstr.	Y	17
ensestr.	X	20
opapl.	X	22
even	Z	25
ote Kerkhof	Z	27
ote Overstr.	Z	28
nri Dunantlaan	X	31
rman		
Boerhaavelaan	X	32
fstr.	Z	33
ge Hondstr.	Y	35
utmarkt	Z	36
n. van Vlotenlaan	X	38
ojeswelle	Y	40
ksteeg	Z	41
ningin		
Wilhelminalaan	X	45
ouïnuslaan	X	49
rgijnenenk	X	50
nstr.	Z	51
. H. F. de Boerlaan	XZ	52
ordenbergstr.	Z	58
n Oldenielstr.	X	59
sterwechelsweg	X	61
senweerdstr.	Y	62
ntsteeg	Z	65
ggestr.	Z	67
Snipperlingsdijk	XZ	69
Spijkerboorsteeg	Z	70
Stationsstr.	Y	72
Stromarkt	Z	73
T. G. Gibsonstr.	Y	76
van Twickelostr.	Y	78
Verlengde Kazernestr.	Z	79
Verzetslaan	Y	82
Zamenhoffpl.	X	84
Zandpoort	Z	85
Zutphenselaan	XZ	87
Zutphenseweg	X	88

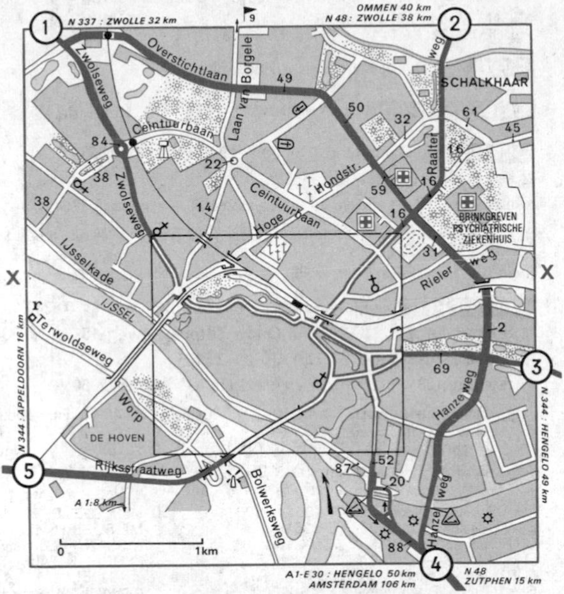

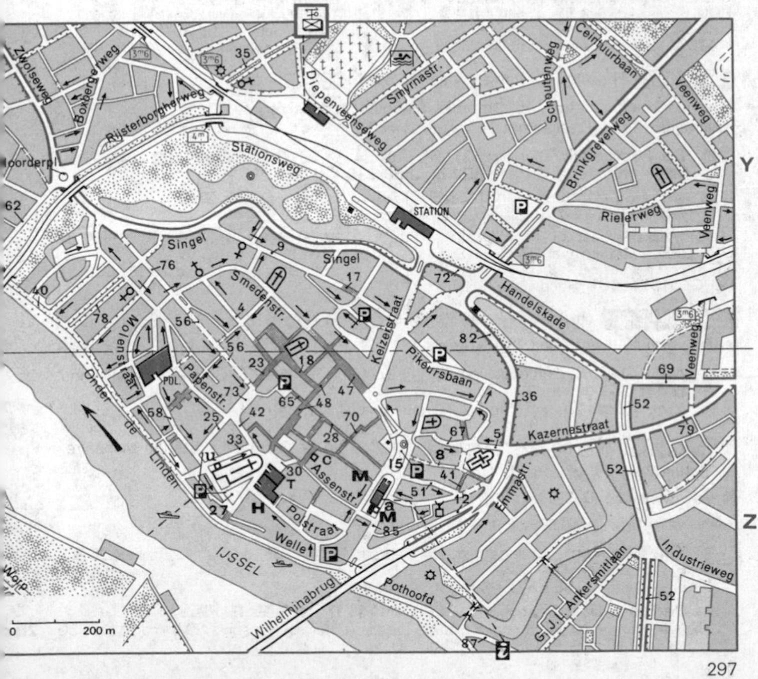

DIEVER Drenthe 408 ⑤ – 3 557 h. – ☎ 0 5219.

♦Amsterdam 159 – Assen 27 – ♦Groningen 52 – ♦Leeuwarden 69 – ♦Zwolle 49.

X **De Walhof** ⚘ avec ch, Hezenes 6, ✉ 7981 LC, ☎ 17 93, ⛱, « Terrasse et jardin » TV P. AE ◑ E VISA. ✂
fermé 3 prem. sem. janv. – **R** 46 – **9 ch** ☕ 40/100 – ½ P 55/70.

NISSAN Moleneinde 28 ☎ 2320
PEUGEOT, TALBOT Moleneinde 37 ☎ 1351
TOYOTA Hoofdstraat 38 ☎ 2160

DIFFELEN Overijssel – voir à Hardenberg.

DIGUE DU NORD **(AFSLUITDIJK)★★** 408 ④ **G. Hollande.**

DOESBURG Gelderland 408 ⑫ – 10 578 h. – ☎ 0 8334.

🅸 Kerkstraat 6, ✉ 6981 CH, ☎ 7 24 09.

♦Amsterdam 118 – ♦Arnhem 20 – ♦Apeldoorn 30 – ♦Enschede 77.

XXX **De Waag,** Koepoortstraat 2, ✉ 6981 AS, ☎ 7 24 62, « Poids Public du 15ᵉ s. » – AE ◑ E VISA – **R** 58/78.

RENAULT Nieuwstraat 3 ☎ 72365
ROVER Koepoortstraat 38 ☎ 72704

DOETINCHEM Gelderland 408 ⑫ ⑬ – 41 260 h. – ☎ 0 8340.

⛳9 à Hoog-Keppel, NO : 6 km, Oude Zutphenseweg 15, ☎ (0 8348) 14 16.

🅸 Walmolen, IJsselkade, ✉ 7001 AP, ☎ 2 33 55.

♦Amsterdam 130 – ♦Arnhem 32 – ♦Apeldoorn 43 – ♦Enschede 60.

🏨 **De Graafschap,** Markt 10, ✉ 7001 BJ, ☎ 2 45 41, Fax 2 58 63 – TV ☎ P – 🏛 25 à plus. AE ◑ E VISA. ✂ rest
R carte env. 60 – **30 ch** ☕ 68/125 – ½ P 78/88.

XX **Balkan,** Hoge Molenstraat 25, ✉ 7001 AS, ☎ 3 38 70 – ▤. AE E
fermé dim. et 22 déc.-6 janv. – **R** carte 40 à 60.

ALFA-ROMEO Bilderdijkstraat 100 ☎ 32644
BMW Meestersstraat 22 ☎ 26351
CITROEN Grutbroek 6 ☎ 23500
FIAT Plein 40-45 ☎ 32644
FORD Edisonstraat 1 ☎ 33250
GM (OPEL) Plakhorstweg 1 ☎ 41600
HONDA Havenstraat 52 ☎ 44000
LANCIA Havenstraat 19 ☎ 35412
MAZDA Varsseveldseweg 186 ☎ 26225
MERCEDES-BENZ Havenstraat 63 ☎ 24800
MITSUBISHI Edisonstraat 5 ☎ 46644
NISSAN Plakhorstweg 14 ☎ 33055
PEUGEOT, TALBOT Terborgseweg 20 ☎ 32851
RENAULT Vlijtstraat 17 ☎ 27202
TOYOTA Keppelseweg 18 ☎ 22611
VAG Grutbroek 16 ☎ 23441
VOLVO Houtmolenstraat 41 ☎ 34451

DOKKUM Friesland C Dongeradeel 24 572 h. 408 ⑤ – ☎ 0 5190.

Env. O : Hoogebeintum, 16 armoiries funéraires★ dans l'église.

♦Amsterdam 163 – ♦Leeuwarden 24 – ♦Groningen 58.

🏨 **De Posthoorn,** Diepswal 21, ✉ 9101 LA, ☎ 35 00, Fax 73 29 – TV – 🏛 200. AE ◑ VISA – **R** carte 48 à 72 – **30 ch** ☕ 60/135 – ½ P 75/95.

XX **Old Inn,** Hantumerweg 6, ✉ 9101 AB, ☎ 23 08 – P. AE ◑ E
fermé dim., lundi et 25, 26 déc. – **R** carte 52 à 74.

FORD Mockamastraat 35 ☎ 5455
GM (OPEL) Oostersingel 28 ☎ 2418
NISSAN Energieweg 4 ☎ 6056
PEUGEOT, TALBOT Rondweg W 160 ☎ 2303
RENAULT Dongeradijk 4 ☎ 3158
VAG Rondweg 88 ☎ 2941
VOLVO Holwerderweg 36 ☎ 4222

Den DOLDER Utrecht C Zeist 59 431 h. 408 ⑪ – ☎ 0 30.

♦Amsterdam 46 – Amersfoort 13 – ♦Utrecht 13.

XX **Anak-Depok,** Dolderseweg 85, ✉ 3734 BD, ☎ 29 29 15, Cuisine indonésienne – AE ◑ E VISA ✂
fermé mardi, 25 et 31 déc. – **R** (dîner seult) carte 43 à 85.

DOMBURG Zeeland 212 ② et 408 ⑮ – 3 977 h. – ☎ 0 1188 – Station balnéaire.

⛳9 Schelpweg 26, ☎ 15 73.

🅸 Schuitvlotstraat 32, ✉ 4357 EB, ☎ 13 42.

♦Amsterdam 190 – ♦Middelburg 16 – ♦Rotterdam 111.

🏨 **The Wigwam** ⚘ sans rest, Herenstraat 12, ✉ 4357 AL, ☎ 12 75, Fax 25 25, 🛋 – ☎ P. AE E VISA. ✂
mars-4 nov. – **30 ch** ☕ 68/160.

🏨 **De Burg,** Ooststraat 5, ✉ 4357 BE, ☎ 13 37 – TV. AE E VISA
fermé du 11 au 24 nov. – **R** *(fermé merc.)* (dîner seult jusqu'à 20 h) carte env. 50 – **20 ch** ☕ 47/110 – ½ P 70/78.

OORN Utrecht 408 ⑪ – 10 419 h. – 0 3430.

ir Collection d'objets d'art★ dans le château (Huis Doorn).

Dorpsstraat 4, ✉ 3941 JM, ☎ 1 20 15.

msterdam 59 – ◆Utrecht 21 – Amersfoort 14 – ◆Arnhem 45.

✗ **Het Wapen van Sandenburg,** Sandenburgerlaan 2 (SE : 3 km), ✉ 3941 ME, ☎ 1 21 27, – P. AE ⓓ E
fermé du 1er au 15 janv. – **R** 44/90.

RD Dorpsstraat 30 ☎ 12385
(OPEL) Dorpsstraat 73
13241

RENAULT Amersfoortseweg 18 à Maarn
☎ 1983
VAG Dorpsstraat 6 ☎ 13441

OORWERTH Gelderland C Renkum 33 841 h. 408 ⑫ – 0 85.

msterdam 98 – ◆Arnhem 8.

✗✗ **Kasteel Doorwerth,** Fonteinallee 4, ✉ 6865 ND, ☎ 33 34 20, « Dans les dépendances du château » – P. AE ⓓ E VISA
fermé mardi – **R** carte 53 à 83.

ZDA W. Pyrmontlaan 14 ☎ 333774

The Michelin Map no 408 (scale 1:400 000) covers the whole of the Netherlands in one sheet.
In addition there are detailed insets of Amsterdam and Rotterdam and an index of places.

ORDRECHT Zuid-Holland 212 ⑤ ⑥ et 408 ⑰ – 108 519 h. – 0 78.

ir La Vieille Ville★ – Grande Église ou église Notre-Dame★ (Grote- of O.L. Vrouwekerk) : lles★, de la tour ≤★★ CB – Groothoofdspoort : du quai ≤★ D
usée : Mr. Simon van Gijn★ CM[1].

Baanhoekweg 50, ☎ 21 12 11.

à Rotterdam-Zestienhoven NO : 23 km par ④ ☎ (0 10) 415 76 33 (renseignements) et 10) 437 27 45, 415 54 30.

Stationsweg 1, ✉ 3311 JW, ☎ 13 28 00.

msterdam 95 ① – ◆Den Haag 53 ④ – ◆Arnhem 106 ① – ◆Breda 29 ② – ◆Rotterdam 23 ④ – ◆Utrecht ①.

Plans pages suivantes

Postiljon, Rijksstraatweg 30 ('s-Gravendeel), ✉ 3316 EH, ☎ 18 44 44, Telex 20478, Fax 18 79 40 – rest TV ☎ P – 500. AE ⓓ E VISA AZ **u**
R carte 40 à 62 – 14 – **96 ch** 108/151 – ½ P 113/126.

Bellevue-Groothoofdspoort, Boomstraat 37, ✉ 3311 TC, ☎ 13 79 00, Fax 13 79 21, ≤ – TV ☎ – 25 ou plus. AE ⓓ E VISA D **c**
R 50/70 – **18 ch** 70/135 – ½ P 98/125.

Dordrecht, Achterhakkers 12, ✉ 3311 JA, ☎ 13 60 11, Fax 13 74 70 – TV ☎. AE ⓓ E VISA C **d**
R (dîner seult) carte 50 à 75 – **21 ch** 110/170 – ½ P 130/150.

Klarenbeek sans rest, Joh. de Wittstraat 35, ✉ 3311 KG, ☎ 14 41 33, Fax 14 08 61 – ☎ D **s**
23 ch 75/100.

✗✗ **Au Bon Coin,** Groenmarkt 1, ✉ 3311 BD, ☎ 13 82 30 – AE ⓓ E VISA C **n**
fermé sam. midi, dim. midi et lundi – **R** 45/58.

✗✗ **De Stroper,** Wijnbrug 1, ✉ 3311 EV, ☎ 13 00 94, Produits de la mer – AE D **v**
fermé sam. midi, dim. midi et lundi – **R** carte 40 à 73.

✗ **Bonne Bouche,** Groenmarkt 8, ✉ 3311 BE, ☎ 14 05 00 – . AE ⓓ E VISA C **a**
fermé mardi et fin déc.-début janv. – **R** 60/85.

✗ **Marktzicht,** Varkenmarkt 19, ✉ 3311 BR, ☎ 13 25 84, Produits de la mer – . AE ⓓ E VISA C **e**
fermé dim., lundi, 25 mars-1er avril et 22 juil.-4 août – **R** 43/53.

✗ **Le Mouton,** Toulonselaan 12, ✉ 3312 ET, ☎ 13 50 09, , Ouvert jusqu'à minuit – AE ⓓ E VISA D **u**
fermé sam. midi et dim. midi – **R** 50/88.

✗ **Jongepier** 1er étage, Groothoofd 8, ✉ 3311 AG, ☎ 13 06 16, ≤ – AE ⓓ E VISA D **r**
R carte 50 à 68.

à Papendrecht NE : 1 km – 27 056 h. – 0 78 :

Papendrecht, Lange Tiendweg 2, ✉ 3353 CW, ☎ 15 20 99, Telex 29331, Fax 15 85 97 – ch TV ☎ P – 25 à 180. AE ⓓ E VISA BY **h**
R carte 61 à 103 – **76 ch** 90/198 – ½ P 88/193.

DORDRECHT

Brouwersdijk .... AZ 8
Burgemeester Jaslaan .... BZ 9
Dubbelsteynlaan .... BZ 12
Jan Vethkade .... AZ 18
Kapteynweg .... BZ 22
Kotterstr. .... AZ 23
Krispijnseweg .... AZ 24
Laan der Verenigde Naties . AZ 27
Maarten Harpertszoon Trompweg .... AZ 28

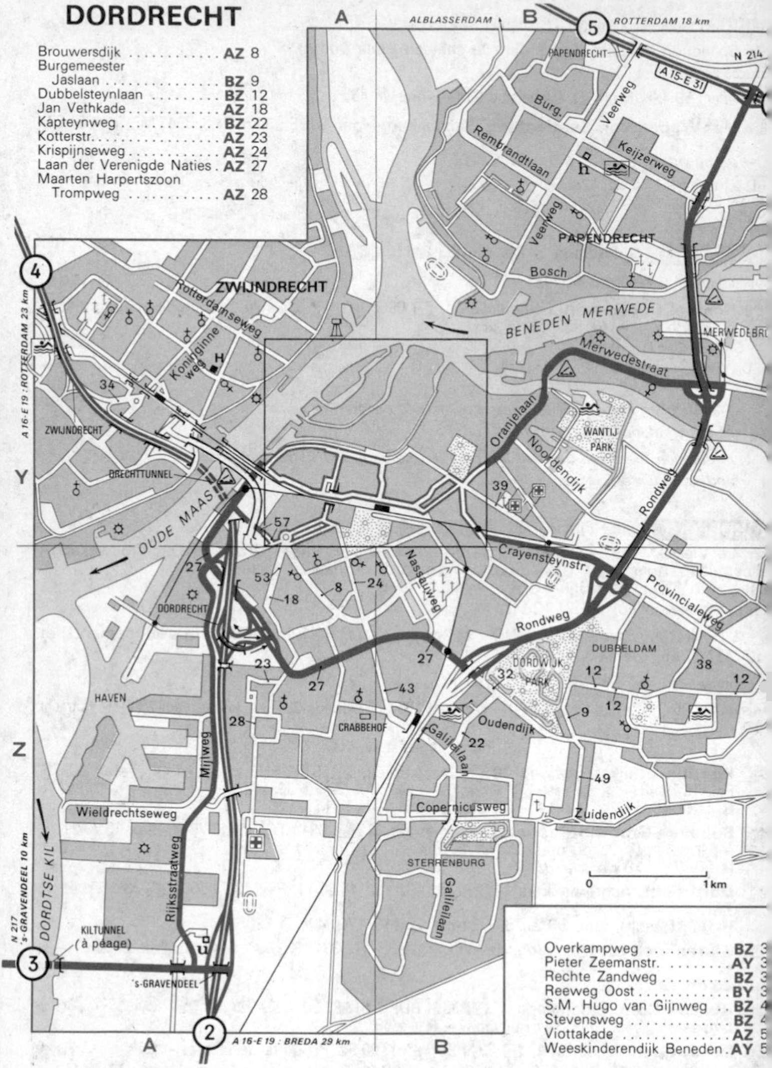

Overkampweg .... BZ 3
Pieter Zeemanstr. .... AY 3
Rechte Zandweg .... BZ 3
Reeweg Oost .... BY 3
S.M. Hugo van Gijnweg .... BZ 4
Stevensweg .... BZ 4
Viottakade .... AZ 5
Weeskinderendijk Beneden . AY 5

à Zwijndrecht NO : 4 km – 41 357 h. – ☎ 0 78 :

✗ **De Bourgondiër,** Veerplein 16, ✉ 3331 LE, ☎ 12 84 89 – AE ⓓ E VISA C
fermé dim. et 25 déc.-4 janv. – **R** 45/65.

ALFA-ROMEO Nijverheidsstraat 65 ☎ 139244
BMW Dubbelsteynlaan 51 ☎ 161155
CITROEN Nijverheidsstraat 20 ☎ 141399
FIAT Nijverheidsstraat 10 ☎ 140744
FORD Blekersdijk 96 ☎ 143088
GM (OPEL) Burg. de Raadtsingel 61 ☎ 132155
HONDA Laan der Ver. Naties 241 ☎ 174442
LADA Daltonstraat 8 ☎ 179789
LANCIA Blekersdijk 38 ☎ 142305
MAZDA, MERCEDES-BENZ Mijlweg 81 ☎ 177000
MITSUBISHI Komatistraat 12 ☎ 133101
NISSAN Weeskinderendijk 5 ☎ 137777
PEUGEOT, TALBOT Albert Cuypsingel 296 ☎ 142044
RENAULT Copernicusweg 1 ☎ 171633
ROVER S. Lohmanweg 3 ☎ 511199
TOYOTA Nijverheidsstraat 95 ☎ 321240
VAG Laan der Ver. Naties 75 ☎ 143322
VOLVO Marconiweg 12 ☎ 322290

DORDRECHT

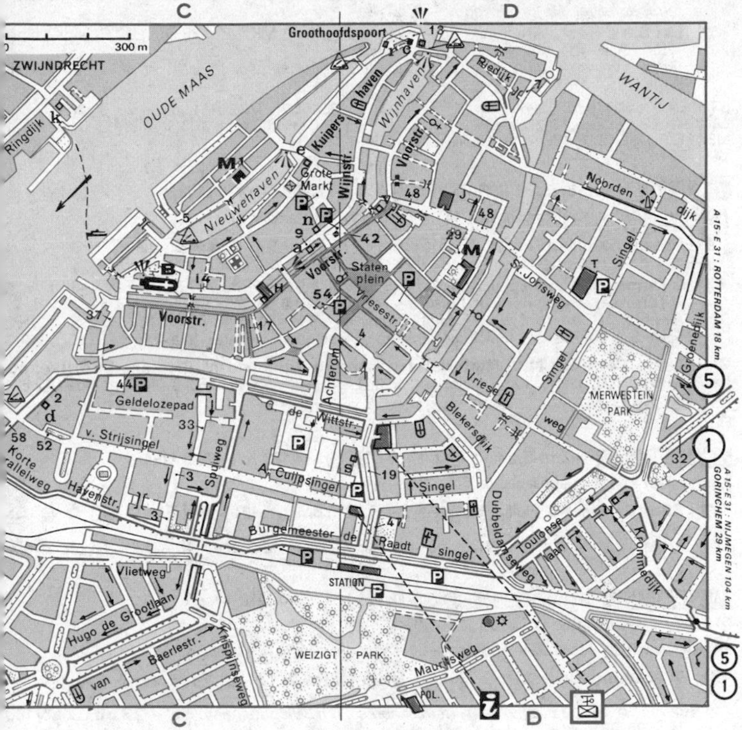

EUROPE on a single sheet
Michelin Map n° 970.

ORST Noord-Brabant 212 ⑥ et 408 ⑰ – voir à Breda.

RACHTEN Friesland C Smallingerland 50 434 h. 408 ⑤ – 0 5120.

(fermé sam. de mi-oct. à mi-avril) Gauke Boelensstraat 2, ✉ 9203 RM, ☎ 1 77 71.

Amsterdam 147 – •Leeuwarden 27 – •Groningen 36 – •Zwolle 85.

Drachten, Zonnedauw 1, ✉ 9202 PE, ☎ 2 07 05, Telex 46693, Fax 2 32 32, – ch
rest TV ☎ P – 200. AE O E VISA
fermé 31 déc. et 1er janv. – **R** carte 40 à 65 – 19 – **48 ch** 145/185 – ½ P 90/125.

XXX **De Wilgenhoeve,** De Warren 2, ✉ 9203 HT, ☎ 1 25 10, , « Ancienne ferme » – P.
AE O E VISA
fermé dim., lundi et 24 déc. – **R** carte 58 à 90.

FA-ROMEO Omloop 50 ☎ 18716
TROEN De Roef 8 ☎ 11335
ORD De Roef 19 ☎ 11165
M (OPEL) De Knobben 25 ☎ 14455
ADA De Hemmen 6b ☎ 32400
AZDA Omloop 44 ☎ 13300
SSAN De Hemmen 1 ☎ 12100
PEUGEOT, TALBOT Het Blauwgras 2a ☎ 16615
RENAULT Burg. Wuiteweg 136 ☎ 15615
ROVER van Haersmasingel 17 ☎ 10125
TOYOTA, FIAT De Roef 17 ☎ 20555/15555
VAG De Lange West 98 ☎ 14040
VOLVO De Roef 21 ☎ 11255

DRIEBERGEN Utrecht Ⓒ Driebergen-Rijsenburg 18 294 h. 408 ⑪ - ☎ 0 3438.

ℹ (fermé sam. après-midi) Hoofdstraat 87a, ✉ 3971 KE, ☎ 1 31 62.

♦Amsterdam 54 – ♦Utrecht 16 – Amersfoort 22 – ♦Arnhem 49.

De Koperen Ketel sans rest, Welgelegenlaan 28, ✉ 3971 HN, ☎ 1 61 74 – Ⓟ. AE E VISA – **15 ch** ☕ 70/150.

La Provence, Hoofdstraat 109, ✉ 3971 KG, ☎ 1 29 20, Fax 2 08 33 – AE ⓓ E VISA
fermé lundi et 15 juil.-15 août – **R** 60.

Lai Sin's Rest., Arnhemse Bovenweg 46, ✉ 3971 MK, ☎ 1 68 58, , Cuisine chino – AE ⓓ E VISA
fermé sam. midi, dim., lundi midi, 15 juil.-5 août, 31 déc.-1er janv. et du 11 au 18 fév. **R** 48/135.

CITROEN Traay 170 ☎ 12260
LANCIA Kleinloolaan 17 ☎ 13436
MERCEDES-BENZ, MAZDA St. Hubertuslaan 1 ☎ 17744
PEUGEOT, TALBOT Loolaan 70 ☎ 20674
VAG Hoofdstraat 100 ☎ 12941

DRUNEN Noord-Brabant 212 ⑦ et 408 ⑱ – 17 858 h. – ☎ 0 4163.

♦Amsterdam 101 – ♦'s-Hertogenbosch 15 – ♦Breda 34 – ♦Rotterdam 73.

Royal, Raadhuisplein 13, ✉ 5151 JH, ☎ 7 23 81 – TV. AE ⓓ E VISA
fermé du 9 au 12 fév. – **R** carte 44 à 84 – **15 ch** ☕ 73/115 – ½ P 98.

✿ **Duinrand** (Huybregts), Steegerf 2 (S : 2 km), ✉ 5151 RB, ☎ 7 24 98, Fax 7 49 19, ≤, « Terrasse, environnement boisé » – ▤ Ⓟ. AE ⓓ E VISA.
fermé du 1er au 15 août, 31 déc.-15 janv. et lundi – **R** carte 80 à 105.
Spéc. Suprême de saumon fumé au safran, Asperges régionales (mai-juin).

Distributie Centrum N.V. Nederlandse Banden-Industrie MICHELIN, Bedrijvenpa Groenewoud II, Huub van Doorneweg 2, ✉ 5151 DT, ☎ (0 4163) 8 41 00 et 06 – 022 80 FAX 06 – 099 11 50.

FIAT Stationsstraat 20 ☎ 72159

Den DUNGEN Noord-Brabant 212 ⑧ et 408 ⑱ – 4 189 h. – ☎ 0 4194.

♦Amsterdam 91 – ♦'s-Hertogenbosch 6.

Boer Goossens, Heilig Hartplein 2, ✉ 5275 BM, ☎ 12 91, Fax 31 11 – TV ☎ Ⓟ. AE VISA
fermé 29 juil.-13 août – **R** *(fermé sam. midi et dim. midi)* carte 40 à 62 – **15 ch** ☕ 45/ – ½ P 57/68.

DWINGELOO Drenthe 408 ⑤ ⑫ ⑬ – 3 726 h. – ☎ 0 5219.

ℹ Brink 4a, ✉ 7991 CG, ☎ 13 31.

♦Amsterdam 158 – Assen 30 – ♦Groningen 50 – ♦Leeuwarden 70 – ♦Zwolle 50.

Wesseling, Brink 26, ✉ 7991 CH, ☎ 15 44, Fax 25 87 – |♦| TV ☎ ♿ Ⓟ – 50. AE E VISA
fermé 31 déc.-17 janv. – **R** *(fermé après 20 h 30)* carte env. 55 – **23 ch** ☕ 85/140 ½ P 95/98.

à Lhee SO : 1,5 km Ⓒ Dwingeloo – ☎ 0 5219 :

De Börken, Lhee 76, ✉ 7991 PJ, ☎ 72 00, Fax 72 87 – TV ☎ ♿ Ⓟ – 30 à 80. AE E – *fermé 31 déc.-5 janv.* – **R** carte env. 60 – **33 ch** ☕ 75/140 – ½ P 80/90.

FIAT Brink 46 ☎ 1389
GM (OPEL) Heuvelenweg 20 ☎ 1216

EARNEWÂLD (EERNEWOUDE) Friesland Ⓒ Tytsjerksteradiel 30 082 h. 408 ⑤ – ☎ 0 5117

♦Amsterdam 164 – ♦Leeuwarden 18 – ♦Groningen 53.

Princenhof , P. Miedemaweg 15, ✉ 9264 TJ, ☎ 92 06, Fax 93 19, ≤, , « Au bo du lac » – ▤ rest TV ☎ Ⓟ – 120. AE ⓓ E VISA. rest
R 60 – **37 ch** ☕ 115/165 – ½ P 95/125.

EDAM Noord-Holland Ⓒ Edam-Volendam 24 572 h. 408 ⑩ ⑪ – ☎ 0 2993.

ℹ Damplein 1, ✉ 1135 BK, ☎ 7 17 27 – ♦Amsterdam 22 – Alkmaar 28 – ♦Leeuwarden 116.

De Fortuna sans rest, Spuistraat 1, ✉ 1135 AV, ☎ 7 16 71, Fax 7 14 69, « Jardin fleuri – AE ⓓ E VISA – **30 ch** ☕ 95/148.

NISSAN Math. Tinxgracht 7 ☎ 71626
TOYOTA Oosthuizerweg 7 ☎ 71802

EDE Gelderland 408 ⑪ ⑫ – 92 293 h. – ☎ 0 8380.

Env. Parc National de la Haute Veluwe★★ (Nationaal Park de Hoge Veluwe) : Parc★, Mus national (Rijksmuseum) Kröller-Müller★★★ – Parc de sculptures★ (Beeldenpark) NE : 13 km.

ℹ Achterdoelen 36, ✉ 6711 AV, ☎ 1 44 44.

♦Amsterdam 81 – ♦Arnhem 19 – ♦Apeldoorn 32 – ♦Utrecht 43.

X **De Bergerie,** Verlengde Arnhemseweg 99 (E : 5 km), ✉ 6718 SM, ☎ 1 86 97, Fax 5 09 65, – P. AE ◑ E VISA.
fermé dim. – **R** 58/70.

X **Het Boterlam,** Stationsweg 117, ✉ 6711 PN, ☎ 1 05 46 – P. AE ◑ E.
fermé du 1er au 21 août, 27 déc.-12 janv., dim. et lundi – **R** 58/65.

X **De Driesprong,** Wekeromseweg 1 (NE : 3 km), ✉ 6718 SC, ☎ 1 04 73, Fax 1 80 37, – P. AE ◑ E VISA
fermé lundi et 27 déc.-3 janv. – **R** carte 62 à 106.

X **La Façade,** Notaris Fischerstraat 31, ✉ 6711 BB, ☎ 1 62 54 – AE ◑ E VISA
fermé sam. midi, dim. midi et lundi – **R** 60.

X **De Reehorst-Traviata,** Bennekomseweg 24 (à l'intérieur du centre culturel), ✉ 6717 LM, ☎ 3 36 11, Fax 2 21 07 – P – 25 ou plus. AE ◑ E VISA
fermé dim. et 25, 26 déc. – **R** carte 44 à 71.

X **De Klomp,** De Klomp 3 (SO : 7 km à De Klomp), ✉ 6745 WB, ☎ (0 8387) 12 44, Fax (0 8387) 40 20 – P. AE ◑ E VISA.
R carte 50 à 75.

X **Gea,** Stationsweg 2, ✉ 6711 PP, ☎ 1 00 00 – AE ◑ E
fermé dim. – **R** carte env. 63.

X **Le Papillon,** Stationsweg 14, ✉ 6711 PP, ☎ 1 24 35 – AE ◑ E
fermé mardi et merc. – **R** (dîner seult) carte 46 à 67.

X **Planken Wambuis,** Verlengde Arnhemseweg 146 (E : 10 km), ✉ 6718 SM, ☎ (0 8308) 2 12 51, Fax (0 8308) 2 12 75 – P. AE ◑ E VISA.
R carte 42 à 60.

FA-ROMEO Amsterdamseweg 1
10382
1W Stationsweg 54 ☎ 19037
TROEN Veenderweg 31 ☎ 19069
AT Klinkenbergweg 116 ☎ 14257
RD Klaphekweg 30 ☎ 30201
1 (OPEL) Stationsweg 124a ☎ 14441
NDA Verl. Maanderweg 97 ☎ 14551
DA Parkweg 90 ☎ 32418
AZDA Molenstraat 85 ☎ 19125
MERCEDES-BENZ Marconistraat 17 ☎ 22333
MERCEDES-BENZ Dieselstraat 8 ☎ 31700
MITSUBISHI Schaapsweg 55 ☎ 51015
NISSAN Molenstraat 202 ☎ 11194
PEUGEOT, TALBOT Stationsweg 113
☎ 14255
RENAULT Proosdijweg 1 ☎ 36710
VAG Verl. Parkweg 83 ☎ 30271
VOLVO Waterloweg 17 ☎ 19057

ERNEWOUDE Friesland – voir Earnewâld.

ERSEL Noord-Brabant 212 ⑰ ⑱ et 408 ⑱ – 12 350 h. – ☎ 0 4970.

msterdam 136 – ♦'s-Hertogenbosch 47 – ♦Antwerpen 72 – ♦Eindhoven 16.

XX ✿ **De Acht Zaligheden** (van Tuijl), Markt 3, ✉ 5521 AJ, ☎ 1 28 11 – ▤. ◑ E VISA.
fermé du 6 au 29 juil., 23 déc.-2 janv., 18 et 19 fév., sam. midi, dim. et jours fériés – **R** carte 85 à 108.
Spéc. Suprêmes de rascasse aux tomates et basilic, Rouleau de foie d'oie au confit de canard, Filet d'agneau à la sauge (fév.-sept).

X **Ereslo,** Markt 14, ✉ 5521 AL, ☎ 1 77 77, – AE ◑ E VISA
fermé du 1er au 9 juil., du 1er au 10 janv. et merc. – **R** 38/68.

FA-ROMEO Mgr. de Haasstraat 73 ☎ 12176
AT Ganzenstaartsedijk 1 ☎ 13416
YOTA Willibrorduslaan 53 ☎ 12128
VAG Nieuwstraat 22 ☎ 12981
VOLVO Nieuwstraat 79 ☎ 12052

GMOND AAN ZEE Noord-Holland C Egmond 11 163 h. 408 ⑩ – ☎ 0 2206.

Voorstraat 82a, ✉ 1931 AN, ☎ 13 62.

msterdam 41 – Alkmaar 10 – ♦Haarlem 34.

Bellevue, Strandboulevard A 7, ✉ 1931 CJ, ☎ 10 25, Telex 57565, Fax 11 16, ←, – ▤ rest TV ☎ – 40. AE ◑ E VISA. rest
R 40/75 – **50 ch** 63/186 – ½ P 91/121.

De Boei, Westeinde 2, ✉ 1931 AB, ☎ 13 75, Fax 24 54, – TV ☎ – 50. E VISA
R 38 – 11 – **44 ch** 65/170 – ½ P 70/89.

De Vassy, Boulevard Ir. de Vassy 3, ✉ 1931 CN, ☎ 15 73, Fax 53 06, – TV. rest
mi-fév.-mi-oct., week-end et vacances scolaires – **R** (résidents seult) – **24 ch** 44/135 – ½ P 59/82.

Golfzang sans rest, Boulevard Ir. de Vassy 19, ✉ 1931 CN, ☎ 15 16 – ☎.
15 mars-nov. – **20 ch** 65/110.

XX **Altenburg,** Boulevard 7, ✉ 1931 CJ, ☎ 13 52, ←, – ▤. AE ◑ E
fermé sam. midi, dim. midi, lundi et 26 déc.-22 janv. – **R** carte 68 à 92.

X **La Châtelaine,** Smidstraat 7, ✉ 1931 EX, ☎ 23 55 – AE ◑ E VISA
fermé lundi – **R** (dîner seult) carte 60 à 78.

SAN Trompstraat 17 ☎ 1250

EINDHOVEN Noord-Brabant 212 ⑱ et 408 ⑱ – 190 736 h. – ☎ 0 40.

Voir Evoluon★ AV – Musée Van Abbe★ (Stedelijk Van Abbemuseum) BZ **M¹**.

⛳ Velddoornweg 2 ✆ 52 09 62 - ⛳ à Valkenswaard : 11 km par ④, Eindhovenseweg 3 ✆ (0 4902) 1 27 13.

✈ Welschap : 5 km par Noord Brabantlaan AV ✆ 51 61 42.

🚗 (départs de 's-Hertogenbosch) ✆ 44 89 40.

ℹ Stationsplein 17, ✉ 5611 AC, ✆ 44 92 31.

◆Amsterdam 122 ⑦ – ◆'s-Hertogenbosch 35 ⑦ – ◆Antwerpen 86 ④ – Duisburg 99 ③ – ◆Maastricht 86 – ◆Tilburg 36 ⑥.

Plan page ci-contre

Dorint Cocagne, Vestdijk 47, ✉ 5611 CA, ✆ 44 47 55, Telex 51245, Fax 44 01 48 – ch ▤ TV ☎ – 25 à 400. AE ◑ E VISA BY
R *(fermé dim.)* 65 – ▭ 20 – **197 ch** 250 – ½ P 168/288.

Holiday Inn, Veldm. Montgomerylaan 1, ✉ 5612 BA, ✆ 43 32 22, Telex 5177 Fax 44 92 35, ≘s, ▣ – ▮ ch ▤ TV ☎ ♿ Ⓟ – 40 à 150. AE ◑ E VISA. ✻ re
R carte 55 à 70 – ▭ 20 – **201 ch** 260. BY

The Mandarin, Geldropseweg 17, ✉ 5611 SC, ✆ 12 50 55, Telex 51124, Fax 12 15 55, ≘ ▣ – ▮ ▤ TV ☎ Ⓟ – 30 à 100. AE ◑ E VISA. ✻ BZ
R voir rest **Mei-Ling** ci-après – **Mandarin Garden** (cuisine chinoise, 2 cts min., dîner seu 49/95 – **Momoyama** (cuisine japonaise, teppan-yaki) 75/110 – **105 ch** ▭ 195/230.

Altea, Markt 35, ✉ 5611 EC, ✆ 45 45 45, Telex 59502, Fax 43 56 45, Cuisine mexicaine ▮ ▤ TV ☎ Ⓟ – 35 à 70. AE ◑ E VISA BY
R (ouvert jusqu'à 23 h) carte 43 à 79 – **53 ch** ▭ 155/190 – ½ P 188/193.

Pierre, Leenderweg 80, ✉ 5615 AB, ✆ 12 10 12, Telex 59173, Fax 12 12 61 – ▮ TV ☎ – 25 à 200. AE ◑ E VISA BX
R carte 44 à 52 – **60 ch** ▭ 140/175 – ½ P 165/200.

Motel Eindhoven, Aalsterweg 322 (par ④ : 3 km), ✉ 5644 RL, ✆ 12 34 35, Fax 12 07 , ≘s, ▣, ✻ – ▮ TV ☎ Ⓟ – 25 à 800. AE E
R (ouvert jusqu'à 23 h 30) carte env. 40 – ▭ 9 – **177 ch** 75.

De Ridder sans rest, Hertogstraat 15, ✉ 5611 PA, ✆ 12 07 67 – TV. ✻ BZ
15 mars-15 nov. – **9 ch** ▭ 60/99.

XXXX ✿ **De Karpendonkse Hoeve,** Sumatralaan 3, ✉ 5631 AA, ✆ 81 36 63, Telex 591 Fax 81 11 45, , « Terrasse avec ≤ parc et lac » – Ⓟ. AE ◑ E VISA. ✻ BV
fermé sam. midi, dim. non fériés, 29 mars, 19 et 20 mai, 5, 24 et 31 déc. et 2 janv. – **R** ca 90 à 118.
Spéc. Bisque de homard, Blanc de barbue sauce au Porto blanc et aux truffes, Filets de chevre aux pêches (juin-déc.).

XXX **De Blauwe Lotus,** Limburglaan 20, ✉ 5652 AA, ✆ 51 48 76, Fax 51 15 25, Cuisine chinoi « Décor oriental » – ▤. AE ◑ E VISA. ✻ – **R** carte 40 à 113. AX

XXX **De Luytervelde,** Jo Goudkuillaan 11 (NO : 5 km par ⑦), ✉ 5626 GC, ✆ 62 31 Fax 62 20 90, , « Jardin fleuri » – Ⓟ. AE ◑ E VISA. ✻
fermé sam. midi, dim. midi et 28 juil.-18 août – **R** 55/75.

XXX **De Vest,** Stationsplein 7, ✉ 5611 AB, ✆ 44 91 94, , Ouvert jusqu'à minuit – ▤ – 25 à 180. AE ◑ E VISA – *fermé dim.* – **R** carte 59 à 90. BY

XX **L'Europe,** Frederiklaan 10a (Philips Stadion), ✉ 5616 NH, ✆ 78 30 05, Fax 75 76 65 – Ⓟ – 25 à 180. AE ◑ E VISA. ✻ ABV
fermé dim. et jours de match de l'équipe première – **R** carte 72 à 104.

XX **Van Turnhout,** St. Trudoplein 7, ✉ 5616 GZ, ✆ 51 84 58 – AE ◑ E VISA ✻ AV
fermé sam., dim. midi, 24, 25, 26 et 31 déc. et 1er janv. – **R** 30/65.

XX **L'Aubergade,** Wilhelminaplein 9, ✉ 5611 HE, ✆ 44 67 09, Fax 44 92 54 – ▤. AE ◑ VISA BY
fermé dim., jours fériés, 15 juil.-9 août et 21 déc.-5 janv. – **R** carte 41 à 60.

XX **Mei-Ling** - H. The Mandarin, Geldropseweg 17, ✉ 5611 SC, ✆ 12 50 55, Telex 511 Fax 12 15 55, Cuisine chinoise, Ouvert jusqu'à 23 h – ▤ Ⓟ. AE ◑ E VISA. ✻ BZ
R carte 45 à 72.

XX **The Gandhi,** Willemstraat 43a, ✉ 5611 HC, ✆ 44 54 52, Cuisine indienne – AE ◑ E ✻ BY
fermé 2 dern. sem. juil. – **R** (dîner seult jusqu'à 23 h) carte 40 à 81.

X **Ancienne Belgique,** Stratumsedijk 23, ✉ 5611 NA, ✆ 11 03 11 – AE ◑ E VISA ✻
fermé 24, 31 déc. et sem. carnaval – **R** carte 62 à 98. BZ

X **La Fontana,** Stratumseind 50, ✉ 5611 EV, ✆ 44 46 17, Cuisine italienne – AE ◑ E
fermé jeudi – **R** (dîner seult) carte env. 50. BZ

X **Djawa,** Keldermansstraat 58 (NO : 3 km), ✉ 5622 PJ, ✆ 44 37 86, Cuisine indonésien – ▤. ✻ AV
fermé merc. – **R** (dîner seult) 45.

X **De Waterkers,** Geldropseweg 4, ✉ 5611 SH, ✆ 12 49 99 – AE ◑ E VISA BZ
fermé lundi, 2 dern. sem. août, 1 sem. Noël et 1 sem. carnaval – **R** (dîner seult jusqu'à 23 carte 50 à 77.

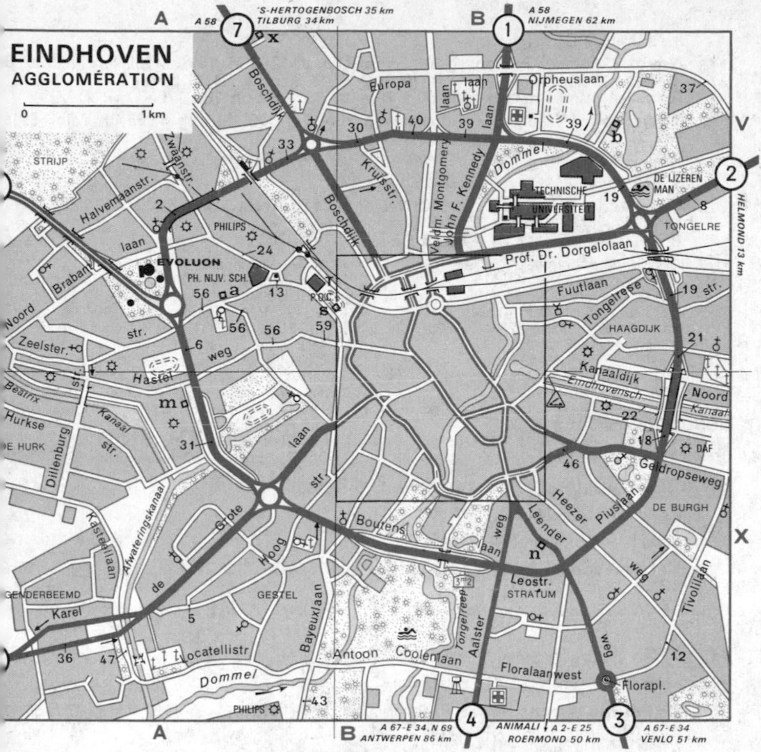
EINDHOVEN
AGGLOMÉRATION
0 1 km
A
B
A 58 'S-HERTOGENBOSCH 35 km
TILBURG 34 km
A 58 NIJMEGEN 62 km
HELMOND 13 km
A 67-E 34, N 69
ANTWERPEN 86 km
ANIMALI
A 2-E 25
ROERMOND 50 km
A 67-E 34
VENLO 51 km
V
X
STRIJP
Zwaanstr.
Halvemaanstr.
Boschdijk
Europa
laan
Orpheuslaan
Kruisstr.
Veldm. Montgomery laan
John F. Kennedy laan
Dommel
TECHNISCHE UNIVERSITEIT
DE IJZEREN MAN
TONGELRE
PHILIPS
EVOLUON
PH. NIJV. SCH.
Brabant
laan
Noord
Zeelster.
Hastel weg
str.
Prof. Dr. Dorgelolaan
Fuutlaan
Tongelrese str.
HAAGDIJK
Kanaaldijk
Eindhovensch
Noord Kanaal
DAF
Geldropseweg
Beatrix Kanaal
Hurkse str.
DE HURK
Dillenburg str.
Grote
laan
str.
Heezer weg
Piuslaan
DE BURGH
Kastelenlaan
Afwateringskanaal
Hoog
Boutens
Leender weg
laan
Leostr.
STRATUM
Tivolilaan
GENDERBEEMD
GESTEL
Karel de Grote
Bayeuxlaan
Tongelreep
Aalster weg
Antoon Coolenlaan
Locatellistr
Dommel
Floralaanwest
Florapl.
PHILIPS

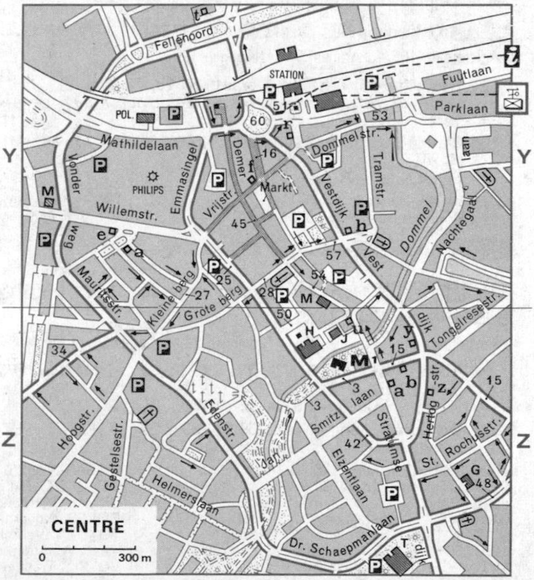
CENTRE
0 300 m
Y
Z
B
Fellenoord
STATION
Fuutlaan
Parklaan
POL.
Mathildelaan
PHILIPS
Emmasingel
Vonder weg
Willemstr.
Vrijstr.
Demer
Markt
Dommelstr.
Tramstr.
Vestdijk
Dommel
Nachtegaal laan
Mauritsstr.
Kleine berg
Grote berg
Vest dijk
Tongelresestr.
Hoogstr.
Gestelsestr.
Edenstr.
Smitz laan
Stratumse dijk
Elzentlaan
Hertog str.
St. Rochusstr.
Helmerslaan
Dr. Schaepmanlaan

à l'aéroport O : 5 km :

Novotel, Anthony Fokkerweg 101, ✉ 5657 EJ, ☎ 52 65 75, Telex 51252, Fax 52 28 50, – ch rest – 25 à 200. AE VISA
R (ouvert jusqu'à minuit) carte 50 à 79 – 19 – **92 ch** 165/175 – ½ P 212/234.

Belvéd'air 1er étage, Luchthavenweg 15n, ✉ 5507 SL, ☎ 52 65 46, Telex 5919 Fax 51 39 35, – AE VISA
fermé sam., 22 déc.-1er janv. et après 20 h 30 – **R** carte 48 à 71.

à Veldhoven O : 2 km – 38 644 h. – 0 40 :

Campanile, Heistraat 36, ✉ 5509 NA, ☎ 54 54 00, Telex 51748, Fax 54 44 10, – – 40 à 65. AE VISA. rest
R carte env. 45 – 11 – **88 ch** 92.

ALFA-ROMEO Pietersbergweg 6 ☎ 413701
BMW Hondsruglaan 99 ☎ 413615
CITROEN G. Metsulaan 53 ☎ 110869
CITROEN Huizingalaan 4 ☎ 412345
FIAT Keizer Karel V Singel 57 ☎ 527525
FORD Aalsterweg 135 ☎ 164411
FORD Vestdijk 27 ☎ 614433
GM (OPEL) Veldm. Montgomerylaan 669 ☎ 433755
GM (OPEL) Pietersbergweg 29 ☎ 427775
HONDA Ulenpas 56a ☎ 518970
LADA Biss. Bekkerslaan 4 ☎ 413115
LANCIA Muzenlaan 1c ☎ 452483
MAZDA Muzenlaan 1 ☎ 448755
MERCEDES-BENZ Limburglaan 30 ☎ 562211
MITSUBISHI Ruysdaelbaan 39 ☎ 457505
NISSAN Pietersbergweg 3 ☎ 427025
PEUGEOT, TALBOT Geldropseweg 191 ☎ 122445
RENAULT Europalaan 2 ☎ 450055
ROVER Huizingalaan 66 ☎ 424055
TOYOTA Zeelsterstraat 20 ☎ 514616
TOYOTA Pietersbergweg 31 ☎ 413595
VAG Brussellaan 7 ☎ 433500
VAG Marconilaan 1 ☎ 433500
VOLVO Hugo van der Goeslaan 4 ☎ 116400

ELBURG Gelderland 408 ⑫ – 20 537 h. – 0 5250.

Jufferenstraat 9, ✉ 8081 CP, ☎ 15 20.

◆Amsterdam 99 – ◆Apeldoorn 34 – ◆Zwolle 21.

Het Smeede sans rest, Smedestraat 5, ✉ 8081 EG, ☎ 38 77, Fax 38 66 – . AE
13 ch 65/100.

PEUGEOT, TALBOT Zuiderzeestraatweg Oost 17 ☎ 1438
RENAULT Zuiderzeestraatweg Oost 91 ☎ 141

ELSLOO Limburg C Stein 26 569 h. 212 ① et 408 ㉖ – 0 46.

◆Amsterdam 205 – ◆Eindhoven 70 – ◆Maastricht 17.

De Bourgondische Hoeve, Raadhuisstraat 31, ✉ 6181 HA, ☎ 37 91 10, Fax 37 71 55, « Ferme du 19e s. » – . AE VISA
fermé 23 et 31 déc. – **R** 49/80.

LADA Koolweg 75 ☎ 371088

ELST Gelderland 212 ⑨ et 408 ⑲ – 17 654 h. – 0 8819.

◆Amsterdam 108 – ◆Arnhem 9 – ◆Nijmegen 12.

Het Wapen van Elst, Dorpsstraat 28, ✉ 6661 EL, ☎ 7 14 96 – AE VISA
fermé 20 déc.-2 janv. – **R** *(fermé dim. d'oct. à mai)* carte 40 à 72 – **24 ch** 40/100 ½ P 63/83.

De Hucht, Stationsstraat 24, ✉ 6662 BB, ☎ 7 15 86, , Ferme du 19e s. – . AE VISA
fermé lundi – **R** carte 60 à 102.

CITROEN Aamsestraat 34 ☎ 73853
GM (OPEL) Rijksweg N 16 ☎ 72938
LADA Industrieweg Oost 3 ☎ 71359
VOLVO Eshofsestraat 7 ☎ 71338

ELST Utrecht 408 ⑪ – voir à Rhenen.

EMMELOORD Flevoland C Noordoostpolder 37 829 h. 408 ⑪ ⑫ – 0 5270.

Lange Nering 12c, ✉ 8302 EC, ☎ 1 20 00.

◆Amsterdam 89 – ◆Zwolle 36 – ◆Groningen 94 – ◆Leeuwarden 66.

't Voorhuys, De Deel 20, ✉ 8302 EK, ☎ 1 24 41, Fax 1 75 44 – – 25 plus. AE VISA
R carte 53 à 82 – **33 ch** 70/160 – ½ P 80/100.

De Luifel, Lange Nering 39, ✉ 8302 EA, ☎ 1 28 70 – AE VISA
fermé dim. et après 20 h – **R** carte 48 à 64.

BMW Constructieweg 5 ☎ 15500
CITROEN Noordzijde 4 ☎ 98935
FORD Meeuwenkant 12 ☎ 13836
GM (OPEL) Produktieweg 12 ☎ 98131
MAZDA Corn. Dirkszplein 12 ☎ 13522
MERCEDES-BENZ Nagelerweg 6 ☎ 97858
MITSUBISHI, ALFA-ROMEO Randweg 29 ☎ 16640
NISSAN Werktuigenweg 38 ☎ 16685
PEUGEOT, TALBOT Traktieweg 2b ☎ 13635
RENAULT Marknesserweg 3 ☎ 14601
ROVER Nijverheidstraat 6 ☎ 14150
TOYOTA Veerplein 2 ☎ 14204
VAG Werktuigenweg 40 ☎ 99600
VOLVO Traktieweg 2 ☎ 13631

EMMEN Drenthe 408 ⑬ – 92 422 h. – ☎ 0 5910.

oir Hunebed d'Emmerdennen★ (dolmen) – Jardin zoologique★ (Noorder Dierenpark).

nv. Noordsleen : Hunebed★ (dolmen) O : 6,5 km.

à Aalden (Zweeloo) O : 12 km, Gebbeveenseweg 1, ☎ (0 5917) 17 84.

Raadhuisplein 2, ✉ 7811 AP, ☎ 1 30 00.

Amsterdam 180 – Assen 44 – ◆Groningen 57 – ◆Leeuwarden 97 – ◆Zwolle 70.

Ten Cate, Noordbargerstraat 44, ✉ 7812 AB, ☎ 1 76 00, Fax 1 84 32 – TV ☎ P – 80. AE ① E VISA. ch – **R** carte 40 à 69 – ☕ 8 – **33 ch** 65/130 – ½ P 93/100.

Boerland, Hoofdstraat 57, ✉ 7811 ED, ☎ 1 37 46, Fax 1 65 25 – TV ☎ P. AE ① E VISA. ch – *fermé 24 déc.-2 janv.* – **R** *(fermé sam. et dim.)* (dîner seult jusqu'à 20 h 30) carte env. 60 – **14 ch** ☕ 78/115 – ½ P 82/102.

.FA-ROMEO, MITSUBISHI Ph. Foggstraat 10 ☎ 18128
MW Houtweg-Het Weeld 218 ☎ 25740
TROEN Statenweg 5 ☎ 22330
AT Statenweg 1 ☎ 22234
ORD Kapt. Nemostraat 2 ☎ 14040
M (OPEL) Ph. Foggstraat 33 ☎ 31000
ONDA, PEUGEOT, TALBOT Jules Verneweg ☎ 11385/42424
LADA Magelhaenstraat 2 ☎ 31919
MAZDA Odoornerweg 4 ☎ 18288
MERCEDES-BENZ Albatrosstraat 8 ☎ 18456
NISSAN M. Strogoffstraat 3 ☎ 14545
RENAULT Michaël Strogoffstraat 5 ☎ 12333
ROVER Navigatiestraat 2 ☎ 27070
TOYOTA O. Roswinkelerweg 36 ☎ 10654
VAG Noordeinde 88 ☎ 18464
VOLVO Ph. Foggstraat 22 ☎ 31300

ENGELEN Noord-Brabant 212 ⑦ et 408 ⑱ – voir à 's-Hertogenbosch.

ENKHUIZEN Noord-Holland 408 ⑪ – 15 939 h. – ☎ 0 2280.

oir La vieille ville★ – Jubé★ dans l'église de l'Ouest ou de St-Gommaire (Westerkerk of St. ommaruskerk) AB – Dromedaris★ : du sommet ✳★, du quai ⋞★ BB.

usée : du Zuiderzee★ (Zuiderzeemuseum : Binnenmuseum★ en Buitenmuseum★★) B

Stationsplein 1, ✉ 1601 EN, ☎ 1 31 64 – ◆Amsterdam 62 ③ – ◆Leeuwarden 113 ① – Hoorn 19 ③.

De Koepoort, Westerstraat 294, ✉ 1601 AS, ☎ 1 49 66, Fax 1 90 30 – ▤ rest ☎ Ⓟ. E VISA. ⊁ A
R carte env. 60 – **12 ch** ☕ 78/120 – ½ P 105.

Die Port van Cleve, Dijk 74, ✉ 1601 GK, ☎ 1 25 10, Fax 1 87 65 – TV ☎ – 🏔 70. ⓓ E VISA. ⊁ rest B
fermé prem. sem. janv. – **R** carte 40 à 70 – **23 ch** ☕ 95/145 – ½ P 83/98.

Die Drie Haringhe 1er étage, Dijk 28, ✉ 1601 GJ, ☎ 1 86 10, ≤, « Entrepôt du 17e s. » – AE ⓓ E VISA B
fermé mardi d'avril à nov. et dim. de nov. à avril – **R** carte 64 à 87.

à Bovenkarspel O : 3,5 km par Westeinde 🄲 Stede Broec 18 424 h. – ☎ 0 2285 :

Het Roode Hert avec ch, Hoofdstraat 235, ✉ 1611 AG, ☎ 1 14 12, Fax 1 54 13, « Auberge du 16e s., collection d'horloges françaises » – TV Ⓟ – 🏔 25 à 300. AE ⓓ E VISA
fermé 1er janv. – **R** carte 56 à 82 – **11 ch** ☕ 65/85 – ½ P 85.

CITROEN P. Smitstraat 73 ☎ 15863
FORD Westerstraat 273 ☎ 12708
GM (OPEL) Het Rode Paard 1 ☎ 16464
PEUGEOT, TALBOT Het Rode Paard 3 ☎ 13583
RENAULT Westerstraat 38 ☎ 12632
VAG Het Rode Paard 5 ☎ 18644
VOLVO Westerstraat 213 ☎ 17760

Rood onderstreepte plaatsnamen op de Michelinkaarten *van Nederland.*
Op kaart nr. 212 *duiden zij op alle in deze gids vermelde plaatsen ; op kaart nr.* 408 *duiden zij alleen op de plaatsen waar hotels en restaurants geselekteerd zijn.*

ENSCHEDE

Overijssel 408 ⑬ – 145 223 h. – ☎ 0 53.

Voir Musée de la Twente★ (Rijksmuseum Twenthe) V **M1**.

⛳ à Hengelo par ③, Enschedesestraat 381, ☎ (0 74) 91 27 73.

✈ Twente ☎ 35 20 86.

🅸 Oude Markt 31, ✉ 7511 GB, ☎ 32 32 00.

◆Amsterdam 160 ② – ◆Zwolle 73 ③ – Düsseldorf 141 ① – ◆Groningen 148 ④ – Münster 64 ⑤.

Plan page ci-contre

Memphis, M.H. Tromplaan 55, ✉ 7513 AB, ☎ 31 82 44, Telex 44702, Fax 30 16 25, « Terrasse et jardin » – |♦| TV ☎ Ⓟ – 🏔 150. AE ⓓ E VISA X
R *(fermé dim.)* carte 55 à 83 – ☕ 13 – **40 ch** 95/140.

XXX ✿ **Het Koetshuis** (Böhnke), Hengelosestraat 111, ✉ 7514 AE, ☎ 32 28 66, Fax 33 39 57 – Ⓟ. AE ⓓ E VISA. ⊁ Y
fermé sam. midi, dim. midi, lundi, 13 juil.-6 août et 23 déc.-1er janv. – **R** carte 88 à 120.
Spéc. Filet de bœuf cru à la moutarde, Blanc de turbot grillé au caviar, Tournedos d'agneau aux petits dés de légumes.

XXX **De Broeierd,** Hengelosestraat 725 (par ③ : 3 km), ✉ 7521 PA, ☎ 35 98 82, « Terrasse » – Ⓟ. AE ⓓ E VISA
fermé dim. – **R** 58/93.

X **La Petite Bouffe,** Deurningerstraat 11, ✉ 7514 BC, ☎ 35 85 91, – AE ⓓ E VISA
fermé mardi – **R** 43. Y

X **Mignon,** Bolwerkstraat 9, ✉ 7511 GP, ☎ 32 41 14, Fax 32 71 81, Avec cuisine hongroise – AE ⓓ E VISA Y
fermé lundi – **R** (dîner seult jusqu'à minuit) carte env. 60.

X **Ou Kiang,** Pijpenstraat 20, ✉ 7511 GM, ☎ 32 39 71, Cuisine asiatique – ▤. AE ⓓ E VISA
R carte 44 à 73. Z

X **Kaatje van de Wal,** Walstraat 9, ✉ 7511 GE, ☎ 30 17 44 – ▤. AE ⓓ E VISA Z
fermé mardi – **R** (dîner seult) carte 45 à 74.

à Boekelo par ① : 8 km 🄲 Enschede – ☎ 0 5428 :

Boekelo 🐌, Oude Deldenerweg 203, ✉ 7548 PM, ☎ 30 05, Telex 44301, Fax 30 3.. « Environnement boisé », ≘s, 🏊, 🎾 – |♦| TV ☎ ♿ Ⓟ – 🏔 25 à 350. AE ⓓ E VISA. ⊁ rest
R carte 75 à 95 – **78 ch** ☕ 137/185 – ½ P 95/140.

ALFA-ROMEO Deurningerstraat 101 ☎ 355000
BMW Europalaan 23 ☎ 310961
CITROEN Rembrandtlaan 56 ☎ 303042
FIAT Deurningerstraat 103 ☎ 337755
FORD Oldenzaalsestraat 137 ☎ 354555
GM (OPEL) Boddenkampsingel 2 ☎ 353131
HONDA De Reulver 30 ☎ 770077
LADA Sumatrastraat 81 ☎ 312905
LANCIA Weth. Nijhuisstraat 21a ☎ 314191
MAZDA Cromhoffbleekweg 1 ☎ 321233
MERCEDES-BENZ Espoortstraat 165 ☎ 310000
MITSUBISHI Buurserstraat 194 ☎ 770606
NISSAN Getfertsingel 162 ☎ 321543
PEUGEOT, TALBOT Daalweg 56 ☎ 304530
RENAULT Parkweg 143 ☎ 316135
ROVER Oliemolensingel 26 ☎ 323535
TOYOTA Oldenzaalsestraat 276 ☎ 354535
VAG Hengelosestraat 32 ☎ 356635
VAG Kuipersdijk 120 ☎ 313766
VOLVO Gronausestraat 216 ☎ 311011

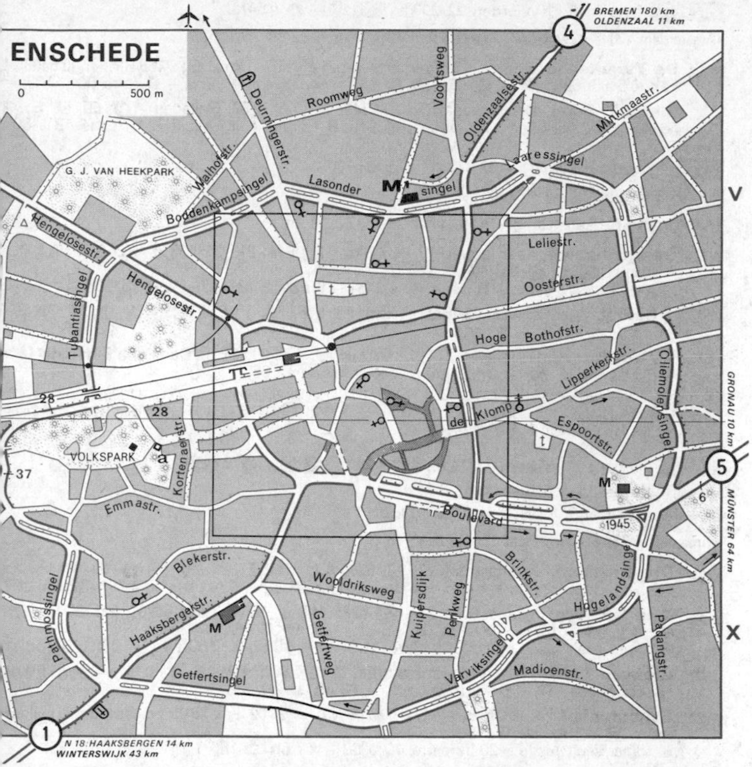

ENSCHEDE
0
500 m
BREMEN 180 km
OLDENZAAL 11 km
4
Roomweg
Voortsweg
Deurningerstr.
Oldenzaalsestr.
Minkmaastr.
Laaressingel
G. J. VAN HEEKPARK
Walhofstr.
Boddenkampsingel
Lasonder
singel
V
Hengelosestr.
Leliestr.
Oosterstr.
Tubantiasingel
Hengelosestr.
Hoge
Bothofstr.
Lipperkerkstr.
Oliemolensingel
GRONAU 10 km
28
28
de Klomp
Espoortstr.
VOLKSPARK
a
Kortenaerstr.
37
5
M
6
MÜNSTER 64 km
Emmastr.
Boulevard
1945
Blekerstr.
Wooldriksweg
Brinkstr.
Kuipersdijk
Perikweg
Hogelandsingel
Pathmossingel
Haaksbergerstr.
M
Getfertweg
X
Padangstr.
Varviksingel
Madioenstr.
Getfertsingel
1
N 18: HAAKSBERGEN 14 km
WINTERSWIJK 43 km

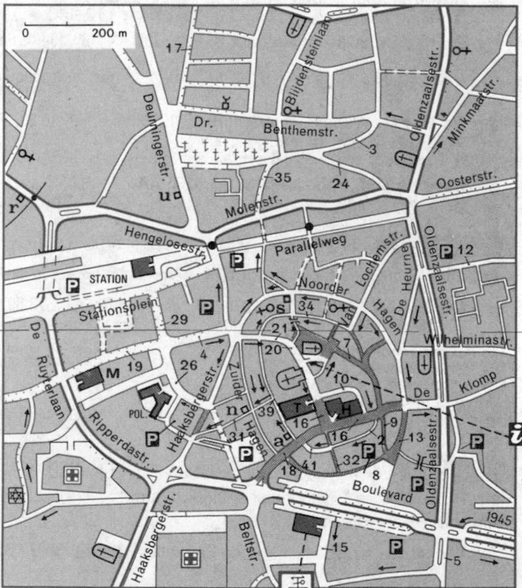

0
200 m
17
Blijdensteinlaan
Deurningerstr.
Dr.
Benthemstr.
3
Oldenzaalsestr.
Minkmaastr.
Y
Y
35
24
Oosterstr.
u
r
Molenstr.
Hengelosestr.
Parallelweg
Lochemstr.
P 12
STATION
Noorder
34
Van
Hagen
De Heurne
Oldenzaalsestr.
Stationsplein
29
21
7
Wilhelminastr.
De Ruyterlaan
20
4
10
19
26
M
Zuider
De
Klomp
Haaksbergerstr.
POL.
n
39
T
H
V
16
9
Z
Ripperdastr.
31
Hagen
a
16
2
13
Z
18
41
32
8
Boulevard
Oldenzaalsestr.
1945
Haaksbergerstr.
Beltstr.
15
5

ENTER Overijssel [C] Wierden 22 200 h. 408 ⑬ – ☎ 0 5478.

◆Amsterdam 131 – ◆Zwolle 45 – ◆Apeldoorn 45 – ◆Enschede 33.

XXX **De Twentsche Hoeve,** Langevoortsweg 12 (NE : 3 km), ✉ 7468 RP, ℰ (0 5408) 44.. Fax (0 5408) 696, 🏞 – P. AE ⓓ E VISA – *fermé dim. et lundi* – **R** carte 66 à 103.

X **Bistro T. Bone,** Dorpsstraat 154, ✉ 7468 ZG, ℰ 12 59, Grillades – P. AE ⓓ E. ✂ *fermé mardi, merc. et 3 prem. sem. août* – **R** (dîner seult jusqu'à 23 h) carte 48 à 80.

EPE Gelderland 408 ⑫ – 33 872 h. – ☎ 0 5780.

ℹ Past. Somstraat 6, ✉ 8162 AK, ℰ 1 26 96.

◆Amsterdam 97 – ◆Arnhem 44 – ◆Apeldoorn 21 – ◆Zwolle 25.

🏨 **Dennenheuvel,** Heerderweg 27 (N : 2 km), ✉ 8161 BK, ℰ 1 23 26, Fax 2 18 57, 🏞, ... – ▤ rest TV ☎ P. AE ⓓ E VISA *fermé 27 déc.-6 janv.* – **R** carte 46 à 80 – **28 ch** ☕ 78/150 – ½ P 85/105.

XXX **'t Soerel,** Soerelseweg 22 (SO : 7 km), ✉ 8162 PB, ℰ 8 82 76, 🏞 – P. AE ⓓ E ... *fermé lundi et fév.* – **R** carte 60 à 100.

XXX **De Veldhoeve,** Dellenweg 1, ✉ 8161 AH, ℰ 1 50 00, 🏞, « Dans une ferme du 18e s... – P. AE ⓓ E VISA – *fermé lundi* – **R** carte 76 à 105.

FIAT Lange Veenteweg 33 ℰ 13167
FORD Hammerstraat 5 ℰ 12251
GM (OPEL) Hoofdstraat 204 ℰ 12456
LADA Wisselseweg 72 ℰ 13035
PEUGEOT, TALBOT Hoofdstraat 4 ℰ 12474

EPEN Limburg [C] Wittem 7 714 h. 212 ② et 408 ㉖ – ☎ 0 4455.

Voir Route de Epen à Slenaken ≤★.

ℹ Wilhelminastraat 37J, ✉ 6285 AT, ℰ 13 46.

◆Amsterdam 235 – ◆Maastricht 25 – Aachen 15.

🏨 **Ons Krijtland,** Julianastraat 22, ✉ 6285 AJ, ℰ 15 57, ≤ – |‡| TV P. E. ✂ ch *Pâques-Toussaint et week-end* – **R** *(fermé lundi et après 20 h)* carte 40 à 59 – **32 ch** ☕ 1...

🏨 **Zuid Limburg,** Julianastraat 23a, ✉ 6285 AH, ℰ 18 18, Telex 56731, Fax 24 15, ≤, ... ≘s, 🏊, 🌳 – TV ♿ P – 🎪 25 ou plus. AE ⓓ E VISA. ✂ rest **R** (dîner seult jusqu'à 20 h 30) carte 41 à 80 – **48 ch** ☕ 160/195 – ½ P 123/168.

🏨 **Creusen** 🐦 sans rest, Wilhelminastraat 50, ✉ 6285 AW, ℰ 12 15, ≤, 🌳 – |‡| TV ☎ P. AE E VISA. ✂ – *fermé déc.-janv.* – **18 ch** ☕ 80/138.

🏨 **Schoutenhof** 🐦, Molenweg 1, ✉ 6285 NJ, ℰ 20 02, Fax 26 05, ≤ campagne vallonn... 🌳 – TV ☎ P. AE E. ✂ **R** (dîner seult jusqu'à 20 h) carte 40 à 68 – **11 ch** ☕ 160/170 – ½ P 110/115.

🏨 **Alkema,** Kap. Houbenstraat 12, ✉ 6285 AB, ℰ 13 35 – |‡| TV ☎ P – 🎪 25 ou plus. **R** (dîner pour résidents seult) – **16 ch** ☕ 110/140.

🏨 **De Kroon,** Wilhelminastraat 8, ✉ 6285 AV, ℰ 12 50, Fax 27 15, 🌳 – ▤ rest ☎ P. E VISA. ✂ rest *fermé 30 déc.-1er janv.* – **R** *(fermé jeudi)* (dîner seult jusqu'à 20 h 30) carte 43 à 80 – **18** ... ☕ 83/105.

🏨 **Os Heem,** Wilhelminastraat 19, ✉ 6285 AS, ℰ 16 23, Fax 22 85 – |‡| ⇆ ch ▤ rest ☎ ♿ P. AE ⓓ E VISA. ✂ rest **R** (résidents seult) – **18 ch** ☕ 89/175 – ½ P 105/120.

🏨 **Berg en Dal,** Roodweg 18, ✉ 6285 AA, ℰ 13 83, Fax 27 05, 🌳 – ☎ P. E VISA. ✂ ◆ **R** *(fermé 5 janv.-fév., jeudi et après 20 h)* 34 – **30 ch** ☕ 75/110 – ½ P 70/75.

ETTEN-LEUR Noord-Brabant 212 ⑤ et 408 ⑰ – 32 010 h. – ☎ 0 1608.

◆Amsterdam 115 – ◆'s-Hertogenbosch 63 – ◆Antwerpen 59 – ◆Breda 13 – ◆Rotterdam 56.

XXX **De Zwaan,** Markt 7, ✉ 4875 CB, ℰ 1 26 96, Fax 1 73 59, « Collection de tableaux » – AE ⓓ E VISA – *fermé dim. midi, lundis non fériés et 16 juil.-1er août* – **R** 75/90.

CITROEN Bisschopsmolenstraat 138 ℰ 12675
FIAT Nijverheidsweg 3 ℰ 37088
FORD Mon Plaisir 100 ℰ 34450
GM (OPEL) Mon Plaisir 22 ℰ 20652
HONDA Mon Plaisir 45 ℰ 16054
MAZDA Vossendaal 41 ℰ (0 1659)4650
NISSAN Penningweg 1 ℰ 16150
PEUGEOT, TALBOT Lange Brugstraat 53 ℰ 13151
RENAULT van Bergenplein 60 ℰ 13181
VAG Nijverheidsweg 33 ℰ 33888

FRANEKER Friesland [C] Franekeradeel 20 931 h. 408 ④ – ☎ 0 5170.

Voir Hôtel de Ville★ (Stadhuis) – Planetarium★.

◆Amsterdam 122 – ◆Leeuwarden 17.

🏨 **Motel De Valk,** Hertog van Saxenlaan 78, ✉ 8802 PP, ℰ 80 00, Fax 31 11 – |‡| ▤ TV ☎ ♿ P – 🎪 350. AE ⓓ E VISA. ✂ rest **R** carte 50 à 73 – **34 ch** ☕ 80/115 – ½ P 73/90.

TROEN, MAZDA Marconistraat 5 ✆ 6761
)RD L. Homanstraat 50 ✆ 3746
M (OPEL) Edisonstraat 1 ✆ 5665
ITSUBISHI Leeuwarderend 8 ✆ 2023
PEUGEOT, TALBOT J. Wattstraat 4 ✆ 7600
RENAULT Leeuwarderweg 11 ✆ 5055
VAG Leeuwarderweg 12 ✆ 4044
VOLVO Hertog van Saxenlaan 36 ✆ 4222

FREDERIKSOORD Drenthe © Vledder 3 531 h. 408 ⑤ – ✆ 0 5212.

Amsterdam 154 – Assen 37 – ◆Groningen 62 – ◆Leeuwarden 62 – ◆Zwolle 44.

Frederiksoord, Maj. van Swietenlaan 20, ✉ 8382 CG, ✆ 12 34, Fax 15 24, – Ⓟ. AE ⓓ E
fermé 31 déc.-2 janv. – **R** carte 60 à 86 – **11 ch** 73/125 – ½ P 93/98.

GARDEREN Gelderland © Barneveld 41 649 h. 408 ⑪ ⑫ – ✆ 0 5776.

(Pâques et mai-déc.) Korenmolen (moulin) "de Hoopk", Oud Milligenseweg 5, ✉ 3886 MB, ✆ 15 66.

Amsterdam 72 – ◆Arnhem 44 – ◆Apeldoorn 20 – ◆Utrecht 54.

't Speulderbos , Speulderbosweg 54, ✉ 3886 AP, ✆ 15 41, Fax 11 24, , « Dans les bois », , , , – – Ⓟ – 25 ou plus. AE ⓓ E VISA. rest
fermé 31 déc.-1er janv. – **R** carte 64 à 84 – **102 ch** 144/235 – ½ P 130/160.

Anastasius , Speulderweg 40, ✉ 3886 LB, ✆ 12 54, Fax 21 76, , – Ⓟ. E VISA.
R *(fermé après 20 h)* carte env. 45 – **16 ch** 75/120 – ½ P 77.

Samplonius, Putterweg 59, ✉ 3886 PB, ✆ 16 08 – Ⓟ. AE ⓓ E
fermé lundi et 26 déc.-10 janv. – **R** carte 40 à 75.

Zondag, Apeldoornsestraat 163 (S : 2 km), ✉ 3886 MN, ✆ 12 51 – Ⓟ. AE ⓓ E VISA
fermé jeudi – **R** carte env. 45.

GASSELTE Drenthe 408 ⑥ – 4 221 h. – ✆ 0 5999.

Amsterdam 206 – Assen 25 – ◆Groningen 34.

Gasterie De Wiemel, Gieterweg 2 (N : 1 km), ✉ 9462 TD, ✆ 6 47 25, Fax 6 44 43, , Ouvert jusqu'à minuit – Ⓟ. AE ⓓ E VISA
fermé sam. midi, dim. midi, 6, 31 déc. et 1er janv. – **R** 44/65.

GEERTRUIDENBERG Noord-Brabant 212 ⑥ et 408 ⑰ – 6 645 h. – ✆ 0 1621.

Amsterdam 90 – ◆Breda 20 – ◆Rotterdam 55 – ◆'s-Hertogenbosch 36.

Het Weeshuys, Markt 52, ✉ 4931 BT, ✆ 1 36 98, Dans une chapelle du 15e s. – AE ⓓ E VISA
fermé 20 juil.-5 août et 27 déc.-1er janv. – **R** carte env. 70.

GEERVLIET Zuid-Holland © Bernisse 12 400 h. 212 ④ 408 ⑯ – ✆ 0 1887.

Amsterdam 93 – ◆Den Haag 41 – ◆Rotterdam 20.

In de Bernisse Molen, Spuikade 1, ✉ 3211 BG, ✆ 12 92 – Ⓟ. AE ⓓ E VISA
fermé dim., 22 juil.-12 août et 24 et 31 déc. – **R** 58/88.

GEESTEREN Overijssel © Tubbergen 18 443 h. 408 ⑬ – ✆ 0 5492.

Amsterdam 158 – Almelo 10 – Oldenzaal 22 – ◆Zwolle 56.

Erve Booijman, Booijmansweg 14, ✉ 7678 RZ, ✆ 11 33, , « Ferme du 18e s. » – Ⓟ. AE ⓓ E VISA
fermé lundi, mardi et 26 déc.-mi-janv. – **R** 37/63.

.T Vriezenveenseweg 142 ✆ 1666

GELDERMALSEN Gelderland 212 ⑦ et 408 ⑱ – 22 017 h. – ✆ 0 3455.

Amsterdam 69 – ◆Arnhem 55 – ◆Rotterdam 66 – ◆'s-Hertogenbosch 24.

De Gentel, Genteldijk 34 (à la gare), ✉ 4191 LE, ✆ 7 26 61 – Ⓟ – 25 ou plus. AE ⓓ E VISA. ch
R carte 40 à 75 – **14 ch** 50/100.

*à **Buurmalsen*** N : 1 km © Geldermalsen – ✆ 0 3455 :

De Batouwe, Lingedijk 32, ✉ 4197 HB, ✆ 7 47 77, Fax 7 57 84, ≤, , « Terrasse avec pièce d'eau » – Ⓟ. AE ⓓ E VISA.
fermé sam. midi et dim. – **R** carte 85 à 110.

*à **Meteren*** S : 3 km © Geldermalsen – ✆ 0 3456 :

Den Tol, Rijksstraatweg 80, ✉ 4194 SL, ✆ 93 27, Fax 93 46 – Ⓟ. AE ⓓ E VISA
R 40/98.

RD Geldersestraat 102 ✆ 71758
JGEOT, TALBOT Industrieweg 6 ✆ 71784
VAG D.J. van Wijkstraat 9 ✆ 71900

GELDROP Noord-Brabant 212 ⑱ et 408 ⑱ – 25 817 h. – ☎ 0 40.

♦Amsterdam 137 – ♦'s-Hertogenbosch 49 – Aachen 106 – ♦Eindhoven 6 – Venlo 48.

Geldrop, Bogardeind 219 (S : 2 km), ✉ 5664 EG, ☎ 86 75 10, Telex 51983, Fax 85 57 64, ☎, ☐, ✂ – |♦| ▤ rest ☐ ☎ ♿ 🅟 – 🏛 25 ou plus. AE ⓘ E VISA. ✂ rest
R 45/65 – ☐ 18 – **139 ch** 245/285.

De Gouden Leeuw, Korte Kerkstraat 44, ✉ 5664 HH, ☎ 86 23 93 – 🅟 – 🏛 25 ou plus. AE E VISA. ✂
R *(fermé 25, 26 déc. et 1er janv.)* carte env. 45 – **13 ch** ☐ 45/115 – ½ P 70/90.

XXX **Rôtiss. den Hoppenhof,** Stationsstraat 25, ✉ 5664 AP, ☎ 86 76 11, Fax 85 89 25, ☂ « Terrasse et jardin fleuri » – 🅟. AE ⓘ E VISA. ✂
fermé sam. midi, dim. et 31 déc. – **R** carte 78 à 105.

FIAT Bogardeind 15 ☎ 862210
FORD Eindhovenseweg 6 ☎ 863552
GM (OPEL) Emopad 43 ☎ 862483
HONDA Bogardeind 199 ☎ 855719
VAG Hoog Geldrop 26 ☎ 857575

GELEEN Limburg 212 ① et 408 ㉖ – 33 756 h. – ☎ 0 46.

♦Amsterdam 202 – ♦Maastricht 20 – Aachen 33 – ♦Eindhoven 74.

Geleen, Geleenbeeklaan 100, ✉ 6166 GP, ☎ 74 00 40, Fax 75 59 33 – |♦| ☐ ☎ 🅟 – 🏛 25 ou plus. AE ⓘ E VISA
R carte 58 à 90 – **47 ch** ☐ 125/165 – ½ P 108/150.

Normandie sans rest, Wolfstraat 7, ✉ 6162 BB, ☎ 74 58 83, Fax 75 13 80 – ☐ ☎. AE ⓘ E VISA. ✂
17 ch ☐ 73/103.

XXX **De Lijster,** Rijksweg Z. 172, ✉ 6161 BV, ☎ 74 39 57 – 🅟. AE ⓘ E VISA
fermé mardi, sam. midi et dim. midi – **R** carte 58 à 91.

ALFA-ROMEO Rijksweg Z. 310 ☎ 756222
BMW Daalstraat 38 ☎ 747676
FORD Fr. Erenslaan 103 ☎ 743013
HONDA Rijksweg Z. 236 ☎ 746260
MERCEDES-BENZ Rijksweg N. 125 ☎ 74633
VOLVO Rijksweg Z. 320 ☎ 742719

GEVERIK Limburg 212 ① – voir à Beek.

GIETHOORN Overijssel Ⓒ Brederwiede 11 948 h. 408 ⑫ – ☎ 0 5216.

Voir Village lacustre★★.

ℹ (bateau) Beulakerweg, ✉ 8355 AM, ☎ 12 48.

♦Amsterdam 135 – ♦Zwolle 28 – Assen 63 – ♦Leeuwarden 63.

Giethoorn, Beulakerweg 128, ✉ 8355 AM, ☎ 12 16, Fax 19 19, ← – ☐ ☎ 🅟 – 🏛 2 à 40. E VISA. ✂
fermé 23 déc.-5 janv. – **R** carte 50 à 81 – **20 ch** ☐ 125 – ½ P 110.

XX **De Lindenhof,** Beulakerweg 77 (N : 4 km), ✉ 8355 AC, ☎ 14 44, ☂ – 🅟. AE ⓘ E VI
fermé merc., jeudi et janv. – **R** 48/58.

GILZE EN RIJEN Noord-Brabant 212 ⑥ et 408 ⑰ – 22 577 h. – ☎ 0 1615.

♦Amsterdam 99 – ♦'s-Hertogenbosch 40 – ♦Breda 11 – ♦Tilburg 13.

De Herbergh, Rijksweg 202 (Rijen), ✉ 5121 RC, ☎ (0 1612) 2 43 18, Fax (0 1612) 2 23 – ☐ 🅟 – 🏛 25 ou plus. AE ⓘ E VISA. ✂ rest
fermé 21 déc.-2 janv. – **R** carte 40 à 52 – **23 ch** ☐ 70/95 – ½ P 85/95.

X **Aub. de la Poste,** Rijksweg 109 (Rijen), ✉ 5121 RD, ☎ (0 1612) 2 65 34 – 🅟. AE ⓘ VISA. ✂
fermé jeudi – **R** carte 55 à 84.

GM (OPEL) Lange Wagenstraat 19 ☎ 1303
PEUGEOT, TALBOT Raadhuisstraat 26 ☎ 1215
TOYOTA Stationsstraat 25 à Rijen ☎ (0 1612) 23655

GINNEKEN Noord-Brabant 212 ⑥ et 408 ⑰ – voir à Breda.

GLIMMEN Groningen 408 ⑥ – voir à Haren.

GOEDEREEDE Zuid-Holland 212 ③ et 408 ⑯ – 10 668 h. – ☎ 0 1879.

♦Amsterdam 118 – ♦Den Haag 66 – ♦Middelburg 76 – ♦Rotterdam 49.

X De Gouden Leeuw avec ch, Markt 11, ✉ 3252 BC, ☎ 13 71
8 ch.

GOES Zeeland 212 ⑬ et 408 ⑯ – 31 815 h. – ☎ 0 1100.

ℹ (fermé dim. et sam. après-midi) Stationsplein 3, ✉ 4461 HP, ☎ 2 05 77.

♦Amsterdam 165 ② – ♦Middelburg 22 ③ – ♦Antwerpen 68 ② – ♦Breda 78 ② – ♦Rotterdam 87 ①.

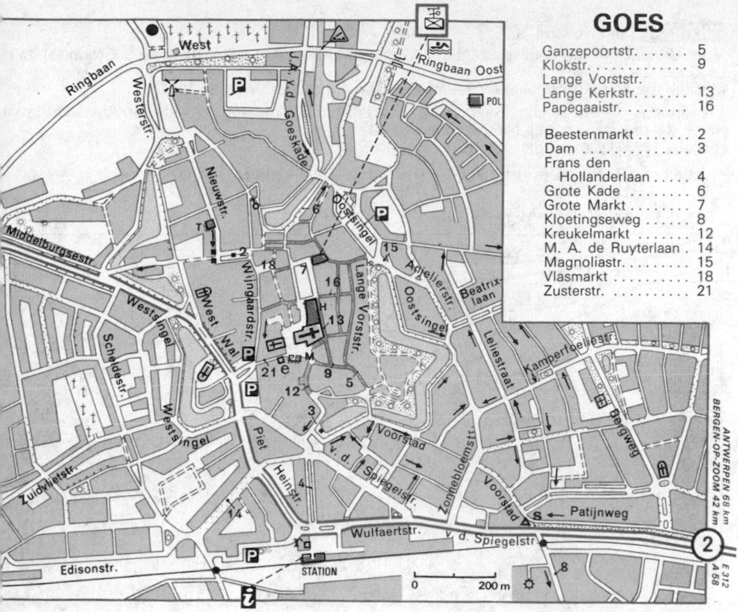

GOES

Motel Goes, Anthony Fokkerstraat 100 (A 256 sortie Goes-Zuid), ✉ 4460 AR, ✆ 3 15 10, Fax 2 70 53 – |♦| TV ☎ P – 25 à 200
28 ch.

Terminus, Stationsplein 1, ✉ 4461 HP, ✆ 3 00 85, Fax 3 25 79 – |♦| TV ☎ P – 25 ou plus. AE ① E VISA. ch
fermé sam. midi, dim. midi et 30 déc.-2 janv. – **R** carte 50 à 91 – **30 ch** ☐ 55/115 – ½ P 83/108.

Ockenburgh avec ch, van de Spiegelstraat 104, ✉ 4461 LN, ✆ 1 63 03 – ▤ rest TV ☎ P
6 ch.

De Stadsschuur, Schuttershof 32, ✉ 4461 DZ, ✆ 1 23 32, Fax 5 02 29, – AE ① E VISA – *fermé 27 déc.-2 janv.* – **R** 40/70.

W M. A. de Ruijterlaan 8 ✆ 28545
ROEN Voorstad 79 ✆ 27353
T Kuyperlaan 287 ✆ 31280
RD Westhavendijk 150 ✆ 20440
(OPEL) Klein Frankrijk 31 ✆ 16210
NCIA Dr. A.F. Philipsstraat 10 ✆ 15415
ZDA J. Weyermanweg 19 ✆ 31848
RCEDES-BENZ A. Plesmanweg 2 ✆ 12730
MITSUBISHI D. Dronkersweg 18 ✆ 30768
NISSAN Klein Frankrijk 23 ✆ 28751
PEUGEOT, TALBOT Westhavendijk 148 ✆ 20620
RENAULT Marconistraat 3 ✆ 12320
ROVER Fruitlaan 12 ✆ 32150
TOYOTA van Hertumweg 7 ✆ 14810
VAG van de Spiegelstraat 92 ✆ 14840
VOLVO Anjelierstraat 5 ✆ 16810

OIRLE Noord-Brabant 212 ⑦ et 408 ⑱ – voir à Tilburg.

ORINCHEM Zuid-Holland 212 ⑥ ⑦ et 408 ⑰ ⑱ – 28 222 h. – 0 1830.

Zusterhuis 6, ✉ 4201 EH, ✆ 3 15 25.

nsterdam 74 – ◆Den Haag 68 – ◆Breda 41 – ◆'s-Hertogenbosch 40 – ◆Rotterdam 42 – ◆Utrecht 41.

Gorinchem, Van Hogendorpweg 10 (O : 2,5 km, près échangeur E 311), ✉ 4204 XW, ✆ 2 24 00, Fax 2 29 48 – ☎ P – 150. AE ① E VISA
fermé 31 déc.-2 janv. – **R** carte 51 à 67 – **18 ch** ☐ 105/138.

Merwezicht, Eind 19, ✉ 4201 CP, ✆ 6 05 22, , « Terrasse, écluse, ≤ la Merwede » – ▤. AE ① E VISA
fermé sam. midi, dim. et 27 déc.-7 janv. – **R** 53/70.

W Kleine Haarsekade 12 ✆ 24011
T Dr. van Stratenweg 1 ✆ 25511
RD Newtonweg 20 ✆ 24455
(OPEL) van Hogendorpweg 6 ✆ 67850
NCIA W. de Vries Robbéweg 37 ✆ 20292
RCEDES-BENZ Avelingen West 29 ✆ 31466
MITSUBISHI Banneweg 1 ✆ 67800
NISSAN Schelluinsestraat 34 ✆ 32176
PEUGEOT, TALBOT Avelingen West 4 ✆ 33733
RENAULT Gildenweg 68 ✆ 32316
TOYOTA Schelluinsestraat 8 ✆ 32889
VAG Melkpad 7 ✆ 31388

GOUDA Zuid-Holland 408 ⑩ – 63 232 h. – ✆ 0 1820.

Voir Vitraux★★★ de l'église St-Jean★ (St. Janskerk) BY **A** – Hôtel de Ville★ (Stadhuis) BY **H**
Le Coeur de la Ville★.
Musée : municipal (Stedelijk Museum) Het Catharina Gasthuis★ BY **M¹**.

Env. Étangs de Reeuwijk★ (Reeuwijkse Plassen) par Zwarteweg BY – de Gouda à Oudewa
route de digue ⩽★ par Nieuwe Veerstal BZ

🅘 Markt 27, ✉ 2801 JJ, ✆ 1 36 66.

◆Amsterdam 53 ④ – ◆Den Haag 30 ④ – ◆Rotterdam 23 ③ – ◆Utrecht 36 ①.

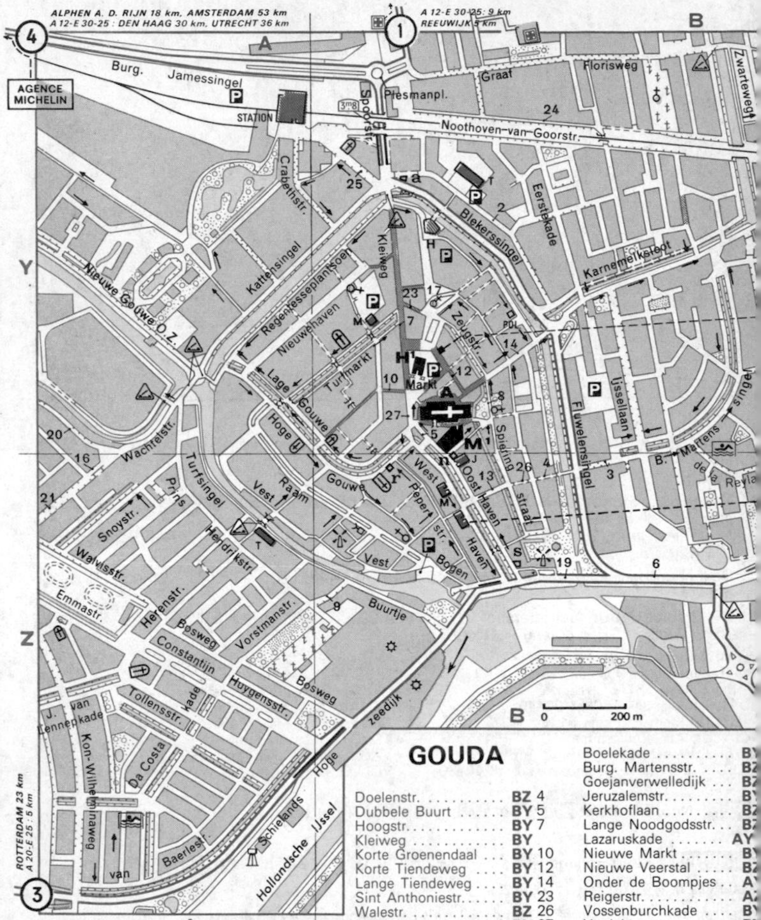

GOUDA

Doelenstr.	BZ 4
Dubbele Buurt	BY 5
Hoogstr.	BY 7
Kleiweg	BY
Korte Groenendaal . . .	BY 10
Korte Tiendeweg	BY 12
Lange Tiendeweg	BY 14
Sint Anthoniestr.	BY 23
Walestr.	BZ 26
Wijdstr.	BY 27
Boelekade	BY
Burg. Martensstr.	BZ
Goejanverwelledijk . . .	BZ
Jeruzalemstr.	BY
Kerkhoflaan	BZ
Lange Noodgodsstr. . .	BZ
Lazaruskade	AY
Nieuwe Markt	BY
Nieuwe Veerstal	BZ
Onder de Boompjes . .	AY
Reigerstr.	AZ
Vossenburchkade	BY
Vredebest	BY

XX **Rôtiss. l'Etoile,** Blekerssingel 1, ✉ 2806 AA, ✆ 1 22 53 – AE ⦿ E VISA BY
fermé dim., lundi et 3 dern. sem. juil. – **R** 50/70.

XX **De Mallemolen,** Oosthaven 72, ✉ 2801 PG, ✆ 1 54 30, « Intérieur vieil hollandais » – AE
E VISA – *fermé 2 dern. sem. juil.-prem. sem. août* – **R** (dîner seult) carte 66 à 91. BZ

XX **La Grenouille,** Oosthaven 20, ✉ 2801 PC, ✆ 1 27 31 – ▤. AE ⦿ E VISA BZ
fermé lundi et mardi – **R** (dîner seult) carte 60 à 71.

XX **Brunel,** Hoge Gouwe 23, ✉ 2801 LA, ✆ 1 89 79 – AE ⦿ E VISA ⚡ BZ
fermé 24 déc. – **R** (dîner seult) 57.

X **De Zes Sterren,** Achter de Kerk 14 (dans le musée municipal **M¹**), ✉ 2801 JX, ✆ 1 60
« Intérieur vieil hollandais » – AE ⦿ E VISA
fermé dim. et 3 sem. en juil. – **R** carte 59 à 81.

à Reeuwijk par ① : 6 km – 12 568 h. – ☎ 0 1829 :

XX **D'Ouwe Stee,** 's-Gravenbroekseweg 80, ✉ 2811 GG, ☎ 40 08, ☂, « Intérieur vieil hollandais et terrasse au bord de l'eau » – ▤ P. AE ⓓ E VISA. ✂
fermé mardi – **R** carte 61 à 123.

-FA-ROMEO A. Plesmanplein 17 ☎ 22929
MW Antwerpseweg 11 ☎ 13000
TROEN Raam 184 ☎ 17944
AT Burg. van Reenensingel 45 ☎ 21455
)RD Burg. Jamessingel 2 ☎ 12977
M (OPEL) Fluwelensingel 59a ☎ 17122
ONDA Achter Willenseweg 142 ☎ 15716
AZDA Nijverheidsstraat 79 ☎ 15366
ERCEDES-BENZ, LANCIA Burg. van Reenen-
ıgel 49 ☎ 13955/70177
MITSUBISHI Antwerpseweg 9.005 ☎ 13955
NISSAN Antwerpseweg 16 ☎ 13933
PEUGEOT, TALBOT Ridder van Catsweg 681 ☎ 32000
RENAULT Joubertstraat 34 ☎ 14266
TOYOTA Blekerssingel 66 ☎ 24922
VAG Burg. van Reenensingel 117 ☎ 16644

RAVE Noord-Brabant 212 ⑨ et 408 ⑲ – 10 447 h. – ☎ 0 8860.

Amsterdam 115 – ◆'s-Hertogenbosch 33 – ◆Eindhoven 47 – ◆Nijmegen 15.

X **Het Wapen van Grave,** Arnoud van Gelderweg 61, ✉ 5361 CV, ☎ 7 32 68 – P. AE ⓓ E VISA – *fermé lundi, 2 dern. sem. juin et sem. carnaval* – **R** 53.

UGEOT, TALBOT Koninginnedijk 34 ☎ 73083

's-GRAVELAND Noord-Holland 408 ⑪ – voir à Hilversum.

's-GRAVENHAGE P Zuid-Holland – voir Den Haag.

's-GRAVENZANDE Zuid-Holland 408 ⑨ – 18 453 h. – ☎ 0 1748.

Amsterdam 77 – ◆Den Haag 17 – ◆Rotterdam 30.

XX **De Spaansche Vloot,** Marktplein 1, ✉ 2691 BD, ☎ 1 24 95, Fax 1 71 24 – P. AE ⓓ E VISA – *fermé dim. sauf en mai-juin, sam. midi et jours fériés* – **R** 60/83.

X **Hoeve de Viersprong,** Nieuwlandsedijk 10 (SO : 1 km), ✉ 2691 KW, ☎ 1 33 22, Fax 1 77 24, ☂ – ▤ P. AE ⓓ E VISA – *fermé 31 déc.-1er janv.* – **R** carte env. 65.

TROEN Dresdenweg 20 ☎ 15601
M (OPEL) Sand Ambachtstraat 40 ☎ 23488
NAULT Kon. Julianaweg 142 ☎ 12601
ROVER Wattstraat 2 ☎ 12466
TOYOTA van de Horstweg 1 ☎ 12492
VAG van de Kasteelestraat 36b ☎ 13431

ROEDE Zeeland C Oostburg 18 145 h. 212 ⑫ et 408 ⑮ – ☎ 0 1171.

Amsterdam 209 – ◆Middelburg (bac) 12 – ◆Antwerpen 89 – ◆Brugge 33 – Knokke-Heist 22.

Het Vlaemsche Duyn ⛰, Gerard de Moorsweg 4, ✉ 4503 PD, ☎ 12 10, Fax 15 05, ☂, ⛱ – AE ⓓ E VISA – **R** *(fermé merc. en hiver)* carte 41 à 60 – **14 ch** ☕ 55/110 – ½ P 90.

ROESBEEK Gelderland 212 ⑨ et 408 ⑲ – 18 221 h. – ☎ 0 8891.

Postweg 17, ☎ 7 66 44.

P. de Hooghweg 8, ✉ 6562 BV, ☎ 7 39 01.

Amsterdam 135 – ◆Arnhem 30 – ◆Nijmegen 9 – Venlo 59.

Sionshof, Nijmeegsebaan 53 (NO : 5 km), ✉ 6564 CC, ☎ (0 80) 22 77 27, Fax (0 80) 22 62 23, ⋞ – TV ☎ P – 🏛 25 ou plus. AE E VISA. ✂ rest
R 48/90 – **21 ch** ☕ 115/170 – ½ P 145/220.

De Wolfsberg ⛰, Mooksebaan 12, ✉ 6562 KB, ☎ 7 13 27, ⋞, « Dans les bois » – P. E VISA
fermé 7 janv.-17 fév. – **R** *(fermé lundi et mardi)* carte env. 55 – **19 ch** ☕ 72/125 – ½ P 66/90.

T Dorpsstraat 28 a ☎ 72244
RD Pannenstraat 31 ☎ 71307
GM (OPEL) Spoorlaan 5b ☎ 72176
TOYOTA Kerkstraat 19a ☎ 71352

RONINGEN P 408 ⑥ – 167 788 h. – ☎ 0 50.

ir Goudkantoor★ Z A – Martinitoren★ de l'église St-Martin (Martinikerk) Z B.
isée : maritime du Nord★ Z M².
v. par ② : Les églises rurales★ : Loppersum (fresques★ dans l'église) – Zeerijp (coupoles★ ns l'église) – Uithuizen★ : château Menkemaborg★ – par ⑥ Leens : buffet d'orgues★ dans glise St-Pierre (Petruskerk).

à Glimmen (Haren) par ④ : 12 km, Pollselaan 5, ☎ (0 5906) 12 75.

Burg. Legroweg à Eelde par ④ : 12 km ☎ (0 5907) 22 20.

(départs de 's-Hertogenbosch) ☎ 12 27 55.

Naberpassage 3, ✉ 9712 JV, ☎ 13 97 00.

Amsterdam 181 ⑤ – Bremen 181 ③ – ◆Leeuwarden 59 ⑥.

GRONINGEN

Grote Markt . . . . . . Z 19
Herestr. . . . . Z 20
Oosterstr. . . . . Z
Oude Boteringestr. . Z 32
Oude Ebbingestr. . . Y 34
Vismarkt . . . . Z 46

A-Kerkhof . . . . Z 2
A-straat . . . . Z 3
Asingastr. . . . . X 4
de Brink . . . . Z 6
Brugstr. . . . . Z 7
Eeldersingel . . . . . . Z 8
Eendrachtskade . . . Z 12
Emmaviaduct . . . . XZ 14
Europaweg . . . . X 16
Gedempte
Zuiderdiep . . . . . Z 18
Julianapl. . . . . X 21
Julianaweg . . . . X 22
Kastanjelaan . . . . . . X 23
Lopende Diep . . . . Y 24
Martinikerkhof . . . . Z 26
Noorderhaven N.z. . Y 27
Noorderhaven Z.z. . Z 28
Noorderstationsstr. Z 29
Ossenmarkt . . . . . . Y 31
Paterswoldseweg XZ 35
Pleiadenlaan . . . . . X 36
Prof. Dr.
J. C. Kaptijnlaan . X 37
Rademarkt . . . . Z 38
Radesingel . . . . Z 39
Schuitendiep . . . . . Z 40
St. Jansstr. . . . . . . Z 41
Spilsluizen . . . . Y 42
Sumatralaan . . . . . . X 44
Verlengde Oosterstr. Z 45
Weg der
Verenigde Naties X 47
Westerhaven . . . . . Z 49
Westersingel . . . . . Z 50
Winsumerweg . . . . X 52
Zonnelaan . . . . X 54

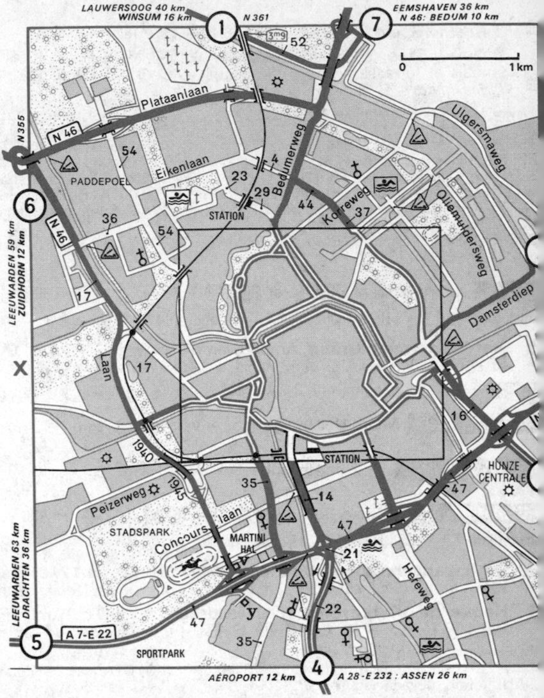

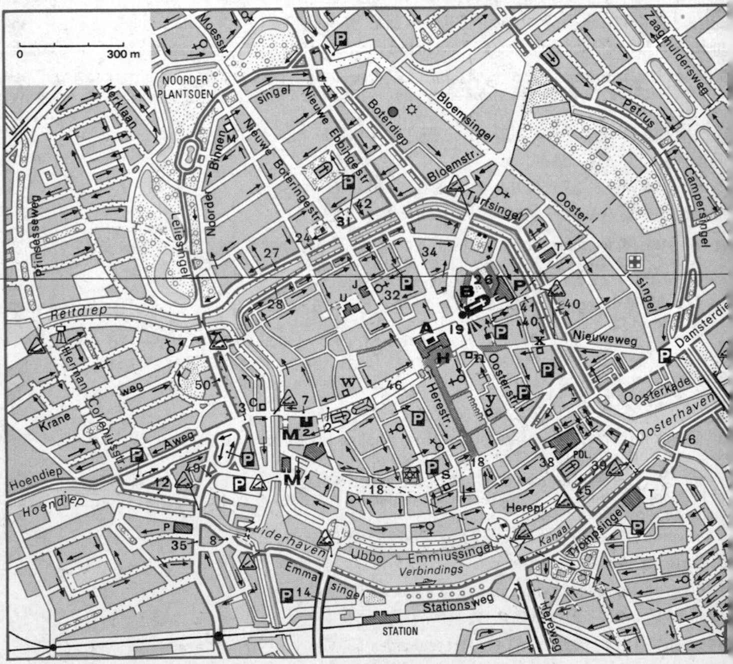

Altea, Expositielaan 7 (S : 2 km près N 7), ✉ 9727 KA, ☎ 25 84 00, Telex 53795, Fax 27 18 28, ≘, ▣ – |♦| ▣ ☎ Ⓟ – 🧑‍🏫 30 à 60. AE ⓪ E VISA. ✂ rest X v
R carte 48 à 87 – **157 ch** ▭ 140/165 – ½ P 165.

Baron, Donderslaan 156 (S : 2 km près N 7), ✉ 9728 KX, ☎ 25 20 40, Telex 53394, Fax 26 21 09 – ✂ ch ▤ rest ▣ ☎ Ⓟ – 🧑‍🏫 25 à 200. AE ⓪ E VISA X y
R 45 – ▭ 15 – **59 ch** 115/140 – ½ P 85/120.

De Doelen, Grote Markt 36, ✉ 9711 LV, ☎ 12 70 41, Fax 14 61 12 – |♦| ▣ ☎ 🚗. AE ⓪ E VISA Z n
R (ouvert jusqu'à 23 h) carte env. 40 – **43 ch** ▭ 125/160.

✿ **Le Mérinos d'Or** (Slenema), A-straat 1 (transfert prévu à Aduard), ✉ 9718 CP, ☎ 13 77 70 – AE ⓪ E VISA Z c
fermé lundi et 30 déc.-2 janv. – **R** carte 83 à 105.
Spéc. Terrine de caille et foie de canard, Filet mignon aux poireaux et jus de moutarde régionale, Dessert cinq assiettes.

La Crémaillère, Gedempte Zuiderdiep 58, ✉ 9711 HK, ☎ 12 44 66, Fax 18 11 95 – ▤. AE ⓪ E VISA. ✂ Z s
fermé dim. et 28 déc.-5 janv. – **R** 40/70.

De Pauw, Gelkingestraat 52, ✉ 9711 NE, ☎ 18 13 32, Fax 13 34 63 – AE ⓪ E VISA Z y
fermé lundi, mardi, 15 juil.-4 août et 31 déc.-7 janv. – **R** (dîner seult) 40/58.

Salle à manger, Poelestraat 41, ✉ 9711 PK, ☎ 18 11 14 – AE ⓪ E VISA Z x
fermé 31 déc. – **R** (dîner seult) 40.

't Wad, A-Kerkhof 27, ✉ 9712 BB, ☎ 13 03 83, Produits de la mer – AE ⓪ E VISA Z w
fermé dim. midi et jours fériés midis – **R** carte env. 40.

Voir aussi : ***Paterswolde*** par ④ : 10 km

A-ROMEO, MITSUBISHI Helperwestsingel 19 250012
W Antillenstraat 1 ☎ 717273
ROEN Huizingastraat 6 ☎ 121010
T Hoornsediep 89 ☎ 255129
RD Rijksweg 130 à Oosterhoogebrug 411552
1 (OPEL) Hereweg 36 ☎ 255888
1 (OPEL) Oosterhamrikkade 114 ☎ 184000
DA Struisvogelstraat 17 ☎ 134222
NCIA Gideonweg 5 ☎ 184414
ZDA Geulstraat 3 ☎ 261515
MAZDA Nieuwe Boteringestraat 65 ☎ 126304
MERCEDES-BENZ Bornholmstraat 42 ☎ 182218
MITSUBISHI Paradijsvogelstraat 14 ☎ 183222
NISSAN Protonstraat 6 ☎ 139025
PEUGEOT, TALBOT, HONDA Energieweg 11 ☎ 181846/184260
RENAULT Protonstraat 20 ☎ 138787
ROVER Flemingstraat 5 ☎ 272401
TOYOTA Protonstraat 12 ☎ 182223
VAG Paterswoldseweg 139 ☎ 255858
VOLVO Helperoostsingel 15 ☎ 263555

RONSVELD Limburg 🄲 Eijsden 11 074 h. 212 ① et 408 ㉖ – ✪ 0 4408.

msterdam 217 – Aachen 31 – ♦Maastricht 7.

De Keizerskroon, Europapark 1, ✉ 6247 AX, ☎ 15 32, ☂, « Terrasse avec ≤ jardin fleuri » – ▤ Ⓟ. AE ⓪ E VISA. ✂
fermé 27 déc.-2 janv. – **R** 40.

ROU (GROUW) Friesland 🄲 Boarnsterhim 17 720 h. 408 ⑤ – ✪ 0 5662.

Doorbraak 4, ✉ 9001 AL, ☎ 13 33.

msterdam 140 – ♦Groningen 71 – ♦Leeuwarden 15 – ♦Zwolle 82.

Oostergoo, Nieuwe Kade 1, ✉ 9001 AE, ☎ 13 09, ≤ – ☎ Ⓟ – 🧑‍🏫 100. E VISA
fermé dim. de nov. à avril – **R** carte 40 à 73 – **24 ch** *(fermé janv.)* ▭ 73/150 – ½ P 89/95.

Pierrot, Nieuwe Kade 10, ✉ 9001 AE, ☎ 14 64, Fax 14 64, ≤, ☂ – AE ⓪ E VISA
fermé 2 janv.-1er mars – **R** (dîner seult jusqu'à minuit) carte 67 à 107.

Sagittarius, Wijdesteeg 23, ✉ 9001 AJ, ☎ 33 44, ☂ – AE ⓪ E VISA
fermé fév. et mardi et merc. d'oct. à mai – **R** 39/59.

(OPEL) Stationsweg 86 ☎ 2355
ROVER Visserweg 3 ☎ 1691

ULPEN Limburg 212 ① ② et 408 ㉖ – 7 261 h. – ✪ 0 4450.

à Mechelen, Dal-Bissenweg 22, ☎ (0 4455) 13 97.

Dorpstraat 27, ✉ 6271 BK, ☎ 14 44.

msterdam 227 – ♦Maastricht 17 – Aachen 15.

Belge, Rijksweg 20, ✉ 6271 AE, ☎ 14 14, ☂ – AE ⓪ E VISA ✂
fermé mardi et 30 sept-19 oct. – **R** carte 43 à 74.

Voir aussi : ***Wittem*** O : 2 km

ROEN Rijksweg 113 ☎ 1450

Service and taxes

In Belgium, Luxembourg and Netherlands prices include service and taxes.

Den Haag

P Zuid-Holland 408 ⑨ – 443 845 h. – ☎ 0 70.

Voir Scheveningen** – Binnenhof* : salle des Chevaliers* (Ridderzaal) JV **A** – Hofvijver (Étang de la Cour) ≤* JV – Lange Voorhout* JV – Panorama Mesdag* HV **B** – Madurodam* ES.

Musées : Mauritshuis*** JV **D** – Municipal** (Gemeentemuseum) DES – Mesdag* HU **M2**.

18 Gr. Haesebroekseweg 22 à Wassenaar N : 4 km par ① ☎ (0 1751) 7 96 07 – 9 Hoge klei 1 à Wassenaar ☎ (0 1751) 1 78 46.

✈ Amsterdam-Schiphol NE : 37 km ☎ 364 80 30, (0 20) 601 09 66 (renseignements) et (0 20) 674 77 47 (réservations) – Rotterdam-Zestienhoven SE : 17 km ☎ (0 10) 415 76 33 (renseignements) et 437 27 45, 415 54 30 (réservations).

🚗 (départs de 's-Hertogenbosch) ☎ 347 16 81.

ℹ Kon. Julianaplein 30. ✉ 2595 AA. ☎ 354 62 00.

♦Amsterdam 55 ② – ♦Bruxelles 182 ④ – ♦Rotterdam 24 ④ – Delft 13 ④.

Plans de Den Haag

DEN HAAG
('s-GRAVENHAGE)
AGGLOMÉRATION

Binckhorstlaan .... **BR** 9
Burg. Elsenlaan .... **BR** 18
Geestbrugweg .... **BR** 30
de Genestetlaan .... **BR** 31
Goeverneurlaan .... **BR** 35
Groen van Prinstererlaan . **AR** 38
Heuvelweg .... **CQ** 44
Hildebrandstr. .... **BR** 46
Houtwijklaan .... **AR** 49
Jan van den Heydenstr. **BR** 55
Jan Thijssenweg .... **CR** 56
Juliana
van Stolberglaan ... **BQR** 58
Koningin Julianalaan .... **CR** 63
Koningin Julianaweg ... **CQ** 65
Kijkduinsestr. .... **AR** 74
Laan van Nieuw
Oost Einde .... **CR** 78
Laan van Nieuw
Oost Indië .... **BQ** 81
Landscheidingsweg ..... **BQ** 82
Leidsestraatweg .... **CQ** 86
Lindelaan .... **BR** 87
Lisztstr. .... **AR** 89
Maanweg .... **CR** 91
Machiel
Vrijenhoeklaan .... **AR** 94
Middachtenweg .... **BR** 96
Nieboerweg .... **AQ** 103
Ockenburghstr. .... **AR** 109
Oosteinde .... **CR** 110
Oude Trambaan .... **CQ** 113
Oude Waalsdorperweg .. **BQ** 114
Parkweg .... **CR** 117
Pisuissestr. .... **AR** 120
Pompstationsweg ...... **BQ** 125
Potgieterlaan .... **CR** 126
Prins Bernhardlaan .... **CR** 127
Prinses Beatrixlaan ..... **BR** 130
Prinses Mariannelaan ... **CR** 131
de Savornin
Lohmanlaan .... **AR** 139
Schenkkade .... **BR** 143
Thorbeckelaan .... **AR** 151
Troelstrakade .... **BR** 155
Voorburgseweg .... **CQ** 162
Vreeswijkstr. .... **AR** 163
Waalsdorperweg .... **BQ** 164
Westeinde
(VOORBURG) .... **CR** 167

Répertoire des Rues
voir Den Haag p. 7

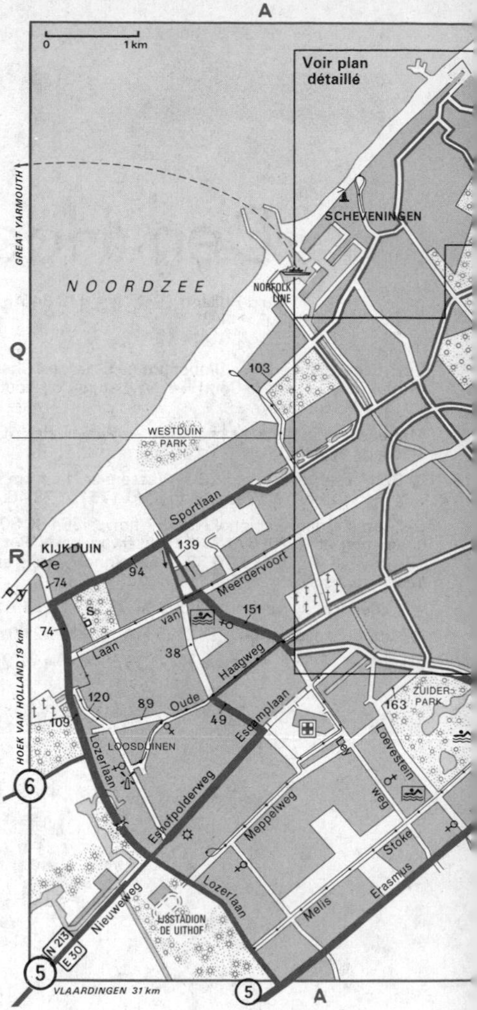

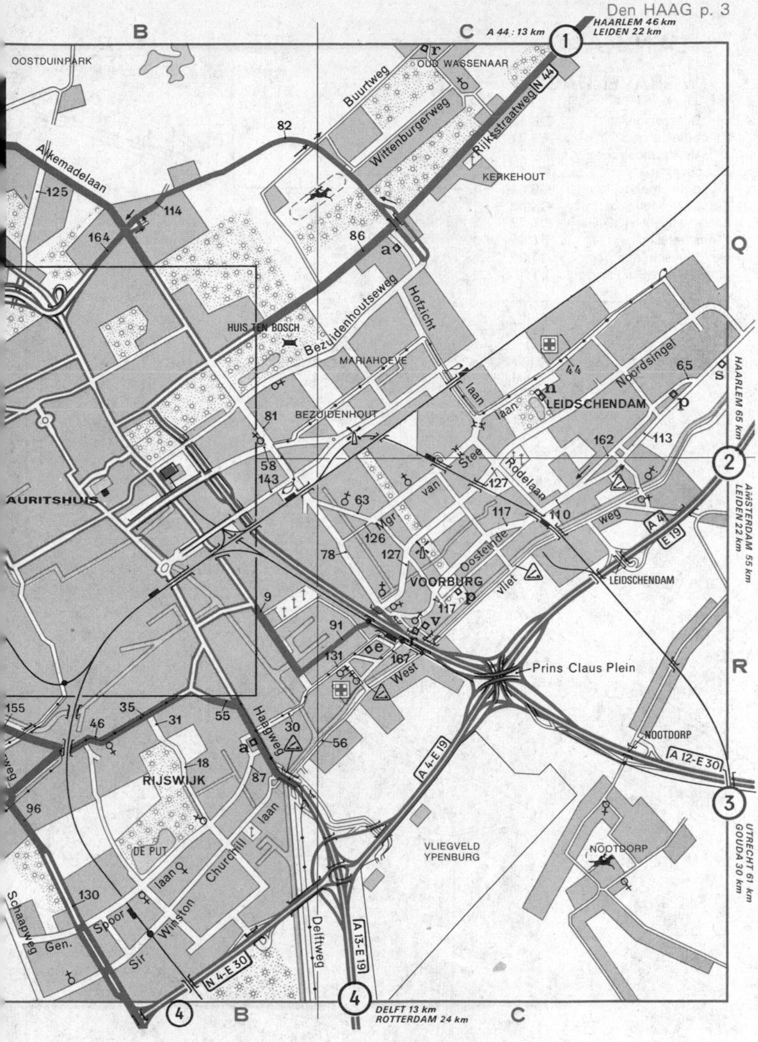

NEDERLAND

Een groene gids van **Michelin** Nederlandstalige uitgave

Beschrijvingen van bezienswaardigheden

Landschappen, toeristische routes

Aardrijkskundige gegevens

Geschiedenis, Kunst

Plattegronden van steden en gebouwen

DEN HAAG

('s-GRAVENHAGE)

Répertoire des Rues
voir Den Haag p. 7

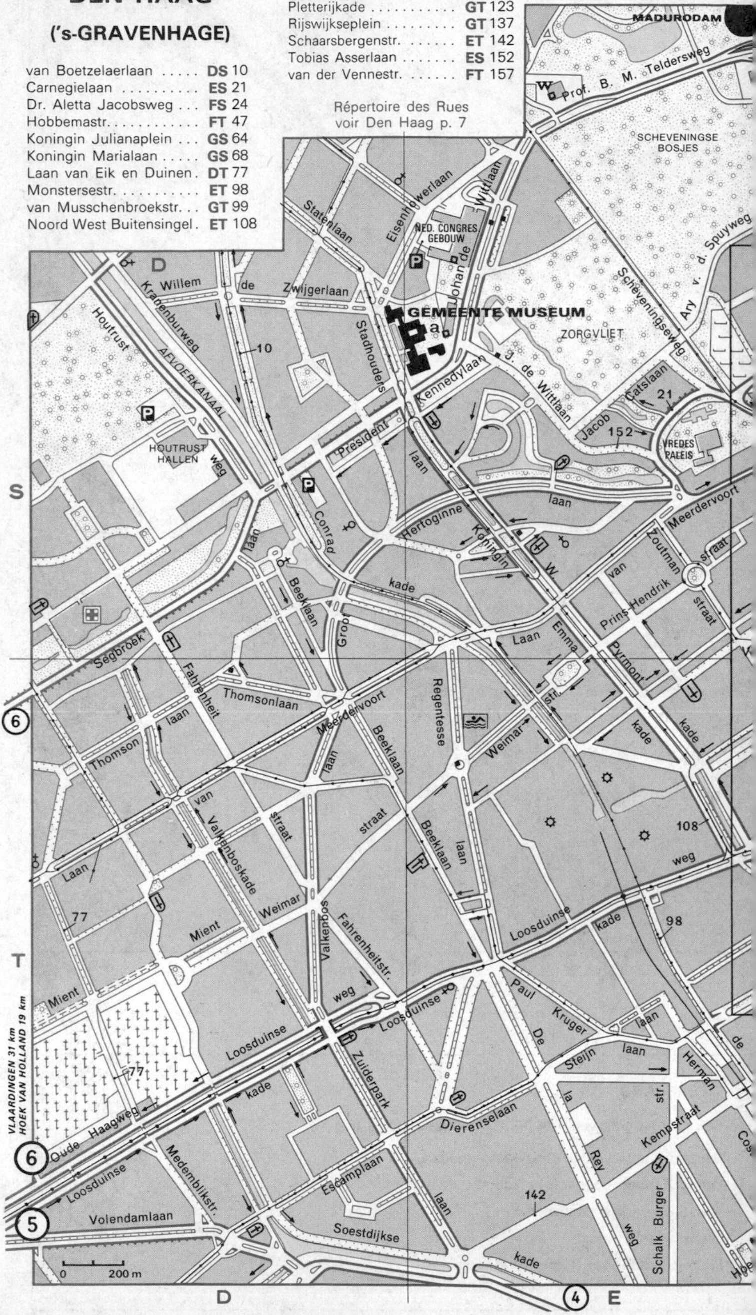

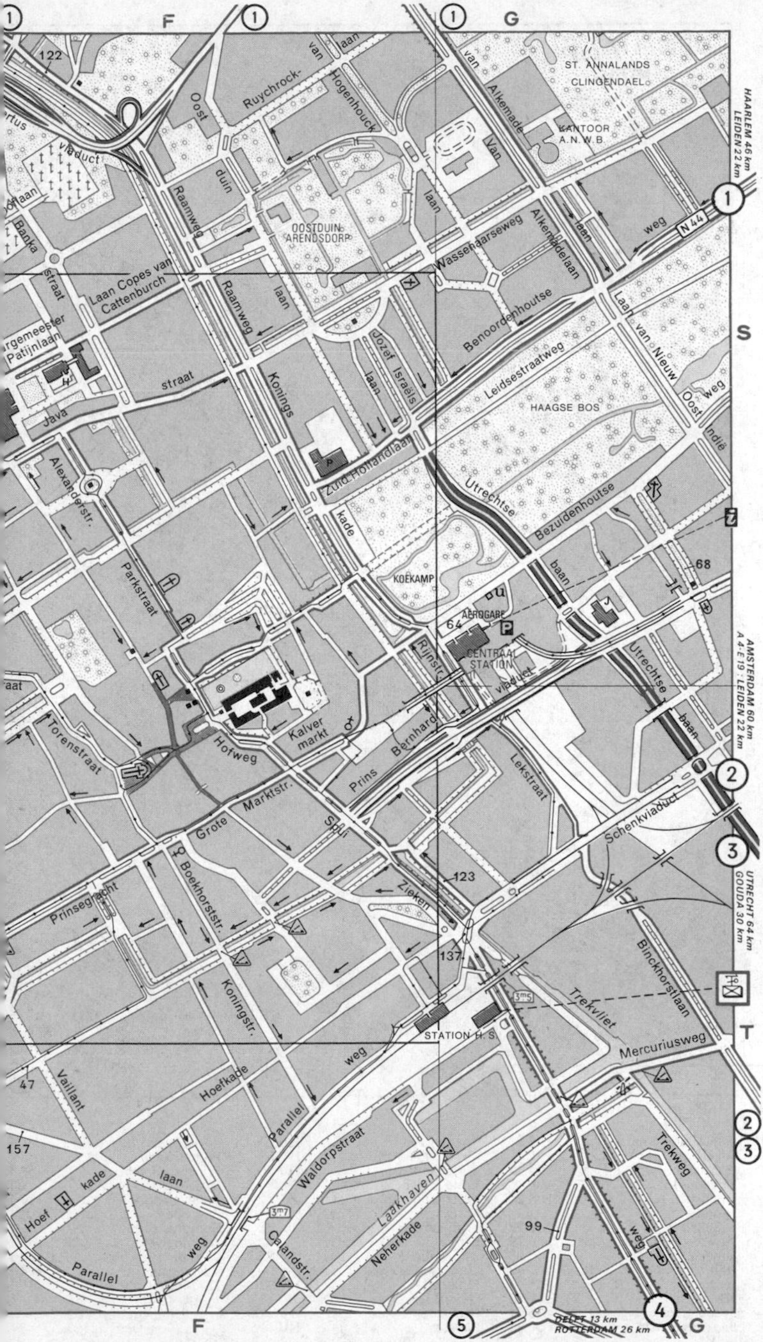
F
G
S
T
ST. ANNALANDS
CLINGENDAEL
KANTOOR
A.N.W.B.
HAARLEM 46 km
LEIDEN 22 km
N 44
OOSTDUIN
ARENDSDORP
Ruychrock-
van
Hogenhouck
laan
Oost
duin
Raamweg
Laan Copes van
Cattenburch
Wassenaarseweg
Alkemadelaan
van
Alkemade
Van
weg
Benoordenhoutse
Laan van Nieuw
Oost
Indië
weg
Leidsestraatweg
HAAGSE BOS
Konings
Jozef
Israëls
laan
Zuid-Hollandlaan
Utrechtse
Bezuidenhoutse
baan
kade
KOEKAMP
AEROGARE
CENTRAAL
STATION
viaduct
Rijnstr.
Utrechtse
baan
AMSTERDAM 60 km
A 4-E 19 : LEIDEN 22 km
Parkstraat
Alexanderstr.
Java
straat
Patijnlaan
Banka
straat
viaduct
122
64
68
Kalver
markt
Prins
Bernhard
Hofweg
Grote
Marktstr.
Spui
Lekstraat
Schenkviaduct
Torenstraat
Prinsegracht
Boekhorststr.
Zieken
123
137
Koningstr.
Binckhorstlaan
Trekvliet
STATION H. S.
UTRECHT 64 km
GOUDA 30 km
Mercuriusweg
47
Vaillant
Hoefkade
weg
Parallel
Waldorpstraat
Laakhaven
157
laan
Hoef
kade
Parallel
weg
Calandstr.
Neherkade
99
Trekweg
weg
DELFT 13 km
ROTTERDAM 26 km
1
2
3
4
5

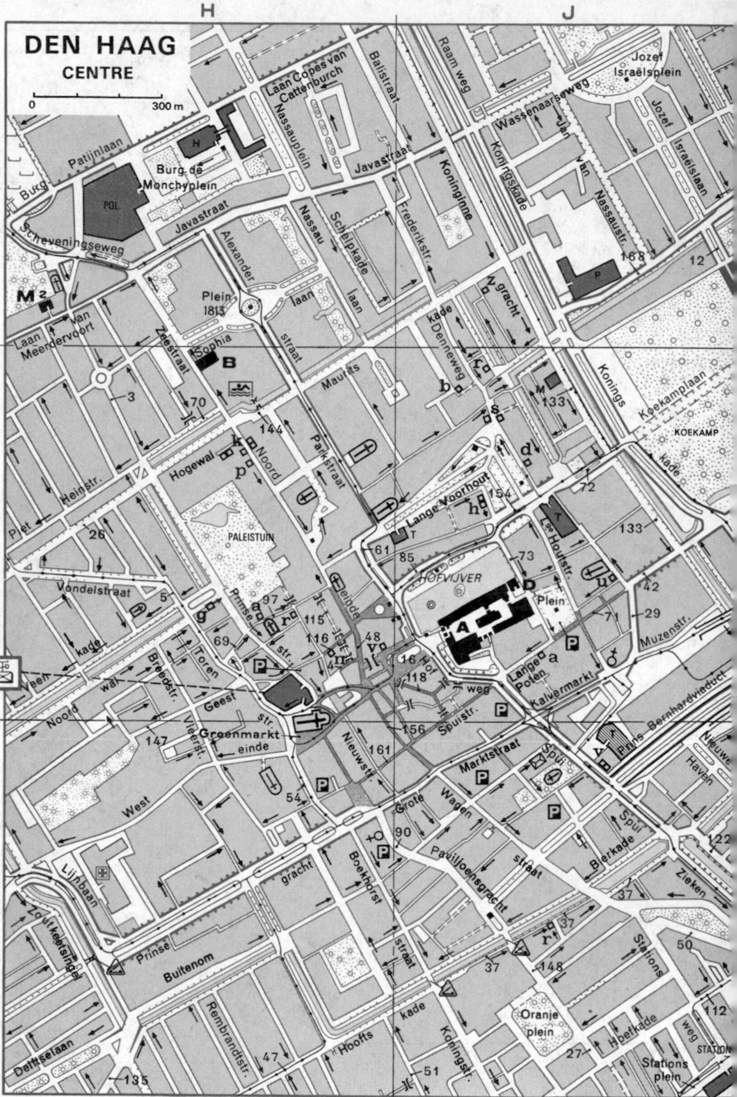

Anna Paulownastr.	HV	3
Annastr.	HV	4
Boslaan	JU	12
Buitenhof	JV	16
Elandstr.	HV	26
Fannius Scholtenstr.	JX	27
Fluwelen Burgwal	JV	29
Groenewegje	JX	38
Herengracht	JV	42
Hoogstr.	HV	48
Huijgensstr.	JX	50
Jacob Catsstr.	JX	51
Jan Hendrikstr.	HX	54
Kneuterdijk	HV	61
Korte Molenstr.	HV	69
Kortenaerkade	HV	70
Korte Poten	JV	71
Korte Voorhout	JV	72
Korte Vijverberg	JV	73
Lange Vijverberg	JV	85
Lutherse Burgwal	JX	90
Molenstr.	HV	97
Oranjelaan	JX	112
Paleispromenade	HV	115
Papestr.	HV	116
de Passage	JV	1
Pletterijkade	JX	1
Prinsessegracht	JV	1
Ruijsdaelstr.	HX	1
Scheveningseveer	HV	1
Slijkeinde	HX	1
Spinozastr.	JX	1
Tournooiveld	JV	1
Venestr.	JX	1
Vlamingstr.	HX	1
Zuid-Hollandlaan	JU	1

Répertoire des Rues
voir Den Haag p. 7

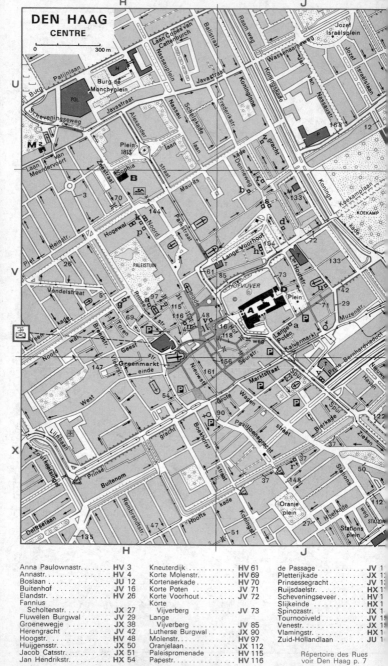

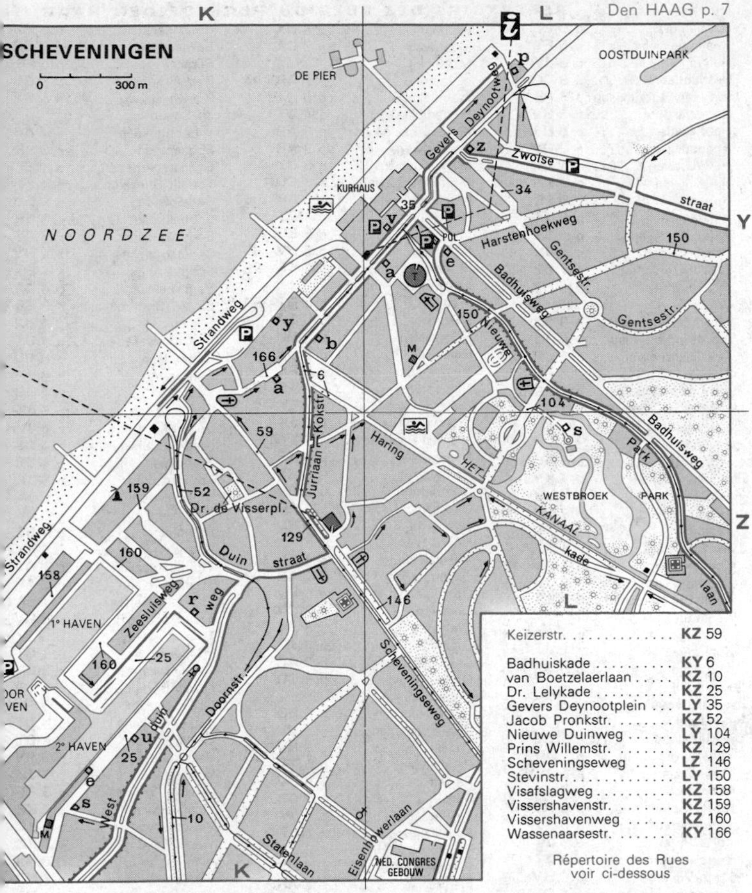

Keizerstr.	KZ 59
Badhuiskade	KY 6
van Boetzelaerlaan	KZ 10
Dr. Lelykade	KZ 25
Gevers Deynootplein	LY 35
Jacob Pronkstr.	KZ 52
Nieuwe Duinweg	LY 104
Prins Willemstr.	KZ 129
Scheveningseweg	LZ 146
Stevinstr.	LY 150
Visafslagweg	KZ 158
Vissershavenstr.	KZ 159
Vissershavenweg	KZ 160
Wassenaarsestr.	KY 166

Répertoire des Rues voir ci-dessous

RÉPERTOIRE DES RUES DU PLAN DE DEN HAAG

Suite du Répertoire voir p. 8

Liste alphabétique
(Hôtels et restaurants)

Plans : sauf indication spéciale voir p. 6

Des Indes, Lange Voorhout 54, ✉ 2514 EG, ☏ 363 29 32, Telex 31196, Fax 345 17 «Demeure fin 19e s.» – ⧆ ⇋ ch ▤ rest TV ☎ P – 🔔 250. AE ⓓ E VISA. ✂ rest
R Le Restaurant carte 72 à 111 – ☕ 33 – **77 ch** 360/460. JV

Sofitel, Koningin Julianaplein 35, ✉ 2595 AA, ☏ 381 49 01, Telex 34001, Fax 382 59 2 ⧆ ⇋ ch ▤ TV ☎ – 🔔 45 à 150. AE ⓓ E VISA plan p. 5 GS
R carte env. 90 – ☕ 28 – **144 ch** 255/300.

Pullman Central, Spui 180, ✉ 2511 BW, ☏ 363 67 00, Telex 32000, Fax 363 93 98, – ⧆ ⇋ ch ▤ rest TV ☎ ♿ P – 🔔 110. AE ⓓ E VISA JX
R carte 51 à 91 – **159 ch** ☕ 220/260 – ½ P 255.

Promenade, van Stolkweg 1, ✉ 2585 JL, ☏ 352 51 61, Telex 31162, Fax 354 10 46, «Collection de peintures néerlandaises modernes» – ⧆ ▤ rest TV ☎ 🚗 P – 🔔 1 AE ⓓ E VISA plan p. 4 ES
R La Cigogne *(fermé sam. et dim.)* carte 75 à 106 – ☕ 30 – **101 ch** 275/300.

✿ **Corona,** Buitenhof 42, ✉ 2513 AH, ☏ 363 79 30, Telex 31418, Fax 361 57 85 – ⧆ ▤ r TV ☎ P – 🔔 100. AE ⓓ E VISA HV
R *(fermé 2 dern. sem. juil.)* carte 100 à 140 – ☕ 15 – **23 ch** 230/455 – ½ P 210/3
Spéc. Côtelettes de saumon Corona, Fricassée de ris de veau et petits gris aux truffes.

Bel Air, Johan de Wittlaan 30, ✉ 2517 JR, ☏ 350 20 21, Telex 31444, Fax 351 26 82, 🏊 – ⧆ TV ☎ P – 🔔 250. AE ⓓ E VISA plan p. 4 ES
R carte 42 à 91 – ☕ 20 – **350 ch** 190/240.

Parkhotel sans rest, Molenstraat 53, ✉ 2513 BJ, ☏ 362 43 71, Telex 33005, Fax 361 45 – ⧆ TV ☎ – 🔔 100. AE ⓓ E VISA HV
114 ch ☕ 133/225.

Paleis sans rest, Molenstraat 26, ✉ 2513 BL, ☏ 362 46 21, Telex 34349, Fax 361 45 33, – ⧆ TV ☎. AE ⓓ E VISA HV
☕ 16 – **20 ch** 149/209.

XXX **Saur** 1er étage, Lange Voorhout 51, ✉ 2514 EC, ☏ 346 33 44 – ▤. AE ⓓ E VISA. ✂
fermé dim. et jours fériés – **R** carte 82 à 133. JV

XXX **Da Roberto,** Noordeinde 196, ✉ 2514 GS, ☏ 346 49 77, Cuisine italienne – AE ⓓ E
fermé mardi – **R** carte 72 à 93. HV

XXX **De Hoogwerf,** Zijdelaan 20 (par N 44), ✉ 2594 BV, ☏ 347 55 14, Fax 381 95 96, «Ferme du 17e s., jardin» – AE ⓓ E VISA ✂ plan p. 3 CQ
fermé dim. et jours fériés sauf 25 et 26 déc. – **R** 75/88.

XXX **Royal Dynasty,** Noordeinde 123, ✉ 2514 GG, ☏ 365 25 98, Cuisine asiatique, Ouv jusqu'à 23 h 30 – ▤. AE ⓓ E VISA HV
fermé lundi – **R** carte 52 à 75.

XX **La Grande Bouffe,** Maziestraat 10, ✉ 2514 GT, ☏ 365 42 74 – AE ⓓ E VISA HV
fermé sam. midi, dim. midi, lundi et 22 juil.-15 août – **R** 60/80.

XX **Le Gobelet,** Noordeinde 143, ✉ 2514 GG, ☏ 346 58 38, Fax 346 58 38 – ▤. AE ⓓ E
fermé dim. – **R** carte 69 à 95. HV

XX **Jean Martin,** Groenewegje 115, ✉ 2515 LP, ☏ 380 28 95 – ▤. AE ⓓ E VISA JX
fermé dim., lundi et 22 déc.-1er janv. – **R** (dîner seult jusqu'à 23 h 30) 50/83.

XX **Table du Roi,** Prinsestraat 130, ✉ 2513 CH, ☏ 346 19 08 – ▤. AE ⓓ HV
fermé lundi, mardi, 3 prem. sem. août et prem. sem. fév. – **R** (dîner seult) carte 57 à

XX **Julien,** Vos in Tuinstraat 2a, ✉ 2514 BX, ☏ 365 87 73, Fax 361 45 51, «Décor Nouveau» – AE ⓓ E VISA JV
R carte 64 à 102.

XX **Shirasagi,** Spui 170, ✉ 2511 BW, ☏ 346 47 00, Cuisine japonaise, teppan-yaki – ▤ AE ⓓ E VISA. ✂ JX
fermé sam. midi et dim. midi – **R** 65/120.

XX **Aubergerie,** Nieuwe Schoolstraat 19, ✉ 2514 HT, ☏ 364 80 70, Fax 360 73 38 – AE E VISA JV
fermé mardi – **R** (dîner seult jusqu'à 23 h) 60/80.

XX **Radèn Ajoe,** Lange Poten 31, ✉ 2511 CM, ☏ 364 56 13, Fax 364 45 92, Cuisine indo sienne – AE ⓓ E VISA JV
fermé sam. midi et dim. midi – **R** carte 57 à 86.

X **Bistroquet,** Lange Voorhout 98, ✉ 2514 EJ, ☏ 360 11 70, Fax 360 55 30 – AE ⓓ E
fermé dim. et jours fériés – **R** 55/75. JV

X **Chez Eliza,** Hooikade 14, ✉ 2514 BH, ☏ 346 26 03, Ouvert jusqu'à 23 h – AE ⓓ E
fermé sam. midi, dim. midi, lundi et fin déc.-début janv. – **R** 39/63. JV

X **Oesterbar-Saur,** Lange Voorhout 47, ✉ 2514 EC, ☏ 346 25 65, Produits de la mer – AE ⓓ E VISA. ✂ JV
fermé dim. et jours fériés – **R** carte 67 à 98.

X **Les Ombrelles,** Hooistraat 4a, ✉ 2514 BM, ☏ 365 87 89, Produits de la mer, Ouv jusqu'à 23 h – AE ⓓ E VISA JV
fermé sam. midi, dim. midi et 24 déc.-2 janv. – **R** carte 50 à 84.

X **Pastel,** Laan van Roos en Doorn 51a, ✉ 2514 BC, ✆ 364 37 50, Ouvert jusqu'à 23 h – ▤. AE E VISA. ✗ JU z
R carte env. 50.

X **De Verliefde Kreeft,** Bleijenburg 11, ✉ 2511 VC, ✆ 364 45 22, Produits de la mer – AE ◑ E VISA JV u
fermé sam. midi, dim. midi et 31 déc. – **R** 40/70.

X **Roma,** Papestraat 22, ✉ 2513 AW, ✆ 346 23 45, Cuisine italienne – AE ◑ E VISA ✗
fermé mardi et dim. midi – **R** carte 51 à 72. HV n

X **Tequila,** Noordeinde 160, ✉ 2514 GR, ✆ 365 52 22, Fax 354 04 13 – AE ◑ E VISA
R (dîner seult jusqu'à 23 h) 28. HV p

à Scheveningen C 's-Gravenhage – ✆ 0 70 :
Gevers Deijnootweg 126, ✉ 2586 BP, ✆ 354 62 00

plan p. 7

Kurhaus, Gevers Deijnootplein 30, ✉ 2586 CK, ✆ 352 00 52, Telex 33295, Fax 350 09 11, ←, « Ancienne salle de concert fin 19e s. », ≘s, ⊡ – |‡| ✗ ch ▤ rest TV ☎ ♿ – 🏛 25 à 400. AE ◑ E VISA. ✗ rest LY
R Kandinsky (ouvert jusqu'à 23 h 30) carte 92 à 131 – ☕ 28 – **231 ch** 260/375 – ½ P 215/265.

Carlton Beach, Gevers Deijnootweg 201, ✉ 2586 HZ, ✆ 354 14 14, Telex 33687, Fax 352 00 20, ←, ☂, ≘s, ⊡ – |‡| ▤ rest TV ☎ P – 🏛 100. AE ◑ E VISA LY p
R 40/50 – **182 ch** ☕ 205/285.

Europa, Zwolsestraat 2, ✉ 2587 VJ, ✆ 351 26 51, Telex 33138, Fax 350 64 73, ≘s, ⊡ – |‡| ✗ ch TV ☎ P – 🏛 400. AE ◑ E VISA LY z
R (dîner seult jusqu'à 23 h) 43 – ☕ 26 – **173 ch** 200/285.

Flora Beach, Gevers Deijnootweg 63, ✉ 2586 BJ, ✆ 354 33 00, Telex 32123, Fax 352 39 16, ≘s – |‡| TV ☎ P – 🏛 80 à 100. ✗ rest LY a
R (dîner seult) – **88 ch.**

Badhotel, Gevers Deijnootweg 15, ✉ 2586 BB, ✆ 351 22 21, Telex 31592, Fax 355 58 70 – |‡| TV ☎ P – 🏛 40 à 100. AE ◑ E VISA KY b
R (dîner seult) carte 41 à 68 – **92 ch** ☕ 142/199 – ½ P 117/127.

XXX **Seinpost,** Zeekant 60, ✉ 2586 AD, ✆ 355 52 50, ←, Produits de la mer – AE ◑ E
fermé jeudi, sam. midi, dim. midi, 24, 31 déc. et 1er janv. – **R** carte 54 à 108. KY y

XX **Radèn Mas,** Gevers Deijnootplein 125, ✉ 2586 CR, ✆ 354 54 32, Fax 354 54 32, Cuisine indonésienne – ▤. AE ◑ E VISA LY v
fermé sam. midi et dim. midi – **R** carte 52 à 86.

XX **China Delight,** Dr Lelykade 118, ✉ 2583 CN, ✆ 355 54 50, Fax 354 66 52, Cuisine chinoise, Ouvert jusqu'à 23 h – ▤. ◑ E VISA KZ u
R carte 47 à 72.

XX **La Galleria,** Gevers Deijnootplein 120, ✉ 2586 CP, ✆ 352 11 56, Fax 354 60 66, ☂, Cuisine italienne, Ouvert jusqu'à minuit – ▤. AE ◑ E VISA LY r
R carte 56 à 81.

XX **Bali,** Badhuisweg 1, ✉ 2587 CA, ✆ 350 24 34, Fax 354 03 63, Cuisine indonésienne – P. AE ◑ E VISA – **R** (dîner seult) 40. LY e

X **Westbroekpark,** Kapelweg 35, ✉ 2587 BK, ✆ 354 60 72, Fax 354 85 60, ←, ☂, « Parc fleuri » – P. AE ◑ E. ✗ LZ s
fermé 24 déc.-2 janv. et lundi de sept à juil. – **R** carte 45 à 84.

X **Le Bon Mangeur,** Wassenaarsestraat 119, ✉ 2586 AM, ✆ 355 92 13 – AE ◑ E VISA ✗
fermé dim., lundi, 3 prem. sem. juil. et dern. sem. déc.-1er janv. – **R** (dîner seult) carte 54 à 69. KY a

X **Mero,** Schokkerweg 50, ✉ 2583 BJ, ✆ 352 36 00, Produits de la mer – ▤. AE ◑ E VISA
fermé sam. midi et dim. midi – **R** carte 70 à 90. KZ r

X **Ducdalf,** Dr Lelykade 5, ✉ 2583 CL, ✆ 355 76 92, ←, ☂, Produits de la mer, Moules en saison – P. AE ◑ E VISA KZ e
fermé 31 déc. et 1er janv. – **R** carte 40 à 89.

X **De Goede Reede,** Dr Lelykade 236, ✉ 2583 CP, ✆ 354 88 20 – ▤. AE ◑ E VISA
R carte 48 à 100. KZ s

Environs - plans p. 2 et 3 :

à Kijkduin O : 4 km C 's-Gravenhage – ✆ 0 70 :

Atlantic, Deltaplein 200, ✉ 2554 EJ, ✆ 325 40 25, Telex 33399, Fax 368 67 21, ←, ☂, ≘s, ⊡ – |‡| ✗ ch TV ☎ P – 🏛 25 à 150. AE ◑ E VISA. ✗ rest AR e
R carte 68 à 98 – ☕ 25 – **118 ch** 190/250 – ½ P 256/276.

Zeehaghe sans rest, Deltaplein 675, ✉ 2554 GK, ✆ 325 62 62, Telex 34186, Fax 325 40 69, ← – |‡| ✗ ch TV ☎ P – 🏛 90. AE ◑ E VISA AR y
☕ 18 – **75 ch** 133/240.

XX **Meer en Bosch,** Heliotrooplaan 5, ✉ 2555 MA, ✆ 325 77 48, Fax 368 30 92, ☂ – ▤ P. AE ◑ E AR s
fermé mardi – **R** 57/105.

à Leidschendam E : 6 km – 32 628 h. – ✪ 0 70 :

🏨 **Green Park,** Weigelia 22, ⊠ 2262 AB, ℘ 320 92 80, Telex 33090, Fax 327 49 07, ⇐, – |♦| ⇐ ch ▤ rest TV ☎ P – 🪑 350. AE ① E VISA CQ
R voir rest **Chagall** ci-après – **Brasserie The Greenery** (ouvert jusqu'à 23 h) carte 41 62 – ☕ 27 – **96 ch** 210/240 – ½ P 259/310.

XXX ✿ **Chagall** - H. Green Park, Weigelia 20, ⊠ 2262 AB, ℘ 327 69 10, Telex 3309 Fax 327 49 07, ⇐ – ▤ P. AE ① E VISA CQ
fermé dim. et lundi – **R** carte 87 à 123.
Spéc. Carpaccio de turbot au pistou (avril-oct.), Lotte panée au basilic en couronne de légume Ris de veau en beignets au soja.

XXX **Villa Rozenrust,** Veursestraatweg 104, ⊠ 2265 CG, ℘ 327 74 60, Fax 327 50 62, 🌳 – P AE ① E VISA CQ
fermé sam. midi et dim. – **R** carte 80 à 120.

XX **Grand William,** Veursestraatweg 10, ⊠ 2265 CD, ℘ 327 34 79, Fax 320 13 70 – P. ① E – *fermé lundi et 5 et 31 déc.* – **R** 60/80. CQ

à Rijswijk SE : 5 km – 48 189 h. – ✪ 0 70 :

XX **Savarin,** Haagweg 114, ⊠ 2282 AG, ℘ 399 36 35 – AE ① E VISA BR
fermé lundi – **R** carte 59 à 93.

à Voorburg E : 5 km – 40 455 h. – ✪ 0 70 :

XXXX ✿ **Vreugd en Rust** (Savelberg) 🌿 avec ch, Oosteinde 14, ⊠ 2271 EH, ℘ 387 20 8 Fax 387 77 15, ⇐, 🌳, « Maison du 17e s. avec terrasse sur parc public » – |♦| ⇐ ch ▤ re TV ☎ P – 🪑 35. AE ① E VISA CR
R *(fermé 24 et 31 déc. soirs)* carte 113 à 136 – **14 ch** ☕ 200/495.
Spéc. Huîtres chaudes au safran et au caviar (sept-avril), Pigeon de Bresse à la sauge, Fromage régionaux sélectionnés.

XXX **Villa la Ruche,** Prinses Mariannelaan 71, ⊠ 2275 BB, ℘ 386 01 10, Fax 386 50 64 – ▤ AE ① E VISA CR
fermé sam. midi et dim. midi – **R** carte 74 à 109.

X **Solmar,** Herenstraat 98, ⊠ 2271 CK, ℘ 386 45 04, Avec cuisine espagnole – AE ① E VIS ⚔ CR
fermé lundi et 27 déc.-2 janv. – **R** (dîner seult jusqu'à 23 h) carte env. 40.

X **Le Barquichon,** Kerkstraat 6, ⊠ 2271 CS, ℘ 387 11 81 – AE ① E VISA ⚔ CR
fermé merc., 3 prem. sem. juin et 24 et 31 déc. – **R** (dîner seult) carte 57 à 81.

à Wassenaar NE : 11 km – 25 972 h. – ✪ 0 1751 :

🏨 **Wassenaar,** Katwijkseweg 33 (N : 2 km), ⊠ 2242 PC, ℘ 1 92 18, Telex 32087, Fax 7 64 8 – |♦| TV ☎ P – 🪑 50. AE ① E VISA
R carte 49 à 79 – **57 ch** ☕ 110/175 – ½ P 90/115.

🏨 **Duinoord** 🌿, Wassenaarseslag 26 (O : 3 km), ⊠ 2242 PJ, ℘ 1 93 32, Telex 3438 Fax 1 22 10, ⇐, 🌳, « Dans les dunes » – TV ☎ P. AE E VISA. ⚔ rest
R *(fermé lundi midi, 31 déc. et 1er janv.)* 40/60 – **20 ch** ☕ 75/145 – ½ P 83/97.

XXXX ✿ **Aub. de Kieviet** 🌿 avec ch., Stoeplaan 27, ⊠ 2243 CX, ℘ 1 92 32, Fax 1 09 69, 🌳 « Terrasse fleurie » – |♦| ⇐ ch ▤ TV ☎ ♿ P – 🪑 70. AE ① E VISA CQ
R carte 98 à 135 – ☕ 23 – **24 ch** 350/450 – ½ P 200/300.
Spéc. Turbotin vapeur aux nouilles noires et safran, Mosaïque de veau et bœuf aux artichaut Chariot de desserts.

ALFA-ROMEO Laan van Nieuw Oosteinde 115 à Voorburg ℘ 3874600
ALFA-ROMEO Oude Haagweg 591 ℘ 3680676
BMW Binckhorstlaan 255 ℘ 3857500
BMW 2e Schuytstraat 290 ℘ 3469703
CITROEN Sinaasappelstraat 125 ℘ 3685252
CITROEN Binckhorstlaan 95 ℘ 3814441
FIAT Lippe Biesterfeldweg 12 ℘ 3975001
FORD Pr. Margrietplantsoen 10 ℘ 3474711
GM (OPEL) Akeleistraat 35 ℘ 3686260
HONDA Treilerweg 74 ℘ 3500054
HONDA Sav. Lohmanplein 5 ℘ 3680708
LADA Schelpkade 39 ℘ 3603913
LADA Saturnusstraat 3 ℘ 3814211
LADA Westduinweg 214 ℘ 3512941
LANCIA Maanweg 58 ℘ 3855161
LANCIA van Bleiswijkstraat 68 ℘ 3552233
MAZDA Balistraat 53 ℘ 3462686
MAZDA Mandarijnstraat 48 ℘ 3684477
MAZDA Binckhorstlaan 312 ℘ 3489487
MERCEDES-BENZ Steenplaetsstraat 2 à Rijswijk ℘ 3905750
MERCEDES-BENZ van Bleiswijkstraat 7 ℘ 3547294
MITSUBISHI Maanweg 62 ℘ 3474464
NISSAN Watervlierstraat 27 ℘ 3252424
NISSAN Fynjekade 16 ℘ 3883500
NISSAN Pastoorswarande 58 ℘ 3653806
PEUGEOT, TALBOT Fahrenheitstraat 343 ℘ 3468989
PEUGEOT, TALBOT Maanweg 68 ℘ 3814671
PEUGEOT, TALBOT Populierstraat 49 ℘ 3633946
RENAULT Loosduinseweg 1 ℘ 3643830
RENAULT Callandplein 2 ℘ 3889255
ROVER Beeklaan 371 ℘ 3873233
ROVER J. Perkstraat 3 à Voorburg ℘ 387323
TOYOTA Junostraat 16 ℘ 3491840
VAG Fahrenheitstraat 198 ℘ 3429342
VAG Bierbrouwersgaarde 24 ℘ 3672891
VAG Loosduinseweg 621 ℘ 3633900
VOLVO Wegastraat 16 ℘ 3814941
VOLVO Alexanderplein 23 ℘ 3633940

AAKSBERGEN Overijssel 408 ⑬ – 22 690 h. – ☎ 0 5427.

msterdam 152 – •Zwolle 70 – •Enschede 15.

X **'t Hagen,** Scholtenhagenweg 36 (SO : 1 km), ✉ 7481 VP, ☎ 1 67 68, – Ⓟ. AE ⓓ E VISA
fermé lundi de mi-juil. à mi-août et mardi – **R** 49/73.

ROEN Kruislandstraat 46 ☎ 13725
RD Enschedesestraat 76 ☎ 16775
1 (OPEL) A. Cuyplaan 58 ☎ 12707
NDA Veldmaterstraat 1 ☎ 11440
SAN Goorsestraat 122 ☎ (0 5405) 348
PEUGEOT, TALBOT Spinnerstraat 2 a ☎ 15400
TOYOTA Veldmaterstraat 71 ☎ 11612
VAG Enschedesestraat 47 ☎ 11345
VOLVO Eibergsestraat 73 ☎ 11298

AAMSTEDE Zeeland C Westerschouwen 5 420 h. 212 ② ③ et 408 ⑯ – ☎ 0 1115.

msterdam 142 – •Middelburg 59 – •Rotterdam 74.

Bom, Noordstraat 2, ✉ 4328 AL, ☎ 22 29 – AE ⓓ E VISA ch
R *(fermé merc. d'oct. à mars)* carte env. 60 – **15 ch** 40/100 – ½ P 63/73.

OTA Zuidstraat 10 ☎ 1446

AARLEM P Noord-Holland 408 ⑩ – 149 198 h. – ☎ 0 23.

ir Grand-Place★ (Grote Markt) BY – Grande église ou église St-Bavon★ (Grote- of St. Bavokerk) : le★ du choeur, orgues★ BY **A** – Hôtel de Ville★ (Stadhuis) BY **H** – Halle aux viandes★ (Vleeal) BY **B**.
sées : Frans Hals★★★ (Frans Halsmuseum) BZ **M²** – Teyler (Teylers Museum) : dessins★ CY **M¹**.
v. Champs de fleurs★★★ par ③ : 7,5 km – Parc de Keukenhof★★★ (fin mars à mi-mai), pasrelle du moulin ≤★★ par ③ : 13 km – Ecluses★ d'IJmuiden N : 16 km par ⑦.

à Velsen-Zuid par ⑦, Recreatieoord Spaarnwoude, Het Hoge Land 3, ☎ (0 23) 38 27 08.

à Amsterdam-Schiphol SE : 14 km par ⑤ ☎ (0 20) 601 09 66 (renseignements) et 674 77 47 servations).

(départs de 's-Hertogenbosch) ☎ 34 01 16.

Stationsplein 1, ✉ 2011 LR, ☎ 31 90 59.

msterdam 24 ⑥ – •Den Haag 59 ⑤ – •Rotterdam 79 ⑤ – •Utrecht 54 ⑤.

Plans pages suivantes

Carlton Square, Baan 7, ✉ 2012 DB, ☎ 31 90 91, Telex 41685, Fax 32 98 53, – ch TV ☎ Ⓟ – 300. AE ⓓ E VISA. rest — BZ **d**
R carte 50 à 81 – **106 ch** 198/260.

Lion d'Or, Kruisweg 34, ✉ 2011 LC, ☎ 32 17 50, Telex 71101, Fax 32 95 43 – TV ☎ – 130. AE ⓓ E VISA. rest — BX **d**
R carte 54 à 83 – **36 ch** 160/220 – ½ P 125/145.

Die Raeckse, Raaks 1, ✉ 2011 VA, ☎ 32 66 29 – rest – 200. AE VISA. rest — BY **n**
R 40 – **23 ch** 105/145.

X **Peter Cuyper,** Kleine Houtstraat 70, ✉ 2011 DR, ☎ 32 08 85, , « Demeure du 17ᵉ s. » – AE ⓓ E VISA — BZ **s**
fermé sam. midi, dim., lundi soir, 3 dern. sem. août et 27 déc.-3 janv. – **R** carte 63 à 85.

X **De Componist,** Korte Veerstraat 1, ✉ 2011 CL, ☎ 32 88 53 – . AE ⓓ E VISA — BY **c**
fermé 31 déc. – **R** (dîner seult) 55/75.

X **Le Chat Noir,** Bakkumstraat 1, ✉ 2011 TZ, ☎ 31 73 87 – . AE ⓓ E VISA. — BY **n**
fermé sam. midi, dim. midi, lundi, mardi et 2 sem. en août – **R** 45/65.

X **Napoli,** Houtplein 1, ✉ 2012 DD, ☎ 32 44 19, Cuisine italienne – AE ⓓ E VISA — BZ **e**
fermé 24 et 31 déc. – **R** carte 49 à 83.

X **De Gekroonde Hamer,** Breestraat 24, ✉ 2011 ZZ, ☎ 31 22 43, – . AE ⓓ E VISA — BZ **y**
R (dîner seult) 50/85.

X **De Vrome Poort,** Nieuw Heiligland 10, ✉ 2011 EM, ☎ 31 72 85 – AE ⓓ E VISA — BZ **k**
fermé lundi, mardi, 21 juil.-14 août et 20 déc.-6 janv. – **R** (dîner seult) 43/53.

X **Hilda,** Wagenweg 214, ✉ 2012 NM, ☎ 31 28 71, Cuisine indonésienne – — AZ **f**
fermé lundi – **R** carte env. 40.

X **De Eetkamer van Haarlem,** Lange Veerstraat 45, ✉ 2011 DA, ☎ 31 22 61 – AE ⓓ E VISA — BCY **h**
fermé mardi et du 1ᵉʳ au 22 août – **R** (dîner seult jusqu'à 23 h) carte 45 à 65.

à Bloemendaal NO : 4 km – 17 412 h. – ☎ 0 23 :

Iepenhove, Hartenlustlaan 4, ✉ 2061 HB, ☎ 25 83 01, Telex 71241, Fax 27 53 44, – ☎ Ⓟ – 30. AE ⓓ E VISA — AX **e**
R carte 60 à 84 – **35 ch** 85/250 – ½ P 115/280.

X **Aub. Le Gourmand,** Brederodelaan 80, ✉ 2061 JS, ☎ 25 11 07, Fax 26 05 09, – AE E VISA — AX **a**
fermé lundi, mardi, 2 dern. sem. sept et dern. sem. fév. – **R** carte env. 55.

HAARLEM

Anegang . . . . BY 4
Barteljorisstr. . . . . BY 8
Grote Houtstr. . . . . BYZ
Kruisstr. . . . . BY 49
Zijlstr. . . . . BY

Amerikaweg . . . . AZ 2
Amsterdamse
Vaart . . . . AY 3
Bakenessergracht . . . . . . CY 6
Barrevoetestr. . . . . BY 7
Binnenweg . . . . AZ 10
Bloemendaalseweg . . . AXY 12
Botermarkt . . . . BY 13
César Francklaan . . . . . . AZ 17
Cruquiusweg . . . . AZ 18
Damstr. . . . . CY 21
Duinlustweg . . . . AY 22
Europaweg . . . . AZ 23
Fonteinlaan . . . . AZ 26
Frans Halsstr. . . . . CX 27
Gasthuisvest . . . . BZ 28
Ged. Voldersgracht . . . . . BY 29
Groot Heiligland . . . . BZ 31
Grote Markt . . . . BY 32
Hagestr. . . . . CZ 34
Hartenlustlaan . . . . AX 35
Hoge Duin
en Daalseweg . . . . AX 36
Hoogstr. . . . . CZ 38
Jacobstr. . . . . BY 39
Julianapark . . . . AX 40
Kamperlaan . . . . AZ 42
Kampervest . . . . BZ 43
Keizerstr. . . . . BY 44
Kennemerweg . . . . AX 45
Kleine Houtweg . . . . BZ 46
Klokhuispl. . . . . CY 47
Koningstr. . . . . BY 48
Lanckhorstlaan . . . . AZ 51
Lorentzpl. . . . . BZ 52
van Merlenlaan . . . . AZ 54
Nassaustr. . . . . BZ 55
Oostvest . . . . CY 56
Oude Groenmarkt . . . . . . BY 57
Paviljoenslaan . . . . AZ 58
Prins Bernhardlaan . . . . . AY 60
Raadhuisstr. . . . . AZ 61
Raaks . . . . BY 62
Ridderstr. . . . . BY 64
Schalkwijkerstr. . . . . CZ 66
Schoterweg . . . . AY 67
Smedestr. . . . . BY 68
Spanjaardslaan . . . . AZ 69
Tuchthuisstr. . . . . BYZ 70
Verspronckweg . . . . AY 71
Verwulft . . . . BYZ 72
Westergracht . . . . AY 73
Zandvoortselaan . . . . AZ 74
Zomerzorgerlaan . . . . AX 77
Zuiderhoutlaan . . . . AZ 78
Zijlsingel . . . . BY 80
Zijlweg . . . . AY 81

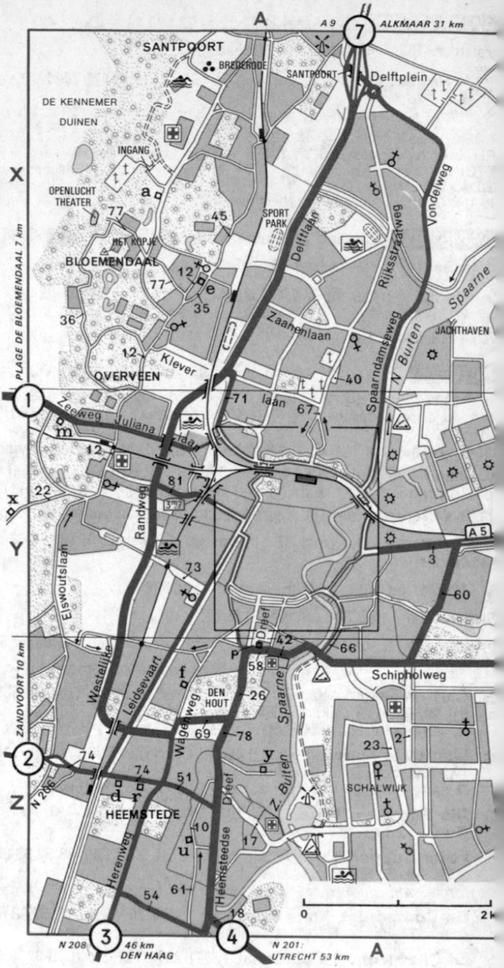

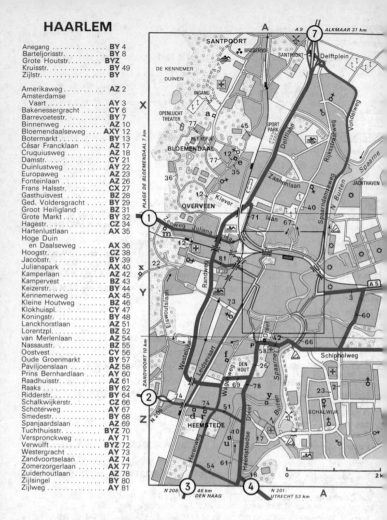

à Bloemendaal aan Zee NO : 7 km [C] Bloemendaal 17 412 h. – ☎ 0 23 :

XXX **Les Pyramides,** Zeeweg 80, ✉ 2051 EC, ☎ 25 73 25, Fax 27 73 57, « Terrasse av
≤ littoral » – ▤ Ⓟ. AE ⓓ E VISA
fermé sam., dim. et 20 déc.-3 janv. – **R** 58/73.

à Heemstede S : 4 km – 26 308 h. – ☎ 0 23 :

XX **Landgoed Groenendaal,** Groenendaal 3 (1,5 km par Heemsteedse Dreef), ✉ 2104 V
☎ 28 15 55, Fax 29 18 41, ☂, « Dans les bois » – Ⓟ. AE ⓓ E VISA. ✻
fermé lundi et 27 déc.-1er janv. – **R** 49.

XX **Pourquoi,** Zandvoortselaan 125, ✉ 2106 CM, ☎ 28 23 71 – AE ⓓ E VISA ✻ AZ
fermé merc. et 24 juil.-7 août – **R** (dîner seult) carte env. 45.

X **Le Cheval Blanc,** Jan van Goyenstraat 29, ✉ 2102 CA, ☎ 29 31 73, ☂ – AE ⓓ E
✻ AZ
fermé lundi et sept – **R** carte 60 à 87.

X **Tai-Hao,** Binnenweg 91, ✉ 2101 JE, ☎ 28 96 39, Cuisine chinoise – ▤. AE E. ✻
R 43. AZ

X **Chez Ferdinand,** Zandvoortselaan 75, ✉ 2106 CK, ☎ 28 54 44 – AE ⓓ VISA ✻ AZ
R (dîner seult) carte 40 à 61.

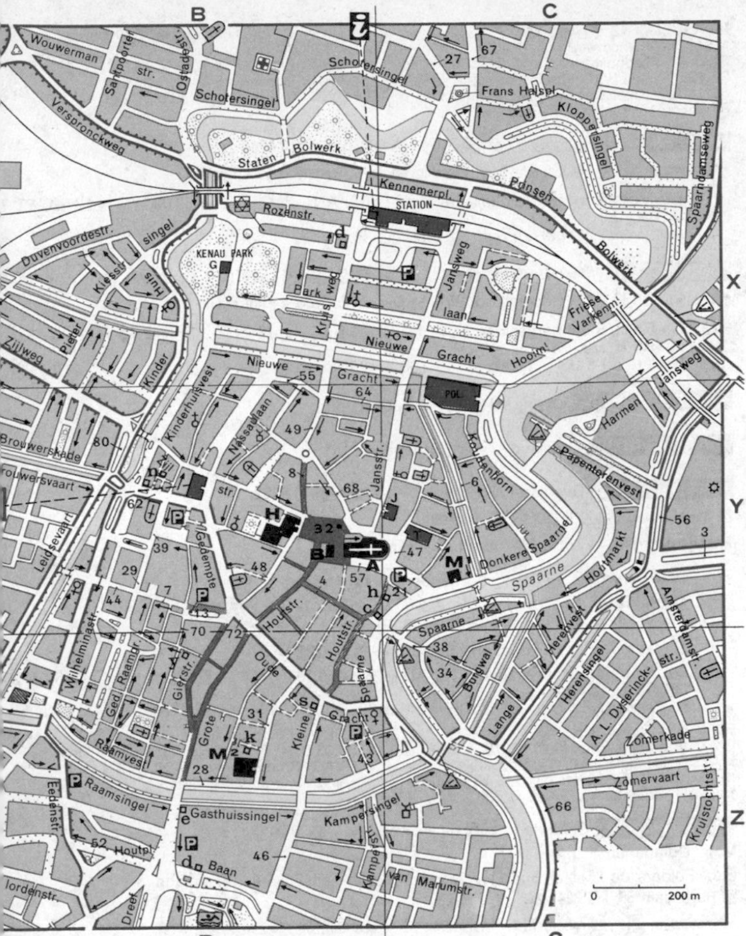

à Overveen O : 4 km ⓒ Bloemendaal 17 412 h. – ⊛ 0 23 :

XXX ✿✿ **De Bokkedoorns,** Zeeweg 53 (par ①), ⊠ 2051 EB, ℘ 26 36 00, Fax 27 31 43, ☂, « Terrasse avec ≤ dunes » – ▤ Ⓟ. AE ⓓ E VISA. ✗
fermé lundi, sam. midi, 5, 24 et 31 déc.-5 janv. – **R** carte 95 à 142.
Spéc. Panaché d'entrées maison, Ragoût de homard, jus aux herbes, Selle d'agneau, sauce de légumes au curry.

XXX **Amazing Asia,** Zeeweg 3, ⊠ 2051 EB, ℘ 25 60 57, Fax 25 34 32, ☂, Cuisine chinoise, « Terrasse, jardin et fontaines » – ▤ Ⓟ. AE ⓓ E VISA. ✗ AY **m**
fermé lundi – **R** carte 43 à 60.

X **Kraantje Lek,** Duinlustweg 22, ⊠ 2051 AB, ℘ 24 12 66, Fax 24 57 33, ☂, « Auberge début 18ᵉ s. » – Ⓟ. AE ⓓ E VISA AY **x**
R 62/89.

Voir aussi : ***Spaarndam*** NE : 11 km

LFA-ROMEO Amsterdamsevaart 114 ℘ 366344
TROEN Grijpensteinweg 10 ℘ 248221
AT Grijpensteinweg ℘ 277844
AT Bloemendaalseweg 52 à Bloemendaal ℘ 263350
ORD Wagenweg 166 ℘ 319265
GM (OPEL) Delftstraat 50 ℘ 319136
HONDA Delftstraat 34 ℘ 319349
LADA Zocherstraat 4 ℘ 273424
LANCIA Bloemendaalseweg 329 ℘ 326340
MAZDA Spaarndamseweg 380 ℘ 276464
MERCEDES-BENZ Fustweg 2 ℘ 319288

MERCEDES-BENZ Zijlweg 242 ☎ 326250
NISSAN Americaweg 4 ☎ 362324
NISSAN Raadhuisstraat 1a ☎ 252070
PEUGEOT, TALBOT Munterslaan 2 ☎ 249201
RENAULT Karel Doormanlaan 3 ☎ 259181
RENAULT Floraplein 25 ☎ 324920
ROVER Schipholweg 5 ☎ 339069
TOYOTA Lange Herenvest 130 ☎ 338094
VAG Leidsevaart 10 ☎ 319118
VAG Vondelweg 540 ☎ 383934
VOLVO Leidsevaart 592 ☎ 248141

HAELEN Limburg 212 ⑳ et 408 ⑲ – 5 894 h. – ☎ 0 4759.

♦Amsterdam 176 – ♦Maastricht 54 – ♦Eindhoven 48 – Roermond 10 – Venlo 23.

XXX **De Vogelmolen,** Kasteellaan 17, ✉ 6081 AN, ☎ 42 00, Fax 52 00, – P. AE E VISA
fermé sam. midi et 2 prem. sem. août – **R** 58/68.

HALSTEREN Noord-Brabant 212 ④ ⑭ et 408 ⑯ – 12 556 h. – ☎ 0 1641.

♦Amsterdam 136 – ♦'s-Hertogenbosch 95 – Bergen op Zoom 5 – ♦Rotterdam 57.

De Ram, Steenbergseweg 1 (N : 1 km), ✉ 4661 RJ, ☎ 23 50, – ☎ P – 25 ou plu AE E VISA.
R carte 60 à 93 – **12 ch** 55/100 – ½ P 85/100.

HARBRINKHOEK Overijssel – voir à Tubbergen.

HARDEGARIJP Friesland – voir Hurdegaryp.

HARDENBERG Overijssel 408 ⑬ – 32 065 h. – ☎ 0 5232.

Badhuisweg 2, ✉ 7772 XA, ☎ 6 20 00.

♦Amsterdam 149 – ♦Zwolle 39 – Assen 59 – ♦Enschede 58.

à Diffelen SO : 7 km C Hardenberg – ☎ 0 5235 :

X **De Gloepe,** Rheezerweg 84a, ✉ 7771 TH, ☎ 12 31, – P. E
fermé lundi, mardi et janv. – **R** carte 46 à 60.

à Heemse SO : 1 km C Hardenberg – ☎ 0 5232 :

De Koeslag, Hessenweg 7, ✉ 7771 CH, ☎ 6 15 04, – TV ☎ P – 30 à 20 AE E VISA. ch
R *(fermé dim.)* carte 85 à 105 – **23 ch** 90/140 – ½ P 130/160.

FORD Ir. J.C. Kellerlaan 18 ☎ 62777
GM (OPEL) De Brink 7 ☎ 61513
MAZDA Handelsstraat 51 ☎ 62626
MITSUBISHI, FIAT Haardijk 1/3 ☎ 67000
NISSAN Bruchterweg 73 ☎ 61620
RENAULT Bruchterweg 82 ☎ 61817
TOYOTA Rheezerweg 40 a ☎ 64456
VAG Bruchterweg 104 ☎ 63344
VOLVO Handelsstraat 53 ☎ 64669

HARDERWIJK Gelderland 408 ⑪ – 34 600 h. – ☎ 0 3410.

Voir Dolfinarium★.

Exc. Polders de l'Est et Sud Flevoland★ (Oostelijk en Zuidelijk Flevoland).

Havendam 58, ✉ 3841 AA, ☎ 2 66 66.

♦Amsterdam 72 – ♦Arnhem 71 – ♦Apeldoorn 32 – ♦Utrecht 54 – ♦Zwolle 42.

De Koningshof, Smeepoortstraat 2, ✉ 3841 EJ, ☎ 2 25 55, – ☎ P. AE E VI
R carte 54 à 82 – **14 ch** 100/160 – ½ P 98/115.

Baars, Smeepoortstraat 52, ✉ 3841 EJ, ☎ 1 20 07, Fax 1 87 22 – TV ☎ – 2 à 110. AE E VISA.
R *(fermé dim. d'oct. à avril)* carte 48 à 70 – **35 ch** 75/145 – ½ P 83/98.

Marktzicht-Klomp, Markt 6, ✉ 3841 CE, ☎ 1 30 32, Fax 2 15 88 – TV ☎ P. AE VISA
R (ouvert jusqu'à 23 h) carte 40 à 60 – 7 – **26 ch** 36/100 – ½ P 54/76.

XX **Da Gabriele,** Vismarkt 31, ✉ 3841 BE, ☎ 1 44 00, Cuisine italienne – AE E VISA
fermé du 2 au 25 sept, 28 fév.-9 mars et lundi – **R** carte 51 à 79.

XX **Zeezicht,** Strandboulevard 2, ✉ 3841 CS, ☎ 1 20 58 – AE E VISA
fermé 31 déc. et 1er janv. – **R** carte env. 40.

X **'t Nonnetje,** Vismarkt 38, ✉ 3841 BG, ☎ 1 58 48 – AE E VISA
fermé du 18 au 26 mars, du 1er au 22 oct. et mardi – **R** (dîner seult) carte 57 à 80.

X **Stadstimmerhuys,** Vismarkt 57a, ✉ 3841 BE, ☎ 1 52 90 – AE E VISA
fermé mardi d'oct. à juil. et lundi – **R** (dîner seult) 46/59.

à Hierden NE : 3 km C Harderwijk – ☎ 0 3413 :

XXX **De Zwaluwhoeve,** Zuiderzeestraatweg 108, ✉ 3848 RG, ☎ 19 93, , « Dans une ferm du 18e s. » – P. AE E VISA
fermé sam. midi, dim. midi, lundi et du 2 au 18 fév. – **R** 60/80.

ROEN Scheepssingel 8 ☎ 21444
T Boerhaavelaan 4a ☎ 13559
RD Couperuslaan 29 ☎ 13800
(OPEL) Lorentzstraat 17 ☎ 20114
RCEDES-BENZ Stephensonstraat 5
14255

MITSUBISHI Lorentzstraat 27 ☎ 16333
PEUGEOT, TALBOT Snelliusstraat 9 ☎ 22444
RENAULT Pr. Mauritslaan 45 ☎ 12919
ROVER Industrieweg 28 ☎ 15090
TOYOTA Gelreweg 2 ☎ 22044
VAG Flevoweg 75 ☎ 15064

ARDINXVELD-GIESSENDAM Zuid-Holland 212 ⑥ et 408 ⑰ – 16 722 h. – ☎ 0 1846.

nsterdam 78 – ♦Den Haag 58 – ♦Arnhem 87 – ♦Breda 45 – ♦Rotterdam 32.

X **Kampanje,** Troelstrastraat 5, ✉ 3371 VJ, ☎ 1 26 13, 佘 – ▤ P. AE ⓓ E VISA
fermé dim., 1er avril, 20 mai, 25, 26 déc. et 1er janv. – **R** carte 76 à 102.

AULT Wiedhaak 1 ☎ 13566

VAG Damstraat 34 ☎ 13154

AREN Groningen 408 ⑥ – 18 228 h. – ☎ 0 50.

à Glimmen, Pollselaan 5 ☎ (0 5906) 12 75.

nsterdam 207 – ♦Groningen 8 – ♦Zwolle 99.

Postiljon, Emmalaan 33 (SO : 1 km sur A 28), ✉ 9752 KS, ☎ 34 70 41, Telex 53688, Fax 34 01 75 – |♦| TV ☎ P – 🔺 25 à 140. AE ⓓ E VISA
R carte env. 60 – ☐ 14 – **97 ch** 93/139 – ½ P 113/161.

De Horst, Rijksstraatweg 127, ✉ 9752 BC, ☎ 34 63 24 – ☎ P – 🔺 65. AE ⓓ E VISA
R *(fermé dim.)* carte 40 à 63 – **18 ch** ☐ 55/100 – ½ P 88/103.

XX **Herberg de Rietschans,** Meerweg 221 (O : 2 km), ✉ 9752 XC, ☎ (0 5907) 13 65, Fax (0 5907) 39 34, 佘, « Terrasse au bord du lac » – P. AE ⓓ E VISA
fermé dim. et lundi – **R** carte 63 à 96.

à Glimmen S : 2 km C Haren – ☎ 0 5906 :

XX **Le Grillon,** Rijksstraatweg 10, ✉ 9756 AE, ☎ 13 92, 佘 – P. AE ⓓ E VISA
fermé dim., jours fériés sauf Noël et 13 juil.-3 août – **R** carte 73 à 100.

X **De Kastanje Hoeve,** Zuidlaarderweg 4, ✉ 9756 CH, ☎ 12 81 – P. AE E
fermé dim. et 15 juil.-5 août – **R** 50/80.

(OPEL) Emmalaan 31 ☎ 348041
ZDA Rijksstraatweg 50 à Glimmen
(0 5906) 1364

NISSAN Jachtlaan 4 ☎ 344813
RENAULT Rijksstraatweg 115 ☎ 349444
VAG Vondellaan 18 ☎ 346591

In some restaurants in large towns
it is sometimes difficult to find a table;
we suggest you book in advance.

ARLINGEN Friesland 408 ④ – 15 727 h. – ☎ 0 5178.

ir Noorderhaven★ (bassin portuaire).

⛴ vers Terschelling : Rederij Doeksen B.V. à West-Terschelling, ☎ (0 5620) 21 41 et réser-ion voitures ☎ (0 5620) 61 11. (Il existe aussi un service rapide par vedette Stuifdijk).

vers Vlieland : Rederij Doeksen B.V. à Vlieland, ☎ (0 5621) 13 13. (Il existe aussi un service ide par vedette Stuifdijk.)

Voorstraat 34, ✉ 8861 BL, ☎ 1 72 22.

nsterdam 113 – ♦Leeuwarden 28.

Zeezicht, Zuiderhaven 1, ✉ 8861 CJ, ☎ 1 25 36, Fax 1 90 01 – TV ☎ P – 🔺 50. AE E VISA
fermé du 23 au 31 déc. – **R** carte 42 à 97 – **25 ch** ☐ 90/145 – ½ P 80/145.

Anna Casparii, Noorderhaven 69, ✉ 8861 AL, ☎ 1 20 65, Fax 1 45 40 – TV ☎. AE ⓓ E VISA. ❀ rest
R carte 50 à 81 – **15 ch** ☐ 85/115 – ½ P 105.

D Zuiderhaven 8 ☎ 12882
(OPEL) Kimswerderweg 27 ☎ 13400
SAN Lanen 75 ☎ 12581

RENAULT Oosterparkweg 21 ☎ 15090
TOYOTA Grensweg 2 ☎ 14069

ARMELEN Utrecht 408 ⑩ – 7 746 h. – ☎ 0 3483.

à Haarzuilens N : 7 km, Parkweg 5, ☎ (0 3407) 28 60.

nsterdam 44 – ♦Utrecht 11 – ♦Den Haag 54 – ♦Rotterdam 49.

Het Wapen van Harmelen, Dorpsstraat 14, ✉ 3481 EK, ☎ 12 03, Fax 41 54 – |♦| ☎ – 🔺 25 ou plus. AE ⓓ E VISA
R *(fermé dim.)* carte env. 45 – **41 ch** ☐ 120 – ½ P 110.

X **De Kloosterhoeve,** Kloosterweg 2, ✉ 3481 XC, ☎ 15 61, Fax 42 35, « Ferme du 13e s. » – P. AE ⓓ E VISA. ❀
fermé dim. – **R** carte 65 à 111.

(OPEL) Energieweg 27 ☎ 3614

HATTEM Gelderland 408 ⑫ – 11 571 h. – ☎ 0 5206.

Veenwal 11 ☎ 4 19 09.

Kerkhofstraat 2, ✉ 8051 GG, ☎ 4 30 14 et 4 31 31.

♦Amsterdam 108 – ♦Arnhem 60 – ♦Apeldoorn 37 – ♦Zwolle 7.

XX **Herberg Molecaten** avec ch, Molecaten 7 (SO : 1 km), ✉ 8051 PN, ☎ 4 26 06, Fax 4 24 …, « Dans les bois », … – … – 25 ou plus. AE ① E VISA. ch
fermé 1 sem. en janv. – **R** *(fermé dim. et lundi)* 45/99 – **6 ch** 90.

X **De Zon,** Kerkstraat 2, ✉ 8051 GL, ☎ 4 50 77 – AE ① E VISA
fermé dim. et jours fériés – **R** carte 61 à 88.

FIAT Dorpsweg 21 ☎ 46033
RENAULT Nieuweweg 101 ☎ 41651
TOYOTA Dorpsweg 108 ☎ 41993

HAVELTE Drenthe 408 ⑫ – 5 828 h. – ☎ 0 5214.

Voir Hunebedden* (Dolmens).

(avril-oct.) Piet Soerplein 1, ✉ 7971 CR, ☎ 12 22.

♦Amsterdam 145 – Assen 37 – ♦Groningen 61 – ♦Zwolle 35.

Hoffmann's Vertellingen, Dorpsstraat 16, ✉ 7971 CR, ☎ 23 06 – … AE E.
fermé 31 déc. et 1er janv. – **R** *(fermé après 20 h)* carte 47 à 70 – **10 ch** 70/11…
½ P 80/95.

LADA Egginklaan 22 ☎ 1292

HAZERSWOUDE-RIJNDIJK Zuid-Holland Ⓒ Hazerswoude 11 448 h. 408 ⑩ – ☎ 0 171…

♦Amsterdam 48 – ♦Den Haag 25 – ♦Rotterdam 22 – ♦Utrecht 47.

Groenendijk, Rijndijk 96, ✉ 2394 AJ, ☎ 1 90 06, Fax 1 38 02 – … – 1…
AE E VISA
R *(fermé 25 déc.)* 42/72 – **55 ch** 53/135 – ½ P 68/80.

FORD Rijndijk 296 ☎ 15700
GM (OPEL) Dorpsstraat 257 ☎ (0 1728) 9697
PEUGEOT, TALBOT Dorpsstraat 9 ☎ (0 1728) 9234

HEELSUM Gelderland Ⓒ Renkum 33 841 h. 408 ⑫ – ☎ 0 8373.

♦Amsterdam 90 – ♦Arnhem 13 – ♦Utrecht 52.

Klein Zwitserland ⛰, Klein Zwitserlandlaan 5, ✉ 6866 DS, ☎ 1 91 04, Telex 456…
Fax 1 39 43, … – … – 25 ou plus. AE ① E VISA. rest
fermé fin déc.-1er janv. – **R De Kriekel** carte 68 à 97 – **75 ch** 185/295 – ½ P 190/2…

XXX ✿ **De Kromme Dissel,** Klein Zwitserlandlaan 5, ✉ 6866 DS, ☎ 1 31 18, Telex 456…
Fax 1 39 43, « Ancienne ferme rustique » – . AE ① E VISA.
fermé sam. midi, dim. midi, lundi et 5, 24 et 31 déc. – **R** carte 97 à 161.
Spéc. Saumon cru et caviar au beurre blanc, Selle d'agneau aux senteurs de Provence, Hom… à l'armoricaine.

HEEMSE Overijssel 408 ⑬ – voir à Hardenberg.

HEEMSKERK Noord-Holland 408 ⑩ – 32 910 h. – ☎ 0 2510.

♦Amsterdam 30 – Alkmaar 18 – ♦Haarlem 18.

XX **De Vergulde Wagen,** Rijksstraatweg 161, ✉ 1969 LE, ☎ 3 24 17, … – AE ① E …
fermé lundi – **R** carte 62 à 85.

dans le domaine du château Marquette :

Marquette ⛰ sans rest, Marquettelaan 34, ✉ 1968 JT, ☎ 4 14 14, Telex 353…
Fax 4 55 08, « Environnement boisé » – … AE ① E VISA
20 – **68 ch** 215/240.

XXX **Marquette,** Marquettelaan 34, ✉ 1968 JT, ☎ 4 14 14, Telex 35343, Fax 4 55…
« Environnement boisé » – . AE ① E VISA.
R carte 69 à 100.

ALFA-ROMEO J. v. Kuikweg 146 ☎ 41044
FIAT Rijksstraatweg 23a ☎ 41664
FORD Maerelaan 24 ☎ 32556
MITSUBISHI Rijksstraatweg 63a ☎ 46214
PEUGEOT, TALBOT G. van Assendelftstraat 32 ☎ 34350
ROVER Rijksstraatweg 21 ☎ 44666

HEEMSTEDE Noord-Holland 408 ⑩ – voir à Haarlem.

's-HEERENBERG Gelderland Ⓒ Bergh 17 579 h. 212 ⑩ et 408 ⑲ – ☎ 0 8346.

♦Amsterdam 129 – ♦Arnhem 31 – Bocholt 30.

Heitkamp, Oudste Poortstraat 2, ✉ 7041 AR, ☎ 6 12 09 –
fermé lundi midi et du 12 au 28 oct. – **R** *(fermé après 20 h 30)* 40 – **10 ch** 45/9…
½ P 60/65.

LADA Plantsoensingel Z. 22a ☎ 62681

HEERENVEEN Friesland 408 ⑤ – 37 700 h. – ☎ 0 5130.

Amsterdam 129 – ◆Leeuwarden 30 – ◆Groningen 58 – ◆Zwolle 62.

Postiljon, Schans 65 (N : 2 km sur A 7), ✉ 8441 AC, ☎ 2 40 41, Telex 46591, Fax 2 91 00 – 🛗 📺 ☎ ♿ 🅿 – 🏛 300. AE ⓓ E VISA
R carte env. 50 – ☕ 14 – **55 ch** 93/139.

XX **Azië,** Dracht 126, ✉ 8442 BX, ☎ 2 43 72, Cuisine chinoise – ▤. AE ⓓ E VISA. ✻
fermé du 15 au 30 juil., du 1er au 8 janv., dim. et lundi – **R** carte 42 à 73.

*à **Katlijk** E : 6 km* Ⓒ Heerenveen – ☎ 0 5135 :

XX **De Grovestins,** W.A. Nyenhuisweg 7, ✉ 8455 JS, ☎ 19 93, 🌳, « Ancienne ferme » – 🅿. AE ⓓ E VISA
fermé mardi, sam. midi, dim. midi et 31 déc.-16 janv. – **R** 45/80.

BMW K.R. Poststraat 44 ☎ 20700
CITROEN Uraniumweg 10 ☎ 32455
FIAT Koningin Julianaweg 34 ☎ 36201
FORD Kattebos 148 ☎ 23415
GM (OPEL) Kattebos 162 ☎ 22100
LADA van der Sluislaan 1 ☎ 36597
MAZDA Chroomweg 6 ☎ 32424
MERCEDES-BENZ Jachtlustweg 9 ☎ 36271
MITSUBISHI Wolfraamweg 5 ☎ 31225
NISSAN Het Meer, de Opslach 1 ☎ 23054
PEUGEOT, TALBOT De Kuinder 8 ☎ 32805
RENAULT Chroomweg 4 ☎ 32725
VAG Zilverweg 5 ☎ 33054
VOLVO Turfschip 1 ☎ 10090

HEEREWAARDEN Gelderland 212 ⑧ et 408 ⑱ – 1 119 h. – ☎ 0 8877.

Amsterdam 84 – ◆Arnhem 55 – ◆'s-Hertogenbosch 22 – ◆Rotterdam 78.

XX **De Buke,** van Heemstraweg 1 (SE), ✉ 6624 KJ, ☎ 13 75 – 🅿
fermé lundi et Noël – **R** carte 40 à 70.

HEERLEN Limburg 212 ② et 408 ㉖ – 94 149 h. – ☎ 0 45.

Stationsplein 4, ✉ 6411 NE, ☎ 71 62 00.

Amsterdam 214 – ◆Maastricht 22 – Aachen 18 – Roermond 47.

Pullman, Groene Boord 23, ✉ 6411 GE, ☎ 71 38 46, Telex 56920, Fax 74 10 99, ✂ – 🛗 ▤ rest 📺 ☎ 🅿 – 🏛 25 ou plus. AE ⓓ E VISA. ✻ rest
R Park (ouvert jusqu'à 23 h) carte 57 à 91 – **105 ch** ☕ 150/375 – ½ P 170/200.

Baron Heerlen, Wilhelminaplein 17, ✉ 6411 KW, ☎ 71 33 33, Fax 71 54 91 – 🛗 📺 ☎ 🅿 – 🏛 25 ou plus. AE ⓓ E VISA
R 40/70 – ☕ 22 – **62 ch** 85/140 – ½ P 135/175.

Baron De la Station, Stationstraat 16, ✉ 6411 NH, ☎ 71 90 63, Fax 71 18 82, 🌳, ≘s – 🛗 📺 ☎. AE ⓓ E VISA
R *(fermé sam. midi et dim. midi)* carte 45 à 80 – ☕ 20 – **38 ch** 85/140 – ½ P 127/172.

Motel Heerlen, Terworm 10 (O : 3 km sur ring A 281), ✉ 6411 RV, ☎ 71 94 50, Telex 56759, Fax 71 51 96, 🌳, ≘s, 🏊 – 🛗 📺 ☎ ♿ 🅿 – 🏛 25 ou plus. AE E. ✻ ch
R (ouvert jusqu'à 23 h 30) carte 40 à 64 – ☕ 14 – **140 ch** 75/90.

XX **Geleenhof,** Valkenburgerweg 54, ✉ 6419 AV, ☎ 71 80 00, 🌳, Ferme du 18e s. – 🅿. AE ⓓ E. ✻
fermé dim., lundi et 26 déc.-2 janv. – **R** carte 60 à 91.

X **De Blauwe Engel,** Valkenburgerweg 21, ✉ 6411 BM, ☎ 71 30 63 – AE ⓓ E VISA
fermé mardis non fériés, 26 juil.-18 août et carnaval – **R** 58.

*à **Welten** S : 2 km* Ⓒ Heerlen – ☎ 0 45 :

XX **In Gen Thùn,** Weltertuynstraat 31, ✉ 6419 CS, ☎ 71 16 16, Fax 71 09 74 – AE ⓓ E VISA ✻
fermé dim, 29 juil.-17 août et carnaval – **R** carte 58 à 89.

CITROEN De Koumen 36 ☎ 223300
FIAT Spoorsingel 50 ☎ 724140
FORD Heerlerbaan 66 ☎ 721152
GM (OPEL) Valkenburgerweg 34 ☎ 718040
HONDA Heerlerbaan 229 ☎ 416900
LANCIA Akerstraat 150 ☎ 717755
MAZDA Palemigerboord 401 ☎ 722451
MERCEDES-BENZ Wijngaardsweg 55 ☎ 224800
MITSUBISHI Passartweg 35 ☎ 212035
NISSAN Huisbergerstraat 5 ☎ 723500
PEUGEOT, TALBOT Schelsberg 45 ☎ 720202
RENAULT Beersdalweg 97 ☎ 724200
ROVER Kasteellaan 1 ☎ 721541
VAG Heesbergstraat 60 ☎ 412641
VOLVO De Koumen 7 ☎ 220055

HEEZE Noord-Brabant 212 ⑱ et 408 ⑱ – 9 216 h. – ☎ 0 4907.

Amsterdam 139 – ◆'s-Hertogenbosch 50 – ◆Eindhoven 11 – Roermond 42 – Venlo 50.

Host. du Château, Kapelstraat 48, ✉ 5591 HE, ☎ 6 35 15, Fax 6 38 76, 🌳, « Terrasse et jardin » – 📺 ☎ 🚗 🅿 – 🏛 25 ou plus. AE ⓓ E VISA
fermé 27 déc.-4 janv. – **R** *(fermé sam. midi)* carte 92 à 125 – ☕ 23 – **14 ch** 140/200 – ½ P 165/210.

XX **D'n Doedelaer,** Jan Deckersstraat 7, ✉ 5591 HN, ☎ 6 32 32, Fax 6 50 77, 🌳 – AE ⓓ E VISA
fermé 27 déc.-1er janv. – **R** (dîner seult) 48/79.

PEUGEOT, TALBOT Kapelstraat 35 ☎ 61403
RENAULT Geldropseweg 22 ☎ 63848

HEILLE Zeeland 212 ⑫ – voir à Sluis.

HEILOO Noord-Holland 408 ⑩ – 20 467 h. – ☎ 0 72.

◆Amsterdam 34 – Alkmaar 5 – ◆Haarlem 27.

Motel Heiloo, Kennemerstraatweg 425, ✉ 1851 PD, ☎ (0 2205) 22 44, Fax (0 2205) 37 6 – ≡ rest TV ☎ P – 50. AE E VISA.
R (ouvert jusqu'à 23 h 30) carte 52 à 90 – **42 ch** 80/125 – ½ P 108.

CITROEN Rijksweg 50 à Limmen ☎ (0 2205) 3066
GM (OPEL) Pastoor van Muyenweg 9 ☎ 333221
LANCIA Kennemerstraatweg 526 ☎ 330900
RENAULT Westerweg 226 ☎ 331133
TOYOTA Kennemerstraatweg 189 ☎ 331818

HELDEN Limburg 212 ⑳ et 408 ⑲ – 17 643 h. – ☎ 0 4760.

◆Amsterdam 174 – ◆Maastricht 68 – ◆Eindhoven 46 – Roermond 24 – Venlo 15.

XX **Antiek** avec ch, Mariaplein 1, ✉ 5988 CH, ☎ 7 13 52, Fax 7 75 99 – TV ☎ P. AE VISA.
fermé dim. et 21 juil.-13 août – **R** *(fermé dim. et lundi)* 48/65 – **6 ch** 85/130.

FIAT Beekstraat 27 ☎ 71975
PEUGEOT, TALBOT Roggelseweg 12 ☎ 72077
VAG Kerkstraat 43 ☎ 72345

De Michelinkaart 408 schaal 1 : 400 000 (1 cm = 4 km) geeft, op één blad, een volledig overzicht van Nederland. Ze biedt bovendien gedetailleerde vergrotingen van Amsterdam en Rotterdam en een register van plaatsnamen.

Den HELDER Noord-Holland 408 ③ – 62 094 h. – ☎ 0 2230.

Nieuwe Haven, ☎ 4 24 82.

vers Texel : T.E.S.O. à 't Horntje (Texel) ☎ (0 2220) 1 93 93.

Julianaplein 30, ✉ 1781 HC, ☎ 2 55 44.

◆Amsterdam 79 – Alkmaar 40 – ◆Haarlem 72 – ◆Leeuwarden 90.

à Huisduinen O : 2 km C Den Helder – ☎ 0 2230 :

Beatrix, Badhuisstraat 2, ✉ 1783 AK, ☎ 1 48 00, Telex 57360, Fax 2 73 24, ←, , ≡ rest TV ☎ P – 40. AE E VISA. rest
R carte 50 à 90 – **35 ch** 120/160 – ½ P 160.

BMW Ambachtsweg 4 ☎ 35744
CITROEN Industrieweg 15 ☎ 34700
FIAT Kievitstraat 2 ☎ 22213
FORD Pr. Hendriklaan 33 ☎ 15441
GM (OPEL) Fazantenstraat 71p ☎ 17100
HONDA Roompotstraat 1 ☎ 30248
MAZDA C. de Houtmanstraat 5 ☎ 22820
MERCEDES-BENZ Ambachtsweg 19 ☎ 33244
MITSUBISHI Touwslagersweg 1 ☎ 30304
NISSAN Ruyghweg 101a ☎ 19986
PEUGEOT, TALBOT Baljuwstraat 139 ☎ 3000
RENAULT Drs. F. Bijlweg 240 ☎ 37484
ROVER, LADA Industrieweg 1a ☎ 34343
TOYOTA Wingerdstraat 79 ☎ 15418
VAG Kanaalweg 175 ☎ 24541
VOLVO Bedrijfsweg 6 ☎ 33434

HELLENDOORN Overijssel 408 ⑬ – 34 287 h. – ☎ 0 5486.

◆Amsterdam 142 – ◆Zwolle 35 – ◆Enschede 42.

De Uitkijk , Hellendoornsebergweg 8, ✉ 7447 PA, ☎ 5 41 17, , « Dans les bois » – P. AE E VISA. rest
fermé lundi et 30 déc.-15 janv. – **R** *(fermé après 20 h 30)* 50/75 – **19 ch** 40/110 – ½ P 73/175.

MAZDA Kluversweg 4 ☎ 54270
PEUGEOT, TALBOT Reggeweg 6a ☎ 54127

HELLEVOETSLUIS Zuid-Holland 212 ④ et 408 ⑯ – 34 276 h. – ☎ 0 1883.

Env. Barrage du Haringvliet★★ (Haringvlietdam) O : 10 km.

◆Amsterdam 101 – ◆Den Haag 51 – ◆Breda 74 – ◆Rotterdam 33.

XX **Hazelbag,** Rijksstraatweg 151, ✉ 3222 KC, ☎ 1 22 10, Fax 1 26 77 – ≡ P. AE E VISA.
fermé mardi et fév. – **R** 45.

FIAT Carrouselweg 13 ☎ 20044
FORD Daltonweg 1 ☎ 22020
GM (OPEL) Moriaanseweg W. 62 ☎ 12955
LANCIA Nijverheidsweg 6 ☎ 22700
MAZDA Daltonweg 3 ☎ 23377
MERCEDES-BENZ Rijksstraatweg 36 ☎ 31200
MITSUBISHI Marconiweg 12 ☎ 12569
PEUGEOT, TALBOT Rijksstraatweg 34 ☎ 12188
RENAULT De Sprong 2 ☎ 20555
TOYOTA Rijksstraatweg 247 ☎ 12177
VAG Moriaanseweg O. 120 ☎ 14522

HELMOND Noord-Brabant 212 ⑲ et 408 ⑲ – 66 791 h. – ☎ 0 4920.

Voir Château★ (Kasteel).

Markt 211, ✉ 5701 RJ, ☎ 4 31 55.

◆Amsterdam 124 – ◆'s-Hertogenbosch 39 – ◆Eindhoven 13 – Roermond 47.

West-Ende, Steenweg 1, ✉ 5707 CD, ☎ 2 41 51, Telex 51376, Fax 4 32 95 – |‡| TV ☎ P – 🏛 25 ou plus. AE E VISA. ✻ rest
R *(fermé dim.)* 50/81 – **28 ch** ⊒ 115/185.

St. Lambert, Markt 2, ✉ 5701 RK, ☎ 2 55 62 – TV ☎ – 🏛 25 ou plus. AE ⓓ E VISA
fermé 25 et 26 déc. – **R** carte env. 40 – **15 ch** ⊒ 85/110 – ½ P 80/111.

XX **De Hoefslag,** Warande 2 (NO : 1 km), ✉ 5707 GP, ☎ 3 63 61, Fax 2 26 15, 🏠, « Terrasse avec ≤ parc » – P. AE ⓓ E VISA. ✻
fermé du 4 au 18 août, du 27 au 31 déc., sam. midi et dim. – **R** carte 80 à 115.

X **De Briketterie,** Steenovenweg 21 (O : 2 km), ✉ 5708 HN, ☎ 4 77 77, Fax 3 41 55, 🏠, « Ancienne briqueterie » – P. AE ⓓ E VISA
R 61.

X **La Perla,** Havenweg 16a, ✉ 5701 RS, ☎ 4 33 69, Cuisine italienne – AE ⓓ E VISA
fermé 25 et 31 déc. – **R** carte 50 à 71.

IW Engelseweg 202 ☎ 42505
TROEN Engelseweg 220 ☎ 39670
AT, LANCIA Lagedijk 4 ☎ 33727
RD Trambrugweg 2 ☎ 48580
I (OPEL), HONDA Europaweg 150 ☎ 38818
DA Engelseweg 210 ☎ 36997
ERCEDES-BENZ Hortsedijk 106 ☎ 36363
TSUBISHI K. Onnesstraat 5 ☎ 39925
NISSAN Kerkstraat Zuid 16 ☎ 22380
PEUGEOT, TALBOT Engelseweg 129 ☎ 36805
RENAULT Europaweg 124 ☎ 36888
ROVER Gerwenseweg 31 ☎ 42645
TOYOTA Mierloseweg 136 ☎ 50855
VAG Europaweg 16 ☎ 34503
VOLVO Lagedijk 4a ☎ 44765

IELVOIRT Noord-Brabant 212 ⑦ et 408 ⑱ – 4 587 h. – ☎ 0 4118.

Amsterdam 98 – ♦'s-Hertogenbosch 9 – ♦Eindhoven 36 – ♦Tilburg 13.

X **De Zwarte Leeuw,** Oude Rijksweg 20, ✉ 5268 BT, ☎ 12 66 – P. AE ⓓ E VISA. ✻
fermé merc., dim. midi, 2e quinz. juil. et du 27 au 31 déc. – **R** 55/80.

X **Bos en Hei,** Margrietweg 9 (NO : 6 km sur rte Distelberg-Giersbergen), ✉ 5268 LW, ☎ 16 61, 🏠, « Terrasse et jardin » – P. AE ⓓ E VISA. ✻
fermé lundi – **R** carte 71 à 113.

IENDRIK-IDO-AMBACHT Zuid-Holland 212 ⑤ et 408 ⑰ – 19 073 h. – ☎ 0 1858.

Amsterdam 96 – Dordrecht 7 – ♦Rotterdam 17.

XX ✿ **De Brave Hendrik** (Klein), Kerkstraat 30, ✉ 3341 LE, ☎ 1 65 65, Fax 2 04 74, 🏠 – AE ⓓ E VISA ✻
fermé sam. midi, dim., lundi midi, 15 juil.-4 août et 27 déc.-6 janv. – **R** carte 78 à 103.
Spéc. Crevettes aux herbes du jardin, Croustillon de poissons au coulis de tomates et basilic (sept-janv.), Grenadin de veau au vin rouge et à l'estragon (mars-sept).

FA-ROMEO, LADA Nijverheidsweg 75 12700/20656
FORD Weteringsingel 139 ☎ 14389

IENGELO Overijssel 408 ⑬ – 76 175 h. – ☎ 0 74 – Ville industrielle.

Enschedesestraat 381, ☎ 91 27 73.

✈ Twente à Enschede par ② : 6 km, ☎ (0 53) 35 20 86.

🚆 (départs de 's-Hertogenbosch) ☎ 42 56 67.

Brinkstraat 32, ✉ 7551 CD, ☎ 42 11 20.

Amsterdam 149 ⑤ – ♦Zwolle 61 ① – ♦Apeldoorn 62 ② – ♦Enschede 9 ③.

Plan page suivante

't Lansink, C.T. Storkstraat 18, ✉ 7553 AR, ☎ 91 00 66 – TV ☎ P – 🏛 80. AE E VISA. ✻ rest — AZ a
fermé 31 déc. et 1er janv. – **R** *(fermé dim.)* carte 58 à 88 – **18 ch** ⊒ 110/150.

XX **'t Steerntje,** Deldenerstraat 305 (par ⑤ : 1,5 km), ✉ 7555 AG, ☎ 91 29 93 – P. AE ⓓ E VISA
fermé lundi et 24 et 31 déc. – **R** 53/80.

X De Dragonder, Spoorstraat 7, ✉ 7551 CA, ☎ 43 47 77 — BZ r

X **De Bourgondiër,** Langestraat 29, ✉ 7551 DX, ☎ 43 31 33 – AE ⓓ E VISA — AY a
fermé lundi – **R** 45/80.

à Beckum par ④ : 7 km C Hengelo – ☎ 0 5406 :

XX **Het Wapen van Beckum,** Beckumerkerkweg 20, ✉ 7554 PV, ☎ 565, Fax 648 – P. AE ⓓ E VISA. ✻ – *fermé lundi* – **R** carte 43 à 67.

IW Diamantstraat 11 ☎ 424400
TROEN Wegtersweg 4 ☎ 422325
AT Beukweg 17 ☎ 424645
ORD Wegtersweg 8 ☎ 914444
I (OPEL) Enschedestraat 127 ☎ 919444
ONDA Deldenerstraat 42 ☎ 437272
ADA Binnenhavenstraat 107 ☎ 910515
ANCIA Diamantstraat 38 ☎ 431135
AZDA Westermaatsweg 5 ☎ 913923
MITSUBISHI Breemarsweg 164 ☎ 433355
NISSAN Vosboerweg 12 ☎ 438585
PEUGEOT, TALBOT Beitelstraat 6 ☎ 421500
RENAULT Vosboerweg 10 ☎ 430055
ROVER Breemarsweg 140 ☎ 913901
TOYOTA Wegtersweg 10 ☎ 916556
VAG Deldenerstraat 134 ☎ 919666
VOLVO Robynstraat 2 ☎ 422966

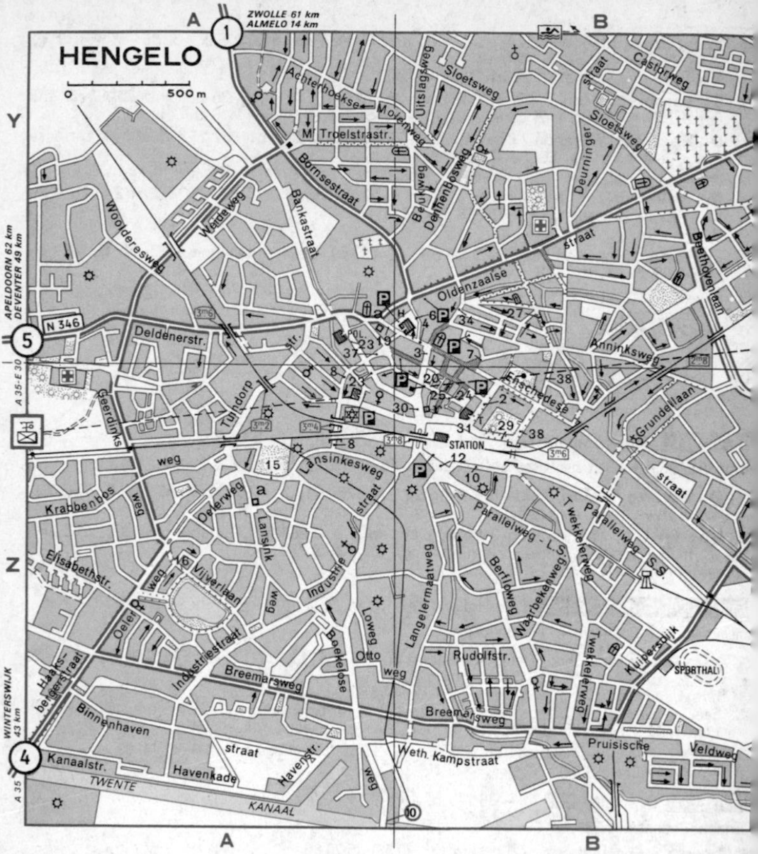

Brinkstr.	BY 3	Beursstr.	BZ 2	Langestr.	AY
Drienerstr.	BY 7	Burg. Jansenpl.	BY 4	Marskant	AYZ
Enschedesestr.	BZ	Burg. Jansenstr.	BY 6	Molenstr.	BZ
Markt	BZ 20	Emmaweg	AZ 8	Paul Krügerstr.	BY
Nieuwstr.	BZ 25	Gieskesstr.	BZ 10	Pr. Bernhardplantsoen	BZ
Weemenstr.	BY 34	Industriepl.	BZ 12	Spoorstr.	BZ
Willemstr.	AY 37	Julianalaan	AZ 15	Stationspl.	BZ
		Kettingstr.	AZ 16	Wolter ten Catestr.	BZ

☞ *Inclusion in the* ***Michelin Guide*** *cannot be achieved by pulling strings or by offering favours.*

HERTME Overijssel – voir à Borne.

's-HERTOGENBOSCH ou **Den BOSCH** P Noord-Brabant 212 ⑦ ⑧ et 408 ⑱ – 90 594 – ✆ 0 73.

Voir Cathédrale St-Jean★★ (St. Janskathedraal) : retable★ Z **B.**
Musée : du Brabant Septentrional★ (Noordbrabants Museum) Z **M¹.**

Env. NE : Rosmalen, collection de véhicules★ dans le musée du transport Autotron – O : 25 k à Kaatsheuvel, De Efteling★ (parc récréatif).

⛳ à St-Michielsgestel : 10 km par ④, Zegenwerp 12 ✆ (0 4105) 23 16.

✈ à Eindhoven-Welschap par ④ : 32 km ✆ (0 40) 51 61 42.

🚗 lignes directes France, Suisse, Italie, Autriche, Yougoslavie et Allemagne ✆ 87 74 44.

ℹ Markt 77, ✉ 5211 JX, ✆ 12 30 71.

♦Amsterdam 83 ⑦ – ♦Eindhoven 35 ④ – ♦Nijmegen 47 ② – ♦Tilburg 23 ⑤ – ♦Utrecht 51 ⑦.

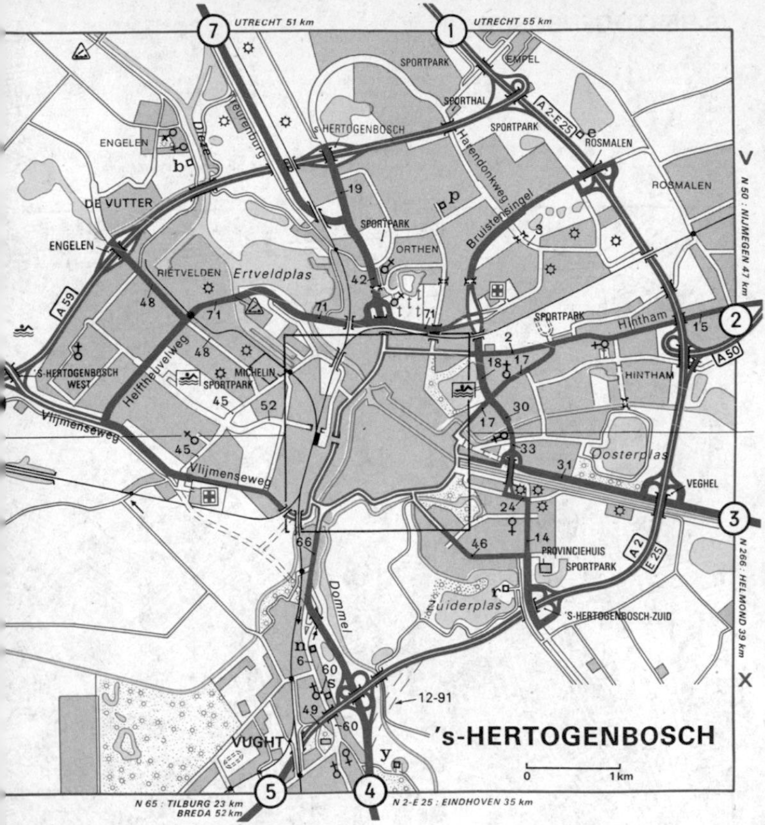

- ...rtshertogenlaan .... V 2
- ...lkweg .... V 3
- ...sscheweg .... X 6
- ...stelseweg .... X 14
- ...aafsebaan .... V 15
- ...aafseweg .... V 17
- ...n Grobbendoncklaan .... V 18
- Hambakenweg .... V 19
- Jacob v. Maerlantstr. .... X 24
- Lagelandstr. .... V 30
- Maastrichtseweg .... X 31
- Merwedelaan .... X 33
- Orthen .... V 42
- Oude Vlijmenseweg .... VX 45
- Pettelaarseweg .... X 46
- Rietveldenweg .... V 48
- Rijksweg-West .... X 49
- Simon Stevinweg .... V 52
- Taalstr. .... X 60
- Vughterweg .... X 66
- Zandzuigerstr. .... V 71

Central, Burg. Loeffplein 98, ✉ 5211 RX, ✆ 12 51 51, Telex 50252, Fax 14 56 99, 🍴 – |‡| ch ▤ rest TV ☎ – P – 🏛 25 à 320. AE ⊙ E VISA. ✗ rest — Z **s**
R Leeuwenborgh carte 62 à 93 – ☐ 26 – **125 ch** 165/215 – ½ P 125.

Eurohotel sans rest, Hinthamerstraat 63, ✉ 5211 MG, ✆ 13 77 77, Telex 50014, Fax 12 87 95 – |‡| TV ☎ – 🏛 25 à 150. AE ⊙ E VISA. ✗ — Z **x**
fermé 22 déc. et 2 janv. – **37 ch** ☐ 90/110.

XXX **Chalet Royal,** Wilhelminaplein 1, ✉ 5211 CG, ✆ 13 57 71, Fax 14 77 82, 🍴, « Terrasse au bord de l'eau » – P. AE ⊙ E VISA — Z **n**
fermé du 1er au 29 juil., 27 déc.-7 janv., sam. midi et dim. – **R** carte 90 à 132.

XXX **De Pettelaar,** Pettelaarseschans 1 (SE : 3 km), ✉ 5216 CG, ✆ 13 73 51, Fax 13 56 05, 🍴 – ▤ P. AE ⊙ E VISA — X **r**
fermé 5 et 31 déc. – **R** 53/75.

XX ✿ **'t Misverstant** (Koene), Snellestraat 28, ✉ 5211 EN, ✆ 13 42 81 – AE ⊙ E VISA — Z **e**
fermé sam. midi, dim., lundi, jours fériés, carnaval et 28 juil.-19 août – **R** (nombre de couverts limité - prévenir) carte 79 à 106.
Spéc. Salade tiède de lotte au gingembre, Homard et ris de veau au Whisky pur malt, Bécasse au fumet (15 oct.-déc.).

XX **Aub. de Koets,** Korte Putstraat 23, ✉ 5211 KP, ✆ 13 27 79, Fax 14 62 52, 🍴 – ▤. AE E VISA — Z **d**
fermé sam. midi, dim. midi, 31 déc. et carnaval – **R** carte 74 à 107.

'S-HERTOGENBOSCH

Hinthamerstr.	Z
Hoge Steenweg	Z 23
Schapenmarkt	Z 51
Visstr.	Z 63
Vughterstr.	Z
Bethaniestr.	Z 4
Burg. Loeffpl.	YZ 7
Emmaplein	Y 8
Geert van Woustr.	Y 10
Graafseweg	Y 17
Havensingel	Y 20
Hinthamereinde	Z 21
Jan Heinsstr.	Y 26
Kerkstr.	Z 27
Koninginnenlaan	Y 28
Muntelbolwerk	Y 34
van Noremborghstr.	Y 35
Oostwal	Z 38
Oranje Nassaulaan	Z 3
Orthenstr.	Y 4
St. Jacobstr.	Z 5
St. Josephstr.	Z 5
Spinhuiswal	Z 5
Stationsweg	YZ 5
Torenstr.	Z 6
Vlijmenseweg	Z 6
Vughterweg	Z 6
van der Weeghensingel	Y 6
Wilhelminaplein	Z 6

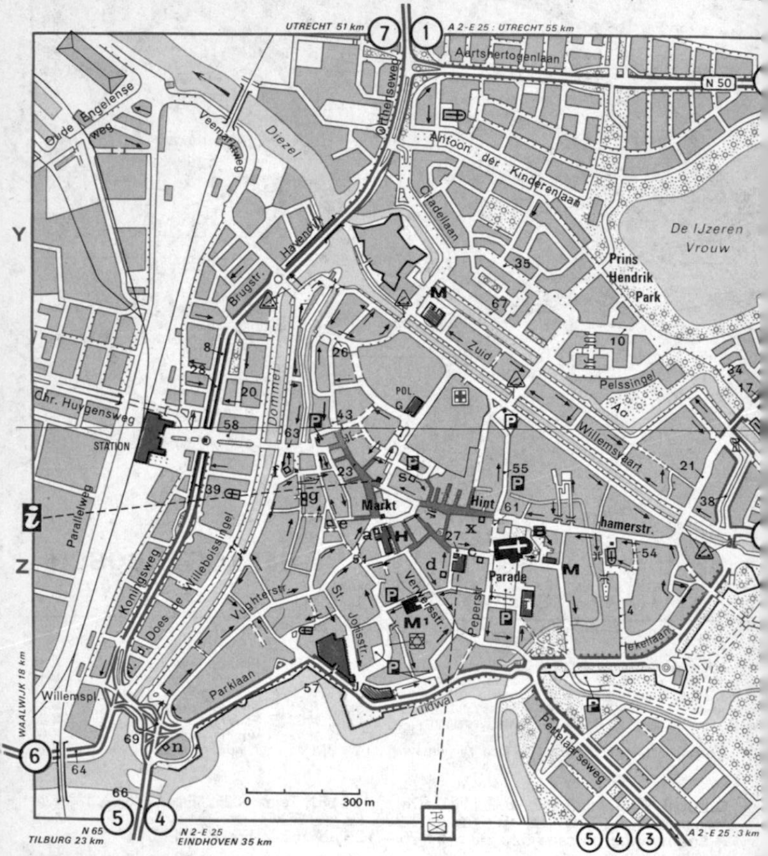

XX **De Veste,** Uilenburg 2, ✉ 5211 EV, ℘ 14 46 44 – AE ⓓ E VISA — Z
fermé dim., 14 juil.-11 août et 1 sem. en fév. – **R** 65.

XX **De Raadskelder,** Markt 1a, ✉ 5211 JV, ℘ 13 69 19, « Cave du 16e s. » – AE ⓓ E VISA — Z
fermé dim., lundi, 14 juil.-5 août et 22 déc.-1er janv. – **R** 50/80.

XX **'t Keershuis,** Lepelstraat 45, ✉ 5211 DP, ℘ 14 33 46 – AE ⓓ E VISA — Z
fermé dim. midi – **R** carte 41 à 74.

X **Het Nieuwe Oosten,** Rompert (winkel) centrum 7 (N : 2 km), ✉ 5233 RG, ℘ 41 23 1… — V
Cuisine chinoise – ▤ Ⓟ. AE ⓓ E VISA. – **R** carte 40 à 70.

X **Shiro** 1er étage, Uilenburg 4, ✉ 5211 EV, ℘ 14 46 44, Cuisine japonaise – AE E — Z
fermé dim., 14 juil.-11 août et du 17 au 24 fév. – **R** (dîner seult) carte 51 à 102.

X **Da Peppone,** Kerkstraat 77, ✉ 5211 KE, ℘ 14 78 94, Cuisine italienne – AE ⓓ E VISA — Z
R (dîner seult) carte 46 à 75.

à Engelen NO : 3 km 🄲 's-Hertogenbosch – ☎ 0 73 :

XX **Petit Village,** Graaf van Solmsweg 85, ✉ 5221 BM, ℘ 31 16 07, ≤, 🏡 – AE ⓓ E VIS… — V
fermé lundi et 22 juil.-13 août – **R** 43/53.

à Rosmalen E : 3 km – 27 040 h. – ☎ 0 4192 :

Postiljon, Burg. Burgerslaan 50 (près A 2), ✉ 5245 NH, ☎ 1 91 59, Telex 50106, Fax 1 62 15, ≤ – |‡| ⇆ ch ▤ rest TV ☎ ♿ P – 🅰 25 à 175. AE ⓓ E VISA V e
R carte env. 60 – ☕ 14 – **94 ch** 105/151 – ½ P 147/173.

Die Heere Sewentien, Sparrenburgstraat 9, ✉ 5244 JC, ☎ 1 77 44, Fax 1 00 75, 🌳, « Terrasse et jardin » – P. AE ⓓ E VISA. ✂ – *fermé lundi et 3 sem. en juil.* – **R** 58/68.

à Vught S : 4 km – 23 718 h. – ☎ 0 73 :

Motel Vught, Bosscheweg 2, ✉ 5261 AA, ☎ 57 90 40, Fax 56 81 20, ≤, ≘s, ⛳ – |‡| TV ☎ ♿ P – 🅰 25 à 1000. AE E. ✂ ch – **R** 25/75 – ☕ 9 – **127 ch** 95. X n

Kasteel Maurick, Maurick 3 (sur N 2), ✉ 5261 NA, ☎ 57 91 08, Fax 56 58 55, 🌳, « Terrasse et jardin » – P. AE ⓓ E VISA. ✂ X y
fermé dim. et 27 juil.-18 août – **R** 59.

Van Ouds Gansoyen, Taalstraat 64, ✉ 5261 BG, ☎ 56 39 09, 🌳, Rustique – ▤ P. AE ⓓ E VISA – *fermé carnaval* – **R** carte 66 à 92. X s

.V. Nederlandse Banden-Industrie MICHELIN, usine à 's-Hertogenbosch, Oude Vlijmen-weg 208 V – ✉ 5223 GT, ☎ (0 73) 20 89 11, Telex 50365, Fax (0 73) 20 84 68

LFA-ROMEO Hervensebaan 13 ☎ 413897
MW Rietveldenweg 40 ☎ 217435
TROEN Rietveldenweg 58a ☎ 219023
AT Rietveldenweg 34 ☎ 211355
ORD Sigarenmakerstraat 1 ☎ 421515
M (OPEL) Pettelaarseweg 180 ☎ 123151
ONDA, MERCEDES-BENZ Jagersheuvelstraat ☎ 219100
ADA Maastrichtseweg 19 ☎ 137156
AZDA Zandzuigerstraat 16 ☎ 218763
MITSUBISHI Weerdskampweg 17 ☎ 218425
NISSAN Hervensebaan 13 ☎ 413897
PEUGEOT, TALBOT Rietveldenweg 38 ☎ 219104
RENAULT Rietveldenweg 36 ☎ 216111
ROVER Rietveldenweg 64 ☎ 220890
TOYOTA Hervensebaan 11 ☎ 417755
VAG Jac. van Maerlantstraat 86 ☎ 124251
VAG Balkweg 1 ☎ 417065
VOLVO Afrikalaan 1 ☎ 415555

HEUSDEN Noord-Brabant 212 ⑦ et 408 ⑱ – 5 761 h. – ☎ 0 4162.

(avril-oct.) Engstraat 4, ✉ 5256 BD, ☎ 21 00.

Amsterdam 96 – ◆'s-Hertogenbosch 19 – ◆Breda 43 – ◆Rotterdam 67.

In den Verdwaalde Koogel, Vismarkt 1, ✉ 5256 BC, ☎ 19 33, Fax 12 95, 🌳, « Maison du 17e s. » – TV ☎. AE ⓓ E. ✂ rest
fermé 27 déc.-21 janv. – **R** *(fermé dim. du 28 oct. à mi-mars)* carte 68 à 92 – **12 ch** ☕ 80/120 – ½ P 105.

De Gouden Leeuw, Stadshaven 24, ✉ 5256 BA, ☎ 11 75, 🌳, Poissons – AE ⓓ E ✂
fermé 31 déc. et 1er janv. – **R** 40/50.

EUGEOT, TALBOT Steenweg 1 ☎ 1165

HIERDEN Gelderland 408 ⑪ – voir à Harderwijk.

HILLEGERSBERG Zuid-Holland 212 ⑤ et 408 ⑰ – voir à Rotterdam.

HILLEGOM Zuid-Holland 408 ⑩ – 20 001 h. – ☎ 0 2520.

Amsterdam 30 – ◆Den Haag 33 – ◆Haarlem 12.

Flora, Hoofdstraat 55, ✉ 2181 EB, ☎ 1 51 00, Fax 2 93 14 – |‡| TV ☎ P. AE ⓓ E VISA. ✂
fermé 24 déc.-1er janv. – **R** *(fermé dim. midi sauf en avril-mai)* carte env. 55 – **26 ch** ☕ 50/185 – ½ P 85/130.

TROEN Marconistraat 28 ☎ 15958
AT van den Endelaan 17 ☎ 15086
M (OPEL) van den Endelaan 124 ☎ 15586
ONDA Meerlaan 108 ☎ 15685
PEUGEOT, TALBOT O. van Noortstraat 8 ☎ 18253
RENAULT Meerlaan 91 ☎ 17097
TOYOTA Marconistraat 37 ☎ 15329
VAG Weeresteinstraat 131 ☎ 29423

HILVARENBEEK Noord-Brabant 212 ⑰ et 408 ⑱ – 9 795 h. – ☎ 0 4255.

Amsterdam 120 – ◆'s-Hertogenbosch 31 – ◆Eindhoven 30 – ◆Tilburg 12 – ◆Turnhout 33.

Pieter Bruegel, Gelderstraat 7, ✉ 5081 AA, ☎ 17 58 – ▤. AE ⓓ E VISA. ✂
fermé mardi – **R** (dîner seult) 50/75.

ORD Tilburgseweg 6 ☎ 3944
MITSUBISHI Doelenstraat 42 ☎ 1313

HILVERSUM Noord-Holland 408 ⑪ – 84 983 h. – ☎ 0 35.

oir Hôtel de ville★ (Stadhuis) Y**H** – Le Gooi★★ (Het Gooi).

nv. Étangs de Loosdrecht★★ (Loosdrechtse Plassen) par ④ : 7 km.

Soestdijkerstraatweg 172, ☎ 85 70 60.

(départs de 's-Hertogenbosch) ☎ 4 85 94.

Emmastraat 2, ✉ 1211 NG, ☎ 21 16 51.

Amsterdam 34 ⑤ – ◆Apeldoorn 65 ① – ◆Utrecht 20 ③ – ◆Zwolle 87 ①.

HILVERSUM

Groest . . . . Z
Havenstr. . . . . Z
Kerkstr. . . . . YZ
Leeuwenstr. . . . . . . Y 28
Schoutenstr. . . . . . . Y 47

Achterom . . . . Z 2
Berkenlaan . . . . X 3
Bosdrift . . . . X 4
Bussumergrintweg . . . V 7
Eikenlaan . . . . X 8
Geert van
Mesdagweg . . . . . V 9
van Ghentlaan . . . . . X 12
Godelindeweg . . . . . V 13
Hilvertsweg . . . . X 14
Hoge Naarderweg . . Y 17
Insulindelaan . . . . . . V 18
Jan
van der Heydenstr. V 19
Kolhornseweg . . . . . X 22
Krugerweg . . . . V 23
Lage Naarderweg . . V 24
Langestr. . . . . Z 26
Larenseweg . . . . V 27
Loosdrechtse bos . . X 29
Loosdrechtseweg . . X 32
Minckelersstr. . . . . . V 34
Noorderweg . . . . Y 37
Oostereind . . . . X 38
Oosterengweg . . . . . X 39
Prins Bernhardstr. . . Z 42
Prof. Kochstr. . . . . . Y 43
Schapenkamp . . . . YZ 44
Soestdijkerstraatweg X 48
Spoorstr. . . . . Z 49
Stationsstr. . . . . Y 52
Vaartweg . . . . V 53
Veerstr. . . . . Z 54
Vreelandseweg . . . . X 57
Zuiderweg . . . . YZ 58

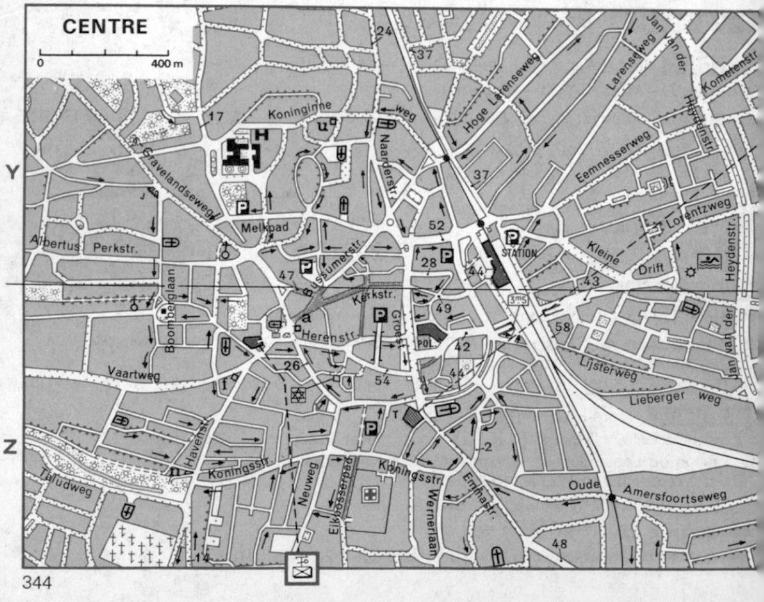

Lapershoek, Utrechtseweg 16, ✉ 1213 TS, ☎ 23 13 41, Telex 73068, Fax 28 43 60 – |‡| ▤ rest TV ☎ Ⓟ. AE ⓓ E VISA. ✄ rest X e
R carte 54 à 64 – **63 ch** ☐ 160/220.

Het Hof van Holland, Kerkbrink 1, ✉ 1211 BW, ☎ 4 61 41, Telex 43399, Fax 23 49 92 – |‡| TV ☎ Ⓟ – 🏛 200. AE ⓓ E VISA. ✄ ch Z a
R 38 – **59 ch** ☐ 140/275 – ½ P 160.

Hilfertsom, Koninginneweg 30, ✉ 1217 LA, ☎ 23 24 44, Telex 73030, Fax 23 49 76 – TV ☎ Ⓟ – 🏛 100. AE ⓓ E VISA Y u
R *(fermé dim. et après 20 h 30)* 40/46 – **36 ch** ☐ 95/155 – ½ P 75/127.

Nusantara 1er étage, Vaartweg 15a, ✉ 1211 JD, ☎ 23 23 67, Cuisine indonésienne – ▤. AE ⓓ E VISA. ✄ Z f
fermé 25 et 31 déc. – **R** (dîner seult) carte 40 à 75.

Spandershoeve, Bussumergrintweg 46, ✉ 1217 BS, ☎ 21 11 30, 🏖, Cuisine indonésienne – ▤ Ⓟ. AE ⓓ E VISA. ✄ V s
fermé 25, 26 et 31 déc. – **R** carte 44 à 78.

Chablis, Mauritsstraat 1, ✉ 1211 KE, ☎ 4 66 55 – AE ⓓ E VISA Z n
fermé merc., sam. midi, dim. midi, 31 déc. et 1er janv. – **R** 68.

à 's-Graveland par ④ : 7 km – 9 157 h. – ☎ 0 35 :

Berestein, Zuidereinde 208, ✉ 1243 KR, ☎ 6 10 30 – AE E
fermé mardi et fév. – **R** (dîner seult) 50.

A-ROMEO Koninginneweg 87 ☎ 41054
W Langestraat 42 ☎ 41156
ROEN Korte Noorderweg 23 ☎ 832824
T Bussumergrintweg 12 ☎ 217455
RD Zeverijnstraat 2 ☎ 47841
(OPEL) Zeverijnstraat 16 ☎ 215151
NDA Achterom 187 ☎ 218941
DA Eikbosserweg 240 ☎ 45267
ZDA 's-Gravelandseweg 16 ☎ 48575
RCEDES-BENZ A. Perkstraat 33 ☎ 212254
MITSUBISHI Lage Naarderweg 52 ☎ 45401
NISSAN Herenstraat 73 ☎ 46450
PEUGEOT, TALBOT Melkpad 6 ☎ 210953
PEUGEOT, TALBOT Neuweg 9 ☎ 46912
RENAULT Bosdrift 140a ☎ 44255
ROVER Soestdijkerstraatweg 66 ☎ 855151
TOYOTA Oosterengweg 60a ☎ 830705
VAG Jac. Pennweg 14 ☎ 44956
VOLVO Hoge Naarderweg 55 ☎ 234570

OEK VAN HOLLAND Zuid-Holland Ⓒ Rotterdam 576 232 h. 408 ⑨ – ☎ 0 1747.

(départs de 's-Hertogenbosch) ☎ (0 10) 411 71 00 et (0 30) 33 25 55.

vers Harwich : Stena Line, ☎ 23 51 (renseignements) et 41 40 (réservations).

Hoekse Brink 23, ✉ 3151 GB, ☎ 24 46.

msterdam 80 – ♦Den Haag 24 – ♦Rotterdam 26.

De Blaasbalg, Zeekant 125, Strand (O : 1,5 km), ✉ 3151 HW, ☎ 25 03, 🏖, « ≤ estuaire » – AE ⓓ E VISA
fermé lundi et 2 prem. sem. janv. – **R** carte 73 à 94.

Het Jagershuis, Badweg 1 (O : 1 km), ✉ 3151 HA, ☎ 22 51, 🏖, « Terrasse et jardin » – Ⓟ. AE ⓓ E VISA. ✄
R carte 55 à 73.

OENDERLOO Gelderland Ⓒ Apeldoorn 147 270 h. 408 ⑫ – ☎ 0 5768.

msterdam 88 – ♦Apeldoorn 14 – ♦Arnhem 17.

Buitenlust, Apeldoornseweg 30, ✉ 7351 AB, ☎ 13 62, 🏖 – Ⓟ. AE ⓓ E VISA. ✄ rest
fermé 27 déc.-14 fév. – **R** *(fermé après 20 h 30)* carte 40 à 62 – **15 ch** ☐ 80/100 – ½ P 68/75.

OENSBROEK Limburg Ⓒ Heerlen 94 149 h. 212 ② et 408 ㉖ – ☎ 0 45.

msterdam 210 – ♦Maastricht 22 – Aachen 27 – Sittard 11.

Kasteel Hoensbroek, Klinkertstraat 110, ✉ 6433 PB, ☎ 21 39 76, Fax 23 15 72, 🏖, « Dans les dépendances du château » – Ⓟ. AE ⓓ E VISA. ✄
fermé lundi et 27 déc.-2 janv. – **R** carte 60 à 90.

G Economiestraat 47 ☎ 220955

OEVELAKEN Gelderland 408 ⑪ – 8 443 h. – ☎ 0 3495.

msterdam 50 – ♦Arnhem 57 – Amersfoort 8 – ♦Apeldoorn 42 – ♦Zwolle 66.

De Klepperman, Oosterdorpsstraat 11, ✉ 3871 AA, ☎ 3 41 20, Telex 76300, Fax 3 74 34, 🏖, ≘s – |‡| TV ☎ ♿ Ⓟ – 🏛 25 à 150. AE ⓓ E VISA
fermé 2e quinz. juil. – **R De Gasterie** carte 75 à 103 – ☐ 24 – **35 ch** 165/210.

Schep, Amersfoortsestraat 10 (O : 1 km), ✉ 3871 BS, ☎ 3 42 25, Fax 3 76 06, 🏖 – Ⓟ. AE E
fermé 31 déc. et 1er janv. – **R** carte 40 à 62.

HOEVEN Noord-Brabant C Bakel en Milheeze 7 593 h. 212 ⑤ et 408 ⑰ – ☎ 0 1659.
•Amsterdam 118 – •'s-Hertogenbosch 66 – Bergen op Zoom 27 – •Breda 16 – •Rotterdam 59.

XX **De Hoefstal,** St. Janstraat 3, ✉ 4741 AL, ☎ 23 05, « Dans une ancienne forge » – AE ⓓ E VISA – *fermé merc., sam. midi, dim. midi, 31 déc. et 1er janv.* – **R** 40.

LADA Bredermolenweg 6 ☎ 2986
PEUGEOT, TALBOT St. Janstraat 58 ☎ 2429

HOLLUM Friesland 408 ④ – voir à Waddeneilanden (Ameland).

HOLTEN Overijssel 408 ⑬ – 8 670 h. – ☎ 0 5483.
Voir Musée (Bos Museum)* sur le Holterberg.
ℹ (fermé sam. hors saison) Dorpsstraat 27, ✉ 7451 BR, ☎ 6 15 33.
•Amsterdam 124 – •Zwolle 40 – •Apeldoorn 40 – •Enschede 42.

sur le Holterberg :

Hoog Holten ⛰, Forthaarsweg 7, ✉ 7451 JS, ☎ 6 13 06, Fax 6 30 75, ☂, « Dans bois », ⛺, ✂ – |‡| ▤ rest TV ☎ P – ⛽ 30. AE ⓓ E VISA. ✗ rest
R 43/70 – ☕ 20 – **20 ch** 110/170 – ½ P 115/145.

XX **'t Lösse Hoes** ⛰ avec ch en annexe, Holterbergweg 14, ✉ 7451 JL, ☎ 6 13 53, Fax 6 47 « Environnement boisé » – TV ☎ P – ⛽ 25. AE ⓓ E VISA. ✗ rest
R carte 66 à 95 – **16 ch** ☕ 53/135 – ½ P 80/95.

FORD Keizersweg 70 ☎ 61900
NISSAN Larenseweg 78 ☎ 61625
TOYOTA Oranjestraat 30 ☎ 61363

HOOFDDORP Noord-Holland C Haarlemmermeer 93 427 h. 408 ⑩ – ☎ 0 2503.
•Amsterdam 21 – •Den Haag 45 – •Haarlem 12 – •Rotterdam 62 – •Utrecht 42.

De Beurs, Kruisweg 1007, ✉ 2131 CR, ☎ 3 42 34, Fax 1 68 00, ☂ – |‡| TV ☎ P – 250. AE E VISA. ✗
R carte 51 à 67 – **45 ch** ☕ 100/165 – ½ P 137.

XX **Marktzicht,** Marktplein 31, ✉ 2132 DA, ☎ 1 24 11, Fax 3 72 91, ☂ – AE ⓓ E VISA
fermé mardi, dim. midi et 24, 25 et 26 déc. – **R** 45/95.

BMW Daalmeerstraat 20 ☎ 32424
CITROEN Hoofdweg 696 ☎ 17147
FIAT Nijverheidsstraat 5 ☎ 16310
FORD Marktplein 15 ☎ 13441
GM (OPEL) Sonderholm 164 ☎ 31614
HONDA J.C. Beetslaan 151 ☎ 30425
MAZDA Wijkermeerstraat 19 ☎ 36644
MITSUBISHI Kruisweg 763 ☎ 20974
NISSAN Broekermeerstraat 121 ☎ 11454
PEUGEOT, TALBOT Graan voor Visch 19201 ☎ 15028
TOYOTA Nijverheidsstraat 7 ☎ 33444
VAG Assumburg 2 ☎ 31077
VOLVO Paxlaan 10 ☎ 12961

HOOGERHEIDE Noord-Brabant C Woensdrecht 10 077 h. 212 ⑭ ⑮ et 408 ⑯ ⑰ – ☎ 0 16
•Amsterdam 148 – •'s-Hertogenbosch 96 – •Antwerpen 33 – Bergen op Zoom 10 – •Breda 46.

Het Pannenhuis, Antwerpsestraatweg 100, ✉ 4631 RB, ☎ 1 45 52, Fax 1 25 40 – ☎ – ⛽ 25 ou plus. E
fermé 27 déc.-9 janv. – **R** 48/65 – **21 ch** ☕ 40/115 – ½ P 75/105.

XX **La Castelière,** Nijverheidsstraat 28, ✉ 4631 KS, ☎ 1 26 12, ☂, « Cadre champêtre » P. AE ⓓ E VISA – *fermé dim., 2 dern. sem. juil. et 2 sem. en janv.* – **R** 75.

HOOGEVEEN Drenthe 408 ⑬ – 45 601 h. – ☎ 0 5280.
ℹ Raadhuisplein 3, ✉ 7901 BP, ☎ 6 30 03.
•Amsterdam 155 – Assen 34 – Emmen 32 – •Zwolle 45.

Motel Hoogeveen, Mathijsenstraat 1 (SO : 2 km sur A 28), ✉ 7909 AP, ☎ 6 33 03, Fax 6 49 – ▤ rest TV ☎ ♿ P – ⛽ 35 à 350 – **37 ch.**

X **Spaarbankhoeve** avec ch, Hoogeveenseweg 5 (N : 2 km), ✉ 7931 TD, ☎ 6 21 89, – P – ⛽ 25 à 80. AE ⓓ E VISA
fermé lundi – **R** *(fermé après 20 h 30)* 42 – **6 ch** ☕ 50/85.

à Pesse NO : 7 km C Ruinen 6 806 h. – ☎ 0 5281 :

X **Het Oude Jachthuis,** Eursinge 2, ✉ 7933 TX, ☎ 13 33, « Auberge rustique » – P. ⓓ E VISA
fermé dim., lundi, 1er avril, 9 et 20 mai, 28 juil.-16 août et 29 déc.-21 janv. – **R** (dîner seu 45/90.

ALFA-ROMEO Galvanistraat 1 ☎ 71456
CITROEN Schutstraat 187 ☎ 63811
FIAT Voltastraat 51 ☎ 66611
FORD van Limburg Stirumstraat 1 ☎ 66666
GM (OPEL) Hoofdstraat 30 ☎ 62541
HONDA Grote Kerkstraat 94 ☎ 62483
LADA van Echtenstraat 22 ☎ 65530
LANCIA Siemensstraat 8 ☎ 71514
MAZDA Tamboerlaan 1 ☎ 75233
MERCEDES-BENZ Dr. A. Philipsstraat 31 ☎ 77744
MITSUBISHI Parmentierstraat 2 ☎ 78339
NISSAN Industrieweg 39 ☎ 77555
PEUGEOT, TALBOT Schutstraat 91 ☎ 63687
RENAULT Parmentierstraat 2a ☎ 77878
ROVER Parmentierstraat 2c ☎ 62077
TOYOTA Willemskade 43 ☎ 62458
VAG Edisonstraat 30 ☎ 62845
VOLVO Willemskade 31 ☎ 69481

OOGMADE Zuid-Holland C Woubrugge 5 119 h. 408 ⑩ – ☎ 0 1712.

msterdam 37 – ◆Den Haag 26 – ◆Rotterdam 39.

Rijnland, Kerkstraat 37, ✉ 2355 AE, ☎ 80 00, Telex 39325 – ℗. AE ⓓ E VISA
R 50 – **50 ch** ☕ 75/150 – ½ P 85/125.

OOG-SOEREN Gelderland 408 ⑫ – voir à Apeldoorn.

OORN Noord-Holland 408 ⑩ ⑪ – 56 474 h. – ☎ 0 2290.

ir Le vieux quartier★ YZ – Rode Steen★ Z – Façade★ du musée de la Frise Occidentale (West-
es Museum) Z **M¹** – Veermanskade★ Z

Nieuwstraat 23, ✉ 1621 EA, ☎ 1 83 42.

msterdam 43 ② – Alkmaar 26 ② – Enkhuizen 19 ① – Den Helder 52 ③.

HOORN

eed .... Y
dempte Turfhaven .. Y 10
uw .... Y
ote Noord .... YZ
nge Kerkstr. .... Z 24
euwsteeg .... Y 30

hterstr. .... Y 2
rkhouterweg .... X 4
rkade .... Z 6
eestr. .... Z 7
n Dedemstr. .... X 8
h. Messchaertstr. .... Y 12
h. Poststr. .... X 14
ern .... Y 15
rkpl. .... Z 16
rkstr. .... Z 18
epoortspl. .... Y 19
epoortsweg .... X 20
renmarkt .... Z 21
rte Achterstr. .... Y 22
rnestr. .... X 25
untstr. .... Y 27
euwendam .... Z 28
euwstr. .... YZ 31
oorderstr. .... Y 33
der de Boompjes ... Y 34
ude Doelenkade ..... Z 35

Scharloo .... Y 38
Slapershaven .... Z 40
Spoorsingel .... Y 41
Stationspl. .... Y 42
Vale Hen .... Y 44

Veermanskade .... Z 45
Vismarkt .... Z 47
Westerdijk .... Z 48
Wijdebrugsteeg .... Z 49
Zon .... Z 51

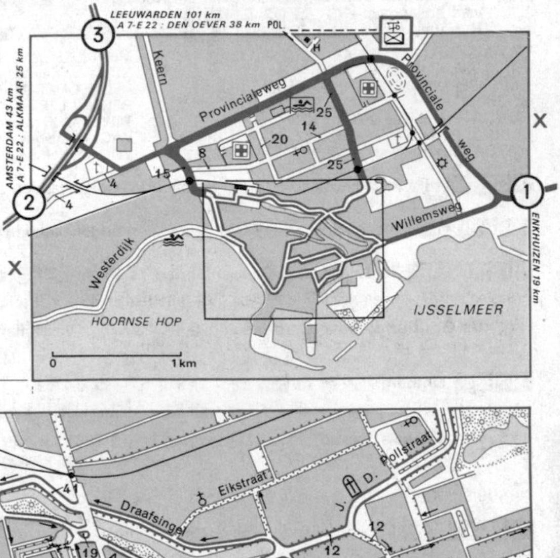

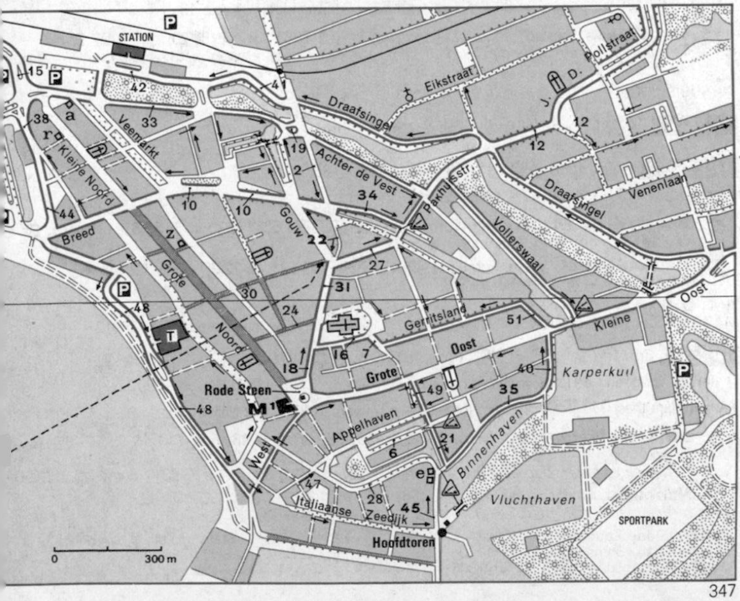

🏨 **Petit Nord,** Kleine Noord 53, ✉ 1621 JE, ☎ 1 27 50, Fax 1 57 45 – |♦| 📺 ☎ – 🏃 70. AE
ⓓ E VISA – **R** carte 40 à 53 – **34 ch** ☕ 90/105 – ½ P 83. Y

XXX **L'Oasis de la Digue,** De Hulk 16, ✉ 1622 DZ, ☎ (0 2295) 33 44, ←, 🏖, « Ancienne installation de pompage » – Ⓟ. AE ⓓ E VISA par Westerdijk
fermé sam. midi, dim. midi, 16 sept, 31 déc. et 2e quinz. janv. – **R** 48/93.

XX✿✿ **De Oude Rosmolen** (Fonk), Duinsteeg 1, ✉ 4551 ER, ☎ 1 47 52, Fax 1 49 38 – ▤. AE
ⓓ E VISA. ✂ – *fermé jeudi, 18 août, du 2 au 19 sept et 27 déc.-2 janv.* – **R** (dîner seult nombre de couverts limité - prévenir) carte 96 à 128. Y
Spéc. Profiterolles à la mousse de foie gras, Pintadeau fondant, sauce fleurette truffée, Pâtisseries maison.

XX **Bontekoe** 1er étage, Nieuwendam 1, ✉ 1621 AP, ☎ 1 73 24, Fax 3 78 44, « Entrepôt du 17e s. » – AE ⓓ E VISA – *fermé lundi* – **R** carte 48 à 80. Z

X **Azië,** Veemarkt 49, ✉ 1621 JB, ☎ 1 85 55, Fax 4 96 04, Cuisine chinoise – ▤. AE ⓓ E
VISA. ✂ – **R** carte 43 à 73. Y

X **Kod Nikole** 1er étage, Nieuwendam 2, ✉ 1621 AP, ☎ 1 93 09, Cuisine yougoslave Z
fermé lundi, mardi et nov. – **R** (dîner seult jusqu'à 23 h) carte 40 à 68.

à Wijdenes par ① : 10 km Ⓒ Venhuizen 7 193 h. – ☎ 0 2293 :

XX **Het Wapen van Wijdenes** avec ch, Kerkbuurt 71, ✉ 1608 EL, ☎ 12 90, 🏖, Intérieur vieil hollandais – Ⓟ. AE ⓓ E VISA. ✂ ch
R *(fermé lundi)* carte 43 à 69 – **6 ch** ☕ 48/75 – ½ P 75/98.

FIAT Veemarkt 6 ☎ 18141
FORD Keern 21 ☎ 12744
GM (OPEL), MITSUBISHI Berkhouterweg 11 ☎ 36464
HONDA Protonweg 26 ☎ 11012
LANCIA Pakhuisstraat 18 ☎ 30434
MAZDA Elektronweg 11 ☎ 18741
MERCEDES-BENZ Protonweg 2 ☎ 17541
NISSAN Kernweg 15 ☎ 11441
PEUGEOT, TALBOT Dampten 6 ☎ 17413
RENAULT Elektronweg 14 ☎ 10492
TOYOTA Kernweg 29 ☎ 10527
VAG Dr. van Aalstweg 1 ☎ 30884
VOLVO Kernweg 8 ☎ 14040

HOORN (HOARNE) Friesland 408 ④ – voir à Waddeneilanden (Terschelling).

Den HOORN Noord-Holland 408 ③ – voir à Waddeneilanden (Texel).

HOORNAAR Zuid-Holland Ⓒ Giessenlanden 14 283 h. 212 ⑥ et 408 ⑰ – ☎ 0 1838.

♦Amsterdam 67 – ♦Den Haag 75 – ♦Breda 46 – ♦Rotterdam 49 – ♦Utrecht 34.

XX **De Gouden Leeuw,** Dorpsweg 40, ✉ 4223 NC, ☎ 13 34, Fax 28 13, « Auberge rustique » – Ⓟ. AE E – *fermé lundi et mardi* – **R** carte 57 à 87.

HORST Limburg 212 ⑳ et 408 ⑲ – 17 614 h. – ☎ 0 4709.

♦Amsterdam 160 – ♦Maastricht 86 – ♦Eindhoven 53 – Roermond 41 – Venlo 13.

XX **Het Groene Woud,** Jacob Merlostraat 6, ✉ 5961 AB, ☎ 38 20, 🏖 – AE E
fermé merc., sam. midi, dim. midi, 1 sem. en mai, 1 sem. en sept et 2 sem. carnaval – **R** carte 47 à 92.

MITSUBISHI Gebr. van Doornelaan 29 ☎ 3378

HUISDUINEN Noord-Holland – voir à Den Helder.

HUISSEN Gelderland 408 ⑲ – 15 544 h. – ☎ 0 85.

♦Amsterdam 113 – ♦Arnhem 7 – ♦Nijmegen 15.

XX **Boerderij de Zilverkamp,** Korte Loostraat 58, ✉ 6851 MZ, ☎ 25 33 81, 🏖 – Ⓟ. AE ⓓ
E VISA – *fermé lundi* – **R** carte 40 à 79.

XX **De Keulse Pot,** Vierakkerstraat 42, ✉ 6851 BG, ☎ 25 22 95 – ▤. AE ⓓ E
fermé lundi – **R** carte 53 à 75.

FIAT Karstraat 23 ☎ 250585
MAZDA Gochsestraat 14 ☎ 259031
TOYOTA Stadswal 2 ☎ 250673
VAG Nijverheidsstraat 1 ☎ 259121

HULST Zeeland 212 ⑭ et 408 ⑯ – 18 575 h. – ☎ 0 1140.

ℹ (fermé week-end et jours fériés) Stadhuis, Grote Markt 21, ✉ 4561 EA, ☎ 8 90 00.

♦Amsterdam (bac) 183 – ♦Middelburg (bac) 52 – ♦Antwerpen 32 – Sint-Niklaas 16.

🏨 **De Korenbeurs,** Grote Markt 10, ✉ 4561 EB, ☎ 1 22 13, Fax 1 01 41, 🏖 – 📺 ☎. AE
E VISA. ✂ ch
fermé sam. et 21 déc.-2 janv. – **R** *(fermé après 20 h)* carte 40 à 63 – **6 ch** ☕ 75/150.

X **Napoleon,** Stationsplein 10, ✉ 4561 GC, ☎ 1 37 91, 🏖 – AE ⓓ E
fermé mardi soir, merc. et du 17 au 30 juin – **R** 38/55.

CITROEN Oude Zoutdijk 2 ☎ 12058
FIAT, LANCIA Steensedijk 1f ☎ 19708
GM (OPEL) Absdaalseweg 41 ☎ 13451
HONDA, BMW Stationsplein 9 ☎ 14485
PEUGEOT, TALBOT Steensedijk 108 ☎ 12878
RENAULT Absdaalseweg 58 ☎ 13524

HUMMELO Gelderland ⓒ Hummelo en Keppel 4 400 h. 408 ⑫ – ✆ 0 8348.

à Hoog-Keppel SO : 2 km, Oude Zutphenseweg 15, ✆ (0 8348) 14 16.

Amsterdam 126 – ◆Arnhem 28 – ◆Apeldoorn 37.

XX **De Gouden Karper** avec ch, Dorpsstraat 9, ✉ 6999 AA, ✆ 12 14 – TV ☎ P. AE E
R *(dim. fermé après 20 h 30)* carte 51 à 66 – **14 ch** ☕ 60/115.

HONDA Dorpsstraat 27 ✆ 1660

HURDEGARYP **(HARDEGARIJP)** Friesland ⓒ Tytsjerksteradiel 30 082 h. 408 ⑤ – ✆ 0 5110.

Amsterdam 148 – ◆Groningen 50 – ◆Leeuwarden 9 – Sneek 33.

🏨 Motel Hardegarijp, Rijksstraatweg 36a, ✉ 9254 DJ, ✆ 57 00, Fax 24 13 – ▤ rest TV ☎ P
– 25 à 150 – **27 ch.**

IJ... – voir à Y.

JELSUM Friesland 408 ⑤ – voir à Leeuwarden.

Sie suchen ein Hotel, ein Restaurant ?
Auf den Michelin-Karten *im Mabstab 1 : 200 000, 1 : 350 000 und 1 : 400 000*
sind die im Roten Michelin-Führer *erwähnten Orte rot unterstrichen.*

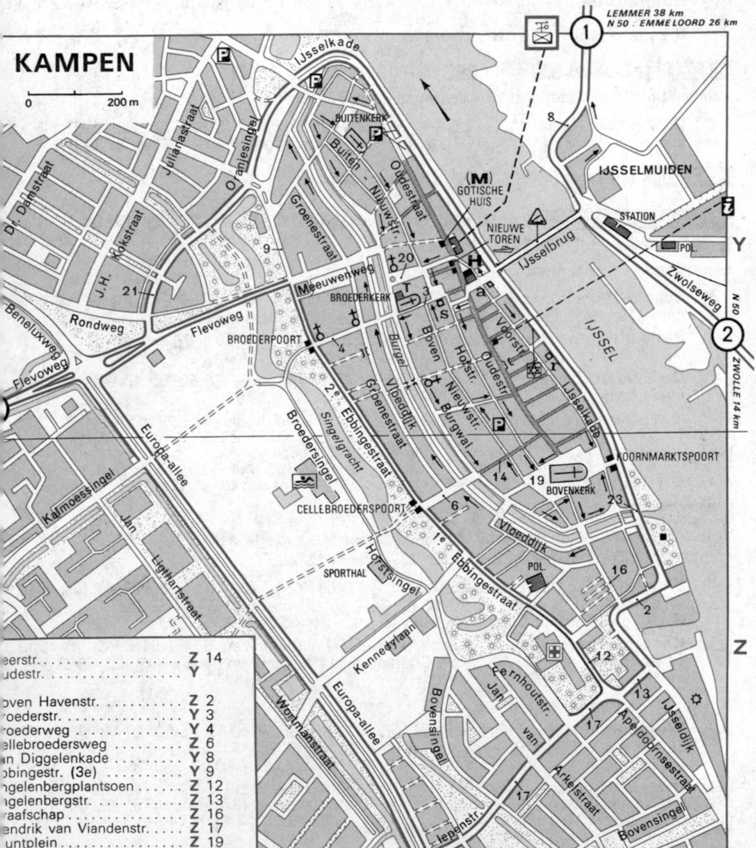

...eerstr.	Z	14
...udestr.	Y	
...oven Havenstr.	Z	2
...roederstr.	Y	3
...roederweg	Y	4
...ellebroedersweg	Z	6
...n Diggelenkade	Y	8
...bingestr. (3e)	Y	9
...ngelenbergplantsoen	Z	12
...ngelenbergstr.	Z	13
...raafschap	Z	16
...endrik van Viandenstr.	Z	17
...untplein	Z	19
...euwe Markt	Y	20
...ostzeestr.	Y	21
...la Sablonièrekade	Z	23

KAMPEN Overijssel 408 ⑫ – 32 769 h. – ✆ 0 5202.

Voir Rive droite (Rechter oever) ≤★ Y – Ancien hôtel de ville (Oude Raadhuis) : cheminée★ dar la salle des échevins★ (Schepenzaal) Y **H** – Hanap★ dans le musée municipal (Stedeli Museum) Y **M.**

Oudestraat 85, ✉ 8261 CH, ✆ 1 35 00.

♦Amsterdam 115 ③ – ♦Zwolle 14 ② – ♦Leeuwarden 86 ①.

Plan page précédente

Van Dijk sans rest, IJsselkade 30, ✉ 8261 AC, ✆ 1 49 25, Fax 1 65 08 – ☎. Ⓓ E VISA Y
18 ch ☐ 60/95.

D'Olde Brugge, IJsselkade 48, ✉ 8261 AE, ✆ 2 49 27, Fax 2 78 14, ≤ – |‡|. AE Ⓓ E VI Y
R carte 40 à 70 – **16 ch** ☐ 60/110 – ½ P 68/83.

XX **Zuiderzee Lido,** Flevoweg 85 (par ④ : 5 km, à l'écluse), ✉ 8264 PA, ✆ 1 53 58, ≤,
– AE E – *fermé 1er janv.* – **R** carte 40 à 73.

XX **De Bottermarck,** Broederstraat 23, ✉ 8261 GN, ✆ 1 95 42 – AE Ⓓ E VISA Y
fermé du 12 au 31 juil., 31 déc.-1er janv., 1 sem. en fév. et dim. – **R** carte 64 à 95.

FIAT Loriestraat 4 ✆ 16161
FORD Nijverheidsstraat 35 ✆ 12241
GM (OPEL) Industrieweg 15 ✆ 14555
LADA Handelstraat 13 ✆ 15685
MITSUBISHI IJsseldijk 37 ✆ 17595
PEUGEOT, TALBOT Industrieweg 11a ✆ 153
TOYOTA IJsseldijk 2 ✆ 13386
VOLVO Energiestraat 17 ✆ 16174

KAMPERLAND Zeeland Ⓒ Wissenkerke 3 136 h. 212 ② et 408 ⑮ ⑯ – ✆ 0 1107.

♦Amsterdam 172 – ♦Middelburg 19 – Goes 18 – Zierikzee 27.

Kamperduin, Patrijzenlaan 1 (O : 3 km, lieu-dit De Banjaard), ✉ 4493 RA, ✆ 14 6
Fax 14 66 – ▤ rest TV ☎ P. AE Ⓓ E VISA
R carte env. 50 – **26 ch** ☐ 50/100 – ½ P 65/85.

KAPELLE Zeeland 212 ⑬ et 408 ⑯ – 10 182 h. – ✆ 0 1102.

♦Amsterdam 177 – ♦Middelburg 28 – Bergen op Zoom 37 – Goes 7.

De Zwaan, Kerkplein 47, ✉ 4421 AB, ✆ 4 36 10, Fax 4 19 74 – ▤ rest ☎. E.
fermé 31 déc. et 1er janv. – **R** *(fermé dim. de sept à juin)* 40 – **12 ch** ☐ 38/87.

KATLIJK Friesland 408 ⑤ – voir à Heerenveen.

KATWIJK AAN ZEE Zuid-Holland Ⓒ Katwijk 39 441 h. 408 ⑨ ⑩ – ✆ 0 1718.

Vuurbaakplein 11, ✉ 2220 AC, ✆ 7 54 44.

♦Amsterdam 44 – ♦Den Haag 19 – ♦Haarlem 34.

Noordzee, Boulevard 72, ✉ 2225 AG, ✆ 1 34 50, Fax 1 23 37, ≤ – |‡| TV ☎.
fermé 15 déc.-15 janv. – **48 ch** ☐ 95/165 – ½ P 78/110.

Parlevliet sans rest, Boulevard 50, ✉ 2225 AD, ✆ 1 40 55 – TV ☎.
mars-1er nov. – **24 ch** ☐ 60/120.

XX **De Zwaan,** Boulevard 111, ✉ 2225 HC, ✆ 1 20 64, ≤ – P. AE Ⓓ E VISA
fermé lundi, 2 avril, 21 mai et Noël – **R** 40/75.

BMW Ambachtsweg 14 ✆ 26161
CITROEN Zeeweg 828 ✆ 16175
FIAT Drieplassenweg 7 ✆ 71644
GM (OPEL) Ambachtsweg 1 ✆ 29203
MAZDA Valkenburgseweg 56 ✆ 72346
MITSUBISHI Sluisweg 29 ✆ 72344
PEUGEOT, TALBOT Kon. Julianalaan 1 ✆ 28554
RENAULT Valkenburgseweg 2 ✆ 71704
VAG Zeeweg 61 ✆ 15141

KERKRADE Limburg 212 ② et 408 ㉖ – 52 994 h. – ✆ 0 45.

Voir Abbaye de Rolduc★ (Abdij Rolduc) : chapiteaux★ de la nef.

♦Amsterdam 225 – ♦Maastricht 32 – Aachen 12 – Heerlen 12.

Erenstein 🐦, Oud Erensteinerweg 6, ✉ 6468 PC, ✆ 46 13 33, Telex 56348, Fax 46 07 4
« Ferme du 18e s. », ≘ – TV ☎ ♿ P – 🏛 25 ou plus. AE Ⓓ E VISA
R voir rest **Kasteel Erenstein** ci-après – ☐ 21 – **30 ch** 135/160.

XXX **Kasteel Erenstein** - H. Erenstein, Oud Erensteinerweg 6, ✉ 6468 PC, ✆ 46 13 3
Telex 56348, Fax 46 07 48, 🌳, « Château du 14e s. dans un parc » – P. AE Ⓓ E VISA.
fermé sam. midi – **R** 73/160.

à Landgraaf O : 2 km – 40 131 h. – ✆ 0 45 :

Winseler Hof 🐦, Tunnelweg 99, ✉ 6372 XH, ✆ 46 43 43, Fax 35 27 11, 🌳, « Ferm
du 16e s. » – TV ☎ P – 🏛 25 ou plus. AE Ⓓ E VISA
R Pirandello (cuisine italienne) carte 77 à 106 – ☐ 25 – **49 ch** 135/160 – ½ P 145/19

BMW Kerkradersteenweg 5 ✆ 452121
CITROEN Strijthagenweg 129 ✆ 453355
FIAT Kaalheidersteenweg 185 ✆ 413916
FORD Hamstraat 70 ✆ 423030
GM (OPEL) O.L. Vrouwestraat 89 ✆ 453030
LADA Strijthagenweg125 ✆ 452666
MAZDA Langheckweg 2 ✆ 464646
MITSUBISHI Locht 193 ✆ 425555
NISSAN Langheckweg 36 ✆ 452570
PEUGEOT, TALBOT Eijgelshovengracht 64 ✆ 460500
RENAULT D. Mijnstraat 25 ✆ 453801
TOYOTA Baanstraat 129 ✆ 318888
VOLVO Strijthagenweg 123 ✆ 458000

KESSEL Limburg 212 ⑳ et 408 ⑲ – 3 843 h. – ✆ 0 4762.

Amsterdam 178 – ◆Maastricht 65 – ◆Eindhoven 50 – Roermond 21 – Venlo 14.

X **De Houtsnip,** Rijksweg 49 (NE : 2 km sur N 273), ✉ 5995 NT, ✆ 16 20 – Ⓟ. AE ⓓ E VISA
fermé mardi – **R** carte 40 à 61.

KEUKENHOF ★★★ Zuid-Holland 408 ⑩ **G. Hollande.**

KINDERDIJK (Moulins de) ★★ Zuid-Holland 212 ⑤ et 408 ⑰ **G. Hollande.**

KLARENBEEK Gelderland C Apeldoorn 147 270 h. 408 ⑫ – ✆ 0 5761.

Amsterdam 95 – ◆Arnhem 25 – ◆Apeldoorn 9 – Deventer 14.

XXX **Pijnappel,** Hoofdweg 55, ✉ 7382 BE, ✆ 12 42 – Ⓟ. AE ⓓ E VISA. ✻
fermé lundi et 24 déc.-2 janv. – **R** 40.

KLOOSTERZANDE Zeeland C Hontenisse 7 615 h. 212 ⑬ ⑭ et 408 ⑯ – ✆ 0 1148.

Amsterdam 173 – ◆Antwerpen 48 – ◆Breda 69 – ◆Middelburg 40.

XX **Hof te Zande** avec ch, Hulsterweg 47, ✉ 4587 EA, ✆ 13 20, Fax 12 52 – ▤ rest Ⓟ. AE ⓓ E VISA. ✻ rest
fermé 3 prem. sem. juil. et 27 déc.-5 janv. – **R** *(fermé lundi)* 40/75 – **5 ch** ☐ 125/150 – ½ P 110.

AG Hof te Zandeplein 17 ✆ 1412

De KOOG Noord-Holland 408 ③ – voir à Waddeneilanden (Texel).

KORTENHOEF Noord-Holland C 's-Graveland 9 157 h. 408 ⑪ – ✆ 0 35.

Amsterdam 25 – Hilversum 7.

XX **De Nieuwe Zuwe** 1er étage, Zuwe 20 (O : 2 km), ✉ 1241 NC, ✆ 6 33 63, ≤, ⛱ – ▤ Ⓟ. AE ⓓ E VISA
fermé lundi – **R** carte 55 à 82.

ITROEN Mooylaan 1 ✆ 61336

KORTGENE Zeeland 212 ③ et 408 ⑯ – 3 575 h. – ✆ 0 1108.

Amsterdam 165 – Goes 11 – ◆Middelburg 26 – ◆Rotterdam 82.

⌂ **Het Veerse Meer** ⛔ sans rest, Weststraat 2, ✉ 4484 AA, ✆ 18 69 – Ⓟ. ⓓ
fermé jeudi de nov. à avril – **10 ch** ☐ 60/110.

X **De Waardin,** Hoofdstraat 35, ✉ 4484 CB, ✆ 17 09, ⛱ – E VISA
fermé mardi et merc. de sept à mi-juin – **R** 53.

KOUDEKERKE Zeeland C Valkenisse 6 129 h. 212 ⑫ et 408 ⑮ – ✆ 0 1185.

Amsterdam 206 – ◆Middelburg 5 – Vlissingen 6.

⌂ **Westduin** ⛔, Westduin 1, ✉ 4371 PE, ✆ 25 10, Telex 30186, Fax 27 76, ≘, ☒, ✻ – ⇅ ▭ ☎ Ⓟ – 🏃 25 à 50. AE ⓓ E VISA. ✻
R *(fermé sam. midi et dim. midi)* carte 80 à 106 – **78 ch** ☐ 115/185 – ½ P 138/190.

XX **La Bonne Auberge,** Biggekerksestraat 3, ✉ 4371 EW, ✆ 15 26 – ▤. AE ⓓ E VISA. ✻
fermé lundi et du 1er au 15 fév. – **R** 43/70.

KRAGGENBURG Flevoland Ⓒ Noordoostpolder 37 829 h. 408 ⑫ – ☎ 0 5275.

♦Amsterdam 96 – ♦Zwolle 32 – Emmeloord 16.

Van Saaze, Dam 16, ✉ 8317 AV, ✆ 23 53 – TV ☎ P. E
fermé dim. midi de sept à mai **R** *(fermé après 20 h 30)* 40/50 – **10 ch** 65/98 – ½ P 65/90.

KRALINGEN Zuid-Holland 408 ㉕ – voir à Rotterdam.

KRIMPEN AAN DEN IJSSEL Zuid-Holland 212 ⑤ et 408 ⑰ – 27 638 h. – ☎ 0 1807.

♦Amsterdam 87 – Dordrecht 20 – ♦Rotterdam 9 – ♦Utrecht 51.

De Stuw, Nieuwe Tiendweg 2, ✉ 2923 AE, ✆ 1 65 33, Telex 27196, Fax 1 26 86 – |‡| TV ☎ P – 250. AE ⓓ E VISA
R carte 40 à 66 – **37 ch** 88/145 – ½ P 113/135.

CITROEN Lekdijk 73 ✆ 15055
FORD Oude Tiendweg 29 ✆ 12811
GM (OPEL) Tuinstraat 21 ✆ 13577
HONDA Stad en landschap 39 ✆ 15237
PEUGEOT, TALBOT v.d. Giessenweg 2 ✆ 17777
VAG Parkzoom 21 ✆ 13000

KRÖLLER-MÜLLER (Musée) *** Gelderland 408 ⑫ **G. Hollande.**

KRUININGEN Zeeland Ⓒ Riemerswaal 19 345 h. 212 ⑬ ⑭ et 408 ⑯ – ☎ 0 1130.

♦Amsterdam 169 – ♦Middelburg 34 – ♦Antwerpen 56 – ♦Breda 67.

XXX ✿✿ **Inter Scaldes** (Mme Boudeling) (nouvel hôtel en annexe), Zandweg 2 (O : 1 km) ✉ 4416 NA, ✆ 17 53, Fax 17 63, « Terrasse-véranda ouvrant sur jardin fleuri » – P AE ⓓ E VISA
fermé lundi, mardi et janv. – **R** carte 115 à 179.
Spéc. Homard fumé, sauce au caviar, Huîtres de Zélande en gelée (15 sept-avril), Turbot en robe de truffes et son beurre.

KUDELSTAART Noord-Holland – voir à Aalsmeer.

KIJKDUIN Zuid-Holland 408 ⑨ – voir à Den Haag, environs.

LAAG-KEPPEL Gelderland Ⓒ Hummelo en Keppel 4 400 h. 408 ⑫ – ☎ 0 8348.

⛳9 à Hoog-Keppel, Oude Zutphenseweg 15, ✆ (0 8348) 14 16.

♦Amsterdam 125 – ♦Arnhem 27 – Doetinchem 5.

De Gouden Leeuw, Rijksweg 91, ✉ 6998 AG, ✆ 21 41, Fax 16 55 – |‡| ▤ rest ☎ ♿ P AE E VISA. ✻ ch
R *(fermé 31 déc.-8 janv. et après 20 h 30)* carte 47 à 75 – **20 ch** *(fermé 31 déc. et 1er janv.)* 80/140 – ½ P 80/90.

LAGE VUURSCHE Utrecht 408 ⑪ – voir à Baarn.

LANDGRAAF Limburg 212 ② et 408 ㉖ – voir à Kerkrade.

LANGWEER (LANGWAR) Friesland Ⓒ Skarsterlân 23 809 h. 408 ④ – ☎ 0 5138.

♦Amsterdam 123 – ♦Leeuwarden 46 – ♦Zwolle 68.

XX **'t Jagertje,** Buorren 7, ✉ 8525 EB, ✆ 9 92 97, – ▤. AE ⓓ E VISA
fermé lundi et janv. – **R** (dîner seult d'oct. à mars sauf week-end) carte 45 à 60.

LAREN Noord-Holland 408 ⑪ – 11 643 h. – ☎ 0 2153.

Env. O : Le Gooi★ (Het Gooi).

⛳18 à Hilversum SO : 6 km, Soestdijkerstraatweg 172, ✆ (0 35) 85 70 60.

♦Amsterdam 29 – ♦Apeldoorn 61 – Hilversum 6 – ♦Utrecht 25.

De Witte Bergen, Rijksweg 2 (S : 2 km sur A 1), ✉ 3755 MV Eemnes, ✆ 8 67 5.., Telex 73041, Fax 1 38 48, – TV ☎ P – 250. AE E VISA. ✻
R carte 40 à 60 – 9 – **62 ch** 80/85.

XX **De Vrije Heere,** Naarderstraat 46, ✉ 1251 BD, ✆ 8 68 58, – P. AE ⓓ E
fermé lundi – **R** (dîner seult) carte 49 à 75.

XX **De Knipscheer,** Krommepad 5, ✉ 1251 HP, ✆ 1 04 27, – ▤. AE ⓓ E VISA
R (dîner seult) carte 55 à 91.

X **De Gouden Leeuw,** Brink 20, ✉ 1251 KW, ✆ 8 33 57 – AE ⓓ E VISA
fermé lundi, 25 juin.-17 juil. et 24 déc.-2 janv. – **R** carte 47 à 69.

CITROEN C. Bakkerlaan 20 b ✆ 86881
GM (OPEL) Remiseweg 16 ✆ 31614
MAZDA St. Janstraat 26 ✆ 82933
NISSAN Eemnesserweg 3 ✆ 82200
VAG Brink 9 ✆ 15891

ATTROP Overijssel 408 ⑬ – voir à Ootmarsum.

EEK Groningen 408 ⑤ – 17 743 h. – ☎ 0 5945.

msterdam 170 – ◆Groningen 18 – ◆Leeuwarden 52.

Du Bastion, Euroweg 1, ✉ 9351 EM, ☎ 1 88 00, Fax 1 74 55 – TV ☎ P – 40 à 200. AE ⓓ E VISA
fermé 1er janv. – **R** carte 40 à 56 – **35 ch** 75/99 – ½ P 100/124.

W Kalkoven 2 ☎ 16600 — CITROEN Industriepark 3 ☎ 17866

EENDE Noord-Brabant 212 ⑱ et 408 ⑱ – 4 042 h. – ☎ 0 4906.

Maarheezerweg N. 11, ☎ 18 18.

msterdam 139 – ◆'s-Hertogenbosch 51 – ◆Eindhoven 12 – Roermond 38 – Venlo 54.

De Schammert, Kerkstraat 2, ✉ 5595 CX, ☎ 15 90, – ☎ – 25 ou plus. AE ⓓ E VISA
R carte 48 à 72 – **6 ch** 80/100.

La Bonne Maison, Dorpstraat 42, ✉ 5595 CH, ☎ 17 31, Fax 19 15, – AE E VISA
fermé 2 sem. en été et 3 sem. carnaval – **R** 63/80.

Herberg de Scheuter, Dorpstraat 52, ✉ 5595 CJ, ☎ 16 86, – AE ⓓ E VISA.

De Twee Zalmen, Valkenswaardseweg 33 (près A 2), ✉ 5595 XB, ☎ 13 96, – P. E.
fermé lundi – **R** carte 40 à 63.

SSAN Dorpstraat 136 ☎ 1246 — ROVER Dorpstraat 35 ☎ 1242

Zoekt u een zeer rustig hotel,
raadpleeg dan de kaart in de inleiding
of kijk in de tekst naar de hotels met het teken .

EERSUM Utrecht 408 ⑪ – 6 709 h. – ☎ 0 3434.

(avril-sept) Rijksstraatweg 42, ✉ 3956 CR, ☎ 5 47 77.

msterdam 67 – ◆Utrecht 29 – ◆Arnhem 42.

Darthuizen, Rijksstraatweg 315, ✉ 3956 CP, ☎ 5 30 41, Fax 5 16 64 – P. AE ⓓ E VISA
fermé lundi et 22 juil.-12 août – **R** carte 58 à 72.

EEUWARDEN P Friesland 408 ⑤ – 85 296 h. – ☎ 0 58.

ir Musées : Frison★★ (Fries Museum) YZ **M³** – Municipal (Gemeentelijk Museum) Het ncessehof★★ Y **M²**.

(départs de 's-Hertogenbosch) ☎ 15 11 00.

Stationsplein 1, ✉ 8911 AC, ☎ 13 22 24.

msterdam 139 ③ – ◆Groningen 59 ① – Sneek 24 ②.

Plan page suivante

Oranje, Stationsweg 4, ✉ 8911 AG, ☎ 12 62 41, Telex 46528, Fax 12 14 41 – ch rest TV ☎ – 350. AE ⓓ E VISA — Z **a**
fermé 25 et 26 déc. – **R** L'Orangerie carte 58 à 103 – **76 ch** 150/225.

Eurohotel, Europaplein 20 (NO : 1 km sur ring), ✉ 8915 CL, ☎ 13 11 13, Telex 46674, Fax 12 59 27 – TV ☎ P. AE ⓓ E VISA — V **t**
fermé 23 déc.-2 janv. – **R** carte 49 à 78 – **54 ch** 85/120 – ½ P 108.

De Mulderij, Baljeestraat 19, ✉ 8911 AK, ☎ 13 48 02 – . AE ⓓ E VISA — Z **e**
fermé dim. et 21 juil.-4 août – **R** 50/60.

Mata Hari, Weerd 7, ✉ 8911 HL, ☎ 12 01 21, – AE ⓓ E VISA — Z **n**
fermé jeudi et du 1er au 14 mars – **R** 53/75.

Kota Radja, Groot Schavernek 5, ✉ 8911 BW, ☎ 13 35 64, Cuisine asiatique – AE ⓓ E VISA — Z **s**
R 48.

à Jelsum par ④ : 4,5 km C Leeuwarderadeel 9 310 h. – ☎ 0 5109 :

De Smidse, Brédijk 7, ✉ 9057 RA, ☎ 20 19 – P. AE ⓓ E VISA
fermé lundi – **R** carte 59 à 94.

FA-ROMEO Uiterdijksterweg 2 ☎ 884646
W Stinzenflora 161 ☎ 883388
TROEN Prof. Gerbrandyweg 50 ☎ 127077
T Jupiterweg 3 ☎ 881080
RD Kelvinstraat 2 ☎ 150200
1 (OPEL) L. Twijnstrastraat 2 ☎ 666255
NDA Harlingerstraatweg 80 ☎ 120066
DA Jupiterweg 12 ☎ 881828
NCIA Julianalaan 5 ☎ 884755
MAZDA W. de Geeststraat 44 ☎ 130141
MERCEDES-BENZ Lorentzskade 5a ☎ 132221
MITSUBISHI Jupiterweg 1 ☎ 886660
NISSAN Brandemeer 2 ☎ 663633
PEUGEOT, TALBOT Saturnusweg 6 ☎ 882018
RENAULT P.C. Hooftstraat 4 ☎ 153636
TOYOTA Keidam 2 ☎ 661115
VAG Jupiterweg 15 ☎ 881717
VOLVO Lorentzskade 5 ☎ 122074

LEEUWARDEN

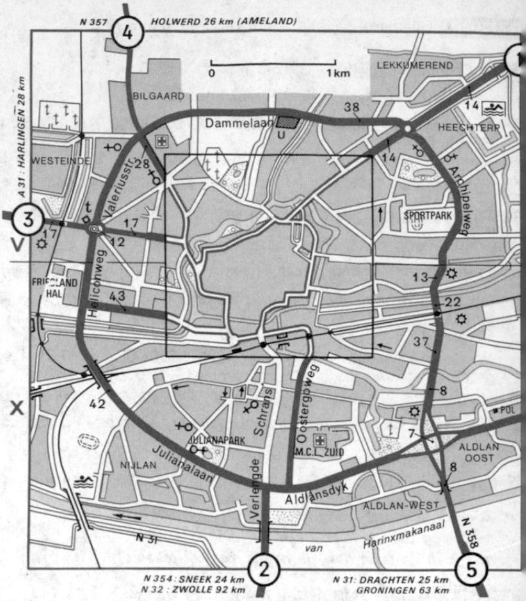

N 357
HOLWERD 26 km (AMELAND)
A 31 : HARLINGEN 28 km
LEKKUMEREND
BILGAARD
Dammelaan
HEECHTERP
WESTEINDE
Valeriusstr.
Archipelweg
SPORTPARK
FRIESLAND HAL
Heliconweg
JULIANAPARK
Schrans
Oostergoweg
M.C.L. ZUID
NIJLAN
Julianalaan
Verlengde
Aldlânsdyk
ALDLAN OOST
ALDLAN-WEST
van Harinxmakanaal
N 31
N 358
N 354 : SNEEK 24 km
N 32 : ZWOLLE 92 km
N 31: DRACHTEN 25 km
GRONINGEN 63 km

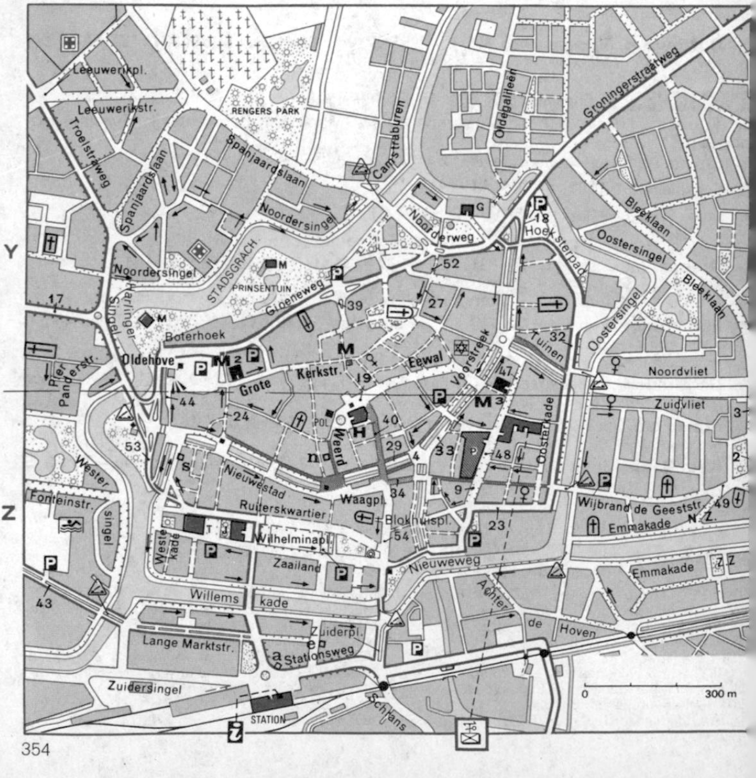

Leeuwerikpl.
Leeuwerikstr.
Troelstraweg
RENGERS PARK
Spanjaardslaan
Camstraburen
Oldegalileën
Groningerstraatweg
Noordersingel
Noorderweg
Hoeksterpad
Bleeklaan
Oostersingel
STADSGRACH.
PRINSENTUIN
Groeneweg
Harlinger Singel
Boterhoek
Eewal
Voorstreek
Tuinen
Noordvliet
Zuidvliet
Oldehove
Grote Kerkstr.
Pier Panderstr.
Weerd
Oostelijke
Westersingel
Fonteinstr.
Nieuwestad
Ruiterskwartier
Waagpl.
Blokhuispl.
Wilhelminapl.
Wijbrand de Geeststr.
Emmakade
Westerkade
Zaailand
Nieuweweg
Willemskade
Achter de Hoven
Lange Marktstr.
Zuiderpl.
Stationsweg
Zuidersingel
STATION
Schrans
300 m

EIDEN Zuid-Holland 408 ⑩ – 109 254 h. – ☎ 0 71.

oir Rapenburg★ CYZ.

usées : National d'Ethnologie★★ (Rijksmuseum voor Volkenkunde) CY **M⁴** – Municipal (Stedelijk useum) De Lakenhal★★ CY **M⁵** – National des Antiquités★★ (Rijksmuseum van Oudheden) CZ **M⁶** National de Géologie et de Minéralogie (Rijksmuseum van Geologie en Mineralogie) : collection★ e météorites, pierres précieuses DY **M²**.

nv. Champs de fleurs★★★ par ⑥ : 10 km.

(départs de 's-Hertogenbosch) ☎ 13 32 41.

Stationsplein 210, ✉ 2312 AR, ☎ 14 68 46.

Amsterdam 41 ⑤ – ♦Den Haag 19 ② – ♦Haarlem 32 ⑥ – ♦Rotterdam 34 ②.

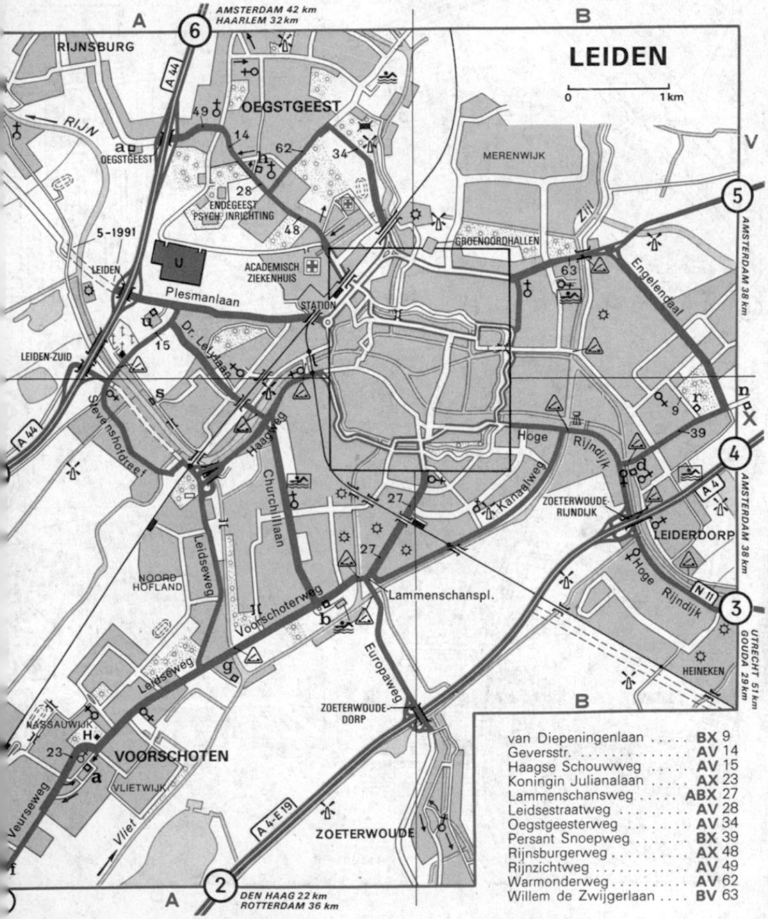

Holiday Inn, Haagse Schouwweg 10 (O : 4 km, près A 44), ✉ 2332 KG, ☎ 35 55 55, Telex 39213, Fax 35 55 53, ..., ch ... – 2000. AE ⓞ E VISA. rest AV **u**
R *(fermé sam. et dim.)* carte 74 à 97 – ☕ 20 – **200 ch** 230/330.

Mayflower sans rest, Beestenmarkt 2, ✉ 2312 CC, ☎ 14 26 41, Fax 12 85 16 – TV ☎. AE ⓞ E VISA. CY **f**
fermé Noël, 31 déc. et 1er janv. – **14 ch** ☕ 100/175.

Bastion sans rest, Voorschoterweg 8 (S : 3 km), ✉ 2324 NE, ☎ 76 88 00, Fax 31 80 03 – TV ☎ P. AE ⓞ E VISA. AX **b**
☕ 13 – **40 ch** 85/100.

LEIDEN

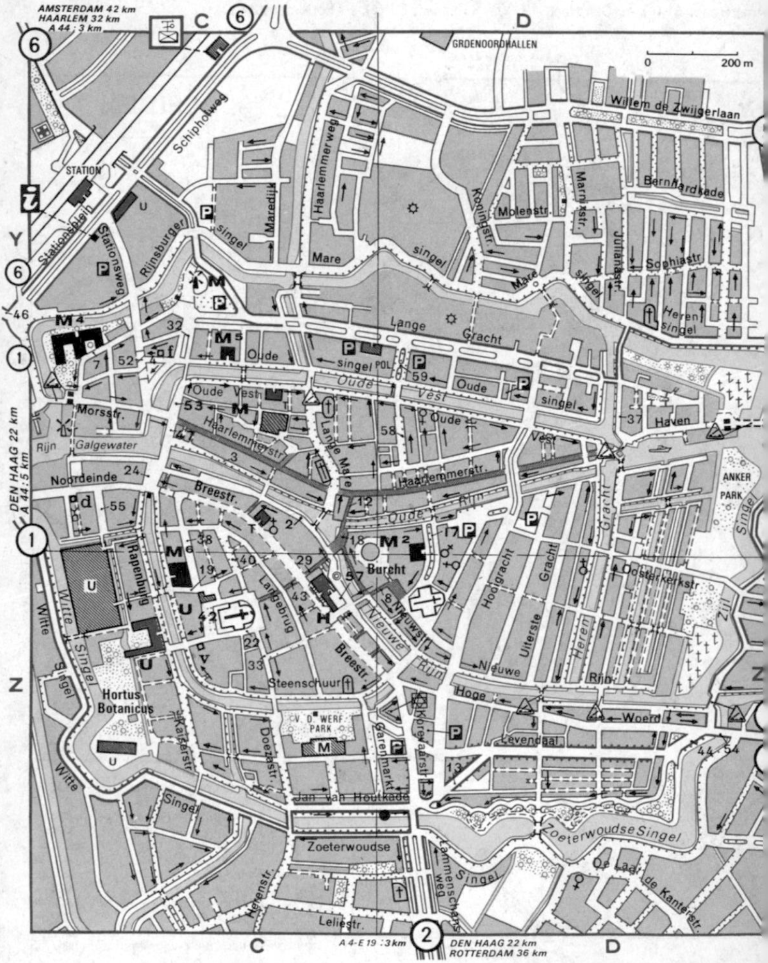

XXX **Engelberthahoeve,** Hoge Morsweg 140 (O : 4 km), ✉ 2332 HN, ☎ 76 50 00, « Ferme du 18e s. » – P. AE ① E VISA. ✻ AX
fermé lundi – **R** carte 71 à 103.

XX **La Cloche,** Kloksteeg 3, ✉ 2311 SK, ☎ 12 30 53 – AE ① E VISA CZ
R (dîner seult) 48/70.

X **Le Forestier,** Rembrandtstraat 2, ✉ 2311 VW, ☎ 12 21 15, Fax 14 39 56 – AE ① E VISA ✻ CY
R (dîner seult) 37.

à Leiderdorp SE : 2 km – 22 303 h. – ☎ 0 71 :

Ibis, Elisabethhof 4, ✉ 2353 EZ, ☎ 41 41 41, Telex 30251, 🏛 – |♦| ▤ rest TV ☎ P – 🅰 100 BX **n**
68 ch.

XX **Elckerlyc,** Hoofdstraat 14, ✉ 2351 AJ, ☎ 41 14 07, 🏛 – AE ⓓ E VISA BX **d**
fermé sam. midi, dim. midi, lundi, 21 juil.-8 août et 24 et 31 déc. – **R** 60/93.

XX **In den Houtkamp,** Van Diepeningenlaan 2, ✉ 2352 KA, ☎ 89 12 88, 🏛, « Ferme du 19e s. » – P. AE ⓓ E VISA BX **r**
fermé lundi – **R** (dîner seult) 58/99.

à Oegstgeest N : 3 km – 18 167 h. – ☎ 0 71 :

Bastion sans rest, Rijnzichtweg 97, ✉ 2342 AX, ☎ 15 38 41, Fax 15 49 81 – TV ☎ P. AE ⓓ E VISA. ✗ AV **a**
▭ 13 – **40 ch** 85/100.

XXX ⚘ **De Beukenhof,** Terweeweg 2, ✉ 2341 CR, ☎ 17 31 88, Fax 17 61 69, 🏛, « Terrasses et jardin fleuris » – P. AE ⓓ E VISA. ✗ AV **h**
fermé dim. – **R** carte 93 à 148.
Spéc. Magret de canard mariné et foie d'oie poché aux framboises, Bisque de homard, Ris de veau sauté aux morilles.

à Voorschoten SO : 5 km – 22 267 h. – ☎ 0 1717 :

Motel De Gouden Leeuw, Veurseweg 180 (SO : 3 km), ✉ 2252 AG, ☎ 59 16, Fax 27 94, 🏛 – TV ☎ P – 🅰 300. E. ✗ AX **f**
R 40/70 – ▭ 9 – **54 ch** 80.

XX **Allemansgeest,** Hofweg 55 (N : 3 km), ✉ 2251 LP, ☎ (0 71) 76 41 75, Fax (0 71) 31 55 54, ≼, 🏛, « Auberge rustique » – P. AE E VISA. ✗ AX **g**
fermé sam. midi, dim. et 24 déc.-1er janv. – **R** 70/100.

XX **Gasterij Floris V,** Voorstraat 12, ✉ 2251 BN, ☎ 84 70, « Ancienne maison de corporation du 17e s. » – AE ⓓ E VISA AX **a**
fermé 19 août-2 sept, dim. et jours fériés sauf Noël – **R** 48/75.

XX **De Knip,** Kniplaan 22 (SO : 3 km), ✉ 2251 AK, ☎ 25 73, ≼, 🏛, « Terrasse au bord de l'eau » – P. AE ⓓ E VISA. ✗ par Veurseweg AX
fermé dim. et lundi – **R** carte 54 à 98.

FA-ROMEO Weversbaan 12 à Leiderdorp ☎ 417493
MW Hogerijndijk 278 ☎ 896000
TROEN Kennedylaan 118 ☎ 769322
AT Zijlsingel 36 ☎ 223635
RD Vijf Meilaan 7 ☎ 310031
M (OPEL) Vondellaan 80 ☎ 769313
ONDA Touwbaan 18 à Leiderdorp ☎ 895000
DA Potgieterlaan 32 ☎ 310800
AZDA Weversbaan 27 à Leiderdorp ☎ 899349
MERCEDES-BENZ Vondellaan 45 ☎ 769303
MITSUBISHI Touwbaan 5 à Leiderdorp ☎ 410141
NISSAN Lammenschansweg 128 ☎ 310811
PEUGEOT, TALBOT Oegstgeesterweg 175 ☎ 212911
RENAULT Amphoraweg 2 ☎ 769226
ROVER van Oldenbarneveldtstraat 37 ☎ 154909
TOYOTA Zoeterwoudseweg 23 ☎ 313141
VAG Boumanweg 2 à Leiderdorp ☎ 899212

EIDERDORP Zuid-Holland 408 ⑩ – voir à Leiden.

EIDSCHENDAM Zuid-Holland 408 ⑩ – voir à Den Haag, environs.

EKKERKERK Zuid-Holland Ⓒ Nederlek 14 491 h. 212 ⑤ ⑥ et 408 ⑰ – ☎ 0 1805.

Amsterdam 102 – ♦Rotterdam 21 – ♦Utrecht 45.

De Witte Brug, Kerkweg 138, ✉ 2941 BP, ☎ 33 44, Fax 13 35, 🏛, ⋍ – TV ☎ P – 🅰 50. AE E VISA
R carte 62 à 103 – **33 ch** ▭ 110/190 – ½ P 98/128.

VER Luytenstraat 10 ☎ 1270
TOYOTA Kerkweg 50 ☎ 1221

ELYSTAD Flevoland 408 ⑪ – 58 125 h. – ☎ 0 3200.

Agorahof 4, ✉ 8224 BZ, ☎ 4 34 44.
msterdam 57 – ♦Arnhem 96 – Amersfoort 55 – ♦Zwolle 49.

Lelystad, Agoraweg 11, ✉ 8224 BZ, ☎ 4 24 44, Telex 70311, Fax 2 75 69 – |♦| ▤ rest TV ☎ P – 🅰 25 ou plus. AE ⓓ E VISA
R carte 40 à 71 – **86 ch** ▭ 150/195 – ½ P 175/220.

X **Raedtskelder,** Maerlant 14 (Centre Commercial), ✉ 8224 AC, ☎ 2 23 25 – ▤. AE ⓓ E VISA – *fermé 2 dern. sem. juil.-prem. sem. août* – **R** 50/88.

FA-ROMEO Wigstraat 28 ☎ 49224
TROEN Kempenaar 1-18 ☎ 40437
AT Vaartweg 100 ☎ 60680
RD Kempenaar 01 ☎ 41111
(OPEL) Kempenaar 01-01 ☎ 40175
NDA Wartelstraat 1 ☎ 21792
DA Jol 11-01 b ☎ 45668
MITSUBISHI Wartelstraat 2 ☎ 33000
PEUGEOT, TALBOT Jol 13-02 ☎ 48884
RENAULT Schroefstraat 34, Gildenhof ☎ 21709
TOYOTA Wigstraat 22 ☎ 45922
VAG Schroefstraat 1, Gildenhof ☎ 21300
VOLVO Jol 11-01 ☎ 32000

LEMMER Friesland Ⓒ Lemsterland 11 568 h. 408 ⑪ – ☎ 0 5146.

♦Amsterdam 106 – ♦Leeuwarden 49 – ♦Zwolle 51.

Iselmar, Plattedijk 16 (NO : 2 km), ✉ 8531 PC, ☎ 25 75, Fax 29 24, ≤, ≘s, ⊠, 🎾 – | TV Ⓟ – 🏛 90. AE ⓓ E VISA
R carte env. 40 – ☕ 13 – **30 ch** 100/120.

De Wildeman, Schulpen 6, ✉ 8531 HR, ☎ 12 70, Fax 51 70 – ▤ rest TV Ⓟ – 🏛 80. AE ⓓ E VISA
fermé dim. de nov. à avril – **R** carte 42 à 68 – **18 ch** ☕ 83/121 – ½ P 72/108.

GM (OPEL) Lemsterpad 52 ☎ 2663
HONDA Melkweg 1 ☎ 1616
LANCIA Riensingel 9 ☎ 1459

LEUSDEN Utrecht 408 ⑪ – 27 302 h. – ☎ 0 33.

⛳18 Appelweg 4, ☎ 61 69 44.

♦Amsterdam 62 – Amersfoort 4 – ♦Utrecht 23.

Den Treek 🐦, Treekerweg 23 (SO : 5 km), ✉ 3832 RS, ☎ (0 3498) 14 25, Fax (0 3498) 30 0 ≤, ☂, « Dans les bois », ☂ – |‡| TV ☎ Ⓟ – 🏛 25 ou plus. AE ⓓ E VISA. ✗ rest
fermé 24 déc.-3 janv. – **R** carte 50 à 89 – **18 ch** ☕ 68/145 – ½ P 103/136.

XXX **Ros Beyaart,** Hamersveldseweg 55, ✉ 3833 GL, ☎ 94 31 27, Fax 95 13 30 – Ⓟ. AE ⓓ E VISA
fermé 31 déc. et 1er janv. – **R** 60/80.

FORD Klokhoek 16e ☎ 943434
RENAULT Hamersveldseweg 14 ☎ 941243

LEUVENUM Gelderland Ⓒ Ermelo 25 644 h. 408 ⑪ ⑫ – ☎ 0 5770.

♦Amsterdam 80 – ♦Arnhem 46 – ♦Apeldoorn 24 – ♦Zwolle 38.

Het Roode Koper 🐦, Jhr. Sandbergweg 82, ✉ 3852 PV Ermelo, ☎ 73 93, Fax 75 61, ☂ « Dans les bois », 🏊, 🎾, 🏇 – TV ☎ Ⓟ – 🏛 25 ou plus. AE ⓓ E VISA. ✗ rest
R 65/95 – **25 ch** ☕ 95/185 – ½ P 125/140.

De Zwarte Boer, Jhr. Sandbergweg 67, ✉ 3852 PT Ermelo, ☎ 73 95, ☂ – Ⓟ. ✗ re
R *(fermé 25, 26, 31 déc. et après 20 h)* carte 40 à 90 – **10 ch** *(fermé 24 déc.-1er janv* ☕ 58/115 – ½ P 85.

LHEE Drenthe 408 ⑬ – voir à Dwingeloo.

LIES Friesland – voir à Waddeneilanden (Terschelling).

LIMBRICHT Limburg 212 ① et 408 ㉖ – voir à Sittard.

LISSE Zuid-Holland 408 ⑩ – 20 826 h. – ☎ 0 2521.

Voir Parc de Keukenhof*** (fin mars à mi-mai), passerelle du moulin ≤**.

ℹ Grachtweg 53, ✉ 2161 HM, ☎ 1 42 62.

♦Amsterdam 34 – ♦Den Haag 29 – ♦Haarlem 16.

De Nachtegaal, Heereweg 10 (N : 2 km), ✉ 2161 AG, ☎ 1 44 47, Telex 41122, Fax 1 03 3 ≘s, ⊠, 🎾 – |‡| TV ☎ ♿ Ⓟ – 🏛 350. AE ⓓ E VISA
R carte 55 à 83 – **148 ch** ☕ 135/230 – ½ P 125/188.

De Duif, Westerdreef 17, ✉ 2161 EN, ☎ 1 00 76 – TV ☎ Ⓟ. AE ⓓ E VISA
R (résidents seult) – **39 ch** ☕ 95/250.

X **Le Coq d'Or,** Heereweg 234, ✉ 2161 BR, ☎ 1 16 65 – ▤. AE ⓓ E VISA
fermé lundi – **R** (dîner seult) carte 62 à 92.

à Buitenkaag S : 3 km Ⓒ Haarlemmermeer 93 427 h. – ☎ 0 2522 :

XX **Puck,** Lisserdijk 96, ✉ 2158 LW, ☎ 1 12 63, Fax 3 30 17 – Ⓟ. AE ⓓ E VISA
fermé lundi et mardi d'oct. à avril – **R** (dîner seult sauf dim.) carte 45 à 102.

à Lisserbroek E : 1 km Ⓒ Haarlemmermeer 93 427 h. – ☎ 0 2521 :

XXX **Het Oude Dykhuys,** Lisserdijk 567, ✉ 2165 AL, ☎ 1 39 05 – Ⓟ. AE ⓓ E VISA
fermé 2 dern. sem. juil. – **R** carte 78 à 119.

CITROEN Lisserdijk 347 ☎ 14918
FIAT Heereweg 142 ☎ 14839
FORD Meer en Duin 72a ☎ 19051
GM (OPEL) Heereweg 130 ☎ 12150
MAZDA, RENAULT Westerdreef 5 ☎ 14757/20550
MERCEDES-BENZ Meer en Duin 4 ☎ 19022
MITSUBISHI Heereweg 50 ☎ 18850
NISSAN Oranjelaan 74 ☎ 17550
VAG Gladiolenstraat 39 ☎ 19131
VOLVO Heereweg 247 ☎ 10650

LISSERBROEK Noord-Holland – voir à Lisse.

LOCHEM Gelderland 408 ⑬ – 18 295 h. – ☎ 0 5730.

(fermé sam. hors saison) Markt 24, ✉ 7241 AA, ✆ 5 18 98.

Amsterdam 121 – ◆Arnhem 49 – ◆Apeldoorn 37 – ◆Enschede 42.

't Hof van Gelre, Nieuweweg 38, ✉ 7241 EW, ✆ 5 33 51, Fax 5 42 45, « Jardin fleuri », – – – 25 ou plus. AE E VISA. rest
R carte 59 à 86 – **50 ch** 78/170.

De Scheperskamp, Paasberg 3 (SO : 1 km), ✉ 7241 JR, ✆ 5 40 51, Fax 5 71 50, « Dans les bois », – – – 25 ou plus. AE E VISA. rest
R carte 55 à 82 – **46 ch** 70/205.

Alpha, Paasberg 2 (SO : 1 km), ✉ 7241 JR, ✆ 5 47 51, Fax 5 33 41, ←, – – – 25 ou plus. AE E VISA.
R *(fermé après 20 h 30)* carte 55 à 79 – **40 ch** 64/128.

De Lochemse Berg sans rest, Lochemseweg 42, ✉ 7244 RS, ✆ 5 13 77, –
fermé 25 oct.-20 déc. – **15 ch** 52/108.

De Vijverhof, Mar. Naefflaan 11, ✉ 7241 GC, ✆ 5 10 24 – .
14 mars-29 déc. – **R** *(fermé mardi et merc.)* carte 45 à 85 – **18 ch** 46/116 – ½ P 136/208.

AT Zwiepseweg 25 ✆ 51480
ORD Kwinkweerd 135 ✆ 52241
M (OPEL) Tramstraat 25 ✆ 52555
ONDA Kwinkweerd 10b ✆ 54055
ANCIA Kastanjedwarsstraat 3 ✆ 51230
MITSUBISHI Hanzeweg 10 ✆ 57744
PEUGEOT, TALBOT Kwinkweerd 15 ✆ 52441
RENAULT Oosterbleek 54 ✆ 52471
VAG Tramstraat 43 ✆ 54191

LOENEN AAN DE VECHT Utrecht 408 ⑩ – 8 207 h. – ☎ 0 2943.

Amsterdam 22 – ◆Utrecht 23 – Hilversum 14.

Tante Koosje, Kerkstraat 1, ✉ 3632 EL, ✆ 32 01, Fax 46 13, – AE E VISA
fermé merc. et 31 déc. – **R** (dîner seult) carte 66 à 77.

Vriens, Oud Over 13, ✉ 3632 VA, ✆ 12 86, –
fermé mardi de sept à mars et lundi – **R** 40.

EUGEOT, TALBOT Rijksstraatweg 141 ✆ 1476

LOON OP ZAND Noord-Brabant 212 ⑦ et 408 ⑱ – 21 372 h. – ☎ 0 4166.

nv. N : Kaatsheuvel, De Efteling★.

Amsterdam 104 – ◆Breda 29 – ◆'s-Hertogenbosch 29 – ◆Tilburg 9.

Castellanie, Kasteellaan 20, ✉ 5175 BD, ✆ 12 51, « Terrasse et jardin » – . AE E VISA.
fermé lundi, mardi et 2 prem. sem. oct. – **R** (dîner seult) carte 60 à 92.

ANCIA de Hoogt 12 ✆ 1991
AZDA Kloosterstraat 20 ✆ 3412
MERCEDES-BENZ de Hoogt 13 ✆ 1553
VOLVO Hogesteenweg 85 ✆ 2450

LOOSDRECHT Utrecht 408 ⑪ – 8 463 h. – ☎ 0 2158.

oir Étangs★★ (Loosdrechtse Plassen).

(avril-oct.) Oud Loosdrechtsedijk 198 à Oud Loosdrecht, ✉ 1231 NG, ✆ 39 58.

Amsterdam 27 – ◆Utrecht 27 – Hilversum 7.

à Oud-Loosdrecht C Loosdrecht – ☎ 0 2158 :

Baron, Oud Loosdrechtsedijk 253, ✉ 1231 LZ, ✆ 49 04, Telex 73128, Fax 48 74 – rest – – 25 ou plus. AE E VISA. rest
R De Waterwolf carte env. 60 – 15 – **69 ch** 140/165.

Aub. De Vier Linden, Oud Loosdrechtsedijk 226, ✉ 1231 NG, ✆ 35 70, Fax 35 70, « Intérieur vieil hollandais » – . AE E VISA
R (dîner seult jusqu'à 1 h du matin) carte 54 à 92.

't Kompas avec ch, Oud Loosdrechtsedijk 203, ✉ 1231 LW, ✆ 32 00, Telex 43160, Fax 45 88, – – – 25 ou plus. AE E VISA
fermé du 25 au 31 déc. – **R** carte 59 à 91 – **21 ch** 130/170 – ½ P 158.

LFA-ROMEO Oud Loosdrechtsedijk 290 ✆ 1299

LUNTEREN Gelderland C Ede 92 293 h. 408 ⑪ – ☎ 0 8388.

Dorpsstraat (P.B. 8012), ✉ 6710 AA, ✆ 25 86.

Amsterdam 69 – ◆Arnhem 24 – ◆Apeldoorn 43 – ◆Utrecht 46.

Host. De Lunterse Boer avec ch, Boslaan 87, ✉ 6741 KD, ✆ 36 57, Fax 55 21, « Dans les bois » – . AE E VISA. rest
fermé 2 prem. sem. janv. – **R** *(fermé lundi)* carte 52 à 105 – **16 ch** 90/155 – ½ P 128/210.

TROEN Dorpsstraat 192 a ✆ 3434
AT Dorpsstraat 107 ✆ 2200
PEUGEOT, TALBOT Postweg 65 ✆ 2558

De LUTTE Overijssel Ⓒ Losser 22 526 h. 408 ⑬ ⑭ – ☎ 0 5415.

Plechelmusstraat 14, ✉ 7587 AM, ☎ 17 77.

♦Amsterdam 165 – ♦Zwolle 78 – ♦Enschede 15.

Bloemenbeek, Beuningerstraat 6 (NE : 1 km), ✉ 7587 LD, ☎ 12 24, Fax 22 85, – ⊞ – 🅿 – 25 à 160. AE ⓞ E VISA. rest
fermé du 1er au 8 janv. – **R** 58/93 – 20 – **55 ch** 98/160 – ½ P 130/150.

't Kruisselt, Kruisseltlaan 3, ✉ 7587 NM, ☎ 15 67, Fax 18 62, « Terrasse avec ≤ bois », – 🅿 – 30 à 100. AE ⓞ E VISA. rest
fermé 28 déc.-10 janv. – **R** carte env. 50 – **34 ch** 95/145 – ½ P 68/73.

Berg en Dal avec ch, Bentheimerstraat 34, ✉ 7587 NH, ☎ 12 02, – 🅿. AE ⓞ E VISA. ch
R 32 – **8 ch** 55/125 – ½ P 85/105.

MAARSBERGEN Utrecht Ⓒ Maarn 5 619 h. 408 ⑪ – ☎ 0 3433.

Woudenbergseweg 13a, ☎ 13 30.

♦Amsterdam 63 – ♦Utrecht 25 – Amersfoort 12 – ♦Arnhem 38.

Motel Maarsbergen, Woudenbergseweg 44 (sur A 12), ✉ 3953 MH, ☎ 13 41, Fax 13 7 – rest 🅿. AE ⓞ E VISA
R 34 – 11 – **32 ch** 65/95.

MAARSSEN Utrecht 408 ⑪ – 37 629 h. – ☎ 0 3465.

♦Amsterdam 32 – ♦Utrecht 9.

The President, Floraweg 25 (S : 2 km près A 2), ✉ 3608 BW, ☎ (0 30) 44 55 8 Telex 40745, Fax (0 30) 44 55 42, – ch 🅿 – 25 ou plus. AE ⓞ E VISA. rest
R carte 63 à 86 – **172 ch** 215/235.

✿ **De Wilgenplas,** Maarsseveensevaart 7a (E : 1 km), ✉ 3601 CC, ☎ 6 15 90, Fax 7 51 4 – 🅿. AE ⓞ E VISA
fermé sam. midi, dim. midi, lundi et 27 déc.-1er janv. – **R** carte 93 à 123.
Spéc. Tournedos farci de foie gras, béarnaise et sauce aux truffes, Filet de bar frit et julienn de poireaux au beurre citronné, Tarte de saumon et épinards.

Le Marron, Bolensteinsestraat 22, ✉ 3603 AX, ☎ 6 11 66
fermé lundi, mardi et du 1er au 15 janv. – **R** (dîner seult) carte 50 à 67.

De Nonnerie, Langegracht 51, ✉ 3601 AK, ☎ 6 22 01 – 🅿. AE E
fermé lundi et du 5 au 19 août – **R** (dîner seult) carte 59 à 94.

ALFA-ROMEO Sterrebaan 3 ☎ (0 30) 420016
CITROEN Straatweg 1 ☎ 68224
FIAT Straatweg 136 ☎ 64000
FORD Binnenweg 4 ☎ 62541
GM (OPEL) Maarssenbroeksedijk 59 ☎ (0 30) 436214
LADA Binnenweg 20 ☎ 61410
LANCIA Sterrebaan 18 ☎ (0 30) 445533
PEUGEOT, TALBOT Dr. Ariënslaan 2 ☎ 6188
VAG Sterrebaan 2 ☎ (0 30) 437434
VOLVO Nijverheidsweg 12 ☎ 72077

MAASDAM Zuid-Holland Ⓒ Binnenmaas 18 599 h. 212 ⑤ et 408 ⑰ – ☎ 0 1856.

♦Amsterdam 100 – ♦Breda 35 – Dordrecht 14 – ♦Rotterdam 18.

De Hoogt, Raadhuisstraat 3, ✉ 3299 AP, ☎ 18 11, Fax 47 25 – 🅿 – 25 c plus. AE ⓞ E VISA
fermé 27 déc.-1er janv. – **R** *(fermé sam. midi et dim. midi)* 40/55 – 15 – **10 ch** 90/11

MAASLAND Zuid-Holland 212 ④ et 408 ⑯ – 6 196 h. – ☎ 0 1899.

♦Amsterdam 86 – ♦Den Haag 26 – ♦Rotterdam 18.

De Lickebaertshoeve, Oostgaag 55 (N : 3 km), ✉ 3155 CE, ☎ 1 51 75, « Ferme c 18e s., terrasse et jardin » – 🅿. AE ⓞ E VISA
fermé lundi – **R** carte 76 à 125.

CITROEN Kon. Julianaweg 2 ☎ 12880
FIAT Westgaag 44 ☎ 11455
FORD Prinses Margrietlaan 1 ☎ 12344

MAASSLUIS Zuid-Holland 212 ④ et 408 ⑯ – 33 155 h. – ☎ 0 1899.

♦Amsterdam 81 – ♦Den Haag 26 – ♦Rotterdam 19.

De Ridderhof, Sportlaan 2, ✉ 3141 XN, ☎ 1 12 11, Fax 1 37 80, « Ferme du 17e s. – 🅿. AE E VISA
fermé dim. et lundi – **R** carte 59 à 92.

BMW P.C. Hooftlaan 11 ☎ 19588
FORD, RENAULT Mozartlaan 334 ☎ 20066
GM (OPEL) P.J. Troelstraweg 2 ☎ 12922
NISSAN Marelstraat 19 ☎ 12356
RENAULT Haven 45 ☎ 12835
TOYOTA Vermeerlaan 30 ☎ 12303
VAG Noordvliet 85 ☎ 14782

MAASTRICHT Limburg 212 ① et 408 ㉖ – 116 380 h. – 0 43.

Voir Basilique St-Servais** (St. Servaasbasiliek) : Portail royal*, chœur*, chapiteaux*, Trésor** (Kerkschat) de la chapelle collégiale CY **B** – Basilique Notre-Dame* (Onze Lieve Vrouwebasiliek) : chœur** CZ **A** – Remparts Sud* (Walmuur) CZ – Carnaval* – St. Pietersberg* : 2 km AX.

Musée : des Bons Enfants* (Bonnefantenmuseum) CY **M¹**.

à Beek par ① : 11 km (0 43) 66 66 80 (renseignements) et 64 76 76 (réservations).

(départs de 's-Hertogenbosch) 25 62 70.

Kleine Staat 1, 6211 ED, 25 21 21.

Amsterdam 213 ① – Aachen 36 ② – •Bruxelles 124 ⑤ – •Liège 33 ⑤ – Mönchengladbach 81 ①.

Plans pages suivantes

Maastricht, De Ruiterij 1, 6221 EW, 25 41 71, Telex 56822, Fax 21 33 41, ≤ – rest – 25 ou plus. AE VISA. rest DZ **c**
R carte 50 à 80 – 25 – **134 ch** 240/360.

Barbizon, Forum 110 (SO : 6 km), 6229 GV, 83 82 81, Telex 56711, Fax 61 58 62, – ch rest – 25 ou plus. AE VISA. rest BX **e**
R carte 67 à 90 – 25 – **79 ch** 218/275 – ½ P 263.

Derlon, O.L.Vrouweplein 6, 6211 HD, 21 67 70, Telex 56822, Fax 25 19 33, , « Vestiges romains » – rest – 25 ou plus. AE VISA CZ **e**
R carte env. 60 – 33 – **41 ch** 240/360 – ½ P 198/225.

Gd H. De l'Empereur, Stationsstraat 2, 6221 BP, 21 38 38, Telex 56416, Fax 21 68 19, , – rest . AE VISA. rest DY **b**
R carte env. 60 – **92 ch** 185/325 – ½ P 225.

Novotel, Sibemaweg 10, 6227 AH, 61 18 11, Telex 56702, Fax 61 60 44, , – ch rest – 25 ou plus. AE VISA BX **b**
R (ouvert jusqu'à minuit) carte 48 à 79 – 18 – **92 ch** 165/175.

Pauw sans rest, Boschstraat 27, 6211 AS, 21 22 22, Telex 56349, Fax 21 34 32 – . AE VISA CY **g**
15 – **70 ch** 99/130.

Beaumont, Wijcker Brugstraat 2, 6221 EC, 25 44 33, Telex 56723, Fax 25 36 55 – – 25 ou plus. AE VISA. rest DY **e**
fermé 31 déc. et 1er janv. – **R** *(fermé dim. midi)* 65/98 – **85 ch** 98/175 – ½ P 115/125.

Du Casque sans rest, Helmstraat 14, 6211 TA, 21 43 43, Telex 56657, Fax 25 51 55 – . AE VISA CY **m**
fermé 31 déc. et 1er janv. – **43 ch** 140/225.

In den Hoof, Akersteenweg 218 (par ④ : 5 km), 6227 AE, 61 06 00, Fax 61 80 40 – – 25 ou plus. AE VISA
R carte 42 à 54 – **28 ch** 53/160 – ½ P 81/140.

Bergère, Stationsstraat 40, 6221 BR, 25 16 51, Fax 25 54 98 – . AE VISA. DY **y**
40 ch 105/140 – ½ P 90/100.

XXX **Old Hickory** avec ch, Meerssenerweg 372, 6224 AL, 62 05 48, Fax 63 70 86 – rest . AE VISA DY **w**
fermé 27 juil.-4 août et carnaval – **R** *(fermé sam. midi et dim.)* carte 60 à 100 – **8 ch** 130/195 – ½ P 110/140.

XX **Au Coin des Bons Enfants,** Ezelmarkt 4, 6211 LJ, 21 23 59, Fax 25 82 52 – AE VISA CZ **h**
fermé merc., dim., jours fériés, 3 sem. en juil. et du 3 au 17 fév. – **R** 85/105.

XX **Toine Hermsen,** Sint-Bernardusstraat 2, 6211 HL, 25 84 00, Fax 25 83 73 – AE VISA CZ **b**
fermé sam. midi, dim., 2 sem. en juil., fin déc.-début janv. et 1 sem. carnaval – **R** 70/90.

XX **Le Bon Vivant,** Capucijnenstraat 91, 6211 RP, 21 08 16, « Salle voûtée » – . AE VISA CY **e**
fermé du 1er au 18 juil., sem. carnaval et lundi – **R** (dîner seult) 55/75.

XX **Au Premier** 1er étage, Brusselsestraat 15, 6211 PA, 21 97 61, – AE VISA CY **p**
fermé lundi, sam. midi et 29 juil.-16 août – **R** 50/70.

XX **'t Plenkske,** Plankstraat 6, 6211 GA, 21 84 56, Telex 56349, Fax 21 34 32, – AE VISA CYZ **v**
fermé dim. et jours fériés – **R** carte 53 à 71.

XX **La Basilique,** O.L.Vrouweplein 30, 6211 HE, 21 15 87, – AE CZ **s**
fermé mardi, merc. et fév. – **R** (dîner seult) carte 61 à 90.

XX **Aub. la Caponnière,** Luikerweg 80 (S : 2 km, dans le Fort St-Pieter), 6212 NH, 21 71 33, Fax 25 69 00 – . AE . AX **a**
fermé lundi – **R** carte 51 à 90.

X **'t Klääske,** Plankstraat 20, 6211 GA, 21 81 18 – . AE VISA CYZ **a**
fermé dim. et jours fériés – **R** 40/53.

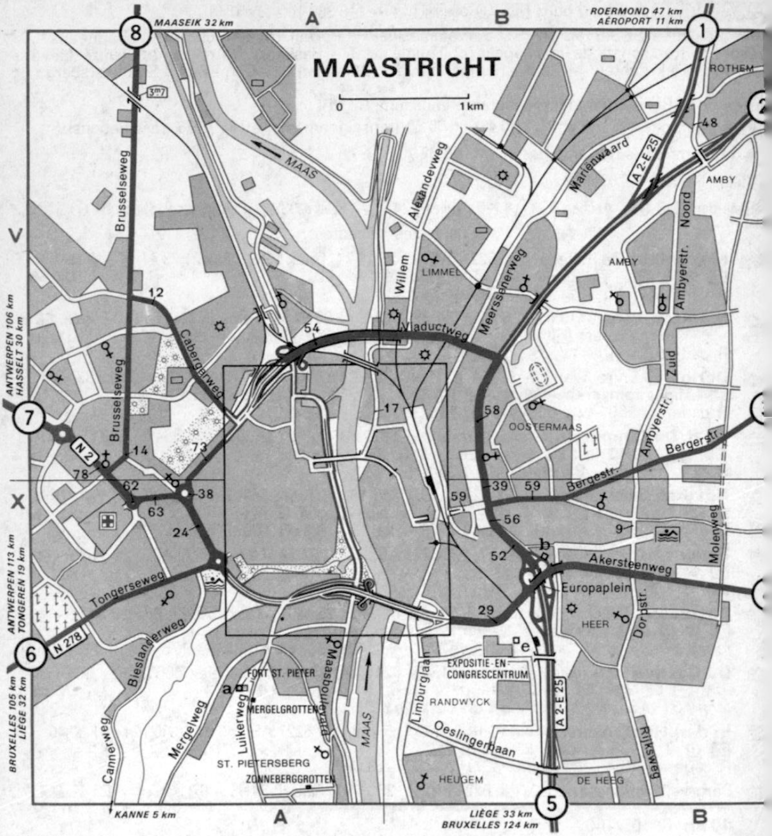

Burg. Cortenstr.	BX 9	Koningin Emmapl.	AX 38	President Rooseveltlaan	BV 5
Carl Smulderssingel	AV 12	Koningspl.	BX 39	Scharnerweg	BX 5
Dr. van Kleefstr.	AV 14	Maastrichterweg	BV 48	St. Annadal	AX 6
Franciscus Romanusweg	ABV 17	Nassaulaan	BX 52	St. Annalaan	AX 6
Hertogsingel	AX 24	Noorderbrug	AX 54	Statensingel	AV
John Kennedysingel	BX 29	Oranjepl.	BX 56	Via Regia	AV

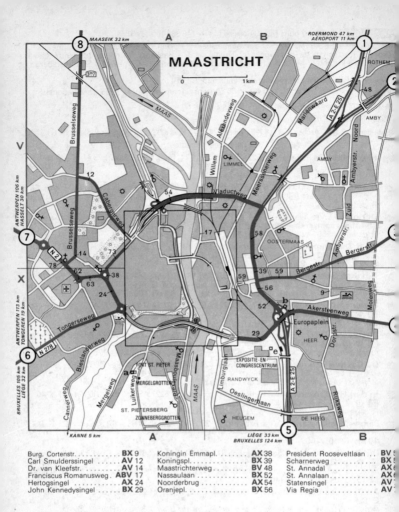

XX **L'Escale** 1er étage, Havenstraat 19, ✉ 6211 GJ, ☎ 21 33 64, Produits de la mer – AE E VISA CYZ
fermé dim., lundi, jours fériés, 21 juil.-20 août et 9 fév.-11 mars – **R** (dîner seult jusqu'à minuit) 48/63.

XX **Jean La Brouche,** Tongersestraat 9, ✉ 6211 LL, ☎ 21 46 09 – ▤. AE E CZ
fermé sam. midi, dim., lundi et 2 prem. sem. juil. – **R** carte 60 à 98.

X **'t Hegske,** Heggenstraat 3a, ✉ 6211 GW, ☎ 25 17 62, Fax 21 55 30, 🏠 – AE ⓓ E VISA CY
fermé mardi – **R** (dîner seult) carte 63 à 80.

X **Le Bon Port,** Tongersestraat 23, ✉ 6211 LL, ☎ 25 28 43, Ouvert jusqu'à 23 h – ▤. AE E. CZ
fermé merc., 27 juil.-18 août et sem. carnaval – **R** carte env. 45.

X **Sagittarius,** Bredestraat 7, ✉ 6211 HA, ☎ 21 14 92 – AE ⓓ E VISA CZ
fermé dim., lundi et du 3 au 16 fév. – **R** (dîner seult) carte 49 à 69.

X **Au Four Carré,** Tongersestraat 5, ✉ 6211 LL, ☎ 21 51 31, Fax 25 82 52 – AE ⓓ VISA CZ
fermé lundi, jours fériés et du 8 au 14 fév. – **R** (dîner seult) 40.

X **La Chine,** Markt 33, ✉ 6211 CK, ☎ 21 61 23, 🏠, Cuisine chinoise, Ouvert jusqu'à 23 h – ▤. AE ⓓ E VISA CY
R carte 40 à 73.

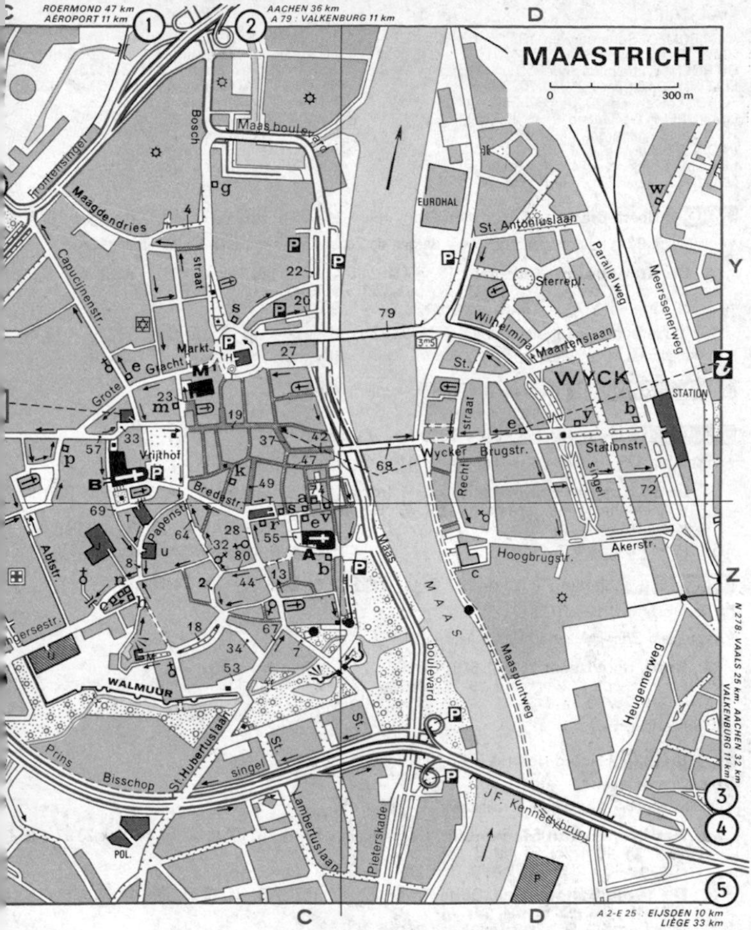

ote Staat	CY 19	Grote Looiersstr.	CZ 18	Minckelersstr.	CY 49
ine Staat	CY 37	Gubbelstr.	CY 20	Nieuwenhofstr.	CZ 53
aastr. Smedenstr.	CY 47	van Hasseltkade	CY 22	Onze Lieve Vrouweplein	CZ 55
okstr.	CY 74	Helmstr.	CY 23	Oude Tweebergenpoort	CY 57
ycker Brugstr.	DY	Hoenderstr.	CY 27	St. Jacobstr.	CY 64
		Hondstr.	CZ 28	St. Pieterstr.	CZ 67
nter de Molens	CZ 2	Kapoenstr.	CZ 32	St. Servaasbrug	DY 68
D. Barakken	CY 4	Keizer Karelpl.	CY 33	St. Servaasklooster	CZ 69
gijnenstr.	CZ 7	Kleine Looiersstr.	CZ 34	Spoorweglaan	DY 72
uillonstr.	CZ 8	Maastr. Brugstr.	CY 42	Wilhelminabrug	DY 79
rtenstr.	CZ 13	Maastr. Heidenstr.	CZ 44	Witmakersstr.	CZ 80

au Sud : 5 km par Bieslanderweg :

XX ✪ **Château Neercanne,** Cannerweg 800, ✉ 6213 ND, ✆ 25 13 59, Fax 21 34 06, « Château du 17ᵉ s., terrasses fleuries, ← vallée et campagne » – Ⓟ. AE ⓓ E VISA
fermé lundi et sam. midi – **R** carte 81 à 125.
Spéc. Saumon d'Écosse mariné au poivre fumé, Ris de veau au soja, petits oignons et betteraves, Turbotin grillé à la moutarde aux herbes et câpres.

à Berg en Terblijt par ③ : 7 km ☐ Valkenburg aan de Geul 17 697 h. – ✆ 0 4406 :

Holland, Rijksweg 65, ✉ 6325 AB, ✆ 4 05 25 – |‡| Ⓟ. AE ⓓ E VISA.
fermé 28 déc.-15 janv. – **R** 28/44 – **22 ch** ☐ 48/90 – ½ P 63.

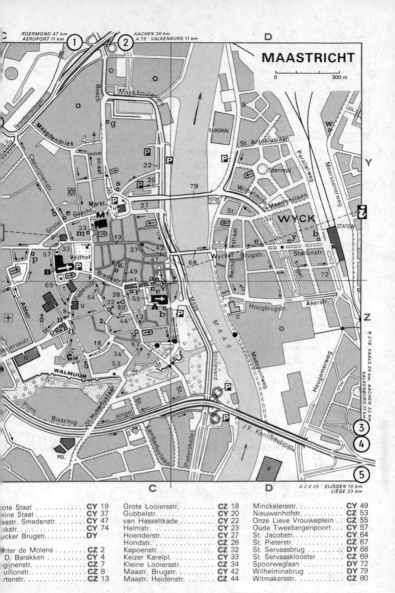

ALFA-ROMEO Scharnerweg 137 ✆ 634895
BMW Calvariestraat 22 ✆ 254101
CITROEN Wilhelminasingel 58 ✆ 215154
FIAT Dr. Bakstraat 82 ✆ 470200
FORD Korvetweg 20 ✆ 632555
GM (OPEL) De Griend 2 ✆ 252250
HONDA Bergerstraat 11 ✆ 632880
LADA Sibemaweg 1 ✆ 612310
LANCIA Galjoenweg 45 ✆ 632547
MAZDA Galjoenweg 73 ✆ 632250
MERCEDES-BENZ Akersteenweg 10 ✆ 613200
MITSUBISHI Molensingel 1 ✆ 612329
NISSAN Duitse Poort 15 ✆ 214175
PEUGEOT, TALBOT Via Regia 169 ✆ 433733
RENAULT Molensingel 3 ✆ 616288
ROVER Spoorweglaan 20 ✆ 215846
TOYOTA Molensingel 11 ✆ 616900
VAG Via Regia 170 ✆ 434500
VOLVO Steegstraat 10 ✆ 616555

MADE Noord-Brabant C Made en Drimmelen 11 987 h. 212 ⑥ et 408 ⑰ – ✆ 0 1626.

◆Amsterdam 94 – ◆'s-Hertogenbosch 40 – Bergen op Zoom 45 – ◆Breda 13 – ◆Rotterdam 46.

De Korenbeurs, Kerkstraat 13, ✉ 4921 BA, ✆ 21 50, Telex 74351, Fax 21 50, – rest TV ☎ ♿ P – 25 ou plus. AE ① E VISA
R carte 41 à 76 – **45 ch** ☐ 85/125 – ½ P 90.

'**t Trefpunt,** Raadhuisplein 1a, ✉ 4921 ZJ, ✆ 40 00 – 25 ou plus. ch – **12 ch.**

FIAT Adelstraat 1c ✆ 2952
RENAULT Adelstraat 47 ✆ 2973

MARIAPAROCHIE Overijssel 408 ⑮ – voir à Almelo.

MARKELO Overijssel 408 ⑬ – 6 985 h. – ✆ 0 5476.

◆Amsterdam 125 – ◆Zwolle 50 – ◆Apeldoorn 41 – ◆Arnhem 59 – ◆Enschede 34.

XX **In de Kop'ren Smorre** avec ch, Holterweg 20, ✉ 7475 AW, ✆ 13 44, Fax 22 01, « Ancienne ferme, jardins » – TV P. AE ① E VISA.
fermé dim. midi, lundi, 5, 24, 31 déc. et 1er janv. – **R** 63/95 – **8 ch** ☐ 50/120 – ½ P 120/14

GM (OPEL) Holterweg 2 ✆ 1907
HONDA Noordachteresweg 10a ✆ 1619

MECHELEN Limburg C Wittem 7 714 h. 212 ② et 408 ㉖ – ✆ 0 4455.

9 Dal Bissenweg 22, ✆ 13 97.

◆Amsterdam 235 – ◆Maastricht 21 – Aachen 14.

Brull, Hoofdstraat 26, ✉ 6281 BD, ✆ 12 63, – ☎ P.
15 mars-oct. et week-end du 1er nov. au 17 déc. – **R** (résidents seult) – **31 ch** ☐ 75/12
– ½ P 78/90.

VAG Hilleshagerweg 33a ✆ 1592

MEDEMBLIK Noord-Holland 408 ⑪ – 6 876 h. – ✆ 0 2274.

Voir Oosterhaven★.

◆Amsterdam 58 – Alkmaar 36 – Enkhuizen 21 – Hoorn 19.

Het Wapen van Medemblik, Oosterhaven 1, ✉ 1671 AA, ✆ 38 44, Fax 23 97 –
☎ – 40 à 75. AE ① E VISA
R carte 40 à 80 – **25 ch** ☐ 88/125 – ½ P 90/115.

XX **De Twee Schouwtjes,** Oosterhaven 27, ✉ 1671 AB, ✆ 19 56, Fax 11 67, « Maison
16e s. » – AE ① E VISA
fermé lundi – **R** (dîner seult) carte 64 à 100.

CITROEN Nieuwstraat 41 ✆ 1367
TOYOTA Randweg 1 ✆ 1462

MEERKERK Zuid-Holland C Zederik 13 042 h. 212 ⑥ et 408 ⑰ – ✆ 0 1837.

◆Amsterdam 58 – ◆Breda 45 – ◆Rotterdam 49 – ◆Utrecht 27.

XX **Brughuis,** Tolstraat 34, ✉ 4231 BC, ✆ 13 19 – P. ① E
fermé lundi – **R** carte 40 à 77.

MEGEN Noord-Brabant C Megen, Haren en Macharen 3 033 h. 212 ⑧ et 408 ⑱ – ✆ 0 412

◆Amsterdam (bac) 103 – ◆'s-Hertogenbosch 30 – ◆Nijmegen 28.

XX **Den Uiver,** Torenstraat 3, ✉ 5366 BJ, ✆ 25 48, Fax 30 41, , « Grange du 19e s. »
AE ① E VISA
fermé lundi et sem. carnaval – **R** carte 65 à 93.

MEPPEL Drenthe 408 ⑫ – 23 452 h. – ✆ 0 5220.

Kleine Oever 11, ✉ 7941 BK, ✆ 5 28 88.

◆Amsterdam 135 – Assen 55 – ◆Groningen 82 – ◆Leeuwarden 68 – ◆Zwolle 25.

XX '**t Olde Koetshuus,** Steenwijkerstraatweg 10, ✉ 7942 HP, ✆ 5 17 53 – P. AE ①
VISA.
fermé dim. et 2 dern. sem. juil. – **R** carte 50 à 76.

à De Wijk E : 7,5 km – 4 900 h. – ☎ 0 5224 :

XX **Havesathe de Havixhorst** avec ch, Schiphorsterweg 34, ✉ 7957 NV, ℘ 14 87, Fax 14 89, « Jardin » – TV ☎ P – 150. AE ① E VISA.
R *(fermé sam. midi et dim. midi)* carte 60 à 98 – ☐ 23 – **8 ch** 145/185 – ½ P 174/209.

TROEN Industrieweg 13 ℘ 52236
AT Zuideinde 84 ℘ 51843
RD Ceintuurbaan 100 ℘ 53147
M (OPEL) Industrieweg 3 ℘ 53636
DA Parallelweg 23 ℘ 60691
MERCEDES-BENZ, HONDA Werkhorst 26 ℘ 52712
PEUGEOT, TALBOT Industrieweg 23 ℘ 53423
RENAULT J. van Oldenbarneveldtstraat 2 ℘ 53292

METEREN Gelderland 212 ⑦ et 408 ⑱ – voir à Geldermalsen.

MEIJEL Limburg 212 ⑲ et 408 ⑲ – 5 294 h. – ☎ 0 4766.
Amsterdam 162 – •Eindhoven 38 – Roermond 24 – Venlo 31.

Ketels, Raadhuisplein 4, ✉ 5768 AR, ℘ 24 55 – 25 ou plus. AE ① E VISA.
R *(fermé merc. de sept à mars et après 20 h)* carte env. 45 – **19 ch** ☐ 38/75 – ½ P 55/63.

SSAN Kalisstraat 30 ℘ 1449

MIDDELBURG P Zeeland 212 ⑫ et 408 ⑮ – 39 462 h. – ☎ 0 1180.
Voir Hôtel de ville★ (Stadhuis) A **H** – Abbaye★ (Abdij) B **D** – Miniatuur Walcheren★ B – Musée Zélande★ (Zeeuws Museum) B **M¹**.
Markt 65a, ✉ 4331 LL, ℘ 1 68 51.
Amsterdam 194 ② – •Antwerpen 91 ② – •Breda 98 ② – •Brugge (bac) 47 ③ – •Rotterdam 106 ②.

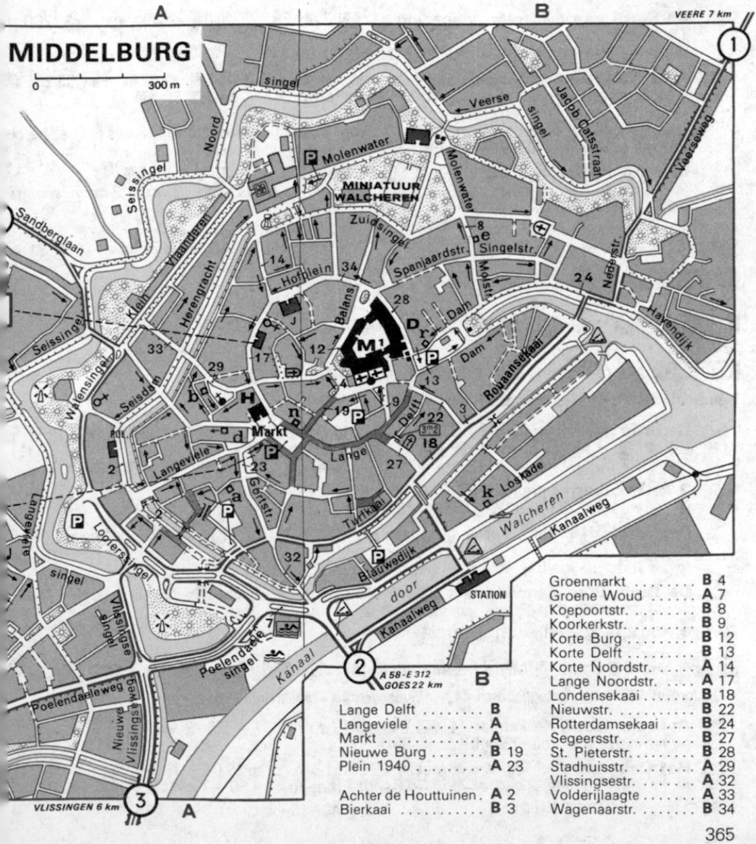

Lange Delft . . . . B
Langeviele . . . . A
Markt . . . . A
Nieuwe Burg . . . . B 19
Plein 1940 . . . . A 23

Achter de Houttuinen . A 2
Bierkaai . . . . B 3

Groenmarkt . . . . B 4
Groene Woud . . . . . . A 7
Koepoortstr. . . . . B 8
Koorkerkstr. . . . . B 9
Korte Burg . . . . B 12
Korte Delft . . . . B 13
Korte Noordstr. . . . . . A 14
Lange Noordstr. . . . . . A 17
Londensekaai . . . . . . B 18
Nieuwstr. . . . . B 22
Rotterdamsekaai . . . . B 24
Segeersstr. . . . . B 27
St. Pieterstr. . . . . B 28
Stadhuisstr. . . . . A 29
Vlissingsestr. . . . . . . A 32
Volderijlaagte . . . . . . A 33
Wagenaarstr. . . . . . . B 34

Arneville, Buitenruststraat 22 (par ②), ✉ 4337 EH, ☎ 3 84 56, Telex 30631, Fax 1 51 54
– ⊡ ☎ ⓟ – 25 à 300. AE ⓓ E VISA.
R carte 59 à 95 – **43 ch** 105/150 – ½ P 140/185.

Roelant, Koepoortstraat 10, ✉ 4331 SL, ☎ 3 33 09, Fax 2 89 73 – AE ⓓ E VISA B
R *(fermé dim.)* (dîner seult jusqu'à 23 h) 40 – **11 ch** 40/80 – ½ P 65/73.

Le Beau Rivage, Loskade 19, ✉ 4331 HW, ☎ 3 80 60, Fax 3 66 99 – ⊡ . AE ⓓ
VISA. rest B
R *(fermé dim.)* (dîner seult) carte 40 à 85 – **9 ch** 83/175 – ½ P 167.

XX **Het Groot Paradijs,** Damplein 13, ✉ 4331 GC, ☎ 2 67 64, – AE ⓓ E VISA B
fermé du 7 au 30 juil., du 1er au 15 janv., sam. midi, dim. et lundi – **R** 68/105.

XX **Den Gespleten Arent,** Vlasmarkt 25, ✉ 4331 PC, ☎ 3 61 22 – AE ⓓ E VISA A
fermé mardi, sam. midi, dim. midi et sem. carnaval – **R** carte 62 à 89.

XX **Rôtiss. Michel,** Korte Geere 19, ✉ 4331 LE, ☎ 1 15 96 – AE ⓓ E VISA A
fermé sam. midi, dim., lundi, 31 mars-4 avril et du 26 au 31 déc. – **R** carte 65 à 90.

X **De Huifkar,** Markt 19, ✉ 4331 LJ, ☎ 1 29 98, Fax 1 23 86, Rest.-taverne – AE ⓓ E VISA
fermé dim. de nov. à mars – **R** carte 40 à 71. A

X **Ten Weyngaert,** Wijngaardstraat 3, ✉ 4331 PM, ☎ 3 46 33 A
fermé mi-oct.-mi-nov., mardi sauf en juil.-août et lundi – **R** 44/53.

CITROEN Veerseweg 104 ☎ 29955/38880
FIAT Herculesweg 12 ☎ 12918
GM (OPEL) Kalverstraat 1 ☎ 25851
ROVER Noordmonsterweg 4 ☎ 36815
TOYOTA Klein Vlaanderen 97 ☎ 12865

MIDDELHARNIS Zuid-Holland 212 ④ et 408 ⑯ – 15 480 h. – ☎ 0 1870.

Oostdijk 2, ✉ 3241 CN, ☎ 48 70.

◆Amsterdam 133 – ◆Den Haag 83 – ◆Breda 65 – ◆Rotterdam 54 – Zierikzee 22.

De Parel van de Delta, Vingerling 51, ✉ 3241 EB, ☎ 20 04, ← – ⓟ – 200. AE
ⓓ E VISA
R *(fermé dim. d'oct. à mai)* 50/75 – **18 ch** 50/110 – ½ P 70/135.

XXX ✿ **De Hooge Heerlijkheid** (Kern), Voorstraat 21, ✉ 3241 EE, ☎ 32 64, Fax 53 29,
« Maisonnettes hollandaises du 17e s. avec terrasse » – AE ⓓ E VISA
fermé 30 déc.-3 janv. et lundis et mardis non fériés – **R** carte 92 à 122.
Spéc. Escalope chaude de foie gras d'oie maison, Turbot grillé, beurre aux câpres et fines herbes,
Sorbets aux fruits rouges (juil.-août).

X **Le Petit Port,** Vingerling 9, ✉ 3241 EB, ☎ 31 21, – AE ⓓ E VISA
fermé mardi de sept à mai, sam. midi, dim. midi, jours fériés midis, lundi et 2 prem. sem. fé
– **R** carte 64 à 106.

FORD Kon. Julianaweg 60 ☎ 2644
GM (OPEL) Langeweg 113 ☎ 2222
MITSUBISHI Donkereweg 2 ☎ 2537
PEUGEOT, TALBOT Kastanjelaan 41 ☎ 3094

MIDLAREN Drenthe 408 ⑥ – voir à Zuidlaren.

MIDWOLDA Groningen 408 ⑥ – voir à Winschoten.

MIERLO Noord-Brabant 212 ⑲ et 408 ⑱ – 10 037 h. – ☎ 0 4927.

◆Amsterdam 129 – ◆'s-Hertogenbosch 44 – ◆Eindhoven 12 – Helmond 5.

De Brug, Arkweg 3, ✉ 5731 PD, ☎ 7 89 11, Telex 59423, Fax 6 48 95, – re
⊡ ☎ ⓟ – 25 ou plus. AE ⓓ E VISA. rest
fermé 27 déc.-1er janv. – **R** carte 45 à 74 – **149 ch** 150/180 – ½ P 183/275.

't Anker, Vesperstraat 8, ✉ 5731 GS, ☎ 6 12 72 – ⓟ. ch
R *(fermé dim. et après 20 h)* 40 – **18 ch** 50/110.

X **Die Almhütte,** Burg. Verheugtstraat 67, ✉ 5731 AJ, ☎ 6 14 95, , Ferme du 19e s.
ⓟ. AE E VISA.
fermé lundi et mardi – **R** (dîner seult) 40.

X **De Cuijt,** Burg. Termeerstraat 50, ✉ 5731 SE, ☎ 6 13 23 – ⓟ. E.
fermé dim., lundi et 2 sem. en sept – **R** 45.

PEUGEOT, TALBOT Dorpsstraat 81 ☎ 61805

MILL Noord-Brabant Ⓒ Mill en Sint Hubert 10 268 h. 212 ⑨ et 408 ⑲ – ☎ 0 8859.

◆Amsterdam 123 – ◆'s-Hertogenbosch 41 – ◆Eindhoven 48 – ◆Nijmegen 25.

XX **Aub. de Stoof,** Kerkstraat 14, ✉ 5451 BM, ☎ 5 11 37 – AE E
fermé merc. – **R** (dîner seult) carte 53 à 81.

X **Het Centrum** avec ch, Kerkstraat 4, ✉ 5451 BM, ☎ 5 19 04 – E
fermé sam., 30 mars-2 avril et 26 juil.-12 août – **R** carte 41 à 60 – **7 ch** 37/73 – ½ P 55/6

FIAT Schoolstraat 42 ☎ 51621
LADA Spoorstraat 24 ☎ 51616

MONNICKENDAM Noord-Holland 408 ⑩ ⑪ – 9 953 h. – ☎ 0 2995.

Env. Marken : village★, costumes traditionnels★ E : 8 km.

De Zarken 2, ✉ 1141 BG, ☎ 19 98.

Amsterdam 16 – Alkmaar 34 – ♦Leeuwarden 122.

XX **De Posthoorn,** Noordeinde 41, ✉ 1141 AG, ☎ 14 71, Fax 27 33, « Intérieur vieil hollandais » – ▤ Ⓟ. AE ⓓ E VISA. ✱ – *fermé lundi* – **R** 38/68.

XX **De Roef,** Noordeinde 40, ✉ 1141 AN, ☎ 18 60 – ▤. AE ⓓ E VISA
fermé merc. d'oct. à avril – **R** carte 44 à 72.

FORD Noordeinde 80 ☎ 1687
GM (OPEL) O.Z. Burgwal 17 ☎ 1673

MONTFOORT Utrecht 408 ⑩ – 12 397 h. – ☎ 0 3484.

Amsterdam 33 – ♦Den Haag 52 – ♦Rotterdam 48 – ♦Utrecht 15.

XXX **Kasteel Montfoort** 1er étage, Kasteelplein 1, ✉ 3417 JG, ☎ 27 27, Fax 27 28, ⛱ – Ⓟ. AE ⓓ E VISA – *fermé dim.* – **R** carte 62 à 118.

XX **De Schans,** Willeskop 87, ✉ 3417 MC, ☎ (0 3486) 23 09, Fax (0 3486) 46 65 – ▤ Ⓟ. AE ⓓ E VISA. ✱
fermé lundi, 23 juil.-12 août, 25 déc. et 1er janv. – **R** carte 64 à 90.

FORD Provincialeweg 1 ☎ 1353
GM (OPEL) Heeswijk 9 ☎ 1365
PEUGEOT, TALBOT Tabakshof 1 ☎ 1226
TOYOTA Steenovenweg 16 ☎ 3878

MOOK Limburg C Mook en Middelaar 7 193 h. 212 ⑨ et 408 ⑲ – ☎ 0 8896.

Amsterdam 129 – ♦Maastricht 133 – ♦'s-Hertogenbosch 48 – ♦Nijmegen 12 – Venlo 54.

🏨 **De Plasmolen,** Rijksweg 170 (SE : 3 km sur N 271), ✉ 6586 AB, ☎ 14 44, Fax 22 71, ⛱, « Jardins au bord de l'eau », ≋, ✂ – TV Ⓟ – 🏛 25 ou plus. AE ⓓ E VISA
R 48/93 – **36 ch** ☕ 98/140 – ½ P 88/140.

🏨 **Motel De Molenhoek,** Rijksweg 1 (N : 1 km), ✉ 6584 AA, ☎ (0 80) 58 01 55, Telex 54565, Fax (0 80) 58 21 75, ⛱, ≋ – 🛗 TV ☎ Ⓟ – 🏛 25 ou plus. AE E. ✱
R (ouvert jusqu'à 23 h) carte 40 à 59 – **56 ch** ☕ 73/91.

XXX **Jachtslot de Mookerheide** 🐌 avec ch, Heumensebaan 2 (NE : 2 km), ✉ 6584 CL, ☎ (0 80) 58 30 35, « Dans un vaste parc, intérieur Art Nouveau » – TV ☎ Ⓟ – 🏛 25 ou plus. AE ⓓ E VISA. ✱
fermé dern. sem. juil.-prem. sem. août – **R** *(fermé lundi)* carte 89 à 119 – **6 ch** ☕ 150/275 – ½ P 163/250.

LANCIA Rijksweg 18 ☎ (0 80) 584666
MAZDA Rijksweg 41 ☎ 1413
VAG Middelweg 100 ☎ (0 80) 582733

MUIDEN Noord-Holland 408 ⑪ – 6 772 h. – ☎ 0 2942.

Voir Château★ (Muiderslot). – ♦Amsterdam 13 – Hilversum 22.

XX **De Doelen,** Sluis 1, ✉ 1398 AR, ☎ 32 00, « Rustique » – ▤. AE ⓓ E VISA. ✱
R carte 49 à 80.

X **De Muiderhof,** Herengracht 75, ✉ 1398 AD, ☎ 45 07 – AE E VISA
fermé sam. midi et dim. midi – **R** carte 56 à 77.

VAG Zuidpolderweg 7 ☎ 1282

MUNSTERGELEEN Limburg 212 ① – voir à Sittard.

NAARDEN Noord-Holland 408 ⑪ – 16 101 h. – ☎ 0 2159.

Voir Fortifications★.

🚘 (départs de 's-Hertogenbosch) ☎ 4 13 35.

(fermé dim. matin) A. Dorstmanplein 1b, ✉ 1411 RC, ☎ 4 28 36.

Amsterdam 21 – ♦Apeldoorn 66 – ♦Utrecht 30.

XX **Aub. Le Bastion,** St. Annastraat 3, ✉ 1411 PE, ☎ 4 66 05, ⛱ – AE ⓓ E VISA
fermé lundi et 30 déc.-14 janv. – **R** carte 53 à 74.

X **De Oude Smidse,** Marktstraat 30, ✉ 1411 EA, ☎ 4 37 95, Fax 4 37 26, ⛱ – AE ⓓ E VISA ✱
R 50.

X **De Gooische Brasserie,** Cattenhagestraat 9, ✉ 1411 CR, ☎ 4 88 03, ⛱ – AE ⓓ E VISA
fermé sem. carnaval – **R** carte 47 à 80.

CITROEN Amsterdamsestraatweg 3 ☎ 48114
FIAT Amersfoortsestraatweg 108 ☎ 45234
FORD Rijksweg 1 ☎ 47813
LANCIA Zwarteweg 52 ☎ 43924
PEUGEOT, TALBOT Cort van de Lindenlaan 46 ☎ 47614
PEUGEOT, TALBOT Cattenhagestraat 45 ☎ 43486
TOYOTA Churchillstraat 42 ☎ 42324
VOLVO Godelindeweg 5 ☎ 48807

NECK Noord-Holland – voir à Purmerend.

NEDERWEERT Limburg 212 ⑲ et 408 ⑲ – voir à Weert.

NES Friesland 408 ④ – voir à Waddeneilanden (Ameland).

NIEUWEGEIN Utrecht 408 ⑪ – 58 316 h. – ☎ 0 3402.

Blokhoeve 7, ☎ (0 3407) 22 31.

◆Amsterdam 50 – ◆Rotterdam 65 – ◆Utrecht 17.

Mercury, Buizerdlaan 10 (O : 1 km), ✉ 3435 SB, ☎ 4 48 44, Telex 76210, Fax 3 83 74, – AE ⓓ E VISA
R carte 79 à 107 – **78 ch** ☐ 180/230.

La Colombe, Dorpsstraat 9 (E : 1 km, Vreeswijk), ✉ 3433 CH, ☎ 6 19 67, Fax 6 13 90 AE ⓓ E VISA
fermé dim. – **R** 50/70.

De Bovenmeester, Dorpsstraat 49 (E : 1 km, Vreeswijk), ✉ 3433 CL, ☎ 6 66 22 – AE E VISA
fermé lundi et fin déc.-début janv. – **R** carte 42 à 64.

BMW Nijverheidsweg 9 j ☎ 62107
CITROEN Dukatenburg 94 ☎ 44044
FIAT Ambachtsweg 2 ☎ 61300
FORD Graaf Florisweg 2 ☎ 65551
GM (OPEL) Parkerbaan 12 ☎ 47820
HONDA Kruyderlaan 29 ☎ 31216
LADA Drilleveld 24 ☎ 45644
MAZDA Parkerbaan 5 ☎ 37050
MITSUBISHI Nijverheidsweg 16 ☎ 62929
NISSAN Brabanthaven 8 ☎ 67555
PEUGEOT, TALBOT Ambachtsweg 6 ☎ 6383
RENAULT Limburghaven 1 nr 54 ☎ 80000
ROVER Ambachtsweg 10 ☎ 66360
TOYOTA Parkerbaan 3 ☎ 42694
VAG Nijverheidsweg 11 ☎ 62825
VOLVO Ambachtsweg 1 ☎ 66860

NIEUWESCHANS Groningen 408 ⑦ – 1 711 h. – ☎ 0 5972.

◆Amsterdam 243 – Assen 60 – ◆Groningen 49.

Altea, Weg naar de Bron 7, ✉ 9693 GA, ☎ 77 77, Telex 77144, Fax 85 85 – ch – 30 à 120. AE ⓓ E VISA. ch
R 40 – **69 ch** ☐ 135/160 – ½ P 119/166.

NIEUWKOOP Zuid-Holland 408 ⑩ – 10 723 h. – ☎ 0 1725.

◆Amsterdam 49 – ◆Den Haag 47 – ◆Rotterdam 43 – ◆Utrecht 40.

à Noorden E : 5 km C Nieuwkoop – ☎ 0 1724 :

De Watergeus avec ch, S. van Capelweg 10, ✉ 2431 AG, ☎ 83 98, « Terrass au bord de l'eau » – rest. AE E VISA
fermé fin déc.-début janv. – **R** *(fermé lundi)* carte 71 à 102 – **5 ch** ☐ 80/130 – ½ P 13

RENAULT Industrieweg 35 ☎ 74343
VAG Nieuwveenseweg 7 ☎ 79316

NIEUW VENNEP Noord-Holland C Haarlemmermeer 93 427 h. 408 ⑩ – ☎ 0 2526.

◆Amsterdam 28 – ◆Den Haag 36 – ◆Haarlem 17.

De Rustende Jager, Venneperweg 471, ✉ 2153 AD, ☎ 8 73 51, Fax 7 22 27 – re – 200. AE E VISA.
R carte 40 à 63 – **38 ch** ☐ 95/130.

CITROEN Venneperweg 535c ☎ 75041
FIAT 't Kabel 90 ☎ 73555
FORD Hoofdweg 1302 ☎ 73141
LADA Staringstraat 56 ☎ 75000
NISSAN Kerkstraat 11 ☎ 87025
TOYOTA Venneperweg 389 ☎ 72515

NIEUWVLIET Zeeland C Oostburg 18 145 h. 212 ⑫ et 408 ⑮ – ☎ 0 1171.

◆Amsterdam 212 – ◆Middelburg (bac) 15 – ◆Antwerpen 92 – ◆Brugge 30 – ◆Knokke-Heist 19.

à Nieuwvliet-Bad C Oostburg – ☎ 0 1171 :

Saint Pierre, Zouterik 2, ✉ 4504 RX, ☎ 20 20, Fax 20 07, – 25 à 300. AE ⓓ E VISA
R 66 – **83 ch** ☐ 118/290 – ½ P 135/193.

NOORBEEK Limburg C Margraten 13 365 h. 212 ① et 408 ㉖ – ☎ 0 4457.

Bovenstraat 14, ✉ 6255 AV, ☎ 12 06.

◆Amsterdam 225 – ◆Maastricht 15 – Aachen 26.

Bon Repos, Bovenstraat 17, ✉ 6255 AT, ☎ 13 38, – .
Pâques-oct. et Noël-Nouvel An – **R** *(fermé après 20 h)* carte env. 45 – **35 ch** ☐ 120 ½ P 90/140.

NOORDBEEMSTER Noord-Holland – voir à Purmerend.

NOORDELOOS Zuid-Holland C Giessenlanden 14 283 h. 212 ⑥ et 408 ⑰ – ✆ 0 1838.

Amsterdam 66 – ◆Eindhoven 84 – ◆Rotterdam 50.

XX **De Boterhoeve,** Botersloot 1, ⊠ 4225 PR, ℰ 19 69, Fax 20 78, 🍴, Ouvert jusqu'à 23 h, « Ancienne ferme, jardin » – Ⓟ. AE ⓓ E VISA
fermé dim. – **R** carte 85 à 98.

X **Bistro 't Voorhuys,** Botersloot 1a, ⊠ 4225 PR, ℰ 12 11, Fax 20 78, 🍴 – Ⓟ
fermé dim. et lundi – **R** 40.

TOYOTA Botersloot 17 ℰ 1304

NOORDEN Zuid-Holland 408 ⑩ – voir à Nieuwkoop.

NOORDGOUWE Zeeland C Brouwershaven 3 534 h. 212 ③ et 408 ⑯ – ✆ 0 1112.

Amsterdam 150 – ◆Rotterdam 74 – Zierikzee 10.

Van Der Weijde, Brouwerijstraat 1, ⊠ 4317 AC, ℰ 14 91, 🍴 – TV. AE ⓓ E VISA
R carte 40 à 72 – **8 ch** ☐ 100 – ½ P 80.

M (OPEL) Kloosterweg 2 ℰ 1347

NOORDWIJK AAN ZEE Zuid-Holland C Noordwijk 24 996 h. 408 ⑩ – ✆ 0 1719.

à Noordwijkerhout, Randweg 25 ℰ (0 2523) 7 37 61.

de Grent 8, ⊠ 2202 EK, ℰ 1 93 21.

Amsterdam 40 ① – ◆Den Haag 26 ① – ◆Haarlem 28 ①.

Plan page suivante

Gd H. Huis ter Duin ⟡, (réouverture prévue mi-'91), Koningin Astrid bd 5, ⊠ 2202 BK, ℰ 1 92 20, Telex 39101, Fax 1 94 01, ←, 🍴, ⊆s, ▣, 🎾 – |ǂ| ⇔ ch TV ☎ Ⓟ – 🏛 25 à 750. AE ⓓ E VISA. ✻ rest — AX **a**
R L'Étoile de Mer – **240 ch.**

Alexander, Oude Zeeweg 63, ⊠ 2202 CJ, ℰ 1 89 00, Fax 1 78 82, ⊆s, 🎾 – |ǂ| ▤ rest TV ☎ Ⓟ – 🏛 50 à 200. AE ⓓ E VISA. ✻ — AX **b**
R 40/100 – **62 ch** ☐ 145/200 – ½ P 125/145.

Oranje-Boulevard, Koningin Wilhelmina bd 20, ⊠ 2202 GV, ℰ 1 93 40, Telex 36975, Fax 2 06 42, ⊆s, ▣ – |ǂ| ▤ rest TV ☎ ♿ 🚗 Ⓟ – 🏛 250 à 600. AE ⓓ E VISA. ✻ rest
R De Palmentuin carte 83 à 128 – **235 ch** ☐ 215/325. — AX **d**

Beach, Koningin Wilhelmina bd 31, ⊠ 2202 GW, ℰ 1 93 30, Telex 30673, Fax 1 34 68, ←, 🍴 – |ǂ| TV ☎ – 🏛 100. AE ⓓ E VISA — AX **e**
R carte env. 80 – **83 ch** ☐ 165/225 – ½ P 200.

Fiankema ⟡, Julianastraat 32, ⊠ 2202 KD, ℰ 2 03 40, Fax 2 03 70, ⊆s – TV ☎ – 🏛 50. ✻ — AX **f**
mars-nov. – **R** (résidents seult) – **30 ch** ☐ 125/150 – ½ P 75/125.

Zeerust, Quarles van Uffordstraat 103, ⊠ 2202 NE, ℰ 1 27 23, Fax 1 18 81, ⊆s, ▣ – TV ☎ Ⓟ – 🏛 25 à 80. AE E VISA — AX **k**
R (ouvert jusqu'à 23 h) carte 40 à 69 – **28 ch** ☐ 75/175 – ½ P 113/140.

Zonne, Rembrandtweg 17, ⊠ 2202 AT, ℰ 1 96 00, Telex 39055, Fax 2 06 02, ⛱, 🎾 – TV ☎ Ⓟ – 🏛 50. AE ⓓ E VISA. ✻ — AX **n**
fermé 22 déc.-8 janv. – **R** *(fermé après 20 h)* 40/55 – **36 ch** ☐ 125/160 – ½ P 85/108.

De Admiraal, Quarles van Uffordstraat 81, ⊠ 2202 ND, ℰ 1 24 60, Fax 1 68 14, ⊆s – |ǂ| ⇔ ch TV ☎. AE ⓓ E VISA. ✻ ch — AX **s**
fermé 21 déc.-6 janv. – **R** carte 46 à 70 – **27 ch** ☐ 85/140 – ½ P 82/95.

Astoria ⟡, Emmaweg 13, ⊠ 2202 CP, ℰ 1 00 14, Fax 1 66 44 – ☎ Ⓟ. AE E VISA. ✻
R (résidents seult) – **26 ch** ☐ 65/130 – ½ P 65/75. — AX **r**

Op de Hoogte, Prins Hendrikweg 19, ⊠ 2202 EC, ℰ 1 24 89, Fax 1 25 25, ⊆s – |ǂ| ☎ Ⓟ. AE E VISA. ✻ rest — AX **v**
R (résidents seult) – **32 ch** ☐ 83/145 – ½ P 75/85.

Clarenwijck, Koningin Astrid bd 46, ⊠ 2202 BE, ℰ 1 27 27, Fax 2 06 70, ← – TV ☎ Ⓟ – 🏛 30. AE E VISA. ✻ rest — AZ **y**
R (dîner pour résidents seult) – **25 ch** ☐ 68/135 – ½ P 83/85.

XX **Cleyburch,** Herenweg 225, ⊠ 2201 AG, ℰ 1 29 66, Fax 4 63 66, 🍴, « Ancienne ferme à fromages » – Ⓟ. AE ⓓ E VISA — AX **z**
fermé sam. midi et dim. midi – **R** 58/80.

X **De Herbergh,** Hoofdstraat 129 (S : 2 km), ⊠ 2202 EX, ℰ 1 39 00, Fax 4 91 35 – AE ⓓ E VISA
R (dîner seult) carte 54 à 90.

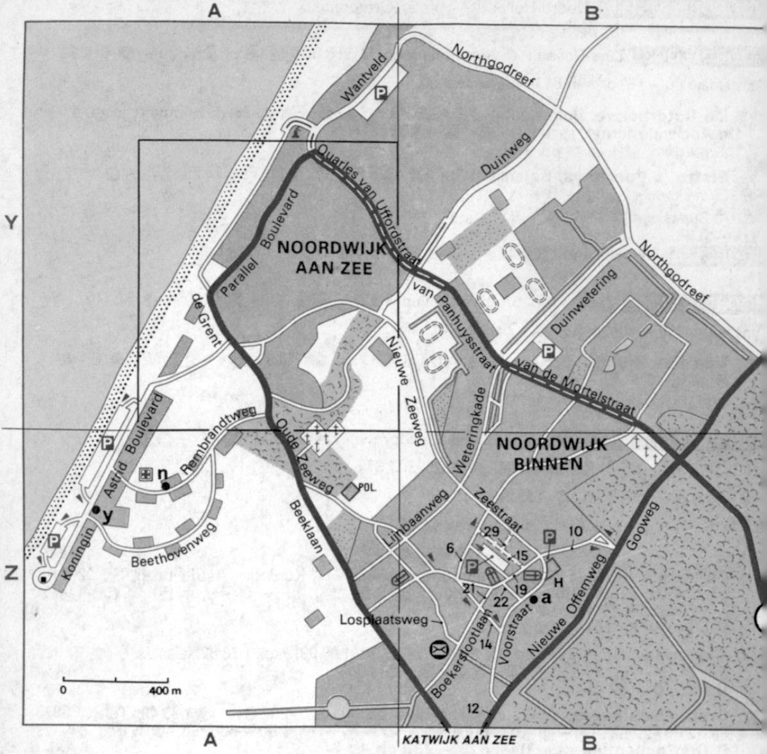

Bomstraat . . . . **AX** 4
Hoofdstraat . . . . **AX**
Kerkstraat . . . . **BZ** 15
Tramsteeg . . . . **BZ** 29

Heilige Geestweg . . . . **BZ** 10
Herenweg . . . . **BZ** 12
Kroonsplein (Jan) . . . . **AX** 17
Limburg Stirumstraat (van) **BZ** 19
Lindenhofstraat . . . . **BZ** 21
Lindenplein . . . . **BZ** 22
Palaceplein . . . . **AX** 25
Royenstraat
(Abraham van) . . . . **AX** 27
Tappenbeckweg (Rudolf) . **AX** 29

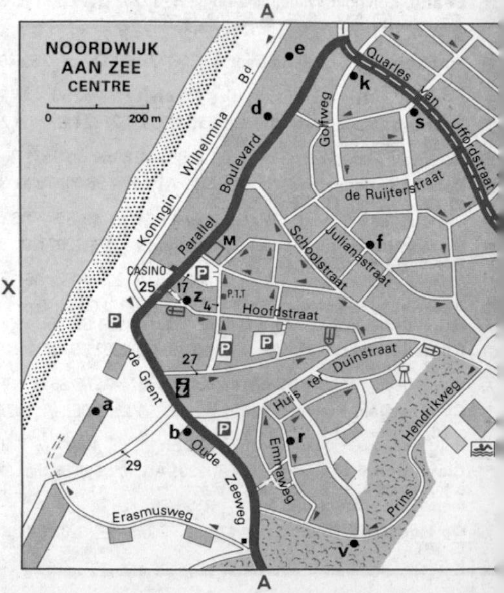

Aux Pays-Bas,
le petit déjeuner est
généralement inclus
dans le prix
de la chambre.

In Nederland
is het ontbijt
in het algemeen
bij de kamerprijs
inbegrepen.

à Noordwijk-Binnen C Noordwijk – ☏ 0 1719 :

Het Hof van Holland, Voorstraat 79, ✉ 2201 HP, ✆ 1 22 55, Fax 2 06 01, ☂ – TV ☎ P – 🏫 150. AE ⓓ E VISA
R carte 75 à 115 – ☕ 13 – **22 ch** 105/175 – ½ P 150.
BZ **a**

à Noordwijkerhout NE : 5 km – 15 066 h. – ☏ 0 2523 :

De Witte Raaf ⛫, Duinweg 117 (O : 2 km), ✉ 2204 AT, ✆ 7 59 84, Telex 41189, Fax 7 75 78, ≤, ☂, « Terrasse et jardin fleuri », ⛱, ✗ – |‡| TV ☎ P – 🏫 100. AE ⓓ E VISA. ✗
R 48/98 – **35 ch** ☕ 80/170 – ½ P 115/145.

✗ **'t Hof van Eden,** Dorpsstraat 42, ✉ 2211 GD, ✆ 7 65 75, ☂ – P. AE ⓓ E VISA
fermé lundi et du 1er au 19 sept – **R** (dîner seult) carte 57 à 82.

TROEN v. d. Mortelstraat 254 ✆ 19303
AT, LANCIA van Berckelweg 34 ✆ 19213
RD Beeklaan 5 ✆ 19478
A (OPEL) Huis ter Duinstraat 50 ✆ 20200
DA De Vlashoven 8 à Noordwijkerhout
(0 2523) 73724
NISSAN Nieuwe Offemweg 2 ✆ 13150
RENAULT Quarles van Uffordstraat 37
✆ 12472
TOYOTA Herenweg 21 ✆ 14535

ORG Drenthe 408 ⑥ – 6 595 h. – ☏ 0 5928.

msterdam 197 – Assen 14 – ♦Groningen 24.

Karsten, Brink 6, ✉ 9331 AA, ✆ 1 34 84, Fax 1 22 16, ☂ – ☎ P – 🏫 50 à 100. AE ⓓ E VISA. ✗ rest
R carte 40 à 70 – **17 ch** ☕ 85/150 – ½ P 87/103.

A (OPEL) Westeind 26 ✆ 12392
MAZDA Eenerstraat 57 ✆ 12598

UENEN Noord-Brabant C Nuenen, Gerwen en Nederwetten 20 859 h. 212 ⑱ et 408 ⑫ – 0 40.

msterdam 125 – ♦Eindhoven 8 – ♦'s-Hertogenbosch 39.

De Collse Hoeve, Collse Hoefdijk 24 (S : 3 km), ✉ 5674 VK, ✆ 83 81 11, Fax 83 42 55 – TV ☎ P – 🏫 25 ou plus
33 ch.

AT Park 1 ✆ 831446
RD Parkstraat 32 ✆ 832339
SSAN Europalaan 2 ✆ 831774
PEUGEOT, TALBOT Laar 12 ✆ 832056
RENAULT Kruisakker 14 ✆ 832655
TOYOTA De Pinckart 10 ✆ 831284

ULAND Noord-Brabant 212 ⑧ et 408 ⑱ – 4 305 h. – ☏ 0 4102.

msterdam 94 – ♦'s-Hertogenbosch 12 – ♦Nijmegen 36.

Motel Nuland, Rijksweg 25, ✉ 5391 LH, ✆ 22 31, Telex 50448, Fax 28 60, ☂, ≘s, ⛱ – |‡| ☎ P – 🏫 25 ou plus. AE E. ✗ ch
R (ouvert jusqu'à 23 h 30) carte env. 45 – ☕ 8 – **94 ch** 70.

UNSPEET Gelderland 408 ⑫ – 24 573 h. – ☏ 0 3412.

⛳ Plesmanlaan 30, ✆ 5 80 34.

Stationsplein 1, ✉ 8071 CH, ✆ 5 30 41.

msterdam 84 – ♦Arnhem 59 – ♦Apeldoorn 36 – ♦Utrecht 66 – ♦Zwolle 28.

Het Roode Wold, Elspeterweg 24, ✉ 8071 PA, ✆ 6 01 34, Fax 5 65 08, ☂, « Terrasse et jardin » – ▤ rest ♿ P – 🏫 25 ou plus. AE E VISA
fermé 31 déc. et 1er janv. – **R** 63/95 – **15 ch** ☕ 125/159 – ½ P 123.

A (OPEL) Veldweg 1 ✆ 52252
NDA Voltweg 10 ✆ 57834
UGEOT, TALBOT F.A. Molijnlaan 192
52016
RENAULT Bergakkerweg 28 ✆ 52501
VAG Elspeterweg 26 ✆ 53140

UTH Limburg 212 ① et 408 ㉖ – 16 908 h. – ☏ 0 45.

msterdam 207 – ♦Maastricht 18 – Aachen 24 – Heerlen 8.

✗ **Pingerhof,** Pingerweg 11, ✉ 6361 AL, ✆ 24 17 99, ☂, « Rustique, terrasse et jardin » – P. AE ⓓ E VISA
fermé merc. – **R** carte 60 à 90.

Verwar niet :

Comfort van de hotels	: 🏨🏨🏨 ... 🏨, ⛫
Comfort van de restaurants	: ✗✗✗✗✗ ... ✗
Kwaliteit van de keuken	: ✿✿✿, ✿✿, ✿

NIJKERK Gelderland 408 ⑪ – 25 613 h. – ☎ 0 3494.

♦Amsterdam 60 – ♦Apeldoorn 53 – ♦Utrecht 45 – ♦Zwolle 57.

XXX **De Salentein,** Putterstraatweg 7 (NE : 1,5 km), ✉ 3862 RA, ☎ 5 41 14, Fax 5 86 13, – ▤ Ⓟ – 25 ou plus. AE ⓓ E VISA
fermé sam. midi, dim. et 21 juil.-4 août – **R** 50/85.

BMW van Reenenpark 39 ☎ 56114
FIAT Callenbachstraat 1 ☎ 59275
FORD Bruins Slotlaan 86 ☎ 51400
MAZDA Hoefslag 2 ☎ 59134
MERCEDES-BENZ, GM (OPEL) Ambachtsstraat 17 ☎ 57444
MITSUBISHI Vetkamp 94 ☎ 60589
PEUGEOT, TALBOT Holkerstraat 19 ☎ 54224
RENAULT Havenstraat 8 ☎ 53118
VAG v. Middachtenstraat 2 ☎ 52141
VOLVO Watergoorweg 63a ☎ 53700

NIJMEGEN Gelderland 212 ⑨ et 408 ⑲ – 145 405 h. – ☎ 0 80.

Voir Poids public★ (Waag) Y **B** – Chapelle St-Nicolas★ (St. Nicolaaskapel) Y **R**.

(départs de 's-Hertogenbosch) ☎ 22 24 30.

Sint Jorisstraat 72, ✉ 6511 TD, ☎ 22 54 40.

♦Amsterdam 119 ① – ♦Arnhem 19 ① – Duisburg 114 ②.

Plan page ci-contre

Belvoir, Graadt van Roggenstraat 101, ✉ 6522 AX, ☎ 23 23 44, Telex 48781, Fax 23 99 6… – TV ☎ Ⓟ – 40 à 330. AE ⓓ E VISA. rest Y
R carte 40 à 76 – **74 ch** 160/295 – ½ P 193.

Altea, Stationsplein 29, ✉ 6512 AB, ☎ 23 88 88, Telex 48670, Fax 24 20 90, – ☎ Ⓟ – 25 ou plus. AE ⓓ E VISA Z
R 38/48 – **100 ch** 125/150 – ½ P 125.

Atlanta, Grote Markt 38, ✉ 6511 KB, ☎ 24 01 28, Fax 60 32 10 – TV ☎. AE ⓓ E VISA rest Y
R 45/80 – **17 ch** 90/120 – ½ P 95.

XX **Belvédère** 1er étage, Kelfkensbos 60, ✉ 6511 TB, ☎ 22 68 61, Fax 60 29 36, ≤, « Dans une tour du 16e s. » – AE ⓓ E VISA Y
fermé prem. sem. oct. – **R** carte 73 à 104.

XX **Fong Shou,** Van Schaeck Mathonsingel 16, ✉ 6512 AR, ☎ 23 00 02, Cuisine chinoise ▤ Ⓟ. AE ⓓ E VISA. Z
R carte env. 40.

X **'t Poortwachtershuys,** Kelfkensbos 57, ✉ 6511 TB, ☎ 23 50 24 – ▤. AE ⓓ E Y
fermé sam. midi, dim., Pâques, Pentecôte, 2 sem. en juil. et 1 sem. en fév. – **R** 79/120.

X **De Steiger,** Regulierstraat 59, ✉ 6511 DP, ☎ 22 90 77, Fax 60 31 03, Produits de la me… – AE ⓓ E VISA Y
fermé lundi et 27 déc.-2 janv. – **R** (dîner seult) 45.

X **Claudius,** Bisschop Hamerstraat 12, ✉ 6511 NB, ☎ 22 14 56, Ouvert jusqu'à 23 h – AE ⓓ E VISA Z
R carte 55 à 78.

à Beek E : 5 km Ⓒ Ubbergen 9 554 h. – ☎ 0 8895 :

't Spijker, Rijksstraatweg 191, ✉ 6573 CP, ☎ 4 12 95 – Ⓟ.
fermé 28 déc.-14 janv. – **R** (résidents seult) – **29 ch** 45/95 – ½ P 55/75.

à Berg en Dal SE : 6 km Ⓒ Groesbeek 18 221 h. – ☎ 0 8895 :

Val-Monte ⑤, Oude Holleweg 5, ✉ 6572 AA, ☎ 4 17 04, Telex 48428, Fax 4 33 53, ≤, « Jardin », – ch TV ☎ Ⓟ – 25 ou plus. AE ⓓ E VISA. X
R 40/100 – **105 ch** 89/200 – ½ P 110/223.

Erica ⑤ (annexe), Molenbosweg 17, ✉ 6571 BA, ☎ 4 35 14, Telex 48121, Fax 4 36 1…, « Dans les bois », , , – TV Ⓟ – 25 ou plus. AE ⓓ E VISA X
fermé 30 déc.-1er janv. – **R** carte env. 50 – **55 ch** 125/180 – ½ P 150/240.

à Beuningen par ⑤ : 7 km – 21 617 h. – ☎ 0 8897 :

X **De Prins,** Van Heemstraweg 79, ✉ 6641 AB, ☎ 7 12 17, Fax 7 81 26 – Ⓟ. AE ⓓ E VIS…
fermé lundi soir et prem. sem. août – **R** carte 60 à 86.

Voir aussi : ***Groesbeek*** SE : 9 km X

ALFA-ROMEO Coehoornstraat 71 ☎ 280000
BMW Lagelandseweg 66 ☎ 784500
CITROEN Weurtseweg 90 ☎ 773004
FIAT Microweg 51 ☎ 783211
FORD Tarweweg 1 ☎ 563244
HONDA Waterstraat 108 ☎ 774163
GM (OPEL) Neerbosscheweg 4 ☎ 558055
LADA Tooropstraat 119 ☎ 238238
MAZDA Nieuwe Mollenhutseweg 50 ☎ 558020
MERCEDES-BENZ Hogelandseweg 100 ☎ 788200
MITSUBISHI Graafseweg 250 ☎ 770421
NISSAN Hatertseweg 615 ☎ 558100
PEUGEOT, TALBOT D. van Poldersveldtweg 1… ☎ 223444
RENAULT Winkelsteegseweg 150 ☎ 563664
ROVER Mariënburgsestraat 59 ☎ 220913
TOYOTA Huizenseweg 22 ☎ 565254
VAG Heyendaalseweg 96 ☎ 220720
VOLVO Weg door Jonkerbos 10 ☎ 552850

JMEGEN

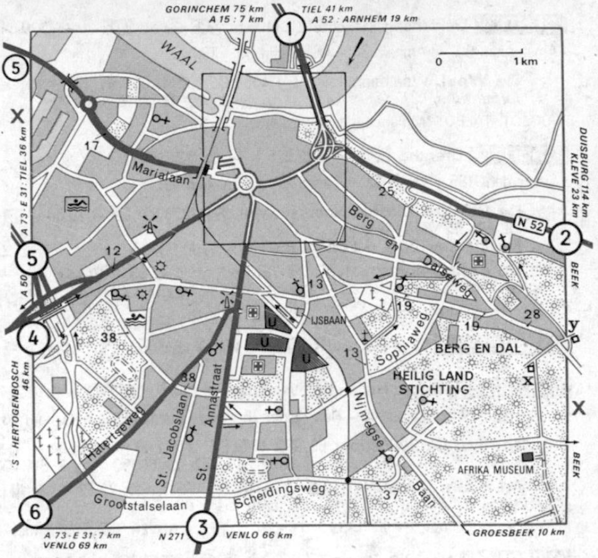

GORINCHEM 75 km
A 15 : 7 km
TIEL 41 km
A 52 : ARNHEM 19 km
WAAL
0
1 km
Mariaalaan
Berg en Dalseweg
N 52
DUISBURG 114 km
KLEVE 23 km
BEEK
A 73 - E 31 : TIEL 36 km
A 50
IJSBAAN
Sophiaweg
BERG EN DAL
HEILIG LAND
STICHTING
Hatertseweg
St. Jacobslaan
St. Annastraat
Nijmegse Baan
AFRIKA MUSEUM
Scheidingsweg
Grootstalselaan
's - HERTOGENBOSCH 46 km
A 73 - E 31 : 7 km
VENLO 69 km
N 271
VENLO 66 km
GROESBEEK 10 km
X

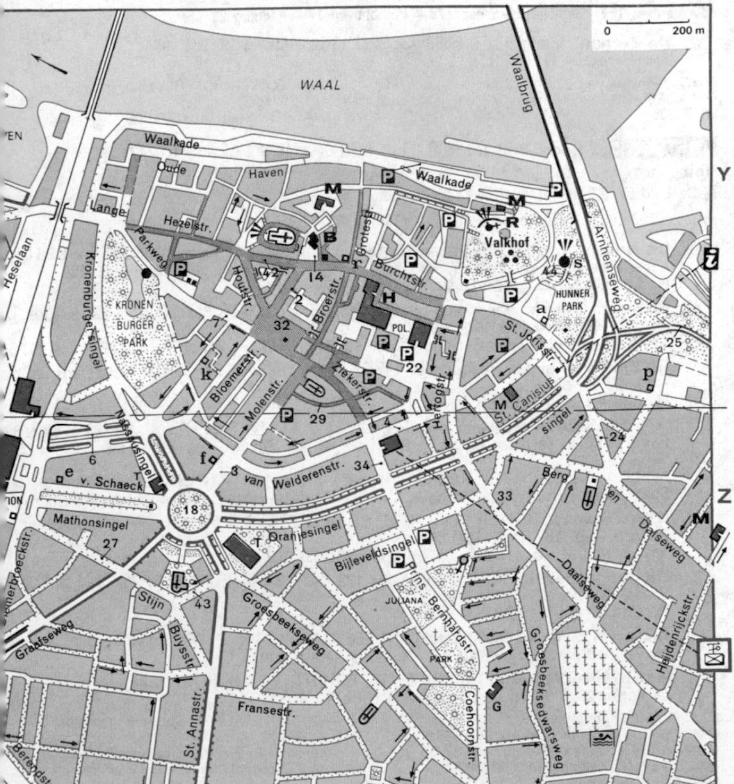

0
200 m
WAAL
Waalbrug
Waalkade
Oude Haven
Lange Hezelstr.
Grotestr.
Burchtstr.
Valkhof
HUNNER PARK
Arnhemseweg
Parkweg
Houtstr.
Broerstr.
KRONENBURGER PARK
Kronenburgersingel
Heselaan
Bloemerstr.
Molenstr.
Ziekerstr.
Hertogstr.
St. Jorisstr.
St. Canisiussingel
Nassausingel
v. Schaeck
Mathonsingel
van Welderenstr.
Oranjesingel
Bijleveldsingel
Prins Bernhardstr.
JULIANA PARK
Berg en Dalseweg
Daalseweg
Groesbeekseweg
Groesbeeksedwarsweg
Hazenkampseweg
Stijn Buysstr.
Graafseweg
Fransestr.
St. Annastr.
Coehoornstr.
Berendstr.
Y
Z

OCHTEN Gelderland Ⓒ Echteld 6 496 h. 212 ⑧ et 408 ⑱ – ✆ 0 3444.

◆Amsterdam 90 – ◆Arnhem 34 – ◆Nijmegen 30 – Tiel 12.

X **De Waal,** Waalbandijk 37, ✉ 4051 CJ, ✆ 12 90, ≤, 🏠 – Ⓟ. VISA
fermé lundi, 21 déc.-5 janv. et après 20 h – **R** carte env. 50.

PEUGEOT, TALBOT Molendam 1 ✆ 1263

ODOORN Drenthe 408 ⑥ – 12 225 h. – ✆ 0 5919.

◆Amsterdam 185 – Assen 32 – Emmen 8 – ◆Groningen 49.

De Oringer Marke, Hoofdstraat 9, ✉ 7873 BB, ✆ 1 28 88 – TV ☎ Ⓟ – 🏛 30 à ... AE ⓓ E VISA. ✂ rest
R carte env. 50 – **42 ch** ☕ 85/125 – ½ P 63/95.

De Stee, Hoofdstraat 24, ✉ 7873 BC, ✆ 1 22 63 – Ⓟ. ✂ ch
R *(fermé après 20 h 30)* carte 50 à 65 – **10 ch** ☕ 68/95.

NISSAN Hoofdstraat 18 ✆ 12291

OEGSTGEEST Zuid-Holland 408 ⑩ – voir à Leiden.

Den OEVER Noord-Holland Ⓒ Wieringen 8 069 h. 408 ③ – ✆ 0 2271.

◆Amsterdam 77 – Alkmaar 49 – Den Helder 25 – ◆Leeuwarden 67 – ◆Haarlem 80.

Zomerdijk, Zwinstraat 65, ✉ 1779 BE, ✆ 12 06, Fax 14 04 – Ⓟ. AE ⓓ E VISA
fermé 1er janv. – **R** carte 57 à 87 – **11 ch** ☕ 50/90 – ½ P 80/100.

X **De Haan,** Oeverdijk 4, ✉ 1779 AA, ✆ 12 05, Fax 22 52 – ▤ Ⓟ. AE ⓓ E VISA
fermé 31 déc. et 1er janv. – **R** carte 54 à 84.

RENAULT Zwinstraat 81 ✆ 1333
ROVER Gemeenelandsweg 57 ✆ 1200

OIRSCHOT Noord-Brabant 212 ⑦ ⑧ ⑰ ⑱ et 408 ⑱ – 11 191 h. – ✆ 0 4997.

◆Amsterdam 117 – ◆'s-Hertogenbosch 28 – ◆Eindhoven 17 – ◆Tilburg 21.

XXX **De Zwaan,** Markt 4, ✉ 5688 AJ, ✆ 7 13 12 – AE ⓓ E VISA ✂
fermé merc. – **R** 75/90.

FORD Industrieweg 2 ✆ 71350
GM (OPEL) Rijkesluisstraat 67 ✆ 72325
PEUGEOT, TALBOT Rijkesluisstraat 36 a ✆ 75775
VAG De Stad 1a ✆ 71505

OISTERWIJK Noord-Brabant 212 ⑦ et 408 ⑱ – 18 177 h. – ✆ 0 4242.

Voir Site★.

ℹ De Lind 57, ✉ 5061 HT, ✆ 8 23 45.

◆Amsterdam 106 – ◆'s-Hertogenbosch 17 – ◆Tilburg 10.

De Rosep 🐎, Oirschotsebaan 15 (SE : 3 km), ✉ 5062 TE, ✆ 8 88 25, Fax 8 56 61, « Terrasse et pièce d'eau », 🏠 – TV ☎ Ⓟ – 🏛 25 ou plus. AE ⓓ E VISA
R carte 68 à 103 – **45 ch** ☕ 125/180 – ½ P 135/170.

Bosrand, Gemullehoekenweg 60, ✉ 5062 CE, ✆ 1 90 15, Fax 1 90 15 – ☎ ♿ Ⓟ – 🏛 ... ou plus. AE ⓓ E VISA. ✂ rest
fermé 28 déc.-4 janv. – **R** (dîner pour résidents seult) – **25 ch** ☕ 70/120 – ½ P 75/...

De Blauwe Kei 🐎, Rosepdreef 4 (SE : 3 km), ✉ 5062 TB, ✆ 8 23 14, « Dans les bo... – Ⓟ. AE E. ✂
R carte 48 à 76 – **11 ch** ☕ 70/140 – ½ P 83/105.

XXXXX ✿✿ **De Swaen** (Spijkers) avec ch, De Lind 47, ✉ 5061 HT, ✆ 1 90 06, Telex 52... Fax 8 58 60, « Terrasse et jardin fleuri » – |‡| ▤ TV ☎ – 🏛 25 ou plus. AE ⓓ E ✂
fermé du 8 au 21 juil. et 31 déc. – **R** carte 140 à 180 – **18 ch** ☕ 225/275.
Spéc. Salades De Swaen, Coquelet à la vapeur de truffes, Turbot à l'infusion de persil.

XXX **Kleyn Speyck,** Bosweg 140, ✉ 5062 SH, ✆ 8 22 63, Fax 8 21 03, 🏠, « Terrasse et ja... fleuri » – Ⓟ. AE ⓓ E VISA. ✂
fermé lundi et mardi d'oct. à mars – **R** carte 75 à 93.

XX **De Jonge Hertog,** Moergestelseweg 123 (SO : 3 km), ✉ 5062 SP, ✆ 8 22 20, 🏠 – AE ⓓ E VISA. ✂
R carte 54 à 81.

X **Roberto,** Burg. Verwielstraat 11, ✉ 5061 JA, ✆ 8 23 12, 🏠, Cuisine italienne – AE...
fermé lundi et 2 sem. carnaval – **R** (dîner seult) 40/60.

X **Het Kleine Verschil,** De Lind 59, ✉ 5061 HT, ✆ 8 44 10 – ▤. E
fermé lundi et du 16 au 30 sept – **R** carte 40 à 56.

FIAT Sprendlingenstraat 10 ✆ 84683
GM (OPEL) Beneluxstraat 16 ✆ 16081
HONDA Sprendlingenstraat 27 ✆ 15959
MAZDA Burg. Vogelslaan 1 ✆ 88201
NISSAN Beneluxstraat 6 ✆ 15931
PEUGEOT, TALBOT Sprendlingenstraat 5 ✆ 82429
RENAULT Beneluxstraat 8 ✆ 83905
VAG Sprendlingenstraat 12 ✆ 83226

LDENZAAL Overijssel 408 ⑬ – 29 680 h. – ☎ 0 5410.

Amsterdam 161 – •Zwolle 74 – •Enschede 11.

Ter Stege, Markt 1, ✉ 7571 ED, ☎ 1 21 02 – TV ☎ – 450. AE ⓓ E VISA. ✻
R *(fermé après 20 h)* carte env. 55 – **9 ch** ☐ 78/130 – ½ P 85/98.

De Kroon, Steenstraat 17, ✉ 7571 BH, ☎ 1 24 02, Fax 2 01 87 – |♦| ☎. AE ⓓ E VISA
R *(fermé après 19 h 30)* 40 – **29 ch** ☐ 50/130 – ½ P 70/103.

XX **Wessels,** Markt 15, ✉ 7571 EC, ☎ 1 25 50 – AE ⓓ E VISA ✻
fermé lundi – **R** carte env. 50.

TROEN Edisonstraat 30 ☎ 20505
AT Eekboerstraat 32 ☎ 20010
ORD Textielstraat 48 ☎ 14363
M (OPEL) Vos de Waelstraat 20 ☎ 14461
ONDA Enschedesestraat 50 ☎ 14147
ADA Burg. Wallerstraat 39 ☎ 21166
AZDA Essenlaan 121 ☎ 21255
ERCEDES-BENZ Schelmaatstraat 10 ☎ 15113
MITSUBISHI Molenkampstraat 32 ☎ 22152
NISSAN Newtonstraat 6 ☎ 15128
PEUGEOT, TALBOT Nieuwstraat 22 ☎ 13471
RENAULT Oliemolenstraat 4 ☎ 15661
TOYOTA Essenlaan 19 ☎ 15260
VAG Eekboerstraat 66 ☎ 13262
VOLVO Textielstraat 2 ☎ 12514

LTERTERP Friesland – voir à Beetsterzwaag.

MMEN Overijssel 408 ⑬ – 17 957 h. – ☎ 0 5291.

Amsterdam 134 – •Zwolle 24 – Assen 59 – •Enschede 59.

Paping, Stationsweg 29, ✉ 7731 AX, ☎ 5 19 45, Fax 5 47 82, ☂, ≘s, ▢ – |♦| ☎ ⇔
P – 50 à 120. AE ⓓ E VISA. ✻ rest
fermé 31 déc. et 1er janv. – **R** carte 40 à 57 – **38 ch** ☐ 70/110 – ½ P 81/86.

XXX **De Zon** avec ch, Voorbrug 1, ✉ 7731 BB, ☎ 5 55 50, Fax 5 62 35, ≤, ☂, « Terrasse en bordure de rivière » – |♦| ☎ P – 30 à 100. AE ⓓ E VISA
fermé 1er janv. – **R** carte 66 à 111 – **25 ch** ☐ 98/300 – ½ P 113/195.

AT Haven Oost 36 ☎ 51261
M (OPEL) Schurinkstraat 36 ☎ 52550
ADA Haven Oost 18 ☎ 51960
EUGEOT, TALBOT Patrijsstraat 1 ☎ 51471
RENAULT Stationsweg 24 ☎ 56050
VAG Balkerweg 10 ☎ 53659
VOLVO Schurinkstraat 40 ☎ 51216

OMMOORD Zuid-Holland 212 ⑤ – voir à Rotterdam.

OOSTBURG Zeeland 212 ⑫ et 408 ⑮ – 18 145 h. – ☎ 0 1170.

Eenhoornplantsoen 7, ✉ 4501 CL, ☎ 5 28 30.

Amsterdam (bac) 217 – •Middelburg (bac) 20 – •Brugge 29 – Knokke-Heist 18.

Du Commerce, Markt 24, ✉ 4501 CK, ☎ 5 29 12, ☂
R (ouvert jusqu'à minuit) carte 45 à 55 – **15 ch** ☐ 50/100.

XX **De Eenhoorn,** Markt 1, ✉ 4501 CJ, ☎ 5 27 28, ☂ – AE ⓓ E VISA
fermé 29 déc.-19 janv. et sam. d'oct. à juil. – **R** carte 85 à 113.

M (OPEL) Handelsweg 2 ☎ 52660
ONDA Industrieweg 19 ☎ 52996
ERCEDES-BENZ, PEUGEOT, TALBOT
redestraat 23a ☎ 52255
NISSAN Baljuw Veltersweg 1 ☎ 52679
RENAULT Industrieweg 8 ☎ 54171
VAG Industrieweg 6 ☎ 53751

OOSTEINDE Groningen – voir à Roodeschool.

OOSTERBEEK Gelderland C Renkum 33 841 h. 408 ⑫ – ☎ 0 85.

Utrechtseweg 216, ✉ 6862 AZ, ☎ 33 31 72.

Amsterdam 97 – •Arnhem 4.

De Bilderberg ⑤, Utrechtseweg 261, ✉ 6862 AK, ☎ 34 08 43, Fax 33 46 51, ☂, « Dans les bois », ≘s, ▢, ✗ – |♦| TV ▢ ☎ P – 25 ou plus. AE ⓓ E VISA. ✻ rest
R carte 66 à 91 – **139 ch** ☐ 135/225 – ½ P 125.

Strijland, Stationsweg 6, ✉ 6861 EG, ☎ 34 30 34, Fax 34 20 11, ≘s, ▢, ☂ – |♦| TV ☎
P – 25 ou plus. AE ⓓ E VISA. ✻ rest
fermé 27 déc.-10 janv. – **R** *(fermé après 20 h 30)* 40 – **30 ch** ☐ 130/175 – ½ P 91/120.

XX **Klein Hartenstein,** Utrechtseweg 226, ✉ 6862 AZ, ☎ 34 21 21, Fax 33 28 21 – P. AE ⓓ E VISA
fermé 20 juil.-10 août et fin déc. – **R** 58/88.

LFA-ROMEO Veritasweg 1 ☎ 332660
M (OPEL) Jhr. Nedermeyer van
osenthalweg 87 ☎ 342323
RENAULT Utrechtseweg 198 ☎ 332615

OOSTEREND (AASTEREIN) Friesland 408 ④ – voir à Waddeneilanden (Terschelling).

OOSTEREND Noord-Holland 408 ③ – voir à Waddeneilanden (Texel).

OOSTERHOUT Noord-Brabant 212 ⑥ et 408 ⑰ – 48 157 h. – ☎ 0 1620.

Bouwlingplein 1, ✉ 4901 KZ, ☎ 5 44 59.

◆Amsterdam 92 – ◆Breda 8 – ◆'s-Hertogenbosch 38 – ◆Rotterdam 58.

Oosterhout, Waterlooplein 50, ✉ 4901 EN, ☎ 5 20 03, Telex 54788, Fax 3 50 03, – rest – 25 ou plus. AE E VISA. rest
R carte 40 à 75 – **39 ch** 118/165.

XX **Le Bouc,** Markt 3, ✉ 4901 EP, ☎ 5 08 88 –
fermé du 12 au 26 août, 27 déc.-8 janv. et lundi – **R** carte 51 à 76.

XX **Mooie Keetje,** Markt 19, ✉ 4901 EP, ☎ 3 23 06 – AE E VISA
fermé dim., 2 sem. en août et prem. sem. janv. – **R** carte 65 à 91.

XX **Monnikhof,** Willemstraat 68, ✉ 4901 LC, ☎ 3 11 09 – . AE E VISA.
fermé lundi et 22 juil.-11 août – **R** carte env. 70.

CITROEN Europaweg 15 ☎ 55850
FIAT Keiweg 57 ☎ 32650
FORD Beneluxweg 5 ☎ 32930
GM (OPEL) St. Antoniusstraat 55 ☎ 55455
MITSUBISHI Vondellaan 13 ☎ 55081
NISSAN Houtduifstraat 28 ☎ 60520
PEUGEOT, TALBOT Leysenhoek 64 ☎ 58328
RENAULT Tilburgseweg 43 ☎ 31450
VAG Wisselaar 3 ☎ 59300
VOLVO Beneluxweg ☎ 22150

OOSTERWOLDE Friesland C Ooststellingwerf 24 837 h. 408 ⑤ – ☎ 0 5160.

◆Amsterdam 194 – ◆Leeuwarden 46 – Assen 30.

De Zon, Stationsstraat 1, ✉ 8431 ET, ☎ 1 24 30, Fax 1 30 68 – – 150. E VISA
rest – **R** (ouvert jusqu'à minuit) carte 50 à 88 – 10 – **19 ch** 65/90 – ½ P 80.

X **De Kienstobbe,** Houtwal 4, ✉ 8431 EW, ☎ 1 55 55, Rustique – .
fermé sam. midis, dim. midis et lundis non fériés – **R** carte 59 à 74.

CITROEN 't Oost 46 ☎ 15980
FORD Waardeel 4 ☎ 15800
GM (OPEL) Waardeel 14 ☎ 15500
NISSAN Rijweg 18 ☎ 12510
RENAULT Hornleger 13a ☎ 13966
TOYOTA Venekoterweg 21 ☎ 15900
VAG Venekoterweg 1 ☎ 12161

OOST-VLIELAND Friesland 408 ③ – voir à Waddeneilanden (Vlieland).

OOSTVOORNE Zuid-Holland C Westvoorne 13 531 h. 212 ④ et 408 ⑯ – ☎ 0 1815.

Stationsweg 55, ✉ 3233 CS, ☎ 27 49.

◆Amsterdam 106 – ◆Den Haag 43 – Brielle 6 – ◆Rotterdam 41.

Duinoord, Zeeweg 23, ✉ 3233 CV, ☎ 20 44, Fax 57 26 – . AE E VISA. c
fermé Noël – **R** carte 60 à 82 – **28 ch** 86/130.

't Wapen van Marion, Zeeweg 60, ✉ 3233 CV, ☎ 93 99, Fax 47 15, ←, , ,
– 30 à 600. AE E VISA. ch – **R** carte 40 à 75 – **80 ch** 85/150.

XX **Parkzicht,** Stationsweg 61, ✉ 3233 CS, ☎ 22 84, Fax 56 15 – . AE E VISA
fermé lundi et Noël-Nouvel An – **R** carte 60 à 85.

BMW De Ruy 20 ☎ 2377
FORD Voorweg 57 ☎ 3868
GM (OPEL) De Ruy 3 ☎ 2726

OOTMARSUM Overijssel 408 ⑬ – 4 245 h. – ☎ 0 5419.

Voir Village★.

(fermé sam. et jours fériés) Gemeentehuis (Mairie) Markt 1, ✉ 7631 BW, ☎ 9 21 83.

◆Amsterdam 165 – ◆Zwolle 67 – ◆Enschede 28.

De Wiemsel , Winhofflaan 2 (E : 1 km), ✉ 7631 HX, ☎ 9 21 55, Fax 9 32 95,
« Terrasse et jardin fleuris », , , , – – 25 à 90. AE E VIS
rest – **R** carte 80 à 107 – 23 – **47 ch** 138/190 – ½ P 185/275.

Kuiperberg , Almelosestraat 63, ✉ 7631 CD, ☎ 9 13 31, ←, , « Rustique, terrasse et jardin », , , – – 25. AE E VISA.
R carte 65 à 85 – **18 ch** 95/170 – ½ P 120/130.

Twents Ethoes, Molenstraat 22, ✉ 7631 AZ, ☎ 9 30 85, Fax 9 20 67, , –
30. AE E VISA. ch
fermé du 2 au 28 janv. – **R** carte env. 45 – **28 ch** 53/125 – ½ P 133/153.

Van der Maas, Grotestraat 7, ✉ 7631 BT, ☎ 9 12 81 – . AE E VISA.
fermé nov. – **R** *(fermé après 20 h)* carte 40 à 68 – **20 ch** 70/105.

't Bosch, Rossumerstraat 5 (E : 1 km), ✉ 7636 PK, ☎ 9 12 08 – – 80.
R *(fermé après 20 h)* – **42 ch.**

De la Poste, Marktstraat 5, ✉ 7631 BX, ☎ 9 12 12, – AE E VISA ch
fermé du 10 au 31 janv. – **R** carte 40 à 79 – **14 ch** 40/94 – ½ P 58/65.

XXX **De Wanne,** Stobbenkamp 2, ✉ 7631 CP, ☎ 9 12 70, Telex 44667, Fax 9 32 95,
« Terrasse et jardin » – . AE E VISA
fermé lundi, 5 déc. et 21 janv.-13 fév. – **R** (dîner seult sauf sam. et dim.) carte 79 à 12

XX **Vos** avec ch, Almelosestraat 1, ✉ 7631 CC, ☎ 9 12 77 – – 25. AE E VIS
rest – **R** carte 51 à 70 – **10 ch** 150 – ½ P 103.

à Lattrop NE : 6 km C Denekamp 12 206 h. – 0 5412 :

De Holtweijde, Spiekweg 7, ✉ 7635 LP, ☎ 92 34, Fax 94 45, « Ferme saxonne », – 25 à 150. AE E VISA.
R carte 67 à 97 – 18 – **47 ch** 100/200 – ½ P 100/180.

M (OPEL) Denekamperstraat 6 ☎ 91577

OSS Noord-Brabant 212 ⑧ et 408 ⑱ – 50 987 h. – 0 4120.

Burgwal 11, ✉ 5341 CP, ☎ 3 36 04.

Amsterdam 102 – ◆'s-Hertogenbosch 20 – ◆Eindhoven 51 – ◆Nijmegen 29.

City, Raadhuislaan 43, ✉ 5341 GL, ☎ 3 33 75, Fax 2 26 55 – 25 ou plus. AE E VISA
fermé 1er janv. – **R** carte 64 à 96 – 15 – **45 ch** 100/195 – ½ P 160/185.

Van Alem, Molenstraat 81, ✉ 5341 GC, ☎ 2 21 14 – AE E VISA.
R carte env. 50 – **11 ch** 80/110 – ½ P 73/100.

XXX **De Amsteleindse Hoeve,** Amsteleindstraat 15 (NO : 3 km par Raadhuislaan), ✉ 5345 HA, ☎ 3 26 00, Fax 3 00 24, « Rustique » – AE E VISA.
fermé sam. midi, dim. midi, lundi et 27 déc.-6 janv. – **R** carte 66 à 112.

XXX **Herberghe In 't Woud,** 't Woud 2 (S : 5 km), ✉ 5343 XA, ☎ 3 21 57 – AE E VISA.
fermé mardi et 28 juil.-20 août – **R** (dîner seult) carte 66 à 96.

XX **De Pepermolen,** Peperstraat 22, ✉ 5341 CZ, ☎ 2 56 99 – AE E VISA
fermé merc. et 27 juil.-15 août – **R** carte 65 à 83.

XX **Die Cortvourt,** Hescheweg 25, ✉ 5342 CE, ☎ 4 67 99 –
fermé jeudi et 2 sem. en août – **R** carte 43 à 68.

MW Euterpelaan 11 ☎ 22842
TROEN Berghemseweg 26 ☎ 33906
AT Euterpelaan 5 ☎ 22957
RD Gotenweg 3 ☎ 37555
M (OPEL) Euterpelaan 23 ☎ 46925
ADA Spoorlaan 140 ☎ 31175
ERCEDES-BENZ Landweerstraat Z. 91a
☎ 37090
MITSUBISHI Lekstraat 11 ☎ 34006
NISSAN Euterpelaan 7 ☎ 40125
PEUGEOT, TALBOT Havenstraat 28 ☎ 32933
RENAULT Griekenweg 29 ☎ 40662
ROVER Havenstraat 26 ☎ 34304
TOYOTA Longobardenweg 21 ☎ 43355
VAG Prof. Regoutstraat 27 ☎ 23156
VOLVO Hertogensingel 87 ☎ 23555

OTTERLO Gelderland C Ede 92 293 h. 408 ⑫ – 0 8382.

oir Parc National de la Haute Veluwe★★ (Nationaal Park De Hoge Veluwe) : Musée röller-Müller★★★ – Parc de sculptures★ (Beeldenpark) E : 1 km.

Arnhemseweg 14, ✉ 6713 BS, ☎ 12 54.

Amsterdam 79 – ◆Arnhem 29 – ◆Apeldoorn 22.

Jagersrust, Dorpsstraat 19, ✉ 6731 AS, ☎ 12 31, Fax 10 06 – 25 ou plus. AE E VISA. rest
fermé 31 déc.-6 janv. – **R** carte 43 à 75 – **17 ch** 78/155 – ½ P 93/105.

Sterrenberg, Houtkampweg 1, ✉ 6731 AV, ☎ 12 28, Fax 16 93, – 30. AE E VISA. rest
fermé 27 déc.-4 janv. – **R** *(fermé après 20 h 30)* carte 42 à 78 – **28 ch** 162 – ½ P 108/215.

OUDENBOSCH Noord-Brabant 212 ⑤ et 408 ⑰ – 12 576 h. – 0 1652.

Amsterdam 128 – Bergen op Zoom 20 – ◆Breda 20 – ◆Rotterdam 52.

De Kroon, Markt 35, ✉ 4731 HM, ☎ 1 25 35 –
fermé sam. et 20 juil.-10 août – **R** *(fermé après 20 h 30)* 40/50 – **7 ch** 40/110.

TROEN Bosschendijk 195 ☎ 13944
AT Molenstraat 2 ☎ 12516
MITSUBISHI Bosschendijk 201 ☎ 14622

OUDERKERK AAN DE AMSTEL Noord-Holland C Amstelveen 69 505 h. 408 ⑩ – 0 2963.

Amsterdam 10 – ◆Den Haag 58 – ◆Haarlem 24 – ◆Utrecht 31.

Voir plan d'Agglomération d'Amsterdam

XXX **Paardenburg,** Amstelzijde 55, ✉ 1184 TZ, ☎ 12 10, Fax 40 17, « Peintures murales du 19e s., terrasse au bord de l'eau » – AE E VISA CS **y**
fermé dim. et 27 déc.-6 janv. – **R** 70/100.

XX **Het Kampje,** Kerkstraat 56, ✉ 1191 JE, ☎ 19 43, Fax 57 01, CS **e**
fermé sam., dim., 30 avril-14 mai et 24 déc.-9 janv. – **R** 46/56.

X **Klein Paardenburg,** Amstelzijde 59, ✉ 1184 TZ, ☎ 13 35 – E VISA CS **y**
fermé sam. midi, dim. et 25 déc.-2 janv. – **R** 85.

X **De Voetangel,** Ronde Hoep Oost 3 (SE : 3 km), ✉ 1191 KA, ☎ (0 2946) 13 73 – AE E
fermé merc. et jeudi – **R** carte 51 à 75.

RD Achterdijk 37 ☎ 1767
TOYOTA Holendrechterweg 21 ☎ 4444

OUDESCHILD Noord-Holland 408 ③ – voir à Waddeneilanden (Texel).

OUDKERK Friesland – voir Aldtsjerk.

OUD-LOOSDRECHT Utrecht 408 ⑪ – voir à Loosdrecht.

OUWERKERK Zeeland Ⓒ Duiveland 5 435 h. 212 ③ et 408 ⑯ – ☎ 0 1114.
◆Amsterdam 145 – ◆Middelburg 48 – ◆Rotterdam 66 – Zierikzee 8.

X **Aub. la Butte,** Ring 39, ✉ 4305 AG, ☎ 12 41 – AE E VISA
fermé mardi de nov. à mai, lundi et fin janv.-début fév. – **R** (dîner seult) carte 51 à 77.

BMW Kon. Julianastraat 5 ☎ 1473

OVERLOON Noord-Brabant Ⓒ Vierlingsbeek 7 947 h. 212 ⑨ ⑩ et 408 ⑲ – ☎ 0 4788.
◆Amsterdam 157 – ◆'s-Hertogenbosch 72 – ◆Eindhoven 47 – ◆Nijmegen 42.

XX **'t Aâw Pastorieke,** Venrayseweg 5, ✉ 5825 AA, ☎ 17 33, – Ⓟ. AE ⓓ E VISA.
fermé du 6 au 22 août, 29 fév.-6 mars et lundi – **R** 65.

GM (OPEL) Irenestraat 10 ☎ 1312

OVERVEEN Noord-Holland 408 ⑩ – voir à Haarlem.

PAPENDRECHT Zuid-Holland 212 ⑤ ⑥ et 408 ⑰ – voir à Dordrecht.

PATERSWOLDE Drenthe Ⓒ Eelde 10 444 h. 408 ⑥ – ☎ 0 5907.
◆Amsterdam 206 – Assen 19 – ◆Groningen 10.

't Familiehotel, Groningerweg 19, ✉ 9765 TA, ☎ 54 00, Telex 77157, Fax 11 57,
, – TV ☎ & Ⓟ – 80 à 250. AE ⓓ E VISA. rest
fermé 27 déc.-2 janv. – **R** carte 62 à 98 – **78 ch** 230/280 – ½ P 178/268.

PEUGEOT, TALBOT Hooiweg 161 ☎ 1775

PESSE Drenthe 408 ⑬ – voir à Hoogeveen.

PHILIPPINE Zeeland Ⓒ Sas van Gent 8 790 h. 212 ⑬ et 408 ⑯ – ☎ 0 1159.
◆Amsterdam (bac) 204 – ◆Middelburg (bac) 34 – ◆Gent 35 – Sint-Niklaas 43.

Au Port sans rest, Waterpoortstraat 1, ✉ 4553 BG, ☎ 18 55, Fax 17 65 – TV ☎ – 2
ou plus. AE ⓓ E VISA
fermé 20 déc.-5 janv. – **7 ch** 90/125.

XX **Aub. des Moules,** Visserslaan 3, ✉ 4553 BE, ☎ 12 65, Fax 17 65, Produits de la mer
Ⓟ. AE ⓓ E VISA
fermé lundi, 20 mai-10 juin et 22 déc.-4 janv. – **R** 42/65.

X **De Fijnproever,** Visserslaan 1, ✉ 4553 BE, ☎ 13 13, Fax 17 65, Moules en saison –
AE ⓓ E VISA
fermé 10 juin-1er juil., du 14 au 28 janv. et merc. soir et jeudi sauf en juil. – **R** carte 41
67.

NISSAN Philipsplein 3 ☎ 1348

PIAAM Friesland – voir à Workum.

PLAN DELTA (Travaux du) ★★ 212 ② à ⑤, ⑫ à ⑭ et 408 ⑮ à ⑰, ㉒ ㉕ G. Hollande

PRINCENHAGE Noord-Brabant 212 ⑥ et 408 ⑰ – voir à Breda.

PURMEREND Noord-Holland 408 ⑩ – 56 233 h. – ☎ 0 2990.
◆Amsterdam 24 – Alkmaar 25 – ◆Leeuwarden 117.

XX **Sichuan Food,** Tramplein 9, ✉ 1441 GP, ☎ 2 64 50, Cuisine chinoise – . AE ⓓ E V
R (dîner seult) carte 44 à 63.

XX **La Tortue,** Dubbele Buurt 12, ✉ 1441 CT, ☎ 2 57 16 – . AE E VISA
fermé lundi, mardi et 2 dern. sem. juil. – **R** (dîner seult) carte 55 à 75.

X **Melati,** Zuidersteeg 20, ✉ 1441 BD, ☎ 3 26 36, Cuisine indonésienne – AE ⓓ E VISA
fermé lundi, mardi et du 1er au 17 oct. – **R** (dîner seult) 40/74.

à ***Neck*** SO : 2 km Ⓒ Wijdewormer 1 341 h. – ☎ 0 2990 :

X **Mario,** Neck 15, ✉ 1456 AA, ☎ 2 39 49, Cuisine italienne – . AE E.
fermé lundi, mardi et 27 déc.-8 janv. – **R** (dîner seult) 65/85.

à ***Noordbeemster*** N : 10 km Ⓒ Beemster 7 676 h. – ☎ 0 2999 :

XX **De Beemster Hofstee,** Middenweg 48, ✉ 1463 HC, ☎ 522, , « Terrasse » – Ⓟ.
ⓓ E VISA
fermé sam. midi, dim. midi, lundis non fériés et du 16 au 30 juil. – **R** carte 51 à 79.

à Zuidoostbeemster N : 2 km Ⓒ Beemster 7 676 h. – ✆ 0 2990 :

Beemsterpolder, Purmerenderweg 232, ✉ 1461 DN, ✆ 3 68 58, Fax 3 69 54 – TV ☎ ℗. AE E
R 46/55 – **19 ch** ▭ 75/105 – ½ P 83/123.

XX **La Ciboulette,** Kwadijkerweg 7 (ancienne forteresse), ✉ 1461 DW, ✆ (0 2998) 35 85, – ℗. AE ① E VISA
fermé mardi, merc. et du 1er au 13 sept – **R** (dîner seult) carte 75 à 113.

MW Purmerenderweg 113 ✆ 54300
)RD Purmersteenweg 3 ✆ 32724
M (OPEL) Purmerenderweg P2 ✆ 28152
ONDA Kwadijkerkoogweg 6 ✆ 33551
ADA van IJsendijkstraat 413 ✆ 21351
ANCIA Flevostraat 170 ✆ 36818
AZDA van IJsendijkstraat 411 ✆ 36331
ERCEDES-BENZ Kwadijkerkoogweg 8 ✆ 21100
MITSUBISHI Wagenweg 10g ✆ 23741
NISSAN van IJsendijkstraat 385 ✆ 32027
PEUGEOT, TALBOT Flevostraat 100 ✆ 54100
RENAULT Purmerenderweg 169 ✆ 23127
TOYOTA van IJsendijkstraat 393 ✆ 26494
VAG Burg. D. Kooimanweg 14 ✆ 25751
VOLVO van IJsendijkstraat 178 ✆ 30251

PUTTEN Gelderland 408 ⑪ – 20 898 h. – ✆ 0 3418.

Kerkplein 5, ✉ 3881 BH, ✆ 5 17 77.

Amsterdam 66 – ◆Arnhem 52 – ◆Apeldoorn 41 – ◆Utrecht 48 – ◆Zwolle 49.

Postiljon, Strandboulevard 3 (O : 4 km sur A 28), ✉ 3882 RN, ✆ 5 64 64, Telex 47867, Fax 5 85 16, ≤, – |‡| ▤ rest TV ☎ & ℗ – 25 ou plus. AE ① E VISA
R carte env. 50 – ▭ 14 – **38 ch** 100/166.

TROEN Dorpsstraat 68 ✆ 51351
AT Stationsstraat 44 ✆ 53141
)RD Voorthuizerstraat 90 ✆ 51496
LADA Nijkerkerstraat 54 ✆ 58944
PEUGEOT, TALBOT Lage Enghweg 6 ✆ 52436
RENAULT Achterstraat 20 ✆ 53838

PUTTERSHOEK Zuid-Holland Ⓒ Binnenmaas 18 599 h. 212 ⑤ et 408 ⑰ – ✆ 0 1856.

Amsterdam 103 – Dordrecht 17 – ◆Rotterdam 21.

X **De Wijnzolder** 1er étage, Schouteneinde 60, ✉ 3297 AV, ✆ 18 32, Fax 35 42 – ℗. AE ① E VISA
fermé sam. midi, dim. midi, lundi, mardi et 29 juil.-20 août – **R** carte 79 à 109.

AZDA P. Repelaarstraat 68 ✆ 1718
MITSUBISHI Sportlaan 1 ✆ 1630

RAALTE Overijssel 408 ⑫ – 26 883 h. – ✆ 0 5720.

Amsterdam 124 – ◆Zwolle 21 – ◆Apeldoorn 35 – ◆Enschede 50.

De Zwaan, Kerkstraat 2, ✉ 8102 EA, ✆ 5 31 22, Fax 5 73 24, , – ℗ – 25 à 100. AE ① E VISA.
fermé 31 déc. et 1er janv. – **R** 40/58 – **20 ch** ▭ 83/114 – ½ P 70/80.

TROEN Praamstraat 2 ✆ 52481
AT Kanaalstraat O.Z. 15a ✆ 51876
)RD Stationsstraat 32 ✆ 54200
M (OPEL) Heesweg 21 ✆ 56263
ADA Deventerstraat 15 ✆ 51664
NISSAN Praamstraat 13 ✆ 58151
RENAULT Weidelaan 2a ✆ 51360
VAG Acacialaan 2 ✆ 51121
VOLVO Praamstraat 1 ✆ 58558

RAVENSTEIN Noord-Brabant 212 ⑧ et 408 ⑱ – 7 843 h. – ✆ 0 8867.

Amsterdam 110 – ◆Nijmegen 17 – ◆'s-Hertogenbosch 31.

XX **Rôtiss. De Ravenshoeve,** Mgr. Zwijssenstraat 5, ✉ 5371 BS, ✆ 28 03, , « Dans une ferme du 18e s. » – ℗. AE ① E VISA.
fermé lundi – **R** 50/63.

REEUWIJK Zuid-Holland 408 ⑩ – voir à Gouda.

RENESSE Zeeland Ⓒ Westerschouwen 5 420 h. 212 ③ et 408 ⑯ – ✆ 0 1116.

De Zoom 17, ✉ 4325 BG, ✆ 21 20.

Amsterdam 140 – Goes 38 – ◆Rotterdam 68.

Apollo, Laone 2, ✉ 4325 EK, ✆ 25 00, Telex 55173, Fax 25 38, – TV ☎ ℗ – 25 ou plus. AE ① E VISA. rest
fermé 22 déc.-5 janv. – **R** carte 53 à 68 – **29 ch** ▭ 110/150 – ½ P 85/95.

De Zeeuwse Stromen , Duinwekken 5, ✉ 4325 GL, ✆ 20 40, Telex 55604, Fax 20 65, « En bordure des dunes », , – TV ☎ ℗ – 25 à 100. AE ① E VISA
fermé 27 déc.-1er janv. – **R** carte 50 à 93 – **85 ch** ▭ 105/170 – ½ P 110/125.

XX **Rietnisse,** Oude Moolweg 11, ✉ 4325 EA, ✆ 12 15 – AE ① E VISA
fermé lundi et début nov. – **R** 40.

ERCEDES-BENZ, HONDA Hogezoom 202 ✆ 1370

RETRANCHEMENT Zeeland 212 ⑪ et 408 ⑮ – voir à Sluis.

RHEDEN Gelderland 408 ⑫ – 46 088 h. – ☎ 0 8309.

◆Amsterdam 110 – ◆Arnhem 12 – ◆Apeldoorn 34 – ◆Enschede 80.

XX **De Wildwal,** Schietbergseweg 28 (NO : 1 km), ✉ 6991 JD, ☎ 5 16 55, ☂, « Terrass avec ≤ bois » – ℗. AE ⓓ E VISA
fermé mardi d'oct. à mai – **R** 45/75.

XX **De Bronckhorst,** Arnhemsestraatweg 251, ✉ 6991 JG, ☎ 5 22 07 – ▤ ℗. AE ⓓ E VI
fermé sam. midi, dim. midi et lundi – **R** carte 58 à 85.

RHENEN Utrecht 408 ⑪ – 16 613 h. – ☎ 0 8376.

ℹ Fred. v.d. Paltshof 1, ✉ 3911 LB, ☎ 1 23 33.

◆Amsterdam 79 – ◆Utrecht 41 – ◆Arnhem 24 – ◆Nijmegen 33.

🏨 **'t Paviljoen,** Grebbeweg 103, ✉ 3911 AV, ☎ 1 90 03, Fax 1 72 13, ☂ – |‡| TV ☎ ℗
25. AE ⓓ E VISA. ✂ rest
fermé 28 déc.-5 janv. – **R** 55/95 – ☕ 17 – **32 ch** 115/135 – ½ P 103/108.

XX **'t Kalkoentje,** Utrechtsestraatweg 143 (NO : 2 km), ✉ 3911 TS, ☎ 1 23 44, Fax 1 65 0
≤, ☂, Intérieur vieil hollandais – ℗. AE ⓓ E VISA
fermé sam. midi, dim. et 31 déc.-21 janv. – **R** carte 79 à 112.

XX **De Grebbeberg,** Grebbeweg 101, ✉ 3911 AV, ☎ 1 21 63, ≤ – ℗. AE ⓓ E VISA
R carte 70 à 94.

à Elst NO : 5,5 km Ⓒ Rhenen – ☎ 0 8385 :

XXX **'t Koetshuis,** Veenendaalsestraatweg 50 (NE : 2 km), ✉ 3921 EC, ☎ 4 28 88, Fax 4 02 7
☂, « Terrasse, parc » – ℗. AE ⓓ E VISA. ✂
fermé lundi, mardi, 15 juil.-4 août, 5 et 24 déc. et 27 déc.-10 janv. – **R** carte 100 à 13

FIAT F.v.d. Paltshof 2 ☎ 12000
FORD Grebbeweg 3 ☎ 12100
TOYOTA Valleiweg 16 ☎ 12181
VAG Nieuwe Veenendaalseweg 114 ☎ 13093

Hotels and restaurants offering set meals generally also serve "à la carte".

RHOON Zuid-Holland 212 ⑤ et 408 ⑰ – voir à Rotterdam.

RIIS Friesland – voir Rijs.

RINSUMAGEEST (RINSUMAGEAST) Friesland Ⓒ Dantumadeel 19 248 h. 408 ⑤ – ☎ 0 511

◆Amsterdam 161 – ◆Groningen 58 – ◆Leeuwarden 22.

X **Het Rechthuis,** Rechthuisstraat 1, ✉ 9105 KH, ☎ 31 00, ☂ – ⓓ E
fermé mardi et sam. midi – **R** carte 41 à 65.

ROCKANJE Zuid-Holland Ⓒ Westvoorne 13 531 h. 212 ③ ④ et 408 ⑯ – ☎ 0 1814.

ℹ Dorpsplein 16a, ✉ 3235 AD, ☎ 16 00.

◆Amsterdam 111 – ◆Den Haag 48 – Hellevoetsluis 10 – ◆Rotterdam 46.

🏨 **Badhotel,** Tweede Slag 1 (O : 1 km), ✉ 3235 CR, ☎ 17 55, Telex 29675, Fax 39 33, ☂
⛱, ⛱, 🎾 – ▤ rest TV ☎ ℗ – 25 à 75. AE ⓓ E VISA. ✂ rest
R 40 – ☕ 14 – **58 ch** 90/138 – ½ P 124/139.

ALFA-ROMEO Molendijk 22 ☎ 1981
VOLVO Molendijk 18 ☎ 1255

RODEN Drenthe 408 ⑥ – 18 331 h. – ☎ 0 5908.

⛳9 Oosteinde 7a, ☎ 1 51 03.

◆Amsterdam 205 – ◆Groningen 15 – ◆Leeuwarden 56 – ◆Zwolle 94.

🏨 **Langewold,** Ceintuurbaan-Noord 1, ✉ 9301 NR, ☎ 1 38 50, Fax 1 38 50, ⛱ – |‡| ▤ re
TV ☎ ♿ ℗ – 25 à 200. AE ⓓ E VISA. ✂ ch
R carte env. 75 – ☕ 15 – **27 ch** 123/143 – ½ P 100/150.

XX **De Bitse,** Schoolstraat 2, ✉ 9301 KC, ☎ 1 64 52 – AE ⓓ E VISA
fermé lundi – **R** 40/58.

FORD Produktieweg 20 ☎ 16855
GM (OPEL) Ceintuurbaan N. 113 ☎ 16842
HONDA 1e Energieweg 18 ☎ 19229
NISSAN Ceintuurbaan N. 107 ☎ 13100
PEUGEOT, TALBOT Kastanjelaan 24 ☎ 19691
RENAULT Ceintuurbaan N. 122 ☎ 16474
TOYOTA Ceintuurbaan N. 116 ☎ 18353
VAG Energieweg 17 ☎ 19793
VOLVO Ceintuurbaan N. 118 ☎ 13882

ROERMOND Limburg 212 ⑳ et 408 ⑲ – 38 486 h. – ☎ 0 4750.

✈ à Beek par ④ : 34 km ☎ (0 43) 66 66 80 (renseignements) et 64 76 76 (réservations).

ℹ Markt 24, ✉ 6041 EM, ☎ 3 32 05.

◆Amsterdam 178 ⑤ – ◆Maastricht 47 ④ – Düsseldorf 65 ② – ◆Eindhoven 50 ⑤ – Venlo 25 (

ROERMOND

gstr. .... Y 2	Dr. Leursstr. .... Z 5
ugstr. .... Y	Julianalaan .... Y 6
mstr. .... Z	Kapellerpoort .... Z 7
rkt .... Y	Kloosterwandstr. .... Z 9
nsterpl. .... Z	Kraanpoort .... Y 10
erstr. .... Z	Leliestr. .... YZ 12
eenweg .... Y 32	Lindanusstr. .... Y 14
kensmarkt .... Y 35	Marktstr. .... Y 15
	Molenstr. .... Z 16
	Mgr. Driessenstr. .... Z 18
	Mgr. Evertsstr. .... Z 19

otenboomlaan	YZ 21
arédisstr.	Z 22
ollartstr.	Y 23
oerkade	Y 25
oersingel	Z 26
Christoffelstr.	Z 28
achthuisstr.	Y 29
poorlaan-Zuid	Z 30
eegstr.	Y 31
orbeckestr.	Y 33

Die **Michelin-Karten** werden laufend auf dem neuesten Stand gehalten.

Kasteeltje Hattem, Maastrichterweg 25, ✉ 6041 NZ, ☎ 1 92 22, Fax 1 92 92, ≤, « Environnement boisé », – TV ☎ P – 25. AE ⓓ E VISA Z
R carte 54 à 107 – 18 – **8 ch** 150/225 – ½ P 148/223.

De la Station, Stationsplein 9, ✉ 6041 GN, ☎ 1 65 48, Fax 3 51 56 – TV ☎ P – ou plus. AE ⓓ E VISA Z
R *(fermé 24 déc.)* 40 – **28 ch** 95/160 – ½ P 135/160.

Cox, Maalbroek 102 (par ② : 7 km), ✉ 6042 KN, ☎ 2 89 46, Fax 2 51 42 – TV ☎ P. ⓓ E VISA. rest
R carte 50 à 73 – **21 ch** 60/120 – ½ P 85/115.

La Cascade, Koolstraat 3, ✉ 6041 EJ, ☎ 1 92 74, Y
fermé lundi, jours fériés et du 2 au 21 sept – **R** 70/90.

De Kraanpoort, Kraanpoort 1, ✉ 6041 EG, ☎ 3 26 21, Intérieur vieil hollandais – AE E VISA Y
fermé sam. midi, dim. midi et lundi – **R** 40/54.

De Beurs, Markt 25, ✉ 6041 EM, ☎ 3 29 36 – AE ⓓ E VISA Y
fermé jeudi – **R** 40/73.

*à **Boukoul** par ① : 6,5 km* C Swalmen 8 423 h. – ☎ 0 4740 :

Graeterhof ⊗, Graeterweg 23, ✉ 6071 ND, ☎ 13 40, Fax 45 88, « Cadre champêtre – TV ☎ P – 25 ou plus. AE ⓓ E VISA. rest
R *(fermé dim.)* carte 43 à 69 – **7 ch** 75/150 – ½ P 110/125.

ALFA-ROMEO Raadhuisstraat 16 ☎ 21092
BMW Bredeweg 18 ☎ 30440
CITROEN Bredeweg 369 ☎ 10033
FIAT Hendriklaan 2 ☎ 18170
FORD Godsweerdersingel 27 ☎ 16161
GM (OPEL), VOLVO Oranjelaan 802 ☎ 23351
LADA Gebroek 114 ☎ 31661
LANCIA Wilhelminalaan 5 ☎ 27645
MERCEDES-BENZ Molengriendweg 7 ☎ 153
PEUGEOT, TALBOT Mijnheerkensweg 29 ☎ 17352
RENAULT Oranjelaan 10 ☎ 15541
VAG Minderbroedersingel 2a ☎ 16461

ROLDE Drenthe 408 ⑥ – 6 059 h. – ☎ 0 5924.

♦Amsterdam 191 – Assen 6 – ♦Groningen 33.

Erkelens, Grolloërstraat 1, ✉ 9451 KA, ☎ 12 21, Fax 31 98 – rest TV ☎ P – 6 AE ⓓ E VISA
fermé 1er janv. – **R** *(fermé après 20 h)* 40/53 – **25 ch** 85/140 – ½ P 110.

TOYOTA Grolloërstraat 46 ☎ 1293

Europe — If the name of the hotel is not in bold type, on arrival ask the hotelier his prices.

ROODESCHOOL Groningen C Hefshuizen 10 654 h. 408 ⑥ – ☎ 0 5954.

♦Amsterdam 212 – ♦Groningen 31 – ♦Leeuwarden 83.

*à **Oosteinde** E : 2 km* C Hefshuizen – ☎ 0 5954 :

Ekamper, Radsweg 12, ✉ 9983 RC, ☎ (0 5961) 63 55 – TV ☎ P – 30 à 200. AE E VISA
R *(fermé dim.)* 40/60 – **15 ch** 75/120 – ½ P 85/100.

HONDA Hooilandseweg 69 ☎ 12568
RENAULT Laanweg 12 ☎ 15056

ROOSENDAAL Noord-Brabant C Roosendaal en Nispen 59 237 h. 212 ⑤ ⑮ et 408 ⑰ – ☎ 0 1650.

(départs de 's-Hertogenbosch) ☎ 3 55 77.

Dr. Brabersstraat 9, ✉ 4701 AT, ☎ 5 44 00.

♦Amsterdam 127 – ♦'s-Hertogenbosch 75 – ♦Antwerpen 44 – ♦Breda 25 – ♦Rotterdam 56.

Goderie, Stationsplein 5b, ✉ 4702 VX, ☎ 5 54 00, Telex 78400, Fax 6 06 60 – TV ☎ – 25 ou plus. AE ⓓ E VISA.
R carte env. 85 – **50 ch** 138/195 – ½ P 100/150.

Vroenhout, Vroenhoutseweg 21 (NO : 3 km), ✉ 4703 SG, ☎ 3 26 32, « Ancienne ferme – P. AE ⓓ E VISA.
fermé lundi et mardi – **R** (dîner seult) carte 57 à 83.

Catszand 1er étage, 't Zand 10 (S : 4 km), ✉ 4707 VX, ☎ 3 66 29, Fax 3 68 11, ≤ – AE ⓓ E VISA
fermé lundi et fin juil.-début août – **R** 55/120.

Van der Put, Bloemenmarkt 9, ✉ 4701 JA, ☎ 3 35 04, Collection de pendules ancienn – AE E VISA
fermé lundi, 3 dern. sem. juil. et dern. sem. déc. – **R** 43/98.

Azië, Brugstraat 12, ✉ 4701 LE, ☎ 3 72 37, Cuisine chinoise
R carte env. 40.

FA-ROMEO Laan van België 53a ☏ 60690
/IW Burg. Prinsensingel 101 ☏ 69324
TROEN Burgerhoutsestraat 194 ☏ 52688
AT Burg. Freyterslaan 130 ☏ 37355
RD Adm. Lonckestraat 1 ☏ 36924
/I (OPEL) van Beethovenlaan 6 ☏ 36750
DA Atoomweg 2 ☏ 53343
NCIA Boulevard 20 ☏ 57444
AZDA Bredaseweg 241 ☏ 50272
MERCEDES-BENZ Bredaseweg 225 ☏ 57400
MITSUBISHI Vroenhoutseweg 2b ☏ 51785
PEUGEOT, TALBOT Bredaseweg 67 ☏ 36450
RENAULT Rucphensebaan 1 ☏ 49130
ROVER Hoogstraat 117 ☏ 36566
TOYOTA Scherpdeel 20 ☏ 32050
VAG Bredaseweg 223 ☏ 56888
VOLVO Gastelseweg 147 ☏ 53040

ROOSTEREN Limburg C Susteren 12 919 h. 212 ⑲ et 408 ⑲ – 0 4499.

Amsterdam 186 – ◆Eindhoven 57 – ◆Maastricht 31 – Roermond 18.

De Roosterhoeve, Hoekstraat 29, ✉ 6116 AW, ☏ 31 31, Fax 44 00, – 25 ou plus. AE VISA. rest
R carte 57 à 88 – **44 ch** 88/140 – ½ P 85/125.

ROSMALEN Noord-Brabant 212 ⑧ et 408 ⑱ – voir à 's-Hertogenbosch.

Rotterdam

Zuid-Holland 212 ⑤ et 408 ㉔ ㉕ – 576 232 h. – ☎ 0 10.

Voir Le port★★★ (Haven) KZ – Lijnbaan★ JKY – Église St-Laurent (Grote- of St. Laurenskerk) : intérieur★ KY **D** – Euromast★ (※★★, ≤★) JZ

Musées : Boymans-van Beuningen★★★ JZ – « De Dubbelde Palmboom »★ EV **M1** – Historique (Historisch Museum) Het Schielandshuis★ KY **M4**.

Kralingseweg 200 DS ✆ 452 76 46 – Veerweg 2a à Rhoon SO : 11 km, ✆ (0 1890) 1 80 58.

Zestienhoven BR ✆ 415 76 33 (renseignements) et 415 54 30, 437 27 45 (réservations).

(départs de 's-Hertogenbosch) ✆ 411 71 00.

Europoort vers Kingston-upon-Hull : North Sea Ferries ✆ (0 1819) 5 55 55.

Coolsingel 67, ✉ 3012 AC, ✆ 06-34 03 40 65 et Centraal Station ✆ 413 60 06 – à Schiedam O : 6 km, Buitenhavenweg 9, ✉ 3113 BC, ✆ (0 10) 473 30 00.

♦Amsterdam 76 ② – ♦Den Haag 24 ② – ♦Antwerpen 103 ④ – ♦Bruxelles 148 ④ – ♦Utrecht 57 ③.

ROTTERDAM
AGGLOMÉRATION

Répertoire des Rues voir Rotterdam p. 7

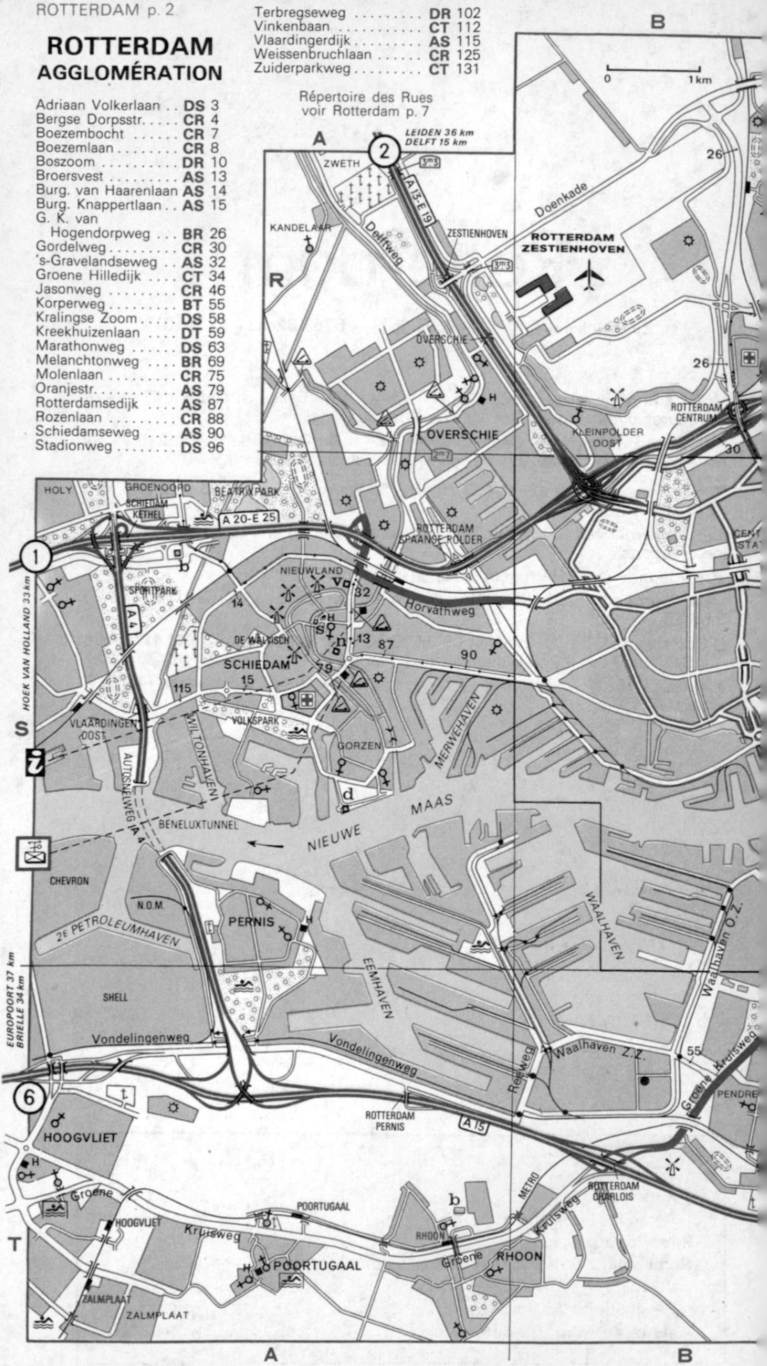

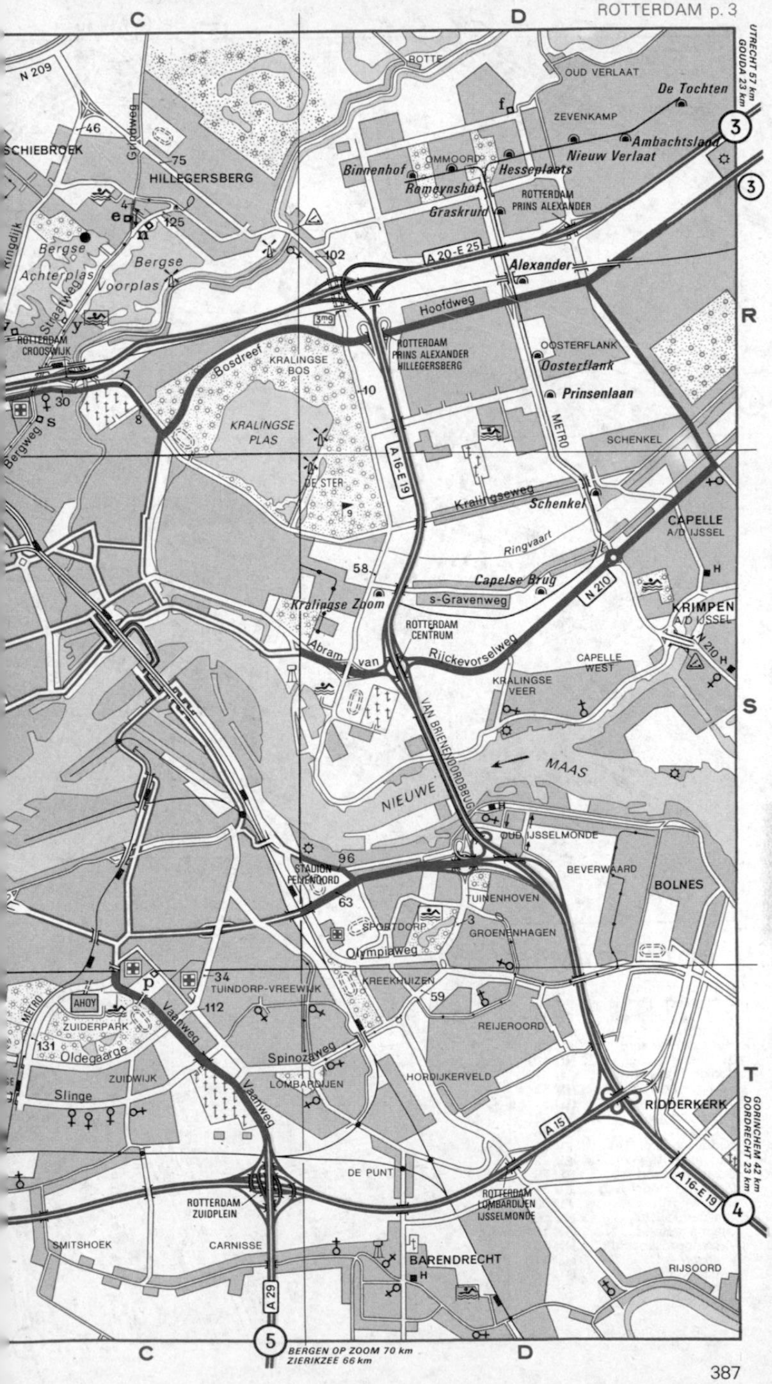
C
D
R
S
T
UTRECHT 57 km GOUDA 23 km
GORINCHEM 42 km DORDRECHT 23 km
BERGEN OP ZOOM 70 km ZIERIKZEE 66 km
N 209
SCHIEBROEK
HILLEGERSBERG
Grindweg
Bergse Achterplas
Bergse Voorplas
Straatweg
ROTTERDAM CROOSWIJK
Bergweg
Bosdreef
KRALINGSE BOS
KRALINGSE PLAS
DE STER
ROTTE
OUD VERLAAT
De Tochten
ZEVENKAMP
Ambachtsland
Nieuw Verlaat
OMMOORD
Binnenhof
Hesseplaats
Romeynshof
Graskruid
ROTTERDAM PRINS ALEXANDER
A 20-E 25
Alexander
Hoofdweg
ROTTERDAM PRINS ALEXANDER HILLEGERSBERG
OOSTERFLANK
Oosterflank
Prinsenlaan
METRO
SCHENKEL
Schenkel
Kralingseweg
A 16-E 19
Ringvaart
CAPELLE A/D IJSSEL
Capelse Brug
s-Gravenweg
N 210
Kralingse Zoom
KRIMPEN A/D IJSSEL
ROTTERDAM CENTRUM
Abram van Rijckevorselweg
CAPELLE WEST
KRALINGSE VEER
VAN BRIENENOORDBRUG
NIEUWE MAAS
OUD IJSSELMONDE
BEVERWAARD
BOLNES
STADION FEIJENOORD
TUINENHOVEN
SPORTDORP
GROENENHAGEN
Olympiaweg
KREEKHUIZEN
TUINDORP-VREEWIJK
AHOY
ZUIDERPARK
Oldegaarde
Vaanweg
REIJEROORD
Spinozaweg
HORDIJKERVELD
LOMBARDIJEN
ZUIDWIJK
Slinge
RIDDERKERK
A 15
DE PUNT
ROTTERDAM ZUIDPLEIN
ROTTERDAM LOMBARDIJEN IJSSELMONDE
SMITSHOEK
CARNISSE
BARENDRECHT
RIJSOORD
A 29
46
75
125
102
7
30
8
10
58
96
63
3
34
112
59
131
3
4
5
9

ROTTERDAM

Diergaardetunnel	EU	19
Droogleever Fortuynpl.	FV	20
G. J. de Jonghweg	EV	22
Gruttostr.	FX	37
Henegouwerlaan	FU	42
Jericholaan	HU	49
Jonker Fransstr.	GU	51
Koninginnebrug	HV	53
Linker Rotterkade	GU	61
Maastunnelpl.	GX	62
Markerstr.	GX	66
Middellandstr. (1e)	EV	71
Middellandstr. (2e)	EV	72
Oostmolenwerf	HU	78
Pieter de Hoochweg	EV	81
Schieweg	FU	93
van der Takstr.	HV	100
Utenhagestr.	GX	104
Varkenoordsebocht	HX	107
Vlietlaan	HU	116
Vondelweg	GU	120
Voorhaven	EV	121
Westkousdijk	EV	127

Répertoire des Rues
voir Rotterdam p. 7

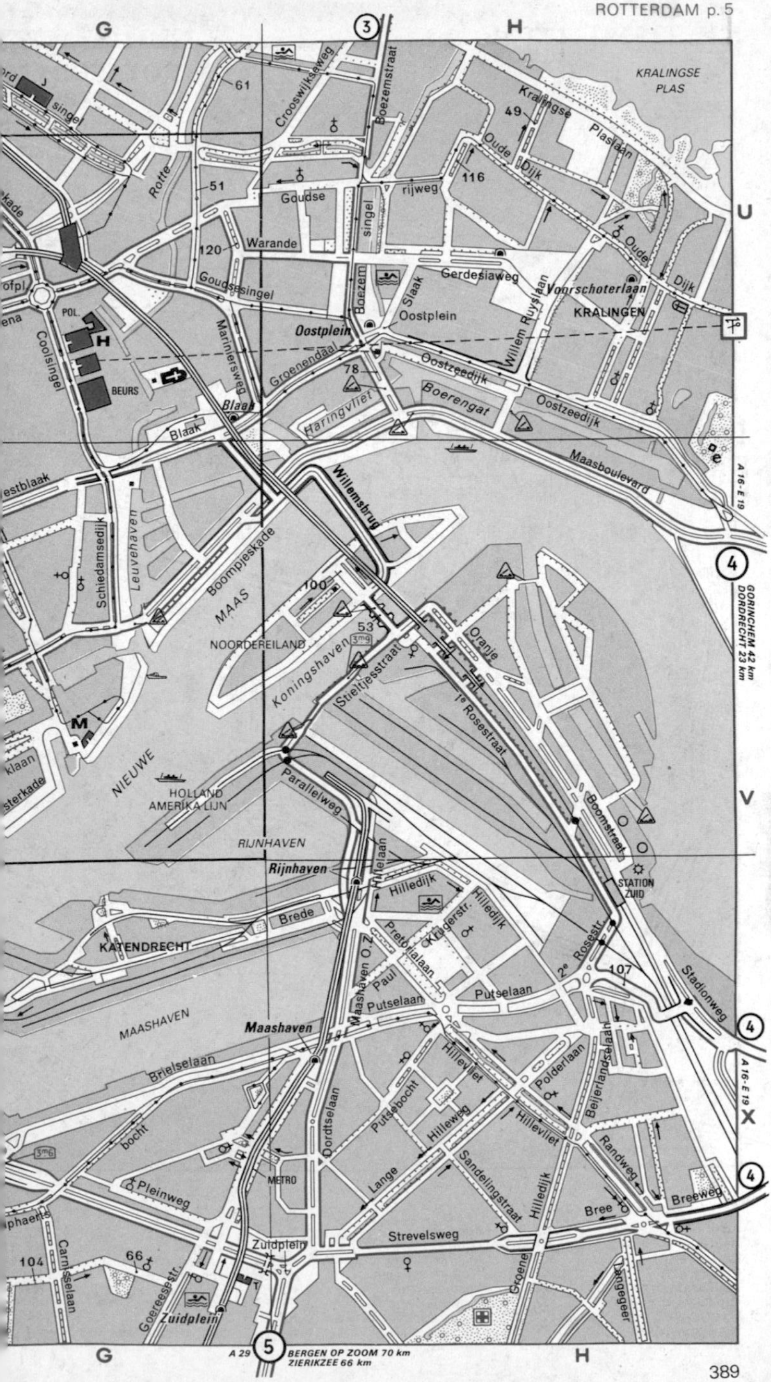
G
3
H
KRALINGSE
PLAS
Kralingse
Plaslaan
49
61
singel
J
Crooswijksesweg
Boezemstraat
Rotte
51
Goudse
rijweg
116
Oude
Dijk
U
Warande
singel
120
Goudsesingel
Boezem
Slaak
Gerdesiaweg
Voorschoterlaan
KRALINGEN
Oostplein
Oostplein
Willem Ruyslaan
POL.
H
Coolsingel
Marinierswerg
Groenendaal
78
Oostzeedijk
Oostzeedijk
BEURS
Blaak
Blaak
Haringvliet
Boerengat
Maasboulevard
A 16-E 19
Willemsbrug
Schiedamsedijk
Leuvehaven
Boompjeskade
MAAS
100
53
NOORDEREILAND
Koningshaven
Stieltjesstraat
Oranje
1e Rosestraat
4
GORINCHEM 42 km
DORDRECHT 23 km
M
NIEUWE
HOLLAND
AMERIKA LIJN
Parallelweg
RIJNHAVEN
Boomstraat
V
Rijnhaven
Hillelaan
Hilledijk
Hilledijk
STATION
ZUID
Brede
KATENDRECHT
Pretorialaan
Krugerstr.
2e Rosestr.
107
Stadionweg
Maashaven O.Z.
Paul
Putselaan
Putselaan
MAASHAVEN
Maashaven
Brielselaan
Hillevliet
Polderlaan
Beijerlandselaan
4
A 16-E 19
bocht
Putsebocht
Hilleweg
Hillevliet
X
Dordtselaan
Sandelingstraat
Randweg
3m6
METRO
Pleinweg
Lange
Hilledijk
Bree
Breeweg
4
phaerts
Strevelsweg
104
Carnisselaan
66
Goereesestr.
Zuidplein
Zuidplein
Groene
Langegeer
G
A 29
5
BERGEN OP ZOOM 70 km
ZIERIKZEE 66 km
H

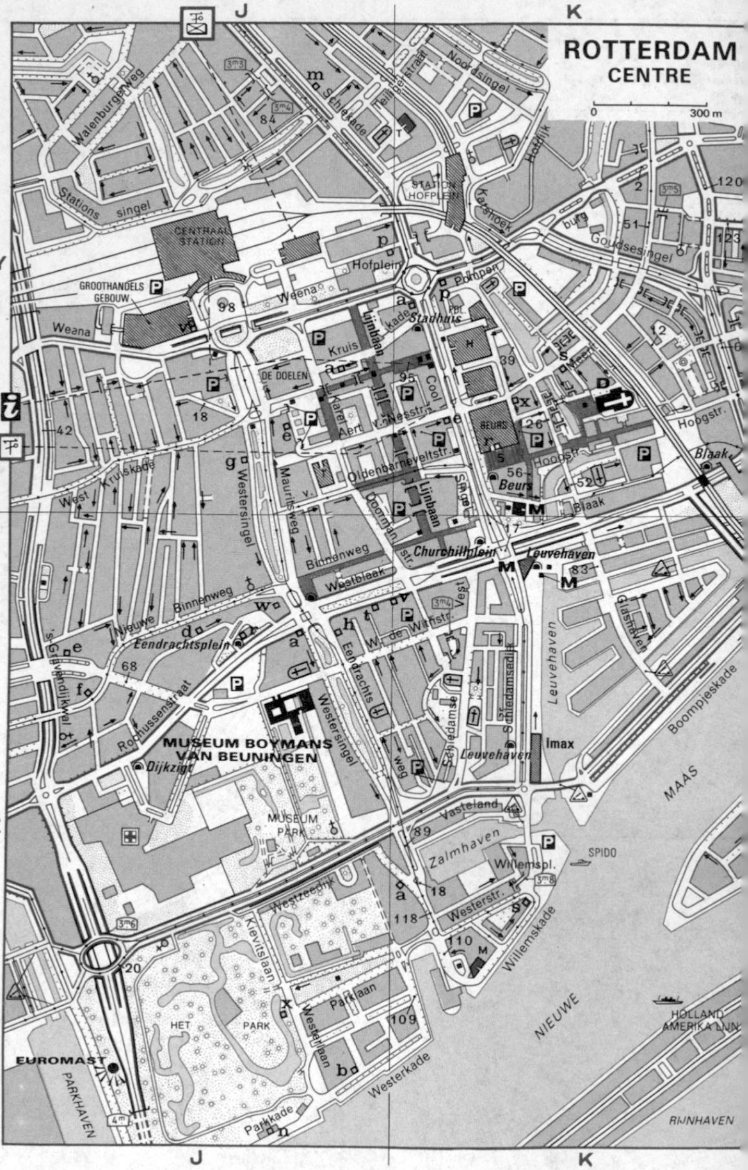

Répertoire des Rues
voir Rotterdam p. 7

urspl. .... p. 6 KY 5
nenweg .... p. 6 JZ
ogstr. .... p. 6 KY
el Doormanstr. .... p. 6 JY
te Hoogstr. .... p. 6 KY 56
baan .... p. 6 KYZ
dhuispl. .... p. 6 KY 95

aham van
Stolkweg .... p. 4 EU
am van
Rijckevorselweg .... p. 3 DS
m. de Ruyterweg ... p. 6 KY 2
iaan
Volkerlaan .... p. 3 DS 3
brechtskade .... p. 4 EV
Aerssenlaan ...... p. 4 EU
t van Nesstr. ...... p. 6 JKY
ntincklaan .... p. 4 EU
rgse Dorpsstr. ..... p. 3 CR 4
rgweg .... p. 4 FU
ukelsdijk .... p. 4 EU
ukelsweg .... p. 4 EU
urspl. .... p. 6 KY 5
ijerlandselaan ...... p. 5 HX
nnenweg .... p. 6 JZ
ak .... p. 6 KY
ergoensevliet ...... p. 4 FX
ezembocht .... p. 3 CR 7
ezemlaan .... p. 3 CR 8
ezemstr. .... p. 5 HU
ezemsingel .... p. 5 HU
ompjeskade .... p. 6 KZ
sdreef .... p. 3 CR
szoom .... p. 3 DR 10
tersloot .... p. 6 KY 12
ede Hilledijk ...... p. 5 HX
ee .... p. 5 HX
eeweg .... p. 5 HX
elselaan .... p. 5 GX
Brienenoordbrug ... p. 3 DS
oersvest .... p. 2 AS 13
rg. van Haarenlaan . p. 2 AS 14
rg. Knappertlaan ... p. 2 AS 15
rnisselaan .... p. 5 GX
urchillpl. .... p. 6 KZ 17
n Cittersstr. .... p. 4 EV
aes de Vrieselaan ... p. 4 EV
olsingel .... p. 6 KY
ooswijkseweg ...... p. 5 HU
lftweg .... p. 2 AR
ergaardesingel ..... p. 6 JY 18
ergaardetunnel ..... p. 4 EU 19
enkade .... p. 2 BR
klaan .... p. 4 FX
rdtselaan .... p. 5 HX
rpsweg .... p. 4 FX
oogleever
Fortuynpl. .... p. 6 JZ 20
ndrachtsweg .... p. 6 JZ
rdesiaweg .... p. 5 HU
J. de Jonghweg ... p. 4 EV 22
K. van
Hogendorpweg ..... p. 2 BR 26
ashaven .... p. 6 KZ
ereesestr. .... p. 5 GX
rdelweg .... p. 3 CR 30
oudserijweg .... p. 5 HU
oudsesingel .... p. 6 KY
Gravelandseweg .... p. 2 AS 32
Gravendijkwal ...... p. 6 JZ
Gravenweg .... p. 3 DS
indweg .... p. 3 CR
oene Hilledijk ...... p. 3 CT 34
oene Kruisweg ..... p. 2 ABT
oenendaal .... p. 5 HU
uttostr. .... p. 4 FX 37

Haagseveer .... p. 6 KY 39
Havenstr. .... p. 4 EV
Heemraadssingel .... p. 4 EV
Henegouwerlaan ..... p. 6 JY 42
Hilledijk .... p. 5 HX
Hillelaan .... p. 5 HX
Hillevliet .... p. 5 HX
Hofdijk .... p. 6 KY
Hofpl. .... p. 6 JY
Hoofdweg .... p. 3 DR
Hoogstr. .... p. 6 KY
Horvathweg .... p. 2 AS
Hudsonstr. .... p. 4 EV
Jasonweg .... p. 3 CR 46
Jericholaan .... p. 5 HU 49
Jonker
Fransstr. .... p. 6 KY 51
Kanaalweg .... p. 4 EU
Karel
Doormanstr. .... p. 6 JY
Katshoek .... p. 6 KY
Keizerstr. .... p. 6 KY 52
Kievitslaan .... p. 6 JZ
Koninginnebrug ..... p. 5 HV 53
Korperweg .... p. 2 BT 55
Korte Hoogstr. ...... p. 6 KY 56
Kralingse
Plaslaan .... p. 5 HU
Kralingseweg .... p. 3 DS
Kralingse Zoom ..... p. 3 DS 58
Kreekhuizenlaan ..... p. 3 DT 59
Kruiskade .... p. 6 JY
Langegeer .... p. 5 HX
Lange Hilleweg ..... p. 5 HX
Linker
Rottekade .... p. 5 GU 61
Lijnbaan .... p. 6 KYZ
Maasboulevard ...... p. 5 HU
Maashaven O. Z. .... p. 5 HX
Maastunnel .... p. 4 FX
Maastunnelpl. ...... p. 5 GX 62
Marathonweg .... p. 3 DS 63
Marconipl. .... p. 4 EV
Mariniersweg .... p. 6 KY 64
Markerstr. .... p. 5 GX 66
Mathenesserdijk ..... p. 4 EV
Mathenesserlaan ..... p. 6 JZ 68
Mathenesserweg ..... p. 4 EV
Mauritsweg .... p. 6 JYZ
Meent .... p. 6 KY
Melanchtonweg ..... p. 2 BR 69
Middellandstr. (1ᵉ) .... p. 4 EV 71
Middellandstr. (2ᵉ) .... p. 4 EV 72
Molenlaan .... p. 3 CR 75
Nieuwe Binnenweg ... p. 4 EV
Noordsingel .... p. 5 GU
Oldegaarde .... p. 3 CT
van Oldenbarneveltstr. . p. 6 JKY
Olympiaweg .... p. 3 DS
Oostmolenwerf ...... p. 5 HU 78
Oostpl. .... p. 5 HU
Oostzeedijk .... p. 5 HU
Oranjeboomstr. ..... p. 5 HV
Oranjestr. .... p. 2 AS 79
Oude Dijk .... p. 5 HU
Parallelweg .... p. 5 HV
Parkkade .... p. 6 JZ
Parklaan .... p. 6 JZ
Paul Krugerstr. ..... p. 5 HX
Pieter
de Hoochweg ...... p. 4 EV 81
Pleinweg .... p. 5 GX
Polderlaan .... p. 5 HX
Pompenburg .... p. 6 KY
Posthoornstr. .... p. 6 KZ 83
Pretorialaan .... p. 5 HX
Proveniersssingel ..... p. 6 JY 84

Putsebocht .... p. 5 HX
Putselaan .... p. 5 HX
Randweg .... p. 5 HX
Reeweg .... p. 2 BT
Ringdijk .... p. 3 CR
Rochussenstr. .... p. 6 JZ
Rosestr. (1ᵉ) .... p. 5 HV
Rosestr. (2ᵉ) .... p. 5 HX
Rotterdamsedijk ..... p. 2 AS 87
Rozenlaan .... p. 3 CR 88
Sandelingstr. .... p. 5 HX
Scheeps-
timmermanslaan ... p. 6 KZ 89
Schiedamsedijk ...... p. 6 KZ
Schiedamsevest ..... p. 6 KZ
Schiedamseweg ..... p. 2 AS 90
Schiekade .... p. 6 JY
Schieweg .... p. 4 FU 93
Slaak .... p. 5 HU
Slinge .... p. 3 CT
Spinozaweg .... p. 3 CT
Stadhoudersweg ..... p. 4 EU
Stadhuispl. .... p. 6 KY 95
Stadionweg .... p. 3 DS 96
Statentunnel .... p. 4 FU
Statenweg .... p. 4 EU
Stationspl. .... p. 6 JY 98
Stationssingel ...... p. 6 JY
Stieltjesstr. .... p. 5 HV
Straatweg .... p. 3 CR
Strevelsweg .... p. 5 HX
van der Takstr. ...... p. 5 HV 100
Teilingerstr. .... p. 6 JKY
Terbregseweg ...... p. 3 DR 102
Utenhagestr. .... p. 5 GX 104
Vaanweg .... p. 3 CT
Varkenoordsebocht ... p. 5 HX 107
Vasteland .... p. 6 KZ
Veerhaven .... p. 6 KZ 109
Veerkade .... p. 6 KZ 110
Vierambachtsstr. ..... p. 4 EV
Vierhavensstr. ...... p. 4 EV
Vinkenbaan .... p. 3 CT 112
Vlaardingerdijk ..... p. 2 AS 115
Vlietlaan .... p. 5 HU 116
van Vollenhovenstr. .. p. 6 KZ 118
Vondelingenweg .... p. 2 AT
Vondelweg .... p. 6 KY 120
Voorhaven .... p. 4 EV 121
Vroesenlaan .... p. 4 EU
Waalhaven O. Z. .... p. 4 EX
Waalhaven Z. Z. ..... p. 2 BT
Walenburgerweg .... p. 6 JY
Warande .... p. 6 KY 123
Watergeusstr. ...... p. 4 EV
Weena .... p. 6 JY
Weissenbruchlaan .... p. 3 CR 125
Westblaak .... p. 6 JKZ
Westerkade .... p. 6 KZ
Westerlaan .... p. 6 JZ
Westersingel .... p. 6 JZ
Westerstr. .... p. 6 KZ
Westewagenstr. ..... p. 6 KY 126
Westkousdijk .... p. 4 EV 127
West-Kruiskade ..... p. 6 JY
Westzeedijk .... p. 4 EV
Willem
Buytewechstr. ..... p. 4 EV
Willem Ruyslaan ..... p. 5 HU
Willemsbrug .... p. 5 HV
Willemskade .... p. 6 KZ
Willemspl. .... p. 6 KZ
Witte
de Withstr. .... p. 6 KZ
Wolphaertsbocht .... p. 5 GX
Zuiderparkweg ..... p. 3 CT 131
Zuidpl. .... p. 5 HX

Plans : sauf indication spéciale voir p. 6

Hilton International, Weena 10, ✉ 3012 CM, ☎ 414 40 44, Telex 22666, Fax 411 88 – ch ▤ TV ☎ ♿ P – 🏃 250. AE ① E VISA. ✗ rest JKY
R carte 48 à 80 – ☐ 30 – **248 ch** 345/465.

Parkhotel, Westersingel 70, ✉ 3015 LB, ☎ 436 36 11, Telex 22020, Fax 436 36 11, ch ▤ TV ☎ P – 🏃 80. AE ① E VISA. ✗ JZ
R carte 57 à 86 – **154 ch** ☐ 140/285.

Rijnhotel, Schouwburgplein 1, ✉ 3012 CK, ☎ 433 38 00, Telex 21640, Fax 414 54 82 – TV ☎ – 🏃 220. AE ① E VISA. ✗ rest JY
R carte 48 à 69 – ☐ 24 – **100 ch** 195/305.

Atlanta, Aert van Nesstraat 4, ✉ 3012 CA, ☎ 411 04 20, Fax 413 53 20 – TV ☎ P – 🏃 80 à 400. AE ① E VISA KY
R 40/75 – ☐ 20 – **164 ch** 180/210.

Savoy, Hoogstraat 81, ✉ 3011 PJ, ☎ 413 92 80, Telex 21525, Fax 404 57 12 – TV AE ① E VISA KY
R (dîner seult) carte 52 à 80 – ☐ 21 – **94 ch** 140/160.

Pax sans rest, Schiekade 658, ✉ 3032 AK, ☎ 466 33 44, Fax 467 52 78 – TV ☎ P. ① E VISA. ✗ – **44 ch** ☐ 125/200. JY

Scandia, Willemsplein 1, ✉ 3016 DN, ☎ 413 47 90, Telex 21662, Fax 412 78 90, ← – TV ☎ – 🏃 70. AE ① E VISA. ✗ rest KZ
R *(fermé sam. et dim.)* 40/50 – ☐ 20 – **49 ch** 125/195 – ½ P 140/210.

Emma sans rest, Nieuwe Binnenweg 6, ✉ 3015 BA, ☎ 436 55 33, Telex 25320, Fax 436 76 – TV ☎ P. AE ① E VISA – **26 ch** ☐ 120/155. JZ

Van Walsum, Mathenesserlaan 199, ✉ 3014 HC, ☎ 436 32 75, Telex 20010, Fax 436 44 – TV ☎. AE ① E VISA JZ
fermé 20 déc.-2 janv. – **R** (résidents seult) – **26 ch** ☐ 95/140 – ½ P 85/95.

Zuiderparkhotel, Dordtsestraatweg 285, ✉ 3083 AJ, ☎ 485 00 55, Telex 2875 Fax 485 63 04, – ▤ rest TV ☎ P – 🏃 25 à 300. AE ① E VISA
R carte 68 à 96 – ☐ 19 – **113 ch** 150/205. plan p. 3 CT

Breitner sans rest, Breitnerstraat 23, ✉ 3015 XA, ☎ 436 02 62, Telex 26741, Fax 436 40 – ☎. AE ① E VISA – **30 ch** ☐ 45/110. JZ

Baan sans rest, Rochussenstraat 345, ✉ 3023 DH, ☎ 477 05 55, Fax 476 94 50 – TV ☎. VISA. ✗ plan p. 4 EV
fermé 15 déc.-5 janv. – **14 ch** ☐ 65/120.

XXX ✿ **Parkheuvel** (Helder), Heuvellaan 21, ✉ 3016 GL, ☎ 436 05 30, Fax 436 71 40, ←, « Terrasse » – P. AE ① E VISA JZ
fermé sam. midi, dim. et 27 déc.-2 janv. – **R** carte 95 à 140.
Spéc. Club sandwich maison, Filet de barbue et queues de langoustines gratinées, Terrine c harengs nouveaux aux pommes de terre (juin-août).

XXX **Le Coq d'Or** 1er étage, van Vollenhovenstraat 25, ✉ 3016 BG, ☎ 436 64 05, Fax 436 59 0 – ▤ P. AE ① E VISA KZ
fermé sam., dim., jours fériés et 24 déc.-1er janv. – **R** carte 80 à 115.

XXX **Old Dutch,** Rochussenstraat 20, ✉ 3015 EK, ☎ 436 03 44, Fax 436 78 26, , « Intérie vieil hollandais » – ▤ P. AE ① E VISA JZ
fermé sam., dim. et jours fériés – **R** 63/78.

XXX **Radèn Mas** 1er étage, Kruiskade 72, ✉ 3012 EH, ☎ 411 72 44, Fax 411 97 11, Cuisine ind nésienne, « Décor exotique » – ▤. AE ① E VISA JY
fermé sam. midi et dim. midi – **R** carte 57 à 85.

XXX **World Trade Center** 23e étage, Beursplein 37, ✉ 3011 AA, ☎ 405 44 65, Fax 412 01 1 ✻ ville – ▤ P. AE ① E VISA. ✗ KY
fermé sam. et dim. – **R** carte 73 à 116.

XX **La Vilette,** Westblaak 160, ✉ 3012 KM, ☎ 414 86 92, Fax 452 15 13 – ▤. AE ① E VI
fermé sam. midi, dim. et jours fériés – **R** 55/100. JZ

XX **De Castellane,** Eendrachtsweg 22, ✉ 3012 LB, ☎ 414 11 59 – AE ① E VISA JZ
fermé sam. midi et dim. – **R** carte 77 à 98.

XX **Aub. Marie Louise,** Bergweg 64, ✉ 3036 BC, ☎ 467 19 19 – AE ① E VISA ✗
fermé lundi, mardi et du 10 au 24 août – **R** 68/90. plan p. 3 CR

XX **Silhouet** Tour Euromast (Accès payant), Parkhaven 20, ✉ 3016 GM, ☎ 436 48 1 Fax 436 22 80, ✻ ville et port – ▤ P. AE ① E VISA. ✗ JZ
fermé sam. midi et dim. midi – **R** carte 70 à 98.

XX **Marie Antoinette,** Pompenburg 652 (Hofplein), ✉ 3011 AX, ☎ 433 35 95 – AE ① E VI
fermé dim. – **R** 50/80. KY

XX Dewi-Sri, Westerkade 20, ✉ 3016 CM, ☎ 436 02 63, Cuisine indonésienne – ▤. ✗ JZ

XX **Archipel,** Westblaak 82, ✉ 3012 KM, ☎ 411 65 33, Cuisine indonésienne, Ouvert jusqu 23 h – AE ① E VISA ✗ JKZ
R carte 41 à 69.

XX **Indonesia** 1er étage, Rodezand 34, ✉ 3011 AN, ☎ 414 85 88, Cuisine indonésienne – ▤ AE ① E VISA KY
R 45.

X **Engels,** Stationsplein 45, ✉ 3013 AK, ☎ 411 95 50, Telex 26100, Fax 413 94 21, Ouvert jusqu'à 23 h, Cuisines de différentes nationalités – ▤. AE ⓓ E VISA JY v
R carte 42 à 80.

X **La Bourgogne,** Delftsestraat 6, ✉ 3013 CJ, ☎ 411 55 75 – ▤. AE ⓓ E VISA JY p
fermé dim. – **R** 65/89.

X **Hong Kong,** Westersingel 15, ✉ 3014 GN, ☎ 436 64 63, Fax 436 63 71, Cuisine chinoise, Ouvert jusqu'à 23 h – ▤. AE ⓓ E VISA. ✻ – **R** carte 42 à 70. JY g

X **Chalet Suisse,** Kievitslaan 31, ✉ 3016 CG, ☎ 436 50 62, Fax 436 54 62, 🍽, « En lisière de parc » – AE ⓓ E VISA JZ x
fermé sam. et dim. – **R** carte 59 à 87.

X **Gasterie Delfshaven,** Voorhaven 3, ✉ 3025 HC, ☎ 477 51 81 – AE ⓓ E VISA
fermé 2e quinz. juil. – **R** carte 41 à 62. plan p. 4 EV s

X **Portofino,** Nieuwe Binnenweg 151, ✉ 3014 GK, ☎ 436 51 63, Cuisine italienne – AE ⓓ E VISA – *fermé sam. midi et dim. midi* – **R** carte 40 à 67. JZ f

X **Anak Mas,** Meent 72 a, ✉ 3011 JN, ☎ 414 84 87, Fax 412 44 74, Cuisine indonésienne – ▤. AE ⓓ E VISA – **R** carte env. 45. KY s

Plans : sauf indication spéciale voir p. 2 et 3

à Hillegersberg Ⓒ Rotterdam – ✆ 0 10 :

XX **Beau Rivage,** Weissenbruchlaan 149, ✉ 3054 LM, ☎ 418 40 40, Fax 418 64 65, ←, 🍽, « Terrasse au bord de l'eau » – AE ⓓ E VISA ✻ CR n
fermé sam. midi, dim. midi et jours fériés – **R** carte 92 à 125.

XX **Lommerrijk,** Straatweg 99, ✉ 3054 AB, ☎ 422 00 11, Fax 422 64 96, ←, 🍽 – ▤ Ⓟ. AE ⓓ E VISA – **R** 43/58. CR y

XX **Diligence,** Kleiweg 89, ✉ 3051 GK, ☎ 422 23 21, 🍽 – ▤. AE ⓓ E VISA. ✻ CR v
fermé dim. midi, lundi, mardi et 26 juil.-18 août – **R** carte env. 65.

X **'t Oude Raadhuis,** Kerkstraat 10, ✉ 3054 NC, ☎ 422 29 33 – ▤. AE ⓓ E CR e
R carte env. 65.

à Kralingen Ⓒ Rotterdam – ✆ 0 10 :

XX **In den Rustwat,** Honingerdijk 96, ✉ 3062 NX, ☎ 413 41 10, Fax 404 85 40, « Maison du 16e s. » – ▤ Ⓟ. AE ⓓ E. ✻ plan p. 5 HV e
fermé sam., dim., Pâques, Ascension, Pentecôte et Noël – **R** carte 69 à 101.

à Ommoord Ⓒ Rotterdam – ✆ 0 10 :

XX **Keizershof,** Martin Luther Kingweg 7, ✉ 3069 EW, ☎ 455 13 33 – Ⓟ. AE ⓓ E VISA
R 40/90. DR f

à Rhoon Ⓒ Albrandswaard 13 785 h. – ✆ 0 1890 :

XX **Het Kasteel van Rhoon,** Dorpsdijk 63, ✉ 3161 KD, ☎ 1 88 84, Fax 1 24 18, ←, 🍽, « Dans les dépendances du château » – Ⓟ. AE ⓓ E VISA AT b
fermé sam. midi, 25 et 26 déc. – **R** carte 70 à 108.

à Schiedam – 69 438 h. – ✆ 0 10 :

🏨 **Novotel,** Hargalaan 2 (près A 20), ✉ 3118 JA, ☎ 471 33 22, Telex 22582, Fax 470 06 56, 🍽, 🏊 – |‡| ▣ TV ☎ ♿ Ⓟ – 🏛 200. AE ⓓ E VISA AS b
R (ouvert jusqu'à minuit) 40/91 – ☕ 20 – **138 ch** 180/195.

XX **La Duchesse,** Maasboulevard 9, ✉ 3114 HB, ☎ 426 46 25, ← Nieuwe Maas (Meuse), 🍽 – ▤ Ⓟ. AE ⓓ E VISA AS d
fermé sam. midi et dim. – **R** 65/80.

XX **Aub. Hosman Frères** 1er étage, Korte Dam 10, ✉ 3111 BG, ☎ 426 40 96, Telex 24207, Fax 473 00 08 – ▤. AE ⓓ E VISA AS s
fermé dim., lundi et du 16 au 29 juil. – **R** 60/99.

XX **'t Oude Raedthuys,** Schiedamseweg 26 (Schiedam-Nord), ✉ 3121 JH, ☎ 471 58 00, Fax 426 85 35 – ▤. AE ⓓ E VISA
fermé dim., lundi, août et 23 déc.-6 janv. – **R** (dîner seult) 40/80.

XX **Schlumberger,** 's-Gravelandseweg 622, ✉ 3119 NA, ☎ 426 18 88, Fax 452 15 13 – ▤. AE ⓓ E VISA AS v
fermé sam. midi, dim. et lundi – **R** carte 55 à 85.

X **De Kleine Visser** 1er étage, Lange Haven 26, ✉ 3111 CG, ☎ 426 38 98 – ▤. AE ⓓ E VISA – *fermé dim., 25 juil.-13 août et 29 déc.-6 janv.* – **R** carte 64 à 102. AS n

Zone Europoort par ⑥ : 25 km – ✆ 0 1819 :

🏨 **De Beer Europoort,** Europaweg 210 (A 15), ✉ 3198 LD, ☎ 6 23 77, Telex 29979, Fax 6 29 23, ←, 🍽, 🏊, 🎾 – TV ☎ ♿ Ⓟ – 🏛 25 à 250. AE ⓓ E VISA
R carte 46 à 89 – **78 ch** ☕ 125/160 – ½ P 110/155.

Voir aussi : ***Vlaardingen*** par ① : 12 km

FA-ROMEO Admiraliteitskade 5 ☎ 4113350
FA-ROMEO B. de Haanweg 25 4197388
MW Motorstraat 124 ☎ 4854473
MW A. van Solmslaan 9 ☎ 4526135
CITROEN Dynamostraat 16 ☎ 4841100
CITROEN Bredestraat 13 ☎ 4144400
FIAT Koperstraat 18 ☎ 4216044
FIAT Noorderhagen 229 ☎ 4821376
FORD Graafstroomstraat 25 ☎ 4376011

FORD Laagjes 4 ☎ 4927700
GM (OPEL) Aristotelesstraat 34 ☎ 4196311
GM (OPEL) Insulindestraat 250 ☎ 4671411
HONDA Lijsterlaan 65 ☎ 4227420
HONDA Noordplein 29-41 ☎ 4661830
HONDA Baarlandhof 17 ☎ 4801166
LADA Laagjesweg 24 ☎ 4190005
LADA Voetiushof 22 ☎ 4220722
LANCIA Stadionweg 105b ☎ 4794577
MAZDA A.V. Stolkweg 50 ☎ 4152511
MERCEDES-BENZ, HONDA Schuttevaerweg 116 ☎ 4460446
MERCEDES-BENZ Alb. Plesmanweg 33 ☎ 4294866
MITSUBISHI Oostzeedijk 330 ☎ 4118980
NISSAN Bree 13 ☎ 4194443
NISSAN Goudsewagenstraat 12 ☎ 4110535
PEUGEOT, TALBOT Wolphaertsbocht 246 ☎ 4852833
PEUGEOT, TALBOT Koningslaan 90 ☎ 4203444
PEUGEOT, TALBOT Adrianalaan 378 ☎ 4220022
RENAULT Gordelweg 40 ☎ 4654444
RENAULT Waalhaven Z.Z. 6 ☎ 4286340
ROVER Antonie Fokkerweg 83 ☎ 4298463
ROVER Kleiweg 35 ☎ 4225655
TOYOTA Korte Kade 48 ☎ 4527642
TOYOTA Vlambloem 1 ☎ 4565656
TOYOTA Volmarijnstraat 112 ☎ 4766833
VAG Vlambloem 42 ☎ 4207111
VAG v. Deventerstraat 15 ☎ 4766644
VAG Riekeroord 1 ☎ 4823333
VOLVO Schere 6 ☎ 4808066
VOLVO Klaas Timmerstraat 16 ☎ 4202255
VOLVO F. Bekkerstraat 41a ☎ 4290716

RUINEN Drenthe 408 ⑫ – 6 806 h. – 0 5221.

♦Amsterdam 150 – Assen 32 – Hoogeveen 13 – Meppel 16 – ♦Zwolle 39.

à Ansen NO : 3,5 km C Ruinen – 0 5221 :

X **'t Spinnewiel,** Kerkdijk 2, ✉ 7964 KB, ☎ 12 80, – P. AE E
fermé lundi et mardi d'oct. à juin et merc. – **R** (dîner seult) 40/70.

De RIJP Noord-Holland C Graft - De Rijp 5 455 h. 408 ⑩ – 0 2997.

♦Amsterdam 34 – Alkmaar 17.

XXX **Vivaldi,** Oosteinde 33, ✉ 1483 AC, ☎ 15 23, – P. AE E VISA
fermé lundi et mardi – **R** carte 64 à 94.

XX **De Blaasbalg,** Grote Dam 2, ✉ 1483 BK, ☎ 13 50, Rustique – AE E VISA
fermé lundi et mardi – **R** (dîner seult jusqu'à 23 h) carte env. 78.

RIJS (RIIS) Friesland C Gaasterlân - Sleat 9 211 h. 408 ④ ⑪ – 0 5148.

♦Amsterdam 124 – ♦Leeuwarden 50 – Lemmer 18 – Sneek 26.

Gaasterland, Marderleane 21, ✉ 8572 WG, ☎ 17 41, Fax 15 79 – P – 25(
E VISA – **R** *(fermé après 20 h)* 40/65 – **42 ch** 76/111.

RIJSOORD Zuid-Holland C Ridderkerk 46 163 h. 212 ⑤ et 408 ⑰ – 0 1804.

♦Amsterdam 90 – ♦Den Haag 40 – ♦Breda 39 – ♦Rotterdam 14.

XXX **'t Wapen van Rijsoord,** Rijksstraatweg 67, ✉ 2988 BB, ☎ 2 09 96, « Au bord d l'eau » – P. AE E VISA
fermé dim., jours fériés, 22 juil.-12 août et 24 déc.-1er janv. – **R** 60/130.

LANCIA Rijksstraatweg 36 ☎ 20111
NISSAN Pruimendijk 19 ☎ 22111

RIJSSEN Overijssel 408 ⑬ – 23 927 h. – 0 5480.

♦Amsterdam 131 – ♦Zwolle 40 – ♦Apeldoorn 45 – ♦Enschede 36.

Rijsserberg, Burg. Knottenbeltlaan 77 (S : 2 km sur rte de Markelo), ✉ 7461 PA ☎ 1 69 00, Fax 2 02 30, « Dans les bois », – ch TV P –
150. AE E VISA. rest
R carte 69 à 97 – **54 ch** 168/225.

XX **Brodshoes,** Bouwstraat 41, ✉ 7462 AX, ☎ 1 38 88 – AE E
fermé sam. midi, dim. midi, lundi et 14 juil.-1er août – **R** carte 58 à 91.

ALFA-ROMEO W. Zeeuwstraat 2 ☎ 12376
GM (OPEL) Reggesingel 95 ☎ 20333
LADA Daltonstraat 18 ☎ 14561
MERCEDES-BENZ Provincialeweg 2 ☎ 13070
MITSUBISHI Molendijk 64a ☎ 12565
NISSAN Jutestraat 3 ☎ 14414
PEUGEOT, TALBOT Reggesingel 42 ☎ 20343
RENAULT Stationsdwarsweg 10 ☎ 12255
VAG Holterstraatweg 85 ☎ 14225

RIJSWIJK Zuid-Holland 408 ⑨ – voir à Den Haag, environs.

SANTPOORT Noord-Holland C Velsen 57 608 h. 408 ⑩ – 0 23.

♦Amsterdam 26 – ♦Haarlem 7.

De Weyman sans rest, Hoofdstraat 248, ✉ 2071 EP, ☎ 37 04 36, Fax 37 06 53 – TV
AE E VISA
20 ch 100/125.

X **Lécheur,** Hagelingerweg 50, ✉ 2071 CK, ☎ 37 71 50 – AE E VISA
fermé lundi, 23 sept-3 oct. et 3 prem. sem. fév. – **R** (dîner seult) carte 42 à 83.

FIAT Hagelingerweg 132 ☎ 377757
GM (OPEL) Hoofdstraat 262 ☎ 375241
HONDA Hoofdstraat 203 ☎ 384114
MAZDA Wüstelaan 99 ☎ 378025
TOYOTA Hoofdstraat 189 ☎ 378345

ASSENHEIM Zuid-Holland 408 ⑩ – 14 404 h. – ✆ 0 2522.

msterdam 32 – ♦Den Haag 25 – ♦Haarlem 20.

Motel Sassenheim, Warmonderweg 8 (près A 44), ✉ 2171 AH, ✆ 1 90 19, Telex 41688, Fax 1 68 29, – TV P – 25 à 300. AE E
R carte env. 40 – 9 – **72 ch** 85/130.

FA-ROMEO Hoofdstraat 349 ✆ 10450
TROEN Hoofdstraat 133 ✆ 19038
I (OPEL) Narcissenlaan 16 ✆ 11400
NISSAN Hoofdstraat 158 ✆ 31020
PEUGEOT, TALBOT Oude Haven 7 ✆ 12922
ROVER Essenlaan 36 ✆ 12231

AS VAN GENT Zeeland 212 ⑬ et 408 ⑯ – 8 790 h. – ✆ 0 1158.

msterdam (bac) 202 – ♦Middelburg (bac) 49 – ♦Antwerpen 49 – ♦Brugge 46 – ♦Gent 25.

Royal, Gentsestraat 12, ✉ 4551 CC, ✆ 18 53, Fax 17 96, – rest TV. AE E VISA
R *(fermé sam. et 26 déc.-1er janv.)* 64 – **37 ch** 68/135 – ½ P 83/150.

CHAARSBERGEN Gelderland 408 ⑫ – voir à Arnhem.

CHAGEN Noord-Holland 408 ⑩ – 16 759 h. – ✆ 0 2240.

msterdam 64 – Alkmaar 19 – Den Helder 23 – Hoorn 29.

De Roode Leeuw, Markt 15, ✉ 1741 BS, ✆ 1 25 37 –
fermé 25, 26 et 31 déc. et 1er janv. – **R** *(fermé après 20 h 30)* carte 40 à 58 – **13 ch** 63/105 – ½ P 75.

XX **Bon Ami,** Molenstraat 21, ✉ 1741 GJ, ✆ 1 58 17, Fax 1 58 54 – AE E VISA
fermé lundi et merc. – **R** (dîner seult) carte 57 à 99.

XX **De Oude Boom,** Markt 22, ✉ 1741 BS, ✆ 1 48 24, Fax 1 20 86, –
R carte 69 à 89.

TROEN Sportlaan 5 ✆ 13000
AT de Fok 15 ✆ 12608
RD Langestraat 5 ✆ 12376
I (OPEL) Loet 45 ✆ 15844
ONDA de Fok 7 ✆ 15017
NCIA Korte Fok 5 ✆ 98873
AZDA de Fok 13 ✆ 14400
MITSUBISHI de Fok 5 ✆ 14204
NISSAN de Fok 2 ✆ 98143
PEUGEOT, TALBOT de Fok 10 ✆ 98765
RENAULT de Fok 8 ✆ 16464
TOYOTA de Fok 11 ✆ 16676
VAG Langestraat 9 ✆ 14700
VOLVO de Fok 3 ✆ 12577

CHAIJK Noord-Brabant 212 ⑧ et 408 ⑱ – 7 708 h. – ✆ 0 8866.

Amsterdam 99 – ♦'s-Hertogenbosch 25 – ♦Nijmegen 22.

XX **De Peppelen,** Schutsboomstraat 43, ✉ 5374 CB, ✆ 35 48, Fax 34 90 – P. AE E VISA
fermé 24 et 31 déc., 15 janv.-15 fév. et merc. sauf en juil.-août – **R** 55/85.

AZDA Rijksweg 42 ✆ 1317

CHERPENZEEL Gelderland 408 ⑪ – 8 616 h. – ✆ 0 3497.

Amsterdam 64 – Amersfoort 13 – ♦Arnhem 34.

De Witte Holevoet, Holevoetplein 282, ✉ 3925 CA, ✆ 13 36, Fax 26 13, – TV P – 25. AE E VISA.
R *(fermé dim.)* carte 70 à 105 – **14 ch** 103/143 – ½ P 125/160.

MW Marktstraat 11 ✆ 2214
VAG Industrielaan 9 ✆ 3700

CHEVENINGEN Zuid-Holland 408 ⑨ – voir à Den Haag (Scheveningen).

CHIEDAM Zuid-Holland 212 ⑤ et 408 ㉔ – voir à Rotterdam.

CHIERMONNIKOOG (Ile de) Friesland 408 ⑤ – voir à Waddeneilanden.

CHIPHOL Noord-Holland 408 ⑩ – voir à Amsterdam, environs.

CHOONEBEEK Drenthe 408 ⑬ – 7 740 h. – ✆ 0 5243.

Amsterdam 165 – Assen 48 – ♦Groningen 73 – ♦Zwolle 56.

De Wolfshoeve, Europaweg 132, ✉ 7761 AL, ✆ 24 24 – P – 50 à 300. rest
R *(fermé après 20 h 30)* – **22 ch.**

I (OPEL) Europaweg 153 ✆ 1331

CHOONHOVEN Zuid-Holland 408 ⑰ – 11 231 h. – ✆ 0 1823.

oir Collection d'horloges murales★ dans le musée d'orfèvrerie et d'horlogerie (Nederlands oud-, Zilver- en Klokkenmuseum).

Stadhuisstraat 1, ✉ 2871 BR, ✆ 50 09.

Amsterdam 62 – ♦Den Haag 55 – ♦Rotterdam 28 – ♦Utrecht 29.

XX **De Hooijberch,** Van Heuven Goedhartweg 1 (E : 1 km), ⊠ 2871 AZ, ℘ 36 01, Fax 63 4
, « Rustique » – P. AE ① E VISA
fermé lundi – **R** 65.

X **Belvédère** 1er étage, Lekdijk west 2, ⊠ 2871 MK, ℘ 23 77, <, – P. AE ① E VI
fermé 25, 26 et 31 déc. – **R** 58/70.

CITROEN Lopikerweg 56 a ℘ 3893
FORD C. G. Roosweg 4 ℘ 2866
NISSAN Kruispoortstraat 2 ℘ 2546
PEUGEOT, TALBOT Beneluxlaan 62 ℘ 3186
VAG Lopikerstraat 79 ℘ 2296
VOLVO Bergambachterstraat 5 ℘ 3777

SCHOORL Noord-Holland 408 ⑩ – 6 700 h. – ✪ 0 2209.

Duinvoetweg 1, ⊠ 1871 EA, ℘ 15 04.

◆Amsterdam 49 – Alkmaar 10 – Den Helder 32.

Merlet, Duinweg 15, ⊠ 1871 AC, ℘ 36 44, Fax 14 06, , – | TV ☎ P – 4
AE ① E VISA
R Fleurie 70/98 – **18 ch** 95/160 – ½ P 120/140.

X **De Rustende Jager,** Heereweg 18, ⊠ 1871 EH, ℘ 12 63, – E VISA
fermé merc., jeudi et 20 déc.-10 janv. – **R** carte env. 40.

CITROEN Duinweg 24 ℘ 1724

SCHUDDEBEURS Zeeland 212 ③ – voir à Zierikzee.

SEROOSKERKE (Schouwen) Zeeland C Westerschouwen 5 420 h. 212 ③ et 408 ⑯ ✪ 0 1117.

◆Amsterdam 137 – ◆Middelburg 54 – ◆Rotterdam 69.

XXX **De Schelphoek,** Serooskerkseweg 24, ⊠ 4327 SE, ℘ 12 12, – P. AE E VISA
fermé lundi et prem. sem. janv. – **R** 40/65.

XX **De Waag,** Dorpsplein 6, ⊠ 4327 AG, ℘ 15 70, – P. AE ① E VISA.
fermé merc. et 31 déc.-12 janv. – **R** carte 70 à 94.

SINT ANNAPAROCHIE Friesland C Het Bildt 10 044 h. 408 ④ – ✪ 0 5180.

◆Amsterdam 137 – ◆Leeuwarden 16.

X De Zwarte Haan, Nieuwe Bildtdijk 428 (N : 5 km), ⊠ 9076 PG, ℘ 16 49 – P.

VAG Van Burmaniastraat 4 ℘ 1101

SINT-OEDENRODE Noord-Brabant 212 ⑧ et 408 ⑱ – 16 539 h. – ✪ 0 4138.

Schootse Dijk 18 ℘ 7 30 11.

◆Amsterdam 107 – ◆Eindhoven 15 – ◆Nijmegen 48.

XXX **De Rooise Boerderij,** Schijndelseweg 2, ⊠ 5491 TB, ℘ 7 49 01, Fax 7 65 65, – P
AE ① E VISA
fermé lundi et 31 déc.-10 janv. – **R** carte 56 à 82.

XX **De Coevering,** Veghelseweg 70 (NE : 4 km), ⊠ 5491 AJ, ℘ 7 71 64, – P. AE ①
VISA. – *fermé sam. midi, dim. et lundi* – **R** carte env. 70.

CITROEN Borchmolendijk 50 ℘ 75912
GM (OPEL) Boskantseweg 26 ℘ 72740
MAZDA Industrieweg 1 ℘ 74000
MITSUBISHI Industrieweg 2 ℘ 74252
ROVER Lindendijk 2 ℘ 73950
VAG Odalaan 2 ℘ 73969

SITTARD Limburg 212 ① et 408 ㉖ – 44 894 h. – ✪ 0 46.

à Beek S : 8 km ℘ (0 43) 66 66 80 (renseignements) et 64 76 76 (réservations).

Wilhelminastraat 16, ⊠ 6131 KN, ℘ 52 41 44.

◆Amsterdam 194 – ◆Maastricht 23 – Aachen 36 – ◆Eindhoven 66 – Roermond 27.

De Prins, Rijksweg Z. 25, ⊠ 6131 AL, ℘ 51 50 41, Fax 51 46 41 – TV ☎ P – 25 o
plus. AE ① E VISA. rest
fermé du 27 au 31 déc. – **R** 40/100 – **23 ch** 83/140 – ½ P 110/115.

De Limbourg sans rest, Markt 22, ⊠ 6131 EK, ℘ 51 81 51, Fax 52 34 86 – TV
25 ou plus. AE ① E VISA. – **12 ch** 55/115.

XX **Le Caribou,** Molenweg 56 (près du parc public), ⊠ 6133 XN, ℘ 51 03 65, , « Dans le
dépendances d'un ancien moulin à eau » – P. AE ① E.
fermé sam. midi, dim. midi, lundi, 2 sem. en juil., août et sem. carnaval – **R** carte 75 à 9

X **Rachèl,** Markt 4, ⊠ 6131 EK, ℘ 51 68 15 – AE ① E VISA – **R** carte 43 à 71.

X **Wapen van Sittard,** Paardestraat 14, ⊠ 6131 HC, ℘ 51 71 21, , « Terrasse » – A
① E – *fermé merc. et jeudi* – **R** carte 54 à 70.

à Limbricht NO : 3 km C Sittard – ✪ 0 46 :

XX **In de Gouden Koornschoof,** Allee 1, ⊠ 6141 AV, ℘ 51 44 44, Fax 52 97 00, « Dans le
dépendances du château » – AE ① E VISA – *fermé dim. après 20 h et lundi* – **R** 70/80

à Munstergeleen S : 3 km C Sittard – ✆ 0 46 :

X **Zelissen,** Houbeneindstraat 4, ✉ 6151 CR, ✆ 51 90 27 – AE E
fermé mardi, merc. et 2 sem. en juil. – **R** 48.

TROEN Industriestraat 14 ✆ 511051
AT Pres. Kennedysingel 8 ✆ 517544
ORD Rijksweg Z. 92 ✆ 515200
ORD Mgr. Vranckenstraat 20 ✆ 516046
M (OPEL) Haspelsestraat 20 ✆ 516565
AZDA Bornerweg 8 à Limbricht ✆ 515838
NISSAN Geerweg 14 ✆ 512814
RENAULT Tunnelstraat 2a ✆ 519664
ROVER Industriestraat 31 ✆ 515195
TOYOTA Rijksweg Z. 212 ✆ 521000
VAG Leijenbroekerweg 27 ✆ 515777
VOLVO Industriestraat 3 ✆ 510342

SLEAT Friesland – voir Sloten.

SLENAKEN Limburg C Wittem 7 741 h. 212 ① et 408 ㉖ – ✆ 0 4457.
oir Route de Epen ≤*.
Dorpsstraat 20, ✉ 6277 NE, ✆ 33 04.
Amsterdam 230 – •Maastricht 20 – Aachen 20.

La Bonne Auberge, Dorpsstraat 1, ✉ 6277 NC, ✆ 35 41, Fax 35 48, ≤ – |‡| TV ☎ P. AE ① E VISA. ✻ rest
fermé du 1er au 15 janv. – **R** carte 64 à 102 – **20 ch** ☐ 75/170 – ½ P 100/135.

Klein Zwitserland ⛰, Grensweg 11, ✉ 6277 NA, ✆ 32 91, ≤ campagne, ☞ – TV ☎ P. ✻ – *15 mars-31 déc.* – **R** (résidents seult) – **20 ch** ☐ 68/136 – ½ P 92/95.

Berg en Dal, Dorpsstraat 19, ✉ 6277 NE, ✆ 32 01 – P. AE ① E. ✻ – *fermé 24 sept-15 oct. et merc. de nov. à mai* – **R** *(fermé après 19 h 30)* 36/48 – **18 ch** ☐ 50/90 – ½ P 47/65.

SLIEDRECHT Zuid-Holland 212 ⑥ et 408 ⑰ – 22 833 h. – ✆ 0 1840.
Amsterdam 83 – •Den Haag 53 – •Breda 50 – •Rotterdam 27 – •Utrecht 50.

XX **Bellevue,** Merwestraat 55, ✉ 3361 HK, ✆ 1 22 37, ≤, ☞ – ▤. E
fermé dim. et 29 juil.-14 août – **R** carte 40 à 58.

TROEN Vierlinghstraat 8 ✆ 12100
AT Leeghwaterstraat 46 ✆ 13555
ORD Deltalaan 217 ✆ 18088
M (OPEL) Rembrandtlaan 200 ✆ 13500
ONDA Lelystraat 97 ✆ 12796
MAZDA Middeldiepstraat 60 ✆ 14655
NISSAN Lelystraat 24 ✆ 11662
ROVER Rivierdijk 540 ✆ 12322
TOYOTA Lelystraat 109 ✆ 10755
VAG Stationsweg 70 ✆ 16500

SLOCHTEREN Groningen 408 ⑥ – 13 958 h. – ✆ 0 5982.
Amsterdam 198 – •Groningen 22.

XX **De Boerderij Fraeylemaborg,** Hoofdweg 28, ✉ 9621 AL, ✆ 19 40, ☞, « Ferme du 18e s. » – P. AE ① E VISA. ✻ – *fermé lundi* – **R** carte 67 à 100.

ADA Hoofdweg 49 ✆ 1242

SLOTEN (SLEAT) Friesland C Gaasterlân - Sleat 9 211 h. 408 ④ – ✆ 0 5143.
oir Ville fortifiée*.
Amsterdam 119 – •Groningen 78 – •Leeuwarden 50 – •Zwolle 63.

X **De Zeven Wouden,** Voorstreek 120, ✉ 8556 XV, ✆ 12 70, ☞ – AE E VISA
mars-sept et week-end – **R** 39.

SLOTERVAART Noord-Holland 408 ㉗ – voir à Amsterdam, environs.

SLUIS Zeeland 212 ⑪ ⑫ et 408 ⑮ – 2 882 h. – ✆ 0 1178.
St. Annastraat 15, ✉ 4524 ZG, ✆ 17 00.
Amsterdam (bac) 225 – •Middelburg (bac) 29 – •Brugge 20 – Knokke-Heist 9.

De Dikke Van Dale, St. Annastraat 46, ✉ 4524 JE, ✆ 19 20, Fax 12 66, ☞, ✂ – |‡| TV ☎ P – 🏛 25 ou plus. AE ① E VISA. ✻ rest
R *(fermé 31 déc.-1er janv.)* carte 68 à 106 – **23 ch** ☐ 120/140 – ½ P 100/105.

D'Ouwe Schuure ⛰, St. Annastraat 191, ✉ 4524 JH, ✆ 22 32, ☞ – P. AE ① E VISA
R *(fermé merc. hors saison)* 40/60 – **8 ch** ☐ 75/100.

XX **Oud Sluis,** Beestenmarkt 2, ✉ 4524 EA, ✆ 12 69 – AE ① E VISA
fermé jeudi soir et vend. – **R** carte 75 à 105.

X **Gasterij Balmoral,** Kaai 16, ✉ 4524 CK, ✆ 14 98, Fax 24 70, ☞ – AE ① E VISA
fermé vend. – **R** 45/65.

X **De Lindenhoeve,** Beestenmarkt 4, ✉ 4524 ZH, ✆ 18 10, Fax 26 00, « Jardin » – P
fermé 2 dern. sem. janv. et après 20 h de sept à juin – **R** carte 65 à 76.

à Heille SE : 5 km C Sluis – ✆ 0 1177 :

XX **De Schaapskooi,** Zuiderbruggeweg 23, ✉ 4524 KH, ✆ 16 00, ☞, « Ancienne bergerie dans cadre champêtre » – P. AE ① E VISA – *fermé 2 prem. sem. oct., prem. sem. janv., lundi soir sauf en juil.-août et mardi* – **R** carte 58 à 100.

à Retranchement N : 6 km Ⓒ Sluis – ✆ 0 1179 :

ꭗ **De Witte Koksmuts,** Kanaalweg 8, ✉ 4525 NA, ✆ 16 87 – Ⓟ. AE
fermé du 11 au 17 mars, 13 nov.-6 déc., merc. hors saison et jeudi – **R** carte 55 à 78.

SNEEK Friesland 408 ④ – 29 408 h. – ✆ 0 5150.

Voir Porte d'eau★ (Waterpoort) A **A**.

Exc. Circuit en Frise Méridionale★ : Sloten (ville fortifiée★) par ④.

ℹ (fermé sam. hors saison) Leeuwenburg 21, ✉ 8601 CG, ✆ 1 40 96.

◆Amsterdam 125 ④ – ◆Leeuwarden 24 ① – ◆Groningen 78 ② – ◆Zwolle 74 ③.

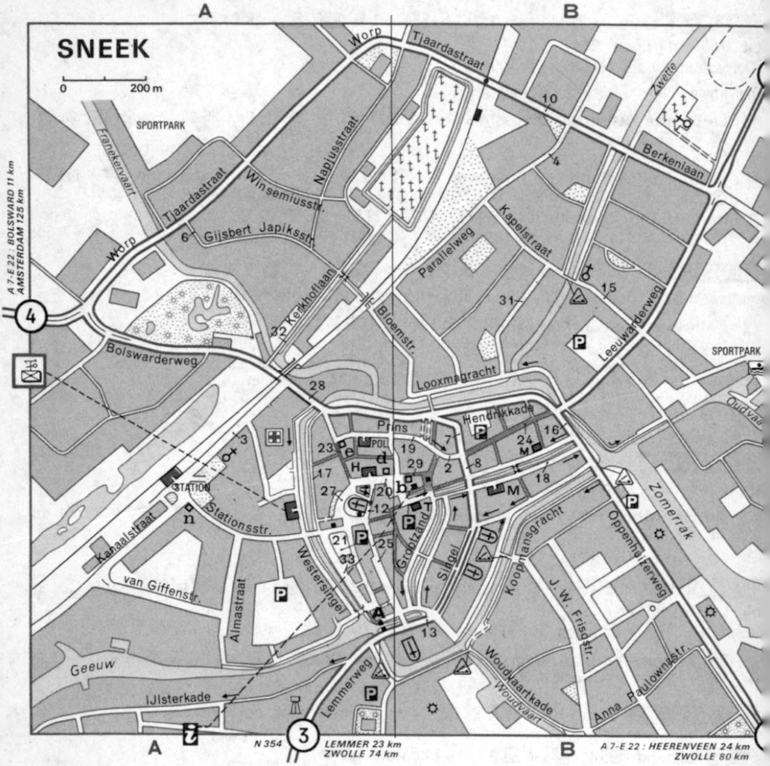

Grootzand . . . . B
Noorderhorne . . . . A 23
Oosterdijk . . . . B 24
Peperstr. . . . . B 29

Burgstr. . . . . B 2
Dr. Boumaweg . . . . A 3
Dr. Kuyperlaan . . . . B 4
Dr. P. Sipmastr. . . . . A 6

Gedempte Pol . . . . B 7
Gedempte Poortezijlen . . . . B 8
Goeman Borgesiuslaan . . . . B 10
Grote Kerkstr. . . . . A 12
Hoogend . . . . B 13
Jachthavenstr. . . . . B 15
Jousterkade . . . . B 16
Kerkgracht . . . . A 17

Kruizebroederstr. . . . . B
Marktstr. . . . . A
Martinipl. . . . . A
Oude Koemarkt . . . . A
Oudkerkhof . . . . A
Parkstr. . . . . A
Steenklipstr. . . . . B
Tranendal . . . . A
Waterpoortsgracht . . . . A

De Wijnberg, Marktstraat 23, ✉ 8601 CS, ✆ 1 24 21, Fax 1 33 69 – ▤ rest TV ☎ – 🏛 75. AE
◑ E VISA – *fermé 27 déc.-2 janv.* – **R** carte env. 50 – **21 ch** ▭ 65/145 – ½ P 88. A

Bonnema, Stationsstraat 66, ✉ 8601 GG, ✆ 1 31 75 – ▤ rest TV Ⓟ – 🏛 70. AE ◑
VISA A
fermé dim. – **R** *(fermé après 20 h 30)* carte env. 40 – **13 ch** ▭ 55/115 – ½ P 83/85.

ꭗꭗ **Hanenburg** avec ch, Wijde Noorderhorne 2, ✉ 8601 EB, ✆ 1 25 70, Fax 2 58 95 – 🏛 4
à 200. AE ◑ E VISA. ✻ rest A
fermé dim. midi – **R** carte 46 à 70 – **12 ch** ▭ 57/105 – ½ P 65/79.

ꭗ **Onder de Linden,** Marktstraat 30, ✉ 8601 CV, ✆ 1 26 54 – AE ◑ E VISA B
fermé lundi – **R** 35.

'ROEN Kaatsland 2 ☏ 17150
RD Akkerwinde 1 ☏ 13344
/ (OPEL) Edisonstraat 1 ☏ 22055
DA Martiniplein 4 ☏ 13091
:RCEDES-BENZ Marie-Louisestraat 20
12220

NISSAN Tingieterstraat 2 ☏ 21212
PEUGEOT, TALBOT Westhemstraat 52 ☏ 18000
RENAULT 2e Oosterkade 26 ☏ 13291
TOYOTA Westhemstraat 52 ☏ 13992
VAG Alexanderstraat 12 ☏ 15825
VOLVO, FIAT Steenhouwersstraat 2 ☏ 19155

OEST Utrecht 408 ⑪ – 41 598 h. – ☎ 0 2155.

(fermé sam.) Steenhoffstraat 9a, ✉ 3764 BH, ☏ 1 20 75.

ımsterdam 42 – ◆Utrecht 23 – Amersfoort 7.

XX **Van den Brink,** Soesterbergsestraat 122, ✉ 3768 EL, ☏ 1 27 06, – P. AE ⓓ E VISA
fermé lundi, dern. sem. juil.-prem. sem. août et du 27 au 31 déc. – **R** carte 56 à 94.

XX **Darthuizen,** Prins Hendriklaan 1, ✉ 3761 DS, ☏ 1 38 07, Fax 2 69 46, – P. AE ⓓ E VISA
fermé vend. midi, sam. midi, dim. midi et lundi – **R** carte 53 à 80.

XX **'t Hoogje,** Kerkstraat 10, ✉ 3764 CT, ☏ 1 56 60, , « Ferme du 17e s. » – AE ⓓ E VISA
fermé mardi – **R** carte 53 à 83.

*à **Soestdijk*** C Soest – ☎ 0 2155 :

XX **'t Spiehuis,** Biltseweg 45, ✉ 3763 LD, ☏ (0 2156) 82 36, , « Auberge en lisière des bois » – P. AE ⓓ E VISA
fermé mardi, 24 juil.-14 août et 25 déc.-4 janv. – **R** carte 66 à 90.

*à **Soesterberg*** S : 4 km C Soest – ☎ 0 3463 :

XX **'t Zwaantje,** Rademakerstraat 2, ✉ 3769 BD, ☏ 5 14 23 – P. AE ⓓ E VISA
fermé 24 et 31 déc. – **R** carte 66 à 103.

XX **De Tuin,** Rademakerstraat 6, ✉ 3769 BD, ☏ 5 12 73, Fax 5 19 35, – P. AE ⓓ E
fermé 31 déc. – **R** carte env. 60.

FA-ROMEO van Weedestraat 251 ☏ 12334
TROEN Korte Brinkweg 36 ☏ 16215
AT Koningsweg 14 ☏ 13317
)RD Beukenlaan 80 ☏ 12643
/ (OPEL) Birkstraat 30 ☏ 12364
ıDA Kerkstraat 109 ☏ 16410
AZDA Kostverlorenweg 1 ☏ 13865
ITSUBISHI Koningsweg 14 ☏ 13227

PEUGEOT, TALBOT Kerkstraat 62 ☏ 13898
RENAULT Nieuwerhoekplein 1 à Soestdijk ☏ 18850
TOYOTA Burg. Grothestraat 68 à Soestdijk ☏ 12330
VAG Soesterbergsestraat 2 ☏ 19064
VOLVO Kerkstraat 58 ☏ 12500

:OMEREN Noord-Brabant 212 ⑲ et 408 ⑲ – 17 033 h. – ☎ 0 4937.

ımsterdam 151 – ◆'s-Hertogenbosch 52 – ◆Eindhoven 23 – Helmond 13 – Venlo 37.

Centraal, Wilhelminaplein 3, ✉ 5711 EK, ☏ 9 48 15 – ☎ P – 25 ou plus. AE ⓓ E VISA.
R *(fermé dim.)* carte env. 75 – **11 ch** 58/105.

XX **De Zeuve Meeren** avec ch, Wilhelminaplein 14, ✉ 5711 EK, ☏ 9 27 28 – TV ☎. AE ⓓ E VISA.
R *(fermé sam. midi)* carte 44 à 79 – **5 ch** 73/105 – ½ P 98.

SSAN Half Elfje 8 ☏ 93153
:UGEOT, TALBOT ter Hofstadlaan 140
91655

TOYOTA Boerenkamplaan 113a ☏ 94840

:ON EN BREUGEL Noord-Brabant 212 ⑧ et 408 ⑱ – 14 489 h. – ☎ 0 4990.

ımsterdam 114 – ◆'s-Hertogenbosch 27 – ◆Eindhoven 8.

De Gouden Leeuw, Nieuwstraat 30 (Son), ✉ 5691 AD, ☏ 7 19 35 – ⓓ E VISA
fermé sam. et 26 juil.-18 août – **R** carte 40 à 63 – **8 ch** 40/80.

XX **Gertruda Hoeve,** Van den Elsenstraat 23 (Breugel), ✉ 5694 ND, ☏ 7 10 37, , « Ferme du 17e s. » – P. AE ⓓ E VISA.
fermé lundi et du 16 au 31 juil. – **R** 40/75.

)NDA Wilhelminalaan 4 ☏ 72072
ıDA Heuvel 15 ☏ 75280

VAG Esp 1 ☏ 74522

:PAARNDAM Noord-Holland C Haarlemmerliede en Spaarnwoude 5 051 h. 408 ⑩ – ☎ 0 23.

9 à Velsen-Zuid, Het Hoge Land 3, Recreatieoord Spaarnwoude, ☏ (0 23) 38 27 08.

ımsterdam 18 – Alkmaar 28 – ◆Haarlem 11.

X **'t Stille Water,** Oostkolk 19, ✉ 2063 JV, ☏ 37 13 94 – AE ⓓ E VISA
fermé lundi, mardi et 23 déc.-13 janv. – **R** (dîner seult) carte 63 à 91.

:PAKENBURG Utrecht 408 ⑪ – voir à Bunschoten-Spakenburg.

:PIER Drenthe 408 ⑬ – voir à Beilen.

SPIERDIJK Noord-Holland [C] Wester-Koggenland 12 713 h. 408 ⑩ – ✆ 0 2296.

◆Amsterdam 41 – Alkmaar 22 – Hoorn 12.

✗ **Karrewiel,** Noord Spierdijkerweg 173, ✉ 1643 NM, ✆ 12 01, 余 – Ⓟ. AE ⓓ E VISA
fermé lundi, mardi et 31 déc. – **R** (dîner seult) carte 40 à 71.

CITROEN Noord Spierdijkerweg 137 ✆ 1235
NISSAN Zuid Spierdijkerweg 46 ✆ 1297

SPIJKENISSE Zuid-Holland 212 ④ et 408 ⑰ – 65 208 h. – ✆ 0 1880.

◆Amsterdam 92 – ◆Rotterdam 17.

Carlton Oasis, Curieweg 1 (S : 1 km), ✉ 3208 KJ, ✆ 2 52 22, Telex 29666, Fax 1 10 9
≘s, ☒ – |‡| ▤ ☎ Ⓟ – 🔊 25 ou plus. AE ⓓ E VISA
R carte 53 à 90 – ☕ 18 – **79 ch** 200/250 – ½ P 128/345.

✗ **'t Ganzengors,** Oostkade 4, ✉ 3201 AM, ✆ 1 25 78, Fax 1 77 32, 余 – Ⓟ. AE ⓓ E V
fermé dim. et du 5 au 26 août – **R** 46/60.

ALFA-ROMEO Elementenweg 30 ✆ 17475
CITROEN Hoogwerfsingel 1 a ✆ 15255
FIAT Boyleweg 4 ✆ 24900
GM (OPEL) Boyleweg 14 ✆ 12277
HONDA Elementenweg 32 ✆ 17740
LADA Noordeinde 16 ✆ 15046
MAZDA Edisonweg 1 ✆ 13544
NISSAN Beukenlaan 7 ✆ 18099
PEUGEOT Randweg 5 ✆ 15522
RENAULT Groenoordweg 4 ✆ 11122
TOYOTA Stationsstraat 9 ✆ 19277
VAG Schenkelweg 2 ✆ 13000

STADSKANAAL Groningen 408 ⑥ – 33 047 h. – ✆ 0 5990.

◆Amsterdam 205 – Assen 31 – Emmen 33 – ◆Groningen 38.

Dopper, Hoofdstraat 33, ✉ 9501 CM, ✆ 1 20 08 – ☎ Ⓟ – 🔊 25 à 250
R *(fermé après 20 h 30)* – **11 ch.**

ALFA-ROMEO Stationsstraat 1 ✆ 14980
FORD Hoofdstraat 69 ✆ 13655
GM (OPEL) Veenstraat 1 ✆ 10000
HONDA Ceresstraat 15 ✆ 12615
RENAULT Handelsstraat 62 ✆ 13380
VOLVO Ceresstraat 11 ✆ 13405

STAPHORST Overijssel 408 ⑫ – 13 580 h. – ✆ 0 5225.

Voir Ville typique★ : Les fermes★, Costume traditionnel★.

◆Amsterdam 128 – ◆Zwolle 18 – ◆Groningen 83 – ◆Leeuwarden 74.

Waanders, Rijksweg 12, ✉ 7951 DH, ✆ 18 88, Fax 10 93 – |‡| ▤ rest TV ☎ Ⓟ – 🔊 20
E VISA
R (ouvert jusqu'à 23 h) 46/98 – ☕ 10 – **24 ch** 80/120.

✗✗ **Het Boerengerecht,** Middenwolderweg 2, ✉ 7951 EC, ✆ 19 67, Fax 11 66, 余, « Fern
du 17e s. » – Ⓟ. AE ⓓ E VISA
fermé prem. sem. janv. – **R** 70/90.

GM (OPEL) Gemeenteweg 306 ✆ 1570

STEENSEL Noord-Brabant [C] Eersel 12 350 h. 212 ⑱ et 408 ⑱ – ✆ 0 4970.

◆Amsterdam 132 – ◆'s-Hertogenbosch 43 – ◆Eindhoven 12 – Roermond 60 – ◆Turnhout 32.

Motel Steensel, Eindhovenseweg 43a, ✉ 5524 AP, ✆ 1 23 16, Fax 1 48 81 – TV Ⓟ.
ⓓ E VISA. ✗ rest
fermé 22 déc.-1er janv. – **R** (résidents seult) – **39 ch** ☕ 80/100 – ½ P 80/110.

STEENWIJK Overijssel 408 ⑫ – 20 907 h. – ✆ 0 5210.

◆Amsterdam 148 – ◆Zwolle 38 – Assen 55 – ◆Leeuwarden 54.

✗✗ **De Gouden Engel** avec ch, Tukseweg 1, ✉ 8331 KZ, ✆ 1 24 36 – TV ☎. AE ⓓ E V
R carte 57 à 107 – **16 ch** ☕ 60/155 – ½ P 75/100.

✗ **Patijntje,** Scholestraat 15, ✉ 8331 HS, ✆ 1 44 25 – ⓓ ✗
fermé du 18 au 29 sept, 30 janv.-fév., lundi et mardi – **R** (dîner seult jusqu'à 20 h) carte
à 53.

✗ **'t Geveltien,** Markt 76, ✉ 8331 HK, ✆ 1 05 41 – AE ⓓ E VISA
fermé dim. midi – **R** 43.

BMW Broekslagen 2 ✆ 13655
CITROEN Produktieweg 30 ✆ 15690
FIAT Meppelerweg 40 ✆ 12231
FORD Meppelerweg 32 ✆ 12325
GM (OPEL) Tukseweg 19 ✆ 12841
LADA Scheerwolderweg 6 ✆ (0 5217) 1318
PEUGEOT, TALBOT Produktieweg 32 ✆ 132
RENAULT Stationsstraat 13 ✆ 14141
TOYOTA Broekslagen 12 ✆ 15660
VAG Tukseweg 132 ✆ 12152

STEIN Limburg 212 ① et 408 ㉖ – 26 569 h. – ✆ 0 46.

◆Amsterdam 197 – ◆Maastricht 18 – Aachen 36 – Roermond 30.

✗✗ **François,** Mauritsweg 96, ✉ 6171 AK, ✆ 33 14 52 – AE ⓓ E VISA
fermé merc. et sem. carnaval – **R** carte 40 à 63.

SUSTEREN Limburg 212 ① et 408 ⑲ – 12 919 h. – ☎ 0 4499.

Amsterdam 184 – ◆Maastricht 32 – Aachen 47 – ◆Eindhoven 58 – Roermond 19.

XXX **La Source,** Oude Rijksweg Noord 21, ✉ 6114 JA, ☎ 31 50 – Ⓟ. AE ⓓ E VISA. ✻
◆ *fermé lundi, mardi, 29 juil.-19 août et du 2 au 9 janv.* – **R** 40/68.

OVER Rijksweg N. 16 ☎ 1549 | TOYOTA Rijksweg N. 54 ☎ 3300

TERBORG Gelderland Ⓒ Wisch 19 941 h. 408 ⑳ – ☎ 0 8350.

Amsterdam 135 – ◆Arnhem 37 – ◆Enschede 58.

X **'t Hoeckhuys,** Stationsweg 16, ✉ 7061 CT, ☎ 2 39 33 – Ⓟ. AE ⓓ E VISA
R carte env. 65.

NAULT Laan van Wisch 6 ☎ 23218

TERNEUZEN Zeeland 212 ⑬ et 408 ⑯ – 35 043 h. – ☎ 0 1150.

Amsterdam (bac) 196 – ◆Middelburg (bac) 39 – ◆Antwerpen 56 – ◆Brugge 58 – ◆Gent 39.

L'Escaut, Scheldekade 65, ✉ 4531 EJ, ☎ 9 48 55, Fax 2 09 81 – |♦| TV ☎ – 🏛 25 ou plus. AE ⓓ E VISA. ✻
R Toison d'Or *(fermé sam. midi et dim.)* carte 85 à 147 – ☕ 28 – **23 ch** 245/270 – ½ P 325.

Churchill, Churchilllaan 700, ✉ 4532 JB, ☎ 2 11 20, Telex 55240, Fax 9 73 93, ≤, ☎, ▣ – |♦| ▤ ch TV ☎ ♿ Ⓟ – 🏛 25 ou plus. AE ⓓ E VISA
R carte 40 à 72 – **55 ch** ☕ 125/165 – ½ P 98/155.

XX **De Milliano,** Noteneeweg 28 (Othenesche Kreek), ✉ 4535 AS, ☎ 2 08 17, ≤, 🏖, « Terrasse au bord de l'eau » – Ⓟ. AE ⓓ E VISA
fermé sam. midi et 22 juil.-4 août – **R** carte 65 à 110.

MW Industrieweg 37 ☎ 81000
TROEN Mr. F.J. Haarmanweg 55 ☎ 94300
AT Mr. F.J. Haarmanweg 51 a ☎ 94564
RD Axelsestraat 165 ☎ 13857
M (OPEL) Rooseveltlaan 2 ☎ 13553
DA Mr. F.J. Haarmanweg 19 ☎ 12210
AZDA Oudelandseweg 31 ☎ 18500
ERCEDES-BENZ Lange Reksestraat 11 ☎ 20400
MITSUBISHI Transportstraat 1 ☎ 12321
NISSAN Energiestraat 10 ☎ 12612
PEUGEOT, TALBOT Mr. F.J. Haarmanweg 21 ☎ 12035
RENAULT Mr. F.J. Haarmanweg 58 ☎ 17751
ROVER Mr. F.J. Haarmanweg 4 ☎ 13690
TOYOTA Lange Reksestraat 11 ☎ 20400
VAG Fred. van Eedenstraat 1 ☎ 13456
VOLVO Mr. F.J. Haarmanweg 49 ☎ 97455

TERSCHELLING (Ile de) Friesland 408 ④ – voir à Waddeneilanden.

TETERINGEN Noord-Brabant 212 ⑥ et 408 ⑰ – voir à Breda.

TEXEL (Ile de) Noord-Holland 408 ③ – voir à Waddeneilanden.

THOLEN Zeeland 212 ④ ⑭ et 408 ⑯ – 19 019 h. – ☎ 0 1660.

Amsterdam 133 – Bergen op Zoom 9 – ◆Breda 51 – ◆Rotterdam 56.

XX **Hof van Holland** avec ch, Kaaij 1, ✉ 4691 EE, ☎ 25 90, Fax 42 28, 🏖 – AE ⓓ E VISA
✻ rest
fermé 1 sem. en janv. et lundi du 15 sept au 15 mars – **R** carte 48 à 84 – ☕ 13 – **6 ch** 40/80 – ½ P 90.

AZDA Ohmstraat 2 ☎ 3682 | RENAULT Eendrachtsweg 13 ☎ 2440

THORN Limburg 212 ⑲ et 408 ⑲ – 2 686 h. – ☎ 0 4756.

Voir Bourgade★.

(juin-août) Hofstraat 10, ✉ 6017 AK, ☎ 27 61.

Amsterdam 172 – ◆Maastricht 44 – ◆Eindhoven 44 – Venlo 35.

Host. La Ville Blanche, Hoogstraat 2, ✉ 6017 AR, ☎ 23 41, Fax 28 28 – |♦| TV ☎ Ⓟ – 🏛 25 ou plus. AE ⓓ E VISA. ✻
R 49/70 – **23 ch** ☕ 110/160 – ½ P 110/130.

Crasborn, Hoogstraat 6, ✉ 6017 AR, ☎ 12 81, 🏖 – AE ⓓ E VISA
R *(fermé janv.)* carte env. 40 – ☕ 15 – **11 ch** *(15 mars-15 nov.)* 70/90 – ½ P 88/95.

ZDA Meers 1 ☎ 1216

Pleasant hotels and restaurants are shown
in the Guide by a red sign.
Please let us know the places
where you have enjoyed your stay.
Your Michelin Guide will be even better.

TIEL Gelderland 212 ⑧ et 408 ⑱ – 31 394 h. – ☎ 0 3440.

Korenbeursplein 4, ✉ 4001 KX, ☎ 1 64 41.

◆Amsterdam 80 – ◆Arnhem 44 – ◆'s-Hertogenbosch 38 – ◆Nijmegen 41 – ◆Rotterdam 76.

Motel Tiel, Laan van Westroyen 10 (N : 1 km près A 15), ✉ 4003 AZ, ☎ 2 20 20, Fax 1 21 2… – rest ☎ Ⓟ – 25 ou plus. AE E. ch
R (ouvert jusqu'à 23 h 30) carte env. 55 – **125 ch** 80/90.

Lotus, Westluidensestraat 49, ✉ 4001 NE, ☎ 1 57 02, Fax 2 07 65, Cuisine chinoise – Ⓟ. AE E VISA.
R carte 40 à 57.

ALFA-ROMEO Grote Brugse Grintweg 160 ☎ 13452
BMW Lingeweg 5 ☎ 13758
CITROEN Fabriekslaan 14 ☎ 12544
FIAT Stephensonstraat 1 ☎ 21818
FORD Franklinstraat 1 ☎ 20802
GM (OPEL) Franklinstraat 2 ☎ 16147
MAZDA Lingeweg 4 ☎ 11662
MERCEDES-BENZ Kellenseweg 28 ☎ 12877
NISSAN Zuiderhavenweg 7a ☎ 16826
PEUGEOT, TALBOT Stationsweg 1 ☎ 17785
RENAULT Stephensonstraat 3 ☎ 19663
VAG Marconistraat 13 ☎ 13211
VOLVO Kellenseweg 26 ☎ 14501

When looking for a very quiet or secluded hotel use the maps in the introduction or look for establishments with the sign

TILBURG Noord-Brabant 212 ⑦ et 408 ⑱ – 155 110 h. – ☎ 0 13.

Voir Domaine récréatif de Beekse Bergen* SE : 4 km par ②.

à Eindhoven-Welschap par ② : 32 km ☎ (0 40) 51 61 42.

(départs de 's-Hertogenbosch) ☎ 42 24 42.

Stadhuisplein 128, ✉ 5038 TC, ☎ 35 11 35.

◆Amsterdam 110 ① – ◆'s-Hertogenbosch 23 ① – ◆Breda 22 ④ – ◆Eindhoven 36 ②.

Plan page ci-contre

Altea, Heuvelpoort 300, ✉ 5038 DT, ☎ 35 46 75, Telex 52722, Fax 35 58 75 – ch ☎ – 25 ou plus. AE E VISA Y
R carte env. 55 – **63 ch** 155.

De Postelse Hoeve, Dr. Deelenlaan 10, ✉ 5042 AD, ☎ 63 63 35, Fax 63 93 90 – TV Ⓟ – 25 ou plus. AE E VISA V
R carte 60 à 82 – **36 ch** 108/165 – ½ P 133/160.

Ibis, Dr. Hub. van Doorneweg 105, ✉ 5026 RB, ☎ 63 64 65, Telex 52756, Fax 68 16 24 TV Ⓟ – 25 ou plus. AE E VISA X
R carte 46 à 76 – **71 ch** 110/135 – ½ P 128/170.

De Gouden Zwaan, Monumentstraat 6, ✉ 5038 AR, ☎ 36 29 87 – E. Z
fermé lundi et 2 prem. sem. août – **R** 40/83.

Valentijn, Heuvel 43, ✉ 5038 CS, ☎ 43 33 86, Fax 44 14 19 – AE E VISA. Y
fermé sam. midi, dim. midi, prem. sem. janv. et carnaval – **R** carte 73 à 107.

La Colline, Heuvel 39, ✉ 5038 CS, ☎ 43 11 32, Fax 42 54 65 – AE E Y
fermé merc. et 3 dern. sem. juil. – **R** carte 66 à 89.

Den Schout 1er étage, Oranjestraat 4, ✉ 5038 WC, ☎ 43 45 12 – AE E. Z
fermé jeudi et 2e quinz. juil. – **R** carte 49 à 97.

La Petite Suisse, Heuvel 41, ✉ 5038 CS, ☎ 42 67 31 – AE E Y
R carte env. 75.

De Korenbeurs 1er étage, Heuvel 24, ✉ 5038 CP, ☎ 36 92 24, Fax 36 17 77 – AE VISA Y
fermé 1er janv. – **R** 40/53.

Lotus, Heuvel 49, ✉ 5038 CS, ☎ 42 28 70, Cuisine chinoise – Ⓟ Y
R (dîner seult sauf sam., dim. et jours fériés) carte 36 à 69.

à Goirle par ③ : 3 km – 18 852 h. – ☎ 0 13 :

Boschlust, Tilburgseweg 193, ✉ 5051 AE, ☎ 42 30 95, Fax 43 74 45, « Terrasse jardin » – Ⓟ. AE E VISA.
fermé mardi, sam. midi, 5, 24 et 31 déc. et du 2 au 7 janv. – **R** 55/93.

De Hovel, Tilburgseweg 37, ✉ 5051 AA, ☎ 34 54 74 – Ⓟ. AE E VISA
fermé lundi – **R** carte 77 à 102.

ALFA-ROMEO P. Loosjesstraat 11 ☎ 430022
BMW Spoordijk 72 ☎ 422133
CITROEN Fabriekstraat 33 à Goirle ☎ 341540
FORD Spoorlaan 175 ☎ 350045
GM (OPEL) Ringbaan Oost 102a ☎ 434655
LADA Brücknerlaan 14 ☎ 550723
MAZDA Offenbachstraat 161 ☎ 554244
MERCEDES-BENZ Ringbaan Oost 156 ☎ 353855
NISSAN Burg. Jansenstraat 52 ☎ 683911
PEUGEOT, TALBOT Lage Witsiebaan 78 ☎ 634355
RENAULT Goirkestraat 25 ☎ 364011
ROVER Winkler Prinsstraat 24 ☎ 420143
TOYOTA Ringbaan Noord 95 ☎ 351035
VAG Ringbaan Noord 65 ☎ 321411
VOLVO Ringbaan Zuid 3 ☎ 360015

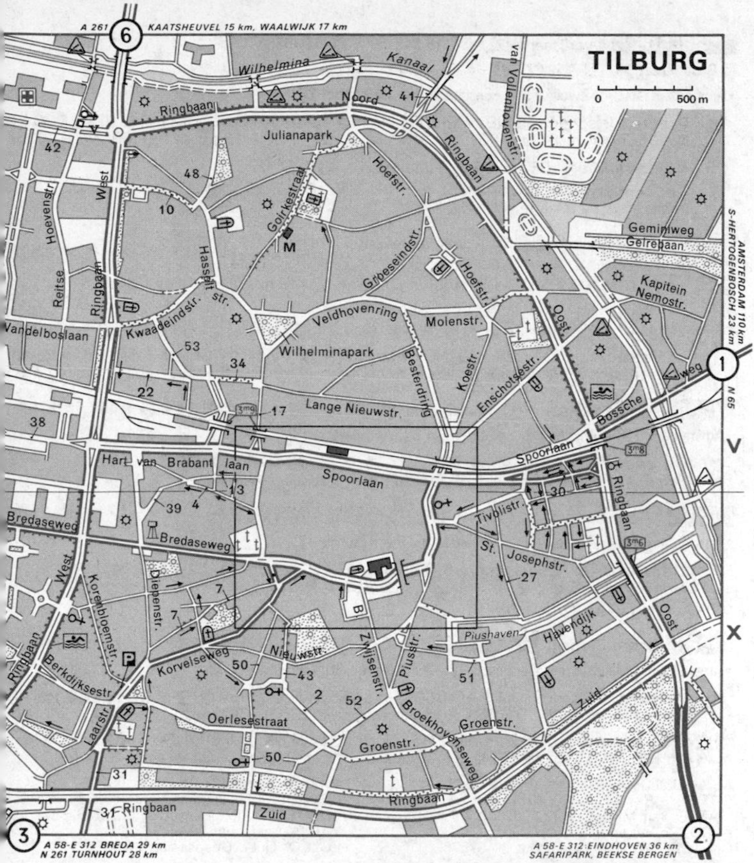

uvelstr. . . . . Y
iana van
lbergstr. . . . . Y 21
ingspl. . . . . Z 24
spl. . . . . Z 37
ouwburgring . . . . Z

el Tasmanstr. . . . . X 2
sterdring . . . . Y 3
omstr. . . . . Y 4
oucijnenstr. . . . . Z 7
enburglaan . . . . V 10
enstr. . . . . VY 13
mastr. . . . . Z 14
schotsestr. . . . . Y 16
sthuisring . . . . VY 17
uvel . . . . Z 20
dermansstr. . . . . V 22
osterstr. . . . . Z 23
te Schijfstr. . . . . Y 25
ciersstr. . . . . X 27
ge Schijfstr. . . . . Z 28
arethstr. . . . . Z 29
uwe
osscheweg . . . . V 30
de Goirleseweg . . . . X 31
de Markt . . . . Z 32
eisring . . . . Z 33
ips Vingboonstr. . . . . . . V 34
er Vreedepl. . . . . Y 36
f. Cobbenhagenlaan . . . V 38
nusstr. . . . . VX 39
rijnstoklaan . . . . V 41
eckertbaan . . . . V 42
Ruijterstr. . . . . X 43

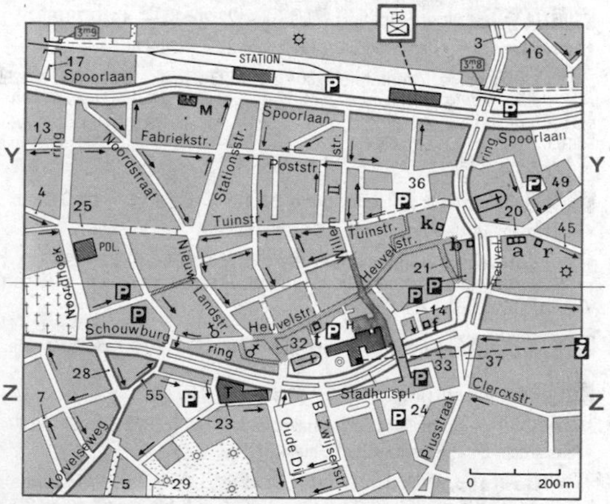

St. Josephstr. . . . . Y 45
Textielpl. . . . . V 48
Tivolistr. . . . . Y 49
Trouwlaan . . . . X 50

Vendeliersstr. . . . . X 51
Voltstr. . . . . X 52
Waterhoefstr. . . . . V 53
Zomerstr. . . . . Z 55

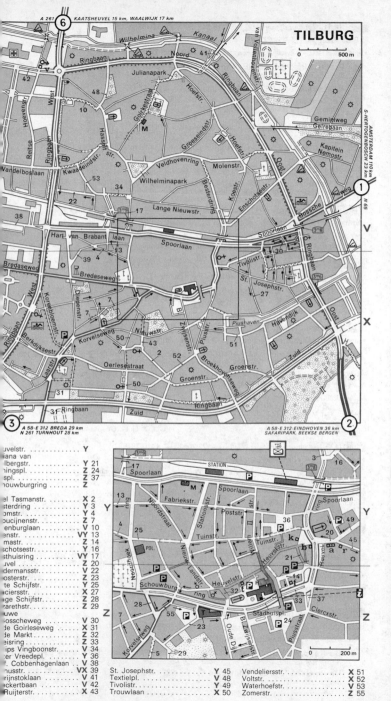

TUBBERGEN Overijssel 408 ⑬ – 18 443 h. – ☎ 0 5493.

Grotestraat 58, ✉ 7650 CK, ☎ 16 27.

♦Amsterdam 162 – ♦Zwolle 65 – ♦Enschede 28 – Nordhorn 28.

Droste, Uelserweg 95 (NE : 2 km), ✉ 7651 KV, ☎ 12 64, Fax 28 28 – TV ☎ P – 30 à 6… AE E VISA. rest – *fermé 31 déc. et 1er janv.* – **R** 40/95 – **15 ch** 85/160 – ½ P 70/10…

à Harbrinkhoek SE : 6 km C Tubbergen – ☎ 0 5490 :

X **De Peuver,** Haarbrinksweg 79, ✉ 7615 NN, ☎ 6 69 86 – P. AE E *fermé merc.* – **R** carte 40 à 67.

TWELLO Gelderland 408 ⑫ – voir à Deventer.

TWIJZEL (TWIZEL) Friesland C Achterkarspelen 27 479 h. 408 ⑤ – ☎ 0 5115.

Voir Fermes*.

♦Amsterdam 164 – ♦Groningen 37 – ♦Leeuwarden 23.

XX **La Ferme,** Tsjerkebuorren 42 (NO : 2 km sur N 355), ✉ 9286 GC, ☎ 21 04, « Véranc… et terrasse » – P. AE O E VISA – *fermé dim. et lundi* – **R** (dîner seult) carte 45 à 85

UBACHSBERG Limburg C Voerendaal 13 259 h. 212 ② et 408 ㉖ – ☎ 0 45.

♦Amsterdam 218 – Aachen 16 – ♦Eindhoven 88 – ♦Maastricht 24.

XX **De Leuf,** Dalstraat 2, ✉ 6367 JS, ☎ 75 02 26, – P. AE O E *fermé dim., lundi, 2 prem. sem. août et sem. carnaval* – **R** carte 70 à 118.

UDDEL Gelderland C Apeldoorn 147 270 h. 408 ⑫ – ☎ 0 5770.

♦Amsterdam 80 – ♦Arnhem 46 – ♦Apeldoorn 16 – ♦Zwolle 42.

XX **Uddelermeer,** Uddelermeer 5, ✉ 3852 NR, ☎ 12 02 – P. AE O E VISA. *fermé lundi, 25 déc.-2 janv. et après 20 h 30* – **R** 50/95.

MAZDA Elspeterweg 32 ☎ 1402

UDEN Noord-Brabant 212 ⑧ et 408 ⑱ ⑲ – 35 057 h. – ☎ 0 4132.

♦Amsterdam 113 – ♦'s-Hertogenbosch 28 – ♦Eindhoven 30 – ♦Nijmegen 33.

Arrows, St. Janstraat 14, ✉ 5401 BB, ☎ 6 85 55, Fax 6 16 15 – TV ☎ P. AE O E VISA. *fermé sam. et du 24 au 31 déc.* – **R** (dîner seult) carte 53 à 70 – **38 ch** 120/170 – ½ P 150.

XXX **De Druiventros,** Boekelsedijk 17 (S : 2 km), ✉ 5404 NK, ☎ 6 01 01, Fax 5 18 93, « Ferm… du 19e s. » – P. AE O E VISA. – *fermé lundi, sam. midi et 27 déc.-8 janv.* – **R** 73/93.

ALFA-ROMEO Loopkantstraat 12 ☎ 50444
CITROEN Bitswijk 4c ☎ 69115
FIAT P. van Milstraat 17 ☎ 62800
FORD Volkelseweg 28 ☎ 62907
GM (OPEL) Liessenstraat 2 a ☎ 67575
MAZDA Hoevenseweg 33 ☎ 63796
RENAULT Violierstraat 13 ☎ 63033
TOYOTA Oude Udenseweg 25 ☎ 62887
VAG Kornetstraat 60a ☎ 63936
VOLVO Oude Udenseweg 21a ☎ 69473

UITHOORN Noord-Holland 408 ⑩ – 22 205 h. – ☎ 0 2975.

♦Amsterdam 19 – ♦Den Haag 54 – ♦Haarlem 23 – ♦Utrecht 31.

XX **La Jaserie,** Amstelplein 30, ✉ 1423 CN, ☎ 6 07 95 – . AE O E *fermé merc., sam. midi, dim. midi, 29 juil.-21 août et 24 janv.-10 fév.* – **R** 53/70.

FIAT A. Philipsweg 13 ☎ 62020
FORD Sportlaan 17 ☎ 66977
GM (OPEL) Anth. Fokkerweg 16 ☎ 66666
RENAULT Zijdelweg 53 ☎ 63044
VAG Amsterdamseweg 9 ☎ 63418

ULFT Gelderland C Gendringen 20 186 h. 408 ⑳ – ☎ 0 8356.

♦Amsterdam 140 – ♦Arnhem 42 – Deventer 48.

XX **Smithuus,** Bongersstraat 90, ✉ 7071 CR, ☎ 8 13 19 – P. AE E VISA. *fermé merc., fin juil.-début août et 2 prem. sem. fév.* – **R** carte 40 à 65.

VAG Ambachtstraat 7 ☎ 81045

ULVENHOUT Noord-Brabant 212 ⑥ et 408 ⑰ – voir à Breda.

URK Flevoland 408 ⑪ – 12 728 h. – ☎ 0 5277.

Voir Site*. – (mai-déc.) Westhavenkade 47, ✉ 8321 GC, ☎ 40 40.

♦Amsterdam 84 – ♦Zwolle 42 – Emmeloord 12.

X **De Kaap,** Wijk 1 n° 5b, ✉ 8321 EK, ☎ 15 09, ←, Produits de la mer – AE O E VIS… *fermé lundis non fériés d'oct. à avril sauf vacances scolaires* – **R** carte 44 à 68.

X **Havenzicht** 1er étage, Bootstraat 65, ✉ 8321 EM, ☎ 12 83, ← – AE O E VISA *fermé dim.* – **R** carte 53 à 75.

HONDA Industrierondweg 27 ☎ 1666
TOYOTA het Rif 1 ☎ 1583

LE GUIDE MICHELIN DU PNEUMATIQUE

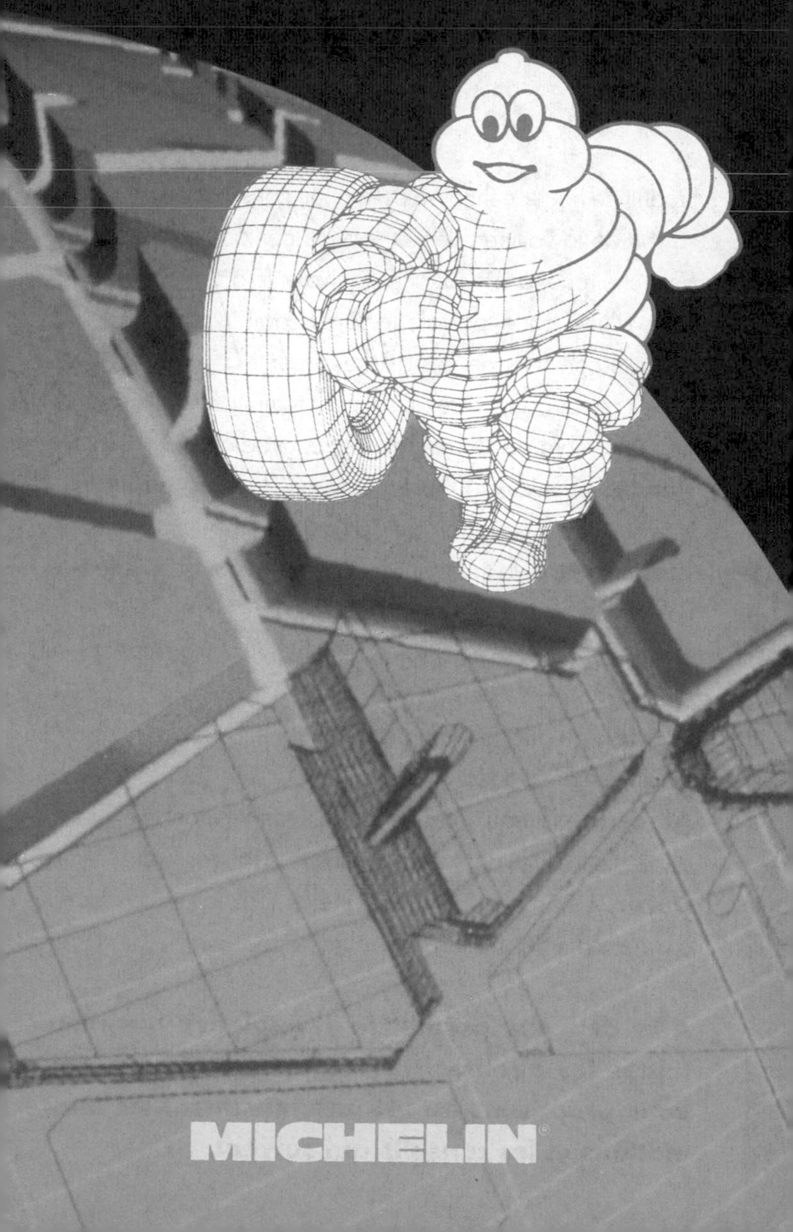

MICHELIN®

QU'EST-CE QU'UN PNEU ?

Produit de haute technologie, le pneu constitue le seul point de liaison de la voiture avec le sol. Ce contact correspond, pour une roue, à une surface équivalente à celle d'une carte postale. Le pneu doit donc se contenter de ces quelques centimètres carrés de gomme au sol pour remplir un grand nombre de tâches souvent contradictoires:

Porter le véhicule à l'arrêt, mais aussi résister aux transferts de charge considérables à l'accélération et au freinage.

Transmettre la puissance utile du moteur, les efforts au freinage et en courbe.

Rouler régulièrement, plus sûrement, plus longtemps pour un plus grand plaisir de conduire.

Guider le véhicule avec précision, quels que soient l'état du sol et les conditions climatiques.

Amortir les irrégularités de la route, en assurant le confort du conducteur et des passagers ainsi que la longévité du véhicule.

Durer, c'est-à-dire, garder au meilleur niveau ses performances pendant des millions de tours de roue.

Afin de vous permettre d'exploiter au mieux toutes les qualités de vos pneumatiques, nous vous proposons de lire attentivement les informations et les conseils qui suivent.

Le pneu est le seul point de liaison de la voiture avec le sol.

Comment lit-on un pneu ?

① «Bib» repérant l'emplacement de l'indicateur d'usure.
② Marque enregistrée. ③ Largeur du pneu: ≃ 185 mm.
④ Série du pneu H/S: 70. ⑤ Structure: R (radial).
⑥ Diamètre intérieur: 14 pouces (correspondant à celui de la jante). ⑦ Pneu: MXV. ⑧ Indice de charge: 88 (560 kg).
⑨ Code de vitesse: H (210 km/h).
⑩ Pneu sans chambre: Tubeless. ⑪ Marque enregistrée.

Codes de vitesse maximum:

Q : 160 km/h
R : 170 km/h
S : 180 km/h
T : 190 km/h
H : 210 km/h
V : 240 km/h
Z : supérieure à 240 km/h.

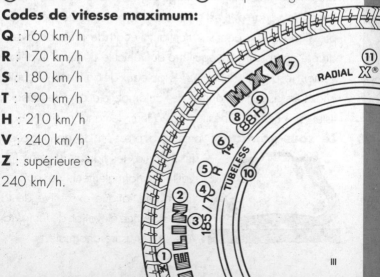

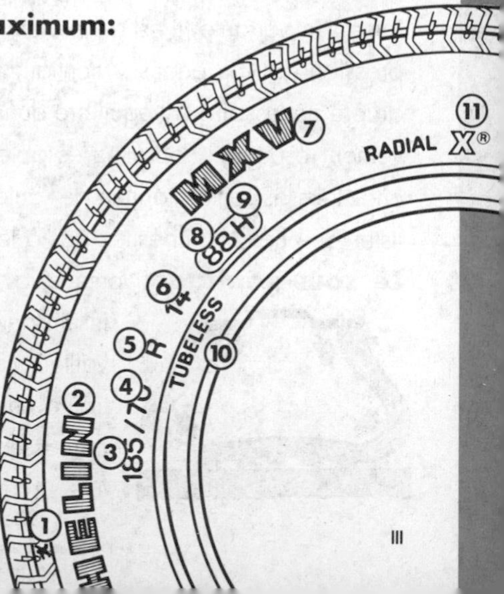

GONFLEZ VOS PNEUS, MAIS GONFLEZ-LES BIEN

POUR EXPLOITER AU MIEUX LEURS PERFORMANCES ET ASSURER VOTRE SECURITE.

Contrôlez la pression de vos pneus, sans oublier la roue de secours, dans de bonnes conditions:
Un pneu perd régulièrement de la pression. Les pneus doivent être contrôlés, une fois toutes les 2 semaines, à froid, c'est-à-dire une heure au moins après l'arrêt de la voiture ou après avoir parcouru 2 à 3 kilomètres à faible allure.
En roulage, la pression augmente; ne dégonflez donc jamais un pneu qui vient de rouler: considérez que, pour être correcte, sa pression doit être au moins supérieure de 0,3 bar à celle préconisée à froid.
Le surgonflage: si vous devez effectuer un long trajet à vitesse soutenue, ou si la charge de votre voiture est particulièrement importante, il est généralement conseillé de majorer la pression de vos pneus. Attention; l'écart de pression avant-arrière nécessaire à l'équilibre du véhicule doit être impérativement respecté. Consultez les tableaux de gonflage Michelin chez tous les professionnels de l'automobile et chez les spécialistes du pneu, et n'hésitez pas à leur demander conseil.
Le sous-gonflage: lorsque la pression de gonflage est insuffisante, les flancs du pneu travaillent anormalement, ce qui entraîne une fatigue excessive de la carcasse, une élévation de température et une usure anormale.

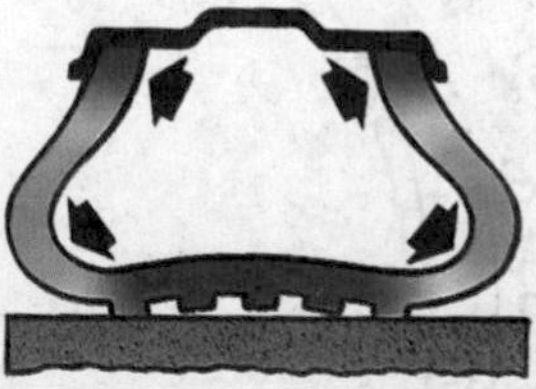

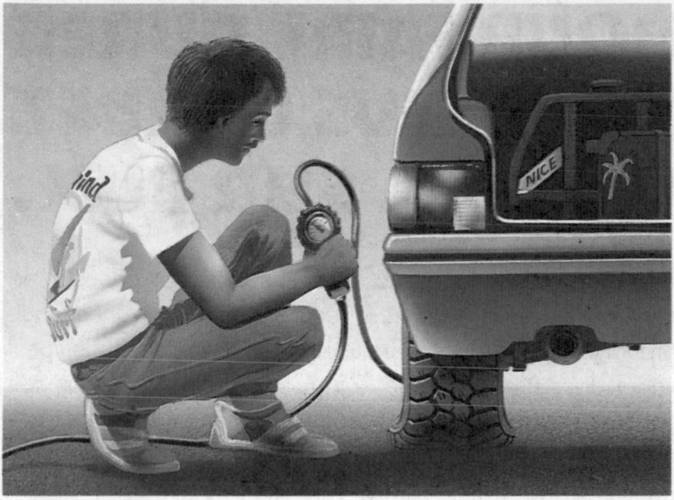

Vérifiez la pression de vos pneus régulièrement et avant chaque voyage.

Le pneu subit alors des dommages irréversibles qui peuvent entraîner sa destruction immédiate ou future.

En cas de perte de pression, il est impératif de consulter un spécialiste qui en recherchera la cause et jugera de la réparation éventuelle à effectuer.

Le bouchon de valve: en apparence, il s'agit d'un détail; c'est pourtant un élément essentiel de l'étanchéité. Aussi, n'oubliez pas de le remettre en place après vérification de la pression, en vous assurant de sa parfaite propreté.

Voiture tractant caravane, bateau...

Dans ce cas particulier, il ne faut jamais oublier que le poids de la remorque accroît la charge du véhicule. Il est donc nécessaire d'augmenter la pression des pneus arrière de votre voiture, en vous conformant aux indications des tableaux de gonflage Michelin. Pour de plus amples renseignements, demandez conseil à votre revendeur de pneumatiques, c'est un véritable spécialiste.

POUR FAIRE DURER VOS PNEUS, GARDEZ UN OEIL SUR EUX.

Afin de préserver longtemps les qualités de vos pneus, il est impératif de les faire contrôler régulièrement, et avant chaque grand voyage. Il faut savoir que la durée de vie d'un pneu peut varier dans un rapport de 1 à 4, et parfois plus, selon son entretien, l'état du véhicule, le style de conduite et l'état des routes ! L'ensemble roue-pneumatique doit être parfaitement équilibré pour éviter les vibrations qui peuvent apparaître à partir d'une certaine vitesse. Pour supprimer ces vibrations et leurs désagréments, vous confierez l'équilibrage à un professionnel du pneumatique car cette opération nécessite un savoir-faire et un outillage très spécialisé.

Les facteurs qui influent sur l'usure et la durée de vie de vos pneumatiques:

les caractéristiques du véhicule (poids, puissance...), le profil des routes (rectilignes, sinueuses), le revêtement (granulométrie: sol lisse ou rugueux), l'état mécanique du véhicule (réglage des trains avant, arrière, état des suspensions et des freins...), le style de conduite (accélérations, freinages, vitesse de passage en courbe...), la vitesse (en ligne droite à 120 km/h un pneu s'use deux fois plus vite qu'à 70 km/h), la pression des pneumatiques (si elle est incorrecte, les pneus s'useront beaucoup plus vite et de manière irrégulière).

Une conduite sportive réduit la durée de vie des pneus.

D'autres événements de nature accidentelle (chocs contre trottoirs, nids de poule...), en plus du risque de déréglage et

Les chocs contre les trottoirs, les nids de poule... peuvent endommager gravement vos pneus.

de détérioration de certains éléments du véhicule, peuvent provoquer des dommages internes au pneumatique dont les conséquences ne se manifesteront parfois que bien plus tard. Un contrôle régulier de vos pneus vous permettra donc de détecter puis de corriger rapidement les anomalies (usure anormale, perte de pression...). A la moindre alerte, adressez-vous immédiatement à un revendeur spécialiste qui interviendra pour préserver les qualités de vos pneus, votre confort et votre sécurité.

SURVEILLEZ L'USURE DE VOS PNEUMATIQUES:

Comment ? Tout simplement en observant la profondeur de la sculpture. C'est un facteur de sécurité, en particulier sur sol mouillé. Tous les pneus possèdent des indicateurs d'usure de 1,6 mm d'épaisseur. Ces indicateurs sont repérés par un Bibendum situé aux «épaules» des pneus Michelin. Un examen visuel suffit pour connaître le niveau d'usure de vos pneumatiques. Attention: même si vos pneus n'ont pas encore atteint la limite d'usure légale (en France, la profondeur restante de la sculpture doit être supérieure à 1 mm sur l'ensemble de la bande de roulement), leur capacité à évacuer l'eau aura naturellement diminué avec l'usure.

FAITES LE BON CHOIX POUR ROULER EN TOUTE TRANQUILLITE.

Le type de pneumatique qui équipe d'origine votre véhicule a été déterminé pour optimiser ses performances. Il vous est cependant possible d'effectuer un autre choix en fonction de votre style de conduite, des conditions climatiques, de la nature des routes et des trajets effectués.

Dans tous les cas, il est indispensable de consulter un spécialiste du pneumatique, car lui seul pourra vous aider à trouver la solution la mieux adaptée à votre utilisation.

Montage, démontage, équilibrage du pneu; c'est l'affaire d'un professionnel:
un mauvais montage ou démontage du pneu peut le détériorer et mettre en cause votre sécurité.

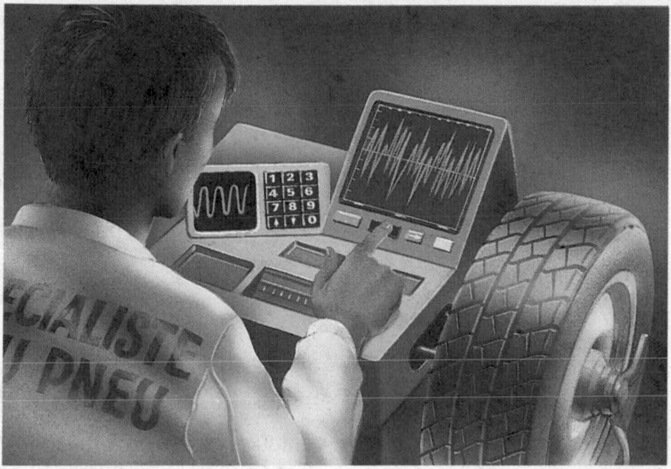

Le montage et l'équilibrage d'un pneu, c'est l'affaire d'un professionnel.

Sauf cas particulier et exception faite de l'utilisation provisoire de la roue de secours, les pneus montés sur un essieu donné doivent être identiques. Pour obtenir la meilleure tenue de route, les pneumatiques neufs ou les moins usés doivent être montés à l'arrière de votre voiture.

En cas de crevaison, seul un professionnel du pneu saura effectuer les examens nécessaires et décider de son éventuelle réparation.

Il est recommandé de changer la valve ou la chambre à chaque intervention.

Il est déconseillé de monter une chambre à air dans un ensemble tubeless.

L'utilisation de pneus cloutés est strictement réglementée; il est important de s'informer avant de les faire monter.

Attention: la capacité de vitesse des pneumatiques Hiver «M+S» peut être inférieure à celle des pneus d'origine. Dans ce cas, la vitesse de roulage devra être adaptée à cette limite inférieure.

INNOVER POUR ALLER PLUS LOIN

En 1889, Edouard Michelin prend la direction de l'entreprise qui porte son nom. Peu de temps après, il dépose le brevet du pneumatique démontable pour bicyclette. Tous les efforts de l'entreprise se concentrent alors sur le développement de la technique du pneumatique. C'est ainsi qu'en 1895, pour la première fois au monde, un véhicule automobile baptisé «l'Eclair» roule sur pneumatiques. Testé sur ce véhicule lors de la course Paris-Bordeaux-Paris, le pneumatique démontre immédiatement sa supériorité sur le bandage plein.
Créé en 1898, le Bibendum symbolise l'entreprise qui, de recherche en innovation, du pneu vélocipède au pneu avion, impose le pneumatique à toutes les roues.
En 1946, c'est le dépôt du brevet du pneu radial ceinturé acier, l'une des innovations majeures du monde du transport.

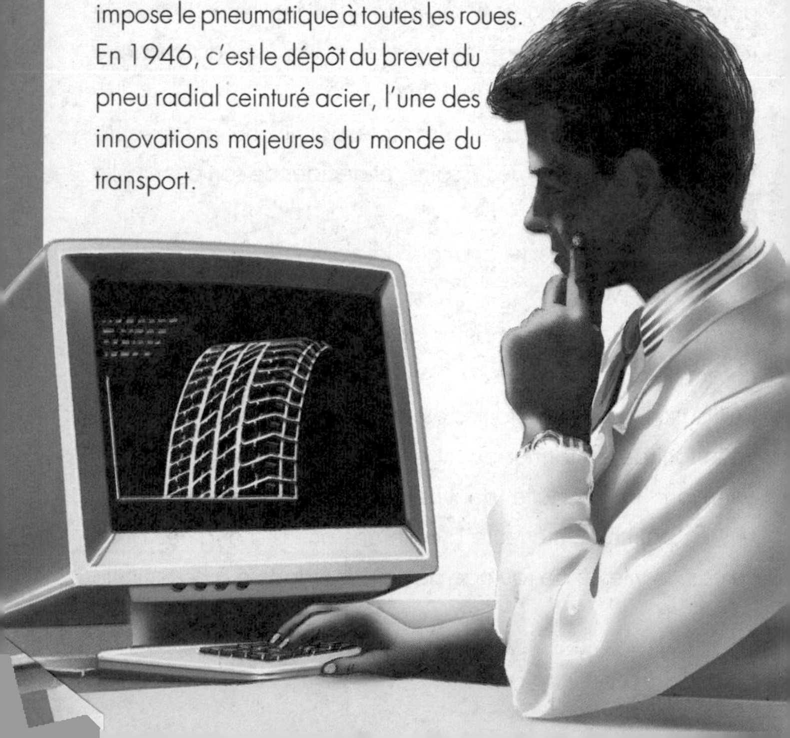

Concevoir les pneus qui font avancer tous les jours 2 milliards de roues sur la terre, faire évoluer sans relâche plus de 3 000 types de pneus différents, c'est ce que font chaque jour 4 500 chercheurs dans les centres de recherche Michelin.

Leurs outils: des ordinateurs qui calculent à la vitesse de 100 millions d'opérations par seconde, des laboratoires et des centres d'essais installés sur 6 000 hectares en France, en Espagne et aux Etats-Unis pour parcourir quotidiennement plus d'un million de kilomètres, soit 25 fois le tour du monde.

Leur volonté: écouter, observer puis optimiser chaque fonction du pneumatique, tester sans relâche, et recommencer.

C'est cette volonté permanente de battre demain le pneu d'aujourd'hui pour offrir le meilleur service à l'utilisateur, qui a permis à Michelin de devenir le leader mondial du pneumatique.

RENSEIGNEMENTS UTILES.

Vous avez des observations, vous souhaitez des précisions concernant l'utilisation de vos pneumatiques Michelin, écrivez-nous ou téléphonez-nous à :

BELGIQUE

Michelin, 33, quai de Willebroekkaai 33,
B 1210 BRUXELLES - BRUSSEL
Tel. 02 - 218 61 00 - Fax 02 - 218 20 58

PAYS-BAS

Michelin, Postbus 7163, 1007 JD AMSTERDAM
Telefoon Den Bosch 06-0991220 (gratis)
Telefax Den Bosch 06-0228040 (gratis)

FRANCE

Manufacture Française des Pneumatiques Michelin
F 63040 CLERMONT FERRAND CEDEX
Assistance Michelin Itinéraires :
Minitel : 3615 code Michelin

DATE	CHIFFRE COMPTEUR	OPERATIONS

UTRECHT
VOIES D'ACCÈS
T DE CONTOURNEMENT

ornstr.	FU	5
onius Matthaeuslaan	GU	7
se Rading	GU	9
sestraatweg	GU	10
uwkapelseweg	GU	13
illedreef	GU	17
g. van Tuyllkade	FU	19
negiedreef	GU	20
tesiusweg	FU	21
nstr.	FUV	24
Darwindreef	GU	25
Ds. Martin Luther Kinglaan	FV	29
't Goy-laan	GV	32
Graadt van Roggenweg	FV	34
Herculeslaan	GV	36
van Hoornekade	FU	37
J. M. de Muinck Keizerlaan	FU	38
Joseph Haydnlaan	FV	41
Koningin Wilhelminalaan	FV	47
Laan van Chartroise	FU	53
Lessinglaan	FV	60
Marnixlaan	FU	65
Omloop	GU	78
Oudenoord	GU	80
Overste den Oudenlaan	FV	83
Pieter Nieuwlandstr.	GU	88
Pijperlaan	FV	91
Prins Bernhardlaan	FU	96
Rio Brancodreef	FU	97
Royaards van den Hamkade	FU	99
St. Josephlaan	FU	100
Socrateslaan	GV	104
Spinozaweg	FU	105
Sweder van Zuylenweg	FU	108
Talmalaan	GU	110
Thomas à Kempisweg	FU	112
Verlengde Vleutenseweg	FU	120
W.A. Vultostr.	GV	123
Weg der Verenigde Naties	FV	125
Weg tot de Wetenschap	GV	126
Zamenhofdreef	GU	132

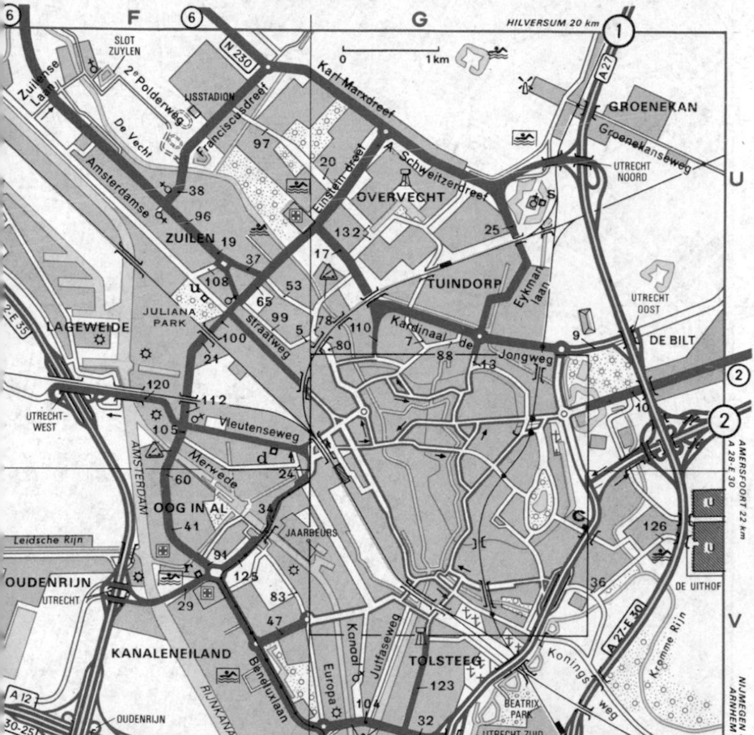

Ne confondez pas :

Confort des hôtels : … ,

Confort des restaurants : …

Qualité de la table : ✿✿✿, ✿✿, ✿

UTRECHT
PARTIE CENTRALE

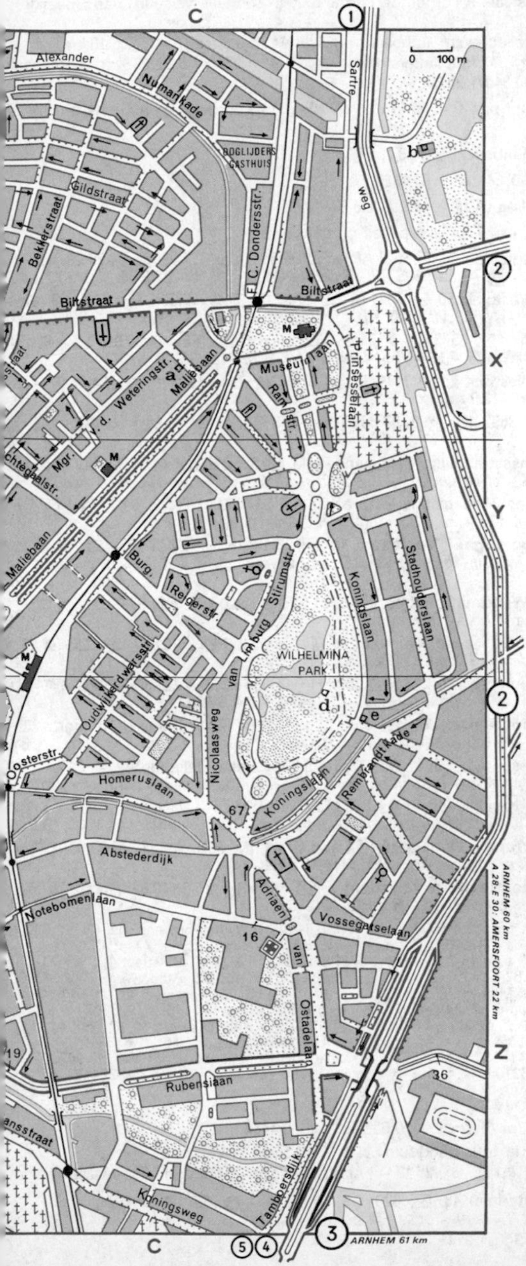

C
Alexander
Numankade
BOGLIJDERS GASTHUIS
Gildstraat
Bekkerstraat
F.C. Dondersstr.
Sartre
weg
Biltstraat
Museumlaan
Prinsesselaan
Mgr. v.d. Weteringstr.
Maliebaan
Ramstr.
Burg.
Reigerstr.
Stirumstr.
van Limburg
Koningslaan
Stadhouderslaan
WILHELMINA PARK
Oudwijkerdwarsstr.
Nicolaasweg
Oosterstr.
Homeruslaan
Rembrandtkade
Abstederdijk
Adriaen
van
Ostadelaan
Notebomenlaan
Vossegatselaan
Rubenslaan
Koningsweg
Tamboersdijk
X
Y
Z
ARNHEM 60 km
A 28-E 30: AMERSFOORT 22 km
ARNHEM 61 km

UTRECHT P 408 ⑪ - 230 634 h. - ✆ 0 30.

Voir La vieille ville** – Tour de la Cathédrale** (Domtoren) ☀** BY **E** – Ancienne cathédral (Domkerk) BY **A** – Oudegracht* (Vieux canal) ABXYZ – Bas reliefs* et crypte* dans l'égli St-Pierre (St. Pieterskerk) BY **B** – Maison Schröder** (Schröderhuis).
Musées : (Rijksmuseum) Het Catharijneconvent** BZ **F** – Central* (Centraal Museum) BZ **M** National "de l'horloge musicale à l'orgue de Barbarie"* (Nationaal Museum van Speelklok Pierement) – BY **M**¹.

Env. Château de Haar : collections* (mobilier, tapisseries, peinture) par ⑥ : 10 km.

18 à Bosch en Duin par ② : 13 km, Amersfoortseweg 1 ✆ (0 3404) 5 52 23 – 9 à Haarzuile O : 8 km, Parkweg 5, ✆ (0 3407) 28 60.

✈ à Amsterdam-Schiphol par ⑥ : 37 km ✆ (0 20) 601 09 66 (renseignements) et 674 77 (réservations).

🚗 (départs de 's-Hertogenbosch) ✆ 33 25 55.

ℹ Vredenburg 90, ✉ 3511 BD, ✆ 06-34 03 40 85.

♦Amsterdam 36 ⑥ – ♦Den Haag 61 ⑤ – ♦Rotterdam 57 ⑤.

Plans pages précédentes

Holiday Inn, Jaarbeursplein 24, ✉ 3521 AR, ✆ 91 05 55, Telex 47745, Fax 94 39 99, ≤, – ch ▤ TV ☎ ♿ – 🏛 70. AE ⓓ E VISA – **R** carte 64 à 95 – ☕ 16 – **275 ch** 233/260. AY

Scandic Crown, Westplein 50, ✉ 3531 BL, ✆ 92 52 00, Telex 40354, Fax 92 51 99, – ch ▤ TV ☎ ♿ P – 🏛 400. AE ⓓ E VISA – **R** carte 61 à 80 – **120 ch** ☕ 230/290. AY

Mitland, Ariënslaan 1, ✉ 3573 PT, ✆ 71 58 24, Telex 47133, Fax 71 90 03, – TV P – 🏛 100. AE ⓓ E VISA – **R** 40/65 – **44 ch** ☕ 105/140 – ½ P 125/140. CX

Malie sans rest, Maliestraat 2, ✉ 3581 SL, ✆ 31 64 24, Telex 70870, Fax 34 06 61 – ☎. AE ⓓ E VISA. ✻ – **29 ch** ☕ 108/150. CX

Ibis, Bizetlaan 1, ✉ 3533 KC, ✆ 91 03 66, Telex 47843, Fax 94 20 66 – TV ☎ ♿ P 🏛 200 – **80 ch.** FV

XXX **Juliana,** Amsterdamsestraatweg 464 (Juliana Park), ✉ 3553 EL, ✆ 44 00 32, Fax 44 55 45, – P. AE ⓓ E VISA – *fermé lundi, 15 juil.-5 août et 27 déc.-1er janv.* – **R** carte 61 à 83. FU

XX **Key West,** Kapelweg 31 (dans une forteresse), ✉ 3566 MK, ✆ 73 25 02 – ▤ P. AE E VISA – *fermé 2 dern. sem. juil. et 31 déc.* – **R** (dîner seult) carte 55 à 85. GU

XX **D'Coninck van Poortugael,** Voorstraat 14, ✉ 3512 AN, ✆ 32 27 75 – AE ⓓ E VISA *fermé dim., lundi, 15 juil.-15 août et 27 déc.-2 janv.* – **R** (dîner seult) carte 63 82. BX

XX **Wilhelminapark,** Wilhelminapark 65, ✉ 3581 NP, ✆ 51 06 93, Fax 52 08 59, ≤, – ⓓ E VISA ✻ – **R** carte 65 à 100. CZ

XX **De Kromme Elleboog,** Lange Nieuwstraat 71, ✉ 3512 PE, ✆ 31 97 16 – AE ⓓ E *fermé sam. midi et dim.* – **R** carte 71 à 95. BZ

XX **Jean d'Hubert,** Vleutenseweg 228, ✉ 3532 HP, ✆ 94 59 52 – AE ⓓ E VISA ✻ *fermé sam. midi, dim. et 2 dern. sem. juil.* – **R** carte 74 à 97. FU

XX **Het Glazen Huis,** Mariaplaats 24, ✉ 3511 LL, ✆ 31 84 85, Produits de la mer – AE E VISA – *fermé dim.* – **R** (dîner seult) carte 47 à 81. BY

XX **Sardegna,** Massegast 1a, ✉ 3511 AL, ✆ 31 15 90, Cuisine italienne – ▤. ✻ *fermé merc., 3 dern. sem. juil. et 2 dern. sem. déc.* – **R** (dîner seult) carte env. 65. BY

X **De Stoofpot,** Prins Hendriklaan 2, ✉ 3583 EL, ✆ 51 23 27 – ✻ *fermé lundi, 20 juil.-10 août et fin déc.-début janv.* – **R** (dîner seult) carte env. 70. CZ

X **Mangerie Méditerranée,** Oudegracht 88 a/d Werf, ✉ 3511 AV, ✆ 32 87 07, – E – *fermé dim., Noël et Nouvel An* – **R** carte 46 à 82. BX

X **Bistro Chez Jacqueline,** Korte Koestraat 3, ✉ 3511 RP, ✆ 31 10 89, Fax 32 18 55 – ⓓ E – *fermé dim. et jours fériés* – **R** carte 40 à 64. AX

ALFA-ROMEO Franciscusdreef 56 ✆ 623004
BMW Prof. M. Treublaan 11 ✆ 713625
CITROEN Esmoreitdreef 1 ✆ 624444
FIAT Mississippidreef 10 ✆ 624044
FORD Leidseweg 128 ✆ 931744
GM (OPEL) Adm. Helfrichlaan 6 ✆ 948941
HONDA St. Laurensdreef 25 ✆ 620888
LADA Nicolaasweg 68 ✆ 512638
LANCIA Sterrebaan 18 ✆ 445533
MAZDA Hudsondreef 3 ✆ 621044
MERCEDES-BENZ Franciscusdreef 68 ✆ 627833
MITSUBISHI Wittevrouwensingel 85 ✆ 73006
NISSAN Franciscusdreef 74 ✆ 626292
PEUGEOT, TALBOT Biltstraat 106 ✆ 714344
PEUGEOT, TALBOT Atoomweg 68 ✆ 42030
RENAULT St. Laurensdreef 26 ✆ 611441
ROVER Croeselaan 175 ✆ 933967
TOYOTA Franciscusdreef 10 ✆ 660044
VAG Franciscusdreef 46 ✆ 618810
VAG van Starkenborghhof 140 ✆ 943241
VOLVO Dickensplaats 10 ✆ 936442

VAALS Limburg 212 ② et 408 ㉖ - 10 639 h. - ✆ 0 4454.

Voir Drielandenpunt*, de la tour Baudouin ☀* S : 1,5 km.

ℹ Maastrichterplein 73a, ✉ 6291 EL, ✆ 25 13 – ♦Amsterdam 229 – ♦Maastricht 28 – Aachen 4.

X **Gillissen,** Maastrichterlaan 48, ✉ 6291 ES, ✆ 19 61 – P. AE ⓓ E VISA *fermé mardi, merc. et 17 sept-7 oct.* – **R** carte 51 à 68.

GM (OPEL) Sneeuwberglaan 34 ✆ 3141

AASSEN Gelderland C Epe 33 872 h. 408 ⑫ – ☎ 0 5788.

Veenweg 5, ✉ 8171 NJ, ✆ 48 88.

ımsterdam 98 – •Arnhem 36 – •Apeldoorn 10 – •Zwolle 33.

XX **'t Koetshuis,** Maarten van Rossumplein 2, ✉ 8171 EB, ✆ 15 01, ☂, « Dans les dépendances du château » – ⓟ. AE ⓓ E VISA
fermé lundi, 25 déc.-2 janv. et après 20 h 30 – **R** carte 49 à 71.

XX **De Leest,** Kerkweg 1, ✉ 8171 VT, ✆ 13 82, ☂ – AE ⓓ E VISA ✂
fermé sam. midi, dim. midi et merc. – **R** carte 60 à 76.

ı (OPEL) Dorpsstraat 48 ✆ 1335 NISSAN Marijkeweg 62 ✆ 2320

ALKENBURG Limburg C Valkenburg aan de Geul 17 697 h. 212 ① et 408 ㉖ – ☎ 0 4406.

ıir Musée de la mine★ (Steenkolenmijn Valkenburg) Z.

Th. Dorrenplein 5, ✉ 6301 DV, ✆ 1 33 64.

ımsterdam 212 ① – •Maastricht 14 ① – Aachen 26 ① – •Liège 40 ③.

VALKENBURG

rkelstr. Z 3
endelpl. Z 8
otestr. Z 9
uis van der Maessenstr. Y 20
ıntstr. Z 21
ınkertstr. YZ
eodoor Dorrenpl. Z 35
lhelminalaan YZ 39

rkelpl. Z 2
ırgemeester Henssingel Z 4
Erensstr. Z 6
ımalaan Z 7
lderstr. Z 10
kerbeekstr. Y 12
ı Dekkerstr. Z 13
rkstr. Z 15
osterweg Y 16
ningin Julianalaan Y 17
ıdelaan Y 19
anjelaan Y 23
ankastr. Z 24
ststr. Y 25
ns Bernhardlaan Y 26
nses atrixsingel Y 27
nses Margrietlaan Y 28
naldstr. Y 29
Pieterstr. Z 31
tarderweg Y 32
tionstr. Y 33
lrampl. Z 36
lravenstr. Z 37
hryweg Y 38

chelin n'accroche pas panonceau x hôtels et restaurants 'il signale.

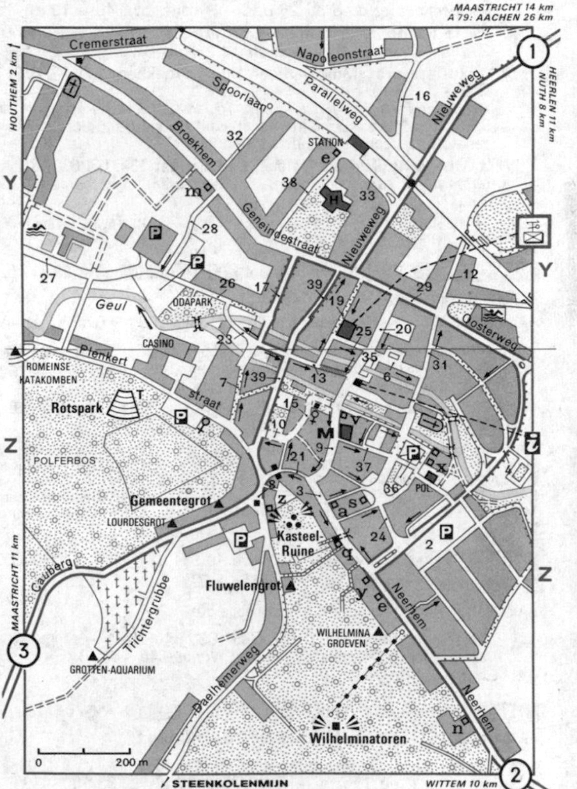

🏨 ✿ **Prinses Juliana** (annexe Residentie ✂ - 8 ch 225/340), Broekhem 11, ✉ 6301 HD, ✆ 1 22 44, Fax 1 44 05, ☂, « Terrasse et jardin fleuri » – |‡| ▤ rest TV ☎ ⇔ ⓟ – 🏛 25 ou plus. AE ⓓ E VISA. ✂ rest Y **m**
R *(fermé sam. midi)* carte 103 à 160 – ☕ 23 – **25 ch** 200/250 – ½ P 180/225.
Spéc. Dégustation de foies gras maison, Côtes et selle d'agneau de pré-salé au romarin, Fromage de Val Dieu au jus de truffes.

🏨 **Parkhotel Rooding,** Neerhem 68, ✉ 6301 CJ, ✆ 1 32 41, Telex 56973, Fax 1 32 40, ☂, ⛱, ☂ – |‡| TV ⓟ – 🏛 25 ou plus. AE ⓓ E VISA. ✂ Z **n**
26 avril-20 oct. – **R** *(fermé après 19 h 30)* 50 – **91 ch** ☕ 135/190 – ½ P 95/125.

🏨 **Gd H. Voncken,** Walramplein 1, ✉ 6301 DC, ✆ 1 28 41, Fax 1 62 45 – |‡| TV ⓟ. AE ⓓ E VISA. ✂ rest – *fermé 31 déc. et 1er janv.* – **R** 88 – **40 ch** ☕ 110/200 – ½ P 120/160. Z **s**

Tummers, Stationstraat 21, ✉ 6301 EZ, ✆ 1 37 41, Fax 1 36 47 – TV ☎ . AE ⓓ E VISA. ✻ – **R** carte 46 à 70 – **21 ch** ☐ 135 – ½ P 95/110. Y

Walram, Walramplein 37, ✉ 6301 DC, ✆ 1 30 47, Fax 1 42 00, ≘s, ☐ – |\$| ☎ ⓟ. AE ⓓ E VISA. ✻ Z
15 mars-15 nov. et week-end – **R** (dîner seult jusqu'à 20 h 30) carte 33 à 82 – **72 ch** ☐ 80/160 – ½ P 73/103.

Riche, Neerhem 26, ✉ 6301 CH, ✆ 1 29 65, Telex 56973, Fax 1 28 97, – |\$| TV ☎ ⓟ. E VISA. ✻ Z
fermé janv. – **R** (dîner seult) carte 52 à 75 – **45 ch** ☐ 70/144 – ½ P 83/98.

Atlanta, Neerhem 20, ✉ 6301 CH, ✆ 1 21 93, Fax 1 53 29 – |\$| ☎ ⓟ. AE E VISA. ✻
R (dîner pour résidents seult) – **32 ch** ☐ 127 – ½ P 75/88. Z

Lennards, Walramplein 31, ✉ 6301 DC, ✆ 1 38 55, Telex 56750, Fax 1 66 75, – |\$| ⓟ. ✻ rest – **R** *(mai-sept ; fermé après 20 h)* – **58 ch** *(mars-oct.)*. Z

Botterweck, Bogaardlaan 4, ✉ 6301 CZ, ✆ 1 47 50 – ☎. ✻ Z
R carte env. 45 – **21 ch** ☐ 70/115.

Kasteelsteeg, Grendelplein 15, ✉ 6301 BS, ✆ 1 28 20, Fax 1 66 56, – ✻ Z
15 mars-oct. et du 8 au 28 déc. – **R** carte env. 40 – **13 ch** ☐ 55/95.

De la Ruïne, Neerhem 2, ✉ 6301 CH, ✆ 1 29 92, – ⓟ Z
23 mars-21 oct. – **R** 40 – **9 ch** ☐ 29/58 – ½ P 43/50.

XXX ✿ **Lindenhorst** (Mme van den Hurk), Broekhem 130, ✉ 6301 HL, ✆ 1 34 44 – ▤. AE ⓓ E VISA Y
fermé du 1er au 16 juil., 27 déc.-16 janv. et lundi – **R** (dîner seult) carte 93 à 118.
Spéc. St-Jacques aux huîtres (sept-avril), Blanc de turbot au Champagne et caviar, Magret de canard à la pêche blanche (août-oct.).

XX **'t Mergelheukske** 1er étage, Berkelstraat 13a, ✉ 6301 CB, ✆ 1 63 50, – AE E VISA
fermé lundi, sam. midi, dern. sem. sept-prem. sem. oct. et 1 sem. carnaval – **R** carte 53 à 75. Z

CITROEN Hoofdstraat 104 ✆ 16947
GM (OPEL) Rijksweg 61 ✆ 41700
RENAULT Wilhelminalaan 19 ✆ 12514
VAG Neerhem 25 ✆ 15041

VALKENSWAARD Noord-Brabant 212 ⑱ et 408 ⑱ – 29 811 h. – ✆ 0 4902.

Eindhovenseweg 300 ✆ 1 27 13.

♦Amsterdam 135 – ♦'s-Hertogenbosch 46 – ♦Eindhoven 9 – ♦Turnhout 41 – Venlo 58.

XXX **Normandie,** Leenderweg 4, ✉ 5554 CL, ✆ 1 88 80 – AE ⓓ E VISA ✻
fermé sam. midi, dim. midi, carnaval, dern. sem. juil.-prem. sem. août, 24, 31 déc. et 1er janv. – **R** carte 70 à 100.

X **D'n Drossaard,** Markt 14, ✉ 5554 CC, ✆ 1 81 82, – AE ⓓ E VISA
R 35/55.

FIAT van Linschotenstraat 1 ✆ 12449
FORD Waalreseweg 3 ✆ 12000
GM (OPEL) Parallelweg N. 10 ✆ 15830
LADA Dommelseweg 79 ✆ 13626
MERCEDES-BENZ Luikerweg 38 ✆ 15810
MITSUBISHI Maastrichterweg 9 ✆ 13068
PEUGEOT, TALBOT Dommelseweg 96 ✆ 13688
RENAULT van Linschotenstraat 6 ✆ 13633
TOYOTA Waalreseweg 128 ✆ 13675
VAG Geenhovensedreef 24 ✆ 14125
VOLVO van Linschotenstraat 3 ✆ 14840

VARSSEVELD Gelderland Ⓒ Wisch 19 941 h. 408 ⑬ – ✆ 0 8352.

Spoorstraat 32, ✉ 7051 CK, ✆ 5 86 46.

♦Amsterdam 143 – ♦Arnhem 45 – ♦Enschede 50.

X **De Ploeg,** Kerkplein 17, ✉ 7051 CZ, ✆ 4 28 41 – ▤ ⓟ. ✻
fermé Pâques, Pentecôte, Noël et Nouvel An – **R** 40.

VAG Spoorstraat 17 ✆ 42045

VASSE Overijssel Ⓒ Tubbergen 18 443 h. 408 ⑬ – ✆ 0 5418.

♦Amsterdam 163 – Almelo 15 – Oldenzaal 16 – ♦Zwolle 62.

Tante Sien, Denekamperweg 210, ✉ 7661 RM, ✆ 8 02 08 – ⓟ – 30 à 60. ✻
fermé du 2 au 15 janv. – **R** 40/75 – **16 ch** ☐ 65/130 – ½ P 83/88.

VEENENDAAL Utrecht 408 ⑪ – 47 258 h. – ✆ 0 8385.

(fermé sam. après midi) Kerkewijk 10, ✉ 3901 EG, ✆ 2 98 00.

♦Amsterdam 74 – ♦Utrecht 36 – ♦Arnhem 29.

Ibis, Vendelier 8, ✉ 3905 PA, ✆ 2 22 22, Telex 37210, Fax 2 20 38 – |\$| TV ☎ ⓟ – 30 à 80. AE ⓓ E VISA
R *(fermé sam. midi et dim. midi)* carte env. 50 – ☐ 12 – **41 ch** 105/119 – ½ P 144.

XXX **De Vendel,** Vendelseweg 69, ✉ 3905 LC, ✆ 2 55 06, , « Ferme du 17e s. » – ⓟ. AE ⓓ E VISA – *fermé lundi* – **R** 73/93.

XX **La Montagne,** Kerkewijk 115 (SO : 2 km), ✉ 3904 JA, ✆ 1 29 36, Fax 4 18 58, – ⓟ. AE ⓓ E VISA – **R** 40/98.

'A-ROMEO Industrielaan 2 ℘ 19172
'W Accustraat 16 ℘ 27676
ROEN Industrielaan 1a ℘ 19041
.T Plesmanstraat 30 ℘ 12536
RD Kerkewijk 128 ℘ 19155
(OPEL) Industrielaan 12 ℘ 23456
NDA Ambachtstraat 17 ℘ 20722
NCIA Boompjesgoed 217 ℘ 14196
ZDA Industrielaan 2 ℘ 19020
MERCEDES-BENZ Turbinestraat 2 ℘ 21988
NISSAN Panhuis 6 ℘ 29555
PEUGEOT, TALBOT Pr. Bernhardlaan 114 ℘ 19063
RENAULT Nieuweweg 212 ℘ 19124
ROVER Zandstraat 117 ℘ 12129
TOYOTA Haarweg 2 ℘ 26767
VAG Wageningselaan 20 ℘ 25750
VOLVO Schoonbekestraat 1 ℘ 22112

EERE Zeeland 212 ② et 408 ⑮ – 4 836 h. – ✆ 0 1181.

ir Maisons écossaises★ (Schotse Huizen) **A** – Ancien hôtel de ville★ (Oude stadhuis) **B**.

Oudestraat 28, ✉ 4351 AV,
13 65.

msterdam 181 ② – ◆Middel-
g 7 ① – Zierikzee 38 ②.

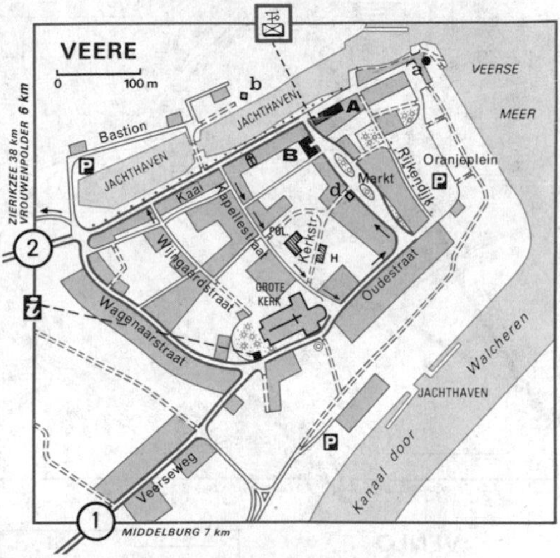

't Waepen van Veere, Markt 23, ✉ 4351 AG, ℘ 12 31, Fax 12 61 – TV. AE ⓓ E VISA – *16 fév.-nov.* – **R** 48 – **10 ch** ☕ 55/100 – ½ P 70/85. **d**

D'Ouwe Werf, Bastion 2, ✉ 4351 BG, ℘ 14 93, « Terrasse et jardin avec ≤ port de plaisance » – ▤ Ⓟ. AE ⓓ E VISA **b**
fermé dim. de nov. à mars, lundi et fin janv.-début fév. – **R** 50/93.

De Campveerse Toren avec ch, Kade 2, ✉ 4351 AA, ℘ 12 91, Fax 16 95, ≤, « Bastion du 15ᵉ s. » – AE ⓓ E VISA **a**
R *(fermé lundis non fériés de nov. à mars)* 65/98 – **16 ch** ☕ 75/150 – ½ P 85/135.

In den Struyskelder, Kade 27, ✉ 4351 AA, ℘ 13 92, Fax 16 95, Rest.-taverne, Dans une cave – AE ⓓ E VISA **A**
Pâques-oct. – **R** 40/60.

EGHEL Noord-Brabant 212 ⑧ et 408 ⑱ – 25 701 h. – ✆ 0 4130.

msterdam 104 – ◆Eindhoven 25 – ◆Nijmegen 39 – ◆'s-Hertogenbosch 21.

Gasterij Jilesen, Markt 3, ✉ 5461 JJ, ℘ 4 09 70, – AE ⓓ E VISA
fermé lundi et du 1ᵉʳ au 14 août – **R** 40/50.

W Burg. v. Roijstraat 10 ℘ 63435
.T N.C.B. laan 7 ℘ 63151
RD Kennedylaan 2 ℘ 64926
(OPEL) N.C.B. laan 119 ℘ 65152
NDA Eisenhowerweg 17 ℘ 42228
MERCEDES-BENZ N.C.B. laan 107 ℘ 41767
NISSAN Eisenhowerweg 37 ℘ 40445
PEUGEOT, TALBOT Rembrandtlaan 42 ℘ 41255
VAG N.C.B. laan 117 ℘ 64331

ELDEN Limburg 212 ⑳ et 408 ⑲ – voir à Venlo.

ELDHOVEN Noord-Brabant 212 ⑱ et 408 ⑱ – voir à Eindhoven.

ELP Gelderland 408 ⑫ – voir à Arnhem.

ELSEN Noord-Holland 408 ⑩ – voir à IJmuiden.

Send us your comments on the restaurants we recommend
and your opinion on the specialities
and local wines they offer.

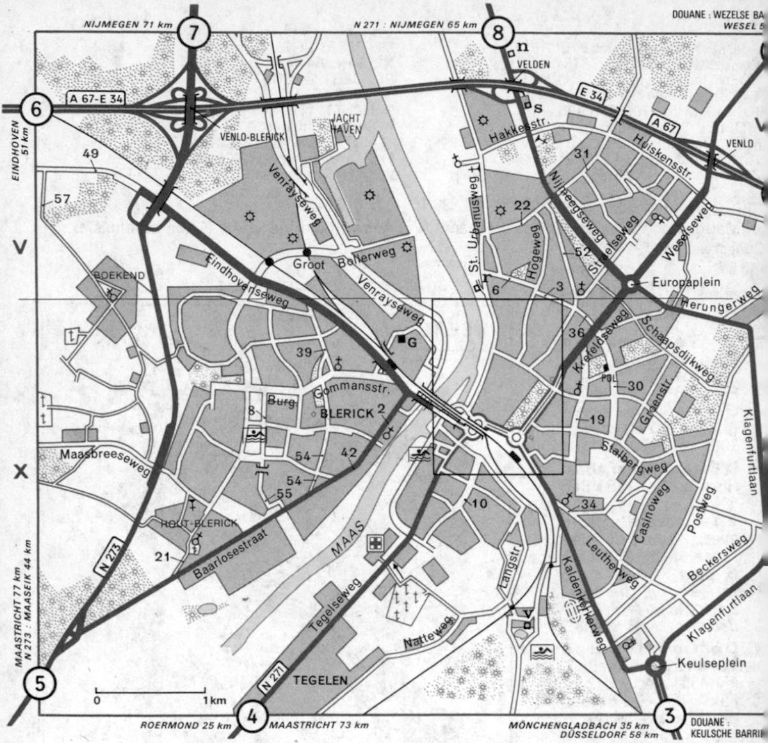

VENLO

- Gasthuisstr. . . . . Y 12
- Grote Kerkstr. . . . . Y 16
- Klaasstr. . . . . Z 24
- Koninginnesingel . . . . Z 27
- Lomstr. . . . . Y 33
- Parade . . . . Z
- St. Jorisstr. . . . . Y 51
- Vleesstr. . . . . Z

- Antoniuslaan . . . . X 2
- Bisschop Schrijnenstr. . . . . V 3
- van Cleefstr. . . . . Y 5
- Dr. Blumenkampstr. . . . . V 6
- Drie Decembersingel . . . . X 8
- Eindhovensestr. . . . . Z 9
- Emmastr. . . . . X 10
- Goltziusstr. . . . . Y 13
- Grote Beekstr. . . . . Z 14
- Havenkade . . . . Z 18
- Hertog Reinoudsingel . . . . X 19
- Holleweg . . . . X 21
- Karbindersstr. . . . . V 22
- Koninginnepl. . . . . Z 25
- Laaghuissingel . . . . X 30
- L. Janszoon Costerstr. . . . . V 31
- Maagdenbergweg . . . . X 34
- Molenstr. . . . . X 36
- Nassaustr. . . . . Z 37
- Nieuwborgstr. . . . . X 39
- Peperstr. . . . . Y 40
- Pontanusstr. . . . . X 42
- Prinsessesingel . . . . Z 43
- Puteanusstr. . . . . Y 45
- Roermondsepoort . . . . Z 46
- Roermondsestr. . . . . Z 48
- Sevenumseweg . . . . V 49
- Veldenseweg . . . . V 52
- Vliegenkampstr. . . . . X 54
- Willem de Zwijgerstr. . . . . X 55
- 2e Romerweg . . . . V 57

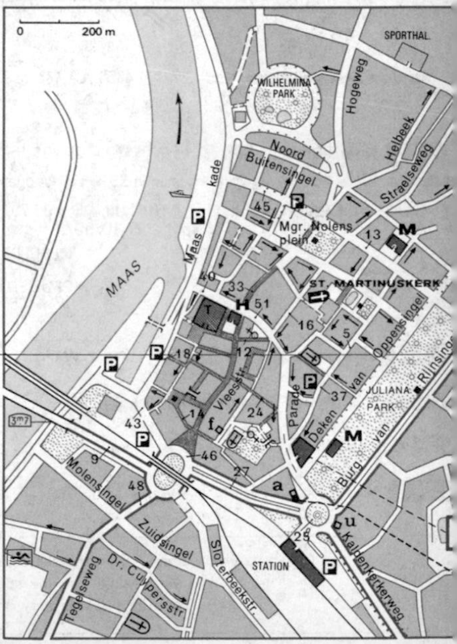

ENLO Limburg 212 ⑳ et 408 ⑲ – 63 607 h. – ☎ 0 77.

ir Mobilier★ de l'église St-Martin (St. Martinuskerk) Y.

à Geysteren par ⑥ : 30 km, Het Spekt 2 ☎ (0 4784) 18 09.

(départs de 's-Hertogenbosch) ☎ 54 62 60.

Koninginneplein 2, ✉ 5911 KK, ☎ 54 38 00.

msterdam 181 ⑥ – ♦Maastricht 73 ④ – ♦Eindhoven 51 ⑥ – ♦Nijmegen 65 ⑧.

Plan page ci-contre

De Bovenste Molen, Bovenste Molenweg 12, ✉ 5912 TV, ☎ 59 14 14, Telex 58393, Fax 54 82 57, « Terrasse et pièce d'eau », – 30 à 80. AE E VISA. rest X **v**
R 68/130 – **82 ch** 185/250 – ½ P 220/350.

Novotel, Nijmeegseweg 90 (N : 4 km près A 67), ✉ 5916 PT, ☎ 54 41 41, Telex 58229, Fax 54 31 33, – ch – 25 ou plus. AE E VISA V **s**
R (ouvert jusqu'à minuit) carte 65 à 90 – 19 – **88 ch** 166/177.

Wilhelmina, Kaldenkerkerweg 1, ✉ 5913 AB, ☎ 51 62 51, Fax 51 22 52 – – 25 ou plus. AE E VISA. ch Z **u**
fermé 31 déc. – **R** 45/55 – **34 ch** 88/125 – ½ P 100/145.

Stationshotel, Keulsepoort 16, ✉ 5911 BZ, ☎ 51 82 30 Z **a**
fermé 20 déc.-2 janv. – **R** *(fermé dim.)* carte env. 45 – **23 ch** 46/125 – ½ P 74/94.

XX **Valuas** avec ch, St. Urbanusweg 9, ✉ 5914 CA, ☎ 54 11 41, Fax 54 70 22, « Terrasse au bord de la Meuse (Maas) » – – 25 ou plus. AE E VISA. V **r**
fermé 15 juil.-2 août et 27 déc.-3 janv. – **R** *(fermé sam. midi et dim.)* carte 55 à 79 – **17 ch** 105/165 – ½ P 150.

XX **La Mangerie,** Nieuwstraat 58, ✉ 5911 JV, ☎ 51 79 93 – . AE E VISA. Z **f**
fermé du 1er au 21 août, sem. carnaval, sam. midi, dim. et lundi – **R** carte 78 à 105.

à Velden N : 7 km C Arcen en Velden 8 710 h. – ☎ 0 4702 :

XX **Taurus,** Rijksweg 181, ✉ 5941 AD, ☎ 22 74, Fax 15 00 – . AE E VISA V **n**
fermé lundi, sam. midi, 1re quinz. août et 1 sem. carnaval – **R** 55/70.

MW K. van Egmondstraat 100 ☎ 517958
RD Straelseweg 18 ☎ 511441
M (OPEL) Kaldenkerkerweg 97 ☎ 544477
ONDA Spoorstraat 17 ☎ 513344
AZDA Boerendansweg 15 ☎ 518955
ERCEDES-BENZ Venrayseweg 30 ☎ 829999
ITSUBISHI Maasbreesestraat 19 à Blerick ☎ 820685
NISSAN van Coehoornstraat 3 ☎ 544644
PEUGEOT, TALBOT Straelseweg 52 ☎ 512474
RENAULT L. J. Costerstraat 3 ☎ 541545
ROVER Tegelseweg 136 ☎ 512458
TOYOTA Pastoor Stassenstraat 49 ☎ 823051
VAG Panhuisstraat 21 ☎ 515151
VOLVO Venrayseweg 28 ☎ 821818

IANEN Zuid-Holland 408 ⑪ – 18 704 h. – ☎ 0 3473.

Amsterdam 48 – ♦Den Haag 66 – ♦Breda 56 – ♦'s-Hertogenbosch 40 – ♦Rotterdam 59 – ♦Utrecht 15.

Motel Vianen, Prins Bernhardstraat 75 (O : 1 km sur A 2), ✉ 4132 XE, ☎ 7 24 84, Telex 70295, Fax 7 55 06, – rest – 25 à 200. AE E VISA
R (ouvert jusqu'à minuit) carte 40 à 64 – **52 ch** 79/103 – ½ P 74/110.

't Zwijnshoofd, Prinses Julianastraat 6, ✉ 4132 CB, ☎ 7 12 86, Fax 7 39 11 – **13 ch.**

TROEN Sportlaan 5 ☎ 74410
RD Kortedreef 1 ☎ 73558
M (OPEL) Sportlaan 7 ☎ 71248
EUGEOT, TALBOT Eendrachtsweg 3 ☎ 74014
RENAULT De Limiet 3 b ☎ 76512
TOYOTA Stuartweg 5 ☎ 73245
VOLVO Stalstraat 5 ☎ 71241

IERHOUTEN Gelderland C Nunspeet 24 573 h. 408 ⑫ – ☎ 0 5771.

(avril-oct.) Elspeterbosweg, ✉ 8076 RC, ☎ 14 00.

Amsterdam 88 – ♦Arnhem 53 – ♦Apeldoorn 27 – ♦Zwolle 34.

De Mallejan, Nunspeterweg 70, ✉ 8076 PD, ☎ 12 41, Fax 16 29, – rest – 25 ou plus. AE E VISA
R *(fermé après 20 h)* 60/130 – **41 ch** 110/145 – ½ P 100/120.

X **Le Guéridon,** Elspeterbosweg 5, ✉ 8076 RA, ☎ 12 00 – . AE E VISA
fermé lundis non fériés, prem. sem. oct. et prem. sem. fév. – **R** (dîner seult) carte 52 à 82.

X **De Veluwse Albatros,** Elspeterbosweg 45, ✉ 8076 RA, ☎ 13 33, Intérieur vieil hollandais – . AE E
R carte 40 à 70.

ADA Nunspeterweg 3 ☎ 1204

ILSTEREN Overijssel C Ommen 17 957 h. 408 ⑫ – ☎ 0 5291.

Amsterdam 139 – Deventer 46 – ♦Zwolle 20.

X **De Klomp,** Vilsterseweg 10, ✉ 7734 PD, ☎ 5 82 62, – . AE E VISA
fermé lundi et 31 déc.-15 janv. – **R** carte 40 à 60.

VINKEVEEN Utrecht C De Ronde Venen 30 675 h. 408 ⑩ – ☎ 0 2972.

◆Amsterdam 21 – ◆Utrecht 22 – ◆Den Haag 61 – ◆Haarlem 32.

Vinkeveen, Groenlandsekade 1 (E : 3 km près A 2), ✉ 3645 BA, ☎ (0 2949) 30 6 Telex 10217, Fax (0 2949) 31 01, ←, 帝, ≘s, 🅻 – ▤ rest TV ☎ P – 🅰 25 ou plus. AE ⓓ E VISA. ✗ rest
R Le Canard Sauvage *(fermé sam. midi et dim. midi)* carte 82 à 116 – **59 ch** ☕ 170/33

XXX **Belle Rive,** Baambrugse Zuwe 127a, ✉ 3645 AD, ☎ 43 33, Fax 31 17, 帝, « Rustique – ▤ P. AE ⓓ E VISA
R (dîner seult jusqu'à 23 h) carte 53 à 125.

XX **Rôtiss. Buitenlust,** Herenweg 75, ✉ 3645 DG, ☎ 13 60, 帝, « Terrasse et jardin » – ⓓ E VISA
fermé dim. et du 26 au 31 déc. – **R** 60/80.

XX **De Lokeend** avec ch, Groenlandsekade 59 (E : 3 km près A 2), ✉ 3645 BB, ☎ (0 294 15 44, 帝 – TV P. AE E VISA. ✗ rest
fermé 24 déc.-15 janv. – **R** *(fermé dim. et lundi)* (dîner seult) carte 57 à 86 – **7 ch** ☕ 110/16

CITROEN, FORD Herenweg 165 ☎ 1333
FIAT Demmerik 26 ☎ 1285

VLAARDINGEN Zuid-Holland 212 ④ et 408 ⑯ – 74 480 h. – ☎ 0 10.

Watersportweg 100, ☎ 474 81 40.

◆ Amsterdam 78 – ◆Den Haag 28 – ◆Rotterdam 12.

Delta, Maasboulevard 15, ✉ 3133 AK, ☎ 434 54 77, Telex 23154, Fax 434 95 25, ← Meus (Maas), ≘s, 🅻 – 🛗 ✗ ch TV ☎ P – 🅰 25 ou plus. AE ⓓ E VISA
R carte 44 à 75 – ☕ 23 – **78 ch** 195/255.

XX **Taveerne D'Ouwe Haven,** Westhavenkade 10, ✉ 3131 AB, ☎ 435 30 00, Ouvert jusqu 23 h – AE ⓓ E VISA
fermé sam. midi, dim. midi, lundi, jours fériés midis et 29 juil.-20 août – **R** carte 74 à 10

ALFA-ROMEO Industrieweg 17 ☎ 4340624
CITROEN Kethelweg 54 ☎ 4344268
FIAT, LANCIA Anna van Saxenweg 2 ☎ 4750400
FORD Boslaan 6 ☎ 4344144
GM (OPEL) Burg. de Bordesplein 19 ☎ 4340722
HONDA, LADA 5e Industriestraat 39 ☎ 4348157
MAZDA 4e Industriestraat 38 ☎ 4343119
MITSUBISHI Nijverheidsstraat 10 ☎ 4350040
NISSAN Dirk de Derdelaan 18 ☎ 4600582
PEUGEOT, TALBOT van Beethovensingel 124 ☎ 4357900
RENAULT James Wattweg 12 ☎ 4353533
ROVER Industrieweg 29 ☎ 4354755
VAG Dr. W. Beckmansingel 8 ☎ 4341244
VOLVO Nettenboetsterstraat 7 ☎ 4601946

VLIELAND (Ile de) Friesland 408 ③ – voir à Waddeneilanden.

VLISSINGEN Zeeland 212 ⑫ et 408 ⑮ – 44 022 h. – ☎ 0 1184.

vers Sheerness : Olau Line, Buitenhaven ☎ 8 82 88.

🅸 (fermé sam. après-midi hors saison) Nieuwendijk 15, ✉ 4381 BV, ☎ 1 23 45.

◆Amsterdam 205 – ◆Middelburg 6 – ◆Brugge (bac) 43 – Knokke-Heist (bac) 32.

Britannia-Watertoren, bd Evertsen 244, ✉ 4382 AG, ☎ 1 32 55, Telex 36219, Fax 1 47 9 ← – 🛗 TV ☎ P – 🅰 25 à 350. AE ⓓ E VISA. ✗ rest
R carte env. 50 – **35 ch** ☕ 105/158 – ½ P 140.

XX **De Bourgondiër,** bd Bankert 280, ✉ 4382 AC, ☎ 1 38 91, ← – AE ⓓ E VISA
fermé 25 et 31 déc. – **R** carte 60 à 107.

XX **De Gevangentoren,** bd de Ruyter 1a, ✉ 4381 KA, ☎ 1 70 76, Dans une tour du 15e s – AE ⓓ E VISA
fermé merc. d'oct. à Pâques – **R** carte 50 à 73.

XX **Valentijn,** Nieuwendijk 14, ✉ 4381 BX, ☎ 1 64 50 – AE ⓓ E VISA
fermé lundi de sept à avril et fin déc.-3 prem. sem. janv. – **R** 43.

ALFA-ROMEO Industrieweg 17 ☎ 13434
BMW Industrieweg 27 ☎ 14400
FIAT Industrieweg 19 ☎ 17736
FORD Gildeweg 20 ☎ 19420
GM (OPEL) Pres. Rooseveltlaan 772 ☎ 17100
HONDA Gildeweg 21 ☎ 10220
MERCEDES-BENZ Mercuriusweg 25 ☎ 18351
MITSUBISHI Mercuriusweg 29 ☎ 19051
PEUGEOT, TALBOT, CITROEN Pres. Rooseveltlaan 745 ☎ 12008
RENAULT Gildeweg 16 ☎ 17130
TOYOTA Industrieweg 23 ☎ 12916
VAG Gildeweg 22 ☎ 19610
VOLVO Pres. Rooseveltlaan 768 ☎ 17610

VLIJMEN Noord-Brabant 212 ⑦ et 408 ⑱ – 15 655 h. – ☎ 0 4108.

◆Amsterdam 94 – ◆'s-Hertogenbosch 8 – ◆Breda 40.

Prinsen 🐎, Julianastraat 21, ✉ 5251 EC, ☎ 1 91 31, Fax 1 79 75, « Terrasse et jardin – ▤ rest TV ☎ P – 🅰 25 ou plus. AE E VISA. ✗
R carte 50 à 75 – ☕ 10 – **29 ch** 105 – ½ P 110.

MAZDA Wolput 18 ☎ 12251

OLENDAM Noord-Holland [C] Edam-Volendam 24 572 h. 408 ⑪ – ☎ 0 2993.

ir Costume traditionnel★.

msterdam 21 – Alkmaar 33 – ◆Leeuwarden 121.

Motel Katwoude, Wagenweg 1 (O : 3 km), ✉ 1145 PW, ☎ 6 56 56, Fax 6 83 19, ☂, ≘s, ▣, ✂ – TV ☎ P – 🏛 40 à 150. AE E VISA
R (ouvert jusqu'à 23 h) 35 – ☕ 10 – **86 ch** 65/75.

Spaander, Haven 15, ✉ 1131 EP, ☎ 6 35 95, Telex 13141, Fax 6 96 15, « Collection de tableaux », ≘s, ▣ – |‡| P. AE ⊙ E VISA. ✻
R *(fermé 1er janv.)* carte 46 à 65 – **80 ch** *(fermé 31 déc. et 1er janv.)* ☕ 80/200 – ½ P 90/110.

Van Diepen avec ch, Haven 35, ✉ 1131 EP, ☎ 6 37 05, Telex 13141, ☂ – P. AE ⊙ E VISA. ✻ ch
fermé 1er janv. – **R** 48 – **17 ch** ☕ 120/160 – ½ P 85/95.

TROEN Hyacintenstraat 36 ☎ 63349
AT Julianaweg 192 ☎ 63268
/I (OPEL) Papaverstraat 27 ☎ 64620
MAZDA Julianaweg 96 ☎ 63416
RENAULT Chr. van Abcoudestraat 2 ☎ 65551
VAG Julianaweg 129 ☎ 63972

OLLENHOVE Overijssel [C] Brederwiede 11 948 h. 408 ⑫ – ☎ 0 5274.

msterdam 103 – ◆Zwolle 26 – Emmeloord 14.

Seidel, Kerkplein 3, ✉ 8325 BN, ☎ 12 62, Dans l'ancien hôtel de ville du 17e s. – ⊙ E
fermé lundi – **R** carte 65 à 105.

DA Kerkstraat 82 ☎ 1296

OORBURG Zuid-Holland 408 ⑨ ⑩ – voir à Den Haag, environs.

OORSCHOTEN Zuid-Holland 408 ⑩ – voir à Leiden.

ORDEN Gelderland 408 ⑫ ⑬ – 8 282 h. – ☎ 0 5752.

Decanijeweg 3, ✉ 7251 BP, ☎ 32 22.

Amsterdam 117 – ◆Arnhem 44 – ◆Apeldoorn 31 – ◆Enschede 51.

Bakker, Dorpsstraat 24, ✉ 7251 BB, ☎ 13 12, Fax 37 40, ☂ – ▤ rest TV ☎ P – 🏛 25 à 200. AE E VISA – **R** carte 56 à 68 – **12 ch** ☕ 85/135 – ½ P 65/100.

Bloemendaal, Stationsweg 24, ✉ 7251 EM, ☎ 12 27, ≘s – ☎. AE E. ✻
R (résidents seult) – **14 ch** ☕ 90/100.

REELAND Utrecht [C] Loenen 8 207 h. 408 ⑩ ⑪ – ☎ 0 2943.

Amsterdam 21 – ◆Utrecht 22 – Hilversum 11.

De Nederlanden avec ch, Duinkerken 3, ✉ 3633 EM, ☎ 23 26, Fax 14 07, ☂ – P. AE ⊙ E VISA
fermé 15 juil.-12 août – **R** *(fermé sam. midi, dim. midi et jours fériés midis)* carte env. 75 – **8 ch** ☕ 250/325 – ½ P 195/283.

DA Raadhuislaan 5 ☎ 1867

ROUWENPOLDER Zeeland [C] Veere 4 836 h. 212 ② et 408 ⑮ – ☎ 0 1189.

(15 mai-15 sept) Dorpsdijk 19, ✉ 4354 AA, ☎ 15 77.

Amsterdam 178 – ◆Middelburg 12 – Zierikzee 33.

Vrouwenpolder, Veersegatdam 81, ✉ 4354 ND, ☎ 19 00, ←, ☂
fermé janv., lundi et mardi de nov. à avril et après 20 h 30 – **R** 38.

VUGHT Noord-Brabant 212 ⑦ et 408 ⑱ – voir à 's-Hertogenbosch.

VIJFHUIZEN Noord-Holland [C] Haarlemmermeer 93 427 h. 408 ⑩ – ☎ 0 2508.

Cruquiusdijk 122, ☎ 31 24.

Amsterdam 22 – ◆Haarlem 5.

De Ouwe Meerpaal, Vijfhuizerdijk 3, ✉ 2141 BA, ☎ 12 89 – ▤ P. AE ⊙ E VISA
fermé lundi et 27 déc.-15 janv. – **R** carte 64 à 93.

De WAAL Noord-Holland 408 ③ – voir à Waddeneilanden (Texel).

WAALRE Noord-Brabant 212 ⑱ et 408 ⑱ – 15 126 h. – ☎ 0 4904.

Amsterdam 128 – ◆Eindhoven 7 – ◆Turnhout 47 – Venlo 56.

De Treeswijkhoeve, Valkenswaardseweg 14, ✉ 5582 VB, ☎ 1 55 93, Fax 1 75 32, ☂, « Terrasse et jardin » – P. AE ⊙ E VISA
fermé lundi, sam. midi, 2e quinz. juil. – **R** 55/85.

TROEN Willibrorduslaan 7 ☎ 15811

WAALWIJK Noord-Brabant 212 ⑦ et 408 ⑱ - 28 674 h. - ☎ 0 4160.

Grotestraat 245, ✉ 5141 JS, ☎ 3 22 28.

♦Amsterdam 100 - ♦'s-Hertogenbosch 18 - ♦Breda 30 - ♦Tilburg 17.

Moonen, Burg. van de Klokkenlaan 55, ✉ 5141 EG, ☎ 3 60 45, Fax 3 59 68, – TV ☎ P - 25 ou plus. AE ⓓ E VISA
R *(fermé sam. midi et dim. midi)* (ouvert jusqu'à 23 h) carte 67 à 93 - 18 - **64 ch** 88/17 - ½ P 135/175.

XX **Chez André,** Olympiaweg 8, ✉ 5143 NA, ☎ 3 26 08, Fax 4 34 00 - P. AE ⓓ E VISA.
R 70/80.

ALFA-ROMEO, MAZDA Laageindsestoep 1 ☎ 36905
BMW Stationsstraat 95 ☎ 32443
CITROEN Zanddonkweg 2 ☎ 33321
FIAT Tuinstraat 22a ☎ 34583
FORD Grotestraat 349 ☎ 32113
GM (OPEL) Marijkestraat 1 ☎ 36031
HONDA Grotestraat 109 ☎ 32561
LADA Burg. Smeelelaan 37 ☎ 34487
MAZDA Laageindsestoep 3 ☎ 36905
PEUGEOT, TALBOT Laageinde 103 ☎ 37986
ROVER Grotestraat 88 ☎ 32054
TOYOTA Laageinde 39 ☎ 38555
VAG Grotestraat 358 ☎ 34961

WADDENEILANDEN (ILES DES WADDEN)** Friesland - Noord-Holland 408 ③ à ⑥ G. Hollande.

AMELAND Friesland 408 ④ - 3 148 h. - ☎ 0 5191.

vers Holwerd : Wagenborg Passagiersdiensten B.V., Reeweg 4 à Nes, ☎ 61 11. Durée de la traversée : 45 min. Prix AR : 12,30 Fl, voitures de 64,20 Fl à 91,80 Fl.

♦Amsterdam (bac) 169 - ♦Leeuwarden (bac) 30 - Dokkum (bac) 14.

Buren

De Klok, Hoofdweg 11, ✉ 9164 KL, ☎ 21 81, Fax 24 97, - P. AE E. rest
R carte 40 à 61 - **36 ch** 40/130 - ½ P 53/73.

Hollum

D'Amelander Kaap, Oosterhiemweg 1, ✉ 9161 CZ, ☎ 46 46, Telex 46826, Fax 48 09, , , - rest TV ☎ P - 25 à 200. AE ⓓ E VISA.
fermé 4, 5 et 6 déc. - **R** carte 40 à 62 - **40 ch** 109/158 - ½ P 139.

Nes

Rixt van Doniaweg 2, ✉ 9163 GR, ☎ 20 20.

Hofker, Johannes Hofkerweg 1, ✉ 9163 GW, ☎ 20 02, , , , - TV P.
fermé janv. - **R** *(fermé mardi)* (résidents seult) - **38 ch** 150.

X **De Klimop,** Johannes Hofkerweg 2, ✉ 9163 GW, ☎ 22 96, - P. AE ⓓ E
mars-fin nov. - **R** carte 40 à 71.

sur la route de la plage N : 1 km :

Excelsior , Kievitsweg 11, ✉ 9163 KA, ☎ 20 12, Fax 25 55 - P. E. ch
avril-oct. - **R** (dîner pour résidents seult) - **25 ch** 65/110 - ½ P 85.

Ameland, Strandweg 48, ✉ 9163 GN, ☎ 21 50 - P.
mars-oct. - **R** (dîner seult jusqu'à 20 h) carte env. 45 - **22 ch** 105 - ½ P 119/150.

Noordzee, Strandweg 42, ✉ 9163 ZL, ☎ 22 28, , - P. rest
mars-15 déc. - **R** (résidents seult) - **21 ch** 85/105.

CITROEN Reeweg 1 ☎ 2300

SCHIERMONNIKOOG Friesland 408 ⑤ - 927 h. - ☎ 0 5195.

Voir Het Rif*, <*.

vers Lauwersoog : Wagenborg Passagiersdiensten B.V., Langestreek 120 à Schiermonnikoog ☎ 12 10. Durée de la traversée : 45 min. Prix AR : 12,30 Fl, bicyclette : 5,65 Fl.

♦Amsterdam (bac) 181 - ♦Leeuwarden (bac) 42 - ♦Groningen (bac) 42.

Schiermonnikoog

(fermé dim.) Reeweg 5, ✉ 9166 PW, ☎ 12 33.

Duinzicht , Badweg 17, ✉ 9166 ND, ☎ 12 18, Fax 14 25 - TV ☎ - 25 à 80. rest
R *(fermé après 20 h)* 40/80 - **32 ch** 124/150 - ½ P 75/120.

Van der Werff, Reeweg 2, ✉ 9166 PX, ☎ 12 03, Fax 17 48, - ⓓ E rest
R carte 40 à 75 - **40 ch** 68/135 - ½ P 90.

sur la route de la plage NO : 2 km :

Strandhotel "Noderstraun", Badweg 32, ✉ 9166 NK, ✆ 11 11, Fax 18 57, ←, – TV – 35
17 ch.

ERSCHELLING Friesland 408 ④ – 4 572 h. – ✆ 0 5620.

oir Site★ – De Boschplaat★ (réserve d'oiseaux).

vers Harlingen : Rederij Doeksen B.V., Willem Barentszkade 21 à West-Terschelling, 21 41 et réservation voitures ✆ 61 11. Durée de la traversée : 1 h 45 Prix AR : 31,25 Fl, voitures),00 Fl (16,90 Fl par 0,50 m de longueur). Service rapide par vedette Stuifdijk (durée de la versée = 45 min) : 38,25 Fl. (Pendant l'été aussi liaison avec Vlieland).

msterdam (bac) 115 – ◆Leeuwarden (bac) 28 – (distances de West-Terschelling).

Hoorn (Hoarne)

De Millem, Dorpsstraat 58, ✉ 8896 JG, ✆ 84 24 – P
Pâques-oct. – **R** carte 40 à 63.

Lies

De Walvisvaarder, Hoofdstraat 23, ✉ 8895 KP, ✆ 85 77, – P.
Pâques-3 nov. et du 20 au 31 déc. – **R** (résidents seult) – **42 ch** 100/180 – ½ P 65/220.

Oosterend (Aasterein)

De Grië, Hoofdstraat 43, ✉ 8897 HX, ✆ 84 99, – P. E
25 mars-oct. et 22 déc.-8 janv. ; fermé mardi – **R** carte 54 à 72.

West-Terschelling (West-Skylge)

Willem Barentszkade 19a, ✉ 8881 EC, ✆ 30 00.

Nap, Torenstraat 55, ✉ 8881 BH, ✆ 32 10 – TV – 25 à 75. AE ① E VISA
R 33/48 – **31 ch** 160 – ½ P 79/106.

Oepkes, De Ruyterstraat 3, ✉ 8881 AM, ✆ 20 05 – 45. AE ① E VISA
fermé 10 janv.-10 fév. – **R** carte 40 à 62 – **20 ch** 68/145 – ½ P 73/95.

De Brandaris, Boomstraat 3, ✉ 8881 BS, ✆ 25 54, Ouvert jusqu'à 1 h du matin – . AE ① E
fermé 6 janv.-7 fév. – **R** 40.

AT Brandarisstraat 10 a ✆ 2361

EXEL Noord-Holland 408 ③ – 12 722 h. – ✆ 0 2220.

oir Site★★ – Réserves d'oiseaux★ – De Slufter ←★.

vers Den Helder : T.E.S.O. à 't Horntje ✆ 1 94 41. Durée de la traversée : 20 min. Prix AR : ,80 Fl, voitures 43,50 Fl.

Amsterdam (bac) 85 – ◆Haarlem (bac) 78 – ◆Leeuwarden (bac) 96 – (distances de Den Burg).

Den Burg

Groeneplaats 9, ✉ 1791 CC, ✆ 1 47 41.

De Lindeboom, Groeneplaats 14, ✉ 1791 CC, ✆ 1 20 41, Fax 1 56 76 – TV P – 40. AE ① E VISA
R carte env. 50 – **20 ch** 95/150 – ½ P 95/110.

Het Vierspan, Gravenstraat 3, ✉ 1791 CJ, ✆ 1 31 76 – AE E
fermé merc. et dern. sem. fév.-2 prem. sem. mars – **R** (dîner seult) carte 62 à 81.

Het Kleine Verschil, Gravenstraat 16, ✉ 1791 CK, ✆ 1 52 62
fermé mardi – **R** (dîner seult) carte 46 à 63.

ISSAN Spinbaan 13 ✆ 13808
AG Schilderend 56 ✆ 12151

VOLVO, PEUGEOT, TALBOT Pr. Bernhardlaan 170 ✆ 12200

De Cocksdorp

Molenbos, Postweg 224, ✉ 1795 JT, ✆ 1 64 76, Fax 1 63 77 – TV P. AE ① E VISA
avril-oct. et week-end ; fermé janv.-15 fév. – **R** *(fermé merc. sauf juil.-15 sept)* carte 40 à 89 – **15 ch** 69/139 – ½ P 80/96.

De Lampereije, Kikkertstraat 7, ✉ 1795 AA, ✆ 1 62 32, – AE ① E VISA
mars-oct. et week-end ; fermé mardi – **R** carte 41 à 67.

au Sud-Ouest : 4 km :

Nieuw Breda, Postweg 134, ✉ 1795 JS, ✆ 1 12 37, Fax 1 16 01, – TV P. AE E VISA. rest
R (résidents seult) – **22 ch** 84/118 – ½ P 80.

Den Hoorn

Loodsmanswelvaren, Herenstraat 12, ✉ 1797 AH, ☎ 1 92 28, Fax 1 95 17 – TV P. AE
ⓓ E
R 40/65 – **11 ch** ☐ 77/150.

't Kompas, Herenstraat 7, ✉ 1797 AE, ☎ 1 93 60 – AE ⓓ E VISA
fermé du 1er au 15 déc. et lundi et mardi en hiver – **R** (dîner seult jusqu'à 23 h) carte 6
à 92.

De Koog

ℹ (Pâques-oct.) Dorpsstraat, ✉ 1796 BB, ☎ 1 47 41.

Opduin ⛶, Ruyslaan 22, ✉ 1796 AD, ☎ 1 74 45, Telex 57555, Fax 1 77 77, ≋s, ☒,
– |♦| ⇹ ch TV ☎ P – 🚶 120. AE ⓓ E VISA. ✻ rest
R *(fermé 21 nov.-14 déc. et 11 janv.-14 fév.)* carte 79 à 100 – **80 ch** *(fermé 11 janv.-14 fév*
☐ 65/285 – ½ P 96/190.

Boschrand, Bosrandweg 225, ✉ 1796 NA, ☎ 1 72 81, ⌂ – TV P. ✻ rest
fév.-nov. – **R** (résidents seult) – **39 ch** ☐ 95/130 – ½ P 70/166.

Alpha sans rest, Boodtlaan 84, ✉ 1796 BG, ☎ 1 76 77 – TV ☎ P. ✻
mars-25 oct. – **12 ch** ☐ 110.

't Jachthuis sans rest, Boodtlaan 38, ✉ 1796 BG, ☎ 1 77 58 – P. ✻
15 fév.-15 oct. – **14 ch** ☐ 65/90.

De Strandplevier sans rest, Dorpsstraat 39, ✉ 1796 BA, ☎ 1 73 48 – TV P. VISA
mi-fév.-mi-nov. – **19 ch** ☐ 128.

au Sud : 3 km :

De Pelikaan, Pelikaanweg 18, ✉ 1796 NR, ☎ 1 72 02, Fax 1 76 87, ≋s, ☒ – |♦| ▤ res
TV P – 🚶 70. AE ⓓ E VISA. ✻ rest
R (dîner seult) 40/80 – **29 ch** ☐ 100/160 – ½ P 115/125.

CITROEN Ruigendijk 2 ☎ 17567

Oosterend

Rôtiss.'t Kerckeplein, Oesterstraat 6, ✉ 1794 AR, ☎ 1 89 50 – P. AE ⓓ E VISA
fermé lundi et 15 janv.-15 fév. – **R** (hors saison dîner seult) carte 61 à 83.

GM (OPEL) Peperstraat 44 ☎ 18227

Oudeschild

't Pakhuus, Haven 8, ✉ 1792 AE, ☎ 1 35 81, ≤, « Ancien entrepôt » – P. AE E. ✻
fermé prem. sem. déc. et 2e quinz. janv. – **R** carte 53 à 71.

De Waal

Rebecca, Hogereind 39, ✉ 1793 AE, ☎ 1 27 45, ✂ – P. ✻
fermé 4 nov.-26 déc. – **R** (résidents seult) – **20 ch** ☐ 45/166 – ½ P 62/88.

De Weal, Hogereind 28, ✉ 1793 AH, ☎ 1 32 82 – P. AE. ✻ rest
fermé du 1er au 21 déc. – **R** (résidents seult) – **18 ch** ☐ 125 – ½ P 58/75.

VLIELAND Friesland 408 ③ – 1 066 h. – ☏ 0 5621.

⛴ vers Harlingen : Rederij Doeksen B.V., Havenweg 13 à Vlieland, ☎ 13 13. Durée de la traversée : 1 h 30. Prix AR : 31,25 Fl, bicyclette : 13,40 Fl. Service rapide par vedette Stuifdijk (durée de la traversée = 45 min) : 38,25 Fl. (Pendant l'été aussi liaison avec Terschelling).

ℹ (sam. et dim. seult ouvert à l'arrivée des bateaux) Havenweg 10, ✉ 8899 BB, ☎ 13 57.

♦Amsterdam (bac) 115 – ♦Leeuwarden (bac) 28.

Oost-Vlieland

Voir Phare (Vuurtoren) ≤★.

De Wadden, Dorpsstraat 61, ✉ 8899 AD, ☎ 12 98, ⌂ – TV. ⓓ E. ✻ ch
20 mars-10 janv. – **R** carte 40 à 75 – **19 ch** ☐ 91/171 – ½ P 96/111.

Bruin, Dorpsstraat 88, ✉ 8899 AL, ☎ 13 01, Fax 12 27 – TV. AE ⓓ E VISA. ✻ rest
R carte 40 à 77 – **31 ch** ☐ 65/135 – ½ P 83/103.

Oosterbaan, Dorpsstraat 12, ✉ 8899 AH, ☎ 15 95, Fax 17 16, Produits de la mer – ▤
AE ⓓ E VISA – **R** carte env. 40.

dans les dunes N : 1 km :

Altea Seeduyn ⛶, Badweg 3, ✉ 8899 BV, ☎ 15 60, Fax 11 15, ⛱, ≋s, ☒, ✂ – |♦|
TV ☎ – 🚶 25 à 150. AE ⓓ E VISA. ✻
fermé 10 janv.-10 mars – **R** carte 54 à 81 – **47 ch** ☐ 115/210 – ½ P 120/140.

ADDINXVEEN Zuid-Holland 408 ⑩ – 24 652 h. – ✆ 0 1828.

nsterdam 46 – ♦Den Haag 29 – ♦Rotterdam 24 – ♦Utrecht 37.

De Gouwe Dis, Zuidkade 22, ✉ 2741 JB, ✆ 1 20 26, « Intérieur vieil hollandais » – AE ⓓ E VISA
fermé sam. midi, dim., lundi, 3 dern. sem. juil. et Noël – **R** carte 60 à 88.

't Baarsje, Zwarteweg 6, ✉ 2741 LC, ✆ (0 1829) 44 60, Fax (0 1829) 27 47, – Ⓟ. AE ⓓ E VISA.
fermé mardi, merc., 23 juil.-16 août et 30 déc.-9 janv. – **R** 45/88.

ROEN Noordkade 102 ✆ 15788
T Dorpsstraat 72 ✆ 12792
RD Noordkade 16 ✆ 10170
(OPEL) Dorpsstraat 59 ✆ 15155
NDA J. Dorrekenskade-Oost 68 ✆ 12374
MITSUBISHI Noordkade 18 ✆ 19285
NISSAN Zuidelijke Dwarsweg 1 b ✆ 17713
PEUGEOT, TALBOT Oranjelaan 21 ✆ 12344
TOYOTA Plasweg 16 ✆ 21800
VAG Brederolaan 1 ✆ 14377

AGENINGEN Gelderland 408 ⑪ – 32 370 h. – ✆ 0 8370.

Plantsoen 3, ✉ 6701 AS, ✆ 1 07 77.

msterdam 85 – ♦Arnhem 17 – ♦Utrecht 47.

Nol in't Bosch, Hartenseweg 60 (NE : 2 km), ✉ 6704 PA, ✆ (0 8373) 1 91 01, Fax (0 8373) 1 36 11, « Dans les bois », – rest Ⓟ – 25 ou plus. AE ⓓ E VISA. rest
R *(fermé après 20 h 30)* 40/80 – **33 ch** 93/160 – ½ P 93/125.

T Junusstraat 23 ✆ 12585
RD Lawickseallee 1 ✆ 19055
(OPEL) Ritzema Bosweg 1 ✆ 19152
DA Haverlanden 197 ✆ 13593
SSAN van Uvenweg 119 ✆ 18669
PEUGEOT, TALBOT Ritzema Bosweg 58 ✆ 19033
RENAULT Nude 57 ✆ 12781
VAG Churchillweg 146 ✆ 19030

AHLWILLER Limburg 212 ② – voir à Wittem.

ARKUM Friesland – voir Workum.

ARMOND Zuid-Holland 408 ⑩ – 5 115 h. – ✆ 0 1711.

msterdam 39 – ♦Den Haag 20 – ♦Haarlem 25.

De Stad Rome, Baan 4, ✉ 2361 GH, ✆ 1 01 44, Fax 1 25 17 – AE ⓓ E VISA
fermé lundi et du 2 au 23 sept – **R** (dîner seult) carte 57 à 86.

Boerderij Meerrust, Dorpsstraat 5, ✉ 2361 AK, ✆ 1 08 17, – Ⓟ. AE ⓓ E VISA
fermé 25 et 31 déc. – **R** 40/60.

VARTEN (WARTENA) Friesland C Boarnsterhim 17 720 h. 408 ⑤ – ✆ 0 5105.

msterdam 157 – ♦Groningen 52 – ♦Leeuwarden 9.

De Brigantijn, Hoofdstraat 31, ✉ 9003 LC, ✆ 13 44, – TV. ⓓ E VISA. rest
R carte 45 à 73 – **6 ch** 58/95 – ½ P 75.

TSUBISHI Hoofdstraat 66a ✆ 1445

VASSENAAR Zuid-Holland 408 ⑨ – voir à Den Haag, environs.

VEERT Limburg 212 ⑲ et 408 ⑲ – 40 068 h. – ✆ 0 4950.

Laurabosweg 8, ✆ 1 84 38.

Waag, Langpoort 5b, ✉ 6001 CL, ✆ 3 68 00.

msterdam 156 – ♦Maastricht 57 – ♦Eindhoven 28 – Roermond 21.

Jan van der Croon, Driesveldlaan 99, ✉ 6001 KC, ✆ 3 96 55, Telex 30226, Fax 4 08 07 – TV – 25 ou plus. AE ⓓ E VISA
R carte 40 à 79 – **58 ch** 95/127 – ½ P 86/117.

De Brookhut, Heugterbroekdijk 2 (N : 3,5 km à Laar), ✉ 6003 RB, ✆ 3 13 91, Fax 4 33 05 – TV Ⓟ. AE ⓓ E VISA.
fermé 2 sem. carnaval – **R** carte 45 à 84 – **8 ch** 95/125 – ½ P 128.

L'Auberge (Mertens), Parallelweg 101, ✉ 6001 HM, ✆ 3 10 57 – AE E
fermé dim., lundi, 20 juil.-8 août et 27 déc.-2 janv. – **R** carte 90 à 122.
Spéc. Grillade de bar aux jus de champignons et d'olives, Raviolis de petits gris aux asperges régionales (avril-juin), Canard aux petits fours glacés de son foie gras.

Juliana avec ch, Wilhelminasingel 76, ✉ 6001 GV, ✆ 3 21 89 – – 25 ou plus. AE ⓓ E VISA
R *(fermé sam.)* carte 48 à 85 – **12 ch** 50/110 – ½ P 78/110.

à Nederweert NE : 5 km – 15 081 h. – ☎ 0 4951 :

X **De Koetsier,** Brugstraat 44, ✉ 6031 EG, ℘ 2 50 00 – Ⓟ. AE ⓓ E VISA
fermé mardi soir, dern. week-end août et du 9 au 12 fév. – **R** carte 45 à 75.

ALFA-ROMEO Graafschap Hornelaan 137 ℘ 34900
CITROEN Oudenakkerstraat 59 ℘ 35194
FORD Ringbaan West 15 ℘ 35281
GM (OPEL) Ringbaan Oost 20 ℘ 38515
HONDA Kerkstraat 70 ℘ 32185
MAZDA Kevelaerstraat 3 ℘ 35274
MERCEDES-BENZ Risseweg 22 ℘ 34338
NISSAN Roermondseweg 58 ℘ 36187
PEUGEOT, TALBOT Grraafschap Hornelaan 16 ℘ 37593
RENAULT Roermondseweg 87 ℘ 33816
TOYOTA Roermondseweg 81 ℘ 35585
VAG Graafschap Hornelaan 136 ℘ 34866
VOLVO Graafschap Hornelaan 165 ℘ 32059

WEESP Noord-Holland 408 ⑪ – 18 362 h. – ☎ 0 2940.

◆Amsterdam 21 – Hilversum 15 – ◆Utrecht 35.

X **De Tapperij,** Achteromstraat 6, ✉ 1381 AV, ℘ 1 49 71, ☂, « Ancienne brasserie » – AE ⓓ E VISA. ✻
fermé dim., 21 juil.-4 août et 27 déc.-1er janv. – **R** carte 62 à 87.

BMW Hogeweyselaan 21 ℘ 15231
FIAT, LANCIA Casparuslaan 1 ℘ 15108
FORD Hogeweyselaan 97 ℘ 15443
GM (OPEL) Groenweg 18 ℘ 14647
HONDA Hogeweyselaan 201 ℘ 17673
MITSUBISHI Hogeweyselaan 215 ℘ 16619
NISSAN Hogeweyselaan 207 ℘ 80041
PEUGEOT, TALBOT Amstellandlaan 1 ℘ 1511
RENAULT Nijverheidslaan 14 ℘ 13044
VAG Hogeweyselaan 179 ℘ 14451
VOLVO Achtergracht 71a ℘ 18200

WEHE-DEN HOORN Groningen Ⓒ Leens 3 501 h. 408 ⑤ – ☎ 0 5957.

◆Amsterdam 205 – ◆Groningen 22.

XX **Aub. St-Hubert,** Warfhuisterweg 17, ✉ 9964 AX, ℘ 26 36 – Ⓟ. AE ⓓ E. ✻
◆ *fermé lundi et du 1er au 16 janv.* – **R** 40/58.

NISSAN Mernaweg 5 ℘ 1214

WELL Limburg Ⓒ Bergen 12 894 h. 212 ⑩ et 408 ⑲ – ☎ 0 4783.

◆Amsterdam 156 – ◆Maastricht 99 – ◆Eindhoven 50 – ◆Nijmegen 42 – Venlo 24.

XXX **Aub. de Grote Waay** avec ch, Kevelaersedijk 1 (rte Nijmegen-Venlo), ✉ 5855 GC ℘ 16 41, Fax 27 14, ☂, « Ferme du 17e s. » – TV ☎ Ⓟ – 🏛 25 ou plus. AE ⓓ E VISA. ✻ ch
fermé 27 déc.-6 janv. – **R** *(fermé jeudi d'août à mai)* 58/68 – ☐ 13 – **9 ch** 60/120 – ½ P 185/225.

XX **De Vossenheuvel,** Vossenheuvel 4 (NO : 2 km, dans les bois), ✉ 5855 EE, ℘ 18 8, Fax 27 13 – Ⓟ. AE E. ✻
fermé merc. midi, jeudi midi et merc. d'oct. à mars – **R** 45/60.

WELLERLOOI Limburg Ⓒ Bergen 12 894 h. 212 ⑩ et 408 ⑲ – ☎ 0 4783.

◆Amsterdam 160 – ◆Maastricht 95 – ◆Eindhoven 54 – ◆Nijmegen 46 – Venlo 20.

XXX **Host. de Hamert,** Hamert 2 (rte Nijmegen-Venlo), ✉ 5856 CL, ℘ (0 4703) 12 6, Fax (0 4703) 25 03, ☂, « Au bord de l'eau, ← Meuse (Maas) et campagne » – Ⓟ. AE ⓓ E VISA. ✻
fermé mardi et merc. de nov. à avril – **R** 80/110.

WELTEN Limburg 212 ② – voir à Heerlen.

WENUM-WIESEL Gelderland 408 ⑫ – voir à Apeldoorn.

WERKENDAM Noord-Brabant 212 ⑥ et 408 ⑰ – 18 470 h. – ☎ 0 1835.

◆Amsterdam 76 – ◆'s-Hertogenbosch 43 – ◆Breda 35 – ◆Rotterdam 46 – ◆Utrecht 43.

🍷 **Maasdam,** Nieuweweg 2, ✉ 4251 AG, ℘ 13 88 – ✻
fermé dim. – **R** carte 40 à 59 – **6 ch** ☐ 45/96.

XX **De Brabantse Biesbosch,** Spieringsluis 6 (SO : 10 km, près Kop van 't Land), ✉ 4251 MF ℘ 42 48 – Ⓟ. AE ⓓ E VISA. ✻
fermé lundi, mardi et janv. – **R** 48/98.

CITROEN Sportlaan 42 ℘ 1924
NISSAN Sasdijk 77 ℘ 4377

WESTERBROEK Groningen Ⓒ Hoogezand-Sappemeer 34 618 h. 408 ⑥ – ☎ 0 5904.

◆Amsterdam 193 – ◆Groningen 11.

🏨 **Motel Westerbroek,** Rijksweg W. 11, ✉ 9608 PA, ℘ 22 05 – ⇆ rest TV ☎ Ⓟ – 🏛 30 à 200. AE E
R (ouvert jusqu'à 23 h) carte env. 50 – ☐ 8 – **45 ch** 68/75 – ½ P 91.

VESTKAPELLE Zeeland 212 ⑫ et 408 ⑮ – 2 666 h. – 0 1187.

msterdam 219 – ♦Middelburg 18.

Zuiderduin, De Bucksweg 2 (S : 3 km), ✉ 4361 SM, ☎ (0 1186) 18 10, Fax (0 1186) 22 61, – 25 ou plus. AE E VISA. rest
fermé 28 déc.-10 janv. – **R** *(fermé dim. midi)* carte 59 à 84 – **67 ch** 120/175 – ½ P 158/173.

Badmotel Westkapelle, Grindweg 2, ✉ 4361 JG, ☎ 13 58, « Au bord de l'eau » – E – *Pâques-20 oct. ; fermé lundi et mardi* – **R** (dîner seult) carte 40 à 60.

VEST-TERSCHELLING (WEST-SKYLGE) Friesland 408 ④ – voir à Waddeneilanden (Terschelling).

VESTZAAN Noord-Holland C Zaanstad 129 653 h. 408 ⑩ – 0 75.

msterdam 20 – Alkmaar 22 – ♦Haarlem 20.

De Prins, Kerkbuurt 31, ✉ 1551 AB, ☎ 28 19 72, Fax 28 91 36 – – 25 à 90. AE E VISA – **R** carte 54 à 88 – **15 ch** 90/110.

VIERDEN Overijssel 408 ⑬ – 22 200 h. – 0 5496.

Rijssensestraat 142a, ☎ 7 61 50.

Stationsstraat 12a, ✉ 7641 BW, ☎ 7 35 35.

Amsterdam 140 – ♦Enschede 31 – ♦Zwolle 42.

De Stoof, Marktstraat 18, ✉ 7642 AL, ☎ 7 12 89 – AE E VISA
fermé sam. midi, dim. midi et lundi – **R** carte 59 à 80.

TROEN Oude Zwolsestraat 5 ☎ 72884
AT Nijverdalsestraat 82 ☎ 72597
ORD Rijssensestraat 63 ☎ 71234
PEUGEOT, TALBOT Nijverdalsestraat 141 ☎ 71674

WILHELMINADORP Zeeland C Goes 31 815 h. 212 ⑬ et 408 ⑯ – 0 1100.

Amsterdam 163 – Goes 4 – ♦Middelburg 27.

Katseveer, Katseveerweg 2 (NO : 2,5 km près barrage), ✉ 4475 PB, ☎ 2 79 55, Fax 3 20 47, – AE E – *fermé dim., lundi et 20 juin-8 juil.* – **R** carte 65 à 85.

WILLEMSTAD Noord-Brabant 212 ⑤ et 408 ⑰ – 3 357 h. – 0 1687.

Amsterdam 117 – ♦'s-Hertogenbosch 97 – Bergen op Zoom 29 – ♦Breda 45 – ♦Rotterdam 38.

Het Wapen van Willemstad avec ch, Benedenkade 12, ✉ 4797 AV, ☎ 34 50, Fax 37 05, – – 25 ou plus. AE E VISA.
fermé 27 déc.-27 janv. – **R** 38/95 – **6 ch** 100/140.

AZDA Pr. Beatrixstraat 31 ☎ 2403

WINSCHOTEN Groningen 408 ⑥ – 19 680 h. – 0 5970.

Amsterdam 230 – ♦Groningen 36 – Assen 49.

Royal York, Stationsweg 21, ✉ 9671 AL, ☎ 1 43 00, Fax 2 32 24, – – 25 à 60. AE E VISA – **R** carte 40 à 60 – **50 ch** 90/125.

In den Stallen, Oostereinde 10 (NE : 3 km), ✉ 9672 TC, ☎ 1 40 73, Fax 2 26 53 – AE E VISA – *fermé 31 déc. et 1er janv.* – **R** carte 45 à 69.

à Midwolda NO : 6 km – 4 028 h. – 0 5975 :

Koetshuys Ennemaborgh, Hoofdweg 96, ✉ 9681 AJ, ☎ 14 24, « Rustique » –
fermé lundi, mardi, 15 juil.-7 août et après 20 h – **R** 58/85.

TROEN Papierbaan 8 ☎ 22448
AT Papierbaan 13 ☎ 20959
ORD Papierbaan 5 ☎ 13792
M (OPEL) Transportbaan 1 ☎ 16810
ADA, MITSUBISHI Hofstraat 29 ☎ 14070
MAZDA Transportbaan 20 ☎ 17666
NISSAN Papierbaan 4 ☎ 23400
RENAULT Vondellaan 73 ☎ 13211
VAG Burg. Schonfeldplein 11 ☎ 13300
VOLVO Mr. D.V. Stikkerlaan 35 ☎ 25155

WINTERSWIJK Gelderland 408 ⑬ – 28 024 h. – 0 5430.

Markt 48, ✉ 7101 DB, ☎ 1 23 02.

Amsterdam 152 – ♦Arnhem 67 – ♦Apeldoorn 66 – ♦Enschede 43.

De Frerikshof, Frerikshof 2 (NO : 2 km), ✉ 7103 CA, ☎ 1 77 55, Fax 2 20 35, – rest – 25 ou plus. AE E VISA. rest
R carte 58 à 75 – 15 – **61 ch** 135/325 – ½ P 115/140.

Stad Munster, Markt 11, ✉ 7101 DA, ☎ 1 21 21, Fax 2 24 15 – E VISA
fermé 3 prem. sem. janv. – **R** *(fermé dim. midi)* carte 55 à 75 – **20 ch** 75/125 – ½ P 73/83.

De Lindeboom, Brinkheurne 34 (SE : 4 km), ✉ 7115 SC, ☎ 6 33 60 – AE E VISA. – **R** *(fermé 1er janv.)* carte 40 à 61 – **20 ch** 53/130.

De Zwaan, Wooldstraat 6, ✉ 7101 NP, ☎ 1 23 00 – AE E – **R** carte 40 à 64.

ALFA-ROMEO Wooldseweg 13 ✆ 12328
CITROEN Groenloseweg 10 ✆ 16061
FIAT Groenloseweg 72 ✆ 16776
FORD Tuunterstraat 42 ✆ 12150
GM (OPEL) Waliensestraat 4 ✆ 13846
MAZDA Misterweg 118 ✆ 12701
MITSUBISHI Narcisstraat 2 ✆ 16000
NISSAN Ravenhorsterweg 2 ✆ 14361
PEUGEOT, TALBOT Haitsma Mulierweg 22 ✆ 12630
RENAULT Kottenseweg 11 ✆ 13157
ROVER Europalaan 252 ✆ 16696
TOYOTA Rondweg Z. 50 ✆ 19696
VAG Europalaan 15 ✆ 18085
VOLVO Europalaan 256 ✆ 21406

WITTEM Limburg 212 ② et 408 ㉖ – 7 714 h. – ✪ 0 4450.

♦Amsterdam 225 – ♦Maastricht 19 – Aachen 13.

In den Roden Leeuw van Limburg, Wittemer Allee 28, ✉ 6286 AB, ✆ 12 74, ☎ Ⓟ. AE ⓓ E VISA. ✗ ch
R *(fermé lundi et après 20 h)* carte 40 à 63 – **10 ch** ☐ 45/100.

XXX **Kasteel Wittem** ⛓ avec ch, Wittemer Allee 3, ✉ 6286 AA, ✆ 12 08, Fax 12 60, ←, « Château du 15ᵉ s. avec parc », – ☎ Ⓟ. AE ⓓ E VISA. ✗
R 80/115 – **12 ch** ☐ 260 – ½ P 168/200.

à Wahlwiller E : 1,5 km Ⓒ Wittem – ✪ 0 4451 :

XXX ✿ **Der Bloasbalg** (Waghemans), Botterweck 3, ✉ 6286 DA, ✆ 13 64, Fax 25 15, « Cadre champêtre » – ▤ Ⓟ. AE ⓓ E VISA
fermé du 2 au 17 sept, 24 déc., 22 fév.-9 mars, mardi et sam. midi – **R** carte 85 à 149
Spéc. Cassolette de truffes, foie de canard et champignons des bois, Suprême de pintadeau fa au foie gras et jus de truffes, Grand dessert.

XXX **'t Klauwes,** Oude Baan 1, ✉ 6286 BD, ✆ 15 48, « Ferme du 18ᵉ s. » – Ⓟ. AE E VISA
fermé lundi, sam. midi, 21 juil.-8 août et du 1ᵉʳ au 8 janv. – **R** 60/75.

WOERDEN Utrecht 408 ⑩ – 34 166 h. – ✪ 0 3480.

ℹ Achterstraat 5, ✉ 3441 EG, ✆ 1 44 74.

♦Amsterdam 52 – ♦Den Haag 46 – ♦Rotterdam 41 – ♦Utrecht 19.

Baron, Utrechtsestraatweg 33, ✉ 3445 AM, ✆ 1 25 15, Telex 76151, Fax 2 18 53 – TV – 🏛 100. AE ⓓ E VISA. ✗ rest
R *(fermé sam. midi, dim. midi et 1ᵉʳ janv.)* carte env. 50 – ☐ 15 – **66 ch** 140/175 – ½ P 18

X **De Smidse,** Havenstraat 12, ✉ 3441 BJ, ✆ 1 77 77 – AE ⓓ E VISA ✗
fermé lundi et 14 fév.-4 mars – **R** (dîner seult) 35/60.

X **De Schutter,** Groenendaal 28, ✉ 3441 BD, ✆ 1 53 00 – AE E VISA ✗
fermé sam. midi, dim., Pâques, Pentecôte, 20 juil.-10 août, 1 sem. en oct. et 1 sem. en fé – **R** carte 57 à 96.

BMW M.A. Reinaldaweg 6 ✆ 13778
CITROEN Leidsestraatweg 52 ✆ 12416
FIAT Meulmansweg 35 ✆ 21234
FORD Wagemakersweg 1 ✆ 10004
GM (OPEL) Plantsoen 9 ✆ 13646
HONDA, MITSUBISHI Ampèreweg 2 ✆ 22820
LADA Geestdorp 4 ✆ 12856
MAZDA Rosmolenlaan 5 ✆ 13922
MERCEDES-BENZ Rietdekkersweg 2 ✆ 14216
NISSAN Bierbrouwersweg 2 ✆ 11888
PEUGEOT, TALBOT Barwoudswaarder 17 ✆ 18022
RENAULT Hoge Rijndijk 9 ✆ 12419
ROVER Hoge Rijndijk 13 ✆ 20288
TOYOTA Utrechtsestraatweg 10 ✆ 12951
VAG Leidsestraatweg 132 ✆ 15344
VOLVO J. Israëlslaan 2 ✆ 10809

WOLFHEZE Gelderland Ⓒ Renkum 33 841 h. 408 ⑫ – ✪ 0 8308.

♦Amsterdam 93 – ♦Arnhem 8 – Amersfoort 41 – ♦Utrecht 57.

De Buunderkamp ⛓, Buunderkamp 8, ✉ 6874 NC, ✆ 2 11 66, Telex 45571, Fax 2 18 9, « Dans les bois », ≘s, ⛾, ✗ – |♣| TV ☎ ♿ Ⓟ – 🏛 25 ou plus. AE ⓓ E VISA ✗ rest
fermé 28 déc.-3 janv. – **R** carte 60 à 110 – **75 ch** ☐ 185/225 – ½ P 140/170.

Wolfheze ⛓, Wolfhezerweg 17, ✉ 6874 AA, ✆ (0 85) 33 78 52, Telex 45063, Fax (0 8 33 62 11, « Dans les bois », ≘s, ⛾, ✗ – |♣| ▤ rest TV ☎ Ⓟ – 🏛 25 ou plus. ⓓ E VISA. ✗ rest
R carte 70 à 93 – **67 ch** ☐ 185/225 – ½ P 125.

X **Het Wolvenbosch,** Wolfhezerweg 87, ✉ 6874 AC, ✆ 2 12 02 – AE ⓓ E VISA
fermé lundi et du 8 au 24 janv. – **R** carte env. 45.

WOLPHAARTSDIJK Zeeland Ⓒ Goes 31 815 h. 212 ⑬ et 408 ⑯ – ✪ 0 1198.

♦Amsterdam 186 – ♦Middelburg 26 – Goes 6.

XXX **'t Veerhuis,** Wolphaartsdijkseveer 1 (N : 2 km au bord du lac), ✉ 4471 ND, ✆ 13 26, – Ⓟ. AE ⓓ E VISA. ✗
fermé jeudi sauf en juil.-août, lundi et 20 déc.-20 janv. – **R** carte 90 à 112.

WORKUM (WARKUM) Friesland Ⓒ Nijefurd 10 486 h. 408 ④ – ☎ 0 5151.
Env. Hindeloopen : Musée* (Hidde Nijland Stichting) SO : 6 km.
Waag, Merk 4, ✉ 8711 CL, ☎ 13 00.
Amsterdam 124 – ◆Leeuwarden 41 – Bolsward 12 – ◆Zwolle 83.

XX **De Waegh,** Merk 18, ✉ 8711 CL, ☎ 19 00, Rustique – AE ⓓ E VISA
fermé mardi et fév. – **R** carte 61 à 78.

X **De Petiele,** Noard 13, ✉ 8711 AA, ☎ 16 16, Ouvert jusqu'à 23 h – AE ⓓ E VISA
fermé dern. sem. oct.-prem. sem. nov. et jeudi sauf 15 juil.-25 août – **R** carte 46 à 68.

à Piaam N : 8 km Ⓒ Wûnseradiel 11 468 h. – ☎ 0 5158 :

X **Nijnke Pleats,** Buren 25, ✉ 8756 JP, ☎ 17 07, Fax 26 65, 🏞 – Ⓟ. AE ⓓ E VISA
Pâques-oct. ; fermé lundi – **R** 40/73.

BMW, FIAT Trekwei 7 a ☎ 1232 — VAG Spoordijk 70 ☎ 2525
MAZDA Sud 22 ☎ 1439

WOUBRUGGE Zuid-Holland 408 ⑩ – 5 119 h. – ☎ 0 1729.
Amsterdam 36 – ◆Den Haag 31 – ◆Rotterdam 44 – ◆Utrecht 43.

🏨 **De Weger** 🐎, Boddens Hosangweg 86, ✉ 2481 LA, ☎ 82 68, Fax 88 10, ←, 🏞 – ☎ Ⓟ. AE ⓓ E VISA
R *(fermé lundi et mardi en hiver)* carte 44 à 72 – **10 ch** ☐ 85/130 – ½ P 118.

XX **Het Oude Raedthuys,** Raadhuisstraat 2, ✉ 2481 BE, ☎ 81 03, ← – Ⓟ. AE ⓓ E. ✱
fermé mardi de sept à fév. et lundi – **R** carte 60 à 86.

WOUDRICHEM Noord-Brabant 212 ⑥ ⑦ et 408 ⑰ ⑱ – 13 466 h. – ☎ 0 1833.
Kerkstraat 10, ✉ 4285 BB, ☎ 27 50.
Amsterdam 79 – ◆Breda 40 – ◆'s-Hertogenbosch 32 – ◆Rotterdam 48 – ◆Utrecht 46.

X **De Gevangenpoort** 1er étage, Kerkstraat 3, ✉ 4285 BA, ☎ 20 34, Dans une tour du 16e s. – AE ⓓ E
fermé 31 déc. et 1er janv. – **R** 73.

Ask your bookseller for the catalogue of Michelin publications.

WIJCHEN Gelderland 408 ⑲ – 33 606 h. – ☎ 0 8894.
Panhuisweg 39, ☎ 2 00 39.
Amsterdam 122 – ◆Arnhem 38 – ◆'s-Hertogenbosch 10 – ◆Nijmegen 38.

XX **Het Wapen van Wijchen,** Markt 10, ✉ 6602 AM, ☎ 1 95 95 – AE ⓓ E VISA ✱
fermé lundi – **R** carte 40 à 79.

XX **'t Wichlant,** Kasteellaan 16, ✉ 6602 DE, ☎ 2 01 01, 🏞 – AE ⓓ E VISA ✱
fermé lundi, mardi, 2 sem. en sept et carnaval – **R** carte 62 à 84.

WIJDENES Noord-Holland 408 ⑪ – voir à Hoorn.

De WIJK Drenthe 408 ⑫ – voir à Meppel.

WIJK AAN ZEE Noord-Holland Ⓒ Beverwijk 35 126 h. 408 ⑩ – ☎ 0 2517.
(uniquement en été) Julianaplein 3, ✉ 1949 AT, ☎ 42 53.
Amsterdam 31 – Alkmaar 27 – ◆Haarlem 18.

🏨 **De Klughte** sans rest, Van Ogtropweg 2, ✉ 1949 BA, ☎ 43 04 – TV ☎ Ⓟ. AE VISA
16 ch ☐ 68/105.

XX **Aub. Le Cygne,** De Zwaanstraat 8, ✉ 1949 BC, ☎ 42 87 – AE ⓓ E VISA
fermé lundi et 29 juil.-11 août – **R** (dîner seult) carte 61 à 86.

MAZDA Voorstraat 9 ☎ 4242

WIJK BIJ DUURSTEDE Utrecht 408 ⑪ – 15 401 h. – ☎ 0 3435.
Markt 24, ✉ 3961 BC, ☎ 7 59 95.
Amsterdam 62 – ◆Utrecht 24 – ◆Arnhem 54 – ◆'s-Hertogenbosch 48.

🏨 De Oude Lantaarn, Markt 2, ✉ 3961 BC, ☎ 7 13 72 – ⇆ ch TV. ✱ rest
25 ch.

XX ✿ **Duurstede** (Fagel), Maleborduurstraat 7, ✉ 3961 BE, ☎ 7 29 46, Fax 7 46 14, « Ancien entrepôt du 14e s. » – AE ⓓ E VISA
fermé merc. – **R** (nombre de couverts limité - prévenir) carte 92 à 140.
Spéc. Saumon fumé Empereur, Pot-au-feu de turbot aux foie gras et truffes, Agneau à la coriandre.

GM (OPEL) Watermolenweg 5 ☎ 75928 — RENAULT Zandweg 12 ☎ 71286

YERSEKE Zeeland Ⓒ Riemerswaal 19 345 h. 212 ⑭ et 408 ⑯ – ✪ 0 1131.

♦Amsterdam 173 – ♦Middelburg 35 – Bergen op Zoom 35 – Goes 14.

XXX ✲ **Nolet-Het Reijmerswale** 1er étage, Burg. Sinkelaan 5, ✉ 4401 AL, ℘ 16 42, Fax 25 0… Huîtres, produits de la mer, « Aquarium avec faune aquatique de la mer du Nord » – … ⓓ E VISA
fermé du 3 au 21 juin, fév. et mardis et merc. non fériés – **R** carte 102 à 141.
Spéc. Huîtres au Champagne et caviar (sept-juin), Homard chaud au beurre de ciboulette, Turb… grillé.

XX **Het Wapen van Yerseke,** Wijngaardstraat 16, ✉ 4401 CS, ℘ 14 42, Huîtres, produi… de la mer – AE ⓓ E VISA ✗
fermé mardi – **R** carte 68 à 96.

XX **Nolet,** Lepelstraat 7, ✉ 4401 EB, ℘ 13 09, Huîtres, produits de la mer – AE E
fermé lundis non fériés – **R** 65/112.

X **Nolet's Vistro,** Burg. Sinkelaan 6, ✉ 4401 AL, ℘ 21 01, Fax 25 05, Produits de la m… – ▤
fermé janv. et lundi sauf en juil.-août – **R** carte 50 à 74.

HONDA Marijkelaan 94 ℘ 3610
VAG Damstraat 85 ℘ 1609

IJMUIDEN Noord-Holland Ⓒ Velsen 57 608 h. 408 ⑩ – ✪ 0 2550.

18 9 à Velsen-Zuid, Het Hoge Land 3, Recreatieoord Spaarnwoude, ℘ (0 23) 38 27 08.

Ⓘ Marktplein 42, ✉ 1972 GC, ℘ 1 56 11.

♦Amsterdam 29 – Alkmaar 26 – ♦Haarlem 14.

Augusta, Oranjestraat 98 (direction Sluizen), ✉ 1975 DD, ℘ 1 42 17, Fax 3 47 03 – TV … AE E VISA. ✗
R *(fermé du 15 au 28 juil. et 23 déc.-5 janv.)* (dîner seult) carte 65 à 82 – **13 ch** ☕ 75/15… – ½ P 110.

X **Het Nieuwe Havenrestaurant,** Trawlerkade 80 (port de pêche), ✉ 1976 CC, ℘ 1 08 0… Produits de la mer – AE ⓓ E VISA
fermé sam., dern. sem. déc., 2 sem. en fév. et après 20 h d'oct. à mars – **R** carte 40 à 9…

à Velsen-Zuid sortie IJmuiden sur A 9 Ⓒ Velsen – ✪ 0 2550 :

XX **Het Roode Hert,** Zuiderdorpstraat 15, ✉ 1981 BG, ℘ 1 57 97, « Auberge du 16e s. » ▤. AE ⓓ E VISA. ✗
fermé merc. et du 5 au 18 août – **R** carte 68 à 91.

X **Beeckestijn,** Rijksweg 136, ✉ 1981 LD, ℘ 1 44 69, Fax 1 12 66, ←, 🌳, « Dans les dépen… dances d'une résidence du 18e s., parc » – Ⓟ. AE ⓓ E VISA
fermé lundi, mardi et après 20 h – **R** carte 50 à 90.

CITROEN Tussenbeeksweg 7 ℘ 14156
FIAT Dokweg 38 ℘ 17819
FORD Vechtstraat 2 ℘ 11001
GM (OPEL) Wijk aan Zeeërweg 107 ℘ 23450
LADA Egmondstraat 10 ℘ 10244
MAZDA Industriestraat 50 ℘ 20776
MITSUBISHI Kromhoutstraat 62 ℘ 16801
NISSAN Kalverstraat 9 ℘ 30804
PEUGEOT, TALBOT Betelgeuzestraat 16 ℘ 17250
RENAULT Groeneweg 69 ℘ 10271
ROVER Trompstraat 9 ℘ 20509
TOYOTA Scheldestraat 81 ℘ 15565
VAG Zeeweg 5 ℘ 15544

IJSSELSTEIN Utrecht 408 ⑪ – 19 515 h – ✪ 0 3408.

♦Amsterdam 47 – ♦Utrecht 14 – ♦Breda 61 – ♦'s-Hertogenbosch 45 – ♦Rotterdam 60.

Epping, Utrechtsestraat 44, ✉ 3401 CW, ℘ 8 31 14, Fax 7 01 04 – ☎. AE ⓓ E VISA.
fermé 25 et 26 déc. et 1er janv. – **R** *(fermé dim. et après 20 h 30)* carte 40 à 57 – **25 c…** ☕ 48/90 – ½ P 70/95.

XXX **Les Arcades,** Weidstraat 1, ✉ 3401 DL, ℘ 8 39 01, « Cave voûtée du 16e s. » – AE … E VISA ✗
fermé sam. midi, dim. et du 14 au 29 juil. – **R** 65/88.

CITROEN Utrechtseweg 91 ℘ 81288
FIAT Eiteren 30 ℘ 82602
FORD Eiteren 31 ℘ 81666
GM (OPEL) Industrieweg 1 ℘ 82404
RENAULT Utrechtseweg 36 ℘ 81277

IJZENDIJKE Zeeland Ⓒ Oostburg 18 145 h. 212 ⑫ et 408 ⑮ – ✪ 0 1176.

♦Amsterdam (bac) 218 – ♦Middelburg (bac) 21 – ♦Brugge 40 – Terneuzen 19.

XX **Hof van Koophandel,** Markt 23, ✉ 4515 BB, ℘ 12 34 – AE ⓓ E VISA
fermé lundi – **R** carte 45 à 75.

Do not mix up :

Comfort of hotels	: 🏨🏨🏨 ... 🏨, ⛱
Comfort of restaurant	: XXXXX ... X
Quality of the cuisine	: ✲✲✲, ✲✲, ✲

ZAANDAM Noord-Holland C Zaanstad 129 653 h. 408 ⑩ – ☎ 0 75.

oir La région du Zaan★ (Zaanstreek) – La redoute Zanoise★ (De Zaanse Schans).

Gedempte Gracht 76, ✉ 1506 CJ, ☎ 16 22 21.

Amsterdam 16 – Alkmaar 28 – ◆Haarlem 27.

Inntel, Provincialeweg 15, ✉ 1506 MA, ☎ 31 17 11, Telex 19421, Fax 70 13 79 – 🛗 TV ☎ P – 🎪 40 à 250. AE ⓓ E VISA
R carte env. 50 – **72 ch** ☕ 165/183 – ½ P 123/195.

XXX ✿ **De Hoop op d'Swarte Walvis,** Kalverringdijk 15 (Zaanse Schans), ✉ 1509 BT, ☎ 16 55 40, Fax 16 24 76, terrasse, « Maison du 18ᵉ s. dans un village musée » – 🚗 P. AE ⓓ E VISA
fermé 27 déc.-1ᵉʳ janv., sam. midi de janv. à mars et dim. – **R** carte 95 à 128.
Spéc. Navarin de homard à l'anis, Foie gras d'oie et suprêmes de cailles au miel, St-Jacques et ris de veau aux gingembre et pommes.

à Zaandijk C Zaanstad – ☎ 0 75 :

De Saense Schans, Lagedijk 32, ✉ 1544 BG, ☎ 21 19 11, Fax 21 85 61, ≤, terrasse, « Au bord de la rivière De Zaan » – TV ☎. AE ⓓ E VISA. ✻
fermé 16 déc.-6 janv. – **R** *(fermé sam.)* carte 83 à 115 – **15 ch** ☕ 190/300 – ½ P 168/240.

MW Dr. H.G. Scholtenstraat 45 ☎ 351901
TROEN Paltrokstraat 17 ☎ 178051
AT Aris van Broekweg 2 ☎ 168455
ORD Westzijde 71 ☎ 123366
M (OPEL) Provincialeweg 188 ☎ 123177
ONDA Guisweg 13 à Zaandijk ☎ 281293
ADA P.J. Troelstralaan 147 ☎ 164400
AZDA Kleine Tocht 20 ☎ 313266
MERCEDES-BENZ Westzijde 320 ☎ 313031
MITSUBISHI De Weer 30 ☎ 171931
NISSAN Ankersmidplein 9 ☎ 174950
RENAULT De Weer 83 ☎ 171051
ROVER Oostzijde 192 ☎ 164444
VAG Hof van Zaenden 230 ☎ 123110
VOLVO Houthavenkade 50 ☎ 123205

ZAANDIJK Noord-Holland C Zaanstad 408 ⑩ – voir à Zaandam.

ZALTBOMMEL Gelderland 212 ⑦ et 408 ⑱ – 9 534 h. – ☎ 0 4180.

Markt 10, ✉ 5301 AL, ☎ 1 81 77.

Amsterdam 73 – ◆Arnhem 64 – ◆'s-Hertogenbosch 15 – ◆Utrecht 40.

XX **La Provence,** Gamersestraat 81, ✉ 5301 AR, ☎ 1 40 70 – P. AE ⓓ E VISA
fermé sam. midi, dim. midi, lundi et 3 prem. sem. juil. – **R** carte 75 à 113.

XX **Den Boogerd,** Koningin Wilhelminaweg 85 (E : 1,5 km près A 2), ✉ 5301 GG, ☎ 1 23 19, Fax 1 56 10 – P. AE ⓓ E VISA
fermé 1ᵉʳ janv. – **R** carte 43 à 72.

TROEN Schimmink 6 ☎ 13551
ORD Vergtweg 60 ☎ 12085
M (OPEL) Ambacht 1 ☎ 14040
ISSAN van Heemstraweg-Oost 8 ☎ 13453
PEUGEOT, TALBOT Nieuw Tijningen 2 ☎ 12218
VAG van Heemstraweg 3 ☎ 12365
VOLVO Schimmink 23 ☎ 15172

ZANDVOORT Noord-Holland 408 ⑩ – 15 428 h. – ☎ 0 2507 – Station balnéaire★.

⛳9 Kennemerweg 78 par ② ☎ 1 28 36.

Schoolplein 1, ✉ 2042 VD, ☎ 1 79 47.

Amsterdam 30 ① – ◆Den Haag 49 ② – ◆Haarlem 11 ①.

Plan page suivante

Palace, Burg. van Fenemaplein 2, ✉ 2042 TA, ☎ 1 29 11, Telex 41812, Fax 2 01 31, ≤ – 🛗 TV ☎ P – 🎪 140. AE ⓓ E VISA. ✻ rest — BX **b**
R carte 44 à 85 – **84 ch** ☕ 85/165 – ½ P 115/160.

Triton sans rest, Zuiderstraat 3, ✉ 2042 GA, ☎ 1 91 05, Fax 1 86 13 – TV ☎ P – 🎪 60. AE ⓓ E VISA — AX **h**
fermé janv. – **19 ch** ☕ 65/135.

Hoogland sans rest, Westerparkstraat 5, ✉ 2042 AV, ☎ 1 55 41, Telex 71222, Fax 1 55 41 – TV ☎. AE ⓓ E VISA. ✻ — AX **b**
mars-15 nov. – **25 ch** ☕ 55/135.

Zuiderbad, bd Paulus Loot 5, ✉ 2042 AD, ☎ 1 26 13, Fax 1 31 90, ≤ – TV ☎ P. AE ⓓ E VISA — BY **e**
fév.-10 nov. – **R** (dîner seult) carte env. 40 – **30 ch** ☕ 50/145 – ½ P 78/95.

Amare sans rest, Hogeweg 70, ✉ 2042 GJ, ☎ 1 22 02, Fax 1 43 74 – TV. AE ⓓ E VISA
17 ch ☕ 60/100. — AX **p**

XX **Le Pierrot,** Haltestraat 52, ✉ 2042 LN, ☎ 1 78 22 – AE ⓓ E VISA ✻ — AX **e**
fermé mardi et fév. – **R** (dîner seult) carte 50 à 80.

X **Duivenvoorden,** Haltestraat 49, ✉ 2042 LK, ☎ 1 22 61, Produits de la mer – ▤. AE ⓓ E VISA – **R** carte 50 à 76. — AX **m**

X **Bella Italia,** Haltestraat 46, ✉ 2042 LN, ☎ 1 68 10, Cuisine italienne, Ouvert jusqu'à 23 h – ✻ – *fermé merc. et soirs de nov. à mars* – **R** carte 40 à 67. — AX **v**

X **De Meerpaal,** Haltestraat 61, ✉ 2042 LL, ☎ 1 21 71, Produits de la mer – ▤ — AX **r**
fermé 2ᵉ sem. janv.-prem. sem. fév. et lundi de fév. à juil. – **R** (dîner seult) carte env. 40.

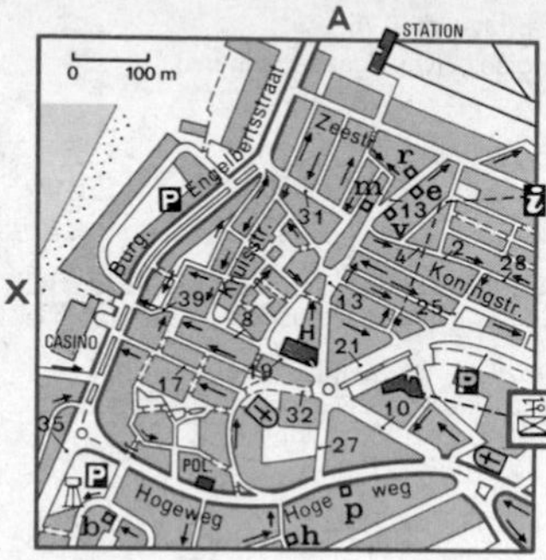

ZANDVOORT

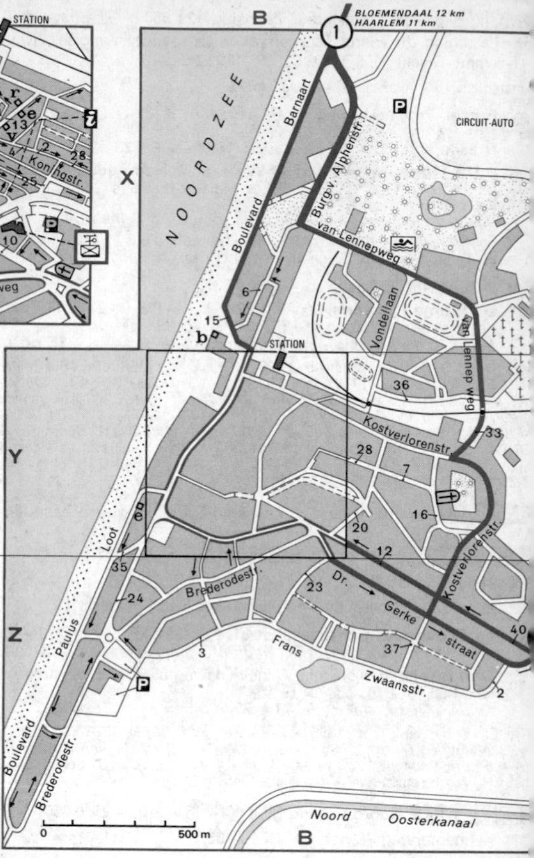

à Bentveld par ② : 3 km 🄲 Zandvoort – ☎ 0 23 :

XX **Klein Bentveld,** Zandvoortselaan 363, ✉ 2116 EN, ☎ 24 00 29, 🏕, « Auberge rustique » – ▤ Ⓟ. AE E – *fermé lundi et 2 prem. sem. sept* – **R** (dîner seult) carte 67 à 89.

FIAT Kamerlingh Onnesstraat 23 ☎ 14580
GM (OPEL) Kamerlingh Onnesstraat 15 ☎ 15346
PEUGEOT, TALBOT Pakveldstraat 21 ☎ 12345
RENAULT Curiestraat 10 ☎ 12323
VAG Burg. van Alphenstraat 102 ☎ 14565

ZEDDAM Gelderland 🄲 Bergh 17 579 h. 408 ⑲ – ☎ 0 8345.

◆Amsterdam 129 – ◆Arnhem 31 – Doetinchem 8 – Emmerich 8.

🏨 **Montferland** 🐴, Montferland 1, ✉ 7038 EB, ☎ 14 44, Fax 26 75, 🏕, « Dans les bois » – TV ☎ Ⓟ – 🏟 30 à 80. AE ⓓ E VISA. 🚫
R *(fermé sam. midi et du 16 au 31 janv.)* carte 64 à 103 – **8 ch** ☕ 150/190 – ½ P 125/145

à Beek O : 5 km 🄲 Bergh – ☎ 0 8363 :

X **'t Hazenpad,** Arnhemseweg 11, ✉ 7037 CX, ☎ 12 50, Fax 21 82 – Ⓟ. AE ⓓ E VISA. 🚫
fermé 31 déc.-1re quinz. janv. – **R** 45/70.

ZEEGSE Drenthe 🄲 Vries 9 682 h. 408 ⑥ – ☎ 0 5921.

◆Amsterdam 203 – Assen 16 – ◆Groningen 21.

🏨 **Duinoord** 🐴, Schipborgerweg 8, ✉ 9483 TL, ☎ 4 39 00, Fax 4 39 19, 🏕, « Environnement boisé », 🏊, 🏞, 🎾 – 🛗 TV ☎ ♿ Ⓟ – 🏟 25 à 200. AE ⓓ E VISA
fermé 28 déc.-4 janv. – **R** carte 57 à 80 – **53 ch** ☕ 113/155 – ½ P 98/118.

XX **Berg en Dal,** Hoofdweg 42, ✉ 9483 PC, ☎ 4 13 60, 🏕 – ▤ Ⓟ. E VISA. 🚫
fermé lundi et 27 déc.-10 janv. – **R** (dîner seult) carte 53 à 81.

EIST Utrecht 408 ⑪ – 59 431 h. – ☎ 0 3404.

à Bosch en Duin, Amersfoortseweg 1 ☎ (0 3404) 5 52 23.

Steynlaan 19a, ✉ 3701 EA, ☎ 1 91 64.

Amsterdam 55 – ◆Utrecht 10 – Amersfoort 17 – ◆Apeldoorn 66 – ◆Arnhem 50.

Oud London, Woudenbergseweg 52 (E : 3 km), ✉ 3707 HX, ☎ (0 3439) 12 45, Fax (0 3439) 12 44, « Terrasse et jardin », – 25 à 120. AE E VISA.
R La Fine Bouche carte 67 à 117 – 19 – **61 ch** 150/192.

't Kerckebosch, Arnhemse Bovenweg 31 (SE : 1,5 km), ✉ 3708 AA, ☎ 1 47 34, Telex 40827, Fax 1 31 14, « Demeure ancienne », – 25 ou plus. AE E VISA. rest
R carte 66 à 125 – **30 ch** 165/235 – ½ P 143/175.

Figi, het Rond 3, ✉ 3701 HS, ☎ 2 74 11, Telex 47953, Fax 2 74 68 – – 25 ou plus. AE E VISA. ch
R 40/190 – **42 ch** 120/170 – ½ P 155.

à Bosch en Duin N : 2 km C Zeist – ☎ 0 30 :

Aub. De Hoefslag, Vossenlaan 28, ✉ 3735 KN, ☎ 25 10 51, Fax 28 58 21 – – 25. AE E VISA
R voir rest **De Hoefslag** ci-après – **38 ch** 220/340.

XXX ❁ **De Hoefslag,** Vossenlaan 28, ✉ 3735 KN, ☎ 25 10 51, Fax 28 58 21 – . AE E VISA
R carte 98 à 145.
Spéc. Carpaccio au foie gras, Bouillabaisse à notre façon, Canard sauvage à la sauge (août-déc.).

LFA-ROMEO Montaubanstraat 219 ☎ 17710
MW Bergweg 101c ☎ 25872
ITROEN, FIAT Odijkerweg 26 ☎ 12417/13444
ORD 1e Dorpsstraat 9 ☎ 20811
M (OPEL) Oude Arnhemseweg 201 ☎ 64511
ONDA Bergweg 57 ☎ 25224
ADA Leeuweriklaan 26 ☎ 58840
AZDA Utrechtseweg 87 ☎ 24644
MERCEDES-BENZ Pijlstaartlaan 5 ☎ 62626
MITSUBISHI Laan van Cattenbroeck 21 ☎ 21215
NISSAN Laan van Vollenhove 826 ☎ 57788
PEUGEOT, TALBOT Hoog Kanje 182 ☎ 19524
RENAULT Odijkerweg 1 ☎ 17011
TOYOTA Hoog Kanje 182 ☎ 18114
VAG Sanatoriumlaan 37 ☎ 54844
VOLVO Pijlstaartlaan 1 ☎ 53332

ZELHEM Gelderland 408 ⑬ – 11 220 h. – ☎ 0 8342.

Amsterdam 139 – ◆ Arnhem 39 – Enschede 52.

XX **'t Wolfersveen,** Ruurloseweg 38 (NE : 4 km), ✉ 7021 HC, ☎ 13 75, – . AE E VISA.
fermé lundi et 31 déc.-4 janv. – **R** 50/75.

ENAULT Doetinchemseweg 53 ☎ 1637

ZENDEREN Overijssel C Borne 21 261 h. 408 ⑬ – ☎ 0 74.

Amsterdam 153 – ◆Zwolle 52 – Almelo 4 – Hengelo 10.

XX **'t Loar,** Hoofdstraat 26, ✉ 7625 PE, ☎ 66 17 07 – . AE E VISA
fermé lundi – **R** carte 65 à 93.

ZEVENAAR Gelderland 408 ⑲ – 26 848 h. – ☎ 0 8360.

Amsterdam 114 – ◆Arnhem 16 – Emmerich 21.

XX **Poelwijk,** Babberichseweg 2 (SE : 1 km), ✉ 6901 JW, ☎ 2 34 20, – . AE E VISA
fermé 27 déc.-3 janv. – **R** 30/48.

ITROEN J. Wattstraat 10 ☎ 29333
IAT Voltastraat 43 ☎ 32600
ORD Nobelstraat 1 ☎ 24398
M (OPEL) J. Wattstraat 20 ☎ 31941
ADA Kampsingel 36 ☎ 23234
IITSUBISHI Ampèrestraat 2 ☎ 31866
ISSAN Ampèrestraat 6 ☎ 29320
PEUGEOT, TALBOT Delweg 12 ☎ 31155
RENAULT Hengelder 24 ☎ 24638
ROVER Zuiderlaan 28 ☎ 25495
TOYOTA Marconistraat 21 ☎ 40204
VAG J. Wattstraat 16 ☎ 41133
VOLVO Celciusstraat 7 ☎ 33344

ZEVENBERGEN Noord-Brabant 212 ⑤ et 408 ⑰ – 15 562 h. – ☎ 0 1680.

Amsterdam 111 – Bergen op Zoom 30 – ◆Breda 17 – ◆Rotterdam 43.

XXX **De 7 Bergsche Hoeve,** Schansdijk 3, ✉ 4761 RH, ☎ 2 41 66, Fax 2 38 72, « Ancienne ferme » – . AE E VISA.
fermé sam. midi, dim. midi et lundi – **R** carte 68 à 109.

XX **La Sirène,** Noordhaven 68, ✉ 4761 DB, ☎ 2 88 44 – AE E VISA
fermé lundi, 29 juil-15 août et 26 déc.-13 janv. – **R** carte 64 à 86.

EUGEOT, TALBOT Oranjelaan 20 ☎ 23380
ENAULT Langeweg 12a ☎ 28040
TOYOTA De Hil 2 ☎ 24150

ZEVENBERGSCHEN HOEK Noord-Brabant 🄲 Zevenbergen 15 562 h. 212 ⑥ et 408 ⑰
✆ 0 1685.

◆Amsterdam 105 – ◆'s-Hertogenbosch 69 – ◆Breda 17 – ◆Rotterdam 36.

✗ **Brabant,** Oude Moerdijkseweg 20 (NO : 1 km près A 16), ✉ 4765 SN, ✆ 24 50, Res taverne – Ⓟ. ⓓ E VISA
R carte 55 à 75.

ZIERIKZEE Zeeland 212 ③ et 408 ⑯ – 9 804 h. – ✆ 0 1110.

Voir Noordhavenpoort★ Z**B** – Pont de Zélande★ (Zeelandbrug) par ③.

ℹ (fermé sam. hors saison) Havenpark 29, ✉ 4301 JG, ✆ 1 24 50.

◆Amsterdam 149 ② – ◆Middelburg 44 ③ – ◆Breda 81 ② – ◆Rotterdam 66 ②.

ZIERIKZEE

Appelmarkt .... Z 2
Dam .... Z 5
Meelstr. .... Z 23
Melkmarkt .... Z 24
Poststr. .... Z 31

Balie .... Z 3
Calandweg .... Y 4
Fonteine .... Z 6
Gravenstr. .... Z 7
Havenpl. .... Z 8
Hofferstr. .... Y 10
Hoofdpoortstr. .... Z 12
Julianastr. .... Z 13
Karnemelksvaart .... Z 15
Karsteil .... Z 16
Kerkhof .... Z 17
Klokstr. .... Z 18
Korte Nobelstr. .... Y 20
Lange Nobelstr. .... Y 21
Mol .... Z 25
Oude Haven .... Z 27
P. D. de Vosstr. .... Y 29
Ravestr. .... Z 32
Regenboogstr. .... Z 33
Schuithaven .... Z 36
Schuurbeque Boeyestr. .... Y 37
Sint Anthoniesdam .... Y 38
Verrenieuwstr. .... Y 39
Watermolen .... Y 40
Wevershoek .... Z 41
Zevengetijstr. .... Y 43
Zuidwellestr. .... Y 44

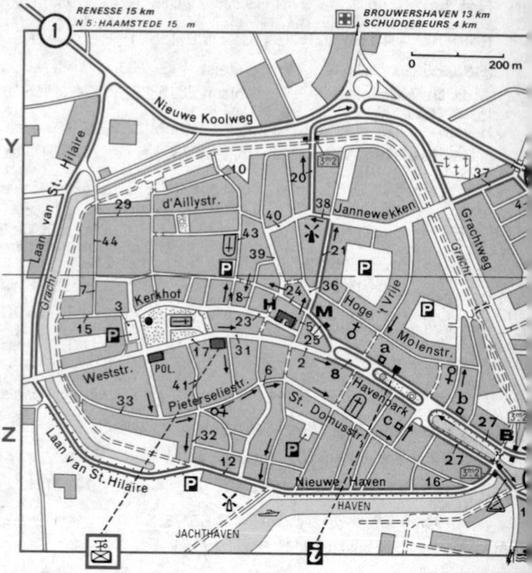

🏨 **Mondragon** sans rest, Havenpark 21, ✉ 4301 JG, ✆ 1 30 51, Fax 1 71 33 – TV ☎. AE ⓓ E VISA – *fermé déc.-5 janv.* – **9 ch** ☐ 100/165. Z

✗✗ **Mondragon,** Oude Haven 13, ✉ 4301 JJ, ✆ 1 26 70, Fax 1 71 33 – AE ⓓ E VISA Z
fermé dim. d'oct. à mars – **R** carte 59 à 95.

✗ **De Koperen Ketel,** Korte Groendal 2, ✉ 4301 CJ, ✆ 1 30 06 – AE ⓓ E VISA Z
fermé merc. et oct. – **R** (dîner seult) carte 56 à 86.

*à **Schuddebeurs*** N : 4 km 🄲 Brouwershaven 3 534 h. – ✆ 0 1110 :

🏨 **Host. Schuddebeurs** 🐌, Donkereweg 35, ✉ 4317 NL, ✆ 1 56 51, Fax 1 31 03, « Cadre de verdure », – 🛗 ▤ TV ☎ ♿ Ⓟ – 🔺 25 ou plus. AE ⓓ E VISA
fermé 21 déc.-25 janv. – **R** *(fermé lundi)* carte 77 à 117 – **24 ch** ☐ 85/215 – ½ P 125/18

CITROEN Oudeweg 1 ✆ 14951
FIAT Driekoningenlaan 1 ✆ 12212
FORD Haringvlietplein 10 ✆ 13598
MAZDA Boerenweg 4 ✆ 12686
PEUGEOT, TALBOT Oudeweg 2 ✆ 14453
RENAULT Grevelingenstraat 1 ✆ 12529

OETERMEER Zuid-Holland 408 ⑩ – 92 542 h. – ☎ 0 79.

Amsterdam 64 – ◆Den Haag 14 – ◆Rotterdam 25.

Baron, Boerhaavelaan (près A 12), ✉ 2713 HB, ☎ 21 92 28, Telex 36726, Fax 21 15 01 – |$| ▤ TV ☎ P – 300. AE ◑ E VISA. rest
R carte 40 à 78 – 15 – **99 ch** 150/200 – ½ P 117/133.

XXX **Ma Cuisine,** 1ᵉ Stationsstraat 39, ✉ 2712 HB, ☎ 16 61 62, Fax 16 63 78, – ▤ P. AE ◑ E VISA
fermé dim. – **R** 48/98.

XX **De Sniep,** Broekwegschouw 211 (NO : 2 km), ✉ 2726 LC, ☎ 41 24 81, – ▤ P. AE ◑ E VISA
fermé lundi soir – **R** 53/65.

MW Da Costastraat 40 ☎ 165330
TROEN Zalkerbos 1 ☎ 219302
AT C. van Eerdenstraat 53 ☎ 168841
ORD Zwaardslootweg 3 ☎ 517000
M (OPEL) Kadelaan 2 ☎ 415151
ONDA Rokkeveenseweg 159 ☎ 610912
ADA, ALFA-ROMEO Kerkenbos 1 ☎ 516700
AZDA Akkerdreef 383 ☎ 319209
ERCEDES-BENZ, NISSAN Europaweg 5 ☎ 415424
MITSUBISHI Fokkerstraat 42 ☎ 315705
PEUGEOT, TALBOT Muzieklaan 50 ☎ 510581
RENAULT van Aalstlaan 10 ☎ 316600
ROVER Ambachtsherenlaan 103 ☎ 416015
TOYOTA Abdissenbos 3 ☎ 212637
VAG Industrieweg 2 ☎ 314300
VOLVO Kleurlaan 4 ☎ 611261

OETERWOUDE Zuid-Holland 408 ⑩ – 8 372 h. – ☎ 0 1715.

Amsterdam 42 – ◆Den Haag 22 – Leiden 3.

XX **Meerbourgh,** Hoge Rijndijk 123 (NE : 4 km), ✉ 2382 AD, ☎ (0 71) 41 01 48, Fax (0 71) 41 01 48 – ▤ P. AE ◑ E VISA
fermé sam. et dim. midi – **R** carte 58 à 107.

X **De Vriendschap,** Miening 25, ✉ 2381 GN, ☎ 12 89, – P. AE E VISA.
fermé lundi et mardi – **R** carte 46 à 79.

ZOUTELANDE Zeeland C Valkenisse 6 129 h. 212 ⑫ et 408 ⑮ – ☎ 0 1186.

Amsterdam 213 – ◆Middelburg 12 – Vlissingen 13.

De Distel, Westkapelseweg 1, ✉ 4374 BA, ☎ 20 40, Fax 12 22, , – |$| ▤ rest TV ☎. AE ◑ E VISA
R carte 40 à 82 – **31 ch** 85/155 – ½ P 78/113.

Willebrord, Smidsstraat 17, ✉ 4374 AT, ☎ 12 15, Fax 26 86, – . E. rest
18 mars-27 oct. – **R** 40/58 – **21 ch** 95/164 – ½ P 70/85.

ZUIDLAREN Drenthe 408 ⑥ – 10 833 h. – ☎ 0 5905.

nv. Eexterhalte : Hunebed★ (dolmen) SE : 13 km.

à Glimmen (Haren), Pollselaan 5 ☎ (0 5906) 12 75.

Amsterdam 207 – Assen 18 – Emmen 42 – ◆Groningen 19.

Brinkhotel, Brink O.Z. 6, ✉ 9471 AE, ☎ 12 61, Fax 12 61, – |$| TV ☎ – 30 à 200. AE ◑ E VISA
fermé 28 déc.-1ᵉʳ janv. – **R** 39/50 – **44 ch** 79/115 – ½ P 80/99.

à Midlaren N : 2 km C Zuidlaren – ☎ 0 5905 :

X **De Hunnebedden,** Groningerstraat 31, ✉ 9475 PA, ☎ 14 62 – P. E
fermé lundi – **R** carte 40 à 80.

IAT Stationsweg 91 ☎ 2698
M (OPEL) Verl. Stationsweg 16 ☎ 2420
TOYOTA Verl. Stationsweg 28 ☎ 1307
VOLVO Stationsweg 19 ☎ 1444

ZUIDOOSTBEEMSTER Noord-Holland 408 ⑩ – voir à Purmerend.

ZUIDWOLDE Drenthe 408 ⑬ – 9 411 h. – ☎ 0 5287.

Amsterdam 157 – Assen 38 – Emmen 38 – ◆Zwolle 36.

XXX **In de Groene Lantaarn,** Hoogeveenseweg 17 (N : 2 km), ✉ 7921 PC, ☎ 29 38, , « Ferme du 18ᵉ s. » – P
fermé sam. midi, dim. midi, lundi et 27 déc.-5 janv. – **R** carte 58 à 81.

OVER Meppelerweg 3 ☎ 1227

ZUTPHEN Gelderland 408 ⑫ – 31 144 h. – ☎ 0 5750.

Voir La vieille ville★ – Bibliothèque★ (Librije) et lustre★ dans l'église Ste-Walburge (St. Walburgskerk) – Drogenapstoren★ – Martinetsingel ≤★.

Groenmarkt 40, ✉ 7201 HZ, ☎ 1 93 55.

Amsterdam 112 – ◆Arnhem 31 – ◆Apeldoorn 21 – ◆Enschede 58 – ◆Zwolle 53.

Inntel, De Stoven 37 (SE : 1 km sur A 48), ✉ 7206 AZ, ☎ 2 55 55, Fax 2 96 76, Grillade, ☰s, ▣, ✂ – |≑| ≡ rest TV ☎ P – 🏛 25 ou plus. AE ⦿ E VISA
R carte env. 45 – **67 ch** ☐ 145/160 – ½ P 74/94.

XX **Galantijn,** Stationsstraat 9, ✉ 7201 MC, ☎ 1 72 86 – AE ⦿ E VISA
fermé dim. et lundi – **R** carte 59 à 84.

XX **André,** IJsselkade 22, ✉ 7201 HD, ☎ 1 44 36 – AE ⦿ E VISA
fermé sam., dim. et 7 juil.-1er août – **R** carte 58 à 83.

ALFA-ROMEO De Stoven 25 ☎ 23055
FIAT H. Dunantweg 2 ☎ 12537
FORD De Stoven 5 ☎ 26622
GM (OPEL) Vispoortplein 4 ☎ 16646
LADA Berkelsingel 38 a ☎ 12551
MERCEDES-BENZ De Stoven 35 ☎ 20344
PEUGEOT, TALBOT De Stoven 1 ☎ 22181
RENAULT, TOYOTA De Stoven 16 ☎ 24455/28844
ROVER Spittaalstraat 34 ☎ 15257
VAG Emmerikseweg 7 ☎ 26677
VOLVO De Stoven 21 ☎ 27222

In deze gids
heeft een zelfde letter of teken,
*zwart of **rood**, dun of **dik** gedrukt*
niet helemaal dezelfde betekenis.
Lees aandachtig de bladzijden met verklarende tekst.

ZWARTSLUIS Overijssel 408 ⑫ – 4 465 h. – ☎ 0 5208.

♦Amsterdam 123 – ♦Zwolle 16 – Meppel 12.

Motel Zwartewater, De Vlakte 20, ✉ 8064 PC, ☎ 6 64 44, Fax 6 62 75, ≤, ☰s, ▣, ✂ – TV ☎ ♿ P – 🏛 25 à 350. AE ⦿ E VISA
fermé 1er janv. – **R** carte 40 à 62 – **51 ch** ☐ 110/150.

RENAULT Grote Kranerweerd 23 ☎ 68038

ZWEELOO Drenthe 408 ⑬ – 2 771 h. – ☎ 0 5917.

⛳ à Aalden SO : 2 km, Gebbeveenseweg 1, ☎ (0 5917) 17 84.

♦Amsterdam 189 – Assen 34 – Emmen 14 – ♦Groningen 61 – ♦Zwolle 80.

XX ✿ **De Bokkepruik** (Istha), Kruisstraat 21, ✉ 7851 AE, ☎ 18 57, « Ancienne ferme » – P AE ⦿ E
fermé lundi, mardi et 19 août-3 sept – **R** (dîner seult) carte 74 à 106.
Spéc. Saumon fumé maison, Cochon de lait fumé et asperges régionales (avril-juin), Fla aux champignons (juil.-déc.).

MAZDA Hoofdstraat 17 ☎ 1272

ZWOLLE P Overijssel 408 ⑫ – 92 517 h. – ☎ 0 38.

Voir Hôtel de ville (Stadhuis) sculptures★ du plafond dans la salle des Échevins (Schepe zaal) YZ **H**.
Musée : de l'Overijssel★ (Provinciaal Overijssels Museum) Y **M**1.

⛳ à Hattem par ④ : 7 km, Veenwal 11 ☎ (0 5206) 4 19 09.

🚗 (départs de 's-Hertogenbosch) ☎ 21 83 41.

ℹ Grote Kerkplein 14, ✉ 8011 PK, ☎ 21 39 00.

♦Amsterdam 111 ⑥ – ♦Apeldoorn 44 ⑥ – ♦Enschede 73 ② – ♦Groningen 102 ① – ♦Leeuwarden 94 ①

Plan page ci-contre

Wientjes, Stationsweg 7, ✉ 8011 CZ, ☎ 25 42 54, Telex 42640, Fax 25 42 60 – |≑| TV ☎ P – 🏛 350. AE ⦿ E VISA Z
R carte 45 à 85 – **57 ch** ☐ 160/205 – ½ P 125/150.

Postiljon, Hertsenbergweg 1 (SO : 2 km), ✉ 8041 BA, ☎ 21 60 31, Telex 42180, Fax 22 30 6 – |≑| ≡ rest TV ☎ P – 🏛 300. AE ⦿ E VISA X
R carte 54 à 75 – ☐ 14 – **72 ch** 100/146.

XXX **De Handschoen,** Nieuwe Deventerweg 103 (par ③ : 3 km), ✉ 8014 AE, ☎ 65 04 3 « Ferme du 18e s. » – P. AE ⦿ E VISA. ✂
fermé du 13 au 27 juil. – **R** carte 51 à 98.

XX **De Librije,** Broerenkerkplein 13, ✉ 8011 TW, ☎ 21 20 83, « Partie d'un ancien cloître – AE ⦿ E VISA Y
fermé sam. midi et dim. – **R** 68/95.

XX **Shang Hai,** Eiland 42, ✉ 8011 XR, ☎ 21 35 75, Cuisine chinoise – AE ⦿ E VISA Y
fermé lundi et 2 sem. en août – **R** carte 40 à 68.

XX **Barbara,** Ossenmarkt 7, ✉ 8011 MR, ☎ 21 19 48 – ≡. AE ⦿ E VISA Y
fermé dim., jours fériés, 14 juil.-7 août et 23 déc.-3 janv. – **R** 40/85.

X **Poppe,** Luttekestraat 66, ✉ 8011 LS, ☎ 21 30 50, Ouvert jusqu'à 23 h, « Ancienne forge – AE ⦿ E VISA Z
fermé lundi – **R** carte 45 à 62.

ZWOLLE

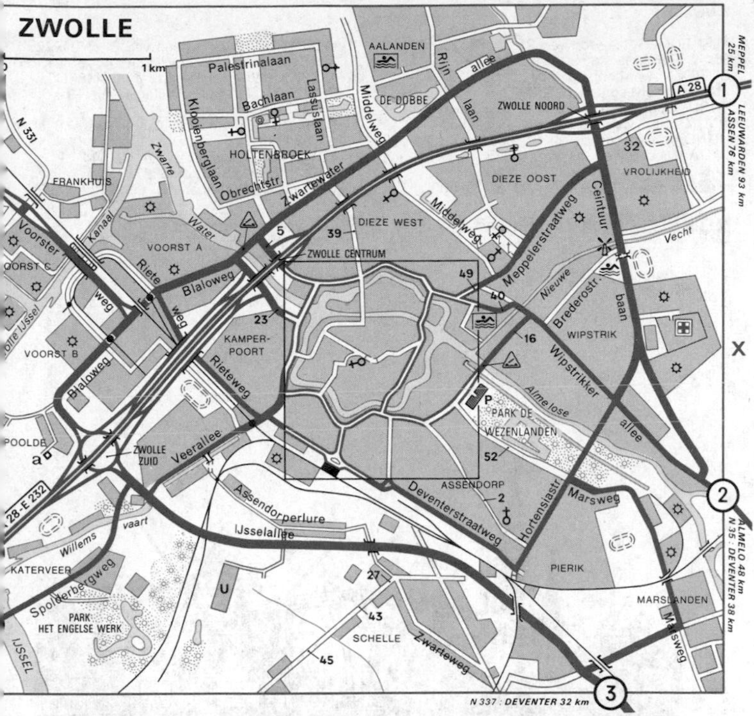
1 km
Palestrinalaan
Bachlaan
Lassuslaan
Kloosterberglaan
HOLTENBROEK
Obrechtstr.
AALANDEN
Rijn
allee
laan
DE DOBBE
Middelweg
ZWOLLE NOORD
A 28
1
MEPPEL 25 km
LEEUWARDEN 93 km
ASSEN 76 km
32
VROLIJKHEID
DIEZE OOST
Zwartewater
Ceintuur
baan
DIEZE WEST
39
5
ZWOLLE CENTRUM
Meppelerstraatweg
Vecht
Nieuwe
Brederostr.
WIPSTRIK
Wipstrikker
allee
49
40
16
N 331
Zwarte
Water
FRANKHUIS
VOORST A
Voorster
Kanaal
Riete
weg
Blaloweg
VOORST C
VOORST B
Oude IJssel
KAMPER-POORT
23
Rieteweg
Almelose
PARK DE WEZENLANDEN
52
ASSENDORP
2
Hortensiastr.
Marsweg
PIERIK
MARSLANDEN
Marsweg
POOLDE
a
ZWOLLE ZUID
Veerallee
A 28-E 232
Deventerstraatweg
Assendorperlure
IJsselallee
Willems
vaart
KATERVEER
Spoolderbergweg
PARK HET ENGELSE WERK
IJSSEL
U
27
43
45
SCHELLE
Zwarteweg
2
ALMELO 48 km
N 35 : DEVENTER 38 km
3
N 337 : DEVENTER 32 km
X

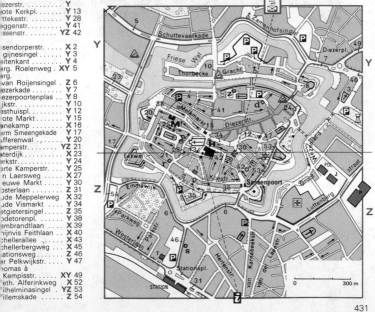

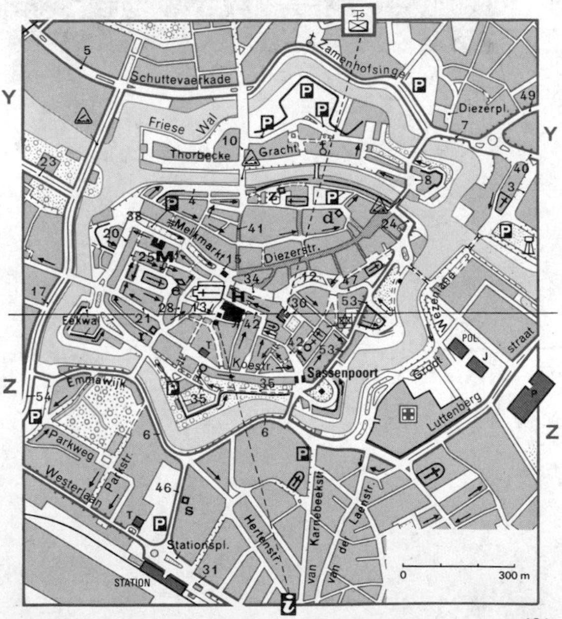
Y
Y
Z
Z
5
Schuttevaerkade
Zamenhofsingel
Friese Wal
10
Thorbecke
Gracht
49
Diezerpl.
7
40
3
8
23
4
38
20
Melkmarkt
41
Diezerstr.
24
25
M
15
34
12
47
17
e
H
30
53
Eekwal
21
28
13
42
42
53
Koestr.
Sassenpoort
POL
J
Emmawijk
35
35
54
6
6
Groot
Luttenberg
straat
Parkweg
Westerlaan
Parkstr.
46
S
Stationspl.
31
STATION
Hertenstr.
Karnebeekstr.
van der Laenstr.
0
300 m

ALFA-ROMEO Newtonweg 25 ✆ 655233
BMW Porporastraat 50 ✆ 215488
CITROEN Marconistraat 17 ✆ 656333
FIAT Braderweg 1a ✆ 230032
FORD Oude Meppelerweg 2 ✆ 533131
GM (OPEL) Ceintuurbaan 3 ✆ 532555
HONDA Marsweg 61 ✆ 651586
LADA Meenteweg 30 ✆ 218075
LANCIA Punterweg 13 ✆ 228000
MAZDA Burg. Roelenweg 19 ✆ 280300
MERCEDES-BENZ Russenweg 8 ✆ 219425
MITSUBISHI Assendorperdijk 44 ✆ 213183
NISSAN Willemsvaart 16 ✆ 224466
PEUGEOT, TALBOT Willemsvaart 18 a ✆ 217100
RENAULT Bisschop Willebrandlaan 66 ✆ 534933
TOYOTA Bankastraat 1 ✆ 531444
VAG Mozartlaan 2 ✆ 538717
VOLVO Ceintuurbaan 50 ✆ 297777

ZWIJNDRECHT Zuid-Holland 212 ⑤ et 408 ⑰ – voir à Dordrecht.

Amsterdam

ndicatifs téléphoniques européens
Europese landnummers
European dialling codes
elefon-Vorwahlnummern europäischer Länder

	Österreich, Autriche, Autria	43	I	Italia, Italie, Italy	39
	Belgique, België, Belgium	32	IRL	Ireland, Irlande	353
H	Schweiz, Suisse, Svizzera, Switzerland	41	L	Grand Duché de Luxembourg	352
	Bundesrepublik Deutschland, RFA, Germany	49	MC	Monaco	33
K	Danmark, Danemark, Denmark	45	N	Norge, Norvège, Norway	47
	España, Espagne, Spain	34	NL	Nederland, Pays-Bas, Netherlands	31
	France	33	P	Portugal	351
B	Great Britain, Grande-Bretagne	44	S	Sverige, Suède, Sweden	46
R	Hellás, Grèce, Greece	30	SF	Suomi, Finland	358
			YU	Jugoslavija, Yougoslavie	38

:ntre certains pays limitrophes, il existe des indicatifs spéciaux. 'informer.

'ussen bepaalde buurlanden geldt een speciaal kiesrecept. Informeer :iernaar.

wischen bestimmten benachbarten Ländern gibt es spezielle Vorwahl- ummern. Informieren Sie sich.

:etween certain neighbouring countries the dialling code may vary. Iake enquiries.

Distances
Afstanden - Entfernungen

QUELQUES PRÉCISIONS

Au texte de chaque localité vous trouverez la distance de sa capitale d'éta et des villes environnantes. Lorsque ces villes sont celles du tablea ci-contre, leur nom est précédé d'un losange ♦. Les distances intervilles d tableau les complètent.
La distance d'une localité à une autre n'est pas toujours répétée en sen inverse : voyez au texte de l'une ou de l'autre. Utilisez aussi les distance portées en bordure des plans.
Les distances sont comptées à partir du centre-ville et par la route la plu pratique, c'est-à-dire celle qui offre les meilleures conditions de roulage mais qui n'est pas nécessairement la plus courte.

TOELICHTING

In de tekst van elke plaats vindt U de afstand tot de hoofdstad en tot d grotere steden in de omgeving. Als deze steden voorkomen op de lijs hiernaast, wordt hun naam voorafgegaan door een ruit ♦. De afstandstabe dient ter aanvulling.
De afstand tussen twee plaatsen staat niet altijd onder beide plaatse vermeld ; zie dan bij zowel de ene als de andere plaats. Maak ook gebrui van de aangegeven afstanden rondom de plattegronden.
De afstanden zijn berekend vanaf het stadscentrum en via de gunstigst (niet altijd de kortste) route.

EINIGE ERKLÄRUNGEN

Die Entfernungen zur Landeshauptstadt und zu den nächstgrößeren Städte in der Umgebung finden Sie in jedem Ortstext. Sind diese in de nebenstehenden Tabelle aufgeführt, so wurden sie durch eine Raute gekennzeichnet. Die Kilometerangaben der Tabelle ergänzen somit di Angaben des Ortstextes.
Da die Entfernung von einer Stadt zu einer anderen nicht immer unte beiden Städten zugleich aufgeführt ist, sehen Sie bitte unter beide entsprechenden Ortstexten nach. Eine weitere Hilfe sind auch die am Rand der Stadtpläne erwähnten Kilometerangaben.
Die Entfernungen gelten ab Stadmitte unter Berücksichtigung der güngsti sten (nicht immer kürzesten) Streckte.

COMMENTARY

Each entry indicates how far the town or locality is from the capital an other nearby towns. The black diamond ♦ in the entry means that the tow name given after it is in the table opposite. The distances in the tabl complete those given under individual town headings for calculating tot distances.
To avoid excessive repetition some distances have only been quoted onc You may, therefore, have to look under both town headings. Note also th some distances appear in the margins of the town plans.
Distances are calculated from town centres and along the best roads fro a motoring point of view - not necessarily the shortest.

Distances entre principales villes

Afstanden tussen de belangrijkste steden

Entfernungen zwischen den grösseren Städten

Distances between major towns

	Amsterdam	Antwerpen	Apeldoorn	Arlon	Arnhem	Bastogne	Breda	Brugge	Bruxelles-Brussel	Charleroi	Den Haag	Dinant	Eindhoven	Enschede	Gent	Groningen	Haarlem	Hasselt	's-Hertogenbosch	Kortrijk	Leeuwarden	Liège	Luxembourg	Maastricht	Mechelen	Middelburg	Mons	Namur	Nijmegen	Oostende	Rotterdam	Tilburg	Tournai	Turnhout	Utrecht
Antwerpen	159																																		
Apeldoorn	90	192																																	
Arlon	370	230	372																																
Arnhem	100	170	27	347																															
Bastogne	330	191	332	40	307																														
Breda	103	56	137	284	116	245																													
Brugge	264	105	297	293	275	254	161																												
Bruxelles-Brussel	205	48	238	187	216	148	102	96																											
Charleroi	257	100	290	170	268	131	154	151	61																										
Den Haag	55	129	133	357	119	318	78	187	175	227																									
Dinant	293	136	284	120	259	81	190	199	93	55	263																								
Eindhoven	122	86	108	243	83	203	62	191	125	173	142	157																							
Enschede	160	263	73	364	94	324	208	368	309	361	204	323	175																						
Gent	219	60	252	252	230	213	116	45	55	110	189	158	146	323																					
Groningen	181	315	145	513	168	473	260	420	361	413	256	449	249	148	375																				
Haarlem	24	177	117	389	118	349	122	242	223	275	59	311	141	188	237	209																			
Hasselt	184	77	186	170	161	130	94	182	82	103	200	98	59	253	137	327	203																		
's-Hertogenbosch	83	106	91	283	66	243	52	211	152	204	102	195	35	158	166	239	101	97																	
Kortrijk	258	99	291	279	269	240	155	51	90	122	228	176	185	362	45	414	276	176	205																
Leeuwarden	139	294	137	505	160	465	239	399	340	392	186	428	241	167	354	59	149	319	218	393															
Liège	242	119	244	128	219	88	136	196	97	92	242	75	115	236	155	385	261	42	155	190	377														
Luxembourg	391	261	393	29	368	71	316	325	219	202	389	151	264	385	284	534	410	201	304	311	526	159													
Maastricht	213	113	215	161	190	121	151	223	124	122	233	120	86	207	173	356	232	36	126	217	348	33	182												
Mechelen	181	24	214	206	192	167	78	111	28	76	151	112	95	285	66	337	199	79	128	105	316	109	238	115											
Middelburg	194	91	236	319	214	280	98	47	137	189	140	225	160	307	56	359	195	162	150	96	322	204	351	198	113										
Mons	271	114	304	204	282	165	168	133	67	36	241	101	190	375	95	427	289	137	218	77	406	126	236	156	93	151									
Namur	264	107	255	126	230	87	161	170	64	38	234	29	128	294	129	419	282	69	166	147	399	61	158	91	83	196	72								
Nijmegen	119	151	46	328	19	288	97	256	197	249	138	240	64	113	211	187	137	142	47	250	179	200	349	171	173	195	263	211							
Oostende	283	124	316	312	294	273	180	28	115	170	209	218	210	387	64	439	301	201	230	70	418	215	344	242	130	69	152	189	275						
Rotterdam	76	103	129	331	115	292	52	153	149	201	24	237	115	199	163	251	79	174	79	202	206	216	363	204	125	106	215	208	115	175					
Tilburg	110	77	112	282	87	242	22	182	123	175	102	211	36	179	137	253	129	96	23	176	245	154	303	125	99	121	189	182	68	201	76				
Tournai	283	124	316	250	294	211	180	83	86	93	253	147	210	387	70	439	301	168	230	27	418	172	282	202	117	121	48	118	275	102	227	201			
Turnhout	142	45	146	227	120	187	37	150	84	132	114	155	44	212	105	298	161	57	57	144	277	99	258	93	54	130	149	126	102	169	88	31	169		
Utrecht	36	127	72	339	64	299	72	232	173	225	61	261	91	142	187	194	54	153	51	226	170	211	360	182	149	162	239	232	85	251	57	79	251	111	
Zwolle	111	214	44	412	67	372	159	319	260	312	155	348	148	73	274	102	139	226	131	313	94	284	433	255	236	258	326	319	86	338	150	152	338	185	93

Exemple Beispiel

Voorbeeld Example

Gent - Rotterdam

163 km

Amsterdam	Antwerpen	Bruxelles/Brussel	Luxembourg	Rotterdam	
1548	1408	1366	1149	1510	***Barcelona***
746	594	551	334	695	***Basel***
670	724	782	768	709	***Berlin***
842	690	647	430	791	***Bern***
783	624	592	780	727	***Birmingham***
1082	923	886	948	1026	***Bordeaux***
2086	1934	1891	1674	2035	***Brindisi***
1572	1413	1376	1438	1516	***Burgos***
570	420	388	576	523	***Cherbourg***
902	743	707	609	847	***Clermont-Ferrand***
447	396	403	248	462	***Frankfurt***
886	746	704	487	848	***Genève***
1288	1129	1097	1285	1233	***Glasgow***
441	554	593	619	480	***Hamburg***
387	441	499	485	426	***Hannover***
738	851	890	916	777	***København***
284	125	116	335	228	***Lille***
2323	2164	2127	2189	2267	***Lisboa***
719	560	528	716	664	***London***
917	778	735	518	879	***Lyon***
1813	1654	1617	1679	1757	***Madrid***
2361	2202	2165	2145	2305	***Málaga***
1229	1089	1047	830	1191	***Marseille***
1089	937	894	677	1038	***Milano***
838	763	770	557	828	***München***
888	729	692	754	832	***Nantes***
1879	1727	1684	1467	1828	***Napoli***
1321	1434	1473	1499	1360	***Oslo***
2643	2491	2448	2231	2592	***Palermo***
504	345	309	376	449	***Paris***
2144	1985	1948	2010	2088	***Porto***
951	900	907	733	966	***Praha***
1666	1514	1471	1254	1615	***Roma***
1328	1169	1132	1194	1272	***San Sebastián***
1368	1481	1520	1546	1407	***Stockholm***
635	482	440	223	584	***Strasbourg***
1155	948	906	688	1050	***Torino***
1199	1040	1004	1053	1144	***Toulouse***
1893	1753	1711	1494	1855	***Valencia***
1284	1199	1156	939	1300	***Venezia***
1151	1100	1107	922	1166	***Wien***
1338	1287	1294	1138	1353	***Zagreb***

Exemple Beispiel

Voorbeeld Example

Bruxelles/Brussel - Madrid

1617 km

Oslo
Stockholm
København
Hamburg
Hannover
Berlin
AMSTERDAM
London
ROTTERDAM
ANTWERPEN
Lille
BRUSSEL
BRUXELLES
Frankfurt
Praha
LUXEMBOURG
Paris
Wien
Strasbourg
München
Basel
Bern
Genève
Zagreb
Clermont-Ferrand
Lyon
Milano
Venezia
Torino
Toulouse
Marseille
Roma
Barcelona
Napoli
Brindisi
Palermo

PRINCIPALES ROUTES
BELANGRIJKE WEGEN
HAUPTVERKEHRSSTRASSEN
MAIN ROADS

Schiermonnikoog
Eemshaven
Ameland
Nes
Lauwersoog
schelling
Holwerd
Dokkum
Delfzijl
Groningen
Leeuwarden
Winschoten
Harlingen
Drachten
Bolsward
Sneek
Assen
Heerenveen
Ter Apel
Ems
Emmen
Steenwijk
Meppen
Hoogeveen
Meppel
Emmeloord
meer
E R L A N D
Vecht
Kampen
Ommen
Zwolle
Lelystad
Almelo
Oldenzaal
Epe
Hengelo
Harderwijk
Deventer
Enschede
Apeldoorn
Berkel
Amersfoort
IJssel
Groenlo
Ede
Arnhem
WAAL
Bocholt
RHEIN
Nijmegen
Gennep
Wesel
's-Hertogenbosch
MAAS
Essen
Helmond
Duisburg
Eindhoven
Venlo
Wuppertal
Düsseldorf
N 355
A 7-E 22
N 7-E 22
A 31
N 31
N 32
A 28-E 232
N 46
N 41
N 33
N 34
A 32
A 50
N 50
A 6
N 37
N 36
N 48
N 35
N 342
A 30
N 305
N 301
A 1-E 30
N 345
N 18
N 319
N 30
A 12-E 35
N 225
A 52
A 18
A 15-E 31
A 3
A 57
N 271
N 2-E 25
A 2
A 67-E 34
N 69
E 312
N 302
70
213
54
67
58
224
A 43

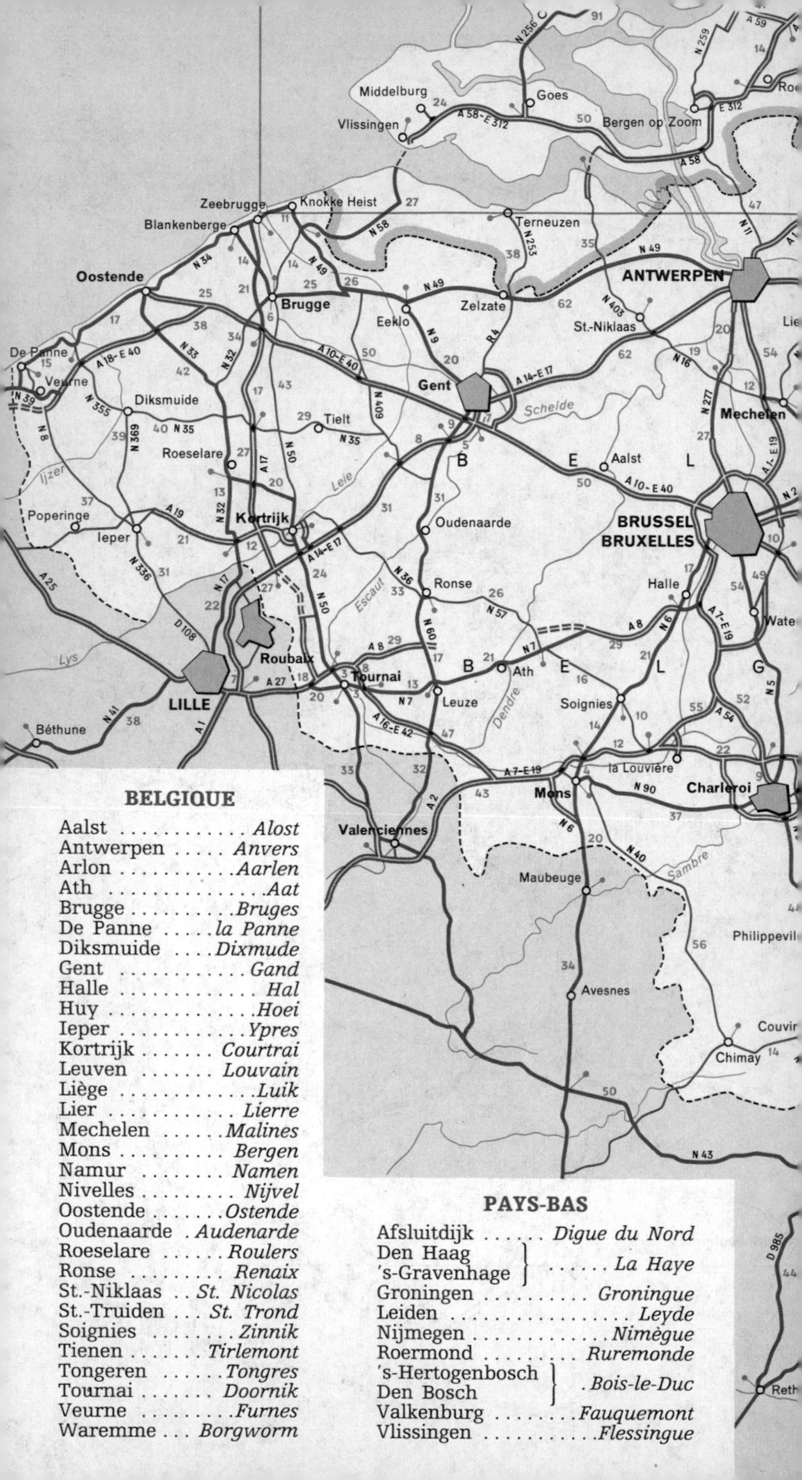

BELGIQUE

Aalst	*Alost*
Antwerpen	*Anvers*
Arlon	*Aarlen*
Ath	*Aat*
Brugge	*Bruges*
De Panne	*la Panne*
Diksmuide	*Dixmude*
Gent	*Gand*
Halle	*Hal*
Huy	*Hoei*
Ieper	*Ypres*
Kortrijk	*Courtrai*
Leuven	*Louvain*
Liège	*Luik*
Lier	*Lierre*
Mechelen	*Malines*
Mons	*Bergen*
Namur	*Namen*
Nivelles	*Nijvel*
Oostende	*Ostende*
Oudenaarde	*Audenarde*
Roeselare	*Roulers*
Ronse	*Renaix*
St.-Niklaas	*St. Nicolas*
St.-Truiden	*St. Trond*
Soignies	*Zinnik*
Tienen	*Tirlemont*
Tongeren	*Tongres*
Tournai	*Doornik*
Veurne	*Furnes*
Waremme	*Borgworm*

PAYS-BAS

Afsluitdijk	*Digue du Nord*
Den Haag / 's-Gravenhage	*La Haye*
Groningen	*Groningue*
Leiden	*Leyde*
Nijmegen	*Nimègue*
Roermond	*Ruremonde*
's-Hertogenbosch / Den Bosch	*Bois-le-Duc*
Valkenburg	*Fauquemont*
Vlissingen	*Flessingue*

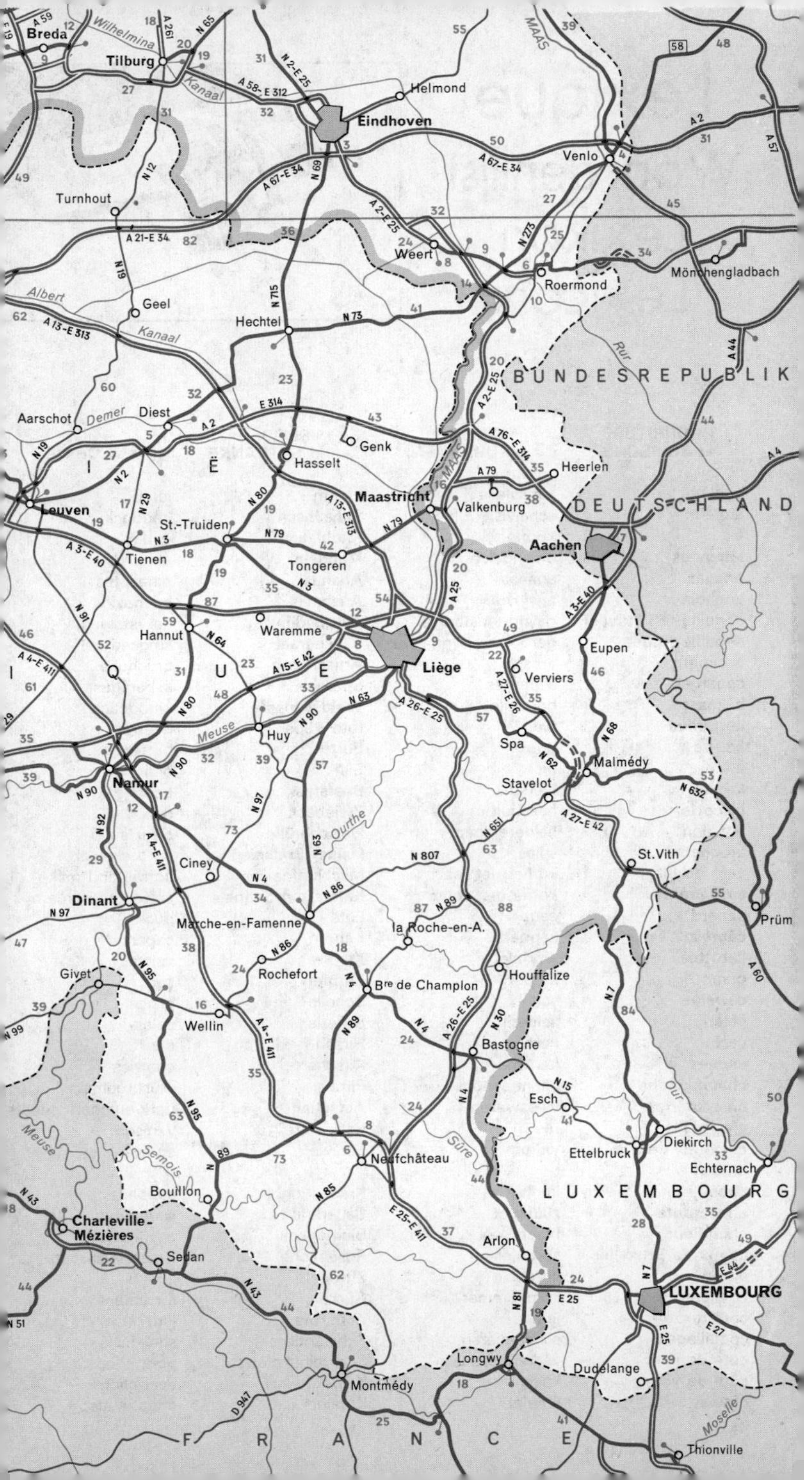

Breda
Tilburg
Wilhelmina
Kanaal
Eindhoven
Helmond
MAAS
Venlo
Turnhout
Weert
Roermond
Mönchengladbach
Geel
Albert
Kanaal
Hechtel
Rur
BUNDESREPUBLIK
DEUTSCHLAND
Aarschot
Demer
Diest
Genk
Hasselt
Heerlen
Leuven
Maastricht
Valkenburg
St.-Truiden
Tienen
Tongeren
Aachen
Hannut
Waremme
Liège
Eupen
Verviers
Huy
Meuse
Spa
Namur
Malmédy
Stavelot
Ourthe
St.Vith
Ciney
Dinant
Marche-en-Famenne
la Roche-en-A.
Prüm
Rochefort
Houffalize
Givet
Bre de Champlon
Wellin
Bastogne
Our
Esch
Meuse
Semois
Sûre
Diekirch
Ettelbruck
Echternach
Neufchâteau
LUXEMBOURG
Bouillon
Charleville-Mézières
Arlon
Sedan
LUXEMBOURG
Longwy
Dudelange
Montmédy
Moselle
F R A N C E
Thionville

Lexique
Woordenlijst
Lexikon
Lexicon

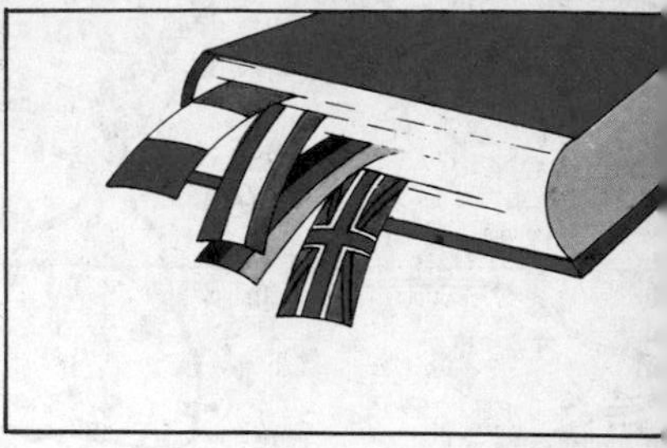

NOURRITURE et BOISSONS	SPIJZEN en DRANKEN	SPEISEN und GETRÄNKE	FOOD and DRINKS
agneau	lamsvlees	Lamm	lamb
aiglefin	schelvis	Schellfisch	haddock
ail	knoflook	Knoblauch	garlic
amandes	amandelen	Mandeln	almonds
ananas	ananas	Ananas	pineapple
anchois	ansjovis	Anchovis	anchovies
anguille (à l'étuvée)	paling (gestoofd)	Aal (gedünstet)	eel (stewed)
anguille fumée	gerookte paling	Räucheraal	smoked eel
artichaut	artisjok	Artischocke	artichoke
asperges	asperges	Spargel	asparagus
bécasse	houtsnip	Waldschnepfe	woodcock
betterave	biet	rote Rübe	beetroot
beurre	boter	Butter	butter
bière	bier	Bier	beer
bifteck	biefstuk	Beefsteak	beefsteak
biscotte	beschuit	Zwieback	rusk
bouillon	heldere soep	Fleischbrühe	clear soup
brochette	spies	kleiner Bratspieß	on a skewer
café au lait	koffie met melk	Milchkaffee	coffee and milk
café crème	koffie met room	Kaffee mit Sahne	coffee and cream
canard	eend	Ente	duck
câpres	kappers	Kapern	capers
carottes	wortelen	Karotten	carrots
carpe	karper	Karpfen	carp
carrelet	schol	Scholle	plaice
céleri	selderij	Sellerie	celery
cerf	hert	Hirsch	deer
cerises	kersen	Kirschen	cherries
champignons	champignons	Pilze	mushrooms
charcuterie	vleeswaren	Aufschnitt	pork-butchers' meats
chevreuil	ree	Reh	venison
chicorée, endive, chicon	witlof	Endivie	endive
chou	kool	Kraut, Kohl	cabbage
choucroute	zuurkool	Sauerkraut	sauerkraut
chou-fleur	bloemkool	Blumenkohl	cauliflower
choux de Bruxelles	spruitjes	Rosenkohl	Brussels sprouts
citron	citroen	Zitrone	lemon
concombre	komkommer	Gurke	cucumber
confiture	jam	Konfitüre	jam
coquillages	schelpdieren	Schalentiere	shell-fish
côte de porc	varkenskotelet	Schweinekotelett	pork chop
côte de veau	kalfsrib	Kalbskotelett	veal chop
côtelette	kotelet	Kotelett	chop, cutlet

crème	room	Sahne	cream
rème fouettée	slagroom	Schlagsahne	whipped cream
revettes	garnalen	Garnelen	shrimps
croûtons	broodkorstjes	geröstetes Brot	croûtons
rudités	rauwkost	Rohkost	raw vegetables
cuissot	...bout	...keule	haunch (of venison)
dattes	dadels	Datteln	dates
daurade	goudbrasem	Goldbrassen	dory
dinde	kalkoen	Truthenne	turkey
eau minérale	mineraalwater	Mineralwasser	mineral water
en daube, en sauce	gestoofd, met saus	geschmort, mit Sauce	stewed, with sauce
entrecôte	tussenrib	Rumpsteak	rib steak
épinards	spinazie	Spinat	spinach
escalope panée	wienerschnitzel	Wiener Schnitzel	escalope in breadcrumbs
escargots	slakken	Schnecken	snails
aisan	fazant	Fasan	pheasant
arci	gevuld	gefüllt	stuffed
èves	bonen	dicke Bohnen	broad beans
filet de bœuf	ossehaas	Filetsteak	fillet of beef
filet de porc	varkenshaasje	Schweinefilet	fillet of pork
oie de veau	kalfslever	Kalbsleber	calf's liver
fraises	aardbeien	Erdbeeren	strawberries
frit	gebakken	gebraten (Pfanne)	fried
fromage	kaas	Käse	cheese
fumé	gerookt	geräuchert	smoked
gâteau	gebak	Kuchen	cake
genièvre	jenever	Wacholderschnaps	juniper, gin
gigot	lamsbout	Lammkeule	leg of mutton
gingembre	gember	Ingwer	ginger
glace	ijs	Speiseeis	ice-cream
grillé	geroosterd	gegrillt	grilled
groseilles	aalbessen	Johannisbeeren	currants
hachis	gehakt	gehackt	chopped
hareng (frais)	haring (nieuwe)	Hering (grün)	herring (fresh)
haricots blancs	witte bonen	weisse Bohnen	haricot beans
haricots verts	sperziebonen	grüne Bohnen	French beans
homard	kreeft	Hummer	lobster
huile	olie	Öl	olive oil
huîtres	oesters	Austern	oysters
jambon (cru ou cuit)	ham (rauwe of gekookte)	Schinken (roh oder gekocht)	ham (raw or cooked)
jus de fruit	vruchtensap	Fruchtsaft	fruit juice
lait	melk	Milch	milk
laitue	kropsla	Kopfsalat	lettuce
langouste	pantserkreeft – langoest	Languste	spiny lobster
langoustines	doornkreeften	Langustinen	crayfish
langue	tong	Zunge	tongue
lapin	konijn	Kaninchen	hare, rabbit
lièvre	haas	Hase	hare
mandarines	mandarijnen	Mandarinen	tangerines
maquereau	makreel	Makrele	mackerel
merlan, colin	wijting, koolvis	Weissling, Kohlfisch	whiting, coal fish
miel	honing	Honig	honey
morue fraîche, cabillaud	kabeljauw	Kabeljau, Dorsch	cod
morue séchée	stokvis	Stockfisch	dried cod
moules	mosselen	Muscheln	mussels
moutarde	mosterd	Senf	mustard
noisettes	hazelnoten	Haselnüsse	hazelnuts
noix	noten	Nüsse	walnuts

oie	gans	Gans	goose
oignons	uien	Zwiebeln	onions
œuf à la coque	zacht gekookt ei	weiches Ei	soft-boiled egg
œuf à la russe	Russisch ei	Russisches Ei	Russian egg
œuf dur	hard gekookt ei	hartes Ei	hard-boiled egg
oranges	sinaasappels	Orangen	oranges
pain	brood	Brot	bread
pâté de foie gras	ganzeleverpastei	Gänseleberpastete	goose liver pâté
pâté en croûte	pastei in korstdeeg	Pastete	meat pie
pâtisseries	banketgebak	Feingebäck, Süßigkeiten	pastries
pêches	perziken	Pfirsiche	peaches
perdrix, perdreau	patrijs	Rebhuhn	partridge
petits pois	doperwten	junge Erbsen	green peas
pigeon	duif	Taube	pigeon
pintade	parelhoen	Perlhuhn	guinea-hen
pistaches	pistache-nootjes	Pistazie	pistachio
poireau	prei	Lauch	leek
poires	peren	Birnen	pears
poivre	peper	Pfeffer	pepper
pommes	appels	Apfel	apples
pommes de terre (sautées)	aardappelen (gebakken)	Kartoffeln (gebraten)	potatoes (fried)
pot-au-feu	stoofpot	Rindfleischsuppe	boiled beef
poulet	kip	Hühnchen	chicken
primeurs	jonge groenten	Frühgemüse	early vegetables
prunes	pruimen	Pflaumen	plums
raie	rog	Rochen	skate, ray-fish
raisin	druiven	Traube	grapes
raisins secs	rozijnen	Rosinen	raisins
ris de veau	kalfszwezerik	Kalbsbries	sweetbreads
riz	rijst	Reis	rice
rognons	nieren	Nieren	kidneys
rôti (au four)	gebraden (in oven)	gebraten (Backofen)	roasted (in oven)
rouget	knorhaan, rode poon	Barbe, Rötling	red mullet
saignant	kort gebakken	englisch gebraten	rare
salade	sla	Salat	green salad
saucisse	saucijs	Würstchen	sausage
saucisson	worst	Wurst	salami sausage
saumon	zalm	Lachs	salmon
sel	zout	Salz	salt
sole	tong (vis)	Seezunge	sole
sucre	suiker	Zucker	sugar
tarte	taart	Torte	tart
thé	thee	Tee	tea
thon	tonijn	Thunfisch	tunny-fish
truffe	truffel	Trüffel	truffle
truite	forel	Forelle	trout
turbot	tarbot	Steinbutt	turbot
vinaigre	azijn	Essig	vinegar
vin blanc sec	droge witte wijn	herber Weisswein	dry white wine
vin rouge, rosé	rode wijn, rosé wijn	Rotwein, Rosé	red wine, rosé

MOTS USUELS	GEBRUIKELIJKE WOORDEN	ALLGEMEINER WORTSCHATZ	COMMON WORDS
acheter	kopen	kaufen	to buy
aéroport	vliegveld	Flughafen	airport
affluent	zijrivier	Nebenfluß	tributary
allumettes	lucifers	Zündhölzer	matches
à louer	te huur	zu vermieten	for hire
ancien, antique	oud	alt, ehemalig	old
annexe	bijgebouw	Nebengebäude	annex
antigel	anti-vries	Frostschutzmittel	antifreeze
août	augustus	August	August
archipel	archipel	Inselgruppe	archipelago
assistance	hulp	Hilfe	assistance
aujourd'hui	vandaag	heute	today
autodrome	autorenbaan	Autorennbahn	car racetrack
automne	herfst	Herbst	autumn
avion	vliegtuig	Flugzeug	plane
avril	april	April	April
bac	veerboot	Fähre	ferry
bagages	bagage	Gepäck	luggage
baie	baai	Bucht	bay
barque, canot	boot, roeiboot	Ruderboot	rowing boat
bateau à vapeur	stoomboot	Dampfer	steamer
bateau d'excursions	rondvaartboot	Ausflugsdampfer	pleasure boat
beau	mooi	schön	fine, lovely
bicyclette	fiets	Fahrrad	bicycle
bien, bon	goed	gut	good, well
billet d'entrée	toegangsbewijs	Eintrittskarte	admission ticket
blanchisserie	wasserij	Wäscherei	laundry
boulevard, avenue	laan	Boulevard, breite Strasse	boulevard, avenue
bouteille	fles	Flasche	bottle
boutique	winkel	Laden	shop
brasserie	café	Gastwirtschaft	pub
bureau de police	politiebureau	Polizeiwache	police station
bureau de tabac	sigarenwinkel	Tabakladen	tobacconist
bureau de voyages	reisbureau	Reisebüro	travel bureau
caisse	kas	Kasse	cash desk
campagne	platteland	Land	country
carte postale	briefkaart	Postkarte	postcard
casino	Kursaal, casino	Kurhaus	casino
chaire	preekstoel	Kanzel	pulpit
change	wisselkantoor	Geldwechsel	exchange
chapelle	kapel	Kapelle	chapel
chasseur	piccolo	Hotelbote	pageboy
château	kasteel	Burg, Schloß	castle
château d'eau	watertoren	Wasserturm	water tower
chœur	koor	Chor	choir
cimetière	begraafplaats	Friedhof	cemetery
cinéma	bioscoop	Kino	cinema
circuit	rondrit	Rundfahrt	round tour
clé	sleutel	Schlüssel	key
coiffeur	kapper	Friseur	hairdresser, barber
collection	verzameling	Sammlung	collection
collégiale	collegiale kerk	Stiftskirche	collegiate church
combien ?	hoeveel ?	wieviel ?	how much ?
commissariat	hoofdbureau van politie	Polizeirevier	police headquarters
côte	kust	Küste	coast
cour	binnenplaats	Hof	courtyard
couverture	deken	Decke	blanket
crevaison	lekke band	Reifenpanne	puncture
décembre	december	Dezember	December

défense de fumer	verboden te roken	Rauchen verboten	no smoking
défense d'entrer	verboden toegang	Zutritt verboten	no admittance
déjeuner, dîner	lunch, diner	Mittag-, Abendessen	lunch, dinner
demain	morgen	morgen	tomorrow
demander	vragen	bitten, fragen	to ask for
dentiste	tandarts	Zahnarzt	dentist
départ	vertrek	Abfahrt	departure
dimanche	zondag	Sonntag	Sunday
docteur	dokter	Arzt	doctor
édifice	gebouw	Bauwerk	building
église	kerk	Kirche	church
en construction	in aanbouw	im Bau	under construction
en cours d'aménagement	wordt verbouwd	im Umbau	in course of rearrangement
en plein air	in de openlucht	im Freien	outside
enveloppes	enveloppen	Briefumschläge	envelopes
environ... km	ongeveer... km	etwa... km	approx... km
environs	omgeving	Umgebung	surroundings
étage	verdieping	Stock, Etage	floor
été	zomer	Sommer	summer
exclus, non compris	niet inbegrepen	nicht inbegriffen	excluded
excursion	uitstapje	Ausflug	excursion
exposition	tentoonstelling	Ausstellung	exhibition
façade	gevel	Fassade	façade
février	februari	Februar	February
flèche	spits	Spitze	spire
fleurs	bloemen	Blumen	flowers
fleuve	stroom	Fluß	river
foire	jaarbeurs	Messe, Markt	...show, exhibition
fontaine	fontein	Brunnen	fountain
fonts baptismaux	doopvont	Taufbecken	font
forêt, bois	woud, bos	Wald, Wäldchen	forest, wood
forteresse	vesting	Festung	fortress
fouilles	opgravingen	Ausgrabungen	excavations
fresques	fresco's	Fresken	frescoes
garçon ! serveuse !	ober ! serveerster !	Ober ! Fräulein !	waiter ! waitress !
gare	station	Bahnhof	station
gorge	bergengte, kloof	Schlucht	gorge
graissage, lavage	doorsmeren, wassen	Abschmieren, Waschen	greasing, car wash
grand magasin	warenhuis	Kaufhaus	department store
grand'place	grote markt	Hauptplatz	main square
grotte	grot	Höhle	cave
hameau	gehucht	Weiler	hamlet
hebdomadaire	wekelijks	wöchentlich	weekly
hier	gisteren	gestern	yesterday
hiver	winter	Winter	winter
hôpital	ziekenhuis	Krankenhaus	hospital
horloge	klok	Uhr	clock
hôtel de ville	stadhuis	Rathaus	town hall
île	eiland	Insel	island
janvier	januari	Januar	January
jardin, parc	tuin, park	Garten, Park	garden, park
jardin botanique	botanische tuin	botanischer Garten	botanical garden
jeudi	donderdag	Donnerstag	Thursday
jeux	spelen	Spiele	games
jour férié	feestdag	Feiertag	holiday
journal	krant	Zeitung	newspaper
juillet	juli	Juli	July
juin	juni	Juni	June
lac	meer	See	lake
librairie	boekhandel	Buchhandlung	bookshop, news agent

it	bed	Bett	bed
it d'enfant	kinderbed	Kinderbett	child's bed
undi	maandag	Montag	Monday
nai	mei	Mai	May
naison	huis	Haus	house
nanoir	landhuis, ridderhofstede	Herrensitz	manor house
nardi	dinsdag	Dienstag	Tuesday
nars	maart	März	March
nauvais	slecht	schlecht	bad
nédiéval	middeleeuws	mittelalterlich	mediaeval
ner	zee	Meer	sea
nercredi	woensdag	Mittwoch	Wednesday
nôle, quai	havenhoofd, kade	Mole, Kai	mole, quay
nonastère	klooster	Kloster	monastery
nontée	helling	Steigung	hill
noulin	molen	Mühle	windmill
avire	schip	Schiff	ship
ef	schip v. e. kerk	Kirchenschiff	nave
loël	Kerstmis	Weihnachten	Christmas
ote, addition	rekening	Rechnung	bill, check
ovembre	november	November	November
ctobre	oktober	Oktober	October
euvre d'art	kunstwerk	Kunstwerk	work of art
ffice de tourisme	dienst voor toerisme, V.V.V.	Verkehrsverein	tourist information centre
mbragé	schaduwrijk	schattig	shady
reiller	hoofdkussen	Kopfkissen	pillow
alais de justice	gerechtshof	Gerichtsgebäude	Law Courts
alais royal	koninklijk paleis	Königsschloß	royal palace
anne	pech	Panne	breakdown
apier à lettres	briefpapier	Briefpapier	writing paper
'âques	Pasen	Ostern	Easter
arc d'attractions	pretpark	Vergnügungspark	amusement park
atron	eigenaar	Besitzer	owner
avement	bevloering	Ornament-Fußboden	ornamental paving
ayer	betalen	bezahlen	to pay
eintures, tableaux	schilderijen	Malereien, Gemälde	paintings
etit déjeuner	ontbijt	Frühstück	breakfast
hare	vuurtoren	Leuchtturm	lighthouse
harmacien	apotheker	Apotheker	chemist
iétons	voetgangers	Fußgänger	pedestrians
inacothèque	schilderijengalerij	Gemäldegalerie	picture gallery
ittoresque	schilderachtig	malerisch	picturesque
lace du marché	marktplein	Marktplatz	market place
lace publique	plein	Platz	square
lafond	zoldering	Zimmerdecke	ceiling
lage	strand	Strand	beach
laine verdoyante, ré	weide	grüne Ebene, Wiese	green open country, meadow
ont	brug	Brücke	bridge
ort	haven	Hafen	harbour
orteur	kruier	Gepäckträger	porter
oste restante	poste restante	postlagernd	poste restante
otager	groententuin, moestuin	Gemüsegarten	kitchen garden
ourboire	drinkgeld, fooi	Trinkgeld	tip
rêtre	priester	Geistlicher	priest
rintemps	lente	Frühling	spring (season)
romenade	wandeling	Spaziergang, Promenade	walk, promenade
roximité	nabijheid	Nähe	proximity
uotidien	dagelijks	täglich	daily

recommandé	aangetekend	Einschreiben	registered
régime	dieet	Diät	diet
remorquer	wegslepen	abschleppen	to tow
renseignements	inlichtingen	Auskünfte	information
réparer	repareren	reparieren	to repair
repas	maaltijd	Mahlzeit	meal
repassage	strijkerij	Büglerei	pressing, ironing
retable	altaarstuk	Altaraufsatz	altarpiece, retable
roches, rochers	rotsen	Felsen	rocks
rôtisserie	rôtisserie	Rotisserie	grilled meat restaurant
rive, bord	kant, oever	Ufer	shore
rivière	rivier	Fluß	river
rue	straat	Straße	street
rustique	landelijk	ländlich	rustic
salle à manger	eetzaal	Speisesaal	dining room
salle de bain	badkamer	Badezimmer	bathroom
samedi	zaterdag	Samstag	Saturday
sanctuaire, mémorial	heiligdom, gedenkteken	Heiligtum, Gedenkstätte	shrine, memorial
sculptures	beeldhouwkunst	Schnitzwerk	carvings
sculptures sur bois	houtsnijwerk	Holzschnitzereien	wood carvings
septembre	september	September	September
service compris	inclusief bediening	Bedienung inbegriffen	service included
site, paysage	landschap	Landschaft	site, landscape
soir	avond	Abend	evening
sortie de secours	nooduitgang	Notausgang	emergency exit
source	bron	Quelle	source, stream
stalles	koorbanken	Chorgestühl	choirstalls
sur demande	op verzoek	auf Verlangen	on request
tapisseries	wandtapijten	Wandteppiche	tapestries
timbre-poste	postzegel	Briefmarke	stamp
toiles originales	originele doeken	Originalgemälde	original paintings
tombeau	grafsteen	Grabmal	tomb
tour	toren	Turm	tower
train	trein	Zug	train
tramway	tram	Straßenbahn	tram
transept	dwarsschip	Querschiff	transept
trésor	schat	Schatz	treasure, treasury
vedette	motorboot	Motorboot	motorboat
vendredi	vrijdag	Freitag	Friday
verre	glas	Glas	glass
verrière, vitrail	glazen overdak ; glas-in-loodraam	Kirchenfenster	stained glass window
vignes, vignobles	wijnranken, wijngaarden	Reben, Weinberg	vines, vineyard
village	dorp	Dorf	village
voûte	gewelf	Gewölbe, Wölbung	arch

SUR LA ROUTE	OP DE WEG	AUF DER STRASSE	ON THE ROAD
accès	toegang	Zugang	access to...
à droite	rechts	nach rechts	to the right
à gauche	links	nach links	to the left
à la sortie de...	aan de uitgang van...	am Ausgang von...	on the way out from...
arrêt de tram	tramhalte	Haltestelle	tram stop
attention ! danger !	let op ! gevaar !	Achtung ! Gefahr !	caution ! danger !
autoroute	autosnelweg	Autobahn	motorway
bas-côté non stabilisé	zachte berm	nicht befestigter Seitenstreifen	soft shoulder

ifurcation	tweesprong	Gabelung	road fork
rouillard	mist	Nebel	fog
édez le passage	voorrang geven	Vorfahrt beachten	give way
haussée déformée	slecht wegdek	schlechte Wegstrecke	road subsidence
haussée glissante	gladde weg	Rutschgefahr	slippery road
hemin privé	eigen weg	Privatweg	private road
anger !	gevaar !	Gefahr !	danger !
éfense de doubler	inhaalverbod	Überholen verboten	no overtaking
égâts causés par le el	door vorst veroorzaakte schade	Frostschäden	road damage due to frost
escente	afdaling	Gefälle	steep hill
escente angereuse	gevaarlijke afdaling	gefährliches Gefälle	dangerous hill
igue	dijk	Damm	dike
ouane	douane, tol	Zoll	customs
n dessous	lager dan, onder	unter	below
ntrée	ingang	Eingang	entrance
ermé	gesloten	geschlossen	closed
rontière	grens	Grenze	frontier
ravillons	steenslag	Rollsplitt	gravel
mpasse	doodlopende weg	Sackgasse	no through road
nterdit	verboden	verboten	prohibited
ocalité	plaats	Stadt	town
eige	sneeuw	Schnee	snow
uvert	geopend	offen	open
assage à niveau on gardé	onbewaakte overweg	unbewachter Bahnübergang	unattended level crossing
éage	tol	Mautgebühr	toll
ont étroit	smalle brug	enge Brücke	narrow bridge
oste de secours	hulppost	Unfall-Hilfsposten	first aid station
accordement	verbindingsweg	Zufahrtsstraße	access road
éservé aux piétons	alleen voor voetgangers	nur für Fußgänger	pedestrians only
oulez prudemment	voorzichtig rijden	vorsichtig fahren	drive carefully
oute barrée	afgesloten rijweg	gesperrte Straße	road closed
oute mauvaise sur km	weg in slechte staat over 1 km	schlechte Wegstrecke auf 1 km	bad road for 1 km
oute nationale	rijksweg	Staatsstraße	State road
oute, rue en auvais état	weg, straat met slecht wegdek	Weg, Straße in schlechtem Zustand	road, street in bad condition
ue de traversée	doorgaand verkeer	Durchgangsverkehr	through traffic
ortie	uitgang	Ausgang	exit
ortie de camions	uitrit vrachtwagens	Lkw-Ausfahrt	truck exit
tation d'essence	benzinestation	Tankstelle	petrol station
tationnement nterdit	parkeren verboden	Parkverbot	no parking
ravaux en cours	werk in uitvoering	Straßenbauarbeiten	road works
raversée de piste yclable	overstekende wielrijders	Radweg kreuzt	cycle track crossing
irage dangereux	gevaarlijke bocht	gefährliche Kurve	dangerous bend

NOTES

MANUFACTURE FRANÇAISE DES PNEUMATIQUES MICHELIN
Société en commandite par actions au capital de 875 000 000 de francs
Place des Carmes-Déchaux – 63 Clermont-Ferrand (France)
R.C.S. Clermont-Fd B 855 200 507

Dépôt légal 2-91 – ISBN 2 06 006 019-2

Printed in France – 12-90-72
Impression : GIBERT CLAREY, Tours, n° 75008

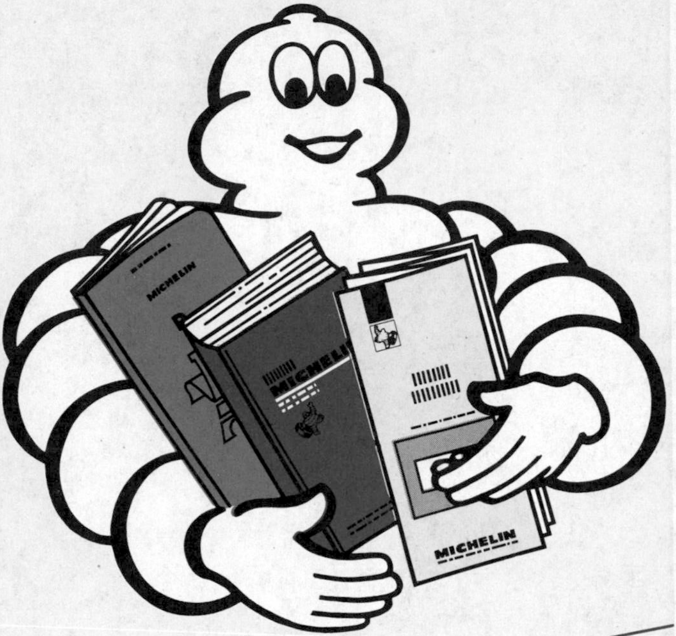

Les cartes et les guides Michelin sont complémentaires, utilisez-les ensemble.

Michelin maps and guides are complementary publications. Use them together.

De Michelin kaarten en gidsen vullen elkaar aan. Gebruik ze samen.

Die Karten, Reise- und Hotelführer von Michelin ergänzen sich. Benutzen Sie sie zusammen.

Los mapas y las guías Michelin se complementan, utilícelos juntos.

Le carte e le guide Michelin sono complementari : utilizzatele insieme.

BELGIQUE
LUXEMBOURG
Guide de Tourisme
MICHELIN
Belgique
Grand Duché de
Luxembourg
Toeristische gids
MICHELIN
België
Groothertogdom
Luxemburg
BELGIË
LUXEMBURG
GUIDES VERTS TOURISTIQUES
GROENE TOERISTISCHE GIDSEN
HOLLANDE
Guide de Tourisme
MICHELIN
NEDERLAND
Toeristische gids
MICHELIN
Nederland
NETHERLANDS
Tourist Guide
MICHELIN
Netherlands
MICHELIN®

BELGIQUE-LUXEMBOURG
PAYS-BAS

1/200 000

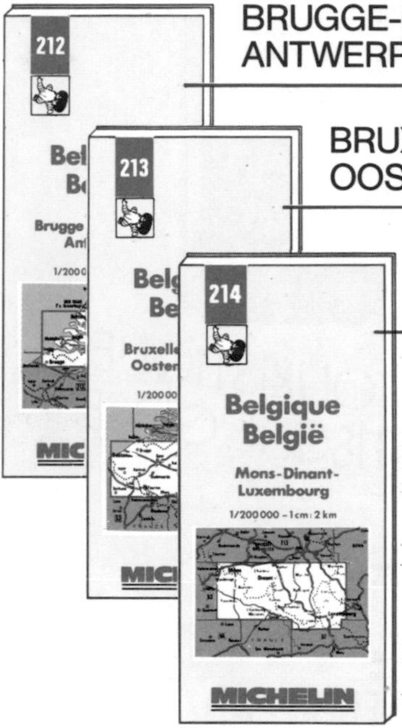

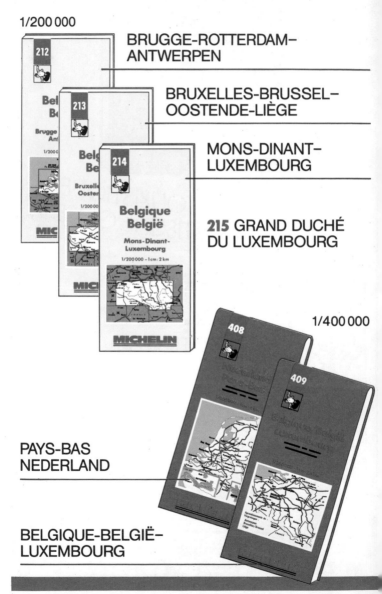

BRUGGE-ROTTERDAM-
ANTWERPEN

BRUXELLES-BRUSSEL-
OOSTENDE-LIÈGE

MONS-DINANT-
LUXEMBOURG

215 GRAND DUCHÉ
DU LUXEMBOURG

1/400 000

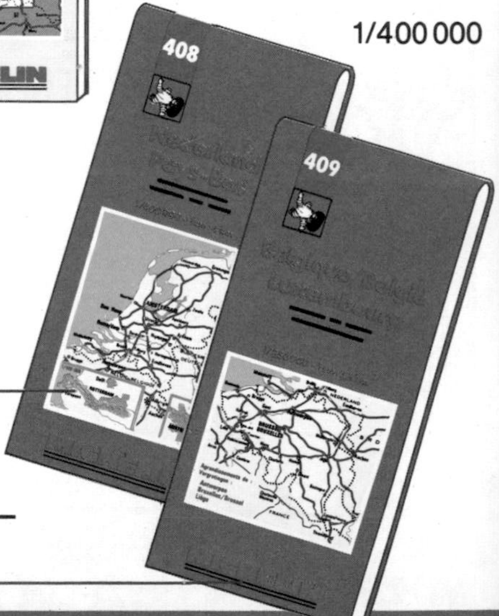

PAYS-BAS
NEDERLAND

BELGIQUE-BELGIË-
LUXEMBOURG